2021

JIANGXI NIANJIAN

江西年鉴

易炼红　主编

江西省地方志编纂委员会　编

线装书局

图书在版编目（CIP）数据

江西年鉴. 2021 / 易炼红主编 ; 江西省地方志编纂委员会编. -- 北京 : 线装书局, 2021.9
ISBN 978-7-5120-4609-2

Ⅰ. ①江… Ⅱ. ①易… ②江… Ⅲ. ①江西－2021－年鉴 Ⅳ. ①Z525.6

中国版本图书馆 CIP 数据核字(2021)第 178233 号

江西年鉴（2021）
JIANGXI NIANJIAN

主　　编：易炼红
编　　者：江西省地方志编纂委员会
责任编辑：周思远
出版发行：线装书局
地　址：北京市丰台区方庄日月天地大厦 B 座 17 层（100078）
电　话：010-58077126（发行部）010-58076938（总编室）
网　址：www.zgxzsj.com
经　　销：新华书店
印　　制：江西龙莹印务有限公司
开　　本：889mm×1194mm　1/16
印　　张：36
字　　数：1587 千字
版　　次：2021 年 9 月第 1 版第 1 次印刷

线装书局官方微信

定　　价：400.00 元

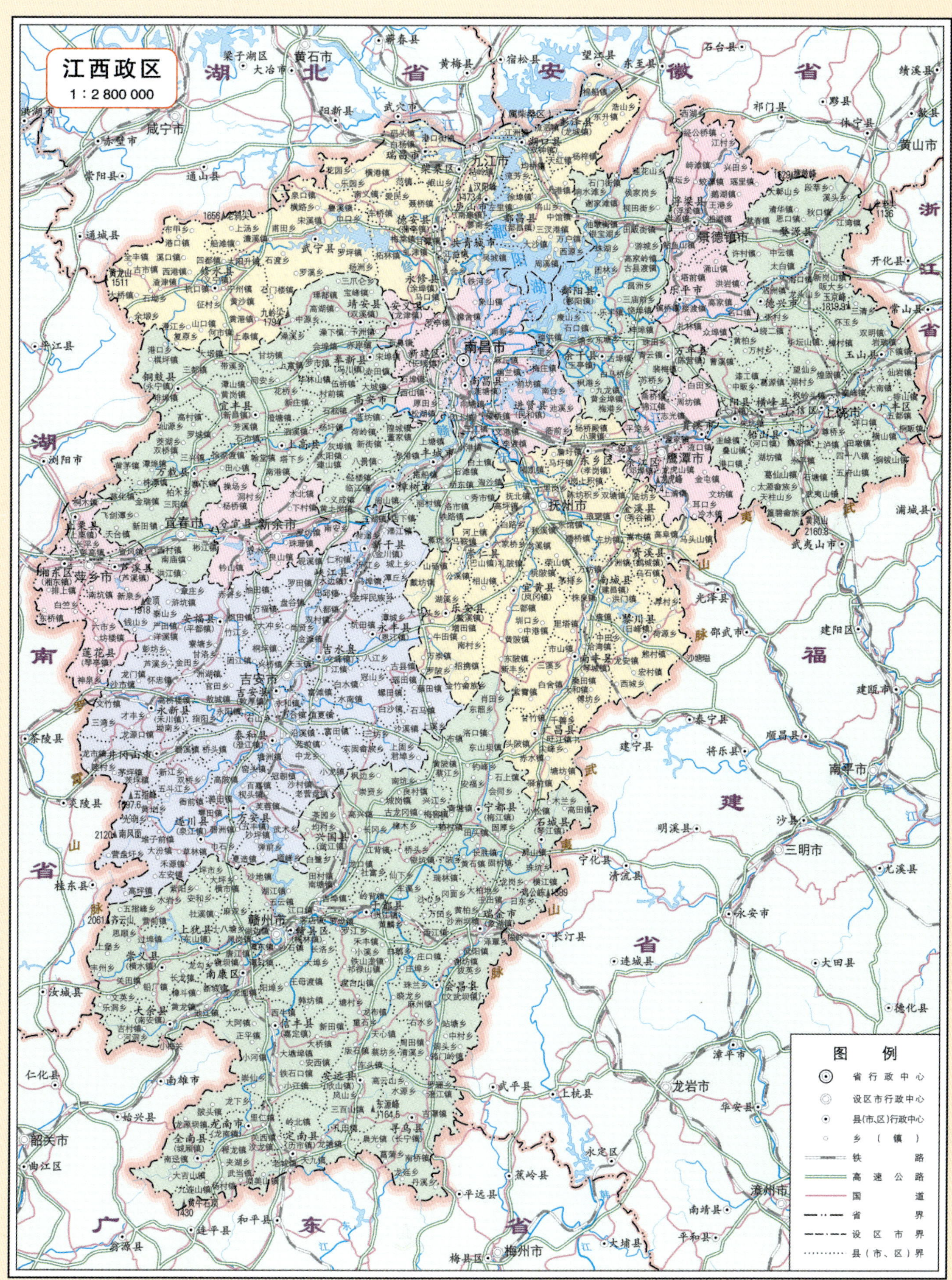

审图号：赣S（2021）040号

江西省自然资源厅

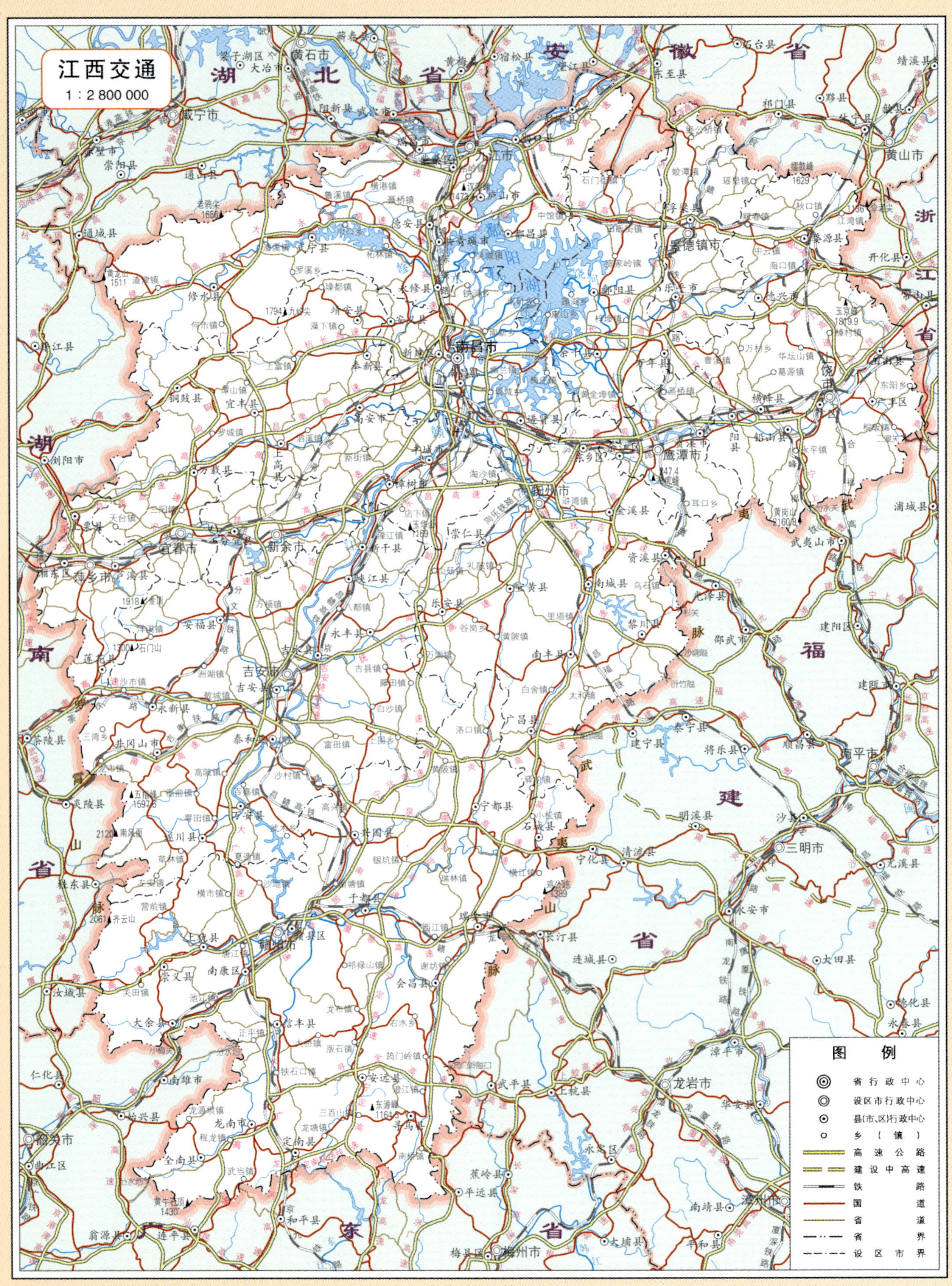

审图号：赣S（2021）040号

江西省自然资源厅

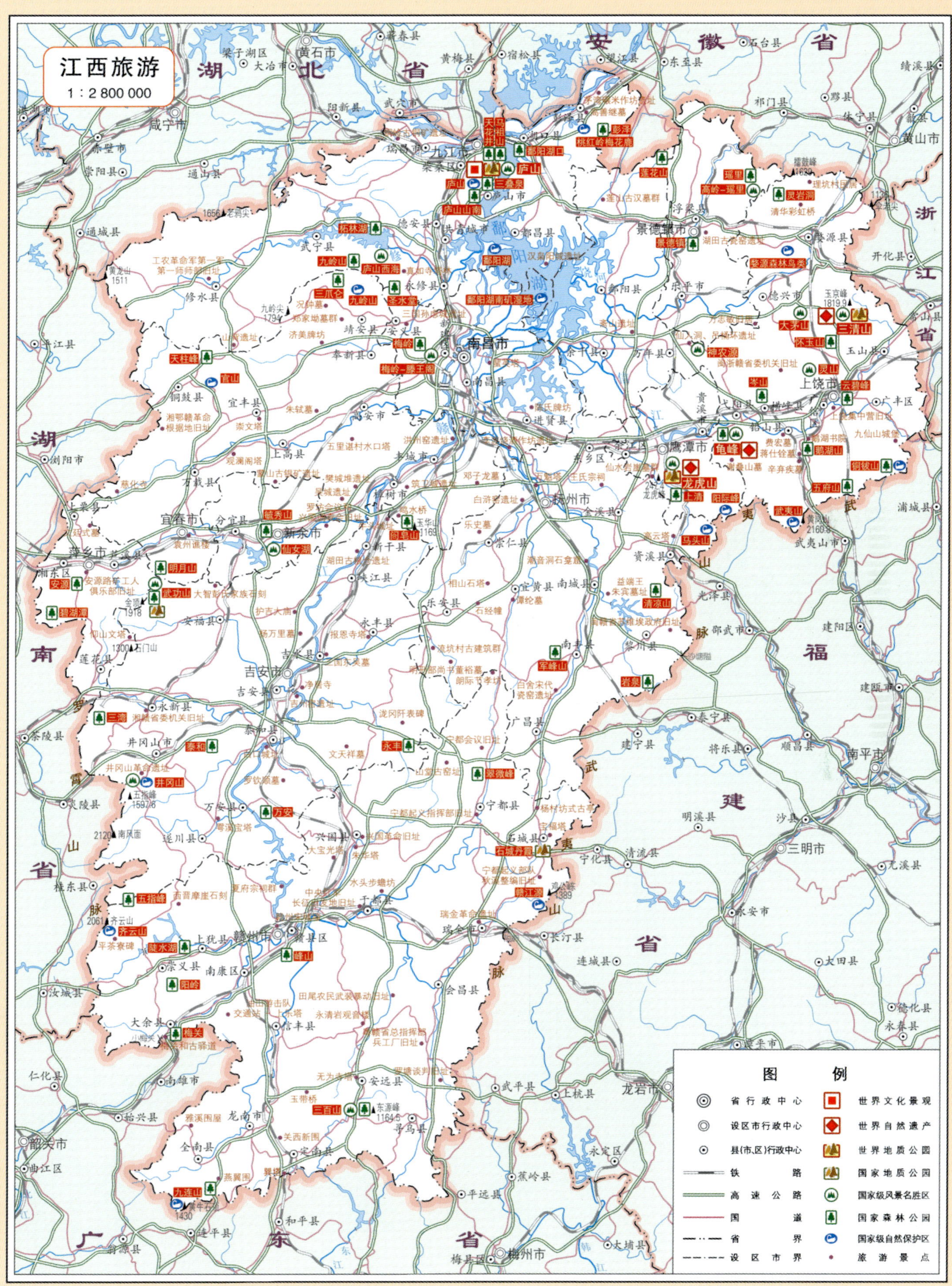

审图号：赣S（2021）040号

江西省自然资源厅

中共江西省委十四届十一次全体（扩大）会议

7月28日，中共江西省委十四届十一次全体（扩大）会议在南昌举行。会议总结省委常委会工作，动员全省上下以必胜的信心决心，决战决胜全面建成小康社会。省委书记刘奇代表省委常委会作工作报告并作总结讲话。省委副书记、省长易炼红就《江西内陆开放型经济试验区建设实施方案（讨论稿）》《关于切实做好江西重点水域禁捕退捕工作助推长江经济带绿色发展的意见（讨论稿）》起草情况向全会作说明。会议通报全省全面小康、脱贫攻坚进展情况，审议和讨论省委常委会工作报告等文件。

▲ 7月28日，中共江西省委十四届十一次全体（扩大）会议在南昌举行

▲ 7月28日，中共江西省委十四届十一次全体（扩大）会议代表在讨论会议内容

（本版图片均为林君 摄）

中共江西省委十四届十二次全体（扩大）会议

11月26日—27日，中共江西省委十四届十二次全体（扩大）会议在南昌召开。全会听取和讨论省委书记刘奇受省委常委会委托作的工作报告，审议通过《中共江西省委关于制定全省国民经济和社会发展第十四个五年规划和二○三五年远景目标的建议》《中国共产党江西省第十四届委员会第十二次全体（扩大）会议决议》。

▲ 11月26日，中共江西省委十四届十二次全体（扩大）会议在南昌开幕

▲ 11月26日，中共江西省委十四届十二次全体（扩大）会议代表在审阅会议材料

（本版图片均为林君 摄）

省十三届人大四次会议

1月15日—19日，省十三届人大四次会议在南昌召开。会议听取和审议省长易炼红所作的《政府工作报告》。会议认为，2019年在中共中央、国务院和省委坚强领导下，全省上下坚持以习近平新时代中国特色社会主义思想为指导，统筹做好改革发展稳定各项工作，经济增长符合预期，发展质量明显提高，城乡品质不断提升，人民生活持续改善，较好完成省十三届人大三次会议确定的目标任务，为全面建成小康社会打下坚实基础。会议充分肯定省人民政府2019年的工作，同意报告提出的2020年全省经济社会发展预期目标、主要任务和工作举措。

◀1月15日，省十三届人大四次会议出席的代表认真聆听政府工作报告

▶1月18日，驻赣解放军代表团代表踊跃发言，审议政府工作报告

（本版图片均为洪子波 摄）

省政协十二届三次会议

1月14日—17日，省政协十二届三次会议在南昌召开。会议审议并批准省政协主席姚增科代表政协江西省第十二届委员会常务委员会所作的工作报告；审议并批准省政协副主席汤建人代表政协江西省第十二届委员会常务委员会所作的提案工作情况报告。委员们列席省十三届人大四次会议，听取、讨论并赞同省长易炼红所作的政府工作报告；讨论并赞同省高级人民法院工作报告、省人民检察院工作报告和其他报告。

▲1月16日，省政协十二届三次会议联组会议，政协委员围绕政府工作报告积极建言献策　（林君 摄）

▲1月17日，省政协十二届三次会议举行选举大会，委员们投下神圣一票　（海波 摄）

抗击新冠肺炎疫情

2020年，面对新冠肺炎疫情，江西省委、省政府坚持人民至上、生命至上，启动重大突发公共卫生事件Ⅰ级响应，建立疫情联防联控机制；坚持中西医结合，救治感染患者；强化防疫和生活物资保障，筑起全民钢铁防线，用14天初步遏制疫情蔓延势头，用51天将住院确诊病例清零，是全国最早全部清零省份之一。派出11批次13支医疗队1271人驰援武汉、随州，派出联合工作组援助乌兹别克斯坦，为打赢武汉保卫战、湖北保卫战和全球抗疫作出江西贡献。按照“外防输入、内防反弹”要求加强常态化疫情防控，3月11日清零至年底未出现本土新增确诊病例。

1月24日，旅客在南昌铁路西客站接受测温

（海波 摄）

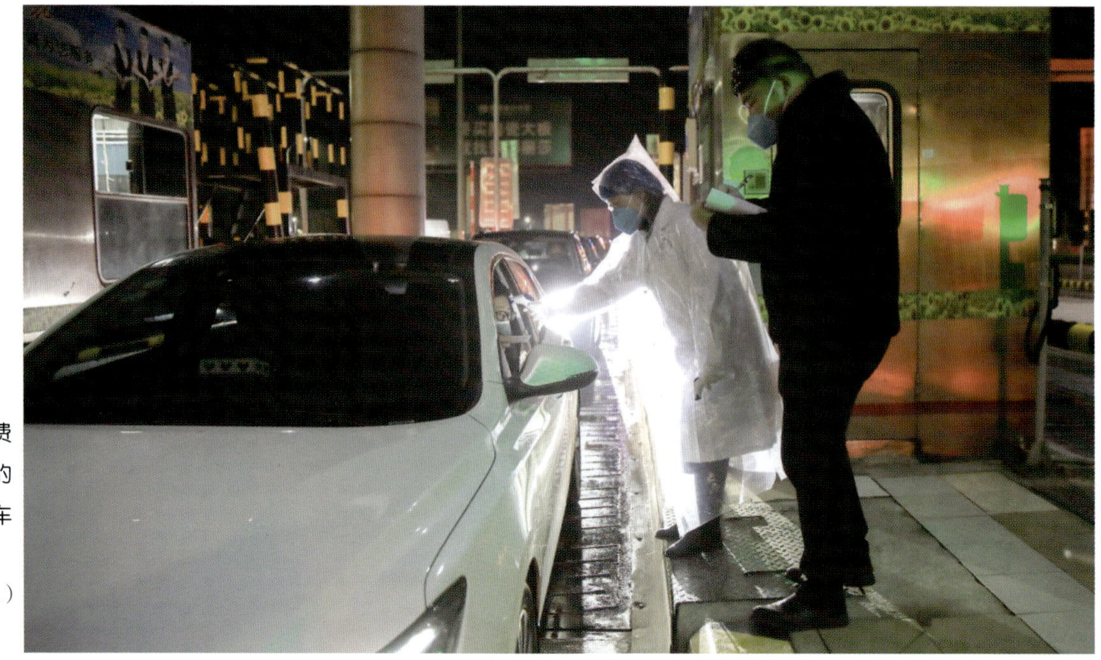

2月2日，南昌东高速收费站，工作人员对进入南昌的车辆进行信息登记，并对车上乘坐人员进行体温测量

（洪子波 摄）

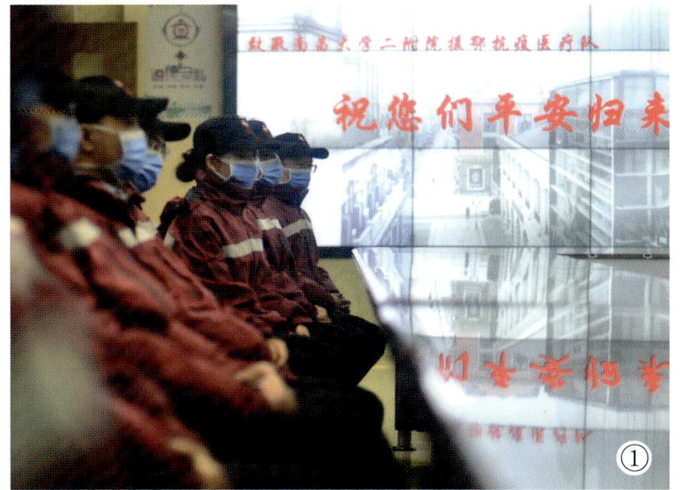

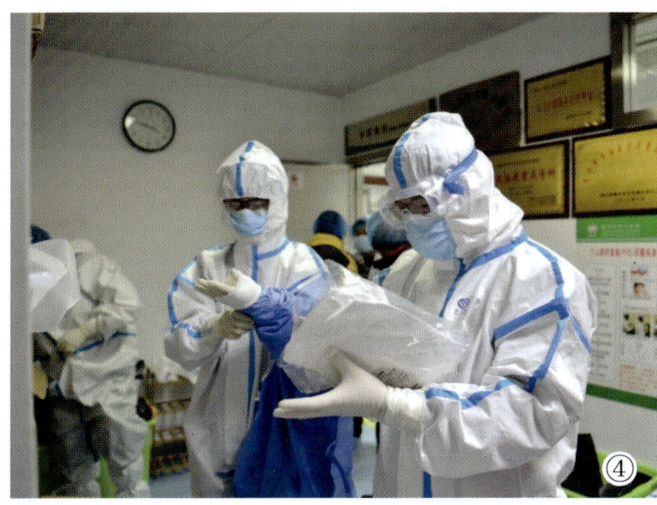

①1月26日，省卫生健康委在全省范围内抽调医务人员成立江西省援鄂医疗队，队员由三级综合医院和承担传染病救治任务的传染病专科医院医务人员组成。图为出征仪式（杨继红 摄）

②1月26日，江铃集团改装车有限公司生产车间，工人正在生产用于新冠肺炎疫情防控的负压监护型救护车（周霖 摄）

③2月26日，乐安县江西掌护医疗科技有限公司生产车间内，员工正在赶制额温枪配件（邱志超 摄）

④2月28日，随州市中心医院龙门院区ICU更衣室，江西援随医疗队队员正在穿防护用品，准备进入ICU病房（杨继红 摄）

⑤9月8日，载誉归来的江西省部分抗击新冠肺炎疫情受表彰代表在飞机上亮出自己的奖章、证书（杨继红 摄）

项目建设提速年

2020年，江西省树立“项目为王”理念，将抓好重大项目作为推动高质量跨越式发展的关键举措，促进项目建设提速提质提效，全年固定资产投资增长9%左右。全年省级层面重点推进2900个以上省大中型项目，大型项目年度计划完成投资7700亿元以上，中型项目年度计划完成投资2300亿元以上；总投资50亿元以上项目86个。

①9月20日，无人机航拍在建的昌景黄高铁金溪湖特大桥。昌景黄高铁是国家铁路“十三五”规划的重点项目，起自南昌市经景德镇终至安徽省黄山市，全长289.8千米，设计时速350千米，通车后，将结束余干县、鄱阳县、乐平市以及安徽省祁门县、黟县无高铁的历史（朱文标 摄）

②10月18日，昌景黄高铁项目（余干段）施工正在加快推进，多个主体桥墩已浇筑完成。昌景黄高铁是赣中地区与长三角地区间连接的又一条区域快速客运通道（朱文标 摄）

③11月5日，无人机航拍的南昌艾溪湖隧道主体结构。艾溪湖隧道为江西省首条叠层结构公轨共建隧道，工程全长2664米，分为上下两层，上层是道路隧道，下层为公共廊道隧道。该项目总投资23.96亿元（朱文标 摄）

④11月11日，在吉安市吉州区会展中心项目建设工地，工人们正在进行最后的楼顶龙骨焊接。2020年，吉州区推进项目建设，11月底该区重点项目共85个，开工率90%，完成投资95.6亿元，占年度计划投资92.8%（李军 摄）

⑤11月25日，雅中——江西±800千伏特高压直流输电工程乐安县段，电力工人登上铁塔进行附件安装。这是江西首个特高压工程，起于四川省凉山彝族自治州盐源县雅中换流站，途经四川、云南、贵州、湖南、江西5省，线路全长1700余千米，落点为抚州市东乡区南昌换流站，工程设计输送容量800万千瓦（徐峥 摄）

促改革、扩开放，释放江西经济发展活力

江西省通过一系列改革，提高开放型经济发展水平。2020年，江西内陆开放型经济试验区、九江跨境电商综合试验区、井冈山综合保税区、海峡两岸（江西）产业合作区获批；昌北国际机场“一货站三中心”建成，九江航运交易中心投运，彭泽红光国际港开港，“深赣欧”班列开行；赣江新区经贸商事调解中心运营，填补江西国际商事调解工作空白。在世界经济严重衰退情况下，实际利用外资增长7.5%，外贸出口增长17%，国际货邮吞吐量增长297%。

①4月15日，上饶经济技术开发区晶科能源有限公司生产线上，机器人正在生产光伏组件。该公司是全球最大的光伏组件制造商，2019年光伏组件总出货量达14.3千瓦，较2018年增长25.6%，连续4年出货量居全球之首，被工信部评为“中国制造业单项冠军”（朱文标 摄）

②10月16日，会昌县氟盐化工产业基地某企业产品仓库内，工人正将桶装新材料成品装运和登记入库。会昌县做大做强氟盐产业集聚区，建成一批科技含量高、附加值高、绿色低碳项目，产品远销国内外市场（朱海鹏 摄）

③10月20日，宜春丰城高新技术产业开发区的捷和电机（江西）有限公司电动轮椅装配车间内，工人们正在紧张生产。该企业是国内生产交流和直流电机、电动轮椅车等产品的重点企业，2020年下半年企业订单回升，全年产值达到6.7亿元（朱文标 摄）

③

④10月26日，江西省规模最大标准最高集装箱码头——九江红光国际港即将投运。该项目总投资11.89亿元，共有4个5000吨级集装箱泊位，年设计吞吐量65万个国际标准集装箱，是全省规模最大标准最高集装箱码头（洪子波 摄）

⑤12月1日，德兴市黄柏乡光伏发电基地，工作人员在进行日常巡检。当地将太阳能发电与农业种植有机结合，利用太阳能斜单轴跟踪系统，实现最佳角度的能量转换，自2017年投产至2020年11月底，发电总量超过6600万千瓦时（徐峥 摄）

⑥上高县发展新能源、新材料、现代装备制造等新兴产业，优化产业结构，助推经济高质量发展。图为12月2日，上高县格林德能源公司员工在生产线上赶制锂离子电池产品（周亮 摄）

⑤

⑥

2020世界VR产业大会云峰会

◀ 10月12日，南昌VR科创城项目建设现场正在施工。VR科创城占地约900公顷，总投资约500亿元，围绕打造“南昌世界级VR中心”的目标，构建VR产业未来发展的产业核心

（洪子波 摄）

10月19日—20日，由工业和信息化部、江西省人民政府主办的2020世界VR产业大会云峰会在南昌举行。大会首次采取线上为主、线下结合的云峰会形式，应用VR、5G、人工智能等新技术，推出虚拟主持人、峰会AR特效、云会场5G+VR直播、嘉宾全息投影演讲、智能同传等新场景。大会包括开幕式及主旨演讲、1场主论坛、8场平行论坛、产业对接、会议体验等多场活动。8场平行论坛分别为奥地利VR产业发展论坛、XR国际论坛、双G+云VR分论坛、产业生态分论坛、娱乐游戏分论坛、文化旅游分论坛、医疗健康分论坛和工业分论坛。

▶ 10月19日，南昌绿地国际博览中心，学生们在体验VR技术在教育方面的产品应用

（徐峥 摄）

◀ 10月19日，南昌绿地国际博览中心，外国友人在体验VR瓷器

▶ 10月19日，南昌绿地国际博览中心，工作人员在演示远程驾驶汽车

◀ 10月20日，南昌绿地国际博览中心，市民在体验VR观影

（本版图片均为徐峥 摄）

中国景德镇国际陶瓷博览会

10月18日—22日，景德镇陶瓷博览会在景德镇开幕。此届瓷博会共设有标准展位1500个，吸引全国各陶瓷产区企业、十大名窑以及景德镇本土企业等600多家陶瓷企业参展。为提升品牌影响力，主办方与天猫共同打造和运营“云瓷博会”，搭建800平方米的官方直播基地，并聘请专业策划团队运营。此次会议，景德镇市签约项目26个，签约投资总金额达167.3亿元。

▲10月20日，参观者正在用小型放大镜观看名窑建盏上的花纹

▲10月20日，参观者在抗疫题材的瓷板画前驻足

▼10月20日，第六届全国陶瓷职业技能竞赛总决赛在景德镇举行

（本版图片均为李劼 摄）

◀ 10月19日，2名主播在2020中国景德镇国际陶瓷博览会展馆内直播带货

▶ 10月20日，身着汉服的年轻人在欣赏瓷器展品

◀ 10月20日，老少观众正在点击可触屏观看景德镇国家用瓷图文介绍

（本版图片均为李劼 摄）

①

南昌汉代海昏侯国遗址公园开园

9月23日，南昌汉代海昏侯国遗址公园开园。现场展出金器、五铢钱、战国蟠螭纹青铜缶、“南昌”铭文青铜灯等大量出土的珍贵文物。南昌西汉海昏侯墓是中国发现的结构最完整、布局最清晰、保存最完好的汉代列侯墓园。南昌汉代海昏侯国遗址公园规划总面积1203公顷，投入重点项目建设资金约38亿元。

②

③

①9月23日，南昌汉代海昏侯国遗址公园开园
②9月23日，南昌汉代海昏侯国遗址公园展出的精美展品
③9月23日，南昌汉代海昏侯国遗址公园展出的刘贺玉印
④9月23日，南昌汉代海昏侯国遗址公园开展VR体验，游客“遇见”海昏侯
⑤9月23日，南昌汉代海昏侯国遗址公园展出的马蹄金
⑥9月23日，南昌汉代海昏侯国遗址公园博物馆内，游客们或驻足欣赏或拍照留念

（本版图片均为李劼 摄）

体育健身从小抓起

2020年，江西省开辟青少年教育新路径，开创青少年体育新局面，深化体教融合，将体育资源融入到学校体育中去，鼓励支持社会青少年体育俱乐部的发展，充分发挥青少年体育赛事的引领作用，通过赛事撬动青少年体育普及的杠杆，促进竞技体育后备人才的培养。至年底，江西拥有省级青少年体育俱乐部32个。

①9月5日，南昌市青少年摔跤冈上训练基地内，孩子们正在进行摔跤训练

②9月5日，南昌市青少年摔跤冈上训练基地内，孩子们正在进行身体协调训练

③9月19日，新钢第一小学体操馆教练员陈飞龙正在指导孩子练习双杠

④10月24日，南昌市第十七届运动会摔跤比赛（青少年组）现场

⑤9月19日，简钰力小朋友正在新钢第一小学体操馆进行吊环练习

（本版图片均为洪子波 摄）

促进乡村旅游

2020年，江西省发挥乡村旅游资源优势，以提升乡村旅游品质、丰富旅游要素、形成特色品牌、完善旅游功能、优化生态环境、提升服务能力，加快构建有吸引力、有竞争力的乡村旅游产业体系，使之成为全省旅游产业发展的重要增长点。

①11月15日，游客在宜丰县天宝乡天宝古村游览。宜丰县依托丰富的历史文化资源，推进传统古村落保护性开发，建成一批特色乡村旅游景点，促进农民增收和乡村振兴（周亮 摄）

②10月31日，分宜县双林镇瓦屋村，夏布制作技艺传承人在手工涮浆。当地逐步延伸苎麻种植、夏布制作产业链，将传统技艺和时尚元素相结合，为技艺传承、麻纺生产、文化旅游等注入新的活力（周亮 摄）

③11月8日，在会昌县洞头乡洞头畲族村，游客和村民一起载歌载舞，共享丰收的喜悦。该县充分挖掘畲族民俗文化资源，保护修缮传统古建筑资源，采取“节庆活动+特色产业+民族风情+乡愁体验”为主的旅游产业发展模式，走出乡村旅游助推脱贫的新路子（朱海鹏 摄）

法治宣传

▲ 12月1日，南丰县人民法院法官在为子固小学学生讲解法庭审判基本知识。该县琴城镇司法所联合县人民法院，将辖区小学生法治教育课搬进法院，让小学生旁听庭审现场，感悟宪法精神

（袁智 摄）

▲ 12月2日，南昌市育新学校学生和东湖区社区居民正在诵读宪法。在第七个国家宪法日到来之际，南昌市育新学校教育集团青桥校区和东湖区五纬路社区，在宪法广场联合开展国家宪法日主题宣传教育活动，增强宪法意识，营造良好法治氛围

（李劼 摄）

脱贫攻坚

2020年，江西省脱贫任务全部完成。25个贫困县全部摘帽，“十二五”3400个和“十三五”3058个贫困村全部退出，区域整体贫困彻底解决；贫困户以2013年346万人为基底，现行标准下农村贫困人口全部脱贫，绝对贫困问题全面消除。2020年，江西省脱贫保障全面夯实，建档立卡贫困户80.1万户281.6万人稳定实现“两不愁”“三保障”和饮水安全全面覆盖，易地扶贫搬迁13.47万人全部入住，特困群体基本生活全面兜牢，住房难、喝水难、上学难、看病难等问题全面解决。

①

④

①12月9日，于都县仙下乡龙溪小学的孩子们行走在放学路上。这条路让孩子们告别翻山越岭的上学路，路上时间由原来的40分钟缩短到20分钟（洪子波 摄）

②5月13日，龙溪村昔日的贫困户朱九斤一家人，今日住上小洋楼（洪子波 摄）

③5月13日，龙溪小学的1名教师为孩子们打饭（洪子波 摄）

④5月13日，游客正在龙溪村采摘高山蓝莓（洪子波 摄）

⑤10月11日，金溪县何源镇三江口村，村民在晾晒加工后的竹丝。当地立足毛竹资源优势，引进精深加工企业，以“竹”为杠杆，引导周边村民从事相关种植和加工业，以产业带动村民增收致富（徐铮 摄）

⑥11月3日，新余市渝水区界水乡布下村沃野现代农业种植基地，农民在水肥一体化智能温室大棚对无土栽培的草莓蔬苗进行管理。该智能温室的遮阳系统、风扇降温系统、滴灌系统等自动化设施，可在温室内部提供一个最适宜作物生长的环境，达到水果、蔬菜的四季循环立体种植，带动观光旅游业发展，促进农业增产增效（赵春亮 摄）

抗洪抢险

2020年，鄱阳湖流域发生超历史大洪水，江西省及时启动防汛Ⅰ级应急响应，实行213座单退圩堤分洪，处置较大以上险情2075处，转移安置群众71.5万人，保护群众生命财产安全。

▲ 4月13日，九江市举行江西省跨区域抗洪抢险实战拉动演练

▲ 7月12日，鄱阳湖流域抗洪抢险救灾现场

（本版图片均为省消防救援总队 供）

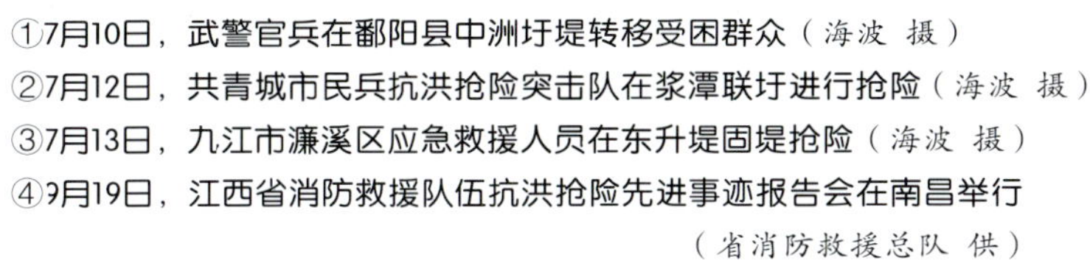

①7月10日，武警官兵在鄱阳县中洲圩堤转移受困群众（海波 摄）
②7月12日，共青城市民兵抗洪抢险突击队在浆潭联圩进行抢险（海波 摄）
③7月13日，九江市濂溪区应急救援人员在东升堤固堤抢险（海波 摄）
④9月19日，江西省消防救援队伍抗洪抢险先进事迹报告会在南昌举行
（省消防救援总队 供）

人民至上
全省消防救援队伍抗洪抢险先进事迹报告会

鄱阳湖候鸟

鄱阳湖候鸟保护区位于赣江修水、西河交汇处的鄱阳湖滨，永修县吴城镇附近。每年冬季枯水时各港、汊、湾便独自成湖。由于水草茂盛，鱼类丰富，气候适宜，无工业污染，从而成为世界候鸟最大的越冬栖息地。鄱阳湖候鸟主要来自中国青海湖、北大荒和俄罗斯西伯利亚等地。2020年入冬后，大批候鸟到这里越冬。

▲ 11月9日，万鸟云集南昌市高新区鲤鱼洲（五星垦殖场）鄱阳湖区域。立冬后，高新区鲤鱼洲鄱阳湖内湖的程家池、湘子口等水域，白鹤、灰鹤、东方白鹳、小天鹅等珍稀候鸟云集，各种候鸟数量超过10万只

（朱文标 摄）

▲ 2020年冬，白鹤在鄱阳湖嬉戏

（王祺 摄）

▲2020年冬，鄱阳湖白鹤保护区成群候鸟聚集 （王祺 摄）

▲2020年冬，爱鸟观鸟人士参观白鹤保护区 （王祺 摄）

生态乡村

2020年，江西省坚持乡村绿色发展，统筹山水林田湖草系统治理和美丽宜居乡村建设，促进人与自然和谐共生。

▶ 10月17日，游客在安福县枫田镇车田村古樟林游玩。安福县是江西省18个文明古县之一，自古被誉为“赣中福地”，又是国家重点生态功能区、江西省首批生态文明先行示范县，各村古樟繁茂

（朱文标 摄）

▼ 10月23日，无人机航拍新余市渝水区罗坊镇东边村 （洪子波 摄）

编 辑 说 明

一、《江西年鉴》是江西省本级地方综合年鉴，由江西省人民政府组织、江西省地方志编纂委员会编，稿件由省直各单位，各市、县（区），中央驻赣单位及有关单位提供。

二、《江西年鉴》是一套系统记述江西省自然、政治、经济、文化、社会等方面情况的年度资料性文献。其编纂坚持以马克思列宁主义、毛泽东思想、邓小平理论、“三个代表”重要思想、科学发展观、习近平新时代中国特色社会主义思想为指导，逐年全面、真实地记录江西经济建设和社会发展的基本情况，为存史、资政、育人服务。

三、《江西年鉴》每年出版一卷，2002 年首卷出版，至今已经编纂出版20 卷。

四、本卷年鉴着重记载 2020 年江西省发生的重大事情。内容分为综合情况、动态信息和辅助资料三大部分。综合情况设特载、专记、大事记、江西概览 4 个栏目。动态信息设中国共产党江西省委员会，江西省人民代表大会，江西省人民政府，中国人民政治协商会议江西省委员会，纪检监察，民主党派和工商联，群众团体，法治，军事，应急管理，国家区域发展战略，农业农村，工业，信息化建设，园区经济，旅游业，商贸服务业，对外贸易与经济合作，交通 邮政，金融，财政税务，经济管理与监督，城乡建设，水利，生态环境，教育，科学技术，社会科学与地方志，文化艺术，新闻出版 广播电影电视，卫生健康，体育，居民生活，人力资源，社会保障，社会事务管理，退役军人事务管理，民族宗教事务，精神文明建设，市、县（区），人物，共 41 个栏目。辅助资料设附录、统计资料、索引 3 个栏目。江西政区图、江西交通图、江西旅游图均为 2021 年版地图。

五、本年鉴内容层次设置是为了方便分类编纂和读者阅读，并不反映严格的科学分类体系，机关、企事业单位等排序和层次并不表示其地位和规模。部分条目因内容需要对比，时间有所上溯。市、县（区）主要领导人放在所属市、县（区）之后，便于查阅。特载栏目中数据为快报数，因个别供稿单位统计口径不同等原因，有的数据在不同条目中不尽一致，使用时请注意出处；因全省机构改革，部分单位名称有变更，以条目发生日期的名称为准；企业的计量单位，除市场监督管理局办理注册登记的企业用“户”外，其他一律用“家”。

六、市制土地面积计量单位“亩”，在农民日常生产生活中仍作为土地面积的计量单位，所以，本年鉴记述农业事项土地面积时仍使用“亩”作为计量单位，1 亩 = 666.67 平方米，随文不再括注同比例平方米数。

江西省地方志编纂委员会

《江西年鉴》编辑人员

目　　录

CONTENTS

特　　载

专　　记

大 事 记

江西概览

中国共产党江西省委员会

江西省人民代表大会

江西省人民政府

中国人民政治协商会议江西省委员会

纪检监察

民主党派和工商联

群众团体

法　　治

军　事

应急管理

国家区域发展战略

农业农村

工　业

信息化建设

园区经济

旅 游 业

商贸服务业

对外贸易与经济合作

交通邮政

金　　融

财政税务

经济管理与监督

城乡建设

水 利

生态环境

教 育

科学技术

社会科学与地方志

文化艺术

新闻出版　广播电影电视

卫生健康

体　　育

居民生活

人力资源

社会保障

社会事务管理

退役军人事务管理

民族宗教事务

精神文明建设

市、县(区)

人物

附录

统计资料

索引

特　　载

在省委十四届十一次全体（扩大）会议第一次全体会议上的讲话

（2020年7月28日）

省委书记　刘　奇

同志们：

这次省委全会的主要任务是，以习近平新时代中国特色社会主义思想为指导，深入贯彻党的十九大和十九届二中、三中、四中全会精神，全面落实习近平总书记视察江西重要讲话精神，认真总结今年以来省委常委会工作，研究部署统筹推进疫情防控和经济社会发展各项工作，动员全省上下以必胜的信心决心，咬定目标、攻坚克难、担当实干，决战脱贫攻坚、决胜全面小康，确保“十三五”规划圆满收官，努力描绘好新时代江西改革发展新画卷。

现在，我受省委常委会委托，向全会报告工作。

一、关于今年以来的省委常委会工作

2020年是极不平凡、极不寻常、极为不易的一年，年初遭遇突如其来的新冠肺炎疫情，最近又发生了鄱阳湖流域超历史大洪水，全省先后启动两次Ⅰ级响应。疫情和洪灾对人民群众生命财产安全带来严重威胁，对经济社会发展带来巨大挑战，对全省治理体系和治理能力带来严峻考验。在以习近平同志为核心的党中央坚强领导下，省委常委会坚持以习近平新时代中国特色社会主义思想为指导，深入学习贯彻习近平总书记视察江西重要讲话精神，团结带领全省干部群众，万众一心、众志成城，坚决打好疫情防控的人民战争、总体战、阻击战，坚决打好防汛抗洪抢险救灾攻坚战，统筹推进疫情防控、防汛抗洪救灾和经济社会发展取得积极成效。重点抓了以下几个方面的工作。

一是更加坚定自觉做到“两个维护”。省委始终把旗帜鲜明讲政治摆在首位，严守党的政治纪律和政治规矩，坚持不懈强化党的创新理论武装，着力在学懂弄通做实习近平新时代中国特色社会主义思想上下功夫，引导广大干部群众增强“四个意识”、坚定“四个自信”、做到“两个维护”，在思想上政治上行动上同以习近平同志为核心的党中央保持高度一致。坚持把学习贯彻习近平总书记重要讲话重要指示精神作为省委常委会会议的首要议题，及时跟进学习，推动贯彻落实。特别是及时学习习近平总书记关于统筹推进疫情防控和经济社会发展、防汛救灾等系列重要讲话重要指示精神，结合全省实际研究贯彻措施，确保跟上节奏、踩稳脚步、抓好落实，这是我们各项工作取得积极成效的根本所在。深入实施习近平新时代中国特色社会主义思想教育培训计划，认真组织学习《习近平谈治国理政》第三卷，省委常委会带头开展集体学习研讨，举办市厅级、县处级领导干部学习贯彻党的十九届四中全会精神专题研讨班，不断夯实做到“两个维护”的理论根基。坚持把学习贯彻习近平总书记视察江西重要讲话精神摆在重中之重，组织开展习近平总书记视察江西一周年系列活动，推动全省上下牢记嘱托、感恩奋进，走好新时代长征路。全面梳理贯彻落实习近平总书记重要讲话重要指示精神、党中央重大决策部署情况，加大督查督办力度，推动党中央决策部署不折不扣落到实处，切实把“两个维护”体现在行动上、落实到工作中，“打造最讲党性、最讲政治、最讲忠诚的地方”成为全省上下的共识共为。

二是全力以赴做好疫情防控和防汛救灾工作。疫情发生后，省委坚决贯彻习近平总书记提出的“坚定信心、同舟共济、科学防治、精准施策”的总要求，始终坚持人民至上、生命至上，慎终如始抓好疫情防控各项工作，推动疫情防控取得重大战略成果。1月21日我省确诊首例输入性病例后，省委迅速启动疫情联防联控工作机制，成立省委应对疫情工作领导小组，启动重大突发公共卫生事件Ⅰ级响应，构建了统一领导、统一指挥、统一行动、统一调度、统一推进、统一落实的指挥体系。严格落实“早发现、早报告、早隔离、早治疗”的要求，推进疫情防控网格化管理，构建起联防联控、群防群控的严密防线。我们用14天时间就初步遏制了疫情蔓延势头，用27天时间将本土每日新增病例控制在个位数以内，用51天时间将住院确诊病例全部清零，是全国第6个全部清零的省份。全力救治感染

患者，统筹全省医疗资源，坚持中西医结合，成立省级医疗救治专家组，构建省市县三级救治体系，千方百计提高收治率和治愈率、降低感染率和病亡率。在全省930例本土确诊病例中，治愈出院率达99.9%。迅速扩大口罩、防护服等医疗物资生产保障，强化抓好生活必需品保供稳价，有力保障了市场供应稳定。针对境外疫情蔓延和北京、新疆、辽宁等地发生聚集性疫情情况，及时构建外防输入、内防反弹体系，切实做好常态化疫情防控工作。这项工作还在进行中，大家千万不要放松警惕，要精准管控，务求实效。按照中央的统一部署，我省派出11批次13支医疗队1271人驰援武汉、驰援随州，派出医疗工作组援助乌兹别克斯坦，为坚决打赢武汉保卫战、湖北保卫战和全球抗疫斗争贡献了江西力量。

7月以来，鄱阳湖流域发生严重洪涝灾害，省委坚决贯彻落实习近平总书记关于防汛救灾工作的重要指示精神，始终坚持把人民生命安全放在第一位，立足防大汛、抗大洪、抢大险、救大灾，全面压紧压实责任，坚决打好防汛抗洪抢险救灾攻坚战。根据防汛形势和灾情变化，7月11日启动防汛Ⅰ级应急响应，全省上下以战时标准、战时状态、战时纪律，全力以赴投入防汛抗洪抢险救灾工作。加强分析研判和预测预警，加大巡堤查险力度，及时处置险情隐患，合理调配救援力量救援物资，科学高效开展抢险救援工作。紧紧围绕"不死人、少伤人、少损失"的目标，出现险情果断疏散转移危险区域群众，妥善安置安抚受灾群众，切实保障受灾群众基本生活。紧急组织粮食抢收抢烘，扎实做好晚稻补种工作，加快恢复灾后生产生活秩序，最大限度减少洪涝灾害损失。全省干部群众积极行动，投入抗洪抢险第一线，特别是广大人民解放军、武警官兵紧急驰援，冲锋在前、奋战在先，发挥了中流砥柱的作用，推动防汛救灾工作取得了阶段性重大成效。同样这项工作还在紧张进行中，大家一定要再接再厉、奋力拼搏，努力夺取全面胜利。

三是有序有力恢复经济社会发展秩序。省委坚持两手抓、两手硬，统筹推进战疫情和促发展，在常态化疫情防控中做好"六稳"工作、落实"六保"任务，推动经济社会秩序基本恢复、经济发展呈现企稳向好态势。积极稳妥推进复工复产复市复学，在全国率先全面取消国道、省道、高速公路出入口设置的疫情防控检疫点及企业复工复产批准手续，着力畅通产业循环、市场循环、经济社会循环。积极应对疫情影响，先后出台有效应对疫情稳定经济增长、做好"六稳"工作、落实"六保"任务实施意见等一系列政策措施，深入实施援企稳岗，加大力度帮扶市场主体，今年以来为企业减负超过1075亿元。积极扩大有效需求，深入开展"项目建设提速年"活动，大力实施商贸消费升级"五大行动"，不断巩固稳增长的基础。深入实施产业高质量跨越式发展行动，建立实施产业链链长制，"一产一策"发展航空、电子信息、装备制造、中医药、新能源、新材料等优势产业，大力推进现代服务业提质升级，推动数字经济创新发展。切实抓好农业生产，落实稳粮扩面举措，早稻种植面积达1826.3万亩。上半年全省GDP增长0.9%，一般公共预算收入下降3.1%，固定资产投资增长5.8%，社会消费品零售总额下降4.2%，规模以上工业增加值增长1%，主要经济指标增幅居全国"第一方阵"。服务业增加值占GDP比重为50.5%，同比提高4.3个百分点；高新技术产业占规模以上工业增加值的比重为37.3%，同比提高1.7个百分点，发展质量效益不断提升。

四是坚定不移推进改革开放走深走实。省委坚持以改革开放为动力推动高质量发展，用改革的办法、创新的举措有效应对疫情影响，不断增强发展动力活力。以供给侧结构性改革为主线，纵深推进"放管服"、国资国企、财税金融、农业农村等重点领域改革，"赣服通"3.0版正式上线，建成了全国首个全省统一的"区块链+政务服务"基础平台，"掌上办"事项数量、证照种类、跨省数据共享应用均居全国第一，"四最"营商环境和"五型"政府建设取得新成效。江西内陆开放型经济试验区全面启动建设，九江跨境电子商务综合试验区和井冈山综合保税区获批，新开"深赣欧"班列，深入推进"三同"试点，开通首条美洲货运航线，医疗物资等出口贸易快速增长。召开贯彻落实赣南等原中央苏区振兴战略暨央地合作视频会议，积极开展云招商、云签约，上半年全省实际利用外资增长6.8%，外贸出口增长25.8%。深入实施创新型省份建设三年行动，扎实推进鄱阳湖国家自主创新示范区、景德镇国家陶瓷文化传承创新试验区建设，加大科技型企业梯次培育力度，中科院稀土研究院顺利挂牌并基本完成一期工程建设，国家稀土功能材料制造业创新中心获批，中药国家大科学装置关键核心技术研发实验室投入运行，中科院江西育成中心、中国商飞江西生产试飞中心等启动建设，创新驱动能力持续增强。

五是加大力度保障和改善民生。省委始终坚持以人民为中心的发展思想，用心用情办好民生实事，扎实做好就业、社保、教育、医疗、养老等民生保障工作，着力解决人民群众的操心事、烦心事、揪心事。持续抓好中央脱贫攻坚专项巡视"回头看"和成效考核反馈问题整改，有效解决"两不愁三保障"突出问题，健全防止返贫机制，推动脱贫攻坚提质增效。全省25个贫困县全部摘帽退出，贫困发生率降至0.27%。24.2万城镇贫困群众实现脱困退出，36.8万存量对象全面纳入兜底保障。落实就业优先政策，突出做好重点群体就业工作，开展"保用工稳就业"专项行动和"百万大招工"行动，稳步推进高校毕业生就业和留赣工作。上半年全省城镇新增就业25.27万人，完成年度计划的56.2%；城乡居民人均可支配收入分别增长5%、6.2%。深入开展爱国卫生运动和城乡环境综合整治，大力推进城市功能与品质提升三年行动。坚决打好污染防治攻坚战，深入推进长江经济带"共抓大保护"攻坚，切实做好重点水域禁捕退捕和退捕渔民安置保障工作。全省空气优良天数比例90%，国考断面水质优良率95.1%。抓好市域社会治理现代化试点，认真做好后疫情时期矛盾纠纷排查化解工作，纵深推进扫黑除恶专项斗争，严格落实安全生产责任制，着力防范化解各领域风险，全省社会大局保持和谐稳定。

六是全面加强新时代党的建设。省委坚决扛起管党治党政治责任，深入贯彻落实新时代党的建设总要求，以党的政治建设为统领，大力传承红色基因，纵深推进全面从严治党。认真践行新时代党的组织路线，切实加强基层组织和干部队伍建设，大力推进党支部标准化规范化信息化建设，开展“新时代赣鄱先锋”选树学活动，及时奖励了一批担当作为的集体和个人。加强意识形态阵地建设和管理，开展网络意识形态安全专项治理行动，依法加强宗教场所管理，坚决防范和抵御意识形态渗透。严格落实中央八项规定精神，持续整治“怕、慢、假、庸、散”作风顽疾，力戒形式主义、官僚主义，落实为基层减负要求，推动全省干部作风持续好转。切实抓好政治巡视巡察，对35个党组织开展常规巡视，统筹推进市县巡察，省、市、县三级党委巡视巡察覆盖率分别达76%、87.52%、85.09%，巡视巡察利剑作用更加彰显。始终保持惩治腐败高压态势，一体推进不敢腐、不能腐、不想腐，严肃查处颜赣辉、钟晓云等一批腐败分子，风清气正的政治生态建设取得新成效。加强党对一切工作的领导，扎实推进社会主义民主法治建设，推动新时代人大工作与时俱进创新发展，固本强基发展好人民政协事业，支持各民主党派和无党派人士履行职能、发挥作用，加强和改进群团工作，积极支持国防和部队建设，凝聚起团结奋进的磅礴力量。

回顾今年以来的工作，我们深感来之不易、成之惟艰。最让我们自豪的是，抗疫抗洪的伟大斗争，再次充分展示了人民领袖习近平总书记的坚强决断力和高超领导力，彰显了中国共产党领导和中国特色社会主义制度的强大生命力和巨大优越性，这也是我们党能够创造经济快速发展和社会长期稳定“两大奇迹”的“硬核密码”。最让我们感动的是，面对来势汹汹的新冠疫情和洪涝灾害，在以习近平同志为核心的党中央坚强领导下，全省人民风雨同舟、守望相助，广大医务工作者不畏生死、逆行出征，人民子弟兵闻令而动、敢打硬仗，广大干部群众夜以继日、拼搏奋战，各行各业的奋斗者挺身而出、无私奉献，共同谱写了一曲曲党群干群、军政军民共克时艰的时代凯歌。最让我们欣慰的是，尽管疫情、洪灾带来前所未有的冲击，但我省经济社会发展在大战大考中顶住了压力、经受住了考验，展现出强大韧性和巨大潜能，更加坚定了我们推进高质量跨越式发展的信心决心。只要我们始终遵循习近平总书记指引的方向奋勇前进，就一定能够战胜一切困难挑战，不断开创建设富裕美丽幸福现代化江西新局面。

二、抢抓发展机遇，准确把握决战决胜全面小康的形势任务

2020年如期全面建成小康社会，实现第一个百年奋斗目标，是我们党向人民、向历史作出的庄严承诺，也是实现中华民族伟大复兴中国梦的关键一步。今年是全面建成小康社会和“十三五”规划收官之年，现在离年底收官交账还有不到半年时间，已经到了一鼓作气向终点碰线冲刺的决胜时刻。我们必须清醒看到，江西与全国同步全面建成小康社会，既有坚实的基础条件，也面临繁重的艰巨任务，前进道路并不平坦，风险挑战依然严峻复杂。越是接近冲刺收官，越是咬紧牙关、攻坚克难的时候，越是比拼意志、攻城拔寨的时候。全省上下要做好充分的思想准备和工作准备，认清形势、坚定信心，抢抓机遇、迎难而上。

根据我省全面建成小康社会统计监测，2019年小康指数实现程度达96%，超七成指标提前达到目标要求，地区生产总值和城乡居民收入“两个翻番”目标提前实现，居民生活达到全面小康水平，基本养老和医疗保险覆盖率实现全面小康目标，脱贫攻坚战取得决定性进展，标志性、关键性领域取得重大突破，总体上已经基本实现全面小康目标。同时更要看到，我省也面临着一些不可避免又必须解决的问题和短板，主要是三大攻坚战任务依然繁重，社会民生领域短板较多，公共卫生设施亟待加强，科技创新能力明显不足，推进高质量跨越式发展的体制机制还不够健全等。特别是受这次疫情影响，加上近期严重的洪涝灾害，给我们完成既定目标任务带来更大挑战，对全面建成小康社会圆满收官带来新问题新考验。当前，世界百年未有之大变局正在加速演变，全球经济严重衰退，国际贸易投资萎缩，产业链供应链循环受阻，生产、消费供需两侧均受到冲击，部分企业特别是一些中小微企业生产经营困难，投资增长后劲不足，稳就业稳物价压力加大，各类风险隐患相互叠加。可以说，决战决胜全面小康，我们离这个目标只有一步之遥，但这一步是最艰难的一步，不仅时间紧任务重，更要面对各种困难，形势逼人、挑战逼人、使命逼人。

尽管形势严峻复杂，但疫情和洪灾的冲击是短期的、暂时的、总体可控的，江西仍处于大可作为的重要战略机遇期的基本面没有改变，我省经济企稳向好、整体向上的趋势没有改变，全省上下攻坚克难、干事创业的精气神没有改变。特别是随着中央一系列力度空前的逆周期调控政策加速实施，鄱阳湖国家自主创新示范区、江西内陆开放型经济试验区等国家战略红利加速释放，5G、VR、移动物联网等数字经济新动能加速壮大，我们有充足的信心、底气和能力，坚决打赢全面小康和“十三五”规划的收官之战。全省上下要坚持以习近平新时代中国特色社会主义思想为指导，深入贯彻习近平总书记视察江西重要讲话精神，聚焦“作示范、勇争先”的目标定位和“五个推进”的重要要求，在疫情防控常态化前提下，紧扣全面建成小康社会目标任务，牢牢把握稳中求进工作总基调，深入贯彻新发展理念，落实高质量发展要求，着力补短板、堵漏洞、强弱项，扎实做好“六稳”工作，全面落实“六保”任务，变压力为动力，化危机为生机，坚定信心、保持定力，增强倒计时的紧迫感，提振冲刺跑的精气神，全力以赴夺取全面建成小康社会最后胜利，为开启现代化建设新征程奠定坚实基础，努力描绘好新时代江西改革发展新画卷。

三、坚持问题导向，加大力度补上全面小康的短板弱项

全面建成小康社会牵涉到方方面面，但补短板是硬任务。要坚持问题导向目标导向效果导向，按照“短什么、补什么”的要求，咬定目标不放松，聚焦短板强攻坚，奋力跑好全面小康“最后一公里”。

第一，要一鼓作气打赢脱贫攻坚战。现行标准下农村贫困人口全部脱贫，是全面建成小康社会的底线任务，无论如何都必须确保如期完成。要坚决啃下剩余的“硬骨头”。我省剩余的9.6万贫困人口，虽然总量不大，但都是

贫中之贫、困中之困。要尽锐出战打好剩余贫困歼灭战，围绕“两不愁、三保障”目标，对未脱贫人口进行强力帮扶和挂牌督战，全面查漏补缺，加大攻坚力度，落实兜底保障，确保高质量完成脱贫攻坚目标任务。同时扎实做好城镇困难群众脱贫解困工作，确保全面小康路上一个都不少。要巩固脱贫攻坚成果。当前脱贫攻坚面临的最大变数，仍然是疫情和洪灾带来的不利影响。要加大落实力度，强化就业扶贫、产业扶贫和易地扶贫搬迁后续扶持，多措并举巩固脱贫成果，决不能因疫因灾改变脱贫时间、降低脱贫标准、影响脱贫质量。要完善防止返贫机制，充分发挥监测帮扶机制作用，密切关注受疫情和洪灾影响情况，及时做好返贫人口和新发生贫困人口的监测和帮扶，用好“防贫保险”政策，有效防止脱贫户返贫和边缘户掉队。脱贫攻坚普查工作已经启动，要按照中央部署要求，切实做好清查摸底、现场登记、审核验收、质量抽查等工作，坚决杜绝弄虚作假行为，确保普查真实、准确、及时、完整，经得起各方面检验。要做好脱贫攻坚“后半篇文章”。随着消除“绝对贫困”工作的完成，“相对贫困”问题仍将继续存在。要以消除绝对贫困为新起点，接续推进脱贫攻坚与乡村振兴战略有机衔接，按照产业兴旺、生态宜居、乡风文明、治理有效、生活富裕的总要求，健全完善支持乡村振兴的政策体系，推动脱贫摘帽地区走向全面振兴、共同富裕。脱贫攻坚不仅要做得好，而且要讲得好，要认真总结宣传脱贫攻坚的生动实践和历史性成就，深入开展扶贫扶志感恩行动，切实讲好脱贫故事，教育引导老区人民永远感党恩、听党话、跟党走。

第二，要全面完成污染防治攻坚战阶段性目标任务。截至6月底，我省污染防治攻坚战确定的13项刚性指标中，$PM_{2.5}$浓度、地表水优良比例等7项指标已达到2020年目标要求，但消灭Ⅴ类及劣Ⅴ类水、黑臭水体消除比例、受污染耕地安全利用率、污染地块安全利用率、氮氧化物排放量、空气质量优良天数比例6项指标还有差距。各地要清醒认识到，这些指标是动态的、变化的，我们的要求是只能变好、决不能变差。对已完成的指标，要持续巩固，努力做得更好。对尚未完成的指标，要加大力度，坚决把短板补上。要深入推进国家生态文明试验区建设，扎实做好“巩固、拓展、提升”三篇文章，坚决打赢污染防治攻坚战，为全面小康交上一份合格的生态答卷。巩固，就是要巩固三大保卫战成果。纵深推进蓝天、碧水、净土保卫战，深化城乡环境综合整治，推动生态环境质量持续好转。特别是要聚焦工业废气、扬尘污染、秸秆焚烧等重点问题整治，坚决打好蓝天保卫战，力争更多城市空气质量稳定达到国家二级标准。要深入推进长江经济带“共抓大保护”攻坚，大力实施“五河两岸一湖一江”全流域整治，加强山水林田湖草生命共同体建设，加快修复长江生态环境，打造水美岸美产业美的长江“最美岸线”升级版。要坚决打好长江和鄱阳湖重点水域禁捕退捕攻坚战，做细做实退捕渔民转产安置和生计保障工作，确保“禁得住、退得出、能小康”。这些工作我们一定要坚持反复抓、抓反复，常抓不懈，坚决防止出现反弹回潮。拓展，就是要拓展“两山”转化通道。深入践行“两山理论”，大力推进九江长江经济带绿色发展示范区、抚州生态产品价值实现机制试点，推广井冈山、婺源、靖安等“两山”实践创新基地建设经验，因地制宜开展绿色发展和生态产品价值转换工作，加快推动生态要素向生产要素、生态财富向物质财富转变。提升，就是要提升生态文明制度水平。国家生态文明试验区建设38项重点改革任务基本完成，19项已形成复制推广成果，要全面推广实施。要按照“源头严防、过程严管、后果严惩”的思路，加快构建具有江西特色的生态文明体系，切实把制度优势转化为治理效能。要深化生态环境流域改革、综合执法改革，强化绿色生产和绿色消费导向，推动实施跨省流域生态补偿机制，全面推行领导干部自然资源资产离任审计制度，落实生态环境损害责任终身追究制，着力打造生态环境保护的制度屏障。

第三，要织密织牢公共卫生防护网。这次疫情，暴露了我省公共卫生和医疗服务体系不少短板和弱项，坚持整体谋划、系统重塑、全面提升，加快健全完善公共卫生治理体系。要抓好早期监测预警这个关键。历次抗击重大传染病疫情的实践表明，必须加快形成从下到上早发现、早预警、早应对的体系，努力把疫情控制在萌芽状态。要坚持预防为主方针，把增强早期监测预警能力作为重中之重，全面加强疾控中心能力建设，完善传染病疫情和突发公共卫生事件监测系统，改进不明原因疾病和异常健康事件监测机制，努力健全覆盖全人群的传染病综合监测系统和预警响应机制。要夯实公共卫生服务体系这个基础。按照“平战结合、补齐短板”的要求，优化医疗卫生资源投入结构，做强省、市传染病医院，推进综合医院感染性疾病科建设，提升农村、社区基层防控能力，建立健全分级、分层、分流的传染病等重大疫情救治机制。要广泛开展爱国卫生运动，加强公共卫生安全立法和健康教育，坚决取缔和严厉打击非法野生动物市场和交易，革除滥食野生动物陋习，推动形成健康文明的生活新风尚。要彰显中医药发展这个优势。这次疫情防控和救治，我们加强中西医结合，推动中医药全程有效参与，取得良好效果。要充分发挥我省中医药独特优势，以国家中医药综合改革示范区建设为抓手，大力推进中医药科创城、中药国家大科学装置、中国中医科学院江西分院建设，加快推动中医药振兴发展，全面打响中医药强省品牌。上海合作组织传统医学论坛视频会即将举行，要精心组织办好，充分用好论坛成果，推动我省中医药传承创新发展。

第四，要扎实做好基本民生保障工作。改善民生是全面建成小康社会的内在要求。要始终坚持以人民为中心的发展思想，加快补齐民生短板，不断增强全面小康的民生成色。要千方百计保就业。就业是最大的民生，保就业就是保民生、稳人心。要坚持减负、援企稳岗、扩就业并举，全面落实稳企业保就业各项政策措施，扎实做好高校毕业生、退役军人、农民工、城镇困难人员等重点群体就业工作。特别是要拓宽高校毕业生就业渠道，加快落实各项扩招计划，鼓励大学毕业生到基层和企业一线就业，促进市场化社会化就业。要发挥创业带动就业倍增效应，大力支持返乡创业，促进多渠道灵活就业。要多措并举惠民生。坚持尽力而为、量力而行，深入实施民生工程，扎实办好社保、教育、医疗、文化、养老等民生实事。要稳步提高社会保障水平，扩大失业保险和低保保障范围，对因灾因病遭遇暂时困难的人员及时实施救助，兜牢社会保障底线。要加快补齐基础教育短板，加强城乡普惠性和公办幼儿园建设，深化教育教学改革，全面消除义务教育大班额，提高义务教育质量，大力推进职业教育综合改革提质创优。我省每千人口执业医生数仅为2.07人，全国平均是2.59人，差距比较大。要持续深化医改工作，大力发展互联网医疗，着力提升基层医疗水平，逐步解决优质医疗资源短缺和布局不合理问题。要深入推进文化强省建设，完善公共文化服务保障体系，加快补齐文化服务短板，丰富文化产品供给，推进文化产业高质量发展，切实增强文化软实力和综合竞争力。要以“党建+农村养老服务”为抓手，着力补齐农村养老服务短板，让农村留守老人老有所依，让在外子女省心放心。要创新治理稳大局。强化底线思维，树立“全周期风险管理”理念，积极稳妥做好后疫情和灾后时期的社会治理各项工作。要严格落实意识形态工作责任制，健全完善网络综合治理体系，切实维护意识形态领域安全。要深入推进平安江西、法治江西建设，加快推进市域社会治理现代化试点，大力推广退役军人事务“尊崇工作法”，健全多元化矛盾纠纷化解机制，提升网格化管理、组团化服务水平，深化扫黑除恶专项斗争，扎实做好安全生产工作，确保社会大局和谐稳定。这次严重的洪涝灾害和去年罕见的干旱，暴露了我省水利设施不足的短板。要抓住国家推进重大水利设施建设的机遇，抓紧谋划和推进建设一批重大水利项目，不断增强防灾减灾能力。

四、保持战略定力，坚定不移走好高质量跨越式发展之路

当前，我省发展正处在爬坡过坎、转型升级的关键阶段。全面小康收官之年又遭遇疫情、洪灾的大战大考，我们面临的形势更加错综复杂。越是在这个时候，越要保持战略定力，坚持新发展理念，坚决破除思维定势、克服路径依赖，以质量变革、效率变革、动力变革为引领，加快推动高质量跨越式发展。

*第一，要振兴实体经济加快动能转换。*实体经济是支撑高质量跨越式发展的根基。要坚持高端化、绿色化、智能化、融合化的产业发展方向，加快构建适应国内国际双循环的现代化产业体系，持续推动新旧动能转换。要用心用情用力帮扶企业。企业是市场的主体，稳住了企业才能稳住经济基本盘。要牢固树立“共渡难关”“抱团取暖”的理念，深入推进“降成本、优环境”专项行动，不折不扣落实国家和我省减税降费、纾困惠企政策，做到该减的减到位、该免的免到位、该降的降到位、该缓的缓到位，精准解决企业发展面临的融资、用工、用地、用能、物流等难题，切实打通政策落地“最后一公里”，确保各项纾困措施直达基层、直接惠及市场主体。各级领导干部要经常深入企业一线，了解企业特别是中小微企业和个体工商户经营面临哪些问题、如何化解，关键时刻拉一把，切实为市场主体排忧解难。要做优做强做大优势产业。近年来，我们在航空、电子信息、装备制造、中医药、新能源、新材料等优势产业上重点布局、聚力发展，取得了明显成效，得到了习近平总书记的充分肯定。要扭住优势产业不放松，深入实施产业链链长制，大力推进铸链强链引链补链，加快培育若干有竞争力的产业集群，推动产业链供应链价值链向中高端迈进。比如，航空产业要依托南昌航空城、景德镇航空小镇，优化提升技术研发、生产制造、人才培训等平台，加快构建完整的航空全产业链体系。新材料产业特别是稀土产业要以“中国稀金谷”建设为龙头，充分发挥中科院稀土研究院的引擎作用，延伸拓展稀土产业链，打造具有国际影响力的稀有金属产业基地和全国重要的新材料产业基地。要抓紧抓好抓实传统动能转型升级。主动适应产业升级、消费升级的需要，加大企业技改力度，深入实施“互联网+”“大数据+”“智能制造+”等行动，支持钢铁、有色金属、建材等传统优势产业加快数字化改造、智能化升级，持续推进企业技术改造和设备更新，促进传统产业焕发新的生机。要坚持绿色兴农、质量兴农、品牌强农，大力发展高效种养业和绿色食品业，抓好农产品精深加工，切实提高产品质量、产业效益和市场竞争力，加快推动农业大省向农业强省转变。要全面落实农业保险、粮食奖补等政策，扎实推进高标准农田建设和管理，千方百计稳定粮食生产，确保粮食安全。

*第二，要强化创新引领增创发展优势。*创新是引领发展的第一动力。无论是从无到有的产业培育，还是从有到优的转型升级，都必须牵住创新这个“牛鼻子”。要深入实施创新驱动发展战略，大力推进鄱阳湖国家自主创新示范区建设，加快推动以科技创新为核心的全面创新，推动更多创新资源要素加速向江西集聚。要提高科技创新支撑力。创新主体偏少、企业创新活力不够，研发能力偏弱、产学研用联系不紧，是制约我省创新发展的短板。要深入开展加大全社会研发投入攻坚行动，引导企业加大研发投入和研发平台建设力度，充分发挥高校、科研院所和新型研发机构作用，共建产业技术创新战略联盟，不断提升原始创新和集成创新能力。要围绕产业链部署创新链、围绕创新链布局产业链，做优做强重大创新平台，完善科技成果转化机制，提高产学研用一体化水平，充分激发创新创业创造活力。要加快培育新技术新产业新业态新模式。这次疫情，在加速产业链供应链重构的同时，也推动了一大批新技术新产业新业态新模式加速成长。要抢抓数字经济发展机遇，深入实施发展新经济培育新动能行动，着力发展共享经济、平台经济，加快发展新零售、在线消费、互联网医疗、线上教育、“宅经济”等新业态，积极发展跨境电商、直播电商、社群电商等新模式，努力培育形成新的增长点、增长极。目前，我省平台经济主要还是在服务共享上，数据中心、结算中心等关键环节都不在省内，要创造条件、有的放矢，积极争取落户，但也不能一哄而上。要以新基建为载体，大力推进5G、物联网、人工智能、工业互联网、区块链等数字经济发展，集中力量发展我省具有先发优势的重点数字产业，积极争创国家数字经济创新发展试验区。5G建设、03专项、VR产业三者要密切关联，在应用、硬件生产及内容建设上狠下功夫，形成产业集群，加快建设“物联江西”“智联江西”。要在人才引进上抢占先机。创新的根本在于人才，人才是最稀缺、最抢手的第一资源。各地要科学把握后疫情时期人才流动规律，抓紧研究出台更具吸引力的人才政策，以猛虎扑食的劲头争人才、抢人才，着

力引进一批发展急需的高层次人才，让更多大学生来赣留赣就业创业。要全力优化人才服务，发挥人力资源服务平台作用，以“保姆式”“妈妈式”服务为人才发展创造良好条件。共青城市创建人力资源服务产业园，搭建服务平台，引进全国知名的人力资源公司，做好人力资源的引进、使用和服务，值得学习借鉴。

第三，要深化改革开放增强动力活力。改革开放是社会发展进步的关键一招。推动高质量跨越式发展，亟须通过改革开放释放内需潜力、激发市场活力、增强内生动力、提高抵御风险能力。要坚定不移全面深化改革、扩大开放，加快释放发展的巨大潜力和强大动能，努力在改革开放中应变局开新局。要全面深化改革攻坚。坚持把抓好党的十八届三中全会以来部署改革任务的落实同完成“十三五”规划主要目标任务、决胜全面建成小康社会结合起来，加快资源要素市场化配置改革，深化“放管服”、国资国企、财税金融、农业农村等重点领域改革。要全面推行“一次不跑”“只跑一次”改革，大力开展政务服务“好差评”，在确保信息安全的基础上，不断完善提升“赣服通”服务功能，持续推进平台迭代升级，加强“赣政通”平台建设，打造全国“一网通办”标杆。要对标对表沿海先进地区，围绕破解企业办事的痛点堵点难点，深入实施优化提升营商环境十大行动，积极营造激励企业家干事创业的浓厚氛围，加快推进“五型”政府建设，努力打造“四最”营商环境。要加大财税金融改革力度，深入推进绿色金融改革创新试验区建设，为高质量跨越式发展提供金融支撑。当前，A股注册制改革加快推进，要抢抓机遇、科学运作，大力实施企业上市“映山红”行动，发挥IPO扶贫绿色通道作用，推动和帮助更多企业实现上市。要全面扩大高水平开放。认真落实好《江西内陆开放型经济试验区建设实施方案》，主动融入共建“一带一路”、长江经济带、长三角一体化、粤港澳大湾区建设，着力构建内外并举、全域统筹、量质双高的高水平开放新格局。我们提出的政策还需国家各部委认可，省有关部门一定要主动对接争取，紧盯不放、做好工作。要按照“南下东进、北上西联、构建枢纽”的要求，重点推进南昌港、九江港、赣州国际陆港、上饶港等口岸建设，加快整合、优化、完善全省口岸布局，大力发展多式联运，推动赣欧（深赣欧）班列常态化运行，建设口岸经济综合体，构建标准统一、布局合理、竞争有序、运行高效的口岸体系。要加大招商引资工作力度，深入研究产业梯度转移规律，找准企业的关注点、利益点，以各类开发区为主战场，有针对性地开展产业链招商、以商招商，在全力争取世界500强、行业龙头、知名民企落户的同时，积极引进一批中小科技型企业特别是行业隐形冠军企业，推动更多大项目好项目落户江西，促进开放型经济提质增效发展。需要强调的是，招商引资工作要立足招大引强、绿色发展，严把项目准入关，千万不能“一哄而上”，盲目上一些“低、小、散”项目。要深入实施“一圈引领、两轴驱动、三区协同”区域发展战略，充分发挥各自优势，切实加强协同联动，做优做强大南昌都市圈，加快建设沪昆、京九高铁经济带，纵深推进赣南等原中央苏区振兴发展、赣东北开放合作、赣西转型升级，不断提升区域经济发展水平。

五、加强党的领导，为全面建成小康社会提供坚强保证

全面建成小康社会，关键在党。越是决战决胜关头，越要坚持和完善党的领导。要全面贯彻新时代党的建设总要求，充分发挥党总揽全局、协调各方作用，大力弘扬井冈山精神、苏区精神、长征精神，广泛凝聚起决战决胜全面小康的强大合力。

第一，要不断提升党的建设水平。严格落实管党治党主体责任，全面加强新时代党的建设，引导全省广大党员干部切实增强“四个意识”、坚定“四个自信”、做到“两个维护”。每一个党员干部，对国之大者要心中有数。党中央关心的，就是要时刻关注的；党中央强调的，就是要坚决落实的，在这个问题上必须头脑特别清醒、行动特别迅速。要坚持不懈强化理论武装，把学懂弄通做实习近平新时代中国特色社会主义思想作为长期战略任务，当前特别是要深入学习贯彻《习近平谈治国理政》第三卷，及时跟进学习习近平总书记最新重要讲话重要指示精神，推动学习贯彻往深里走、往心里走、往实里走。要巩固拓展主题教育成果，按照党中央部署要求建立不忘初心、牢记使命的制度，把主题教育焕发出来的政治热情和奋斗精神，转化为决战决胜全面建成小康社会的实际成效。要牢固树立大抓基层的鲜明导向，提升党支部标准化规范化信息化建设水平，选优配强基层党组织书记，持续整治软弱涣散基层党组织，推进基层党组织全面进步全面过硬。

第二，要强化担当实干鲜明导向。习近平总书记强调，社会主义是干出来的，新时代也是干出来的。决战决胜全面小康的路上，容不得半点懈怠。要始终坚持发展为先、实干为本，以“坐不住、等不起、慢不得”的紧迫感，与时间赛跑、向目标奋进，干好每一天、干好每件事，做到不负时代、不负人民、不负历史。要坚持党管干部原则，落实好干部标准，牢固树立选人用人的正确导向，把决战决胜全面小康作为最好的“赛马场”，切实把那些敢担当、善作为，关键时刻站得出来、顶得上去的干部选出来用起来。要营造担当实干的浓厚氛围，激励党员干部特别是优秀年轻干部以实干立身、凭实绩说话，勇于向好的学、向强的比、向高的攀，在应对重大挑战、抵御重大风险、克服重大阻力、解决重大矛盾中建功立业。

第三，要持续深化正风肃纪反腐。决战决胜全面小康，需要一个良好的政治生态。要持之以恒加强作风建设，严格落实中央八项规定精神，坚决整治“怕、慢、假、庸、散”作风顽疾，力戒形式主义、官僚主义，切实为基层松绑减负，让干部有更多时间和精力抓落实。要深化政治巡视巡察，大力推进政治监督具体化常态化，从严从实做好日常监督，聚焦决战脱贫攻坚、决胜全面小康加强监督，推动各级党组织和各级领导干部尽锐出战、善作善成，确保党中央各项决策部署在江西落地生根、开花结果。要保持惩治腐败的高压态势，坚决全面彻底肃清苏荣案余毒，坚决整治群众身边的腐败和作风问题，一体推进不敢腐、不能腐、不想腐，巩固和发展反腐败斗争压倒性胜利，持续建设风清气正的良好政治生态。

同志们，决战决胜全面建成小康社会的冲锋号已经吹响。让我们更加紧密地团结在以习近平同志为核心的党中央周围，坚持以习近平新时代中国特色社会主义思想为指导，深入贯彻习近平总书记视察江西重要讲话精神，坚定信心、保持定力，担当实干、攻坚克难，全力以赴做好各项工作，确保全面建成小康社会和“十三五”规划圆满收官，努力描绘好新时代江西改革发展新画卷。

在省委十四届十二次全体（扩大）会议第一次全体会议上的讲话

（2020年11月26日）

省委书记　刘　奇

同志们：

这次省委全会的主要任务是，以习近平新时代中国特色社会主义思想为指导，全面贯彻党的十九大和十九届二中、三中、四中、五中全会精神，深入贯彻落实习近平总书记视察江西重要讲话精神，听取和讨论省委常委会工作报告，审议通过《中共江西省委关于制定全省国民经济和社会发展第十四个五年规划和二〇三五年远景目标的建议》，动员全省上下坚定信心、锐意进取、担当实干，奋力开启全面建设社会主义现代化新征程，描绘好新时代江西改革发展新画卷。

现在，我受省委常委会委托，向全会报告工作。

今年是全面建成小康社会和“十三五”规划收官之年，也是极不平凡、极不寻常、极为不易的一年。面对突如其来的新冠肺炎疫情和鄱阳湖流域超历史大洪水，在以习近平同志为核心的党中央坚强领导下，省委常委会坚持以习近平新时代中国特色社会主义思想为指导，深入学习贯彻习近平总书记视察江西重要讲话精神，坚持稳中求进工作总基调，全面贯彻新发展理念，落实高质量发展要求，大力弘扬井冈山精神、苏区精神和长征精神，团结带领全省干部群众统筹抗疫情、战洪水、促发展，万众一心、众志成城、担当实干，推动经济社会发展和党的建设各项事业取得新成效。

一、深学笃行习近平新时代中国特色社会主义思想，更加坚定自觉做到“两个维护”

省委认为，习近平新时代中国特色社会主义思想是实现中华民族伟大复兴的行动指南，必须持续在学懂弄通做实上下功夫，自觉用以武装头脑、指导实践、推动工作，引导广大干部群众从根本上增强“四个意识”、坚定“四个自信”、做到“两个维护”，始终在思想上政治上行动上同以习近平同志为核心的党中央保持高度一致，努力把江西打造成为最讲党性、最讲政治、最讲忠诚的地方。

*深化学习研讨。*坚持把学习贯彻习近平新时代中国特色社会主义思想作为首要政治任务，分专题深入学习《习近平谈治国理政》第三卷，及时跟进学习习近平总书记重要讲话重要指示批示精神，切实领悟精神实质、把握精髓要义，自觉做到真学真懂真信真用。省委理论学习中心组带头围绕党章、习近平总书记关于统筹推进疫情防控和经济社会发展的重要论述等主题，进行了9次集体学习研讨。深入学习贯彻党的十九届五中全会精神，先后召开省委常委会（扩大）会议、全省领导干部会议、省委理论学习中心组集体学习会传达学习，印发《关于认真学习宣传贯彻党的十九届五中全会精神的通知》，对学习宣传贯彻工作进行部署，推动党的十九届五中全会精神入脑入心、落实落地。

*广泛教育宣讲。*深入实施习近平新时代中国特色社会主义思想教育培训计划，坚持把习近平新时代中国特色社会主义思想作为干部教育的主课、必修课，共培训各级各类干部30.5万人次。加强理论研究阐释，深入开展理论宣传宣讲活动，特别是注重用好抗疫抗洪扶贫等生动教材，教育引导全省干部群众更加坚定自觉地听党话、感党恩、跟党走。扎实推动党的创新理论大众化普及化，加强“学习强国”平台使用和江西分平台建设管理，让党的创新理论更好“飞入寻常百姓家”。组织学习贯彻党的十九届五中全会精神省委宣讲团，省委领导同志带头深入基层一线，开展形式多样的宣传宣讲活动，在全省迅速掀起了学习宣传贯彻党的十九届五中全会精神的热潮。

*全面贯彻落实。*完善推动党中央重大决策部署督查落实问责机制，认真梳理贯彻落实习近平总书记重要讲话重要指示批示、党中央重大决策部署情况，加大督查督办工作力度，引领全省上下跟上节奏、踩稳脚步、抓好落实。组织开展习近平总书记视察江西一周年系列活动，聚焦“作示范、勇争先”目标定位和“五个推进”重要要求，牢记嘱托、感恩奋进，走好新时代长征路，脚踏实地一步步把习近平总书记擘画的宏伟蓝图变为现实。召开省委十四届十一次全会，动员全省上下凝心聚力决战脱贫攻坚、决胜全面建成小康社会。精准对标对表党中央精神，紧密结合江西实际，坚持开门问策、集思广益，认真抓好全省“十四五”规划编制工作，推动党中央各项决策部署在赣鄱大地落到实处。

二、坚持人民至上、生命至上，扎实做好疫情防控和防汛救灾工作

省委认为，面对疫情汛情的严重冲击，必须全面贯彻落实党中央决策部署，坚持人民至上、生命至上，紧紧依靠人民、广泛发动群众，坚决打好疫情防控的人民战争、总体战、阻击战，坚决打好防汛抗洪抢险救灾攻坚战，切实维护人民生命安全和身体健康。

慎终如始抓好疫情防控。疫情发生后，省委坚决贯彻习近平总书记提出的"坚定信心、同舟共济、科学防治、精准施策"的总要求，快速响应、高效指挥、有力应对，推动疫情防控取得重大战略成果。及时启动重大突发公共卫生事件Ⅰ级响应，成立省委应对疫情工作领导小组，建立疫情联防联控工作机制，构建了集中统一、上下协同、运行高效的指挥体系。严格落实"早发现、早报告、早隔离、早治疗"的防控要求，统筹全省医疗资源，坚持中西医结合，全力救治感染患者，千方百计提高收治率和治愈率、降低感染率和病亡率，确诊病例治愈出院率达99.9%。我们用14天时间就初步遏制了疫情蔓延势头，用27天时间将本土每日新增病例控制在个位数以内，用51天时间将住院确诊病例全部清零。同时，按照中央统一部署，先后派出11批次13支医疗队1271人驰援武汉、驰援随州，派出医疗工作组援助乌兹别克斯坦，为打赢武汉保卫战、湖北保卫战和推进全球抗疫斗争作出了江西贡献。按照"外防输入、内防反弹"要求，严格落实常态化疫情防控各项措施，扎实做好秋冬季疫情防控工作，坚决守住不发生输入性本地关联病例、不出现本地聚集性疫情两条底线。这项工作还在进行中，必须始终绷紧疫情防控这根弦，落细落实精准防控措施，坚决防止疫情出现反复。

全力以赴防汛抗洪抢险救灾。7月以来，鄱阳湖流域发生严重洪涝灾害，省委坚决贯彻落实习近平总书记关于防汛救灾工作的重要指示精神，立足防大汛、抗大洪、抢大险、救大灾，科学分析研判、集结各方力量、压紧压实责任，推动防汛抗洪斗争取得全面胜利。根据防汛形势和灾情变化，及时启动防汛Ⅰ级应急响应，召开省委常委会会议、全省防汛工作视频调度会等专题研究部署防汛救灾工作，以战时标准、战时状态、战时纪律，全力以赴打好防汛抗洪抢险救灾攻坚战。加强预测预警预判，加大巡堤查险力度，实行省领导包片分工责任制，统筹协调各类应急防汛抗洪抢险力量，科学高效开展抢险救援工作。全省干部群众积极行动，广大人民解放军、武警官兵奋战在抗洪抢险第一线，发挥了中流砥柱作用。紧紧围绕"不死人、少伤人、少损失"的目标，出现险情果断疏散转移群众，妥善安置安抚受灾群众，加快恢复灾后生产生活秩序。全省累计投入300多万人次，处置险情2000多处，转移安置群众70多万人，最大限度减少了洪涝灾害损失。

三、落实高质量发展要求，全力推动经济发展呈现持续向好态势

省委认为，面对国内外环境的深刻复杂变化，面对疫情汛情的严重冲击影响，必须毫不动摇贯彻新发展理念，在常态化疫情防控条件下，加快推进高质量跨越式发展，努力推动经济运行企稳向好、稳中有进、稳中提质。

着力稳定经济增长。始终坚持"两手抓、两手硬"，统筹推进疫情防控和经济社会发展，扎实做好"六稳"工作、全面落实"六保"任务，有力有序全面恢复经济社会发展秩序。积极稳妥抓好复工复产复市复学，较早全面取消国道、省道、高速公路等出入口疫情防控检疫点，通过畅通产业循环、市场循环、经济社会循环，推动全省经济逐月回升、逐季提速。出台有效应对疫情稳定经济增长"20条"和落实"六稳""六保"任务"20条"等政策措施，深入实施商贸消费升级"五大行动"，扎实开展"项目建设提速年"活动，加大力度实施援企稳岗、帮扶市场主体，不断巩固经济增长的基础。前三季度，全省GDP增长2.5%；1—10月，固定资产投资增长7.6%，规上工业增加值增长3.4%，社会消费品零售总额增长0.3%，主要经济指标增速继续保持全国前列。

加快新旧动能转换。深入实施产业高质量跨越式发展行动，出台《江西省大力推动制造业高质量发展实施方案》，"一产一策"发展航空、电子信息、装备制造、中医药、新能源、新材料等优势产业，加快现代服务业提质升级。针对产业链、供应链受阻问题，积极融入构建新发展格局，创新实施产业链链长制，大力推进铸链强链引链补链工程。深入实施创新型省份建设三年行动，扎实推进鄱阳湖国家自主创新示范区、景德镇国家陶瓷文化传承创新试验区建设，加大科技型企业梯次培育力度，中科院赣江创新研究院正式挂牌成立，中科院江西育成中心、江西适航审定中心、中国中医科学院江西分院等投入运行，创新驱动能力持续增强。召开全省数字经济创新发展大会，抢抓机遇推动数字经济创新发展。前三季度，全省高新技术产业、战略性新兴产业占规上工业的比重分别为37.8%、22.5%，同比提高2.0、1.4个百分点。

坚决打好三大攻坚战。出台有效应对疫情坚决打赢脱贫攻坚战的意见，抓好中央脱贫攻坚专项巡视"回头看"反馈问题整改，聚焦剩余的9.6万贫困人口，精准落实脱贫攻坚各项措施。全省25个贫困县全部摘帽退出，贫困发生率降至0.27%，在国家脱贫攻坚成效考核中综合评价为"好"。扎实推进城镇贫困群众脱贫解困工作，24.2万城镇贫困群众实现脱困退出，36.8万存量对象全面纳入兜底保障。纵深推进国家生态文明试验区建设，扎实做好中央环保督察及其"回头看"、长江经济带生态环境警示片反馈问题整改，深入推进长江经济带"共抓大保护"攻坚行动，实施"五河两岸一湖一江"全流域治理，打好蓝天、碧水、净土保卫战。深入开展野生动物保护专项整治行动，加强鄱阳湖湿地和候鸟保护，扎实做好重点水域禁捕退捕工作。1—10月，全省空气优良天数比例95.9%，国考断面水质优良率96%，生态环境质量持续提升。积极防范化解重大风险，严厉打击非法集资等金融乱象，稳妥管控化解地方政府存量债务，全面推行房地产市场稳控目标管理，强化国有企业债务约束，规上工业企业资产负债率为56%，低于全国0.7个百分点，防范化解重大金融风险取得阶段性成效。

统筹区域城乡协调发展。全面实施“一圈引领、两轴驱动、三区协同”区域发展战略,加快建设大南昌都市圈,协同推进赣南等原中央苏区振兴发展、赣东北开放合作、赣西转型升级,赣江新区管理体制改革稳步推进。全面实施城市功能与品质提升三年行动,加快污水处理、垃圾环卫等设施建设,完善停车场、便利店、文体等便民设施,持续推进地下综合管廊、海绵城市、公园城市、智慧城市建设和背街小巷改造、“城中村”改造、城郊结合部整治,城市生活更加宜居宜业。出台《江西省贯彻〈中国共产党农村工作条例〉实施办法》,全面加强“三农”工作,扎实推进农业农村现代化。深入实施“藏粮于地、藏粮于技”战略,建成高标准农田170.4万公顷,占全省耕地面积55.15%。抓好粮食生产和生猪稳产保供,全省粮食生产再获丰收、总产预计433亿斤,10月末生猪存栏1532万头、同比增长53.8%。深入开展爱国卫生运动,深化城乡环境综合整治,健全村庄整治、生活垃圾治理、厕所革命和污水处理机制,农户水冲卫生厕所达89.8%,村庄生活垃圾有效治理率97.6%,城乡环境面貌持续改善。

四、深入推进改革开放,切实增强经济社会发展的动力和活力

省委认为,发展环境越是严峻复杂,越要用好改革开放这个“关键一招”,充分发挥改革开放的突破和先导作用,持续推动改革攻坚、开放提升,为高质量跨越式发展提供强大动力。

全面深化改革攻坚。加强对改革工作的领导,先后召开5次省委深改委会议,审议通过改革文件30个,部署改革任务233项。全面落实党的十八届三中全会以来部署的各项改革举措,中央深改委审议通过需要江西贯彻落实的改革事项完成率达90.08%。出台《关于新时代加快完善社会主义市场经济体制的实施意见》,深化要素市场化配置改革。深入推进“放管服”改革,省本级依申请政务服务事项实现“一次不跑”或“只跑一次”比例达95.3%,优化提升“赣服通”功能,加快“赣政通”建设,建成全省统一的“区块链+政务服务”基础平台,“掌上办”事项数量、证照种类、跨省数据居全国前列。持续深化“降成本、优环境”专项行动,出台《关于优化营商环境支持民营企业改革发展的实施意见》,加大减税降费力度,前三季度为企业减负1458亿元。出台《江西省深化事业单位改革试点工作方案》,稳步推进深化事业单位改革试点工作。国资国企、财税金融、农业农村等重点领域改革稳步推进、成效明显。

着力提升开放水平。全面启动江西内陆开放型经济试验区建设,深度融入共建“一带一路”、长江经济带、长三角一体化、粤港澳大湾区等国家战略,着力构建内外并举、全域统筹、量质双高的高水平开放新格局。赣州、九江跨境电子商务综合试验区、井冈山综合保税区建设全面铺开。深入推进“三同”试点,推动赣欧班列精品线路和铁海联运稳定开行,开通“深赣欧”跨境班列,积极拓展航空货运,提升投资贸易自由化便利化水平,电子信息、医疗物资等出口贸易快速增长。成功承办上海合作组织传统医学论坛、中巴经济走廊政党共商机制第二次会议、第五届中非青年大联欢活动,举办2020世界VR产业大会、正和岛(江西)创变者年会、江西智库峰会暨国家级大院大所产业技术进江西、南昌飞行大会等重大活动,坚持线上线下相结合,创新方式抓招商、优服务。1—10月,全省实际利用外资增长7.4%,外贸出口增长18.8%。

五、扎实推进治理体系和治理能力建设,加快提升省域治理现代化水平

省委认为,推进全省治理体系和治理能力现代化,必须坚持党的领导、人民当家作主、依法治国有机统一,坚持人民主体地位,紧密结合省情实际,加快构建系统完备、科学规范、运行有效的制度体系,更好体现人民意志、保障人民权益、激发人民创造。

切实加强地方人大工作。深入学习贯彻习近平总书记对地方人大及其常委会工作的重要指示精神,大力支持省人大常委会依法履职,通过人民代表大会制度保证党中央重大决策部署得到全面贯彻和有效执行。省人大常委会出台《关于依法全力做好新型冠状病毒肺炎疫情防控工作的决定》,修改《江西省实施〈中华人民共和国野生动物保护法〉办法》,检查全国人大常委会有关决定实施情况,为打好疫情防控阻击战提供有力法治保障。认真抓好《民法典》学习贯彻。聚焦治理急需、群众期盼,加强乡村振兴、农村供水、促进中小企业发展、金融监管等地方立法工作。围绕做大做强农产品加工业、养老服务、优化营商环境、土壤污染防治、高等教育发展、“十三五”规划实施和“十四五”规划编制等,听取专项报告、开展执法检查,创新完善监督工作方式。健全完善代表工作机制,充分发挥各级人大作用,加强县乡人大建设,持续畅通社情民意表达渠道。

扎实做好人民政协工作。深入学习贯彻习近平总书记关于加强和改进人民政协工作的重要思想,召开省委政协工作会议,出台《关于新时代加强和改进人民政协工作的实施意见》。坚持建言资政与凝聚共识双向发力,充分发挥政协人才荟萃、联系广泛、智力密集的优势和政协委员跨界别、跨学科、跨领域的特点,围绕中心大局,优化选题立项,组织开展应对疫情影响、“十四五”规划编制、旅游康养产业发展、营商环境改善、干部作风转变等重大课题研究,形成一批高质量调研协商成果。建立健全凝聚共识工作的制度机制,坚持大团结大联合,坚持一致性和多样性统一,通过人民政协制度运行、民主程序和有效工作,把党的主张转化为社会各界的共识,不断巩固共同思想政治基础。完善政协专门协商机构制度,压紧压实履职“责任链”,强化委员责任意识,增强委员履职的积极性、主动性,协商议政质量进一步提升。

广泛凝聚社会各界合力。加强和改进统战工作,召开党外人士学习座谈会、情况通报会、征求意见座谈会,引导全省统一战线成员始终同中国共产党想在一起、站在一起、干在一起。支持各民主党派和无党派人士履行职能、发挥作用,引导各民主党派、工商联、无党派人士以调研报告、建议等形式每季度向省委报送意见建议。加强对非公有制经济人士、党外知识分子和新的社会阶层人士的团结

引导。充分发挥统一战线优势作用，广泛凝聚全省统一战线助力疫情防控、抗洪救灾和决战脱贫攻坚、决胜全面小康。依法加强民族宗教事务管理，坚决抵御非法宗教向高校、农村等领域渗透。积极做好工会、共青团、妇联、文联、社联、残联、侨联、台联、科协、红十字会等群团工作。压紧压实党管武装责任，推进军民融合深度发展，支持驻赣部队和武警部队建设改革，加强国防动员和后备力量建设，党管武装和双拥工作水平明显提升。

维护社会大局和谐稳定。坚决贯彻总体国家安全观，聚焦影响国家安全、社会安定、人民安宁的突出问题，持续固根本、扬优势、补短板、强弱项，全面提高公共安全保障能力，牢牢守住安全发展底线。深化法治江西建设，进一步规范行政权力运行，全面落实司法责任制，大力支持法院、检察院依法履职。出台《关于加快推进新时代社会治理现代化建设更高水平平安江西的实施意见》，坚持共建共治共享方向，大力推进社会治理创新，认真抓好市域社会治理现代化试点工作，着力提升网格化管理、组团式服务水平，我省连续16年获全国综治考评优秀省。强化“打伞破网”“打财断血”，纵深推进扫黑除恶专项斗争。扎实做好后疫情时期工作，加大矛盾纠纷排查化解力度。严格落实安全生产责任，深入开展专项整治三年行动，全省安全生产形势总体稳定。

六、加强和改进宣传思想文化工作，充分激发爱党爱国爱社会主义的强大正能量

省委认为，面对新形势新任务新要求，必须紧紧扭住举旗帜、聚民心、育新人、兴文化、展形象的使命任务，把握正确导向，坚持守正创新，大力加强和改进新形势下宣传思想文化工作，更好坚定主心骨、汇聚正能量、振奋精气神。

巩固壮大主流思想舆论。出台《关于贯彻〈中国共产党宣传工作条例〉的若干措施》，精心组织重大主题宣传，深入开展“脱贫攻坚的江西故事”“走向我们的小康生活”等系列宣传活动，营造决胜全面建成小康社会的浓厚氛围。围绕抗疫情、战洪水、促发展，加强新闻宣传和舆论引导，深入解读“六稳”“六保”政策措施，引导广大干部群众坚定信心、稳定预期。开展“红色基因代代传”等活动，推进长征国家文化公园江西段建设，建设江西省爱国主义教育基地数字展馆。推动传统媒体和新兴媒体深度融合发展，建成省融媒体中心，实现县级融媒体中心建设全覆盖，形成全省“一盘棋、一张网、一体化”媒体融合发展格局，主流媒体传播力、引导力、影响力、公信力进一步增强。

全面加强意识形态工作。坚持把意识形态工作摆在极端重要的位置，出台《关于贯彻〈党委（党组）意识形态工作责任制实施办法〉的实施细则》《全省党委（党组）意识形态工作责任制考核方案》，专题研究意识形态工作，定期通报意识形态领域情况，及时研究解决重大问题，牢牢把握意识形态工作领导权。完善意识形态工作督查、考核机制，开展省委巡视意识形态工作责任制专项检查，推动意识形态工作落细落实。加强意识形态阵地建设和管理，出台《关于加快建立网络综合治理体系的实施方案》，深入开展高校、农村、网络意识形态问题全面排查和专项整治，一些苗头性、倾向性问题得到及时有效整改，全省意识形态领域总体平稳可控。

提升精神文明建设水平。出台《江西省贯彻〈新时代爱国主义教育实施纲要〉的若干措施》，培育践行社会主义核心价值观，加强青少年思想政治教育和爱国主义教育，开展高校“红色走读”活动，大力弘扬伟大抗疫精神和抗战精神、抗美援朝精神，极大激发了全省干部群众爱党爱国爱社会主义的热情。制定《江西省新时代公民道德建设实施方案》，深入实施公民道德建设工程，挖掘选树宣传先进典型人物，推出全国“时代楷模”九江市消防救援支队先进事迹，进一步唱响“江西好人”品牌。深入开展群众性精神文明创建活动，突出抓好文明城市创建工作，萍乡市、景德镇市和宜丰县、玉山县、芦溪县、大余县入选第六届全国文明城市，南昌市、赣州市、吉安市和南昌县复查确认保留全国文明城市荣誉称号。深化拓展新时代文明实践中心建设试点，加强党的基层阵地资源整合，创新开展“我们的节日”文明实践活动，更好发挥服务凝聚群众、宣传教育群众、组织动员群众的功能。

大力推进文化强省建设。围绕决胜全面小康、决战脱贫攻坚、疫情防控等重大主题，结合纪念抗日战争胜利75周年、抗美援朝出国作战70周年，深入实施文艺精品创作生产，组织创作电影《邓小平小道》、电视剧《井冈山儿女》、话剧《支部建在连上》等一批优秀文艺作品。加强基本公共文化服务体系建设，广泛开展“万名文艺家下基层”

9月26日，民族音乐剧《云上凤凰》在三清山剧场参加江西省第三届少数民族艺术节开幕式演出

上饶市歌舞话剧团供

“红色经典进万村”等文化惠民活动。成功举办“文化的力量——2020江西文化发展巡礼”、庐山国际爱情电影周等系列文化活动，推出汉代海昏侯国遗址公园等一批精品文化旅游路线，推动“天工开物园”文创品牌建设，赣鄱文化影响力持续增强。大力推动文化产业高质量发展，做优做强做大国有文化企业，加快建设景德镇国家陶瓷文化传承创新试验区、南昌综合文化产业引领区、赣州特色文化产业聚集区。前三季度，全省规模以上文化企业实现营业收入1561.2亿元，同比增长16.6%。

七、持续保障和改善民生，不断增强人民群众的获得感幸福感安全感

省委认为，民心是最大的政治，必须深入践行以人民为中心的发展思想，始终把人民放在心中最高位置，把群众满意作为检验工作的最高标准，想群众之所想、急群众之所急、解群众之所困，用心用情用力办好民生实事，不断增进民生福祉。

有效应对疫情汛情影响。认真落实惠民举措、强化民生保障，着力解决人民群众的所急所忧所思所盼，最大限度减少疫情汛情对群众生活造成的影响。针对疫情初期口罩、防护服等医疗物资紧缺的问题，想方设法筹措物资，组织人员、调拨资金，全力帮助医疗物资生产企业复工达产。着力稳定市场供应，加强物资调配，持续抓好粮食、蔬菜、猪肉等保供稳价工作，严厉打击扰乱市场秩序的违法犯罪行为，有序引导市民理性消费，保证市场供应平稳有序。强化稳就业扩就业举措，开展“保用工稳就业”专项行动和“百万大招工”行动，突出做好高校毕业生、退役军人、农民工、城镇困难人员等重点群体就业工作。截至10月底，已发放企业稳岗返还资金11.18亿元，创业担保贷款带动就业56万人次；全省城镇新增就业40.39万人，完成年度计划的109%。

扎实办好民生实事。坚持尽力而为、量力而行，聚焦人民群众的操心事、烦心事、揪心事，全面推进51件民生实事落实。加强社会保障体系建设，降低社保费率，建立基本养老金合理调整机制，稳步提高城乡低保、特困供养、孤儿养育等基本民生保障水平。抓好退捕渔民转产安置和生计保障，确保基本生活不受影响。大力推广“尊崇工作法”，积极做好军人军属、退役军人和其他优抚对象优待工作。加强保障性安居工程建设，因地制宜开展城镇老旧小区改造，新开工棚户区改造20.42万套，建设公共租赁住房77.63万套。

全面发展社会事业。落实立德树人根本任务，出台《江西省加快推进教育现代化建设教育强省实施纲要2035》《关于深化教育教学改革全面提高义务教育质量的实施意见》，召开省部共建职业教育创新发展高地大会，加快建设教育强省，努力办好人民满意的教育。全面推进健康江西建设，着力补齐疫情暴露的公共卫生服务短板，加快推进发热门诊改建和核酸检测能力提升，全省三级综合医院、二级综合医院核酸检测能力覆盖率分别为95.35%、44.69%。持续深化医药卫生体制改革，2259个县域内定点医疗机构均实现了先诊疗后付费和“一站式”即时结算。出台《关于促进中医药传承创新发展的实施意见》，加快中医药强省建设。出台《江西省积极应对人口老龄化实施方案》，深入实施养老服务体系建设发展三年行动计划，加快健康养老产业发展。

八、大力加强党的建设，持续推动全面从严治党向纵深发展

省委认为，全面从严治党永远在路上，必须深入贯彻新时代党的建设总要求，坚持思想建党和制度治党同向发力，把严的主基调长期坚持下去，全面提升党的建设质量水平，努力把全省各级党组织锻造得更加坚强有力，切实担当起肩负的政治责任和使命。

突出加强党的政治建设。坚持以党的政治建设统领全面从严治党各项工作，召开“不忘初心、牢记使命”主题教育总结大会，印发《关于做好“不忘初心、牢记使命”主题教育后续工作巩固扩大主题教育成果的通知》，巩固深化主题教育成果。充分运用红色资源优势，大力推进红色基因传承，深入开展党史、新中国史、改革开放史、社会主义发展史教育，严守党的政治纪律和政治规矩，让革命老区忠诚于党的红色基因代代相传。提高政治站位，自觉接受监督，积极配合做好中央第五巡视组对我省开展常规巡视工作。

深入贯彻新时代党的组织路线。牢固树立大抓基层的鲜明导向，大力加强各级领导班子建设，持续整顿软弱涣散基层党组织，提升基层党建标准化规范化信息化水平，各级党组织创造力凝聚力战斗力明显增强。坚持党管干部原则，把强化政治素质考察作为识别评价干部第一位的任务，出台《省管领导干部政治素质考察办法（试行）》，建立党政正职政治素质档案，坚决把政治上的“两面人”挡在门外、清理出去。落实好干部标准，贯彻新修订的《干部任用条例》《干部考核条例》和《2019—2023年全国党政领导班子建设规划纲要》，健全选贤任能机制，构建素质培养、知事识人、选拔任用、从严管理、正向激励五大体系，加大干部交流力度，大力发现培养选拔优秀年轻干部。深入贯彻全国干部监督工作会议精神，强化干部政治监督，认真抓好选人用人专项检查和个人有关事项报告等工作。深入实施人才强省战略，加快推进省高层次人才产业园建设，加大引才、育才、用才力度。持续开展“新时代赣鄱先锋”选树学活动，认真做好第六届全省“人民满意的公务员”和“人民满意的公务员集体”评选表彰工作，及时奖励先进集体和个人，扎实推进激励干部担当作为政策措施落实，全省上下担当实干的氛围更加浓厚。

坚定不移推进正风肃纪反腐。严格执行中央八项规定及其实施细则精神，持续整治“怕、慢、假、庸、散”等作风顽疾，坚决破除形式主义、官僚主义。紧盯“四风”隐形变异问题，坚决整顿领导干部以微信群为媒介搞“小圈子”吃吃喝喝的问题，坚决制止餐饮浪费行为，全省查处违反中央八项规定精神问题8103起、处理10997人。落实为基层减负要求，下发《关于狠抓落实持续为基层减负的通知》，推动基层减负工作取得新成效。牢固树立过“紧日子”思想，大力压减一般性支出，切实做到勤俭节约办事业。充

分发挥巡视巡察利剑作用，出台《关于进一步推进全省巡视巡察工作高质量发展的若干意见》，开展十四届省委第八轮、第九轮巡视，对69个党组织开展常规巡视，统筹推进市县巡察，省市县三级党委巡视巡察覆盖率分别为87.4%、89.2%、90%。大力推进政治监督具体化常态化，出台《关于开展政治谈话加强对"一把手"和领导班子监督的意见》，推动"两个责任"贯通协同。保持惩治腐败高压态势，一体推进不敢腐、不能腐、不想腐，坚决全面彻底肃清苏荣案余毒，持续整治群众身边不正之风和腐败问题，严肃查处颜赣辉、钟晓云、卢建、邓寄鹏、方百春、胡全顺、祝宏根、钟益民等严重违纪违法案件，风清气正政治生态建设不断巩固发展。

一年来，省委常委会高度重视加强自身建设，带头深学笃行习近平新时代中国特色社会主义思想，增强"四个意识"、坚定"四个自信"、做到"两个维护"，严格落实加强和维护党中央集中统一领导的各项制度，不折不扣抓好党中央重大决策部署贯彻落实。带头严肃党内政治生活，严守党的政治纪律和政治规矩，认真贯彻执行民主集中制，提高科学决策、民主决策、依法决策水平。带头巩固深化"不忘初心、牢记使命"主题教育成果，召开脱贫攻坚专项巡视"回头看"整改专题民主生活会，加强党性分析，积极开展批评和自我批评。带头贯彻落实中央八项规定及其实施细则精神，严格遵守廉洁自律准则，深入践行新时代党的群众路线，主动接受各方面监督。

回顾一年来的工作，走过的历程极不寻常，取得的成绩来之不易。一年来，我们在以习近平同志为核心的党中央坚强领导下，团结带领全省干部群众共克时艰，开展了惊心动魄的抗疫抗洪大战，经受住了难以想象的挑战和考验，推动全省各项事业取得新进展新成效。一年来，我们坚定不移沿着习近平总书记指引的方向奋勇前进，打赢了一场又一场硬仗，抵御了一个又一个风险，取得了一个又一个胜利，特别是江西革命老区绝对贫困问题即将得到历史性解决，全面建成小康社会胜利在望，为开启全面建设社会主义现代化新征程奠定了坚实基础。一年来，我们面对大战大考，始终坚定信心、保持定力，咬定目标不放松、不懈怠，努力在危机中育先机、于变局中开新局，充分展现了新时代赣鄱儿女不畏艰险、勇于攻坚、担当实干的精神风貌。实践再次证明，有习近平总书记作为党中央的核心、全党的核心领航掌舵，有习近平新时代中国特色社会主义思想的科学指引，有中国特色社会主义制度的显著优势，有全省人民团结一心、共同奋斗，我们就一定能够战胜前进道路上的各种艰难险阻，在全面建设社会主义现代化新征程上不断续写红土圣地新的时代荣光。一年来，省委全委会的同志和各市县、各部门、各单位负责同志胸怀大局、勤勉工作，对省委常委会的工作给予了大力支持。我代表省委常委会，向同志们表示衷心感谢！

省委常委会分析了当前面临的困难和存在的不足。主要是：外部环境更加严峻，经济下行压力持续加大，企业特别是中小微企业发展困难不少；创新能力较弱，创新人才不足，深化改革开放任重道远，高质量发展的动力活力仍需增强；民生保障还有不少短板，新冠肺炎疫情暴露出公共卫生服务体系不少弱项，严重洪涝灾害暴露出水利建设不少短板，经济社会领域风险隐患还有不少；少数干部干事创业劲头和能力不足，"怕、慢、假、庸、散"等作风顽疾仍然存在，整治形式主义、官僚主义仍需深化拓展；一些地方管党治党责任落实不到位，反腐败斗争形势依然严峻复杂，政治生态建设还存在薄弱环节，党的建设还需持续加强等等。省委常委会将团结带领全省广大干部群众，强化政治担当，坚持问题导向，勇于攻坚克难，努力把各项工作做得更好，奋力开启全面建设社会主义现代化新征程、描绘好新时代江西改革发展新画卷。

以上报告，请同志们提出意见建议。

政府工作报告

——2021年1月26日在江西省第十三届人民代表大会第五次会议上

省长　易炼红

各位代表：

现在，我代表省人民政府向大会报告工作，请予审议，并请省政协委员和列席会议同志提出意见。

一、2020年工作及"十三五"时期发展回顾

2020年是新中国历史上极不平凡的一年。在党中央、国务院和省委的坚强领导下，全省上下统筹疫情防控、抗洪救灾和经济社会发展，扎实做好"六稳"工作，全面落实"六保"任务，扛住一季度、奋战二季度、提速三季度、冲刺四季度，疫情防控取得重大战略成果，抗洪救灾取得全面胜利，全面建成小康社会取得决定性成就。

一年来，主要做了以下工作。

（一）全力以赴抗大疫、战大洪，人民安全得到有力保护。面对百年不遇的新冠肺炎疫情，坚决贯彻习近平总书记重要讲话和重要指示批示精神，全面落实党中央、国务院决策部署，坚持人民至上、生命至上，及时启动重大突发公共卫生事件Ⅰ级响应，在省委应对疫情工作领导小组统一指挥下，建立疫情联防联控机制，坚持中西医结合，全力救治感染患者，强化防疫和生活物资保障，筑起全民钢铁

防线,用14天初步遏制了疫情蔓延势头、51天将住院确诊病例清零,是全国最早全部清零省份之一。派出11批次13支医疗队1271人驰援武汉、随州,派出联合工作组援助乌兹别克斯坦,为打赢武汉保卫战、湖北保卫战和全球抗疫作出了江西贡献。按照"外防输入、内防反弹"要求加强常态化疫情防控,3月11日清零以来未出现本土新增确诊病例。面对鄱阳湖流域超历史大洪水,及时启动防汛Ⅰ级应急响应,果断实行213座单退圩堤分洪,处置较大以上险情2075处,转移安置群众71.5万人,有力保护了群众生命财产安全。

(二)*多措并举稳增长、促复苏,经济运行态势回稳向好*。坚持抗疫情、促发展两手抓,在全国较早以县域为单元实行分区分级差异化防控,率先放开高速公路和国省干道关卡,及时出台系列政策措施,全面落实助企纾困政策,创新建立产业链链长制,复工复产复市复学走在全国前列。开展"项目建设提速年"活动,"5020"项目实现开发区全覆盖。南昌地铁3号线、兴赣高速北延、分宜电厂扩建、北斗变电智能芯片终端装备等投运,信江具备三级通航条件,祁婺高速、宜遂高速、南昌西二环高速、瑞金机场、赣抚尾闾综合整治工程等开工。积极应对疫情对消费市场冲击,举办"金秋消费季""爱江西·健康游""工业品供需对接"等活动,发放居民消费券5.8亿元。南昌、新余入选首批国家体育消费、文化和旅游消费试点城市。全省经济从3月起逐月回升、逐季提速,全年GDP增长3.8%,财政总收入增长1.2%,一般公共预算收入增长0.8%,规模以上工业增加值增长4.6%,固定资产投资增长8.2%,社会消费品零售总额增长3%,主要经济指标增速保持全国前列。

(三)*持之以恒强创新、促转型,产业优化升级步伐加快*。创新型省份建设三年行动取得新成效,预计R&D经费支出占GDP比重为1.75%;综合科技创新水平指数升至56.68%,是全国唯一连续7年进位省份;13项专利获第21届中国专利奖,创历史新高;L-15高级教练机获国家科技进步一等奖。中科院赣江创新研究院成立,国家稀土功能材料创新中心获批;抚州高新区成为国家新型工业化产业示范基地(数据中心),填补了中部地区无国家数据中心空白;省高层次人才产业园开园。深入实施"2+6+N"产业高质量跨越式发展行动计划,有色金属、电子信息、航空制造等产业营业收入实现两位数增长,抚州、赣州获评全国装配式建筑范例城市。启动数字经济发展三年行动,发布全国首个铜箔行业5G+工业互联网智慧工厂应用成果,南昌"城市大脑"上线;累计开通5G基站超3万个,超额完成年度计划;数字经济增加值增长11.8%,占GDP比重30%左右。

(四)*加大力度促改革、扩开放,发展动力活力不断增强*。事业单位改革稳步推进。"放管服"改革继续深化,新赋予国家级开发区和赣江新区34项省级经济管理权限,赋予乡镇(街道)首批98项县级审批服务执法权限;"一照含证"改革全面铺开,"六多合一"改革全国推广,电子化招投标体系建成,"赣服通"3.0版、"赣政通"、12345政务服务热线投运,网上中介服务超市试运行,跨省数据共享应用实现周边省份全覆盖,"互联网+监管"平台联通国家平台,政务服务中心实现省市县乡四级全覆盖,村(居)便民服务代办点基本实现全覆盖;开展政务服务"好差评"和设区市营商环境评价,98.7%的企业对当地营商环境给予满意以上评价。启动国资国企改革创新三年行动,在全国率先完成国企公司制改革和退休人员社会化管理,庐山管理体制实现"市局合一"。省优化营商环境条例出台,国务院下达的拖欠民营和中小微企业无分歧账款清欠完成,市场主体增长14%。财税金融改革有力推进,省直行政和参公单位实行零基预算,省与市县收入划分改革启动;省地方金融监督管理条例出台,赣州、吉安普惠金融改革试验区获批,绿色金融发展综合指数居全国第4位;新增上市公司13家,险资入赣超300亿元,统筹融资1.1万亿元,均创历史新高。江西内陆开放型经济试验区、九江跨境电商综合试验区、井冈山综合保税区、海峡两岸(江西)产业合作区获批;昌北国际机场"一货站三中心"建成,九江航运交易中心投运,彭泽红光国际港开港,"深赣欧"班列开行;赣江新区经贸商事调解中心运营,填补了江西国际商事调解工作空白。成功承办上合组织传统医学论坛、中巴经济走廊政党共商机制第二次会议、第五届中非青年大联欢活动,举办世界VR产业大会、对接粤港澳大湾区经贸合作、江西智库峰会暨国家级大院大所产业技术进江西等重大活动,参加第三届中国国际进口博览会。在世界经济严重衰退情况下,实际利用外资增长7.5%,外贸出口增长17%,国际货邮吞吐量增长297%。

(五)*坚持不懈抓统筹、促协调,全域发展效能明显提升*。大南昌都市圈综合交通、产业布局、生态环境等专项规划制定实施,赣州打造对接融入粤港澳大湾区桥头堡、赣东北开放合作、赣西转型升级迈出新步伐。乡村振兴取得新进展,新建高标准农田302万亩、超额完成国家下达任务,粮食总产432.8亿斤、增加1.3亿斤,生猪产能恢复到2017年水平,设施蔬菜面积新增36.75万亩;农村人居环境整治三年行动目标基本实现,"厕所革命"三年攻坚任务超额完成,71个县实现城乡环卫"全域一体化"第三方治理,107个县(市、区)和功能区开展城乡供水一体化工作;湖口、余江、大余、永丰入选国家新一轮农村宅基地制度改革试点。城市功能与品质提升三年行动扎实推进,萍乡海绵城市试点建设连续3年获评全国第1,萍乡、景德镇、宜丰、玉山、芦溪、大余获评全国文明城市,南昌、赣州、吉安和南昌县复查保留全国文明城市称号,景德镇、九江、赣州、抚州、上饶、共青城、德兴获评国家卫生城市,新余获评2020中国宜居宜业城市。污染防治攻坚战阶段性目标基本实现,"三线一单"生态环境分区管控体系初步建立,生态环境保护分类监管办法(试行)出台,固定污染源排污许可实现全覆盖,生态环保督察实现设区市全覆盖,领导干部自然资源资产离任审计全面推行;率先在全国全面完成人工繁育野生动物处置工作,重点水域禁捕退捕基本到位。试点推进城市体检工作设区市全覆盖,赣州、景德镇入选城市体检样本城市,赣州获评2020中国最具生态竞争力城市,上饶获评高铁旅游名城,抚州入选全国传统村落集中连片保护利用示范市,浮梁入选国家"绿水青山就是金山银山"实践创新基地,石城、靖安、武宁和昌江区入选国家全域旅游示范区,武宁、寻乌、安福、铜鼓、宜黄入选国家生态文明建设示范市县,寻乌山水林田湖草综合治理入选全国十大生态价值实现典型案例，庐山西海晋升国家5A级景区，三清山金沙获评国家级旅游度假区，入选“千村万寨展新颜”活动村庄占参加总数的30%、居全国第1。

（六）千方百计惠民生、保稳定，人民群众福祉持续增进。最后7个贫困县摘帽，剩余9.6万贫困人口全部脱贫。25.58万城镇贫困群众脱困退出，35.4万存量对象全部纳入兜底保障。开展“保用工稳就业”“开发区百万大招工”等行动，承办第四届“中国创翼”创新创业大赛，城镇新增就业46.17万人，新增转移农村劳动力58.86万人，分别完成年计划的124.8%、117.7%。51件民生实事全面完成，城镇和农村居民人均可支配收入分别增长5.5%、7.5%，居民消费价格总水平上涨2.6%。棚户区改造开工20.42万套，居全国第1位。纳入2019年国家计划的686个老旧小区改造全面完工，农村危房改造全面完工。省本级划转部分国有资本充实社保基金工作完成，企业职工基本养老保险基金实现省级统收统支，工伤保险基金实现市级统收统支，城乡残疾人“两项补贴”标准实现统一，社保卡覆盖全省99%人口并在七大领域初步实现一卡通用。省市县乡四级养老服务中心成立，县乡村三级联动农村养老服务网络建立，公益性殡葬基础设施建设和惠民殡葬改革进入全国前列。公办幼儿园在园幼儿比例50.3%，义务教育大班额比例降至3.75%，普通高中超大班额基本消除，省部共建职业教育创新发展高地启动，6所高校独立学院转设，教育社会满意度居全国第三。省属5所医院新院投运，省公共卫生应急物资储备库竣工。省第六届全民健身运动会成功举办。南昌汉代海昏侯国遗址公园开园，省博物馆、省图书馆、省美术馆等新馆开馆，5部作品入选庆祝中国共产党成立100周年舞台艺术精品创作工程。大力开展“光盘行动”，坚决遏制餐饮浪费行为。广泛开展《中华人民共和国民法典》宣传，扎实做好第七次全国人口普查、第一次全国自然灾害综合风险普查。安全生产专项整治三年行动成效显著，连续35个月杜绝重大及以上事故，九江市消防救援支队被授予“时代楷模”称号，扫黑除恶“六清”工作整体绩效保持全国前列，连续16年获全国综治考评优秀省。

国防动员和双拥共建深入开展，“尊崇工作法”全面推行。民族、宗教、外事、侨务、人防、地震、气象、科协、地质、新闻出版、广播影视、档案、地方志、参事文史、工青妇、红十字会、残联、援疆等工作取得新进步。

“五型”政府建设在大战大考中得到检验和加强。“不忘初心、牢记使命”主题教育成果进一步巩固深化。前三轮梳理的1029个制约江西高质量跨越式发展突出问题全部办结，第四轮125个问题正在办理。开展省直单位实有账户资金定期清理，加大支持市县“三保”力度，下达直达和参照直达资金1107.1亿元，省本级“三公”经费支出下降40%。落实及时奖励制度，对22个集体和7名个人进行奖励。向省人大常委会提请审议地方性法规10件，发布省政府规章5件，省政府系统办理人大代表建议和政协提案1235件。

各位代表！

经过2020年奋力冲刺和五年来不懈努力，省“十三五”规划目标总体实现，经济社会发展取得新的历史性成就。一是经济实力明显增强。地区生产总值达2.57万亿元，在全国排位由第18位前移至第15位；财政总收入突破4000亿元；社会消费品零售总额突破1万亿元；金融机构本外币存、贷款余额均突破4万亿元。二是产业结构明显优化。三次产业结构由10.2∶49.9∶39.9调整为8.7∶43.2∶48.1；制造业高质量发展指数从全国第21位升至第13位；高新技术产业增加值占规模以上工业增加值比重为38.2%，提高12.5个百分点；上市公司实现设区市全覆盖。三是城乡面貌明显改观。高速公路通车里程增长20%，高速铁路通车里程翻番，电力装机容量增长122.2%，实现高速铁路“市市通”、高速公路“县县通”、动力电“村村通”、水泥（油）路“组组通”；窄带物联网实现省域全覆盖，5G基站实现设区市主城区全覆盖。四是生态质量明显提升。国家生态文明试验区建设38项重点改革任务全部完成，35项改革举措及经验做法列入国家推广清单；国家森林城市、园林城市实现设区市全覆盖；$PM_{2.5}$年均浓度降至30微克/立方米，空气优良天数比例94.7%，国考断面水质优良比例96%，长江干流江西段水质断面全部达Ⅱ类标准。五是人民生活明显改善。区域性整体贫困和群众绝对贫困问题得到历史性解决；居民人均可支配收入提前实现比2010年翻番目标；人均预期寿命由2015年的73岁提高到77.2岁。

成绩来之不易，历经艰难险阻。这是以习近平同志为核心的党中央坚强领导的结果，是习近平新时代中国特色社会主义思想特别是习近平总书记视察江西重要讲话科学指引的结果，是省委团结带领全省人民感恩奋进的结果。我代表省人民政府，向全省人民，向各民主党派、人民团体和社会各界人士，向人民解放军、武警部队官兵，向中央驻赣单位，致以崇高敬意！向关心支持江西发展的港澳同胞、台湾同胞、海外侨胞和国内外友好人士，表示衷心感谢！

五年来的历程昭示我们，做好江西工作必须对标看齐保持政治定力，不断增强“四个意识”、坚定“四个自信”、做到“两个维护”，始终在思想上政治上行动上同以习近平同志为核心的党中央保持高度一致，坚定沿着习近平总书记指引的方向奋勇前行；必须理清思路保持战略定力，全面贯彻省委“二十四字”工作思路，毫不动摇坚持高质量跨越式发展首要战略，不争论、不折腾、不懈怠，持续开创各项事业新局面；必须担当作为保持实干定力，把讲政治、践忠诚、抓落实贯穿于政府工作全过程，大力倡导“事事马上办、人人钉钉子、个个敢担当”“不为不办找理由、只为办好想办法”，让实干实效成为赣鄱大地的鲜明标识；必须清廉为政保持廉洁定力，自觉践行以人民为中心的发展思想，传承红色基因，秉公用权，一心为民，以公道正派、清风正气凝聚起克难而进的磅礴力量！

我们清醒认识到，我省经济社会发展还存在不少困难和问题。主要是：经济总量不大，人均水平偏低；创新能力较弱，产业链供应链竞争力还不强；优势互补、协调发展的区域经济格局还未完全形成；“两山”转化通道还未全面打通；民生保障还有不少短板；防范化解风险隐患的体制机制仍需完善；一些干部不敢为、不愿为、不善为，仍有少数干部不收敛不收手、顶风违纪违法。我们将直面这些问题,全力加以解决。

二、"十四五"时期发展的主要考虑

"十四五"是我国开启全面建设社会主义现代化国家新征程的第一个五年,是我省厚积薄发、爬坡过坎、转型升级的关键时期,进则赶超跨越,滞则掉队落伍,我们务必增强机遇意识和危机意识,增强使命感和紧迫感。根据《中共江西省委关于制定江西省国民经济和社会发展第十四个五年规划和二〇三五年远景目标的建议》,省政府编制了《江西省国民经济和社会发展第十四个五年规划和二〇三五年远景目标纲要(草案)》,提交大会审查。

(一)关于"十四五"时期发展的时代背景。当前及今后一个时期,我省处于大有可为但充满挑战的战略机遇期。新冠肺炎疫情影响广泛而深远,全球不稳定性不确定性增加;但和平与发展仍是时代主题,人类命运共同体理念日益深入人心;我国制度优势显著、治理效能提升、发展长期向好、社会和谐稳定;随着新一轮科技革命和产业变革深入发展,新发展格局加快构建,势必给我省带来创新能力迅速提升、投资和消费潜力加速释放、特色优势产业更快成长、各类资源要素更多引进等新机遇,我省的区位、生态、资源、产业、国家战略等优势将更加凸显。特别是习近平总书记亲自为江西擘画了宏伟蓝图,为新时代江西改革发展指明了前进方向,注入了强大动力。

(二)关于"十四五"时期发展的总体要求。《纲要(草案)》明确的总体要求,与省委《建议》提出的总体要求完全对标。一是坚持基本遵循,高举中国特色社会主义伟大旗帜,坚持习近平新时代中国特色社会主义思想指导地位,把习近平总书记视察江西重要讲话精神作为总方针总纲领总遵循。二是体现时代要求,立足新发展阶段,贯彻新发展理念,形成新发展格局,加快建设具有江西特色的现代化经济体系,打造全国构建新发展格局的重要战略支点。三是突出江西实际,聚焦解决我省发展不平衡不充分的主要矛盾,深入推进高质量跨越式发展,使江西与全国同步推进现代化建设。

(三)关于"十四五"时期发展的主要目标。《纲要(草案)》围绕省委《建议》提出的奋斗目标,规划了一系列定性和定量目标,强调实现"五个一流"、打造"三个高地"、建设"七大产业重要基地"。主要考虑:一是确保中央决策部署落地落实。这些目标对于聚焦"作示范、勇争先"目标定位和"五个推进"重要要求,谱写全面建设社会主义现代化国家"江西篇章",具有重要导向作用。二是确保江西"十四五"时期打牢基础。江西要与全国同步基本实现、进而全面实现社会主义现代化,"十四五"时期是关键阶段和重要"窗口期"。实现这些目标,将为后续发展奠定更加坚实的基础。三是确保各项目标任务能够如期实现。这些目标既有江西发展基础、比较优势、前进态势、潜力空间的支撑,又体现了"跳起来摘桃子"的奋斗姿态,只要全省人民全力以赴是可以实现的。

(四)关于"十四五"时期发展的重点任务。《纲要(草案)》提出了14个方面的重点任务和2个方面的保障措施。一是完整体现省委《建议》。聚焦"八个新"和"六个求突破、五个走前列",提出了一系列具体任务、计划、方案、行动,是对省委《建议》的实化深化细化。二是有力支撑目标实现。提出的一系列重大工程、重大项目、重大平台、重大改革、重大政策,坚持了目标导向,顺应了发展规律。三是充分回应各方期待。对各方面普遍关心的强化创新驱动、优化营商环境、打通"两山"转化通道、改善人民生活品质等均提出了针对性举措。

推进江西"十四五"时期发展,必须遵循坚持党的全面领导、坚持以人民为中心、坚持新发展理念、坚持深化改革开放、坚持系统观念等五大原则,在实际工作中着力把握好三点。一是准确研判大局大势。始终胸怀"两个大局",始终对"国之大者"心中有数,顺应时代要求,抢抓历史机遇,在服务全局中谋求新优势、再上新台阶。二是科学谋划方法路径。紧紧咬定未来五年目标任务,倒排工期、压实责任,强化政策协同、凝聚各方力量,确保任务分年度推进、目标按计划完成。三是更加注重力争一流。牢固树立"不争先进、就是落后""不在上游、就是下游""不抢先机、就有危机"的理念,把"作示范、勇争先"落实到各领域各方面,争创新时代"第一等的工作"。

各位代表!《纲要(草案)》经大会审查通过后,将成为江西"十四五"发展的任务书、路线图、时间表。让我们万众一心、锐意进取,奋力把美好蓝图变成美好现实!

三、2021年工作安排

今年是"十四五"起步之年,中国共产党成立100周年。做好今年政府工作,必须以习近平新时代中国特色社会主义思想为指导,全面贯彻党的十九大和十九届二中、三中、四中、五中全会,以及中央经济工作会议精神,深入落实习近平总书记视察江西重要讲话精神,聚焦"作示范、勇争先"的目标定位和"五个推进"的重要要求,坚持稳中求进工作总基调,立足新发展阶段,贯彻新发展理念,构建新发展格局,以推动高质量发展为主题,以深化供给侧结构性改革为主线,以改革创新为根本动力,以满足人民日益增长的美好生活需要为根本目的,坚持系统观念,巩固拓展疫情防控和经济社会发展成果,更好统筹发展和安全,扎实做好"六稳"工作、全面落实"六保"任务,着力实施扩大内需战略,着力强化科技创新支撑,着力深化改革开放,着力保障和改善民生,加快推进高质量跨越式发展,确保"十四五"开好局,以优异成绩庆祝建党100周年。

今年经济社会发展的主要预期目标是:地区生产总值增长8%左右,财政总收入增长6%左右,一般公共预算收入增长5%左右,规模以上工业增加值增长8.5%左右,固定资产投资增长8.5%左右,社会消费品零售总额增长9%左右,实际利用外资增长6%左右,城镇、农村居民人均可支配收入分别增长8%和8.5%左右,居民消费价格总水平涨幅3%左右,城镇调查失业率5.5%左右,节能减排降碳完成国家下达任务。

重点做好八个方面工作。

(一)推动创新提速提效,加快实现创新驱动的内涵式增长。坚持创新在现代化建设全局中的核心地位,深入实施创新驱动发展战略,依靠创新提升实体经济发展水平。

强化创新平台支撑。落实支持鄱阳湖国家自主创新示范区建设"10条"。实施国家级创新平台攻坚行动,推进中科院赣江创新研究院、中国中医科学院江西分院提能升级,完成中国信通院江西分院组建并投运,推动中药制药工艺与装备国家技术创新中心、国家工业互联网研究院江西分院等落地,推进中医药科创城、国家大科学装置(本草物质科学研究设施)、省部共建轨道交通基础设施性能监测与保障国家重点实验室、大口径射电天文望远镜等建设,积极布局基础学科研究中心、科技创新中心和国家重点实验室、工程研究中心、企业技术中心。深入实施高端研发机构共建行动,支持企业依托产业链组建体系化、任务型创新联合体,引进共建30家高端研发机构。

营造良好创新生态。实施研发投入攻坚行动,提高重点领域基础研究投入占比,力争R&D经费支出占GDP比重达2%左右。实行重大科技项目攻关"揭榜挂帅",推动重点领域项目、基地、人才、资金一体化配置。强化知识产权保护,培育发展技术转移机构和技术经理人,建立首购首用风险补偿制度。新增独角兽(潜在、种子)企业10家、瞪羚企业80家、高新技术企业1500家。

激发人才创新活力。出台更具凝聚力的人才政策,开展"赣商名家"成长行动,实施赣籍人才回归工程、新时代"赣鄱工匠"培育工程,培育本土高层次人才100名,引进"高精尖缺"高层次人才100名、高层次创新团队10个。推进青年发展规划实施试点,提高高校毕业生留赣来赣比例。健全以创新能力、质量、实效、贡献为导向的科技人才评价体系,完善科研人员职务发明成果权益分享机制,让创新激情竞相迸发、热流奔涌。

(二)积极构建现代产业体系,提升产业链供应链稳定性和竞争力。以产业链链长制为抓手,深入实施工业强省战略,促进产业链供应链创新链融合发展。

大力推进"2+6+N"产业高质量跨越式发展。开展传统产业优化升级专项行动,实施重点技改专项1000项以上。建成中林华中智能家居、晟邦科技水钻、德兴100吨黄金精炼等项目,开工建设利峰电瓷特高压绝缘子、赣锋锂业新型锂电池等项目,支持鹰潭打造万亿有色产业集群核心区,开展建筑企业品牌培育工程。实施新一轮新兴产业倍增计划,建成巴斯巴新能源汽车核心零部件、丰达兴线路板制造、通瑞锂电池隔膜新材料等项目,加快康佳第三代半导体、格力电器南康智造、华勤研发生产基地二期、木林森LED全产业链、康硕3D打印等项目建设,深化低空空域管理改革试点,打造世界先进直升机研发制造基地。实施未来产业布局计划,抢占柔性电子、纳微光学、量子科技、生物技术和生命科学等细分领域制高点。开展制造业强链补链行动和产业基础再造工程,推进质量提升行动,加强标准、计量、专利等体系和能力建设,发展创业投资、工业设计、检验检测认证等生产性服务业。开展领航企业培育行动,净增规模以上工业企业1000家以上、"专精特新"企业500家以上、"小巨人"企业50家以上。

加快实施数字经济"一号工程"。深入开展数字经济发展"八大行动"、企业"上云用数赋智"行动,数字经济增加值占GDP比重38%左右。实施VR、移动物联网、工业互联网、大数据、云计算、人工智能、区块链等产业培育工程和集成电路、高端软件、智能终端、电子元器件等产业提升工程,建成北斗综合应用示范项目,开工中国(南昌)数字经济港、赣州大数据产业园、上饶一舟物联网智慧产业园、樟树樟帮数字经济产业园、仁和集团数字经济产业化等项目,加快中国电信江西云和大数据中心、抚州卓朗联通云计算数据中心等建设,支持鹰潭建设工业互联网标识解析二级节点,"03专项"百万级应用3个以上。

着力提升开发区竞争力。建立开发区赋权清单动态调整机制。深入推进集群式项目满园扩园和开发区"两型三化"管理提标提档行动,实施重点产业集群提能升级计划。深化"节地增效"行动,省级以上开发区新增工业用地不低于60%按照"标准地"制度供地。做实"开发区+主题产业园""管委会+平台公司"模式,鼓励与沿海、境外共建"飞地园区"。

(三)有效实施扩大内需战略,促进形成更高水平供需动态平衡。坚持扩大内需战略基点,提升供需适配性,在培育完整内需体系中展现更大作为。

精准扩大有效投资。继续开展"项目建设提速年"活动,强力推进"项目六大会战",重点实施3067个省大中型项目,年度投资9600亿元左右。新型基础设施方面,实施5G网络覆盖提升工程等项目,实现重点城镇以上地区5G网络连续覆盖。新型城镇化方面,建成南昌轨道交通4号线一期、萍乡五陂海绵小镇一期、景德镇应急水源工程等项目,开工南昌地铁1号线2号线延长线、赣州中心城区新建快速路、吉安高铁新区路网工程等项目,推进大南昌都市圈城际轨道规划设计、开工建设。重大工程方面,建成赣深客专、兴泉铁路、安九客专、昌北机场T2航站楼C指廊工程、共青城通用机场、萍莲高速、华能瑞金电厂二期、雅中至江西特高压直流工程等项目,开工昌九客专、长赣铁路、瑞梅铁路、高铁南昌东站、遂川至大余高速公路、大唐新余电厂二期、南昌至长沙特高压交流工程、奉新抽水蓄能电站、樟树至萍乡成品油管道工程、长江干流江西段崩岸应急治理、袁河航道提升工程等项目,加快昌景黄铁路、丰城电厂三期扩建、花桥水利枢纽等项目进度,争取更多项目列入国家计划。

加快建设现代流通体系。推进高水平交通强省建设,开展高速公路服务区品质提升行动。加快赣州国家物流枢纽和南昌、九江、鹰潭国家物流枢纽承载城市建设,建成传化智能公路港、上饶西货场一期、井冈山航电枢纽、信江双港航运枢纽、高安物流云谷等项目,开工中国邮政鹰潭邮件处理及物流仓储中心、宇培(南昌)电商冷链产业园等项目,支持上饶申报建设国家高铁物流基地,打造一批区域性综合物流中心和专业性物流基地。深入实施"公转水""公转铁"、航空货运倍增、城乡高效配送等行动,完善水陆空"无缝对接"的现代集疏运体系,支持县级电商公共服务中心和物流园区、产地初加工设施、城乡冷链物流骨干网、"互联网+第四方物流"供销集配体系建设,实现乡村物流集中配送网络全覆盖。

促进消费提质扩容。打好促进商贸消费升级三年行动收官战,社会消费品零售总额突破1.1万亿元,旅游接待人次和收入力争恢复到2019年水平。开展新一轮汽车下乡、家电以旧换新,建设一批县乡消费综合体和服务中心。加快充电桩、换电站等建设,促进新能源汽车消费。实施“江西风景独好”品牌提升计划,办好中国红色旅游博览会、鄱阳湖国际观鸟周、森林旅游节等活动,推进民宿高质量发展三年行动,发展中医药康养旅游,鼓励打造文旅演艺产品。促进夜间消费,实现高品质夜间消费街区市县两级全覆盖。实施“体育+”行动。大力发展无接触交易服务,打造一批智慧商圈和直播基地。实施“会展赣军”计划,推进“赣菜品牌”打造、“赣品”提升行动和“赣品网上三进”等活动,让江西产品更受青睐、更聚人气、更加抢手。

(四)全面深化改革攻坚,推动有效市场和有为政府更好结合。更大力度深化改革,实施新一轮优化提升营商环境行动,持续增强发展内生活力。

努力建设全国政务服务满意度一等省份。完成深化事业单位改革试点工作。纵深推进“放管服”改革,对行政许可和备案事项实行清单管理,推行证明事项和涉企经营许可事项告知承诺制、“容缺审批+承诺制”改革,完善惠企政策兑现帮(代)办机制。加快数字政府建设,建成“赣服通”4.0版,提升“赣政通”功能,基本实现政务服务高频事项“省内通办”“跨省通办”,推行“不见面”办事,打造全国“一网通办”标杆。除国家要求保留的外,其他政务服务热线全部整入江西12345政务服务热线。

实施高标准市场体系建设行动。深化要素市场化配置改革,组建公共资源交易集团。落实市场准入负面清单制度,做到清单之外无禁区。加大产权执法司法保护力度,健全公平竞争审查机制,规范发展平台经济。加快赣江新区绿色金融改革创新试验区和赣州、吉安普惠金融改革试验区建设,推进抚州科技金融、鹰潭物联网金融、上饶经开区园区金融等试点;开展金融保链强链行动,大力发展供应链金融,支持知识产权金融创新,完善政府性融资担保体系,用好省发展升级引导基金;实施企业上市“映山红行动”升级计划,新增上市公司10家左右,推动上市公司高质量发展。落实防范和处置非法集资条例,加快“信易+”示范省创建,严厉打击逃废债行为。引导金融机构提高首贷户比重和信用贷款比重,让中小微企业融资更加便利、成本更低。

激发各类市场主体活力。落实好减税降费政策,加大整治违规涉企收费力度。完成“百户国企混改攻坚行动”和省属授权监管企业移交划转工作,实现江铜集团三年创新倍增、新钢集团转型升级冲千亿目标,启动晶科能源三年千亿计划。构建亲清政商关系,落实民营企业参与重大涉企政策出台研讨机制,依法破除制约民营经济发展的壁垒,健全营商环境评价、考核、约谈机制,对企业诉求有求必应、一诺千金。

(五)加快内陆开放型经济试验区建设,增创合作共赢发展新优势。实行更高水平开放,在畅通国内大循环、联通国内国际双循环中发挥更大作用。

深度对接融入国家战略。深入实施“一带一路”布局行动计划,加快推进赞比亚江西工业园等项目,建设“一带一路”国际创新园。全力打造南昌、赣州、九江、上饶四大开放门户,支持大南昌都市圈共建长江中游城市群、九江建设长江经济带重要节点城市,推进深赣港产城、海峡两岸(江西)产业合作区和赣粤、赣浙、赣闽等合作园区建设,力争湘赣边区域合作示范区上升为国家级。谋划建设赣粤高铁经济带。

实施开放平台提能升级行动。加快南昌空港陆港、九江航运中心、上饶港、鹰潭综合港等建设,支持赣州国际陆港申报一类口岸。加强综合保税区“五大中心”建设,支持上饶等地申报综合保税区。积极申报创建江西自贸区。办好世界VR产业大会、世界赣商大会、江西(上海)跨国公司合作交流会、中国卫星导航年会、滕王阁创投峰会、南昌飞行大会等活动,参加第四届中国国际进口博览会,提升办会参会实效。

完善开放型经济新体制。全面对接《区域全面经济伙伴关系协定》,推进高水平制度型开放。实施外贸高质量发展行动,培育壮大跨境电商,引进外贸供应链企业,支持本土企业建立境外原材料保供基地和公共海外仓,扩大高附加值产品出口。加快发展宜春二手车出口业务。精细化推进“三同”试点,加快国际贸易“单一窗口”建设,实行“极简审批”和准入承诺即入制,让海内外客商宾至如归、潮涌江西。

(六)推进区域城乡协调发展,开创互促共进新局面。大力实施区域协调发展战略,健全城乡融合发展体制机制,强化高质量跨越式发展的板块支撑。

优化提升区域发展格局。完善国土空间规划体系,研究制定差别化支持政策,完善提升“一圈引领、两轴驱动、三区协同”区域发展战略。加快推进大南昌都市圈一体化,增强赣江新区战略引擎作用,支持南昌建设五大功能新城、九江建设万亿级临港产业带、抚州建设“美丽后花园”。支持赣州省域副中心城市和“两城两谷两带”、吉泰走廊、向莆经济带建设,争取国家继续支持赣南等原中央苏区高质量发展。支持上饶打造赣浙闽皖边界区域中心城市、鹰潭打造世界铜都和国家智慧城市、景德镇建设国家陶瓷文化传承创新试验区、宜春打造赣湘边区域中心城市、萍乡建设国家产业转型升级示范城市、新余打造新型工业强市,加快新宜吉合作示范区“一镇三园”建设。推进以县城为重要载体的城镇化,提升县城综合服务能力,壮大县域经济,培育新型特色小镇。

全面实施乡村振兴战略。坚决遏制耕地“非农化”、防止“非粮化”,完成国家下达的317万亩高标准农田建设任务,落实粮食种植面积5658.6万亩,确保粮食产量432.8亿斤以上。深入实施现代种业提升工程,支持萍乡南繁、抚州宜黄制种产业发展,推动生猪产业稳定健康发展。推进农业机械化和农机装备产业升级,促进农村一二三产业融合发展,加快建设全国知名绿色有机农产品示范基地。开展农业巨灾和特色农业保险试点。支持鹰潭国家城乡融合发展试验区建设,稳慎推进农村宅基地制度改革试点,巩固农村集体产权制度改革整省试点成果,推进集体经营性建设用地入市改革,提高土地出让收入用于农业农村比例,发展新型农村集体经济。深化城乡环境综合整治,开展乡村建设行动,实施6000个村庄整治建设,新改建农村公路3000千米,50%以上县(市、区)基本完成农村公路管理养护体制改革任务。推进抚州流坑、宜丰天宝等传统村落保护利用。推动巩固拓展脱贫攻坚成果同乡村振兴有效衔接,保持帮扶政策总体稳定,促进脱贫人口稳定脱贫增收致富。

大力提升城市功能与品质。完成城市功能与品质提升三年行动任务,实施城市更新行动,推进城市体检和直饮水试点,完善排水防涝体系,加大城中村、城乡接合部整治力度。力争2020年纳入计划的1506个老旧小区改造全面完成,2021年纳入计划的1277个老旧小区改造全面开工。增加城市公共停车泊位17.8万个。深入推进城市生活垃圾分类,已开工的16座城市生活垃圾处理设施全部投入使用,城市原生生活垃圾基本实现"零填埋"。推进城市建设和运行"一网统管"。探索利用集体建设用地和企事业单位自有闲置土地按照规划建设租赁住房,扩大保障性租赁住房供给,整顿租赁市场秩序,着力解决新市民特别是青年群体住房困难问题。

(七)健全生态环境治理体系,促进经济社会全面绿色发展。坚持绿水青山就是金山银山理念,深化国家生态文明试验区建设,更高标准打造美丽中国"江西样板"。

深入打好污染防治攻坚战。制定碳达峰行动计划方案,协同推进减污降碳,深化"五气同治"和联防联控,争取更多城市空气质量达到国家二级标准。推进长江经济带"共抓大保护"攻坚行动和"五河两岸一湖一江"全流域治理,强化饮用水水源地保护、农村污水治理、鄱阳湖水质提升等专项行动,加快城镇污水处理管网建设改造,着力解决城镇生活污水收集难等问题,力争赣江干流基本达到Ⅱ类水质。推动出台省生活垃圾管理条例,推进化肥农药减量增效和白色污染治理,加强危险废物和医疗废物收集处理,严格管控土壤污染风险。

着力提升生态系统质量和稳定性。完成省级国土空间生态修复规划编制,制定生态保护红线、城镇开发边界管控办法,启动全民所有自然资源调查。开展全域土地综合整治试点,完善生态修复产权激励机制,加快山水林田湖草生态保护修复项目建设。深入实施国土绿化、森林质量提升、生物多样性保护等工程,完成50万亩造林绿化、20万亩森林"四化"、110万亩低产低效林改造任务。全面落实重点水域禁捕退捕。

加快拓展"两山"转化通道。推进国家综合补偿试点省建设,落实东江流域、渌水流域横向生态保护补偿协议。深化抚州生态产品价值实现机制试点,加快九江长江经济带绿色发展示范区、"绿水青山就是金山银山"实践创新基地、生态文明建设示范市县建设,推广"两山银行""湿地银行"等建设经验,推进环境权益交易市场建设。壮大节能环保产业,建成普瑞美废旧锂电池再生综合利用等项目,推动重点行业清洁生产和绿色化改造,奏响绿色发展更强音。

(八)在更高起点上保障和改善民生,提高人民群众生活品质。办好51件民生实事,进一步增强全省人民获得感幸福感安全感。

更大力度促进就业增收。强化稳岗扩岗激励,新增发放创业担保贷款110亿元,城镇新增就业38万人。加强对就业困难群体帮扶,确保零就业家庭动态清零。打造"劳动力地图",防范规模裁员失业风险。推进高职扩招和职业技能提升三年行动,技能劳动者占就业人员总量25%以上,高技能人才占技能劳动者32%以上。实施劳动关系"和谐同行"能力提升三年行动,持续抓好根治欠薪工作。实施中等收入群体培育行动,健全工资合理增长机制,促进居民特别是低收入群体收入稳定增长,逐步迈向共同富裕。

健全多层次社会保障体系。实施积极应对人口老龄化国家战略,探索建立与医养结合相适应的医保政策,推进长期护理保险试点,规范发展第三支柱养老保险,完成340所公办养老院改造提升、1.2万户特殊困难老年人家庭居家适老化改造,加快社区嵌入式养老院建设。完善失业保险省级调剂办法,健全重大疾病医疗保险和救助制度,统一职工基本医疗保险和大病保险,实施工伤预防五年行动计划和尘肺病重点行业工伤保险扩面专项行动,完善社保转移接续、异地就医结算等政策,健全灵活就业人员社保制度,提高城乡居民基础养老金最低标准。加强婴幼儿、老年人、残疾人、农村留守儿童等关爱服务体系建设,健全困境儿童分类保障制度。免费开展婚前医学检查、基本生活困难家庭及农村脱贫户家庭孕妇孕前基因检测和具备手术适应症的基本生活困难家庭及农村脱贫户家庭妇女"两癌"患者救治。健全分层分类的社会救助体系和兜底保障长效机制。

提高社会事业发展水平。实施第4期学前教育行动计划,探索建立适应学龄人口变化的学校布局调整机制,加快补齐农村办学条件短板,鼓励高中阶段学校多样化发展,实现中小学生课后服务城区学校全覆盖,健全义务教育教师工资待遇保障长效机制;推进职业教育综合改革提质创优,重点建设10所省级高水平高等职业院校,打造一批产教融合示范园;深化高考综合改革,强力推进高校"双一流"建设;办好第七届中国国际"互联网+"大学生创新创业大赛。实施公共卫生防控救治能力提升工程和提升疫情防控救治能力三年行动计划,完成省重大疫情救治基地、医疗器械检测中心检验检测能力建设项目,建立全省统一的医疗保障信息系统;开展省级区域医疗中心建设,创建呼吸、创伤、心血管等学科国家区域医疗中心;深化"三医联动"改革,完善分级诊疗体系,加快发展"互联网+医疗健康";推进国家中医药综合改革试验区建设,完善中医药价格和医保政策,支持中药经典名方产业化和新药研发;深入开展爱国卫生运动。推动"三中心一平台"融通联动,加快赣州、新余、九江等国家公共文化服务体系示范区和长征国家文化公园(江西段)建设,支持九江义门陈文化产业园、景德镇陶阳里历史街区保护利用、萍乡安源煤矿工业遗址传承与保护、新余中国七夕文化旅游综合体、鹰潭华夏历史文明传承创新示范区等建设,实行公共文化和体育场馆免费或低收费开放。聚焦庆祝建党100周年,创作一批优秀文艺作品,举办系列展览展演活动。

建设更高水平平安江西。坚持常态化精准防控和局部应急处置有机结合,守牢疫情不反弹底线。加强地方国家安全体系和能力建设,完善重点领域国家安全工作协调机制。加强经济安全风险预警、防控机制和能力建设,实施产业竞争力调查和评价工程。深入开展安全生产专项整治三年行动,坚决遏制重特大事故发生。实施气象灾害防御能力提升工程,加快自然灾害防治能力九项重点工程建设。推动生物安全防护三级实验室建设,提高食品药品等关系人民健康产品和服务的安全保障水平。完善应急管理体制机制，推进应急救援航空体系建设试点和省级综合应急(航空救援)装备物资储备库项目建设，深入实施人防高质量发展三年行动。推进全域文明创建，推动出台省志愿服务条例。深化市域社会治理现代化试点，健全矛盾纠纷多元化解机制，统筹“城市大脑”、智能小区、“雪亮工程”等建设，构建“多网合一”社会治理网络和社会治理大数据平台，推动扫黑除恶长效常治。抓紧化解各种存量风险、防范增量风险，确保社会和谐稳定、人民安居乐业。

深化双拥共建，做好退役军人服务管理保障工作，推进“满怀忠诚讲尊崇，千行百业共拥军”活动。加强民族、宗教、外事、侨务、对台、援疆等工作，发挥工青妇、残联等群团组织积极作用。

各位代表！开启新征程，政府要担当。我们将继续巩固深化“不忘初心、牢记使命”主题教育成果，以“五型”政府建设为统领，不断提高政府治理现代化水平。坚持正确施政方向，始终听从习近平总书记号令和党中央指挥，全面贯彻党的基本理论、基本路线、基本方略，提高政治判断力、政治领悟力、政治执行力，善于用政治眼光观察和分析经济社会问题，真抓实干确保党中央决策部署落地见效。提升履职尽责本领，深学笃行习近平新时代中国特色社会主义思想，加强思想淬炼、政治历练、实践锻炼、专业训练，提升“八项本领”“七种能力”，努力成为推动构建新发展格局的行家里手。强化干事创业导向，落实“三个区分开来”，用好及时奖励制度，健全容错纠错机制，坚决反对形式主义、官僚主义，大力纠治“怕、慢、假、庸、散”作风顽疾，持续为基层松绑减负，以实干实效论英雄、排座次、定奖惩。严格党纪国法约束，把严的主基调长期坚持下去，深化法治政府建设示范创建，自觉接受各方面监督，永葆人民政府为人民的本色。全省各级政府将进一步过紧日子，坚决取消无效或不必要支出、压减低效和非刚性支出、严控新增支出，为改善基本民生和支持市场主体发展腾出更多财政资源。

各位代表！进入新发展阶段，江西要有新气象；贯彻新发展理念，江西要有新作为；构建新发展格局，江西要有新贡献；生机勃发的革命老区必将“到处都是活跃跃的创造，到处都是日新月异的进步”。让我们更加紧密团结在以习近平同志为核心的党中央周围，在省委的坚强领导下，大力弘扬井冈山精神、苏区精神和长征精神，勠力同心、驭势而进、勇立潮头，以高质量跨越式发展的丰硕成果确保“十四五”开好局，拉开全面建设社会主义现代化国家“江西篇章”的精彩大幕，向伟大的中国共产党成立100周年献上一份厚礼！

附件：

《政府工作报告》有关内容名词注释

1.“六多合一”：多证合一、多规合一、多介合一、多评合一、多审合一、多测合一。

2. 昌北国际机场“一货站三中心”：昌北国际机场新国际货站，南昌国际邮件互换中心、南昌国际快件监管中心、海关通关中心。

3.“三线一单”：生态保护红线、环境质量底线、资源利用上线，生态环境准入清单。

4. 残疾人“两项补贴”：困难残疾人生活补贴、重度残疾人护理补贴。

5. 扫黑除恶“六清”工作：线索清仓、逃犯清零、案件清结、伞网清除、黑财清底、行业清源。

6.“五个一流、三个高地、七大产业重要基地”：发展态势和成效力争达到全国一流，营商环境进入全国一流水平行列，城乡人居环境达到全国一流水平，生态环境质量继续保持全国一流水平，社会治理成效保持全国一流水平；打造全国传统产业转型升级高地、新兴产业培育发展高地，加快打造内陆双向开放高地；加快建设国家绿色有机农产品、数字经济、有色金属、航空等装备制造、新能源新材料、中医药、文化和旅游等产业重要基地。

7.“八个新”和“六个求突破、五个走前列”：经济综合实力实现新跨越，发展质量效益实现新提升，发展动力活力得到新增强，区域城乡融合实现新进展，生态文明建设取得新成效，社会文明程度实现新提高，民生福祉改善迈出新步伐，省域治理水平跃上新台阶；在建设创新型省份上求突破，在做实做强做优做大优势产业上求突破，在畅通经济循环上求突破，在优化营商环境上求突破，在推进内陆高水平双向开放上求突破，在培育区域经济动力源上求突破；在全面推进乡村振兴上走前列，在生态文明建设上走前列，在文化传承创新上走前列，在增进老区人民福祉上走前列，在推动更高水平平安建设上走前列。

8. 数字经济发展“八大行动”：数字技术创新行动、数字产业提升行动、产业数字化转型行动、新业态新模式培育行动、数字化治理推进行动、产业生态体系优化行动、新型基础设施建设行动、制度供给创新行动。

9.“项目六大会战”：工业、农业、服务业、重大基础设施、新基建、公共服务项目建设大会战。

10.“信易+”：让守信者更容易获得行政服务和社会服务的便利。

11. 综合保税区“五大中心”：加工制造中心、研发设计中心、物流分拨中心、检测维修中心、销售服务中心。

12. 南昌五大功能新城：空港新城、高铁新城、陆港新城、九望新城、现代职教城。

13.“一镇三园”：文旅小镇，数字产业园、建筑产业园、金融产业园。

14. 赣江干流：上至赣州八镜台下至九江吴城的赣江主河道，包括上至储潭下至吴城赣江的33个水质监测断面。

15.“劳动力地图”：全省劳动力资源监测分析平台。

16.“三中心一平台”：新时代文明实践促进中心、志愿服务促进中心、县级融媒体中心，“学习强国”学习平台。

17. 自然灾害防治能力九项重点工程：灾害风险调查和重点隐患排查工程、重点生态功能区生态修复工程、地震易发区房屋设施加固工程、防汛抗旱水利提升工程、地质灾害综合治理和避险移民搬迁工程、应急救援能力建设工程、自然灾害监测预警信息化工程、自然灾害防治技术装备现代化工程、防灾减灾科普宣教基础工程。

本栏编辑　徐佳佳

专　记

江西脱贫攻坚纪略

江西是革命老区，区域性整体贫困突出，是全国脱贫攻坚主战场之一。全省100个县（市、区）中，有原中央苏区和特困片区县58个，其中罗霄山连片特困县17个，贫困县25个（含省定贫困县1个）；“十三五”贫困村3058个（其中深度贫困村269个），2013年建档立卡脱贫人口346万人，贫困发生率9.21%。

以习近平为核心的中共中央高度重视江西革命老区扶贫开发工作。2015年3月6日，习近平在参加十二届全国人大三次会议江西代表团审议时指出，“要着力推动老区特别是原中央苏区加快发展，决不能让老区群众在全面建成小康社会进程中掉队，立下愚公志、打好攻坚战，让老区人民同全国人民共享全面建成小康社会成果。这是我们党的历史责任”。2016年2月3日，习近平在江西考察工作结束时发表重要讲话指出，人民共和国传承着井冈山的红色基因。全面建成小康社会不能让任何一个地区掉队，当然也不能让为人民共和国诞生作出重要贡献的革命老区掉队。2019年5月，习近平时隔三年再次来到江西老区视察，对江西工作提出“在加快革命老区高质量发展上作示范、在推动中部地区崛起上勇争先”目标定位和“五个推进”更高要求，并充分肯定江西“脱贫攻坚取得明显成效、赣南苏区脱贫攻坚取得决定性胜利”。

2015年至2020年，赣南革命老区赣县区杨仙岭危旧土坯房改造前后的变化

省扶贫办供

国家有关部委大力支持江西革命老区振兴发展和脱贫攻坚，2012年6月28日，《国务院关于支持赣南等原中央苏区振兴发展的若干意见》出台；2013年8月22日，国务院办公厅《关于印发中央国家机关及有关单位对口支援赣南等原中央苏区实施方案的通知》，明确52个国家部委对口支援江西31个县（市、区）。根据国务院批复的《赣闽粤原中央苏区振兴发展规划》，江西54个县（市、区）纳入规划范围。2012年至2020年累计安排各类资金8000多亿元，累计改造农村危旧房104.89万户，解决农村安全饮水1330万人，36.82万农村义务教育学生享受营养膳食补助，建设高标准农田58.93万公顷。2020年赣南等原中央苏区地区生产总值超过1.1万亿元。

江西省委、省政府始终把脱贫攻坚作为头等大事和第一民生工程，做到“六个精准”、实施“五个一批”、解决“四个问题”要求，制订“核心是精准、关键在落实、实现高质量、确保可持续”方针，健全“省负总责、市县抓落实、乡镇推进和实施”机制，深入实施“精准帮扶十大行动”。

2016年，江西省委、省政府出台《关于坚决打赢脱贫攻坚战的实施意见》，召开全省扶贫开发工作会议、全省精准脱贫攻坚推进会、省委常委会、省政府常务会和省扶贫开发领导小组会议，明确以25个贫困县、3058个“十三五”贫困村、200万建档立卡贫困人口为精准扶持对象，实施发展脱贫、保障脱贫和健康脱贫“三大攻坚战”。2017年，省委办公厅、省政府办公厅印发《关于深入推进脱贫攻坚工作的意见》；2018年，省委、省政府印发《关于打赢脱贫攻坚战三年行动的实施意见》；2019年，省扶贫开发领导小组印发《关于建立健全脱贫成果巩固提升机制的实施意见》；2020年，省委、省政府出台《关于有效应对新型冠状病毒感染的肺炎疫情坚决打赢脱贫攻坚战的意见》。

江西脱贫攻坚坚持精准施策，推进各项举措落地落实。全面兜牢脱贫保障。教育扶贫实行“双负责”制，完善控辍保学。2013年以来对贫困家庭学生1263.18万人次发放资助资金286.13亿元，无失学辍学。健康扶贫统筹基本医保、大病保险、医疗救助和补充保险，2259个县域内定点医疗机构均实现“先诊疗后付费”和“一站式”结算，1686个定点乡镇卫生院均开通门诊统筹。危房改造紧盯识别关、鉴定关和管控关，累计投入资金178亿元，完成26万户贫困户危房改造。饮水安全着力提升农村自来水普及率、供水保证率和水质达标率，累计投入资金67亿元，建设农村饮水工程3600多处，解决和巩固96.7万贫困人口安全饮水保障。全面增强发展动能。产业扶贫培育产业基地、龙头企业、合作社、致富带头人等新型扶贫经营主体，扶贫资金对产业投入逐年提到2019年33.4%、2020年44.5%，73万户贫困户获得产业扶持，3.92万座光伏扶贫电站扶贫规模达153.58万千瓦。就业扶贫深化“6+1”模式，2013年以来组织贫困劳动力培训32.52万人次，2016年以来就业补助资金用于就业扶贫13.7亿元。搬迁扶贫实现“十三五”13.47万人全部入住，安置点周边建设575个扶贫车间和475个产业基地，促进发展产业、务工就业，886个集中安置点成立社区管理机构406个、纳入村（居）委会管理480个。全面加强攻坚投入。2013年以来投入财政专项扶贫资金507.68亿元，其中中央181.55亿元、省级175.63亿元、市县150.50亿元。金融精准扶贫贷款余额2164亿元，比2015年年末增长374%。每年选派1000余名科技特派员、实现贫困村全覆盖，依托省市县乡9300多名指导员开展产业技术指导培训。民营企业实施“千企帮千村”投入35.47亿元、帮扶项目1.12万个，社会组织推进“百社解千难”投入26.27亿元、参与项目5272个，爱心人士依托“社会扶贫网”注册443.3万人次、对接帮扶贫困户143.3万人次。全面筑牢基层基础。扎实开展每年度扶贫对象动态调整，建档立卡数据质量位全国前列。中共十八大以来，累计选派驻村干部12.2万人次，实行“负面清单”管理，召回465人、处分739人。推进抓党建促脱贫攻坚，村党组织书记和村委会主任“一肩挑”比例达81.3%，村集体年经营收入5万元以上占比78.92%。省委、省政府每年“10·17”发出《致全省扶贫干部及家属的慰问信》，对因脱贫攻坚殉职的60名扶贫干部家属定期走访、长期帮扶，累计有16名个人和3个集体获全国“脱贫攻坚奖”，省级表彰120名个人和20个集体。2021年，全省54名个人、40个集体分别获全国脱贫攻坚总结表彰先进个人和先进集体，瑞金市叶坪乡荣获“全国脱贫攻坚楷模”称号。

2017年2月26日，井冈山市率先宣布脱贫退出，拉开全省、全国贫困县摘帽的序幕。2020年4月26日，江西剩余最后7个贫困县宣布脱贫退出，实现全省25个贫困县全部脱贫退出，标志着江西省区域性整体贫困问题得到基本解决，意味着历史性解决江西老区群众绝对贫困问题的时代大决战取得重大决定性成就，在江西扶贫开发史上具有里程碑式的历史意义。

脱贫任务全部完成。25个贫困县全部摘帽，“十二五”3400个和“十三五”3058个贫困村全部退出，区域整体贫困彻底解决；贫困户以2013年346万人为基底，现行标准下农村贫困人口全部脱贫，绝对贫困问题全面消除。

脱贫保障全面夯实。建档立卡贫困户80.1万户281.6万人稳定实现“两不愁”“三保障”和饮水安全全面覆盖，易地扶贫搬迁13.47万人全部入住，特困群体基本生活全面兜牢，住房难、喝水难、上学难、看病难等问题全面解决。

生活水平大幅提高，贫困群众内生动力和发展动能持续增强，生产生活显著改善。全省贫困地区农民人均可支配收入从2012年5419元增至2019年1.18万元，年均增幅11.5%；贫困户人均收入从2014年2654元增至2020年1.26万元，年均增幅30%，老区群众脱贫展笑脸，生活芝麻开花节节高。

人居环境显著改善，贫困地区基础设施和公共服务不断提高。全面实现农村组组通水泥路，提前完成农村电网改造升级目标，提前实现行政村有线宽带和4G网络全覆盖，人居环境明显提升，乡村蝶变展新颜。习近平指出，“这次在江西，看到农村气象新、面貌美、活力足、前景好”。

攻坚格局稳固筑牢。坚持五级书记带头抓、各级各部门合力抓、驻村干部和基层干部具体抓，筑牢“党政主导、部门齐抓、社会参与、党建引领、镇村联动”大扶贫格局。

治理能力明显提升。实行“乡镇领导包片、乡镇干部包村、驻村干部驻村、结对干部包户”责任制，基层党组织凝聚力战斗力显著增强，党群干群关系更加密切，党在农村执政基础更加巩固，广大干部扎根基层帮扶，锤炼了过硬作风，锻炼了过硬本领，成为工作宝贵财富。

制度体系持续完善，健全扶贫减贫治理体系。出台系列政策制度，完善脱贫攻坚“八大体系”，为巩固拓展脱贫成果、接续推进乡村振兴提供经验。

创新举措亮点纷呈。全国就业扶贫、产业扶贫、“互联网+”社会扶贫现场会和消费扶贫观摩培训、贫困村致富带头人培训、建档立卡动态管理培训等在江西举办，产业扶贫、消费扶贫、扶贫小额信贷、扶贫扶志行动、巩固提升机制等经验获国家肯定。

脱贫攻坚成效扎实。2017、2018、2019年度国家成效考核获“好”“较好”“好”的等次，2020年收官之年再获“好”的等次，财政专项扶贫资金绩效评价连续4年获“优秀”等次。

（龚亮保）

江西省新冠肺炎疫情防控纪略

2020年年初，新冠肺炎疫情爆发后，江西省委、省政府快速响应、周密部署、精准施策、沉着应对，在疫情大考中交出合格答卷。

坚持战略思维，精准防控。新冠肺炎疫情是中华人民共和国成立以来传播速度最快、感染范围最广、防控难度最大的重大突发公共卫生事件。在以习近平为核心的中共中央坚强领导下，江西省委、省政府冷静应对，高位推动，强化“六个统一”，果断采取一系列防控和救治举措，迅速筑牢防控疫情的坚固防线和钢铁长城。

靠前指挥，速战速决。2019年12月31日，江西省委、省政府就对国内出现不明原因肺炎可能引发的风险部署应对准备工作。2020年1月16日，江西省迅速成立省新型冠状病毒感染的肺炎疫情防控应急指挥部。1月21日，国家卫生健康委确认江西省首例输入性新冠病毒感染的肺炎确诊病例。省委书记刘奇、省长易炼红及时深入防控前沿，调研指导、一线指挥，高规格、高密度、高频次研究部署疫情应对工作，形成决断于“早”、立足于“防”、施策于“准”、落实于“严”的江西“一盘棋”战“疫”法则。

2020年1月24日，农历除夕夜，江西省在全国较早启动重大突发公共卫生事件一级响应。1月26日，农历大年初二，江西省成立由省委书记刘奇、省长易炼红任组长的省委应对新型冠状病毒感染肺炎疫情工作领导小组。2020年3月11日，江西省感染新型冠肺炎住院确诊病例全部清零。3月12日，一级响应调整为二级响应。3月20日，二级响应调整为三级响应。

精准施策，联防联控。江西省各级疫情防控指挥部整合、集成各系统行业优势，建立健全疫情通报制度、定期会商制度和预测预警机制，加强信息沟通、资源共享和措施联动。充分发挥党密切联系群众的组织优势，加强舆论引导，积极回应社会关切，主动传递正面声音，通过做大宣传声势，做强宣传品牌，迅速构筑起联防联控、群防群控、群防群治的防控体系。

党旗高扬，中流砥柱。面对疫情，江西省各级党组织和全省党员干部不忘初心、牢记使命，扛起责任，冲锋在前，让党旗在防控疫情斗争第一线高高飘扬。全省有8.35万个基层党组织、143.25万名党员干部奋战在疫情防控一线，在防控工作中组成临时党组织1.01万个，组建党员突击队2.5万支，设立党员责任区、示范岗7.8万个，党员为民志愿服务798.8万余次。

坚持底线思维，高效救治。集中救治，应治尽治。江西省把“提高收治率、治愈率，降低感染率、病死率”作为核心目标，在“早发现、早报告、早隔离、早治疗”的刻不容缓中，把握先机，调集最优秀的医生、最先进的设备、最急需的资源构建了省、市、县三级救治体系。定点医院和发热门诊覆盖所有县（市、区），用谋略织密防线。搭建远程会诊体系，重症病例原则上全部转运至南昌大学第一附属医院救治，对无法转运的重症病例，由省级医疗专家采取组团式派驻参与救治。

三医联动，夯实基础。江西省各级医保部门累计向定点救治医院预付医保基金3.95亿元，专门用于疫情救治保障工作。及时启动无卡患者医保费用批量结算模式，医保基金支付2067.08万元，其余为各级财政补助，患者个人零负担。采取积极有效措施，组织和支持医用防护服、口罩等疫情防控急需医疗物资的生产企业迅速复工达产、多种方式扩大产能和增加产量，对重要物资实行统一调度，建立交通运输“绿色通道”，多措并举保障医用物资供应。以严守“三大安全”底线为基础保障，突出加强防护用品和药品等重点医药产品安全监管，有力维护市场秩序总体稳定。

坚持通盘思维，全面统筹。江西省大力弘扬井冈山精神和苏区精神，急湖北所需，尽江西所能，举全省之力，先后派出11批13支医疗防疫队1271名医务人员和160名其他工作人员驰援湖北武汉、随州等地；优先保障30批次国家调拨任务，调拨124台负压救护车，发送医用N95口罩4.55万只、医用外科口罩57万只，一次性口罩137.6万只，为武汉保卫战、湖北保卫战取得决定性成果贡献江西力量。同时，受中央应对疫情工作领导小组委派，江西省组建以中医药专家为主体的中国政府赴乌兹别克斯坦联合工作组，帮助和推动乌抗疫斗争，推动江西中医药走向世界；开通中乌跨国远程医疗会诊系统，留下“不走的医疗队”，共同谱写中乌共建“健康丝绸之路”新佳话，得到乌国上下的高度赞誉，展示中国情怀，彰显中国形象。

复工复产，稳固增长。2020年2月13日起，江西省在全国率先全面取消国道、省道、高速公路出入口设置的疫情防控检疫点或检测站，打通人流、物流堵点，推动产业链各环节协同复工复产，全面恢复全省经济社会秩序。着眼建章立制，3月上旬，先后出台《关于抢时间保进度强弱项补缺口努力实现全年经济社会发展目标的实施意见》《关于以“两好”推进日常性新冠肺炎疫情防控工作的实施意见》，在筑牢防控链的基础上畅通交通链、打通供应链、激活产业链、带动创新链，加快实现从企业复产向全面恢复产能转变、从项目复工向形成更多实物量转变。1月至8月，江西省规模以上工业增加值同比增长2.1%，固定资产投资同比增长6.8%，出口值同比增长26.5%，增速居全国第2位。

坚持长远思维，未雨绸缪。江西省委、省政府多次专题研究秋冬季疫情防控工作，协调推进疫情防控重点事项。2020年9月9日，江西省召开秋冬季疫情防控工作电视电话会议，省委书记刘奇出席并讲话，省长易炼红主持会议，对秋冬季疫情防控工作进行全面部署。8月25日和9月19日，省委书记和省长分别亲临一线调研督导秋冬季疫情防控工作。把常态化疫情防控监督与“六稳”“六保”监督一体部署推进，将做好秋冬季疫情防控工作纳入省政府对市、县高质量发展考核评价体系，派出5个工作组分赴各设区市开展工作督导，进一步强化属地、部门、单位、社区和个人“五方责任”，抓好“五有三严”等工作，切实做到任务到岗、责任到人、技防人防到位。

全盘部署，强化职能。江西省先后出台加强秋冬季疫情防控工作的实施意见、应急预案和秋季学校疫情防控方案等文件，以及疫情监测、处置、救治、物资储备等工作方案，重点从强化监测预警、做好能力储备、落实精准防控、压实防控责任等方面进一步细化实化。在坚持“应检尽检”的基础上，对其他人落实“愿检尽检”，实现5至7天完成全员核酸检测工作，样本实验室检测结果12小时内反馈。二级以上综合医院在门诊设置预检分诊点，在相对独立区域设置发热门诊和留观室。建立重要医疗物资储备体系，医疗卫生机构物资药品储备量满足30天满负荷运转需求。2020年8月11日，组织召开加强发热门诊建设、备战秋冬疫情防控培训会议，各省直医院和市级医院感染质控中心成员共40余人参加现场培训，7000余人参加线上培训。为进一步强化核酸检测能力，自5月以来，启动医疗机构临床基因扩增检验实验室技术人员培训，共组织426家医疗机构的1271人完成现场轮训，实现省直和11个设区市拟开展新冠病毒核酸检测实验室技术人员全覆盖。实施“全省医疗卫生机构人才提能提质工程”，重点支持公共卫生人员前往西安交大研修。

精准监测，完善保障。从多点、多渠道、多层级进一步完善公共卫生重大风险研判、评估、决策、防控协同机制，制定《江西省新冠肺炎等传染病疫情监测多点触发预警机制指导意见》《关于进一步加强和完善肺炎疫情防控体系机制的通知》，建立完善医疗机构、交通场站、学校和托育机构等疫情多点监测机制，药品销售、动物疫病、病媒生物、冷链食品等疫情多渠道监测机制，疫情监测、信息共享、信息报送等疫情信息沟通机制，分析预警、专家会商等疫情风险研判机制，及时通报、及时预警、及时响应等疫情预警响应和保障机制，切实提高实时分析、集中研判、预测预警的能力。把严防境外和国内中高风险地区疫情输入作为重中之重，健全水路、陆路、航空等各类交通入赣人员管控网络，坚持人、物同查，对入境人员第一时间、第一地点严格闭环管控，全力做好进口冷链食品新冠病毒核酸采样检测，做到每批必检、每件必检。

2020年9月8日，在全国抗击新冠肺炎疫情表彰大会上，江西省共有35名先进个人、10个先进集体、5名优秀共产党员、4个先进基层党组织接受表彰。

到2020年12月31日，江西省累计报告确诊病例930例，累计出院病例929例，累计死亡病例1例，连续308天无新增本地确诊病例报告。

（敖力勋）

江西打造全球移动物联网产业高地纪略

2017年9月13日，科技部、工业和信息化部、江西省人民政府在南昌签订《共同推进新一代宽带无线移动通信网国家科技重大专项成果转移转化试点示范框架协议》，国家03专项成果转移转化试点示范落户江西。2020年12月1日，科技部、工业和信息化部、江西省人民政府在北京续签03专项试点示范两部一省框架协议。江西省委、省政府全力推动以全面感知和万物互联为核心的物联江西建设。承接03专项成果转移转化，发展物联网等产业。江西以03专项为发展契机，各地依托产业基础和区域特色大力发展移动物联网，始终围绕着将江西打造成全球移动物联网产业高地的总目标奋进。

江西以实施国家03专项成果转移转化试点示范为引领，贯彻创新驱动发展战略，取得一系列成果。

顶层设计不断完善。2018年1月，省政府发布首个物联网产业发展指导文件《江西省移动物联网发展规划(2017—2020)》，截至2020年年底江西省共出台移动物联网政策41个，其中省级政策14个：《江西省移动物联网发展规划》《江西省物联网产业高质量发展行动计划(2019—2023年左右)》等文件，明确物联网产业发展目标、布局、路径和重点；印发《加快建设物联江西的实施意见》《江西省5G发展规划》《加快推进5G发展若干措施》《5G产业三年行动计划》等支持物联网产业发展，政策涉及网络、应用、产业、平台等多个方面。

网络基础设施不断优化。2017年，江西省率先完成窄带物联网(NB-IoT)电信、移动、联通3张网络部署，全省网络覆盖率在95%以上，为产业发展和应用创造条件。到2018年，部署NB-IoT基站4.1万个，实现三张NB-IoT网络全省全域覆盖。电信开通eMTC基站3481个，基本实现全省全域覆盖，移动完成全省eMTC网络硬件部署4.2万个，联通完成eMTC网络硬件部署1.36万个。江西移动在南昌开通5G基站，南昌正式被列为国家5G试点示范应用城市。江西电信将鹰潭、南昌列入电信5G试点城市，江西将成为5G商用第一梯队省份。截至2020年年底，江西省窄带物联网(NB-IoT)和增强机器类通信(eMTC)网络建设实现全省全域覆盖，NB-IoT基站7.3万个，eMTC基站7.8万个，全省已开通5G基站3万多个，实现NB-IoT/eMTC/5G三网协同。

平台建设快速推进。江西省大力推进鹰潭市物联网公共支撑平台建设,建成6万平方米的移动物联网产业园一期项目。江西省与中国信息通信研究院联合发起成立移动物联网产业联盟,集聚国内170多家物联网龙头企业、科研机构。中国信通院泰尔物联网研究中心、国家物联网通信产品质量监督检验中心、华为技术服务中心以及三大运营商与华为、中兴联合打造的开放实验室已在鹰潭市移动物联网产业园设立,为企业提供技术研究、测试验证、质量检验、应用创新与孵化等公共服务。此外,北航江西研究院挂牌成立,与中国信通院合作共建的鹰潭物联网研究中心全面竣工,中国联通(江西)产业互联网研究院获集团正式批复,鹰潭铜产业大数据中心、鹰潭移动物联网科技成果转化综合服务中心加快建设,鹰潭(江西)物联网平台、鹰潭产业云平台上线运行,省发展改革委认定批复4家物联网相关研究中心。2020年年底,全省基本形成集研发、检测、认证、成果转化及网安、信息存储于一体的物联网公共服务平台体系。

物联网产业布局不断优化。江西省抢抓物联网发展机遇,加大产业投入力度,物联网产业发展势头较好。物联网产业初步形成了"1+6+5"发展布局,打造鹰潭03专项和物联网试点示范核心区,上饶、赣江新区、宜春、赣州、景德镇为拓展区,其他地区为辐射区,形成了适合江西实际、布局合理的物联网产业布局。在产值方面,吉安、鹰潭、南昌分居全省前三位。

吉安市重点发展移动通讯终端及传输、多层线路板、触控显示、数字视听等细分产业,其硬件总产值占据全省物联网硬件产值37%,位列全省第一,其中江西立讯智造有限公司投产,生产智能耳机,产值高达133亿元。鹰潭市是江西省03专项试点示范城市,在元器件、模组、智能终端等方面发展较快,产值规模约占全省22.8%,位居全省第二。南昌市在网络设备、传感器、特定功能芯片、元器件和应用服务等方面发力,具有联创电子、江西迅特、欧菲生物识别等龙头企业,其硬件总产值占据全省物联网硬件产值近13.15%,位列全省第三。赣州市凭借特定功能芯片和元器件产能等制造基础,物联网产业发展较快,产值规模约占全省9.83%,位居全省第四。其余设区市硬件产值规模都在5%以下。上饶市以电子元器件、柔性线路板、光学镜头模组、新型显示为重点,打造产业集聚区。赣江新区在智能终端整机、模组配件等领域具备较强的生产能力。

产业发展链已经形成。2020年6月,江西省制定省政府产业链链长制,推进物联网产业链强链补链,组织召开物联网链长工作座谈会,制定《物联网链长工作方案》,总结形成《物联网产业发展报告》,编制物联网产业链图、技术路线图、应用领域图、区域分部图,厘清企业、项目、集群、问题和政策,形成"四图、五清单"发展体系。建立物联网产业调度机制,对全省物联网产业实施按季统计和台账化管理,物联网产业呈现出量质同升的良好态势,全省物联网企业600余家,NB-IoT芯片规模出货,5G产业中涌现出一批基站天线、网络设备、高密度线路板等产品年度销售额过5000万元的企业。江西省物联网产业以基础元器件或传感器、移动物联网终端等产业为发展载体,以江西省电子信息制造业为基础,逐步完善江西省物联网产业链。产业体系逐步完善,初步形成涵盖芯片、模组、传感器、网络设备、终端产品在内的移动物联网产业体系,产业发展正进入快速上升期。NB-IoT芯片规模出货,大规模应用可期,5G正处于产业孵化期。

产业规模不断壮大。在政策环境、技术创新、应用驱动下,模组、射频天线、光模块、传感器、智能终端等细分领域涌现欧菲光、摩比、讯特、天河、立迅、三川等一批物联网制造业龙头企业。以移动OneNET(移动物联网开放平台)、OneLink(移动物联网行业服务平台)、电信物联网开放平台、联通物联网连接管理平台、飞尚科技、憶源科技、思创数码为代表第三方物联网平台服务商及应用服务商崛起,产业和应用支撑能力增强,产业发展模式逐渐清晰。江西省物联网产业基础逐步夯实,南昌、吉安、鹰潭、九江、赣州等地呈现出量质同升、升级发展的良好态势,智能终端、模组、触摸屏等领域具备较强的生产能力与市场影响力,发展势头强劲。2018年、2019年,物联网及关联产业主营业务收入分别达到500亿元、800亿元,2020年前两季度主营业务收入约497亿元,全年达1000亿元,年均增长率在25%以上,产业发展态势良好。

加大资金支持。组建物联网产业基金,省工业和信息化厅联合省财政厅、鹰潭市政府、欧菲光等单位经多轮协商,完成江西省移动物联网产业10.6亿元基金的组建,利用省级工业转型资金持续支持物联网产业关联企业,引导物联网产业发展。

(陈飞)

江西省中医药改革发展纪略

江西省以国家中医药综合改革示范区建设为抓手,江西中医药产业推进重大创新平台建设,提升中医医疗服务能力,推动中医药事业产业融合发展。在2020年新冠肺炎疫情防控和救治中,加强中西医结合,推动中医药全程有效参与,江西省中医药参与治疗有效率达99.45%,为打赢疫情防控阻击战发挥作用。

完善法规政策,推进江西中医药传承创新发。2020年,江西以贯彻落实《中共中央国务院关于促进中医药传承创新发展的意见》和全国中医药大会精神为主线,抓好全省中医药改革发展顶层设计。在全国较早制定江西省《关于促进中医药传承创新发展的实施意见》并召开全省中医药大会，完成《江西省中医药条例》修订，成为中央《意见》后第一个颁布《条例》的省份。

加快完善事业产业发展政策措施，推动中医药全事业产业融合发展。深入实施中医药发展的“十三五”规划，将中药材产业纳入加快农业结构调整和林下经济发展两大行动计划。坚持将中药材作为农业的主导产业、作为产业扶贫的重要抓手来抓，强化政策支持，加快推进中药材规模化、产业化、集约化生产。深入实施“2＋6＋N”产业高质量跨越式发展行动计划，重点推进中国（南昌）中医药科创城建设，实施江西樟树“中国药都”振兴工程，促进产业集聚集约发展。同时，积极推动发展中医药大健康产业。2019年，省政府办公厅印发《关于促进热敏灸产业发展的实施意见》，着力推进热敏灸产业与养老服务体系建设融合发展，建立健全热敏灸标准体系，实施艾草种植标准化工程，完善热敏灸操作标准，健全热敏灸协同创新体系。

产学研一体化，推动江西中医药现代化。江西省坚持创新为先、特色引领、资源聚合，积极探索中医药产学研用一体化发展新模式，努力打造中医药强省新名片。江西将中国（南昌）中医药科创城作为推动经济社会发展的重点，举全省之力坚定不移推进，成立以省委、省政府主要领导任组长的科创城推进小组，以推进中药国家大科学装置为核心，着力打造创新引领、要素集聚、功能完善中医药科创城。2020年1月18日，中国（南昌）中医药科创城管委会正式揭牌，标志着科创城管理体制完善工作取得重大进展。

同时，为进一步推动中医药产学研一体化发展，江西省还围绕中医药供给侧结构性改革，及时加强政策保障，支持企业、高等学校、科研机构等加强科技创新协作。围绕市场需求，依托江西省中药产业技术创新战略联盟，加大高校学校对企业研发的协同和支持力度。至2020年年底，江西中医药大学为企业研发并转让100多项产品，超亿元产品达16个，提供技术服务500多次，辐射全国321家企业。尤其在中药新药制药装备取得重大突破，江西省创制的新型中药制药装备出口欧美国家并应用于全国20多个省市，实现高效节能降耗中药制药装备国产化。瞄准企业发展需求，大力推进产学研技术合作。全由江西中医药大学研发和二次开发的品种销售额达260亿元。

2018年至2020年，中医药领域获省科技进步一等奖1项、二等奖3项，三等奖（含科技发明）7项。推动中医药科技创新领域科技成果转化超过100项，尤其在中医药现代化——固体制剂产业化关键技术及应用取得重大突破，该项技术获2019年国家科技进步二等奖，极大改进江中健胃消食片、复方草珊瑚含片等中药品种的生产工艺，提高产品质量和生产效益，推动相关企业极大降低工业产值耗能。

完善管理体制，协调推进中医药产业发展。江西将中医药产业作为推动高质量发展的重点产业，积极完善管理体制，协调推进中医药产业发展。根据中药材不同品种种植成本，科学制定中药材产业发展的差异化奖补政策，2018年至2020年共落实省级财政资金2.3亿元。始终将技术和标准摆在突出位置，组建江西省中医药标准化委员会，成立江西省中药材产业技术体系和省葛产业技术体系，组建一支覆盖良种栽培、产业经济等方面的中药材产业人才队伍。积极用好中药材产业发展成果，探索建立“公司＋合作社＋农户”“产业化联合体”“四统一＋订单生产”等多种生产经营模式，积极推进中药材产业扶贫。全省中药材产业取得长足进步，产业规模快速增长，优势品种不断凸显，产业活力不断增强。从资源上看，江西省拥有植物药资源3812多种，矿物药16种，动物药139种。其中，江枳壳、江栀子、江车前子、江香薷、信前胡、泰和乌鸡等道地药材20多个品种，药食两用品种41种。从规模上看，全省中药材种植面积达16万公顷，主要品种种植规模化标准化程度明显提升，车前子和芡实市场占有率在70%左右。从品质上看，着力围绕“赣十味”“赣食十味”建设定制药园15个，打造中药材赣药品牌，逐步建立中成药和中药饮片从种植、加工生产到应用全链条可溯源体系。新增5个国家地理标志保护产品，全省相关产品达12个。实施艾草种植标准化工程，完成21项艾叶产品生产标准备案和10个艾产品工业化生产。

持续增强中医药工业生产能力，深入实施“2＋6＋N”产业发展行动计划，大力推动中医药产业提质增效，加大对优质产业项目的扶持力度，重点培育具有自主知识产权的优势大品种。从产业规模看，2020年全省中药产业主营业务收入达到500.65亿元，同比增长1.08%，加快推进中国中药江西一方、新绿药、华润江中生产基地等重大项目布局。从产业集群看，相关骨干企业加快战略性重组整合，带动形成樟树、袁州、小蓝等6个涉及中医药的生物医药产业集聚区。从优势品种看，中药行业销售额过亿元的优势品种近40个，超10亿元中成药优势品种5个。从健康产业看，联合相关厅局制定《关于加快推进文化和旅游融合发展的实施意见》和《江西省森林康养产业规划（2021—2025）》，加快推进中医药康养与旅游深度融合发展。已成功创建国家中医药健康旅游示范区1个，示范基地4个，江西省成为该项目最多的省份之一。

注重补齐短板，着力健全中医药特色优势。完善的服务体系和高质量的服务能力是发挥中医药作用的基础。中医药是江西省卫生健康事业的优势和特色，加强中医药医疗服务体系建设、提高服务能力建设方面意义重大。

江西围绕国家中医药综合改革试验区建设，打造中医药振兴发展“江西样板”，加强中医药服务能力建设，支持实施基层中医药服务能力提升工程、中医药传承与创新人才工程、中医临床优势培育工程。

江西省结合医药卫生体制改革和人才教育培养改革，大力推进江西省中医药健康服务发展。拓展中医药健康服务领域。促进中医药与各相关服务融合发展，大力发展中医养生保健服务，鼓励社会力量提供中医医疗服务，支持发展中医特色康复服务，积极发展中医药健康养老服务，培育发展中医药文化和健康旅游产业。完善中医药服务医保支持政策。将875种中药饮片和120种中药制剂纳入全省基本医疗保险支付范围。及时制定支持中医药强省建设的医保政策，用好用足医保3年窗口期政策，支持将省产中药饮片、中成药等纳入医保目录。加强中医药服务人才保障。江西中医药大学深化高等教育改革，探索遵循中医药人才成长规律的培养模式，先后创办“双惟实践班”“岐黄国医班”“中医摇篮班”，建立“重经典、跟名师、早临床、多实践”高素质中医药人才培养模式，4年来，本科毕业生报考硕士研究生上线率在77.42%以上，执业医师考试首次通过率77.78%以上，比全国平均高出11.8%，为中医药服务提供有力的人才保障。

江西省首次启动建设17个中医药重点研究室、临床研究基地项目，投入经费425万元。推进国家中医药高层次人才培养专业基地、学术流派传承工作室建设。争取项目资金926万元，启动基本中医药循证能力建设项目，提升专科专病循证能力。同时，争取项目资金6.03亿元，持续推进省中医院、南昌市洪都中医院、九江市中医院3个国家中医药传承创新工程项目，推进设区市中医院建设。抚州、上饶将区属中医院整体上收设区市管辖。加快县级中医院建设，15个县级医院救治能力提升工程项目和7个健康扶贫工程项目。

至2020年年底，江西省共有中医类医院121所。其中，中医医院110所，中西医结合医院11所，是较早普及县县建有中医医院的省份之一。中医类医院床位数3.33万张，中医类诊疗2434.91万人次。全省1611个乡镇卫生院和社区卫生服务中心设置中医馆，覆盖率达93.94%。全省97.13%社区卫生服务中心、99.56%乡镇卫生院、85.71%社区卫生服务站、72.68%的村卫生室具备中医药诊疗服务能力。基层医疗机构中医药服务量占基层医疗机构总服务量30%。拥有国家临床研究中心1家（省中医院），区域中医（专科）诊疗中心2个，国家临床重点专科（中医专业）13个，国家中医药管理局重点专科33个，全国农村中医特色优势重点专科21个；省级临床医学研究中心5个（全部为中医专业），省级中医药优势病种治疗中心20个，中医重点专科150个，省级临床重点专科82个，基层特色专科230个。

抗击新冠肺炎前线，江西中医药贡献独特力量。新冠肺炎疫情发生以来，江西省委、省政府始终强调要坚持中西医并重、中西医结合、中西药并用原则，注重发挥中医药独特优势和作用，为疫情防控和社会经济发展提供支撑。930例本地确诊病例救治情况呈现“两高两低”特点，即治愈出院率、中医药参与率分别高达99.9%和98.3%，死亡率和复阳率分别低至0.1%和2.99%，均明显优于全国平均水平。

2020年1月24日，在全国较早启动重大突发公共卫生事件一级响应，省指挥部形成“统一领导、统一组织、统一部署、统一督导”中西医联动指挥机制，设置中医药工作组，成立中医药专家指导组，及时研究中医药防控策略、应对措施，形成中西医应对疫情研判、评估、决策、防治协同机制。1月30日，在全国率先提出“两个确保”（即全省各级定点医院要确保有中医人员参加救治；确保所有确诊病例尽早、及时、全病程使用中医中药）的要求，建立健全中西医共同参与、全程协作的中西医协同救治机制，并将中西医结合救治工作作为疫情防控的重要督导内容予以推进落实。

及时启动27项中医药抗疫应急攻关专项，立项数、经费投入居全国各省前列，形成覆盖医学观察期、轻型、普通型、重型、危重型、恢复期发病全过程的中医诊疗规范和技术方案。

对口支援湖北随州医疗队12个病区所有患者采用中西医结合治疗方案，选派热敏灸专家团队赴湖北蕲春支援抗疫，为武汉保卫战、湖北保卫战取得决定性成果贡献江西力量。

组建以中医药专家为主体的中国政府（江西）赴乌兹别克斯坦联合工作组，协助该国开展疫情防控工作，为海外中国公民提供科学专业的疫情防控指导。向乌兹别克斯坦捐赠防疫药品等260万元，核酸检验试剂盒10万份。乌兹别克斯坦通过总统令特批江西省援助的山腊梅叶颗粒、热敏灸艾条、连花清瘟胶囊等13种中药和中成药临时注册；乌兹别克斯坦卫生部还批准中国中医医师在乌的执业许可。加快推进中乌传统医学中心建设，开通中乌跨国远程医疗会诊渠道，留下“不走的医疗队”，得到乌方的高度赞誉，共同谱写中乌共建“健康丝绸之路”新佳话。

2020年7月30日，江西省中医药管理局、南昌市人民政府等联合上海合作组织睦邻友好合作委员会、国家中医药管理局成功举办上海合作组织传统医学论坛视频会议。省内中医药专家与各国政府官员、专家学者分享传统医学抗疫经验，扩大中医药国际影响力，推动中外传统医学合作的深化，为推进江西省内陆开放型经济试验区注入强大动力。

（杜益波 周翔）

栏目编辑 徐佳佳

大 事 记

1 月

1 日　列入长江流域重点水域的江西省水生生物保护区和长江干流江西段、鄱阳湖区域全面禁止天然渔业资源生产性捕捞，比国家规定时间提前 1 年。全省水生生物保护区实行长期禁捕，长江干流江西段和鄱阳湖禁捕期暂定 10 年。

同日　江西省慈善总会与江西新闻客户端联合主办“善济江西、爱我赣鄱”——首届慈善扶贫网络新年晚会。

2 日　省委深改委第八次会议召开。会议审议并原则通过《省直有关部门贯彻落实省委十四届十次全会〈实施意见〉重要举措分工方案》《江西省鼓励引导人才向基层一线和贫困地区流动工作推进方案》《江西省构建市场导向的绿色技术创新体系的实施方案》《江西省关于改革和完善疫苗管理体制的实施意见》《江西省关于加强和改进乡村治理的实施意见》《江西省关于推进省直党政机关和事业单位经营性国有资产集中统一监管的实施方案》《江西省关于加强知识产权审判领域改革创新的实施意见》《江西省森林公安机关管理体制调整工作的实施方案》。

3 日　省政协十二届常委会第九次会议召开。会议协商讨论《政府工作报告(征求意见稿)》，审议并原则通过《政协江西省第十二届委员会常务委员会工作报告(审议稿)》《政协江西省第十二届委员会常务委员会关于省政协十二届二次会议以来提案工作情况的报告(审议稿)》和政协江西省第十二届委员会第三次会议日程，听取省政协各专门委员会 2019 年述职报告。

8 日　江西省林业科学院龙虎山野生莼菜科研基地揭牌，标志江西省首个野生莼菜科研基地落户龙虎山。该基地位于野生莼菜原生境点龙虎山脚下，基地面积约 8 公顷，主要有红叶莼菜和绿叶莼菜 2 个品种。

9 日　首届方志敏文学奖颁奖典礼在南昌召开。诗歌《中国，一个老兵的故事》、散文《方志敏最后的七个月》、小说《汀泗桥》等 12 件作品获首届方志敏文学奖。

同日　由省发展升级引导基金投资的晶科电力主板 IPO(即首次公开募股)申请获中国证监会发审委审核通过，在 A 股主板市场上市，这是省引导基金投资收获的首个 IPO 项目。

同日　中国科学院稀土研究院挂牌仪式在赣州市举办。

同日　2019 年度国家科学技术奖励大会在北京召开，南昌航空大学主持完成的“含战略资源固废中金属高值化回收关键技术及应用”项目获国家技术发明奖二等奖。江西中医药大学主持完成的“中药制造现代化——固体制剂产业化关键技术研究及应用”项目获国家科学技术进步奖二等奖。徐盛虎(中国石油化工股份有限公司九江分公司)参与完成的“活性相定向构建及复杂反应分级强化的柴油高效清洁化关键技术”项目、易教良(南昌永祺科技发展有限公司)参与完成的“深基础自平衡法承载力测试成套技术开发及应用”项目获国家技术发明奖二等奖；中国石油化工股份有限公司九江分公司参与完成的“炼化含硫废气超低硫排放及资源化利用成套技术开发与应用”项目获国家科学技术进步奖二等奖。

11 日　江西省大数据协会成立暨第一次全体会员大会在南昌市举行，成为江西省首个数字经济领域行业协会。

12 日　省委召开全省“不忘初心、牢记使命”主题教育总结会议。

13 日　由省文化和旅游厅主办的“云游江西”江西智慧旅游平台上线发布仪式举行。

14—17 日，省政协十二届三次会议在南昌召开。会议通过省政协十二届三次会议决议和省政协十二届三次会议提案初步审查情况的报告。增补丁晓群、王晖、吕少军、肖萍、陈敏、徐友洪、谢金水为省政协十二届委员会常务委员。

15 日　江西省与中国卫星导航系统委员会在南昌举行国家(江西)北斗卫星导航综合应用示范项目启动会暨北斗相关项目签约仪式。

15—19 日　省十三届人大四次会议在南昌召开。会议表决通过关于政府工作报告的决议、关于江西省 2019 年国民经济和社会发展计划执行情况与 2020 年国民经济和社会发展计划的决议、关于江西省 2019 年预算执行情况和 2020 年预算的决议、关于江西省人大常委会工作报告的决议、关于江西省高级人民法院工作报告的决议、关于江西省人民检察院工作报告的决议、关于国家生态文明试验区(江西)建设情况报告的决议；补选刘翠兰为省人大常委会委员。

16 日　省纪委常委会会议暨省监委会议召开。会议传达学习中共十九届中央纪委四次全会和中央、省委“不忘初心、牢记使命”主题教育总结大会精神，研究贯彻落实意见，审议《省纪委十四届五次全会工作报告》。

18 日　江西省港口集团有限公司挂牌成立，标志省港口集团进入实质性运作阶段。

20日　来自巴西的136个集装箱共计3400吨储备棉在九江口岸由九江海关关员办理完结进口通关手续，标志江西省口岸首次直接进口的储备棉通关。

21日　第38次省政府常务会议召开，传达学习中共中央总书记习近平、国务院总理李克强关于新型冠状病毒感染的肺炎疫情防控工作的重要指示批示及国务院常务会议、新型冠状病毒感染的肺炎疫情防控工作电视电话会议精神，研究部署新型冠状病毒感染的肺炎疫情防控工作。

22日　省卫生健康委召开新冠肺炎疫情防控工作新闻通报会，介绍国家卫生健康委确认江西省2例输入性新冠病毒感染的肺炎确诊病例，建立24小时应急值守制度，规范预检分诊和发热门诊管理，实行病例救治日报告和零报告制度，组建省级诊断、救治、防控专家组。

24日　江西省启动重大突发公共卫生事件一级响应机制；3月12日，调整为二级响应；3月20日，调整为三级响应。

25日　省财政厅下达第一批新冠肺炎疫情防控补助资金3000万元，全力支持全省新冠肺炎疫情防控相关工作，切实把人民群众生命安全和身体健康放在第一位。

同日　省红十字会新冠肺炎疫情防控工作指挥组成立，全力配合省委、省政府做好防疫物资和资金的筹集以及疫情防控工作，启动人道资源动员机制，向社会发出募捐公告。

同日　全省所有A级景区、乡村旅游点、旅游度假区全部暂时关闭，全省各级公共图书馆、博物馆、文化馆、美术馆全部闭馆。

26日　省委常委会召开扩大会议，决定成立省委应对新冠肺炎疫情工作领导小组，由省委书记刘奇、省长易炼红任组长，省领导李炳军、赵力平、孙菊生任副组长，省直有关部门主要负责人为成员，加强对疫情防控工作的统一领导。

同日　省卫生健康委在全省范围内抽调医务人员成立江西省援鄂医疗队，队员由三级综合医院和承担传染病救治任务的传染病专科医院医务人员组成。

27日　江西省新型冠状病毒感染的肺炎疫情防控应急指挥部发出第六号令，要求各设区市、县（市、区）人民政府、赣江新区管委会，省新冠肺炎疫情防控应急指挥部各成员单位要加强以城乡社区防控为主的综合防控措施。研究决定，城市街道社区、乡镇村必须成立疫情防控工作组织（机构），配备足够的工作人员。从1月28日8时起，个体诊所、村卫生室、社区卫生服务站暂停接诊不明原因的发热病人，但需按规定做好转诊服务。

28日　江西省首家新冠肺炎在线免费教授义诊平台上线，群众可以通过“赣服通”赣州分厅在线联系赣南医学院第一附属医院专家团队，进行免费问诊和咨询。

29日　印发《江西省人民政府办公厅关于延迟省内企业复工的通知》，要求江西省区域内各类企业不早于2020年2月9日24时前复工。

同日　江西省启动首批新冠肺炎疫情应急科技攻关项目，项目分别为江西省疾病预防控制中心牵头负责的“2019-nCoV流行特征及防控关键技术研究”、南昌大学第一附属医院牵头负责的“2019-nCoV肺炎综合诊疗方法的优化和评价以及重症发生的危险因素评估”和江西中医药大学附属医院牵头负责的“中医药治疗新型冠状病毒感染的肺炎（寒湿疫毒证）的临床研究”。

30日　由日本江西总商会捐赠的1.2万个医用口罩到达江西并被接收。这是江西省收到的首批抗击新冠肺炎疫情海外捐赠物资。

同日　省教育厅印发《江西省中小学2020年寒假及春季学期延期开学期间线上教育教学实施方案》，要求各地组织开展好延期开学期间线上教育教学工作。

2月

1日　江铃汽车下线2台福特全顺负压救护车，经全面检测合格后驰援武汉，用于向火神山医院转运病人，是全国最早送达的负压救护车。

2日　省新冠肺炎疫情防控应急指挥部办公室下发《关于加强对近期返岗人员疫情防控工作的通知》，要求各设区市新冠肺炎疫情防控应急指挥部、省指挥部各成员单位、各设区市卫生健康委，认真贯彻落实中共中央总书记习近平关于坚决打赢疫情防控阻击战的一系列重要指示精神，有序做好江西省返岗人员的疫情防控工作，防止聚集性疫情的发生。

4日　江西省人民政府印发《关于有效应对疫情稳定经济增长20条政策措施》。

同日　由来自全省10个设区市各医院的101名护理人员组成的江西援助武汉医疗护理队驰援武汉。

7日　省委组织部、省人力资源社会保障厅联合发布《关于对疫情防控阻击战中表现突出的机关事业单位工作人员和集体及时予以奖励的通知》，及时奖励疫情防控中表现突出的先进典型。

8日　赣鄱云上线“停课不停学”专栏，并通过江西新闻客户端及全省70个市县级融媒体中心客户端进行分发。

10日　省十三届人大常委会第十八次会议在南昌举行。会议表决通过《江西省人民代表大会常务委员会关于依法全力做好新型冠状病毒肺炎疫情防控工作的决定》。

同日　由赣晋浙三省医护人员组成的首批全国退役军人事务系统医疗队从南昌集结出发，驰援湖北省荣军医院。其中，16名江西省荣军医院医护人员，作为医疗队队员随队出征。

同日　江西省首例确诊的危重型新冠肺炎患者在南昌大学第一附属医院象湖院区治愈出院。

同日　九江银行获批中国人民银行九江市中支抗击疫情专项再贷款9.52亿元，并成功向相关企业放款。这是江西省首笔抗疫专项再贷款。

12日　江西省高级人民法院首次通过微信平台开庭审理一起知识产权案件。

13日　省新冠肺炎疫情防控应急指挥部发布第4号公告，要求全省各级有关部门进一步落实“科学防控、精准施策”要求，做好疫情防控和复工复产有关事项。

同日　人民银行南昌中心支行通过“抗疫急通车”为中信银行南昌分行办理全省首笔疫情防控再贴现，

金额2.3亿元，用于支持该行对江西青峰药业有限公司办理票据贴现。

14日 省委常委会召开会议，传达学习贯彻中共中央总书记习近平在中央政治局常委会会议上的重要讲话精神，审议并原则通过《关于贯彻〈景德镇国家陶瓷文化传承创新试验区实施方案〉的意见》《关于促进中小企业健康发展的实施意见》。

同日 全省气象部门启动寒潮Ⅲ级应急响应，11个设区市气象部门启动Ⅲ级或Ⅳ级应急机制。

15日 江西省印发《省防控应急指挥部"两手抓、两促进"推动复工复产帮扶工作组工作方案》。

16日 省新冠肺炎疫情防控应急指挥部下发《关于进一步落实"科学防控、精准施策"要求，做好疫情防控和复工复产有关事项的公告》，要求各地各部门要统筹推进疫情防控和经济社会发展。

17日 南昌克服新冠肺炎疫情影响，恢复赣欧班列常态化运行。省委书记刘奇为恢复运行的首趟班列送行，并下达发车令。

同日 江西新增疑似新冠肺炎病例首度"清零"。

18日 省委农村工作会议暨扶贫开发工作会议在南昌召开。这是疫情发生以来，省委召开的第一个全省性经济社会发展推进会议。

同日 省政府办公厅印发《关于进一步创新优化"赣服通"功能加强疫情防控和助力企业有序复工复产若干举措的通知》。《通知》要求，各市、县(区)人民政府和省政府有关部门要以问题和效果为导向，以企业需求为着力点，结合实际，细化实化具体措施。

同日 赣州国际陆港2020年首趟中欧(亚)班列发车，这标志新冠肺炎疫情防控期间，赣州中欧(亚)班列全面恢复常态化开行。

19日 江西支援湖北的首批血液从南昌启程。该批血液全部为红细胞，总计21.62万毫升，由江西省血液中心及11个设区市中心血站紧急招募采集，江西省血液中心负责统一送往湖北省。

同日 省建工集团在银行间债券市场成功发行全省首单疫情防控超短期融资券，总金额6亿元，期限270天。

同日 江西新增确诊病例首度"清零"。

21日 江西省开行首趟高铁复工专列，搭载581名赣籍务工人员前往义乌。

同日 江西人保财险签出首单政策性"复工险"，为赣江新区直管区企业及一线防疫工作人员复工复产提供保险保障，最高可累计赔付500万元。

22日 江西疑似新冠肺炎病例存量首度"清零"。

24日 江西省出台《江西重点水域退捕渔民养老保障指导意见》，要求各地确保2020年6月底前落实政府补助资金，办理好退捕渔民基本养老保险参保手续。

26日 由南昌高新区管委会包机的江西省首趟"返岗专机"搭载170余名甘肃籍务工人员抵达南昌昌北国际机场。这是江西省首次启动包机接人模式，解决缺工问题、推进企业复工复产。

同日 省教育厅下发关于全省各级各类学校继续开展线上教学的通知，明确3月1日后继续开展线上教学，学生不到校。

27日 省委书记刘奇在南昌会见国务院应对新冠肺炎疫情联防联控机制工作指导组。

28日 国务院应对新冠肺炎疫情联防联控机制工作指导组反馈意见会在南昌召开。

同日 省公安厅森林公安局揭牌仪式举行，标志江西省在全国率先实现森林公安转隶，全省森林公安事业进入发展的新起点。

同日 江西省迎来搭载212名兰州籍务工人员的首趟返岗复工高铁专列。

29日 江西首个设区市新冠肺炎住院确诊病例"清零"。

同月 赣南医学院第一附属医院曾祥泰博士研究团队联合江西憶源多媒体科技有限公司徐林楠研究团队、北京万泰中联科技以及多家大型医院共同攻关，成功研发出国内首套非接触式可视化新冠肺炎院内智能筛查诊断及防控系统并投入试运行。

同月 台办、发展改革委、工业和信息化部、商务部联合发文，正式批复江西省以"一区三园"模式设立"海峡两岸产业合作区"，打造全省吸引利用台资新引擎。江西成为继广西、湖北、四川之后，全国第4个获批设立该产业合作区的省份。

3月

1日 省政府召开专题会议。会议审议并原则通过《关于"双抢""双补"努力实现全年经济社会发展目标的实施意见》。

2日 江西首个设区市本地新冠肺炎密切接触者"清零"。

3日 省政府出台《关于以"两好"推进日常性新冠肺炎疫情防控工作的实施意见》。

同日 江西省首单疫情防控公司债"上饶市数字和金融产业投资集团有限公司2020年非公开发行公司债券(第一期)(疫情防控债)"发行。

4日 省委深改委第九次会议召开。会议学习贯彻中央深改委第十二次会议精神特别是中共中央总书记习近平总重要讲话精神，审议并原则通过《关于完善重大疫情防控体制机制健全我省公共卫生应急管理体系的工作方案》《省委深改委2019年工作总结报告》《省委深改委2020年工作要点》《省委深改委专项小组2020年工作计划》《江西省天然林保护修复制度实施方案》《江西省统筹推进自然资源资产产权制度改革的实施意见》，审定2019年度全省全面深化改革工作分类考评结果、《关于省委深改委成员2019年领衔推进落实重大改革项目实施情况的总结报告》《省委深改委成员2020年领衔推进落实重大改革项目实施方案》。

同日 工业和信息化部公布第九批国家新型工业化产业示范基地名单，抚州高新技术产业开发区、南昌高新技术产业开发区入选。

同日 第41次省政府常务会议召开，审议并原则通过《江西省全面禁止非法交易和滥食野生动物办法(草案)》，听取关于加快补齐医疗废物危险废物收集处理设施短板、坚决打赢疫情防控阻击战和污染防治攻坚战有关情况的汇报。

同日 江西新冠肺炎危重病例

首度“清零”。

同日　江西新冠肺炎疫情高风险县(市、区)首度“清零”。

9—13日　国务院应对新冠肺炎疫情联防联控机制工作指导组对江西省统筹推进疫情防控和经济社会发展工作进行第二轮督导。同时,国务院工作指导组向江西反馈督导意见。

10日　省委、省政府举行2020年省市县三级联动推进重大项目开工大会。

11日　全省政法工作会议暨全省市域社会治理现代化试点工作会议召开。

同日　江西省赣农投资发展集团有限公司揭牌,标志江西省“三农”领域省级投资发展平台正式成立。

同日　江西新冠肺炎住院确诊病例“清零”。

12日　全省5G建设暨产业发展推进视频会在南昌举行。省委常委、副省长吴晓军出席会议并讲话。

15—20日　由住房和城乡建设部副部长易军担任组长的中办国办复工复产调研工作组到江西省调研复工复产情况。同时,中办国办复工复产赴江西调研工作组与江西省进行有关情况沟通交流。

16日　江西省首个“不打烊政务大厅”——赣服通全天候智能服务中心在景德镇启用,标志江西省“智慧政务”建设有新突破,实现政务服务从8小时向“全天候”、从“窗口办”向“自助办”、从“分散办”向“集中办”的跨越。

同日　江西省在全省范围推行健康码——“赣通码”。

18日　江西省第七次全国人口普查领导小组第一次全体会议在南昌召开。贯彻落实国务院第七次全国人口普查领导小组全体会议精神,听取江西省普查工作前期准备情况汇报,审议并原则通过《江西省第七次全国人口普查领导小组成员单位职责分工和工作方式》。

19日　平安江西建设领导小组第一次会议暨省委全面依法治省委员会第三次会议召开。会议听取2019年全面依法治省和法治政府建设工作情况汇报,审议并原则通过2019年度全省平安建设(综治工作)考评结果、《省委全面依法治省委员会关于开展优化法治化营商环境专项行动工作方案》以及平安江西建设和全面依法治省有关文件。

21日　省新冠肺炎疫情防控应急指挥部办公室印发《江西省全面恢复正常生产生活秩序工作指引》通知。从3月21日9时起,全省所有社区(小区、村组)取消封闭式管控、取消限制人员进出措施,保留流动性管理,保留出入人员体温监测和查验个人健康码,确保城乡居民正常出行、工作、生活。

23日　江西省支援湖北随州医疗队除38名队员继续留守外,369名援随队员班师返赣。

25日　第42次省政府常务会议召开,审议并原则通过《江西省推动物流高质量发展促进形成强大国内市场三年行动计划(2020—2022年)》《关于切实加强高标准农田建设巩固粮食主产区地位的实施意见》。

26日　省委书记刘奇主持召开座谈会,征求贫困户、龙头企业、致富带头人和扶贫一线干部对脱贫攻坚巡视整改的意见建议。

同日　省委书记刘奇在南昌看望赴乌兹别克斯坦执行援助新冠肺炎疫情防控任务的江西省中医医疗队。4月28日,中国(江西)赴乌兹别克斯坦联合工作组完成既定任务乘乌方专机返回南昌。

同日　省政府召开中小微企业座谈会。江西国药、林恩茶业、朝阳聚声泰、科得新材料、昌兴航空装备、嘉乐便捷旅馆、西江月餐饮、晋利嘉实业、播商数字科技、沃玛城市商业管理10家中小微企业负责人围绕“战疫情”“促发展”讲情况、谈问题、提建议。

同日　省航空护林局在上饶三清山机场开展首次夜航训练。这是江西省航空护林局成立以来首次开展夜航训练。

27日　省十三届人大常委会第十九次会议在南昌举行。会议审议并表决通过《江西省农村供水条例》和江西省人民代表大会常务委员会关于批准《鹰潭市智慧城市促进条例》、赣州市人民代表大会常务委员会关于修改《赣州市城市管理条例》等3件地方性法规的决定、《上饶市殡葬管理条例》的决定。会议经表决,决定接受毛伟明、吴晓军辞去江西省人民政府副省长职务的请求和孙新阳辞去江西省监察委员会主任职务的请求;任命殷美根、吴浩为江西省人民政府副省长;任命马森述为江西省监察委员会副主任,并决定其代理主任职务;任命刘翠兰为江西省人大财政经济委员会副主任委员。

同日　全省调解专家库首批省市县三级916名调解专家完成选聘,正式履职。

30日　省委常委会会议召开。会议审议并原则通过《中共江西省委关于新时代加强和改进人民政协工作的实施意见》《江西省关于中央脱贫攻坚专项巡视“回头看”反馈意见、“不忘初心、牢记使命”主题教育检视问题、成效考核指出问题整改工作方案》《关于加快推动我省软件产业高质量发展的实施意见》。

同日　江西省首个港口资源整合项目——九江矶山公用码头,在彭泽县开工建设。该项目由省港口集团、九江心连心化肥有限公司、彭泽县政府三方合作建设。

同日　“江西铁投国家重点铁路项目基础设施债权投资计划”最后一笔9亿元资金到账,标志江西省最大单笔、最长期限、最低成本的“险资入赣”项目落地。

31日　江西省召开中央脱贫攻坚专项巡视“回头看”暨成效考核反馈意见整改工作动员部署会。

同日　省新冠肺炎疫情防控应急指挥部印发《关于切实做好疫情防控期间学生“点对点”闭环管理工作的通知》,就疫情防控期间全省高三、初三年级和中等职业学校毕业年级学生返校学习,严格实行“点对点”(家庭与学校)闭环管理作出部署。

同日　上海证券交易所科创板网站显示,孚能科技的IPO申请已经正式得到上市委会议通过。这标志江西首家科创板上市公司成功过会。

同月　省人力资源社会保障厅、省卫生健康委制定《江西援鄂医务人员高级职称集中优先评审工作方案》。

同月　国家林业和草原局发布第一批、第二批国家森林乡村名单,江西2批共有430个村入选。

同月　全省规模以上工业增加

值同比增长7.8%，高出全国平均8.9个百分点，列全国第5位。3月末，全省规模以上工业企业复工率100%、员工返岗率99.5%，位居全国前列。

4月

1日 《江西省退役军人服务保障设施建设标准》施行。这是首份全国公开发布的退役军人工作地方标准规范。

3日 2020年全省高校毕业生就业工作专题调研会在南昌召开。

同日 萍乡市芦溪公路运输管理所向江西四顺物流集团股份有限公司，签发江西省首张网络平台道路货物运输经营许可证。这标志江西省网络货运企业正式纳入道路货物运输行业管理，"互联网+物流"的新兴业态走向规范化运营。

6日 国务院批复同意设立江西内陆开放型经济试验区。

7日 江西省最后一支援助湖北的防疫队凯旋，平安抵达九江市庐山火车站。这标志江西省援鄂医疗防疫任务完成。

8日 新余市市场监管行政审批服务窗口颁发江西首张"一照含证"营业执照，标志江西推行"一照含证"改革取得实质性突破。

同日 新余学院公共卫生与健康学院揭牌暨新余学院与泰康之家（北京）投资有限公司战略合作签约仪式举行。

9日 第44次省政府常务会议召开。会议审议并原则通过《江西省数字经济发展三年行动计划（2020—2022年）》《关于进一步激发文化和旅游消费潜力的实施意见》和《关于促进汽车消费的若干措施》。

13日 江西省首批医用防护物资国际航空货邮包机，将满载50多吨防疫物资、出口货物和国际邮件，从南昌昌北国际机场发往欧洲、日本等地。

16日 省委、省政府召开全省数字经济创新发展大会。会上宣读《江西省数字经济发展三年行动计划》，通报全省数字经济创新发展总体情况。

同日 省文化强省建设工作领导小组第二次会议召开，听取江西省文化强省建设2019年工作总结和2020年工作安排，以及金融支持文化产业高质量发展、文化与旅游融合发展等情况汇报，审议《2020年江西省文化强省建设推进大会系列活动方案》《关于推进文化和科技深度融合发展的实施意见》。

同日 第一次全省社会主义学院工作会议在南昌召开。

17日 全省扫黑除恶专项斗争重点行业整治推进视频会召开。

同日 由江西省派遣中国赴乌兹别克斯坦联合工作组从南昌启程，赴乌兹别克斯坦协助开展疫情防控工作。联合工作组共15人，包括省卫生健康委、省外办、省侨办、省中医药局工作人员和10名医疗专家，医疗专家由江西省人民医院、南昌大学第一附属医院、江西中医药大学附属医院和江西省疾病预防控制中心选派，包括重症、院感控制、疾病预防、急诊、护理、中医药等专业的专家，以中医药专家为主体，充分体现中西医结合。

22日 全省离退休干部先进集体和先进个人表彰大会在南昌召开。表彰70个离退休干部先进集体、110名先进个人和10名"最美老干部"。

同日 省林业局、省民政厅、省卫生健康委、省中医药局四部门联合公布江西省首批省级森林康养基地名单，凤凰湾森林康养基地等40家基地上榜。

23日 省政府召开全省商贸消费升级工作推进会。

同日 全省禁毒工作电视电话会议在南昌召开。

24日 满载自阿联酋进口的103台丰田车的进口汽车专列抵达赣州国际陆港。这是江西省首列进口汽车专列，也是继2019年10月赣州汽车整车进口口岸通过国家验收后，第三次进口整车。

25日 发展改革委正式印发《江西内陆开放型经济试验区建设总体方案》，明确试验区三大战略定位、六大主要任务，支持江西高标准高质量建设试验区，形成内外联动、双向互济的全面开放新格局。

26日 于都县、兴国县、宁都县、赣县区、鄱阳县、修水县、都昌县7个贫困县（区）脱贫退出，这是江西省第四批次贫困县脱贫退出。至此，全省25个贫困县全部脱贫退出，江西省区域性整体贫困问题得到基本解决。

28日 江西省与国资委以"屏对屏"形式，举行贯彻落实赣南等原中央苏区振兴战略暨央地合作视频会。这是国资委开展央地合作以来，首次采用线上签约。会议进行有关合作项目的现场签约和线上签约，76个央企入赣项目落地，"云签约"引资1200.76亿元。

同日 由省退役军人厅主办的首届"江西尊崇军创"退役军人创业创新大赛启动。

同日 第24届"中国青年五四奖章"评选结果揭晓。中国铁路南昌局集团有限公司南昌疾病预防控制所消杀科科长杨波获"中国青年五四奖章"，南昌大学"稻渔工程"团队获"中国青年五四奖章集体"，萍乡市芦溪县银河镇长竹村卫生计生服务室医生陈祥田、莲花县湖上乡中心卫生院医生熊波被追授"中国青年五四奖章"。

同日 共青团中央公布"全国优秀共青团员""全国优秀共青团干部""全国五四红旗团委（团支部）"表彰名单。南昌大学第二附属医院甲状腺与中医科护士杨悦雯、南昌市第三医院急诊重症医学科（朝阳院区）护士周强等18名人员获"全国优秀共青团员"称号，九江市濂溪区生态环境局监测站助理工程师陈志威、九江市自然资源局庐山西海风景名胜区分局办公室科员胡威伟被追授为"全国优秀共青团员"；南昌大学第二附属医院团委委员方亮、江西师范大学团委书记宁洁等8名人员获"全国优秀共青团干部"称号；江西省人民医院团委、赣南医学院第一附属医院团委等10个基层团组织获"全国五四红旗团委（团工委）"称号；南昌大学第一附属医院重症医学科团支部、赣州市人民医院内科第一团支部等11个基层团组织获"全国五四红旗团支部"称号。

29日 省高级人民法院、省人民检察院、省公安厅、省司法厅和省妇女联合会联合发布江西省首届"依法维护妇女儿童权益十大案例"。

30日 省政府召开江西内陆开放型经济试验区新闻发布会。江西内陆开放型经济试验区是全国第三个、中部首个国家级内陆开放型经济试验区,是继国家生态文明试验区之后,又一个覆盖全省范围的具有里程碑意义的重大国家战略,是江西省践行“作示范、勇争先”目标定位的重大机遇。

同月　江西省首个灯芯草交易市场在抚州市临川区荣山镇建成投入使用。该项目占地面积0.39公顷,在原有的简易市场基础上,投资200万元,设有灯芯草市场、协会办公室、扶贫车间、扶贫基地仓库、停车场等。

同月　南昌市妇女儿童活动中心亲子阅读体验中心和九江市图书馆两家基地入选第二批全国家庭亲子阅读体验基地。

5月

5日　国务院办公厅发布《关于对2019年落实有关重大政策措施真抓实干成效明显地方予以督查激励的通报》,江西省高标准农田建设获督查激励通报。

6日　江西内陆开放型经济试验区建设动员大会召开。

7日　江西省首个新冠肺炎中医康复门诊在江西中医药大学附属医院开诊。该门诊为治愈出院、度过14天康复观察期后,仍有不适症状或者胸部CT显示有肺纤维化病变的新冠肺炎恢复期患者提供康复服务。

8日　省司法体制改革领导小组召开第十二次会议,深入学习贯彻中央、省委有关会议精神,部署推进全省政法领域改革和公正司法工作。会议审议通过《贯彻〈关于深化司法责任制综合配套改革的意见〉实施方案》。

同日　省红十字会首次在网上举办世界红十字日纪念活动。

9日　省政府召开全省“2+6+N”产业高质量跨越式发展推进暨实施产业链链长制工作部署视频会。

10日　云上2020年中国品牌日活动举办。云上2020年中国自主品牌博览会江西展馆以“赣出精品”为主题,主要展现江西“赣出精品”的品牌自信和江西人民“干出精品”的实干精神,包括“红色文化”“古韵清风”“绿色崛起”“金色发展”“抗疫行动”5个展区,集中展示江西省品牌发展成果以及红色和古色文化名片。

同日　2020年江西省品牌发展高峰论坛在南昌举行。

同日　四川雅中—江西南昌±800千伏特高压直流输电工程江西段完成特高压跨线施工。该工程是江西第一个落地特高压项目。工程总投资245.72亿元,线路长度1704千米,设计输送容量800万千瓦,起于四川省凉山州盐源县雅中换流站,途经四川、云南、贵州、湖南、江西5省,落点为抚州市东乡区南昌换流站。

11日　省委常委会召开会议,审议并原则通过《关于打击防范黑恶犯罪推动长效常治的指导意见》。

同日　由省民政厅、省教育厅、江西日报社联合举办的江西省社会组织面向省内2020届高校毕业生网络智能化就业专项招聘活动开启。这是江西省社会组织首次面向高校毕业生开展专项招聘。

12日　省委深改委第十次会议召开。会议听取全省农业农村领域改革有关情况汇报,审议并原则通过《江西省国资国企改革创新三年行动方案(2020—2022)》《江西省关于促进中医药传承创新发展的实施意见》《江西省关于强化知识产权保护工作的实施意见》《江西省关于在国土空间规划中统筹划定落实三条控制线的实施意见》《江西省关于建立以国家公园为主体的自然保护地体系的实施意见》《长征国家文化公园江西段建设工作实施方案》《长征国家文化公园江西段建设保护规划》《江西省减轻中小学教师负担十八条措施》。

14日　省十三届人大常委会第二十次会议在南昌举行。会议表决通过《江西省人民代表大会常务委员会关于批准萍乡市人民代表大会常务委员会关于修改〈萍乡市燃气管理条例〉的决定》《江西省人民代表大会常务委员会关于批准〈赣州市水土保持条例〉的决定》《江西省人民代表大会常务委员会关于批准〈2020年地方政府专项债务新增限额及省级预算调整方案〉的决议》《江西省人民代表大会常务委员会关于许可对省十三届人大代表章国兴采取强制措施的决定》;会议经表决任命陈德寿为江西省人民代表大会社会建设委员会副主任委员,决定任命郭杰忠为江西省教育厅厅长、周国亮为江西省人民代表大会常务委员会预算工作委员会副主任。

15日　首趟承载“江西制造”防疫物资的赣欧班列,由南昌向塘国际陆港驶向俄罗斯。该批防疫物资由江西美润医疗器械有限公司生产,共有防疫口罩175万只,货值约300万元。

同日　江西航空首架国产ARJ21飞机“井冈山”号从井冈山市启航。ARJ21机型是江西航空2020年引进的新机型,也是中国首次按照国际民航规章自行研制、具有完全自主知识产权的支线飞机。

同日　江西省在全国率先出台《在养禁食人工繁育陆生野生动物的处置意见》,鼓励养殖户在扶持资金到位前,先行处置在养野生动物,以减少损失、及时止损、转产转型。

同日　江西蓝星星火有机硅有限公司等14家企业入选全省首批“5G+工业互联网”应用示范企业。

同日　全国妇联举办“最美我的家　抗疫‘家’力量”全国抗疫最美家庭云发布活动,揭晓660户全国抗疫最美家庭,其中江西20户家庭榜上有名。

16日　中国(赣州)跨境电子商务综合试验区首单跨境电商1210(“跨境电商保税备货模式”)业务开通暨首趟跨境电商班列开行。这标志赣州跨境电商进出口通道正式打通。

19日　江西省文化馆在江西艺术中心(原美术馆)举行新馆开馆暨揭牌仪式。

20日　由位于江西景德镇的航空工业直升机所研制的AR500C高原型无人直升机在鄱阳无人机基地实现首飞,该型机的成功研制填补中国高原型无人直升机领域的空白。

21日　中华预防医学会“致敬支援湖北抗击新冠肺炎疫情”活动在南昌举行,江西省32名疾控工作者接受表彰和慰问。

22日　中共中央政治局常委、全国人大常委会委员长栗战书参加十三届全国人大三次会议江西代表团的审议。省委书记、省人大常委会主任、江西代表团团长刘奇主持会议。

30日 第二届全国创新争先奖表彰奖励大会在北京举行。寻乌中学黄才发获第二届全国创新争先奖章并享受省部级表彰奖励获得者待遇,中国直升机设计研究所邓景辉、江西中医药大学陈日新、南昌航空大学罗胜联、江西农业大学黄路生获第二届全国创新争先奖状。

同月 中国科协创新战略研究院下发通报,表彰2019年度全国科技工作者状况调查优秀调查站点和优秀区域责任部门。景德镇市科协、南昌小蓝经济技术开发区、九江中船消防设备有限公司3家站点获评“优秀调查站点”;江西省吉水中学、景德镇市科协2家站点获得推荐“优秀调查员”资格;省科协宣传调研部获评“优秀区域责任部门”。

同月 省防汛抗旱指挥部下发通知,发布2020年省领导防汛抗旱包片分工情况。这是江西省首次实行省领导防汛抗旱包片分工负责制。根据方案,11名省领导分别包片全省11个设区市和赣江新区直管区。

6月

1日 由省科协、省人力资源社会保障厅、省科技厅、省国资委联合组织评选的首届江西省创新争先奖揭晓。江西省农业科学院超级稻研究室等5个集体,江西省生态气象中心主任、研究员级高级工程师王怀清等35名个人获奖。

2日 江西首条美洲货运定班航线南昌—洛杉矶全货机定班航线正式开通。

4日 第47次省政府常务会议召开,审议并原则通过《关于加快提升公共卫生防控救治能力的实施方案》《关于严把财政支出关口 坚持过紧日子的若干措施》《关于第三届江西省井冈质量奖和提名奖授奖的决定》。

8日 中国开行的首趟地铁施工设备中欧班列从南昌向塘国际陆港发车,抵达俄罗斯莫斯科。这是南昌向塘国际陆港继食品专列、防疫物资专列之后,开行的又一列定制专列。

9日 国家知识产权局公布2020年地理标志运用促进工程项目名单,江西吉安市“狗牯脑茶”入选地理标志运用促进工程项目。

11—13日,2020年全省旅游产业发展大会在赣州市召开。省委书记刘奇出席会议并为2021年全省旅发大会承办地景德镇授旗。

16日 首届江西高校优秀设计作品联展在南昌启动。

17日 省委学习贯彻《中国共产党农村工作条例》暨农村工作领导小组会议召开。

同日 由江西省组织推荐的“基于人工智能技术的互联网康复技术研究”“5G通信网络光模块开发”等50个项目获得“科技助力经济2020”重点专项立项,50家科技型中小微企业共获得3000万元的重点专项经费支持。

18日 江西省民营经济研究智库成立大会在南昌举行。

22日 省委常委会议召开,审议并原则通过《江西省评比达标表彰活动管理实施细则》。

23日 国家禁毒委员会召开全国禁毒工作先进集体和先进个人表彰会,江西省2个集体、3名个人受到表彰。南昌县公安局禁毒大队、赣州市公安局章贡分局禁毒大队被评为全国禁毒工作先进集体,吉安市公安局禁毒支队支队长余智斌、玉山县公安局禁毒大队大队长吴武以及萍乡市禁毒志愿者协会会长段华胜被评为全国禁毒工作先进个人。

同日 “典型功能障碍患者智能康复辅具研发及应用示范”项目获批科技部国家重点研发计划“主动健康和老龄化科技应对专项”资助。该项目是江西医疗领域首个政府支持科研经费过千万级的项目,是江西医疗单位首次牵头主持的重大国家科研项目。

28日 省赣南等原中央苏区振兴发展工作领导小组第九次会议召开。省委书记刘奇对进一步推进赣南等原中央苏区振兴发展提出要求。

同日 省创建青年文明号活动组委会在全省范围公开遴选46名江西省青年文明号服务导师,建立首批省级青年文明号服务导师团。

同日 位于彭泽县的九江红光码头一期工程码头主体工程通过交工验收,标志九江红光码头一期工程具备开港试运营条件。

29日 省港口集团提取欧洲投资银行商业直贷首笔资金4.86亿元用于信江八字嘴航电枢纽项目建设的19.86亿元商业直贷项目落地。这是江西省首笔外国银行商业直贷贷款,也是欧洲投资银行投放给中国境内的首笔商业直贷贷款。

30日 赣江、信江2个船闸通航中心相继挂牌,标志江西省水运基础建设取得实质性重大成果。赣江、信江2个船闸通航中心主要承担赣江、信江通航建筑物及其配套设施的运行、维护、管理,船闸科学调度和船舶通航服务,船闸上下游航道监测、预警、信息技术支持等工作。

同月 九江市柴桑区中华贤母成为“全国家庭教育创新实践基地”。

同月 赣湘2省“千年鸟道”护鸟红色联盟成立,这标志2省启动边界候鸟联防联保工作。

同月 中宣部、财政部、文化和旅游部、国家文物局公布第二批革命文物保护利用片区分县名单,江西省共有16个县(市、区)分别列入其中长征片区、皖中片区、湘鄂赣片区、鄂豫皖片区4个片区。第二批片区是以抗日战争时期为主,依托17个抗日根据地和长征、西路军、东北抗联、西藏、新疆的革命史实确定22个片区。

7月

1日 赣州开通粤港澳大湾区蔬菜直通车。

3日 “赣服通”3.0版暨APP上线运行,标志江西省开启“区块链+政务服务”新时代。

同日 江西省首次向巴西进口储备棉。

5日 南昌接入城市轨道交通行业互联互通平台,实现与苏州、福州、无锡、常州轨道交通二维码出行的互联互通。

6—7日 国务委员、国家防总总指挥王勇在江西调研指导长江流域防汛抗洪救灾工作。

8日 江西省成为全国首个实现所有设区市主城区5G网络连续覆盖

的省份。

同日 省贸促会联合香港贸发局,举办“江西·香港线上展览”开幕式暨“江西企业拓展全球市场线上专题培训会”。

9 日 第 49 次省政府常务会议召开。会议传达学习中共中央总书记习近平重要讲话和重要指示精神;分析上半年全省经济形势,研究部署下一步经济工作;研究部署加强耕地保护和脱贫攻坚等工作。会议审议并原则通过《关于应对新冠肺炎疫情进一步帮扶企业和个体工商户缓解房屋租金压力实施方案》。

同日 江西省首家行政争议多元调处中心在资溪县成立。

9—15 日 文化强省建设推进大会系列活动在抚州举行。活动包含文化强省建设推进大会、江西文化发展巡礼展、江西文艺精品展演等。

12 日 鄱阳湖水文站星子站、棠荫站水位超历史最高水位 0.01 米,分别达 22.53 米、22.58 米。应急管理部紧急调派浙江、安徽、福建、湖北、湖南五省消防救援总队 1000 名抗洪抢险、水域救援、地质灾害救援等消防救援指战员,驰援鄱阳湖抗洪抢险一线。

14 日 第 21 届中国专利奖揭晓,江西普正制药股份有限公司的“一种红花逍遥片的制备方法”等 12 项获中国专利优秀奖,江铃汽车股份有限公司的“汽车(352)”项目获中国外观设计优秀奖。

15 日 江西省区块链学会成立暨第一次会员代表大会在江西软件职业技术大学举行。这是国内率先成立的第一个省级区块链学会。

同日 南昌市科技成果转化协会入选第二批国家技术转移人才培养基地名单,成为江西省首家国家技术转移人才培养基地依托机构。

16 日 省内首次在赣州市面向社会公开招聘 6 名聘任制公务员。

17 日 孚能科技(赣州)股份有限公司在上交所发行上市,成为江西省首家科创板上市企业。

19 日 江西软件职业技术大学电子竞技运动与管理专业 HMG 战队,获第八届英雄联盟全国高校联赛总决赛冠军。

20 日 省委常委会召开会议,学习贯彻中共中央总书记习近平重要讲话精神,研究部署进一步做好防汛救灾、工业稳增长等工作。

20—25 日 国务院扶贫开发领导小组督查组对江西省脱贫攻坚工作开展实地督查。

21 日 省委、省政府召开第六届全省“人民满意的公务员”和“人民满意的公务员集体”表彰大会。

同日 全省首家电力综合管理办公室在萍乡成立,旨在协调电力安全运行保障工作和对电力行业的监督管理。

同日 全国扫黑办江西特派督导组进驻萍乡市,开展为期 10 天的重点督导。

22 日 中国江西省—白俄罗斯维捷布斯克州国际远程医疗会议举行。省医疗机构和相关专家开展新冠肺炎病例跨国远程会诊、远程影像诊断等。

23 日 靖安县罗湾乡北港林场发现国家一级保护树种伯乐树。

24 日 第 50 次省政府常务会议召开。审议并原则通过《关于加快实施“三线一单”生态环境分区管控的意见》《关于稳步有序推进开发区整合优化的指导意见》。

25 日 省人大常委会办公厅联合省委宣传部、省人大常委会法工委、省普法办启动为期两个月的“百万网民学法律”民法典专场知识竞赛活动。

27 日 省委常委会召开会议,传达学习中共中央总书记习近平重要讲话精神,研究江西省贯彻落实意见。会议审议并原则通过《江西省维护社会稳定领导责任制规定》《江西省关于深化教育教学改革全面提高义务教育质量的实施意见》。

28 日 中共江西省委十四届十一次全体(扩大)会议在南昌举行。省委常委会主持会议。省委委员、候补委员出席会议。省委书记刘奇代表省委常委会作工作报告并作总结讲话。省委副书记、省长易炼红就《江西内陆开放型经济试验区建设实施方案(讨论稿)》《关于切实做好江西重点水域禁捕退捕工作助推长江经济带绿色发展的意见(讨论稿)》起草情况向全会作说明。会议通报全省全面小康、脱贫攻坚进展情况,审议和讨论省委常委会工作报告等文件。

29 日 江西省美术馆揭牌。

同日 吉安市公共资源交易中心举行省内首个“不见面开标”项目,打通招投标全流程电子化“最后一公里”。

同日 横峰县城及 8 个乡镇被全国爱国卫生运动委员会命名为国家卫生乡镇(县城)。

同日 省文明办、省市场监管局联合制定省级地方标准《公筷公勺使用与服务规范》并实施。

30—31 日 省政协十二届常委会第十二次会议在南昌召开。会议贯彻落实省委十四届十一次全会精神,围绕“推进乡村产业发展,巩固脱贫攻坚成果”专题协商议政。会议通过人事事项,同意杨春燕、刘定明辞去政协江西省第十二届委员会常务委员、委员职务。

同月 瑞昌市码头镇吴家湾附近发现 10 余件古人类石器,证实距今 10 万年左右,瑞昌北部和西南部有古人类活动。

同月 江西省重大疫情救治基地建设获国家发改委批准,落户南昌大学第一附属医院象湖院区。

同月 赣南脐橙、婺源绿茶、南丰蜜橘、狗牯脑、乐安竹笋 5 个产品入选首批欧盟保护地理标志名单。

8 月

3 日 省工业和信息化厅、交通银行江西省分行联合研发推出全省首个产业链创新金融产品“交银产业通”。

同日 方志敏烈士墓更名为方志敏烈士纪念园。

4 日 省新冠肺炎疫情防控应急指挥部调度会议召开。审议并原则通过《江西省加强秋冬季新冠肺炎疫情防控工作实施意见》和《江西省应对 2020 年秋冬季新冠肺炎疫情应急预案》。

同日 省高级人民法院依法对原审被告人张玉环故意杀人再审一案进行公开宣判,撤销原审裁判,宣告张玉环无罪。

同日 宜黄县梨溪镇政府辖区内 6 个河道承包户省内首次领取河道经营权证。

5 日　省重点水域禁捕退捕工作领导小组全体成员会议召开。审议并原则通过《江西省重点水域禁捕退捕工作领导小组议事规则》和《江西省重点水域禁捕退捕工作约谈通报制度》。

6 日　纪念许德珩诞辰 130 周年研讨会在九江市举行。

7 日　第十三届中国医药产业发展高峰论坛在南昌举行。

10—13 日　以“超越与共生”为主题的 2020 正和岛(江西)创变者年会在南昌举行。省委常委、副省长吴忠琼与正和岛创始人刘东华分别代表双方签署战略合作框架协议,并为“江西正和岛之家”揭牌。

12 日　江西宏柏新材料股份有限公司在上海证交所 A 股市场挂牌上市,成为江西本土培育的首家 A 股挂牌上市台资企业。

13—14 日　以“价值互联、链接世界”为主题的 2020 全球区块链创新发展大会在赣州市举行,并在北京设分会场,采用网络直播方式连线。会议发布赣州链等区块链应用服务平台、世界 500 强企业布局区块链白皮书(2020);启动中华国际科学交流基金会区块链创新发展专项公益基金;江西省区块链产业联盟、中国区块链智库、清华校友总会博士后校友分会 IT 专委会科技实验基地、赣州区块链研究院、BSN 江西节点等 5 个创新平台集中揭牌;举行 3 场平行论坛,涵盖区块链与工业互联网、金融科技、社会治理等内容。赣州国际信息和数字创意产业园暨赣州信息港、赣州区块链产业园等 44 个项目集中签约,签约金额 125.2 亿元。

17 日　省委常委会召开会议。审议并原则通过《关于加快推进新时代社会治理现代化　建设更高水平平安江西的实施意见》。

18 日　第 51 次省政府常务会议召开。审议并原则通过《江西省新型基础设施项目建设三年行动计划(2020—2022 年)》《江西省推进人民防空高质量发展三年行动计划(2020—2022 年)》。

19 日　赣州至深圳高铁最长隧道——龙南隧道贯通。

同日　省政协围绕“学鉴闽黔两省经验,助推江西省国家生态文明试验区建设”,以“政协委员 + 政府干部 + 专家学者”形式召开专题协商研讨会。

同日　江西省虚拟现实产业链专家咨询委员会成立大会暨高层研讨会在南昌举行。

20 日　公安部部督案件江西省南城县“5·13 网络贩毒案”告破。警方共抓获贩卖毒品嫌疑人 48 人,查处吸毒人员 20 余人,缴获涉案毒品“复方磷酸可待因溶液”600 千克。

20—21 日　江西省文学艺术界联合会第九次代表大会在南昌举行。会议审议通过《江西省文联第八届委员会工作报告》,修订《江西省文学艺术界联合会章程》,选举产生省文联新一届领导机构。

21 日　国家统计局 2020 年第四统计督察组与省委、省政府进行对接沟通,对江西省开展为期 14 天的统计督察。

24 日　省委常委会召开会议。审议并原则通过《省级议事协调机构管理办法(试行)》。

同日　江西省在南昌向塘国际陆港口岸首次开行汽车整车出口铁海联运班列。

同日　教育部、江西省共建职业教育创新发展高地启动大会在南昌召开。

26 日　文化和旅游部、发展改革委公布第二批全国乡村旅游重点村名单。江西 25 个乡村在列:浮梁县瑶里镇瑶里村、安义县石鼻镇罗田村、芦溪县宣风镇竹垣村、萍乡市湘东区麻山镇幸福村、万安县高陂镇高陂村、南丰县市山镇包坊村、武宁县罗坪镇长水村、宜春市明月山温泉风景名胜区温汤镇水口村和洪江镇古庙村、安福县章庄乡章庄村、永新县高市乡滨江村、广昌县驿前镇姚西村、德兴市香屯街道杨家湾村楼上楼村、婺源县紫阳镇考水村、溪头乡西岸村江岭村和蚺城街道上梅洲村塘村、上犹县梅水乡园村、大余县新城镇周屋村、资溪县乌石镇草坪村和马头山镇永胜村、贵溪市雷溪镇南山村、石城县琴江镇大畲村、修水县杭口镇双井村、井冈山市茅坪镇神山村和黄坳乡黄坳村。

27 日　新余市市场监管局“一照含证”网络平台开通电子许可证生成通道,发出全省首批市场监管电子许可证。

28 日　全省首个“两山银行”在中国人民银行资溪县支行挂牌成立。

同日　浮梁县湘湖镇进坑村、德兴市香屯街道办事处杨家湾村、永修县梅棠镇杨岭村、广昌县盱江镇彭田村、南昌县黄马乡罗渡村、于都县贡江镇红峰村、庐山市白鹿镇玉京村、吉安市吉州区兴桥镇钓源村、上栗县上栗镇达塘村、铜鼓县永宁镇坪田村入选农业农村部 2020 年中国美丽休闲乡村名单。

31 日　第 52 次省政府常务会议召开。审议并原则通过《关于全面加强危险化学品安全生产工作的实施意见》《江西省国有金融资本出资人职责实施规定(试行)》。

同日　中共中央宣传部授予九江市消防救援支队“时代楷模”称号。

同月　人力资源社会保障部、最高人民法院追授省高院二级高级法官胡国运“全国模范法官”称号。

同月　意大利曼托瓦省成为江西第 100 个国际友城。

同月　省工业和信息化厅完成的“聚焦聚力短板弱项　加快推进稀土产业高质量发展”课题研究,获 2018 至 2019 年度工业和信息化优秀研究成果一等奖。

9 月

1 日　高安市龙潭镇龙潭村的老虎山抗日英烈陵园入选国务院公布的第三批国家级抗战纪念设施、遗址名录。

同日　江西新余新材料科技研究院院士工作站在赛维太阳能科技集团成立。

2 日　南昌市被交通运输部命名为“国家公交都市建设示范城市”。

同日　省工业和信息化厅打造的智慧工信“一网通办”云平台上线启用,在全省率先实现政务服务与政务办公系统全面贯通融合。

3 日　省减灾委全体会议暨省第一次全国自然灾害综合风险普查专题部署会议在南昌召开。会议审议并原则通过《江西省减灾委员会成员单位职责》《江西省减灾委员会工作规则》《江西省第一次全国自然灾害综合风险普查总体方案》。

4日　省养老服务体系建设发展领导小组第一次会议在南昌召开。会议审议并原则通过《江西省养老服务体系建设发展领导小组议事规则》《江西省养老服务体系建设发展领导小组成员单位职责任务分工》等文件。

同日　省儿童医院心脏病治疗中心应用双活瓣技术，成功救治一名3个月大左冠状动脉起源肺动脉女婴。该手术在省内尚属首例。

5日　在全国心血管疾病能力评估与提升工程、国家标准化心血管专病中心建设第二次工作会议上，南昌大学第二附属医院被授予全国首批"国家标准化高血压中心卓越中心"。

7日　鹰潭高新区发布全国首个铜箔行业5G+工业互联网智慧工厂应用成果。

同日　靖安县G353铁门堑隧道正式贯通。该隧道长达2981米，是全省国、省道公路最长的隧道。

8日　南昌大学第一附属医院院长、主任医师张伟等35人，江西省援鄂医疗队等10个集体分别获中共中央、国务院、中央军委表彰的全国抗击新冠肺炎疫情先进个人和先进集体。

同日　江西省首部脱贫攻坚题材院线电影《脱贫路上菌菇香》在广昌开机。

9日　省委常委会召开会议，传达学习中共中央总书记习近平近期讲话精神，研究江西省贯彻落实意见。会议审议并原则通过《江西省积极应对人口老龄化实施方案》。

9日至10月8日　"2020年江西消费月"活动在全省各地同步开展。这是江西省首次举办全省性消费月活动。

10日　省安全生产委员会全体成员会议暨安全生产专项巡查工作动员会议在南昌召开。会议审议并原则通过《江西省安全生产专项巡查工作方案》《江西省生产安全事故调查处理落实情况评估办法》等文件。

12日　"江西加强党的建设　引领新时代公立医院改革发展"获2019年度"推进医改，服务百姓健康"十大新举措，江西是全国唯一连续11年获评十大医改新举措(新闻人物)的省份。

14日　第53次省政府常务会议召开。会议学习贯彻中共中央总书记习近平重要讲话精神；研究部署编制执行全省统一行政权力清单、加强全省流域综合管理等工作。会议审议并原则通过《关于公布江西省统一行政权力清单(2020年本)和取消、调整部分行政权力事项目录的通知》《江西省流域综合管理暂行办法》《江西省涉及国家安全事项的建设项目管理规定》《2017—2019年度全省依法行政先进单位和先进个人拟表彰名单》。

14—20日　江西省首届网络安全宣传周进军营活动在南昌举行。活动主题为"筑牢安全防线，为强军兴军和备战打仗营造良好网络环境"，面向军营重点宣传网络安全形势、网络安全法规以及数据安全管理、个人信息保护等方面的知识。

15日　江西省医保电子凭证在抚州市、赣州市同步启用，标志江西省医保业务办理、结算进入无卡"码时代"。

16日　昌北国际机场"一货站三中心"和跨境电商9610全面开通运营。南昌航空口岸成为江西唯一具备"三关合一"功能的口岸。

17日　赣粤绿色食品产业合作对接会暨"江西蔬菜直供澳门"首发活动在龙南市渡江镇岭下村供港澳蔬菜种植基地举行。

同日　"萍乡市武功山体育旅游线路"入选国家体育总局、文化和旅游部联合发布的"2020年国庆黄金周体育旅游精品线路"。

18日　2020年泛珠三角区域合作行政首长联席会议在海南三亚召开。泛珠区域"9+2"各方行政首长出席会议。省长易炼红围绕议题发言。会议审议通过《2020年泛珠三角区域合作行政首长联席会议纪要》，明确年度7个方面25项重点工作。

20—22日　2020中国航空产业大会在景德镇市举行。大会以"新科技、新装备、新体系，让航空应急救援能力强起来"为主题，包含开幕式、院士专家共话江西航空产业高质量发展专题研讨会、航空应急救援综合演练等内容。

20—26日　庐山国际爱情电影周在庐山举行。电影周以"时光之恋，'庐'约而至"为主题，包含启动仪式、国际华语爱情电影论坛、影视与江西文旅融合发展论坛、爱情主题与浪漫庐山论坛等系列活动。

21日　全国人大常委会预算工委调研组在南昌召开座谈会，就2020年预算执行、中央财政直达资金下达分配使用和审计查出突出问题整改跟踪监督等情况开展调研。

22日　2020年"中国农民丰收节"江西活动在于都县举行。活动以"全面脱贫奔小康，喜庆丰收再出发"为主题，包含门庭有礼、"云上·乡村"农民丰收电商节、云上小康·江西创富大会、潭头村里庆丰收、丰收欢庆晚会等10项内容。

23日　南昌汉代海昏侯国遗址公园开园，向游客开放遗址博物馆、游客中心、刘贺墓园等。

24—25日　第十七届赣台经贸文化合作交流大会在吉安举办。大会以"开放合作·融合发展"为主题，共签约赣台经贸合作重点项目63个，合同资金39.63亿美元，涉及电子信息、装备制造、新能源、新材料等多个领域。

25日　中国财政科学研究院南昌创新基地暨南昌政府和社会资本合作(PPP)创新中心揭牌。

25—26日　2020江西智库峰会暨国家级大院大所产业技术进江西活动在南昌举行。峰会以"'十四五'科技创新与中部崛起"为主题，邀请中国工程院、中国科学院、国际欧亚科学院等国家级大院大所230多名高层次人才。

26日　省儿童医院提交的RH血型系统的一种新型D等位基因核酸序列在美国国立生物技术信息中心的"GenBank数据库"公布，核酸序列号为MN845955。

27日　江西省图书馆和江西省博物馆新馆开馆。

27—29日　省十三届人大常委会第二十三次会议在南昌举行。会议表决通过《江西省中小企业促进条例》《江西省人民代表大会常务委员会关于批准〈新余市城市管理条例〉的决定》《江西省人民代表大会常务委员会关于批准〈赣州市文明行为促进条例〉的决定》《江西省人民代表大会常务委员会关于批准〈吉安市文明行为促进条例〉的决定》《江西省人民代表大会常务委员会关于批准〈抚州市电动自行车通行管理条例〉的决定》、代表资格的审查报告、《江西省人民代表大会常务委员会关于接受魏民、傅小健辞去有关职务的请求的决定》以及人事事项。

28日　第54次省政府常务会议召开。会议部署推进省“十四五”规划编制、全省重点水域禁捕退捕等工作。

同日　中央电视台、中共江西省委宣传部、中共浙江省委宣传部、中共福建省委宣传部等共同出品的重大革命历史题材电视剧《可爱的中国》获第32届飞天奖优秀电视剧奖。

28—29日　2020中国国际区块链技术与应用大会在南昌举行。大会以“区块链——新基建　新动能　新发展”为主题，包含开幕式、院士报告、区块链政策发布、“赣服通”区块链金融服务平台发布、“蚂蚁区块链（江西）研究院”“区块链服务网络BSN江西主节点”揭牌仪式、“区块链赋能数字经济主题论坛”、高峰论坛等活动。

29日　江西省人民医院副院长霍亚南、南昌大学第二附属医院重症医学科副主任医师许建宁等18人获评抗击新冠肺炎疫情全国三八红旗手，南昌大学第一附属医院护理部等4个集体获评抗击新冠肺炎疫情全国三八红旗集体。

同日　由教育部主办的“网上重走长征路”暨推动“四史”学习教育全国启动仪式在于都县举行。

同月　中国人民银行等国家七个部委联合印发《江西省赣州市、吉安市普惠金融改革试验区总体方案》，开启赣州市、吉安市普惠金融改革试验区建设。

10月

1日　《吉安市红色文化遗存保护条例》实施。这是江西省首部对红色文化遗存进行全面保护利用的地方法规。

3—7日　在江苏省苏州市吴江区汾湖文体中心举行的2020中国攀岩联赛总决赛暨第十四届全国运动会资格赛中，江西籍选手钟齐鑫以5.346秒的成绩超过男子速度赛项目世界纪录（5.48秒）并夺冠。

9日　省委常委会召开会议。会议审议并原则通过《中共江西省委关于贯彻〈党委（党组）意识形态工作责任制实施办法〉的实施细则》。

同日　2019南昌国际马拉松获评中国田协金牌赛事。

10日　中国科学院赣江创新研究院揭牌。

同日　九江市武宁县、赣州市寻乌县、吉安市安福县、宜春市铜鼓县、抚州市宜黄县获评第四批国家生态文明建设示范市县称号，景德镇市浮梁县被命名为第四批“绿水青山就是金山银山”实践创新基地。

同日　井冈山市茅坪镇神山村：多项扶贫措施相辅相成让山区变成景区；婺源篁岭：共享经济领航与复兴“篁岭晒秋”；大余丫山：旅游扶贫“三级受益”入选“世界旅游联盟旅游减贫案例100”。

12日　由上饶作家程建平、史俊担任编剧的红色题材电影《幸福山歌》，获2020年世界民族电影节“最佳编剧提名奖”。

同日　宜春市科协、南昌市科技局、萍乡市湘东区委宣传部3个单位获评“全国科普工作先进集体”。赣州科技馆张智辉、九江市同文中学冷文义、江西省水利科学研究院水资源水环境研究所成静清、景德镇市青少年宫吴春晓、新余市委宣传部梁颖、贵溪市农业农村粮食局徐保明6人获“全国科普工作先进工作者”称号。

14日　江联重工集团股份有限公司“运用基于数字赋能的五化两驱管理模式提升数字化质量管理水平的经验”被认定为“2020年全国质量标杆”。

15—21日　全省大众创业万众创新活动周在赣州举行。活动周期间举办双创成果展、“云上”资本相亲会、大赛项目路演、税收政策宣讲等系列活动。

16—18日　第51届全国药材药品交易会在樟树市岐黄小镇举行。

17日　2020年全国脱贫攻坚奖表彰大会暨先进事迹报告会上，江西铭鸿达生态农业开发有限公司董事长黄小勇获全国脱贫攻坚奖奋进奖，奉新县澡下镇白洋教学点教师支月英获全国脱贫攻坚奖贡献奖，信丰县老科协顾问袁守根获全国脱贫攻坚奖奉献奖，修水县马坳镇黄溪村党支部书记徐万年获全国脱贫攻坚奖创新奖，赣州市扶贫办获全国脱贫攻坚奖组织创新奖。

同日　“解放军总医院第七医学中心红色基因教育实践基地”和全国新生儿科医联体协作单位在于都揭牌。

17—30日　“走进我们的小康”江西省脱贫攻坚主题美术书法摄影农民画创作展在江西省美术馆举办。

18—22日　2020中国景德镇国际陶瓷博览会在景德镇市举行。景德镇市签约项目26个，签约投资总金额167.3亿元。先后与天猫、快手等平台达成战略合作协议，发布《天猫景德镇日用陶瓷企业标准》。

20日　由省内42家大型国有和民营企业共同发起的“江西省对外投资合作企业协会”在南昌成立。

21—24日　国家减灾委派出工作组对江西省自然灾害防治工作进行综合督导检查。

22日　省委书记、省委深改委主任刘奇主持召开省委深改委第十二次会议。会议审议并原则通过《江西省构建现代环境治理体系的若干措施》《江西省关于深入推进移风易俗建设文明乡风的实施意见》《江西省关于改革完善社会救助制度的实施意见》《江西省关于全面加强新时代大中小学劳动教育的实施意见》《江西省党的十八届三中全会以来全面深化改革总结评估报告》。

同日　省委、省政府召开全省深化事业单位改革试点工作动员部署会。会议传达中央编委批复同意的《江西省深化事业单位改革试点实施方案》主要精神。

23日　省委常委会召开会议，传达学习中共中央总书记习近平重要讲话和中央重要会议精神，研究江西省贯彻落实意见。会议审议并原则通过《江西省贯彻落实〈交通强国建设纲要〉的实施意见》。

同日　江西省解决执行难工作领导小组（扩大）会议在南昌召开。会议审议通过《关于进一步深化综合治理健全执行联动长效机制的指导意见》。

同日　江西中医药大学附属医院重症医学科护士长余知依，南昌大学第二附属医院副院长、主任医师徐建军，抚州市第一人民医院副主任医师李乐，丰城市人民医院护士聂庆入选中央文明办、国家卫生健康委员会联合主办的“中国好医生、中国好护士”抗疫特别人物。

23日至11月15日　江西省首届当代工艺美术双年展在鹰潭市美术馆举行。

24日　由中国美术家协会、新余市委市政府、省文联举办的“聚焦脱贫攻坚·走向小康生活——2020‘江山如此多娇·新余傅抱石’全国中国画作品展”暨全国美术家“聚焦脱贫攻坚”写生创作万里行作品展在中国政协文史馆开展，展出作品230余幅。

26日　中部教育装备创新产业城暨江西工业设计小镇在丰城市开园。

同日　国网江西省电力有限公司吉安供电公司营销部计量班、上饶市信州区消防救援大队、南昌市燃气集团有限公司蓝焰突击队、江铜集团德兴铜矿采矿场胶带运输工段电工组、鹰潭市消防救援支队龙虎山风景名胜区大队龙虎山中队特勤分队一班、江西省机场集团公司运行监控指挥中心运行指挥室、中材江西电瓷电气有限公司制造三部安全生产和胶装班组7个集体被认定为2019年度全国青年安全生产示范岗。

26—28日　2020年全国跆拳道冠军总决赛在无锡举行。省重竞技运动管理中心运动员谭雪琴获女子49公斤级项目金牌。

27日　省肿瘤医院创建的江西省首个“国家卫健委鼻咽癌个体化诊疗重点实验室”通过验收。

27—31日　中非青年大联欢活动首次走进江西，42名非洲青年代表先后到景德镇市、永修县、南昌市考察访问，与江西省青年交流互动。

28日　省重竞技运动管理中心运动员郝琴获2020年全国中国式摔跤锦标赛女子70公斤级项目冠军。

同日　九江市彭泽县九江红光国际港开港。该项目总投资11.89亿元，占地33.87公顷，共有4个5000吨级集装箱泊位，年设计吞吐量65万个国际标准集装箱。

30日至11月1日　2020南昌飞行大会在南昌瑶湖机场举行。大会以“江西飞机飞起来”为主题，举办江西航空产业发展论坛暨产业推介会、ARJ21飞机交付仪式、开幕式、飞行表演、航空飞行器及航空企业静态展示等活动。C919国产大飞机首次在航展上进行动态展示。

同月　江西省在全国率先实现省级例行督察和“回头看”11个设区市全覆盖。

同月　奉新县澡下镇白洋教学点教师支月英获评全国三八红旗手标兵。景德镇颜色釉陶瓷艺术研究院院长邓希平等8人获全国三八红旗手、省公安厅信访处群众来访接待科等6个单位获全国三八红旗集体。

同月　省妇幼保健院在世界上首次发现妊娠期肝内胆汁淤积症(胆淤)的新致病基因ANO8。

11月

1日　江西省启动第七次全国人口普查。

2日　第56次省政府常务会议召开。会议审议并原则通过《关于促进建筑业转型升级高质量发展的意见》《江西省加快会展业发展三年行动计划(2021—2023年)》《江西省打造赣菜品牌三年行动计划(2021—2023年)》。

2日　全国扫黑办第14特派督导组进驻吉安市开展为期10天的督导工作。

2—3日　省政协十二届常委会第十三次会议在南昌召开，传达学习贯彻中共十九届五中全会精神和全省领导干部会议精神，围绕“全面深化体制机制改革　做实唱响‘庐山天下悠’品牌”专题协商议政。

5日　江西日月明测控科技股份有限公司在深圳证券交易所创业板上市，成为江西省首家创业板注册制上市企业。

同日　南昌市青山湖区一站式多元解纷e中心在青山湖区人民法院诉讼服务中心挂牌成立。该中心是江西首家区级一站式多元解纷e中心。

6日　省委书记刘奇主持召开省委财经委员会第八次会议，深入学习贯彻中共十九届五中全会精神，全面落实中央财经委第八次会议部署，听取江西省“十三五”规划实施总结评估情况汇报，研究融入共建新发展格局、建设现代流通体系、防范化解重大金融风险等工作。

6—8日　首届江西林业产业博览会在南昌举办。

9日　省委常委会召开会议。会议审议并原则通过《中共江西省委关于开展政治谈话加强对“一把手”和领导班子监督的意见》。

同日　中国红十字会首次为南昌培训60余名养老护理员。

10日　萍乡市、景德镇市，宜丰县、玉山县、芦溪县、大余县入选第六届全国文明城市。

10—19日　第四届“中国创翼”创业创新大赛暨就业创业服务经验交流活动在景德镇举行。

11日　九江市市场监管局为庐山市太乙润田茶业有限公司发放江西省首张免现场核查食品生产许可证。

同日　于都县成为全国首批儿童青少年近视防控适宜技术试点县。

13—16日　第二届江西“生态鄱阳湖·绿色农产品”博览会在南昌举行。博览会签约29个重点农业项目、签约金额274.56亿元，现场零售额927.68万元，签约销售额9313万元。

14日　江西省首次基层法律服务工作者执业核准考试开考。

18日　江西省红十字会第八次会员代表大会在南昌举行。大会审议通过《江西省红十字会第七届理事会工作报告》《江西省红十字事业发展规划纲要(2021—2025年)》，选举产生江西省红十字会第八届理事会和第八届监事会。

同日　50岁的南昌市民廖女士在南昌市红谷滩区预防医学门诊部接种省内首针带状疱疹疫苗。

19日　中科生态修复(江西)创新研究院在南昌经开区成立。

20—22日　2020首届江西教育装备(抚州)展示会在抚州市体育中心举行。

22日　南昌航空大学航空制造工程学院设计发明的“全地形履带式

双驱光伏智能越障轮椅”获第九届全国大学生机械创新设计大赛一等奖。

23—25 日　省十三届人大常委会第二十五次会议在南昌举行。会议表决通过《江西省县级以上地方各级人民代表大会代表建议、批评和意见办理规定(修订)》《江西省优化营商环境条例》《江西省公安机关警务辅助人员条例》《江西省土壤污染防治条例》《江西省地方金融监督管理条例》《江西省人民代表大会常务委员会关于修改〈江西省各级人民代表大会代表选举实施细则〉的决定》《江西省人民代表大会常务委员会关于修改〈江西省消防条例〉等 11 件地方性法规的决定》《江西省人民代表大会常务委员会关于批准〈南昌市生活垃圾分类管理条例〉的决定》《江西省人民代表大会常务委员会关于批准〈南昌市房屋使用安全管理条例〉的决定》《江西省人民代表大会常务委员会关于批准〈南昌市农村村民住房建设管理条例〉的决定》《江西省人民代表大会常务委员会关于批准〈九江市物业管理条例〉的决定》《江西省人民代表大会常务委员会关于批准〈景德镇市文明行为促进条例〉的决定》《江西省人民代表大会常务委员会关于批准〈赣州市人民代表大会常务委员会关于修改《赣州市城市道路车辆通行管理规定》的决定〉的决定》《江西省人民代表大会常务委员会关于批准〈宜春市文明行为促进条例〉的决定》《江西省人民代表大会常务委员会关于批准〈上饶市城市市容和环境卫生管理条例〉的决定》《江西省人民代表大会常务委员会关于召开江西省第十三届人民代表大会第五次会议的决定》《江西省人民代表大会常务委员会关于批准调整 2020 年全省国民经济和社会发展计划预期目标方案的决议》《江西省人民代表大会常务委员会关于批准 2020 年省级社会保险基金预算调整方案的决议》《江西省人民代表大会常务委员会关于接受陈松远、傅克刚辞去江西省人民代表大会常务委员会委员职务的请求的决定》以及人事事项。

25 日　第 57 次省政府常务会议召开。会议审议并原则通过《推动油茶产业高质量发展的意见》《关于进一步支持赣江新区高质量跨越式发展的若干意见》《关于统一规范职工基本医疗保险和大病保险政策的实施意见》。

同日　江西省就业创业服务中心成立。

同日　江西省与俄罗斯巴什科尔托斯坦共和国举行视频连线工作交流会。

26 日　省政府批复同意江西广播电视大学更名为江西开放大学。

28 日　郑妩双、丰硕组合获 2020 中国网球巡回赛职业级总决赛暨全国网球单项锦标赛女子双打冠军，创造江西网球全国赛事最好成绩。

30 日　上饶市三清山金沙旅游度假区入选国家级旅游度假区。

同月　省人民检察院、省监察委员会、省教育厅、省公安厅、省民政厅、省司法厅、省卫健委、团省委、省妇联等九部门联合印发《关于落实侵害未成年人案件强制报告制度的任务分工方案》，强化强制报告制度的实施程序。

同月　江西武夷山国家级自然保护区发现柳杉叶马尾杉、西藏瓶蕨、灰背铁线蕨、骨牌蕨、异鳞鳞毛蕨、锯蕨、车桑子、大花腋花黄芩、岩藿香、高野山龙头草、九龙山凤仙花 11 种江西省植物新记录种。其中，柳杉叶马尾杉系濒危物种，高野山龙头草的发现打破日本特有种的分布记录。

12 月

1 日　2020年全国工会“宪法进企业”主题日活动在南昌启动。

同日　赣南苏区高质量发展院士专家战略咨询委员会成立大会在赣州举行，33 名中国工程院院士受聘为咨询委员会委员。

2 日　省租赁保理行业协会在南昌市成立。

3 日　省长易炼红以视频形式会见韩国全罗南道知事金瑛錄，并线上签署《中国江西省与韩国全罗南道关于开展线上交流项目合作的备忘录》。

同日　江西理文造纸有限公司转关进口的“挂面箱板纸”在九江口岸首次采用“船边直提”模式。这是江西省首次通过“船边直提”模式完成的进口转关货物。通过该模式，企业进口转关货物从运抵到提离仅耗时 10 分钟，比传统模式节省至少 10 小时以上。

4 日　崇仁县礼陂镇法律服务所所长、普法办主任、人民调解委员会主任黄寿孙被司法部、全国普法办公室评为“年度法治人物”，省高级人民法院原二级高级法官胡国运被评为“年度致敬英雄”。

同日　江西省对接粤港澳大湾区投资合作推介会在深圳举行，现场签约项目 156 个。

4—5 日　2020 首届全国县级融媒体中心舆论引导能力建设年会在分宜县举行。

4—7 日　第十二届中国国际商标品牌节在南昌举行。商标品牌节以“纵论商标经纬　共筑品牌未来”为主题，包含中国商标年会、中华品牌商标博览会、第七届中国品牌经济高峰论坛等活动。

5 日　江西省遗体器官捐献者纪念园落成仪式在南昌市青山墓园举行。

6 日　龙南市关西隧道贯通，标志赣深高铁江西段隧道全部贯通。

7 日　省委常委会召开会议。会议审议并原则通过《关于做好全省村(社区)党组织和第十一届村(居)民委员会选举工作的指导意见》。

8 日　中国江西省与保加利亚索非亚大区正式缔结友好省区关系。

同日　省长易炼红在南昌会见埃塞俄比亚驻华大使特肖梅·托加一行。

9 日　第七届“创青春”中国青年创新创业大赛(互联网组)总决赛暨颁奖仪式在共青城市举行。

同日　江西省城镇发展服务中心揭牌。

同日　第四届中国青年企业家(共青城)发展峰会暨 2020 中国青年创新创业高峰论坛在共青城市举行。

10 日　由中科院半导体研究所牵头，鸿利智汇等多家单位联合完成的高光效长寿命半导体照明关键技术与产业化项目，落户赣江新区临空组团，实现全球最大规模的 LED 芯片技术产业化与核心器件国产化。

10—13 日　江西代表团熊岑辉获第一届全国技能大赛飞机维修项目金牌。

11 日　第 58 次省政府常务会议

召开。会议审议并原则通过《贵溪市等22个县(市、区)和开发区(新区)相对集中行政许可权改革试点方案》《江西省县级以上人民政府重大行政决策程序规定(修订)》。

同日　以“新时代、新格局、新合作、新发展”为主题的长江中游城市群省会城市第八届会商会在南昌举行。武汉、长沙、合肥、南昌四省会城市签署《长江中游城市群建设2021年合作重点事项》和《长江中游城市群省会城市与观察员城市2021年合作重点事项》。

同日　江西省首次发布数字经济发展指数。

同日　乐安县“红军标语+全社会力量”保护利用模式入选2020全国革命文物保护利用十佳案例。

14日　江西跆拳道运动员周俐君获“2020年全国体育事业突出贡献奖”。

15日　省高层次人才产业园开园。

同日　江西雨帆生物能源有限公司年产10万吨燃料乙醇生产线建成投产。这是江西省首条燃料乙醇生产线。

同日　江西省首个船舶LNG(液化天然气)加注工程——九江港湖口港区船舶LNG加注工程开工。

同日　赣州银行凭借“GoldenDB城商行信贷核心系统应用项目”获2020中国“金鼎奖”“年度优秀网信产品基础软硬件奖”,成为全国城市商业银行中唯一获此殊荣的机构。

16日　庐山西海晋升为国家5A级旅游景区。

17日　石城县、靖安县、武宁县和景德镇市昌江区入选第二批国家全域旅游示范区。

18—19日　在2020中国心血管健康大会上,南昌市第一医院被授牌成为江西省首批国家级“高血压达标中心认证单位”。

18—21日　第十三届中国绿色食品博览会在南昌绿地国际博览中心举行。绿博会以“绿色新动能、创新促发展”为主题,设置展览面积4万平方米、展位2000个,共有参展商2000余家,首次设立特色扶贫专题展区。

21日　省委书记刘奇主持召开省委深改委第十三次会议。会议审议并原则通过《江西省关于构建更加完善的要素市场化配置体制机制的实施意见》《江西省关于加强科技创新能力开放合作的实施意见》《江西省关于深化医疗保障制度改革的实施意见》《江西省关于加快推进媒体深度融合发展的实施意见》。

同日　第59次省政府常务会议召开。会议听取关于第二届“赣鄱慈善奖”评审情况的汇报和2020年全省信访工作情况的汇报;审议并原则通过《江西省南昌汉代海昏侯国遗址保护办法》。

同日　八大山人纪念馆、九江市博物馆、庐山博物馆、赣州市博物馆、景德镇中国陶瓷博物馆、萍乡市博物馆被评为国家一级博物馆。

同日　省文化和旅游厅向社会公布江西省第一批革命文物名录,包括不可移动革命文物1321处、国有可移动革命文物9759件套11737件。

23日　省委常委会召开会议,听取关于中共中央总书记习近平视察江西重要讲话精神贯彻落实综合督查情况的汇报,研究省委巡视问题整改和信访、食品安全等工作。

同日　江西金达莱环保队夺得2020年中国围棋甲级联赛冠军。

24日　“中国共产党庐山市委员会、中国共产党庐山风景名胜区管理局委员会”和“庐山市人民政府、庐山市风景名胜区管理局”揭牌,庐山“市局合一”管理体制正式运行。

同日　第五届江西省“天工杯”工业设计大赛颁奖典礼暨首届江西设计周开幕式在丰城市举行。大赛以“设计赋能、融合发展”为主题,收到韩国、日本、丹麦、马来西亚、意大利等多个国家和全国29个省份的选手提交的1万多件参赛作品。北京通用航空江西直升机有限公司选送的作品“JH-5小白虎无人驾驶直升机”获大赛金奖。

25日　景德镇陶溪川文创街区入选国家级文化产业示范园区。

28日　江西省劳动模范协会成立暨第一次会员代表大会在南昌召开。

同日　江西省检验检测认证总院在南昌成立。

同日　江西省中药材产业协会在南昌成立。

29日　生态环境部、住房和城乡建设部公布第四批环保设施和城市污水垃圾处理设施向公众开放单位名单,江西所有设区市实现环保设施和城市污水垃圾处理设施向公众开放全覆盖。

同日　省委教育工作领导小组召开第四次全体会议。会议审议《江西省落实〈教育部等八部门关于加快和扩大新时代教育对外开放的意见〉实施方案》和《江西省贯彻〈深化新时代教育评价改革总体方案〉落实举措》。

30日　江西省抗击新冠肺炎疫情表彰大会在南昌召开。会上宣读了省委、省政府《关于表彰江西省抗击新冠肺炎疫情先进个人和先进集体的决定》,807名先进个人、300个先进集体获得表彰。

31日　江西省重点水域“十年禁渔”全面启动仪式在九江市举行。

同月　高安市上湖乡大卢村发现一旧石器时代旷野遗址,出土有坐标记录的石制品6302件。这是江西首个经正式考古发掘的旧石器时代旷野遗址。

(赵丹　汪凤娟)

本栏编辑　徐佳佳

江 西 概 览

历史沿革

【建置区划】 江西简称赣,因唐玄宗开元二十一年(733 年)设江南两道监察区而得省名。江南西道辖区几经变化,到贞元四年(788 年),领洪州、饶州、吉州、江州、袁州、信州、抚州、虔州 8 州,辖 37 县,与今江西省的辖区大致相同。五代时期,江西地区先辖于吴,后辖于南唐。宋代改道为路,江西地区设 9 州、4 军、68 县,洪、虔、吉、袁、抚、筠 6 州及临江军、建昌军、南安军隶属江南西路,而饶、信、江 3 州和南康军隶属江南东路。南宋绍兴元年(1131 年),江州划归江南西路。元朝设江西等处行中书省,辖区包含今江西、广东两省的绝大部分地区。明朝洪武九年(1376 年),设江西承宣布政使司,领南昌、瑞州、九江、南康、饶州、广信、建昌、抚州、吉安、临江、袁州、赣州、南安 13 府,下辖宁州等 1 州 77 县,境域与今江西省境大致相同。清朝沿用明朝行省制度,到清末,江西省设 13 府、1 直隶州,下辖 80 个县级行政区(75 县、1 州、4 厅)。

中华民国初(1912 年),宁都直隶州恢复为县。民国 2 年(1913 年),改义宁州及莲花、定南、全南、铜鼓 4 厅为县。民国 3 年(1914 年),江西省划分豫章、浔阳、庐陵、赣南 4 道,分领 81 县。民国 15 年(1926 年)年底,南昌设市,由省直辖。民国 21 年(1932 年),实施行政区制度,江西省划有第一至第十三行政区。民国 23 年(1934 年),安徽的婺源、福建的光泽 2 县划入江西。民国 31 年(1942 年),江西省的行政区调整为第一至第九行政区。民国 36 年(1947 年),婺源、光泽分别划回安徽、福建。民国末年(1949 年 1 月 1 日至 9 月 30 日止)5 月 1 日,中国人民解放军进入婺源,将婺源县划归江西省管辖。

中华人民共和国成立后,全省的行政区划多有变更。1952 年,全省设南昌、九江、鹰潭(后改上饶)、抚州、赣州、吉安 6 个专区和南昌直辖市,管辖 5 个县级市、82 个县和庐山特别区。1997 年,全省共设南昌、景德镇、萍乡、新余、九江、鹰潭 6 个直辖市,上饶、抚州、宜春、吉安、赣州 5 个地区,下辖 99 个县级行政区(71 个县、15 个县级市、13 个市辖区)。随着改革开放和城市化进程的加快,赣州、吉安、宜春、上饶、抚州地区先后改为设区市。

2020 年,国务院批复同意撤销龙南县,设立县级龙南市。全省共设南昌、赣州、九江、景德镇、鹰潭、萍乡、新余、吉安、宜春、上饶、抚州 11 个设区市,下辖 100 个县级行政区(27 个市辖区、12 个县级市、61 个县)。

【历史文化】 江西开发的历史,可以上溯到约 4 万至 5 万年前的旧石器时代,考古发现旧石器时代晚期遗址 2 处、新石器时代遗址近 100 处。万年县仙人洞和吊桶环遗址发现距今 1.2 万余年的水稻标本,该县被称为"世界稻作起源地之一"。"万年稻作文化系统"被联合国粮农组织确定为全球重要农业文化遗产保护项目。

商周时期,江西地区的水稻种植业和陶瓷业初显优势,而铜矿开采冶炼和青铜器铸造,在中国青铜文化中占有重要地位。新干县大洋洲商代大墓和瑞昌县商周古铜矿遗址出土大量精美青铜器和采炼工具,使江西赢得"青铜王国"美誉。

春秋战国时期,江西地区的文化呈现融合趋势。孔子弟子澹台灭明到南昌讲学,把儒家思想传入江西。

秦始皇统一六国后,南征百越,促进江西地区的开发和发展。秦军开辟的大庾岭山路和仙霞岭山路,成为后世由江西进入广东、浙江和福建的主要通道。

两汉时期,江西人口迅速增加,农业、陶瓷业、采矿业、造船业等较为发达,发现和使用煤做燃料。南昌西汉海昏侯墓的考古发现,显示出汉代高超的科学技术和器物制作水平,出土的竹简、木牍是中国考古史上极其重大的发现,具有十分重要的科学、历史、文学、艺术价值。南丰傩舞经吴芮传入,代代相传,有"中国古代民间舞蹈活化石"之称。徐稺(字孺子)被称为"南州高士"。张道陵在龙虎山炼丹修道,创立天师道。

三国吴、两晋、南朝时期,中原战乱,北方地区人口第一次大规模南迁,江西郡县数大增,农业生产水平得到很大提高。南朝时,京城以外的大粮仓三分之二在豫章郡(今南昌市)。许逊隐居豫章逍遥山修道,创净明道。慧远讲佛于庐山东林寺,被奉为佛教净土宗始祖。陶渊明是中国第一位影响深远的田园诗人。

隋唐五代时期,全国经济重心逐步南移。安史之乱后,中原人口第二次大规模南迁,江西地区得到广泛开发。大庾岭梅关和赣江水道日益繁忙,沿线的州城大邑商旅汇聚,青山翠林雅士云集。王勃在南昌作《滕王阁序》,成千古名篇。青原行思在吉安青原山净居寺弘法。马祖道一在南昌创洪州禅。百丈怀海在奉新立百丈清规。慧寂在袁州仰山创宗,与其师灵祐在潭州沩山所创宗派合称沩仰宗。希运在宜丰黄檗山弘法,法嗣义玄开出临济宗。良价在筠州洞山、本寂在抚州曹山创曹洞宗。韩愈到任袁州刺史,助推江西文风兴盛。李渤书堂、东佳书堂、华林书院等10余所书院培养出大批人才,进士及第者66人。江西地区第一位科举状元卢肇,与郑谷、贯休、王定保等闻名于世。

宋朝时期,江西经济文化空前繁盛,进入大发展时期。北宋末年的靖康之乱,开启中原人口南迁的第三次高潮。江西的人口比唐代增加约3倍,垦田数居全国之首,漕运至京师的稻米三分之一产自江西,茶叶产量占全国的四分之一。景德镇窑和吉州窑名扬四海。铜矿开采出现"坑丁10万人"的场景。南昌呈现大都市风貌。以经济发展为基础,文化教育独占全国鳌头。宋代全国书院203所,江西则有80所。江西进士人数达5500余人,是全国的五分之一。出任宰相级的显宦25人。华林胡氏家族"一门三刺史,四代五尚书"。乐史著《太平寰宇记》。晏殊、晏几道开宋词繁荣昌盛先河,形成江西词派。方会创临济禅杨岐派,慧南创临济禅黄龙派。欧阳修领导北宋诗文革新,是开创一代文风的文坛领袖。王安石不仅与欧阳修、曾巩同列唐宋八大家,还创荆公新学,是中国历史上改革家的代表。周敦颐在南安教程颢、程颐寻孔颜乐处,被奉为宋明理学(含心学)鼻祖。黄庭坚创江西诗派。陆九渊创立儒家心学,被称为江西学派,影响深远。他与朱熹在上饶的"鹅湖之会",是中国学术史上的著名盛会。朱熹兴复的白鹿洞书院,成为全国四大著名书院之一。洪迈著《容斋随笔》《夷坚志》,流传至今。董煟的《救荒活民书》是中国第一部救荒专著。文天祥成为中华民族精神与气节的标杆。以他们为代表的一大批政治家、思想家、哲学家、文学家、史学家为中华文化的繁荣发展作出重大贡献。

元朝时期,江西经济作物的种植、矿物的开采、制瓷业的规模均有所扩大,制茶、造船、印刷兴盛。吴澄是元初著名学者,融和朱陆。陈苑、李存、祝蕃、舒衍并称江东四先生,冒死弘扬陆九渊心学。马端临著《文献通考》,集古代中国典章制度之大成。程钜夫、虞集、危素、范椁、揭傒斯、汪大渊等闻名于时。

明朝时期,江西在政治、经济和文化方面仍居全国重要地位。樟树镇、吴城镇成为新兴的航运与商业中心,景德镇和河口镇则是著名的手工业中心,并称为江西四大镇。江西士人入阁拜相者甚众,出现"翰林多吉水,朝士半江西"的局面。新建书院164所。解缙、胡俨相继主修《永乐大典》。吴与弼躬耕讲学,开启明代学术的"后时之盛"。王守仁为官江西,创立致良知学说,同陆九渊的学说并称陆王心学,为中华学脉注入活力。以邹守益等人为代表的江右王门,是全国学术领军人物。罗汝芳等人把泰州学派发展到新高峰。胡居仁、罗钦顺、陈邦瞻等一大批学者名标中国学术史。弋阳腔响遍全国,汤显祖的《临川四梦》是文学艺术珍品。宋应星的《天工开物》在中国科技史上占有重要地位。谭纶是御倭名臣。

清朝时期,江西经济文化发展滞缓,逐渐落后于周边省份。谢文洊等人讲学于南丰,形成程山学派。宋之盛等人讲学于髻山,称为髻山七隐。魏禧等人讲学于宁都翠微峰,称为易堂九子。蒋士铨等人被称为江西四大家。罗牧、八大山人创江西画派。雷发达的"样式雷"是建筑艺术的瑰宝。黄爵滋提倡经世之学,发起禁烟(鸦片)运动。陈三立创同光体诗派。文廷式参与公车上书、倡立强学会。陈炽参与维新变法。詹天佑设计建造京张铁路。李有棠、龙文彬、李绂、皮锡瑞等有名于中国学术史。

中华民国时期,江西的近代工业、近代教育和文化得到一定程度的发展。赵醒侬、袁玉冰、方志敏是中国共产党早期江西地方组织的主要创始人,被称为江西三杰。周恩来在南昌领导八一起义,毛泽东在修水、铜鼓领导秋收起义,两支起义队伍在井冈山会师,建立第一个农村革命根据地和中央革命根据地。中华苏维埃共和国临时中央政府驻在瑞金。抗日战争中,中国军队在江西地区取得万家岭大捷和上高会战胜利,为打败日本帝国主义作出重要贡献。

1949年9月,江西全境解放。10月1日,中华人民共和国成立。江西历史文化进入发展新时期。

(省社科院)

自然环境

【区域位置】 位于长江中下游南岸,北纬24°29′14″—30°04′41″、东经113°34′36″—118°28′58″之间。东邻浙江、福建,西靠湖南,南连广东,北毗湖北、安徽而共接长江。古称"吴头楚尾、粤户闽庭"。东西宽约490千米,南北长约620千米,土地总面积16.69万平方千米,占全国陆地面积1.74%,居华东各省市之首。

【地势地貌】 地势周围高中间低,从外向内,由南向北,渐次向鄱阳湖倾斜,构成一个向北开口的巨大红色盆地。地貌类型以山地、丘陵为主,山地占全省面积的36%,丘陵占42%,平原占12%,水域占10%,素有"六山一水二分田、一分道路和庄园"之说。

【山河湖泊】 主要山脉多分布于省境边陲,东北部有怀玉山,东部有武夷山,南部有大庚岭和九连山,西部有罗霄山脉,西北部有幕阜山和九岭山。境内水源汇聚,水网稠密。地表径流赣东大于赣西,山区大于平原。全省集水面积达10万平方千米以上河流有3700条,总长度1.84万千米。除边缘部分分属珠江、湘江流域及直接注入长江外,其余均分别发源于省内山地,汇聚成赣江、抚河、信江、饶河、修河五大河系,最后注入鄱阳湖,经湖口县汇入长江,构成以鄱阳湖为中心的向心水系,其流域面积达16.22万平方千米。全省2平方千米以上湖泊有70余个,鄱阳湖是中国第一大淡水湖,连同其外围一系列大小湖泊,成为天然水产资源宝库,并对航运、灌溉、养殖和调节长江水位及湖区气候均起重要作用。

【土地资源】 全省土壤类型较多,主要有红壤、黄壤、山地黄宗壤、山地草甸壤土、紫色土、潮土、水稻土等。其中,红壤是全省分布范围最广的地带性土壤,约占江西总面积的56%;黄壤主要分布于山地中上部海拔700米至1200米之间,约占江西总面积的10%。黄壤土体厚度不一，自然肥力一般较高，适用于发展用材林和经济林。耕作土壤以水稻土最为重要，占江西耕地的80%。土地资源利用以耕地、林地、牧草地为主。

【矿产资源】 地下矿藏丰富，是中国矿产资源配套程度较高的省份之一。储量居全国前3位的有铜、钨、银、钽、钪、铀、铷、铯、金、伴生硫、滑石、粉石英、硅灰石等。铜、钨、铀、钽、稀土、金、银被誉为江西的“七朵金花”。江西矿产资源丰富，已发现的矿产有171种，已探明储量的有111种，保有储量居全国首位的有12种，居前10位的有66种。在探明的89种矿产储量中，居全国前5位的有33种。

【能源资源】 主要能源有水能、太阳能、风能及能源矿产等。水能方面，全省水能理论蕴藏量684.56万千瓦，可开发的水力资源有610.89万千瓦，截至2020年年底已基本开发。太阳能方面，江西属于Ⅲ类太阳能资源区，总体太阳能资源比较贫乏，在全国太阳能资源利用区划中属于太阳能可利用区。风能方面，江西属于Ⅳ类风资源区，风能资源主要集中在环鄱阳湖区域和部分高山区域。能源煤炭主要产地有190处，分布在70个县。

【生物资源】 动物资源丰富，野生脊椎动物845种，占全国野生脊椎动物总种数的13.5%。其中，哺乳类105种，约占全国的21%；鸟类420种，约占全国的34%；爬行类77种，约占全国的20%；两栖类40种，约占全国的14%；鱼类205种，约占全国的5.9%。鄱阳湖是候鸟越冬地，每年到鄱阳湖越冬的候鸟多达60万至70万只。其中，国家Ⅰ级保护鸟类10种，Ⅱ级保护鸟类41种。越冬白鹤最高数量达4000余只，占全球98%以上。鄱阳湖长江江豚约450头，占整个长江江豚种群近一半。

【森林资源】 2020年，全省湿地面积稳定在91.01万公顷，占全省国土面积的5.45%。共创建省级以上湿地公园109处（国家级40处，省级69处，包括试点），认定省级以上重要湿地46处（国际重要湿地2处，国家重要湿地2处），设立湿地保护小区656个，全省受保护湿地面积为56.41万公顷，湿地保护率达到61.99%。全省共建立自然保护区191处（国家级16处、面积25.47万公顷，省级39处、面积37.50万公顷，市县级136处、面积47.01公顷）；保护区总面积109.98万公顷，占全省国土面积的6.59%。

2月26日，鹰潭市余江区林业局开展松材线虫病疫木除治集中清理

省林业局供

【风景名胜区】 2020年，江西共建有风景名胜区45处，总面积4493.48平方千米。其中，国家级18处：庐山、井冈山、三清山、龙虎山、仙女湖、三百山、梅岭—滕王阁、龟峰、高岭—瑶里、武功山、云居山—柘林湖、灵山、神农源、大茅山、瑞金、小武当、杨岐山、汉仙岩，总面积29.36万公顷；省级27处，分别为陡水湖、麻姑山、翠微峰、通天岩、梅关—丫头、南崖—清水岩、白水仙—泉江、青原山等，总面积15.57万公顷。江西省拥有国家级风景名胜区数量仅次于浙江（22处）、湖南（21处）、福建（20处），与湖北并列全国第4位。

（徐佳佳）

人口发展状况

【概　况】 2020年第七次全国人口普查与2010年第六次全国人口普查的10年间，江西省人口保持均衡发展的良好态势，人口发展总体平稳、结构优化、质量提升，逐步形成与经济社会、资源环境协调发展的新人口发展格局。

【人口总量低速增长】 2020年11月1日零时，江西省常住人口总数为4518.86万人（不包括中国人民解放军现役军人和居住在省内的港澳台居民以及外籍人员），同2010年第六次全国人口普查的4456.75万人相比，10年共增加62.12万人，增长1.39%。2000年第五次全国人口普查至2010年的10年间，江西省常住人口增加316.95万人，增长7.66%，年均增长0.74%。后一个10年与前一个10年相比，年均人口增长率下降0.60个百分点。

【性别结构优化】 江西省常住人口中，男性为2331.85万人，占总人口的51.60%；女性为2187.01万人，占总人口的48.40%；男性人口增加23.39万人，女性人口增加38.73万人。人口性别比（女性=100）由2010年第六次全国人口普查的107.46下降到106.62。

【人口老龄化加深】 江西省常住人口中，0～14岁的人口为992.24万人，占总人口的21.96%；15～64岁的人口2989.53万人，占总人口的66.16%；65岁及以上人口537.10万人，占总人口的11.88%。同2010年第六次全国人口普查相比，0~14岁人口的比重上升0.08个百分点，15~64岁人口的比重下降4.36个百分点，65岁及以上人口的比重上升4.29个百分点。60岁及以上人口762.48万人，占总人口的16.87%，比2010年上升5.43个百分点，60岁及以上人口比重、65岁及以上人口比重均大幅提高，人口老龄化程度不断加深。

【文化程度提高】　江西省常住人口中，具有大学（指大专及以上）文化程度的537.59万人，比2010年第六次全国人口普查增加232.42万人；具有高中（含中专）文化程度的684.36人，增加135.04万人；具有初中文化程度的1604.24万人，减少79.93万人；具有小学文化程度的1243.32万人，减少94.01万人。同2010年第六次全国人口普查相比，每10万人中具有大学文化程度的由6847人上升为1.19万人；具有高中文化程度的由1.23万人上升为1.51万人；具有初中文化程度的由3.78万人下降为3.55万人；具有小学文化程度的由3.00万人下降为2.75万人。江西省常住人口中，文盲人口（15岁及以上不识字的人）为87.69万人，同2010年第六次全国人口普查相比减少51.68万人。文盲率（全省常住人口中15岁及以上不识字人口所占的比重）由3.13%下降为1.94%。

【城镇化水平提升】　江西省常住人口中，居住在城镇的人口2731.06万人，占总人口的60.44%（常住人口城镇化率）；居住在乡村的人口1787.80万人，占总人口39.56%。同2010年第六次全国人口普查相比，城镇人口增加767.42万人，乡村人口减少705.30万人；城镇人口占总人口的比重上升16.38个百分点，常住人口城镇化率首次超过60%。

【人口流动频繁】　江西省常住人口中，省内人户分离人口1224.19万人。其中，市辖区内人户分离人口388.69万人，省内流动人口（指人户分离人口中扣除了市辖区内人户分离的人口）835.50万人。全省跨省流入人口127.90万人，跨省流出人口633.97万人。与2010年第六次全国人口普查相比，省内市辖区内人户分离人口增加305.50万人，省内流动人口增加448.46万人，跨省流入人口增加67.91万人，跨省流出人口增加55.23万人。

【以汉族人口为主】　江西省常住人口中，汉族人口4496.94万人，占总人口的99.51%；各少数民族人口21.93万人，占总人口的0.49%。同2010年第六次全国人口普查相比，各少数民族人口增加6.69万人，占总人口比重提高0.15个百分点。

（李金龙）

环境质量

【概　况】　2020年，江西生态环境行业推进8大标志性战役、30个专项行动，生态环境质量持续改善。全年江西环境空气和地表水质量均达“十三五”最高水平，完成污染防治攻坚战和“十三五”目标任务。省生态环境厅继续推广小微企业危险废物集中收集试点工作，10个设区市建成小微企业危险废物收集平台；开展钨渣“点对点”定向利用的危险废物经营许可豁免管理试点，印发《江西省钨冶炼固体废物处理处置污染防治技术指南》；组织编制《瑞金市“无废城市建设试点”实施方案》，推进瑞金市“无废城市”建设试点。

【空气质量】　2020年，江西设区城市环境空气$PM_{2.5}$年均浓度30微克/立方米，达到环境空气质量二级标准，与2019年（35微克/立方米）相比下降14.3%，与2017年（44微克/立方米）相比下降31.8%（2018年起国家对$PM_{2.5}$浓度和优良天数比例进行考核）。

江西设区城市环境空气PM_{10}年均浓度51微克/立方米，达到环境空气质量二级标准，与2019年（59微克/立方米）相比下降13.6%，与2015年（64微克/立方米）相比下降20.3%。

江西设区城市环境空气优良天数比例94.7%，与2019年（89.7%）相比提升5.0个百分点，与2017年（87.3%）相比提升7.4个百分点。

南昌、景德镇、萍乡、新余、鹰潭、赣州、吉安、宜春、抚州、上饶10个设区城市环境空气$PM_{2.5}$年均浓度达到环境空气质量二级标准（2019年7个设区市达到二级标准，2020年新增宜春、鹰潭、萍乡达到二级标准）。

11个设区城市环境空气优良天数比例排名靠前的是：景德镇（99.7%），新余、赣州、宜春、抚州并列（96.7%）；排名后3位的是：九江（87.2%）、南昌（91.5%）、萍乡（92.1%）。

县（市、区）环境空气质量$PM_{2.5}$年均浓度排名前10位的是：资溪县、南城县、瑞金市、安远县、广昌县、寻乌县、南丰县、崇仁县、婺源县、会昌县。其中，资溪县、南城县、瑞金市、安远县、广昌县、寻乌县、南丰县、崇仁县等8个县的$PM_{2.5}$年均浓度达到环境空气质量一级标准，比2019年增加3个县；排名后10位的是：月湖区、南昌县、安源区、西湖区、东湖区、湖口县、柴桑区、青云谱区、濂溪区、浔阳区。

【水质量】　2020年，江西地表水75个国考断面水质优良（Ⅰ~Ⅲ类）比例96.00%，比2019年上升2.67个百分点，比2015年上升17.3个百分点，超过国家考核目标10.7个百分点。

九江、景德镇、萍乡、鹰潭、赣州、吉安、宜春、抚州8个设区市国考断面水质优良比例100%，其他设区市分别为上饶90.91%、南昌88.89%、新余75.00%。

2020年，江西地表水301个断面（点位）水质优良比例94.7%，比2019年上升2.3个百分点。

萍乡、景德镇、鹰潭、吉安、宜春、抚州6个设区市地表水断面水质优良比例100%，其他设区市分别为赣州96.8%、南昌93.5%、九江92.5%、上饶88.4%、新余63.6%。

11个设区市水质综合指数排名前3位的是：赣州（3.1424）、吉安（3.1575）、景德镇（3.3429）；排名后3位的是：新余（4.6441）、南昌（4.0404）、萍乡（3.9476）。

县（市、区）水质综合指数排名前10位的是：铜鼓县、上犹县、宁都县、资溪县、彭泽县、万安县、石城县、安远县、浮梁县、修水县。排名后10位的是:分宜县、共青城市、安远县、万载县、德安县、湾里区、高安市、月湖区、信州区、渝水区。

全年江西10条主要河流中,抚河、信江、饶河、修河、长江九江段、袁水、萍水河、东江和环鄱阳湖区河流水质优良比例均为100%,赣江水质优良比例为98.3%。

【土壤环境】 2020年,江西出台《江西省土壤污染防治条例》《江西省建设用地土壤污染风险管控标准(试行)》《江西省建设用地土壤污染状况调查、风险评估、风险管控及修复效果评估报告评审细则(试行)》《江西省土壤生态环境专家库管理办法(试行)》《江西省生态环境厅土壤生态环境管理行政督导和技术帮扶办法(试行)》等一系列地方法规、标准和规范性文件,江西土壤生态环境依法管理"四梁八柱"框架体系基本确立。

完成土壤污染状况普查,获得分析数据77万余个。在全国率先完成地下水污染防治区划,初步掌握江西土壤、地下水污染现状。建立土壤信息管理平台,实现江西土壤和地下水污染防治工作"一张图"管理。

建立并发布污染地块名单(59个)、建设用地土壤污染风险管控和修复名录(30个)。对可能造成地下水串层污染的报废矿井、钻井、取水井实施封井回填。完成江西2470座加油站8526个地下油罐的更新改造。实施丰城围里废品市场地下水修复、丰城市废弃煤矿封井回填国家地下水污染防治试点。完成43个涉镉污染源整治,完成9个土壤污染治理修复应用技术国家试点项目,土壤污染风险基本得到管控。

【辐射环境】 2020年,省生态环境厅优服务助发展,助力疫情防控,豁免了用于肺炎诊断的Ⅲ类射线装置辐射安全许可,为医疗机构全力抗疫提供保障。组织核与辐射安全隐患排查三年行动,对江西重点监管企业检查做到全覆盖,及时更新放射源动态管理清单,确保账、物、信息系统"三统一"。跟踪废旧、闲置放射源的监控与收贮情况,全年共收(送)贮废旧放射源46枚。公布第一批江西省伴生放射性矿产资源开发利用企业名录,开展伴生放射性矿开发利用环境辐射监测暨辐射环境管理培训,推进伴生矿企业规范化管理。

【生态环境】 2020年,江西修订《江西省省级生态市县管理规程》《江西省省级生态市县建设指标》《江西省省级生态市县规划编制指南》3项规范性文件。全省有"绿水青山就是金山银山"实践创新基地5个,数量居全国第2位;国家生态文明建设示范市县16个,数量列全国第5位。命名武宁、石城、莲花、奉新、宜黄5个县为第三批"绿水青山就是金山银山"省级实践创新基地,持续推进省级生态县(市、区)创建工作,命名40个省级生态乡(镇)、94个省级生态村。落实《江西省山水林田湖草生命共同体建设行动计(2018—2020)》部署要求,加强与省直相关部门的沟通联络,指导赣州市、南昌市、吉安市、九江市和抚州市等先行试点探索不同类型的生态系统保护修复模式,推进江西山水林田湖草生命共同体建设。

(熊志强)

气候状况

【概 况】 2020年,江西平均气温19.0℃,较常年偏高0.98℃,为1961年以来第1高位,其中有34个县(市、区)创1961年以来新高。平均年降水量1896.8毫米,较常年偏多13%,为1961年以来第12高位。受厄尔尼诺与拉尼娜事件影响,江西天气气候显著异常,洪涝灾害严重。2020年江西气候灾害年景评估结果为差。年内江西主要气象灾害有暴雨洪涝、强对流、低温连阴雨、干旱、寒露风、强寒潮等,其中洪涝灾害经济损失最大,占全年气象灾害总损失的97%。

降水 全省平均降水量1896.8毫米,较常年(1676.9毫米)平均偏多13.1%,排名1961年以来第12高位。年内各月降水分布不均,1—3月、5—7月和9月降水均偏多,4月、8月和10—12月降水均偏少,其中7月和9月降水量排历史同月第2高位。

从11个设区市降水情况看,南昌市年降水量2146.5毫米,为江西最多,赣州市年降水量1475.2毫米,为江西最少;较常年相比,仅有赣州市偏少,新余市接近常年,其余各市均偏多,以南昌市偏多32.1%为江西之最,九江市偏多29.7%次之,且排历史第3高位。

各地年降水量在1254.4毫米(信丰)至2623.3毫米(庐山)之间。降水分布不均,赣北的东部和中西部降水量普遍在2000毫米以上,赣南大部不足1600毫米,其余大部1600~2000毫米;较常年相比,除赣南大部分地区偏少2%至25%以外,其余大部分地区降水偏多0%至25%,南昌、吉安、上饶、九江和宜春等地的部分地区偏多25%至50%,以安义偏多48%为江西之最(排名历史第3高位)。降水量春季略偏少,夏、秋、冬季偏多。

全年江西雨季开始时间为3月21日,结束时间为7月20日,结束时间较常年平均偏晚14天。雨季期降水量北多南少,区域性暴雨和大暴雨日数均偏多,区域性大暴雨持续时间和覆盖范围均为1961年以来历史之最。雨季期(3月21日至7月20日)江西平均降水量1086毫米,较常年同期(985.0毫米)平均偏多18%,各地降水量在561.9毫米(信丰)至1626.4毫米(婺源)之间;较常年同期相比,赣州市偏少,部分县区偏少25%以上,其余大部分地区偏多0%至50%,其中南昌、九江、宜春和吉安等市的局部地区偏多50%以上。靖安和安义累积雨量创历史同期新高。雨季期区域性的暴雨和大暴雨日数偏多,江西出现14个区域性的暴雨日(按87个国家站统计:≥10站),区域性暴雨日较常年偏多2.7天;6月24日—25日、7月3日—4日和7月7日—10日均出现连续10站以上的区域性暴雨日,其中7月7日—9日连续3天出现区域性大暴雨,大暴雨达60县市次,区域性大暴雨持续时间和覆盖范围均为1961年以来历史之最;7月8日江西大暴雨县市数达35个,单日大暴雨范围之广也排名历史第1位。

江西平均降水日数157.7天(日

降水量≥0.1毫米），接近常年。各地降水日数在123天（南康）至214天（井冈山）之间，其中赣北东部和西部，以及赣中的东北部和西南部地区160～180天，赣北中北部，赣中大部140～160天，赣南大部分地区少于140天；较常年相比，北部偏多南部偏少，其中赣南大部偏少10～30天，以寻乌偏少30.3天为最少；赣北部分地区偏多10～20天，以九江偏多31.8天为最多，其余地区偏多（或偏少）1～10天左右。

全省平均暴雨日数6.2天（日降水量≥50毫米），较常年平均偏多0.8天。大部分地区的暴雨日数为3～9天，安义、靖安和婺源等地暴雨日数达13天为江西最多，瑞金和分宜等地1天最少；较常年相比，除赣中西南部、赣南大部、以及赣北的西北和东南部偏少0～2天以外，其他地区偏多0～2天。

气温　2020年，江西平均气温19.0℃，较常年平均偏高0.98℃，排名1961年以来第1高位。各地年平均气温17.7℃（九江）至21.3℃（于都），江西有34个县（市、区）创1961年有完整气象记录以来新高。年内各月平均气温较常年同期相比，除4、9、10、12月份偏低以外，其余月份均偏高，其中2月偏高幅度最大(3.2℃)。

11个设区市平均气温较常年均偏高，偏高幅度0.8℃（九江、景德镇、新余）至1.4℃（萍乡）。抚州、吉安和赣州三市平均气温创历史新高。各地年平均气温在17.5℃（九江、铜鼓）至21.1℃（于都）之间，较常年相比，除九江偏低0.1℃以外，其余各地均偏高，偏高幅度大多为0.5℃至1.5℃，以定南偏高1.6℃为江西之最。

除庐山、井冈山外各地年极端日最高气温35.7℃（庐山市）至39.1℃（上犹）。江西大部分地区日最高气温37℃至39℃，仅上犹超过39℃为江西最高。各地年极端日最低气温－6.4℃（婺源）至－0.2℃（定南）。其中赣北北部以及山区－6℃至－4℃，九江、德安、婺源和局部山区低于－6℃，其余大部地区－4℃至0℃，庐山极端日最低气温－13.2℃，为江西最低。

日照　2020年，江西平均日照时数1478.6小时，较常年（1632.5小时）平均偏少153.85小时，排名1961年以来第4少位。各地年日照时数1040.5小时（井冈山）至1978.4小时（新干）。西部少东部多，其中西部大部地区1200～1400小时，中东部大部地区1400～1600小时；较常年相比，大部分地区偏少，其中赣北的中东部、赣中的西部等地偏少200～400小时，局部偏少超过400小时，以德安偏少538.8小时、新干偏多400.8小时为江西之最；仅有新干、安远、宜黄等9站偏多。

季节转换　冬季（2019—2020）：全省大部分地区入冬时间为12月上旬，入冬时间接近常年均值，南康、全南、龙南等14个南部县（市、区）入冬时间偏早。

春季：赣南大部和赣中局部2月初入春，入春时间较常年偏早7～14天；赣中大部和赣北中南部入春时间在2月20日—21日，较常年偏早13～19天；赣北北部入春时间在3月初，较常年偏早5～9天。

夏季：全省大部分地区入夏时间较常年偏早，其中赣南和吉泰盆地4月中旬后期入夏，偏早12～15天；赣中和赣北大部4月底至5月初入夏，大多偏早10～15天。

秋季：全省中北部9月中旬左右入秋，南部9月下旬左右入秋；较常年相比，大部地区偏早11～15天。

【主要气象灾害影响及评估】 年内全省主要气象灾害有暴雨洪涝、干旱、连阴雨等。其中，7月上旬罕见连续大暴雨导致鄱阳湖流域发生超历史大洪水。重度寒露风发生早、范围广、影响重。全省年霾日数创新低，气候条件有利于全省植被长势继续向好。

暴雨洪涝　年内全省平均洪涝指数424.6，位居历史第4高位，达到江西性严重洪涝标准。全年共出现局部暴雨过程29次（3站开始，3站结束），较常年偏多5.7次；暴雨站次达541站（次），较常年偏多81站（次）；暴雨起始日是1月23日，终止日为11月23日。区域性的暴雨日有17天，较常年偏多2天，区域性的暴雨日主要出现在6月下旬和7月上旬。年内致灾的暴雨过程主要有：4月2日—3日、6月2日—8日、6月23日—27日、6月29日—7月10日、8月9日—10日，其中6月29日—7月10日的暴雨过程降雨时空集中度高，洪涝灾害严重。

汛期，江西共计36河84站次发生超警戒洪水，167座大中型水库超汛限，主要集中在6月上旬、7月上旬至8月上中旬。特别是进入7月后，受省内强降雨和长江中上游来水的共同影响，昌江、乐安河、信江、饶河、修河、鄱阳湖区及部分中小河流水位持续快速上涨，多次发生编号洪水和超警戒洪水；省内长江沿岸和鄱阳湖周边水位居高不下，超警持续时间长，赣北、赣中多地汛情告急，圩堤险情多发。

干旱　2020年主要干旱时段出现在1月至2月中旬、5月、7月中旬至9月上旬、10月下旬至12月中旬，其中10月下旬至12月中旬的干旱更重，且南部旱情重于北部。阶段性的伏秋旱对柑橘果实生长不利，柑橘产量受到一定影响。

强对流　2020年江西主要出现3次较明显的区域性强对流天气过程，分别为：3月21日—23日、3月25日—27日以及5月5日。其中3月21日—23日的强对流天气过程影响最大。3月21日—23日，江西中北部出现年内首次区域性强对流天气过程，部分地区强雷电、短时强降水、8级以上雷暴大风、冰雹等灾害性天气叠加出现，局地灾害严重。此次强对流天气过程范围广、时间长、强度大，冰雹、大风等强天气强度为江南之最，部分市县创历史记录。

高温酷暑　2020年江西平均高温日数（≥35℃）37.8天，较常年偏多9天，其中定南及遂川两地创历史新高，上犹高温日数65天为江西之最。较常年相比，44%的站点偏多10天以上，其中赣中西北部以及赣南中北部较常年偏多20～30天。江西平均连续高温日数11.2天，较常年偏多1.5天，龙南、全南、会昌、定南和赣县5地创历史新高。年内高温初始日为5月3日，终止日为9月17日，主要的高温时段出现在5月3日—5日、6月12日—24日、7月11日—8月25日。

低温连阴雨　2020年，江西出现两次较明显的低温连阴雨天气过程。第1次出现在3月末，受北方强冷空气影响，大部分地区出现“倒春寒”天气，影响春播春种；第2次出现在9月中旬，受多股北方冷空气影响，大部分地区出现重度寒露风天气，影响晚稻产量。

寒潮　2020年江西共出现两次较明显的寒潮天气。首次寒潮天气出现在2月中旬，影响最大，多种灾害性天气并发，历史罕见。第2次寒潮天气出现在12月末，部分地区降幅达12℃以上。

雾　2020年江西共出现区域性雾日数26天（≥15站），较常年偏少。江西共出现雾1871站次，较常年偏少155.7站次。区域性连续性的雾过程较常年偏少，主要有：2月12日—15日、3月7日—9日和12月28日—29日。从空间分布上来看，各地雾天数1天（宁都）至205天（庐山），其中赣北中部、赣中南部和赣南中部等地雾日数不足10天，山区超过40天，其余大部分地区10～30天，井冈山、婺源、庐山等地雾日数则超过90天。

【气候影响专题评价】　气候与农业方面，根据气象条件对农业生产的影响，以稻、棉、油、柑橘等作物为主，采用年景评价模式对2020年农业气象年景进行评价，结果为平年年景。其中，水稻、棉花为平年年景，柑橘、油菜为平偏歉年景，造成年景一般的主要气象灾害为6—7月上旬暴雨洪涝和“寒露风”。

气候与交通　2020年出现的暴雨、强降水、风雹、大雾或浓雾以及由暴雨引发的次生灾害等，导致江西公路、航运、铁路等交通受到不同程度的影响。年内江西平均不利于交通运营的日数75.7天，较常年（92.6天）同期平均偏少17.0天。

气候与水资源　2020年，江西平均降水量1896.8毫米，折合降水资源量3091.26亿立方米，较常年相比，偏多417.1亿立方米，属于丰水年。

气候与人体健康　全省平均舒适日数226.9天，较常年平均偏多2.5天。除赣北西部、赣中北部及赣南中南部偏少1～15天，其他地区均偏多，南昌、鹰潭、广丰和彭泽等地区偏多超过60天。从舒适日数季节分布图上看，江西2020年春季舒适日数接近常年，夏季异常偏少，秋、冬季节均偏多，其中冬季舒适日数排1961年以来第3多位。

气候与能源　通过夏季降温耗能评估模型，计算结果显示6、8月耗能以增加为主，7月接近常年。6月，江西平均气温较常年同期（25.8℃）偏高1.6℃，降温耗能以增加为主，江西大部分地区增加幅度为50%至90%。7月，平均气温与常年同期（28.9℃）持平，江西降温耗能变幅存在差异，赣北降温耗能主要以减少为主，大部分地区降幅10%至50%；赣中部分地区和赣南大部降温耗能主要以增加为主，增幅约10%至50%。8月，平均气温较常年同期（28.1℃）偏高1.2℃，高温日数偏多，导致降温耗能增大，除崇义、全南和石城降温耗能减少外，其余大部分地区增加幅度为20%至50%。

气候与生态　2020年，受夏季洪水影响，鄱阳湖退水缓慢，秋冬枯水季形成的浅水、草滩和软泥区为主的浅碟形子湖泊湿地面积较2019年明显偏小且低于历史均值，淹没在水下的湿生植物和沉水植物容易死亡，情况总体不利于植食性越冬候鸟的取食、休憩和栖息。根据FY－3卫星MERSI资料监测，2020年观鸟季鄱阳湖浅水湿地、草滩面积为2049平方千米，范围小于2019年同期。2020年鄱阳湖水质有所改善，鄱阳湖水体中的叶绿素a浓度和总悬浮物浓度较低。根据卫星遥感对鄱阳湖蓝藻水华监测结果，2020年秋季鄱阳湖蓝藻面积为84.93平方千米，主要分布在中部和南部近岸水域，较2019年同期（162.53平方千米）明显减小。

气候与大气环境　2020年，江西11个设区市优良天数比例平均为94.7%，较2019年（89.7%）明显上升，轻度污染天数比例为4.9%，中度、重度污染天数比例分别为0.3%、0.1%，无严重污染。与2019年相比，轻度污染和中度污染的污染日数比例明显下降，重度污染日数比例持平。

（钟　微）

体制改革

【概　况】　2020年，江西加快推进供给侧结构性改革，提升经济发展的质量效益；加快推进“放管服”改革，持续优化提升营商环境；加快推进国资国企改革，激发市场主体的动力活力；加快推进开放型体制改革，拓展经济社会发展空间；加快推进财税金融改革，支持经济社会持续健康发展；加快推进社会事业体制改革，不增强人民群众的获得感。同时，谋划出台新时代加快完善社会主义市场经济体制的实施意见，为江西经济体制改革制定路线图。

【供给侧结构性改革】　出台构建要素市场化配置体制机制的实施意见，破除土地、劳动力、资本、技术、数据等五大要素自由流动的体制机制障碍，全年为企业减负1.96万亿元。累计关闭煤矿467处、退出煤炭产能2832万吨，超额完成“十三五”期间煤炭去产能目标任务。“一企一策”推动“僵尸企业”清理退出，省属“僵尸企业”处置率93.2%。支持景德镇市开展租赁住房建设试点，促进房地产市场平稳健康发展。江西新增12家上市公司，创下历史最高纪录。率先实施由12名省领导担任14个产业链链长制度，畅通产业循环。全年新增过千亿元产业集群1个，新增500亿元集群2个，新增过百亿集群23个。国家稀土功能材料创新中心获批，中科院赣江创新研究院挂牌，中科院庐山植物园、中药国家大科学装置、中科院江西产业技术创新与育成中心等“中科系”重大创新平台相继落地。江西25个贫困县全部摘帽，区域性整体贫困得到基本解决。

【优化营商环境】　出台《江西省优化营商环境条例》，江西优化营商环境工作进入法治化、规范化轨道。印发优化营商环境支持民营企业改革发展“20条”、进一步优化营商环境更好服务市场主体“53条”等，不断激发市场主体活力。下放51项行政权力至市或县，赋予国家级开发区和赣江新区34项省级经济管理权限，在49个市、县（区）和开发区开展第三批相对集中行政许可权改革试点。企业开办实现“一网通办”、全程电子化，时限缩减至2个工作日以内。推进“一照含证”改革，缩减办理时限

80%以上。推广投资项目"容缺审批+承诺制"、投资项目前期"一件事一次办"、工程建设项目"六多合一"等改革。"赣服通"3.0版暨APP上线运行，建成全国首个江西统一的"区块链+政务服务"基础平台，实名用户数、日活量、上线服务和电子证照数量均保持全国同类平台前列。持续开展延时错时预约服务，累计办理事项502万件，入选国务院职转办《深化"放管服"改革优化营商环境典型经验100例》。建成"12345"江西统一政务服务热线平台和江西统一网上中介服务超市，全面开展政务服务"好差评"。首次对11个设区市和赣江新区营商环境进行营商环境评价，倒逼各地以评促改、以评促优。

【国资国企改革】　出台《省国资国企改革创新三年行动实施方案(2020—2022)》，江西成为最先出台地方三年行动实施方案的省份之一。加速推进国有企业混合所有制改革，混改率达到79.2%，居于全国第一方阵。7户双百企业改革收官，江铜集团获评全国A类"双百企业"。在全国率先完成省属国有培疗机构脱钩移交深化改革工作，53家省属国有培训疗养机构已基本移交接收到位，9家事业性质培疗机构完成转企改制。加快国有资本证券化步伐，国有控股上市公司达到31家，实现设区市全覆盖。2427户国有企业全部实现公司制运营。推进国资监管信息化、数字化转型，在全国地方国资系统率先完成"三重一大"在线监管系统试点任务。持续加大剥离国企办社会职能，驻赣央企退休人员社会化管理工作走在全国前列。

【开放型体制改革】　江西内陆开放型经济试验区获批，这是全国第3个、中部首个国家级内陆开放型经济试验区。出台《推进外贸高质量发展三年行动方案(2021—2023年)》，完成第五批自贸区改革试点经验复制推广工作。出台省促进开发区创新发展三年倍增行动计划，实施集群式项目满园扩园行动，开发区"5020"项目全覆盖，首位产业集聚度达57%。推进"管委会+平台公司""开发区+主题产业园"运营建设模式。支持企业参与"一带一路"建设，备案核准境外投资项目47个，总投资26.36亿美元。江西开放型经济主要指标总量和增幅均位居全国第一方阵。

【财税体制改革】　出台科技领域、教育领域、交通运输领域省与市县财政事权和支出责任划分改革实施方案，调整省与市县收入划分改革推进方案等，进一步完善省以下财政体制，理顺省与市县政府间收入划分关系。加快地方融资平台转型，完成江西地市融资平台公司整合目标。城乡居民"两险"一体化征收改革完成，年度非税收入项目征管职责划转改革收官。推进"非接触式"服务，纳税人网上申报率达99.34%。试点"征退税一体化"集中管理模式，正常出口退税平均办结时间压缩至5个工作日以内，优于税务总局8个工作日的要求。

【金融体制改革】　出台《江西省地方金融监督管理条例》，为规范地方金融监管执法、维护金融消费者和投资者合法权益、防范化解金融风险、推动地方金融健康发展提供法制保障。加快建设赣江新区绿色金融改革创新试验区，江西绿色金融发展指数位居全国第四。赣州市、吉安市普惠金融改革试验区获批，江西成为全国第二个、中部第一个同时开展绿色金融和普惠金融改革试验区建设的省份。

【教育体制改革】　落实立德树人根本任务，出台加快推进教育现代化建设教育强省实施纲要和深化教育教学改革全面提高义务教育质量的实施意见。成功列入首批国家产教融合建设试点省，召开省部共建职业教育创新发展高地大会。推动义务教育高水平均衡发展，义务教育大班额比例降至3.75%。推动学前教育加快发展，公办幼儿园在园幼儿比例超过50%。

【医药卫生体制改革】　全面推进健康江西建设，深化公立医院综合改革。公立医院综合改革连续5年考核成绩进入全国第一方阵。推进县域综合医改，推进分级诊疗，实行家庭医生签约服务，改革完善短缺药品供应保障机制，组织药品集中采购和使用，改革和完善疫苗管理体制，解决群众看病难、看病贵问题。出台促进中医药传承创新发展的实施意见，加快中医药强省建设。

【社会保障体制改革】　江西城镇新增就业44万人，完成年度任务的119%。持续深化社会保险制度改革，江西社会保障卡持卡人数覆盖率99%，初步实现7大领域的"一卡通"应用。实施养老服务体系建设发展三年行动计划，加快健康养老产业发展。在全国率先实现居家和社区养老服务改革试点全覆盖。推广"尊崇工作法"，积极做好军人军属、退役军人和其他优抚对象优待工作。

（元　丹）

国民经济和社会发展状况

【概　况】　2020年，全省地区生产总值2.57万亿元，比上年增长3.8%。其中，第一产业增加值2241.60亿元，增长2.2%；第二产业增加值1.11万亿元，增长4.0%；第三产业增加值1.24万亿元，增长4.0%。三次产业结构为8.7:43.2:48.1，三次产业对地区生产总值增长的贡献率分别为5.0%、52.1%和43.0%。

【农　业】　2020年，江西农林牧渔业总产值3820.74亿元，比上年增长2.7%。粮食种植面积377.24万公顷，增长2.9%。其中，谷物种植面积351.00万公顷，增长2.8%。油料种植面积67.84万公顷，增长0.2%。其中，油菜籽47.54万公顷，下降1.4%。蔬菜种植面积66.10万公顷，增长2.6%。棉花种植面积3.50万公顷，下降19.5%。甘蔗种植面积1.36万公顷，下降2.7%。全年粮食产量2163.9万吨，比上年增长0.3%。油料产量122.70万吨，增长1.6%。蔬菜及食用菌产量1642.7万吨，增长3.8%。棉花产量5.29万吨，下降19.5%。甘蔗产量61.18万吨，下降2.0%。烟叶产量2.7万吨，增长18.6%。茶叶产量7.2万吨，增长7.2%。园林水果产量493.21万吨,增长4.0%。全年猪牛羊禽肉产量283.0万吨,比上年下降5.1%。其中,猪肉产量180.7万吨,下降12.6%;牛肉产量15.2万吨,增长15.7%;羊肉产量2.6万吨,增长11.7%;禽肉产量84.5万吨,增长11.3%。禽蛋产量61.2万吨,增长7.1%。牛奶产量9.1万吨,增长25.1%。水产品产量262.69万吨,增长1.5%。年末生猪存栏1569.85万头,比上年末增长56.0%;生猪出栏2218.28万头,下降12.9%。

【工业和建筑业】 2020年,江西工业增加值8952.7亿元,比上年增长4.0%。规模以上工业增加值增长4.6%。规模以上工业增加值中,轻工业下降1.8%,重工业增长7.8%;分经济类型看,国有企业下降15.4%,集体企业增长19.2%,股份合作企业增长7.3%,股份制企业增长4.9%,私营企业增长5.1%,外商及中国港澳台商投资企业增长2.5%,其他经济类型企业下降1.3%。全年江西规模以上工业企业实现营业收入3.79万亿元,比上年增长7.9%;实现利润总额2438.1亿元,增长12.2%;每百元营业收入中的成本为86.4元,比上年减少0.09元。年末规模以上工业资产负债率为53.7%,比上年末提高1.1个百分点。2020年,江西总承包和专业承包建筑业总产值完成8649.2亿元,比上年增长8.9%。其中,建筑工程产值完成7436.6亿元,增长8.1%,占建筑业总产值的比重为86.0%;安装工程产值完成652.2亿元,增长16.7%,占比7.5%;其他产值完成560.3亿元,增长11.0%,占比6.5%。资质以上总、专包建筑业企业共3869家,比上年增加646家。其中,总承包企业3396家,增加599家;专业承包企业473家,增加47家。按资质等级划分,资质等级为特、一级总、专包企业425家,增加32家;二级企业1030家,增加73家;三级及其他企业2414家,增加541家。

【固定资产投资】 2020年,江西固定资产投资比上年增长8.2%。从第一产业投资增长24.4%,占全部投资的2.2%;第二产业投资增长8.0%,占全部投资的49.6%;第三产业投资增长7.8%,占全部投资的48.2%。从经济类型看,国有投资增长9.1%,占全部投资的24.4%。非国有投资增长7.9%,占全部投资的75.6%。其中,民间投资增长3.6%,占全部投资的65.2%。从投资主要构成看,基础设施投资增长4.2%,占全部投资的16.5%。工业投资增长8.0%,占全部投资的49.6%。其中,工业技改投资增长16.4%,高新技术产业投资增长18.3%。

【国内贸易】 2020年,江西实现社会消费品零售总额1.04万亿元,比上年增长3.0%。其中,限额以上消费品零售额3302.2亿元,增长5.5%。按经营单位所在地分:城镇消费品零售额8746.6亿元,增长2.7%。其中,城区5156.1亿元,增长2.8%;乡村消费品零售额1625.2亿元,增长4.5%。按消费类型分:商品零售9516.1亿元,增长3.3%;餐饮收入855.6亿元,增长0.5%。

【对外经济】 2020年,江西货物贸易进出口总值4010.1亿元,比上年增长14.3%。其中,出口值2920.4亿元,增长17.0%;进口值1089.8亿元,增长7.5%。从贸易方式看,一般贸易出口2242.0亿元,增长11.5%;加工贸易出口633.4亿元,增长37.8%。从主要产品出口看,机电产品出口1611.6亿元,增长29.5%,占江西出口值的55.2%;高新技术产品出口972.7亿元,增长37.1%。从贸易对象看,对东盟出口541.6亿元,列第1位,增长11.0%;对美国出口486.4亿元,列第2位,增长36.5%;对欧盟出口392.7亿元,列第3位,增长16.4%;对“一带一路”沿线国家出口1030.0亿元,增长14.0%。

【交通和邮电】 2020年,江西货物运输总量15.72亿吨,比上年增长4.1%;货物运输周转量4010.8亿吨公里,增长3.9%。南昌港完成货物吞吐量4865.9万吨,增长27.2%;完成集装箱吞吐量14.0万标准箱,下降25.8%。九江港完成货物吞吐量1.20亿吨,增长6.1%;完成集装箱吞吐量61.0万标准箱,增长17.2%。旅客运输量4.32亿人,比上年下降27.9%;旅客运输周转量631.4亿人公里,下降35.9%。昌北国际机场旅客吞吐量942.7万人次,下降30.9%。年末江西公路通车里程21.06万千米,其中高速公路通车里程6234.1千米。铁路营运里程4546.3千米。年末江西民用汽车保有量661.8万辆,比上年增长8.9%。民用轿车保有量377.6万辆,增长9.3%。其中,私人轿车363.5万辆,增长9.7%。全年江西邮电业务总量3851.2亿元,比上年增长25.5%。其中,邮政业务总量311.3亿元,增长35.3%;电信业务总量3539.9亿元,增长24.7%。完成邮政函件业务1183.9万件,下降29.7%;包裹业务36.7万件,下降16.0%。快递服务企业业务量11.2亿件,增长44.1%;业务收入114.7亿元,增长36.0%。年末固定电话用户482.4万户,比上年末增长5.5%。移动电话用户4249.4万户,增长2.2%。年末4G用户占移动电话用户比重为77.7%。年末互联网宽带接入用户1510.5万户,增长4.3%。年末移动互联网用户3599.3万户,增长2.6%。

【财政、金融、证券和保险业】 2020年,江西财政总收入4048.36亿元,比上年增长1.2%。一般公共预算收入2507.54亿元,增长0.8%。其中,地方税收收入1702.0亿元,下降2.6%。分税种看,增值税766.4亿元,下降4.3%,比上年回落16.5个百分点;企业所得税232.5亿元,下降5.0%,比上年回落14.9个百分点;个人所得税62.8亿元,增长11.0%。全年一般公共预算支出6674.08亿元,增长4.4%。其中,教育支出1218.9亿元,增长6.1%;社会保障和就业支出866.7亿元,增长6.0%;城乡社区支出728.5亿元,下降30.4%。年末江西金融机构人民币各项存款余额4.36万亿元,比上年末增长12.0%,比年初增加4655.6亿元,同比多增780.1亿元。其中,住户存款2.27万亿元,比年初增加3075.2亿元,同比多增601.0亿元;非金融企业存款1.29万亿元,比年初增加1464.9亿元,同比多增402.5亿元。金融机构人民币各项贷款余额 4.14 万亿元，比上年末增长 16.7%；比年初增加 5915.4 亿元，同比多增 875.4 亿元。其中，住户贷款 1.63 万亿元，比年初增加 1929.6 亿元，同比少增 204.9 亿元；非金融机构及机关团体贷款 2.5 万亿元，比年初增加 3987.2 亿元，同比多增 1090.9 亿元。年末江西辖区内共有境内上市公司 55 家，其中主板公司 29 家，中小板公司 10 家，创业板公司 13 家，科创板公司 3 家。辖区内证券公司 2 家，分公司 43 家，证券营业部 310 家，证券交易额 7.73 万亿元；期货公司 1 家，期货营业部 32 家，期货代理成交金额 3.53 万亿元。全年江西保险公司保费收入 927.9 亿元，比上年增长 11.1%。其中，财产险保费收入 332.9 亿元，增长 8.5%；寿险保费收入 594.9 亿元，增长 12.6%；健康险保费收入 179.6 亿元，增长 13.7%；意外伤害险保费收入 24.6 亿元，增长 14.0%。支付各类赔款及给付 311.3 亿元，增长 10.9%。其中，财产险赔款及给付 191.1 亿元，增长 11.2%；人寿险赔款及给付 120.2 亿元，增长 10.3%；健康险赔款和给付 83.9 亿元，增长 16.0%；意外伤害险赔款和给付 6.1 亿元，增长 5.3%。

【教育和科学技术】 2020 年，江西研究生教育招生 2.0 万人，在校生 5.1 万人，毕业生 1.3 万人。普通高等教育招生 42.2 万人，在校生 124.2 万人，毕业生 30.9 万人。成人高等教育招生 13.7 万人，在校生 30.3 万人，毕业生 5.1 万人。中等职业教育招生 17.7 万人，在校生 44.6 万人，毕业生 10.8 万人。普通高中招生 38.5 万人，在校生 110.5 万人，毕业生 33.3 万人。初中学校招生 68.6 万人，在校生 220.4 万人，毕业生 68.7 万人。普通小学招生 61.8 万人，在校生 406.3 万人，毕业生 68.2 万人。民办学校 9158 所，在校学生 184.8 万人。特殊教育在校生 4.0 万人，幼儿园在园幼儿 170.0 万人。学前教育毛入园率 87.6%，小学毛入学率 101.7%，初中阶段毛入学率 109.5%，高中阶段教育毛入学率 92.5%。普通高考录取率 84.4%，高等教育毛入学率 52.0%。全年江西研究与试验发展（R&D）经费支出占地区生产总值的比重为 1.75%，比上年提高 0.2 个百分点。年末共有国家工程（技术）研究中心 8 个，省工程（技术）研究中心 370 个；国家级重点实验室 5 个，省级重点实验室 218 个。全年受理专利申请 11.43 万件，授权专利 8.02 万件；签订技术合同 4086 项，技术市场合同成交金额 233.4 亿元。其中，技术开发合同成交额 77.1 亿元，技术转让合同成交额 36.8 亿元。年末江西共有获省级检验检测机构资质认定的机构 1541 个。其中，国家产品质量监督检验中心 10 个，法定计量技术机构 331 个。全年强制检定计量器具 127.6 万台（件），开展产品质量监督抽查 7681 批次。累计获得 3C 认证证书的企业 598 家，获得 3C 认证证书 4113 张。累计发放自愿性产品认证证书 7739 张，发放工业产品生产许可证 755 张。测绘部门为经济社会发展提供各种基本比例尺地形图 1.10 万张，测绘基准成果 2504 点，遥感影像成果 16.9 万平方千米。

【文化、卫生和体育】 2020 年，江西共有艺术表演团体 79 个，文化馆 118 个，公共图书馆 114 个，博物馆 170 个。广播电视台 94 座，中、短波转播发射台 25 座。有线电视实际用户 537 万户，其中数字电视实际用户 521 万户。年末广播综合人口覆盖率 99.0%，电视综合人口覆盖率 99.5%。全年出版各种图书、期刊、报纸 9500 种，出版各类图书 2.58 亿册、期刊 7006 万册、报纸 7.44 亿份。全年江西接待国内旅游者 5.57 亿人次，比上年下降 29.6%；国内旅游收入 5420.1 亿元，下降 43.5%。接待入境旅游者 13.0 万人次，下降 93.4%；国际旅游外汇收入 0.37 亿美元，下降 95.7%。年末，江西共有各类医疗卫生机构 9345 个，其中医院、卫生院 2452 个，妇幼保健院（所、站）114 个，专科疾病防治院（所、站）110 个，疾病预防控制中心 152 个，卫生监督所（中心）111 个。卫生技术人员 28.6 万人，其中执业医师和执业助理医师 10.5 万人，注册护士 12.9 万人。医院、卫生院床位数 26.5 万张，其中乡镇卫生院床位数 5.8 万张。年末，江西共有青少年俱乐部 138 个，青少年户外活动营地 4 个；国家级体育传统项目学校 15 所，省级体育传统项目学校 237 所，省级单项体育后备人才基地 37 个。全年新建村级农民体育健身工程 243 个，乡镇农民体育健身工程 22 个。在国际和国内的重大比赛中共获 18 枚金牌、14 枚银牌和 28 枚铜牌。

【人民生活和社会保障】 2020 年，江西居民人均可支配收入 2.80 万元，比上年增长 6.7%，扣除价格因

9 月 12 日，2020 江西森林旅游节在赣州市大余县丫山景区开幕

省林业局供

素，实际增长4.0%。其中，城镇居民人均可支配收入3.86万元，增长5.5%，扣除价格因素，实际增长3.0%；农村居民人均可支配收入1.70万元，增长7.5%，扣除价格因素，实际增长4.4%。城乡居民收入比2.27∶1，比上年缩小0.04。全年江西居民人均消费支出1.80万元，比上年增长1.7%。其中，城镇居民人均消费支出2.21万元，下降2.6%；农村居民人均消费支出1.36万元，增长8.7%。城、乡居民消费恩格尔系数分别为31.4%、33.6%，分别比上年回升2.3、3.2个百分点。年末江西参加城镇职工基本养老保险人数1168.2万人，比上年末增加71.3万人。参加城乡居民基本养老保险人数2078.0万人，增加189.1万人。参加基本医疗保险人数4780.0万人，减少2.45万人。其中，参加职工基本医疗保险人数599.0万人，增加20.0万人；参加城乡居民基本医疗保险人数4180.9万人。参加失业保险人数291.9万人，增加2.2万人。江西领取失业保险金人数3.6万人。参加工伤保险人数553.4万人，增加14.0万人。参加生育保险人数372.2万人，增加68.9万人。城市居民纳入政府最低生活保障人数33.8万人，城市低保标准705元/(人·月)，向城市低保户发放低保金20.5亿元，月人均补差450元；农村居民纳入政府最低生活保障人数147.2万人，农村低保标准470元/(人·月)，向农村低保户发放低保金58.4亿元，月人均补差325元。农村、城市特困供养标准分别为615元/(人·月)、915元/(人·月)。全年江西义务教育阶段免除学杂费的学生数626.7万人，义务教育阶段补助家庭经济困难寄宿生活费学生数30.1万人，资助普通高中家庭经济困难学生数28.4万人，资助考入大学(含民办高校独立学院)家庭经济困难学生数3.0万人，资助中等职业教育(不含技工学校)家庭经济困难学生数39.5万人。年末江西共有提供住宿的社会福利机构1883个，床位数17.2万张，收养人数8.4万人。社区服务机构和设施总数4.35万个，其中社区服务中心1123个。全年销售社会福利彩票25.3亿元，筹集福利彩票公益金8.0亿元，直接接受社会捐赠8.1亿元。全年省级扶贫发展资金投入40.1亿元。江西最后7个贫困县摘帽，剩余9.6万贫困人口全部脱贫，25.58万城镇贫困群众脱困退出，35.4万存量对象全部纳入兜底保障。“十三五”时期，江西25个贫困县、3058个贫困村全部“摘帽”退出，江西省区域性整体贫困问题得到基本解决。

【资源、环境与安全生产】 全年江西$PM_{2.5}$浓度为30微克/立方米，比上年下降14.3%，平均浓度达国家二级标准。全年优良天数比例为94.7%，比上年上升5.0个百分点，优良天数增加20天。空气中的SO_2、PM_{10}、NO_2浓度均达到国家二级标准，SO_2与上年持平，PM_{10}、NO_2浓度分别下降13.6%和8.3%。全年江西地表水断面水质优良比例为94.7%，比上年上升2.3个百分点，V类及劣V类水断面比例为0。其中，国家考核断面水质优良率96.0%，上升2.7个百分点。长江干流江西段所有水质断面全部达到Ⅱ类标准；设区城市集中式生活饮用水水源地水质达标率为100%。江西10条主要河流中，信江、抚河、修河、饶河、长江九江段、袁水、萍水河、东江、环鄱阳湖区河流水质优良比例100%，赣江水质优良比例98.3%。全年江西完成造林面积7.32万公顷，改造低产低效林11.89万公顷，森林覆盖率稳定在63.1%。共建立自然保护区191处，其中国家级16处、省级39处、市县级136处。自然保护区面积110万公顷，占江西国土面积的6.6%。江西平均降水量1896.8毫米，较常年偏多13%，为1961年以来第12高位。平均气温19.0℃，较常年偏高0.98℃，为1961年以来第1高位。平均日照时数1478.6小时，较常年偏少153.9小时，为1961年以来第4少位。全年江西规模以上工业综合能源消费量5817.2万吨标准煤，增长2.9%；万元规模以上工业增加值能耗下降1.6%。全年江西共发生生产安全事故1746起，比上年减少347起。其中，道路运输业事故1485起，工矿商贸事故225起，铁路运输业事故32起。生产安全事故死亡人数1062人，比上年减少254人。其中，道路运输业事故死亡775人，工矿商贸事故死亡255人，铁路运输业事故死亡28人。亿元生产总值生产安全事故死亡人数0.04人。全年未发生重大以上事故。面对鄱阳湖流域超历史大洪水，启动防汛Ⅰ级应急响应，实行213座单退圩堤分洪，处置较大以上险情2075处，转移安置群众71.5万人。全年江西因各类自然灾害造成957.3万人受灾，直接经济损失355.7亿元。

(李金龙)

本栏编辑 徐佳佳

中国共产党江西省委员会

综　述

2020年，中共江西省委坚持以习近平新时代中国特色社会主义思想为指导，全面贯彻中共十九大和十九届二中、三中、四中、五中全会精神，深入贯彻中共中央总书记习近平视察江西重要讲话精神，团结带领全省干部群众统筹抗疫情、战洪水、促发展，有效应对大战大考，推动经济社会发展和党的建设各项事业取得新成效。

深学笃行习近平新时代中国特色社会主义思想，坚定自觉做到“两个维护”。坚持把学习贯彻习近平新时代中国特色社会主义思想作为首要政治任务，及时跟进学习中共中央总书记习近平重要讲话和重要指示批示精神，分专题深入学习《习近平谈治国理政》第三卷。深入实施习近平新时代中国特色社会主义思想教育培训计划，培训各级各类干部30.5万人次。开展政治谈话和政治素质考察，出台《关于开展政治谈话加强对“一把手”和领导班子监督的意见》，建立党政正职政治素质档案。完善推动中共中央重大决策部署督查落实问责机制。组织开展中共中央总书记习近平视察江西1周年系列活动。召开省委十四届十一次全会，动员全省上下决战脱贫攻坚、决胜全面建成小康社会。深入学习宣传贯彻中共十九届五中全会精神，召开省委十四届十二次全会，制定《中共江西省委关于制定全省国民经济和社会发展第十四个五年规划和二〇三五年远景目标的建议》。

扎实做好疫情防控和防汛救灾工作，有力有序恢复经济社会发展秩序。坚决贯彻中共中央总书记习近平提出的“坚定信心、同舟共济、科学防治、精准施策”总要求，充分发挥中西医结合优势，推动疫情防控取得重大战略成果。用14天时间初步遏制疫情蔓延势头，用27天时间将本土每日新增病例控制在个位数以内，用51天时间将住院确诊病例全部清零。先后派出11批次13支医疗队1271名医务工作者和217名工作人员驰援武汉和随州，派出医疗工作组援助乌兹别克斯坦。严格落实常态化疫情防控措施，坚决防止疫情反弹。坚决贯彻落实中共中央总书记习近平关于防汛救灾工作的重要指示精神，科学分析研判，集结各方力量，推动抗洪救灾斗争取得全面胜利。及时出台应对疫情、稳定经济增长系列政策措施，全面落实助企纾困政策，创新建立产业链链长制。全年生产总值增长3.8%，一般公共预算收入增长0.8%，固定资产投资增长8.2%，规模以上工业增加值增长4.6%，社会消费品零售总额增长3%，主要经济指标增速继续保持全国前列。

贯彻新发展理念，加快推进高质量跨越式发展。大力推进产业链供应链优化升级，“一产一策”发展航空、电子信息、装备制造、中医药、新能源、新材料等优势产业，扎实推进鄱阳湖国家自主创新示范区建设，实施创新型省份建设三年行动，中科院赣江创新研究院正式挂牌成立。高新技术产业、战略性新兴产业增加值占规模以上工业的比重分别为38.2%、22.1%，提高2.1、0.9个百分点。严厉打击非法集资等金融乱象，稳妥管控化解地方政府存量债务，防范化解重大金融风险取得阶段性成效。坚决打好脱贫攻坚战，全省25个贫困县、3058个贫困村全部摘帽退出，建档立卡贫困户80.1万户281.6万人稳定实现“两不愁三保障”，现行标准下农村贫困人口全部脱贫。25.58万城镇贫困群众实现脱困退出，35.4万存量对象纳入兜底保障。抓好中央环保督察“回头看”、长江经济带生态环境警示片反馈问题整改，深入推进长江经济带“共抓大保护”攻坚行动，实施“五河两岸一湖一江”全流域治理。全省空气优良天数比例94.7%，国考断面水质优良比例96%，生态环境质量位居全国前列。加快建设大南昌都市圈，协同推进赣南等原中央苏区振兴发展、赣东北开放合作、赣西转型升级，赣江新区管理体制改革稳步推进。巩固粮食主产区地位，建成高标准农田170.4万公顷，占全省耕地面积55.15%；全省粮食总产2163.9万吨，增长6.5万吨；生猪存栏1569.85万头，增长56%。

坚持深化改革开放，持续增强发展动力活力。中共十八届三中全会以来，中央深改委审议通过涉赣改革事项完成率90.08%。国家生态文明试验区建设38项重点改革任务全面完成，35项改革成果列入国家推广清单。深化“放管服”改革加快“赣政通”建设，“掌上办”事项数量、证照种类、跨省数据居全国前列。深化事业单位改革试点工作稳步推进。全面启动江西内陆开放型经济试验区建设，深度融入共建“一带一路”、长江经济带、长三角一体化、粤港澳大湾区等国家战略。出台《江西省优化营商环境条例》，积极构建亲清政商关系。成功承办上海合作组织传统医学论坛、第五届中非青年大联欢等活动，举办2020世界VR产业大会、正和岛（江西）创变者年会、江西智库峰会暨国家级大院大所产业技术进江西、南昌飞行大会等重大活动，全省外贸出口增长17%，实际利用外资增长7.5%，开放型经济发展水平不断提升。

加强民主法治建设，不断提高省域治理现代化水平。认真抓好《民法典》学习贯彻，制定修改地方性法规25件。加强和改进人大监督工作，探索推行星级代表联络工作站创建。出台《关于新时代加强和改进人民政协工作的实施意见》。坚持和加强党对统一战线工作的集中统一领导，广泛凝聚社会各界合力，党管武装和双拥工作水平明显提升。深入学习贯彻习近平法治思想，全面落实司法责任制。深入实施“法律明白人”培养工程，累计培养“法律明白人”550.8万人、骨干70.2万人。

做好宣传思想文化工作，充分凝聚团结奋进强大正能量。深入开展“脱贫攻坚的江西故事”“走向我们的小康生活”等系列宣传活动，建成省融媒体推进中心，实现县级融媒体中心建设全覆盖。出台《关于贯彻〈党委（党组）意识形态工作责任制实施办法〉的实施细则》及考核方案。提升精神文明建设水平，6个市、县获第六届全国文明城市称号。加快文化强省建设，赣鄱文化影响力持续提升。

切实保障和改善民生，不断增强老区人民获得感幸福感安全感。筹集2000亿元财政性资金，办好51件民生实事。城镇和农村居民人均可支配收入分别增长5.5%、7.5%。新开工棚户区改造20.42万套，建设公共租赁住房77.63万套。全省城镇新增就业46.17万人，新增转移农村劳动力55万人。做好退捕渔民转产安置和生计保障工作。加快建设高质量教育体系，全面推进健康江西建设，强化公共卫生体系建设，深入实施养老服务体系建设发展三年行动计划。抓好市域社会治理现代化试点，全面提升网格化管理、组团式服务水平，纵深推进扫黑除恶专项斗争，扎实做好后疫情时期矛盾纠纷排查化解工作。全省公众安全感、满意度均创历史新高，连续16年获全国综治考评优秀省。

纵深推进全面从严治党，锲而不舍建设风清气正政治生态。开展“红色基因代代传”“红色家书诵读”“红色走读”等活动，推进长征国家文化公园江西段建设。大力实施“传承红色基因教育培训计划”，建设200个红色名村。召开“不忘初心、牢记使命”主题教育总结大会，持续巩固深化主题教育成果。提升基层党建标准化规范化信息化水平，1.4万个村基本完成阵地资源整合，46.5万名农村党员活跃在服务群众一线。落实好干部标准，健全选贤任能机制。严格执行中央八项规定及其实施细则精神，持续整治“怕、慢、假、庸、散”等作风顽疾，坚决破除形式主义、官僚主义，坚决制止餐饮浪费行为。全省查处违反中央八项规定精神问题9807起、处理13221人。严肃认真配合做好中央第五巡视组对江西省开展常规巡视工作，开展十四届省委第八轮至第十轮巡视，省市县三级党委巡视巡察覆盖率分别为87.4%、90.39%、91.73%。坚决全面彻底肃清苏荣案余毒，严肃查处颜赣辉、钟晓云、邓寄鹏等严重违纪违法案件，风清气正政治生态建设不断巩固发展。

（省委办公厅）

重要会议

【全省领导干部会议】 5月29日，省委召开全省领导干部会议，传达学习全国两会精神，部署江西省贯彻落实工作。省委书记、省人大常委会主任刘奇主持并讲话。

会议要求，全省上下要坚持以习近平新时代中国特色社会主义思想为指导，深入学习宣传、坚决贯彻落实全国两会精神，增强“四个意识”、坚定“四个自信”、做到“两个维护”，统筹推进疫情防控和经济社会发展工作，在疫情防控常态化前提下，扎实做好“六稳”工作，全面落实“六保”任务，确保完成决胜全面小康、决战脱贫攻坚目标任务。

省委副书记、省长易炼红传达中共中央总书记习近平在全国两会期间的重要讲话精神和全国人大常委会委员长栗战书在参加江西代表团审议时的重要讲话精神，省政协主席、党组书记姚增科传达全国政协十三届三次会议精神，省人大常委会副主任、党组书记周萌传达十三届全国人大三次会议精神。省委、省人大常委会、省政府、省政协领导班子成员，省法院、省检察院主要负责人出席会议。

10月30日，省委召开全省领导干部会议，传达中共十九届五中全会精神，对全省学习宣传贯彻工作进行动员部署。省委书记刘奇主持会议。

会议要求，全省上下要切实把思想和行动统一到中共中央总书记习近平重要讲话精神和中共中央决策部署上来，增强“四个意识”、坚定“四个自信”、做到“两个维护”，坚定不移贯彻新发展理念，推进高质量跨越式发展，融入共建新发展格局，坚定不移深化改革开放，打造美丽中国“江西样板”，增进老区人民福祉，着力提升中共党的全面领导水平。

省委副书记、省长易炼红传达中共十九届五中全会精神。省委委员、候补委员；不是省委委员、候补委员的在职省级领导人；省委各部门、省直各单位党组（党委）主要负责人；各设区市和省直管县（市）党政主要负责人出席会议。

【中共江西省委十四届十一次全体（扩大）会议】 7月28日，中共江西省委十四届十一次全体（扩大）会议在南昌举行。会议总结2020年以来省委常委会工作，动员全省决战决胜全面建成小康社会。

省委常委会主持会议。省委委员、候补委员出席会议。省委书记刘奇代表省委常委会作工作报告并作总结讲话。省委副书记、省长易炼红就《江西内陆开放型经济试验区建设实施方案（讨论稿）》《关于切实做好江西重点水域禁捕退捕工作助推长江经济带绿色发展的意见（讨论稿）》起草情况向全会作说明。会议通报全省全面小康、脱贫攻坚进展情况，审议和讨论省委常委会工作报告等文件。

全会号召，全省上下要坚持以习近平新时代中国特色社会主义思想为指导，深入贯彻中共中央总书记习近平视察江西重要讲话精神，聚焦“作示范、勇争先”的目标定位和“五个推进”的重要要求，在疫情防控常态化前提下,紧扣全面建成小康社会目标任务,牢牢把握稳中求进工作总基调,深入贯彻新发展理念,落实高质量发展要求,着力补短板、堵漏洞、强弱项,扎实做好“六稳”工作,全面落实“六保”任务,全力夺取全面建成小康社会最后胜利。

不是省委委员、候补委员的在职省级领导人,省委各部门、省直各单位党组(党委)、各人民团体党组主要负责人,各设区市和赣江新区党政主要负责人,各县(市、区)党政主要负责人,部分基层党代表列席会议。

【中共江西省委十四届十二次全体(扩大)会议】 11月26日—27日,中共江西省委十四届十一次全体(扩大)会议在南昌召开。省委常委会主持会议。省委书记刘奇讲话。

全会听取和讨论刘奇受省委常委会委托作的工作报告,审议通过《中共江西省委关于制定全省国民经济和社会发展第十四个五年规划和二○三五年远景目标的建议》《中国共产党江西省第十四届委员会第十二次全体(扩大)会议决议》。刘奇就《建议(讨论稿)》向全会作说明。

全会号召,全省上下要更加紧密地团结在以习近平为核心的中共中央周围,坚持以习近平新时代中国特色社会主义思想为指导,深入学习贯彻中共十九届五中全会精神,全面落实中共中央总书记习近平视察江西重要讲话精神,切实增强“四个意识”、坚定“四个自信”、做到“两个维护”。

省委委员、候补委员出席会议。不是省委委员、候补委员的在职省级领导人,省纪委常委、省监委委员,省直各单位党组(党委)主要负责人,各设区市、赣江新区和各县(市、区)党政主要负责人以及部分基层党代表列席会议。

【省委经济工作会议】 12月25日,省委召开经济工作会议,总结2020年经济工作,分析当前经济形势,部署2021年经济工作。

省委书记刘奇出席并讲话;省委副书记、省长易炼红对2021年经济工作作具体部署,并作总结讲话。姚增科等省委、省人大常委会、省政府、省政协领导班子成员,省法院、省检察院主要负责人出席会议。

会议号召,做好2021年经济工作责任重大、任务艰巨。全省要更加紧密地团结在以习近平为核心的中共中央周围,坚持以习近平新时代中国特色社会主义思想为指导,深入贯彻落实中共中央总书记习近平视察江西重要讲话精神,扎实做好2021年经济社会发展各项工作,确保“十四五”开好局,以优异成绩庆祝中共建党100周年。

【江西省抗击新冠肺炎疫情表彰大会】 12月30日,全省抗击新冠肺炎疫情表彰大会在南昌举行。省委书记刘奇出席大会并讲话。

会议号召,全省上下要深入贯彻中共十九届五中全会精神,全面落实中共中央总书记习近平在全国抗击新冠肺炎疫情表彰大会上的重要讲话精神,立足新发展阶段,贯彻新发展理念,构建新发展格局,切实把抗疫精神转化为攻坚克难的强大力量,统筹推进常态化疫情防控和经济社会发展。

省长易炼红主持大会,姚增科等省委、省人大常委会、省政府、省政协领导班子成员,省法院、省检察院主要负责人出席会议,江西省受到全国表彰的先进个人和先进集体代表应邀在主席台就座。

(省委办公厅)

重要决策

【制定印发《关于抓好“三农”领域重点工作确保如期实现全面小康的实施意见》】 2月19日,省委、省政府印发该实施意见。实施意见强调要以实施乡村振兴战略为总抓手,对标对表全面建成小康社会目标任务,集中力量完成打赢脱贫攻坚战和补上全面小康“三农”短板两大重点任务,抓好农业稳产保供和农民增收,推进农业高质量跨越式发展,保持农村社会和谐稳定,提升农民群众获得感幸福感安全感,确保脱贫攻坚战圆满收官,确保与全国同步全面建成小康社会。

【制定印发《关于有效应对新型冠状病毒感染的肺炎疫情坚决打赢脱贫攻坚战的意见》】 2月7日,省委、省政府印发该意见。为深入贯彻中共中央总书记习近平重要指示批示精神,统筹疫情防控阻击和决战脱贫攻坚,有效应对疫情坚决打赢脱贫攻坚战,意见从10个方面提出明确要求:切实提高有效应对疫情风险政治站位、监测排查疫情影响精准脱贫风险问题、编密兜牢防范因疫返贫致贫保障底线、深入落实产业扶贫风险化解帮扶措施、倾斜帮扶贫困群众实现返岗稳岗就业、优化提升贫困地区农村人居发展环境、健全完善基层公共卫生疫情防治体系、扎实推进驻村帮扶战胜疫情落实落地、全面强化尽锐出战脱贫攻坚政策措施、坚守应对疫情决战脱贫攻坚政治责任。

【印发《江西省加快推进教育现代化建设教育强省实施纲要(2035)》的通知】 2月19日,省委、省政府印发该通知。通知提出的战略目标是:到2035年,江西教育水平大幅提升,总体实现教育现代化,建成教育强省和人力资源强省。提出的9项战略任务是:深入学习贯彻习近平新时代中国特色社会主义思想、发展高水平优质教育、实现基本公共教育服务均等化、构建服务全民终身学习的教育体系、提升一流人才培养与创新能力、建设高素质专业化创新型教师队伍、加快信息化时代教育变革、开创教育对外开放新格局、推进教育治理体系和治理能力现代化。提出的保障措施是:加强中共对教育工作的全面领导、完善教育现代化投入支撑体制、科学规划实施路径、完善落实体制机制。

【印发《关于贯彻〈景德镇国家陶瓷文化传承创新试验区实施方案〉的意见》】 2月27日,省委、省政府印发该意见。意见提出的战略定位是:围绕“国家陶瓷文化保护传承创新基地、世界著名陶瓷文化旅游目的地、国际陶瓷文化交流合作交易中心”的战略定位,推动景德镇成为集中展示中华陶瓷文化的瓷都、全国乃至世界陶瓷产业标准和创新中心、国际化陶瓷产业链交易平台、全球文明互鉴的重要桥梁和高端陶瓷文化贸易出口区、世界一流的国际文化旅游名城。提出的发展目标是：到2025年，试验区建设取得阶段性成果，陶瓷产业总产值实现翻番；到2035年，试验区建设目标任务全面完成，景德镇成为全国具有重要示范意义的新型人文城市和具有重要影响力的世界陶瓷文化中心城市。意见还就全力落实建设任务、健全完善支持政策、着力强化组织保障及责任分工提出明确要求。

【印发《关于新时代加强和改进人民政协工作的实施意见》】 4月4日，省委印发该实施意见。实施意见从总体要求、发挥人民政协专门协商机构作用、把加强思想政治引领广泛凝聚共识作为履职工作的中心环节、健全人民政协工作制度、强化政协委员责任担当、加强各级人民政协建设、加强中共对人民政协工作的全面领导等7个方面提出明确要求，坚持团结和民主两大主题，提高政治协商、民主监督、参政议政水平，更好凝聚共识，担负起把中共中央决策部署和对人民政协工作要求落实下去、把海内外赣鄱儿女智慧和力量凝聚起来的政治责任，为加快建设富裕美丽幸福现代化江西，描绘好新时代江西改革发展新画卷凝心聚力。

【印发《关于优化营商环境支持民营企业改革发展的实施意见》】 5月14日，省委、省政府印发该实施意见。实施意见指出，民营企业是社会主义市场经济的重要主体，在激发市场活力、提升产业能级、促进充分就业中发挥着不可或缺的重要作用。实施意见从营造公平竞争的市场环境、营造精准有效的政策环境、营造平等保护的法治环境、营造充满活力的改革创新环境、营造亲清新型政商环境5个方面提出明确要求，要求各地各部门充分认识优化营商环境、支持民营企业改革发展的重要意义，加强组织领导，完善工作机制，认真抓好各项工作落实，进一步激发民营企业活力和创造力，促进江西省高质量跨越式发展。

【印发《关于支持鄱阳湖国家自主创新示范区建设的若干政策措施》的通知】 6月4日，省委、省政府印发该通知。通知从强化创新平台建设、完善创新创业服务、加速科技成果转移转化、加快科技型企业发展、强化高端人才集聚、促进科技金融深度融合、深化科技创新放管服改革、创新体制机制、强化责任落实和绩效考评等10个方面提出明确要求，要求进一步推动创新型省份建设，着力培育经济增长新动能，把鄱阳湖国家自主创新示范区建设成为产业技术创新示范区、绿色发展引领区、开放协调发展先行区、创新政策和体制机制改革试验区，打造长江经济带经济与生态联动发展的创新高地。

【印发《关于促进中医药传承创新发展的实施意见》】 6月17日，省委、省政府印发该实施意见。实施意见从加强中医药服务体系建设、强化中医药在健康江西建设中的独特作用、推动中医药产业高质量发展、推动中医药人才队伍建设、加快推进中医药科研与创新、促进中医药文化传承与国际合作交流、加大中医药发展保障力度等7个方面提出明确要求，加强组织实施，促进中医药传承创新发展，加快建设中医药强省。

【印发《关于新时代加快完善社会主义市场经济体制的实施意见》】 9月16日，省委、省政府印发该实施意见。实施意见从总体要求；坚持公有制为主体、多种所有制经济共同发展，不断激发市场主体活力；夯实市场经济基础性制度，保障市场公平竞争；构建完善的要素市场化配置体制机制，促进要素资源高效配置；创新政府管理和服务方式，提高宏观经济治理能力；坚持和完善民生保障制度，促进社会公平正义；加快内陆开放型经济试验区建设，构建高水平开放型经济新体制；完善法规制度，强化社会主义市场经济的法治保障；加强实施保障，确保改革举措落地见效等9个方面提出明确要求，要求在构建以国内大循环为主体、国内国际双循环相互促进的新发展格局中实现更大作为，为建设富裕美丽幸福现代化江西提供强大动力。

【印发《关于狠抓落实持续为基层减负的通知》】 8月15日，省委办公厅、省政府办公厅印发该通知。通知从强化政治督查抓落实、强化考核导向抓落实、强化以上率下抓落实、强化全面统筹抓落实、强化改革创新抓落实、强化常态监测抓落实、强化正向激励抓落实、强化追责问责抓落实、强化组织领导抓落实9个方面（含9个方面的细化要求）提出明确要求，要求进一步推动省委“三十条措施”落到实处，确保中央和省委关于整治形式主义官僚主义为基层减负决策部署落地见效。

（省委办公厅）

督查工作

【决策督查】 组织开展中共中央总书记习近平视察江西重要讲话精神贯彻落实情况综合督查。3月，对上一年综合督查发现的112个问题整改落实情况进行跟踪督办。5月，在中共中央总书记习近平视察江西1周年之际，全面梳理围绕贯彻中共中央总书记习近平视察江西重要讲话精神强化督查抓落实情况，形成报告报省委，省委常委（扩大）会议通报有关情况。9—10月，省委办公厅牵头会同8家省直单位开展综合督查。综合督查情况向省委常委会汇报，并以“两办”名义印发综合督查报告及问题清单，督促推动各地各部门举一反三抓好问题整改落实。开展中央文件督办落实。2020年共重点督办中央文件87件，已落实74件，办结率达85.1%。有针对性选择部分已办结中央文件，深入基层开展实地复核，推动中央文件精神在江西省落地见效。配合做好中央有关决策部署落实情况督查。及时完成江西省2020年度贯彻落实中央八项规定精神情况书面督查，形成情况报告报中办。配合中办督查室做好全面脱贫与乡村振兴有效衔接书面调研，汇总形成报告报中办。

【指示批示督办落实】 做好中共中央总书记习近平重要指示批示精神督办落实。年初，围绕中共中央总书记习近平重要指示批示贯彻落实情况开展“回头看”，综合形成报告报中共中央。8月，会同省直有关单位，就中共十八大以来中共中央总书记习近平对江西工作作出的5件重要指示批示贯彻落实情况分别开展实地回访复核。围绕落实中共中央总书记习近平关于长江“十年禁渔”工作重要批示精神，开展江西省重点水域禁捕退捕工作专项督查。贯彻落实中共中央总书记习近平有关制止餐饮浪费重要指示批示精神，联合媒体记者开展明察暗访。全年对中共中央总书记习近平14件面向全国的重要指示批示进行立项督办，抓好跟踪落实。高质高效做好省委领导指示批示跟踪督办。认真梳理省委主要领导深入基层考察调研时所提要求，督促责任单位举一反三抓好落实。年底组织督查小分队，对部分重点事项落实情况开展回访复核。全年派员随同调研34次，梳理形成117件事项并抓好督办落实，确保省委主要领导有关指示落到实处、取得实效。

【专项督查】 全年共组织开展或派员参与中共中央总书记习近平对江西工作重要指示批示落实情况“回头看”实地回访复核、政法工作条例、意识形态工作、工业强省战略、创新型省份建设、防范化解重大风险、新时代公安工作、党校工作、城市功能与品质提升、农村人居环境综合整治等10项计划内的专项督查。助力打赢防疫防汛两场硬仗。在春节假期，第一时间启动疫情防控督查。重点对宗教寺庙、养老机构等场所疫情防控，以及外籍人员疫情防控、学校防疫、企业复工复产等事项进行督办落实。先后对省委主要领导主持召开的稳就业惠民生工作座谈会、设区市委书记座谈会、企业家座谈会上的71条意见建议进行梳理督办。鄱阳湖流域发生超历史大洪水后，第一时间对省委主要领导有关抢险救灾系列指示要求进行梳理并立项督办。

【调研督查】 围绕中共中央和省委工作重点，谋划开展“短平快”式调研督查。4月，会同省商务厅、江西财经大学就疫情对江西省产业链带来的影响开展调研。5月，紧紧围绕做好“六稳”工作、落实“六保”任务，联合省农业农村厅、江西农业大学等单位就粮食生产和粮食安全问题开展调研。下半年围绕江西省特色小城（镇）建设情况、庐山管理体制改革和航空产业发展情况开展调研督查，为省委决策提供参考。

【深化拓展整治形式主义为基层减负】 制定出台《关于狠抓落实持续为基层减负的通知》，从9个方面对抓好基层减负工作落实提出更高要求。统筹制定全省督查检查考核计划，将省级层面拟开展的120项督查检查考核事项规范统筹为46项，调减率为61.7%，防止多头督查、重复督查，减轻基层负担。加强对全口径文件及11个地市文件会议情况的调度汇总，及时对超发文件、超开会议现象进行预警提醒。精简文件方面，2020年，省级层面纳入统计范围的重点精简类文件3249件，减少55.9%。精简会议活动方面，2020年，省级层面召开会议619次，减幅37.2%。年初，将清理整治政务类APP、政府机构微信和QQ工作群工作，纳入专项工作机制年度工作要点。省委办公厅会同省政府办公厅等单位，就“指尖上的形式主义”组织开展专项调研督查。对出现在企业、学校、医院、科研单位的形式主义官僚主义问题，及时印发通知督促相关行业主管部门开展自查并制定整治措施。

【推动督查工作高质量发展】 坚持以制度建设为引领，不断提升督查工作制度化科学化规范化水平，创新推动督查工作高质量发展。健全完善制度机制。明确专人做好中共中央总书记习近平重要指示批示督办工作，建立督办台账。完善中央文件督办制度，实行限时办结制，实现中央文件每月定期督办。督查工作首次纳入省直机关绩效管理指标体系，出台2020年度省委督查工作考核办法，有效提升省委督查工作权威。创新方式方法。坚持问题导向，在督查工作中灵活运用交办核查、随机访查、蹲点解剖、民意调查、媒体融合、数据研判督查“六法”。常态化采取“四不两直”，即不发通知、不打招呼、不听汇报、不要陪同、直奔基层、直插现场的方式开展实地督查，深入一线掌握第一手情况。加强对办理领导指示批示件情况的总结分析，适情延伸督办，力求督办一件带动一片。加强督查理论研究。撰写3篇督查理论文章，分别在中办《秘书工作》《督查工作交流》等刊物发表。撰写的《持续推进纠治形式主义官僚主义问题的实践思考》文章，参加中办、中央党校联合举办的“力戒形式主义官僚主义”理论研讨会，被评为“优秀论文”。在全省督查系统开展“新时代督查工作理论研究”征文活动，将评选出的优秀论文汇编成《新时代督查工作实践思考》一书，举办督查理论研讨会，交流工作经验。对省委督查室在“十三五”时期开展的各项督查活动进行全面梳理，将相关督查报告汇编成《扑下身子 狠抓落实——“十三五”时期督查报告摘编》一书，加强督查工作指导。统筹力量协同作战。构建大督查格局，建立大督查工作机制，在与省直单位开展常态化协作基础上，更加注重与省内高校、研究部门、新闻媒体等专业力量合作。

（省委办公厅）

档案工作

【概　况】 2020年，全省档案主管部门25个，国家综合档案馆113个。全省各级档案馆馆藏总量1286万卷、1380万件，比2019年增加118万卷、217万件，比“十二五”末增长79%。全省开放档案总量2221万件，比“十二五”末增长35%，全年接待社会各界利用者40多万人次。省档案局获国家档案局脱贫攻坚征文优秀组织奖、全国经济科技档案工作创新案例三等奖，《中国档案报》优秀通联单位、《中国档案》宣传先进集体。

【服务中心工作】 各级档案部门及时跟进、主动作为，做好疫情防控档案工作。省委办公厅、省政府办公厅印发《关于做好新冠肺炎疫情防控档案工作的通知》，省档案局与有关单位联合印发《关于做好新冠肺炎疫情防控文件材料收集归档工作的通知》《江西省新冠肺炎疫情防控文件材料整理技术规范》。截至12月，全省共收集疫情防控文件材料6.8万余件、照片2.7万余张、录音录像800余件，征集请战书、方舱日记、家书、艺术作品等7400余件。加强脱贫攻坚档案工作，省档案局印发《关于切实做好精准扶贫档案工作的通知》，开展“档案见证小康路、聚焦扶贫决胜期”主题征文活动。赣州市档案局对7个乡镇精准扶贫档案工作情况开展执法检查。萍乡市档案局打造10个精准扶贫档案工作示范点。九江、景德镇、新余、鹰潭、宜春、抚州积极开展精准扶贫档案工作调研指导或业务培训。省档案馆和设区市档案馆开通“赣服通”查档服务，实现群众利用档案“一次不跑”。新余市以档案工作服务农村基层社会治理全国试点为抓手，实现全市414个行政村村级档案室标准化建设全覆盖。

【档案法治建设】 省委办公厅印发《关于在全省深化事业单位改革试点中加强档案管理工作的通知》，指导涉改单位依法依规做好档案处置工作。开展省直机关档案管理制度备案工作，规范省直机关档案管理制度建设。编制全省档案系统统一行政权力清单9项，通过江西省政务服务平台办理群众咨询和投诉55件。组织召开省直机关档案法规宣贯会议，开展“百万网民学法律”档案法专题知识竞赛活动，全省80余万人响应参与。开展2019年度档案事业统计调查工作，完成全省6440家单位统计调查报表汇总上报。赣州等8个设区市档案局开展档案行政执法检查，检查单位160余家。九江、景德镇、赣州、吉安、抚州将新修订档案法纳入市委中心组学习内容，着力提升领导干部档案法治意识。

【档案信息化建设】 继续推进纸质档案数字化。省档案馆完成5.3万卷纸质档案数字化，形成纸质档案数字副本530万页。21个县级档案馆数字化项目通过省级核验，形成案卷级目录15.7万条、文件级目录422.9万条、数字副本4000余万页。贯彻落实《党政机关电子公文处理工作办法》等规范要求，指导省直单位完善业务系统电子文件归档功能。推进南昌轨道交通4号线望城车辆段建设项目电子文件归档和电子档案管理试点。推进数字档案馆（室）建设，全省区域性数字档案集成管理与共享利用平台V2.0上线应用，共汇聚档案目录数据3274万条、档案数字副本2227万件。江西财经大学和青峰药业集团2个全国数字档案室建设试点工作进展顺利。

【档案编研开发】 深入贯彻落实中共中央总书记习近平关于“让历史说话，用史实发言”的重要指示精神，发挥档案资源优势，持续加大编研开发力度，全年编研档案资料40余种。省档案馆联合中央文史研究史编纂《信念如磐点燃井冈星火——井冈山革命根据地红色记忆》《初心烛照创建中央苏区——中央革命根据地红色记忆》；组织编纂《江西抗日救亡运动档案汇编》（第三册）和《抗日战争时期江西人口伤亡及财产损失档案汇编》。抚州市档案馆与市委党史办合作编研《抚州红色政权建设》，献礼中国共产党成立100周年。宜春市档案馆完成《宜春方言词典》《媒体上的宜春》（第二期）编研工作。庐山管理局档案馆编纂的《庐山历史纪事》入围江西人民出版社第四季度影响力书单。

【档案工作宣传】 省档案馆联合《江西日报》客户端推出“档案里的江西故事”系列视频，在《中国档案报》开辟“赣鄱往事”专栏。南昌市档案局在地铁车站举办“档案见证南昌变迁”图片展。赣州市档案馆联合市电视台推出大型历史文化系列节目“档案里的赣州”。上饶市档案馆举办“百年凝眸——上饶历史影像展”，展示上饶百年历史变化，成为党建活动打卡地。“江西档案”“上饶记忆”稳居全国档案微信公众号排行榜前20名，多篇文章被“江西发布”“今日头条”等主流媒体转载报道，方言专题片《水南街》获全国周榜、热文榜和原创榜三项第一。

【档案安全保障】 争取国家下达江西省县级档案馆新建项目3个、中央预算内投资1340万元。景德镇市、上饶市档案馆新馆建成投入使用，鹰潭市档案馆新馆完成主体工程，赣州市档案馆新馆列入市重点建设项目。樟树、宜黄等5个县级档案馆建成投入使用。截至年底，全省100个县级档案馆中，已建成或在建的档案馆91个，档案安全保管条件全面改善。省档案局印发《关于做好汛期档案安全工作的紧急通知》，各级档案部门经受住百年未遇洪涝灾害考验，全省未发生档案因灾受损事故。档案安全工作纳入平安江西建设考核评价指标体系。

【市县级综合档案馆业务建设评价】 8月中下旬，省档案局组织5个专家组，对11个设区市、6个省直管县（市）综合档案馆2014—2018年业务建设情况进行现场评价。省档案局对评价结果进行通报并抄送当地党委政府，其中抚州市档案馆、赣州市档案馆达到示范档案馆标准，九江市档案馆等7个档案馆达到规范档案馆标准。

（省委办公厅）

组织工作

【概　况】 2020年，全省有中共地方委员会112个，其中省委员会1个，设区市委员会11个，县（市、区）委员会100个。基层党组织11.3万个，其中基层党委0.7万个，党总支0.7万个，党支部9.9万个。党员总数225.3万人。其中，女党员50.2万人，占党员总数的22.3%；少数民族党员1.0万人，占党员总数的0.4%；35岁以下党员52.5人，占党员总数的23.3%；具有大专及以上学历的党员97.5万人，高中（含中专）文化程度的党员57.3万人，初中及以下文化程度的党员70.5万人，分别占党员总数的43.3%、25.4%、31.3%。全年发展党员6.5万人。其中，女党员2.7万人，占新党员总数的41.5%；少数民族党员0.08万人，占1.2%；35岁以下党员5.2万人，占80%；高中及以上文化程度的党员6.0万人，占92.3%。推进习近平新时代中国特色社会主义思想学习教育，巩固拓展“不忘初心、牢记使命”主题教育成果，实施“习近平新时代中国特色社会主义思想教育培训计划”，开展县处级以上领导干部学习贯彻中共十九届四中、五中全会精神集中轮训，全省培训各类各级干部28.25万人次，轮训党支部书记8.2万人，培训党员72.5万人。推进习近平新时代中国特色社会主义思想教学课程体系建设，开发33门攻坚克难案例教学课程，打造8个习近平新时代中国特色社会主义思想在江西成功实践的现场教学点。实施“传承红色基因教育培训计划”，在各级党校主体班次教学中持续开展以“举办一次集体诵读会、开展一次党性分析、开展一次读书交流会”为主要内容的学习红色家书“三个一”党性教育活动，着力打造红色培训品牌和党性教育高地。

【专业化干部队伍选拔使用】 严把政治标准，把政治素质考察作为识别干部评价干部第一位的任务，出台《省管领导干部政治素质考察办法（试行）》，对1338名省管干部开展政治素质考察，实现党政正职政治素质档案全覆盖。强化政治监督，扎实开展填报个人有关事项，全省查核一致率94.67%，较上年提高16%，相关做法在中组部《组工信息》《干部监督工作通讯》刊登。全省新提拔或进一步使用的厅级干部中，有相关专业背景的达54.8%；高校新提拔和进一步使用的省管干部中，具有博士学位的占71.4%，有相关专业背景的占75.8%。树立重实绩、重担当、重基层的用人导向，全省各级在战疫抗洪、脱贫攻坚重大斗争一线提拔重用表现突出的干部5452人。举办金融、“03专项”等专题培训班15期、脱贫攻坚专题培训班2133期，统筹组织“打赢疫情防控阻击战”网络专题培训。全省开展容错纠错157人次，为794名干部、69个单位澄清正名。

【实施“优秀年轻干部培养计划”】 制定《关于适应新时代要求大力发现培养选拔优秀年轻干部的实施意见》，成立发现储备和培养选拔优秀年轻干部工作协调小组，采取专题调研、定期召开工作调度会、日常数字化调度等方式，常态化发现储备优秀年轻干部，省本级直接掌握1811名政治素质好、发展潜力大的优秀“苗子”，逐一建立优秀年轻干部成长档案。集中选派16名优秀年轻干部在省直单位和市县之间双向交流任职。制定《上下交流任职干部后续跟踪、研判、使用工作的若干措施》，建立健全优秀年轻干部跟踪管理机制，建立不同类别、不同层级《优秀年轻干部人选成长档案》4026份。选派51名厅级、47名县处级优秀年轻干部到省委巡视组、省委信访局实践锻炼。省本级新提拔和进一步使用45岁左右省管干部占新提拔和进一步使用总数的23%，省直单位领导班子成员年轻干部配备率比上年提高13.6%。各设区市、各县（市、区）新提拔和进一步使用的优秀年轻干部分别比上年增长65.1%、22.2%，其中新提拔和进一步使用35岁左右乡科级干部占总数的47%。

【基层党建】 召开全省农村基层党建“三化”建设、发展壮大村级集体经济、党建引领城市基层社会治理现场会。坚持基层导向，以农村为重点，全面开展基层党建标准化、规范化、信息化建设，全省1.7万个村基本完成阵地资源整合，基层党组织政治功能和组织力进一步提升。抓好扫黑除恶专项斗争中基层组织建设，制定出台《村党组织书记县级县委组织部门备案管理办法（试行）》，建立防范和整治“村霸”问题长效机制，排查整顿软弱涣散村党组织1150个，常态化落实村“两委”成员资格联审机制，着力净化优化村干部队伍。大力推进“党建+发展壮大村级集体经济”，全省村集体经济经营性收入基本达到5万元以上，10万元以上的村占比由上年的21.44%提高到70.6%。持续推进“党建+农村养老服务”，各地配建互助养老服务设施10225个，覆盖全省60.4%的行政村，惠及160万老人，有关做法在全国农村养老服务推进会上作介绍。坚持将红色名村建设作为江西省农村基层党建的特色品牌，分3个批次建设200个“过去有红色故事、当代有蓬勃新貌”的红色名村。理顺城市党建领导体制，全省未设立街道的县级城区普遍成立社区党工委、管委会，扎实开展“一校一品”党建品牌建设年活动，大力实施“两新”组织领域“四项提升”行动，各领域党建工作统筹推进。

【人才队伍建设】 全面实施人才强省战略，建设省高层次人才产业园，集聚8名“两院”院士、50余名高层次人才以及81个人才项目，同步建设省高层次人才联谊会，设立航空、有色金属、电子信息等15个专业委员会，邀约60名院士、600余名省内外高层次人才入会，撬动全省各地加快以业聚才，以才兴业。创新选派115名35周岁左右、具有博士学位或副高级以上职称的人才，组成“高层次人才服务团”到县区、开发区挂职锻炼。采取“云招聘”和“线上线下”相结合方式，全职引进硕士毕业生4214人，相当于前两年总和；全省到岗工作的博士1320人；到赣指导“两院”院士270人次。到北京大学、清华大学开展选调生宣讲，共与省内外高校毕业生签订就业协议或选调意向承诺书616人，是上年的两倍多，其中与北大、清华毕业生签约88人。聚焦优势产业发展需求，加大科技创新人才引进培养力度，评选VR产业创新创业人才团队12个，新增省级“海智计划”工作站12家、博士后创新实践基地31家，开展专家“进园入企”帮扶，推动人才链与产业链深度融合。

【公务员队伍建设】 有序推进全省21.2万名公务员职位分类改革，公务员职务与职级并行制度实施工作进入常态化管理，全省县乡机关晋升职级17037人。落实中央“六稳六保”决策部署，扩大公务员招考规模，全省安排5701个录用岗位，比上年增加37.7%。畅通国有企事业单位优秀专业人才进入公务员队伍渠道，调任公务员315名。开展“三方面人员”选拔和优秀村（社区）干部选聘工作，812人走上乡镇（街道）领导岗位，569名优秀村（社区）党组织书记被选聘为乡镇事业编制人员。全面推行乡镇机关绩效考核制度，基本实现乡镇机关工作人员年均工资收入高于县直机关同职级人员20%以上。组织实施第六届全省“人民满意的公务员”评选表彰及宣传工作，桂河标入选全国10名“最美公务员”重点学习宣传对象。

【支援抗疫脱贫】 印发《关于在坚决打赢疫情防控阻击战中充分发挥各级党组织和广大党员战斗堡垒和先锋模范作用的通知》，全省各级划拨7931.73万元党费用于支持疫情防控，全省8.35万个基层党组织、143.25万名党员干部奋战在疫情防控一线。组织评选100名全省优秀共产党员和100个全省先进基层党组织，5人获评抗击新冠肺炎疫情全国优秀共产党员称号，4个基层党组织获评全国先进基层党组织称号。发挥党组织政治优势、组织优势和密切联系群众优势，统筹干部、党建、人才各方面力量，出台《深入推进抓党建促决战决胜脱贫攻坚八项举措》，选优配强村级党组织，筑牢基层战斗堡垒，推动干部人才向贫困地区聚集，继续保持贫困地区党政正职稳定。出台《关于进一步激励驻村第一书记和工作队在疫情防控和脱贫攻坚中发挥作用的通知》，推出提拔使用一批、择优调任一批、定向遴选一批、职级晋升一批、及时奖励一批、优先调训一批、宣传表彰一批"七个一批"关心关爱举措，全方位激励第一书记及工作队战疫战贫双胜利。

【高层次人才服务团选派】 围绕航空、电子信息、装备制造、生物医药、新能源、新材料6大优势产业，以及原中央苏区振兴发展、内陆开放型经济试验区建设等国家重大战略，从高校、国有企业、科研院所和中央驻赣单位等选派115名急需人才；组成高层次人才服务团，到基层一线和经济发展主战场进行为期1年的服务锻炼。制定实施《高层次人才服务团管理服务暂行规定》，对服务团成员的选派接收、管理考核、待遇保障等作出明确。积极开展中期和期满考核，对合格等次以上的，按照"基层所需、人才所愿"和"应留尽留、应延尽延"的原则统筹安排；对表现优秀的，纳入优秀年轻干部培养计划，跟踪管理、统筹使用。

【开展组工业务大比武活动】 立足高标准启动，高质量实施，聚焦理论学习及组织工作业务，出台《全省组工业务"对答如流"大比武工作方案》，采取"线上+线下"相结合的答题竞赛。做优线上答题，依托江西干部网络学院线上平台，按区域、行业等分成16个答题小组，每天排出学习标兵，每周发布答题得分统计，实行学习积分动态排名，来自全省各领域各层级的7900余名组工干部参与线上答题，共评选出"全省学习标兵"100名和"优秀组织奖"6个。做实线下竞赛，将各地线上学习标兵作为线下现场参赛代表队的优先候选人，由11个设区市、3个省直工委组织预选赛，选出14支队伍参加全省预赛，经预赛选出前8名进入决赛，最终决出团体一等奖1名、二等奖3名、三等奖4名。

（温丽江）

宣传工作

【概　况】 2020年，全省宣传思想文化战线坚持以习近平新时代中国特色社会主义思想为指导，深入学习贯彻中共中央总书记习近平关于宣传思想工作的重要论述和视察江西重要讲话精神，全面贯彻中共十九大和十九届二中、三中、四中、五中全会精神，围绕举旗帜、聚民心、育新人、兴文化、展形象的使命任务，紧扣决胜全面小康、决战脱贫攻坚主基调，坚持稳中求进、守正创新，着力推动习近平新时代中国特色社会主义思想深入人心，着力壮大主流思想舆论，着力培育和弘扬社会主义核心价值观，着力增强赣鄱文化软实力，为全省统筹推进防疫抗洪和经济社会发展，推动"十三五"圆满收官强化思想保证、营造舆论氛围、贡献精神力量。

【理论武装】 凝聚思想共识，持续推动习近平新时代中国特色社会主义思想学习宣传贯彻向纵深发展。服务省委理论学习中心组常态化制度化开展集中学习研讨活动，定期下发工作提示，把学习情况纳入贯彻落实意识形态工作责任制专项检查内容，定期通报各设区市党委中心组学习情况，督促各级中心组学懂弄通做实习近平新时代中国特色社会主义思想，教育引导广大党员干部不断增强"四个意识"、坚定"四个自信"、做到"两个维护"。认真组织实施"习近平新时代中国特色社会主义思想在江西实践研究工程""江西省青年马克思主义者理论研究创新工程"，扎实开展中宣部"马工程"办公室重大委托课题《从瑞金追根溯源：为人民打天下为人民治国家》《井冈山精神及其时代价值研究》工作，在中央"三报一刊"刊发系列重点理论文章，形成一批研究成果。举办全省社科界学习贯彻中共十九届五中全会精神理论研讨会。举办纪念毛泽东寻乌调查90周年理论研讨会，学习贯彻中共中央总书记习近平关于调查研究工作的重要指示批示精神，弘扬寻乌调查精神。加强省重点新型智库建设和管理，制定《江西省智库研究项目管理办法（试行）》，与中国科学院共同举办2020江西智库峰会暨国家级大院大所产业技术进江西活动。高规格组建省委宣讲团，利用好各级党委讲师团、"老兵宣讲团""小巷讲堂"等各类宣讲资源，全方位、多层次组织开展中共十九届五中全会精神宣讲活动。截至12月底，全省共开展各类宣讲活动1万余场，受众超500万人次。大力开展对象化分众化理论宣讲活动，围绕全国两会精神和疫情防控、脱贫攻坚等重大主题，发挥好新时代文明实践中心、县级融媒体中心作用，注重融入群众性文化教育活动，精心制作推出系列微宣讲视频，推动线上线下理论宣讲融通互动，更好地让党的创新理论推向群众。持续加强"学习强国"学习平台的使用和江西平台的建设管理，推动用"学习强国"、学创新理论成为全省党员干部群众的思想自觉和行为习惯。截至12月底，全省"学习强国"手机客户端总用户数达306.9万人。

【防疫抗洪宣传】 牵头建立"四个一"疫情宣传舆论引导工作机制，全省宣传思想战线统一指挥、统一调度、统一行动，把牢舆论宣传方向导向。动员新闻工作者到随州、鄱阳等防疫抗洪前线开展采访报道，组织全省各级各类媒体开设专题专栏，推出系列评论言论，深入宣传中共中央和省委决策部署，报道各地各部门疫情防控、防汛救灾的措施成效，讲述防疫抗洪一线的感人事迹。特别是用好媒体融合成果，以省融媒体推进中心为指挥枢纽，构建“1＋2＋11＋105＋N”省市县三级融媒体联动传播体系，加强网络优质内容供给，在正面宣传引导、权威信息发布、网络舆情导控、防疫知识普及、社会情绪疏导等方面发挥积极作用。中央及省内媒体共刊发江西省疫情防控稿件34.4万条，总阅读量超152.1亿次。其中，12部融媒体作品阅读量破亿次，220多部作品阅读量破千万次，形成网上正面舆论强势。

【正面宣传引导】 突出做好习近平新时代中国特色社会主义思想宣传报道，组织省内主要新闻媒体办好专题专栏专页，报道全省广大干部群众深入学习贯彻习近平新时代中国特色社会主义思想的江西实践，增强干部群众坚定主心骨的信心和决心。组织“决胜全面小康、决战脱贫攻坚”重大主题宣传，开展“脱贫攻坚的江西故事”“走向我们的小康生活”“百城千县万村调研行”等系列宣传活动，做好“扶贫印记”“纪录小康工程”工作，全方位宣传展现全面建成小康社会江西实践的进程、成就和经验。聚焦中共中央总书记习近平视察江西1周年、“十三五”收官、中共十九届五中全会、做好“六稳”工作、落实“六保”任务等重要节点、重大会议、重点工作，深入开展形势宣传、政策宣传、成就宣传、典型宣传，为全省改革发展营造有力舆论氛围。加强和改进经济宣传，组织媒体做好全省经济数据解读，科学分析经济形势，充分反映全省疫情防控常态化条件下经济运行的新亮点、新业态、新动能，引导广大干部群众坚定信心、稳定经济发展预期。截至12月底，《人民日报》、新华社、中央广播电视总台等中央主要媒体共刊（播）发宣传江西稿件5067篇。构建常态化规范化的新闻发布格局，围绕疫情防控、防汛救灾、决战脱贫攻坚、贯彻中共十九届五中全会精神等主题，先后以省政府新闻办名义举办新闻发布会124场，及时发布权威信息，回应社会关切。

【媒体深度融合】 以省“两办”名义下发《江西省关于加快推进媒体深度融合发展的实施意见》，着力推动传统媒体和新兴媒体在体制机制、政策措施、流程管理、人才技术等方面加快融合步伐，打造一批具有强大影响力和竞争力的新型主流媒体。经省委同意成立江西省融媒体推进中心，推动省级技术平台二期项目建设，并以新华社新华智云公司“媒体大脑”技术为支撑，实现省市县三级融媒体中心融通联动，形成全省“一盘棋、一张网、一体化”的媒体融合发展格局。加强县级融媒体中心建设，制定考核办法、明确评估细则、开展考核验收，并通过以奖代补、排名通报等措施，激励各地不断提升建设水平和成效。常态化开展“江西融媒大讲堂”业务培训，累计培训19期3万余人次，积极为市县两级融媒体中心赋能，进一步增强江西省主流媒体的传播力、引导力、影响力、公信力。

【文艺精品创作】 坚持以实施“五个一”工程为龙头，采取精心选题、定期调度、重点打磨等方式，组织全省文艺工作者围绕决胜全面小康、决战脱贫攻坚、疫情防控、中共建党100周年等重大主题、重要节点，组织创作电影《邓小平小道》《三湾改编》、电视剧《像我们这样奋斗》、话剧《支部建在连上》等一批具有江西特色的文艺作品，进一步传播社会正能量、唱响红色主旋律。《井冈山儿女》《爱拼会赢》《一江水》《糍粑黏黏日子甜甜》入选国家广播电视总局第三批2018—2022年100部重点电视剧规划选题；赣南采茶戏《一个人的长征》入选文旅部“百年百部”创作计划重点扶持作品；长篇小说《琵琶围》、儿童文学《逐光的孩子》入选中国作协“纪录小康”主题创作推荐书单；《中国共产党怎样解决贫困问题》《红游记》入选中宣部2020年主题出版重点选题。

【文化事业】 召开2020年江西文化强省建设推进大会，系统梳理红色文化、陶瓷文化、中医药文化、书院文化等特色文化，举办“文化的力量——2020江西文化发展巡礼”、文艺精品展演等系列活动，彰显赣鄱文化独特魅力，扩大赣鄱文化影响力，现场参观人数达54.4万人，网上展厅访问量达278.7万人次。着力完善公共文化服务体系，省博物馆、省图书馆新馆正式开馆，南昌汉代海昏侯国遗址公园开园，南昌交响乐团组建成立，全省文化馆、公共图书馆覆盖率达100%，96所县级文化馆建成分馆793个，95所县级图书馆建成分馆799个，乡镇（街道）综合文化站、村（社区）综合性文化服务中心建设实现全覆盖。深入实施文化惠民工程，广泛开展“情暖赣鄱”惠民观影、“脱贫不忘颂党恩　红色经典进万村”重大主题展映、“书香赣鄱”全民阅读等活动，进一步丰富基层群众文化生活。

【文化产业】 着力构建“1＋N”文化经济政策体系，配套出台“文化＋科技”“文化＋金融”“文化＋旅游”等政策文件，尤其是用好5000万元省级财政资金，以贷款贴息、项目补助方式扶持一批重点文化产业项目，坚持有为政府和有效市场协同发力，推动文化产业高质量发展。加强与金融机构合作，搭建“政银企”对接平台，5家合作银行为江西省文化企业提供3年不低于1000亿元的意向性融资支持，推动设立陶瓷文化支行等特色文化支行，开发“文企贷”信贷产品，有效缓解文化企业融资难题，支持重点文化企业做大做强。在深圳举办江西文化和旅游产业链投资合作对接会，现场签约项目12个，总金额102.25亿元，吸引腾讯内容审核中心、抖音直播基地等文化重点项目落户江西。2020年全省规模以上文化及相关产业实现营业收入2383.89亿元，增长13.7%，高出全国平均增速11.5个百分点，增速居全国第二、中部第一。推进文化和旅游产业铸链强链补链工程，推动景点、影院、剧院等文化旅游场所复工复产。打造“天工开物”文创品牌，推出汉代海昏侯国遗址公园等一批精品文化旅游路线，成功举办庐山国际爱情电影周，促进文旅深度融合。开展“春节文化走出去”文艺演出等对外文化交流活动，讲好中国故事、江西故事。突出抓好省属文化企业改革工作，完善省属文化企业的法人治理体系，妥善解决涉及省属文化企业土地变性、产权归属等一系列历史遗留问题,江西出版集团基本完成公司制改制,江西报业集团、江西广电集团、江西文演集团改革有序推进。江西出版集团成为全国唯一一家主导两家上市公司和一家新三板挂牌企业的文化集团,连续十二届入选“全国文化企业30强”。加大全省网络整合和广电5G一体化发展力度,在全国率先全面完成股权划转、股权归集等改革任务,争取到国家宽带电视在江西首家商用试点,江西台节目已进入宽带电视平台,网络整合工作走在全国前列。

(陈燕清)

网信工作

【网络内容建设】 全年涉赣正面稿件上大网总网首页共计1185条,其中人民网325条(含大头条8条,要闻区40条),新华网总网259条(含大图66条,要闻区51条),中央网信办全网推送江西省稿件386篇,创历年推送数量新高。持续深入开展中共中央总书记习近平再次视察江西1周年网上宣传,集纳刊发《赣鄱大地今朝更好看——写在习近平总书记考察江西一周年之际》等系列报道。策划组织“中部崛起势正劲”网络主题活动,累计阅读总量1.5亿次。围绕脱贫攻坚主题,组织开设专题专栏14个,发布原创稿件2000余条。开展抗美援朝出国作战70周年等网上宣传引导,组织推出200余篇相关报道。

【网络综合治理】 全年共开展专项行动30余项,关闭网站4120个,关停公众账号215个,下架应用程序386个,受理处置网络举报5000余件,累计审批发放86家单位的互联网新闻信息服务许可资质。印发《关于集中开展网络生态治理工作的通知》,压实各级网信部门属地管理和网站平台主体责任。联合有关部门开展涉信息网络黑恶违法犯罪专项整治工作,取得显著成效。举办首期全省网信部门行政执法工作培训班,133名市县执法人员取得省级行政执法证、执法监督证。推进省网络社会组织联合会建设,引导社会力量积极参与网络空间治理。按照省政府统一部署,编制全省网信系统统一行政权力清单,梳理行政许可、行政处罚等行政权力共计15项。推动省互联网信息综合指挥中心系统平台上线,面向省、市、县三级网信系统授权开放平台账号330个。指导全省开展新技术新应用安全评估现场检查,全年累计完成47款应用或网站安全测评报告。

【网络安全管理】 狠抓网络安全工作责任制落实,健全监测应急处置机制,全年有效监测发现并处置网络安全事件645起。初步建成监测预警平台,将省内3137家党政机关和企事业单位的7192个关基数据资产纳入监测范围。联合有关部门开展网络安全工作督查,覆盖全省11个设区市,22个重点行业,37家省直单位,现场检查业务系统245个,远程扫描2072个。印发《关于加强疫情防控期间网络安全保障工作的通知》等文件,切实做好关基设施防护、网络安全风险防范和个人信息保护工作。依托网络安全事件处置与管理系统平台,对涉疫情网络攻击等风险及时下发预警信息。采用校企合作模式,在东华理工大学成立江西省网络空间安全实训基地,为各地各部门开展经常性网络安全教育培训提供平台。

【推进网络信息化】 围绕服务全省经济社会高质量发展以及治理体系和治理能力现代化,全面推进信息化领域各项政策落实,推动重点工作取得积极进展。会同有关部门对江西省网络强国和数字乡村建设工作进行统筹规划和总体部署。开展国家数字乡村试点地区评审推荐工作,玉山、安远、井冈山、进贤4县(市)入选国家试点。推动5G建设及应用拓展、IPV6规模部署、03专项试点、数字经济发展、政务信息系统整合共享等信息化发展重点工作取得积极成效。

【疫情防控舆情引导】 新冠肺炎疫情发生后,省委网信办严格落实省委省政府决策部署,全面加强网上舆论引导、网络安全保障等工作。组织中央和省内新闻网站刊发相关报道4.2万篇,推出H5、短视频等新媒体产品4000余件。开展“抗击疫情江西在行动”抖音专题宣传,吸引网民和媒体发布抖音1.1万余个,阅读量49.4亿人次。

【第七届“国家网络安全宣传周”活动】 9月14日—20日,省委网信办、省委宣传部等省直单位及新余市委、市政府共同主办第七届“国家网络安全宣传周”活动,围绕“网络安全为人民,网络安全靠人民”主题,在全省各地开展一系列网络安全宣传教育活动。活动采用线上+线下的方式进行,设置“云展览平台”,采用H5、动漫、沙画、短视频等形式,吸引网民广泛参与。

【两大数据平台参展第三届数字中国建设峰会】 10月12日—14日,第三届数字中国建设峰会在福建省福州市海峡国际会展中心举办。江西“生态云”和江西省“赣政通”2大数据平台在峰会数字政府版块展示。江西“生态云”大数据平台是江西省落实《国家生态文明试验区(江西)实施方案》建设要求的成果之一。平台按照“一朵云、一个中心、一批应用”的总体框架搭建,对接自然资源、生态环境、水利、农业农村和林业等部门的涉生态数据,建设统一的生态文明数据库、数据资源中心、生态文明可视化展示平台和多样化业务应用,实现生态文明业务的全领域覆盖、数据的全要素汇聚、资源全方位共享。“赣政通”由阿里巴巴政务钉钉、梦创双杨提供技术支持,是江西省政府重点打造的面向全省公务人员服务的统一政务协同办公平台,“赣政通”按照“统一平台、一体在线、协同高效”的原则,整合接入各类政务系统,覆盖省市县三级行政架构,集即时通讯、音视频会议、短信消息和业务协同等功能为一体,为公务人员提供个性化和方便快捷的移动办公服务,是江西省政务办公的总入口和主平台。

(省委网信办)

10 月 12 日—14 日，省委网信办组织有关企事业单位参展第三届数字中国建设峰会

省委网信办供

统战工作

【概　况】 2020 年，省委统战部坚持以习近平新时代中国特色社会主义思想为指导，全面贯彻中共十九大和十九届二中、三中、四中、五中全会精神，深入学习贯彻中共中央总书记习近平关于加强和改进统一战线工作的重要思想以及习近平视察江西重要讲话精神，认真落实省委十四届十一次、十二次全会精神，充分发挥统一战线优势作用，统筹推进各领域统战工作。

【加强统战工作集中统一领导】 省委高度重视统战工作，省委书记刘奇、省长易炼红 2020 年共出席统战部门活动 9 次，就统战工作作出批示 53 次，省委常委会会议共 11 次研究统战工作。新增省政府办公厅等 8 家单位为省委统一战线工作领导小组成员单位，制定成员单位职责清单，规范领导小组运行机制，进一步健全大统战工作格局。全年召开 4 次省委统战工作领导小组会议，完善民族宗教工作、民营经济统战工作、对港工作、海外统战工作、侨务工作等各领域运行机制。配合中央统战工作领导小组到江西开展专题调研，摸清市、县两级党委统战工作领导小组发挥作用情况。开展统战工作高质量发展考核评价，制定并印发《2020 年全省统战工作市县高质量发展考核评价实施方案》，开展贯彻落实中央关于参政党建设“三个文件”、中央脱贫攻坚专项巡视“回头看”反馈问题整改等专项督查，推动统一战线工作落实。在江西开展“强作风、抓落实、助发展”工作。实行省委统战部部领导挂点联系设区市制度，开展专题调研，收集整理意见建议 27 条，已全部协调解决。

【政治思想教育引领】 召开党外人士学习座谈会、情况通报会等，及时传达学习中共中央总书记习近平重要讲话和指示批示精神；举办学习贯彻中共十九届四中全会精神研讨班，对江西县处级以上党外干部轮训实现全覆盖；举行宣讲会，引导党外人士学习贯彻中共十九届五中全会精神和省委十四届十二次全会精神。支持各民主党派巩固深化“不忘合作初心，继续携手前进”主题教育活动成果，抓好问题整改落实。指导各民主党派、知联会市级组织和工商联市县两级组织完成换届。每位省委常委都带头走访列名联系的新的社会阶层代表人士，与各民主党派省委会、省工商联、省知联会负责人开展谈心活动，引导党外人士不断增强政治敏锐性和政治鉴别力。“党外知识分子之家”创建工作、新的社会阶层人士实践创新基地建设取得阶段性成效。

【助力疫情防控】 省委统战部及时成立疫情防控工作领导小组，发布《致全省统战干部和统一战线成员的倡议书》，号召江西统战干部、统一战线成员和全球赣商积极投身疫情防控，江西统一战线累计为疫情防控捐款捐物 7.86 亿元。省委统战部机关派出 3 名干部分别到湖北随州和乌兹别克斯坦支援抗疫，省民宗局组织指导宗教场所、民族乡村的疫情防控工作，省工商联开展“防疫情、促发展”活动推进民营企业复工复产，省社会主义学院抓好教学培训中的疫情防控，省侨办建立江西省侨胞归国报告制度和 24 小时分时值班联系沟通机制，向 33 个国家和地区 52 个侨团捐赠 500 余万元防疫物资。

【脱贫攻坚】 深入创建“同心 · 振兴广昌示范区”，在广昌县新安排帮扶项目 23 个，累计实施项目 183 个，落实政策资金 2.3 亿元，捐款捐物 1.3 亿元，引进投资项目资金 2.1 亿元。引导民营企业参与消费扶贫，采购广昌县贫困户滞销白莲近 2 万千克。在省委统战部对口帮扶深度贫困村——宁都县水口村投入 210 余万元发展肉牛养殖等产业项目。推进脱贫攻坚民主监督，各民主党派省级组织提出意见建议共 300 多条，8 个民主党派对口江西 14 个贫困县全部脱贫摘帽。推进“千企帮千村”精准扶贫行动，截至年底，江西民营企业参与行动总数 4121 家，帮扶贫困村 5645 个，实施项目 11361 个，投入扶贫资金 37.33 亿元，54.2 万余人受益。开展省直部门对口支援民族乡村工作，少数民族群众人均可支配收入保持较好增长态势。协调新加坡金鹰集团陈江和基金会投入 1000 万元，实施广昌“慧育希望——江西省儿童早期发展创新试点项目”。

【民营经济统战】 召开江西民营经济统战工作会议、金融服务民营企业发展现场推进会等，印发《关于贯彻落实〈关于加强新时代民营经济统战工作的意见〉具体举措及分工方案》，着力解决融资难融资贵等问题，推进减税降费等政策落地见效，引导民营企业转型升级。推动构建亲清政商关系，开展江西营商环境“企业评”活动，推动江西11个设区市和赣江新区成立非公企业维权服务中心并正式运行，省非公企业维权服务中心累计受理实质性维权诉求520件。开展“第四届十佳优化营商环境县（市、区）”和“第一届十佳优化营商环境工业园区”评估并发布榜单，以评促改、以评促优。健全非公企业权益司法保护联席会议制度，建立健全涉企法规规章和规范性文件征求民营企业、商协会意见建议机制。推进“网上工商联”建设，构建民营企业一站式综合服务云平台。

【提升政党协商效能】 省委书记刘奇主持召开党外人士座谈会，各民主党派、工商联和党外知识分子为制定实施“十四五”规划和2035年远景目标建言献策。制定《中共江西省委2020年度政党协商计划》，畅通“直通车”协商渠道，组织各类政党协商活动20余场，各民主党派全年报送社情民意信息1500余篇。印发《关于做好2019年党派大调研成果转化工作的通知》，协调推进2019年民主党派工商联无党派人士大调研27项成果转化，高质量完成11个2020年大调研课题；江西同心智库课题研究成果被相关单位采纳。研究制定《各民主党派省委会与中共江西省委统战部工作联系机制》。科学规划江西省民主党派代表人士队伍建设，形成省级层面代表人士人选149名、市级层面代表人士人选798名。指导各民主党派市级组织完成换届工作。

【民族宗教管理】 引导民族宗教界参与抗疫，对宗教团体、场所、院校实施“双暂停一延迟”，民族宗教界捐款捐物3000余万元。组织开展“十四五”民族团结进步事业规划编制工作，全省民族地区34个贫困村已全部脱贫摘帽，6个单位被评为“全省民族团结进步创建示范单位”，举办第三届全省少数民族文化艺术节。召开会议推进佛教道教商业化治理等工作，加强宗教活动场所规范管理，加强宗教工作基层机构、力量建设，54个县（市、区）设立民族宗教服务中心，增设150余个事业编。

【港澳台地区工作】 建立对港工作联席会议机制，整合江西港澳台地区工作资源。引导客商参与赣台会、粤港澳大湾区投资推进会、世界VR产业大会等。邀请澳门地区江西同乡会、全国和省级工商联澳门地区代表人士赴赣考察。以通讯方式召开江西海联会七届二次常务理事扩大会议、江西统促会一届四次常务理事扩大会议。创新开展首次赣港澳台青少年线上交流活动，“饮水思源·溯源东江”游学产品入选2020港澳青少年内地游学推荐产品。举办台湾地区青年VR产业（江西）研习营，推动仙女湖加盟海峡两岸姊妹湖产业协作年会。加强对在港同乡社团引导，统筹推进各设区市港澳同乡社团建设，完善对港工作网络。

【党外知识分子和新社会阶层人士统战】 出台贯彻落实《关于加强和改进新时代党外知识分子思想政治工作的意见》具体举措，制定《关于做好各设区市知联会换届工作意见》，印发《关于创建“党外知识分子之家”的指导意见》，推动江西“党外知识分子之家”创建工作。江西11个设区市“党外知识分子之家”实现全覆盖，江西2/3县（市、区）基本建成。召开首次江西高校统战工作会议，举办高校分管统战工作领导和统战部部长培训班。指导各地落实江西省《贯彻落实中央统战工作领导小组〈关于加强网络人士统战工作的意见〉的具体举措》。贯彻落实列名联系制度，做好省委领导列名联系工作。印发《关于打造新的社会阶层人士统战工作“百城百点”实践创新基地的工作方案》，召开江西新的社会阶层人士统战工作示范基地经验交流会，指导市、县（区）加强新联会组织和“百城百点”实践创新基地建设。

【侨务工作】 制定出台《关于贯彻落实〈中共中央关于加强新时代海外统战工作的意见〉具体举措及任务分工方案》《江西省海外统战工作协作机制》和《关于规范涉侨对外交往的实施办法》，推动形成海外统战工作合力。在江西组织开展“侨资企业服务年”活动，摸清侨资企业底数，探索服务侨资企业长效机制，为侨资企业解决困难和问题322个，办结率97%。召开省侨务工作协调机制会议，扎实做好涉侨意识形态工作。

【党外代表人士队伍建设】 推荐安排省属本科院校、省属国有企业党外正职各1名，省属本科院校、省属国有企业党外正职分别达到5名、2名，江西省党外干部培养使用工作在全国统战部长会议上作经验交流发言。建立省级层面民主党派、无党派代表人士名单，进行动态管理、跟踪培养。举办省级层面培训班次32期，培训党外代表人士2400人次。协调完成省交通干部学院整体并入省社会主义学院工作，推进省社会主义学院建设。

【统战部门建设】 全年召开部务会25次、部理论学习中心组学习会9次，及时跟进学习中共中央总书记习近平重要讲话和指示批示精神，中央、省委重要会议精神，研究提出贯彻落实举措。召开中共十九届五中全会精神宣讲会，举办《习近平谈治国理政》第三卷专题学习辅导讲座，教育引导党员干部切实提高政治理论水平。巩固深化“不忘初心、牢记使命”主题教育成果，推动党员干部践行初心使命，激励担当作为。成立青年干部理论学习小组，建立部领导联系青年干部理论学习小组制度。落实全面从严治党主体责任，召开2020年全面从严治党工作会议，制定下发工作要点和责任清单，推动党员干部落实“一岗双责”。组织开展党规党纪学习培训，深入开展警示教育，加强政治监督和日常监督。开展“党支部标准化规范化建设年”活动。将统一战线领域意识形态工作，纳入领导班子、领导干部目标管理，纳入党建目标考核和精神文明创建考核。两项成果获全国统战理论政策研究创新成果二等奖。省委统战部被评为2020年度中国统一战线宣传工作先进单位。

（贯艳）

政策研究

【概　况】 2020 年，省委政研室聚焦省委中心工作，着眼江西经济社会发展大局，着力当好参谋助手，服务省委科学决策。全年共完成各类文稿 106 篇，其中文件、报告、讲话等 73 篇，调研报告 33 篇，获省领导批示 48 次。

【文稿服务】 起草《中共江西省委贯彻落实习近平总书记视察江西重要讲话精神一年来情况的报告》《关于 2019 年工作情况的报告》《关于党的十九届五中全会研究“十四五”规划建议征求意见的报告》《关于〈十九届中央纪委五次全会工作报告〉意见建议的报告》《关于对 2021 年党中央重点工作的建议》《省委常委班子脱贫攻坚专项巡视“回头看”整改专题民主生活会对照检查材料》《省委常委班子脱贫攻坚专项巡视“回头看”整改专题民主生活会情况的报告》《省委常委班子脱贫攻坚专项巡视“回头看”整改专题民主生活会整改落实方案》等，并报中央。参与起草《中共江西省委关于制定全省国民经济和社会发展第十四个五年规划和二〇三五年远景目标的建议》《省委规划建议（讨论稿）审议情况的汇报》。在《当代江西》《江西日报》分别刊发《系统学习贯彻习近平总书记对江西工作重要讲话精神》《大力弘扬中央苏区先行先试的改革精神》。参与省委贯彻落实综合督查，牵头制定“推进治理体系和治理能力现代化”督查要点。

【调研成果】 形成《江西着力构建“战疫情”“促发展”常态长效机制》《江西有力应对疫情影响坚决打赢脱贫攻坚战》《江西以深化改革促“六保”落实》等调研报告，全面总结全省有效应对疫情影响的做法。围绕做好“六稳”工作、落实“六保”任务，形成《关于应对新冠肺炎疫情冲击扎实做好“六稳”工作的对策建议》《小微企业复工复产面临的“三难一怕”》《高校毕业生在我省就业创业工作情况的调查及建议》等调研报告，经刘奇、易炼红、李炳军、殷美根、施小琳、吴晓军等批示，转化为工作举措。《关于深入推进红色基因传承的调研报告》《关于我省乡镇（街道）机构改革情况的调研报告》分别获刘奇和施小琳批示。《积极破解秀美乡村建设资金难题》《加快实现棚户区困难群众安居梦》刊发在中央政研室《学习与研究》，《江西上饶疏堵结合破解农民无序建房难题》刊发在中央改革办《改革情况交流》。完成编写《江西实施乡村振兴战略读本》。《整合基层党组织服务资源和执法资源机制研究报告》，列入省党建研究会 2020 年度研究课题报告。组织开展“十四五”时期改革工作调研，形成《“十四五”时期深化我省重点领域改革研究报告》。牵头起草《关于贯彻落实赣办发电〔2020〕51 号文件聚焦破解重点难点问题加强调查研究的工作措施》，经省委领导同意实施。省委政研室负责牵头指导全省调查研究工作，并与江西日报社、《当代江西》杂志社就“深入学习贯彻中共中央总书记习近平关于调查研究重要论述大兴调查研究之风”开展联合征文，推动形成调研之风。

【简报工作】 完成省委十四届十一次、十二次全会和省委经济工作会议下组记录和简报的组织协调工作，分别起草简报工作方案、工作流程、工作要求，承办动员培训会 3 次，共编发《中共江西省委十四届十一次全体（扩大）会议综合简报》1 期、《中共江西省委十四届十二次全体（扩大）会议综合简报》2 期、《中共江西省委经济工作会议简报》1 期，4 期会议简报共计 18 万余字。

【举办全省设区市委政研室（改革办）负责人座谈会】 6 月 16 日，全省设区市委政研室（改革办）负责人座谈会在南昌召开。会议传达学习中共中央总书记习近平关于政研和改革工作的重要论述以及中央和省委相关最新要求，交流研究政研和改革工作。室（办）领导班子成员、省纪委省监委驻省委办公厅纪检监察组负责人、室（办）各处室负责人、各设区市委政研室（改革办）和赣江新区创新发展局负责人参加会议。省委常委、省委秘书长、省委改革办主任赵力平对全省党委政研和改革工作作出批示，肯定 2019 年全省党委政研和改革系统的工作，并对 2020 年工作提出明确要求。陈强主持会议并宣读赵力平的批示，各设区市委政研室（改革办）和赣江新区创新发展局负责人围绕抓好新时代政研和改革工作发言，沈谦芳作总结讲话。

（陈明玉）

改革工作

【概　况】 2020 年，全省部署推进 234 项重点改革，取得一批改革实践成果和制度成果。完成《江西省党的十八届三中全会以来全面深化改革总结评估报告》，经省委深改委会议审议通过，上报中央改革办。谋划“十四五”时期改革工作，到省直有关部门和市县调研，形成《“十四五”时期深化我省重点领域改革研究报告》。将完善重大疫情防控体制机制、健全公共卫生应急管理体系纳入省委深改委 2020 年工作要点，作为重大改革任务重点推进落实，建立疫情联防联控、群防群控机制，完善常态化疫情防控措施，推动疫情防控取得重大成果。实行省领导包片分工责任制，创新建立智慧水利防汛会诊平台，提升灾害监测预报预警、风险与损失评估、应急处置等能力。面对复杂严峻经济形势，有针对性推出一批改革创新举措，出台有效应对疫情稳增长、抢时间保进度强弱项补缺口、落实“六稳”“六保”任务等 3 个“20 条”政策措施，推动社会经济稳定复苏，全年地区生产总值增长 3.8%，主要经济指标增速保持全国前列。

【重点领域改革】 制定印发《省委深改委 2020 年工作要点》和 8 个改革专项小组年度工作计划，重点领域和关键环节改革取得新突破。经济体制改革深化，“放管服”改革提速提质，科技体制改革持续发力，国资国企改革取得突破，财税金融改革红利释放，开放领域改革水平提高；深化民主法治领域改革，社会主义民主政治稳步发展；深化农业农村体制改革，构建新型农业经营体系，健全重点水域禁捕退捕机制，激发乡村振兴动力活力；深化文化体制改革，深化拓展新时代文明实践中心建设试点，提升赣鄱文化软实力；深化政法领域改革，推进社会治理创新；深化生态文明体制改革，国家生态文明试验区建设38项重点改革任务全面完成；深化民生领域改革，脱贫攻坚取得历史性成就，教育改革全面推进，“三医联动”扎实有效；深化中国共产党的党的建设制度改革和纪检监察体制改革，全面从严治党纵深发展。

【改革会议】 全年召开省委深改委会议6次，审议通过改革文件34个。建立听取设区市委书记抓改革情况汇报制度，安排听取赣州、南昌、吉安、抚州、九江5个设区市委书记汇报，压实责任，传导压力。完善听取重点领域改革进展情况汇报制度，安排听取了全省科技领域改革创新、农业农村领域改革、市域社会治理现代化试点、“放管服”改革、新时代文明实践中心建设试点、生态文明体制改革6个专项汇报。完善省委改革专项小组联络员定期会议协商机制，全年召开联络员会议4次，推动专项小组发挥牵头抓总作用，促进各领域改革落地落实。

【领导领衔推进改革】 省委深改委成员领衔推进17项重大改革事项，省委书记刘奇领衔“建立和落实不忘初心、牢记使命制度”改革项目，省长易炼红领衔“深入推进‘放管服’改革”项目，其他省领导也主动担当、以上率下、狠抓落实。截至年底，16个项目完成年度目标任务，形成一批制度成果、实践成果；1个项目等国家层面的方案出台接续推进。

【改革督办督察】 加强改革督办调度，一体推进中共十八届三中全会以来部署的改革举措和中共十九大、十九届四中全会部署的改革任务，对中央深改委会议审议通过的改革文件、国家级改革试点和省级改革试点等改革任务，特别是年度改革要点，分别建立台账，每季度动态调度督办，推进各项改革举措落实落地。省委改革办配合中央改革办督察组到赣督察农村人居环境整治工作，会同省司法厅开展深化全省公证机构体制改革情况专项督察；参与省委专项工作机制办公室持续为基层减负、制止餐饮浪费等督查。各专项小组和省直有关单位也开展了专项改革督察，倒逼改革落实。

【改革考评】 完成2019年度全面深化改革考评工作，评出32个省直部门、6个设区市和30个县（区）为改革先进单位，考评结果纳入省直单位绩效管理和市县高质量发展考评。

【改革调研】 会同省卫健委开展专题调研，形成《关于完善重大疫情防控体制机制健全我省公共卫生应急管理体系的调研报告》。围绕“六稳、六保”等开展改革调研，形成《关于应对新冠肺炎疫情冲击扎实做好“六稳”工作的对策建议》《高校毕业生在我省就业创业情况的调查及建议》《江西省应对疫情影响坚决打赢脱贫攻坚战》等调研报告，省委书记刘奇、省长易炼红等领导批示落实。

【改革宣传】 全年编辑《江西改革动态》97期。密切与中央主流媒体沟通合作，新华社对江西省中共十八届三中全会以来全面深化改革情况的专题报道通过“一刊两端”发布，浏览量超160万人次。创办开通“江西改革”微信公众号，关注用户突破25万人。加强改革信息上报，江西省“一照含证”改革、南昌“六多合一”集成审批模式、上饶疏堵结合有效破解农民无序建房难题等一批改革典型得到中央改革办和有关部委肯定，中央改革办《改革情况交流》单篇刊发江西省改革典型案例4篇，列全国第二位。

（陆田汉）

巡　视

【概　况】 2020年，全省巡视巡察机构有序开展十四届省委第八至第十轮巡视，十四届省委已累计对278个党组织开展巡视，覆盖率87.4%，对31个党组织开展巡视“回头看”；市县两级已开展巡察1226轮次，巡察8322个党组织，市、县两级巡察覆盖率分别为90.39%和91.73%。

【主体责任履行】 全年召开省委常委会7次、书记专题会3次研究巡视巡察工作。出台《关于进一步推进全省巡视巡察工作高质量发展的若干意见》，一揽子推动解决重点难点问题。中央巡视办《巡视指导督导工作情况交流》刊发《江西省委落细落实巡视工作主体责任的几点做法》的经验总结。省委书记刘奇以上率下，强

5月14日，全省巡视巡察工作会议暨十四届省委第八轮巡视动员部署会在南昌召开　省委巡视办供

化示范引领。认真履行第一责任人责任,2020年就巡视巡察工作发表讲话11次,作出批示13次;在听取省委巡视情况汇报时,共点人点事点问题202件,省委巡视办逐一发函督办;直接约谈问题较突出的被巡视党组织主要负责人,对有关专报作出批示,推动解决重点难点问题;出席全省巡视巡察工作会议并讲话,推动中共中央关于巡视巡察工作新部署新要求一贯到底。省委巡视工作领导小组坚持巡视巡察工作同部署、同要求、同落实,加强思想理论武装、制度规范、工作创新和队伍建设,推动解决具体问题。领导小组组长马森述切实把组织实施责任扛在肩上,对巡视干部面对面提要求、教方法、压担子;深入巡视组驻地调研指导,为深化政治巡视把关定向;强化队伍思想政治教育和业务能力培养,注重巡视组领导干部尤其是组长的选配。领导小组副组长刘强高度重视巡视机构队伍建设,选优配强巡视组领导干部,积极协调有关部门为巡视机构增加人员、编制、职数;切实加强选人用人专项检查工作,专门召开动员部署会直接作部署提要求。

【政治巡视巡察】 2020年,全省巡视工作牢固树立"政治巡视是上级党组织对下级党组织履行党的领导职能责任的政治监督"的职能定位,坚定不移贯彻巡视工作方针,把督促做到"两个维护"作为根本任务,把"四个落实"作为监督重点,不断深化政治巡视。注重强化思想政治引领。按照省纪委书记马森述反复强调的"巡视别人,首先要武装好自己"的要求,学深悟透做实习近平新时代中国特色社会主义思想,武装头脑、指导工作。通过持续加强思想引领、工作指导和压力传导,较好体现政治巡视要求。聚焦职能责任,精准有效开展政治监督。对标跟进中央巡视新精神新要求,及时修订完善了《江西省委巡视监督参考要点》,聚焦被巡视党组织核心职能,紧盯领导班子和"关键少数"开展监督,突出推动中共中央关于统筹疫情防控和经济社会发展、做好"六稳"工作、落实"六保"任务等重大决策部署的贯彻落实。坚持把领导班子和领导干部履职担当情况纳入政治巡视重要内容,并形成履职情况专题报告。创新完善工作举措,不断增强政治监督实效。抓好关键环节的重点工作落细落实,用好"两次谈话了解、两次清单梳理"方法,建立组办会商制度,把好质量关。

【整改落实及成果运用】 省委压紧压实整改政治责任。将巡视整改情况纳入领导班子和领导干部、党风廉政建设责任制年度考核重要内容,书记专题会议、常委会会议坚持听取每轮省委巡视整改情况综合汇报。2020年,共有14位省领导带队向31个地方和单位党组织反馈巡视情况。纪检监察机关和组织部门加强整改日常监督。坚持分管领导和相关处室负责人参加巡视反馈和整改专题民主生活会,从反馈开始全过程监督推动整改。省委第十轮巡视,省纪委省监委选派9名机关室负责人担任各巡视组组长助理,把巡视"回头看"与日常监督贯通起来。省委组织部重点加强对党建工作、选人用人、干部履职担当等方面问题整改日常监督。用好用足巡视成果。十四届省委前八轮巡视,共反馈具体问题10489个,完成整改9375个,完成率89.4%,移交问题线索2095件,立案303人,给予党纪政务处分218人,移送司法29人。

【中央巡视指导督导成果运用】 10月8日至11月30日,中央第二巡视指导督导组对省委巡视工作开展指导督导。巡视机构认真做好配合工作,与指导督导组一同调研、座谈、会商。巡视办、跟进指导巡视组认真研究落实每条建议,并建立指导督导建议专题研究机制、成果传导共享机制、改进落实情况反馈报告机制,创新编发《江西落实指导督导意见建议专刊》8期。指导督导组长对江西省配合工作充分肯定。指导督导组在指导改进提升工作的同时,帮助省委巡视机构总结提炼形成8个专题经验材料、8份工作"活情况",上报中央巡视办。跟进指导巡视办在推动压实巡视工作主体责任、深化政治巡视、提高工作规范化水平、健全制度体系、加强贯通融合、提升巡视办履职水平、强化干部队伍建设等方面,进一步补短板、强弱项、破难题,推动工作规范、改进、提升。跟进省委第五巡视组,督促指导解决关键环节的重点工作不够到位问题,推动工作更实更细更到位,提升政治巡视监督效果。

【完善巡视巡察工作机制】 推进统筹衔接,加强协调协作,促进巡视监督与其他各类监督更加贯通融合。制定巡视监督与纪检监察监督和组织监督统筹衔接工作流程导图,中央巡视办专刊全文印发中央各巡视组、指导督导组和各省区市,得到中央纪委副书记、国家监委副主任、中央巡视工作领导小组成员杨晓超,中央巡视办王鸿津充分肯定。加强指导督导,促进规范提升,巡视巡察上下联动机制更加健全完善。完成对市县党委巡察工作专项检查全覆盖,编发《市县党委巡察工作规范化指导手册》。指导督导设区市委开展"提级交叉"巡察,延伸村(社区)巡察全覆盖,探索巡察整改评估机制。

【巡视巡察机构队伍建设】 2020年,新选配8名厅级领导干部、16名处级干部、8名年轻干部到巡视机构工作。从巡视机构共提拔交流重用正厅级领导职务2人,副厅级领导职务2人,处级领导职务4人。督促市县选优配强巡察干部,巡察机构队伍建设不断加强。共抽调69名新提任的厅级干部和优秀年轻干部参加巡视锻炼,分三批安排126名设区市委巡察组干部整建制到省委巡视组跟班学习一轮,抽调95名市县巡察干部到省委巡视组"以干代训"一年。落实"师傅带徒弟""相互学"要求,强化基本功训练,着力打造"金牌联络员"。成立省委巡视机构党总支,各巡视组和巡视办分别设立党支部,以政治建设为统领,开展支部"大学习、大讨论"活动,发挥党支部战斗堡垒作用。发挥巡视办统筹协调职能作用,强化干部集中统一管理,促进办组工作融合。出台《省委巡视办内务管理办法》,进一步强化内部管理。落实巡视组作风纪律后评估制度,组织开展两轮后评估工作,坚决防止以巡谋私、超越权限、跑风漏气。建立巡视工作综合台账和相关信息数据库，完成省本级信息系统服务器架设部署和巡视巡察数据管理系统上线，指导督促市县巡察机构接入内网系统完成注册，连通率100%。

（省委巡视办）

台湾事务

【概　况】 2020年，全省台办部门克服疫情等不利因素扎实做好台胞台企疫情防控和台企复工复产工作，持续深化赣台交流合作，举办第十七届赣台（吉安）经贸文化合作交流大会，推动全国第四个海峡两岸产业合作区成功获批，赣台合作交流取得新成效。省台办被全国文明委授予“全国文明单位”称号。

【对台招商引资】 聚焦电子信息、装备制造、新能源、新材料等领域，通过线上线下形式开展对台招商，台商在赣投资大项目增多，科技含量提升，两地产业链供应链持续稳固。全年新增台资项目102个，其中新注册项目64个，增资项目38个，实际引进台资9.27亿美元。截至年底，全省累计引进台资项目3719个，实际引进台资156.35亿美元，位居中部地区前列。台资企业江西宏柏新材料股份有限公司在上海证交所A股市场挂牌上市，成为江西首家本土培育的A股挂牌上市台企。

【举办第十七届赣台（吉安）经贸文化合作交流大会】 9月24日—25日，第十七届赣台经贸文化合作交流大会在吉安市举办。大会由国台办和省政府共同主办，以“开放合作·融合发展”为主题，先后举行省主要领导会见重点嘉宾、大会开幕式、海峡两岸产业合作区暨青年发展论坛、全国台企联常务理事会、赣台农业专题推介会等系列活动，签约63个项目，金额39.63亿美元。大会总规模600余人，参会台湾嘉宾达到400人。国台办给予江西对台工作高度评价。

【推进海峡两岸产业合作区建设】 2月，国台办、国家发改委、工信部、商务部联合批复以“一区三园”模式，在江西设立海峡两岸产业合作区，成为全国第4个获批设立海峡两岸产业合作区的省份。一区，即海峡两岸产业合作区；三园，即南昌产业园、赣州产业园、吉安产业园。9月17日，省政府印发《海峡两岸产业合作区建设总体方案》，加快海峡两岸产业合作区（江西）建设。省台办与国开行江西分行签订《支持海峡两岸产业合作区建设合作协议》，与全国台企联签订合作备忘录，每年遴选一批台商到合作区投资考察。

【惠台政策落实】 贯彻落实中共中央“31条措施”“26条措施”“11条措施”和“江西惠台60条”。南昌、抚州、赣州、上饶相继出台细化措施。举办全省台办系统学习贯彻《习近平谈治国理政》第三卷落实惠台政策培训班，省台办主任邓保生作主题辅导报告，国台办经济局、省直机关工委专家专题授课，省市县台办负责人参加培训。编印《“江西惠台60条”解读细化读本》《“26条措施”江西服务指南》，推动台胞台企享受同等待遇。

【服务台胞台企疫情防控】 省市县三级台办分别成立疫情防控工作领导小组，建立服务台企专员机制。省台办针对台企防疫物资紧缺、员工跨区返岗困难、生产订单流失、原材料供应不足等情况，及时与发改、商务、运输、金融、税务等部门沟通，协调当地政府帮助解决。推荐菱光科技、庆腾五金、鑫业工艺等41家台企参加国台办和商务部共同举办的“云推介”对接活动，帮助台企拓展内销市场。帮助解决台企相关困难问题318件，协调帮助台企发放口罩30多万支。全省无1例台胞感染新冠肺炎，规上台企复工率100%。在赣广大台胞台企台属积极参与支持防疫防控，捐款捐物价值达922.3万元。

【开展“精准服务台企月”活动】 11月至12月在全省开展“精准服务台企月”活动，召开台商座谈会、银企对接会、企业用工招聘会及政策解读见面会，宣介中共十九届五中全会精神和中央惠台利民政策，帮助台企解决融资难、招工难等突出问题。省委常委、省委统战部部长陈兴超、副省长陈小平分别到九江、宜春调研考察台企。活动期间全省台办系统共走访台企540余家，召开各类座谈会35场，协调解决困难和问题226个。

【涉台矛盾纠纷化解】 全年全省台办系统受理各类涉台投诉纠纷及求助事项420件，办结418件。其中，纠纷类案件34件，结案32件；求助服务类事项386件全部办结。协处台胞突发事件6起。为台商台胞提供法律咨询服务105件次，帮助解决各类

9月24日—25日，第十七届赣台经贸文化合作交流大会在吉安市举办

省委台办供

涉法问题19件次。

【对台重点交流系列活动】 采用“云端”交流、“线上+线下”等新模式，举办第七届海峡两岸（南昌）青年学生‘云’交流活动、首届台湾地区青年学生江西（赣州）夏令营、2020赣台（宜春）两岸青年学生“中秋情·云交流”、第三届赣台（九江）基层组织交流、新余仙女湖加盟“两岸姊妹湖产业协作年会、第十二届海峡两岸（鹰潭·龙虎山）道文化论坛、第三届海峡两岸（景德镇）青年创意集市等17场重点交流活动，近千名台湾各界人士参与交流活动，展示江西文化底蕴，宣传江西改革开放最新成就，增进两岸青年了解和情感，彰显大陆制度和治理体系优势，增强台胞对大陆制度认同、情感认同。

【推进海峡两岸交流基地建设】 指导和支持鹰潭龙虎山和景德镇中国陶瓷博物馆海峡两岸交流基地举办道文化论坛、中南部乡里长交流、青少年交流、两岸婚姻交流、两岸青年创意集市等系列活动。加强交流基地宣传推介，扩大交流基地影响力和吸纳力。龙虎山海峡两岸交流基地在全国71个海峡两岸交流基地考核中名列第6位，评为优秀等级。

【对台宣传】 向《台湾联合报》《台湾导报》、中天电视台等岛内媒体输送稿件200余篇。一批优秀稿件在国台办《对台工作简报》《台湾工作通讯》《两岸关系》和新华社、中新社、江西日报等媒体刊发。全年在华夏经纬网“赣台心桥”和中国台湾网“江西台办视窗”发布涉台稿件600多篇，发稿量和点击率继续位居全国前列。多形式开展新闻合作交流。举办“2020两岸媒体物联网江西智慧新城——鹰潭行”、台湾联合报社“大陆新发现”“我的奋斗故事”和“文化C游记”等活动。举办“并蒂花开——第二届赣台（台北）高校书画联展”活动，开幕式在线观看两岸民众人数达22.88万人次。拍摄制作《文脉传承——台湾媒体江西古代书院文化行》微电影、微视频，组织两岸专家、媒体人编撰《赣台文化交流读本——根与脉》，增强台湾民众对中华文化的认同。

（张奇）

机构编制

【概　况】 2020年，省委编办持续健全完善党政机构职能体系，深化事业单位改革试点，着力推进重点领域体制机制创新，不断提升机构编制法治化水平，优化机构编制资源配置，努力为推动高质量跨越式发展提供体制机制和机构编制保障。

【党政机构职能体系建设】 跟踪评估改革后部门履职情况，做深做实机构改革“后半篇文章”。围绕加强党的全面领导，健全党对重大工作的领导体制机制，研究提出统一归口领导管理实施意见，调整优化省委办公厅、省委宣传部等职能配置和机构设置。落实优化协同高效要求，修订省人社厅、省贸促会“三定”规定，理清随军家属安置、就业创业等职责；纵深推进生态环境监察体制和药品检查体制改革，推动环境监察、药品生产环节监管责任落实到位，相关做法得到国务院和生态环境部、国家药品监督管理局肯定推广；持续优化应急管理体制机制，厘清“统”与“分”、“防”与“救”等关系，指导督促相关部门出台细化文件、完善工作机制、强化部门联动，中央编办、应急管理部先后到江西省调研总结改革经验。深入推进乡镇街道改革，全面强化乡镇街道党（工）委领导作用，实现党建办公室设置全覆盖；统筹党政、事业、派驻力量，综合设置机构，实现全省机构数量、机构名称、机构职能基本一致；全面提升服务效能，采取“一镇一目录”“看单点菜”等方式赋予乡镇街道审批服务执法权，实行“一枚印章管审批”“一支队伍管执法”；持续提升干部能力，举办乡镇街道工作人员能力提升专题网络培训班，7.5万余名乡镇街道干部参训。深化综合行政执法体制改革，基本完成市场监管、生态环境保护、文化市场、交通运输、农业等领域综合执法改革任务，全省5个领域综合行政执法队伍“三定”规定全部印发，执法队伍完成组建并开展综合执法活动。

【事业单位改革试点】 全面梳理事业单位机构设置、职能运行情况，积极争取列入事业单位改革试点。5月，经中央编委研究，中共中央总书记习近平审定，江西省被列为9个试点省份之一，开展全域试点。江西省改革试点方案第一批获中央编委批复同意。10月，根据中央批复精神，省委办公厅、省政府办公厅印发《江西省深化事业单位改革试点工作方案》《关于深化市县事业单位改革试点的实施意见》。省委、省政府召开

10月22日，全省深化事业单位改革试点部署会在南昌召开

省委编办供

全省深化事业单位改革试点工作动员部署会，省委书记刘奇出席并讲话，省长易炼红主持会议。全省改革试点工作坚持以政治建设为统领，加强事业单位党建力量，健全党对事业单位领导的体制机制；坚持以优化布局结构为重点，着力解决"小、散、弱""功能不清、效率不高"等问题，整体性重塑事业单位体系；坚持以建章立制为根本，推行政事权限清单、机构职能编制规定、章程管理制度，理顺政事管办关系，全面重构事业单位治理机制。截至年底，完成对省直75家事业单位改革实施方案审核、11个设区市事业单位改革实施方案初审工作。省级整合组建的19家厅级事业单位陆续挂牌，新旧体制平稳过渡、各项工作有序衔接。

【重点领域体制机制保障】 统筹谋划省市县各级疾病预防控机构改革，推进完善疫情防控体制机制，迅速落实关心关爱疫情防控一线医务人员激励措施。支持赣江新区高质量建设发展，进一步规范机构编制事权，扩大新区自主权。跟进景德镇国家陶瓷文化传承创新试验区建设，做好试验区管理机构设置和职能配置工作。服务鄱阳湖国家自主创新示范区建设，调整优化牵头部门机构职能，加强相关工作力量。督促指导庐山管理体制改革，系统重构机构职能体系，推动解决山上山下机构重叠、职责交叉、效能不高等问题。在省委、省政府高位推动下，争取中央编办批复设立中科院赣江创新研究院，打造世界级稀土技术研发平台。做好南昌市红谷滩区区划调整后机构调整组建工作。研究制定健全市县乡三级养老服务中心的意见。

【机构编制资源统筹使用】 结合深化事业单位改革试点，制定《关于统筹使用事业编制资源的暂行办法》《完善省直事业单位法人年度报告制度暂行办法》，探索以法人年度报告评估为切入点，建立空编自动收储、统一管理、集中使用、动态调整工作机制，科学确定年度用编总量，将总体规模保持在合理可持续范围内。完善"省管总量、市管调剂、县管使用"的管理体制，全面落实统一城乡中小学教职工编制标准，建立依据生源变化动态调整中小学教职工编制机制，保障中小学用编需求。持续开展省属高校编制管理备案制和公立医院人员总量管理试点，省属高校编制管理备案制试点扩大到10家、公立医院人员总量管理试点扩大到6家。持续实施高层次人才编制周转池制度，高层次人才引进不受本单位编制限制，不受人员身份、地域限制，不受进人核编程序限制。强化政法专项编制内部挖潜，推动置换工勤人员占用的政法专项编制。

【机构编制法治化】 以学习宣传贯彻《中国共产党机构编制工作条例》为主线，推动条例及配套办法纳入各级理论中心组学习内容和各级党校（行政学院）教学内容。代拟并以省委党内法规形式印发实施《省级议事协调机构管理办法（试行）》；研究修订省委编办室务会议事规则，规范机构编制请示事项报送程序和调研论证要求。落实中央组织部、中央编办关于规范地方厅级事业单位领导职数管理的意见，配套制定县处级及以下事业单位领导职数管理的意见，全链条规范事业单位领导职数核定标准。严格执行机构限额、编制种类、总量管理等规定，严格落实机构编制事项请示报告制度，依法依规开展机构编制评估、核查、实名制管理等各项工作。扎实开展机构编制"条条干预"专项检查，查实问题线索，全部督促整改到位。强化监督检查协作配合机制，结合省委巡视、选人用人专项检查、经济责任审计等，加强机构编制法规制度落实情况监督检查，严肃查处违纪违规问题，推动一批历史遗留问题逐步清理规范。

（金煜）

机关党建

【概　况】 2020年，全省各级机关党组织以党的政治建设为统领，全面推进机关党的各项建设。坚持党建带群建，充分发挥群团组织桥梁纽带作用。动员基层工会组织助力企业复工复产，举办江西省第六届全民健身运动会暨省直机关系列体育比赛，开展讲述青年抗疫故事省直机关"五四"主题团日活动，组织"巾帼担当展风采　奋发有为建新功"省直机关巾帼故事分享会，广泛开展单身干部职工联谊活动。认真贯彻《党委（党组）落实全面从严治党主体责任规定》《党委（党组）意识形态工作责任制实施办法》及省委实施细则。全面推行党支部联席会议制度，推动党组（党委）成员落实"一岗双责"。建立机关党委书记年度述职考评制度。严格落实意识形态工作责任制，与省委宣传部联合举办省直单位机关党委书记意识形态工作专题培训班，召开省直机关意识形态工作座谈会，开展意识形态工作专项考核。

【机关政治建设】 连续第三年在省直机关开展"加强机关党的政治建设"全覆盖调研督查，推动政治建设落细落实。深化机关政治文化建设，连续第四年召开省直机关红色文化建设现场交流会，推动以说唱、小舞台、初心故事会等形式弘扬井冈山精神、苏区精神和长征精神，推进红色基因传承。开展省直机关纪念建党99周年"五个一"系列活动，引导机关党员干部增强"四个意识"、坚定"四个自信"、做到"两个维护"，打造讲党性、讲政治、讲忠诚的第一方阵。巩固深化"不忘初心、牢记使命"主题教育成果。发挥党组（党委）中心组领学促学作用，带动青年干部政治理论学习，86家省直单位全覆盖成立414个青年干部理论学习小组，召开省直机关青年干部理论学习交流会。举办8期省直机关县处级党员领导干部学习贯彻中共十九届四中全会精神集中轮训班。采取宣讲报告会、"三会一课"等多种形式，组织机关党员干部学习全会精神。

【政治责任履行】 第一时间向省直机关各级党组织和党员干部发出倡议，要求做到"五个带头"。机关党员干部自愿捐款1.05亿元，无偿献血175.8万毫升，4600余名党员干部进社区协助做好人员登记、体温监测、防疫宣传等工作，213人在抗疫一线加入中共党组织。江西省启动防汛一级应急响应后，省直单位响应省直机关工委号召，迅速组建101支党员青年突击队，队员共5546人。按照省防指统一调度，51家单位的1474名突击队员到抗洪一线。聚焦打赢脱贫攻坚战，开展"攻坚克难当先锋、决战决胜作表率"主题活动，8915名机关党员干部与10974名贫困群众开展结对帮扶。积极推进消费扶贫行动，省直基层工会组织消费扶贫1539.29万元。

【机关党建"三化"建设】 结合实际研究制定省直机关"三化"建设工作方案，从10个方面提出24项具体要求。与省委组织部联合举办全省机关党组织书记示范培训班，在6家省直单位开展"三化"建设试点。及时总结推广试点经验，全面铺开"三化"建设工作。分六个网络区召开推进会，一个单位一个单位逐一调度，推动省直机关"三化"建设落实落地。

【正风肃纪】 实现机构改革后省直单位机关纪委设置全覆盖，配备专兼职纪检干部227人。着力加强对省直机关3.6万余名科及以下党员干部的监督，通报曝光8名科级干部违反中央八项规定精神典型案例。省直单位机关纪委全年共处置问题线索258条，立案63件，处分71人，主动约谈115人次。牢固树立抓作风就是抓营商环境的理念，力戒形式主义为基层减负，持续整治"怕、慢、假、庸、散"作风顽疾，将"五型"政府建设情况纳入省直厅局机关党建考核体系。

【举办省直机关团青干部政治素质培训班】 为提升省直机关青年政治素质、提高团青干部业务水平，8月11日—14日，省直机关团青干部政治素质培训班在甘祖昌干部学院举办，省直各单位团委书记、青工办主任100余人参加培训。培训班采取集中授课、业务培训、情景教学、现场教学和体验教学等相结合的方式，邀请省委党校党史党建教研部副主任，副教授黄德锋作题为《以党的政治建设为统领，全面提升新时代青年干部的政治素养》的专题辅导；邀请首批省青年文明号导师团成员巫过房围绕青年文明号创建工作实务进行专题培训；开展革命传统教育，参观甘祖昌"不忘初心"事迹陈列馆、甘祖昌故居、田垅村沿江修械所、花塘官厅（列宁学校）、刘仁堪故居、莲花一枝枪纪念馆、秋收起义高滩行军会议旧址等爱国主义教育基地。通过培训，进一步强化青年干部政治理论、增强政治定力、提高政治能力、防范政治风险。

（温尊寿）

高校党建

【概　况】 2020年，省委教育工委和高校各级党组织进一步明确高校党建工作责任，进一步加强学校党的政治建设，进一步加强党对民办学校的领导，推进基层党建标准化规范化信息化建设，推动思想政治工作守正创新，推进全面从严治党向纵深发展，巩固马克思主义在高校意识形态领域的指导地位，维护校园政治安全和谐稳定，取得疫情防控和教育事业发展"双胜利"。

【理论武装】 2020年，省委教育工委进一步完善《工委理论学习中心组学习实施办法》，始终把学习宣传贯彻习近平新时代中国特色社会主义思想作为首要的政治任务，作为每次工委会会议第一议题。制定理论学习中心组学习计划，印发中心组学习活页文选，提供学习目录、学习书籍。建立新时代高校师生常态化开展形势政策教育制度，推动落实高校党委理论学习中心组学习、每周政治理论学习和教职员工政治理论学习等制度。全年召开工委中心组学习（扩大）会12次。举办全省高校党委书记、校长暑期研讨班，103所高校的党委书记、校长参加研讨。举办学习中共十九届四中全会精神集中轮训班20期，轮训4400多人次。在省委书记刘奇、省长易炼红示范带领下，推动高校领导班子成员和各级领导干部为师生作形势政策报告或上思政课1537堂、听课师生60余万人次。委厅主要领导带头到高校和委厅机关宣讲中共十九届五中全会、全国两会和省委十四届十二次全会精神，推动党的创新理论"进教材、进课堂、进头脑"，引领广大师生感党恩、听党话、跟党走。

【基层党建"三化"建设】 2020年，省委教育工委把基层党建标准化规范化信息化建设作为基层党建工作"一号工程"部署、推进。指导高校围绕"四个方面定标准、六个方面立规范、一张网络联整体"的总体要求，推动基层党组织建设。遴选5所高校先行先试，召开现场交流会，开展10余次专项调研，编印《高校党建"三化"建设指导手册》，指导带动全省高校全面实施。其中，南昌大学实现党员发展流程网络信息化，江西师范大学调整8个发挥作用不明显的党委（党总支），江西财经大学师生党员参

8月11日—14日，省直机关团青干部政治素质培训班在甘祖昌干部学院举办　省直机关工委供

与全国贫困县退出核查、助力脱贫攻坚，南昌航空大学建设“党建文化阵地示范点”，南昌师范学院建立党员导师制、打造资助育人实践平台，豫章师范学院每名党员活动经费提高到600元等。党组织关系隶属工委的高校党建标准化规范化建设基本完成。开展“高校党建品牌建设年”，指导全省高校开展“一校一品”党建品牌创建，打造一批党建品牌。赣南师范大学“红色文化育人”有关做法在中央党建领导小组秘书组《党建要报》刊发，景德镇陶瓷大学《“三融三淬”促进党建工作显实效》在《中国教育报》刊发，南昌理工学院结合国防教育鲜明特色打造“军魂育人”党建品牌，共青科技职业学院在“党建+百社解千难”社会组织助力脱贫攻坚中被省民政厅、省扶贫办授予“积极单位”。

【组织建设】 2020年，省委教育工委推动以省委办公厅名义印发《关于进一步明确高校党建工作责任的意见》，会同省委组织部等有关部门印发《关于加强全省高校党的政治建设的若干举措》《贯彻落实〈民办学校党建工作重点任务〉责任分工》，进一步理顺高校党建工作运行机制。召开进一步明确高校党建工作责任电视电话会议，印发《高校党建工作责任清单》，推动工作落实落地。推动修订《全省民办高校年检指标体系》，党建工作考核计分由3%提至10%。完善民办高校党委书记（督导专员）选派制度，首次从教育系统在职干部中遴选18人担任民办高校党委书记（督导专员）。召开民办高校党委书记、董事长（校长）座谈会，畅通党委和举办者、管理方的沟通协调。组织参加全国高校组织员等网络培训示范班，开展全省高知识群体入党积极分子等示范培训班，累计培训4200余人次。督促高校修订完善校院两级领导班子议事规则。推动省属高校实现教师党支部书记“双带头人”配备全覆盖，2个教师党支部获评教育部第二批高校“双带头人”教师党支部书记工作室。17所民办高校增设党委专职副书记，南昌工学院配齐各二级学院党组织书记和副书记，江西科技学院开发“大学生入党积极分子储值卡”信息系统，江西服装学院为学生宿舍楼各建立一个学生党员志愿服务站。

【高校思想政治工作】 2020年，省委教育工委出台构建高校思想政治工作体系实施意见，编制高校重点任务146项、省级重点任务87项，指导高校逐项对照制定“一校一案”落实方案，按时间节点推进落实，省级87项重点工作均已完成。承办全国高校师生“网上重走长征路”暨推动“四史”学习教育启动仪式并作典型发言。聚焦思政队伍短板，抓实问题解决，思政课教师、辅导员配比达标，公办高校专职辅导100%在编制内配齐，时隔10年再获全国高校辅导员年度人物。从思想政治、师德师风、业务素质3方面，制定思政课专职教师任职资格标准。实施《高等学校思政课教师岗前培训合格证书》制度。统筹高校教学资源建设，开发试用“江西高校思想政治工作资源库”，展示推送优质资源1.1万余例，建成11门省级精品在线课程、420余节示范课程、41节“四史”学习课程。发挥重点和特色马克思主义学院、“名师工作室”作用，对口帮扶26所院校思政课建设，带动民办或高职院校思政课建设水平提升。开展“红色走读”1+4系列活动，学生参与率95%，线上云游6518.16万次。

【疫情防控】 2020年，省委教育工委第一时间成立疫情防控工作领导小组，发布防控文件和提示函200余件，研发启用“教育系统新冠肺炎疫情填报信息系统”，实现全省“校园无疫情”。号召全省教育系统各级党组织和广大党员开展“共产党员示范行动”，引导师生党员积极投身疫情防控医疗救治、校园排查管控、在线教学、心理疏导等工作。下拨60万元党费专项用于高校疫情防控工作。6所高校、9家附属医院的570余名医护工作者驰援湖北，1.56万名大学生参与防控志愿服务。委厅直属机关和省属高校6.7万名党员自愿捐款900万元。434人在一线递交入党申请，其中218人被列为入党积极分子，76人被列为发展对象，36人被吸收为预备党员。中央教育工作领导小组《教育工作情况》第212期专门推介江西教育系统多措并举坚决打好疫情防控总体战的做法。在全国基础教育改革创新视频会和教育部新闻发布会上，分别作“停课不停学”典型经验发言。省委教育工委被教育部授予“教育战‘疫’最佳传播奖”。

【人才队伍建设】 2020年，省委教育工委出台《关于加强和规范全省高校人才引进政审工作的意见》，严把人才引进入口关、政治关。组织召开两次省管高校引才工作专题会议，部署推动高校做好引才工作。建立高校引才工作月报制度，加大对高校引才工作的调度和考核。坚持引育并举，全省高校新增国家级人才14人，引进博士以上人才759名。遴选2019年“井冈学者奖励计划”特聘教授40名、青年学者101名。落实政策保障，会同南昌市委组织部召开“南昌市人才10条”政策与驻昌高校信息对接会，推动人才同城同待遇政策落实。制定实施《青年井冈学者跟踪培养服务方案》，做实人才服务保障工作。省本级和11个设区市共协调解决672名高层次人才子女入学问题。协调推动落实高校省“双千计划”项目经费7975万元。完成省管高校2666名数字经济人才信息采集工作。

【意识形态工作】 2020年，省委教育工委修订《江西省教育系统贯彻落实〈党委（党组）意识形态工作责任制实施办法〉的实施细则》，出台《江西省学校选用境外教材实施细则》等制度文件，明确重要时段、敏感节点风险隐患和防范应对意识形态领域风险工作台账，确保各项工作要求落实到位。把牢正确政治方向，组织复查大中小学教材教辅17192册。印发《落实持续抓好宗教工作督查整改情况专项检查的工作方案》《抵御宗教渗透和防范校园传教任务清单》，提升全省教育系统宗教工作规范化、法治化管理水平，2020年处置宗教舆情数量和人数较上年分别减少42%和70%。建立“五级联动”机制，指导高校加强与属地民宗、公安等部门沟通联系，压实属地责任。开展防范和抵御宗教邪教向高校渗透专项行动，切实维护高校政治安全。

【正风肃纪】　2020年，省委教育工委制定《工委落实全面从严治党主体责任2020年度责任清单和任务安排》和《江西省高校党委、党委书记、党委其他成员落实全面从严治党责任清单》，明确全面从严治党责任清单。与驻厅纪检监察组建立定期会商全面从严治党工作制度。建立工委巡察工作机制，对厅属院校开展巡察。召开2020年全省教育系统全面从严治党工作会议，以视频方式开到市县教育行政部门和大中专院校。统筹推进中央脱贫攻坚专项巡视、省委巡视“回头看”反馈意见等7个方面的整改工作。与省纪委建立推动省管高校全面从严治党沟通协作机制，建立“1+1+1”对口联系制度，监督推动省委巡视高校整改工作，抓好巡视“后半篇文章”。出台《关于持续为基层松绑减负的细化要求》，妥善处理“五型”政府监督专员意见建议47项，圆满完成人大建议、政协提案211件办理工作，实现办结率、回复率、满意率3个100%，获“人民网网民留言办理工作实干担当单位”。贯彻《关于主动接受驻省教育厅纪检监察组监督的实施办法》，支持和保障驻厅纪检监察组履行监督责任，全年受理信访举报127件次，处置问题线索43件，运用“四种形态”处理49人次，立案5件，党纪政务处分8人，组织处理25人。

（张华鑫）

党校教育

【概　况】　2020年，江西有各级党校114所，其中县（市、区）级党校100所，市级党校13所，省级党校1所（即中共江西省委党校，以下简称省委党校）。全省党校在职在编教职工2431人。各级党校领导体制为校务委员会负责制，一般由同级党委副书记或组织部长担任党校校长，日常工作由常务副校长主持。2020年各级党校共举办各类班次3964个，培训干部46.78万人。其中，举办常规主体班次888个，培训学员11.55万人。

【干部培训】　全年举办常规主体班19期、培训学员1163人，专题培训班5期、培训学员953人，共培训学员2116人。举办全省市厅级领导干部、省直机关县处级领导干部学习贯彻中共十九届四中全会精神集中轮训班24期、培训学员3575人。举办红色教育短期培训班72期、培训学员4380人。江西省党性党风党纪教育馆全年共接待省内外党员干部和主体班学员90批次、3700余人参观学习。江西干部网络学院新上线课程1513门、学时达1417分，注册人数达490236人，开办各类网络专题培训班176期、培训学员63.1万余人次。严把在职研究生培养质量关，新招录897人、毕业756人。

【教学管理】　开展精品课建设，加大“用学术讲政治”样板课打造力度，《深刻认识把握中国共产党人的初心和使命》《习近平总书记全面依法治国新理念新思想新战略》入选中组部“学习贯彻习近平新时代中国特色社会主义思想全国好课程推荐目录”，6门课程获评省委组织部全省干部教育培训好课程、2个现场教学点列入示范教学点，中共党史和党的建设教研部获评全省干部教育培训优秀教学团队。深入推进教学方式创新，印发实施《中共江西省委党校江西行政学院关于进一步推动案例教学的意见》，提升案例教学等新教学形式比重；持续举办“市委书记、市长论坛”，把各地学习贯彻落实中央、省委决策部署的鲜活经验搬进课堂；开展《推进红色基因传承——江西省革命传统教育现场教学》和《江西贯彻落实习近平新时代中国特色社会主义思想在改革发展稳定中攻坚克难案例选编》编写工作，参加“第五届全国党员教育培训教材展示交流活动”；所有主体班次增设《党性修养、党性锻炼与党性分析》专题，加大党性分析指导力度，形成课堂教学、实践调研、党性分析协调统一的党性教育课程体系。

【新型智库建设】　全年获批立项国家社科基金项目2项、省部级课题18项、其他课题41项，结项国家社科基金项目3项、省部级课题13项。聚焦贯彻省委决策部署和省政府中心工作、全省重点工作加强决策咨询研究，《领导论坛》刊发的研究报告获省领导批示20篇次，编辑出版《江西省情资料手册》《兴赣策论（七）》。全年发表学术论文300余篇，出版著作2部、编著2部。与省委组织部、省委宣传部、省扶贫办、省社联等单位联合组织开展“学习习近平总书记关于扶贫工作的重要论述”等征文活动2批次，校院选送论文获一等奖。举办全省党校（行政学院）系统“决胜全面建成小康社会”理论研讨会，推动全省党校（行政学院）系统科研水平提升。党建智库被省社联评为“江西省重点智库”。

【队伍建设】　深化干部人事制度改革，提升教职工队伍整体素质，全年引进博士研究生5人、硕士研究生11人，教研人员队伍结构进一步优化。做好专业技术人才培养工作，校院入选“省百千万人才工程”1人，选送教研人员参加中央党校（国家行政学院）师资培训班等学习培训9人次。印发校院《干部选拔任用工作办法》，推进干部职务与职级并行改革，全年晋升职级47人，试用期满正式任命处级干部21名。印发校院《2020年度绩效管理指标体系》，加强考核评价和结果应用，调动干部职工干事创业积极性。

【全省党校（行政学院）校（院）长会议在省委党校举办】　5月15日至16日，全省党校（行政学院）校（院）长会议暨学习贯彻中共中央总书记习近平关于党校（行政学院）工作重要论述和《中国共产党党校（行政学院）工作条例》专题研讨班在省委党校举办，省委副书记、省委党校校长李炳军出席并讲话。会议传达省委书记刘奇在十四届省委常委会第131次会议上的讲话精神，与会代表围绕学习贯彻中共中央总书记习近平关于党校（行政学院）工作重要论述和条例进行分组研讨，并结合江西实际，贯彻落实条例提出意见建议，南昌市、赣州市、宜春市、抚州市、乐平市、广信区6个市、县（区）级党委负责人作大会交流发言。

【省委理论学习中心组集体学习暨读书班在省委党校举办】 10月16日，省委理论学习中心组集体学习暨读书班专题学习党章在省委党校举办，省委书记刘奇主持召开会议。易炼红、刘强、吴晓军、吴忠琼作现场交流发言，姚增科、李炳军等省委理论学习中心组成员参加学习。交流研讨前，与会人员参观省党性党风党纪教育馆，重温入党誓词。省委党校二级巡视员、教授潘泽林在会上作党章专题讲解。 （刘艺）

信访工作

【概　况】 2020年，全省信访总量件（人）次，同比下降9.82%；到省访人次下降54.97%；赴京越级上访人次下降41.02%；赴京非接待场所涉访下降72.4%；到省行政中心来访人次下降17.3%。全省信访系统坚决服从服务大局，全力化解涉疫信访问题，防范和化解风险隐患，全省初次信访及时受理率99.81%，按期办结率99.78%，群众满意率98.68%；深化信访业务智能辅助系统建设应用，加大网上信访平台和资源整合力度，完善人民网网民留言办理机制，坚持网上受理、加强网下办理，实现全流程提质增效，全省网上信访占信访总量73.7%，网上信访主渠道作用进一步凸显。全省信访工作位于全国先进行列，基层基础建设、“三无”县（市、区）创建等工作受到国家信访局通报表扬。省委信访局连续2年在省直机关绩效考核中被评为优秀等次，连续4年被评为省直机关党的工作优秀单位。

【重复信访化解】 省委信访局继续推进重点领域、重点群体、重点问题、重点人员信访矛盾化解攻坚，国家信访局交办和江西省自行排查的975件重点信访事项全部化解。开展集中治理重复信访化解信访积案专项工作，紧扣“三年任务两年完成”的工作目标，全面梳理排查交办，逐一落实领导包案，坚持依法依规化解，多措并举提升化解质量。全省化解国家信访局交办重复信访事项2900件，占交办总量的40.7%，化解率超过全国平均水平。

【领导干部接访下访包案】 省信访工作联席会议办公室印发《关于加强市县领导干部定期下基层接访包案化解信访积案工作的通知》，对时间跨度长、涉及人数多、政策性强的疑难积案和骨头案、钉子案，落实市级领导包案，其他重要信访事项落实县级领导包案，扎实做好研究案情、协调处理、疏导解释等工作，推动化解一批信访突出问题。全省市、县领导干部包案3993件，办结率98.9%；停访息诉3719件，停访息诉率93.1%。

【提升基层信访工作能力】 学习“枫桥经验”，深化“人民满意窗口”和“三无”县（市、区）创建活动，在全省53个县（市、区）开展“访调对接”试点，探索建立以“信访超市”为主体的基层矛盾纠纷调解中心，推进“最多访一次”，推广基层信访工作典型经验做法，以省委巡视为动力推进信访部门建设，提升基层预防化解矛盾能力。

【全省信访局长会议召开】 1月20日—21日，全省信访局长会议在南昌召开。会议的主要任务是贯彻落实中央、省委相关工作会议精神，总结2019年全省信访工作情况，安排部署2020年工作任务，并对与会人员进行信访基础业务辅导培训。省委副秘书长、省委信访局局长王新有出席会议并讲话。省委信访局班子成员、纪检组领导，省委有关部门、省直有关单位办公室（信访处、室）负责人，各设区市、县（市、区）信访局局长，省委信访局各处（室、中心）副处级以上干部参加会议。

【全省信访工作电视电话会议召开】 5月13日，全省信访工作电视电话会议在南昌召开。会议主要任务是贯彻落实中央、省委相关工作会议精神，总结2019年信访工作情况，部署2020年信访工作和全国两会期间信访稳定工作。会议由省委常委、常务副省长殷美根主持会议，省委常委、省委政法委书记尹建业出席并讲话，省人大常委会副主任、省总工会主席龚建华出席并传达全国信访部门电视电话会议精神，副省长、省公安厅厅长秦义出席并宣读《省信访工作联席会议关于表扬2019年度信访工作“三无”县（市、区）、开发区的决定》。省委信访局领导班子成员，省委有关部门、省直有关单位分管领导和办公室（信访处、室）负责人，省信访局机关处室主要负责人参加会议。各设区市、县（市、区）信访工作联席会议召集人，各设区市、县（市、区）信访工作联席会议成员单位分管领导、各乡镇党委书记和市、县（市、区）信访局在当地分会场参加会议。

9月21日，省信访工作联席会议全体（扩大）会议在南昌召开

省委信访局供

【省信访工作联席会议全体(扩大)会议召开】 9月21日,省信访工作联席会议全体(扩大)会议在南昌召开。会议主要任务是深入学习贯彻中共中央总书记习近平关于信访工作的重要指示批示精神,认真落实中央和省委、省政府关于信访工作的部署要求,对开展集中治理重复信访化解信访积案专项工作和下一阶段工作作出安排。会议由省委常委、常务副省长殷美根主持,省委常委、省委政法委书记尹建业出席并讲话,省人大常委会副主任龚建华,副省长、省公安厅厅长秦义出席会议。省信访工作联席会议成员单位负责人,各设区市信访工作联席会议第一召集人和信访工作联席会议办公室主任(信访局局长),省委信访局领导班子成员和机关处(室、中心)负责人参加会议。

(省委信访局)

老干部工作

【概　况】 截至年底,全省共有离退休干部43.3万人。其中,离休干部5316人,退休干部42.8万人;省级老干部58人(其中正省级7人,副省级51人);老红军3人,抗战时期参加工作的离休干部387人,解放离休干部4926人。离退休干部党员25.82万人,离退休干部党组织6027个。

【离退休干部党建】 各级老干部工作部门把政治建设摆在首位,落实老干部阅文、参会、参观学习等政治待遇;充分发挥《老友》杂志、"银耀赣鄱"平台政治教育功能,组织老干部带头学习、宣传、贯彻中共十九届五中全会精神,交流学习全国两会、《习近平谈治国理政》第三卷心得体会。开展"发挥制度优势、做好老干部工作""梦圆2020"征文活动,推行干部荣誉退休制度。联合省委组织部开展离退休干部"示范党支部"创建活动,进一步加强离退休干部党支部标准化规范化信息化建设。认真落实《关于加强新时代离退休干部党建工作的意见》,新增功能型党组织1000个,推动离退休干部党建融入党建大格局。

【离退休干部作用发挥】 各级老干部工作部门和老干部积极参与疫情防控、决战脱贫攻坚。主动投身救治病人一线、社区防控现场、志愿服务团队,助力疫情防控和复工复产,捐钱捐物,捐款共计2450万元。各级老干部工作部门在全省组建100支"银耀赣鄱"品牌志愿服务队、100支"不忘初心、牢记使命"老干部宣讲团,通过建言献策、宣讲教育、志愿服务的方式为江西发展贡献智慧和力量。会同老科协发挥老专家智力优势,共建言献策932件,657件获党委政府批示。在离退休干部中开展"我看脱贫攻坚新成就"调研,分别组织省级、厅级老干部开展"感受新变化、盛赞新成就"参观考察活动;组织10余万"五老"人员参与"关爱明天、普法先行""一对一"帮扶帮教、"珍爱生命,防止溺水"等活动;评选表彰第四届全省"最美老干部",推选出10名全省"最美老干部"和11名提名人选。

【离退休干部服务管理】 做好"五必访"工作,在抗战胜利75周年、抗美援朝出国作战70周年等时间节点,走访慰问老干部。全省各级共走访慰问抗战老战士447人次,抗美援朝志愿军老战士、老干部共计4660人次。落实《关于进一步加强我省厅级及以下离休干部医疗服务保障工作的意见》,出台《关于将离休干部住院期间的取暖费和降温费纳入离休干部医药费单独统筹支付范围的通知》《关于做好部分离休干部配偶生活补助调标发放工作的通知》等系列文件,提高离休干部护理费标准和医疗待遇,全省共发放困难补助金1700万元、生活补贴3660万元。全面推广"银耀赣鄱"——全省离退休干部服务管理信息化平台。印发《老干部工作文件选编》,开展全省老干部活动中心、老年大学规范化建设调研;江西老年大学改造项目加快推进,各地积极新建扩建老年大学和活动中心,增设学习活动站点。

【老干部工作部门建设】 开展"争一流素质、创一等工作"主题活动,推动省(中)直单位工作交流互学,开展老干部工作创新案例评选,评选6个精品案例、10个优秀案例、15个创新案例,营造"比、学、赶、超"的工作氛围。举办学习贯彻中共十九届五中全会精神党性锻炼培训班、选派优秀干部参与脱贫攻坚、成立青年干部理论学习小组、组建青年党员抗洪突击队。接受省委巡视,做好巡视整改,用整改解决问题、改进作风、推进工作;开展"县乡离退休干部党支部规范化建设"课题调研,提升干部队伍重视调研、善于调研,用好调研成果的能力和水平;全省老干部工作系统事业单位改革平稳有序。

【召开全省离退休干部先进集体和先进个人表彰大会】 4月22日,全省离退休干部先进集体和先进个人表彰大会在南昌召开,省委书记刘奇代表省委向受表彰的先进集体和先进个人表示祝贺,向全省老干部表示崇高敬意,向全省老干部工作者表示诚挚问候。省委常委、省委组织部部长刘强出席会议并讲话,省委老干部局局长兼省委组织部副部长肖洪波主持表彰大会,会议以视频形式开到市县。大会对70个全省离退休干部先进集体、110名先进个人和10名"最美老干部"进行表彰。先进集体代表徐必鸿、周作柱和先进个人代表袁守根、孙玉龙作大会发言。

【举办老干部学习贯彻中共十九届五中全会精神专题报告会】 12月3日,在南昌的老干部学习贯彻中共十九届五中全会精神报告会在南昌召开。省委常委、省委组织部部长刘强从重大意义、重大成就、战略部署、新发展阶段、新发展理念、新发展格局、坚持党的全面领导7个方面全面阐述中共十九届五中全会精神的核心要义和内涵,并对省委十四届十二次全会精神进行传达。傅克诚、彭宏松、卢秀珍等17名省级老干部出席。

(谢高龙)

党史工作

【概　况】 2020年,省委党史研究室紧扣主责主业和年度工作重点,全年审读图书出版物、陈展大纲、影视记录片脚本、话剧等各类党史题材作品50余种近3000万字。早谋划、早部署、早安排，推进庆祝中共建党100周年相关工作；参与红色名村建设，为农村基层党建提供党史服务；编撰出版系列研究著作，转化江西党史资源优势；开展“四史”教育，守好意识形态党史阵地；严把党史作品政治关史实关，妥善处理党史舆情热点问题。

【新冠肺炎疫情防控史实宣传资料收录】 编撰3期《党史赣鄱说》，刊载《春风化“疫”》系列之“风采录”“大事记”“先锋谱”；制作《春风化“疫”——江西抗击新冠肺炎疫情风采录》H5，制作以“毛泽东题诗余江《七律二首·送瘟神》”和“习近平总书记指挥抗疫”为主要内容的《送瘟神》微记录片；编著60余万字的《江西抗“疫”纪事》和《战疫大事记》，及时实录省委省政府坚决打赢疫情防控阻击战的重大史实、系列举措和成效；完成“社会主义制度优势是战胜一切灾难的重要保证”资政课题，得到省委领导以及中央党史和文献研究院主要领导肯定。

【中共建党100周年纪念部署】 坚持早谋划、早部署、早安排，倒排时间节点，积极推进相关工作。部署并推进《中国共产党100年江西简史》《中国共产党100年江西历史大事记》书稿的编撰，两本书的出版列入省委重大庆祝活动安排。与省委宣传部共同编撰《永恒的力量》并完成初稿；与省文联联合启动“百年赣鄱耀中华——庆祝建党100周年美术书法作品展览活动”；协助中央党史和文献研究院第七研究部完成《百炼成钢:中国共产党的100年》其中两集的拍摄任务。

【红色名村建设】 省委党史研究室会同省委组织部、省委宣传部、省农业农村厅研究制定《关于加强红色名村建设的指导意见》，从全省报送的270个红色村中，评审出首批“过去有红色故事、当代有蓬勃新貌”的红色名村90个（含中央确定的30个，省级确定的60个）。围绕“三线五区”格局，4部门分批分组联合开展红色名村调研，形成系列调研报告，其中《用好红色资源 建好战斗堡垒——关于加强红色名村建设的调研报告》得到省委主要领导、省委分管领导等多位省领导批示肯定。

【研究著作编撰出版】 联合赣州市委党史办、龙岩党史和地方志研究室共同编辑出版《中央革命根据地历史资料文库·群团系统》3卷本，共140余万字，获2019年国家出版基金资助。联合省党建工作领导小组、省委宣传部、江西广播电视台出版《跨越时空的回信》，得到省委领导肯定。在2019年出版《影像中国70年·江西卷》的基础上，深化研究成果，推出《影像江西70年》。完成样书江西文化符号系列丛书之《红色文化》，全方位立体展示江西文化品牌。为反映江西脱贫攻坚成果，启动《旧貌换新颜——江西省精准扶贫工作纪实》图书的编撰出版工作并完成初稿。

【联合开展课题研究】 与省委组织部、省党建研究会联合承担全国党建研究会重点课题“建党100年来党的建设光辉历程”；积极参加中宣部的课题，完成子课题“新民主主义革命时期中国共产党宣传工作史”的相关撰写任务；联合省总工会开展中央党史和文献研究宣传专项引导资金项目《江西——中国工人运动的摇篮》，前期成果《江西——中国工人运动的摇篮》理论文章，获纪念中华全国总工会成立95周年学术研讨会论文二等奖。完成中央党史和文献研究宣传专项引导资金项目2019年度的结项工作，并组织申报“江西——中国工人运动的摇篮”“中央苏区卫生防疫史料选编”“东固革命根据地斗争史”3项2020年度课题。

【开展“四史”教育】 到机关、党校、高校、企业、县（市、区）宣讲党史、新中国史、改革开放史、社会主义发展史20余次。与省委宣传部、省直机关工委、省委教育工委等部门联合开展庆祝建党99周年红色文化进机关、进高校、进社区活动，向28家单位赠送书籍130多套1000余册。组织青年干部在《当代江西》红色记忆专栏上发表革命故事36篇。支持配合江西广播电视台推出《跨越时空的回信》第二季、第三季。

【联合举办参加理论（学术）研讨会】 共同举办纪念红一方面军成立90周年暨第六届湘鄂赣苏区历史研讨会；联合举办纪念罗坊会议和毛泽东兴国调查90周年、纪念毛泽东寻乌调查90周年理论研讨会；联合举办纪念邵式平同志、黄道同志120周年诞辰座谈会。参加首届红色文化研讨会，主题发言《坚定红色文化自信 推进红色基因传承》在江西新闻客户端发表后，被新华社、人民网、光明网、中国网等媒体转载，综合点击率两百多万。同江西日报社联合开设纪念中国人民抗日战争暨世界反法西斯战争胜利75周年“江西抗战”专栏，每周刊文3篇，持续2个月。参加江西人民广播电台“纪念中国人民志愿军抗美援朝出国作战70周年”融媒体直播节目“为了和平 为了明天——人间正道 江西记忆”。与浙江省委党史和文献研究室共同完成《追寻——迎接建党100周年“红色故事会”走进弋阳》启动仪式和首播活动。

（彭志中）

本栏编辑 张志勇

江西省人民代表大会

综　述

2020 年,江西省各级人民代表大会 1510 个,其中省级人民代表大会 1 个,设区市人民代表大会 11 个,县级人民代表大会 100 个,乡(镇)人民代表大会 1398 个。各级人大代表 10 万多名,其中全国人大代表 76 名,省人大代表 598 名。省十三届人民代表大会常务委员会组成人员实有 59 名,其中主任 1 名,副主任 6 名,秘书长 1 名,委员 51 名。省十三届人民代表大会设 7 个专门委员会,分别是:监察和司法委员会、财政经济委员会、教育科学文化卫生委员会、农业和农村委员会、环境与资源保护委员会、法制委员会、社会建设委员会。省十三届人民代表大会常务委员会设 5 个工作机构,分别是:办公厅、法制工作委员会、选举任免联络工作委员会、外事华侨民族宗教工作委员会、预算工作委员会。

省人大常委会坚持以习近平新时代中国特色社会主义思想为指导,全面贯彻中共十九大和十九届二中、三中、四中、五中全会精神,认真学习贯彻习近平法治思想、习近平关于坚持和完善人民代表大会制度的重要思想,深入落实中共中央总书记习近平视察江西重要讲话精神,坚持党的领导、人民当家作主、依法治国有机统一,依法行使职权,充分发挥职能作用,各方面工作取得新进展新成效。

坚持党的领导,牢牢把握正确政治方向。坚持旗帜鲜明讲政治,增强"四个意识"、坚定"四个自信"、做到"两个维护",自觉把党的领导贯穿人大工作全过程、落实到依法履职各方面。心系"国之大者",主动服务疫情防控和防汛救灾工作,严格执行请示报告制度,大力传承红色基因,确保中共中央决策部署和省委工作要求在人大工作中得到全面贯彻和有效执行。

坚持问题导向,不断加强新时代地方立法工作。认真学习贯彻习近平法治思想,聚焦治理急需、群众急盼的立法事项,深入推进科学立法、民主立法、依法立法,以高质量立法保障全省高质量跨越式发展、促进高水平治理。全年制定地方性法规 7 件、修改 18 件,批准设区的市法规、决定 23 件。按照"不抵触、有特色、可操作"原则,加强设区市立法工作指导。

坚持服务大局,切实增强人大监督工作实效。准确把握人大监督的政治定位和法律定位,围绕保障宪法和法律法规实施、助力落实"六稳""六保"、助推解决民生热点问题、推动国家生态文明试验区建设,实行正确监督、有效监督。全年听取审议有关报告 15 项,开展专项监督 3 项、专项工作满意度测评 1 次,检查 6 部法律法规实施情况,对 152 件规范性文件备案审查。

坚持人民至上,更好发挥人大代表主体作用。坚持代表主体地位,不断完善制度机制,提升平台载体,拓展渠道方式,全力支持保障代表依法履职。及时修改代表建议、批评和意见办理规定,全年办理代表建议 464 件;在连续 3 年开展"脱贫攻坚人大代表在行动"专项活动基础上,组织实施"决战决胜打赢脱贫攻坚战再行动",为决战决胜脱贫攻坚贡献力量。

坚持守正创新,持续加强常委会自身建设。始终把加强自身建设作为促进工作的"硬指标",坚持从政治建设抓起、从素质能力强起、从纪律作风严起,不断提高依法履职的能力和水平。持续巩固深化"不忘初心、牢记使命"主题教育成果,坚决贯彻中央八项规定及其实施细则精神,持续整治"怕、慢、假、庸、散"作风顽疾。

(省人大常委会办公厅)

重要会议

【省十三届人大四次会议】 1 月 15 日—19 日,省十三届人大四次会议在南昌召开。大会应到代表 604 名,实到代表 584 名,符合法定人数。不是省十三届人大代表的在职省领导,曾担任正省级领导职务和历任省人大常委会副主任的老领导特邀参加会议。省政协委员和省直各部门负责人等列席会议。大会听取和审议省长易炼红所作的政府工作报告、省人大常委会副主任周萌所作的省人大常委会工作报告、省高级人民法院院长葛晓燕所作的省高级人民法院工作报告、省人民检察院检察长田云鹏所作的省人民检察院工作报告、省发改委主任张和平所作的关于国家生态文明试验区(江西)建设情况的报告,审查和批准关于江西省 2019 年国民经济和社会发展计划执行情况与 2020 年国民经济和社会发展计划草案的报告、关于江西省 2019 年全省和省级预算执行情况与 2020 年全省和省级预算草案的报告,批准江西省 2020 年国民经济和社会发展计划、江西省 2020 年省级预算。大会经过认真审议,通过上述 7 项报告的决议。大会补选刘翠兰为省人大常委会委员。省十三届人民代表大会监察和司法委员会、财政经济委员

1月15日—19日，江西省第十三届人民代表大会第四次会议召开

省人大常委会办公厅供

会、教育科学文化卫生委员会、农业和农村委员会、环境与资源保护委员会、法制委员会、社会建设委员会分别向大会提交工作报告(书面)。

大会代表提出议案1件，由于所反映的内容不属于省人大及其常委会职权范围内事项，将其转为代表建议、批评和意见。连同大会期间收到的其他建议、批评和意见，共计464件，闭会后统一交由有关机关和组织研究办理。

【省人大常委会会议】 2020年，共举行常委会会议9次，即省十三届人大常委会第十七次会议至第二十五次会议。

省十三届人大常委会第十七次会议于1月10日在南昌举行。省人大常委会主任刘奇，副主任周萌、朱虹、马志武、龚建华、冯桃莲、胡世忠，秘书长韩军和委员共59人出席会议。省监察委员会主任孙新阳、副省长胡强、省高级人民法院院长葛晓燕、省人民检察院检察长田云鹏和省监察委员会有关负责人列席会议。列席会议的还有省人大常委会副秘书长、省人大各专门委员会成员、省人大常委会各工作部门负责人，各设区的市人大常委会负责人。刘奇主持第一次全体会议并在第二次全体会议结束时讲话，周萌主持第二次全体会议。会议审议江西省人民代表大会常务委员会工作报告(讨论稿)，决定提请省十三届人大四次会议审议；审议省十三届人大四次会议议程(草案)、主席团和秘书长名单(草案)，决定提请省十三届人大四次会议预备会议审议；审议通过省十三届人大四次会议列席人员范围；听取和审议省人大常委会代表资格审查委员会关于代表资格的审查报告、省人大常委会关于省十三届人大三次会议期间代表审议各项报告意见建议办理情况的报告以及省人大常委会选任联工委关于省十三届人大三次会议代表建议、批评和意见办理情况的报告；分别审议省政府、省高级人民法院、省人民检察院关于省十三届人大三次会议代表建议、批评和意见办理情况的报告(书面)，省人大教科文卫委、省人大社会委关于省十三届人大三次会议主席团交付审议的代表提出的议案审议结果的报告(书面)》；决定接受宋树欣辞去省人大常委会委员职务的请求，并报下一次省人民代表大会会议备案；免去宋树欣的省人大监察司法委委员职务，杨泽民的省人大法制委委员职务；任命周雍为省人大法制委副主任委员，傅行家为省人大环资委副主任委员、法制委委员，韩燕为省人大法制委委员；决定免去陈小平的省生态环境厅厅长职务，刘翠兰的省商务厅厅长职务，丁晓群的省卫生健康委主任职务；决定任命徐延彬为省生态环境厅厅长，谢一平为省商务厅厅长，王水平为省卫生健康委主任；任命包静为省监察委员会委员；通过其他人事任免事项。

省十三届人大常委会第十八次会议于2月10日在南昌举行。省人大常委会副主任周萌、朱虹、马志武、龚建华、冯桃莲，秘书长韩军和委员共51人出席会议。受省人大常委会主任刘奇委托，周萌主持第一次、第二次全体会议。会议审议通过《江西省人民代表大会常务委员会关于依法全力做好新型冠状病毒肺炎疫情防控工作的决定》。

省十三届人大常委会第十九次会议于3月27在南昌举行。省人大常委会主任刘奇，副主任周萌、朱虹、马志武、龚建华、冯桃莲、胡世忠，秘书长韩军和委员共61人出席会议。副省长孙菊生、陈小平，省高级人民法院院长葛晓燕、省人民检察院检察长田云鹏和省监察委员会有关负责人列席会议。列席会议的还有省人大常委会副秘书长、省人大各专门委员会成员，省人大常委会各工作部门负责人。刘奇主持第一次、第二次全体会议。会议审议通过《江西省农村供水条例》和鹰潭市人大常委会报请批准的《鹰潭市智慧城市促进条例》、赣州市人大常委会报请批准的《赣州市人民代表大会常务委员会关于修改〈赣州市城市管理条例〉等3件地方性法规的决定》、上饶市人大常委会报请批准的《上饶市殡葬管理条例》；听取省政府关于江西省新冠肺炎疫情防控工作情况的报告；听取和审议省人大常委会法工委关于2019年规范性文件备案审查工作情况的报告；决定接受毛伟明、吴晓军辞去省政府副省长职务的请求，孙新阳辞去省监察委员会主任职务的请求，并报省十三届人大五次会议备案；任命殷美根、吴浩为省政府副省长；任命马森述为省监察委员会副主任，决定其代理省监察委员会主任职务；任命刘翠兰为省人大财经委副主任委员；通过其他人事任免事项。

省十三届人大常委会第二十次会议于5月14日在南昌举行。省人大常委会主任刘奇，副主任周萌、朱虹、马志武、龚建华、冯桃莲、胡世忠，秘书长韩军和委员共61人出席会议。副省长吴浩，省高级人民法院院长葛晓燕、省人民检察院检察长田云鹏和省监察委员会有关负责人列席会议。列席会议的还有省人大常委会副秘书长、省人大各专门委员会成员、省人大常委会各工作部门负责人，各设区市人大常委会负责人、省直管县(市)人大常委会主要负责人，以及部分省人大代表。刘奇主持第一次全体会议，周萌主持第二次全体会议。会议审议《江西省企业工会工作条例(草案)》《江西省标准化条例(修订草案)》；审议通过萍乡市人大常委会关于报请批准的《萍乡市人民代表大会常务委员会关于修改〈萍乡市燃气管理条例〉的决定》、赣州市人大常委会关于报请批准的《赣州市水土保持条例》；审议通过《2020年地方政府专项债务新增限额及省级预算调整方案》；听取和审议省人大常委会执法检查组《关于检查〈中华人民共和国公证法〉实施情况的报告》《关于检查〈全国人民代表大会常务委员会关于全面禁止非法野生动物交易、革除滥食野生动物陋习、切实保障人民群众生命健康安全的决定〉实施情况的报告》，省政府《关于我省做大做强农产品加工业情况的报告》；许可对省十三届人大代表章国兴采取强制措施；任命陈德寿为省人大社会建设委副主任委员；决定任命周国亮为省人大常委会预算工委副主任、郭杰忠为省教育厅厅长；决定免去叶仁荪省教育厅厅长职务；通过其他人事免职事项。

省十三届人大常委会第二十一次会议于7月22日至24日在南昌举行。省人大常委会主任刘奇，副主任周萌、朱虹、马志武、龚建华、冯桃莲、胡世忠，秘书长韩军和委员共61人出席会议。副省长吴忠琼、陈小平、吴浩，省高级人民法院院长葛晓燕、省人民检察院检察长田云鹏和省监察委员会负责人列席会议。列席会议的还有省人大常委会副秘书长、省人大各专门委员会成员、省人大常委会各工作部门负责人，各设区市人大常委会负责人、省直管县(市)人大常委会主要负责人，以及部分省人大代表。刘奇主持第一次全体会议，周萌主持第三次全体会议，朱虹主持第二次全体会议。会议审议通过《江西省企业工会工作条例》《江西省标准化条例》、九江市人大常委会报请批准的《九江市文明行为促进条例》、景德镇市人大常委会报请批准的《景德镇市饮用水水源保护条例》、萍乡市人大常委会报请批准的《萍乡市文明行为促进条例》《萍乡市养犬管理条例》、吉安市人大常委会报请批准的《吉安市红色文化遗存保护条例》；审议《江西省中小企业促进条例(修订草案)》《江西省实施〈中华人民共和国野生动物保护法〉办法修正案(草案)》；审议通过《江西省人民代表大会常务委员会关于南昌市新建区、红谷滩区人民代表大会代表名额和红谷滩区人民代表大会常务委员会组成人员名额的决定》《江西省人民代表大会常务委员会关于批准江西省资源税适用税率方案的决议》；听取和审议省政府《关于2020年上半年国民经济和社会发展计划执行情况的报告》《关于2019年省级预算执行和其他财政收支的审计工作报告》，《关于2019年省级决算和2020年上半年预算执行情况的报告》及省人大财经委关于2019年省级决算草案的审查报告，通过《关于批准2019年省级决算的决议》；审议通过《江西省人民代表大会常务委员会关于批准2020年地方政府债务限额以及2020年省级预算调整方案的决议》；听取和审议省政府《关于我省养老服务工作情况的报告》，省高级人民法院《关于全省法院服务保障营商环境优化工作情况的报告》，省人大常委会执法检查组《关于检查〈中华人民共和国高等教育法〉实施情况的报告》《关于检查〈中华人民共和国土壤污染防治法〉实施情况的报告》，省人大常委会代表资格审查委员会关于代表资格的审查报告；决定接受李保民、李舰海、舒仁庆辞去省人大常委会委员职务的请求，并报省十三届人大五次会议备案；免去李保民的省人大财经委副主任委员职务，舒仁庆的省人大教科文卫委副主任委员职务、社会建设委副主任委员职务，李舰海的省人大法制委副主任委员职务；通过其他人事任免事项。

省十三届人大常委会第二十二次会议于8月31日在南昌举行。省人大常委会主任刘奇，副主任周萌、朱虹、马志武、龚建华、冯桃莲、胡世忠，秘书长韩军和委员共54人出席会议。省监察委员会代主任马森述，副省长秦义，省高级人民法院院长葛晓燕、省人民检察院检察长田云鹏列席会议。列席会议的还有省人大常委会副秘书长、省人大各专门委员会成员、省人大常委会各工作部门负责人。刘奇主持第一次、第二次全体会议。会议决定任命罗小云为省人民政府副省长。

省十三届人大常委会第二十三次会议于9月27日至29日在南昌举行。省人大常委会主任刘奇，副主任周萌、朱虹、马志武、龚建华、冯桃莲、胡世忠，秘书长韩军和委员共59人出席会议。副省长陈小平、吴浩、罗小云，省人民检察院检察长田云鹏和省高级人民法院、省监察委员会有关负责人列席会议。列席会议的还有省人大常委会副秘书长、省人大各专门委员会成员、省人大常委会各工作部门负责人，各设区的市人大常委会负责人、省直管县(市)人大常委会主要负责人，以及部分省人大代表。刘奇主持第一次全体会议并讲话，周萌主持第三次全体会议，马志武主持第二次全体会议。会议审议通过《江西省中小企业促进条例》、新余市人大常委会报请批准的《新余市城市管理条例》、赣州市人大常委会报请批准的《赣州市文明行为促进条例》、吉安市人大常委会报请批准的《吉安市文明行为促进条例》、抚州市人大常委会报请批准的《抚州市电动自行车通行管理条例》；审议《江西省县级以上地方各级人民代表大会代表建议、批评和意见办理规定(修订草案)》《江西省优化营商环境条例(草案)》《江西省公安机关警务辅助人员条例(草案)》《江西省土壤污染防治条例(草案)》《江西省乡村振兴促进条例(草案)》《江西省地方金融监督管理条例(草案)》；听取和审议省人民检察院《关于落实认罪认罚从宽制度工作情况的报告》，省政府《关于我省推动经济高质量发展情况的报告》；听取和审议省政府《关于2019年度全省文化企业国有资产管理情况的专项报告》，审议省财政厅《关于2019年度全省国有资产管理情况的综合报告(书面)》，听取和审议省人大财经委《关于〈江西省人民政府关于2019年度全省国有资产管理情况的综合报告〉和〈江西省人民政府关于2019年度全省文化企业国有资产管理情况的专项报告〉的初步审议意见》;听取和审议省政府《关于我省公共文化事业发展和公共文化服务保障情况的报告》,省人大常委会代表资格审查委员会关于代表资格的审查报告;决定接受魏民辞去省人大常委会委员、监察司法委主任委员职务的请求,接受傅小健辞去省人大常委会委员职务的请求,并报省十三届人大五次会议备案;免去傅小健省人大教科文卫委副主任委员职务;通过其他人事任免事项。

省十三届人大常委会第二十四次会议于10月19在南昌举行。省人大常委会副主任周萌、朱虹、马志武、龚建华、冯桃莲、胡世忠,秘书长韩军和委员共54人出席会议。副省长罗小云,省高级人民法院院长葛晓燕、省人民检察院检察长田云鹏和省监察委员会有关负责人列席会议。列席会议的还有省人大常委会副秘书长、省人大各专门委员会成员、省人大常委会各工作部门负责人。周萌主持第一次、第二次全体会议。会议听取和审议省人大常委会代表资格审查委员会关于代表资格审查报告。

省十三届人大常委会第二十五次会议于11月23日至25日在南昌举行。省人大常委会主任刘奇,副主任周萌、朱虹、马志武、龚建华、冯桃莲、胡世忠,秘书长韩军和委员共55人出席会议。副省长殷美根、孙菊生、秦义、胡强,省监察委员会代理主任马森述,省高级人民法院院长葛晓燕、省人民检察院检察长田云鹏和省监察委员会、省人民检察院有关负责人列席会议。列席会议的还有省人大常委会副秘书长、省人大各专门委员会成员、省人大常委会各工作部门负责人,各设区的市人大常委会负责人、省直管县(市)人大常委会主要负责人,以及部分省人大代表。刘奇主持第一次全体会议并讲话,周萌主持第三次全体会议,冯桃莲主持第二次全体会议。会议学习贯彻中共十九届五中全会精神;审议通过《江西省县级以上地方各级人民代表大会代表建议、批评和意见办理规定》《江西省优化营商环境条例》《江西省公安机关警务辅助人员条例》《江西省土壤污染防治条例》《江西省地方金融监督管理条例》《江西省人民代表大会常务委员会关于修改3件地方性法规的决定》《江西省人民代表大会常务委员会关于修改〈江西省各级人民代表大会代表选举实施细则〉的决定》《江西省人民代表大会常务委员会关于修改〈江西省消防条例〉等11件地方性法规的决定》、南昌市人大常委会报请批准的《南昌市生活垃圾分类管理条例》《南昌市房屋使用安全管理条例》《南昌市农村村民住房建设管理条例》、九江市人大常委会报请批准的《九江市物业管理条例》、景德镇市人大常委会报请批准的《景德镇市文明行为促进条例》、赣州市人大常委会报请批准的《赣州市人民代表大会常务委员会关于修改〈赣州市城市道路车辆通行管理规定〉的决定》、宜春市人大常委会报请批准的《宜春市文明行为促进条例》、上饶市人大常委会报请批准的《上饶市城市市容和环境卫生管理条例》、吉安市人大常委会报请批准的《吉安市人民代表大会常务委员会关于修改〈吉安市城市市容和环境卫生管理条例〉等3件地方性法规的决定》;审议《江西省乡村振兴促进条例(草案)》《江西省人力资源市场管理条例(草案)》;决定省十三届人大五次会议于2021年1月26日在南昌召开;审议通过《江西省人民代表大会常务委员会关于批准调整2020年全省国民经济和社会发展计划预期目标方案的决议》《江西省人民代表大会常务委员会关于批准2020年省级社会保险基金预算调整方案的决议》;听取和审议省政府《关于我省"十三五"规划纲要实施情况和"十四五"规划纲要编制情况的报告》;听取和审议省政府《关于2019年度省级预算执行和其他财政收支审计查出问题整改情况的报告》,并召开联组会议听取和审议省人大常委会预算工委《关于2019年度省级预算执行和其他财政收支审计查出问题整改督办情况的报告》,对10个部门提交的2019年部门预算执行和决算草案审计查出问题整改情况的报告和省工业和信息厅提交的关于2018—2019年省级工业转型升级资金分配使用专项审计查出问题整改情况的报告进行满意度测评;听取和审议省政府《关于我省安全生产工作情况的报告》《关于我省加快油茶产业发展情况的报告》,省人大常委会执法检查组关于检查《江西省旅游条例》《江西省旅游者权益保护条例》实施情况和开展助推旅游产业高质量发展活动情况的报告,省人大农委《关于开展2020年助推乡村振兴活动情况的报告》,省人大环资委《关于开展2020年环保赣江行活动情况的报告》;接受傅克刚、陈松远辞去省人大常委会委员职务的请求,并报省十三届人大五次会议备案;免去傅克刚的省人大教科文卫委副主任委员职务,陈松远的省人大环资委副主任委员职务,肖良的省监察委员会委员职务;通过其他人事任免事项。

(省人大常委会办公厅)

监督工作

【听取和审议专项工作报告】 省人大常委会听取和审议省政府《关于江西省新冠肺炎疫情防控工作情况的报告》《关于江西省做大做强农产品加工业情况的报告》《关于江西省养老服务工作情况的报告》《关于江西省推动经济高质量发展情况的报告》《关于2019年度全省文化企业国有资产管理情况的专项报告》《关于江西省公共文化事业发展和公共文化服务保障情况的报告》《关于江西省"十三五"规划纲要实施情况和"十四五"规划纲要编制情况的报告》《关于江西省安全生产工作情况的报告、关于江西省加快油茶产业发展情况的报告》,省高级人民法院《关于全省法院服务保障营商环境优化工作情况的报告》,省人民检察院《关于落实认罪认罚从宽制度工作情况的报告》。

【计划预算监督】 省人大常委会听取和审议省政府关于2020年上半年国民经济和社会发展计划执行情况的报告、关于2019年省级决算和2020年上半年预算执行情况的报告、关于2019年度省级预算执行和其他财政收支的审计工作报告、关于2019年度省级预算执行和其他财政收支审计查出问题整改情况的报告,对10个部门提交的2019年部门预算执行和决算草案审计查出问题整改情况的报告和省工业和信息厅提交的关于2018—2019年省级工业转型升级资金分配使用专项审计查出问题整改情况的报告进行满意度测评，通过《关于批准2019年省级决算的决议》《江西省人民代表大会常务委员会关于批准2020年地方政府债务限额以及2020年省级预算调整方案的决议》。

【法律法规实施情况检查】 省人大常委会对《中华人民共和国公证法》《全国人民代表大会常务委员会关于全面禁止非法野生动物交易、革除滥食野生动物陋习、切实保障人民群众生命健康安全的决定》《中华人民共和国高等教育法》《中华人民共和国土壤污染防治法》《江西省旅游条例》《江西省旅游者权益保护条例》实施情况进行检查。

【专项监督】 以“生态宜居”为主题开展助推乡村振兴专题监督活动，推动解决农村人居环境短板问题，帮助农民建设幸福生活的美好家园；以“共治水源周边污染，保障农村饮水安全”主题开展环保赣江行活动，推动各地加强农村饮水安全，维护农民健康权益；开展助推旅游产业高质量发展活动，助推全省旅游产业疫后振兴，进一步提升“江西风景独好”品牌影响力。

【创新开展监督工作】 贯彻落实宪法宣誓和宪法知识任前考试制度，推动省“一府一委两院”开展宪法宣誓活动，指导市县人大开展宪法知识任前考试，召开第七个国家宪法日座谈会。完善执法检查工作机制和方式方法，建立执法检查前学法制度，逐条对照法律法规规定进行检查。环保赣江行活动通过深化暗访监督、制作暗访专题片、现场采集抽取水样、随机走访农户等方式，持续拓展全链条监督。

（省人大常委会办公厅）

决定重大事项

【关于依法全力做好新型冠状病毒肺炎疫情防控工作的决定】 省十三届人大常委会第十八次会议就全力做好新型冠状病毒肺炎疫情防控工作作出决定，从强化疫情防控工作原则，明确各级人民政府、人民法院、人民检察院以及单位、个人职责等方面职责，为有力推进全省疫情防控工作提供有力法治保障。

【关于批准2020年地方政府专项债务新增限额及省级预算调整方案的决议】 省十三届人大常委会第二十次会议审查了省政府提交的2020年地方政府专项债务新增限额及省级预算调整方案（草案），同意省人大财经委提出的《关于2020年地方政府专项债务新增限额及省级预算调整方案（草案）的审查报告》，决定批准2020年江西省地方政府专项债务新增限额，批准2020年省级预算调整方案。

【关于南昌市新建区、红谷滩区人民代表大会代表名额和红谷滩区人民代表大会常务委员会组成人员名额的决定】 省十三届人大常委会第二十一次会议根据选举法、地方组织法规定，确定南昌市新建区人民代表大会代表名额为279名；南昌市红谷滩区人民代表大会代表名额为180名，常务委员会组成人员名额为29人。

【关于批准江西省资源税适用税率方案的决议】 省十三届人大常委会第二十一次会议审查了省政府提交的《关于江西省资源税适用税率方案（草案）》，同意省人大财经委提出的《关于江西省资源税适用税率方案（草案）的审查报告》，决定批准《江西省资源税适用税率方案》。

【关于批准2019年省级决算的决议】 省十三届人大常委第二十一次会议听取了省政府《关于2019年省级决算和2020年上半年预算执行情况的报告》《关于2019年度省级预算执行和其他财政收支的审计工作报告》，结合审议审计工作报告对《江西省2019年省级决算（草案）》和省级决算的报告进行了审查，同意省人大财经委提出的《关于2019年省级决算草案的审查报告》，决定批准《江西省2019年省级决算》。

【关于批准2020年地方政府债务限额以及2020年省级预算调整方案的决议】 省十三届人大常委会第二十一次会议审查了省政府提交的2020年地方政府债务限额、抗疫特别国债分配以及2020年省级预算调整方案（草案），同意省人大财经委提出的《关于2020年地方政府债务限额、抗疫特别国债分配以及2020年省级预算调整方案（草案）的审查报告》，决定批准2020年江西省地方政府债务限额为8163.44亿元，批准2020年省级预算调整方案。

【关于召开江西省第十三届人民代表大会第五次会议的决定】 省十三届人大常委会第二十五次会议决定，江西省第十三届人民代表大会第五次会议于2021年1月26日在南昌召开。

【关于批准调整2020年全省国民经济和社会发展计划预期目标方案的决议】 省十三届人大常委会第二十五次会议审查了省政府提请审议的调整2020年全省国民经济和社会发展计划预期目标方案（草案），同意省人大财经委提出的《关于调整2020年全省国民经济和社会发展计划预期目标方案（草案）的审查报告》，决定批准调整2020年全省国民经济和社会发展计划预期目标方案。

【关于批准2020年省级社会保险基金预算调整方案的决议】 省十三届人大常委会第二十五次会议审查了省政府提交的2020年省级社会保险基金预算调整方案（草案），同意省人大财政济委提出的《关于2020年省级社会保险基金预算调整方案（草案）的审查报告》，决定批准2020年省级社会保险基金预算调整方案。

（省人大常委会办公厅）

选举和任免

【省人民代表大会选举任免】 1月15日—19日，省十三届人大四次会议在南昌召开，会议补选刘翠兰为省人大常委会委员。

【省人大常委会选举任免】 2020年，省人大常委会坚持党管干部与人大依法任免干部相结合，贯彻落实宪法宣誓和宪法知识任前考试，扎实做好选举和人事任免工作。

省十三届人大常委会第十七次会议，决定接受宋树欣辞去省人大常委会委员职务的请求，并报下一次省人民代表大会会议备案；免去宋树欣的省人大监察司法委委员职务，杨泽民的省人大法制委委员职务；任命周雍为省人大法制委副主任委员，傅行家为省人大环资委副主任委员、法制委委员，韩燕为省人大法制委委员；决定免去陈小平的省生态环境厅厅长职务，刘翠兰的省商务厅厅长职务，丁晓群的省卫生健康委主任职务；决定任命徐延彬为省生态环境厅厅长，谢一平为省商务厅厅长，王水平为省卫生健康委主任；任命包静为省监察委员会委员；任命龚雪林为省高级人民法院立案二庭庭长、陈建平为省高级人民法院刑事审判第一庭庭长、胡俊涛为省高级人民法院民事审判第二庭庭长、王芬为省高级人民法院行政审判庭庭长、田甘霖为省高级人民法院审判监督庭庭长，张宏、吴志华为省高级人民法院立案一庭副庭长，毛军华为省高级人民法院立案二庭副庭长、审判员，林贤瑛为省高级人民法院刑事审判第一庭副庭长，吴胜为省高级人民法院刑事审判第二庭副庭长、审判员，刘锋为省高级人民法院民事审判第一庭副庭长、审判员，罗伟为省高级人民法院民事审判第三庭副庭长，姚姝、李振峰为省高级人民法院审判监督庭副庭长，郑红葛为省高级人民法院行政审判庭副庭长、审判员；免去刘晓玲的省高级人民法院立案一庭庭长、审判委员会委员职务，黄建文的省高级人民法院立案二庭庭长、审判委员会委员、审判员职务，刘晓云的省高级人民法院刑事审判第一庭庭长、审判委员会委员职务，胡国运的省高级人民法院民事审判第一庭庭长、审判委员会委员职务，黎章辉的省高级人民法院民事审判第二庭庭长、审判委员会委员职务，胡俊涛的省高级人民法院民事审判第四庭庭长职务，黄训荣的省高级人民法院环境资源审判庭庭长、审判委员会委员职务，江怀玉的省高级人民法院行政审判庭庭长、审判委员会委员职务，董令军的省高级人民法院审判委员会委员职务，姚姝的省高级人民法院立案一庭副庭长职务，汤媛媛的省高级人民法院刑事审判第一庭副庭长职务，张宏的省高级人民法院刑事审判第二庭副庭长职务，王芬的省高级人民法院行政审判庭副庭长职务，田甘霖、龚雪林的省高级人民法院审判监督庭副庭长职务，郑红葛的南昌铁路运输中级法院行政审判庭庭长、审判委员会委员、审判员职务，胡火箭的省人民检察院检察委员会委员、检察员职，罗庆华的省人民检察院南昌铁路运输分院检察长职务。

省十三届人大常委会第十九次会议，决定接受毛伟明、吴晓军辞去省人民政府副省长职务的请求，孙新阳辞去省监察委员会主任职务的请求，并报省十三届人大五次会议备案；任命殷美根、吴浩为省人民政府副省长；任命马森述为省监察委员会副主任，决定其代理省监察委员会主任职务；任命刘翠兰为省人大财经委副主任委员；免去楼建群的省高级人民法院审判委员会委员、审判员职务，石青的省高级人民法院审判员职务，何爱明的南昌铁路运输中级法院审判委员会委员、审判员职务，熊国钦的省人民检察院检察委员会委员、检察员职务，王梅红的省人民检察院检察员职务，张卫东的江西省上饶珠湖地区人民检察院检察员职务；任命熊国钦为省人民检察院南昌铁路运输分院检察长。

省十三届人大常委会第二十次会议，任命陈德寿为省人大社会建设委副主任委员，决定任命周国亮为省人大常委会预算工委副主任、郭杰忠为省教育厅厅长，决定免去叶仁荪省教育厅厅长职务；免去蔡世军的省高级人民法院立案二庭副庭长职务，黄勇平的省高级人民法院审判员职务，杨桂生的省人民检察院检察员职务，任国清的江西省宜春新华地区人民检察院检察员职务。

省十三届人大常委会第二十一次会议，决定接受李保民、李舰海、舒仁庆辞去省人大常委会委员职务的请求，并报省十三届人大五次会议备案；免去李保民的省人大财经委副主任委员职务，舒仁庆的省人大教科文卫委副主任委员职务、社会建设委副主任委员职务，李舰海的省人大法制委副主任委员职务；任命杨斌为南昌铁路运输中级法院副院长，刘巍为南昌铁路运输中级法院行政审判庭庭长，潜艇、董芳兴、刘建平、夏波、龚永斌为省人民检察院检察委员会委员；免去张丽敏的省高级人民法院审判员职务，孙牯昌、谢健的省人民检察院检察委员会委员、检察员职务，谌红的省人民检察院检察委员会委员职务，刘志成的省人民检察院检察员职务，蒋以平的江西省南昌长埃地区人民检察院副检察长、检察委员会委员、检察员职务，高水根的江西省南昌长埃地区人民检察院检察员职务。

省十三届人大常委会第二十二次会议，决定任命罗小云为省人民政府副省长。

省十三届人大常委会第二十三次会议，决定接受魏民辞去省人大常委会委员、监察司法委主任委员职务的请求，接受傅小健辞去省人大常委会委员职务的请求，并报省十三届人大五次会议备案；免去傅小健省人大教科文卫委副主任委员职务；任命陈健为省高级人民法院立案一庭副庭长、审判员，熊杰为省高级人民法院民事审判第一庭副庭长、审判员，沈伟、张宁、饶晓燕、付涵、吴军、吕淑瑾、熊海蕴为省高级人民法院审判员，刘巍、胡少林、帅晨薇为南昌铁路运输中级法院审判委员会委员，柳雨青为南昌铁路运输中级法院行政审判庭副庭长、审判员，吴继承、王德涛、万定国、王苏平、闫峻、黄敏为省人民检察院检察员，吴曙明为江西省南昌长埃地区人民检察院检察长，周印军为江西省上饶珠湖地区人民检察院检察长，林俊和、张亮为江西省南昌长埃地区人民检察院检察员；免去彭咏的南昌铁路运输中级法院审判员职务，张向荣、肖南的省人民检察院检察员职务，胡筱芳的省人民检察院南昌铁路运输分院检察员职务。

省十三届人大常委会第二十四次会议，决定接受史文清辞去十三届全国人大代表职务，并报十三届全国人大常委会代表资格审查委员会。

省十三届人大常委会第二十五

次会议,接受傅克刚、陈松远辞去省人大常委会委员职务的请求,并报省十三届人大五次会议备案;免去傅克刚的省人大教科文卫委副主任委员职务,陈松远的省人大环资委副主任委员职务,肖良的省监察委员会委员职务;任命熊春安为省高级人民法院审判委员会委员、审判员,龚雪林、王芬、田甘霖为省高级人民法院审判委员会委员,陈勇兵、朱玺开为江西省上饶珠湖地区人民检察院检察委员会委员;免去孙毅的省高级人民法院审判员职务,徐国华的江西省南昌长埮地区人民检察院副检察长、检察委员会委员职务。

(省人大常委会办公厅)

9月27日,省人大常委会部分组成人员同列席省十三届人大常委会第二十三次会议的省人大代表座谈,听取对省人大常委会工作的意见建议

省人大常委会办公厅供

代表工作

【办理代表建议】 省十三届人大四次会议期间,代表们依法提出建议464件,建议通过代表履职服务系统交由81家承办单位研究办理,464件代表建议全部办理完毕并答复代表(其中2件为参阅件)。其中,代表所提问题已获解决或基本解决的(A类)316件,占办理件总数的68.4%;正在解决或列入规划逐步解决的(B类)84件,占办理件总数18%;因条件所限暂时难以解决或留作参考的(C类)62件,占办理件总数13.6%。

【深化“双联系”工作】 持续加强常委会组成人员联系代表、代表联系人民群众工作。扩大代表对常委会工作的参与,邀请基层代表列席常委会会议,100多人次参加常委会及各专工委专题调研等相关工作。完善常委会领导与列席常委会会议代表座谈制度,面对面听取代表意见建议,将代表所提意见建议及时转交有关方面办理,限期反馈办理情况。启动代表联络工作站提质增效工作,探索推行星级联络站创建,省、市、县三级党委书记、代表中的领导干部带头,全省各级人大代表常态化进站履职,倾听群众呼声,了解社情民意,推动人民群众“急难愁盼”问题得到实实在在的解决,彰显制度优势。

【优化代表履职保障】 持续强化代表履职培训,积极开展网络视频学习,在瑞金举办省人大常委会组成人员、市县区人大常委会主任暨省人大代表学习班。精心组织闭会期间代表履职活动,探索增强代表小组活力新方式,组织江西省选举的全国人大代表以“公共卫生体系建设和公共文化服务体系建设”为主题开展专题调研,代表中的省级领导带头参加。拓展代表参与常委会活动的广度和深度,在连续三年开展“脱贫攻坚人大代表在行动”专项活动基础上,围绕脱贫攻坚“全面决胜年”部署,组织实施“决战决胜打赢脱贫攻坚战再行动”,引导全省各级人大代表助力脱贫攻坚与乡村振兴有机衔接。指导市县人大按照“党委统揽、代表票决、政府落实、群众参与”要求,推行民生实事项目代表票决制。

(省人大常委会办公厅)

本栏编辑 张志勇

江西省人民政府

综　　述

2020年，全省政府系统坚持以习近平新时代中国特色社会主义思想为指导，深入贯彻中共中央总书记习近平视察江西重要讲话精神，聚焦“作示范、勇争先”目标定位和“五个推进”重要要求，紧扣省委“二十四字”工作思路和高质量跨越式发展首要战略，在大战大考中持续深化“五型”政府建设，统筹推进疫情防控、抗洪救灾和经济社会发展，全省地区生产总值增长3.8%，财政总收入增长1.2%、一般公共预算收入增长0.8%，规模以上工业增加值增长4.6%，固定资产投资增长8.2%，社会消费品零售总额增长3%，主要经济指标增速保持全国前列，全面建成小康社会取得决定性成就。

旗帜鲜明对表看齐，增强政治定力。建立省政府集体学习制度，对中共中央总书记习近平发表的重要讲话、作出的重要指示批示和中共中央、国务院作出的决策部署，第一时间传达学习，研究贯彻落实意见。按照中共十九届五中全会、中央经济工作会议和省委十四届十二次全会部署，系统总结2020年及“十三五”工作，认真谋划“十四五”及2021年任务。通过持续深入的学习贯彻，进一步树牢“四个意识”、坚定“四个自信”、做到“两个维护”，政治判断力、政治领悟力、政治执行力有力增强，坚定不移推动中共中央、国务院的目标任务、重大举措、重点工作在江西落地见效。

全力以赴抗疫抗洪，保障人民安全。面对百年不遇的新冠肺炎疫情，坚决贯彻中共中央总书记习近平重要讲话和重要指示批示精神，及时启动重大突发公共卫生事件Ⅰ级响应，在省委应对疫情工作领导小组统一指挥下，用14天初步遏制疫情蔓延势头、51天将住院确诊病例清零，是全国最早全部清零省份之一，确诊病例治愈出院率99.9%、居全国前列。面对鄱阳湖流域超历史大洪水，及时启动防汛Ⅰ级应急响应，果断实行213座单退圩堤分洪，处置较大以上险情2075处，转移安置群众71.5万人，有力维护群众生命财产安全。公众安全感和满意度分别达98.87%、98.31%，连续16年获全国综治考评优秀省。

坚决打好三大攻坚战，即将完成全面小康。全面完成中央脱贫攻坚专项巡视“回头看”、国家脱贫攻坚成效考核、国家脱贫攻坚督查等反馈问题整改，最后一批7个贫困县摘帽，剩余9.6万贫困人口退出，在国家脱贫攻坚成效考核中综合评价为“好”。出台促进农村居民稳定增收的政策措施，城镇、农村居民人均可支配收入分别增长5.5%、7.5%。深入推进长江经济带“共抓大保护”攻坚行动，完成废弃露天矿山修复面积1646.67公顷，超额完成国家下达任务，重点水域禁捕退捕工作扎实推进，长江干流江西段水质断面全部达Ⅱ类标准，空气质量优良天数比例94.7%，国考断面水质优良比例96%，污染防治攻坚战阶段性目标基本实现。切实防范和化解重大风险，对地方政府隐性债务风险等级进行评定并及时通报，对债务高风险地区“三公”消费进行限制，法定债务风险总体可控，隐性债务存量化解稳步推进。

多措并举稳定增长，加快转型升级。创新建立由省领导担任链长的产业链链长制，深入实施“2+6+N”产业高质量跨越式发展行动，有色金属、电子信息、航空制造等产业营业收入实现两位数增长。开展“项目建设提速年”活动，省大中型项目、重点工程分别完成投资计划的110%和120%，“5020”项目实现省级以上开发区全覆盖。持之以恒深化改革创新，全省首个“两山银行”挂牌成立，庐山市、庐山管理局实现“市局合一”，中科院赣江创新研究院成立，综合科技创新水平指数升至56.68%，是全国唯一连续7年进位省份。积极融入共建“一带一路”，“赣深欧”班列和南昌至大阪、阿姆斯特丹、洛杉矶等国际货运航线开通运行，举办2020世界VR产业大会、中国景德镇国际陶瓷博览会等重大活动，在世界经济严重衰退情况下，实际利用外资增长7.5%，外贸出口增长17%，国际货邮吞吐量增长297%。

大力统筹区域城乡，均衡共享发展成果。深入实施“一圈引领、两轴驱动、三区协同”区域发展战略，国务院支持赣南等原中央苏区振兴发展若干意见明确的目标任务较好完成，萍乡老工业基地搬迁改造和资源型地区转型发展获国务院表彰。大力实施乡村振兴战略，国家下达的290万亩高标准农田建设任务全面完成，林下经济规模、产值均居全国前列，城乡一体化生活垃圾收运处置体系覆盖99.56%的行政村。扎实开展城市功能与品质提升三年行动，在全国率先实现城市体检工作设区市全覆盖，萍乡海绵城市试点连续3年获评全国第一，景德镇市被列入全国直饮水试点城市，县城以上城镇污水处理厂一级A提标改造基本完成。

深化“五型”政府建设，稳步提升行政效能。探索开展“我为‘五型'政府建设献一策"金点子征集、首批"五型"政府建设示范县乡创建评选等活动，定期发布"践五型、办实事"红黑榜，"五型"政府建设在大战大考中得到检验和加强，抓落实的鲜明特质在全省政府系统更加彰显。完善集中破解制约江西高质量跨越式发展突出问题长效机制，落实及时奖励制度，先后对22个集体和7名个人进行奖励。坚持政府过紧日子，大力压减一般性支出，省本级"三公"经费支出下降40%。全面实施行政执法"三项制度"，深入开展法治政府建设示范创建，认真执行民主集中制，自觉接受人大法律监督、政协民主监督和社会各界监督，政府公信力有力提升。

（省政府办公厅）

重要会议

【省政府全体会议】 1月19日，省长易炼红主持召开省政府全体会议，学习贯彻省两会精神，部署省《政府工作报告》重点任务分解落实。副省长吴晓军、孙菊生、吴忠琼、胡强、陈小平，省政府秘书长张小平出席会议。会议强调，要认真贯彻中共中央总书记习近平关于抓落实的重要指示精神，在全省政府系统掀起崇尚实干、狠抓落实的浓厚氛围，确保江西省与全国同步全面建成小康社会和"十三五"规划圆满收官。

【省政府常务会议】 1月21日，省长易炼红主持召开第38次省政府常务会议。副省长吴晓军、孙菊生、吴忠琼、秦义、胡强、陈小平，省政府秘书长张小平出席会议。会议传达学习中共中央总书记习近平在中央财经委员会第六次会议上的重要讲话和对审计工作的重要指示精神，研究贯彻落实中共中央总书记习近平、国务院总理李克强关于新型冠状病毒感染的肺炎疫情防控工作的重要指示批示精神。

2月4日，省长易炼红主持召开第39次省政府常务会议。副省长吴晓军、吴忠琼、胡强、陈小平，省政府秘书长张小平出席会议。会议传达学习2月3日中央政治局常委会和中共中央总书记习近平重要讲话精神，研究部署江西省疫情防控和经济社会发展工作，听取并原则同意关于江西省疫情防控期间稳经济、促发展有关工作情况的汇报。

2月25，省长易炼红主持召开第40次省政府常务会议。副省长吴晓军、孙菊生、吴忠琼、秦义、胡强、陈小平，省政府秘书长张小平出席会议。会议学习贯彻中共中央统筹推进新冠肺炎疫情防控和经济社会发展工作部署会议精神。传达学习中共中央全面深化改革委员会第十二次会议精神。听取并原则同意省商务厅谢一平、省发展改革委温俊杰、省科技厅万广明关于推进全省国家级开发区创新提升打造改革开放新高地若干意见的汇报。听取并原则同意省商务厅谢一平关于中国（江西）自由贸易试验区总体方案的汇报。研究省政府3月份重点工作。

3月9日，省长易炼红主持召开第41次省政府常务会议。副省长吴晓军、孙菊生、吴忠琼、秦义、胡强、陈小平，省政府秘书长张小平出席会议。会议听取并原则同意关于坚决打赢疫情防控阻击战和污染防治攻坚战有关情况的汇报及下步工作建议。

3月25日，省长易炼红主持召开第42次省政府常务会议。副省长吴晓军、孙菊生、吴忠琼、秦义、胡强、陈小平，省政府秘书长张小平出席会议。会议学习贯彻中共中央总书记习近平在3月18日中央政治局常委会上的重要讲话精神，听取并原则同意关于《江西省推动物流高质量发展促进形成强大国内市场三年行动计划（2020—2022年）》《江西省数字经济发展三年行动计划（2020—2022年）》的汇报，原则同意《2019年度全省政府系统"五型"政府建设先进集体和先进个人建议表彰名单》。

3月28日，省长易炼红主持召开第43次省政府常务会议。副省长殷美根、孙菊生、吴忠琼、秦义、胡强、陈小平、吴浩，省政府秘书长张小平出席。会议学习贯彻中共中央总书记习近平在二十国集团领导人特别峰会上的重要讲话精神和3月27日中共中央政治局会议精神，研究省政府领导分工安排。

4月9日，省长易炼红主持召开第44次省政府常务会议。副省长殷美根、孙菊生、吴忠琼、秦义、陈小平、吴浩，省政府秘书长张小平出席。会议传达学习中共中央总书记习近平在4月8日中央政治局常委会上的重要讲话精神，听取全省一季度经济运行情况汇报，分析一季度经济形势，部署下一阶段工作。

4月26日，省长易炼红主持召开第45次省政府常务会议。副省长殷美根、孙菊生、吴忠琼、秦义、胡强、陈小平、吴浩，省政府秘书长张小平出席会议。会议传达学习中共中央总书记习近平在4月17日中央政治局会议上的重要讲话精神，听取并原则同意《关于江西省国资国企改革创新三年行动方案》《关于全面推行城乡供水一体化指导意见》《关于实施产业链链长制工作方案》的汇报，研究省政府5月份重点工作。

5月14日，省长易炼红主持召开第46次省政府常务会议。副省长殷美根、吴忠琼、秦义、胡强、陈小平、吴浩，省政府秘书长张小平出席会议。会议学习贯彻中共中央总书记习近平在5月6日中央政治局常委会上的重要讲话精神，听取并原则同意《关于萍乡经开区等9个县（市、区）和开发区相对集中行政许可权改革试点方案》《关于支持赣州打造对接融入粤港澳大湾区桥头堡若干政策措施》《关于做好"六稳"工作落实"六保"任务实施意见》的汇报，原则同意提出的下一步工作建议。

6月4日，省长易炼红主持召开第47次省政府常务会议。副省长殷美根、孙菊生、秦义、陈小平、吴浩，省政府秘书长张小平出席会议。会议传达学习中共中央总书记习近平在中央政治局第二十次集体学习时的重要讲话精神，学习贯彻全国两会和全省领导干部会议精神，研究省政府6月份重点工作。

6月22日，省长易炼红主持召开第48次省政府常务会议。副省长殷美根、吴忠琼、秦义、胡强、陈小平、吴浩，省政府秘书长张小平出席会议。会议传达学习中共中央总书记习近平关于长江重点水域禁捕退捕工作重要批示精神，研究江西省贯彻落实意见。学习贯彻国务委员、公安部部长赵克志6月19日到赣调研时的讲话精神。听取关于全省决战决胜脱贫攻坚工作情况的汇报,原则同意提出的下一步工作安排。

7月9日,省长易炼红主持召开第49次省政府常务会议。副省长殷美根、吴忠琼、秦义、陈小平、吴浩,省政府秘书长张小平出席会议。会议传达学习中共中央总书记习近平在中央全面深化改革委员会第十四次会议上的重要讲话和对禁毒工作的重要指示精神。听取全省上半年经济运行情况的汇报,分析全省上半年经济形势,部署下一阶段工作。

7月24日,省长易炼红主持召开第50次省政府常务会议。副省长殷美根、吴忠琼、孙菊生、秦义、胡强、陈小平、吴浩,省政府秘书长张小平出席会议。会议传达学习中共中央总书记习近平在7月17日中央政治局常委会和企业家座谈会上的重要讲话精神,听取并原则同意关于江西省第二次全国污染源普查情况、关于加快实施“三线一单”生态环境分区管控意见的汇报,研究省政府8月份重点工作。

8月18日,省长易炼红主持召开第51次省政府常务会议。副省长殷美根、吴忠琼、孙菊生、秦义、胡强、陈小平、吴浩,省政府秘书长张小平出席会议。会议传达学习中共中央总书记习近平对“十四五”规划编制工作作出的重要指示精神,研究部署加快新型基础设施项目建设、推进人民防空高质量发展等工作。

8月31日,省长易炼红主持召开第52次省政府常务会议。副省长殷美根、吴忠琼、孙菊生、胡强、陈小平、吴浩,省政府秘书长张小平出席会议。会议传达学习中共中央总书记习近平在经济社会领域专家座谈会上的重要讲话和在扎实推进长三角一体化发展座谈会上的重要讲话精神,听取对《防范和惩治统计造假弄虚作假重要文件选编》的解读,研究省政府9月份重点工作。

9月14日,省长易炼红主持召开第53次省政府常务会议。副省长殷美根、吴忠琼、孙菊生、秦义、陈小平、吴浩、罗小云,省政府秘书长张小平出席会议。会议传达学习中共中央总书记习近平在中央财经委员会第八次会议上的重要讲话精神,研究部署加强全省流域综合管理、推动基础设施高质量发展等工作。

9月28日,省长易炼红主持召开第54次省政府常务会议。副省长殷美根、吴忠琼、孙菊生、陈小平、吴浩、罗小云,省政府秘书长张小平出席会议。会议听取关于江西省“十四五”规划编制情况的汇报,原则同意下一步工作安排。

10月14日,省长易炼红主持召开第55次省政府常务会议。副省长殷美根、吴忠琼、孙菊生、秦义、胡强、陈小平,省政府秘书长张小平出席会议。会议学习贯彻中共中央总书记习近平在中央政治局第二十三次集体学习时的重要讲话精神,传达学习国务院总理李克强在经济形势部分地方政府主要负责人视频座谈会上的讲话精神,分析全省前三季度经济形势,部署下一阶段工作。

11月2日,省长易炼红主持召开第56次省政府常务会议。副省长殷美根、吴忠琼、孙菊生、秦义、陈小平、罗小云,省政府秘书长张小平出席会议。会议传达学习中共十九届五中全会精神,研究部署全省政府系统贯彻落实意见。

2020年11月25日,省长易炼红主持召开第57次省政府常务会议。副省长殷美根、吴忠琼、孙菊生、陈小平、罗小云,省政府秘书长张小平出席会议。会议学习贯彻中共中央总书记习近平在中央全面深化改革委员会第十六次会议、全面推动长江经济带发展座谈会上的重要讲话精神,传达学习国务院副总理韩正在江西考察时的重要要求。研究省政府12月份重点工作。

12月11日,省长易炼红主持召开第58次省政府常务会议。副省长殷美根、吴忠琼、孙菊生、秦义、胡强、陈小平、吴浩、罗小云,省政府秘书长张小平出席会议。会议传达学习中共中央总书记习近平在12月3日中央政治局常委会上的重要讲话精神,听取并原则同意关于贵溪市等22个县(市、区)和开发区(新区)相对集中行政许可权改革试点方案的汇报。

12月21日,省长易炼红主持召开第59次省政府常务会议。副省长殷美根、吴忠琼、孙菊生、秦义、胡强、陈小平、吴浩、罗小云,省政府秘书长张小平出席会议。会议学习贯彻中共中央总书记习近平在中央政治局第二十六次集体学习时的重要讲话精神,传达学习中央经济工作会议精神,研究全省政府系统具体贯彻落实举措。

【省政府党组会议】 1月20日,省政府党组书记易炼红主持召开省政府党组(扩大)会议,党组成员吴忠琼、胡强、陈小平、张小平出席会议。会议集中学习中共中央总书记习近平在中央政治局“不忘初心、牢记使命”专题民主生活会和中央“不忘初心、牢记使命”主题教育总结大会上的重要讲话精神,动员全省加快建设富裕美丽幸福现代化江西。

1月31日,省政府党组书记易炼红主持召开省政府党组会议。党组成员吴晓军、吴忠琼、秦义、胡强、陈小平、张小平出席,副省长孙菊生列席会议。会议深入学习贯彻中共中央总书记习近平关于新型冠状病毒感染的肺炎疫情防控的重要讲话和重要指示批示精神,贯彻落实中共中央《关于加强党的领导、为打赢疫情防控阻击战提供坚强政治保证的通知》,充分发挥省政府党组的示范带动作用,引领全省各级政府及其工作人员为打赢疫情阻击战作出积极贡献。

2月11日,省政府党组书记易炼红主持召开省政府党组会议。党组成员吴晓军、吴忠琼、秦义、胡强、陈小平、张小平出席,副省长孙菊生列席会议。会议传达学习中共中央总书记习近平2月10日在北京调研指导新冠肺炎疫情防控工作时的重要讲话精神,学习贯彻2月10日中央应对新冠肺炎疫情工作领导小组会议精神,部署打赢疫情防控的人民战争、总体战、阻击战。

3月7日,省政府党组书记易炼红主持召开省政府党组会议,省政府党组成员吴晓军、吴忠琼、秦义、胡强、陈小平、张小平出席。会议强调,要统筹抓好新冠肺炎疫情防控和经济社会发展,强力推进“五型”政府建设,打造忠诚干净担当干部队伍,全面提升政府治理能力和水平。

4月15日,省政府党组书记易炼

红主持召开省政府党组会议，党组副书记殷美根，党组成员吴忠琼、秦义、胡强、陈小平、吴浩、张小平出席，副省长孙菊生列席会议。会议学习中共中央总书记习近平关于扶贫工作重要论述，结合习近平视察江西时重要讲话精神和中央脱贫攻坚专项巡视"回头看"反馈意见进行学习研讨，审议省政府党组对照检查材料，为高质量开好专题民主生活会做好准备。

4 月 21 日，省政府党组书记易炼红主持召开省政府党组脱贫攻坚专项巡视"回头看"整改专题民主生活会，党组副书记殷美根，党组成员吴忠琼、秦义、胡强、陈小平、吴浩、张小平出席会议。副省长孙菊生，中央纪委国家监委第六监督检查室一级巡视员、纪检监察员闫京志列席。

7 月 9 日，省政府党组书记易炼红主持召开省政府党组（扩大）会议，党组副书记殷美根，党组成员吴忠琼、秦义、陈小平、吴浩、张小平出席会议。会议传达学习新修订的《党委（党组）意识形态工作责任制实施办法》和《关于当前意识形态领域情况的通报》，审议通过省政府党组《关于严格落实意识形态工作责任制的实施方案》。

7 月 24 日，省政府党组书记易炼红主持召开省政府党组（扩大）会议，党组副书记殷美根，党组成员吴忠琼、秦义、胡强、陈小平、吴浩、张小平出席，副省长孙菊生列席会议。会议传达学习《党委（党组）落实全面从严治党主体责任规定》《中央宣传部、中央组织部关于认真组织学习〈习近平谈治国理政〉第三卷的通知》，审议《省政府党组深入落实全面从严治党主体责任实施方案》，对全省政府系统学习《习近平谈治国理政》第三卷提出要求。

9 月 24 日，省政府党组书记易炼红主持召开省政府党组（扩大）会议，党组副书记殷美根，党组成员吴忠琼、秦义、张小平出席，副省长孙菊生列席会议。会议强调，要按照中共中央的部署要求和省委的具体安排，持续推动《习近平谈治国理政》第三卷学习贯彻往深里走、往心里走、往实里走，把中共党的理论创新成果转化为推动全省高质量跨越式发展的硕果。

11 月 27 日，省政府党组书记易炼红主持召开省政府党组（扩大）会议，党组副书记殷美根，党组成员吴忠琼、秦义、陈小平、吴浩、罗小云、张小平出席会议，副省长孙菊生列席会议。会议学习贯彻中共十九届五中全会和省委十四届十二次全会精神，部署推动各项重大任务、重要举措、重点项目落地落实。

（省政府办公厅）

重大政策

【印发《关于有效应对疫情稳定经济增长 20 条政策措施的通知》】 2 月 4 日，省政府印发该通知，从加强对疫情防控物资和生活必需品生产企业的扶持、帮助实体企业渡难关、以扩投资为重点稳需求、加大企业稳岗和就业促进力度 4 个方面提出 20 条措施，着力促进全省经济平稳增长。

【印发《关于抢时间保进度强弱项补缺口努力实现全年经济社会发展目标的实施意见》】 3 月 2 日，省政府印发该意见，针对疫情对江西省经济社会造成的直接影响和形成的主要经济指标缺口，从分区分级施策、强化要素保障、加快政策落地、优化政务服务、增强发展后劲、营造浓厚氛围 6 个方面提出 20 条政策措施，着力抢时间、保进度、强弱项、补缺口，确保如期全面建成小康社会和"十三五"规划圆满收官。

【印发《关于推进全省国家级开发区创新提升打造改革开放新高地的若干意见》】 3 月 6 日，省政府印发该意见，从深化体制机制改革、打造高质量开放发展新高地、加快推进产业集聚发展、不断优化发展环境、提高要素保障能力 5 个方面提出 20 条政策措施，全力推进江西省国家级开发区高水平开放、高质量发展。

【印发《关于纵深推进"放管服"改革全面优化政务服务助力经济社会发展若干措施的通知》】 3 月 21 日，省政府办公厅印发该通知，从全力服务企业复工复产、不断夯实政务服务基础、加快推进政务服务线上办理、进一步释放改革创新活力、切实加强政务服务效能监督 5 个方面提出 20 条措施，着力深化"放管服"改革、打造"四最"营商环境。

【印发《关于切实加强高标准农田建设巩固粮食主产区地位的实施意见》】 4 月 3 日，省政府办公厅印发该通知，推动藏粮于地、藏粮于技，以提升粮食产能为首要目标，加大资金投入，强化监督管理，大力推进高标准农田建设，巩固江西省粮食主产区地位。

【印发《关于实施产业链链长制工作方案的通知》】 4 月 28 日，省政府办公厅印发该通知，以制造业、商贸流通、文化和旅游、房地产建筑等为重点，以产业高端化、智能化、绿色化、服务化为方向，坚持龙头引领、专业配套、区域联动、产供销一体，加快推动产业链转型升级、做优做强做大，为江西高质量跨越式发展提供坚实支撑。

【印发《关于全面推行城乡供水一体化的指导意见》】 5 月 12 日，省政府印发该意见，决定在全省范围内全面推行城乡供水一体化，通过 5 年努力，力争 2025 年年底前，各县（市、区）城乡供水一体化模式进一步优化，农村居民喝上安全水、放心水、幸福水的愿望基本实现。

【印发《关于做好"六稳"工作 落实"六保"任务的实施意见》】 5 月 22 日，省政府印发该意见，加大稳就业、稳金融、稳外贸、稳外资、稳投资、稳预期工作力度，着力保居民就业、保基本民生、保市场主体、保粮食能源安全、保产业链供应链稳定、保基层运转，确保完成决战决胜脱贫攻坚目标任务，与全国同步全面建成小康社会。

【印发《关于促进乡村产业振兴的实施意见》】 5 月 26 日，省政府印发该意见，以实施乡村振兴战略为总抓手，以农业供给侧结构性改革为主线，通过做大优势主导产业、做精乡村特色产业、做强农产品加工业、做实乡村新型服务业,促进一二三产业融合发展,推动江西省乡村产业振兴。

【印发《江西省洪涝灾害灾后重建和恢复生产工作方案的通知》】 7月28日,省政府办公厅印发该通知,重点围绕农业生产恢复正常,水利、交通、能源、通信、公共服务设施恢复重建等8个方面,科学开展灾情评估,抓紧编制重建规划,全力加快组织实施,有效推进灾后重建和恢复生产,统筹打好疫情防控阻击战、抗洪救灾攻坚战、经济社会发展推进战。

【印发《关于整省推进职业教育综合改革提质创优的意见》】 7月30日,教育部与省政府联合发文,以红色文化传承为特色,以服务经济社会发展为导向,探索适应新时代中部地区和革命老区需求的职业教育发展新路,为建立新时代中国特色职业教育制度提供"江西方案"。

【印发《关于促进建筑业转型升级高质量发展的意见》】 11月11日,省政府办公厅印发该意见,充分发挥建筑业在国民经济中的支柱作用,大力推行绿色建造、装配式建造,打造具有国际竞争力的"江西建造"品牌,实现建筑业高质量发展。

【印发《关于进一步支持赣江新区高质量跨越式发展的若干意见》】 12月5日,省政府办公厅印发该意见,进一步鼓励赣江新区改革创新、先行先试,注重高起点规划、高标准建设、高水平开放、高质量发展,努力把赣江新区打造成全省高质量跨越式发展的强大引擎和内陆双向开放的亮丽窗口。

【印发《关于江西省产业集群提能升级计划(2021—2025年)的通知》】 12月19日,省政府办公厅印发该意见,以扩规模、提能级、强链条、壮实力为主要目标,推动江西省"2+6+N"产业高质量跨越式发展,力争到2025年,省级重点产业集群营业收入增速高于同期全省工业平均水平2个百分点左右,总量突破3万亿元,打造超千亿元产业集群15个。

(省政府办公厅)

督　　查

【配合中共中央、国务院开展督查】 跟进落实党和国家领导人重要批示。全年共督促办理党和国家领导人对江西政府工作重要批示35件,其中已办结29件、正在推进6件。跟进落实国务院《政府工作报告》重点工作任务。组织专门人员梳理形成涉及地方的93项重点工作任务清单,及时印发《2020年国务院〈政府工作报告〉重点工作任务跟进落实分工方案》,督促各地各部门主动对接、抓好落实。跟进落实国务院及国办印发的重要文件。针对国务院及国办印发的重要文件,一一登记转办情况,每季调度办理落实进展,并以《江西政务督查》形式印发省政府及办公厅领导,于年底以省政府名义向国务院报送贯彻落实情况。跟进落实国务院督查激励措施。研究吃透国办发〔2018〕117号文件精神,认真对照30项督查激励措施,专门召开对接争取工作部署会,落实责任分工,明确目标要求,共有15项工作、累计17次获国务院督查激励,是历年来数量最多的一次。

【重大决策部署督办落实】 为推动中共中央总书记习近平视察江西重要讲话精神落地见效,与省委办公厅共同牵头组成4个督查组,采取暗访抽查、实地察看、座谈访谈等方式,对部分设区市、省直部门、省属企业、重点高校等开展实地督查,着力发现和推动解决一批突出问题,促进各项工作任务落实。全力以赴抓好《省政府工作报告》落实。从报告中梳理分解出216项重点工作任务,明确牵头领导、牵头部门和责任单位,形成一季度分解落实,二、三季度全面调度,四季度重点督办量化指标的常态化调度机制。扎实有效组织相关专项督查。对江西疫情防控重点措施落实情况和涉及国计民生企事业单位开工开业情况进行专题调度,为省委、省政府打赢疫情防控阻击战发挥参谋助手作用。紧盯国内外疫情防控和经济形势的阶段性变化,先后围绕重点企业和重大项目复工复产、省政府"两个实施意见"贯彻落实、64个重大产业项目建设、开发区引进"5020"项目、推动落实"六稳""六保"等主题开展16次专项督查,相关成果得到省委、省政府领导高度肯定,部分建议已被吸收转化为政策文件。

【民生实事督查】 认真核查国务院"互联网+督查"平台问题线索。对平台转来的问题线索,第一时间分类转办,依法依规调查核实,按时上报核查结果,确保客观、真实、准确。全年共办结挂牌督办问题线索1件,限期核查问题线索27件,转办一般问题线索1118件,其中九江群众反映车管所强制要求驾校考生参加收费模拟考试等5件问题线索,督促当地深查实改,办理结果得到国办督查室肯定并予以正面刊发。督促办理代表建议和政协提案。坚持"民有所呼,政有所应",全年共督促承办单位办理全国人大代表建议11件、政协提案3件和省人大代表建议443件、政协提案792件,办复率均达100%。探索创新人大代表对政府意见建议及时反馈机制,组织人员到会听取讨论《政府工作报告》的意见建议,并以短信方式于当天将转办情况反馈代表,开启快速响应代表意见建议的新模式,得到代表们的好评和新闻媒体的广泛关注,省委、省人大常委会、省政府相关领导予以肯定。及时处理省"五型"政府建设监督员建议。着眼规范监督员建议办理工作,提高办理质量和效率,研究出台《省"五型"政府建设监督员建议办理工作细则》,从办理的原则、流程和要求等方面进行明确,全年共办理监督员转来的问题线索和意见建议193条。

【领导批办交办事项督查】 2020年,省政府办公厅严格落实《省长批示交办事项督办工作细则》,督办落实省长批示847件、调研交办事项62项,做到"件件有回应、事事有着落"。

(省政府办公厅)

办理人大代表建议和政协委员提案

【概　况】 2020年省两会期间,省

人大常委会办公厅、省政协办公厅共向省政府系统交办省人大代表建议、省政协提案 1235 件，其中省十三届人大四次会议代表建议 443 件，省政协十二届三次会议提案 792 件。所有人大代表建议、政协委员提案均在规定时间内办结。

【建议提案办理机制】 受新冠肺炎疫情影响，2020 年省人大代表建议和政协委员提案全部通过网上进行交办。经省政府同意，省政府办公厅专门下发《关于认真做好省十三届人大四次会议代表建议和省政协十二届三次会议提案办理工作的通知》，要求省政府系统各承办单位强化责任意识，加强组织协调，对每件建议提案分解落实，做到定领导、定处室、定要求、定时限，以过硬的工作作风，认真负责、积极主动地抓好办理工作，确保抓出实效、取信于民。各承办单位按照《关于认真做好省十三届人大四次会议代表建议和省政协十二届三次会议提案办理工作的通知》要求，将建议提案办理工作纳入党委(党组)工作部署，坚持主要领导负总则、分管领导具体负责、办公室协调督办、承办处室具体落实，并选派业务精湛、作风优良、责任心强的工作人员负责建议办理工作，一一建立台账，逐条分解任务，明确时间节点，落实责任主体，确保办理工作顺利推进，做到事事有回音、件件有落实。

【建议提案办理落实】 省政府办公厅将建议提案办理工作纳入年度督查计划和法治政府建设考评内容，从“领导参与率”“办结率”“面商率”“满意率”等多个方面，加强对建议提案办理工作的目标管理和质量管理。针对代表不满意的建议提案答复，督促相关承办单位重新研究办理，进行“二次答复”。省政府系统各承办单位在办理过程中注重与代表本人的沟通联络，并深化与其他协办单位的衔接会商。加强主办单位与省人大代表、省政协委员的沟通。坚持“走出去”与“请进来”相结合，通过会议座谈、上门走访、电话邮件等多种方式，了解省人大代表、省政协委员本意、提出背景和办理要求，所有建议均与代表、委员全程沟通，充分听取代表、委员意见，共同推进建议提案办理工作。加强各承办单位之间特别是主办单位与协办单位之间的衔接。针对具备办理条件、可以马上解决的问题，协办单位迅速予以落实；针对历史遗留或办理条件还不成熟的问题，协办单位将意见建议纳入议事日程，列出办理清单逐步解决完善。主办单位积极发挥牵头作用，与协办单位之间形成工作合力，确保建议提案办理按时保质完成。

（省政府办公厅）

外事工作

【概　况】 2020 年，江西外事工作以习近平新时代中国特色社会主义思想为指引，深入贯彻习近平外交思想，坚决落实中央和省委省政府决策部署，切实加强党对外事工作集中统一领导，统筹推进疫情防控和涉外工作，坚持迎难而上、主动作为，努力克服疫情影响，推动全省高水平开放、高质量发展。

【涉外疫情防控】 参与全省抗疫斗争，负起涉外疫情防控组长单位职责，第一时间启动涉外应急防控机制，制定实施江西省防范境外疫情信息报告、隔离管控、检测检疫、转运转送、医疗救治“五个闭环”管理防控方案，连续制发 8 项涉外防控机制措施。参与抗疫国际合作，抗疫初期紧急从日本采购防护服 3800 套，积极与日本江西总商会联系，争取到江西第一批海外捐赠口罩 1.2 万只，解抗疫一线之急。此后，先后向 50 个国际友城和友好组织捐赠防护物资。5 月，组建援乌联合工作组，到乌兹别克斯坦援助抗疫，得到外交部及乌兹别克斯坦等各方肯定。服务“六稳六保”，保障全省产业链、供应链畅通和持续正常对外经贸往来，协调争取中韩“快捷通道”，先后办理 32 个国家 97 批 204 人次急需外国人才入境入赣复工复产。建立服务海外企业长效机制和咨询服务绿色快捷通道，联合省卫健委、省商务厅组建海外企业疫情防控专家咨询委员会，跟进海外疫情形势设立领事保护热线和 24 小时涉外疫情专线，提供海外企业疫情防控工作专业指导服务和帮助。牵头建立“江西海外利益安全工作协调机制”，全年共妥善处理涉及 30 多个国家和地区涉外案(事)件 61 起、领保案(事)件 49 起，特别是稳妥处置“7・22”江西国际驻尼日利亚项目部 4 名海外人质绑架案，全力维护国家

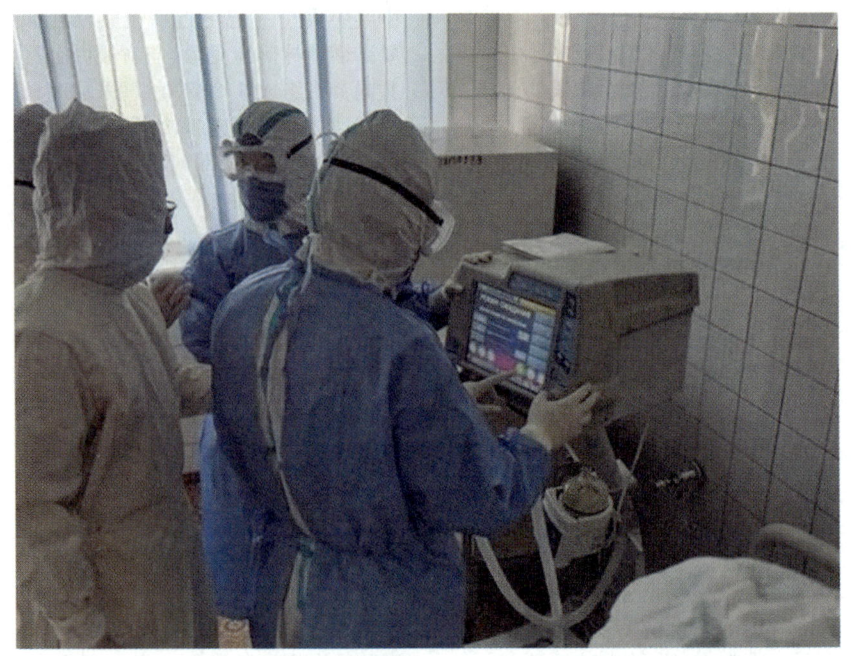

5 月，江西省派出的医疗专家指导乌兹别克斯坦医务人员救治病人，穿蓝色防护服的为中方人员　　省外办供

及江西省海外人员和利益安全。

【推进对外合作交流复苏】 克服国内外环境变化和新冠肺炎疫情冲击影响，全年新增获批友城5对。截至年底，江西省已与5大洲38个国家建立国际友城102对，提前实现全省友城总数突破百对目标。先后与湖南省委外办、上海友协签订战略合作框架协议，推动对外友好事业协同发展。4月，江西获批建设全国第3个、中部地区首个内陆开放型经济试验区，全省外事系统积极跟进、主动谋划《外事工作助力江西内陆开放型经济试验区建设方案》，获省委领导高度评价。

【云上外事】 承接2场主场国际线上外事活动。7月30日，江西作为主办方之一，成功举办2020上海合作组织传统医学论坛线上视频会议，全国人大常委会副委员长、上合组织睦委会主席沈跃跃作主旨讲话，省委书记刘奇致辞，省长易炼红主持开幕式，上合组织多国政要出席并发言。8月20日，中联部以视频形式举办中巴经济走廊政党共商机制第二次会议，宋涛部长及巴方朝野各大政党领导人出席，省委书记刘奇作为中国唯一省份代表在会上致辞，并宣布援助巴基斯坦50万元抗疫物资。组织江西省与美国犹他州、肯塔基州、新西兰东丰盛湾大区、白俄罗斯维捷布斯克州、保加利亚索菲亚大区、韩国全罗南道、乌克兰敖德萨州、俄罗斯巴什科尔托斯坦共和国、日本岐阜县等30多个国家的友城和友好组织开展视频交流活动。

【重要外宾访赣】 9月5日，全国友协率跨国公司中国区总裁代表团到江西，与江西省达成多个项目投资合作意向，省长易炼红会见代表团一行。10月19日，24名来自亚非地区21个国家的北京大学“东方奖学金”非洲学员团走进江西，了解江西红色革命历史及基层治理经验，重点考察江西在生态文明建设、脱贫攻坚等方面的理念与实践。10月27日，外交部、中国宋庆龄基金会和省政府主办第五届中非青年大联欢活动，访赣团由42名来自非洲各国在华青年留学生及使领馆工作人员组成，通过参观考察和座谈交流，加深非洲青年对江西经济社会发展成就的了解和发展道路及理念的认同。年内，埃塞俄比亚驻华大使、哈萨克斯坦共产人民党干部考察团，新加坡、泰国驻华总领事和埃塞俄比亚、科特迪瓦驻广州总领事等相继访赣。

【外事管理】 全年，全省因公出国（境）172批469人次，劝退团组13个，核减人数36人，核减天数167天。5月，出台《江西省人民政府外事办公室关于进一步做好APEC商务旅行卡实施细则》，建立国有企业外事管理联席会议机制和企业白名单制度，进一步降低办卡门槛，对国企尝试进行集中提前审批，助力企业人员“走出去”，开拓深耕海外市场。7月，江西外事综合服务管理平台正式上线，在全国第一个实现因公出国（境）任务报批、护照申办、签证办理、领事认证、邀请外国人来赣、APEC商务旅行卡等业务“一网通办”，有效破解因公出国（境）事中事后监管难题。

【外交外事走企业进高校活动】 10月26日—27日，“外交外事服务走企业”“外交外事知识进高校”活动相继走进江西铜业集团有限公司和南昌大学。走企业、进高校活动在江西省均为首次举办。外交部外管司副司长林先江等实地调研企业对外交流与合作情况，为省内多所高校师生上外交外事课，引导师生正确认识世界和中国发展大势，并为服务企业“走出去”参与国际交流合作提供支持。

【全省外办主任会议召开】 6月9日，全省外办主任会议在南昌召开，会议传达学习2019年全国地方外办主任会议、省委外事工作委员会第三次会议精神，总结2019年工作，部署2020年下半年工作任务。省委外办主任、省外办党组书记、主任赵慧讲话，办领导、省友协专职副会长、驻省政协纪检监察组组长出席会议，各设区市、赣江新区、省直管县（市）外办主任，省委外事委成员单位及省直有关单位外事部门负责人，省外办、省友协机关各处室（部门）主要负责人共60余人参会。会议回顾了2019年全省外事及中国港澳事务工作服务国家总体外交和经济社会发展、融入共建“一带一路”推进对外开放合作、加强因公出国境管理和涉外安全保护、开展民间外交讲好江西故事等方面的成绩，总结涉外疫情防控以来各阶段工作成效，对特色外事工作进行通报。

（陈章军）

港澳事务

【概　况】 2020年，全省港澳事务工作部门全力服务港澳同胞共战疫情，协调香港厂家订购口罩等生产原料，协助香港居民办理疫情期间到赣事项，努力为港澳居民申领、使用健康码在赣通行提供便利。联系并争取应善良基金会捐赠省中医药大学30名贫困学子共计42万元，捐赠村道、桥梁等3个项目共计86.23万元，乐善行基金会捐赠赣州上犹县、安远县及崇义县中小学教学楼、宿舍楼、操场等3个项目共计110万元。联合启动“牵手江西 · 同心筑梦”第五届赣港澳台青少年系列交流活动，首次举办以“牵手江西 · 共话友谊”为主题的4地青少年线上交流活动。

【加强与港澳联络】 派员参团到中国澳门地区出席第11届国际基础设施投资与建设高峰论坛开幕式。其间，拜访中央人民政府驻澳门特区联络办公室、中国－葡语国家经贸合作论坛（澳门）常设秘书处、澳门贸易投资促进局等机构和部门，走访南光（集团）有限公司、新中源集团有限公司、中药质量研究国家重点实验室等企业和机构，会见澳门会议展览业协会、澳门江西商会（同乡会）、澳门云南商会以及中葡电子商务协会等商协会负责人，并实地调研第20届澳门美食节。香港特区政府驻武汉办事处主任冯浩贤、新任主任郭伟勋，香港贸发局华东、华中首席代表吕剑相继访赣。

【青少年交流】 6月28日，配合省委

统战部，联合其他港澳台青少年交流基地共建单位，启动“牵手江西·同心筑梦”第五届赣港澳台青少年系列交流活动。首次举办以“牵手江西·共话友谊”为主题的四地青少年线上交流活动，来自赣港澳台四地的青少年齐聚网络直播间，畅所欲言、共话友谊，直播活动刷屏各大网络媒体，吸引众多网友参与互动。半小时内累计观看点击量近23万人次。

（陈章军）

政策研究

【概　况】 2020年，省政府研究室以习近平新时代中国特色社会主义思想为指导，深入贯彻落实中共十九届四中、五中全会精神及省委十四届十一次全会、十二次全会精神，按照中共中央总书记习近平视察江西重要讲话和重要指示要求，紧紧围绕全省大局，认真履行以文辅政、调查研究、决策咨询职能，统筹做好疫情防控和各项业务工作，在服务全省大局、完善咨询机制、推动智库建设等方面取得新的进展和成效。

【调查研究】 省政府研究室紧扣中央和省委、省政府决策部署，聚焦全省发展重点难点问题和亟待破解的突出矛盾开展专题调研，形成41篇专题调研报告，其中25篇得到省领导批示，为省委、省政府决策提供有价值的参考。在深入一线调研、广泛听取意见的基础上，提出支持和推进赣江新区发展的4点建议，优化赣江新区管理体制机制，得到中央巡视组肯定。根据省政府领导批示要求，到北京、浙江、山东、内蒙古、安徽、湖南等省（自治区、直辖市）学习考察，形成《推动产业数字化重塑我省制造业新优势的思考与建议》《创新赣江新区整体开发模式 推动大南昌都市圈高质量跨越式发展》《关于扶持我省旅游业有效应对新冠肺炎疫情影响的政策建议》《让我省中医药瑰宝插上腾飞的翅膀——推动我省中医药产业在传承与创新中加快发展的调研报告》《江西经济增长与全国及有关省市区对比分析》等调研报告，得到省领导肯定。

【建言献策】 创新建立经济形势六方会商机制，定期对全省经济运行情况进行分析研判，为省委、省政府提供更加全面、准确、深度的数据参考和对策建议。推动联合国教科文组织国际自然与文化遗产空间研究技术中心（南昌分中心）正式立项，为全国第4个。围绕筹建景德镇国际丝路学院开展可行性调研并提出有关意见和建议，为学院的落地发挥积极作用。通过及时上报和建言，推动投资300亿元的康佳半导体项目落户。加强与国务院研究室的汇报联系，建立向国务院研究室报送信息通道，使江西省的一些好经验好做法和创新举措可以直送国务院领导。对省委、省政府以及省直有关部门拟出台的17个政策性文件提出40条意见和建议。组织专家学者和特约研究员为全省“十四五”规划编制和省政府重点工作建言献策。

【智库建设】 创造性推动国务院发展研究中心与省政府签署合作备忘录。10月中下旬，特邀国研中心党组书记马建堂出席2020年度VR产业大会发表主旨演讲，并与省长易炼红签署《国务院发展研究中心　江西省人民政府合作备忘录》，使江西成为全国第四个与国研中心签署合作备忘录的省份，国研中心国情调研江西基地、铜鼓县“生态文明建设调查基地”等合作项目已进入实质性运作。在国研中心支持下，经省政府研究室统筹协调，寻乌县作为全国3个脱贫县代表之一，参加由中国国际发展知识中心主办、国际多边机构和多国驻华使馆官员出席、主题为“中国脱贫攻坚的做法”的第二场交流对话沙龙，向全世界分享寻乌县脱贫攻坚经验。10月下旬和11月底至12月初，与国研中心所属的中国经济时报社调研组到宜春市铜鼓县共同开展县域经济调研。协调省商务厅、省文旅厅等部门与中国国际经济交流中心上海分中心开展复星集团全产业链与江西省政府全面合作的可行性调研。参加国研中心关于长江中游城市群住房发展情况调研座谈会。根据政府工作报告，精选9个课题作为省政府研究室2020年度重点课题，并协调列入江西省社科基金项目。通过定向委托方式，从省内高校、研究机构和新型智库中优选11名专家学者领题开展研究。制定《省政府研究室2020年度重点课题管理办法》，进一步规范课题申报、结题方式、经费使用以及奖惩措施。截至年底，9个课题全部完成，其中4个获省领导肯定性批示。派员参加中国发展高层论坛2020年年会线上会议。

【起草2021年省政府工作报告】 10—12月，省政府研究室政府工作报告起草小组分别到11个设区市和赣江新区，深入园区企业和基层开展调查研究。在起草过程中，坚持以习近平新时代中国特色社会主义思想为指导，认真对标对表中共中央总书记习近平关于统筹疫情防控和经济社会发展的重要讲话以及指示批示精神，认真对标对表中共中央、国务院决策部署，全面落实省委抗疫情、战洪水、促发展的工作部署和举措要求，广泛听取和吸纳省直单位、企业、专家学者和基层干部群众的意见建议，做到目标明确、举措精准、内容精辟。省政府工作报告经省政府常务会议和省政府全体会议讨论、省委常委会会议审议后，提请省十三届人大五次会议审议通过。

（赖庆）

机关事务

【疫情防控】 把好防控关、清洁关、餐饮关、消杀关，开展疫情排查、防控执勤、体温检测等工作，确保省级集中办公区和生活区疫情“零输入”。先后3次跨省运回防疫紧缺物资口罩800余万只、医用手术衣5.15万件，完成江西籍入境人员北京接转、对口支援湖北随州及全省疫情防控车辆保障、江西省向抗击新冠肺炎牺牲的烈士和逝世的同胞默哀活动等重大任务。

【制止餐饮浪费行为】 贯彻中共中央总书记习近平关于制止餐饮浪费行为重要指示精神，牵头起草并以

"两办"名义印发《厉行节约制止餐饮浪费工作方案》,推动厉行节约制止餐饮浪费行为长效治理。以党政机关食堂和公务接待场所为主阵地,播放宣传短片、张贴宣传海报、创新"改套餐制为点餐制""大盘变小盘""半份菜"等简约供餐模式,机关食堂标准化、规范化管理扎实推进。活动开展以来,省级党政机关集中办公区食堂每日大米用量减少10%以上,厨余垃圾数量减少28%以上。

【公务用车管理】 严格落实公务用车年度统计报告制度,完成11个设区市、赣江新区及106家省直单位统计填报、数据会审和汇总分析。落实过紧日子要求,组织实施省直单位公务用车统一采购,集中更新车辆174辆,审批市县SUV及越野车243辆。加大新能源和省产汽车推广应用力度,全省采购新能源汽车568辆,省产汽车2277辆、占58%。规范做好车辆资产处置审批,办理省直单位审批手续863辆,调剂处置旧车496辆。印发《江西省公务用车信息化平台管理规范(试行)》,公务用车"全省一张网"高效运行,累计派车107万单。

【公共机构节能】 学习贯彻习近平生态文明思想,组织召开全省公共机构能源资源节约和生态环境保护工作视频会议,出台全省公共机构绿色办公行为准则。推进公共机构垃圾分类,将垃圾分类工作纳入公共机构节能年度考核和示范单位创建等重要内容。发挥公共机构示范引领作用,创建第四批国家级节约型示范单位66家、第二批能效领跑者6家。加大节水型单位建设力度,省直机关节水型单位创建率100%,省属事业单位创建率达62%,完成"十三五"创建任务。

【办公用房管理】 制定出台党政机关办公用房管理使用若干问题解释等规范性文件。推进党政机关办公用房权属统一登记,协调税务、财政、自然资源、不动产登记等部门,商定变更登记、税费减免、手续办理等事宜,完成审计厅、生态环境厅、林业局、信访局等首批4家省级党政机关办公用房权属变更登记。强化办公

3—4月,省机关事务管理局在北京协助接转江西籍入境人员

省机关事务管理局供

用房使用监督管理,统筹做好省委宣传部、省司法厅、省医保局等单位办公用房收储调剂,对88家省级党政机关办公用房实际使用面积进行审核汇总,科学合理划定使用上限。

【重点项目管理】 克服疫情影响,组织召开省机关事务重点项目调度会议,强化统筹协调,狠抓项目进度,省直机关第五保育院一部装修改造项目完工并开园招生,省人民来访接待中心完成报建、设计、招投标并启动施工,省文印中心项目完成设计方案,前湖二期项目完成初步方案设计,省直机关公务人员周转住房项目一期建设方案启动编制,省级公务用车调度指挥中心项目完成使用功能需求收集。

【局属单位发展】 按照依法依规、公平公正、统筹推进原则,注重保障职工合法权益,有序推进经营性事业单位转企改制。同时做实做细9家经营性事业单位资产清查、财务审计、债务处理等基础性工作,依托赣勤集团平台资源优势,打造建筑、酒店、餐饮、印刷等多元化产业链,为干部职工发展提供更大平台。

【后勤服务保障】 省行政中心先后投入560余万元推进安防设施智能化建设,全力维护省级集中办公区安全稳定,协调处置群体性上访事件775批6645人次。整合一卡通消费、访客通行、会务预订等业务功能,完成江西机关事务APP一期建设。组织"服务保障再提升"金点子评选活动,开展省级集中办公区物业服务质量联合监督考评,精心做好绿化养护、电梯保养、维修改造等工作,采取开设特色小吃窗口、举办赣菜创新品鉴和赣菜精品展示周活动等措施,优质安全保障140余万人次用餐。完成抗疫防汛及全国工商联执委会议、世界VR产业大会等用车保障任务8.92万趟次、327.34万千米,高质量保障中央涉密工作会议、中央脱贫攻坚专项巡视"回头看"动员部署会等各类会议1147场次,参会人员总计91714人次。其中,国家领导参会2次、省级领导参会499次。前湖中心利用"前湖早市"开创"无接触"服务,精心做好新进住户房屋交付使用、落户、入学等事宜,服务品质有效提升;玉泉岛中心保安全、多回访、优服务,妥善做好住户保健、理发、洗衣等工作,不断丰富小区住户康体活动,营造宜居舒适的小区环境。公有用房中心积极推进房改房住宅小区成立业主委员会进行自治管理,完成老旧小区改造、智慧平安小区建设等民心工程。

(石立峰)

本栏编辑 张志勇

中国人民政治协商会议江西省委员会

综　　述

2020年，省政协坚持以习近平新时代中国特色社会主义思想为指导，一手抓自身建设，一手抓高质量履职，发挥专门协商机构作用，服务改革发展大局。

注重强化理论武装，把牢正确政治方向。深入学习习近平新时代中国特色社会主义思想。推进学习常态化，举办各类学习活动50多场次。认真研学《习近平谈治国理政》第三卷，及时跟进学习中共中央总书记习近平重要讲话和重要指示批示精神。深入学习中共十九届二中、三中、四中、五中全会精神。采取多种方式，坚持集中学习与自主学习相结合，深化对新发展阶段、新发展理念、新发展格局的认识，坚定"走好自己路、办好自己事"的信心与决心。深入学习中央、省委政协工作会议精神。开展"政协怎么办"专题讨论，制定25条贯彻措施。编辑《践诺初心 风雨同舟》视频。组织政协理论专题报告，增强把政协制度优势转化为治理效能的思想与行动自觉。

适应非常之年形势，积极主动应变作为。助力战疫。省政协主席会议成员进园区、访企业，帮助纾解企业复工复产方面困难。省政协委员300多人次主动参与社区防控，协助做好政策宣传、应急值守等工作。政协委员捐款捐物折合人民币1.1亿余元。就"野生动物养殖户如何走出养与不养两难困境"开展调研，形成8条建议。全面调研江西省个体工商户经营现状，提出22条建议。建立疫情期间政协特报机制，12期社情民意直达快送省委省政府和职能部门。助力战洪。委员积极投身抗洪抢险，提出意见建议。机关组成特别突击队，到防汛任务点，与基层干部一起防汛抗洪。主席会议成员深入抗洪一线慰问官兵、鼓舞群众。助力战贫，围绕"发展乡村产业与巩固脱贫攻坚成果"召开专题议政性常委会会议。跨年度跟踪调研油茶产业发展。主席会议成员下沉扶贫联系点，帮助协调解决生产经营难题。委员紧扣扶贫领域重点问题履职，成果得到职能部门采鉴。

全面履行政协职能，双向发力成效增强。聚焦发展大事协商议政。围绕"十四五"规划编制开展调研，提出6个方面对策。围绕全省VR产业发展，进行国内和全球发展布局及趋势研究。围绕中医药强省建设，开展全产业链发展研究。围绕后疫情时代传统旅游业转型升级，进行"旅游+康养"调研。围绕国家生态文明试验区建设，开展"提升林质林相、建设林业强省"调研。围绕"共抓大保护"推进情况和"映山红行动"开展民主监督。探索"政协角度+金融维度"协商，组织"民企+金融机构"对话。聚焦改革要事协商议政。分析研究庐山多年来管理体制改革探索历程，助推做实唱响"庐山天下悠"品牌。就"百所高校科技创新成果转化应用""加快北航江西研究院建设"等进行调研，促进成果转化和政策落地。就"法治政府建设与营商环境优化"调研，为全省出台政策文件集思广益。总结上饶学鉴余江宅改经验并探索创新的有效做法，为各地全面加强农村宅基地规范管理提供有益借鉴。聚焦民生实事协商议政。呼应"既有住宅加装电梯""小区物业管理""疫情影响下就业"等群众关切，组织委员深入调研，对话职能部门，助推问题有效解决。

上下协同形成合力，同题共答协商建言。对上主动接受指导。承办全国政协全国暨地方政协教科卫体委员会工作座谈会、第三届人口发展战略研讨会等6场重要会议，参加"加强疫情防控同时做好春耕备耕工作"等10多个课题联合调研，精心组织筹备，精细服务保障，展现江西担当与形象。对下加强联系指导。成立"两个薄弱"问题课题组，深入市县调研，广泛征求意见，提出切合实际的建议。推进政协协商与基层协商有效衔接，九江、上饶试点工作任务全面完成。各市县政协普遍搭建"党建+协商""协商你我他"等议事平台，持续开展形式多样的协商活动，助力民生难题解决。

严抓实抓自身建设，推动工作高质量发展。抓政协党的建设。健全中共党员委员联系党外委员制度。召开全面从严治党形势报告会。支持省纪委省监委派驻机构开展工作。建立委员履职廉政风险防控机制。抓专门委员会建设。制定《关于加强改进省政协专门委员会工作和制度建设的实施意见》。改进界别协商方式，开展界别活动60多次。抓委员队伍建设。将委员全员编入专委会，探索委员自主选题与给委员出题相结合，坚持通报表扬与提醒谈话制度，制定文风、会风、话风"三风"正负清单。抓提案等经常性工作。全年收到提案802件，立案663件，全部办结。坚持走访慰问民族和宗教界委员制度。组织港澳委员和特邀海外侨胞代表，参加赣台会、对接粤港澳大湾区等经贸活动。征集脱贫攻坚"三亲"史料文稿300多篇。抓机关队伍建设。持续开展"抓落实提质效年"活动。推行层级负责与扁平化管理相结合等20多项制度。打造“政协读影”品牌。全省红色文化建设交流会现场观摩省政协机关红色文化建设。

（省政协办公厅）

重要会议

【省政协十二届三次会议】 1月14日—17日在南昌召开。刘奇、易炼红、李炳军等出席会议，听取大会报告、发言，参加协商讨论。省委书记刘奇在闭幕会上发表讲话。会议审议通过姚增科代表政协江西省第十二届委员会常务委员会所作的工作报告；审议通过汤建人代表政协江西省第十二届委员会常务委员会所作的提案工作情况报告。委员们列席江西省第十三届人民代表大会第四次会议，听取、讨论并赞同省长易炼红所作的政府工作报告；讨论并赞同省高级人民法院工作报告、省人民检察院工作报告和其他报告。会议举行选举大会，以无记名投票方式，增补丁晓群、王晖、吕少军、肖萍、陈敏、徐友洪、谢金水为省政协十二届委员会常务委员。会议通过《中国人民政治协商会议江西省第十二届委员会第三次会议决议》。

【十二届常委会第九次会议】 1月3日在南昌召开。省政协主席、党组书记姚增科出席并讲话。省委常委、省委统战部部长陈兴超作人事事项说明。省政协副主席李华栋、谢茹、汤建人、陈俊卿、张勇、刘卫平、雷元江，省政协秘书长汪爽出席。会议协商讨论《政府工作报告（征求意见稿）》，审议并原则通过《政协江西省第十二届委员会常务委员会工作报告（审议稿）》《政协江西省第十二届委员会常务委员会关于省政协十二届二次会议以来提案工作情况的报告（审议稿）》和政协江西省第十二届委员会第三次会议日程，听取省政协各专门委员会2019年述职报告。

【十二届常委会第十次会议】 1月16日在南昌召开。省政协主席、党组书记姚增科主持会议。受省委委托，省委常委、省委统战部部长陈兴超作有关人事事项的说明。省政协副主席李华栋、谢茹、汤建人、刘晓庄、陈俊卿、张勇、刘卫平、雷元江，秘书长汪爽出席会议。会议审议通过《省政协十二届委员会增补常务委员人选名单（草案）》；审议通过《省政协十二届三次会议选举办法（草案）》；审议通过《省政协十二届三次会议选举大会总监票人、监票人建议名单（草案）》；审议并原则通过《政协江西省第十二届委员会第三次会议决议（草案）》；审议并原则通过《政协江西省第十二届委员会提案委员会关于省政协十二届三次会议提案初步审查情况的报告（草案）》。会议任命余慧川为省政协提案委员会副主任（专职）。

【十二届常委会第十一次会议】 6月3日在南昌召开，会议深入学习贯彻全国两会精神和省委最新决策部署，研究政协履职落实措施。省政协主席、党组书记姚增科出席并讲话。省政协副主席李华栋、谢茹、汤建人、刘晓庄、陈俊卿、张勇、刘卫平、雷元江，省政协秘书长汪爽出席。会议强调，要坚持党的全面领导，确保政治方向正确；强化责任担当，关键之时有政协建言，紧要之时有政协作为；建立委员履职绩效服务保障与监督检查评价机制；善于在不变中应变，靶向发力、精准发力；作风上要再严再实、再紧再细。

【十二届常委会第十二次会议】 7月30日—31日在南昌召开，围绕“推进乡村产业发展，巩固脱贫攻坚成果”专题协商议政。省政协主席、党组书记姚增科出席并讲话。副省长胡强到会听取委员发言并作有关情况介绍。省政协副主席李华栋、谢茹、汤建人、刘晓庄、陈俊卿、张勇、刘卫平、雷元江，秘书长汪爽出席。会议视频连线对话特色优势产业发展带头人，远程协商总结经验和难题破解。会议同意杨春燕、刘定明辞去政协江西省第十二届委员会常务委员、委员职务；任命丁晓群为省政协提案委员会主任；尹小明为省政协民族和宗教委员会主任；金秋平为省政协人口资源环境委员会副主任（专职）。

【十二届常委会第十三次会议】 11月2日—3日在南昌召开，传达学习贯彻中共十九届五中全会精神和全省领导干部会议精神，围绕“全面深化体制机制改革 做实唱响‘庐山天下悠’品牌”专题协商议政。省政协主席、党组书记姚增科出席并讲话。副省长陈小平到会听取委员发言并作情况介绍。省政协副主席李华栋、谢茹、汤建人、刘晓庄、陈俊卿、张勇、刘卫平、雷元江，秘书长汪爽出席。会议同意姚庆艳、朱来友请辞政协江西省第十二届委员会常务委员、委员职务；任命杨小华为省政协社会和法制委员会副主任。

（省政协办公厅）

1月14日—17日，省政协十二届三次会议在南昌召开

王磊摄

重要活动

【省委政协工作会议】 4月10日在南昌召开。省委书记刘奇出席并讲话，省领导易炼红、陈兴超、赵力平、周萌、李华栋、谢茹、汤建人、刘晓庄、陈俊卿、张勇、刘卫平、雷元江出席会议，姚增科作总结讲话，李炳军主持会议。会议指出，做好新时代政协工作，是大力发展社会主义民主政治的重要内容，是推进国家治理体系和治理能力现代化的内在要求，是加快建设富裕美丽幸福现代化江西的迫切需要。会议强调，要牢牢把握工作重点，着力推动全省政协工作提质增效；要强化党的全面领导，着力形成加强和改进政协工作的强大合力。

【全省设区市政协秘书长和办公室主任工作会议】 8月18日在万年县召开。省政协秘书长汪爽出席并讲话。会议学习传达中共十九届四中全会、中央政协工作会议、全国地方政协秘书长工作会议和省委政协工作会议精神。省政协副秘书长、办公厅主任杨木生介绍省政协机关工作情况。各设区市政协秘书长围绕发挥好专门协商机构作用、促进政协工作提质增效、加强政协机关建设等方面作交流发言。

【全省政协系统全面从严治党形势报告会】 9月8日以“主会场＋视频分会场”形式召开。会议深入学习贯彻中共中央总书记习近平关于全面从严治党的重要论述和在全国抗击新冠肺炎疫情表彰大会上的重要讲话精神，要求从伟大抗疫精神中汲取智慧力量，抓党建、促履职，更好发挥专门协商机构的独特优势与重要作用。省政协主席、党组书记姚增科主持，省委常委、省委统战部部长、省政协党组副书记陈兴超出席，省委常委、省纪委书记、省监委代理主任马森述作专题报告。

【2020年全国政协重大专项工作委员宣讲团江西报告会】 10月13日在南昌举行。全国政协常委、全国政协农业和农村委员会副主任陈雷，全国政协常委、省政协副主席谢茹围绕“服务决胜全面建成小康社会、决战脱贫攻坚”主题，分别作宣讲报告。省政协主席、党组书记姚增科主持宣讲报告会。省委常委、省委宣传部部长施小琳与省政协主席会议成员出席。报告会以远程视频会议形式举行，住赣全国政协委员、全省各级政协委员以及机关干部等1万余人听取宣讲报告。

【全国暨地方政协教科卫体委员会工作座谈会】 11月24日—25日在南昌召开。全国政协副主席万钢出席并讲话，全国政协教科卫体委员会分党组书记、主任袁贵仁主持开幕式并作主题发言，省政协主席、党组书记姚增科致辞。全国政协教科卫体委员会副主任丛兵、孙咸泽、吴昌德、张连珍、殷晓静、曹健林、常荣军，省政协副主席汤建人出席会议。会议为期一天半，各省、区、市以及副省级市政协的教科卫体委员会负责人等约130人参加会议。

【省人民政协理论研究会第二届理事会第三次会议暨专题理论研讨会】 12月17日在南昌召开。省政协副主席、党组副书记陈俊卿出席并讲话，省人民政协理论研究会会长陈清华主持并作工作报告。会议传达中国人民政协理论研究会第三届理事会第二次会议精神，审议通过《江西省人民政协理论研究会会长会议工作规则》和《江西省人民政协理论研究会理事会工作规则》，补选程建平为研究会副会长。5人围绕“发挥人民政协专门协商机构作用”专题进行交流发言。会议还表彰了专题征文活动优秀组织单位和优秀论文。

（省政协办公厅）

调查研究

【乡村扶贫产业发展调研】 4—6月，农业和农村委员会组织“政协人＋部门同志＋专家”调研组，分2组6批次对余干、遂川、广昌、乐安、万安、吉安、万年、鄱阳、上犹、瑞金等10个县（市）、41个村、52家扶贫企业和专业合作社开展蹲点调研，召开座谈会27次，听取300多位县乡村扶贫干部、带贫经营主体和已脱贫群众的意见。邀请11个设区市政协农业和农村委员会协同调研，摸清全省扶贫产业发展情况。形成《推进乡村产业发展巩固脱贫攻坚成果的主要难题与对策建议》，提交7月省政协第二季度常委会会议审议。会后，为学习贯彻中共十九届五中全会精神，组织3个小分队到兴国等其他13个贫困县深化调研。

9月8日，全省政协系统全面从严治党形势报告会在南昌召开

王磊摄

【"庐山天下悠"品牌建设调研】 3—8月，文化文史和学习委员会组成课题组，深入学习政策法规及专家学者论述等资料200余万字，召开"围读"庐山座谈会5次。到九江市、庐山市(局)、井冈山市、安福县和安徽、湖南两省开展实地调研和学习考察。组织5个调研小分队到庐山蹲点调研，一对一访谈庐山市(局)干部职工150余人。到省委组织部、省委编办，了解改革遇到的"两难"问题。节日期间组织2批次专委会委员以普通游客身份到庐山开展体验式调研。11月，省政协召开第三季度常委会会议审议课题报告，在深入协商基础上，形成《答好"两山"理论的必答之题——省政协常委会关于做实唱响庐山天下悠品牌的建议案》。

【旅游康养产业发展调研】 3—8月，港澳台侨和外事委员会开展网上学习调研，收集整理资料近100万字；组织委员、有关厅局、专家学者召开座谈会、研讨会、围读会12次；到抚州资溪、南城，赣州大余、龙南，宜春靖安、铜鼓、明月山等地调研，深入了解全省旅游康养产业发展现状、优势和存在的问题与不足；到四川、浙江、湖北等地学习省外先进经验。9月，召开"旅游康养产业发展"专题协商会，委员和专家学者就相关议题与省委宣传部、省自然资源厅等12个部门负责人进行面对面协商，取得积极成果。调研成果以《政协专报》形式报送省委、省政府，刘奇、易炼红等省领导分别作出批示。

【高校科技创新成果转化调研】 2—6月，教科卫体委员会组成课题组，采取"网络调研＋实地调研"相结合的方式，通过《科技日报》《中国教育报》等媒体及网络搜集、整理相关文字资料120万余字。先后到东华理工大学、江西中医药大学、南昌大学等省内高校开展实地调研。形成调研报告初稿后，持续强化延伸调研，召开6次不同层面的座谈会和3次"专题围读"活动，着力完善文稿和凝聚共识。10月，召开专题协商座谈会，6位省政协委员及学者、企业家代表作发言，并与省直有关部门负责人互动交流。会议，综合会议协商成果，形成《高质量跨越式发展需要的强有力支撑——加快推进我省高校科技创新成果转化四方面建议》。

【编制"十四五"规划若干重大问题调研】 4—11月，经济委员会组建"政协委员＋专家学者＋政府部门人员"课题组，学习对比江西省与上海、浙江等7个省市的"十三五"规划及20个省市的2020年政府工作报告，查阅学习国务院发展研究中心、中国社科院网等相关研究资料200余万字，召开各种类型座谈会100余次，访谈各方面人士600余人次，征集各民主党派、委员、设区市政协建议80余次，整理形成各方面意见、观点50余万字，经60余遍修改完善，形成《坚定不移推进高质量跨越式发展——编制我省"十四五"规划六个方面凝聚共识和六个方面重点建议》报告。11月报送省委省政府，获省委书记刘奇、省长易炼红等省领导的肯定批示。

【法治政府建设与营商环境调研】 4—10月，社会和法制委员会组成2个调研小组，围绕"法治政府建设与营商环境优化"课题，到6个设区市15个县(市、区)实地调研，走访省市县有关部门20多家，访谈企业、商会30多家，开展问卷调查并收回有效问卷5000多份。10月27日，召开专题协商座谈会，围绕"法治政府建设与营商环境优化"开展协商，根据会上有关部门、委员和专家的意见，形成《践行法治思想，构建法治政府——关于我省建设法治政府助力营商环境改善的调查建言》调研报告。会上，省政协委员围绕专题协商课题发言，并与省直有关部门负责人互动交流。副省长秦义到会听取发言并讲话。

【提升林质林相，推进林业强省建设调研】 4月，人口资源和环境委员会组成调研组，在学习政策文件基础上，召开调研座谈会和情况通报会，修改完善调研方案。5—6月，组织2个调研组分别到赣州、宜春、上饶、吉安等市开展调研，到林场、林业企业等实地考察，与市县部门负责人、乡村干部、林场场长等座谈交流，详细了解情况，形成调研报告。10月，召开对口协商座谈会，省政协委员、专家与省林业局、省发改委等7个职能部门负责人就提升全省林质林相问题进行协商互动，提出相应对策与建议。12月，组织委员专家延伸调研，赴浙江考察，吸收浙江林业方面的经验做法，对报告作进一步的修改完善。

【新时代江西省宗教与社会主义社会相适应调研】 3—8月，民族和宗教委员会联合省民族宗教事务局成立调研组，先后4次到曹山宝积寺、宝峰禅寺等省内6个重点寺院，实地考察总结江西省佛教与社会主义社会相适应的基本情况、经验及做法，形成"新时代积极引导我省佛教与社会主义社会相适应的主要难题与对策建议"的调研报告。9月，召开界别协商座谈会，陈淦彬、释纯一、陈东、李冬妮等10位省政协委员、省人大代表和专家学者，立足江西实际，从社会、文化、资源、教育等多角度谈相适应问题，提出针对性建议。省委宣传部、省民族宗教事务局、省住建厅、省自然资源厅、省文旅厅等单位负责人与委员进行了互动交流。

【全国"四大药都"比较与江西省中医药产业发展调研】 3月，省政协成立"省政协医药卫生界别的委员＋部门和设区市政协领导＋医药企业法人＋科研院所专家学者"共45人组成的调研团队，结合疫情防控实际，组织网上学习调研、线上交流建言。分组到省内市县和河南、安徽等省实地调研。访谈请教国内权威专家，听取意见建议。4月、8月、12月，姚增科分别牵头组织召开座谈会，邀请部门和专家学者面对面交流研讨，并形成《关于后疫情时代中医药热的冷思考》调研报告，围绕江西中医药发展需重点关注的6方面问题，按照"怎么看"与"怎么办"结合的思路，提出26条建议。

(省政协办公厅)

专门委员会工作

【提案委员会】 2020年，共收到提

案802件，立案663件，全部办结。全会期间，编辑印发《提案调研参考提纲》，召开集体提案征集协调会，推动提案提质增效。围绕“既有住宅加装电梯”举行提案办理协商会，邀请提案者与7个承办单位负责人面对面协商，促成提、办双方达成共识。选取十二届二次全会期间办复结果为B类的6件提案进行跟踪问效，推动各项办理承诺得到更好落实。疫情防控期间，共收到32件关于抗疫和复工复产的提案，以一案一报的方式，编发《抗疫提案专报》呈送省领导参阅。召开“推动我省产业链加快复工复产”的座谈会以及“南昌夜经济”提案交办调度会，督促承办单位认真采纳相关意见建议。制定完善《提案质量和提案办理质量评价办法（试行）》。推动提案办理工作首次纳入省直单位绩效考核。开展年度优秀提案、先进承办单位和先进提案工作者评选活动，通报表扬十二届三次会以来的30件优秀提案、15个先进承办单位和30位先进提案工作者。召开提案委员会委员暨专家组座谈交流会，传达学习中共十九届五中全会精神。派员参加华东六省一市提案工作经验交流会，并作大会发言。

【经济委员会】 2020年，经济委员会以提高履职能力和履职水平为重点，做好全会第二联组讨论会议有关服务对接工作。以问题为导向，发挥优势，提交两个提案，协助做好省委书记领衔提案督办工作。开展年度课题调研，历时9个月，学习借鉴外省市“十三五”规划及政府工作报告30余篇，召开各类座谈会100余次，访谈各方面人士600余人次，经60余遍修改完善，形成编制江西省“十四五”规划“六个方面凝聚共识和六个方面重点建议”。接续做好跨年度课题，历经一年半时间、数十遍修改完善，形成“推动我省VR产业加快发展的十方面三十条对策建议”，于9月报送省委省政府。就“江西盐业集团上市工作”开展民主监督，组织上饶市、省税务局等地市和省直部门协商解决江盐集团上市存在的3个主要问题。继续跟踪江西省部分拟上市企业，协助解决实际问题。为委员知情明政搭建平台，组织经济界别委员到银行业金融机构开展调研。针对时事热点和经济领域的新生事物，丰富委员活动的内容和形式。加强上下左右联动，配合全国政协经济委员会开展专题调研，提交调研报告8篇。邀请设区市政协人员参加“十四五”专题协商座谈会，做好沟通联系、业务交流。

【农业和农村委员会】 2020年，聚焦“推进乡村产业发展、巩固脱贫攻坚成果”常委会会议协商议题，开展小分队沉浸式和蹲点调研，召开座谈会27次，调研25个贫困县，提出7个方面23条对策建议。围绕“加快我省草产业发展”“上饶市推进农村人居环境整治取得的经验成效”“我省竹纤维发展”“扩大优势特色农业保险的试点范围”等自选课题深入调研，研究对策，提出意见建议。负责《高度重视种粮大户“退租潮”现象》重点提案督办，及时跟进办理情况。丰富界别视察内容，组织农业界别委员围绕“助力乡村振兴，擦亮‘农科’品牌”到省农业科学院高安科研基地开展视察；组织农工党界别委员就“构建多层次养老服务体系，深入推进养老服务供给侧改革”课题开展专题视察。加强政协系统互动，组织委员参与全国政协农委专题网上议政活动；派员参加全国暨地方政协农业和农村委员会工作座谈会；与湖南省政协联合报送全国政协提案——《关于巩固革命老区脱贫成果，促进革命老区乡村振兴的建议》；认真做好福建省政协到赣学习考察服务保障；建立农委重点课题省市县三级联动协同调研机制；召开全省设区市政协农业和农村委员会主任座谈会。

【人口资源环境委员会】 4月，围绕国家生态文明试验区建设到贵州调研，形成《贵州考察印象与启示》；补充调研“数字经济”等，形成专报报送省委省政府。5月至6月，围绕“提升林质林相，推进林业强省建设”到赣州、宜春等市调研，10月召开对口协商座谈会，邀请省发改委等6个职能部门负责人与委员、专家协商互动。参加全国政协人资环委活动，认真做好“‘共推长江经济带绿色发展’研讨会”的各项工作；派员参加全国暨地方政协人口资源环境委员会工作座谈会；协助收集“革除滥食野生动物的陋习”有关问题、建议和贯彻落实情况；协调省关注森林活动组委会换届。积极组织界别活动，配合开展疫情影响下全省个体工商户经营情况调研；协调共青团、青联界别开展界别协商，协调妇联界别、致公党开展专题调研，均形成有关建议。提交大会提案2件，其中《推进我省科技创新平台建设的建议》被列为省长督办重点提案。协助做好“第三届人口发展战略研讨会”“江西省发展绿色金融，推动绿色经济高质量发展座谈会”服务工作。加强与其他省市政协沟通交流，做好河北、宁夏等省政协调研组到赣考察调研接待和广西政协联名提案征求意见等工作。

【教科卫体委员会】 2020年，高质量完成计划内、计划外课题调研工作。持续深化“我省航空装备制造业高质量发展”课题调研，补充完善相关统计数据和最新国家政策变化的动态调整，修正完善原报告的部分观点和表述。围绕“我省高校科技创新成果转化”课题，采取“网络调研＋实地调研”相结合方式，通过媒体及网络搜集、整理文字资料12余万字，先后到东华理工大学、江西中医药大学等省内高校，扎实开展调研，10月召开专题协商座谈会。围绕“院士工作站对支撑我省科技创新的成效调查”课题，对全省自2010年以来院士工作站基本情况进行摸底，并先后到吉安、赣州、新余开展实地调研。组织召开“推进北航江西研究院加速建设”专题会议，就如何更好推动北航江西研究院快速全面发展的议题进行研究探讨，形成调研报告，并以政协专报的形式报送省委、省政府主要领导和相关职能部门。注重发挥委员主体作用，立足委员会联系界别优势，号召所联系的界别委员立足本职，积极参与疫情防控。坚持上下联动，认真细致承办全国暨地方政协教科卫体委员会座谈会，精细化做好会议服务保障。

【社会和法制委员会】 2020年，受全国政协社法委委托，就全国政协“‘十四五’规划中提升社会治理体系和治理能力现代化水平的重点问题”课题开展协同调研。围绕“法治政府建设与营商环境优化”深入调研，10月召开专题协商座谈会，形成《践行法治思想 构建法治政府——关于我省建设法治政府助力营商环境改善的调查建言》。围绕“当前我省野生动物养殖产业转型转产与退出”开展调研，形成《当前我省野生动物人工繁育产业转型转产与退出存在的困难与建议》，所提建议均被省级政策文件吸纳。开展“提升我省基层社会治理能力与发扬基层协商民主”专题调研，形成《提升我省基层社会治理能力与发扬基层协商民主——推动城市住宅小区物业服务提质升级的六条对策建议》。组织工会界别部分委员召开立法协商座谈会。组织工商联、工会界别委员，围绕“产业工人队伍建设改革工作”开展视察，形成视察报告。围绕“基层治理补短强优”“推进新时代产业工人队伍建设改革的困难和建议”等专题组织委员自主领题调研，形成成果37份。组织“民法典”专题学习系列活动，全面推进机关全面依法治省工作。按质保量完成省政协“七五”普法总结验收工作。

【民族和宗教委员会】 2020年，组织开展“新时代推进我省宗教与社会主义相适应”界别调研，9月召开界别协商座谈会，邀请宗教界代表和专家与省有关部门进行面对面交流协商。开展“加强宗教团体自身建设的几个关键问题”专题调研，上门走访省五大宗教团体，了解江西省各宗教团体在自身建设方面所做的工作、存在的问题，共商对策建议。针对中央脱贫攻坚专项巡视反馈乡村基督教活动点问题，开展“我省做好农村宗教工作基础建设成功做法的调查与建议”补充调研，跟进了解整改落实情况。先后组织委员实地考察吉安、上饶、赣州3市少数民族乡村脱贫攻坚情况，围绕脱贫后持续健康发展提出意见建议；组织委员考察鹰潭市宗教团体加强自身建设情况。坚持走访民族宗教界委员制度，逐一上门走访民族和宗教委员会部分委员。注重加强系统联系，派员参加在福州召开的“全国暨地方政协民族宗教委员会工作座谈会”；精心接待福建省政协、陕西省政协、青岛市政协民宗委来赣调研考察；重要活动视情邀请市县政协民宗委参加；12月在南昌召开全省政协民族和宗教工作座谈会暨专门委员会全体会议。

【港澳台侨和外事委员会】 2020年，围绕“旅游康养产业发展”课题深入调研，了解省旅游康养产业发展现状、优势和存在的问题与不足，召开“旅游康养产业发展”专题协商会，取得积极成果。紧扣客家文化与“一带一路”课题，到赣南实地调研，形成“文化软实力是对外交往的润滑剂，打响客家文化品牌要落在服经济委员会务开放型经济发展”共识。就《走进皖滇黔三省学习考察，研究思考我省11个5A级景区影响力提升对策》专报成果转化情况跟踪问效，促进转化应用。组织港澳委员和特邀海外侨胞代表到樟树市开展“中国药都振兴工程”视察活动。组织在境内的香港委员、特邀海外列席代表和澳门委员围绕旅游康养产业赴鹰潭开展返赣视察。组织台盟、无党派、侨联、台联界别委员到樟树市视察侨资企业疫情防控和复工复产情况。开展对港澳委员、特邀海外侨胞代表的走访联系工作，全年走访省内外委员24人次。完成《关于落实“香港青年人才江西学习计划”批示的有关情况报告》，为争取促成“港澳青年人才江西学习计划”打下坚实基础。做好了邀商工作，邀请港澳委员、特邀海外侨胞代表参与赣港赣深经贸交流活动、赣台会。做好台湾中华侨联总会到赣参访接待工作。

【文化文史和学习委员会】 2020年，承办省政协十二届三次会议大会发言工作，精选第一次大会口头发言9篇，第二次大会口头发言18篇。承办省政协第三季度专题议政性常委会议协商议题，历7个月调研协商，形成“全面深化体制机制改革，做实唱响‘庐山天下悠’品牌”调研报告。就“我省红色教育培训行业复工复产情况”到瑞金、于都、井冈山开展调研，形成《当前我省红色教育培训行业存在的困难与建议》专报。就“新冠疫情冲击下，我省文艺演出团体受疫情影响面临的困境”到江西省文演集团和南昌市进行调研，提出5个方面7条对策建议。发挥界别优势，开展丰富多彩的委员视察活动。组织文艺界别委员视察国家陶瓷文化创新试验区建设情况和国家非物质文化遗产项目；组织九三学社界别委员开展界别视察；组织委员视察省博物馆、省图书馆新馆建设情况，到江西日报社视察省融媒体发展情况。就“长征国家文化公园江西段建设规划建议”重点提案开展督办调研，抓好提案落地。开展专题文史资料征集工作，征集脱贫攻坚文稿120余篇，征集抗击新冠肺炎疫情文史资料60余篇。

（省政协办公厅）

本栏编辑　张志勇

纪 检 监 察

综 述

2020年，省委坚决扛起管党治党政治责任，省委书记刘奇作为第一责任人，站在全面从严治党第一线，对纪检监察工作作出指示批示230余次，全过程领导全面从严治党和反腐败斗争，坚定不移正风肃纪反腐。省纪委常委会认真贯彻中共中央、中央纪委和省委决策部署，不断增强“四个意识”、坚定“四个自信”、做到“两个维护”，围绕党和国家大局忠诚履职尽责，着力推动中共中央重大决策部署、中共中央总书记习近平重要讲话和重要指示批示精神在江西落实落细。全面从严治党的政治效果不断彰显，全省风清气正政治生态建设不断巩固发展，呈现积极向上向好的态势。

学深悟透做实习近平新时代中国特色社会主义思想。省纪委常委会把学习贯彻习近平新时代中国特色社会主义思想作为首要政治任务。建立班子成员领学制度，安排机关室主任、派驻纪检监察组组长、国企高校纪委书记固定列席。在机关部署开展“大学习、大讨论”活动。结合履行职责使命，重点学习中共中央总书记习近平关于坚定理想信念、坚持和加强党的领导、加强党的建设、全面从严治党等重要论述，跟进学习中共中央总书记习近平重要讲话和重要指示批示精神，贯通学习《习近平谈治国理政》第一卷、第二卷、第三卷，系统学习中共中央总书记习近平对江西工作重要要求，力戒喊口号、力戒形式主义，在“真”上下功夫，在“真”上较较真。通过与干部谈心谈话、调研座谈、巡视反馈和讲座等多种形式，宣传学深悟透做实习近平新时代中国特色社会主义思想的重要意义，督促推动各级党组织和党员领导干部不断强化思想武装，进一步增强对习近平新时代中国特色社会主义思想的政治认同、思想认同和情感认同，增强“四个意识”、坚定“四个自信”、做到“两个维护”。

统筹做好查办案件前后半篇文章。保持惩治腐败高压态势，严肃查处颜赣辉、钟晓云、周光华、卢建、方百春、祝宏根、邓寄鹏、胡全顺、钟益民等腐败分子。全省纪检监察机关共立案15697件，处分15433人，移送检察机关335人。坚持政治效果、纪法效果、社会效果有机统一，坚持政治审查基本属性，坚持依规依纪依法、纪法情理贯通融合，把思想政治工作贯穿全过程。让涉案的党员干部帮助分析政商关系存在的问题、管理上的制度漏洞、政治生态和廉政建设存在的风险点，让行贿人对招投标制度、营商环境等进行分析，为堵塞制度漏洞、强化警示教育、促进完善发展打下基础，不让办案成本和代价白付。强化警示教育，拍摄制作《迷失的初心》警示教育片，对中央纪委国家监委瑞金旧址进行改造提升，完善更新省党性党风党纪教育馆内容，进一步增强教育的针对性、实效性。抓好处分决定宣布执行，以召开支部党员大会的形式宣布处分决定，实现“一张纸”向“一堂课”转变。通过查办案件强大震慑和政策感召，全省共有391名党员干部主动向组织投案，其中县处级以上干部49人。

推动巡视巡察高质量发展。省委加强对巡视巡察工作领导，出台《关于进一步推进全省巡视巡察工作高质量发展的若干意见》。坚守政治巡视职能定位，紧扣“四个落实”，把中共中央总书记习近平重要讲话和重要指示批示精神作为重要标尺贯穿始终。加强巡视全过程指导，强化巡前集中培训，加强巡中调研指导，充分发挥巡视政治监督、政治导向作用。克服疫情影响，协助省委压茬部署开展3轮巡视，共巡视100个党组织。把巡视整改和成果运用摆在突出位置，及时向分管省领导和相关职能部门通报巡视有关情况，14位省领导带队反馈巡视情况。接受中央巡视指导督导，推进巡视巡察制度化、规范化建设。完成对市县党委巡察工作专项检查全覆盖，构建完善巡视巡察上下联动格局。加强巡视机构队伍建设，选优配强巡视干部，明确巡视组组长原则上先试用后任职，选拔年轻干部到巡视机构任职。巡视结束后，巡视组与监督检查室面对面交流情况，探索建立巡视整改顾问制度，抽调机关有关室负责人担任巡视组组长助理，制定出台巡视监督与纪律监督、监察监督、派驻监督统筹衔接的流程导图。

重要会议

【省纪委十四届五次全会】 1月20日—21日，中共江西省第十四届纪律检查委员会第五次全体会议，在南昌召开。出席全会的有省纪委委员41人，列席221人。省委书记刘奇出席全会并讲话。省委常委，省人大常委会、省政府、省政协领导人，省法院、省检察院主要负责人出席会议。全会由省纪委常务委员会主持。全会回顾2019年纪检监察工作，部署2020年任务。审议通过孙新阳代表省纪委常委会所作的《坚持和完善监督体系为描绘好新时代江西改革发展新画卷提供坚强保障》工作报告。全会提出,2020年是全面建成小康社会和“十三五”规划收官之年,纪检监察工作总体要求是:以习近平新时代中国特色社会主义思想为指导,全面贯彻中共十九大和十九届二中、三中、四中全会,以及十九届中央纪委四次全会精神,深入贯彻中共中央总书记习近平视察江西重要讲话精神,认真落实省委十四届十次全会部署和要求,增强“四个意识”,坚定“四个自信”,做到“两个维护”,坚持稳中求进工作总基调,结合实际创造性贯彻落实,协助党委持续深化全面从严治党,坚持和完善监督体系,强化对权力运行的制约和监督,一体推进不敢腐、不能腐、不想腐,在坚持和完善中国特色社会主义制度、推进国家治理体系和治理能力现代化中充分发挥监督保障执行、促进完善发展作用,建设高素质专业化纪检监察干部队伍,推动新时代纪检监察工作高质量发展,决胜全面建成小康社会、决战脱贫攻坚。全会号召,要更加紧密地团结在以习近平为核心的中共中央周围,深入推进全面从严治党、党风廉政建设和反腐败斗争,奋力书写纪检监察工作高质量发展江西篇章,决胜全面建成小康社会、决战脱贫攻坚、加快建设富裕美丽幸福现代化江西。

【全省巡视巡察工作会议暨十四届省委第八轮巡视动员部署会】 5月14日,全省巡视巡察工作会议暨十四届省委第八轮巡视动员部署会在南昌召开。省委书记刘奇出席并讲话。刘奇强调,要深入贯彻中共中央总书记习近平关于巡视工作的重要论述,全面贯彻落实十九届中央纪委四次全会和全国巡视工作会议精神,深刻理解把握新时代巡视工作内涵要求,精准对标对表,弘扬斗争精神,坚持担当实干,努力推动新时代全省巡视巡察工作高质量发展,为建设富裕美丽幸福现代化江西、描绘好新时代江西改革发展新画卷提供坚强保障。省领导李炳军、刘强、赵力平、胡世忠出席,马森述主持并作工作部署。

【全省纪检监察系统学习贯彻党内法规专题培训班召开】 5月21日,省纪委省监委举办全省纪检监察系统学习贯彻党内法规专题培训班。培训班邀请中央纪委国家监委法规室领导、专家,为培训人员解读《中国共产党党内监督条例》《中国共产党纪律处分条例》《中国共产党纪律检查机关监督执纪工作规则》等相关党内法规。培训以视频会形式召开,市县纪委监委设分会场,全省共1.2万余名纪检监察干部参加培训。

【中央巡视办巡视指导督导工作专题培训会议】 10月13日—14日,中央巡视办巡视指导督导工作专题培训会议在南昌召开。专题培训会议上,中央第五巡视组组长杨正超、中央巡视办第二巡视指导督导组组长张本平等4人分别围绕深入贯彻中共中央决策部署和中共中央总书记习近平关于巡视工作的重要论述,以及有效运用巡视方式方法精准发现问题、高质量起草巡视报告、规范巡视工作流程和制度等内容进行解读阐述。省委书记、省人大常委会主任刘奇,省委巡视工作领导小组全体成员出席会议;11个设区市、100个县(市、区)党委书记,省市县三级巡视巡察机构3000余人通过现场和视频方式参加培训。

廉政建设

【政治监督】 加强对长江经济带“共抓大保护、不搞大开发”政策落实和中央生态环保督察反馈问题整改情况的监督,跟踪督促有关地方和企业对违规问题进行整改。省纪委常委会建立定期调度机制,在全省开展影响保就业、保市场主体若干突出问题专项整治。省纪委省监委第一时间发出通知,做好疫情防控和防汛,严明战时纪律,加强监督检查。全省共查处防疫防汛失职失责问题4121起。聚焦刑罚执行领域“纸面服刑”突出问题,推动开展“减、假、暂”问题专项整治。加强对餐饮浪费行为的监督检查,推动形成浪费可耻、节约光荣的氛围。全力支持配合中央巡视组巡视江西,主动自觉接受中共中央“政治体检”。协助省委坚决全面彻底肃清苏荣案恶劣影响特别是政治上的恶劣影响。全省共查处违反政治纪律案件253件,处分268人。

【专项监督】 精准查处涉黑涉恶腐败和“保护伞”,省纪委省监委班子成员包案“打伞”70起涉黑案件,先后立案查处贾治曾、丁志华、郭平平等“保护伞”,全省共查处涉黑涉恶腐败和“保护伞”案件1241起,处理3340人。加强脱贫攻坚监督,推动中央脱贫攻坚专项巡视“回头看”反馈问题整改,查处扶贫领域腐败和作风问题5320起,处分1341人。坚决查处民生领域侵害群众利益问题,推动涉农资金管理使用情况专项监督检查。全省查处侵害群众利益不正之风和腐败问题12022个,处理15233人。从政治高度审视和整治“四风”问题,持续整治“怕、慢、假、庸、散”等作风顽疾,坚决破除形式主义、官僚主义。全省共查处违反中央八项规定精神问题9807起,处理13221人。

【政治谈话】 4月起,省纪委省监委主要领导在吉安、景德镇等9个设区市调研,围绕落实全面从严治党主体责任,与这些设区市市委主要班子成员进行政治谈话。通报当地政治生态以及党风廉政建设存在的问题,强调落实主体责任的重要意义以及怎样落实主体责任。在前期实践基础上,协助省委出台《关于开展政治谈话加强对“一把手”和领导班子监督的意见》。省委书记刘奇、省长易炼红带头与有关设区市市委书记、市长开展政治谈话,其他省领导也分别与省管干部开展政治谈话,推动形成全面从严治党靠全党、管全党、治全党的浓厚氛围。增强与新任省管干部廉政谈话的政治性、针对性、实效性,强调被提拔干部必须以中共中央总书记习近平关于忠诚干净担当的好干部标准,严格要求自己。

【信访监督】 省纪委省监委领导带头接访,要求信访机构对信访举报情况深入分析,通过研判各项指标数据的增减变化,把握党风廉政建设和反腐败工作态势、规律。改进线索处置工作,提高谈话的比例,加大抽查核实力度,注重从函询和初核中分析总结一个单位、一个地区政治生态以及监督管理折射出来的问题，把线索处置的过程变成开展监督的过程。全省共接收信访举报79560件次。运用“四种形态”批评教育帮助和处理64380人次，其中第一、二种形态处理60905人次，占比94.6%。制定出台《纪检监察机关澄清失实检举控告和查处诬告陷害行为实施办法》，积极开展为受到不实举报的领导干部公开澄清正名工作。全省共为327名干部进行澄清正名，对17名不实举报人依规依纪依法进行处理。

【专业化干部队伍建设】 省纪委常委会把队伍建设作为“一把手工程”来抓，坚持从自身做起，要求领导干部既当指挥员，又当战斗员，给干部作示范、当表率，不当甩手掌柜，倡导严实深细的工作作风。严把纪检监察干部入口关，在组织考察时，提前打好预防针，讲清使命要求，真正把政治过硬、能力素质强、愿意为党和人民奉献的干部选进来。深化全员培训，举办全省学习贯彻党内法规专题培训班，邀请中央纪委法规室业务骨干授课，省市县乡四级1.2万余人同步参训。坚持刀刃向内，利用姜国文、卢建等严重违纪违法案件，在全省纪检监察系统深入开展警示教育。全面梳理廉政风险点，召开特约监察员座谈会，主动接受特约监察员监督。

制度建设

【制定《江西省纪检监察机关（机构）在监督检查审查调查工作中开展协作配合的实施办法（试行）》】 3月4日，省纪委办公厅印发《江西省纪检监察机关（机构）在监督检查审查调查工作中开展协作配合的实施办法（试行）》。该办法对全省纪检监察机关协作配合事项的范围、协助采取监督检查和审查调查措施、协商确定案件管辖、移送问题线索等作出规范。

【制定《江西省纪委省监委派驻机构考核办法（试行）》】 3月4日，省纪委办公厅印发《江西省纪委省监委派驻机构考核办法（试行）》。该办法从考核内容、考核方式、考核结果确定和运用、组织实施与纪律监督等方面，对派驻机构考核作出规范。加强省纪委省监委对派驻机构的直接领导、统一管理，建设忠诚干净担当的派驻机构干部队伍。

【制定《关于进一步加强纪检监察机关“走读式”谈话安全工作的意见（试行）》】 6月3日，省纪委办公厅印发《关于进一步加强纪检监察机关“走读式”谈话安全工作的意见（试行）》。该意见从总体要求、审批和报备、加强安全风险全程管控、严格落实安全工作责任等方面，对全省纪检监察机关“走读式”谈话安全工作进行规范。

【制定《江西省纪检监察机关澄清失实检举控告和查处诬告陷害行为实施办法》】 7月15日，省纪委省监委印发《江西省纪检监察机关澄清失实检举控告和查处诬告陷害行为实施办法》。该办法对开展澄清事实检举控告、查处诬告陷害行为等工作作规范，旗帜鲜明为担当者担当、为负责者负责。营造党员、群众监督良好环境，保护和调动党员、干部干事创业积极性，持续建设风清气正政治生态。

【制定《江西省纪检监察机关涉案财物管理暂行办法》】 10月20日，省纪委办公厅印发《江西省纪检监察机关涉案财物管理暂行办法》。该办法从涉案财物查封、移交、保管、处置、监督检查、责任追究等方面对全省纪检监察机关涉案财物管理进一步进行规范。

【协助省委制定《中共江西省委关于开展政治谈话加强对“一把手”和领导班子监督的意见》】 11月13日，省纪委省监委协助省委制定《中共江西省委关于开展政治谈话加强对“一把手”和领导班子监督的意见》，从政治谈话的重点内容、对象和分工、工作要求等方面，对全省开展政治谈话作规范。加强对“一把手”和领导班子的监督，推动落实管党治党主体责任，持续推进全省全面从严治党向纵深发展。

【制定《江西省监察委员会特约监察员意见建议办理工作实施细则（试行）》】 12月5日，省监委办公厅印发《江西省监察委员会特约监察员意见建议办理工作实施细则（试行）》。该实施细则按照“归口受理、分类办理、统一反馈”的原则，对特约监察员意见办理工作作规范。为建立健全特约监察员意见建议受理、分流、承办、督办、反馈工作机制，为特约监察员履职尽责提供制度保障。

【制定《关于规范指定管辖若干事项的办法》】 12月21日，省纪委办公厅印发《关于规范指定管辖若干事项的办法》。该办法对全省纪检监察机关落实指定管辖有关工作要求作规范，加强对指定管辖案件的监督。

监　察

【推进规范化法治化建设】 改进初核方式，开展细致缜密的初核工作，用精细化初核保证高质量查办案件。对办案实践中遇到的主动投案、立功自首、主动登记上交财物、取证标准等问题，进行专题研究。制定涉案财物管理办法，对涉案财物的查封、保管、处置等进行全面规范，完善涉案物品处置机制，有效提升涉案财物处置效率。进一步规范“走读式”谈话、指定管辖、留置案件决定程序。加强纪检监察信息化建设，成立信息化建设领导小组，推进大数据平台建设，提高精准监督能力。

【推进各类监督贯通融合】 制定出台巡视监督与纪律监督、监察监督、派驻监督统筹衔接的流程导图。推进各类监督在思想认识、体制机制、人员和业务、成果运用等方面贯通融合，进一步增强监督合力。推动各派驻机构认真学习梳理中共中央总书记习近平和中共中央对各自监督领域的指示和要求，与综合监督单位党组（党委）共同研究监督重点工作。

（熊斌）

本栏编辑　张志勇

民主党派和工商联

中国国民党革命委员会江西省委员会

【概　况】　2020年，民革江西省委会共有地方组织12个，其中省级组织1个，设区市组织11个；基层组织309个，其中基层委员会10个，总支委员会38个，支部261个。全省民革党员总数5378人。党员中担任各级人大代表、政协委员的889人，占党员总数的16.5%。其中，全国人大代表2人（其中常委会委员1人），全国政协委员2人，省人大代表10人（其中常委会副主任1人、常委会委员2人），省政协委员27人（其中常委7人）。担任副处级以上干部195人，其中，省部级1人、厅局级16人、县处级178人。

【组织建设】　2020年，民革江西省委会新发展党员176人，平均年龄37.2岁。其中，省"双千计划"人才2人，1人获省自然科学奖一等奖，1人为省直事业单位正处实职干部；大学以上学历175人，占99.4%；研究生学历43人，占24.4%；具有中高级职称57人，占33.5%。开展第二批示范支部创建评比活动和开展基层组织建设课题调研。推荐民革党员23人参加中共中央统战部、民革中央、中共江西省委统战部举办的各类培训。举办1期民革全省基层骨干培训班和1期民革省直基层组织负责人培训班。全年共推荐提任副厅级干部2人，正处级干部7人，省政协委员1人。完成11个市级组织换届工作，在江西中医药大学、南昌职业大学、江西省中医院新成立基层组织，实现省财政拨款省直高校和省重点三甲医院的基层组织全覆盖。

【参政议政】　2020年，民革江西省委会在十三届全国人大三次会议上提交建议案4篇，其中《关于修改国发〔2016〕81号文件第十六条的建议》被教育部、国家发改委、财政部、国家市场监管总局、国家新闻出版总署联合发文出台的《关于进一步加强和规范教育收费管理的意见》采纳借鉴。在全国政协十三届三次会议上提交个人提案23篇。在省政协十二届三次会议上，提交大会口头发言1篇，大会书面发言8篇，集体提案13件。大会口头发言《关于统一我省高层住宅二次供水建管运营模式的建议》得到省长易炼红、副省长胡强批示，并被评为2020年度省政协优秀提案；《提升江西红色教育培训品牌的全国影响力》等5篇发言被评为省政协2020年度优秀建言资政成果；大调研协商《促进乡村建设用地集约高效的建议》、专题协商《关于巩固拓展脱贫攻坚成果与乡村振兴有效衔接的建议》得到中共江西省委主要领导高度肯定，直通车协商《关于规范村级自治组织设置的建议》得到中共江西省委、省政府领导重要批示。参加中共江西省委或委托中共江西省委统战部主持召开的专题协商会、征求意见会、情况通报会、座谈会等会议协商和约谈协商、书面协商等20余次，围绕助推"六稳""六保"、决战决胜脱贫攻坚、江西省"十四五"规划等主题提出意见和建议。全年共报送社情民意信息248篇，其中被全国政协采用7篇、民革中央采用6篇、中共江西省委采用2篇、省政协采用23篇。《建议我省"十四五"规划编制关注居家养老产业》得到省政府主要领导重要批示。

【思想宣传】　通过召开理论学习中心组学习会、主委学习会、机关理论学习会、专题讲座等形式，深入学习习近平新时代中国特色社会主义思想，深刻领会中共十九大和十九届二中、三中、四中、五中全会精神，夯实共同思想基础。紧抓意识形态工作责任制，出台《民革江西省设区市级组织及省直基层组织微信工作群管理制度》，与各市委会、省直各基层组织签订责任状，对省直基层组织意识形态领域防控工作作全面督导检查，并召开防范意识形态风险警示教育会议。线上线下同频共振，以"抗击新冠疫情""脱贫攻坚"等为主题进行专题宣传。开展党史研究，完成《江西省志・民主党派工商联志》民革卷复审稿撰写工作。

【社会服务】　2020年，民革省委会围绕新冠肺炎疫情对脱贫攻坚影响、巩固脱贫攻坚成果、助力乡村振兴等，到赣州市南康区、上犹县76个村开展脱贫攻坚民主监督，形成《关于对口南康区、上犹县脱贫攻坚民主监督的调研报告》，得到中共江西省委统战部领导肯定。在抚州市广昌县盱江镇新安村先后开展春节走访慰问、"文明生态村帮建"调研、送法律下乡等活动。参与民革中央"我为扶贫下一单"消费扶贫活动。7月，南昌、九江、景德镇、上饶等市委会党员积极参加防汛抢险，协助做好灾区人民的生产自救、生活安排、医疗义诊、卫生防疫等各项工作。全省民革党员通过各种渠道捐款10余万元，捐赠矿泉水、方便面、面包、牛奶等物资价值20余万元用于抢险救灾。

【助力新冠肺炎疫情防控】　响应中共中央和中共江西省委关于疫情防

控工作决策部署，民革党员积极投身抗疫前线，参与保障供应和社区防控，帮助疫区抗击新冠肺炎疫情，创作文艺作品传播抗疫正能量，针对疫情防控和复工复产建言献策，共报送社情民意信息 70 余篇。全省各级组织和民革党员通过各种渠道捐款 650 万元，捐赠防护服、医用手套、口罩、护目镜等各类物资价值 2000 余万元。1 个基层组织获民革全国抗击新冠肺炎疫情先进集体，5 名民革党员获民革全国抗击新冠肺炎疫情先进个人。

【民革江西省十三届四次全委会召开】 4 月 28 日，民革江西省十三届四次全体会议在南昌召开。中共江西省委常委、省纪委书记、省监委代理主任马森述出席并讲话。省人大常委会副主任、民革省委会主委马志武致开幕词并作工作报告。省政协原副主席、民革省委会原主委陈清华出席会议。中共江西省委统战部常务副部长陈敏应邀出席开幕式。民革省委会领导胡汉平、陈春平、徐景坤、李家祥、熊皓、傅春、熊彤出席会议。会议深入学习贯彻习近平新时代中国特色社会主义思想，听取民革江西省委会监督委员会工作报告，表彰年度工作先进集体和先进个人以及抗击新型冠状病毒肺炎疫情工作先进个人。会议增补熊彤为民革江西省第十三届委员会专职副主委和民革江西省第十三届监督委员会主任，增补郑斌勇、王晓明为民革江西省第十三届委员会常委。

（邓俊萍）

中国民主同盟江西省委员会

【概　况】 截至年底，全省共有基层民盟组织 272 个，其中基层委员会 20 个、总支 38 个、支部 211 个、小组 3 个。11 个设区市均设有市委会。共有盟员 8853 人，中上层人士占 85.81%，有中高级职称的盟员占 76.2%。盟员中担任省政协副主席 1 人、省政协专委会主任 1 人、省政协副秘书长 1 人、设区市副市长 1 人、省工商联副主席 1 人、省文联副主席 1 人、设区市人大常委会副主任 2 人、设区市政协副主席 4 人、大学副校长 2 人。担任各级人大代表、政协委员的共计 912 人次，其中全国人大代表 3 人，全国政协委员 2 人（常委 1 人），省人大代表 13 人（常委会委员 2 人、专委会副主任 1 人），省政协委员 45 人（常委 8 人、专委会主任 1 人、副主任 1 人）。担任副处级以上的盟员共计 270 余人；25 人担任省级及以上特约监督员（其中最高人民法院特约监督员 1 人），7 人担任省文史馆馆员。

【政治学习宣传】 出台《理论学习中心组学习制度（试行）》，就《习近平谈治国理政》第三卷、中共中央总书记习近平重要讲话精神、中共十九届五中全会精神、全国两会精神等进行专题学习。中心组成员撰写的《站在新的历史交汇点上》等 20 余篇学习体会文章在《人民政协报》《群言》等媒体发表。班子成员深入基层和盟员中宣讲中共十九届五中全会精神、“四史”、民盟历史，教育引导全省盟员增强“四个意识”，坚定“四个自信”，做到“两个维护”。开辟抗击新冠肺炎疫情、防洪抗汛行动等专栏，对先进典型进行全面报道。首次举办民盟省市微信公众号编辑人员培训会。全年在省级以上媒体用稿超过 200 篇次。举办 2020 年度参政党理论研讨会，完成年度课题 15 个。在省政协专题理论研讨会上，盟员参与撰写的论文获一等奖 2 个、三等奖 2 个。在民盟中央思想政治建设和宣传工作专项表彰中，盟省委被评为“先进单位”。

【建言资政】 大调研课题“推动综合保税区高质量跨越式发展，构建我省内陆开放型经济发展新格局”得到中共江西省委、省政府主要领导肯定。在省“十四五”规划编制座谈会上，提出《发展“飞地经济”，助推我省经济转型升级》的建议受到重视。《关于加强粮食安全保障的几点建议》政策建议专报获中共江西省委、省政府主要领导重视。在江西省政协十二届三次会议上，提交大会发言 14 篇，集体提案 14 件，其中《关于进一步提升“特岗计划”实施效果的建议》被列为重点督办提案。全国两会和省两会期间，盟员人大代表、政协委员的建议、提案受到人民网、江西电视台等主流媒体关注。全年组织完成参政议政调研课题 87 项。围绕省“十四五”规划编制召开专题座谈及调研，向省发改委报送相关建议 60 余条。继续对口永新、万安 2 县开展脱贫攻坚专项民主监督调研。向民盟中央、江西省政协、中共江西省委办公厅、中共江西省委统战部报送信息 2000 余篇次，部分被采用，在省政协信息工作考评中列第一位，被省委办公厅评为“信息工作先进单位”，在民盟中央信息工作排名有较大幅度提升，获全盟“参政议政工作优秀成果奖”。

【组织建设】 加强对各市委会换届各项准备工作的指导，派员参加市级组织领导班子民主生活会，与基层盟员谈心谈话，了解思想动态。截至年底，10 个市委会完成换届，班子年龄和知识结构得到优化。新成立 4 个支部，对 10 个省直基层组织进行换届改选或届中调整。盟省委主要领导专程走访省内多所本科院校，推荐盟内优秀人才，6 位盟员提任副处以上职务。严格落实“三个文件”精神，全年发展新盟员 223 人，平均年龄 36.9 岁，中上层人士占 72.2%；培训盟员 300 余人。新增“盟员之家”11 个，总数 86 个。陈日新、吴岚、雷伍华、蔡乔乔、李萍、张友来、党百远等一批盟员获国家级和省级表彰奖励。

【社会服务】 联合赣商联盟，为广昌县赤水中学、大禾村委会捐赠价值 6 万余元的防疫物资，向省女子监狱捐赠价值 10 万余元的医疗卫生防护用品。推进消费扶贫，全省各级盟组织开展消费扶贫金额 1140 万元。组织盟员律师在省女子监狱开展普法知识“云讲座”，提高服刑人员法律意识。联合章金媛爱心奉献团等多家机构，开展“爱在九九·情暖重阳”敬老爱老系列志愿服务活动。联合省直综合教育支部，先后在宜春、九江、南昌等地多所中学、社区开展“烛光行动”科普讲堂 30 余场。在民盟中央社会服务工作专项表彰中，盟省委获“优秀省级组织”称号。

【民盟省委十四届四次全会召开】 4 月 29 日，盟省委十四届四次全会在南昌举行。中共江西省委常委、统战部部长陈兴超到会祝贺并讲话。省政协副主席、盟省委主委刘晓庄主持开幕式并作常委会工作报告。中共江西省委统战部副部长高鹰群、中共江西省委教育工委副书记肖志华、中共江西省文化和旅游厅机关党委专职副书记李志华、中共江西省委统战部一处处长邱钧、副处长何仁飞，中共江西省委教育工委统战部部长付丹出席。盟省委副主委何建洋、黄菊花、陈文华、刘新农、张国新出席。盟省委十四届委员会全体委员参会，不是盟省委委员的监督委员会委员、民盟市委会专职副主委、盟省委机关处级干部列席会议。会议对2019年度市级组织、省直基层组织盟务工作先进单位和集体进行表彰。通过选举，大会补选李敏、张琼孟娜、胡梦莉为盟省委委员。

【全省首个“烛光行动示范基地”揭牌成立】 6月1日，全省首个“烛光行动示范基地”在上高县南港镇中心学校揭牌成立。盟省委专职副主委兼秘书长刘新农致辞，并与宜春市政协副主席、民盟宜春市委会主委刘益民，中共上高县委常委、统战部部长钟新美，中共南港镇党委书记李超群共同为基地揭牌。仪式由上高县副县长、民盟上高县总支主委罗意然主持。仪式上，盟省委向该校捐赠图书1000册，盟员企业家李旭荣捐赠价值10万元的8套教学一体机设备。

【抗击新冠肺炎疫情】 疫情期间，全省200余名医卫界盟员在疫情防控一线，3位盟员医师驰援湖北，一批盟员带头参与疫情防控工作、义务在社区防控前沿值守，盟员艺术家创作出一大批抗疫主题文艺作品。全省各级盟组织和广大盟员通过各种渠道捐款捐物共计530余万元。“江西民盟”微信公众号开设专栏《这个战场，我们也上》，先后推出150余期，刊发文稿500余篇次，报道江西民盟抗疫先进事迹，多次被“江西政协”“赣鄱统战”等媒体转载。民盟南昌市经济支部被民盟中央授予“全盟抗击新冠肺炎疫情先进集体”称号，毛国典、陈日新等6位盟员获“全盟抗击新冠肺炎疫情先进个人”称号。王陈、雷琳等5人被中共江西省委、省政府评为全省抗疫先进个人。

（孙超洋）

中国民主建国会江西省委员会

【概　况】 2020年，民建江西省委会共有地方组织12个，其中省级组织1个，省辖市级组织11个；基层组织258个，其中基层委员会6个、总支部36个、支部216个；另有小组3个。有会员5118人，当年会员发展率3.86%，净增率3.4%。会员中大专以上学历占86%，中、高级职称占44%，中上层会员占65.7%，经济界会员占73.2%，民营经济人士占22%，新的社会阶层会员占12.2%；担任政府机关及司法部门科级以上领导职务的327人；全国人大代表2人，全国政协委员3人；省人大代表17人，省政协委员34人。全年新建成挂牌“会员之家”40个，进一步丰富基层组织建设形态。围绕民建中央和省政协确定的主题开展理论研究，向民建中央上报成果10篇，向省政协上报成果20篇。全年获民建中央表彰4项，省级各类表彰8项。

【开展“作风建设年”活动】 成立作风建设领导小组，制定《民建江西省委会全面加强作风建设方案》，多次召开专题会议部署、调度，省委领导班子成员和机关干部、监督委员会成员先后30余次到各市委会、省直基层组织调研督导。建立健全省委会密切联系基层组织的工作机制。强化机关管理，提升服务效能。召开全省民建机关作风建设推进会，对机关改进作风、提升工作执行力提出新要求和再部署。

【专题调研】 组织专题调研，召开专项调度会和专题研讨会，进一步推动江西高质量跨越式发展形成专题汇报材料，在中共江西省委召开的“十四五”规划编制征求意见座谈会上向中共江西省委主要领导汇报。参与政党协商工作实践，落实中共江西省委政党协商计划，结合民建特色，在经济发展、社会治理、金融创新、民生保障等多个重点领域选题，组织会内专家骨干开展统战大调研活动，形成的《顺应经济发展新格局 全面激活国际瓷都品牌价值》调研成果，在大调研协商座谈会上获肯定；用好建言渠道，通过直通车方式向中共江西省委、省政府递交《关于有序推进地摊经济发展 促进微就业 保障大民生》《关于加快推进“江西绿色生态”标准品牌战略建设的建议》专报，获省政府主要领导批示肯定。

【政协大会发言与提案】 省政协十二届三次会议期间，共提交书面发言18篇、集体提案15件，2名会内委员

10月，省民建同心扶贫基金会向省胸科医院捐款100万元。图为捐赠仪式

民建省委会供

代表民建省委会作《全面清理拖欠民营企业账款，为打造一流营商环境主动作为》和《加快开放平台建设，打造内陆开放高地》的大会口头发言。围绕“新官不理旧账问题”“巩固脱贫攻坚成效”“培育新型研发机构”等在联组会议上的发言受到广泛关注，部分提案建议被有关部门采纳，转化为推动改革发展的实际举措。

【社会服务】 全省各级民建组织和民建会员为防控新冠肺炎疫情、抗洪抢险以及精准脱贫捐款捐物折合人民币共计5000余万元，全省民建会员企业新增吸纳劳动力9000余人。全省民建组织开展“三下乡”活动60余次，资助贫困学生900余人。以江西省民建同心扶贫基金会为平台，打造“音乐响起”公益品牌，为乡村音乐教室建设募捐。联合腾讯“99公益日”活动发起“光音不老公益行动”项目，为教育扶贫、扶幼济老、人文关怀等慈善项目公募资金，共募得善款159万元。民建省委会连续9年被民建中央表彰为社会服务“先进单位”。

【民建江西省九届四次全会召开】 4月25日—26日，民建江西省第九届委员会第四次会议在南昌召开。中共江西省委常委、常务副省长殷美根到会祝贺并讲话。副省长、民建江西省委会主委孙菊生作题为《牢记初心使命 勇于担当作为 为共绘新时代江西改革发展新画卷贡献力量》的工作报告。会议通过关于同意赵波辞去民建江西省第九届委员会副主任委员职务的决定；补选陈朝清为民建江西省第九届委员会副主任委员。会议审议通过民建江西省第九届委员会常委会工作报告、民建江西省第九届委员会监督委员会工作报告、民建江西省第九届委员会第四次会议决议；增选民建江西省第九届委员会委员、常委；表彰2019年度市级组织和省直基层组织工作先进单位。

（余成振）

中国民主促进会江西省委员会

【概　况】 2020年，民进江西省委会有市级委员会9个，市级工作委员会2个，省直工作委员会1个；基层组织269个，其中基层委员会12个、总支委员会20个、支部237个。全年发展新会员164人，平均年龄36.6岁，其中具有高中级职称的98人。截至年底，全省民进会员4513人，平均年龄51.9岁，高中级职称和中上层人士会员分别占总数的76.4%和86.7%，教育文化出版传媒等主界别会员占总数的70.1%。担任政府和司法机关县（处）级及四级调研员以上职务、职级人员48人，担任全国人大代表、全国政协委员有4人，担任省人大代表、省政协委员有43人，担任市人大代表、市政协委员有246人，担任县（市、区）人大代表、县（市、区）政协委员有312人。

【思想宣传】 组织主委会、常委会（扩大）会议等集体学习活动35次。省委会领导班子在2019年度考核测评中获优秀等次。倡导“读好书就是做公益”理念，开展“1%工程·志愿阅读”活动，通过网络连载和微信群转发，在线阅读超过10万人次；开展“不能忘记走过的路——民进江西省委会主题教育暨1%工程助力同心彩虹行动”，向金沙县新化乡50名贫困学生发放5万元助学金，捐赠精品图书、留守儿童礼包，为新化师生开展“美育共进”讲座。向雷洁琼生平事迹陈列馆敬献雷老铜像1座并参加开馆活动；与民进中央开明画院合作开展“颂党恩、绘伟业”艺术家笔会。拍摄播放3部“我身边的先进”电视片。开通运行“江西民进”微信公众号。在全省专职干部和基层组织负责人中开展工作条例“应知应会”知识竞赛，

【组织建设】 全省11个市级组织完成换届，省直22个基层组织完成换届，选派2人参加纪委纪检干部培训班，11名会员获评国家和省级奖项，16名会员获处级及以上职务职级晋升。1人补选为省人大代表，1人当选为民进中央青年工作委员会委员。新建总支1个，支部1个。

【建言献策】 开展履职能力建设主题年，推进建言献策。4个市级组织获评民进全国履职能力建设先进集体，9名会员获评民进全国履职能力建设先进个人。参加民进中央重点课题调研，《关于形成以国内大循环为主体、国内国际双循环相互促进的新发展格局的建议》获民进中央2020年度参政议政成果二等奖，4篇提案、社情民意信息获民进中央2020年度参政议政成果三等奖。省委会大调研报告《更好发挥公益慈善和志愿服务作用 助推国家治理体系和治理能力现代化》，就深化新时代文明实践中心建设提出具体建议，整合资源提升合力。该报告在全省各民主党派大调研协商座谈会上得到中共江西省委、省政府主要领导肯定。围绕江西省“十四五”规划和2035年远景目标制定提出建议《坚持系统观念 加快推进数字产业化与产业数字化》。聚焦“六稳”“六保”工作，以直通车形式报送调研报告《发挥新增财政资金惠企利民最大效应的建议》，为中共江西省委、省政府决策部署提供参考。立足教育主界别开展专题调研，报送的《关于加强中小学劳动教育课程建设的调研报告》获中共江西省委书记刘奇和中共江西省委常委、省委宣传部部长施小琳批示，所提建议在江西省出台的《关于全面加强新时代大中小学劳动教育的实施意见》中得到充分吸纳。开展立项课题工作，共收到申报课题62个，重点立项51个。政协江西省十二届三次会议期间，省委会共向大会提交发言材料20篇，其中大会发言1篇，联组发言3篇；集体提案28件，其中会中办案1件，列为重点督办3件。提案《关于打造赣商返乡兴业升级版 助推江西经济高质量发展的建议》由省长易炼红重点督办。提案所提出的建议获得省商务厅、省发改委、省工信厅、省民政厅全面吸纳。抗击疫情期间，省委会提交平时提案3件，相关建议在《江西政协报》大版面刊登。提案《关于大力破解我省旅游行业复工复产困境的建议》《关于帮助普惠性民办幼儿园走出疫情困境的建议》分别获江西省政协、中共江西省委办公厅高度重视，组织相关部门组成调研组开展专题调研，并推动全省相继推出一系列相关政策。平时提案《关于在农村学校青少年中开展庆祝建党100周

年"感党恩 永奋进"合唱比赛的建议》,获中共江西省委常委、省委宣传部部长施小琳肯定并作出具体批示,中共江西省委宣传部、江西省教育厅、团省委、"1%工程"基金理事会联合部署开展相关工作。《江西民进信息》共编报社情民意信息203篇,比上年增长84.5%。其中,18篇信息被全国政协采用,《关于在学习贯彻十九届五中全会精神中加强领导干部数字知识学习教育的建议》获全国政协主要领导批示;29篇信息被民进中央采用;43篇信息被省政协采用;7篇信息被省委办公厅采用,《关于疫情背景下"稳外贸"的建议》等4篇信息获中共江西省委书记刘奇、省长易炼红等省领导批示10篇次。

【防疫抗洪】 新冠肺炎疫情发生以后,全省共有117名医卫界别会员持续奋战在抗疫最前线;会员累计募集捐款、各类防疫物资总价值300余万元。追授刘燕红"民进全国抗疫先进个人"称号和江西青年五四奖章;江西首批援鄂医疗队的邹俊韬被授予"民进全国抗疫先进个人""江西省百名最美抗疫医师"和"江西省抗击新冠肺炎疫情先进个人"称号。1个市级组织获评民进全国抗疫先进集体,7名会员获评民进全国抗疫先进个人。民进省委会授予8个市级组织和18个基层组织"民进全省抗疫先进集体"称号,授予73名会员"民进全省抗疫先进个人"称号。由会员创作的抗疫歌曲《荊楚情》获2020年省文化和旅游厅优秀抗疫艺术作品。募集总价值近百万元的各类抗洪抢险物资,近200名会员在抗洪抢险各条战线上。

【推进脱贫攻坚及民主监督】 到石城县和瑞金市开展脱贫攻坚民主监督。组织开展脱贫攻坚工作纪事文史资料采写,形成《音体美支教:撬动乡村教育发展的一个支点》等10篇高质量文稿并在"学习强国"平台、《人民政协报》等媒体刊登,其中《让我们的爱像泉水一样流淌——"1%工程"公益项目助推教育扶贫记事》《科学谋划,紧跟形势——以大调研课题推动各地脱贫攻坚工作纪实》2篇文章收录在全国政协《脱贫攻坚工作纪事》史料图书。

【"1%工程"公益慈善和志愿服务】 联合深圳誉兴集团开展"1%工程·泥土芬芳"公益行动,每年捐赠20万元用于乡风文明建设。新增1%工程江西省儿童医院志愿服务站和1%工程赣企文联志愿服务站;新设"1%工程·儿童杏林基金"及"1%工程·风湿杏林基金";联合省教育厅连续多年开展"音体美大学生支教农村学校志愿服务"活动,1234名大学生志愿者分别到全省425所农村学校对口支教。联合北京明伦公益基金会共同发起"1%工程·一个都不能少"公益助学活动,志愿者们带着资助金走访慰问50名家庭贫困的服刑人员子女。联合省文明办、省教育厅、团省委启动"让我们的爱像泉水一样流淌——1%工程·爱满家园"保护省鸟白鹤公益宣传活动,印制5000份保护省鸟白鹤公益宣传图册。

【民进江西省八届四次全委会议召开】 4月28日—29日,民进江西省八届四次全委会议在南昌召开,会议学习贯彻中共中央总书记习近平在决战决胜脱贫攻坚座谈会上的重要讲话和3月18日在中共中央政治局常委会会议上的重要讲话精神,学习贯彻民进十四届三中全会和中共江西省委十四届十次全会精神,总结工作,部署任务。中共江西省委常委、省委宣传部部长施小琳出席并讲话,省政协副主席、民进省委会主委汤建人主持开幕式并作工作报告。中共江西省委统战部常务副部长陈敏,中共江西省委教育工委副书记肖志华,省文化和旅游厅二级巡视员潘之钰,中共江西省广播电视局党组成员韩兴文,省出版集团公司党委委员、副总经理夏玉峰应邀出席会议开幕式。民进省委会副主委梅国平、卢天锡、张国轩、欧阳剑雄、刘菊娇、崔传鹏,民进省委会秘书长、二级巡视员陈洪萍参加会议。民进江西省第八届委员会委员出席会议,民进江西省第八届监督委员会委员,各市级组织相关负责人、省委会机关处级干部列席会议。

(熊剑文)

中国农工民主党江西省委员会

【概 况】 2020年,农工党江西省组织有省级委员会1个,设区市委会11个,县级市委会1个,县级基层委员会1个,基层组织332个;全年共发展新党员270人,平均年龄36.9岁。其中,高级职称56人、中级职称104人,硕士研究生55人、博士研究生15人。年底,全省党员总数6093人。

7月23日,民进省委会率"1%工程"志愿者到九江都昌县周溪镇和彭泽县棉船镇走访慰问抗洪一线干部群众

民进省委会供

其中,医药卫生界占47.5%,人口资源和生态环境界占4.9%,文化教育和经济科技界占29.9%,政府机关占9.2%;担任各级人大代表126人,各级政协委员713人,最高人民法院特约监督员、最高人民检察院特约监察员、公安部特邀监督员1人,省政府及有关部门特约人员8人,省监察委员会、省高级人民法院、省高级人民检察院特约人员4人,厅级领导干部22人,县处级领导干部166人。

2020年,农工党江西省委会推进“思想政治建设、组织建设、履职能力建设、作风建设、制度建设”五大建设,深入实施“政治建党、人才强党、履职兴党、作风固党、制度治党”五大战略。全年开展理论学习中心组学习和机关专题学习40次,开展4次党员思想状况调研;建立网络舆情应对处置工作机制,开展3次网络舆情自查工作,对网络舆情进行实时监测。农工党中央主席陈竺、常务副主席何维等到赣视察指导农工党省委会工作,中共江西省委书记刘奇、省长易炼红、省政协主席姚增科等省领导多次对省委会工作作出批示、出席会议。

【抗击新冠肺炎疫情】 农工党省委会第一时间发出致全省农工党员的倡议书、慰问信、感谢信,走访慰问援鄂农工党员家属。全省1348名农工党党员在疫情防控第一线,12名农工党党员参加江西援鄂医疗队支援湖北武汉、随州。全省党员为抗疫一线捐款捐物价值6821.89万元,提交抗疫社情民意信息437件,其中13件被中共中央办公厅、全国政协信息局采用,138件被农工党中央、江西省政协和中共江西省委办公厅采用。开辟微信公众号抗疫专栏,宣传党员抗疫事迹;举办科普讲座网络直播,传播科学防控知识。省委会被农工党中央授予“农工党抗击新冠肺炎疫情先进集体”称号,3个市级组织和1个基层组织、35名农工党党员分别获中共江西省委、省政府授予的“江西省抗击新冠肺炎疫情先进个人”,农工党中央授予的“农工党抗击新冠肺炎疫情先进集体、先进个人”表彰。

【脱贫攻坚】 开展助力大方县巩固拓展脱贫攻坚成果与实施乡村振兴战略有效衔接行动,为大方县捐赠物联网智能净水系统,向达溪镇卫生院捐赠电子胃镜,省委会获农工党中央2020年定点扶贫大方县先进集体。推动“同心·振兴广昌示范区”广昌白莲“科技小院”建设。组织全省组织和党员开展消费扶贫,购买湖北农特产品价值9.68万元,购买大方县农特产品价值13.8万余元。围绕常态化疫情防控下建立防止返贫机制,深入九江市修水县、都昌县开展脱贫攻坚民主监督;联合江西省科协农函大,组织农业专家开展农业知识讲座,帮助当地扶贫产业解决实际问题。

【组织建设】 指导全省11个设区市委会完成换届工作,系农工党全国30个省级组织中率先完成市级组织集中换届的省份。新提任7名党员担任设区市委会主委,形成《农工党江西省各市级组织2020年集中换届情况汇报》。全省累计建成“农工党员之家”40个、在建4个,实现设区市委会和省直基层组织的全覆盖。针对2019年领导班子专题民主生活会梳理出的问题,结合自身建设和履职尽责需要,制定《关于进一步密切联系和服务基层党员的意见》《关于深化党内监督工作的十二条意见》。制定出台省委会主委办公会议、机关干部职工荣誉退休、机关请休假3个制度,以及省委会参加政党协商、参政议政、社会宣传、党史研究4个工作办法。深化专项监督工作力度,围绕市级组织集中换届工作进行全程指导、全程监督。指导全省11个设区市委会加强同农工党上海市各区委会的联系,促成抚州、吉安、九江市委会与上海市宝山、嘉定、普陀、黄埔区委会,分别在沪赣两地开展爱国传统教育、青年座谈交流、以及网络直播互动等形式多样的共建活动。

【承办第三届人口发展战略研讨会】 11月14日,由农工党中央、中国老龄委、省政协联合主办,农工党省委会承办的第三届人口发展战略研讨会在南昌举行。研讨会聚焦“农村养老服务体系建设”与“女性发展和女性社会贡献”两大主题举办主旨演讲、圆桌论坛、分会场讨论等活动。全国政协副主席、农工党中央常务副主席何维出席并讲话。江西省政协主席、中共江西省政协党组书记姚增科致辞,中共江西省委常委、省委政法委书记尹建业出席,全国人大环资委副主任委员、农工党中央专职副主席龚建明主持。民政部、国家卫健委、全国妇联、中国老龄协会、中国社科院等国家部委及科研机构相关领

6月,农工党省委会到贵州大方开展“贫困人口精准医疗爱心行动”
农工党省委会供

导和各领域专家学者,以及省内相关主管部门领导参会。全国人大常委会委员、农工党中央专职副主席杨震,国家卫健委党组成员、全国老龄办常务副主任王建军,全国妇联副主席吴海鹰,副省长罗小云,中国人口与发展研究中心主任贺丹作主旨演讲。会议期间,参会人员到新余市渝水区考察江西省养老服务体系建设和妇女事业发展工作。

【参政议政职能履行】 全年报送各类专报和社情民意信息686件,被中共中央办公厅采用4件,全国政协采用22件,农工党中央和中共江西省委、省政协采用167件。其中,《创新思维,发挥优势,破解江西热敏灸产业发展难题》等5件得到中共江西省委书记刘奇、省长易炼红批示。向省政协十二届三次会议提交大会发言材料41件,集体提案33件。围绕江西高质量跨越式发展和做好"六稳"工作、落实"六保"任务,开展"发挥链长制优势,推动产业链和创新链融合发展"统战大调研。开展医疗损害鉴定双轨制调研、"我为江西'十四五'规划献一策"等活动。在江西省政协社情民意信息工作表彰中,省委会在各民主党派和省工商联列第二位。在农工党中央社情民意信息工作评比中,省委会进入全国前十。

【社会宣传】 开展"举办一场纪念大会,开展一次主题征文,举行一场党章党史知识竞赛,举办一场美术摄影作品网络展,开展一系列党史教育现场教学活动,开辟一批宣传专栏"等"六个一"纪念活动,纪念农工党成立90周年。省委会主委在农工党成立90周年党史、理论视频研讨会上作主旨发言。拓展"健康江西大讲堂"和"生态江西大讲堂"内涵,"健康江西大讲堂"网络直播累计在线收看人数超过210万人次,"生态江西大讲堂"被省生态文明办、中共江西省委宣传部列入2020年全省首个"生态文明宣传月"活动内容。深化"远程医疗"公益项目,开展"健康扶贫·脑心同治走基层"志愿者服务活动。

(农工民主党江西省委员会)

九三学社江西省委员会

【概　况】 2020年,九三学社在江西的组织有省级委员会1个,市级委员会9个,市级工作委员会2个,省直基层组织26个,支社委员会213个。社员总数4003人,主体界别占72.4%,高、中级职称占82.92%。社员中,省政府参事2人,省文史馆员2人,特邀监察员15人;全国人大代表2人,全国政协委员2人;省人大代表10人,省政协委员31人;市级人大代表40人,市级政协委员174人;县(区)级人大代表25人,县(区)级政协委员195人。全年各项工作综合评比位于九三学社全国30个省级组织前列,受到九三学社中央嘉奖;省直单位绩效考核连续3年获评优秀,记集体三等功。一批个人和集体在新冠肺炎疫情防控中获表彰。社员张伟被中共中央、国务院授予"全国抗击疫情先进个人"称号;社员历风元、叶文峰、刘建生、陈芳、徐晶宜、高雪萍被社中央授予"湖北抗疫一线优秀社员"称号;兰亚青、罗云等12名社员获"九三学社全国抗击新冠肺炎疫情先进个人"称号,南昌大学一附院支社和赣州市医卫支社获"九三学社全国抗击新冠肺炎疫情先进集体"称号。

【举办"我与九三学社"主题教育活动】 2020年,九三学社在全省举办"我与九三学社"主题教育活动。开展"我与九三学社"和"脱贫攻坚二三事"2个专题(文章、图片)系列展播和全省青年社员演讲比赛。承办"纪念许德珩诞辰130周年研讨会",扩大许德珩生平事迹展影响力。开展3次社员思想动态调研,把握社员思想。召开庆祝九三学社创建75周年和社省委会成立35周年座谈会。举办"我与九三"主题征文活动。举办"纪念九三学社创建75周年和省委会成立35周年"市级组织乒乓球技艺交流活动。在社省委会网站开设"江西九三学社故事"栏目,讲好九三学社故事。

【建言资政】 与山东、安徽2省就基层治理问题联合开展调研,形成《关于进一步做实我国村(居)法律顾问工作的建议》。围绕养老产业发展开展政党协商大调研,形成《完善机制,优化供给,不断满足人民多层次养老需求》专题报告。编印《做实乡村基层治理,巩固脱贫攻坚成果》《关于林改后统筹林农利益和生态保护的建议》2期《议政建言》专报,以直通车协商的形式报送中共江西省委、省政府和社中央领导,全国政协副主席、九三学社中央常务副主席邵鸿对2份报告都作出批示。在省政协十二届三次全会上,报送集体提案24件,另有1篇大会口头发言、7篇联组会议发言、1件会中办理提案。有1件集体提案和3件委员个人获省政协优秀提案奖。在第十五届九三论坛上,《江西省国企科技创新现状调查与对策建议》获社中央领导肯定;参加第二届"九三教育论坛"征文,共有30篇征文获奖。向江西省政协、中共江西省委办公厅、社中央报送社情民意信息571篇,向中共江西省委统战部报送零讯63篇。其中,省政协采用76篇(含省政协直报全国政协58篇),中共江西省委办公厅采用25篇,社中央采用25篇,全国政协采用7篇。《贫困地区农村卫生室运行困境与建议》获中共中央办公厅单篇采用。《关于全力打造江西航空一站式维修基地的建议》等10篇信息得到省委主要领导批示。社省委会被评为全省党委信息工作先进单位,被省政协评为反映社情民意信息先进单位。

【制度建设】 健全规范20项工作制度,涵盖参政党自身建设、履职尽责和社务工作管理等各个方面。健全《理论学习制度》《民主决策制度》《民主生活会制度》《述职和民主评议制度》《社内监督制度》等五项规章制度。出台《关于新时代加强思想政治建设的实施意见(试行)》《关于新时代加强代表人士队伍建设的实施意见(试行)》《关于新时代加强履职能力建设的实施意见(试行)》《重要事项请示报告制度(试行)》《及时通报表扬办法(试行)》。修订《关于新时代加强基层组织建设的实施意见》《领导班子联系基层工作要求》《青年工作委员会工作办法》《省直属基层组织活动经费管理使用办法》《关于加强和改进机关工作的意见》《机关内务管理制度》。推进《省委会委员年度履职考评办法》《各专门(工作)委员会年度履职考评办法》《市级组织和省直属基层组织年度履职评价细则》《先进支社委员会(小组)评选表彰办法(试行)》《优秀社员与参政议政先进个人评选表彰办法》《参政议政课题奖励和社刊稿酬发放办法》等激励性制度的落实。

(闵国华)

台湾民主自治同盟江西省委员会

【概　况】 2020 年,台盟江西省委会有省级组织 1 个,基层支部 2 个,盟员 39 人。盟员中担任各级人大代表、政协委员的 11 人,占盟员总数的 28.21%。其中,全国政协委员 1 人,省政协委员 6 人(常委 3 人)。担任副处级以上干部的 5 人。其中,厅局级 3 人,县处级 2 人。担任省级及以上特约监督员 5 人。

【支援新冠肺炎疫情防控】 新冠肺炎疫情防控期间,全省盟员积极捐款捐物,陆续筹集捐款捐物 21.29 万元。积极参与台盟系统支援湖北消费扶贫活动。疫情防控常态化后,领导班子立即深入台企、台胞之中调研,积极助力台企投产落户和复工复产复学,协助台资企业疫情期间落户新余,并为新余赣台农林潭综合开发示范基地授牌。

【思想宣传】 2020 年,台盟江西省委会把思想政治建设放在首位,开展"不忘合作初心,继续携手前进"专题教育活动。申请开通省台盟台联微信公众号,发挥新媒体作用,宣传中共中央、中共江西省委、省政府重要会议和文件精神,传播全省盟员、台胞在各行各业中的先进模范事迹,发布相关信息 23 条。

【建言献策】 2020 年,台盟江西省委会努力克服新冠肺炎疫情影响,采取线上调研和线下调研相结合的形式,组织调研组到赣州、九江、抚州、新余等地开展调研,共完成《关于后疫情时期完善脱贫长效机制的调研报告》《关于发挥文化建设在乡村振兴战略中作用的调研报告》《网络餐饮业的监管现状以及面临的困难挑战研究》等 10 篇重点课题调研报告。完成题为《推进文化与旅游融合发展打造江西省全域旅游新格局》的报告,提出务实有效的意见建议,受到省委、省政府的高度重视。围绕统筹推进疫情防控和经济社会发展,全年共上报台盟中央和省政协台青信息、社情民意 24 篇。

【民主监督】 2020 年,台盟江西省委会强化政治担当,履行政治责任,主动认领任务,严格对标对表,助力脱贫攻坚高质量完成。参与台盟中央在甘肃、贵州的脱贫攻坚民主监督工作,派员到甘肃省武威市天祝藏族自治县参加脱贫攻坚民主监督综合调研暨县级监测信息采集活动。注重专家智库作用,发挥"台"字特色,借鉴台湾地区先进理念,积极为脱贫攻坚建言献策,向省政协提交提案建议。多次到乐安开展调研,对乐安脱贫攻坚进行民主监督,具体了解扶贫政策落实情况和疫情后面临的问题。把发现的问题及时与乐安县委、县政府沟通反馈,注重发掘乐安县脱贫攻坚工作中形成的好做法、好经验、好典型,并"精准"地找到问题,发挥民主党派智力密集的优势,帮助中共地方党委、地方政府出主意,共同研究应对之策,提出切实可行的意见建议和整改落实办法,并汇总形成《乐安县脱贫攻坚民主监督工作报告》向中共江西省委报告,巩固脱贫攻坚成果。

【举办台盟盟员培训班】 11 月 23 日—27 日,由台盟江西省委会和台盟重庆市委会合办的台盟盟员培训班在江西省社会主义学院举办,江西省和重庆市共 31 位盟员参加该次培训。台盟江西省委会主委曾鲁台出席开班式并讲话,台盟重庆市委会副主委、重庆市台联会长许沛致辞。培训班课程共分为政治共识、统战政策、国家治理、历史文化与能力素养 5 个模块。

【举办台商台青国情区情研习班】 12 月 8 日—11 日,由台盟中央主办、台盟江西省委会承办的台商台青国情区情研习班在南昌市举办。研习班邀请在陆台商、台青、台生共 37 人参加。台盟江西省委会主委曾鲁台、台盟中央联络部副部长张骏出席开班式并致辞。研习班邀请省社科院原院长汪玉奇开展国情省情专题讲座,详细介绍中国大陆发展成就,解读中共中央"十四五"规划和"2035 远景目标"建议;邀请南昌职业大学高级讲师柳小丹开展赣鄱文化专题讲座,向台商台青讲授江西地理人文、历史和传统文化。研习班组织台商台青实地到台胞企业江西迪斯基因诊断技术有限公司,了解企业经营发展情况并与企业负责人座谈交流;组织重走"小平小道"、参观汉代海昏侯国遗址博物馆等历史遗迹。

(钱熠德　聂冬晖)

江西省工商业联合会

【概　况】 2020 年,全省非公经济增加值 1.56 万亿元,增长 4.5%,占全省地区生产总值比重的 60.7%;全省非公经济固定资产投资增长 8.1%,占全部投资比重 75.4%;非公经济出口创汇 410.58 亿美元,增长 17.2%,占出口总额的 97.6%;全省非公经济上缴税金 2701.83 亿元,同比持平,占全省税收总额的 78.9%。全省 7 家企业入围中国民营企业 500 强,入围数量位居中部地区第三位。正邦集团 2020 年生产值 1037 亿元,成为全省首家千亿元级民营企业。省工商联全年围绕疫情防控和经济发展两条主线,做好"六稳"工作、落实"六保"任务,形成非公企业维权、营商环境第三方评估、"同心谷 · 赣商之家"建设、民营企业百强发布、赣商动力、民企参与"一带一路"建设、"六网一胞"会员组织建设、"千企帮千村"精准扶贫、"厚德实干、义利天下"赣商精神培育传播、全省十佳营商环境县(市、区)推选、江西民营经济研究、江西非公经济大数据建设等系列工作品牌,推动全省非公经济高质量跨越式发展。2020 年,全国工商

4 月，省工商联开展全省营商环境企业评估。图为南昌经开区营商环境第三方评估动员会

省工商联供

联系统优秀调研成果获奖中，省工商联获得 4 个一等奖、1 个二等奖、2 个三等奖；同时，省工商联营商环境评价工作获得全国工商联 2020 年度工作实践创新成果评选三等奖。

【支援疫情防控和抗洪救灾】 动员引导全省民营企业和全球赣商参与疫情防控阻击战，捐款捐物共计 6.48 亿元，其中向江西省捐款捐物 5.62 亿元。受中共江西省委、省政府委托，省工商联联合省海外联谊会向 38 个境外江西商会社团组织捐赠 72 万个医用口罩和 330 支额温枪。动员引导商会、企业累计为抗洪抢险救灾捐款捐物 2383.24 万元。开展"防疫情、促发展"系列活动，推动企业复工复产，通过推动惠企政策出台，打造综合金融服务平台、开通"赣商动力"直播平台缓解企业融资难题，成立律师志愿服务团为企业答疑解惑，走访企业、宣讲政策解决实际困难。省工商联社会服务处获全国"万企帮万村"江西省抗击新冠肺炎疫情先进集体称号。

【脱贫攻坚】 持续开展"千企帮千村"精准扶贫行动，大力开展消费扶贫、教育扶贫，截至 12 月，全省 1619 家企业销售扶贫产品 3.26 亿元，3026 家企业采购扶贫产品 2.24 亿元，971 家企业和商会结对帮扶 8908 名贫困学生 6400 万元。省工商联社会服务处获评全国"万企帮万村"精准扶贫行动组织工作先进集体。

【营商环境优化】 按照《江西省营商环境评价实施方案（试行）》要求，省工商联设计企业评价调查问卷，组成 8 个调研指导组分别到 11 个设区市和赣江新区、100 个县（区、市）和 103 个工业园区开展全省营商环境企业评估，收集近 1.4 万份有效问卷，总结 32 项典型经验。撰写形成"1 + 2 + 11"系列评价报告，即《江西省营商环境企业评价报告》和《2020 年江西省万家企业评开发区营商环境报告》《2020 年江西省万家企业评县域营商环境报告》以及形成 11 个设区市营商环境企业评价报告，并对 11 个设区市、赣江新区和全省各县（市、区）、工业园区的营商环境企业评价情况进行排名。开展第四届十佳优化营商环境县（市、区）和第一届十佳优化营商环境工业园区推选活动，召开新闻发布会发布，以评促优，推动营商环境评价向基层延伸覆盖。

【推进非公企业维权服务中心建设】 指导并推动全省 11 个设区市和赣江新区设立非公企业维权服务中心机构，已形成省、市两级非公企业维权服务工作网络，部分县级非公企业维权服务中心相继组建成立。指导各级非公企业维权服务中加强与同级政府部门、政法单位沟通联系，健全完善企业诉求受理、转办、承办、回复等各个环节的工作机制，形成维护民营企业合法权益的工作合力。2020 年，省非公企业维权服务中心接到诉求反映 2258 次，受理实质性维权诉求 520 件，办结 440 件，办结率 84.6%。维权服务工作获全国工商联 2020 年度工作实践创新成果评选一等奖。

【民营企业服务】 采取"银行 + 商会 + 民企"服务模式，开展保单融资服务，为民营企业"保订单""保履约""保市场"提供支持。一站式金融综合服务平台共入库企业 71.17 万家，注册用户 7299 家，入驻金融机构 130 家，发布金融产品 318 个，融资 92.16 亿元；为服务非公经济提供大数据服务，升级打造省非公经济发展服务中心，推进"七中心"和"九大服务"建设，提供精准高效的"菜单式"服务。"掌上工商联"APP 下载安装 6.3 万多户；开发上线"赣商动力"云直播服务平台，推出"金融直通车""政策必达""赣商大讲堂""赣动说报"等栏目，着力帮助企业缓解融资难题。截至年底，赣商动力平台注册用户 9228 家，发布融资需求 24.7 亿元，成功授信放款 6.2 亿元；联合开展 30 余场主题直播活动。

（管蔚婷）

本栏编辑　张志勇

群众团体

江西省总工会

【概　况】 2020年,全省基层工会8.70万个,职工884.35万人,工会会员854.12万人,专职工会工作人员5.30万人,兼职工会工作人员15.31万人。

【新冠肺炎疫情防控】 2月12日,省总工会召开应对新冠肺炎疫情工作领导小组第一次会议,省总工会党组书记、常务副主席、省总工会应对新冠肺炎疫情工作领导小组组长饶剑明主持会议。2月12日,省总工会下发《关于加强疫情严防严控、支持企业复工复产的通知》,要求各级工会进一步做好疫情防控,做好支持企业复工复产有关工作。2月18日,省总工会出台《关于稳扎稳打防控疫情、助力企业复工复产措施十九条》,要求全省各级工会稳扎稳打防控疫情,助力企业复工复产,有力有序推动各类企业复工复产。2月21日,省总工会应对新冠肺炎疫情工作领导小组专题召开"全省工会稳扎稳打防控疫情、助力企业复工复产"视频会议,省总工会应对新冠肺炎疫情工作领导小组组长、党组书记、常务副主席饶剑明出席并讲话。会议总结前一阶段全省工会疫情防控工作,对下一步工作进行再部署、再动员。各设区市总工会应对疫情工作领导小组成员参加。做好"六稳"工作落实"六保"任务。3月24日,省总工会印发《关于在全省职工中开展抗击疫情、助力内需活动的通知》,引导广大职工群众抗击疫情,着力促进以文化旅游、餐饮商超等为主的市场繁荣;4月17日,制定出台《关于支持消费扶贫助力脱贫攻坚的指导意见》,广泛调动全省职工参与消费扶贫的积极性;6月18日,制定出台《关于进一步做好"六稳"工作、落实"六保"任务的若干措施》,确保与全国同步全面建成小康社会和"十三五"规划收官。

【江西工会服务职工"十件实事"新闻发布会召开】 4月23日,2020年江西工会服务职工"十件实事"新闻发布会在南昌召开。省总工会党组书记、常务副主席饶剑明介绍江西工会服务职工"十件实事"有关情况。省总工会副主席揭安全,省总工会有关部门负责人出席发布会并回答记者提问。"十件实事"主要包括:开展抗击疫情、助力内需活动;继续开展"赣工贷"业务;向1万名城镇困难职工赠送职工医疗互助保障,并向全省疫情防控一线的医护人员赠送新冠肺炎团体互助医疗保障计划;为全国级建档城镇困难职工家庭赠送有线电视节目;帮助1万名困难职工实现"微心愿";开展疫情防控一线工作人员和脱贫攻坚一线工作人员疗休养活动;继续为"江西英才"提供家政服务支持;为1万名民营企业女职工和女农民工免费进行妇科检查;举办100场青年职工联谊活动;开展"我们的小康"全省职工网上文体展演活动。截至12月底,2020年"十件实事"基本完成。

【省总工会十四届三次全委会议召开】 4月27日,省总工会十四届三次全委会议在南昌召开,省委副书记李炳军出席并作书面讲话,省人大常委会副主任、省人大常委会党组成员、省总工会主席龚建华主持并作总结讲话,省总工会党组书记、常务副主席饶剑明作工作报告。大会传达学习中央书记处听取群团工作汇报时的重要指示精神和全总十七届三次执委会议的主要精神,总结2019年工作,部署2020年任务,履行有关人事事项的民主程序。

【《江西省企业工会工作条例》正式实施】 《江西省企业工会工作条例》于10月1日正式实施。条例包括总则、企业工会组织、企业工会职责、企业工会经费和财产、法律责任、附则等6章,共48条。条例对企业建会时间提出明确的要求,规定"企业应当自开办或者设立之日起一年内依法建立工会组织"。针对非公有制企业"建会难"、非公有制企业职工缺乏自我保护意识的问题,条例明确规定可以由上级工会督促指导组建工会,同时规定企业应当予以支持和协助。条例还规定灵活就业人员可以申请加入工作时间较长或者具有挂靠关系的所在企业的工会,也可以就近申请加入区域或者行业联合工会。

【省总工会十四届四次常委(扩大)会议召开】 8月20日,省总工会十四届四次常委(扩大)会议在南昌召开,省人大常委会副主任、党组成员,省总工会主席龚建华主持并讲话。省总工会党组书记、常务副主席饶剑明作工作报告。省总工会班子成员出席会议。会议总结上半年工会工作,研究确定下半年主要任务。会上,省地质工会等5家单位作交流发言。

【全省工会城镇困难职工解困脱困工作现场会召开】 9月10日—11日,全省工会城镇困难职工解困脱困工作现场会在南昌、宜春、吉安召开,省人大常委会副主任、省总工会主席龚建华出席并讲话。省总工会党组书记、常务副主席饶剑明主持会议。会议回顾总结全省城镇困难职工解困脱困进展成效,分析梳理存在的问题,研究并推动困难职工解困脱困工作取得实效。吉安市总工会、南昌市总工会、鹰潭市总工会、宜春市总工会在会上作交流发言。会前,与会人员先后参观考察了9个示范点。

【全省工会加强和改进新时代产业工人队伍思想政治工作暨意识形态和新闻宣传工作会议召开】 11月5日,全省工会加强和改进新时代产业工人队伍思想政治工作暨意识形态和新闻宣传工作会议在南昌召开。省人大常委会副主任、省人大常委会党组成员、省总工会主席龚建华主持并讲话;省总工会党组书记、常务副主席饶剑明出席并讲话。会议深入学习贯彻中共中央总书记习近平关于工人阶级和工会工作的重要论述以及中共十九届五中全会精神,贯彻落实全总加强和改进新时代产业工人队伍思想政治工作推进会精神,总结交流工作经验,安排部署下一步工作。任春山对贯彻落实此次会议精神作总结讲话。会上,工人日报社江西记者站、中国工人杂志、江西工人报社的负责人介绍当年的工作情况与下一步的工作思路。表扬2020年度全省工会新闻宣传工作先进单位、全省工会新闻宣传工作暨《江西工人报》优秀通讯员、《江西工人报》《职工法律天地》优秀审读员。

【全国工会"宪法进企业"主题日活动举办】 12月1日,2020年全国"宪法周""宪法进企业"主题日活动启动仪式在南昌市小蓝经济技术开发区职工之家以"现场+网络直播"的形式举行。全国总工会书记处书记、党组成员许山松,司法部普法与依法治理局一级巡视员刘宪国出席并讲话。省人大常委会副主任、省人大常委会党组成员、省总工会主席龚建华,南昌市委副书记严允分别致辞;全国总工会法律工作部部长江南主持。活动现场播放全国工会"七五"普法巡礼专题片、发布全国工会"尊法守法·携手筑梦"法治动漫微视频作品征集活动获奖名单,6名基层一线职工代表宣读倡议书。活动当天,参加活动的人员还进行调研和观摩等活动。

【省劳动模范协会成立暨第一次会员代表大会召开】 12月28日,江西省劳动模范协会成立暨第一次会员代表大会在南昌召开。省人大常委会副主任、省人大常委会党组成员、省总工会主席龚建华出席会议并讲话。省人力资源和社会保障厅党组书记、厅长刘三秋,省妇联党组书记、主席王庆分别致辞;省总工会党组书记、常务副主席饶剑明主持;省民政厅二级巡视员、省社会组织管理局局长刘石呈讲话;会议播放全国总工会兼职副主席郭明义、许振超祝贺视频和上海市、广东省劳动模范协会贺信视频,表决通过《江西省劳动模范协会章程》《江西省劳动模范协会第一次会员代表大会选举办法》,选举产生省劳模协会领导机构成员名单,林玉华当选省劳动模范协会第一届理事会会长。会上,省劳动模范协会筹备组成员、协会发起人、2005年全国劳模李洪应作《江西省劳动模范协会筹备工作报告》,劳模代表——2020年全国劳模黄路生、王中美作发言。

(叶荣江)

12月28日,省劳动模范协会成立暨第一次会员代表大会在南昌召开

省总工会供

共青团江西省委员会

【概　况】 截至年底,全省共有各级团组织120514个,其中团的领导机关112个,团委4824个,团工委323个,团总支2686个,团支部87944个。有共青团员2499278人,其中团的领导机关团干部859人,基层团干部256226人,新发展团员11.5万人。

【举办"千校万岗"线上就业招聘会】 3月18日—20日,由共青团江西省委、省学联主办的2020年江西共青团"千校万岗"线上招聘会举行。近400家大型国企、民营企业参加招聘会,提供2.1万余个就业岗位,招聘领域涉及教育、金融、智能制造、文化旅游、IT、地产、医药、食品、社会服务等行业,全省各大中专院校的1.5万余名应届毕业生在线投递简历数近3.3万次。2020年,团省委以线上线下结合的形式,共举办"千校万岗"专场招聘会8场,推动全省学校团组织开展各类招聘会、双选会1342余场,共计帮助4344名建档立卡家庭大中专毕业生实现就业。

【共青团江西省委十六届三次全体(扩大)会议召开】 4月15日,共青团江西省委十六届三次全体(扩大)会议采用现场和网络视频相结合的形式在南昌召开。省委副书记李炳军出席并讲话。团省委书记马健主持会议。会议回顾总结2019年工作,并对2020年工作作出部署。会议书面传达学习中共江西省委十四届十次全会精神、共青团十八届四中全会精神,进行团省委委员、候补委员的卸职、递补,审议通过《江西共青团2020年工作要点》。团省委副书记伍复康、杨志、易军、罗华,团省委二级巡视员张雪黎以及团省委兼职副书记潘建文、邹志刚、杨文军出席会议。

【江西省少工委六届三次全会召开】 4月23日,省少工委六届三次全会在南昌召开。会议采用现场和网络视频相结合的形式。团省委书记马健,省委教育工委副书记、省少工委主任肖志华,团省委副书记罗华出席会议并讲话。全会学习贯彻中共中央总书记习近平致中国少年先锋队建队70周年贺信精神,贯彻落实习近平关于少年儿童和少先队工作的重要指示精神,总结省少工委六届二次全会以来工作情况,部署2020年工作任务。全会选举团省委党组成员、副书记罗华为江西省少工委主任,对卸职委员进行替补,表彰2018、2019年度全省少先队工作评议考核先进单位的设区市少工委。

【组建防汛救灾青年突击队】 7月10日,全省启动防汛Ⅰ级应急响应,团省委联合省防汛办下发关于迅速组建全省防汛救灾青年突击队的紧急通知,支援汛情重灾区的防汛救灾工作。在通知下发后12小时内,省直机关单位259名青年突击队员到鄱阳县等抗洪一线。48小时内,组建1755支,共计25050名青年队员的防汛青年突击队队伍。汛情期间,全省各级团组织共组建2170余支队伍、32570余名青年突击队员在当地防汛指挥部门领导下,协助当地防汛队伍圩堤查险690余千米,上报险情750余起,募集款物2830余万元,同时,组织动员1.6万余名青年志愿者参与群众转移、道路清淤等工作,为防汛工作提供支持。

【开展"向国旗敬礼——青春致敬祖国"主题团队日活动】 10月1日,为庆祝中华人民共和国成立71周年,引导和激励广大青少年大力弘扬爱国主义精神,共青团江西省委在全省学校团组织和少先队组织中集中开展"向国旗敬礼——青春致敬祖国"主题团队日活动。活动包括同唱国歌、国旗下的演讲、青春寄语、传承红色旗帜、齐唱团歌队歌5个环节。全省共计26.35万团员青年、少先队员开展316场次现场活动。

【举行2020年赣陶两地结对青少年开展"手拉手"融情实践交流活动】 10月3日,由共青团江西省委与共青团阿克陶县委共同举办的2020年赣(江西省)陶(阿克陶县)两地青少年"手拉手"融情实践交流活动启动仪式在南昌举行。两地共有140余名青少年参加活动,阿克陶青少年在南昌、景德镇、井冈山等地开展学习参观、结对交流等活动,了解江西经济社会发展成果,增进两地青少年交流交往。

【举办"点亮原产地"暨江西青年直播节活动】 10月28日,共青团江西省委联合省扶贫办、省商务厅共同举办"点亮原产地"暨江西青年直播节活动。活动依托"江西好物+互联网直播+公益"模式,共有1000余名青年主播、300种江西好物参与直播活动,推荐江西优质好物,助力消费扶贫。参加活动企业从成交额中拿出5%捐赠给江西希望工程(省青少年发展基金会),助力江西公益事业发展。

【首届江西省青年社会组织公益项目创新大赛闭赛】 11月8日,江西青年社会组织公益项目创新大赛决赛暨颁奖仪式在南昌举行。大赛由共青团江西省委主办,上海新力公益基金会、省青少年发展基金会、省青年志愿者协会等共同承办。大赛于2019年5月20日启动,历时1年6个月,共面向江西全省11个设区市、105所高校青年社会组织开放项目征集,遴选出96个优质青年公益项目,以"汇聚青春力量,助力脱贫攻坚"为主题,通过对全省青年社会组织优秀公益项目的"人员培训、资金募集、项目合作、项目推介、经验分享"5个方面予以支持,提升参赛团队的综合能力,鼓励广大青年投身脱贫攻坚战,并发展和培育一批运作有序、公信力强、适应经济社会发展要求的青年社会组织。

【举办江西省青年讲师团"学全会精神 做时代先锋"主题宣讲活动】 11月23日—24日,共青团江西省委在南昌举办江西省青年讲师团"学全会精神 做时代先锋"主题宣讲活动,全省各地各单位选拔推荐的33名青年讲师参加该次省级"青年讲师团"的集中学习宣讲活动。活动旨在选拔一批优秀青年讲师和精品课程,推动宣讲进学校、进企业、进农村、进社区、进网络、进新时代文明实践中心,让全会精神走近青少年。

【举办第四届中国青年企业家发展峰会】 12月9日,由中国青年企业家协会、中国青年创业就业基金会、共青团江西省委、九江市政府共同举办的第四届中国青年企业家发展峰会在共青城市举行。峰会以"新经济 新平台 新动能"为主题,凝聚青年企业家力量,学习贯彻中共十九届五中全会精神,研究探讨实现经济高质量

7月,防汛救灾青年突击队员乘坐橡皮艇深入鄱阳县洪区救助疏散群众

共青团江西省委会供

发展具体路径。团中央书记处书记傅振邦、省政协副主席刘卫平等出席开幕式并讲话，中国青年企业家协会常务副会长许华平参加开幕式。全国近300名青年企业家、创业项目代表等参加峰会，现场签约项目12个，签约总金额144.1亿元，项目涵盖工业、新经济等多个领域。

（钟云路）

江西省妇女联合会

【妇女思想引领】 强化政治机关意识，把学懂弄通做实习近平新时代中国特色社会主义思想作为首要政治任务。用好用活“赣鄱红色娘子军宣讲团”等宣讲队伍。制定下发《江西省妇联深度参与建设新时代文明实践中心试点工作行动方案》，推进干部、资源、活动、宣传“四个下沉”融入新时代文明实践站。组织省、市、县、乡、村妇联干部、村妇女小组长和各级妇联执委、团体会员到实践站，摸清妇女群众思想，对接妇女群众需求，提供精准有效服务，组织开展多种活动，有效凝聚妇女、带动家庭、服务基层。成立省妇联网络与信息化安全工作领导小组，与全国妇联、省委网信办建立舆情应对处置机制，与各级妇联建立舆情监测沟通机制，有效防范意识形态领域安全风险。健全妇联系统新媒体矩阵平台管理制度，“江西女性”为全省首批入驻“学习强国”政务号，是全国妇联系统首个入驻的省级妇联。

【妇女基层组织建设】 推进全省村妇女小组长配备工作。4月26日，印发《深化全省基层妇联改革 全面推进村妇女小组长配备工作方案》，明确实施步骤、规范产生方式、健全工作机制。5月25日至6月15日，开展村妇女小组长配备工作互学互促行动，省、市妇联组成调研督导组，通过交叉调研相互学习借鉴，摸排政策落实和作用发挥情况，推动工作扎实开展。9月15日，召开推动村妇女小组长工作待遇落实座谈会。截至9月，全省共配备妇女小组长近19万名，实现全覆盖。在全省新建“妇女微家”593个。推动全面完成市直机关妇工委组建工作任务。推动成立省政府驻广东（深圳）妇联，实现省政府驻外办妇联组织全覆盖。深化网上妇联建设，做强妇联融媒体，建设“巾帼云”移动客户端，加强与中央驻赣及省内主流媒体合作，扩展妇联传播的影响力、号召力。制定《2020年全省妇联干部深入基层密切联系妇女群众参与基层治理的工作方案》，各级妇联建立基层联系点4093个，直接联系妇女群众440万人。

【开展助推消费扶贫直播带货活动】 6月14日，省妇联联合省广播电视台举办“娘家人喊你来买货”妇联主席直播带货活动。省妇联党组书记、主席王庆等12位省、市、县妇联主席同台直播，通过阿里巴巴引流、妇联主席站台、扶贫农副产品“触网”，打造“直播＋电商＋扶贫”新模式，为消费者提供质优价廉的精品“赣货”，带货销售额超1000万元。与省扶贫办等部门合作开展“最美女第一书记”直播助农活动，8位省直单位驻扶贫村女性第一书记参加带货直播，销售额近300万元，帮助贫困人口增收脱贫。

【“赣鄱红色娘子军”宣讲团宣讲】 全省“赣鄱红色娘子军”宣讲团围绕决胜全面小康、决战脱贫攻坚，以“小康幸福你我她”为主题，以“宣讲＋故事分享”的形式，到村新时代文明实践站开展故事分享宣讲活动。扶贫干部、致富带头人、脱贫典型、三八红旗手等妇女榜样带头宣讲。省妇联领导班子成员带头，全省各级妇联深入机关、学校、企业宣讲中共十九届四中、五中全会精神1500余场。开展“小康幸福你我她”故事宣讲分享活动2000余场，参与群众10余万人。发动“赣鄱红色娘子军”宣讲团力量，打造“线上娘家”服务平台，提供线上答疑和线上课堂，制作“赣鄱红色娘子军声音”20期。9月29日，省妇联以“赣鄱巾帼心向党 感恩奋进新时代”为主题，举办“赣鄱红色娘子军”宣讲大赛。决赛现场授予一、二、三等奖获得者为“赣鄱红色娘子军”宣讲团“十佳宣讲员”称号。

【举办妇女健康生活展示活动】 11月5日，省妇联联合省体育局在赣州开展江西省第六届全民健身运动会暨全省妇女健康生活展示大赛，首次在江西省全民健身运动会中设置女性主题赛事，包括“小康生活·舞动乡村”全省乡村广场舞大赛、“小康生活·美在赣鄱”女性主题摄影大赛、“小康生活·巾帼风采”全省妇女健身素质交流展示大赛。大赛在全网进行直播，网上参与人数上百万。

【支援新冠肺炎疫情防控和抗洪救灾】 省妇联主动参与疫情排查，联防联控，筑牢家庭社区“第一道防线”。在全国妇联系统中第一个向湖北提供援助，捐赠防疫物品。实施“加油！抗疫天使”公益项目，募资220万元向2500户抗疫一线医务人员家庭和200户“抗疫最美家庭”发放关爱包。省妇儿基金会募集防疫物资和善款1043万元。疫情期间，通过“江西家教”公众号开通家庭教育远程亲子课堂，提供亲子教育、婚姻家庭、生活技能等网上课程600余堂。动员妇联干部和志愿者为留守儿童、困境儿童提供监护照料、家庭教育、心理辅导等服务。省、市、县三级妇联在12338公益维权热线基础上增设心理援助服务，招募志愿者组成江西妇联心理援助团队，开辟“心理援助公益热线＋微信群”答疑服务。洪涝灾害发生后，第一时间组建抗洪救灾突击队到前线支援抗洪任务。省妇儿基金会募集价值135万元的抗洪物资。发动全省巾帼志愿者为受灾地区提供疾控防疫、心理辅导、儿童教育、文体健身等方面志愿服务。

【推动妇女相关企业复工复产】 省妇联围绕省政府稳定经济增长政策意见，对全省女企业家在用工、融资等复产方面的实际困难进行摸底，汇总240余家企业的6.5亿元资金需求报省抗击新冠疫情指挥部研究解决，会同省政协妇联界别委员就家政行业复产复工情况开展专题调研。各级妇联干部到企业和农户，排查“妇字号”扶贫车间、巾帼脱贫示范基地复工情况，为企业复工复产争取资源、代跑解困，协助滞销农户对接网上销售平台。联合省建设银行为符合条件的妇女提供“巾帼创业贷”74亿元，扶持创业妇女近1万人。开设“妇联线上课堂”公益服务，开展网上“春风行动”，联合华东交通大学等高校举办网上女大学生专场招聘会，缓解疫情对女性就业冲击。

【江西省发布首届“依法维护妇女儿童权益十大案例”】 4月29日，省法院、省检察院、省公安厅、省司法厅和省妇联联合发布江西省首届“依法维护妇女儿童权益十大案例”。2019年9月，省高级人民法院、省人民检察院、省公安厅、省司法厅和省妇联联合启动江西省首届“依法维护妇女儿童权益十大案例”征集评选工作以来，各主办单位共征集到142个案例。经过专家、律师、法院、检察院、公安、司法等部门业务骨干以及基层妇联干部代表联合审慎研究筛选，推选出该次发布的十大案例。十大案例涉及老年人家庭权益、妇女婚姻家庭权益、妇女劳动权益、反家庭暴力、未成年人人身权益等妇女儿童维权重点热点问题。

（凌云）

江西省科学技术协会

【概　况】 2020年，省科学技术协会共有106个省级学会和高校、设区市科协分别主办、承办380场学术交流活动，60余位两院院士到赣作学术交流报告。所属省级学会承接全国性、区域性、专业性学术会议30余场次。指导市科协、县科协主办各类学术交流活动100余场次。制定印发《江西省科协2020年服务科技经济融合发展行动方案》。南昌高新区入选“科创中国”首批试点城市（园区）。组织南昌高新区与中国电子学会、中国通信学会、中国航空学会对接，邀请相关专家开展指导科技服务；组织企业参加2020年中国创新方法大赛、“第七届中俄工程技术论坛”等活动。争取中国科协2020年度创新驱动助力工程示范项目两个共100万元，江西省科协、宜春市科协各50万元。省人工智能学会、省机械工程学会等30个科技团组织为企业提供服务535人次，解决企业发展技术问题159个。牵头推动省政府与南京航空航天大学签订战略合作协议，推动国家级学会与有关设区市、企业签订多方合作协议12个。新建国家级学会服务站4个，支持省级学会服务站项目5个。分2批新建省级海智工作站18个，全省省级海智工作站达70个。新成立南昌高新技术产业开发区、江西章贡高新技术产业园区2家中国科协“海智计划”工作基地，全省中国科协海智基地达5个。新建市级院士工作站3个，新引进院士3人。与省委人才办启动分组建设专家工作站工作。新建企业科协51家，全省总数达386家；新建园区科协7家，全省总数92家。举办“企业创新方法带题培训”活动2次。推广应用中国科协“海外专利信息资源库”，举办“知识产权战略巡讲”“专利应用工程师培训暨助力脱贫攻坚专利信息资源定向推送”等培训活动。联合省有色金属学会，举办“有色金属专利知识专题培训”活动、“科技信息企业应用典型案例培育专题工作培训”活动。新增科技信息资源库注册用户188家，全省注册企业3460家。组织开展征集各领域入库科技专家，入库省高端科技创新智库专家200余人。全年确定16个年度决策咨询课题。编辑出版11期《决策咨询专报》，6位省领导分别对6期《决策咨询专报》作出7次批示，要求有关部门阅研借鉴。组织全省13个国家级站点完成中国科协2020年度“关注学风建设、时间利用”“人才发展专项调查”“科技工作者的科研伦理意识情况”“关注职称改革政策成效和科研人员获得感”等4次网络问卷调查任务。依托全省国家级站点和15个省级站点，完成全省科技工作者状况网络问卷调查工作。

【应用科技信息转化】 组织专家到企业指导122人次，转化应用科技信息产生新技术、新产品、新专利的企业分别为43家、23家和41家。企业转化应用科技信息产生新技术、新产品、新专利分别为82个、34个和110个。产生直接经济效益21433.52万元，间接经济效益22852.91万元，节约研发成本5316万元。

【科技扶贫】 全年共组织科技专家2934人，科技团队137个参与科技助力精准扶贫，帮扶贫困人员总数41356人。永新县陈子明、上犹县田春兰被评为2016年以来全国科技助力精准扶贫工作先进个人。举办“农村党员创业致富带头人培训”“新型农民创新创业培训”等各类培训班69期。制定出台《江西省科技小院联盟管理办法（试行）》等相关制度，组织40余名专家编写发布30余篇《连续强降雨农业生产应对措施》，编印《抗洪救灾农业生产技术手册》1000余册，成立181位农业专家组成的“抗疫情、稳生产”农业专家在线服务团。开通“农技云课堂”直播，开办线上“江西省科协乡村振兴大讲堂”。组织36位专家在上犹县、广昌县、吉安市青原区的22个乡镇开展科技人才服务脱贫攻坚和乡村振兴对接服务活动，对接技术需求51项。

【组织举办“全国科技工作者日”系列活动】 6月16日，组织召开江西省科技界学习贯彻中共中央总书记习近平给科技工作者代表回信等精神座谈会。传达学习5月29日中共中央总书记习近平给科技工作者代表回信和在专家学者座谈会上的重要讲话精神，传达学习省委书记刘奇和省委副书记李炳军批示精神。会议表彰5个首届江西省创新争先奖集体、35名首届江西省创新争先奖个人，授予江西10名科技工作者2020年江西省“最美科技工作者”称号。在全省范围内开展“战疫情促发展科技专家进企业”活动。省科协党组书记、副主席罗莹，主席史可分别率专家到上犹县、吉安市青原区开展科技人才服务脱贫攻坚和乡村振兴对接服务活动。组织动员全省各级各类科协组织进一步组建科技志愿者队伍，动员鼓励科技工作者弘扬科技志愿服务精神，全面融入党群服务中心和新时代文明实践中心，开展科技志愿服务。活动期间，全省科技志愿者在“科技志愿信息服务平台”网上注册净增长6045人，累计11627人，全国排名跃升至第八位。累计在“科技志愿信息服务平台”注册科技志愿者组织699个,开展、发布科技志愿服务活动225场。举办2020年江西省“全国科技工作者日”科学素质知识网络有奖竞答活动。活动首页浏览量90万余次,答题15.9万余人次,17051人次获奖。

【举办中国稀土学会学术年会暨江西(赣州)稀土资源绿色开发与高效利用大会】 10月20日—21日,中国稀土学会2020学术年会暨江西(赣州)稀土资源绿色开发与高效利用大会在赣州召开,全国稀土领域的院士、专家、企业家共800余人参会。大会共邀请全国31家稀土企业参展,近千名专家学者、企业家及技术人员观展;大会共设置15个分论坛(分会场),安排主题报告、邀请报告、口头报告425个,墙报展示项目59个。中国稀土学会分别与赣州市5家科研单位、企业签订合作协议。12位院士和专家对赣州稀土产业发展提出有关观点、意见和建议。

【举办江西省首届当代工艺美术双年展】 10—12月,省科协、省文旅厅、省工信厅和鹰潭市政府共同举办“江西省首届当代工艺美术双年展”活动。活动收到全省各地工艺美术创作者投稿作品共计2791件(套),包含9个大类117个小品类,最终313件(套)作品入选参展,并评选出金奖、银奖、铜奖、优秀奖。活动还特邀全省工艺美术大师、高技能人才创作作品共计51件参展。在鹰潭市美术馆、江西省美术馆、景德镇美术馆3地巡展,免费向公众展览。省委常委及省委宣传部部长施小琳、省政协副主席李华栋和主办单位主要领导参加活动开幕式。参观人数20余万人。

【举办2020中国·江西国际虚拟现实产业创新创业大赛】 10月16日,2020中国·江西国际虚拟现实产业创新创业大赛总决赛暨颁奖典礼在南昌举行。副省长罗小云出席颁奖典礼并颁奖。大赛以“VR引领未来”为主题,大赛聚焦虚拟现实技术和产业领域,搭建创新技术、思路和实践经验交流分享平台。中国科学技术协会作为指导单位,省科协、中国电子学会、南昌市委组织部(市委人才办)、南昌小蓝经开区管理委员会、泰豪创意科技集团股份有限公司共同主办。大赛分为内容和应用组、硬件组2个组别,面向全球征集共计302个虚拟现实领域创新创业项目,经过2个多月的层层筛选,最终20个优质项目晋级总决赛,“Nreal Light混合现实智能眼镜项目”与“无介质全息项目”分别获得大赛硬件组、内容和应用组一等奖。

10月16日,江西国际虚拟现实产业创新创业大赛总决赛暨颁奖典礼在南昌举行

省科协供

【开展科学道德和学风建设宣讲教育活动】 11月20日,省科学道德和学风建设宣讲教育领导小组在南昌航空大学设立江西省分会场,集中组织收看2020年全国科学道德和学风建设宣讲教育报告会暨宣传月启动仪式直播。省科协党组成员、副主席梁纯平,省社科院党组成员、副院长钟小武,南昌航空大学副校长罗旭彪出席报告会。南昌大学、江西财经大学、华东交通大学、江西中医药大学、江西科技师范大学和南昌航空大学师生代表共计300余人观看报告会直播。其他各高校组织收听收看报告会直播。全省各高校共计3.9万余人观看直播。12月8日—9日,中国科协科技传播中心、省科协、省教育厅、省科学院、省社科院在南昌共同主办科学家精神报告团江西行暨2020年江西省科学道德和学风建设宣讲教育报告会。南昌航空大学、南昌大学、江西师范大学、华东交通大学分别承办报告会。在南昌航空大学主场报告会上,省科协党组书记、副主席罗莹,教育厅副厅长汪立夏,南昌航空大学党委书记罗嗣海、副校长罗旭彪出席报告会。省科协副主席梁纯平主持报告会开幕式。12月8日—9日,报告团成员分别在南昌航空大学、南昌大学、江西师范大学、华东交通大学宣讲。报告会上,院士黄旭华之女黄峻,院士彭士禄之女彭洁,院士程开甲之女程漱玉、军事科学院习近平强军思想研究中心研究员熊杏林分别作报告。现场,报告团成员还与学生就学习科学家精神进行交流。中国科协科技传播中心、省科协、省学位办、省科学院、省社科院及南昌地区研究生培养单位学生代表,南昌航空大学、南昌大学、江西师范大学、华东交通大学研究生导师、研究生院(研究生工作部)负责人及学生代表共计2000余人参加。

(袁悦　杜春发)

江西省归国华侨联合会

【概　况】 2020年,省侨联组织各类学习活动20场(次)。全省各级侨联组织募集到捐赠善款2943万元,支援新冠肺炎疫情防控。捐赠60万元及价值213万元的救灾物资支援抗洪。围绕江西高质量跨越式发展任务部署，充分运用海内、海外“两个平台”和“两大资源”的优势，引领赣籍企业与中国港澳地区、“一带一路”沿线国家企业界的交流与合作，促进赣籍企业家拓展海外市场、融入全球化，调研做好“六稳”“六保”工作，协调帮助企业解决生产经营中遇到的困难和问题。聚焦人才强省战略，发挥特聘专家委员会、国际文化交流促进会和海外人士创新创业联谊会等平台作用，为引进海外技术、各类专业人才和智力资源牵线搭桥。依法维护侨益，联合求正沃德律师事务所出台法律援助政策，为侨资企业提供免费法律帮助，积极和省、市、县三级法院沟通协调处理侨胞信访案件。建言献策、参政议政，在南昌大学、江西师范大学和省高级人民法院等8家单位设立侨情专报直报点，聘请35位各领域专家学者为省侨联侨情研究员。讲好江西故事，组织开展“亲情中华 为你讲故事”网上夏令营活动，先后与景德镇、宜春、吉安、九江、南昌、萍乡等地市侨联，组织承办6期18个营的网上夏令营活动和2期2个营的网上秋冬令营活动，美国、加拿大、荷兰等国家近800名华裔青少年参加活动。

【新冠肺炎疫情防控】 省侨联第一时间成立新冠肺炎疫情防控工作领导小组并向海外发出倡议，全省侨联系统共募集到来自欧美、中东、东南亚、日韩以及中国港澳等地侨社团和侨领的捐赠善款2943万元；医用防护服3.2万套，N95专用口罩8.5万只，医用防护眼镜0.76万副，一次性医用口罩100.7万只，医用手套51.3万双，84消毒液58吨，防护面罩1060个。

【脱贫攻坚】 推进扶贫项目和资金落实，解决定点扶贫村余干县洪家嘴乡双港村“两不愁、三保障”问题，组织侨企为双港村“幸福食堂”、无线广播等民生工程建设捐款捐物8万元；利用村级光伏收益5万元，开发20个“微劳力”公益岗位安排贫困户就业，为贫困户每户年增收2400～3000元；在九江市同文中学、吉安市白鹭洲中学、赣州中学设立“珍珠班”，给予家庭特困且成绩特优、品行优良的初中毕业生每年2500元生活补助款；联系香港二地一心基金会在丰城市同田乡捐助200万港元，新建同田毕马威沿江小学。

【“亲情中华”艺术团到上饶慰问演出】 10月17日—18日，中国侨联“亲情中华·文艺轻骑兵”艺术团分别到上饶市广信区黄沙岭乡蔡家村和尊桥乡上乐村为基层群众开展慰问演出。中国煤矿文工团、铁路文工团等演出团体的艺术家们为当地群众表演《咱老百姓》《映山红》《天堂》《共和国之恋》等经典曲目，中国侨联文化交流部部长刘奇，省侨联党组成员、副主席罗丽都以及当地群众千余人观看慰问演出。

【举办“法治宣传下基层”主题活动】 10月30日和11月5日，江西省侨联分别联合南昌市侨联、青山湖区侨联、红谷滩区侨联在高新园区石桥村和红谷滩区红角洲管理处联泰香域滨江社区开展“法治宣传下基层”主题活动，分别进行侨法和民法典宣传。省侨联党组书记、主席张知明，党组成员、副主席罗丽都，办公室主任、二级巡视员许晓燕参加活动。各级侨务工作者向社区居民发放《涉侨法律政策指南》《中华人民共和国归侨侨眷权益保护法》及《民法典宣传手册》，侨联法律顾问委员会的律师服务团与居民群众开展交流，解读侨务政策，讲解有关疑难问题。

【到韩国、日本开展友好交流访问】 1月，“江西省侨联海外联谊访问团”到韩国、日本访问。在韩国期间，访问团拜会韩国华侨华人联合总会和中国在韩青年联合会，推介江西省文旅资源，特色优势科技项目、科技合作需求和营商环境，就促进赣商企业发展壮大，开拓国际市场进行交流；并就引导在韩侨界科教人才回赣考察、寻求科技合作对接，搭建两地青少年交流平台等事宜交换意见。在日本期间，访问团拜会日本江西总商会、日辉贸易株式会、大阪高雷株式会社、关西中华总商会和中国渡航中心株式会社等侨社团，就搭建经贸及科技合作平台，引资引智助推江西经贸国际化发展，牵线搭桥推动江西与日本在文化、旅游、科技、教育、商贸等方面合作进行交流。

【三地获批“中国华侨国际文化交流基地”】 11月，经中国侨联批准，江西省共有3地获批“中国华侨国际文化交流基地”，分别为安源路矿工人运动会馆、中国血防纪念馆、王阳明展览馆（崇义县博物馆）。

（夏珊）

江西省台湾同胞联谊会

【对台交流】 2020年，省台联发挥自身优势，加强与岛内、海外台胞人士和在赣台商的联系，注重与台湾地区社团、代表性人士和基层民众的联络交往，密切与省内台籍同胞的联系，增强民族认同、文化认同、国家认同。先后主办和参与2020赣港澳台青少年首次线上交流活动、第十七届赣台经贸合作交流大会、海峡两岸姊妹湖产业协作年会、台湾地区青年VR产业江西研习营等两岸交流活动，扩大江西影响力，促进赣台交流交往。

【台胞台商联谊】 落实在赣老年台胞和困难台胞补助政策，全年累计发放老年台胞和困难台胞补助12.21万元；继续落实台籍考生享受中、高考加分政策，全年累计协助办理中高考加分23人；开展走访慰问活动。坚持政策引领，推进中央“惠台31条、26条”、助力台企“11条”和“江西惠台60条”落实。做好台商联谊服务，根据台资企业在疫情期间的生产经营状况，帮助台商协调解决生产生活方面遇到的困难和问题，并通过各种渠道，邀约台商、台胞、台青到赣参访考察，帮助在赣投资、兴业、创业、就业。

【举办海峡两岸姊妹湖产业协作年会】 9月24日—26日，由省台联和全国台联、江西海外联谊会、新余市

9 月 24 日—26 日，海峡两岸姊妹湖产业协作年会在新余召开

省台联供

政府共同主办的江西仙女湖加盟海峡两岸姊妹湖产业协作年会暨二届三次理事会在新余市仙女湖举行，吉林净月潭、江苏天目湖、安徽太平湖、福建大金湖、湖北金银湖、重庆长寿湖、台湾日月潭、江西仙女湖 8 大姊妹湖的代表围绕“强化海峡两岸姊妹湖共识、探索互利共赢发展机制、增进两岸同根之情、促进两岸社会融合与经济互通”等内容展开讨论交流。央视 4 台、学习强国、中央统战部官网、中国台湾网、台湾黎视频、新加坡《联合早报》等媒体进行报道。

【举办台湾地区青年 VR 产业江西研习营】 10 月 18 日，由省台联和全国台联、省黄埔军校同学会共同举办的 2020 台湾地区青年 VR 产业江西研习营活动在南昌开营。活动为期 7 天，营员到南昌新建、上饶婺源、景德镇等地参观考察，详细了解各地 VR 产业的发展现状，交流探讨两岸 VR 产业合作的前景。全国台联党组书记、会长黄志贤出席开营式，并为研习营授营旗。全国台联副会长纪斌致开营词，省委统战部副部长刘文华致欢迎词，省黄埔军校同学会秘书长、省台联会长徐友洪等出席开营式。福建省台联、重庆市台联、湖北省台联、湖南省台联、吉林省台联和甘肃省榆中县政府协办。福建、重庆、湖北、湖南、吉林的常住台胞、定居台胞和甘肃榆中县青年共 30 余人参加研习和参与 2020 世界 VR 产业大会云峰会相关活动。研习营以“VR 新时代，We are 共精彩”为主题，邀请在大陆学习、就业、创业的台湾地区青年以及优秀台籍青年为主体，以参观体验和交流研讨为主要方式，探讨两岸 VR 产业合作前景，吸引更多台湾地区青年到大陆发展，增进台湾地区青年对国家的认同感和归属感。

（钱熠德　聂冬晖）

江西省文学艺术界联合会

【概　况】 2020 年，省文联及所属各文艺家协会发挥理论学习、教育培训、研修研讨、理论宣讲等工作载体的积极作用，全年举办 18 次党组中心组集体学习研讨、5 场专题辅导报告、4 堂专题党课、12 场“江西文艺 · 名家讲堂”，举办省文联所属文艺家协会主席团成员及驻会负责人高级研修班等座谈、研修、交流活动 20 余场次。

推动“深入生活、扎根人民”主题实践和文艺志愿服务活动。围绕脱贫攻坚、决胜全面小康主题，组织 300 余名文艺家到全省 387 个扶贫村开展采风创作，总行程 2.1 万多千米。在春节、中秋等中华民族传统节日和“七一”、国庆等重要时间节点，组织开展“红色文艺轻骑兵”“迎新春送万福进万家”“摄影文化进万家”“书画走进基层，助力乡村振兴”等一批惠民服务。组织开展“万名文艺家下基层”活动，得到省委常委、省委宣传部部长施小琳肯定。省文艺志愿者协会获 2019 年度全国学雷锋志愿服务“四个 100”先进典型“最佳志愿服务组织”称号。

【文联改革】 完成省作协机构改革，明确省作协主席为副厅级领导职位，增加作协编制，增强工作力量。按照省委、省政府部署和要求，积极稳妥做好深化事业单位改革试点工作，按期完成所属事业单位转企、撤销、整合组建等改革任务。加强对协会工作领导，推进协会艺委会、专委会改革。加强对新文艺群体的团结引领，开展新文艺组织和新文艺群体调查研究，加强对“文艺两新”的联络服务。

【江西省第九次文代会召开】 8 月 20 日—21 日，省文联第九次代表大会在南昌召开。省委、省人大、省政府、省政协的主要领导或有关领导出席大会开幕式。省委书记、省人大常委会主任刘奇，中国文联党组书记、副主席、书记处书记李屹在开幕式上讲话，省委常委、省委宣传部部长施小琳出席大会并在闭幕式上讲话。大会审议并通过《江西省文联第八届委员会工作报告》，修订《江西省文联章程》，选举产生省文联新一届领导机构。叶青当选省文联第九届委员会主席，张越、邬定忠、毛国典当选省文联第九届委员会副主席，温燕霞当选挂职副主席，李小军、余志华、徐渊明、陈丽萍、王东、李雷、熊小玉、杜欢、李媛媛、廖祖峰当选兼职副主席。

【举办“决胜全面小康、决战脱贫攻坚”大型文艺创作展览展演活动】 开展涵盖文学、音乐、舞蹈、书法、美术、摄影、农民画、微电影等门类的脱贫攻坚主题文艺活动。10 月 17 日，举办“走进我们的小康”——江西省脱贫攻坚主题美术、书法、摄影、农民画创作展。省委常委、省委宣传部部长施小琳，省人大常委会副主任冯桃莲，副省长胡强，省政协副主席李华栋，等等领导和社会各界人士 400 余人出席开幕式。展览从 8591 件投稿作品中选出 400 多件进行展示，展现出江西省脱贫攻坚的伟大实践和奔向小康美好生活的时代画卷。创作完成大型声乐套曲《幸福欢歌》。以江西省词曲作者为主，邀请全国名家

8月20日—21日，江西省文学艺术界联合会第九次代表大会在江西南昌召开

省文联供

参与，历时1年创作出10首脱贫攻坚主题歌曲。套曲中的《是你一直想着我》被收录进2020年中宣部重点出版物《百年小康梦圆时——“全面建成小康社会”优秀原创音乐集》，被新华网、中青网、环球网、学习强国等80多家媒体转载采用；同名视频在新华社全网播出，点击量超3500万次，新华社客户端点击量超200万次，新华社微信公众号阅读量10万多次。举办“小康生活舞起来”——江西省群众舞蹈大赛。活动历时3个月，共吸引617支舞蹈团队参赛，3万多人参与。举办“我们的扶贫故事”主题征文、“决胜之路”优秀微电影（微视频）大赛评选等活动，助力江西打赢脱贫攻坚战。

【开展“抗击新冠肺炎”主题文艺创作】 以抗疫和复工复产为主题，组织动员文艺家创作文艺作品1.3万余件，其中文学作品3400余件、音乐700余首、美术1400余件、书法3400余件、摄影5000余件，一些优秀文艺作品在《人民日报》《中国艺术报》《江西日报》以及学习强国、腾讯视频、抖音等新媒体平台刊播；为江西赴随州援鄂医疗队1200多名队员每人创作并捐赠一幅书法作品，多语种出版美术作品集《向光而行——战“疫”的色彩》，为打赢疫情防控人民战争、阻击战、总体战凝聚精神力量。

【举办抗洪主题摄影创作展】 8月10日，“众志成城缚洪魔——2020江西省抗洪抢险摄影图片展”在省文联展厅开幕。省委宣传部副部长黎隆武，省文联党组书记马玉玲，省文联党组成员、主席叶青，省水利厅、省应急管理厅领导以及入展作者、摄影艺术家、摄影爱好者代表和媒体记者100余人参加开幕式。省文联组织摄影艺术工作者到抗洪一线进行纪实创作，紧急征调摄影作品1200余幅，并从中选出100幅佳作入展，展示江西抗洪抢险中的先进人物和成果。展览展至8月30日。

【开展“万名文艺家下基层”活动】 组织近800名文艺家到宜春、萍乡、赣州、抚州、吉安、上饶、南昌7个设区市78个县（市、区）的221个新时代文明实践中心（所、站）开展“万名文艺家下基层”活动，为基层文艺工作者、爱好者和群众送去221项文艺志愿服务，形式涵盖惠民演出、文艺辅导、专题讲座等，服务时长11648小时。截至12月5日，活动共组织970名文艺志愿者、文艺工作者到全省11个设区市、100个县（市、区）新时代文明实践中心（所、站）进行287项服务，服务时长1.5万小时，受众人数2万余人次。

【举办江西省文联所属文艺家协会主席团成员及驻会负责人高级研修班】 9月22日—24日，省文联在上饶弋阳方志敏干部学院举办所属文艺家协会主席团成员及驻会负责人高级研修班。研修班以“学习贯彻习近平新时代中国特色社会主义思想和中共中央总书记习近平关于文艺工作的重要讲话精神”，课程涵盖习近平关于文艺工作、文联工作的重要论述以及意识形态工作、文艺理论、传统文化、戏曲表演、影视观摩、红色教育等内容。研修班邀请清华大学美术学院长聘教授、陶瓷艺术系主任、中国美术家协会陶瓷艺术委员会主任白明，北京大学文学博士、深圳大学特聘教授李心峰，江西师范大学教授、校学术委员会主任、明史研究专家方志远，省委宣传部常务副部长郭建晖，省文联主席叶青，等等专家学者授课，60多名省文艺家协会主席团成员及驻会负责人参加培训。

【开办“江西文艺·名家讲堂”】 8月启动“江西文艺·名家讲堂”，讲堂包含艺术讲座和时政讲座两大类。全年共举办12场专题讲座，先后邀请鲁迅文学奖得主李浩、国家一级舞美设计师周正平、国家一级编剧康健民、作曲家戚建波、中国艺术研究院艺术人类学研究所所长方李莉、中国书协理事李文宝、原解放军艺术学院副院长朱向前等文艺家到赣讲学。

【江西省曲艺家协会第六次代表大会召开】 12月24日，江西省曲艺家协会第六次代表大会在南昌召开，70余名江西曲艺界代表参会。省委宣传部副部长黎隆武在大会开幕式上讲话，中国曲协分党组书记杨发航致辞，省文联党组书记马玉玲在大会闭幕式上讲话，省文联主席叶青主持大会开幕式，省文联副主席张越致开幕词并主持大会闭幕式，省文联副主席邬定忠出席会议。大会总结江西省曲艺家协会第五次代表大会以来的工作，部署下一个5年任务，修改通过协会章程，选举产生新一届领导机构。李小英当选江西省曲协主席，华巍、刘阳洋、余际松、郑意祯、徐志当选副主席，聘请柳青为名誉主席，聘请万新明、李媛媛、黄瑶、陆泽浦为顾问。

【优秀作品和优秀人才评选】 叶青当选中国文艺评论家协会副主席；朝颜获第十二届全国少数民族文学创作骏马奖和第十一届丁玲文学奖散文新锐奖；彭学军获2020年陈伯吹国际儿童文学奖；王一民获“第五届中国电影编剧终身成就奖”；温燕霞小说《琵琶围》入选2020年“优秀现

实题材文学出版工程”；周簌获第18届诗探索“华文青年诗人奖”；鱼小玄组诗《浓雾村》获第10届“诗探索·中国红高粱诗歌奖”；5人入选中国作协2020年定点深入生活项目，入选人数居全国第一；5位书法家作品入选“中国力量——全国扶贫书法大展”；3个文艺创作项目获中国文联青年文艺创作扶持；歌曲《你笑起来真好看》入选中宣部第八批“中国梦”主题新创作歌曲、2019年度“听见中国听见你”优秀歌曲，歌曲《寻找“吴发询”》《呦吙吙》入选2019年度“听见中国听见你”华东地区优秀歌曲；话剧《人间情暖》入选第九届长江流域戏剧艺术节；上饶信河道情《读一读〈可爱的中国〉》获第十一届中国曲艺牡丹奖节目提名奖。

【人才培训】 先后举办“青年舞蹈人才培育计划·江西站”暨首届江西省青年舞蹈创编人才高级研修班，江西曲艺“鄱阳大鼓”“上饶渔鼓”培训、快板师资培训班，农民画创作人才培训班，乡村少年宫辅导员培训，江西省中青年评论作者培训班，“百年赣鄱耀中华”——庆祝建党100周年美术书法作品展览改稿培训班，第二届《星火》驿站写作训练营暨文艺锐评团提高班等专题培训，举办江西中青年散文作家创作研讨会、江西优秀青年诗人创作研讨会，提升江西省文艺创作水平。

（陈聪）

江西省残疾人联合会

【概　况】 2020年，省残联加大工作力度，提升“两项补贴”标准，落地落实建档立卡贫困重度失能残疾人照护和托养工作，出台残疾人适配基本型辅具补贴办法，将助残资源投向基层，省级资金直接分配到市县的比例91.3%。残疾人脱贫攻坚、托底保障、公共服务设施建设取得新成绩。

【残疾人脱贫攻坚】 落实兜底保障。“两项补贴”标准实现城乡统一，分别为每人每月60元和70元，全省93.2万人次享受“两项补贴”。进一步落实成年重度无业靠家庭供养的残疾人单独立户纳入最低生活保障。8个设区市出台建档立卡贫困重度失能残疾人照护和托养工作具体办法，6057名残疾人受益。推进教育扶贫。继续完善特殊教育体系，全省适龄残疾儿童少年义务教育入学率95%以上。实施教育救助，资助541名残疾大学新生，461名上线残疾高考生全部被录取，录取率100%。推进就业扶贫。扶持454家阳光助残创业就业基地，增长22%；扶持21家残疾人创业孵化基地，增长23.5%；扶持77家残疾人辅助性就业机构，增长22.2%。实施省政府民生工程，为3846名残疾人实施城乡残疾人职业培训，完成率128.2%；为3858名残疾人安置公益性岗位，完成率110.2%；为符合条件的残疾人购买农家书屋管理员岗位，完成率100%。落实残保金征收新方案，将用人单位按比例就业情况纳入全省企业信用监管警示系统管理，全省累计按比例安置1.9万名残疾人就业。试点开展超比例安置残疾人就业奖励和补贴制度。建立长效帮扶机制。将8387名和6896名残疾人分别纳入贫困边缘监测和返贫监测，实施长效帮扶。截至年底，全省建档立卡贫困残疾人全部实现脱贫。

【残疾人康复服务】 为19.42万残疾人提供基本康复服务，服务率99.5%，为6.8万残疾人提供辅助器具服务，适配率99.4%，两者均超额完成年度任务，进入全国第一方阵。全省残疾儿童康复机构准入制及协议管理工作全面实施，全省残疾儿童康复机构增至213家，增长率87%。推进残疾儿童康复服务评估专家资源库建设，健全第三方评估工作机制。全年共为6412名残疾儿童提供康复救助服务。出台《江西省残疾人适配基本型辅助器具补贴办法（试行）》。联合省医保局出台江西省调整部分康复项目价格和医保支付的政策，推动新增20项康复医疗项目纳入基本医疗保障支付范围政策落地落实。

【社会助残】 实施法律援助，全年为残疾人提供法律服务。将无障碍环境建设纳入文明城市创建部署落实。南昌市、景德镇市、萍乡市、宁都县小布镇4地被命名为创建全国无障碍环境示范市县村镇，赣州市章贡区、南昌县、靖安县、樟树市阁山镇4地被命名为达标市县村镇。为全省1.7万余户贫困重度残疾人家庭实施无障碍改造，实现全省建档立卡重度残疾人家庭无障碍改造全覆盖。出台全省持证残疾人通讯资费减半政策。疫情期间主动化解残疾人实际困难，全省未发生残疾人群体冲击社会道德底线事件。宣扬正能量，围绕抗击疫情、脱贫攻坚等推出系列报道，江西省洪丽娟和刘柱分获“2020年度助残新闻人物”和“2020年度中国残疾人事业新闻人物特别提名”称号。赣州市廖竹生参加2020年全国残疾人脱贫攻坚论坛并作发言。萍乡市欧阳晖作为先进典型参加全国残疾人脱贫和助残扶贫先进事迹报告会，并受到中国残联主席张海迪接见。开设残疾人事业宣传广播专题栏目《蝉翼有约》和《星空影院》，着力打造成优质品牌节目。省盲协开展“帮扶心贴心，服务面对面”送技术下基层志愿者服务，获中国盲协表扬。举办江西省首届冰雪嘉年华活动，鼓励残疾人融入社会、自立自强。

【残联组织改革】 深化全省基层残联组织专项改革，统筹推进县、乡级残联改革和村（社区）残协全覆盖。9月，江西省市、县两级残联全部出台改革方案，改革进程位列全国前三。各设区市全部出台加强和改进村（社区）残疾人协会工作的实施意见，开展面对面、零距离服务基层残疾人。出台《省残联深化事业单位改革实施方案》，通过整合、撤销、更名等方式，将原有的6个直属中心整合成省残疾人就业创业与康复服务中心、省残疾人综合托养服务中心、省残疾人文化体育中心3个直属中心。

【疫情灾情影响】 针对不同类别的残疾人群体、残疾人服务场所，实施精准防控和宣传，全省未发现残疾人群体和残疾人服务场所大规模传染事件。出台纾困措施，给予盲人按摩机构等政策资金支持。通过“助农江西专线”、京东“绿色通道”等线上渠道，推介残疾人滞销农产品。压减省本级支出1400万元，全部统筹投向基层残联保民生助脱贫，减轻疫情影响。8月，向17个重点防汛重灾区的县区拨付51万元，帮助1221名残疾人灾后重建，获省政府督查通报表扬。

（杨琼）

江西省红十字会

【概　况】　全省红十字会募集捐赠款物12.83亿元，增长448.15%。“99公益日”网络筹款7204万元，位居全国红十字系统第一名，列全省公募机构公众筹款第一名，全国公募机构第七名。全省红十字会培训应急救护员14.47万人。实现遗体器官捐献249例，其中器官捐献232例，创历史新高，在全国红十字系统中列第九位。7个设区市建成遗体器官捐献者纪念园，升级改造省红十字会青山遗体器官捐献者纪念园。成功捐献造血干细胞34例。救助白血病、先心病患儿101名。省红十字会被评为第六届全国文明单位。

【江西省红十字会第八次会员代表大会召开】　11月18日，江西省红十字会第八次会员代表大会在南昌召开，全国人大常委会副委员长、中国红十字会会长陈竺，省委书记刘奇出席并讲话。省领导易炼红、姚增科、刘强、赵力平、马志武，中国红十字会党组成员、副会长尹德明出席会议，李炳军主持会议。大会审议通过《江西省红十字会第七届理事会工作报告》《江西省红十字事业发展规划纲要（2021—2025年）》，选举产生江西省红十字会第八届理事会和第八届监事会，聘请刘奇、易炼红为名誉会长，选举孙菊生为会长、龚建辉为常务副会长。

【支援抗疫抗洪】　省红十字会落实省委、省政府决策部署，及时启动应急响应，向社会发布募捐公告，支援新冠肺炎疫情防控。全省红十字会接收海内外捐赠8.65亿元，在全国红十字系统中列第七名。全省4500余名红十字志愿者参与疫情防控，16名康复者17人次捐献恢复期血浆5660毫升。与省纪委省监委驻省应急厅纪检监察组开展联合专项督查，主动接受审计部门和总会、省民政厅的督查指导，主动回应社会关切，主动接受群众监督，及时、准确公开捐赠款物接收发放信息。积极参与水灾救援。在鄱阳湖流域超历史洪涝灾害中，江西省红十字会统筹做好人员、物资、器材等各方面准备，部署救援力量，参与灾害救援，出动红十字应急救援队转移安置受灾群众14549人，救护受伤群众100多人。

12月，江西省遗体器官捐献者纪念园落成

省红十字会供

【基层组织改革】　在重点领域和关键环节，按照《江西省红十字会改革方案》，推进各项改革目标任务落实。全省红十字会深化改革取得新突破、新成效。97个县级红十字会实现“有机构编制、有在编干部、有办公场所、有经费预算、有独立账户、有工作活动”的“六有”要求，基本完成改革方案确定的改革目标，全面深化改革工作走在全国系统前列，得到中国红十字会总会肯定。

【《江西省红十字会条例》施行】　《江西省红十字会条例》经省十三届人大常委会第十六次会议表决通过，1月1日起正式施行。这是2017年新修订红十字会法颁布以来，全国第四个出台，第二个以条例形式颁布的红十字会地方法规。省红十字会举办“百万网民学法律——江西省红十字会条例”专场活动和《江西省红十字会条例》知识培训。结合该条例贯彻落实、疫情防控和日常工作中暴露的问题短板以及巡视整改要求，先后制定和完善105个制度规定，建立江西省红十字会“四梁八柱”制度体系，形成用制度管人、管权、管事的长效机制。

【江西省遗体器官捐献者纪念园落成】　12月5日，江西省遗体器官捐献者纪念园落成仪式在南昌青山墓园举行。副省长、省红十字会会长孙菊生，第44届南丁格尔奖章获得者、红十字捐献志愿者代表邹德凤共同为纪念园雕塑揭幕。新落成的纪念园占地面积1400平方米，容量约1万例，园内设有活动广场、祈福区、记名碑、连心廊、莲花池、节地生态安葬区和宣传栏等功能区，集纪念性、示范性、教育性于一体。纪念园入口根据地形设计有3个阶梯，各配3层阶梯式花卉，寓意红十字会“三救三献”的主责主业。左右两边为纪念园名称、碑文和中国人体器官捐献标志。纪念园两侧的护提刻名碑上，镌刻江西省2007—2016年间367名遗体器官捐献者姓名。

（熊学鹏）

江西省社会科学界联合会

【概　况】 2020 年，全省有设区市社联11个，县区社联96个，高校社联27个，省属学会110个，民办非企业社科研究机构4个，市县区社联所属学会1100余个，专兼职社会科学工作者30余万人。全年全省国家社科基金年度项目立项106项，其中重点项目8项，一般项目71项，青年项目13项，西部项目14项，共获资助经费2240万元。立项总数连续9年破百。

【江西省第九次社会科学工作者代表大会召开】 11月24日，江西省第九次社会科学工作者代表大会在南昌召开。省委书记刘奇出席并讲话。省领导易炼红、刘强、赵力平、施小琳、周萌、孙菊生、李华栋出席大会。刘奇在讲话中肯定全省各级社联组织在省第八次社科工作者代表大会召开以来取得的成绩，对推动江西省哲学社会科学大繁荣大发展提出要求。省委常委、省委宣传部部长施小琳在闭幕式的讲话中对推动江西省哲学社会科学的繁荣发展作系列部署。会议选举罗勇兵为江西省社会科学界联合会主席，选举产生省社联第九届理事会和常务理事会，讨论并通过《江西省社会科学界联合会章程》。

【支援新冠肺炎疫情防控】 省社联第一时间成立由党组书记、主席担任组长的省社联疫情防控领导小组，严格按照中央和省委的统一部署，统筹推进疫情防控和各项工作。充分发挥省社联的职能作用，在疫情防控方面布局课题、开展研究，组织专家进行线上宣传普及疫情防控知识。在《智库成果专报》上及时刊登推出系列有关疫情防控的应用对策文章，得到省领导肯定性批示17次。

【召开全省设区市社联主席工作会议】 8月27日，全省设区市社联主席工作会议在鹰潭市召开，省社联领导对全省社联工作进行安排部署，设区市社联主席代表在会上作经验交流发言，科普基地、市属学会、县级社联代表分享工作经验与成效，开展赣鄱文化与社团管理的介绍与业务培训，省社联处室负责人与各设区市社联主要负责人面对面探讨社联业务工作，加强全省社联系统的沟通联系。

【开展社科普及宣传活动周】 11月1日—7日，省社联与省委宣传部联合举办2020年江西省社科普及宣传周暨“科学理论进新时代文明实践中心”活动。活动以“决胜全面建成小康社会，决战脱贫攻坚”为主题，采取省、市、县三级联动、同步实施、线上线下相结合的方式，聚焦全省在疫情防控常态化前提下脱贫攻坚和经济社会发展等方面的亮点成果，广泛宣传中共十九届五中全会精神，普及优秀社科知识，先后开展各类活动超过1100场，发放图书、资料数十万份，直接受众数十万人。

【印发《关于加强江西省哲学社会科学学术社团建设的实施意见》】 通过实地调研、征求意见、修改完善，11月27日，省委宣传部、省民政厅和省社联联合印发《中共江西省委宣传部 江西省民政厅 江西省社会科学界联合会印发〈关于加强哲学社会科学学术社团建设的实施意见〉的通知》，并印发至各设区市市委宣传部、民政局、社联，为全省社会科学学术团体进一步建设发展提供制度保障。

【期刊发展】 《老区建设》杂志专栏“第一书记在行动”获“2020年度江西省期刊优秀栏目”“2020年度华东地区期刊优秀栏目”。《苏区研究》获评国家哲学社会科学文献中心学术期刊数据库政治学学科最受欢迎期刊，在204种政治学期刊中位列第六位。《苏区研究》专栏文章入选由中宣部出版局主办、中国期刊协会承办的第四届期刊主题宣传好文章，系江西省唯一入选期刊。

【机构改革】 根据中央有关文件精神，严格按照省委、省政府深化事业单位改革试点工作安排部署，省社联下属机关后勤服务中心、《老区建设》杂志社与省情研究中心合并组建为江西省社会科学界联合会学术中心（社联学术中心），为正处级公益一类事业单位。

（余弘）

11月24日，江西省第九次社会科学工作者代表大会在南昌举行

省社联供

本栏编辑　张志勇

法　治

地方立法

【概　况】　2020年，开展法规清理，一揽子修改实施工会法办法、消防条例等14件地方性法规。严格落实规范性文件备案审查制度，督促有关部门纠正规范性文件存在的问题，推进备案审查信息平台与全国人大、市县人大互联互通，形成全省人大备案审查“一张网”。通过赴基层调查研究、联合集中改稿、开展工作培训等方式，加强对设区市立法工作指导，提高立法工作质量和水平。全年制定修改地方性法规25件，批准设区市法规、决定23件，对152件规范性文件备案审查，作出决定决议9项。

【重要领域立法】　制定优化营商环境条例，以法治促进营商环境优化；修改中小企业促进条例，依法解决中小企业发展难题；制定地方金融监督管理条例，构筑金融风险法治“防火墙”。制定土壤污染防治条例，为依法解决土壤污染防治状况不明、职责不清、力度不够等问题，保障土壤资源永续利用提供法治支持；制定农村供水条例，推进城乡供水一体化建设。围绕保障民生和社会治理，制定公安机关警务辅助人员、企业工会工作、人力资源市场管理等方面地方性法规，修改代表选举实施细则。

【提高立法质效】　坚持党对立法工作的领导，主动围绕中央和省委重大决策选择立法项目，开展立法工作，及时精准地把“党言党语”转化为“法言法语”。完善人大主导立法工作机制，与省政府联合召开立法计划项目启动会，创新立法调研形式，健全立法起草、论证、协商、评估等工作机制，压实相关主体责任，确保立一件成一件。拓展人民群众参与立法途径，完善基层立法联系点和立法顾问参与立法工作机制。发挥代表大会的立法职能，通过乡村振兴促进条例。首次开展区域协同立法，按照“增进共识、谋求共计、形成共为”原则，推动萍乡、宜春、吉安3个设区市协同开展武功山保护立法工作。

·资料·

2020年江西省地方性法规目录

法规名称	通过日期
一、制定地方性法规7件	
1. 江西省农村供水条例	2020年3月27日省十三届人大常委会第十九次会议
2. 江西省标准化条例	2020年7月24日省十三届人大常委会第二十一次会议
3. 江西省企业工会工作条例	2020年7月24日省十三届人大常委会第二十一次会议
4. 江西省地方金融监督管理条例	2020年11月25日省十三届人大常委会第二十五次会议
5. 江西省优化营商环境条例	2020年11月25日省十三届人大常委会第二十五次会议
6. 江西省土壤污染防治条例	2020年11月25日省十三届人大常委会第二十五次会议
7. 江西省公安机关警务辅助人员条例	2020年11月25日省十三届人大常委会第二十五次会议
二、修改地方性法规18件	
1. 江西省实施《中华人民共和国野生动物保护法》办法（修正）	2020年7月24日省十三届人大常委会第二十一次会议
2. 江西省中小企业促进条例（修订）	2020年9月29日省十三届人大常委会第二十三次会议
3. 江西省县级以上地方各级人民代表大会代表建议、批评和意见办理规定（修订）	2020年11月25日省十三届人大常委会第二十五次会议
4. 江西省各级人民代表大会代表选举实施细则（修正）	2020年11月25日省十三届人大常委会第二十五次会议

法规名称	通过日期
5. 江西省消防条例	2020年11月25日省十三届人大常委会第二十五次会议
6. 江西省科技创新促进条例	2020年11月25日省十三届人大常委会第二十五次会议
7. 江西省科学技术普及条例	2020年11月25日省十三届人大常委会第二十五次会议
8. 江西省促进科技成果转化条例	2020年11月25日省十三届人大常委会第二十五次会议
9. 江西省技术市场管理条例	2020年11月25日省十三届人大常委会第二十五次会议
10. 江西省就业促进条例	2020年11月25日省十三届人大常委会第二十五次会议
11. 江西省地质灾害防治条例	2020年11月25日省十三届人大常委会第二十五次会议
12. 江西省专利促进条例	2020年11月25日省十三届人大常委会第二十五次会议
13. 江西省实施《中华人民共和国消费者权益保护法》办法	2020年11月25日省十三届人大常委会第二十五次会议
14. 江西省涉案物品价格鉴证管理条例	2020年11月25日省十三届人大常委会第二十五次会议
15. 江西省山林权属争议调解处理办法	2020年11月25日省十三届人大常委会第二十五次会议
16. 江西省实施《中华人民共和国工会法》办法	2020年11月25日省十三届人大常委会第二十五次会议
17. 江西省保护公民举报权利条例	2020年11月25日省十三届人大常委会第二十五次会议
18. 江西省保护人民代表大会代表人身自由的规定	2020年11月25日省十三届人大常委会第二十五次会议
三、批准设区市法规、决定23件	
1. 鹰潭市智慧城市促进条例	2020年3月27日省十三届人大常委会第十九次会议
2. 关于修改《赣州市城市管理条例》等3件地方性法规的决定	2020年3月27日省十三届人大常委会第十九次会议
3. 上饶市殡葬管理条例	2020年3月27日省十三届人大常委会第十九次会议
4. 关于修改《萍乡市燃气管理条例》的决定	2020年5月14日省十三届人大常委会第二十次会议
5. 赣州市水土保持条例	2020年5月14日省十三届人大常委会第二十次会议
6. 九江市文明行为促进条例	2020年7月24日省十三届人大常委会第二十一次会议
7. 景德镇市饮用水水源保护条例	2020年7月24日省十三届人大常委会第二十一次会议
8. 萍乡市文明行为促进条例	2020年7月24日省十三届人大常委会第二十一次会议
9. 萍乡市养犬管理条例	2020年7月24日省十三届人大常委会第二十一次会议
10. 吉安市红色文化遗存保护条例	2020年7月24日省十三届人大常委会第二十一次会议
11. 新余市城市管理条例	2020年9月29日省十三届人大常委会第二十三次会议
12. 赣州市文明行为促进条例	2020年9月29日省十三届人大常委会第二十三次会议
13. 吉安市文明行为促进条例	2020年9月29日省十三届人大常委会第二十三次会议
14. 抚州市电动自行车通行管理条例	2020年9月29日省十三届人大常委会第二十三次会议
15. 南昌市生活垃圾分类管理条例	2020年11月25日省十三届人大常委会第二十五次会议
16. 南昌市房屋使用安全管理条例	2020年11月25日省十三届人大常委会第二十五次会议
17. 南昌市农村村民住房建设管理条例	2020年11月25日省十三届人大常委会第二十五次会议
18. 九江市物业管理条例	2020年11月25日省十三届人大常委会第二十五次会议
19. 景德镇市文明行为促进条例	2020年11月25日省十三届人大常委会第二十五次会议
20. 宜春市文明行为促进条例	2020年11月25日省十三届人大常委会第二十五次会议
21. 上饶市城市市容和环境卫生管理条例	2020年11月25日省十三届人大常委会第二十五次会议
22. 关于修改《赣州市城市道路车辆通行管理规定》的决定	2020年11月25日省十三届人大常委会第二十五次会议
23. 关于修改《吉安市城市市容和环境卫生管理条例》等3件地方性法规的决定	2020年11月25日省十三届人大常委会第二十五次会议

（省人大常委会办公厅）

政法委

【概　况】　2020年，省委政法委深入推进平安江西、法治江西建设和政法领域改革。编发政治理论应知应会知识手册，采取全员统考和随机抽考相结合的方式，组织全省8.63万名政法干警参加政治理论在线测试，提升理论武装实效。发挥基层综治中心、网格化管理作用，组织动员全省政法干警和7万余名网格员奋战疫情防控一线。防疫一级响应期间，全省各级综治中心共排查纠纷1.59万件，化解1.56万件。全省公众安全感、满意度分别为98.87%、98.31%，再创历史新高。扫黑除恶专项斗争持续保持全国第一方阵，江西省被评为全国综治考评优秀省。

【扫黑除恶专项斗争】　督促各级政府"一把手"扛起行业乱象整治总负责人职责，推动重点行业领域突出问题专项整治不断深化。组织开展由厅级领导干部带队的省扫黑办特派督导，层层压实责任。加强重点地区督办，13个重点县(市、区)中有11个扫黑除恶绩效实现较大幅度增长，九江市在全国重点市督办会上作经验交流。全省打掉黑恶组织1218个，起诉1729件1.09万人，判决2519件1.91万人，一审涉黑、涉恶案件结案率均高于全国平均水平，宜黄县"7·12"专案在全国新闻发布会上作情况介绍。

【推进市域社会治理现代化试点工作】　按照省委书记刘奇、省长易炼红在全省市域社会治理现代化试点工作会议、平安江西建设暨市域社会治理现代化试点工作推进会上提出的要求，制定《关于江西省推进市域社会治理现代化的实施意见》，出台实施方案和工作指引，9个设区市纳入全国首批试点。加强综治中心实体化运行，通过综治中心平台和网格化管理流转处理各类问题711.4万余件。深化社会治安防控体系"一平台九系统"建设，八类严重刑事案件同比下降9.9%，治安案件同比下降15.4%。全面实施城市"智慧小区"、农村"雪亮工程"建设，织密城乡网格化防控网络，省级平台已接入各类视频资源42.5万路，行政村覆盖率98.6%，自然村覆盖率68.9%。推动建成公共场所安全防护设施1.32万处，完成率85.12%。

【推进基层社会治理创新】　2020年，制定《江西省社会矛盾多元化解处置工作规程》，部署开展矛盾纠纷排查化解专项行动，化解矛盾纠纷7万余件，化解率97%。举办"平安江西志愿者在行动"主题宣传活动，登记注册平安江西志愿者180余万人，开展平安江西大型活动14万次。探索推广城乡社区警务战略，在城区推广1名社区民警配备2名辅警和若干网格员的"1+2+N"模式，在行政村推广"一村一警"模式。创新完善鄱阳湖区联谊联防工作机制，推进湖区禁捕退捕工作，湖区未发生一起纠纷械斗事件，非法捕捞、非法采砂现象得到遏制。召开全省打击治理电信网络诈骗犯罪专项督导工作会议，部署开展云剑、云电、云端等专项整治行动，累计破获电信网络诈骗案件1.88万起。在全国率先出台《关于加强法治乡村建设的实施意见》，出台江西省农村"法律明白人"培养工作规范，累计遴选培养对象433.8万人，颁证上岗377.1万人，参与法治宣传实践161.6万件次。

【法治江西建设】　协助省委制定《江西省政法领域全面深化改革实施方案》，部署推进81项司法责任制综合配套改革任务和13项改革亮点打造工作落地落实。规范法官、检察官遴选委员会设置与组成，完善员额动态调整机制，创新远程视频面试等方式，遴选员额法官、检察官337人。会同省检察院、省财政厅下发《关于规范检察院执法管理 完善经费保障工作的通知》，推动解决市、县检察机关经费保障问题。在全国率先完成森林公安转隶同级公安机关统一管理工作。组织开展司法权力运行监督管理改革专项督察，推动问题整改，创新智能化审判监管平台、"派驻+巡回"检察模式、公安机关督察委员会机制，推进执法司法制约监督体系改革和建设。制定《关于建立"醉驾"案件快速办理工作机制的指导意见(试行)》，举办全省行政复议和应诉专题培训，开展全省"减假暂"(减刑、假释、暂予监外执行)问题专项整治活动，全省法院审判质效主要指标、多项检察业务数据位居全国前列。

【优化法治化营商环境】　围绕"六稳"和"六保"工作，部署开展优化法治化营商环境专项行动，出台《关于进一步优化营商司法环境依法支持民营经济市场主体健康发展的若干意见》，推动政法系统建立失信被执行人信用承诺和信用修复激励机制、破产案件"府院联动机制"、涉民营企业刑事案件"少捕慎诉"10条措施等一系列举措。深入推进涉政府产权纠纷专项治理，涉党政机关未结案件执行效率位居全国第二。

【举办全省政法领导干部"坚持和完善中国特色社会主义政法制度、全面提升政法工作现代化水平"专题研讨班】　9月1日—4日，省委政法委在南昌举办全省政法领导干部"坚持和完善中国特色社会主义政法制度、全面提升政法工作现代化水平"专题研讨班。省委常委、省委政法委书记尹建业，副省长、省公安厅厅长秦义，省法院院长葛晓燕，省检察院检察长田云鹏出席开班式，并分别为学员作辅导报告。其间，邀请中国法学会民法学研究会常务副会长孙宪忠作《中华人民共和国民法典》专题辅导，举行胡国运先进事迹报告会，观看相关警示教育片。省委政法委、省政法各单位厅级干部，各设区市市委政法委书记、常务副书记和政法单位主要负责人等200余人参加研讨。

(省委政法委)

公　安

【概　况】　2020年，全省公安机关固根本、扬优势、补短板、强弱项，推进公安工作现代化和公安队伍革命化、正规化、专业化、职业化建设，为全省经济社会发展创造持续安全稳定的政治社会环境。全省公众安全感、群众对公安工作的满意度分别为98.87%、97.15%，同比上升0.93、0.96个百分点。

【政治建设】 贯彻落实《中国共产党政法工作条例》《中国共产党重大事项请示报告条例》，全面部署启动队伍教育整顿和"警风建设年"工程。率先建立省市县三级公安机关政治督察工作制度，常态化部署启动对相关警种部门各级党组织的政治巡察，对各级公安领导班子和所属单位坚持党的领导、执行党纪党规等情况开展政治督察，分级分类组织全省公安机关新一轮政治轮训。在厅机关建成启用以政治课堂、文化讲堂、铁纪学堂、科技讲武堂为核心的思想政治教育阵地和警体实战训练平台，提升全省公安思想政治工作效果。推动部省合作共建中国公安政治学院，树立对外交往交流的红色品牌。

【社会安定】 组织开展社会风险集中排查，健全完善源头治理、多元化解机制。部署开展信访突出问题攻坚化解、信访重点县专项治理等工作。瞄准扫黑除恶专项斗争三年收官目标，连续组织系列打击整治专项行动，侦破一批重大案件，打击成效始终保持全国第一方阵。加快推进立体化信息化社会治安防控体系建设，对重点路段、重点时段、重点违法行为进行查处整治。推进"净网2020"专项行动，开展打击治理跨境赌博违法犯罪专项行动，深入推进网络安全等级保护，全省未发生重大网络安全事故。

【服务保障经济社会发展】 严厉打击涉疫情违法犯罪活动，做好公安内部疫情防控，研究出台公安机关应对疫情影响、促进经济社会发展"25条意见"，并迅速集结100名警力支援湖北鄂州。全省公安机关1个集体和3名个人获全国先进称号，24个集体和45名个人获全省先进称号。全力投入防汛救灾，抽调精干力量驰援重灾区，部署组建突击队视情跨区域机动作战，重点对群众转移后"孤岛"实行"一地一专班"，巡查堤坝9860余千米、装填搬运沙石30余万袋，发现并参与处置险情200余处，紧急转移营救、妥善安置受困群众13.23万人。制定服务保障长江经济带高质量发展意见，组建"长江大保护"专门机构，部署打击长江流域非法捕捞专项整治行动，开展系列联合打击整治非法采砂专项行动，建立联合巡逻执法点。全面放开省内城镇落户条件，将居民身份证办理时限由30日缩短至15个工作日，超额完成1亿人口转户任务。研发推出网上全流程办理事项，推广在基层派出所窗口办理高频交管业务，行政权力事项由157项优化精简至68项，成立全省经济犯罪侦防协会，为群众提供服务事项4764.25万人次。

【深化公安管理体制改革】 推进厅机关机构改革，调整完善警种、部门的机构设置和职责分工；深入推进行业公安管理体制调整，省市县3级森林公安管理体制调整全面落地。完善信息化警务机制改革方案，制定出台配套文件，省市县和派出所四级全部实行专岗专人专责、三班运转，公安工作逐步实现由被动型、机关型向主动型、实战型转变。规范完善跨区域办案报备和协作机制，会同检法机关探索实行办案新机制，建立完善执法办案质量终身追究制，推动建成"一站式"执法办案管理中心120个，并对造成严重后果的依法依纪倒查问责。组建督察委员会并实体化运作，建立督察专员和派驻督察制度，成立网上执法督察中心，打造大监督新格局。制定下发公安派出所正规化建设规范及配套工作办法，推进"森治合一"，在农村派出所设立综合管理服务站，深化重大刑事案件、非警务类警情分流，强化派出所基础保障，加强派出所规范化建设。

（省公安厅）

检 察

【概 况】 2020年，全省检察机关强化疫情防控公益保护，办理防疫物资监管、医疗废弃物处置、野生动物保护等领域公益诉讼案件160件。起诉危害食品药品安全犯罪136人，办理食品药品安全领域公益诉讼案件1129件。对侵害未成年人犯罪"零容忍"，批准逮捕1189人，起诉1717人。加强妇女、儿童、老年人和残疾人权益保障，起诉虐待、遗弃、保健品诈骗等犯罪4858人，支持老年人请求给付赡养费17件，对盲道损毁或占道经营、无证开办幼儿园、向中小学生售烟等问题开展公益诉讼132件。办理司法救助案件732件，同比增加2.2倍，向932名生活困难当事人发放救助金1771万元。压实领导办案责任，省市县三级检察院入额院领导直接办理案件3.53万件，同比上升15.2%。

【刑事检察】 全省检察机关批准逮捕2.69万人，起诉4.68万人，提出刑事抗诉206件。办理监委移送职务犯罪案件373人；已起诉294人，其中原厅级干部5人、原县处级干部47人。依法履行查办司法工作人员相关职务犯罪职责，立案侦查玩忽职守、滥用职权等犯罪21人。贯彻"少捕慎诉"理念，不批捕5131人、不起诉6964人。监督立案208件、监督撤案256件，纠正遗漏提请逮捕319人、纠正遗漏同案犯356人，对侦查活动提出监督意见588件。全面落实认罪认罚从宽制度，出台办案细则和工作指南，依法"可用尽用"，共适用4.59万人，适用率87.7%，一审服判率94.2%。推行巡回检察改革，对监管场所巡回检察35次，督促整改各类问题873个。

【民事检察】 办理民事诉讼监督案件2410件，上升18.7%。注重精准监督，提出抗诉90件、再审检察建议94件，对审判程序和执行活动提出检察建议697件。注重虚假诉讼整治，监督纠正"假官司""假调解"71件，上升39.2%。注重案结事了人和，对决定不支持监督的811件案件当事人释法说理。注重监督与支持并重，起诉拒不执行判决、裁定犯罪88人，助力法院破解"执行难"。

【行政检察】 办理行政诉讼监督案件537件，上升7.8%。对生效裁判提出抗诉和再审检察建议8件，作出不支持监督决定319件；对审判程序和执行活动提出检察建议 190 件。通过促成和解、司法救助、协调解决当事人困难等方式,化解行政争议 154 件。

【公益诉讼检察】 立案办理公益诉讼案件 5807 件,向法院起诉 359 件,分别上升 73.3%、154.6%。践行双赢多赢共赢理念,加强与行政机关诉前磋商,发出诉前检察建议 5004 件,采纳率 99.6%;督促收回欠缴的各类资金 11.44 亿元。拓展公益诉讼范围,探索办理消防、电梯、交通等公共安全和文化遗产保护、个人信息保护、英烈纪念设施维护等新领域案件 899 件,同比增加 6.6 倍。

【扫黑除恶专项斗争收官】 保持严惩、高压态势,批准逮捕涉黑涉恶犯罪 899 人,起诉 2289 人。加大"打伞破网"力度,起诉黑恶势力"保护伞" 44 人。精准"打财断血",对黑恶势力涉案财物进行甄别,依法处置。推进行业治理,会同有关主管部门形成重点行业专题调研报告 31 个,提出检察建议 2258 件,从源头上遏制黑恶势力滋生。着眼长效常治,建立 7 项工作机制,推进扫黑除恶常态化。自 2018 年以来,共批准逮捕黑恶犯罪 6615 人、起诉 1.10 万人,起诉"保护伞"174 人,向法院随案移送涉案财物 45.3 亿元。

【助力打好三大攻坚战】 防范化解金融风险,起诉非法吸收公众存款、集资诈骗等危害金融安全犯罪 884 人。保障脱贫攻坚,起诉制售假劣农资、侵吞扶贫资金等坑农损农犯罪 28 人,起诉"恶意欠薪"犯罪 78 人,支持农民工起诉讨薪 328 件。落实扶贫领域涉案财物快速返还机制,惠及贫困群众 499 人。服务污染防治,参与重点水域禁捕退捕,开展"守护鄱阳湖"公益诉讼专项监督,与省河长办建立"河(湖)长 + 检察长"协作机制,助推长江经济带绿色发展。起诉非法捕捞、非法采矿等犯罪 2475 人,办理生态环境和资源保护领域公益诉讼案件 3497 件,督促修复和治理耕地、林地、湿地及水域 3153.33 公顷,督促处理生活垃圾、固体废物 3.8 万吨。追偿生态环境损害赔偿金 5647 万元,让违法者为受损的公共利益"买单"。

【营造法治化营商环境】 制定服务保障"六稳""六保"48 项措施,平等保护各类市场主体合法权益,依法维护公平竞争市场秩序,起诉合同诈骗、强迫交易、侵犯知识产权等犯罪 3377 人,为企业复工复产提供法律帮助 2165 件次。建立保护创新创业容错机制,慎重稳妥处理企业人员犯罪案件。加强刑事立案和侦查活动监督,防止以刑事手段插手经济纠纷。关注民营企业维权诉求,办结涉民营企业刑事、民事、行政申诉案件 794 件,会同公安机关清理久拖未决的刑事"挂案"132 件。依法对涉案民营企业人员不批捕 514 人,不起诉 1242 人,为民营经济发展释放最大司法善意。

【鹰潭高空抛物专项监督案】 5 月 10 日,鹰潭某媒体发布一条网络视频,一中年男子躺在马路边人行道昏迷不醒,头部正在流血。经调查,是 84 岁何某从位于市中心的 6 楼家中,将一袋内含玻璃油瓶的生活垃圾抛向一楼垃圾桶时,砸中行走的张某,致使张某头部流血当场晕倒。鹰潭市检察院在办理何某高空抛物涉嫌以危险方法危害公共安全罪的同时,启动"整治高空抛物 · 守护美好生活"公益诉讼专项监督。该市两级检察机关在对全市近 5 年来办理的高空抛物案件进行调查分析、对相关部门履职情况进行调查了解的基础上,向住建、城市管理等部门发出诉前检察建议 9 份,形成专项监督调查报告呈送鹰潭市委、市政府主要负责人参阅。市政府出台《禁止高空抛物专项教育整治活动方案》,成立以分管住建工作副市长任组长的专项教育整治工作领导小组,统筹两级政府及 10 余个职能部门力量,全面推进预防教育、案件查处、群防群控、长效常治等工作。全市 187 个住宅小区和企业、113 所中小学幼儿园开展高空抛物专项治理活动,排查安全隐患 685 个,安装高清监控设备 160 套,相关行政部门、物业服务企业建立机制 62 项。

【龙南客家围屋保护行政公益诉讼案】 2019 年 5 月,龙南市检察院落实《赣南客家围屋保护条例》和人大代表建议,探索开展客家围屋保护公益诉讼工作。7 月,龙南市检察院向文物保护行政职能部门发出全国首份客家围屋保护诉前检察建议。通过公益诉讼办案,推动行政机关对境内围屋的整体维修、保护、规划、利用,加快推进龙南境内 47 座客家围屋保护三年维修计划,推动龙南市出台客家围屋综合安全保护长效机制。2020 年,该案入选全国检察机关公益诉讼十大典型案例和文物文化遗产保护公益诉讼典型案例。

【高某波正当防卫不起诉案】 2018 年 3 月 5 日,高某波被传销人员以谈恋爱为由骗至宜春市袁州区传销窝点,拒绝交出手机。4 名传销人员便按照控制新人的惯例做法,上前将高某波抱住,抢走其眼镜、手机等物品,并用言语呵斥、掐脖子等方式逼迫其交出钱包。高某波从裤袋内拿出随身携带的非管制刀具折叠刀,要求离开。传销人员见状立即上前抢刀,并抱住高某波的左手臂、腿部,企图控制高某波。高某波持刀挥舞,刺死一人、刺伤两人后逃离现场。宜春市袁州区检察院经审查认为,高某波主观上具有正当防卫意图,客观上面对的是正在发生的不法侵害,虽造成一人死亡、两人轻微伤的客观后果,但其防卫行为没有明显超过必要限度,认定其行为构成正当防卫,依法决定对高某波不起诉。2020 年 11 月,该案入选全国检察机关正当防卫不捕不诉典型案例。

(袁宗评)

法　　院

【概　况】 2020 年,全省法院主要质效指标稳居全国"第一方阵",一审服判息诉率上升至全国第四,结案率居全国第一,执行工作"3 + 1"核心指标全部进入全国前三,扫黑除恶工作绩效位居全国前列。智慧法院"江西模式"在全国 928 家法院推广应用,人民法庭"全面双达标"和"一站式多元解纷和诉讼服务体系建设"等工作机制在全国法院推广;树立"法媒银"

"寻乌经验""收转发e中心"等一批全国有影响力的工作品牌。省委和最高法院主要领导46次指示肯定省法院各项工作;28个案例入选最高法院指导性案例、公报案例和典型案例,4篇学术文章和案例分析在全国法院评比中获一等奖。全省法院受理案件69.43万件,结案68.24万件,结案率98.3%,一审服判息诉率91.44%,一审判决被改判发回重审率1.34%。其中,省法院受理案件6766件,结案6318件。

【维护社会安全稳定】 全面贯彻总体国家安全观,审结刑事案件5.23万件。依法严惩严重危害社会治安犯罪,审结杀人、绑架、抢劫等严重暴力犯罪案件3276件。严惩毒品犯罪,审结案件4688件。严惩危害食品药品安全犯罪,审结案件74件。9月,联合省检察院、省公安厅制定《办理电信网络诈骗犯罪刑事案件的工作指引》,守护人民群众"钱袋子"。依法审结丰城电厂"11·24"特大事故案,维护安全生产秩序。持续保持惩治腐败高压态势,完善刑事司法与监察执法衔接机制,审结职务犯罪案件318件388人,其中县处级以上36人。

【服务保障疫情防控】 2月,出台《关于充分发挥审判职能作用为疫情防控提供司法服务和保障的意见》《关于大力加强在线诉讼工作服务保障疫情防控的实施意见》《关于为做好"六稳"工作、落实"六保"任务提供司法服务和保障的意见》等司法文件;开展审判执行专项行动。依法严惩妨害疫情防控的犯罪,审结案件268件,发布涉疫犯罪十大典型案例,维护医疗秩序、防疫秩序和社会秩序。严厉打击非法猎捕野生动物犯罪,审结案件454件,推动革除滥食野生动物陋习。出台涉疫民商事案件审判答疑,统一法律适用标准。景德镇市法院调解的农业银行浮梁支行诉康源公司案,入选首批全国法院服务保障复工复产民商事典型案例。

【助力打好三大攻坚战】 加强金融审判专业化建设,设立金融审判法庭16个,加大金融债权司法保护力度,审结金融借款、民间借贷案件8.37万件。妥善审理涉贫困地区产业发展、土地流转等案件,发布涉农十大典型案例;8月,联合省扶贫办出台《关于国家司法救助工作助力精准扶贫、巩固脱贫攻坚成果的实施意见(试行)》,防止因案致贫、因案返贫。构建"地域+流域"管辖的环境资源审判"江西模式",审结环境资源案件4331件。助力推进长江大保护,落实重点水域10年禁捕政策,审结非法捕捞水产品等案件112件。与民建省委会共同推动设立环保基金会,探索创新"委托第三方监管生态环境修复资金"模式。

【优化法治化营商环境】 出台服务"四最"(政策最优、成本最低、服务最好、办事最快)营商环境、企业刑事风险防控指引等司法文件,审结民商事案件36万件。完善与省非公企业维权中心的沟通联系机制,南昌等地法院成立民营企业商事纠纷调处中心;严禁超标的查封、扣押、冻结,严格区分经济纠纷与经济犯罪,依法对不构成犯罪的宣告无罪。4月,出台《全省法院创新破产审判工作举措 助力优化营商环境专项活动实施方案》,审结破产案件199件,促进新旧动能转化。鹰潭市法院依法审结江西六国化工公司破产案件,带动多家企业投资55亿元。新余市法院依法支持江西双强化工公司破产清算,盘活土地近40公顷,支持新钢发展。加强知识产权审判领域改革创新,审结知识产权案件3275件。设立景德镇知识产权法庭,服务国家陶瓷文化传承创新试验区建设。8月,联合省司法厅出台《关于加强和改进行政机关负责人出庭应诉工作的意见(试行)》,健全行政机关负责人出庭应诉机制,审结行政案件1.23万件。依法平等保护中外当事人合法权益,审结涉外、涉港澳台民商事案件320件,办理司法协助案件568件,服务江西内陆开放型经济试验区建设。

【巩固"基本解决执行难"成果】 全年执结案件24.7万件,上升9.42%;执行到位金额484.18亿元。完善网络查控系统,联合交管部门建立机动车查控协作机制,查询案件35.5万次、机动车信息10.04万次,冻结存款34.8亿元、证券121.39万股。4月,出台《关于建立失信被执行人信用承诺和信用修复机制的实施意见》,为638名主动履行法律义务的被执行人提供正向激励。7月,联合省司法厅、省律师协会出台《关于深入推进律师参与人民法院执行工作的实施意见》,形成解决执行难合力。与省公安厅建立联合推进打击拒执犯罪长效机制,判处拒执罪216件218人、司法拘留4885人次。

【加强民生人权司法保障】 审结教育、医疗、养老等民生案件3.45万件。联合省人社厅解答劳动争议案件相关问题,帮助农民工追回劳动报酬10.02亿元。深化家事审判改革,审结婚姻家庭案件4.53万件,发出人身安全保护令51份。统一城乡人身损害赔偿标准。依法为当事人缓、减、免交诉讼费6046.07万元,发放司法救助金6684.69万元。发挥人民法庭便民优势,审结案件10.5万件;建成"双达标"人民法庭293个,占实际运行总数的90%。坚持罪刑法定、疑罪从无、证据裁判原则,依法宣告张某环故意杀人再审案等43名被告人无罪。深入推进刑事案件律师辩护全覆盖,保障律师履行法定职责。组织开展"减刑、假释、暂予监外执行"专项检查,办理减刑案件1.41万件、假释205件。审结国家赔偿案件68件,保障赔偿请求人合法权益。坚持"寓教于审""惩教结合",维护未成年人合法权益。

【健全审判权力监督制约机制】 3—4月,成立案件评查委员会,推行类案强制检索,促进裁判标准统一。全面推行"审判e管理",创建"四类案件""发改再"案件等智能化监管平台,工作经验入选人民法院司法改革案例。5—6月,先后出台《专业法官会议工作规则》《审判委员会工作规则》。发挥院领导带头办案的示范作用,办理案件11万件。10月,联合省检察院、省公安厅、省司法厅出台《关于建立"醉驾"案件快速办理机制的指导意见(试行)》,优化办案流程。12月,联合省检察院、省公安厅、省国安厅、省司法厅出台《关于办理认罪认罚刑事的案件的实施细则(试行)》,准确适用认罪认罚从宽制度。深化“分调裁审”机制改革，推进案件繁简分流、轻重分离、快慢分道，速裁案件9.87万件、平均审理期限17.86天。深化跨区划行政案件集中管辖，南昌铁路运输法院创新“府院通”平台，入选全国智慧法院十大创新案例。

【扫黑除恶专项斗争】 健全协作配合、协调联动工作机制，促进诉审衔接，严格“黑恶势力”认定标准。发挥认罪认罚从宽制度在提高办案效率、分化瓦解黑恶势力的作用，占辉富、祁武、吴好生3个重大涉黑案件的66名被告人全部认罪认罚。运用“5G+云视频”技术、采用“云审判”方式，创新开庭审理欧阳平涉黑案等案件1059件7462人。开展“百日会战”“利剑追击”黑财清底专项行动，涉黑涉恶案件生效判决金额69.86亿元，执行到位金额65.85亿元，执行到位率94.26%。制定涉黑涉恶案件司法建议规范，对涉黑涉恶案件中反映的行业领域治理问题，发出司法建议1807份，涉及乡村治理、金融放贷、工程建设等多个重点行业领域，推动堵塞管理漏洞、防控风险隐患。

【诉讼服务体系建设】 推进矛盾纠纷源头化解，主动融入市域社会治理现代化试点工作，健全“1+N”诉前联动解纷机制，构建多元共治、分层递进的解纷体系。设立全国人大代表、政协委员工作室等调解组织225个，设有调解员1674人，诉前化解纠纷19万件。全面推进现代化诉讼服务中心建设，实现诉讼服务“线下一站式”“线上一网通”、跨域立案全覆盖。

【智慧法院建设】 2月，为应对疫情影响，全省法院深度应用系统平台和信息技术，实现审判执行和诉讼服务“网上见”“云审判”“全在线”。全省法院网上立案5.2万次，网上开庭1.9万次，电子送达58.3万次，网上调解2.5万次，网络查控307.1万次，网络司法拍卖成交金额110.67亿元。6月，全面推广审判e管理应用平台、全面推广邮寄集约送达模式。“审判e管理”工作经验入选人民法院司改案例并被中央政法委官微“长安剑”推介。7月，启动援建湖北智慧法院建设，一期援建的云平台、收转发平台、OCR、自动编目、电子签章等9个项目落地。12月3日，省法院党组书记、院长葛晓燕在第七次全国法院网信会上介绍智慧法院援建工作经验。开展“数助决策”工作，《基于司法大数据的2019年江西经济社会运行情况评估报告》得到省委、省政府领导的批示肯定，省法院获评全国法院“数助决策”整体示范应用特等奖。

【三清山巨蟒峰损毁案】 2017年4月15日，张某明、毛某民、张某3人以电钻钻孔、打岩钉、挂绳索等方式，攀爬世界自然遗产、世界地质公园、国家重点保护的三清山核心景区巨蟒峰，对该景区造成严重损毁。2019年12月30日，上饶市中级法院经审理认为，三被告损毁世界自然遗产的行为既构成故意损毁名胜古迹罪，又侵害社会公众享有的对世界自然遗产的环境权益，分别判处张某明有期徒刑1年、罚金10万元，毛某民有期徒刑6个月、罚金10万元，对张某免于刑事处罚，并判处三被告赔礼道歉、连带赔偿环境资源损失费600万元。三被告不服判决，提起上诉。2020年5月18日，省法院二审维持原判。三清山故意损毁名胜古迹刑事案件，入选最高法院第26批指导性案例；三清山生态破坏民事公益诉讼案件，入选2020年度人民法院十大案件。

（刘磊）

司法行政

【概　况】 2020年，省市县三级完善党委全面依法治省（市、县）委员会、办公室和4个协调小组工作机制，初步形成“1+1+4”工作格局。出台公共法律服务22条举措，服务“六稳六保”，助力复工复产。发挥法律顾问团促进法治作用，起草《法律顾问团工作规则》，参与省级重大立法和重大决策30件次，全省2.08万个村、居（社区）配备法律顾问，配备率100%。开展法治政府建设示范创建活动，评选出26个法治政府建设优秀单位，玉山县被中央依法治国办评为第一批全国法治政府建设示范市（县、区）。推动出台《江西省行政规范性文件管理办法》，出具法律审核意见130余条，协助相关部门在法治轨道上解决实际问题。审查报备的政府规章4件，行政规范性文件149件。开展“七五”普法总结验收工作，组织新提任厅级领导干部法律法规知识考试。抓好民法典学习宣传教育，出台《中华人民共和国民法典》宣传贯彻实施“十项活动”，民法典普法讲师团在全省宣讲民法典近300场。出台《关于加强法治乡村建设的实施意见》，深入实施“法律明白人”培养工程，累计培养“法律明白人”550.8万人、骨干70.2万人。崇仁县礼陂镇法律服务所所长、人民调解委员会主任、农村“法律明白人”骨干黄寿孙获“CCTV 2020年度法治人物”称号。

【深化司法行政改革】 出台《江西省司法厅关于深化执法司法制约监督体系改革实施方案》，提出33项具体工作举措，推动司法行政改革向纵深发展。提高行政复议公信力，依法纠正违法或不当行政行为，至年底，省市县三级行政复议机关办结行政复议案件2608件，纠错率达15.9%。实施行政执法主体公告制度，向社会公布45个省本级行政执法主体。全面推行“双随机、一公开”监管，全省审核1.73万个年度计划，防止执法“打架”、重复执法和执法扰民。“双随机、一公开”行政执法监督平台录入检查人员8.6万人、检查对象200余万家，累计抽查3.3万余次，查处不合格企业888家，处罚44亿余元。深化公证领域改革，采取先行试点方式，引入公证绩效工资激励机制，激发公证机构和人员的活力，全省有52家公证机构实现财政零拨款。深化全省统一司法鉴定管理体制改革，完成“四类外”鉴定机构和鉴定人清理工作，全省注销“四类外”司法鉴定机构36家、司法鉴定人1025人。深化国家统一法律职业资格制度改革，累计1.5万人参加考试。加快推进“数字法治·智慧司法”建设，启动法务综合平台建设，整合43个业务系统，全省司法行政信息化“一盘棋”格局基本形成。

【公共法律服务】 开展精准法律援助质效年活动，办理法律援助案件4.2万余件，其他法律援助项目29万余人次，挽回经济损失3亿多元。出台《江西省基层法律服务工作者执业核准考试实施办法(试行)》，通过考试补充县区及乡镇基层一线法律服务力量，凝聚执行合力，出台17条举措推进律师参与法院执行。组织律师入驻省非公有制企业维权服务中心，办理非公有制企业维权诉求447件。组建205支律师服务团队，对1578家民营企业进行法治体检。办理涉企公证事项6536件，为企业避免经济损失3.65亿元。深化“放管服”改革，编制全省司法行政机关统一行政权力清单42项，办理“一次不跑”2150件，办理“只跑一次”4356件。整治“奇葩证明”，做好中国法律服务网的26件证明事项投诉办理工作。加大减证便民力度，在“赣服通”平台上线律师职业证等8大类电子证照，开辟“法律服务专区”，启用在线律师和公证办证两大服务功能，为群众提供便利服务。

【平安江西建设】 持续推进监所安全稳定，至年底，连续13年9个月实现“四无”(无罪犯脱逃、无重大狱内案件、无重大疫情、无重大安全生产事故)目标。加强运动戒毒体系建设，落实“医联体”共享机制，不断提升戒毒工作现代化水平。成立省、市人民调解协会，落实矛盾纠纷化解三年行动，全省建成人民调解组织2.4万个，拥有人民调解员10万余人，年均化解社会矛盾纠纷18万余件，成功调处涉疫涉企矛盾纠纷4.5万件。加强行业性、专业性调解工作，成立行业性、专业性调解组织906个，推进“访调对接”“诉调对接”“警调对接”“检调对接”有机衔接，构建矛盾纠纷多元化解机制。完成第二批省市县三级人民调解专家的选聘工作，共选聘人民调解专家822人。

(熊上众)

【开展全省生态系统环境损害鉴定项目现场集中评审活动】 5月26日，省司法厅组织开展全省生态系统环境损害鉴定项目现场集中评审活动，由6名评审专家分成两组，对拟申报生态系统环境损害鉴定项目的15家机构及132名人员进行现场评审和考核，省司法厅党组成员、副厅长江涛察看评审现场并与评审专家进行交流。

【厅直律师事务所、司法鉴定机构日常监督管理权交接工作会议召开】 6月8日，省司法厅厅直律师事务所、司法鉴定机构日常监督管理权交接工作会议在南昌召开。省司法厅党组书记、厅长王国强出席会议并讲话，党组成员、副厅长江涛主持会议。会上，宣读省司法厅《关于做好厅直律师事务所司法鉴定机构日常监督管理权承接工作的通知》，南昌市司法局、赣州市司法局负责人以及律师事务所、司法鉴定机构代表作发言。厅机关有关处室负责人，省律师协会、司法鉴定协会和南昌市律师协会会长、副会长30余人参加会议。

【江西省人民调解协会成立】 7月30日，江西省人民调解协会成立大会暨第一次会员代表大会在南昌召开。省司法厅党组书记、厅长王国强出席会议并讲话。会议审议并通过《江西省人民调解协会章程》《江西省人民调解协会财务管理制度》《江西省人民调解协会第一次会员代表大会选举办法》3个草案，选举产生江西省人民调解协会第一届会长、副会长、理事、监事。省司法厅二级巡视员黄敏当选为会长，罗贵元、杨慧芝、廖喜玉、熊五根4人当选为副会长，27人当选理事，2人当选监事。全省各地各单位的85名会员代表、17名特邀嘉宾和省内新闻媒体记者共110余人参加会议。

【全省公证机构体制改革现场会暨江西省公证协会四届五次理事会在吉安召开】 8月31日，全省公证机构体制改革现场会暨江西省公证协会四届五次理事会在吉安召开。省司法厅党组成员、副厅长龚河兴出席会议并讲话。会上，通报省人大常委会《中华人民共和国公证法》执法检查和省委改革办深化全省公证机构体制改革专项督查情况，传达司法部对放开全省公证机构执业区域省级行政区划限制工作的批复精神；吉安市司法局、遂川县司法局介绍推动公证机构体制改革机制创新工作经验；各设区市司法局分管领导、省公证协会部分理事和公证机构负责人作交流发言；为执业满30年的公证员代表颁发纪念章。各设区市司法局分管领导和公证管理部门负责人、公证协会负责人，省公证协会四届理事会理事、部分公证机构代表及执业满30年公证员代表参加会议。

【全省推进法治政府建设和立法工作专题培训班在井冈山举行】 9月2日—5日，全省推进法治政府建设和立法工作专题培训班在井冈山举行。培训班围绕推进法治政府建设和立法工作，邀请有关专家学者讲授习近平新时代中国特色社会主义思想、中共中央总书记习近平全面依法治国新理念新思想新战略、政府治理体系和治理能力现代化、学习贯彻《中华人民共和国民法典》与促进依法行政等内容。同时，就如何深入推进法治政府建设和提高立法工作质量进行交流座谈，参训学员畅所欲言，交流推进法治政府建设和立法工作的经验做法，结合实际提出有关意见建议。全省各设区市司法局从事推进法治政府建设和立法工作的分管领导及业务骨干，各县(市、区)司法局从事推进法治政府建设的分管领导140余人参加培训。

【举办全省法律援助和公共法律服务业务培训班】 9月27日—29日，全省法律援助和公共法律服务业务培训班在南昌举办。培训班邀请省法院民一庭法官吴玉萍、北京中银南昌律师事务所律师刘洋和昆明市盘龙区司法局杨江红分别讲授《中华人民共和国民法典》与实务问题、认罪认罚案件办理和注意事项、县级法律援助和公共法律服务工作探讨；省司法厅公共法律服务管理处处长邓京平进行法律援助和公共法律服务执业纪律教育，解读《保障农民工工资支付条例》。全省法律援助和公共法律服务机构负责人、部分法律援助专职律师共123人参加培训。

【江西省公证协会第五次代表大会召开】 12 月 15 日—16 日，江西省公证协会第五次代表大会在南昌召开。大会审议通过《江西省公证协会第四届理事会工作报告》《江西省公证协会第四届理事会财务工作报告》和新修订的《江西省公证协会章程》《江西省公证协会会费管理办法》，选举产生江西省公证协会第五届理事会会长、副会长、常务理事、理事、监事，张中澜当选为会长。全省公证员代表及特邀代表，以及厅办公室、人事警务处、宣传培训处等有关部门人员共 70 余人参加会议。

【举办全省社区矫正业务培训班】 12 月 30 日，省司法厅举办全省社区矫正业务培训班。在培训班上，厅社区矫正管理局副局长康志文就《江西省社区矫正工作实施细则》作专题辅导，从细则出台的背景、经过和意义，修订的原则以及有关新规定、新要求等三个方面对《江西省社区矫正工作实施细则》进行解读。此次培训依托全省司法行政高清视频会议系统举行。省市县三级社区矫正机构工作人员、派驻民警以及司法所工作人员参加培训。

（省司法厅）

12 月 30 日，省司法厅举办全省社区矫正业务培训班

省司法厅供

仲　裁

【概　况】 2020 年，全省仲裁机构受理案件 5075 件，调解和解 3010 件，案件标的总额 111.2 亿元，受理线下案件总数同比增长 73.4%，调解和解案件总数同比增长 197.4%。

【推动仲裁机构改革】 省司法厅集中报请省政府批复同意南昌、宜春、吉安、鹰潭仲裁委改革工作方案，10 家仲裁机构按方案要求设立党的基层组织。南昌仲裁委取消级别身份和人员编制，吉安仲裁委设立独立监事会，宜春、鹰潭仲裁委优化内部治理结构。南昌、九江、宜春、萍乡、吉安 5 家仲裁机构按照中央和省委文件要求选任组成人员，完善章程、仲裁规则等制度。

【完善仲裁司法审查机制】 全省 11 家中级人民法院、12 家仲裁机构双向确定诉讼与仲裁衔接工作专员，交换专员名单，共享办案信息。9 家仲裁机构与当地中级法院联合出台诉讼与仲裁衔接工作实施文件。宜春仲裁委与市委政法委、市中级法院联合出台实施文件。2020 年，全省仲裁机构作出的仲裁裁决被省法院裁定撤销 1 件，裁定不予执行 2 件。

【服务经济社会发展】 12 月，省司法厅与省工商联联合印发《关于建立健全仲裁机构与商会衔接工作的指导意见》，提出 17 项工作举措，利用省非公有制企业权益司法保护联席会议平台，建立定期沟通联系机制，共享涉企政策信息。引导优秀商务人士参与仲裁事业发展，选聘为仲裁机构组成人员或仲裁员，发挥仲裁服务经济社会发展的作用。

【规范仲裁行业秩序】 2020 年，省司法厅结合“双随机一公开”行政执法检查活动，先后对景德镇、新余、宜春 3 家仲裁机构开展行政执法检查。继续对行业发展秩序进行清理整顿，按规定办理章程、分支机构报备和组成人员及住所变更备案，共办理仲裁机构组成人员变更备案 3 次，住所变更备案 2 次。

【举办全省首次仲裁管理人员培训班】 12 月 16 日—18 日，省司法厅在南昌举办全省首次仲裁管理人员培训班。培训班邀请广州仲裁委员会副主任王天喜、上海国际经济贸易仲裁委员会（上海国际仲裁中心）副主任兼秘书长马屹，分别讲授《仲裁的历史、发展与前沿展望》《对仲裁机构发展与规范问题的若干思考》，还组织学员前往南昌仲裁委员会现场观摩和交流。各设区市司法局、赣江新区党工委管委会办公室负责联系仲裁工作的领导及部门负责人，各仲裁机构主任及秘书长近 40 人参加培训。

【印发《关于建立健全仲裁机构与商会衔接工作的指导意见》】 12 月 25 日，省司法厅、省工商联印发《关于建立健全仲裁机构与商会衔接工作的指导意见》，主要内容包括衔接工作基本准则、建立定期沟通联系机制、深化商会参与仲裁发展机制、宣传和推广仲裁法律制度、建立衔接工作指导监督机制、对适用范围和实施时间的规定 6 个部分，共 17 条具体措施，为建立健全全省仲裁机构与商会衔接工作，发挥民商事仲裁服务经济社会发展职能，畅通仲裁机构与商会、企业的沟通协调渠道提供制度保障。

（周家隆）

本栏编辑　詹跃华

军　　事

江西省军区

【概　况】 2020年,坚持以政治建设为统领,以备战打仗为中心,狠抓工作落实,完成年度各项任务。

思想政治建设。研究制定《关于进一步深化学习贯彻习近平新时代中国特色社会主义思想的意见》,抓实4个季度理论学习,推动理论武装工作走深走实。深化“不忘初心、牢记使命”“传承红色基因、担当强军重任”主题教育,统筹推进“4个专题教育、10项延伸教育、10次群众性实践活动”,开展中美关系、台海局势等形势政策教育,坚定维护核心、看齐追随的信念。深入实施“红色资源挖掘工程”,依托4个军分区(警备区)打造弘扬红土地革命精神精品示范课,推广赣州军分区民兵思想政治教育经验做法,制作寻访抗美援朝老战士专题片,启动筹建江西革命军事馆。

应急应战工作。召开战备基础设施规范化建设推进会,升级改造战备库室、指挥场所和通联手段。按纲落实首长机关和民兵年度训练任务,完成民兵任务分队专攻精练和对口保障军兵种对接联训。有序推进军事职业教育,建立要素管理评估制度,九江军分区民兵编建微课被评为全军优质微课,省军区获自学考试改革征文优秀组织奖。应对鄱阳湖流域超历史大洪水,组织指挥官兵和民兵参加抢险救灾,协调保障东部战区官兵入赣支援。

后装保障建设。聚焦中心配置后装保障资源、紧扣备战加强后装建设,组织实施工程项目改造建设,开展后勤重点行业领域整肃治理,推行营区物业管理社会化保障。持续做好全面停止有偿服务“下篇文章”,在国防动员系统率先完成遗留问题资产移交任务。

【国防动员建设】 推进国防动员领域“十三五”规划任务收官,完成落实情况普查自评。围绕完善国防动员体系,开展重大理论和现实问题研究,2项课题被军委国防动员部评为优秀成果。推动潜力优势向胜战优势转化,采集审核潜力数据。着眼提质选优创新征兵方式,拍摄全国征兵宣传片,制定工作运行规范,出台高校征兵考评办法,研发征集办公一体化云平台,大学毕业生征集比例实现再翻番,“五率”(报名率、上站率、合格率、择优率、退兵率)考评在同等任务数省份名列第一。推进南昌市创建国家国防教育示范城,组织第三批省级国防教育基地考评命名。

【基层建设】 建立省军区机关联动抓建直属队制度,组织群众性练兵比武,升级改造基础设施。抓好干休机构建设管理,开展“三真”(真心敬老、真诚学老、真情为老)主题实践活动,解决老干部服务保障问题。规范基层武装部和民兵基层建设,组织赣州军分区进行专武干部资格认证试点,利用军职教育平台组织基层武装部抓建微课辅导,完成2期新任专武干部集训。开展“条令学习月”“安全隐患排查整治”“百日安全”等活动,常态落实督导检查,景德镇军分区、浮梁县人武部、南昌第一干休所和省军区直属队接受军委国防动员部安全大检查,安全稳定工作量化排名国防动员系统第一。

【脱贫攻坚】 2020年,省军区统筹抓好党建扶贫、产业扶贫和教育扶贫,全区投入经费2033万元,帮扶产业280个,帮扶学校121个。对照军委12项、国防动员部5类36项检查标准,组织对全区脱贫攻坚工作进行拉网式检查,高标准做好迎接脱贫攻坚国家普查工作,全区挂钩帮扶的115个贫困村1757户贫困户全部如期脱贫,并一次性通过国家普查。井冈山市人武部、于都县人武部被军委国防动员部表彰为决战决胜脱贫攻坚先进单位,鄱阳县人武部政治委员罗词礼被军委国防动员部表彰为决战决胜脱贫攻坚先进个人,井冈山市人武部职工曾润洲被表彰为全国决战决胜脱贫攻坚先进个人。

【组织全省新任职专武部长集训】 2020年,省军区采取“线上与线下、分散与集中”相结合方式,依托省人民武装学院,分2个阶段完成全省207名新任职专武部长集训。其中,7月下旬至8月下旬,依托互联网学习平台组织国家安全形势、征兵法规政策、非战争军事行动等7门非保密课程网上授课,指导全省68个人武部组织参训学员集中观看习近平强军思想、民兵工作、后备力量建设等8门涉密课程,共组织授课120课时,参训率94.8%;9月下旬至10月中旬,分2批在省人民武装学院集中组织军事技能组训,先后完成队列、教学法、基础体能、自动步枪实弹射击4门课程80课时学习训练,并组织业务理论、军事技能考核,优良率分别为64%和92%。

【开展“4·15”全民国家安全教育日活动】 4月15日是第5个全民国家安全教育日,省军区会同地方国家安全部门,在驻赣部队中开展“五个一”

（发放一本国家安全知识手册、进行一次安全技术检测、观看一部国家安全警示教育片、参观一场国家安全知识展览、参加一项“我为国家安全助力”网络点亮）活动，重点学习习近平关于国家安全的重要论述，采取线上宣传互动与现地分批观看、统一下发资料与异地分散组织相结合等形式，进一步增强官兵国家安全意识。《解放军报》、中央电视台国防军事频道、中国军视网、“中国民兵”微信公众号等多家媒体对有关情况进行报道。

【召开驻赣部队资产移交有关问题工作座谈会】 6月24日，省政府、省军区、融通公司、驻赣任务部队和设区市联合召开驻赣部队资产移交有关问题工作座谈会，听取驻赣部队首批资产移交遗留问题的后续处置建议，研究确定措施办法，揭牌成立省委军民融合办和中国融通集团东部区域管理公司联合工作办公室，并签订合作备忘录。省军区保障局与南昌市中级人民法院建立“一对一”双拥共建机制，为推进遗留问题解决提供优质高效司法保障。

【参加抗洪救灾】 7月6日起，长江九江段和鄱阳湖水位全线超警戒，鄱阳县问桂道圩、中洲圩先后决口，省军区第一时间启动防汛应急预案，采取属地用兵与跨区支援相结合方法，组织周边6个县（市、区）民兵跨区支援鄱阳县、2个县（市、区）民兵跨区支援余干县，遂行转移群众、巡堤查险、加固堤坝、封堵管涌、抢通道路和抢运物资等任务。7月12日起，东部战区入赣支援部队紧急驰援江西，省军区针对民兵分布广、数量大、专业种类多的特点，组织民兵独立遂行巡堤查险、加固堤坝、封堵管涌（泡泉）等抗洪救灾任务，配合任务部队行动。8月2日始，鄱阳湖湖口站水位降至21米以下，省防汛应急响应调整为Ⅲ级，省军区坚持固守排险与灾后重建相结合，在组织民兵巡堤排险、协调保障任务部队抗洪的同时，参加支援地方灾后重建工作，主要遂行防洪排涝、运送物资、环境清理、卫生防疫和抢种改种等任务。抗洪期间，累计转移群众2.15万人，运输物资1078.9吨，封堵管涌、泡泉359处，加固堤坝113.23千米，抢修道路68.75千米，挖运土石4.37万立方米。

【军地联合开展打击非法制售军服专项行动】 8月底至11月，江西省军地联合开展打击非法制售军服专项行动。全省市场监管、公安、省军区系统共出动300余人次，发放公开信和宣传材料6000余份，检查商家122户，发出限期整改通知书39份，查办违反《军服管理条例》案件3件，查获07式军服及其仿制品1071件（套），责令拆除违规灯箱、广告牌23个。通过查源头、堵渠道、端窝点，达到查处违法犯罪行为、规范市场经营活动、净化网络营销环境、维护军服严肃性、强化军服法规意识的目的。

7月13日，上饶市信州区民兵应急连跨区支援鄱阳县抗洪救灾

姚吉忠摄

【开展全民国防教育日活动】 9月19日是第20个国家全民国防教育日，省军区协调地方宣传、教育等成员单位以及省内高校，围绕“奋进新时代、聚力强军梦”主题开展群众性活动。组织500名高校学生走进南昌军事主题公园，参观退役装备和国防展览，探索开展VR体验式教育；依托南昌航空大学开展航空报国特色教育，组织升国旗仪式、国防知识讲座和主题班会，开放航模展览室、模拟机舱室和航空实训馆等体验场所，举办航空国防主题展览；组织45处省级国防教育示范基地免费开放，协调在省内主流媒体开设专栏专刊，宣传推广国防知识。各设区市采取参观红色资源、举办主题演讲、图片展览和发放传单等方式，引导广大干部群众了解国防、关心国防、建设国防。

【组织新交流师团职干部集训】 10月26日至11月1日，省军区在南昌、井冈山组织新交流师团职干部开展提高岗位任职能力集训。集训采取个人自学与集中授课、课堂教学与现地教学、体悟思考与讨论交流相结合，组织参训人员到南昌八一起义纪念馆和井冈山等地进行革命传统教育，开展学习瞻仰、现实体验、重温入党誓词等活动，安排7名领导就省军区基本政策法规和业务知识进行授课。

【组织管理岗位面向社会招考文职人员面试】 10月28日—29日，省军区组织78个岗位238名入围管理岗位文职人员集中面试。面试严格按照流程和“三随机、三现场、双匿名”（随机确定各组面试考官、随机确定考生面试顺序、随机抽取面试考题，考生现场答题、考官现场评分、成绩现场公布，考官、考生匿名）的方式组织实施，全程落实疫情防控措施，确保面试工作公平公正、规范有序。按照各自岗位计划招考人员1∶1.2的比例，根据考生总成绩由高到低的顺序，确定139名预选对象，再根据体格检查、政治考核和综合考察，确定70名录用对象。

（程景伟　赵子龙）

人民防空

【概　况】 2020年，省人防办统筹抓好疫情防控和人防建设任务落实，加快推进人防事业高质量发展。全年竣工验收人防工程面积超出省政府下达任务的44.8%，全省人均人防工程面积高出全国平均水平50%，行政许可事项精简率达90%。省市县人防指挥、疏散设施建设全面推进，省人防预备指挥所、省人防疏散宣教训练馆等省人防办自建项目基本完工。省本级完成人防办公指挥一体化平台建设，政务内网已延伸至设区市，持续向市县两级推进。

【服务经济社会发展】 2月11日，省人防办出台有效应对新冠肺炎疫情、稳定经济增长的8条措施。7月27日，印发《关于做好“六稳”工作 落实“六保”任务的通知》，制定9条具体措施，从做好应急支援准备、落实租金减免政策、推行网上审批和不见面服务、有序推进自建人防重点工程项目等方面作出部署。省人防办本级对承租国有用房的服务业小微企业和个体工商户全年减免房租133.93万元。人防政务服务事项融入“一网通办”，各市、县（市）、赣江新区于12月前实现本级人防政务服务事项网上审批。参与全省城市停车设施提质增量补短板行动，主动融入旧城改造和民生项目，鼓励具备条件的人防工程改造为人防停车位。南昌市人防办实施“象南——八方邻里”文化广场改造项目，打造全省首个全面兼顾人防的社区综合体，此项目获2020年度中国城市更新和既有建筑改造优秀案例。

【参与防范重大风险】 发挥人防资源优势，利用指挥通信设备、防空警报、战备物资、专业队伍等资源服务疫情防控。疫情期间，全省人防干部720人次下沉一线，协助300多个社区或村点开展防疫工作，组织党员干部捐款53万余元，人防专业救援队累计出动6700余人次，日消杀面积10万平方米，服务时长超5000小时，登记车辆、人员信息过万次。面对鄱阳湖流域特大洪水，鹰潭市人防办利用无人机对灾情进行航拍监测，南昌市人防办利用人防多媒体警报器发布汛情信息。新余、鄱阳、万年、高安、永丰等地人防专业队昼夜参与溃堤抢险、水上救援、护堤巡逻等任务。

【加强人防治理】 8月18日，省政府办公厅印发《江西省推进人民防空高质量发展三年行动计划（2020—2022年）》。省人防办会同省财政厅、省住建厅下发《江西省城市结合民用建筑修建防空地下室维护管理办法（试行）》，明确人防工程维护管理责任、制度、经费等，有效推进人防工程维护管理工作，提高城市综合防护能力。开展早期人防工程摸排整治、人防工程防护防化企业从业能力复查整治、人防工程消防和安全防汛等专项行动，排查质量和安全隐患，制定整治整改方案，建立工作台账。持续推动人防腐败问题专项治理整改工作，全省清理追缴易地建设费61.23亿元，清理或废止300多份涉及违规减免防空地下室建设面积或者防空地下室易地建设费的规范性文件（含政府会议纪要、政府抄告单），拟制《江西省人民防空办公室内部审计工作实施细则》等制度，为防范廉政风险提供制度保障。

【深化人防改革】 深化“放管服”改革，推进赣服通、“12345”政务服务热线、网上中介服务超市、“好差评”系统建设。省本级3项依申请人防政务服务事项首次全部纳入网上审批范围，加快实现“一次不跑”“只跑一次”。会同省自然资源厅、省住建厅印发《江西省工程建设项目“多测合一”技术规程（试行）》，推进联合图审、联合测绘、联合勘验、联合验收“四联合”改革。落实《江西省人民防空工程标识标牌设置管理办法（试行）》，至年底，全省75.3%的人防工程完成标识标牌设置。

【开展“赣盾—2020”全省人民防空实战化演习】 5—10月，开展“赣盾—2020”全省人民防空实战化演习。演习围绕城市人口疏散（人员掩蔽）、重要经济目标防护、消除空袭后果等防空袭作战重点课目，采取室内推演和室外实兵相结合的形式组织实施。整个演习分为市县分头演练、参加国防动员演练和全省实战化演练3个阶段，利用视频会议、卫星通信、短波、超短波等通信手段，对各级人防指挥部的组织指挥能力、人防专业队伍的行动能力和保障能力进行全面检验评估。省市县三级人防专业队伍、人防志愿者队伍、社区群众、重要经济目标、机关和企事业单位共1.2万人参加演习，动用车辆及装备300多台（套），有效提升全省人防实战化能力。

【开展纪念“新中国人民防空创立70周年”活动】 10—11月，全省人防部门开展纪念“新中国人民防空创立70周年”活动。省人防办邀请全国主流融媒体走进江西人防，在南昌、高安两地采风，组织“百万网民学人防法活动”。各设区市举办人防图片展、摄影展、书法展、社区汇演等活动，宣传展示人防改革发展成果。活动期间，在各级媒体发稿200余篇，浏览量上千万，学习强国、新华网、央广网、今日头条、中国日报网等各大媒体关注报道，33万人次参与网上答题。

（邓志勇）

本栏编辑　詹跃华

应急管理

安全生产

【概　况】 2020年，全省发生各类生产安全事故1746起、死亡1062人，分别同比减少347起、254人，下降16.58%、19.3%；发生较大事故20起，死亡72人；未发生重大及以上事故，省级政府安全生产和消防工作考核巡查评为优秀。8个行业领域事故起数、死亡人数“双下降”。其中，矿山21起、死亡23人，同比减少3起、减少7人；烟花爆竹1起、死亡1人，同比减少3起、减少7人；工业制造61起、死亡65人，同比减少14起、16人；建筑施工104起、死亡123人，同比减少17起、9人；交通运输1520起、死亡806人，同比减少298起、204人。3个行业领域事故起数下降明显，其中校园、农林牧渔、城市运行分别同比下降100%、80%和76.5%。

【落实安全生产责任制】 省政府分别与45家省安委会成员单位签订安全生产责任书，及时调整完善省安委会和13个安全专委会人员组成及相关工作制度，推动部门监管责任落地落实。组织集中宣讲中共中央总书记习近平关于安全生产重要论述，开展重点企业主要负责人集中研讨、企业落实主体责任论坛及专题调研，组织对近5年1549起事故“回头看”。严格落实“一报告、双签字”制度，督促3万余家次企业报送主体责任履职报告、5.8万家企业开展隐患排查治理。

【源头风险管控】 推进全省落后产能淘汰退出。其中，关闭煤矿48处，退出产能293万吨；关闭非煤矿山107座，销号尾矿库32座；退出烟花爆竹生产企业736家，超额完成2020年度整顿退出工作目标；20家人口密集区危化品企业完成搬迁或关闭。危化品、烟花爆竹、尾矿库安全风险监测预警系统建设取得阶段性成效，全省193家四级以上危化品重大危险源企业、491家烟花爆竹生产企业、35座三等以上尾矿库和四等运行头顶库、所有在生产煤矿企业全面联网，实现线上监测预警，视频在线率、系统在线率、安全承诺率3个百分百。强化安全生产教育培训，疫情期间组织4家公益性在线网络平台，免费为5万余名企业员工开展复工复产安全培训；规范“三项岗位人员”（生产经营单位主要负责人、安全管理人员和特种作业人员）考核与证书管理，组织考试13万人次、警示教育16.5万场、各类安全培训30余万人次。

【安全生产专项整治】 根据全国安全生产专项整治三年行动计划，结合江西实际，增加烟花爆竹和建筑施工2个专项，印发省安全生产专项整治三年行动实施方案，明确“1+2+11”（总体方案，学习宣传贯彻中共中央总书记习近平关于安全生产重要论述和落实企业安全生产主体责任2个专题，危险化学品、煤矿、非煤矿山、消防、道路运输、交通运输和渔业船舶、城市建设、工业园区等功能区、危险废物、烟花爆竹、建筑施工11个专项方案）任务框架，建立工作例会、工作专班、联络员、分析通报、媒体曝光、举报奖励、巡查考核、约谈问责8项制度，绘制工作推进图，梳理出重点整治问题266个，统筹推进各项措施落实。11月，对未整改到位的43处重大隐患，督促限期整改落实；年底，在全省开展岁末年初安全生产集中治理百日行动，对12个重点行业领域集中整治。全省辨识管控风险点23.96万处，其中重大风险点3321处；排查整治隐患62.03万条，其中整治重大隐患769条。

【安全监管执法】 针对疫情防控，出台27项复工复产监管服务措施，采取证照自动延期、网上行政审批、分区分类执法、线上线下监管融合等手段，加强安全监管服务。对104家重点涉疫物资生产企业和定点医院、集中隔离区等开展安全指导服务，组织11家技术服务机构帮扶588家企业开展隐患排查治理。紧盯重点时段、重点行业和重点企业，开展专项巡查、综合督查、随机抽查、暗察暗访式执法检查和“双随机、一公开”检查。严格落实“四个一律”（对检查发现的每一项违法违规行为，依法严格查处，一律停产整顿、关闭取缔、上限处罚、追究法律责任）、“五个一批”（依法严惩一批违法违规行为，彻底治理一批重大事故隐患，关闭取缔一批违法违规和不符合安全生产条件的企业，联合惩戒一批严重失信企业，问责曝光一批责任不落实、措施不得力的单位和个人）措施，检查企业5.4万家次，责令停产整顿2027家，暂扣吊销证照109家，关闭取缔345家，处罚1.03亿元，警示约谈1.01万家。同时，严格事故调查和责任追究，对乐平市“4·19”道路事故等9起较大事故进行挂牌督办，省政府对赣州市政府提级约谈，省安委会进行黄牌警告；落实失信联合惩戒制度，全省联合惩戒失信企业538家，向应急管理部报送2家企业作为联合惩戒对象，保持严管严治高压态势。

（省应急管理厅）

消防救援

【概　况】 2020年,全省消防救援队伍共接处警4.4万起,其中火灾扑救8807起、应急救援1.42万起、社会救助7351起、公务执勤及其他出动1.34万起;出动执勤车辆8.6万辆次、指战员54.9万人次;营救遇险群众2万人,疏散被困群众6.1万人;抢救财产价值28.9亿元。江西消防救援工作获评国务院省级政府消防工作考核优秀等次,九江市消防救援支队被中宣部授予"时代楷模"称号、应急管理部荣记集体一等功。

【完成重大任务】 组建防疫处置机动队11支360人,参与疫情救助服务,先后防疫消杀3.5万平方米,为涉疫区域转送物资160余吨。调集11个支队1500名指战员、172辆消防车、275艘舟艇,投入鄱阳湖流域超历史洪涝灾害抢险救援,与全国1300余人增援专业力量连续协同奋战26个昼夜,共营救被困群众1.45万人,转移疏散群众3.7万人。落实"六稳""六保"任务,提请省政府出台《关于深化消防执法改革助力经济社会发展若干措施》,利用远程监控、物联网等手段指导单位1.6万家,实地检查单位4600余家,确保全省185家医疗机构、174个隔离点、71家涉疫企业、118个安置点和19个救灾物资仓库"零火灾"。投入灾后重建,发挥专业优势,清淤除障3000余吨,运送生活救灾物资1.7万件。

【消防治理】 推进消防安全专项整治三年行动,督改火灾隐患4.2万余处。启动江西省"十四五"消防规划编制,提请省人大修订《江西省消防条例》,推动《江西省消防安全责任制实施办法》纳入省政府立法计划,协调省政府办公厅下发《消防工作目标任务》。推进危化品重大危险源企业专项督查、打通生命通道、九小场所、大型商业综合体四大攻坚整治,强化物流园区和物流仓储企业场所整治,推动政府挂牌重大火灾隐患91家。健全落实消防服务"好差评"执法行为跟踪问效,规范自由裁量等制度,开展优化消防执法营商环境专项行动,推出"进一步缩小行政许可范围"等便民利企措施,消防行政许可全面上线"赣服通"政务平台。"智赣119"消防物联网规模化应用上升为"物联江西"十大品牌工程。逐步完善火灾延伸调查制度,南昌、宜春市政府出台火灾事故调查处理办法;赣州、南昌、宜春、萍乡、抚州等地印发消防救援机构和公安机关火灾调查协作规定。推进"一警六员"〔一线社区民警,多种形式消防队伍队员、村(居)委会工作人员、综治网格员、保安员、物业服务企业职员、消防安全重点单位工作职员〕消防基本技能实操实训,累计培训合格146万余人。

【提升救援能力】 组建防疫、化工、抗洪抢险、低温雨雪冰冻灾害救援等专业队307支,举办全省执勤岗位实战练兵比武和搜救犬技术、指挥中心、信通业务竞赛。省消防救援总队列入省政府突发事件应急委员会及下设26个专业指挥部,与水利、气象、地震、交通部门建立会商研判、应急值守等机制。推行基层指挥员异地交叉轮岗等6项行动,分级举办"战训大讲堂"118期和典型战例研讨、桌面推演72次,组织1300余人分岗位轮训培训。启动实战指挥平台及应急通信系统建设项目,研发推广智能化119接处警指挥系统,部署智能化指挥系统和全国"一张图"建设,基层5000余个监控点接入总队平台。

【基础保障】 推动出台《江西省地方消防救援经费管理实施细则》,提升保障标准,并将专职队伍公用经费等纳入保障范围。全年地方消防业务经费18.08亿元,创历年新高。全年新立项、建设各类城市消防站157个、乡镇专职队130个,征招政府专职队员1578人;新增市政消火栓1.34万个,超额完成2436个。省应急救援物资储备库开工建设,国家区域性水域救援训练基地完成项目用地批复。细化完善省域应急物资储备保障体系,签订联勤保障协议100余份,抗洪抢险遂行保障中累计调动车辆160余辆、器材1万余件套。提请省消防安全委员会印发《江西省城乡消防救援基础建设三年行动计划(2020—2022年)》,从政策上明确3年内新建队站数、新增政府专职消防员数、新购车辆器材装备数及增建市政消火栓数。

【"2·5"南昌市新建区蓝海物流公司仓库火灾扑救】 2月5日21时31分,南昌市新建区蓝海物流科技有限公司一号仓库发生火灾。南昌市消防救援支队接警后,先后调派12个消防站、4个政府专职队及30辆消防车、2台灭火机器人、150余名指战员赶赴现场处置,总、支队两级全勤指挥部第一时间到场指挥。23时13分火势得到控制,次日1时59分被彻底扑灭。火灾过火面积约1500平方米,无人员伤亡。

【"6·19"沪昆高速(萍乡段)三氯氧磷泄漏事故救援】 6月19日16时20分,沪昆高速北线958(宜春往萍乡方向,距萍乡服务区出口100米)发生两车追尾交通事故,部分装有三氯氧磷货桶洒落并发生泄漏。萍乡市消防救援支队接警后,先后调派3个消防站、7辆消防车、39名指战员赶赴现场处置,支队全勤指挥部第一时间到场指挥。经过10个多小时奋战,转移三氯氧磷79桶、转输13桶,未造成人员伤亡。

【"7·11"吉安白鹭洲采砂船脱锚撞桥事故救援】 7月11日9时58分,赣江吉安段一艘长约40米的采砂船与吉州区白鹭洲拱桥桥墩相撞,人员受困情况不明。吉安市消防救援支队接警后,先后调派3个消防站、8辆消防车、4艘冲锋舟、58名指战员赶赴现场处置,支队全勤指挥部第一时间到场指挥。13时53分,事故船只与拱桥实现分离,随后将货船迁移至安全区域。

【环鄱阳湖流域抗洪抢险救援】 7月,江西省环鄱阳湖流域发生超历史洪水,省消防救援总队调集11个支队、1500名指战员、172辆消防车、275艘舟艇投入抗洪救灾。灾情最紧张阶段,报请应急管理部先后调集浙江、安徽、福建、湖北、湖南5省消防救援总队1000余名指战员驰援江西。经过25个昼夜连续奋战,累计完成1826起抗洪抢险救援任务,出动指战员2.7万人次,车辆3451辆次,舟艇4272艘次,营救被困群众1.45万人,转移疏散群众3.7万人。

(省消防救援总队)

防灾减灾救灾

【概 况】 2020年,调整省减灾委员会组成人员及成员单位,省委常委、常务副省长殷美根担任主任,成员单位由33个增加至43个,并修订完善成员单位职责和工作规则。省政府修订《江西省自然灾害救助应急预案》,印发《关于切实保障受灾群众基本生活的实施意见》。在全国率先出台灾害信息队伍建设实施意见,给予县(市、区)不超过其购买服务总额30%的资金支持,解决基层灾害信息员队伍工作补助。修订印发《江西省农村住房保险实施方案》,明确在原有保费不变前提下,赔付标准由2.4万元提升至4.8万元,防止受灾群众因灾返贫致贫。制定《江西省应急管理专项资金管理暂行办法》,规范救灾专项资金使用管理。组织应急管理、气象、水利、自然资源、林业、地震等涉灾部门召开联合会商会12次,编制灾害风险分析报告12期,累计发布预警信息1000余次。

【自然灾害防治】 召开自然灾害防治工作联席会议,协调推动重点工程落地,实施各类重点工程项目2800余项,投入资金105亿元。实施自然灾害综合风险普查,省政府办公厅印发《关于做好我省第一次全国自然灾害综合风险普查工作的通知》,并成立领导小组,市、县普查机构全部组建到位。在全国率先制作首个普查宣传片,举办全省普查培训班,累计培训860人次,印发总体方案,明确职责任务,并争取中央试点补助资金1741万元,落实地方配套资金1680万元。

【救灾救助】 全省自然灾害造成949.9万人受灾,因灾死亡13人,直接经济损失355.2亿元,启动省级四级救灾应急响应3次、三级救灾应急响应1次,尤其是针对鄱阳湖流域超历史大洪水,及时启动省级二级救灾应急响应,争取应急管理部对江西启动国家四级救灾应急响应,下拨中央应急救灾资金6.40亿元、各类救灾物资7万件(套)和省级救灾资金2877万元、物资7万余件(套),指导各地开设集中安置点200余个,安置受灾群众2.4万余人。同时,争取中央下拨冬春救助资金5.48亿元,总量排全国第三,配套省级资金847万元,确保受灾群众温暖过冬。

【创建综合减灾示范单位】 指导大余县创建全国综合减灾示范县,制定实施方案,累计投入资金近1亿元。修订完善省级综合减灾示范乡镇标准,融入安全生产和消防工作相关创建内容,成功创建国家级示范社区40个和省级示范社区80个、示范乡镇16个、示范县1个。

【开展防灾减灾日系列活动】 “5·12”全国防灾减灾日期间,以线上为主,围绕“提升基层应急能力,筑牢防灾减灾救灾的人民防线”主题,组织开展以“六个一”(组织一次网络知识竞赛活动、打造一批综合减灾示范单位精品、开设一个防灾减灾宣传专栏、开展一次防灾减灾宣教“五进”活动、开展一系列应急演练、组织一系列宣传报道)为主要内容的防灾减灾日系列宣传活动,举办系列网络知识竞赛,全省参与人数达326万人次,创历史之最;制作公益宣传片1部、科普短视频4部、科普音频4条、公益短信10条,播放次数达160万次,发送短信4339.4万条次,覆盖全省90%人口。开展各类应急演练近2600场次,参与人数达30万人。开展各类隐患排查2万余次,整改灾害隐患点1800余处。

【提升灾害保障能力】 编制完成全省重要应急物资储备应急预案和区域规划、省级综合应急(航空救援)装备物资储备库项目建议书。争取中央下达江西省4个市级和7个县级救灾物资储备库建设计划,拨付中央预算内投资4537万元。争取中央支持江西省80个多灾易灾县(市、区)提升基层应急备灾能力建设资金2.70亿元,提升贫困地区基层备灾能力。下拨帐篷、折叠床等救灾物资近4万件,支持全省330余个隔离观察所(点)开设,保障受疫情影响人员和隔离群众2万余人次基本生活。举办全省灾害信息员培训20余期,培训人数达2000余人次。完成2020年全省1318户因灾倒房恢复重建工作,竣工率100%。

(省应急管理厅)

地质灾害防治

【概 况】 2020年,全省发生地质灾害灾险情354起(灾情291起、险情63起),其中已知隐患点发生108起、新增246起,造成1人死亡,直接经济损失1491.08万元。与2019年同期相比,灾害数量和直接经济损失分别减少58.8%和73.1%,受伤、死亡分别减少2人、6人。地质灾害突发后,全省应急、自然资源部门共派出专家组215批次、533人次参与应急处置,处置灾险情367点次,并申请获批中央地质灾害救灾资金3044万元,用于地质灾害应急处置。

【隐患巡查排查】 全省各地和有关部门组织开展地质灾害隐患汛前排查、汛中巡查、汛后复查工作,共派出4.93万批次、14.85万人次,对25.31万点次隐患进行巡查排查。同时,推进地质灾害风险普查工作,启动瑞昌、大余等23个地质灾害易发县(市、区)开展1:50000比例的地质灾害风险调查与区划工作,部署调查面积4.05万平方千米。

【灾害风险预警】 全省各地共提前发布地质灾害气象风险预警1656次、发送预警短信30余万条,其中省级风险预警22次(红色预警1次、橙色预警1次、黄色预警8次、蓝色预警12次)。各地迅速组织群众转移避险,累计提前转移受威胁群众6098户1.95万人。其中,13处隐患点在人员转移后,发生地质灾害,导致房屋损毁,因转移及时,避免人员伤亡97人。

【灾害综合治理】 全省投入地质灾害综合治理及避险移民搬迁资金4.42亿元(其中中央财政补助资金2.54亿元、省级财政投入4919万元、市县财政及社会资金1.39亿元),实施项目307个,保护群众2.6万人。其中,综合治理投入3.91亿元,实施项目296处,治理地质灾害隐患点348处,保护人员2.54万人,保护财产11.89亿元;避险移民搬迁投入5108万元,搬迁25处地质灾害隐患点,908名受地质灾害威胁群众搬离危险区。

【开展灾害防治宣传及应急演练】 全省各地通过“4·22”世界地球日、“5·12”防灾减灾日及安全生产月等主题宣传,采用群众通俗易懂、喜闻乐见的方式,组织开展地质灾害防治培训188场,培训1.62万人;开展应急演练73次,参加演练1.41万人;开展防灾宣传活动842次,发放材料30余万份,社会公众防灾减灾意识持续提高。

(省应急管理厅)

防汛抗旱

【概　况】 2020年,全省平均降雨量1812毫米,比多年同期均值偏多10%,共43次明显降雨过程,其中强降雨11次。全省36条河流84站次(含防汛专用站)超警戒水位,13条河流18站水位超历史。7月上旬,赣北赣中连续发生两次强降雨过程,全省降雨量为多年同期均值4倍,列历史第1位。受强降雨影响,鄱阳湖星子站最高水位22.63米,超历史最高水位0.09米,超警戒时间达58天。长江干流、鄱阳湖区域堤防累计发生管涌、渗漏、塌坡、跌窝等较大以上险情2075处,其中,昌江问桂道圩、中洲圩和修河三角联圩发生溃口。洪涝灾害造成904.1万人受灾,因灾死亡7人,农作物受灾90.2万公顷,直接经济损失344.4亿元。汛前,修订完善全省重点水工程度汛方案,县、乡、村三级修订预案方案近1.5万个;梳理物资储备和力量分布,全省储备物资装备近17万(台、套)、价值近3亿元,落实抢险救援队伍462支、5.59万人。

【健全防汛运行机制】 省防汛抗旱指挥部调整组成人员,由省长任总指挥,分管应急管理和水利的省政府领导任指挥长;创新实施省领导防汛抗旱工作包片分工责任制,11名省领导实时实地指导;向各设区市和有关部门(企业)下达防汛目标任务书,逐级公示省、市、县三级行政和重要水工程防汛责任人,明确1万余座水库行政、主管、管理、技术、巡查责任人,落实2.6万余名县、乡、村、组、户五级山洪地质灾害防御责任人;组织全省防汛大检查,发现各地8个方面普遍性和85项具体问题,均以“一市一单”下达整改通知,实行台账管理,跟踪督促、动态销号。

【加强业务培训及演练】 省防汛抗旱指挥部组织市、县新任指挥长及应急、水利部门负责人近1700人进行专题视频培训,各地开展业务培训230余次,培训1.77万人次;全年组织全省抗洪抢险跨区域拉动、应急通信保障、跨区域水域救援和战勤保障等实战演练240余次,参加演练2.1万人次。

【抗击超标准洪水】 省防汛抗旱指挥部先后启动Ⅳ级、Ⅲ级、Ⅱ级和Ⅰ级防汛应急响应,防汛应急响应持续长达61天。其中,防汛Ⅰ级和救灾Ⅱ级响应均为2010年以来首次启动,并分别维持13天和14天。先后派出近160个专家组、工作组、督导组赴各地协助指导,分5轮对南昌、九江、上饶等地28个县(区)开展防汛督导,对突出问题开展“回头看”,发现各方面存在问题89项,向6个市、县防汛抗旱指挥部下达20个通报;全省先后紧急转移安置71.5万名群众,转移后再次组织救援人员逐户摸排,做到不漏一户、不落一人,无一人因撤离不及时造成伤亡;累计投入各类抗洪力量490.5万人次、土石方245.79万立方米、编织袋(麻袋、草袋)1722.3万条、彩条布(复膜土工布)578.9万平方米、铅丝网兜1058个和照明设备8.7万套,参与巡堤查险和险情抢护;针对进洪单退圩堤和出险圩堤,采取强排和自排相结合,“一堤一策”组织排涝,共排出涝水20余亿立方米,特别是对3座溃口圩堤,共调集1200余台(套)大流量排涝车、移动式水泵等应急排涝设备,确保受灾群众提前返回家园、恢复生产。

(省应急管理厅)

森林防火

【概　况】 2020年,印发《关于进一步加强扑火安全工作的紧急通知》,从严格野外火源管控、坚持专业化扑火原则、加强扑火组织指挥、科学处置各类火情、提高安全扑火能力等方面提出要求,并在全省开展为期5个月的专业森林消防队大练兵、大比武活动。全省发生森林火灾57起,过火面积822.18公顷,受害森林面积409.21公顷,分别同比下降5%、31.44%、16.34%,未发生重特大森林火灾和人员伤亡事故,森林火灾受害率、发生率、控制率和案件查处率均在控制指标以内,维持历史低位。

【开展专项治理行动】 1—4月,公安、林业、应急管理等部门联合部署以“防范森林火灾,共建平安江西”为主题的全省森林防火“平安春季行动”,11个设区市获优秀组织奖,85个县(市、区)获“平安县”称号。3—6月,联合开展为期3个月的野外火源专项治理行动,共派出督查组3023个、1.08万人次,发出整改通知书1105份,发现隐患2092个,全部整改到位。9—12月,联合开展为期3个月的打击森林违法用火专项行动,共派出检查组3518个2.50万人次,查处、制止违法用火2025起,行政处罚294人,刑事处罚14人。

【加强业务培训】 组织参加全国森林草原扑火指挥员视频培训,全省设分会场116处,参训4000余人。召开全省专业森林消防队建设现场会暨扑火安全研讨会,总结推广万载县经验做法,推进专业森林消防队正规化建设。举办全省专业森林消防队业务骨干培训班,110余名骨干参训。举办全省森林防灭火业务培训班,各设区市、赣江新区应急管理局分管领导和防火科长、各县(市、区)应急管理局分管领导150人参训。

【健全制度机制】 省政府在全国率先出台地方专业森林消防队伍建设管理办法,省应急管理厅通过印发通知、组织督查、召开现场推进会等形式贯彻落实。省森林防灭火指挥部办公室、省应急管理厅、省林业局、省公安厅印发《关于进一步完善森林防灭火工作职责分工和协同工作机制的意见》,职责边界更加明晰,联动配合机制更加顺畅。召开湘粤赣闽边界第30次护林联防工作会议,湖南、广东、福建、江西等省应急管理、林业部门和联防区市、县(区)森林防灭火指挥部负责人80余人参会。

(省应急管理厅)

救援协调

【概　况】 2020年,制定《江西省应急管理厅应急预案管理工作规则(试行)》,规范应急预案管理,各设区市结合实际均制定应急预案管理制度文件。印发《关于加强应急预案编制和演练工作的通知》,督促各地做好预案修订、新增、衔接和备案,至少开展1次综合性应急实战演练。制定《江西省事故灾害处置现场指挥部设置指导意见》,规范省级事故灾害现场指挥部开设、选址、总体布置、功能分区,明确指挥要求、指挥原则、运行机制。11月11日,省应急管理厅和中国铁路南昌局集团有限公司签订《江西省铁路应急联动工作机制》,建立铁路快速输送应急救援队伍装备机制。

【江西省工程抢险应急救援基地成立】 1月19日,江西省工程抢险应急救援基地揭牌成立。在揭牌仪式上,省应急管理厅与中国安能第二工程局签订抢险救援框架协议,在应急队伍培训、技术装备研发、综合救援演练、防灾减灾基础工程建设等方面,深化交流合作,发挥专业力量、技术和人才等方面优势,研究自然灾害致灾机理、抢险救援战术战法,开展常态化、规范化、实战化训练演练,共同推进救援理念、职能、能力、装备、方式、机制转型升级。

【应急救援航空体系建设】 1月14日,省政府办公厅印发《江西省应急救援航空体系建设试点方案》,成立省应急救援航空体系建设工作领导小组。签订《江西省航空应急救援供油服务保障战略合作协议》,制定《鼓励通航企业参与航空应急救援工作机制》,组建59架飞机的航空应急救援机群,组建35支370人的航空应急救援队伍体系,保证全省区域范围内,救援飞机能飞起来,执行任务能降下去,地面有队伍配合保障,基本形成覆盖全省、辐射周边的航空应急救援能力;省应急管理厅与省发改委联合印发《江西省应急救援航空体系基础设施建设工作方案》,靖安机场一期工程竣工,建成直升机临时起降点107处;2020中国航空产业大会在景德镇市举行,大会专门设置航空应急救援板块,安排航空应急救援综合演练、救援装备展和航空产业人才项目对接会3项重要活动,具有江西特色的应急救援航空体系初显成效。

【开展应急救援演练】 4月29日,省航空护林局在首个应急救援(靖安)直升机场开展多灾种应急救援演练,涵盖人员机降、空投物资、紧急救护、吊装货物、索(滑)降、吊桶洒水、装卸货物、抛投沙袋等内容。9月21日,组织航空应急救援综合演练,共11架飞机参演,其中直升机8架、无人机3架。设置某高层商住楼发生火灾、某村庄发生洪涝灾害、某林场发生森林火灾3个模拟场景,包括直升机现场指挥、实时转播、空中救援、空中灭火、医疗救护、物资投送、重物吊运、航空消杀,以及无人机定点投送物资、空中投射灭火弹等15个科目。12月12日,省森林防灭火指挥部举行全省森林防灭火综合演练,应急管理部驻赣森林消防大队、11个设区市专业森林消防代表队和4个车辆编队、2支扑火分队,以及省航空护林局米—26、AC313、EC135直升机组共1018人参加演练。

【开展应急救援培训】 10月15日—17日,举办全省救援协调和预案管理业务培训班,各设区市、赣江新区应急管理局分管领导、救援协调和预案管理负责人,以及各县(市、区)应急管理局分管领导150人参加培训。邀请省内外应急管理、救援协调和预案编制方面专家学者,讲授提高突发事件应对能力、应急预案的核心要素和编制方法等课程,采用实训模拟演练的教学方式,组织开展突发事件应急处置、新媒体背景下的舆情引导与危机应对。11月17日—20日,举办应急救援队伍骨干业务培训班,设置现场救援场所标准化建设、典型救援战例剖析、无人机在应急领域的应用、应急救援现场通信保障等课程,全省矿山救护、危险化学品救援等13支队伍60名业务骨干参训。

【举办全省专业森林消防队大比武暨首届社会救援力量技能竞赛】 11月30日至12月1日,省应急管理厅举办全省专业森林消防队大比武暨首届社会救援力量技能竞赛,11个设区市专业森林消防和社会救援力量代表队220人参赛。专业森林消防队伍竞赛设置理论知识、单杠引体向上、3000米跑、背负式风力灭火机操作、高压细水雾灭火机操作、油锯操作、水泵操作(集体项目)7个科目。社会救援力量竞赛设置理论考试、3000米跑、单杆卷身上、负重折返跑、绳索攀爬、绳索技能项目(高空悬吊向下救援)、破拆技能项目(安全破拆)7个科目。经过激烈角逐,万载县专业森林消防大队和抚州市航空救援队分别获得大比武和技能竞赛团体第一名。

(省应急管理厅)

本栏编辑　詹跃华

国家区域发展战略

国家生态文明试验区建设

【概　况】 2020年，国家生态文明试验区38项重点改革任务全面完成，山水林田湖草保护修复、全流域生态补偿、国土空间规划、环境治理体系、绿色金融改革、河湖林长制等改革走在全国前列，全省35项改革举措和经验成果列入国家清单并在全国推广。全省森林覆盖率稳定在63.1%，城市建成区绿地率全国第二，率先实现“国家森林城市”“国家园林城市”设区市全覆盖。空气优良天数比例94.7%，$PM_{2.5}$平均浓度30微克/立方米，国考断面水质优良率96%，长江干流江西段所有水质断面达到二类标准，全省带着四类及以上水进入全面小康。战略性新兴产业、高新技术产业增加值占规模以上工业比重分别达22.1%、38.2%，数字经济增加值占地区生产总值的30%，三次产业结构优化调整为8.7∶43.2∶48.1。成功创建江西内陆开放型经济试验区、鄱阳湖国家自主创新示范区、景德镇国家陶瓷文化传承创新试验区。绿色发展“靖安模式”得到中共中央总书记习近平的肯定，景德镇“城市双修”、上饶横峰农村环境治理、萍乡转型升级和老工业基地改造获国务院表扬，新余生态循环农业、萍乡海绵城市建设、鹰潭余江“宅改”等形成“江西经验”。

【体制机制创新】 统筹划定“三区三线”，建立“四级三类”国土空间规划体系，构建全省国土空间规划“一张图”。建立自然资源统一确权办法和登记体系，深化自然生态空间用途管制试点，出台《关于统筹推进全省自然资源资产产权制度改革的实施意见》。划定永久基本农田246.2万公顷，建立永久基本农田储备区制度，全面实行重点生态功能区产业准入负面清单。在全国率先出台《江西省流域综合管理暂行办法》，健全完善以五级河长制、湖长制、林长制为核心的全要素全领域监管体系。出台《关于构建现代环境治理体系的若干措施》，全面建立“三线一单”生态环境分区管控体系，环保监测执法垂管改革全面落地，实现固定污染源排污许可全覆盖。推进自然资源资产有偿使用试点，全面推行生活垃圾分类制度。建立“生态云”大数据平台。全面推行自然资源资产负债表制度，常态化开展自然资源资产离任审计。全面实行生态环境损害赔偿和责任追究制度，省级环保督察及“回头看”实现设区市全覆盖。创新生态环保综合执法、环境资源审判、生态检察等司法制度。全年查办破坏生态环境资源犯罪案4724件，提起公诉1541件。

【污染防治攻坚】 实施污染防治攻坚八大标志性战役、30项专项行动，推进“五河两岸一湖一江”系统治理。实施生态环境污染治理“4+1”工程和十大攻坚行动，推进“三水共治”和沿线岸堤综合整治，累计拆除非法码头104个，关闭退出化工企业89家。长江经济带披露的29个问题完成整改，长江大保护工作机制、与三峡集团央地合作模式等获国家推广。打好蓝天保卫战，坚持“一企一策”“一城一策”，开展“四尘三烟三气两禁”整治行动，全省空气质量保持中部省份第一。打好碧水保卫战，实施城镇污水处理提质增效3年行动，持续开展饮用水水源地保护、入河排污口治理和“清磷”整治，全省110座城镇污水处理厂基本完成提标改造，设区城市饮用水水源地水质全部达标。打好净土保卫战，建成垃圾焚烧处理设施29座、日处理能力2.6万吨，危险废物年处置能力48.5万吨，新版“限塑令”在全省有序推行。开展节地增效行动，全省消化批而未用土地面积1.36万公顷。实施节水专项行动，万元工业增加值用水量下降6.5%。退出煤炭产能334万吨，新能源和可再生能源装机容量占比46%，能耗双控完成国家“十三五”目标。

【绿色产业】 推进抚州国家生态产品价值实现机制试点，制定生态产品与资产评估核算办法，浮梁、武宁、湾里等省级试点形成初步成果。绿色金融发展指数排名全国第四，绿色市政专项债、“畜禽洁养贷”等10余项改革经验被央行采纳并推广。赣州、吉安普惠金融改革试验区获批，开展“两山银行”“湿地银行”制度试点，全省绿色信贷余额2586.6亿元，增长20%。推进绿色有机农产品示范省建设，实施农业结构调整九大工程，新建高标准农田20.13万公顷，超额完成国家下达任务。农药化肥使用量连续4年下降。“两品一标”农产品数量3482个，创建国家农产品质量安全县10个。全省林业经济总产值突破5300亿元，旅游接待总人次、总收入分别为5.5亿人次、5400亿元。实施“2+6+N”产业高质量跨越式发展行动，加快培育壮大六大优势产业，推进铸链强链引链补链工程，电子信息产业营业收入突破5000亿元。出台实施数字经济、新型基础设施建设3年行动计划,数字经济增加值8500亿元。推进上饶、永丰等国家大宗固废综合利用基地建设,开展循环化改造的园区达75%。

【生态系统保护】 实施国土绿化、森林质量提升、湿地保护修复等工程,造林7.65万公顷、封山育林7.35万公顷、低产低效林改造11.79万公顷,修复湿地1095.7公顷。自然保护地547处,占国土面积的11.46%。推进生态鄱阳湖流域建设行动,实施系统保护和全流域治理,持续开展鄱阳湖越冬候鸟和湿地保护、野生动植物资源保护等专项行动,长江干流江西段、鄱阳湖等重点水域全面同步禁捕。完成废弃矿山生态修复4400公顷,治理水土流失面积12.7万公顷。推进赣州国家山水林田湖草生态保护修复试点,创新开展流域性稀土矿山尾水处理,形成山水林田湖草山区崩岗治理"赣南模式"。推进九江长江"最美岸线"、昌铜高速生态经济带、吉安百里赣江示范带等建设,探索南昌城市滨湖地区综合治理新路径、吉安千烟洲小流域综合治理新模式。

【生态共建共享】 深化国家生态综合补偿试点省建设,累计筹集流域补偿资金174.2亿元。生态公益林补偿金额11.2亿元,补偿面积342.47万公顷。选聘生态护林员2.38万人,带动7万人脱贫。上犹、遂川、乐安、莲花等生态扶贫试验区"脱贫摘帽"。实施城市功能与品质提升3年行动,推进城市生态修复、功能完善,设区市城区黑臭水体基本消除。持续推进农村人居环境整治3年行动,完成村组整治2万个,新建改建农厕80.3万户,全面推行"五定包干"村庄环境管护机制,在中部省份率先通过农村生活垃圾治理国检验收。实施《江西省生态文明建设促进条例》,开展首次生态文明宣传月活动,开展节约型机关、绿色家庭、绿色学校等创建行动,持续开展"河小青"志愿活动。新增国家"两山"实践创新基地1个、国家生态文明建设示范市县5个,总数均居全国前列。

(洪小波 林绪强 钟凌鹏)

8月6日,拍摄的长江最美岸线(瑞昌码头段)

胡博为摄

赣南等原中央苏区振兴发展

【概 况】 年内,国务院同意赣州市比照西部地区企业所得税政策执行至2030年;国家发改委印发《关于地方提出的支持赣南等原中央苏区振兴发展27项事项有关情况的复函》,明确江西20个事项办理意见;国家发改委组织召开支持赣南等原中央苏区振兴发展部际联席会议第七次会议,全面总结"十三五"发展成效,科学谋划"十四五"思路举措;中组部选派中央国家机关及有关单位第四批55名挂职干部对口支援赣南等原中央苏区;省委、省政府召开省赣南等原中央苏区振兴发展工作领导小组第九次会议,调整省直机关及有关单位对口支援赣南等原中央苏区结对安排关系;省直单位持续加大政策、资金、项目支持力度,推动赣南等原中央苏区振兴发展。2020年,赣州、吉安、抚州3市地区生产总值分别增长4.2%、4.0%、3.7%。

【现代产业发展】 中科院赣江创新研究院成立,国家稀土功能材料创新中心获批,中国联通(江西)云数据中心落户抚州,中国信通院鹰潭物联网研究中心建成。赣州现代家居产值突破2000亿元,纺织服装、电子信息产值均突破900亿元,稀土集团营收破百亿元。抚州高新区成为国家新型工业化产业示范基地(数据中心),京东(新余)数字经济产业园开园,赣西云数据中心投入使用。全省首个5G科创园项目和全省首个LED产业百亿元项目落户吉安,新余成为全球最大的乘用车锂电池正极原料生产基地。全国蔬菜质量标准中心(赣州)分中心落户信丰,赣南脐橙、南丰蜜桔、狗牯脑、乐安竹笋4个产品入选首批欧盟保护地理标志名单,赣南茶油获中国农产品地域品牌标杆品牌,"赣抚农品"区域公用品牌上线运行。信丰入选国家现代农业科技示范展示基地,樟树成功创建国家现代农业产业园。赣州、吉安普惠金融改革试验区获批,孚能科技、汇森家居、国光商业连锁上市。石城县获评国家全域旅游示范区,井冈山、瑞金2市入选2020中国县域旅游综合竞争力百强县市。赣州获评国家信息消费示范城市,新余入选首批国家体育消费、文化和旅游消费试点城市。

【基础设施建设】 赣深客专、兴泉铁路全线铺轨。兴赣高速北延通车,寻乌南桥至龙川、信丰至南雄、宜春至遂川等高速公路开工,瑞兴于快速交通走廊项目全线开工。瑞金机场开工建设。分宜电厂扩建建成投运。四川雅中至江西±800千伏特高压直流输电工程江西段全线贯通。井冈山航电枢纽工程首台机组并网发电,万安枢纽二线船闸制造通过验收,信江具备三级通航条件,鹰潭花桥水利枢纽工程大坝成功截流。莲花寒山水库建成投运,于都岭下水库开工。

【生态文明建设】 第二轮东江流域上下游横向生态补偿、渌水流域上下游横向生态补偿有序实施。赣州完成低质低效林改造7.79万公顷,人工造林1.60万公顷,退化林修复3.20万公顷,森林覆盖率稳定在76.23%以上,获评2020中国最具生态竞争力城市。抚州设立全省首个"两山银行"。龙南经开区和吉安、新余高新区纳入国家绿色园区名单。寻乌、安福、宜黄3县入选国家生态文明建设示范市县,石城、井冈山、资溪3县(市)入选国家生态综合补偿试点县名单,井冈山、莲花、崇义、资溪4县(市)纳入2020中国县域全生态百优榜。寻乌山水林田湖草综合治理入选全国十大生态价值实现典型案例,吉安国储林基地、千年鸟道护鸟联盟等改革举措入选国家生态文明试验区改革举措及经验做法推广清单。29个苏区县(市、区)被评为全省首批美丽宜居示范县。

【发展环境】 赣州政务服务"跨省通办"启动实施,抚州建成全省第一个不动产登记集成平台和全市统一中介服务超市。新余市政务大数据+普惠金融试点启动。余江、大余、永丰入选国家新一轮农村宅基地制度改革试点。萍乡海绵城市试点建设连续3年获评全国第一。信丰、遂川、黎川、横峰入选全国"互联网+"农产品出村进城工程试点县。深赣港产城特别合作区开工。赣州产业园、吉安产业园纳入海峡两岸(江西)产业合作区范围。赣州整车进口口岸开通运行。京九线南康站更名为赣州国际港站。井冈山综合保税区获批并通过验收。

【民生工程】 于都、兴国、宁都、赣县4县(区)脱贫摘帽,区域性整体贫困全面解决;现行标准下农村贫困人口全部脱贫,绝对贫困问题彻底消除。赣州、抚州市公办幼儿园在园幼儿占比分别达53%、50.75%,苏区义务教育学校超大班额全面消除。赣州建成投用城乡学校60所,2所职业院校获批"国家双高"专业建设项目,赣南科技学院获批设立。20所城市三级医院对口帮扶苏区34所县人民医院和中医院,赣州市人民医院进入全国地级市百强,苏区实现远程医疗全覆盖。城镇新增就业23.2万人。实施建档立卡贫困户等4类对象农村危房改造2491户,改造棚户区11.27万套。完成安全生命防护工程5787千米,改造农村危桥444座,章贡、新干等8县(市、区)被评为"四好农村路"省级示范县。下达中央及省级困难群众救助补助资金49.1亿元,兴国公办养老机构改革成为全国优秀案例。

(吕瑞林)

赣江新区

【概 况】 2020年,赣江新区主要经济指标增速位居全省前列,基本实现"两个领跑"和"三个走前列"的目标,地区生产总值880亿元,增长5.1%。财政总收入126.1亿元,增长15.1%。其中,一般公共预算收入69.68亿元,增长11.1%。规模以上工业增加值增长5.5%,规模以上服务业营业收入增长23.6%。社会消费品零售总额增长3.7%。出口总值增长20.4%。实际利用外资增长68.6%。

【防控新冠肺炎疫情】 新冠肺炎疫情发生后,赣江新区成立疫情防控工作领导小组和应急指挥部,组建10个工作组下沉一线,做好排查筛查、社会管控、涉外疫情、物资保障、宣传引导等工作,直管区累计报告并治愈确诊病例1例。抓好常态化疫情防控和经济社会发展,化危为机加快发展,制定应对疫情稳定经济增长的26条政策和贯彻落实"六稳""六保"工作的32条举措,举办"同战疫情、共谋发展"网络直播招商推介会,推出江西首单"复工复产保险",新区规模以上工业企业于4月初全面复工。国家发改委对赣江新区复工复产工作给予肯定。

【基础设施建设】 坚持将直管区开发作为新区建设主战场,按照"四精"建管理念,打造产城深度融合、宜居宜业宜游的现代城市经济综合体。中医药科创城核心区"四纵四横"路网建设完成;10万平方米的公共研发中心及公共服务中心租售一空;新建100万平方米标准厂房、100万平方米租售并举人才公寓和30万平方米研发楼宇,首期3平方千米基本建成。探索开发性PPP新模式,与知名央企合作,按照总投资不低于300亿元的要求,全面启动9.13平方千米中医药国际生态科技城建设。国家级技能人才培养综合园区服务中心3个月完成征地拆迁、清表和场平工作。

【深化改革】 推进要素市场化改革试点示范,探索混合产业用地(M0)新模式,出让江西首宗混合产业用地,实现创新型企业在单宗土地上研发、办公、生产的一体化集成。纵深推进绿色金融改革,完善绿色金融标准体系,开展绿色票据试点,制定全国首个绿色票据标准,加快22项绿色金融创新案例在省内外复制推广;发布228个绿色项目,总投资额超2000亿元。开展工程建设项目"全周期"专区审批,全面推广"互联网+"审批服务,47个工程类审批事项全部实现"线上一网办",在江西率先从立项用地规划许可到竣工验收4个阶段实现电子证照。打造"四最"营商环境,制定优化营商环境更好服务市场主体20条政策措施,出台新区领导挂点联系工业企业实施方案,激发市场主体活力。

【扩大开放】 抢抓江西内陆开放型经济试验区建设机遇,加大力度抓招商、推项目、扩投资,编制完成直管区产业发展规划,建立新区"链长制"工作推进机制。举办第十三届中国医药产业发展高峰论坛等10余次专场招商推介活动,全年新签约项目170个,总金额1559.5亿元。引进"5020"重大项目23个,其中超百亿元项目3个、超50亿元项目6个、超20亿元项目14个。深入推进"项目建设提速年"活动,新区201个重大重点项目完成投资432.69亿元,完成率123.22%;争取专项债券资金63.6亿元、特别国债5.2亿元,重大重点项目完成投资率、专项债使用进度均列全省第一。开展绿色制造体系建设试点,江西核工业兴中新材料获批国家级绿色工厂、星火有机硅获批国家级绿色供应链制造企业,全年累计技改投资超80亿元。

【科技创新与人才引进】 围绕产业链部署创新链,紧扣中医药种植、研发、生产、装备制造全链条,布局中药大科学装置预研中心、中国中医科学院健康研究院等中医药创新平台11个,建成运营重大重点创新平台8个,新增省级以上科技创新平台4个。持续推动科技成果产业化,高性能植入式柔性脑电极、中医药有效成分高效提取技术等6项科技成果加快进产业化进程。修订人才引进和培育实施办法，新增省级以上人才工程数17个，新引进国家级领军人才4人，省级以上领军人才10人，重大创新平台入驻博士或副研究员以上高层次人才76人。打通人才住房、子女教育、健康保障绿色通道，高标准打造高层次人才服务中心，制定高层次人才医疗保健服务实施办法和子女入学实施办法，首批购置100套商品房作为人才公寓，71名高层次人才和企业高管实现“拎包入住”。

【运行机制】 紧扣“三统一分”工作要求，建立新区领导挂点联系四组团工作制度，与南昌、九江两市建立联席会议制度和部门结对制度，完成组团2019年度高质量发展考评工作。完善适应新管理体制的运行机制，与新建区、经开组团分别签订委托管理协议，完成直管区勘界划线工作，健全直管区统计体系。建立直管区公共服务集中供给运行机制，政务服务中心运行。编制“十四五”经济社会发展规划和国土空间规划，支持和配合组团通过新区向省级、中央争取专项资金，做好政策和要素“加法”。

（王杰　朱星辰）

对口支援新疆克州阿克陶县

【概　况】 2020年，江西省安排援疆资金2.09亿元（其中预备费1310万元）；实施援疆项目38个（其中脱贫攻坚项目24个，援助资金1.54亿元）。

【扶贫援疆】 探索实施赣陶两地结对帮扶“双百双帮”工程。动员组织江西社会力量参与援助阿克陶县，对全县6个乡镇贫困发生率高于10%的29个国务院挂牌督战村和2个乡10个贫困村进行帮扶，捐赠款290笔共3997.52万元。重点在产业发展、基础设施建设、人居环境整治及公共服务改善等方面给予支持，惠及3.49万名建档立卡贫困人口，支持力度排全国第二。加强产销链接，打通消费、流通、生产各环节制约消费扶贫的痛点、难点和堵点，推进消费扶贫。在南昌红谷滩区的克州特色农产品展销交流中心、缘疆佳园设立消费扶贫专馆、专柜；依托援疆干部人才及派出单位工会等，拓宽扶贫产品爱心消费覆盖面，帮助销售购买克州及阿克陶县农产品3607万元，完成年度任务的103.06%。安排援疆资金6058万元，支持412户安居富民房、645户定居兴牧房和阿克陶贫困乡镇壮大集体经济建设，进一步完善“两居工程”基础配套设施建设。

【产业援疆】 年内，开展“线上”招商62次，对接洽谈企业57家、商会协会28个，对接客商178人次，签约项目18个，计划用工5000人，投资总额37.9亿元。投资500万元建成园区交通桥、停车场、警卫室、科普馆、果园、绿化亮化工程；提升克州及阿克陶农产品标准化水平，加速推进巴仁杏、皮拉勒大米、水晶瓜、柯尔克孜羊等“三品一标”登记认证。安排援疆资金近5000万元，支持旅游基础设施建设，扶持乡村旅游发展，重点打造以奥依塔克冰川公园为中心的帕米尔高原画家小镇、白山湖湿地公园、慕士塔格峰－喀拉库勒湖等景区。安排产业援疆补助资金1520万元，增加40.7%，在设备购置补助、稳工补助、稳工奖励等方面给予企业支持，助力企业纾难解困。

【教育援疆】 开展系列教育活动，其中援疆支教教师开展师徒结对92人，举办名师讲座、公开示范课36场次，建立名师工作室11个。探索“云+5G”智慧教育模式，以空中课堂、赣教云线上资源为平台，指导当地教师下载教学资源、微课录播、优秀课件等几百G，提升当地教育信息化水平。实施双语教师队伍培养项目和双语教育优教优学“十百千”奖励工程，组织30名教师到赣培训。通过开展送教下乡、学校结对、城乡联盟等办学方式，将优秀师资辐射到全县中小学。落实支教教师在职称评聘、慰问等方面的优待政策，完成支教任务。安排援疆资金600万元，支持3211名困境学生和545名新疆籍内地大学生就学。

【人才援疆】 实施“521”干部人才培训项目，完成10名组工干部、10名高层次人才到江西跟班培养、100名受援地党政干部人才到井冈山培训项目。开展克州人才培育支持项目，邀请23名医疗教育专家人才到克州开展经验交流、业务研讨和现场帮带。组织3名江西技校教师到阿克陶县开展培训，培训教师3期、学生3期。从江西选派10名技术民警到阿克陶县进行技术指导，选派175名民警（辅警）到克州、阿克陶县支援反恐维稳工作。

【赣疆交往交流】 组织100名阿克陶县师生与江西60余名师生开展“手拉手·心连心，民族团结一家亲”联谊活动。从阿克陶县选派30名骨干教师到赣培训1学期。组织援疆干部人才投入新疆“民族团结一家亲”活动，与受援地农牧民家庭结亲，推进双带帮扶、“民族团结一家亲”，开展多种形式的“结对子、交朋友”活动。

（朱小强）

本栏编辑　游桃琴

农 业 农 村

综 述

2020年，面对新冠肺炎疫情、鄱阳湖流域超历史洪涝灾害等严重影响，江西坚持以实施乡村振兴战略为总抓手，全面建设全国知名的绿色有机农产品供应基地，推动农业农村经济发展取得超预期成效，全省农林牧渔业总产值3820.74亿元，同比增长2.7%；农村居民人均可支配收入1.70万元，增长7.5%。

*农业供给能力稳定。*聚焦"米袋子""菜篮子"等稳产保供硬任务，狠抓农业生产，实现大疫大灾之年丰产丰收。全年粮食播种面积377.24万公顷，增加10.73万公顷；总产量2163.90万吨，增加7万吨，面积、产量实现双增长，超额完成国家下达的目标任务，国家粮食安全省长责任制考核连续2年评为优秀等次。高标准农田建设任务全面完成，建成"旱涝保收、高产稳产"高标准农田20.13万公顷，连续2年获国务院督查激励，全国仅2个省份连获该荣誉。生猪产能全面恢复到2017年水平，年末生猪存栏1569.85万头，增长56%，存栏量位列全国第10位；生猪外调653万头，稳居全国前3位。蔬菜综合生产能力稳步提升，总产量1642.7万吨。新建设施蔬菜基地2.45万公顷、总面积5.73万公顷。水果、水产品、禽蛋、牛羊肉产量分别为493.21万吨、262.69万吨、61.2万吨、17.8万吨，均有不同幅度增长。

*产业实力增强。*为有效对冲疫情灾情影响，突出乡村产业振兴、蔬菜发展、渔业发展、牛羊发展等方面，及时出台含金量高的政策举措，全面落实助企纾困政策，率先推动农业行业复工达产。聚力绿色食品产业链建设，打好龙头昂起、加工升级、产业融合"组合拳"，重点打造稻米、生猪、水果、蔬菜、小龙虾等优势特色产业链，新增国家现代农业产业园2个、总数4个，新增省级现代农业示范园56个、总数291个，新增全国"一村一品"示范村镇11个、总数107个，建成105家农产品运营中心、1.48万家益农信息社，14个"菜篮子"生产基地农产品实现点对点直供粤港澳；新增省级龙头企业92家、总数963家，规模以上龙头企业销售收入6307亿元、增长6.1%。开展"项目提速年活动"，招引现代农业项目561个，实际进资355.3亿元。全力恢复休闲农业和乡村旅游业，推出19条休闲农业精品线路，新增中国美丽休闲乡村10个、总数43个，新增省级田园综合体20个、总数55个，全年接待游客8500万人次，综合收入930亿元。

*绿色生态发展良好。*坚持把绿色发展理念贯穿始终，注重产管并举，全域推进第三方检测，叫响"质量兴农、绿色兴农、品牌强农"的主旋律。累计创建国家农产品质量安全县市10个、国家绿色先行区示范县3个、省级绿色有机农产品示范县46个，新增绿色有机地理标志农产品476个、总数3482个。主要食用农产品监测抽检合格率稳定在98%以上。长江干流、鄱阳湖以及35个水生生物保护区提前1年全面禁捕，取得"三个百分百、一个动态清零"重大成效，多次在全国性会议上作经验介绍。农药化肥用量连续5年实现负增长，完成国家下达的受污染耕地安全利用和严格管控目标任务，畜禽粪污综合利用率、规模场粪污处理设施装备配套率分别达93%、98%以上，秸秆综合利用率93%以上。举办第二届江西"生态鄱阳湖、绿色农产品"博览会、2020年中国农民丰收节江西活动，创新构建"赣鄱正品"品牌体系框架，10个区域公用品牌入选全国特色农产品优势区，12个地理标志产品入选2020年全国区域品牌百强榜。

*乡村环境更美。*全面完成农村人居环境整治3年行动各项目标任务，"五定包干"村庄环境长效管护治理机制、农村生活垃圾积分兑换机制、鹰潭市城乡生活垃圾第三方治理模式入选《国家生态文明试验区改革举措和经验做法推广清单》；全省6个村庄在全国"美丽宜居村庄短视频擂台赛"获奖，位列全国第一。创新搭建"万村码上通"5G+长效管护平台，99.6%的行政村纳入城乡一体化生活垃圾收运处置体系，71个县实现城乡环卫"全域一体化"第三方治理；建成农村污水处理设施5403座，农户无害化卫生厕所普及率94.1%；全面完成2万个村组"七改三网"整治年度任务，创建19个美丽宜居示范县。94个涉农县成立新农村建设促进会，60%以上的乡镇组建促进会分会。同时围绕健全党组织领导的自治、法治、德治相结合的乡村治理体系，在19个县(市、区)开展乡村治理体系建设试点示范工作。

*农村经济活力更足。*农村集体产权制度改革整省试点任务全面完成，年经营性收入10万元以上的村占比70%左右，薄弱村基本消除。农村承包地"三权分置"有序推进，土地流转面积123.67万公顷、流转率50.3%，"地押云贷"试点范围拓展到10个设区市。农村宅基地改革稳慎推进，在余江等4个县(区)实施中央第二轮改革试点。"财政惠农信贷通"工作机制进一步健全，新

增贷款93.19亿元,累计受益户数14.29万余户;小农户发展特色农业价格(收入)保险试点稳步推进,覆盖特色农业产业12个。累计培育农民合作社7.39万家、高素质农民18.7万人,纳入名录系统管理的家庭农场9万余家;返乡下乡入乡创新创业人员超10万人次,带动120多万人创业就业。22个省级现代农业产业技术体系支撑作用突显,农业科技进步贡献率60.2%,实现由跟跑向并跑的重大转折;主要农作物综合机械化率75.9%、水稻综合机械化率81%以上。

(英聪　谢永忠)

种植业

【概　况】 2020年,全省粮食单产382.4千克/亩,同比减少10.0千克。全省油菜总产量67.81万吨,减少0.75万吨;播种面积47.54万公顷,减少8260公顷;单产95.8千克/亩,增加0.6千克/亩。全省蔬菜播种面积66.10万公顷,增加3.4万公顷;产量1642.65万吨,增加39万吨。水果面积43.33万公顷,增加1.33万公顷;产量493.21万吨,增加18.95万吨。茶园面积12.67万公顷,增加5333.33公顷;干毛茶总产量7.16万吨,增加0.48万吨。中药材种植面积20.73万公顷(含林下药材6.73万公顷)。花卉苗木(不含广义食用花卉)种植面积4.33万公顷,实现花卉销售收入35亿元,出口创汇约50万美元。全省有花卉苗木企业1185家,其中大中型企业224家。

【落实惠农政策】 下拨耕地地力保护补贴资金41.6亿元,稻谷补贴资金14.4亿元。强化政策创新创设,在产粮大县奖励资金中安排不少于20%用于支持早稻生产。7月25日,配合省粮食和物资储备局、中储粮江西分公司及时启动早稻保护价收购,保障早稻收购有渠道、价格有保证。

【稳定粮食生产】 年初,省政府印发《关于做好稳定粮食生产工作的通知》,首次将粮食和早稻面积产量目标任务分解到县一级。强化粮食安全责任考核,提高面积、产量的分值权重,压实各地重农抓粮的属地责任。对抛荒耕地,调动乡村两级采取集中流转、代耕代种等方式,有效遏制早稻连续7年调减的现象,基本做到应种尽种。印发《关于粮食收储致农民朋友一封公开信》,宣传当年早稻收购政策、质价标准、收购方式、预约电话。汛情期间,开展早稻抢收抢烘、晚稻抢插抢种、秋杂粮改种补种3项行动。全省共抢收早稻超过116.67万公顷,抢种晚稻128.15万公顷,调拨救灾种子228万千克,协调水稻保险理赔6.29亿元,有效保障大灾之年的粮食丰收。

【发展设施蔬菜】 省级财政安排蔬菜产业发展专项资金1亿元,对发展设施蔬菜进行奖补,并将设施蔬菜大棚纳入全省农机购置补贴范围。将设施蔬菜纳入省级地方特色农业保险试点范围,保障菜农收益,提高抵御风险能力。省现代农业领导小组下达设施蔬菜基地建设任务2.33万公顷,全年实际完成2.42万公顷设施蔬菜基地的建设。

【产业结构】 推进优质稻发展,全省优质稻订单种植面积86.67万公顷,再生稻面积11.73万公顷,晚稻早种面积4万公顷,亩均效益提高10%以上。筹措资金1.8亿元,推进稻米区域品牌建设,主推"7+2"稻米区域公用品牌,"万年贡米"获评中国十佳粮油标杆品牌,"宜春大米""井冈山稻米"实现由县到市再到省内外的销售覆盖;在总结"籼改粳"成效的基础上,创新提出"一季中粳+冬作""早籼+晚粳""早春毛豆+晚粳""烤烟+晚粳""再生稻""稻虾连作"等高产高效种植模式,助力结构调优、农业增效。安排果业产业发展资金1664万元,用于2000公顷标准化果园的新开发和改造提升。全年赣南脐橙以品牌强度895、品牌价值678.34亿元位列全国区域品牌(地理标志产品)第六、水果类第一,入选全国首批中欧地理标志协定保护名录,赣州市赣南脐橙产区被认定为第一批中国特色农产品优势区。安排茶产业发展项目资金,重点支持"四绿一红"等茶叶主产区。栀子、枳壳等在疫情中应用到的药材品种需求量大幅上涨。安排中药材产业发展专项资金3000万元用于中药材标准基地建设。

【推行高效种植技术】 年内,在全省16个县开展粮油绿色高质高效行动,落实项目资金3486万元。以订单为抓手,开展双品对接、稻油轮作和多功能拓展3大任务,加强产销对接,落实水稻、油菜订单面积4.09万公顷。围绕化肥农药使用零增长行动,行动县累计推广技术模式27套,推进粮油规范化、标准化生产,提高技术精准性。按照"核心专家自组团队,蹲点包县整体行动"技术服务模式,组建6个核心专家团队,分组包县开展技术服务和攻关,对接指导加工企业开展规范化、标准化技术服务,针对特定品种开展配套技术攻关。编写35套粮油生产技术模式,出版发行《江西粮油绿色高质高效主推技术操作规程与2019应用典型实例》,为新型经营主体提供通用性全程技术解决方案。

(刘松　孙飞)

茶产业

【概　况】 2020年,为应对新冠肺炎疫情影响,全省加快茶叶扶持政策落地,推动茶叶主体复工复产,加强茶叶销售渠道对接,做强做大茶叶品牌,确保茶产业健康有序发展。全省茶园面积12.67万公顷,增长4.4%。干毛茶总产量7.16万吨,增长7.7%;春茶产量3.69万吨,减少3.9%;干毛茶一产产值70亿元,增长4.5%。全省茶叶出口额8471.6万美元,减少3.3%。

【政策扶持】 年内,省财政安排农业结构调整茶产业发展项目资金1000万元,支持标准生态茶园建设、机械化生产能力提升,对积极应对疫情组织生产的给予适当倾斜。按照"一断三不断"的要求,协调运输通行证核发,保障春茶生产的农资运输通畅。开展政企对接、部门对接,把符合条件的茶叶骨干企业纳入全省急需金融支持的重点保障企业名单，给予优惠利率和贴息政策支持。累计对接5批次29家茶叶龙头企业，贷款融资意向金额1.6亿元。

【茶叶品牌影响力】 4月15日，“2020中国茶叶区域公用品牌价值评估”结果公布，“四绿一红”品牌总价值122.5亿元，增长28.2%。5月，全国区域品牌（地理标志产品）榜单公布，“四绿一红”茶叶全部入选农产品区域品牌百强。同时，茶叶品牌运营管护进一步规范，庐山云雾茶商标使用企业110家，取得SC认证的企业62家；“狗牯脑”品牌共享茶企增加到27家。

【茶事活动】 5月21日首个国际茶日期间，省农业农村厅组织各地特别是“四绿一红”茶叶产区纷纷举办活动，加强茶叶宣传，为茶农茶企搭建交易平台，应对疫情助力茶叶销售。遂川“问茶寻春”之旅、婺源茶文化之乡寻茶之旅分别入选春季、夏季全国茶乡旅游精品线路前20名。5月10日，省农业农村厅、江西广播电视台、阿里巴巴集团联合举办网上直播带货活动，推荐狗牯脑茶、宁红茶等27种农产品，在线观看人数631万人次。11月13日—15日，举办第四届中国（南昌）国际茶业博览会。茶博会采取完全市场化运作，展览面积近万平方米，参展企业100家以上。

【2020中国茶业科技年会在婺源举办】 10月27日—29日，由中国茶叶学会、省农业农村厅、省科协、上饶市政府主办的，2020中国茶业科技年会在婺源举办。大会以“科技引领·提质增效·转型升级”为主题，共有21个省市、73家科研院校、200余家茶业企业和15个省市级茶叶社团参会。其间，邀请院士陈宗懋、刘仲华和10位国内茶叶领域著名专家学者，为江西茶产业发展建言献策。

（王晨）

林　业

【概　况】 2020年，省林业局适时出台应对新冠肺炎疫情8条措施，落实林业复工复产有关要求，稳定林业经济增长。全年林业总产值5306.49亿元，增长3.8%。其中，第一产业1243.73亿元，增长2.4%；第二产业2415.76亿元，增长5.9%；第三产业1647.00亿元，增长1.8%。参加第四届中国绿博会，江西展园获优秀展园奖银奖、最佳科技成果应用奖。举办第七届中国（赣州）家具产业博览会，交易额超100亿元。举办2020第三届中国（资溪）竹产业发展高峰论坛，竹藤、竹炭、竹类种质、竹质结构国家创新联盟在资溪成立。举办2020江西森林旅游节、第二届江西省森林康养高峰论坛。

【森林培育】 全省完成人工造林7.65万公顷，封山育林7.35万公顷，改造低产低效林11.79万公顷。其中，包括重点防护林工程6.04万公顷，重点区域森林“四化”建设1.59万公顷，国家储备林项目2.20万公顷。欧洲投资银行贷款项目累计4.15万公顷。

【传统产业】 全省有林产工业企业1.2万余家，国家级林业重点龙头企业39家，省级林业龙头企业364家。13个林产品获中国驰名商标。青龙高科等7家龙头企业登陆新三板。全年生产商品材314.8万立方米、大径竹2.36亿根、小杂竹259万吨、木竹加工产品5284.2万立方米、林产化工产品15万吨、各类经济林产品617.42万吨。基本形成以南康实木家具、南城凉亭建筑及教学校具、瑞昌华中木业为主的家具产业集群。南康家具综合产值1800亿元，成为全国最大实木家具制造基地。

【林下经济】 省政府出台《关于推动油茶产业高质量发展的意见》，提出千家油茶种植大户、千万亩高产油茶、千亿元油茶产值的“三千工程”发展目标。全省林下经济产值2103亿元，位居全国前列。全年新增林下种植4.55万公顷。其中，油茶2.46万公顷，占计划的121.8%；森林药材1.80万公顷，占计划的179.8%；香精香料860公顷，占计划的128.8%；苗木花卉0.21万公顷。完成国家、省、市级林产品质量检测1026批次，同比增幅70%。全省油茶产业总产值365.5亿元，面积和产值均居全国第二位。中央和省级油茶产业补助资金3.55亿元。高产油茶林每亩补助提高到1000元，改造油茶低产林每亩补助提高到400元；新增低效油茶林提升每亩补助200元，并实行年度项目兜底扶持。创新“五统一分”油茶种植经营模式，设立油茶研发专项。25个油茶良种筛选15个，推荐14家油茶良种专用采穗圃。全省油茶良种生产经营单位80家，生产良种苗木1.4亿株，提升17%。全省油茶企业292家，规模以上36家，国家林业重点龙头企业12家、省级林业龙头企业74家；11家油茶企业获评全国油茶产业百强企业，3家企业产品获评中国茶油十大知名品牌。“得尔乐”等5个商标获“中国驰名商标”称号。“赣南茶油”“宜春油茶”获国家地理标志产品和证明商标。全省竹产业总产值291亿元。竹林面积和蓄积量居全国第二位。形成以奉新、宜丰、资溪等为代表的毛竹产业集群，以弋阳、贵溪等为代表的雷竹产业集群。资溪建成全省首个竹科技产业园。中国竹业龙头企业46家，居全国第二位；新三板上市公司1家。获竹产业知名品牌109个，占全国同行业18.5%；驰名商标6个、竹制品发明和实用型专利598个，均居全国第二位。全省重组竹生产线20多条，居全国前三。全年安排1200万元用于竹产业转型升级，耗竹率由25%提高到36%。全省森林药材总产值155亿元。森林药材种植面积6.77万公顷，品种150余个。森林药材种植经营主体1.67万家（户），其中企业319家、专业合作社421家、种植大户730户。创建中药材种植国家林下经济示范基地5处，建立省级森林药材科技示范基地32处。木本药材种苗列入良种认证范围，制订森林药材种植标准20多项。森林药材补助资金2.1亿元，补助品种从42种扩大至52种，补助标准每亩多年生草本由200元提高至400元、一年生草本由80元提高至200元。全省香精香料种植1.42万公顷。形成金溪、吉水为代表的香精香料产业集群。金溪县樟科天然香料占全球产量80%以上,天然芳樟醇粉等4个产品产量居全球第一。吉水县林产化工、药用香料两大系列200多个品种,是全国主要的萜烯加工基地和药用香料油集散地。全省苗木花卉总产值196.7亿元。苗木花卉培育面积11.34万公顷,培育苗木花卉12.3亿株。中央和省级良种苗木专项补助2060万元,培育良种苗木5862万株。大中型苗木花卉企业365家,其中国家级龙头企业4家,省级龙头企业80家。初步形成以奉新、安义、芦溪、宜春市袁州区、兴国县(区)为代表的苗木花卉产业集群。全省陆生野生动物繁育与利用年产值7.6亿元。全省森林旅游与休闲接待1.98亿人次,总产值1092亿元,均居全国前列。婺源等6家单位被认定首批国家森林康养基地。崇义等7家单位入选2020年全国森林康养基地试点建设单位。命名首批省级森林康养基地40家。

【林业改革】 江西林长制由"全面建立"转向"全面见效"走在全国前列,成为全国林业改革品牌;福建等20多个省区40余批次到江西学习考察;为国家出台《关于全面推行林长制的意见》提供"江西经验"。继续深化集体林权制度改革,全省建立新型林业经营主体农民林业专业合作社2700家、家庭林场660个、专业大户4637户。建设乡村服务窗口1830个和乡级示范窗口28个,授予修水县何市乡等8个单位"乡级示范服务平台"称号。全省累计核发林地经营权流转证1902本、流转林地1.27万公顷。发放不动产证2.3万本,其中不动产证明4517本。江西省公共资源交易网全年共成交项目252项,标的482宗,成交面积1.53万公顷,成交金额3.09亿元。全年新增林权抵押贷款、林农信用贷款35.25亿元;累计发放林权贷款252.79亿元,余额86.87亿元。森林参保874.11万公顷,占有林地面积81.5%。资溪县创新建立"两山银行",打通"两山"转化新通道。推进国有林场改革,争取国家管护用房资金2000万元,落实站点建设98个。争取中央和省级国有林场危旧房改造资金1428万元,完成危旧房改造714户(其中350户建成入住)。下达国有林场场外造林补助资金1.2亿元,增长35.1%;签订场外造林合同2.06万公顷,完成营造林1.40万公顷。启动首批16个国有林场"百场兴百业、百场带百村"项目,下达扶持资金1600万元。301千米林场林区道路建设纳入项目建设库,下达实施单位107千米,国家补助资金6115万元。在全国率先开展国有森林、湿地资源资产有偿使用制度改革,都昌等7个县(市)开展试点。推进非国有商品林赎买试点,完成赎买(租赁)林地5200公顷,累计1.45万公顷。开展全民所有草地资源资产有偿使用制度改革试点。省林业局完成深化事业单位改革,原有事业单位35个整合为19个,精简51.4%。理顺森林草原防火体制机制,核增省林业局森林防火行政编制13个、各级林业部门防火机构以及森林防火指挥机构行政编制151个。全年修改林业地方法规2部,出台规章1部;办理政务服务事项3900件,其中"一次不跑"23件、"只跑一次"3877件。

【林业科技】 全年下达中央财政林业科技推广示范补助资金2000万元,立项25个,推广国家林草科技成果27个;开展2020年到期项目验收,19个项目全部通过。下达省级良法推广项目资金1200万元,立项33个。下达林业科技创新专项资金550万元,立项26个。首次设立单树种研究专项,开展香料用樟树全产业链技术创新研究,每年300万元,连续支持3年。42个林业科技成果录入国家林草科技推广成果库,创历年新高。林业标准制定立项45项,报审行业标准1项,申报制定项目1项;发布林业地方标准31项。林业科研项目获第十一届梁希林业科技进步奖二等奖3项、三等奖2项,第九届梁希科普奖1项。新增林业植物新品种2个,累计27个。集江西林技通APP、江西林技网、江西林技微信公众号三端为一体并同步更新的江西林技通云平台上线。江西鄱阳湖湿地保护与恢复国家长期科研基地获国家林草局批复设立。国家林业草原木本香料(华东)工程技术研究中心在江西农大挂牌。樟树国家创新联盟被国家林草局评选为2020年度高活跃度林业和草原国家创新联盟。首次开展乡土专家选聘,10人入选国家林草乡土专家,8人入选中国林学会乡土专家,6人入选国家"最美林草科技推广员"。中国林学会认定铜鼓县为"中国黄精之乡"。上线江西林技通云平台,收录政策法规180部、林业标准231项、技术视频48部,并在平台上建立150位省内林业科技推广专家智库。江西环境工程职业学院获2020全国职业院校产教融合50强,首批全国示范性职教集团培育单位,全国第一届国家职业技能大赛家具制作项目金牌、银牌,全国职业院校技能大赛水处理技术项目二等奖、园艺项目三等奖,第六届中国国际"互联网+"大学生创新创业大赛金奖,第十二届"挑战杯"中国大学生创业计划竞赛金奖、银奖、铜奖。中国(南方)现代林业职教集团2020年教学能力比赛一等奖。

【资金投入】 全年争取中央和省级林业投资增长7.9%。其中,中央投资31.66亿元,增长7.3%;省级投资15.69亿元,增长9.1%。落实林业贴息贷款41.29亿元,下达贴息补助资金4710万元。争取中央林业生态护林员补助资金增加2284万元,增长10.6%。新增中央财政油茶低产低效林改造1.56亿元,排在全国前列。筹措林业有害生物防治资金1.3亿元,增长21%。全省森林植被恢复费征收25.16亿元,增长50.94%。争取欧洲投资银行贷款15亿元,世界银行贷款2300万美元,全球环境基金"长江流域生物多样性保护"赠款370万美元。争取国家开发银行贷款50亿元。财政惠农信贷通发放涉林贷款12.34亿元。中央安排灾后重建补助资金1100万元。财政部驻江西监管局对江西林业专项资金年度绩效测评为"优秀"等级。完成林业投资125.15亿元,其中中央财政资金29.91亿元、地方财政资金52.56亿元、国内贷款7.74亿元、利用外资0.25亿元、自筹资金17.76亿元、其他16.93亿元。全年林业利用外资项目7个,实际利用外资0.4亿美元,协议利用外资0.6亿美元。全省林业招商引资项目116个,签订协议资金

147.20亿元,实际进资48.41亿元。

【林业生态扶贫】 省林业局印发《2020年林业扶贫工作要点》,决胜脱贫攻坚。全省林业项目和资金安排重点向贫困县倾斜,25个贫困县林业项目补助18.6亿元,占全省总量的39.2%,实现林业扶贫投入逆势增长13.4%;累计带动118万名建档立卡贫困人口脱贫增收。安排25个贫困县林业贷款贴息补助1944.4万元,占全省贴息总量的41.27%;天然林停伐补助1.95亿元,占全省资金总量的34.5%。安排生态护林员2.38万人,带动7万多贫困人口脱贫。在贫困县实施森林抚育等项目,3万余名贫困人口投劳,人均收入2500元。全省扶贫造林合作社207个,带动1.63万名贫困人口脱贫。建立林业扶贫示范基地40个,直接帮扶贫困户276户635人。油茶产业带动40万贫困人口,户均增收2000余元。建成林业科技推广示范基地1.17万公顷,建立中央财政林业科技推广示范项目基地198个,其中贫困县基地数65个,带动建档立卡贫困户数1389户3261人增收,户均增收20%以上。420个林产品进入全国扶贫产品目录,产品总价值19亿元,累计帮助6000余人脱贫。

【举办首届江西林业产业博览会】 11月6日—8日,省林业局、中国林产工业协会、南昌市政府在南昌绿地国际博览中心举办以“生态林产品 健康好生活”为主题的首届江西林业产业博览会。江苏、广东等周边省林业部门代表观摩展会;中国工程院院士、全国人大环资委副主任张守攻等300余名省内外嘉宾参加展会相关活动。展会展示面积3万平方米,设36个特装展区、704个标准展位,展品超10万件,囊括森林食品等8大类。展会举办8项主题活动,5项互动活动;观展318.3万人次;成交金额1.01亿元;签订中长期订货合同510余项,达成意向订单金额超3亿元。新华社等35家媒体和人民网等4家网络媒体在现场采访报道,赣鄱云等线上平台全程直播120万余次。对林博会排放温室气体实施碳抵消林业碳汇项目,展会成为全省首个规模过万人的“零碳展会”。

【禁食野生动物处置做到三个100%】 年初,新冠肺炎疫情发生后,全国人大常委会作出全面禁止非法野生动物交易、革除滥食野生动物陋习、切实保障人民群众生命健康安全的决定。省委常委会、省政府常务会议专题听取有关情况汇报,并先后批示12次;3月26日,颁发江西省人民政府令,在全国率先施行《江西省禁止非法交易和食用野生动物办法》;省人大常委会派出若干执法检查组到各地开展贯彻落实情况执法检查。7月底,在全国率先完成禁食野生动物处置工作,处置禁食人工繁育兽类、雁鸭类134.3万只,蛇类1212吨;对每户繁育成本进行“一对一”确认,落实“一对一”帮扶。11月,全省涉及禁食野生动物处置的108个县级单位全部完成扶持资金兑付,金额7.25亿元,占人工繁育野生动物养殖企业总数86.8%;做到禁食野生动物处置到位率、扶持资金拨付到位率、国家调查抽样养殖户满意率3个100%。

(黄柏祯　张媛媛)

畜牧业

【概　况】 2020年,全省猪牛羊禽肉产量285.17万吨,下降5.1%;禽蛋产量61.2万吨,增长7.1%;鲜奶产量9.1万吨,增长25.1%;蜂蜜产量2.3万吨,增长13.6%。畜牧业产值首次突破千亿元大关,达1125.4亿元,占农业总产值的29.5%,比上年提高4个百分点。生猪外调653万头,完成全年任务130.6%。工业饲料产量807万吨,产值265亿元;兽药GMP企业70家,兽药产值23.1亿元。

【生猪复产增养】 2020年,各级党委、政府把生猪稳产保供作为重要政治任务,深入推进复产增养行动,落实落细扶持政策,强化挂点服务指导,发挥龙头示范引领,生猪产能恢复势头向好,已恢复到2017年正常水平。全省生猪存栏1569.85万头,增长56.0%,完成全年任务的112.1%,恢复到2017年年末的96.8%,比全国平均水平高近5个百分点,恢复度在中南片区位列第二,存栏量位列全国第10;能繁母猪存栏144.4万头,增长51.0%,完成全年任务的111.1%,恢复到2017年年末的97.2%;生猪出栏2218.28万头,下降12.9%,完成全年任务的123.2%。

【产业结构调整】 积极应对猪肉供应偏紧的不利局面,因势利导加大畜牧业结构调整力度,持续实施草地畜牧业发展工程,推动出台《省政府办公厅关于推进牛羊产业高质量发展的实施意见》,家禽和牛羊产业发展加快。全省家禽出栏5.68亿只,增长5.3%;禽肉产量84.5万吨,增长11.3%。牛出栏135.1万头,增长8.0%;羊出栏158.4万只,增长9.9%。牛羊肉产量17.8万吨,增长15.1%。禽肉产量占肉类总产量的29.6%,牛羊肉产量占比6.2%,分别提高4.3个百分点和1个百分点。

【非洲猪瘟等重大动物疫病防控】 坚持生猪恢复生产和非洲猪瘟防控“两手抓”,深入开展生猪屠宰、泔水喂猪、猪肉市场、生猪调运专项整治和生物安全提升行动,落实落细清洗消毒、监测排查、检疫监督、调运监管等关键防控措施,非洲猪瘟防控能力和生物安全水平明显提升,共有5000余家规模养殖场完成生物安全改造,建成社会化车辆洗消中心134个,企业自建洗消中心、洗消通道1994个,4家企业通过国家首批非洲猪瘟无疫小区评估,建成国家动物疫病净化示范场1个、创建场4个,省级净化示范场12个。应免畜禽强制免疫密度100%,高致病性禽流感、口蹄疫和猪瘟抗体合格率均达95%以上,未发生非洲猪瘟等区域性重大动物疫情。

【产业转型升级】 持续开展畜禽养殖标准化示范创建,新增标准化示范场35家,全省畜禽标准化示范场总数823家,生猪规模养殖比重75%以上,比全国高20个百分点,畜禽标准化规模养殖水平进一步提升。推进畜禽养殖废弃物资源化利用,全省畜禽粪污综合利用率95%,比全国高20个百分点,规模场粪污处理利用设施装备配套率98%以上。新增集中处理场3个,新增日处理能力25吨;已建成病死畜禽无害化集中处理场38个,日处理能力297吨,全省病死猪无害化集中处理率78%以上,全省未出现出售、加工和抛弃病死畜禽等违法犯罪事件。关停小型生猪屠宰场点323家,生猪屠宰企业195家,已有15个年屠宰百万头以上的生猪屠宰加工项目落地。创建国家兽药减量示范场2家,兽药和畜禽产品质量抽检合格率分别为98.7%和98.8%。

（徐轩郴）

水产业

【概　况】 2020年,全省渔业部门克服新冠肺炎疫情和鄱阳湖流域超历史特大洪水影响,保持良好发展势头。全年渔业经济总产值1061亿元,增长1.0%。其中,第一产值514亿元(含苗种),第二产值307亿元,第三产值240亿元。水产品总产量262.69万吨,增长1.5%。其中,养殖产量255.5万吨,捕捞产量7.2万吨;名特优水产品产量99.7万吨,占全省水产品总量的38%以上。水产养殖面积40.53万公顷;稻渔综合种养面积13.33万公顷,新增3.27万公顷。渔民人均年纯收入17587元,增长9.8%。

【渔业空间规划全覆盖】 全省积极推进养殖水域滩涂规划编制工作。截至年底,省级、11个设区市、95个县(区)全部完成养殖水域滩涂规划编制并以政府名义发布,实现省市县三级规划全覆盖,科学划定禁养区面积6.88万公顷、限养区面积23.96万公顷、可养区面积19.24万公顷,核发水域滩涂养殖证6881本,发证总面积10.47万公顷。

【推进渔业高质量发展】 7月24日,以省政府办公厅名义印发《关于加快推进渔业高质量发展的实施意见》,从拓宽养殖空间、科创提高单产、打造产业集群、打通产业链条、发展生态养殖、加大资金投入、加大政策扶持和强化考核督导8方面作出要求,进一步保障渔业供给能力和产业发展质量。开展渔业健康养殖示范创建活动,创建水产健康养殖示范场65家,总数445家示范面积12.13万公顷。推进水产绿色健康养殖,已建成养殖尾水治理示范点62个、集装箱循环水养殖养殖60个、鱼菜共生533.33公顷、池塘循环流水养殖槽100余条、圈养桶20余个。

【水产养殖结构】 加快推动虾蟹、龟鳖、鳅鳝3个百亿元产业和鳗鱼、黄颡鱼、鲈鱼等优势特色养殖建设,名特优水产品总产量近百万吨,增长3%。发展稻渔综合种养,引导发展不挖沟的稻虾综合种养技术模式,全省稻渔综合种养面积13.33万公顷,稻虾面积占80%以上,亩均增收1600元以上。投入1360万元改造提升5家省级以上水产原良种场,支持4家国家级水产原种场保种育种,全年苗种繁殖量稳定在370亿尾。

【小龙虾集群】 全省已建成6个年繁育亿尾以上的小龙虾良种繁育中心,建立百亩以上种养大户1500多个、千亩示范基地170余个、万亩示范区10个,小龙虾养殖面积13.33万公顷。小龙虾龙头企业15家,从事加工活储企业10家,年加工能力10万吨。全年举办20余场鄱阳湖小龙虾在线销售活动和节庆文化活动,鄱阳湖小龙虾餐饮店400余家、专卖店180多家;小龙虾省内消费12万吨,外调9万吨,综合产值近200亿元。

【重点水域禁捕退捕完成】 全省提前1年实现长江干流、鄱阳湖以及35个水生生物保护区同步实施禁捕,多项工作获国家部委肯定。锁定建档立卡退捕渔船2.14万艘、渔民6.82万人,回收处置退捕渔船3.59万艘,处置销毁各类网具1.64万吨。举行退捕渔民专场招聘活动178场次,提供职业介绍6.69万人次,开发公益岗位2300余个,实现转产安置退捕渔民5.13万人,参加养老保险6.3万人。渔船处置完成率100%、渔民退捕率100%,适龄渔民参保率100%、就业率98.8%,年度各项重点任务完成。

【渔业资源养护】 全省各地积极开展水生生物资源养护与修复,累计投入资金1021万元,放流鱼苗2.6亿尾,其中放流大鲵7000尾、棘胸蛙1万只,大鲵和棘胸蛙物种正逐步得到恢复。连续3年组织开展长江江豚生态科学考察活动,发现死亡江豚5头,救护江豚10余头,鄱阳湖江豚种群数量维持在450头以上。对21个涉渔工程进行专题影响评价,落实生态补偿措施,涵盖全省7个国家级水产种质资源保护区,落实生态补偿经费1952万元。

【渔业安全生产】 全省各地深入开展渔业安全生产宣传,覆盖渔民数2.8万人以上,组织安排专题学习63次,参与人数1215人次;专题培训38场,参与人数1102人次。完成200批次国家水生动物疫病监测、180批次产地水产品兽药残留监测计划抽检任务,合格率100%。严厉打击非法捕捞行为,全年共出动执法8257次,出动执法人员4.58万人,查获违法捕捞渔船509艘(其中电捕鱼船166艘),查获电捕鱼案件482起,查获电捕器具914套,取缔其他违禁渔具1.01万件,行政处罚案件608件,刑事处罚76件,刑拘91人。

（傅雪军）

农　垦

【概　况】 2020年,全省农垦拥有独立核算单位163个,其中垦殖场、企业集团156个,独立核算的工业企业2个,独立核算的农垦农工商公司5个。拥有土地总面积6895.50平方千米。其中,耕地面积794.62平方千米,林地面积4808.91平方千米,水面面积301.42平方千米,茶桑、果园面积169.84平方千米,宜林荒山面积104.23平方千米,分别占土地总面积的11.5%、69.7%、4.37%、2.5%、1.5%。年末总人口141.74万人,从业人员38.69万人;居民人均可支配收入17558元,增加915元。

全系统生产总值280.77亿元,增长0.07%。其中,第一产业增加值36.39万元,增长10.5%;第二产业增加值160.47亿元,增长1.3%;第三产业增加值83.91亿元,减少4.5%。工农业总产值775.32亿元,增长3.9%。固定资产总投入261.62亿元,增长5.8%。出口商品总金额5.69亿元,增长4.2%。

农林牧渔业产值69.27亿元,增长2.3%,占工农业总产值的8.9%。其中,农业产值34.38亿元,占农林牧渔业总产值49.6%;林业产值6.57亿元,占9.5%;牧业产值14.23亿元,占20.5%;渔业产值9.71亿元,占14.1%;农林牧渔专业及辅助性活动产值4.37亿元,占6.3%。农作物播种总面积1392.01平方千米,减少2.8%。其中,粮食作物1089.26平方千米,减少1.5%;油料129.50平方千米,减少3.6%;棉花1006.35公顷,减少5.9%;糖料295.55公顷,增长7.8%;蔬菜瓜果合计119.05平方千米,减少3.4%;烟叶合计100公顷,减少9.6;药材985.66公顷,增长0.07%;其他作物3032.24公顷,减少31.58%。粮食作物产量69.90万吨,减少6.8%;油料产量2.96万吨,减少0.2%;棉花产量2687.36吨,减少3.6%;糖料产量9493.52吨,增长6%;蔬菜瓜果产量23.52万吨,减少2.6%。猪牛羊禽肉产量5.89万吨,增长7.3%;禽蛋产量2.11万吨,增长6.5%。水产品养殖面积172.46平方千米,其中虾养殖面积41.14公顷。水产品产量6.77万吨。其中,养殖产量6.38万吨,占水产品产量的94.3%。

工业产值740.93亿元,增加3.9%。5亿元以上的行业725个,累计工业产值719.53亿元,占工业总产值的97.1%,增长3.9%。其中,纺织业产值74.35亿元,增长8.3%;纺织服装、服饰业产值206.36亿元,增长11.5%;计算机、通信和其他电子设备制造业产值30.50亿元,增长5.7%;化学原料和化学制品制造业产值1.02亿元,减少4.6%。

【垦区集团化农场企业化改革】 引导有条件的垦殖场实施公司制改造,促进以资产、资本为纽带组建区域性农垦集团。全省共组建区域性农垦企业集团31家、专业化农业产业公司54家,农垦企业集团资产总额977亿元,营业总收入215亿元。

【国有土地经营管理】 在全面完成农垦国有土地使用权确权登记发证工作基础上,开展确权成果建库上图集中录入攻关,确权数据基本整理入库。全省累计19.87万公顷农垦土地经评估作价注入农垦企业,金额725.8亿元。农垦国有农用地使用权抵押贷款试点取得实质性进展,试点县贷款总额17亿元。

【农垦现代农业发展】 全省垦区建成高标准农田17.4万公顷,建设现代农业示范基地2.65万公顷,稻田综合种养面积超6667公顷。农垦社会化服务体系日趋完善,耕种收综合机械化率90%。2020年,组织农垦企业参加第十八届中国国际农产品交易会、江西“生态鄱阳湖 绿色农产品”(广州)展销会,在南昌市湾里太平综合垦殖场举办中国农民丰收节农垦江西站活动,进一步拓展全省农垦农产品市场。

【垦区民生保障】 2020年,全省农垦区改造危旧房3.23万套,投入财政资金4.84亿元;累计完成垦区危房改造39万套,近100万职工群众实现安居梦。当年下达中央财政扶贫资金2005万元,实施扶贫开发项目12个,12家贫困国有农场全部退出。

(伍宏志)

绿色食品

【概　况】 截至年底,江西共有“两品一标”产品3482个(其中绿色食品1064个、有机食品2317个、农产品地理标志101个),绿色(有机)农产品基地54个、面积58.32万公顷,省级绿色有机农产品示范县46个。

【“三品一标”认证登记】 559个产品获绿色食品证书,绿色食品企业530家、产量295万吨。初审上报328家绿色食品企业的656个产品,企业数和产品数较上年同期分别增长248.9%和358.7%。开展11个绿色食品原料标准化生产基地续报现场检查,完成1个全国绿色食品原料标准化生产基地的创建检查。组织认证27家有机产品企业的111个产品,创建2个全国有机农产品基地。鄱阳大米、德兴葛和遂川狗牯脑茶3个地理标志农产品获得颁证,南丰甲鱼、宜丰盈科泉茶、三江镇萝卜腌菜、萍乡两头乌猪4个地理标志农产品通过农业农村部中国绿色食品发展中心评审和公示,上报靖安白茶等6个地理标志农产品材料。

【“三品一标”证后监管】 组织开展绿色食品市场监察,共抽取南昌市2个固定市场和2个流动市场上46家企业的107个样品,帮助规范获证企业的用标行为。配合有关农产品质量安全检测机构开展部级绿色(有机)食品的监督抽检工作。制定省级抽检计划4批次,抽检产品291批次。

【专业技术人员队伍建设】 邀请中国绿色食品发展中心专家在南昌举办1期绿色食品检查员、监管员培训班,培训32人次,重点提高绿色食品申报材料审核和现场检查能力。全年完成29人次绿色食品检查员、监管员的新(再)注册。组织绿色食品内检员网络培训班,共培训绿色食品企业内检员499人,组织市县工作机构参加全国名特优新农产品申报系统应用线上培训班、共培训431人次。截至年底,全省共有绿色食品内检员、有机食品内检员1379人。

【实施绿色食品产业链工程】 10月30日,省政府办公厅印发出台《关于加快推进绿色食品产业链高质量发展的指导意见》,推动延伸产业链、打通供应链、提高价值链。用好用足中国绿色食品发展中心关于绿色有机食品认证费减免优惠政策,鼓励贫困县发展绿色有机食品认证。截至年底,全省贫困地区共有绿色食品和中绿华夏有机产品企业161家、产品303个,相关企业在2020年享受认证减免费用86.14万元。省级财政安排1000万元,继续对申报绿色有机地理标志农产品进行奖补。

【江西绿色食品发展协会成立】 9月17日,由南昌市信仁富基公司等

5家单位发起组建的江西绿色食品发展协会在南昌举办成立大会暨第一届第一次会员代表大会。协会于11月20日经省民政厅批准正式成立。以协会为基础打造江西省绿色有机农产品展示平台，在南昌市的江西国信医药谷筹建1200平方米的江西省绿色有机食品展示厅，成为长期的绿色优质农产品展示展销会场。

【绿色品牌宣传】 9月17日，由中国绿色食品发展中心、省农业农村厅支持，省绿色食品发展中心、南昌市信仁富基商业管理有限公司共同主办的“春风万里 绿食有你——绿色食品宣传月（南昌）”进企业活动在南昌市医药谷举行，活动现场共展示20多家企业的近50个绿色食品。11月21日—22日，由省农产品质量安全中心指导，省绿色食品发展协会、南昌晚报主办，江西国信医药谷承办的健康礼品工场启航暨2020年江西绿色有机食品系列展销会在南昌市国信医药谷举行。江西麻姑实业集团有限公司、江西齐云山食品有限公司、瑞昌市溢香农产品有限公司3家绿色食品企业被评为全国最美绿色食品企业。

（康升云　邬诚锋）

农业机械化

【概　况】 截至年底，全省农机总动力2591.4万千瓦，水稻机械化种植率40%以上，水稻耕种收综合机械化率80%以上，主要农作物耕种收综合机械化率75%以上。

【农机作业服务能力】 12月30日，制定印发《江西省全程机械化综合农事服务中心创建办法（试行）》。组建农机跨区作业服务队，对外开展跨区作业服务，跨省作业面积16.67万公顷，作业服务收入超1亿元。对接中国农大组建技术攻关团队，带动全省各级农机化主管部门举办“田间日”“地头展”等以水稻机械化种植为主的现场演示活动150余场。农机服务组织1.17万个，其中农机专业合作社1208个。农机户101.88万个，其中农机作业服务专业户35.03万个；农机服务收入累计超过800亿元。“十三五”期间，11个县（市、区）获评全国率先基本实现主要农作物生产全程机械化示范县。

【农机补贴】 2020年，共有1710户农户贷款1.13亿元购买1791台机具用于农业生产，共补贴利息383.74万元，减轻农民购机一次性投入多、资金压力大的负担。全省农机购置补贴资金登记使用7.32亿元，增加2.58亿元；办理补贴机具7.69万台，增加3.21万台。“十三五”期间，全省共实施农机购置补贴资金30.78亿元、补贴机具34.32万台（套）、受益农户29.97万户，实施资金占政策实施以来的40.55%，新增农机总动力390万千瓦。在全国率先通过农机购置贷款贴息方式支持农户购机，解决农户因资金周转困难导致购机难的问题。

【农机装备产业】 布局推动南昌小蓝经开区农机装备产业园、赣南（信丰县）现代农机装备产业园、鹰潭市（余江区）智能农机产业园、井冈山智能农机产业园等园区建设，实现农机装备产业集群发展的突破。引进中联重科、三一智农等农机龙头企业到赣投资合作，签约总额93.4亿元。由中国一拖提供技术支撑的江西直方数控公司投资生产的“江拖丰收牌”拖拉机生产线于11月下线投产，填补全省动力牵引机械产品空白。

【农机安全生产】 2020年，开展农机“安全生产月”活动和农机安全生产集中整治工作，全省共开展隐患排查1654次，现场整改隐患1334个，检查机械2.67万台，开展执法活动1000余次，出动执法活动监管人员5914人次，纠正违章914起。全年未发生农机安全生产事故。组织实施《江西省农业机械报废更新补贴实施方案》，水稻插秧机、机动喷雾（粉）机、机动脱粒机、饲料/草粉碎机、铡草机等7种机具纳入报废更新补贴范围，加快推进旧农机淘汰力度，报废更新工作获农业农村部农机化司通报表扬。“十三五”期间，创建全国“平安农机”示范市1个和示范县（区）16个，26人获评全国农机安全监理示范岗位标兵。

（胡晨怡）

科教兴农

【概　况】 2020年，全省农业科技贡献率60.2%，比上年提高0.7个百分点，实现由跟跑向并跑的重大转折。纵深推进全省“一村一名大学生工程”，启动新一轮为期5年的培养任务，全年招收4535名农民大学生。累计培养“一村一名大学生工程”学员6.3万人，实现村村都有2~3名农民大学生，80%以上的学员参与到创新创业之中，42.5%的学员实现创业致富，同时为贫困地区留下一支“不走的扶贫工作队”。创建93个乡村大学生创新创业协会，吸纳会员1万余人，带动20多万群众增收致富。培育“土专家”“田教授”，吸引各类人才到乡村一线贡献才智、展现作为，全省农村实用人才总量超62万人。

【现代农业产业技术体系建设】 2020年，共引进和培育新品种635个，获发明专利34项，集成和推广新技术102项，建立示范基地126个，制定生产技术操作规程73个。建成水稻、生猪、大宗淡水鱼、茶叶、猕猴桃、蔬菜、柑橘、油菜、家禽、特种水产、中药材、稻田综合种养、牛羊、蜂业、休闲农业、葛业、花卉、花生芝麻、薯类、食用菌、农机装备应用、棉花22个省现代农业产业技术体系，聘用首席专家22名，岗位专家95名，综合试验推广站站长74名。

【农民培训】 2020年，在省市县三级开展农民培训工作，共培训农民2.12万人。省级层面开展行业重点班和复合型人才培训19期，共培训1400人。联合种植业处、渔业渔政局等行业部门，采取行业部门选派培训对象、定培训目标、科教定培训机构的方式，共同举办12期行业重点班。联合省妇联共同举办创业女农民班3

期。采用机构自主选学员的方式,举办农业经理人、农业领军人才培训班4期。市县两级负责新型农业经营主体带头人和小农户等主体培训,共培训1.98万人。培养一批经营管理型和专业生产型农民。涌现一批优秀农民典型。彭泽县太泊湖农业综合开发区园艺场的黄国平获2020年度"全国十佳农民",萍乡市湘东区排上镇陂田村的杨业明、弋阳县弋江镇蔬菜大队王家山集镇老屋舒家村的舒宏平、吉安县敖城镇茶园的黄喜凤、都昌县汪墩乡七星村的刘庚元获2020年度"全国百名优秀学员"扶贫先锋称号。

【农技推广体系改革与建设】 在瑞昌、宜丰、玉山、吉水、崇仁等县(市),开展基层农技推广体系改革创新试点,初步建立公益性推广与经营性服务融合和农技推广增值取酬服务机制。遴选发布全省农业主推技术27项。建设农业科技示范基地190个。实施基层农技推广队伍建设"三大计划"。继续实施农技人员知识更新计划,全省共培训基层农技人员4352名;继续实施基层农技人员定向培养计划,共招录定向生165名;继续实施农技推广服务特聘计划,在58个种养大县和其他有需求地区招募特聘农技员和特聘动物防疫专员814名。围绕优质稻米产业、蔬菜产业、果业、草地畜牧业、水产业5个产业,由省级粮油、经作、畜牧、水产推广单位牵头,联合19家推广、科研、教学单位,在45个县(市、区)重点协同推进,建立示范基地79个,推广重大技术24项,示范面积5933.33公顷。

【江西农业大讲堂下基层宣讲活动】 2020年,组织省市县1200多名农业农村干部和专家到生产一线开展宣讲,采取"分片式、点单式、家常式"等方式,宣讲新思想、新政策,传递新技术、新服务。宣讲团到1489个乡镇、1.69万个村开展集中宣讲2680场次、入户宣讲7.32万户,受众58.24万人次,开展现场服务2446次,帮助解决生产问题2304个,开展调研1718次。

(范　利)

扶贫开发和水库移民

【概　况】 2020年,江西统筹战疫、战洪、战贫3场硬战,决战决胜脱贫攻坚。截至年底,全省25个贫困县全部摘帽,3058个贫困村全部退出,贫困人口全部脱贫。脱贫地区农民年人均可支配收入12817元,增长9.4%,增幅持续高于全省平均水平。

全省各级共投入财政专项扶贫资金69.26亿元。其中,省级投入40.14亿元、增长20%,纳入中央考核口径39.91亿元、增长20.42%;市县共投入财政扶贫专项资金29.12亿元。24个国定贫困县整合涉农资金68.28亿元。脱贫攻坚项目库(2018—2020年)入库项目17.5万个,项目预算总投资813.75亿元。其中,2020年项目5.81万个,项目预算总投资348.34亿元。支持贫困地区加快建成外通内联、通村畅乡、班车到村、安全便捷的交通运输网络,25户以上自然村全部通水泥路,所有村民小组均通水泥路,年底全省农村"组组通"水泥路全面实现。农村电网改造升级目标提前完成,行政村有线宽带和4G网络全覆盖目标提前实现。支持产业发展,全省扶贫资金对产业投入比例提高至44.5%,增长11.1%;认定省级扶贫龙头企业185家,发展扶贫合作社1.28万个、家庭农场1885个,培育致富带头人3.2万人。补助资金用于就业扶贫6.55亿元,组织贫困劳动力就业技能培训5.95万人次,贫困人口就业131.5万人,增长11.7%。支持消费扶贫,全省认定扶贫产品1.28万个、供应商4132个,销售额75.4亿元。坚持"两不愁三保障"脱贫标准,实现38.1万名义务教育阶段贫困学生全资助,贫困患者住院个人自付费用控制在10%以内,2259个县域内定点医疗机构均实现"先诊疗后付费"和"一站式"结算,1686个定点乡镇卫生院均开通门诊统筹,完成剩余809户贫困户危房改造扫尾任务,665户因灾住房受影响问题和8639户因灾饮水受影响问题全部解决。全省"十三五"易地扶贫搬迁建档立卡贫困人口13.5万人,全部搬迁入住,并实现6.21万人务工就业、2.72万人发展扶贫产业。

2020年,全省大中型水库移民人口核定为167.54万人,共下达后期扶持资金和基金20.41亿元、三峡移民帮扶资金2943万元、小水库移民解困资金3925万元,大中型水库移民后期扶持项目1.63万个。全省大中型水库移民人均可支配收入19839元,增长3.8%。

【新冠肺炎疫情防控与脱贫攻坚】 2月7日,省委、省政府出台《关于有效应对新型冠状病毒感染的肺炎疫情坚决打赢脱贫攻坚战的意见》,提出提高有效应对疫情风险政治站位、排查疫情影响精准脱贫风险问题、兜牢因疫返贫致贫保障底线、落实产业扶贫风险化解措施、助力贫困群众实现返岗稳岗就业等10条意见,确保以高质量的脱贫成色、可持续的发展成效,夺取疫情防控阻击战和脱贫攻坚决胜战的全面胜利。省市县三级扶贫部门建立"风险期每周1次""常态化每月1次"调度分析机制,连续视频调度16次、通报进展14次、专报国家15次。制定《关于建立防止返贫监测和帮扶机制的实施意见》,摸排识别,纳入脱贫不稳定户1.0万户3.6万人,边缘易致贫户1.5万户5.1万人,完善"遇困即扶"机制提前帮扶。抓好复工复产,助力2204家扶贫龙头企业、3.93万个扶贫项目及时开(复)工,帮扶2952家扶贫车间开工运营、吸纳贫困劳动力2.8万人,公益岗位安排17.32万人。安排5194万元专项扶贫资金支持野生动物禁养县,全省独立养殖的500户、入股养殖的2626户、就业务工的306户,以及长江流域禁捕的1427户贫困户和边缘户,均及时完成分类帮扶。

【全省25个贫困县全部脱贫摘帽】 4月26日,省政府新闻办公室举办贫困县脱贫退出新闻发布会,宣布于都县、兴国县、宁都县、赣州市赣县区、鄱阳县、修水县、都昌县7个贫困县脱贫退出。至此,全省25个贫困县全部实现脱贫退出。在退出程序上,按照"县级申请、市级初审、省级专项评估检查、社会公示、省级公告”的程序批准退出。在退出时序上，按照25个贫困县脱贫攻坚实际，分为4批次有序退出。第一批次是2016年，井冈山市、吉安县2个县（市）脱贫退出。其中，井冈山市在全国832个贫困县中率先脱贫退出；第二批次是2017年，瑞金市等6个县（市、区）脱贫退出；第三批次是2018年，会昌县等10个县（市、区）脱贫退出；第四批次是2019年，于都县等7个县（市、区）脱贫退出。

（龚亮保）

农村工作

【概　况】　2020年，省委印发《江西省贯彻落实〈中国共产党农村工作条例〉实施办法》。实施乡村振兴战略，加快推进农业农村现代化，全面完成各项目标任务，实现“十三五”圆满收官。

【乡村振兴战略实绩考核】　7月3日，省委办公厅、省政府办公厅印发《关于2019年度全省实施乡村振兴战略实绩考核情况的通报》。其中，赣州、抚州、吉安、新余、上饶5个设区市和鹰潭市余江区等32个县（市、区）为优秀；萍乡、宜春、鹰潭、南昌、九江、景德镇6个设区市和南昌县等56个县（市、区）为良好；九江市濂溪区、庐山市、景德镇市昌江区、铜鼓县、丰城市5个县（市、区）为一般。副省长胡强代表省委农村工作领导小组对考核结果为“一般”的县（市、区）政府主要负责人进行提醒谈话。

【农村人居环境整治】　全省所有涉农县全面完成农村人居环境整治3年行动任务。2020年在2万个村（组）开展新农村建设，全省65%的村（组）完成“七改三网”整治建设。所有涉农县（市、区）全部成立新农村建设促进会，70%以上的乡镇组建分会，发展新乡贤会员3万人，累计筹资17亿元。99.56%的行政村纳入城乡一体化生活垃圾收运处置体系，71个县实现城乡环卫“全域一体化”第三方治理，建成污水处理设施5403座，涉农县全部完成农村改厕3年行动目标。全省农村公路总里程18.44万千米，创建“四好农村路”全国示范县7个、省级示范县32个，提前5个月实现具备条件的乡镇和建制村100%通硬化路、通客车。在美丽宜居村庄短视频擂台赛中，6个村庄获奖，获奖数量占全国获奖村庄总数的1/5，位居全国第一。

【乡村治理体系建设】　2月20日，省委办公厅、省政府办公厅印发《关于加强和改进乡村治理的实施意见》。全面推进农村基层党建标准化规范化信息化建设，强化村党组织对村级重大事项决策的定向把关作用，村党组织书记致富能手比例60.9%，村书记、主任“一肩挑”比例由上年的28.1%提升至88.5%，1.7万个村全面推行“四议两公开”、村务监督、村务党务财务公开制度、村干部权力清单。成立各类村民理事会4万余个，实现村规民约修订完善工作全覆盖。全省55%的村成立红白理事会等议事组织。组织首届“具有时代精神的新乡贤”和新农村建设最佳促进会选树活动。村（居）委会法律顾问配备率100%，300余万“法律明白人”活跃在乡村法治实践一线，实现省市县乡村五级综治中心全覆盖。创新推进农村网格化管理，在19个县（区）开展乡村治理体系建设试点示范工作，其中南昌县、鹰潭市余江区等5个县（区）开展全国试点；鹰潭市余江区潢溪镇等3个乡（镇）、南昌市南昌县武阳镇前进村等30个村被列为全国乡村治理示范村镇。

【农业农村改革】　全省近21.2万个农村集体（乡村组三级）共核实2017年集体资产超994.5亿元，其中经营性资产超215.6亿元，共确认成员3739万人，并开展2018年度、2019年度农村集体资产清查；村级集体、经营性资产较多的乡镇级或组级集体完成股份合作制改革，近2万个农村集体经济组织完成赋码登记，其中村级1.77万个，基本实现村级集体经济组织应登尽登，农村集体累计分红1.94亿元，全面消除集体经济“空壳村”，基本消除年经营性收入5万元以下的薄弱村，其中经营性收入10万元以上的行政村占比68.9%，经营性收入100万元及以上的村390个。农村房地一体登记发证累计超过761万宗，宅基地使用权确权登记发证率92.91%。推进农村承包地“三权”分置改革，全省农村土地经营权流转面积123.71万公顷，流转率50.3%。土地经营权抵押贷款“地押云贷”试点向全省拓展，有10个设区市开办“地押云贷”（规模经营户+抵押版）业务，累计授信3260万元，发放贷款3223万元，贷款余额2871万元。健全完善“财政惠农信贷通”工作机制，累计发放贷款约700亿元，累计受益户数14万余户。

【农业农村人才队伍建设】　省农业农村厅出台《关于深化农业技术人员职称制度改革的实施意见》，创新职称评价体系，2020年县乡级取得高级资格占比76.4%，在南昌市开展职业农民职称评定试点。加大高层次人才引育，2020年下拨专项奖补资金65万元，推荐入选国务院特殊津贴2人、省级百千万人才工程人选1人，引进博士2人。实施新型职业农民培育工程和农民教育培训提质增效3年行动，2020年完成高素质农民培训2万余人，高职扩招招录3471名。实施“三定向”（定向招生、定向培养、定向就业）培养基层农技人员计划、农技人员知识更新工程和农技推广服务特聘计划，定向培养基层农技人员165名，脱产培训基层农技人员3900人，招募特聘农技员和特聘动物防疫专员814名，全省在岗基层农技人员1.35万人。

（胡亮亮）

本栏编辑　游桃琴

工　业

综　述

2020年，江西省规模以上工业增加值增长4.6%，比全国平均水平高1.8个百分点，列全国第14位；营业收入3.79万亿元、居全国第13位，增长7.9%、列全国第1位；利润总额2438.1亿元、居全国第10位，增长12.2%、列中部第1位；工业投资增长8.0%、比全国平均水平高7.9个百分点。

工业运行态势总体平稳。全省规模以上工业38个大类行业中，21个行业实现增长。其中，电子信息、化工、电气机械等7个行业实现2位数增长。全省重点监测的397种主要工业产品中，207种产量增长，其中化学纤维增长38.1%、印制电路板21.3%、钢材10.5%、铜材4.7%。在关联指标中，全省工业用电1019.8亿千瓦时，增长7.2%。其中，制造业用电693.8亿千瓦时，增长14.3%；公路货运量14.2亿吨，增长4.7%；水路货运量1.1亿吨，增长3.5%。从6月开始，PPI累计降幅逐月收窄，全年累计下降1.7%，铜、钢铁、化工等部分大宗商品价格回升较快。每百元营业收入中的成本为86.4元，比上年减少0.09元；年末铜价为5.85万元/吨，上涨19.6%，处于近几年较高价位；有机硅中间体价格2.7万元/吨，上涨42.9%；高线价格4680元/吨，上涨18.8%。

产业链链长制活力强劲。稳链机制体系化。省政府制定出台具有江西特色的《关于实施产业链链长制的工作方案》，由11位省领导兼任14条重点产业链链长，15个省直部门为支撑。绘制产业链"四图""五清单"；建立工作推进体系、职责分工体系、支撑服务体系、决策咨询体系、议事协调体系、考核评价体系，形成闭环工作机制。固链行动多样化。分行业分领域开展产销对接活动30多场，签订合作项目1661个、签约金额1171.8亿元。实施金融保链强链行动，协调开发保链强链金融产品30多个。至年末，14条重点产业链全口径融资余额8339.15亿元，其中信贷余额6356.37亿元。实施产业链技术对接行动，帮助解决产业链技术难题、推广应用创新成果均超1000项。开展对接海西经济区纺织产业链等专场招商活动10余场，引进补链延链强链固链项目358个、签约金额2155亿元。出台工业稳增长20条等系列政策措施，全年为企业减负约1800亿元，其中减免各项税费1100亿元；建立保障中小企业款项支付投诉机制，如期完成民营企业和中小企业账款清欠任务，"清欠"经验做法获国务院领导批示肯定。构建产业链问题办理机制，累计收集诉求1165个、办结1048个，办结率90%。研究出台铜产业稳定发展16条、汽车产业平稳发展10条等30多个产业链专项政策，"一链一策"促进产业链稳定。

"2+6+N"行动计划深入推进。省委、省政府召开全省"2+6+N"产业高质量跨越式发展工作部署视频会，推进"2+6+N"产业发展。年内"2+6+N"产业中有12个产业实现正增长，其中航空、电子信息、有色、装备和移动物联网、虚拟现实、半导体照明、节能环保8个产业实现2位数增长，石化、建材、食品、中医药4个产业正增长，纺织、汽车2个产业降幅逐步收窄。

转型升级步伐加快。全省高新技术产业增加值增长11.2%，占规模以上工业增加值的38.2%，比上年提高2.1个百分点。装备制造业增加值增长9.4%，占比28.5%，提高0.8个百分点。战略性新兴产业增加值增长6.6%，占比22.1%，提高0.9个百分点。高耗能行业增加值增长5.4%，占比39.1%，提高0.4个百分点。实施数字经济"一号工程"，启动实施数字经济发展、新型基础设施项目建设3年行动计划，数字经济占地区生产总值比重超30%。新增80家企业通过国家两化融合管理体系认证，企业上云突破3万家，应用电子商务比例、部分重点领域数控化率均达60%以上。"03专项"转移转化加快，泛物联网连接数超2000万个。江西省成为工信部工业数据分类分级试点省份，10家企业成为国家试点。开展5G应用试点项目442个，其中5G+VR项目40个、5G+工业互联网项目107个。创建省级数字经济创新发展试验区4个、试验基地5个。全省规模以上工业企业研发投入占营业收入比重突破1%，有研发活动、研发机构的企业占比分别突破40%、30%。国家稀土功能材料创新中心获批，省虚拟现实创新中心建成国内一流中试线实验室，获相关技术专利40项。省级以上企业技术中心404家，实现行业全覆盖。新增省级产业创新服务综合体5个，分别是赣州高新区稀土稀有金属新材料及应用、新余高新区锂电、宜春丰城高新区机械电子、赣州经开区新能源汽车、赣州信丰高新园区电子信息产业创新服务综合体。新增省级工业设计中心9家，分别是绿萌科技果蔬采后处理装备设计中心、增鑫科技工业设计中心、金虎集团工业设计中心、艾芬达暖通科技电加热毛巾架工业设计中心、孚能科技(赣州)新能源汽车动力电池系统工业设计中心、耐普矿机股份有限公司工业设计中心、博君生态农业柑橘资源综合利用工业设计中心、汇亿新能源圆柱形锂离子电池工业设计中心、南昌大学工业设计中心。15项国防科技创新成果获年度国防科技奖。企业技改投资增长16.4%,占全省工业投资的39.2%,提高2.8个百分点。新增国家级绿色工厂25家、绿色园区3家、绿色产品11个,供应链企业1家。国家级绿色工厂数量居首批国家生态文明试验区之首,国家级绿色园区数量居全国第三。建成开发区工业集中污水处理厂116个、数字化在线监控平台106个。完成597家问题化工企业整治、293家超标排放企业整治以及7481家散乱污企业整治。

重大项目建设提质提效。编制发布《重点产业链招商指引》,建立分行业、分领域、分地区的重点项目库、目标客商库,谋划储备一批重大项目。全省工业项目库入库项目4438个,总投资2.23万亿元。其中,亿元以上项目3293个、占比74.2%;总投资2.19万亿元、占比98.1%。依托世界VR产业大会、粤港澳大湾区经贸合作等重大平台,推进集群式项目“满园扩园”行动,新引进“5020”产业项目163个、投资额5105.9亿元;19个国家级开发区引进“50”项目27个,84个省级开发区引进“20”项目136个。康佳第三代半导体高科技园、中电彩虹超薄高透光伏玻璃、珠海格力电器智能制造生产基地等16个超百亿元项目签约落地。开展“工业项目提速年”活动,健全完善重大项目跟踪推进机制,推动项目建设全面提速增效。全省亿元以上计划新开项目开工率96.6%、续建项目完工率58.8%,分别提高6.8个百分点、6.9个百分点;10亿元以上计划新开项目开工率95%、续建项目完工率48.4%,分别提高8.3个百分点、2.8个百分点;“三百工程”项目中,259个开工建设、299个完工或部分投产,项目开工率、完工率分别达98.5%、57.5%。

优强企业培育上台阶。制定《关于培育壮大制造业领航企业的实施意见》,建立制造业领航企业培育库,培育“航母型”龙头企业。全省新增华勤电子、致远环保、长虹华意、赣州稀土集团4家百亿元企业,总数28家。推动支持江铜集团和江钨集团3年倍增、新钢集团转型升级冲千亿元计划。江铜集团销售收入3346亿元、增长30.97%;完成利税76.12亿元、增长11.12%。新钢集团营业收入增长21.12%,加快迈向千亿元级钢铁集团。实施企业上市“映山红行动”,新增上市企业13家、总数88家,上市企业实现全省设区市全覆盖。修订《江西省中小企业促进条例》,出台促进中小企业健康发展实施意见,建立“小升规”企业培育库,推出“14条”专项措施帮助中小企业战疫情、保平稳、促发展。全省规模以上中小工业企业1.35万家,占规模以上工业的98.5%。全年新增省级“专精特新”企业560家、国家级28家,省级专业化小巨人企业50家,省级单项冠军示范企业17家、国家级2家。建立科技型企业梯次培育体系,共有高新技术企业5595家,独角兽(潜在、种子)企业18家,瞪羚(潜在)企业174家。开展企业家管理创新能力提升培训,新认定省级管理创新示范企业27家、总数67家。

重点产业集群提能升级。省政府办公厅印发《江西省产业集群提能升级计划(2021—2025年)》,明确开展重点产业集群综合评价,实施产业集群双百工程,支持市县强化集群培育,提高产业集中度。全省重点产业集群总数100个、过百亿元88个,全年营业收入突破2.11万亿元、占规模以上工业的55.7%。其中,新增过千亿元产业集群1个、总数2个,分别是南康家具、南昌高新区光电及通信。新增过500亿元产业集群3个,分别是鹰潭高新区铜合金材料产业集群、上饶经开区光伏产业集群、贵溪经开区高端线缆线束生态科技产业集群。新增省级战略性新兴产业集聚区4个、总数20个,分别是南昌高新区光电、井冈山经开区电子信息、景德镇高新区直升机、赣州高新区稀土和钨新材料、上饶经开区光伏、新余高新区锂电新材料、樟树工业园区生物医药、鹰潭高新区移动物联网、九江经开区智能家电、龙南经开区电子信息、南昌小蓝经开区汽车及零部件、宜春经开区锂电新能源、永修云山经开区有机硅、丰城循环经济产业集聚区、南昌经开区新能源汽车及零部件、赣州经开区新能源汽车、吉安高新区电子信息(数字视听)、贵溪经开区铜及铜合金、景德镇昌南新区高科技陶瓷、湖口高新技术园区新材料(金属新材料)。修订《全省工业企业亩产效益综合评价工作细则》,推进工业企业“亩产论英雄”试点。京九(江西)电子信息产业带占全行业的比重超80%。新建主题产业园115个、累计218个。培育新增国家级新型工业化示范基地2个,分别是南昌高新区电子信息(移动智能终端)、抚州高新区数据中心;新增省级示范区6个,分别是南昌青山湖纺织服装、萍乡湘东产业园工业陶瓷、新余高新区锂电新材料、宜春经开区机电、赣州信丰县电子信息、赣州经开区新能源汽车及零部件。

开发区深化改革有成效。推进开发区改革和创新发展3年攻坚行动,实施园区“两型三化”管理提标提档行动,工业园区智慧云平台贯通全省开发区。全省开发区“5020”项目覆盖率超100%,首位产业集聚度平均超57%。新建成标准厂房超2000万平方米,企业入驻率70%以上。支持12个省级开发区扩区调区和新设2个省级产业园区。萍乡芦溪工业园获批2020年大中小企业融通型国家特色载体双创升级开发区。全省已有省级以上各类开发区107个(含4个海关特殊监管区),其中国家级开发区19个(经开区10个、高新区9个)。全省园区营业收入3.2万亿元,增长10.1%,占工业比重超83%;利润总额2265.4亿元,增长15.4%;全省开发区从业人员211.3万人。南昌高新区营业收入3066.09亿元,增长15.7%,过千亿元园区6个、新增1个,为上饶经开区;过500亿元园区21个、新增4个,分别为袁河产业园、樟树工业园区、瑞昌经开区、抚州高新区,过300亿元园区32个、新增4个,分别为南康经开区、宜春经开区、龙南经开区、彭泽工业园区;过百亿元园区73个、新增4个,分别为湘东产业园、会昌工业园区、上栗产业园、鄱阳工业园区。

(梅斌)

煤炭工业

【概　况】　2020年，全省原煤产量281.23万吨。商品煤销售价格以省属煤矿为例，全年商品煤平均售价588元/吨。截至年底，全省共有煤矿34处、产能500万吨。其中，省属煤矿8处、产能344万吨，市县属和乡镇煤矿26处、产能156万吨。

【深化煤炭去产能工作】　3月16日，省发改委、省应急管理厅、省财政厅、省自然资源厅、省生态环境厅、省能源局、江西煤监局联合制定《江西省30万吨/年以下煤矿分类处置实施方案》，报省政府审定后印发实施。4月13日，省化解过剩产能工作领导小组办公室印发《江西省2020年淘汰煤炭落后产能专项行动工作方案》。7月24日，省发改委、省应急管理厅、省工信厅、省能源局、省财政厅、省人社厅、省国资委联合印发《江西省2020年化解煤炭过剩产能工作实施方案》。通过制定出台相关文件，进一步完善全省煤炭去产能政策措施，健全工作机制。各产煤地区、各有关职能部门各司其职、各尽其责、合力攻坚，严格监管执法，积极奖励引导，采取综合举措推进煤炭去产能工作。全年关闭煤矿48处、产能293万吨，核减生产煤矿产能41万吨，累计退出煤炭产能334万吨，全面完成全省"十三五"煤炭去产能任务，赣州、上饶、吉安3市实现整体退出煤炭生产领域目标，景德镇、新余、宜春3市全面退出市县属和乡镇煤矿。

【实施煤矿整治3年行动】　5月15日，省安委会出台《江西省煤矿安全专项整治三年行动实施方案》，全面部署煤矿安全专项整治3年行动工作，从煤矿数量、安全生产标准化建设、事故控制等方面明确工作目标，细化9方面30项具体任务，逐项落实责任单位。省安委办、省应急管理厅多次召开"三年行动"推进调度会，多次派出由厅级领导带队的专项巡查组、督导调研组和综合督导组，对所有设区市进行全覆盖督导检查。在对当地企业存在的安全风险、深层次问题、重大隐患等进行全面排查分析的基础上，突出责任体系建设、人员安全素质提升、矿井采掘布置优化、重大灾害治理、现场管理等重点，梳理制定问题隐患和制度措施"两个清单"，坚持定期调度，推动整改落实。

【推进煤矿重大灾害预防治理】　落实瓦斯"零超限"、煤层"零突出"目标管理理念，省应急管理厅聘请省内外专家分别对5处高瓦斯矿井、1处生产系统复杂矿井和3处煤与瓦斯突出矿井等9处煤矿开展体检，列出162条问题隐患，督促3处煤与瓦斯突出矿井加强防突措施落实，对曲江煤矿千米深井安全论证和安全体检发现问题整改工作实施挂牌督办，推动曲江、尚庄、沿沟煤矿井下抽采钻孔施工全部实现全程视频监控。针对全省近几年关闭煤矿较多的实际，组织各煤矿在汛期来临前采取物探与钻探相结合等方式，开展水患调查，摸清水害致灾因素，落实"三专两探一撤"（专业防治水技术人员、专用探水钻机、专业探水队伍，物探先行、钻探验证，井下发现有透水征兆时立即撤人）等防治水措施，督促煤矿在强降雨期间密切关注雨情水情和井下涌水量变化，组织专门力量进行不间断巡查，发现重大险情立即停产撤人。当年汛期，全省煤矿没有因强降雨发生安全事故。

【夯实煤矿安全基础】　落实"一优三减"要求，省应急管理厅组织强化对生产布局的监督检查，督促煤矿通过科学确定生产强度减少采掘头面，其中省属沿沟煤矿核减2个采煤工作面，安源煤矿核减1个工作面，地方小煤矿一个水平只布置1个采煤工作面。落实井下单班下井限员制度，安源煤业集团在省属煤矿进行"三项制度"改革，建立员工正常退出机制，"一矿一策"重新核定生产人员，提高工效，减少用工总量，组织曲江公司、尚庄煤矿、流舍煤矿等矿将井下单班作业人数控制在规定范围内；地方小煤矿全部取消晚班生产。推进机械化改造，山南矿27502工作面实现高档普采，尚庄矿390工作面实现薄煤层高档普采，沿沟煤矿机械化改造立项，曲江煤矿在西二采区岩巷工作面开展综掘试点。强化标准化动态达标检查，省应急管理厅印发《江西省煤矿安全生产标准化管理体系考核实施细则》，细化考核定级程序、抽查检查、动态监管等方面要求，并认真组织实施，推动将2处煤矿的标准化等级从二级降为三级、8处煤矿的标准化等级被撤销。江西煤监局、省应急管理厅结合"学法规、抓落实、强管理"活动，采取每月考核评分、组织编写分级分类培训讲义、开发网上模拟练习系统和局域网考试系统等方式，推动行业安全技能学习培训深入，全年累计组织煤矿主要负责人考试299人次、煤矿安全管理人员考核4批次、新招录和在岗员工培训1815人次。

【重新核定灾害严重煤矿生产能力】
按照国家统一安排，4月28日，省安委会办公室印发《关于科学确定灾害严重矿井生产能力 防范和遏制煤矿重特大事故的通知》，部署开展灾害严重煤矿重新核定生产能力工作。5月11日，省发改委、省能源局、省应急管理厅、江西煤矿安监局、省国资委联合印发《灾害严重煤矿重新核定生产能力工作方案》，细化重新核定生产能力工作程序和相关要求，组织曲江煤矿将生产能力由81万吨/年重新核定为60万吨/年、尚庄煤矿生产能力由45万吨/年重新核定为40万吨/年、沿沟煤矿生产能力由60万吨/年重新核定为45万吨/年。

【开启赣陕能源战略合作】　7月7日，省能源局、江投集团在南昌分别与陕煤集团签订战略合作协议。省能源局与陕煤集团签订能源战略合作协议，明确双方建立能源战略合作关系，陕煤集团保障江西省迎峰度夏度冬、重要节假日等特殊时期的煤炭供应，确保2020年供应江西煤炭不低于500万吨。江投集团与陕煤集团签订战略合作协议，明确双方共同出资成立省级煤炭物流贸易公司，采取"产能置换＋煤炭保供＋常态储煤＋物流贸易"新模式，在煤炭保供、常态储煤、平价供应等方面共同打造煤炭产供储销产业链。10月23日，江西陕赣煤炭销售有限公司在南昌经开区注册成立，12月16日举行揭牌仪式，并正式投入运营。

（陈小飞）

电力工业

【概　况】 2020年，全省发、用电量持续增长，统调最高用电负荷7创历史新高，最高达2547万千瓦，全省电力供需形势总体偏紧。电力行业电源项目完成电力建设投资约475亿元。其中，火电投资约61.3亿元（瑞金25.2亿元、丰三15.1亿元、信丰15.3亿元、分宜5.7亿元），水电投资5.61亿元，风电投资约168.40亿元，光伏投资约59.13亿元。电网基建投资177.3亿元。其中，特高压直流投资54.5亿元，500千伏电网投资17亿元，220千伏电网投资22.9亿元，110千伏电网投资17.9亿元，35千伏及以下电网投资62.9亿元，独立二次专项2.1亿元。全口径发电装机容量4400.8万千瓦，增加618.9万千瓦。其中，火电装机容量2455万千瓦，增加249.6万千瓦；水电装机容量659.7万千瓦，减少1.5万千瓦；风电装机容量510.3万千瓦，增加224.6万千瓦；光伏发电装机容量775.8万千瓦，增加146.3万千瓦。

【发电设备利用小时】 2020年，江西6000千瓦以上电厂发电设备利用小时数3969小时，下降143小时。火电设备利用小时数5144小时，列全国第二；水电设备利用小时数2094小时，减少326小时；风电设备利用小时数2104小时，增加76小时；光伏发电设备利用小时数917小时，减少87小时。

【电网项目】 2020年，新开工110千伏及以上电网项目124项，变电容量1277.4万千伏安，线路2754.3千米。其中，新开工500千伏电网项目7项，变电容量350万千伏安，线路559.9千米；共有500千伏变电站25座，变电容量3425万千伏安，线路长度5113千米。新开工220千伏项目36项，变电容量507万千伏安，线路1124.05千米；共有220千伏变电站178座，变电容量5355万千伏安，线路长度1.49万千米。新开工110千伏项目81项，变电容量420.4万千伏安，线路1070.35千米；共有110千伏变电站586座，变电容量4515万千伏安，线路长度1.92万千米。35千伏变电站880座，变电容量1024万千伏安，线路长度1.84万千米。10千伏变电站22.17万座，变电容量6312万千伏安，线路长度20.74万千米。

2020年电网新开工项目一览

序号	项目名称	项目规模		开工时间	建设状态
		线路长度（千米）	变电容量（万千伏安）		
总计		2754.30	1277.40		
500(330)千伏部分(合计)		559.90	350.00		
1	江西赣州瑞金电厂二期500千伏送出工程	17.10		2020-03-24	在建
2	江西上饶鄱余500千伏输变电工程	16.00	100.00	2020-03-27	在建
3	九江石钟山500千伏变电站#3主变扩建		75.00	2020-05-20	在建
4	东乡500千伏变电站#3主变扩建		100.00	2020-05-20	在建
5	江西抚州南广500千伏输变电工程	101.00	75.00	2020-06-20	在建
6	江西南昌南昌直流换流站500千伏送出工程	336.20		2020-08-28	在建
7	丰城电厂三期外送工程	89.60		2020-08-31	在建
220千伏部分(合计)		1124.05	507.00		
1	江西南昌鸿图220千伏输变电工程	4.95	36.00	2020-03-28	在建
2	江西南昌(富山)向塘南220千伏输变电工程	94.30	36.00	2020-03-18	在建
3	江西上饶马鞍山220千伏输变电工程	46.80	36.00	2020-03-29	在建
4	江西宜春石滩220千伏变电站改造工程	2.76	24.00	2020-05-20	在建
5	江西抚州乐安220千伏输变电工程	130.50	18.00	2020-05-20	在建
6	江西鹰潭流口220千伏变电站扩建工程		18.00	2020-05-20	已投运
7	江西抚州秀谷220千伏2号主变扩建工程		18.00	2020-05-20	在建

序号	项目名称	项目规模		开工时间	建设状态
		线路长度（千米）	变电容量（万千伏安）		
8	江西抚州临川—潭坊π入抚州变220千伏线路工程	23.70		2020-06-30	在建
9	江西上饶汪家220千伏输变电工程	70.60	36.00	2020-06-01	在建
10	江西九江万德修水眉毛山风电220千伏送出工程	102.00		2020-06-30	在建
11	江西景德镇浮梁220千伏变电站2号主变扩建工程		18.00	2020-06-30	在建
12	江西南昌南昌东500千伏变电站220千伏送出工程	68.33		2020-06-01	在建
13	江西吉安天玉220千伏输变电工程	31.90	36.00	2020-06-30	在建
14	江西吉安樟山220千伏2号主变扩建工程		18.00	2020-07-30	在建
15	江西南昌昌东220千伏变电站改造工程	2.82	27.00	2020-08-17	在建
16	江西南昌双港220千伏主变增容改造工程		18.00	2020-08-10	在建
17	江西新余电网网架优化工程	38.60		2020-08-01	在建
18	江西抚州建昌220千伏主变增容改造工程		12.00	2020-09-28	在建
19	江西赣州红都—九州第二回220千伏线路工程	61.00		2020-09-28	在建
20	江西抚州500千伏南广变电站220千伏送出工程	30.73		2020-09-28	在建
21	江西南昌钱岗220千伏变电站2号主变扩建工程		18.00	2020-10-14	在建
22	江西抚州临川220千伏变电站增容改造工程	1.20	24.00	2020-10-26	在建
23	江西上饶上田贩220千伏开关站扩建工程		18.00	2020-11-24	在建
24	江西吉安高坪220千伏2号主变扩建工程		18.00	2020-11-20	在建
25	安九铁路江西九江庐山牵引站220千伏外部供电工程	58.00		2020-11-20	在建
26	江西吉安电网网架优化220千伏线路工程	89.00		2020-12-27	在建
27	江西吉安峡江华润玉峡风电场220千伏送出工程	40.81		2020-12-20	在建
29	江西高安相山220千伏输变电工程	25.10	36.00	2020-12-15	在建
30	江西赣州信丰电厂220千伏送出工程	105.60		2020-12-08	在建
31	江西赣州黄埠220千伏变电站扩建工程		18.00	2020-12-08	在建
32	江西赣州五光220千伏2号主变扩建工程		18.00	2020-12-08	在建
33	九江裕丰220千伏变电站增容改造工程		6.00	2020-12-17	在建
34	江西九江电厂220千伏外送通道优化工程	32.62		2020-12-17	在建
35	江西宜春丰城电厂外送优化工程	51.00		2020-12-20	在建
36	江西宜春丰城电厂—王舍220千伏线路工程	11.73		2020-12-20	在建
110千伏部分（合计）		1070.35	420.40		
1	江西宜春上高野市110千伏输变电工程	2.58	10.00	2020-01-19	已投运
2	吉安泰和110千伏变电站增容改造工程		5.00	2020-02-26	已投运
3	江西抚州崇仁相山风电110千伏送出工程	24.20		2020-02-29	已投运
4	江西抚州临川热电联产110千伏送出工程	7.12		2020-02-29	已投运
5	江西抚州南城株良110千伏变电站2号主变扩建工程		5.00	2020-02-28	已投运
6	江西上饶朱山110千伏变电站2号主变扩建工程		5.00	2020-03-24	已投运

序号	项目名称	项目规模		开工时间	建设状态
		线路长度（千米）	变电容量（万千伏安）		
7	江西鹰潭贵溪市耳口风电场 110 千伏送出工程	15.10		2020-03-20	在建
8	江西省鹰潭月湖区东湖 110 千伏输变电工程	6.60	10.00	2020-03-17	在建
9	江西省赣州市定南岿美山风电 110 千伏送出工程	29.20		2020-03-16	已投运
10	江西南昌富樱 110 千伏输变电工程	1.06	12.60	2020-03-19	在建
11	城南 110 千伏输变电工程	21.60	10.00	2020-03-25	在建
12	江西景德镇浮梁荞麦岭 110 千伏 2 号主变扩建工程		5.00	2020-03-30	已投运
13	江西抚州 110 千伏钟岭变扩建 3 号主变	1.38	5.00	2020-05-20	在建
14	江西抚州 110 千伏金巢变扩建 3 号主变	3.89	5.00	2020-05-20	在建
15	江西赣州兴国龙下 110 千伏输变电工程	6.94	10.00	2020-05-20	在建
16	兴泉铁路江西省赣州市兴国南 110 千伏外部供电工程	5.20		2020-05-20	在建
17	兴泉铁路江西省赣州市葛坳 110 千伏外部供电工程	38.20		2020-05-20	在建
18	兴泉铁路江西省赣州市石城 110 千伏外部供电工程	14.75		2020-05-20	在建
19	江西省赣州市章贡区茅店风电 110 千伏送出工程	23.70		2020-05-20	已投运
20	江西九江柴桑区赤湖垃圾发电 110 千伏送出工程	5.00		2020-05-20	已投运
21	江西九江修水良塘 110 千伏 2 号主变扩建工程		5.00	2020-05-20	在建
22	江西九江永修虬津 110 千伏 2 号主变扩建工程		5.00	2020-05-20	在建
23	白圩 110 千伏变电站 2 号主变扩建工程		5.00	2020-05-20	已投运
24	兴泉铁路江西省赣州市宁都 110 千伏外部供电工程	37.45		2020-06-30	在建
25	江西宜春高安杨圩 110 千伏输变电工程	14.50	10.00	2020-06-30	在建
26	江西宜春樟树店下 110 千伏输变电工程	26.20	10.00	2020-06-30	在建
27	江西吉安禾源风电 110 千伏送出工程	29.20		2020-06-30	在建
28	江西九江湖口均桥变电站 110 千伏 2 号主变扩建工程		5.00	2020-06-30	在建
29	上饶煌固 110 千伏变电站 2 号主变扩建工程	0.00	5.00	2020-06-30	已投运
30	上饶铅山九狮 110 千伏输变电工程	11.91	10.00	2020-06-30	在建
31	上饶玉山县东郭 110 千伏输变电工程	11.96	5.00	2020-06-30	在建
32	江西上饶马鞍山 220 千伏变 110 千伏送出工程	20.15		2020-06-30	在建
33	江西宜春樟树 110 千伏垃圾焚烧发电入网工程	2.95		2020-06-30	已投运
34	江西宜春丰城杜市 110 千伏输变电工程	24.99	10.00	2020-06-30	在建
35	江西吉安洲湖 110(66)千伏变电站 1 号主变扩建工程		5.00	2020-06-30	在建
36	江西九江湖口湖口 110 千伏 1 号主变改造工程		3.00	2020-06-30	在建
37	江西萍乡井冲 110 千伏输变电工程	4.25	10.00	2020-07-20	在建
38	江西赣州大余新城 110 千伏输变电工程	7.40	5.00	2020-07-30	在建
39	江西吉安新干 110 千伏变电站 2 号主变增容改造工程		5.00	2020-07-30	在建
40	江西鹰潭贵溪市塔桥 110 千伏输变电工程	32.05	8.00	2020-07-24	在建

序号	项目名称	项目规模		开工时间	建设状态
		线路长度（千米）	变电容量（万千伏安）		
41	江西鹰潭贵溪市志光220千伏开关站主变扩建110千伏送出工程	42.30		2020－07－24	在建
42	江西九江修水垃圾发电110千伏送出工程	2.30		2020－08－24	在建
43	江西九江共青城市甘露110千伏2号主变扩建工程		5.00	2020－08－24	在建
44	江西省赣州市信丰县白石110千伏3号主变扩建工程		6.30	2020－08－28	在建
45	江西上饶志敏110千伏输变电工程	36.57	10.00	2020－08－24	在建
46	江西上饶婺源源头110千伏输变电工程	0.33	10.00	2020－08－25	在建
47	江西萍乡芦溪羊狮幕T接西芦线110千伏线路工程110(66)千伏线路工程	14.70		2020－08－23	在建
48	江西新余水东变电站110千伏输变电工程	9.98	10.00	2020－08－26	在建
49	江西赣州于都高滩110千伏2号主变扩建工程		5.00	2020－09－25	在建
50	江西赣州南康横市110千伏输变电工程	75.00	10.00	2020－09－25	在建
51	吉安城北110千伏变电站1号、2号主变增容改造工程		12.60	2020－09－27	在建
52	江西吉安平都110千伏输变电工程	19.30	10.00	2020－09－28	在建
53	上饶广丰区大唐110千伏输变电工程	8.00	5.00	2020－09－25	在建
54	江西省上饶鄱阳三庙前110千伏输变电工程	12.20	5.00	2020－09－28	在建
55	江西上饶弋阳张家220千伏110千伏送出工程	43.90		2020－09－24	在建
56	江西赣州安远修田110千伏输变电工程	9.41	10.00	2020－10－28	在建
57	江西南昌鸿图110千伏送出工程	13.90		2020－10－14	在建
58	江西南昌义生110千伏变电站3号主变扩建工程	2.80	6.30	2020－10－14	在建
59	江西南昌创业变110千伏3号主变扩建工程		5.00	2020－10－14	在建
60	江西省宜春市新华110千伏输变电工程	8.50	10.00	2020－10－28	在建
61	江西宜春奉新赤岸110千伏输变电工程	38.56	10.00	2020－10－28	在建
62	江西抚州临川腾桥110千伏变电站2号主变扩建工程		5.00	2020－10－28	在建
63	江西鹰潭贵溪市高公110千伏输变电工程	3.96	4.00	2020－10－28	在建
64	江西抚州卓朗110千伏输变电工程	6.95	12.60	2020－11－21	在建
65	江西南昌牌楼(乡企)110千伏送出工程	5.92		2020－11－19	在建
66	江西南昌望城110千伏变电站#3主变扩建工程	2.95	5.00	2020－11－26	在建
67	江西南昌京东110(66)千伏增容改造扩建工程		5.00	2020－11－29	在建
68	江西南昌珠江(凤凰洲)110千伏变电站3号主变扩建工程		5.00	2020－11－29	在建
69	江西上饶德兴南门110千伏输变电工程	13.10	10.00	2020－11－20	在建
70	江西上饶万年汪家220千伏变电站110千伏送出工程	20.60		2020－11－24	在建
71	江西吉安龙源口110千伏输变电工程	46.20	5.00	2020－11－20	在建
72	江西吉安滨江110千伏输变电工程	20.68	10.00	2020－11－23	在建
73	江西九江九江县狮子110千伏2号主变扩建工程	10.13	5.00	2020－11－20	在建

序号	项目名称	项目规模		开工时间	建设状态
		线路长度（千米）	变电容量（万千伏安）		
74	江西萍乡宣风110千伏输变电工程	44.23	10.00	2020-11-22	在建
75	江西赣州瑞金竹岗110千伏输变电工程	47.10	10.00	2020-12-06	在建
76	江西赣州石城110千伏变电站扩建工程		5.00	2020-12-07	在建
77	江西赣州会昌月亮湾110千伏2号主变扩建工程	9.50	5.00	2020-12-07	在建
78	江西吉安天玉220千伏变电站110千伏送出工程	28.50		2020-12-27	在建
79	永新垃圾发电厂110千伏送出工程	1.05		2020-12-27	在建
80	江西景德镇丽阳变110千伏变电站2号主变扩建工程	1.20	5.00	2020-12-20	在建
81	乐安220千伏变电站110千伏送出工程	41.00		2020-12-11	在建

【电力消费】 2020年，江西全社会用电量累计1626.8亿千瓦时，增长5.93%，增速列全国第七。其中，第一产业用电量9.1亿千瓦时，增长12.18%；第二产业用电量1043.5亿千瓦时，增长7.01%；第三产业用电量269.7亿千瓦时，增长1.82%；城乡居民生活用电量304.5亿千瓦时，增长5.88%。工业用电量累计1019.8亿千瓦时，增长7.19%。工业用电量中制造业用电量693.8亿千瓦时，增长14.28%，占工业用电量的68%。制造业中，钢铁行业用电量88.7亿千瓦时，增长36.3%；陶瓷制造业用电量62.2亿千瓦时，增长15.64%；有色行业用电量54.5亿千瓦时，增长21.87%；化工行业用电量46.6亿千瓦时，增长11.2%；计算机、通信和其他电子设备制造用电量67.3亿千瓦时，增长37.5%。

【电力生产】 2020年，江西全口径发电量1476.6亿千瓦时，增长5.2%。其中，统调发电量1155.2亿千瓦时，增长6.1%；非统调发电量321.4亿千瓦时，增长2.1%。火电发电量1199.3亿千瓦时，增长6.3%；水电发电量144.9亿千瓦时，下降13.6%；风电发电量70.7亿千瓦时，增长37.8%；光伏发电量61.7亿千瓦时，增长10.4%。

【外购电量】 2020年，江西累计购入电量150.46亿千瓦时，增长9.69%。其中，购入三峡电量70.43亿千瓦时，增长2.79%；购入葛洲坝电量8.20亿千瓦时，增长35.12%；购入华北特高压电量10.46亿千瓦时，下降22.7%；购入西北电量20.05亿千瓦时，下降17.5%；购入湖北电量18.03亿千瓦时，增长315.71%；购入四川电量8.06亿千瓦时，下降16.61%；购入湖南电量7.25亿千瓦时，增长101.96%；购入重庆电量0.91亿千瓦时，增长75.1%；购入河南电量2.35亿千瓦时，增长821.76%；购入现货电量3.10亿千瓦时，增长363.98%；计量关口偏差电量1.62亿千瓦时。

【电力市场化交易】 2020年，江西电力市场累计结算市场化交易电量587.75亿千瓦时，增长34.71%；6805家电力用户参与电力市场化交易，增长50.95%，全年降低企业用电成本7.8亿元。

（王岩）

钢铁工业

【概 况】 全省钢铁行业营业收入2744.89亿元，增长10.39%；利润171.84亿元，增长7.72%；销售利润率6.26%，下降0.23个百分点，重点钢企利润119.01亿元，增长6.83%。生铁产量2332.07万吨，增长5.1%；粗钢产量2682.07万吨，增长6.2%；钢材产量3093.92万吨，增长10.5%。受国外新冠肺炎疫情影响及贸易摩擦，全省钢材钢材出口46.63万吨，下降42.8；出口值31.04亿元，下降27.7%。铁合金出口2070吨，增长5.6%；出口值3.73亿元，下降14.7%。

【钢材价格】 受新冠肺炎疫情影响，螺纹钢价格由年初3850元/吨下跌至4月底的3490元/吨。7—12月随着下游企业全面复工复产、重大项目陆续开工复工，钢材价格稳定并恢复上涨，到12月底，螺纹钢价格升至4440/吨，涨幅13.28%。

【铁矿石价格】 受旺盛的钢材需求、疫情扩散、资本炒作等因素影响，进口铁矿石价格大幅上涨。尤其5—8月涨幅平均在9%左右，而同期钢材价格涨幅仅为2.5%左右。到12月底，进口铁矿石价格达172美元/吨，比年初上涨78元美元/吨，涨幅83%。

【循环经济】 重点钢企自发电量55.13亿千瓦时，增长7.6%，占重点钢企总用电量的56.45%，为企业创造效益27.56亿元，可节约标煤约677.5万吨，减少温室气体二氧化碳排放约1843万吨。

【严防“地条钢”死灰复燃】 坚持每月开展打击“地条钢”巡查和月通报制度。全省累计开展巡查5000余家次。对新上中频炉、工频炉铸造项目严格审查，从源头上把控入口关。全年累计不予批准新建中频炉铸造项目3个，涉及中频炉12台（套）。每月末调度、分析各县区用电前十企业和537家涉及中频炉企业用电情况，对用电异常的，组织人员到现场核查用电异常原因，排除隐患。强化线索核查。将“地条钢”举报奖励标准由5000元提高至1万元，及时核查举报线索。对全省钢铁产能置换项目进行自查自纠，全部符合规定。以省化解产能办名义印发《关于进一步加强中频炉企业监管严防“地条钢”死灰复燃的通知》，要求各地贯彻落实国家相关部门限期彻底清理违规使用中(工)频炉生产不锈钢、工模具钢的精神，加强摸底排查，严肃认真开展清理，于11月底前对相关违规现象坚决彻底予以清理。全年未发生1起违法生产“地条钢”案件。

【钢铁产业链协同发展】 起草《江西省钢铁产业链发展总体情况》，制定钢铁产业“四图”“五清单”，形成《江西省链长制钢铁产业链2020年工作方案》，提出3年实现3大突破的工作目标和重点任务。召开全省钢铁产业链发展座谈会，了解重点钢铁企业生产经营情况和存在的困难问题。通过座谈会和调度会，第一批收集、汇总、梳理8大类27个问题，至年底，27个问题全部办结，办结率达100%。同时，为帮助特钢企业解决生存问题，邀请中国冶金工业规划研究院专家到赣进行分类指导。密切跟踪调度新钢集团公司“转型升级冲千亿”需要解决的相关事项，至年底，需要解决的“四大问题”取得重大进展，其中电炉项目建设用地、环评、能评、新增能耗问题、职工医保工伤移交问题、袁河三级航道梯级开发和港口建设问题得到解决，自建220千伏变电站项目的问题，新钢公司也与省电力公司达成共识。组织召开全省钢铁产业链产销对接会，全省钢铁产业链上下游24家企业、省市相关部门共60余人参会。会上共签约项目22个，签约金额13亿元。

【产业优化升级】 抓好新余市渝水区钢铁产业优化升级试点工作。坚持每季度调度试点实施进展情况，并多次到当地调研，进行具体指导，督促地方规范使用资金。试点工作取得阶段性成果，主要指标均达到要求。通过传统产业优化升级试点撬动56个钢铁、装备类重点项目建设，投资64.45亿元。渝水区钢铁产业营业收入1080亿元，首次突破千亿元大关。以新钢百亿元产业转型升级改造工程为重点，省市区协同推进。新钢集团固定资产投资27.61亿元，累计投资47.8亿元。其中，新能源汽车用钢项目、棒材生产线升级改造项目实现达产达标；高效发电二期、综合料场智能环保易地改造项目投入运行；其他升级改造项目也按计划稳步实施。抓好短流程企业改造提升工作。投资20亿元的江西台鑫钢铁有限公司的技术改造全面竣工，投资22亿元的吉安钢铁有限责任公司易地改造工程开工建设，新建设的生产装备达到国内先进水平。

【解决行业发展难题】 加强调研分析重点企业、重大项目运行中存在的困难和问题，研究促进行业发展的有关政策、措施。针对铁矿石价格上涨情况，及时调研，形成《关于铁矿石价格上涨对全省钢铁企业造成影响的有关情况报告》，受到省领导关注，并要求相关部门采取应对措施。帮助企业去库存。新冠肺炎疫情期间，全省重点钢铁企业一度库存积压严重。一季度末，新钢集团、方大钢铁集团库存达102万吨，占用资金30多亿元。行业主管部门加强调度，及时了解掌握库存情况，并与省交通厅、省高投公司等用钢单位对接，协调省内重点公路、水路建设项目使用当地钢材，在较短时间内将库存下降50%，有效缓解企业库存压力，截至10月底，库存下降至29.3万吨，降幅达71.27%，进入正常状态。

【技术创新】 全省钢铁企业积极开展产学研合作。新钢集团与武汉科技大学签订全面战略合作框架协议，稀土钢关键技术领域取得突破，实现多炉钢水连续浇注，大幅提高钢水纯净度及板材韧塑性，实现稀土桥梁钢、稀土容器钢、稀土高强钢等品种的小批量生产，累计生产稀土钢7000多吨。在冶金工业规划研究院发布的“钢铁企业发展质量暨综合竞争力评估(2020)”中，新钢集团、方大特钢集团分别被评为特强级第一名和第二名，位列全国141家重点钢铁企业第16、17名。新余华峰特钢有限公司成为钢铁研究总院华东分院合作协议生产基地，九江华林特钢集团与北京科技大学签订合作协议共同研发高品质工模具钢。九江华林特钢、樟树兴隆特钢2家企业获批省级企业技术中心。

(余时财)

有色金属工业

【概 况】 2020年，全省有色金属工业营业收入7214.0亿元，增长15.0%；利润248.7亿元，增长22.9%。其中，重点铜、稀土产业营业收入分别增长13.6%、10.1%，钨产业营业收入下降13.1%。

【实施有色产业链链长制】 5月，省工信厅印发《2020年度有色金属产业链链长制工作方案》，明确2020年20项重点工作任务和有关单位的分工。在铜、钨、稀土等重点领域遴选36位专家学者组建有色金属产业链专家咨询委员会。完成省领导有色产业调研6次(链长调研有色产业3次)，召开全省铜产业稳定发展专题调度会(链长主持)、全省钨和稀土产业稳定发展座谈会。

【产销对接平台】 依托江铜集团、江钨集团、章源钨业等龙头企业，分别于8月、9月举办全省铜与电子信息企业产销对接会、全省钨与装备制造企业产销对接会等跨行业的产销对接会，吸引省内约200家铜与钨产业上下游的电子信息、家电、装备等领域企业参会。共有81对企业达成意向签约86亿元，促进铜和电子信息、钨与装备制造产业省内循环，稳定产业上下游供应链。

【提升产业价值链】 为推进铜产业优化升级试点工作，出台《贵溪市铜产业优化升级项目管理办法(试行)》，贵溪市铜产业已实施60余个技改项目，年内实现营业收入3570.2亿元，增长13.7%；铜精深加工比重上升至48%。鹰潭市铜领域多家骨干企业切入全球产业价值链：江西康成特导新材股份有限公司研发出适用超细拉伸的铜合金线坯，突破日本技术封锁；江南新材料有限公司成为全球最大的印刷电路板（PCB）、微晶磷铜球和柔性电路板（FPC）高档铜粉制造商；江西耐乐铜业有限公司开辟5G商用热管用无氧铜管新方向，产品应用于华为首批5G手机。

【政策扶持】 出台《关于促进稀土产业高质量发展的实施意见》《关于支持铜产业稳定发展的若干政策措施》，进一步加大有色产业链稳定发展、高质量发展政策供给。推动省自然资源厅出台《钨冶炼固体废物利用处置技术指南》，钨冶炼企业碱煮渣和废水处理污泥采用水泥窑处置纳入危险废物豁免管理，处置门槛和费用大幅降低，解决全省钨冶炼废渣处理难题。

【资金支持】 江西庞泰环保股份有限公司获2019年度重点新材料首批次应用保险补助。崇义章源钨业高性能钨粉体智能制造（二期）项目、赣州腾远钴业年产6500吨钴矿产综合选别与高效利用绿色化智能化工厂技术升级产业化项目共获5001万元国家技改资金支持。江西江南新材料科技有限公司、江西铜博科技有限公司、江西九星铜业有限公司等企业项目入围“2020年新兴产业倍增专题项目”支持名单。赣州澳克泰工具、鹰潭广信新材料、鹰潭华尔达电子3家企业共获2020年度重创项目5000万元资金扶持。

【产业集群】 推动江钨控股集团与厦门钨业签订战略合作协议，合作开发世界最大钨矿——大湖塘钨矿，助力九江打造武宁钨产业园。推进中国稀金谷规划建设666.67公顷稀土永磁电机产业园。一期200公顷已完成土地平整，占地40公顷的标准厂房已在建，产业集群向优势产业、高端产业发展。世界铜都集群效益凸显，2020年鹰潭市铜产业规模以上企业营业收入4296.44亿元，增长14.83%。

【课题“聚焦聚力短板弱项 加快推进稀土产业高质量发展”获一等奖】 7月，经工信部智库建设联席会议办公室审定，省工信厅完成的“聚焦聚力短板弱项 加快推进稀土产业高质量发展”课题研究获2018—2019年度工业和信息化优秀研究成果一等奖。2019年，省工信厅组建稀土产业专题调研组，围绕产业政策、技术创新、绿色发展等开展课题研究，实地走访41家企业、10个产业（科研）平台、7个矿山、5个尾水处理站，召开6次政企座谈会，找出找准产业高质量发展瓶颈短板。针对稀土产业创新能力不足、产业层次不高、环保压力沉重等问题，科学谋划打造国家级创新平台、构建全链式产业创新体系、加强产业上下游协同联动、培育壮大龙头企业等若干条发展举措。

【中科院赣江创新研究院成立】 10月10日，中国科学院赣江创新研究院揭牌仪式在赣州市举行。根据院省共建协议，中科院赣江创新研究院规划用地75.33公顷，一期7.35万平方米已经投入使用，二期年底开工，形成科研教学、技术孵化、生活一体化的综合性科研聚集基地。

（尚晓霞）

机械工业

【概　况】 2020年，全省机械工业经济总量约占全省工业的15%左右，规模以上企业2242家，机械产品品种数8000余种。全年营业收入6120.1亿元，增长6.9%；利润314.9亿元，增长15.9%，比全省工业平均水平高3.7个百分点。

【汽车产业】 汽车产业在供给和消费等政策刺激、产业链链长工作制推进等“组合拳”作用下，自3月开始逐渐恢复，上半年与全国市场回暖走势同步。7月起，在江铃集团大幅增长带动下，全省汽车产业回升态势加快，全年整车产销量分别为45.1万辆、45万辆，分别增长1.4%和1%，高出全国平均水平3.4个百分点和2.9个百分点；实现营业收入1691.1亿元，下降4.6%，但比上半年收窄跌幅2.2个百分点；实现利润32.8亿元，增长38.6%。

【新能源汽车产业】 全省新能源汽车从年初开始断崖式下跌，产销量跌幅均在80%以上，4月起在汽车下乡、产销对接、企业智能化改造等一系列政策发力下，产销量情况有所好转，全年产销量分别为9516辆和1.44万辆，分别下降63%和25%，但比一季度分别收窄18个百分点和47个百分点。

【电工电器行业】 得益于基建投资与能源建设相关项目的回暖与启动，全行业营业收入和利润双双实现快速增长。全年营业收入1716.3亿元，增长18.5%；利润76.3亿元，增长4.7%。其中，线缆产业和变电设备产业营业收入增幅领先，分别增长23.9%、23.3%。

【智能制造】 2020年，制定出台《江西省智能制造升级工程三年行动计划（2020—2022）》，从应用端和供给端两端协同发力，统筹提升制造业数字化、网络化、智能化发展水平。完成智能制造标杆企业遴选和《江西省首台（套）重大技术装备推广应用指导目录（2020年版）》的编制工作。在防疫市场催生和创新驱动战略作用下，南昌丹巴赫自动化有限公司研制出熔喷非织造布生产线，洪都数控、欧克科技和德乐智能等一批企业成功转产口罩机生产线，中科拓又达发挥伺服电机、机器人等智能装备的研发和制造优势，成为国家防疫物资重点生产企业，佳时特的高端精密数控机床获中小企业创新创业大赛全国一等奖。

【举办江西省汽车产业链对接暨省产汽车展示洽谈会】 9月19日，江西省汽车产业链对接暨省产汽车展示洽谈会在南昌举办。会议以“搭平台、强配套，亮品牌、助消费，育新机、促循环”为主题，组织省内42家相关企业参展，展出车辆77台，零部件50余台套。会议达成合作项目38个，其中车辆采购项目26个、零整配项目8个、汽车信息化提升项目4个。共达成合作金额55亿元左右，车辆采购意向近2万台。会上现场集中签约19个项目，协议合同金额45亿元。会议采取线上直播方式推广江西省产汽车，共吸引700万人云上看车。

【举办第三届中部地区变电设备产业峰会】 12月5日—7日，由抚州市政府、省工信厅、中国城镇化促进会主办的第三届中部地区变电设备产业峰会在崇仁县举办。峰会签约投资总额98.2亿元，涵盖智能穿戴、5G智慧小镇、数字经济产业园、电子产品生产基地项目等12个产业合作项目。与中国城镇化促进会签署建设发展输变电产业特色小镇战略合作框架协议；与中财经文化资产管理（深圳）有限公司签署设立20亿元输变电产业发展基金战略合作框架协议；与科大讯飞股份有限公司签署合作协议，建立全国首个变压器行业工业互联网平台项目。

【农机装备产业】 2020年，全省农机装备产业营业收入36.9亿元，增长6.4%；利润3.5亿元，增长37%。增鑫科技被认定为全省服务型制造示范企业，绿萌科技的果蔬内部品质分选机、良田农机的联合收割机纳入《江西省首台（套）重大技术装备推广应用指导目录》，予以重点推广。先后引进上海华羿汽车先进清洁能源增程式智能农用机械、中联农机水田农机制造基地、中合三农集团农产品精深加工等项目。

【江铃汽车集团助力新冠肺炎疫情防控】 在疫情初期，江铃汽车集团作为国内最大的救护车生产企业，第一时间响应国家号召，克服困难，为疫情重灾区的湖北武汉送去全国首批福特全顺负压救护车，并保质保量按时完成国务院应对新型冠状病毒感染的肺炎疫情联防联控机制医疗物资保障组下达的负压救护车生产任务，受到中央赴湖北等疫情严重地区指导组、国务院应对新冠肺炎疫情医疗物资保障组、武汉市委市政府相继肯定，被中央媒体誉为“战疫第一车”。6月18日，江铃汽车集团的2100台福特领界出口海外正式发车。这是江西最大规模汽车出口，也是江铃汽车集团首次联合福特海外销售渠道进行乘用车整车大批量出口。

（罗冰）

航空工业

【概　况】 2020年，江西航空产业总收入1205.06亿元，增长18.1%；增加值增长11%；利润总额78.8亿元，增长14%。

【2020中国航空产业大会召开】 9月21日—22日，2020中国航空产业大会在景德镇市召开。大会由省政府、中国航空学会、中国航空工业集团有限公司、中国商用飞机有限责任公司、中国航空发动机集团有限公司、中国科协航空发动机产学联合体共同主办，以“新科技、新装备、新体系，让航空应急救援能力强起来”为主题，通过院士专题研讨、航空应急救援、直升机和航空发动机4大版块的论坛、展览、经贸等活动，推动航空产业技术链、产业链、人才链、资金链、政策链的深度融合，构建产学研用资的交流合作平台。高等院校、科研院所和国内航空应急救援、航空产业、通航运营、投融资等方面的专家学者、企业家数百人参会。会上，景德镇市政府、航空工业昌河飞机工业（集团）有限责任公司、中国民用航空飞行学院三方共同签署《航空应急救援领域项目战略合作框架协议》，景德镇市政府与南昌航空大学共同签署《战略合作框架协议》，景德镇市政府与上海市航空学会共同签署《航空产业发展合作框架协议》。

【ARJ21飞机首次在中国商飞江西生产试飞中心交付】 10月30日，中国商飞首次在中国商飞江西生产试飞中心交付ARJ21飞机。中国商飞江西生产试飞中心位于南昌高新区航空工业城内，2019年4月26日开工奠基，总面积约24.33公顷，包括完工中心、喷漆厂房、交付中心大楼、停机坪等。该中心主要承担ARJ21飞机内饰安装、喷涂、试飞支持、客户交付支持、维修维护、运营保障，以及C919大型客机科研取证试飞支持等工作。

【赣州获批首批民用无人驾驶航空试验基地】 10月23日，中国民航局公布首批民用无人驾驶航空试验基地，共有13个，赣州市入选。全国首批民用无人驾驶航空试验基地（试验区）主要承担拓展运行场景，开展无人机系统安全性、可靠性及验证符合性研究等5方面任务，构建综合应用拓展、城市场景等5大试验区。赣州市的目标定位是综合应用拓展。赣州市高度重视以无人机为主的通航产业发展。设立购买通航公共服务专项资金，无人驾驶航空试验飞行空域由最初划设的480平方千米，增加到1.89万平方千米；先后引进顺丰科技有限公司（在赣州注册成立江西丰羽顺途科技有限公司）、江西科比特航空科技有限公司、江西宇翔天智航空科技有限公司等一批无人机行业领头企业落户；同时对接深圳无人机协会、宝安区无人系统产业协会、大疆、亿航、容祺、全球鹰等无人机企业，通过建设无人驾驶试验区，提供面对公众开放，可供无人机行业企业进行测试试验的服务和管理平台。

【《江西省低空空域管理改革试点拓展实施方案》通过评审】 9月18日，中央空管委办公室在南昌召开江西省低空空域管理改革试点拓展工作推进会暨专家评审会。会议听取江西省关于《江西省低空空域管理改革试点拓展实施方案》研拟情况汇报，经质询讨论，《江西省低空空域管理改革试点拓展实施方案》通过评审。

（张毅）

轻工业

【概　况】 2020年，江西省轻工业（含食品）规模以上工业企业主营业务收入7176.7亿元，增长0.4%；利润总额622.8亿元，增长11.8%。其中，食品工业主营业务收入2416.3亿元，增长5.4%；利润总额239.7亿元，增长35.2%。

2020年全省轻工业重点子行业效益

名称	营业收入(亿元)	增长(%)	利润(亿元)	增长(%)
农副食品加工业	1799.5	9.5	170.6	59.8
食品制造业	361.8	-2.9	34.7	1.8
酒、饮料和精制茶制造业	254.9	-7.8	34.4	-5.4
烟草制造业	226.7	3.6	14.9	38.6
皮革、毛皮、羽毛(绒)及其制品业	498.8	-5.4	43.8	-0.5
家具制造业	489.2	12.8	33.7	-0.5
造纸及纸制品业	378.4	4.1	35.8	27.4
工艺美术及礼仪用品制造业	250.2	-8.9	21.5	-4.2
塑料制品业	563.4	6.6	53.3	9.7
陶瓷制品制造业	445.9	0.5	43.2	-0.1
金属工具及金属制轻工制品制造业	360.8	7.8	27.0	4.4
电池制造业	472.6	-4.8	20.9	-8.6
家用电力器具制造业	113.2	-28.4	2.2	-75.1
照明器具制造业	223.7	-27.8	18.7	-24.8
焰火、鞭炮产品制造业	99.9	-21.4	10.5	-8.9

2020年全省食品工业重点子行业效益

名称	产量	计量单位	增长(%)
精制食用植物油	131.4	万吨	12.0
乳制品	17.4	万吨	-3.4
白酒	8.3	万千升	-37.4
啤酒	70.0	万千升	-1.8
包装饮用水	179.6	万吨	2.5
精制茶	6.5	万吨	-9.4
卷烟	630.7	亿支	-1.1
轻革	1786.7	万平方米	-26.7
家具	4427.5	万件	1.6
纸浆	13.5	万吨	-20.1
机制纸及纸板	291.1	万吨	1.6
塑料制品	115.5	万吨	-15.7
卫生陶瓷制品	37.6	万件	-27.0
铅酸蓄电池	1166.6	万千伏安	-9.9
房间空气调节器	486.6	万台	-23.0
灯具及照明装置	33526.9	万套	-28.6
眼镜成镜	6473.2	万副	-56.4

2020年全省轻工业重点产业集群主要经济指标

名称	主营业务收入（亿元）	增长（%）	利税总额（亿元）	增长（%）
赣州南康家具产业集群	1825.4	6.5	38.5	2.2
樟树金属家具产业集群	295.0	15.7	20.5	12.8
九江经开区智能家电产业集群	268.0	11.0	24.0	22.0
武宁节能灯产业集群	179.4	-3.2	9.3	-20.7
宜丰绿色高效储能系统产业集群	153.4	11.2	15.1	3.5
景德镇高新区家电产业集群	121.9	7.7	3.3	39.6
上高制鞋产业集群	90.0	8.4	11.7	6.3
景德镇陶瓷产业集群	58.4	10.1	7.4	13.3
余江眼镜产业集群	37.8	5.1	1.6	5.4
新干箱包皮具产业集群	52.4	3.9	6.0	1.1
黎川陶瓷产业集群	56.9	43.4	4.8	10.3
永新工业园区超纤复合新材料产业集群	24.7	2.3	2.2	3.1
鹰潭高新区水工产业集群	108.0	3.8	9.7	34.0
余江工业园区雕刻工业产业集群	80.2	4.8	2.7	6.0
上高绿色食品产业集群	107.0	9.2	16.8	6.4
万载工业园区有机食品产业集群	86.1	-4.6	11.9	-0.4
南丰工业园区绿色食品产业集群	40.0	10.0	5.6	8.0
濂溪区绿色食品产业集群	70.9	14.6	5.7	5.3
修水工业园区绿色食品产业集群	48.9	6.9	6.9	8.7

2020年全省陶瓷制品制造业规模以上工业企业主要经济指标

名称	主营业务收入（亿元）	增长（%）	利润总额（万元）	增长（%）
日用陶瓷制品制造业	34.3	-3.3	24000	-46.9
卫生陶瓷制品制造业	6.3	-17.2	1150	-74.8
特种陶瓷制品制造业	328.7	-0.7	361000	5.9
陈设艺术陶瓷制造业	76.6	10.7	45000	10.4
总计	445.9	0.5	432000	-0.1

2020年全省陶瓷产业集群主要经济指标

名称	主营业务收入（亿元）	增长（%）	利润总额（亿元）	增长（%）
萍乡湘东工业陶瓷产业集群	77.2	9.5	11.4	10.3
景德镇陶瓷产业集群	58.4	10.1	7.4	13.3
黎川陶瓷产业集群	56.9	43.4	4.8	10.3

【食品安全建设】 开展食品工业企业诚信管理体系培训和评价工作，分2批培训全省食品工业企业近200余人次，并跟踪做好体系评价服务工作，组织国家级专家对全省各设区市及省直管县推荐的20家重点企业开展体系建设及评价工作。指导省食品工业协会、江西煌上煌集团食品股份有限公司、成都亿科环境科技有限公司、南昌大学、江西师大共同起草《绿色设计产品评价技术规范 酱鸭》等团体标准，于2020年8月1日正式实施。省政府在国务院食安委食品安全工作评议考核中获最高等次A级。

【协调推进烟草产业发展】 协调相关部门，加快推动江西中烟工业公司复工复产，超前生产3.5万箱卷烟。发挥牵头作用，召集烟草工商共同研究争取上级部门支持事项，并以省政府名义向国家烟草专卖局致函，成功争取1万箱生产计划。2020年，烟草工商2家共实现税利305.19亿元，完成省政府既定的目标任务。

【产业链链长制工作】 梳理现代家具、绿色食品产业省内20强企业名单，安排挂点帮扶人员加强与企业沟通联系，协调相关部门解决企业存在的具体问题。指导赣州市南康区、南昌县做好全省家具、食品产业优化升级试点工作，推动家具、食品产业优化升级。分别起草现代家具、绿色食品《产业招商指引》，明确招商重点方向和重点招商企业，推动现代家具、绿色食品产业招商引资工作。梳理现代家具、绿色食品产业有关招商引资素材，在第三届中国国际进口博览会展示。

【落后烟花爆竹生产企业整顿退出工作】 落实资金保障，协调省财政厅按照因素法将2020年度省级补助资金及时拨付到各县（市、区），采取定期调度、定期通报的方式督促推进工作。同时，抓住特定时间烟花爆竹生产企业整体停业检修的特点，多次到宜春、萍乡进行督导，分县区分析进度，压实责任。保持执行政策的定力，按照《江西省人民政府办公厅关于推动落后烟花爆竹生产企业整顿退出工作的指导意见》的要求来推进工作，避免引发矛盾、留下后患。保持目标导向的定力，紧扣整顿退出目标任务，实事求是认定退出进度。

【组织开展第七届江西省工艺美术“杜鹃奖”评比活动】 10月9日—22日，省工信厅、省人力资源和社会保障厅在景德镇市组织开展第七届江西省工艺美术“杜鹃奖”评比活动，共有279件作品参赛。经专家评审、公示、现场创作，最终41件作品获奖，其中金奖7件、银奖14件、铜奖20件。

【2020中国景德镇国际陶瓷博览会召开】 10月18日—22日，2020中国景德镇国际陶瓷博览会在景德镇市召开。博览会由商务部、文旅部、中国国际贸易促进委员会、中国轻工业联合会和江西省政府共同主办，设有标准展位1500个，吸引全国各陶瓷产区企业、十大名窑以及景德镇本土企业等600多家陶瓷企业参展。主办方与天猫共同打造和运营“云瓷博会”，搭建800平方米的官方直播基地，并聘请专业策划团队运营。每个展位都开通网络，配备直播设施设备，帮助参展企业借助天猫、抖音、快手等平台，进行全方位推广。在三宝国际瓷谷举行“2020三宝+艺术周”活动，通过线上线下互动、沉浸式体验等方式，吸引数万人参与。景德镇市签约项目30个，签约投资总金额202亿元。同时，还与天猫、快手等平台达成战略合作协议，并发布《天猫景德镇日用陶瓷企业标准》。

【食品产业】 2020年，全省规模以上食品工业企业新增54家，总数998家；主营业务收入2416.3亿元，增长5.4%；利润总额239.7亿元，增长35.2%；资产总计2058.7亿元（不含烟草制品业），增长21.9%。

【食品工业企业诚信体系建设】 7月和9月分别在南昌市和上饶市分2批培训全省食品工业企业近200余人次，会议邀请国家认证认可技术研究中心专家为企业详细解读国家诚信体系标准有关文本和操作规程，并就企业如何申请、通过诚信管理体系评价进行指导。同时跟踪做好体系评价的服务工作，组织国家级专家对全省各设区市及省直管县推荐的20家重点企业开展体系建设及评价工作。

【19家食品企业获国家食品企业诚信管理体系证书】 2020年，江西东坚农业发展有限公司、江西安晟食品配料有限公司、致纯食品股份有限公司、修水县裕发食品有限公司、泰和县双龙米业有限公司、太阳花食品工业（信丰）有限公司、乐平福乐欣农业科技公司、九江鲁花食用油有限公司、江西英才食品科技有限公司、江西天凯乐食品有限公司、江西滕王阁食品有限公司、江西陶令酒业有限公司、江西百约食品有限责任公司、江西全良液酒业有限公司、江西绿满园食品有限公司、江西煌大食品有限公司、江西恒顶食品有限公司、江西阁皂山天然食品有限公司、抚州田园梦食品有限公司19家食品企业通过诚信管理体系评价并获得诚信证书，为全省食品工业企业诚信体系建设起到示范引领作用，进一步促进全省食品工业健康发展。

（王茜）

石化工业

【概　况】 2020年，全省石化行业主营业务收入3080亿元，增长1.1%；实现利润260亿元，增长3.4%。石化行业各重点子产业平稳发展，石油化工产业主营业务收入364.8亿元，下降20.7%；亏损2.7亿元，下降128.6%。有机硅产业主营业务收入263亿元，增长6.8%；利润17.8亿元，增长4.9%。盐化工产业主营业务收入570亿元，增长6%；利润40.3亿元，下降4.5%。氟化工产业主营业务收入145.6亿元，增长6.3%；利润12.4亿元，增长6.6%。

【消杀用品生产保供】 按照工信部要求，对重点消杀企业产销库存情况实行日调度。加强原材料保供协调工作，强化供需对接，推进消杀企业协同复工复产。对企业有关需求和问题进行台账管理，及时予以协调解决。紧盯国务院办公厅督查室和工信部督办企业，工信厅分管领导7次带队到江西理想实业有限公司现场调度协调，推进理想实业乙醇消毒液单日最大产量62吨，手消毒凝胶单日最大产量42吨，2类产品均实现超产，比历史最大日产量翻一番以上。在保障全省消杀用品需求的同时，支援全国疫情防控。从10月开始，指导督促全省重点消杀用品企业每月报送消杀用品生产情况，做好秋冬季新冠疫情防控工作。

【推进城镇人口密集区危化品企业搬迁改造】 进一步完善调度机制，跟踪搬迁进度，对进度偏慢的企业，召开现场协调会，推进搬迁改造进度。会同省相关部门制定《江西省城镇人口密集区危险化学品生产企业搬迁改造工作验收实施方案》，于6月12日以省危化搬迁办名义印发实施。会同省应急管理厅、省生态环境厅等部门联合召开全省城镇人口密集区危险化学品生产企业搬迁改造工作推进会，指导督促各有关设区市开展验收工作。全省20家危化搬迁企业全部完成搬迁改造并通过验收，完成国务院部署的工作任务，得到工信部通报肯定。

【强化行业发展支撑】 推动南昌大学与新干盐卤药化产业对接合作，为产业发展提供技术支撑。推动省科学院与乐平精细化工、永修有机硅等重点产业集群开展对接合作。推进省科学院与省有机硅创新研究院对接，提高创新水平和服务产业发展能力。加强定期调度和沟通衔接，到九江石化现场调研，帮助企业解决项目建设中遇到的困难和问题。4月，九江石化89万吨/年PX项目基础设计获中石化总部批复，至年底项目土建基本完成。加强行业运行监测，强化跟踪、调度和分析，扶持行业龙头企业，培育小巨人企业，壮大企业竞争力。九江石化克服疫情影响，5月起原油加工量稳定在60万吨以上，6月起连续实现盈利。年内，宏柏科技、晨光新材上交所主板上市。

【行业规划管理】 委托省科学院战略研究所编制《江西省石化产业“十四五”高质量发展规划》，开展省内外相关化工产业调研，收集相关素材，起草规划初稿。推进新干盐卤药化产业优化升级试点工作，跟踪调度进展情况，做好指导和督促。推进新干盐卤药化产业链式发展、循环发展，提升产业层次和集聚水平，为全省石化产业试点示范。会同省发改委、省应急管理厅等部门制定化工项目建设联合审批管理办法，从源头上加强对化工项目准入的监督管理。督促基层工信部门严格落实产业政策要求，在化工项目布局和建设上，严格落实“最后一公里”政策。督促指导基层工信部门在办理化工类技术改造项目备案时严格把关，对不符合产业政策，产能过剩，高污染、高能耗、低附加值等化工项目，不予办理备案手续。

（王上文）

纺织工业

【概 况】 2020年，全行业共有规模以上企业1572家，营业收入1713亿元，下降6.3%；利润110亿元，下降6%。实际出口38.5亿美元，增长17.6%。其中，九江市规模以上纺织企业营业收入912亿元，下降0.2%；南昌市281.5亿元，下降8.9%；赣州市271亿元，增长8.7%；宜春市245亿元，下降12.3%；上饶市153亿元，下降13.2%；吉安市95亿元，下降9.1%；新余市45亿元，增长9.1%。全行业中服装行业主营业务收入818亿元，下降8%；棉纺行业496亿元，下降12.4%；化纤行业124亿元，增长20.9%；针织行业65亿元，增长11.8%。主要产品中纱产量143.5万吨，下降9.3%；服装产量9亿件，下降24.6%；布产量7.7亿米，下降20.1%；化学纤维产量86.9万吨，增长38.1%。

【举办对接海西经济区纺织服装产业链招商推介会】 8月27日，江西省对接海西经济区纺织服装产业链招商推介会在福建省泉州市举行，共邀请110余位纺织服装产业领域的企业家参与。会上，南昌市青山湖区、万年县、奉新县、共青城市、宁都县和于都县分别对当地纺织服装产业、营商环境等作重点推介。

【省纺织服装产业链链长制工作】 制定《2020年纺织服装产业链工作方案》，以省工业强省建设工作领导小组办公室名义印发。成立江西省纺织服装产业链链长制工作办公室。遴选15名专家组成纺织服装产业链专家咨询委员会，为产业发展提供前瞻性、战略性、全局性的决策咨询服务。开展调研、调度，在全面掌握产业基本情况的基础上，制定“纺织服装产业四图”（产业链图、技术路线图、应用领域图、区域分布图），建立“五清单”（企业清单、项目清单、集群清单、问题清单、政策清单）。将协调解决行业、企业问题作为产业链工作的重要支点，年内共收到地方、企业反映的问题近百个，除订单减少、资金链紧张、融资难之外的个性问题66个，已协调解决（答复）60个，解决（答复）率90.9%。

【举办2020江西国际麻纺博览会】 10月30日—11月1日，省工信厅和中国国际贸促会纺织行业分会、中国麻纺行业协会、省贸促会、新余市政府等单位在分宜县联合主办2020江西国际麻纺博览会。博览会主题为“生态江西、时尚麻艺”，共有茵曼、菁界、唐人纺等500多家企业参展、洽谈。展会期间，签约15个项目，签约金额52.2亿元。同时，展会采购商与恩达家纺、迦然、唐人纺、华升等10余家企业签订合作协议，采购金额近千万元。

【开展产业链对接活动】 8月25日，省工信厅在南昌举办全省纺织印染产业链对接会，建立上下游企业合作桥梁，纾困印染后整理“瓶颈”，推动企业加快技术改造、绿色发展步伐。9月26日，赣州市在福建省石狮市举办2020年瑞兴于3+2经济振兴试验区暨纺织服装产业招商推介会，引进“伟邦服饰”“森图服饰”“婴响力”“吉米服饰”等一批企业。11月27日，省工信厅在德安县举办产融对接会，交通银行与江西美宝利、江西德鑫纺织等5家企业进行融资签约，达成意向融资4800

万元。12 月 12 日—15 日,2020 首届共青城市羽绒服装周在共青城市举行。开幕式上,中国纺织工程学会科技服务团九江服务站、武汉纺织大学纺织服装产业研究院揭牌。服装周期间,举行 T 台秀(新品发布会)、羽绒产业高峰论坛等。同时,包括鸭鸭股份公司在内的众多服装企业集体入驻服装小镇。

【实施消费品工业“三品”战略】 开展2020 年度省级消费品工业“三品”战略示范试点县(市、区)和示范企业认定工作,确定奉新县、玉山县为2020 年度省级消费品工业“三品”战略示范试点县,江西普正制药股份有限公等 8 家企业为 2020 年度省级消费品工业“三品”战略示范企业。由省工信厅推荐申报的奉新县被工信部评为 2020 年国家消费品工业“三品”战略示范城市。建立服装家纺名牌梯度培育体系,引导南昌市青山湖区、共青城市、奉新县等产业基地打造区域品牌。12 月 6 日,“青山湖针纺”集体商标获国家知识产权局颁发的商标注册证。

【做好防疫物资原材料保障】 年初新冠疫情期间,面对熔喷布、口罩、防护服等防疫物资极度紧缺的状况,省工信厅积极推动华兴针织、恩达麻世纪、天润天和等一大批企业转产口罩、隔离衣,协调解决江西天滤、海福特公司、3L 公司、江西美宝利等防疫物资重点企业在复工复产中出现的原材料短缺、设备和零配件不足、交通不畅、企业职工返岗难等难题,为疫情防控工作提供物资保障。3 月中旬,全省口罩日产能突破 1200 万只,在全国率先有序恢复口罩市场供应。

【出口增幅正增长】 年内,全省纺织服装行业出口逐月回升,实际出口增长 17.6%,这是自 2014 年以来首次正增长。一方面纺织品出口大幅增长。二季度以来,海外防疫物资需求激增,包括口罩在内的纺织品出口大幅增长。全年全省纺织品出口 13.7 亿美元,增长 67.6%,成为行业出口重要支撑。另一方面服装出口不断回暖。受疫情影响,东南亚、印度、孟加拉等地服装行业停工,四季度以来,大量订单重新回到国内。全省服装出口 24.8 亿美元,增长 0.9%,比年初回升 33.3 个百分点。

(郑宜涛)

建材工业

【概　况】 2020 年,全省水泥产量 9769.74 万吨,增长 1.5%;玻璃纤维纱产量 80.4 万吨,增长 6.7%;瓷质砖产量 10.8 亿平方米,增长 8.1%。全省建材行业主营业务收入 3362.7 亿元、增长 5.52%,利润 360.7 亿元、增长 10.1%。其中,水泥行业主营业务收入 454.0 亿元、增长 1.71%,利润总额 102.5 亿元、增长 3.9%;建筑陶瓷行业主营业务收入 403.1 亿元、增长 7.9%,利润 42.5 亿元、增长 28.7%;玻璃纤维及制品制造行业主营业务收入 137.6 亿元、增长 10.1%,利润 11.1 亿元、增长15.6%。

【产品价格】 全年水泥产品平均价格 495 元/吨,比上年同期高 35.0%。年初受新冠肺炎疫情影响,全省水泥平均市场价格(当期值)从 1—2 月的 550 元/吨以上,下降至 8 月的 451.49 元/吨;随着大部分缓建停工项目的陆续开工,水泥产品价格逐步回升,至 12 月达到 543.01 元/吨。平板玻璃产品出厂价格 80 元/重量箱,维持较高水平。受疫情影响,海外市场疲软,玻璃纤维纱出厂价格每吨约 3900 元,下降 20%。建筑陶瓷产品价格总体略有上升。

【举办第七届“井冈山论坛”】 9 月 27 日,省散装水泥和预拌混凝土协会联合中国混凝土与水泥制品协会在井冈山市举办第七届“井冈山论坛”。论坛以“混凝土可持续发展”为主题,共有相关领导、专家学者和企业代表 300 余人参会。与会者共同分享对行业的思考和建议。论坛同期还举行《混凝土世界》杯第六届全国混凝土职业技能大赛颁奖仪式,大赛一等奖获得者为北京金隅混凝土有限公司、石家庄金隅混凝土有限公司、江西赣州万年青新型材料有限公司。

【产能置换】 年内,完成江西玉山南方水泥有限公司 8000 吨/天水泥熟料生产线、九江鑫山水泥有限公司 4500 吨/天水泥熟料生产线产能置换和萍乡矿业集团公司 1200 吨/天浮法玻璃生产线产能置换的公示公告工作,以及江西德安万年青水泥股份有限公司日产 6600 吨水泥熟料生产线原置换产能退出情况的公示公告工作。

【建陶产业优化升级】 全省共有建陶生产企业 126 家、陶瓷砖(瓦)生产线 360 条,其中高安生产线和产能占据“半壁江山”。江西省加大建陶产业转型升级力度,支持高安市开展建陶产业转型升级省级试点。2020 年,高安建筑陶瓷产业基地被中国建筑材料企业管理协会评为“2020 中国建材园区 10 强”,排名由 2018 年第五位上升至第三位。

(毛敦)

医药工业

【概　况】 2020 年,江西医药行业营业收入 1425.65 亿元,增长 10.75%,增幅比上年上升 1.15 个百分点,比全国医药行业平均水平高 6.25 个百分点;营业收入占全国医药行业的 5.74%,比上年提高 1 个百分点。利润 146.12 亿元,增长 16.07%,增幅比上年上升 7.24 个百分点,比全国医药行业平均水平高 3.27 个百分点。

2020 年全省医药工业运行情况

类别	营业收入(亿元)	同比增长(%)	利润(亿元)	同比增长(%)
医药工业	1425.66	10.75	146.12	16.07
中药	500.66	1.08	50.92	6.27
中成药	390.22	1.13	44.12	8.40
中药饮片	110.44	0.91	6.78	-5.75
化学药	516.36	6.69	61.49	14.97
化学原料药	333.63	8.16	41.92	23.28
化学药品制剂	182.73	4.10	19.57	0.47
医疗设备(包括卫生材料,制药机械)	278.56	35.62	24.72	93.20
医疗仪器设备及器械	141.20	25.20	10.85	59.51
卫生材料及药用品制造	118.24	52.91	11.92	157.35
药用辅料及包装材料	15.46	25.02	1.70	42.62
制药专用设备	3.67	25.07	0.17	49.03
生物药	130.07	26.78	11.70	-23.17

【产业集中度】　全省医药产业规模以上企业新增63家,总数473家。其中,受新冠肺炎疫情影响,医疗设备子行业中的相关企业收益大幅增长,规模以上企业增加47家。全省医药产业列前20位企业的营业收入624.59亿元,增长18.93%;利润74.36亿元,增长28.63%,分别占全行业的46.81%、50.89%,比上年提高5.38个百分点、4.99个百分点,产业集中度持续稳步上升。

【3家医药企业进入全国医药工业百强】　8月30日,2020年(第37届)全国医药工业信息年会在广东珠海举行。大会发布2019年度中国医药工业百强榜,江西医药企业济民可信集团、青峰医药集团、仁和集团进入百强榜单,分列第11位、第64位、第69位。该榜单根据中国各大医药工业企业的研发投入、专业推广力等指标进行评选,是中国医药行业的标杆。

【大品种保持稳定】　全省年销售额过亿元的优势品种新增1个,总数55个。其中,过10亿元的大品种分别是济民可信集团的金水宝、康莱特注射液、醒脑静注射液、间苯三酚注射液,青峰医药集团的喜炎平注射液以及江中集团的健胃消食片。

【产业集群】　全省7个主要医药制造业产业集群(基地),包括进贤医疗器械产业基地、樟树医药产业基地、袁州医药产业集群、小蓝医药产业基地、永丰县医药产业集群、峡江工业园区生物医药产业集群以及章贡区高新技术产业园生物医药产业集群,实现工业营业收入757.22亿元,占全行业的53.11%。

【新药新品研发】　青峰医药集团的阿哌沙班片、艾司奥美拉唑肠溶片、甲苯磺酸索拉非尼片、富马酸丙酚替诺福韦片、拉考沙胺注射液、枸橼酸托法替布片,济民可信恒生药业的碳酸司维拉姆片,珍视明药业的玻璃酸钠滴眼液等多个仿制药品种获批上市,仁和集团的苯磺酸氨氯地平片、博雅天安药业的格列美脲片,青峰医药集团的甲钴胺片,江西亿友药业的吡拉西坦片等通过一致性评价。青峰医药中药新药奥兰替胃康片完成二期临床试验。

【省级医药储备】　编制并印发《江西省医药储备应急预案》《江西省疫苗储备暂行工作方案》。建立省专用应急储备(医疗物资)工作机制,利用国家转移支付的2亿元专项资金,确定江西南华医药有限责任公司为储备企业,印发《江西省省专用应急政府储备(医疗物资)工作方案》,并下达《省专用应急政府储备(医疗物资)计划清单(第一批)》。

【新冠肺炎疫情防控物资保障】　新冠肺炎疫情期间,发挥全省医疗器械产业优势,相关企业及时复工复产、满产达产、转产扩产,在不到1个月的时间内,口罩、防护服、隔离衣、医用手套、救治药品等主要医疗防护物资,实现从严重短缺、全面短缺到相对短缺、结构性短缺,再到省内自给自足、实现供需平衡的重大转变。省内企业有注册批件的藿香正气胶囊(丸、颗粒)、喜炎平注射液、醒脑静注射液等中医药品种,先后被国家卫健委列入新冠肺炎治疗方案;江中饮片、天齐堂、致和堂、顺福堂等10家中药饮片公司纳入国家重点调度企业。各有关企业克服困难,及时组织复工复产,保障疫情期间药品供应。济民可信、博雅制药、江生公司等利用自身研发力量,组织疫苗和治疗药品研发,其中济民可信的新冠病毒特异性中和抗体完成二期临床试验。组织企业完成国家重点医疗物资保障调度平台填报工作。

(张坚)

本栏编辑　游桃琴

信息化建设

综　述

2020年,江西以网络强省建设为主线,加速推动信息化与工业化融合发展,推进工业互联网、5G、人工智能、区块链、物联网等新一代信息技术发展和应用,发展数字经济。

推进信息化发展顶层设计。印发《网络强国行动方案》,促进信息技术创新、数字经济培育、网络信息惠民等行动实施;印发《推进“5G + 工业互联网”融合发展实施方案》,推进5G与工业互联网融合创新,加快制造业数字化、网络化、智能化转型升级;印发《2020年江西省5G工作要点》,促进全省5G产业发展和创新应用;编制全省两化融合“十四五”发展规划、区块链“十四五”发展规划和工业互联网行动计划、新一代信息技术与制造业融合发展实施意见等文件推动全省信息化持续发展。

推进新一代信息基础设施建设。推动企业内外网按照工业互联网标准要求改造升级,指导开展工业互联网标识解析二级节点建设;建立5G网络建设协调调度机制,支持运营商加快基站开通进度,落实5G基站电费补贴,窄带物联网(NB - IoT)和增强机器类通信(eMTC)网络建设实现全省全域覆盖。

发展工业互联网。争取国家工业互联网江西分院和国家工业互联网大数据江西分中心落地建设,部署工业互联网研究院江西分院分中心前期筹备建设工作。支持建设工业互联网标识解析综合节点和行业节点,赣州、南昌等地2个工业互联网标识解析二级综合节点、1个纺织服装行业二级节点分别与国家顶级节点对接,1个递归节点建设完成。

推进两化融合。开展两化融合示范,支持企业开展信息化改造,打造2个省级两化融合园区和50个省级两化融合示范企业。开展两化融合管理体系贯标,组织企业开展两化融合自评估、自诊断、自对标,全年新增80家企业通过国家两化融合管理体系认证,列全国第14位。持续推进企业上云,召开企业上云工作推进会,开展企业上云试点评估,指导云服务商开展企业上云试点,推进企业深度上云,全省企业上云数量突破3万家。

电子信息产业持续高速发展。2020年,全省电子信息制造业产业规模全国排名第8位,在中部地区列第1位。全省电子信息产业重点企业总体保持平稳增长,规模以上企业数1160家。有5家主营业务收入过百亿元企业,40余家企业营业收入过20亿元。

软件和信息服务业持续向好。2020年,重点企业支撑作用突出。全省46家企业营业收入过亿元,其中7家企业营业收入过10亿元。主营业务收入占全省软件产业的85.9%,集聚效应明显。

大数据产业不断壮大。制定出台《推进工业大数据发展的实施意见》,这是全省首个推进工业领域大数据发展的政策文件,为工业大数据发展提供政策支撑。省工信厅举办全省大数据融合推进论坛和全省大数据产业推进会,提供平台推进全省大数据产业交流发展。认定江西憶源多媒体科技有限公司等20家企业为2020年江西省大数据示范企业。

政府网站水平提升。全省政府网站与政务新媒体检查比例提高,全年开展4个季度政府网站与政务新媒体检查工作,共检查政府网站1995家、政务新媒体1359家,合格率分别为97.59%、94.55%,政府网站、政务新媒体全年检查数量同比提升50%、596%。

无线电工作扎实开展。突出疫情防控重大任务,合理优化频谱资源配置,保障各重点行业部门用频需求,强化频率台站管理,维护空中电波秩序,确保全省无线电安全,完成无线电管理各项任务。

信息安全保障到位。全省获得国家级信息安全机构名单扩展到5家。省应急响应队伍上报某财务系统通用高危漏洞,被工信部《网络安全情况通报(第17期)》专题刊登。

(陈飞)

信息基础设施

【概　况】 2020年,江西加快推动数字经济发展,推进网络提速降费,抓好电信普遍服务,推动以5G、大数据、工业互联网等为代表的新型信息通信基础设施建设。电信固定资产投资96亿元。所有设区市主城区实现5G网络连续覆盖,全部县城核心区覆盖。有线广播电视光缆40万千米,覆盖900万用户。光缆线路长214.7万千米。其中,长途光缆线路长3.3万千米,本地网中继光缆线路长75.7万千米。

【广电信息基础设施建设】 截至年底,江西广电网络建成通达11个设区市及各个县(市、区)的干线传输网络,乡镇光缆通达率100%,行政村光缆通达率98%,自然村覆盖率90%。

全年架设有线电视传输干线总长7.98万千米。

【有线电视数字化整体转换】 2020年,江西有有线广播电视用户829.51万户,其中双向覆盖用户730万户。全省有线电视数字整转率95.2%,网内传输高清频道59套,数字电视节目频道202套。有有线广播电视互联网用户50万户,接入能力100 Mbps以上,户均入户宽带40 Mbps以上。

【5G网络建设】 6月,江西在全国率先实现所有设区市出台5G城市通信基础设施专项规划。全年开通5G基站3.38万个,超额完成省政府明确的2万个5G基站建设目标。开展5G应用试点项目442个,其中5G+VR应用项目40个,5G+工业互联网应用项目107个。

【数据中心建设】 江西11个设区市均建有数据中心,在用(在建)数据中心增至46个(其中在用40个、在建6个),在用机架可折算标准机架5.4万个。年内,建成投入使用的超大型数据中心2个。其中,5月建成的赣西云数据中心投资10亿元,建筑面积4.82万平方米,折合标准机架1.28万个;9月建成的中国移动(江西)数据中心投资8亿元,建筑面积4.56万平方米,折合标准机架1.37万个。

【移动物联网建设】 2020年,共部署移动物联网NB-IoT基站7.3万个,基本实现江西NB-IoT网络全域覆盖;部署eMTC基站7.7万个,开通eMTC基站2.99万个,可根据业务快速实现全省全域覆盖;部署的4G基站全面支持4G-CAT1制式。江西物联网终端用户数1488.5万个,年增长42.58%。其中,NB-IoT联网终端数178.2万个,增长192.46%。

【工业互联网建设】 2020年,江西3个工业互联网二级解析节点接入全国顶级节点,二级解析节点拥有数量排名全国第8位。4个项目入选工信部2020年工业互联网试点示范项目,入选数量位居全国第九,打破江西无国家级工业互联网试点示范项目的历史。完成10家工业企业内网改造项目(电信4个、移动3个、联通3个),持续提升企业数字化生产水平。

【IPv6能力提升】 2020年,通信运营企业均完成骨干网、城域网和接入网的IPv6升级改造,完成DNS域名递归解析系统改造,具备向个人用户、政企客户等提供基于IPv6的互联网接入能力。全年,部署家庭网关设备全面支持IPv6,存量家庭网关升级1226.67万台,月活跃IPv6用户数4024.3万户,各通信运营企业IPv6网络流量占比均超过10%。

(钟凉楚)

1月13日,"云游江西"江西智慧旅游平台上线发布仪式举行

省文旅厅供

信息技术应用

【云上(江西)大数据发展有限公司成立】 1月8日,云上(江西)大数据发展有限公司(简称"云上江西")挂牌成立。"云上江西"是经省委、省政府同意,由省创业投资管理有限公司和省铁路投资集团有限责任公司共同出资设立。公司以"一主体五平台"为业务布局,即打造全省政务信息化建设市场运营主体,建设成为全省政务云建设运营平台、全省信息系统代建运维平台、全省政务大数据开发应用平台、数字经济发展对外合作平台、"数字江西"研究及成果展示平台。

【江西智慧旅游平台上线】 1月13日,由省文旅厅主办的"云游江西"江西智慧旅游平台上线发布仪式举行。"云游江西"构建"一中心、三平台、一体系"的131总体架构。其中,"一中心"即全省智慧旅游大数据中心,"三平台"即监管平台、游客服务平台、宣传推广平台;"一套标准体系"即全省智慧景区建设规范标准。

【云服务助力全省企业复工复产】 2月,省政府出台《关于有效应对疫情稳定经济增长20条政策措施的通知》,明确"支持传统商贸主体电商化、数字化改造升级"。2月6日,省工信厅面向全省各设区市及有关单位发文,鼓励组织企业按需对接,并联合联通、用友、腾讯3家企业推出远程协同办公、线上供需对接、线上跨地域远程协作等云服务。

【省高院首次利用微信平台审案】 2月12日,省高级人民法院首次通过微信平台开庭审理1起知识产权案件。审理时,上诉人代理律师位于广州,被上诉人的代理律师位于厦门,

法官和书记员则位于各自的办公室。为保障案件审理工作的庄严合法,法官特别要求,除查明确属技术、网络故障等原因导致庭审无法正常进行外,若庭审中上诉人擅自退出,按撤回上诉处理;被上诉人擅自退出,按缺席继续审理。当事人需保持现场安静,无关人员不得进入网上庭审区域。网上庭审全程录音,诉讼参与人或其他人员违反法庭纪律,破坏法庭秩序、妨碍诉讼活动顺利进行的,庭审录音可以作为追究其法律责任的证据。当天,法官、书记员和双方当事人的代理律师如期开通视频,核对身份后,按照诉讼程序依次进行陈述、答辩、举证、质证、提问、辩论和最后陈述,历时2小时,庭审结束,双方当事人对庭审过程表示满意。

【江西旅游“云推广”】 4月1日,“江西风景独好”大型旅游“云推广”活动启动。活动以“情满赣鄱,乐游江西”为主题,以线上直播平台链接交易平台的方式,以食、住、行、游、购、娱等旅游多业态产品的宣传促销为主要内容,以特惠交易为主要形式。4月9日—11日,“云推广”线上直播在抖音直播平台进行。活动包括旅游优惠政策及精品线路发布会、江西省旅游景区推介大联播及门票秒杀活动、“江西好礼”旅游特色商品特卖3大主体活动。3天直播累计观看人数22万人次,单日同时在线观看人数突破1万人,评论点赞数5万余条。其中,4月10日,景区推介大联播和门票秒杀活动中,赣州市现场送出100万元电子消费券,近40家景区送出门票超过1万张;4月11日的“江西好礼”特色旅游商品直播中,共有64个产品参与,当日达成交易200余笔。

【发出全省首批市场监管电子许可证】 8月31日,新余市市场监管局发出全省首批市场监管电子许可证。申请人通过该市“一照含证”网络平台办理的各类许可证,会自动生成相应的电子许可证,电子许可证与纸质许可证具同等法律效力。申请人可以根据自身需要下载打印许可证,发证机关原则上不再另行制发纸质许可证。电子许可证的诞生,为“一照含证”改革打通服务企业“最后一公里”。

【全国首个铜箔行业5G+工业互联网智慧工厂应用成果在鹰潭发布】 9月7日,鹰潭高新区举行5G+工业互联网应用成果展示发布会暨战略合作协议签约活动。鹰潭高新区发布全国首个铜箔行业5G+工业互联网智慧工厂应用成果。该成果以新一代信息技术为路径、以精细化管理为手段、以降本增效为目标,打造泛在感知、自动控制、智慧决策的智能化工厂。该项目由中国信通院鹰潭物联网研究中心牵头,联合南昌大学、中国移动江西分公司共同打造。鹰潭高新区以“03专项”试点为契机,推动5G+工业互联网融合发展和“03专项”成果转移转化,打造5G+普华鹰眼无人机、5G+鑫铂瑞智慧工厂等多项成果。

8月9日,江西鑫铂瑞科技有限公司5G+工业互联网智慧工厂工作现场
曾志凡摄

【全省住建系统工程项目招投标全面实现电子化】 年内,全省住建系统全面实施电子化招投标体系和全过程网上监督,全省采用电子化招投标的工程项目资料费、报名费均为零,为企业招投标节约交易成本3亿元。全省已构建全区域、全过程电子化招投标体系,做到“六个统一”,即统一全省电子化招投标监管制度、电子化招投标操作平台、招投标业绩认定、招投标项目经理的管理、招投标投诉处理办法、投标人资格认定条件。

【江西省超级计算公共服务平台计算能力每秒500万亿次】 年内,江西省超级计算公共服务平台计算能力500万亿次/秒,存储1PB。该服务平台是全省唯一对外提供服务的超算平台,重点服务省内,已建有科学计算、工业仿真和动漫渲染、人工智能等应用平台,年计算资源平均使用率超80%,支撑用户1000余个。

(陈飞)

电子信息制造业

【概　况】 2020年,全省电子信息制造业营业收入5253.5亿元,增长17.4%;利润总额272.5亿元,增长19.8%。

【主导产业】 2020年,电子信息制造业产业结构由电子元器件为主向整机终端产品增多转变,形成移动智能终端、半导体照明和数字视听产品3大主导产业。3大主导产业营业收入累计2691.7亿元,增长26.18%。其中,移动智能终端产业营业收入1062.6亿元,增长20.96%;半导体照明产业营业收入674.6亿元,增长25.22%;数字视听产业营业收入954.5亿元,增长33.31%。

【产业集聚与龙头骨干企业】 全省培育15大特色电子信息产业集群，主营业务收入3961.67亿元，占全省产业规模比重的75.41%，比上年提升8.71个百分点。年内，全省电子信息产业初步构建起“一轴四城十基地”产业布局，形成以京九高铁为一轴，南昌、吉安、赣州和九江4个城市为重点，其他设区市共同发展的电子信息产业格局。全行业培育欧菲光电、华勤电子、合力泰、立讯智造、木林森、博硕科技、协讯电子、晶浩光学、勤胜电子、欧迈斯微、美晨、联创电子、同兴达、联创光电、红板、摩比通讯等龙头企业，其中营业收入超100亿元的企业4家（欧菲光电、华勤电子、合力泰、立讯智造），营业收入超20亿元的企业40余家。

【电子信息（移动智能终端）·江西南昌高新技术产业开发区入选国家新型工业化（电子信息）产业示范基地】 3月4日，工信部公布第九批国家新型工业化产业示范基地名单，电子信息（移动智能终端）·江西南昌高新技术产业开发区入选国家新型工业化（电子信息）产业示范基地。电子信息产业是南昌高新区主导产业之一，已形成以移动智能终端、LED、半导体集成电路、触摸屏、光学镜头等为主要特色的电子信息产业集群，形成专业化分工细致、上下游产品配套完善的产业链结构体系。其中，移动智能终端产业形成以液态镜头、摄像模组、触摸屏、主板贴片、受话器、耳机、芯片封装和整机生产的较完整产业布局，园区集聚华勤、龙旗、美晨等国内排名前五的移动智能终端ODM/OEM制造企业，LED产业打造从衬底材料、外延、芯片、封装、终端应用及核心关键生产设备等全自主知识产权产业链，高新区也是全国唯一LED全产业链原创技术自主知识产权的开发区。半导体集成电路产业引进联智集成电路、诺思微系统等一批半导体集成电路产业企业。

【举办2020中国·赣州“芯长征”半导体高峰论坛】 7月10日，2020中国·赣州“芯长征”半导体高峰论坛在赣州市举行。论坛以“新形势下的半导体产业发展和特色工艺半导体发展”为主题，结合产业前沿技术及发展动态，针对半导体领域行业的热点难点进行研讨交流，为半导体制造及特色工艺的技术创新与持续发展提供合理建议，促进半导体产学研合作和技术成果转化。会上还签约信息产业电子第十一设计研究院科技工程股份有限公司赣州分院项目。

【举办全省铜与电子信息企业产销对接会】 8月5日，省工信厅与省地方金融监督管理局、鹰潭市政府在鹰潭市联合主办全省铜与电子信息企业产销对接会，省内重点铜企业、电子信息企业、家电企业、装备企业负责人，省铜行业协会、省电子学会负责人等300余人参会。最终，75对企业达成合作意向，签约额84.2亿元。鹰潭市安排2000万元财政专项资金，对鹰潭市属铜工业企业产品销售给予物流补贴，缩减企业原材料采购成本。

【举办2020联想·九江信息技术应用创新生态伙伴大会】 11月13日，2020联想·九江信息技术应用创新生态伙伴大会在九江举行，国内专家学者、知名公司负责人、科研机构领导、行业代表等300余人参会。会上，九江市与联想集团、首创集团、阿里、华为、滴滴等企业签订战略合作协议。共有16个项目集中签约，签约金额106亿元。其中，10亿元以上项目2个、50亿元以上项目1个。

【第十七届全国LED产业发展与技术交流研讨会举行】 12月4日，第十七届全国LED产业发展与技术暨2020全国显示应用技术交流及产业发展研讨会开幕式在南昌高新区举行，除特邀的中科院院士外，有政府领导及相关协会领导、专家和会员企业等200余人参会。会议以“共谋发展，新环境下LED产业创新与发展”为主题，通过报告、产业论坛等形式探讨全国LED产业发展状况、技术应用、研发等。会上还公布2019—2020中国LED应用工程优秀奖和2019—2020中国LED创新技术和产品奖。

【举办粤港澳大湾区电子信息产业链招商推介会】 12月3日，由省政府主办，省工信厅、省科技厅承办的粤港澳大湾区电子信息产业链招商推介会在深圳召开。会上，南昌、九江、赣州、宜春、吉安等地作江西电子信息产业集群招商推介。

【晶科能源、合力泰2家企业入围全国电子信息百强企业】 9月11日，2020年（第34届）中国电子信息百强企业发布会在宁波召开，经省工信厅初审和推荐，中国电子信息行业联合会审定发布，晶科能源有限公司和江西合力泰科技有限公司入围2020年全国电子信息百强企业，分列第36位和第52位。晶科能源控股有限公司成立于2006年，是全球为数不多的拥有垂直一体化产业链的光伏制造商，业务涵盖优质的硅锭、硅片、电池片生产以及高效单多晶光伏组件制造。合力泰科技股份有限公司成立于2004年，主要为全球智能终端客户提供多样化、定制化的产品和服务。主要产品包括液晶显示模组、触控模组、摄像头模组、指纹识别模组、5G新材料等。

（雷挺）

软件和信息服务业

【概　况】 2020年，全省软件服务业营业收入296.2亿元，增长13.4%。软件业务收入220.1亿元，增长14.7%。其中，软件产品收入106.2亿元；信息技术服务收入104.9亿元，增长41.7%。信息安全收入1.57亿元。嵌入式系统软件收入7.4亿元。软件业务出口0.78亿美元。全省软件产业实现利润26.36亿元，增长31.4%。

【骨干软件企业】 全省新增营业收入过亿元，总数46家。新增营业企业16家超10亿元企业3家，总数7家，分别是先锋软件股份有限公司、江西贪玩信息技术有限公司、抚州市创世纪科技有限公司、捷德（中国）信息科技有限公司、江西巨网科技股份有限公司、北方联创通信有限公司、江西方兴科技有限公司。这7家企业营业收入共143亿元。

2020年全省营业收入过亿元软件企业名单

序号	企业名称	序号	企业名称	序号	企业名称
1	先锋软件股份有限公司	17	阿里巴巴(江西)有限公司	33	江西普联信息技术有限公司
2	江西贪玩信息技术有限公司	18	江西电信信息产业有限公司	34	江西巨思信息技术有限公司
3	抚州市创世纪科技有限公司	19	永丰人事人科技有限公司	35	江西高创保安服务技术有限公司
4	捷德(中国)信息科技有限公司	20	中兴软件技术(南昌)有限公司	36	建投物联(江西)股份有限公司
5	江西巨网科技股份有限公司	21	江西风向标教育科技有限公司	37	江西南铁科技有限责任公司
6	北方联创通信有限公司	22	江西省邮电规划设计院有限公司	38	江西汇天科技有限公司
7	江西方兴科技有限公司	23	江西锦路科技开发有限公司	39	江西奥通信息产业有限公司
8	江西省通信产业服务有限公司	24	江西联创精密机电有限公司	40	上饶市合一科技有限公司
9	思创数码科技股份有限公司	25	吉安市永安交通设施有限公司	41	江西飞尚科技有限公司
10	上饶市橙橙网络科技有限公司	26	江西安百川电气有限公司	42	江西科益高新技术有限公司
11	中广核贝谷科技有限公司	27	江西中至科技有限公司	43	江西尚诚传媒有限公司
12	江西欧克科技有限公司	28	江西航天信息有限公司	44	江西日月明测控科技股份有限公司
13	泰豪软件股份有限公司	29	华睿交通科技有限公司	45	江西泰豪信息技术有限公司
14	江西省邮电建设工程有限公司	30	江西省安友科技有限公司	46	江西一七游科技有限公司
15	江西博微新技术有限公司	31	南昌金科交通科技股份有限公司		
16	同方电子科技有限公司	32	江西金利达电子商务有限公司		

【产业帮扶支持】 落实资金支持，为江西科骏实业有限公司、南昌市小核桃科技有限公司、南昌虚拟现实检测技术有限公司、泰豪创意科技集团股份有限公司等18家企业争取扶持资金1500余万元。落实减免税政策，按照《关于软件和集成电路产业企业所得税优惠政策有关问题的通知》等要求，组织专家核查省税务局移交的企业减免税备案材料，帮助企业减免税金2亿多元。开展全省第二批虚拟现实产业创新创业优秀人才团队评选，共遴选出12支创新创业优秀人才团队，从省人才专项资金中予以1300万元支持。

【开展首批VR应用示范项目评选】 为加快市场培育，扩大推广应用规模，全力打造VR应用示范高地，省VR产业发展领导小组办公室印发《江西省虚拟现实应用推广工作方案》。省工信厅印发《关于组织申报江西省首批VR应用示范项目的通知》，经过单位申报、设区市初审推荐，全省共上报106个项目，经过专家评审和现场核查，共有VR+基础教育示范应用项目、VR+应急救护培训平台、智慧VR警务实训等32个项目入选。7月1日，省工信厅印发《关于公布江西省首批VR应用示范项目名单的通知》。

【举办2020世界VR产业大会云峰会】 10月19日—20日，2020世界VR产业大会云峰会在南昌召开。大会由工信部、省政府主办，中国电子信息产业发展研究院、省工信厅、南昌市政府、虚拟现实产业联盟承办。大会主题为“VR让世界更精彩——育新机、开新局”，采取线上为主、线下结合的云峰会形式。全国31个省市的2000多名嘉宾参会，160多家企业和机构到场展览展示，8万多人进场观展，20多个国家超3000万人线上互动。大会签约项目71个，其中投资百亿元的VR科创城研发中心等项目3个，投资50亿元以上的软通动力数字经济产业园等项目2个，涵盖产业链研发、生产、应用各环节，投资合作项目签约总金额661.9亿元。

【组织企业参会参展】 组织省内企业参加2020第二十四届中国国际软件博览会，组织省内企业参展第三届“数字中国峰会”，重点宣传江西省主办的世界VR产业大会和VR产业发展情况，通过展板介绍世界VR产业大会盛况，以及江西省VR产业“一核心、两体系、四优势”的发展状况，提供VR虚拟现实场景和AR虚拟课堂等现场体验。

（艾九江）

大数据产业

【概　况】 2020年，江西省大数据产业发展规模和质量有较大提升，对新冠肺炎疫情防控起到一定支撑作用。全省29个重点大数据中心投入运营，投入使用机柜超过2.2万个，存储能力可达5000 PB。全省政府网站检查实现每季度100%全覆盖，政务新媒体检查每季度不低于30%。

【大数据领域获一批国家级荣誉】 4月30日，工信部印发《关于公布支撑疫情防控和复工复产复课大数据产品和解决方案的通知》,江西省能源大数据有限公司开发的“企业生产健康自动化监测与主动预警平台”和江西融合科技有限责任公司开发的“江西园区大数据战疫复工复产调度系统”被列入工信部疫情防控和复工复产复课大数据产品和解决方案。12月25日,工信部印发《关于印发工业数据分类分级应用试点优秀案例的函》,江西省被工信部列入工业数据分类分级5个试点省(市)之一,10家企业被认定为工业数据分类分级试点企业,江西融合科技有限责任公司、新余钢铁集团有限公司入选国家工业数据分类分级优秀试点案例。

【大数据技术支撑建设】 1月11日,由科研院所、企事业单位、高校等120多个单位组成的江西省大数据协会成立。6月16日,江西融合科技有限公司联合汤谷科技集团(深圳)、万维云网(北京)数据科技有限公司、清华大学、江西财经大学等组建江西省云智大数据产业研究院。7月21日,省工信厅印发《关于成立江西省大数据专家咨询委员会以及江西省大数据专家库的通知》,组建15人的省级大数据专家咨询委员会以及委员会专家在内共100人的省级专家库。

【举办全省大数据融合推进论坛】 1月11日,省工信厅在南昌市举办全省大数据融合推进论坛。论坛邀请全国大数据行业骨干企业、省内龙头企业以及科研院所的代表100余人参会,围绕推动大数据和实体经济融合发展等话题深入探讨、献言献策。

【举办全省大数据产业推进会】 9月21日,省工信厅在上饶市举办全省大数据产业推进会。会议邀请工信部国家工业信息安全发展研究中心专家解读“工业数据分类分级试点指南”,省工信厅解读《推进工业大数据发展的实施意见》,公布省大数据专家咨询委员会和专家库专家名单,启动工业数据分类分级试点工作,并为省云智大数据产业研究院揭牌。

【开展大数据企业专家行】 8—10月,省工信厅组织国家和省大数据专家到南昌、赣州、上饶、抚州等设区市开展大数据企业专家行活动。专家们深入20多家企业开展调研,梳理企业大数据相关问题40余个,均在企业现场为其提出相关意见和建议。

(廖赛韩)

无线电管理

【概　况】 2020年,全省共有各类无线电台站19.99万台(部)。全省共核查无线电发射设备销售备案经营主体1460余个,备案无线电发射设备信息近7.8万条,分发宣传手册6000余册,下发无线电发射设备销售备案告知书690余份,限期责令通知书78份。

【频谱配置和台站管理】 为民航、高铁、防汛等部门提供频谱资源,支撑中国商飞试飞中心、昌北机场、南昌地铁、宜春钽铌矿、德兴铜矿等多个单位开展信息化、智能化建设。做好5G基站和卫星地球站的干扰协调,及时调度5G建设情况,完善保护清单,开展基站抽检。年内,全省涉及干扰协调的卫星地球站107个,完成协调107个,推动完成5G基站建设3.20万个。江西省将5G协调与基站建设补贴挂钩的做法受到国家无线电办公室通报表扬。

【开展集中打击“伪基站”“黑广播”违法犯罪专项行动】 根据国务院打击治理电信网络新型违法犯罪工作部际联席会议办公室的统一部署,5月16日至6月15日,在全省开展集中打击“伪基站”“黑广播”违法犯罪专项行动。年内共查处“伪基站”案件1起,“黑广播”案件14起,有效维护空中电波秩序和航空通信秩序。

【无线电安全保障】 做好元旦、春节、清明、“五一”、端午、国庆、中秋等节假日和全国两会期间以及新冠肺炎疫情防控、防汛期间的无线电安全保障工作,保障2020世界VR产业大会云峰会、2020中国景德镇国际陶瓷博览会、南昌飞行大会等重大活动无线电安全。保障各类考试21场次,出动人员1290余人次,保障考场2.6万余个,查处作弊案件21起。特别是高考无线电安全保障,得到省领导肯定性批示。

【无线电干扰排查】 重点加强民航铁路专用频率保护和移动通信基站安全。全年全省各级无线电管理机构排查各类无线电干扰78起,其中民航10起、铁路16起、公众移动通信干扰35起、其他干扰17起。

(朱智松)

信息安全

【概　况】 2020年,江西省加强信息安全人才队伍挖掘、创新载体建设、监测检查、产业培育等方面工作,支撑网络强省、工业强省战略的实施。

【信息安全人才队伍培育】 省信息安全测评中心、江西神舟信息安全评估中心有限公司和江西安服信息产业有限公司被授予国家工业信息安全应急服务单位资质,省信息安全测评中心、江西神舟信息安全评估中心有限公司被授予国家工业信息安全测试评估机构资质。组建江西省政府部门、重点行业网络安全事件应急响应队伍,为全省政府部门、工业行业网络安全事件提供应急响应服务。举办全省工业控制系统信息安全在线培训,全省各级工信主管部门、电力、石化、能源行业企业共212家281人参训;举办工业互联网安全保障首期在线讲座,全省各级工信主管部门、工业企业共189家450人参训。在所有设区市召开11场专题活动,宣贯工业互联网安全、工业控制系统信息安全防护建设实施规范、工业数据分级分类指南等。省网络安全讲师团开展网络信息安全培训线上线下共35场次,累计培训近2万人次。

【举办全国工业安全深度行活动】 国家工业信息安全发展研究中心、省工信厅、省委网信办、省信息安全产业链链长制工作领导小组办公室共同在江西赣州组织召开2020年全国工业安全深度行(江西站)活动。活动期间,举办工业信息安全高峰论坛、工业信息安全攻防对抗赛、工业信息安全应急演练、企业调研等活动。全面展现工业控制系统信息安全技术研究、态势感知、应急保障、产业促进等工作进展,提升行业热度,明确未来发展方向。全省各级工信主管部门、网信系统、研究机构、高等院校、工业企业、安全企业有关工作负责人共300余人参加。

【参与和举办各类赛事】 参加全国工业互联网安全技能大赛。大赛为国家一类职业技能大赛,是工业互联网安全领域规格最高、规模最大的国家级赛事。全国5279支队伍1.58万人参赛。江西获一等奖1个、二等奖3个、三等奖3个,省工信厅获优秀组织奖,南昌大学获院校优胜奖。联合省人社厅、省通信管理局、省总工会、团省委共同举办2020年江西工业互联网安全技术技能大赛暨全国大赛江西选拔赛。省内231支队伍近700人报名参赛。16支队伍获奖,14名选手被推荐申报"江西省技术能手""江西省青年岗位能手""江西省五一劳动奖章"。会同省委网信办组织开展全省网络安全知识网上有奖竞赛,110个省直单位、35个高校、11个设区市以及数百家企业参加,共60万人答题。会同省公安厅共同主办江西省第一届"赣网杯"网络安全大赛。会同省科技厅等9部门联合举办江西省公共安全创新创业大赛。会同省科协等单位举办江西省青少年信息技术网络安全大赛。

【信息安全领域创新】 联合省政府外联办、抚州市政府共同组建江西省信息技术网络安全研究院。组织开展网络安全技术应用试点示范工作,全省遴选推荐29个示范项目,其中江西移动公司的面向5G的物联网态势感知平台列为全国新型信息基础设施安全5G网络安全示范项目,泰豪科技股份有限公司的区块链系统安全验证与防护平台列为全国新型信息基础设施安全区块链安全示范项目;鹰潭高新区被列为全国网络安全"高精尖"技术创新平台。江西省省级工业互联网安全态势感知平台基本建成,启动4个地市和2个行业建设工业互联网安全态势感知平台。

【信息安全监测检查】 对电力、能源、石化等行业的82家企业开展安全检查,发布《江西省电力行业信息安全白皮书》《江西省能源行业信息安全白皮书》《江西省石化行业信息安全白皮书》。调研全省196家工业互联网企业,发布《江西省工业互联网安全白皮书》。组织全省52家单位开展工业数据分类分级工作,发布《江西省工业数据分级分类白皮书》。持续对省内关键信息基础设施开展风险漏洞监测工作,通报中高危漏洞178个,涉及单位163家。联合省委网信办、省国家保密局指导省网络信息安全产业联盟编发《江西省网络安全和新一代信息技术"战疫"服务指南(第一版)》,征集135家企业网络安全、疫情防控、协同办公、在线服务、防疫管理、生产经营等网络安全和信息技术产品和服务339款,助力全省社会和企业尽快复工复产和恢复正常生活秩序。

【信息安全产业发展】 建立省信息安全产业链链长制。副省长担任链长,省工信厅和省公安厅为责任单位,制定《江西省实施信息安全产业链链长制工作方案》《江西省网络信息安全产业五图六清单》,组建省信息安全产业链链长制专家咨询委员会。启动江西信息安全产业园建设。省工信厅、省信息安全产业链链长制工作领导小组办公室、赣州市政府共同签订《共建江西信息安全产业园战略合作协议》。省政府与奇安信科技集团公司签订战略合作框架协议。开展行业标准化工作。参与起草《信息技术 大数据 工业产品核心元数据》《信息技术 大数据 系统运维和管理功能要求》和《信息技术 大数据 大数据系统基本要求》3项国家标准,是江西省首次参与信息技术与网络安全国家标准的编制。参与起草《工业控制系统信息安全防护建设实施规范》国家团体标准。筹建省信息安全标准化技术委员会。

(袁海)

通　信

【概　况】 2020年,全省电信业务总量3539.9亿元,增长24.7%。电信业务收入309.4亿元,增长3.8%。电信固定资产投资96亿元。全省电话用户总数4731.8万户,新增117.2万户。其中,固定电话用户数482.4万户,新增24.9万户;移动电话用户数4249.4万户,新增92.3万户。全省4G移动电话用户3300.6万户,净增32.6万户。5G移动套餐用户965.6万户,净增932万户。固定宽带网络接入用户数1510.5万户。其中,光纤到户(FTTH)用户1449.1万户,新增100.4万户。移动宽带用户普及率89.1%,提升17.2个百分点。省际出口带宽3.48万Gbps,新增8250 Gbps。互联网宽带接入端口数2532.9万个,新增163.4万个。其中,FTTH端口数2409.4万个,新增153.1万个。全省网站备案数6.3万个。互联网企业数量新增297家,增长61%,总数787家。互联网行业主营业务收入372.7亿元,增长9%。全省互联网业务收入500万元以上的企业55家。全年查处各类违法违规网站488个,列入黑名单网站2个。

【网络提速降费】 移动电话基站数26.24万个,新增2.06万个,其中4G基站数16.06万个,增加8681个。光纤到户(FTTH)用户占比95.9%,提升2.8%。家庭宽带接入用户家庭普及率101部/百户。全省100兆及以上接入速率固定宽带用户占比91.4%,提高4.9个百分点;千兆宽带用户占比0.90%。移动互联网人均使用流量11.6G/(户·月)。全省移动流量资费水平3.33元/G,降幅23.2%。固定互联网宽带接入资费水平31.50元/(户·月),企业普通宽带平均资费降幅44.2%,企业专线平均资费降幅20.57%,企业普通宽带和专线平均资费降幅均高于政府工作报告中提出的降费目标,惠及90余万中小企业用户,累积让利2.6亿元。

【信息通信助力脱贫攻坚】 截至年

底，完成贫困行政村所辖的850个自然村组的网络建设任务，全省2900个贫困行政村中超过3.29万个自然村实现光纤宽带或4G网络覆盖，网络覆盖率98%。全省农村地区4G基站超过7.5万个，固定宽带端口数量超过1200万个；农村固定宽带接入用户518.5万户，增长12.5%。进一步落实全省建档立卡贫困户5折优惠资费政策，惠及101万用户，累计优惠4.37亿元。

【印发《关于为江西省残疾人群体提供信息通信资费优惠的通知》】 3月25日，省通信管理局会同省残疾人联合会印发《关于为江西省残疾人群体提供信息通信资费优惠的通知》，要求省内3家通信运营企业面向全省持证残疾人推出5折优惠套餐。截至年底，累计惠及特殊群体6.9万用户。

【信息通信支撑新冠肺炎疫情防控】 新冠肺炎疫情发生后，省通信管理局仅用20余天在全国率先建成省级通信大数据平台，组建疫情防控大数据工作专班，加强对中高风险地区及境外到赣人员电信大数据分析，定期向省疫情防控指挥部、省委总值班室等提供漫入江西的统计数据150余批次。组织行业24小时对省市县三级指挥机构、定点救治医院、疾控中心等重点区域的基站性能和重要传输线路实施监控，保障通信需求。为江西1852位援鄂医务人员免除通信费用，向全省电话用户推出暂缓停机、紧急复机服务；为省内在线教育网站备案开辟绿色通道，助力“赣教云”上线，推出网课优惠流量包，满足学生尤其是偏远山区学生的上网需求，助力停课不停学；向全省群众和武汉返乡入赣人员发送防疫提醒和疫情信息6.72亿条。省通信管理局疫情防控大数据工作专班被评为全国工业和信息化系统抗击新冠肺炎疫情先进集体。

【防汛应急通信保障】 面对省内发生的严重洪涝灾害，全省信息通信部门成立百余支党员先锋队，累计出动抢修人员6.72万人次、车辆3.25万台次、发电油机3.31万台次，恢复停电及退服基站9.24万站次，确保受灾区域无乡镇级通信全阻；为各级政府、防指、抗洪部队应急指挥通信提供卫星电话，紧急开通电话专线，点对点保障防汛应急指挥的90条专线、227个重点站址。保障全省116个集中安置点群众通信需求，助力气象部门精准发送6671万余条暴雨预警信息，为转移救护群众赢得时间。

【通信用户手机插卡识别处置平台上线运营】 为有效打击电信网络诈骗，省通信管理局组织推动基础电信企业在全国首创建成手机插卡二次实人验证技术平台。8月1日，江西省电信、移动、联通3家公司通信用户手机插卡识别处置平台正式上线运营。根据平台识别处置规则，基础电信企业对新入网用户1年内有以下情形的，将进行网上实人验证：新入网用户开卡12小时后首次手机插卡需要进行二次实人认证；用户更换终端插卡需进行二次实人认证；用户二次实人认证必须在短信下发后6小时内完成，6小时内单向关停主叫，保留被叫和数据流量；6小时内未完成二次实人认证或认证未通过的，停止所有语音和流量服务，待用户实人认证通过后再予以复机；二次实人认证必须识别本机号码等。该平台实现用户手机插卡网上验证功能，较好解决电信网络诈骗中手机卡实名不实人问题，有效阻断犯罪分子利用他人电话卡实施诈骗的途径。

【开展APP侵害用户权益专项整治】 年内，省通信管理局深入开展APP违规收集使用用户个人信息专项整治活动。通过委托主动检测、相关部门移交线索、用户举报等方式，对全省获得增值电信许可证企业运营的60款APP进行收集使用用户个人信息合规性检测，对存在问题的20款APP责令通信运营企业限期整改，防止APP违法违规收集使用个人信息，保护用户个人信息安全。

【开展“赣通—2020”应急通信保障演练】 6月23日，省通信管理局组织各通信运营企业和铁塔公司在南昌市开展“赣通—2020”应急通信保障演练。演练在事先不打招呼的情况下，临时下达任务，参演企业派出传输、基站、线路、电源、卫星、短波、无人机等各类应急设备和相关专业应急通信保障人员，按要求完成车载基站开通、短波远距离通信、无人机高空基站架设、电源故障处置等科目，完成预定任务。

【举办2020（第六届）江西省互联网大会】 11月6日—8日，2020（第六届）江西省互联网大会在抚州召开。大会以“智汇江西新时代，创享数字新未来”为主题，首次采用线上、线下同步模式组织进行。省领导、知名互联网企业精英、科研院校专家学者及相关负责人共1200余人在现场参与活动，在线参与人数累计207.78万人次。会议期间，举办5G消息高峰论坛等17场分论坛活动，设置内外场9个展示区56个展位，举行围棋人机大赛、无人机表演2项展示活动，集中展示信息通信领域的新技术新产品，以及互联网、大数据、人工智能与实体经济深度融合的新成果。

（钟凉楚）

本栏编辑　游桃琴

园区经济

综　述

2020年,全省园区营业收入3.2万亿元,增长10.1%;利润总额2265.4亿元,增长15.4%;从业人员211.3万人。营业收入过百亿元园区73个,新增2个。其中,过3000亿元园区1个;过千亿元园区6个,新增1个;过500亿元园区21个,新增4个;过300亿元园区32个,新增4个。

*坚持稳中求进工作基调。*强化目标导向、问题导向和结果导向,印发开发区实施集群式项目满园扩园和两型三化管理提标提档行动工作要点,明确主要目标、重点任务和工作要求,建立调度推进、协调落实、协同配合机制,确保两大行动有序开展、取得实效。谋划推进产业集群提能升级改革工作,以重点产业集群为抓手,以改革创新为动力,进一步壮大产业集群实力与竞争力,推动产业集群加快转型升级、高质量跨越式发展。省政府办公厅印发《江西省产业集群提能升级计划(2021—2025年)》,强化分类施策、分级管理,推动产业集群扩规模、提能级、强链条、壮实力,推动产业集群优化整合,错位发展,培育形成若干个营业收入超千亿元、超500亿元的产业集群,做大做强做优开发区核心竞争力。制定《关于支持新时代赣南原中央苏区新一轮产业高质量发展的若干措施》,聚焦聚力培育打造钨和稀土、现代家具、电子信息、纺织服装等特色优势产业集群。出台《关于支持景德镇国家陶瓷文化传承创新试验区产业集聚发展的若干措施》,推动陶瓷产业创新绿色融合发展,培育先进陶瓷产业集群。研究制定促进省级工业园区加快提档升级发展的措施,加快省级园区倍增发展,进一步做大规模、增强实力。

*实施"项目建设提速年"活动。*围绕集群式项目满园扩园行动,实施高位推动,紧盯"5020"重大项目,持续推进招大引强。建立"5020"重大项目库,强化抓谋划、抢开工、促在建、重投产流程管理,推动"5020"项目全省园区全覆盖。2020,全省开发区新开工、投产"5020"项目150个,总投资5000多亿元。实施产业集群双百工程,进一步聚焦首位产业、主导产业,打造过百亿元、500亿元和千亿元产业集群。全省100个省级重点工业产业集群营业收入2.1万亿元,占全省开发区的三分之二,增长11.6%;利税总额1622.2亿元,增长10%。营业收入过百亿元产业集群新增23个,总数达88个。其中,过500亿元产业集群新增3个,总数达8个;过千亿元产业集群新增1个(南昌高新区光电产业集群),总数达2个。开展重点产业集群综合评价通报,首次对100个产业集群实施整体评测,南昌高新区光电及通信产业集群、樟树医药产业集群、南康家具产业集群等综合评价排序前20位的产业集群评价结果为优秀。推进主题产业园区建设,引导推动国家级园区建设2~3个、省级园区建设1~2个主题产业园,2020年新建主题产业园115个,累计建设主题产业园218个。推进战略性新兴产业集聚发展,新增培育4个省级战略性新兴产业集聚区,总数达20个,全面完成"十三五"规划目标。

*加快标准厂房建设。*研究制定《关于加强和改进标准厂房建设使用的指导意见》。启动省级标准厂房建设奖补工作,评审奖补项目30个,全省2020年度建成标准厂房超2000万平方米。连续实施3批省级标准厂房奖补,近5年累计撬动各地建设标准厂房超1亿平方米。强化省级奖补的标准厂房利用导向管理,平均入驻率70%左右。提升平台功能。加快产业创新服务综合体建设,启动2020年度创建试点,新增5个省级产业创新服务综合体,总数达16个,支持园区完善基础设施和功能配套,推动改善产业结构、提升产业层次、优化产业支撑。建设技术、信息、金融、物流等综合功能平台,建成综合服务平台83个,入驻企业1228家。累计建成创新平台991个、创业平台271个、金融平台137个、物流平台178个。推进智慧园区建设,省工业园区智慧云平台贯通全省开发区、上线超3万家企业。建立园区复工复产"战疫"调度系统、园区百万大招工专栏,打造开发区和产业集群数据库。

*实施开发区百万大招工行动。*联合省人社厅、省直有关部门、各设区市,通过协调返岗、本地挖潜、线上招聘、校企对接、中介推介等方式,截至3月31日,全省开发区新招工116.5万人。推动开发区企业复工复产。印发《关于进一步加强和改进帮扶服务推动复工复产促进工业经济平稳发展的通知》,指导推动重点物资保障生产企业及省内外产业链配套企业协同复工复产,协调解决企业困难和问题,支持帮助企业安全有序复工复产。开展园区高质量发展专题培训。联合新加坡国立大学苏州研究院,组织园区主要负责人到苏州新加坡工业园区,学习培训"十四五"形势任务、高质量发展规划思路和战略政策、园区管理、产业培育等内容,提高园区负责人业务能力。

(江海)

南昌高新技术产业开发区

【概　况】 位于南昌市东部。规划面积286平方千米，建成区面积100平方千米，辖2镇、2管理处。总人口60万人。2020年，地区生产总值745.1亿元，增长5.5%。园区营业总收入5090亿元，主营业务收入3065.2亿元。实际利用外资12.48亿美元，增长17.81%；实际利用内资333.1亿元，增长22.7%。财政收入114.3亿元，财政支出41.9亿元。全年签约重大项目85个，签约投资总额1024.34亿元，增长72.44%。其中，“152”项目10个，包括100亿元工业项目3个、50亿～100亿元工业项目3个、20亿～50亿元工业项目4个。在全国国家级高新区综合排名中，连续6年进位赶超，跃升至第26位。

【产业发展】 成功获批国家新型工业化产业示范基地。主导产业中，电子信息产业营业收入1005.75亿元，增长19.7%，成为高新区第二个千亿元产业。航空制造产业营业收入140.54亿元，增长24.8%。中发天信、华勤通讯、商飞中心等10个省大中型项目、11个市重点推进项目全部开工。龙旗科技园、昂坤半导体、澧升无人机等28个产业项目建成投产或运营，其中祥喆五金、茂特生物、京新医疗等项目当年开工、当年建设、当年投产。纳入全省“映山红”重点企业库77家，上市企业18家，江西日月明测控科技股份有限公司成为全省创业板注册制“第一股”。销售收入超百亿元企业9家，分别是欧菲、正邦、双胞胎、中烟、方大特钢（园区口径）、江铜、洪都、华勤、济民可信（火炬口径）。正邦集团营业收入首次突破千亿元。

【科技创新】 2020年，南昌高新区R&D经费占地区生产总值的5%。高新技术企业560家。入榜全省瞪羚（潜在）和独角兽（种子、潜在）企业19家，高新技术产业产值占比63.6%。引进和培育北京大学南昌创新研究院、中国信通院江西分院、华为南昌创新中心等各类科研平台21家。引导企业开发各类科技项目近200项，立项资金1.04亿元。全省首个省级高层次人才产业园在高新区建成开园，省高层次人才联谊会落地高新。出台人才产业园“双十条”政策，兑现省市区三级人才政策资金1.1亿元。引育国内外顶尖人才23人、国家和省市级人才264人、技能人才13万人。

【助力复工复产】 统筹新冠肺炎疫情防控和经济社会发展，制定出台高新区“稳增长十条”和“企业用工服务十条”等举措，在全省率先开通专机、专列、专车，帮助企业解决资金、用工等难题，全年降低企业成本27.92亿元。兑现各类专项补助资金22.93亿元，其中包括向企业累计拨付抗疫补助资金6.23亿元。

【民生工程】 全面完成“两不愁、五保障”脱贫解困任务，南昌大学第一附属医院高新医院全面竣工投入使用，麻丘敬老院“公建民营”品牌得到民政部肯定。全区村集体收入全部突破20万元，全面消除“空壳村”，农民人均可支配收入突破2万元。上线高新区市域社会治理网格化信息平台，形成社会治理“一张网”。推进国家食品安全示范城市创建工作，开展安全生产大排查大整治。

【营商环境】 2020年，南昌高新区创新数据共享方式，推行申领执照与刻章备案集并办理，实行首套公章政府买单、企业开办“三小时”办结制，打造全省首个“5G＋智慧政务”实体政务大厅，全面推进工程建设项目改革、“好差评”系统、“赣服通”3.0建设等改革举措，获评“全国政务服务最佳实践奖”。通过全面推行“审核合一”的办理模式，创新印章预刻制运行流程，实现企业开办全流程环节“即收即审”“无缝对接”，企业只需一次提交设立申请、公司章程、住所证明等7项申报材料后，经专区数据同步采集、信息实时流转、后台并联审批，即可实现从名称核准到领取营业执照、印章按小时出件，相当一部分实现“立等可取”，打通服务企业“最后一公里”。

【干部队伍建设】 深化人事制度改革，在全省开发区率先启动新一轮干部竞聘，选优配强部门正副职和镇处党政正职，职务职级并行进行部门副职竞聘和职级晋升，为全省开发区干部人事制度改革提供“高新模式”。

（李志恒）

新余高新技术产业开发区

【概　况】 新余高新区辖1镇、2街道办事处。辖区面积266平方千米，园区规划面积100平方千米。常住人口18万人。2020年，地区生产总值145.57亿元，增长5.2%。财政收入26.67亿元，增长3.1%。其中，税收收入25.42亿元。工业企业总产值601.33亿元，增长12.44%；营业收入600.58亿元，增长12.67%；利税总额28.11亿元。工业增加值增长6.6%。实际利用外资2.24亿美元，增长6.9%。外贸出口40.2亿元，增长19.4%。省外签约项目63个，投资总额341.84亿元，其中亿元以上项目27个。其中，“5020”项目8个，分别是50亿元以上项目2个，20亿～50亿元项目6个。新增规模以上工业企业44家，总数225家；新增高新技术企业26家，总数100家。

【重大重点企业发展】 年内，省市重点项目开工率、投产率分别达98.4%、82.5%。新冀动力电机定转子及电机整机项目一期试产，博迅汽车高端消防装备和智慧消防物联网系统集成项目一期正式投产。赣锋锂业年产5万吨氢氧化锂项目投产。赛维公司成功研制世界首个旋式铸造单晶炉，成本降低20%。新华股份公司产品广泛用于国内外大型桥梁工程，占据国内25%以上的市场份额。增鑫科技业务收入实现翻番，突破10亿元。沃格光电依托薄化镀膜技术的国内领先地位，实现年销售收入翻番。亿铂电子在欧美市场线上订单增长30%，成为全球第二大激光打印机通用硒鼓生产基地。青春康源、金土地、力生食品等食品药品企业在新冠肺炎疫情期间实现转产，为医用物资供给提供保障。动力电池产业基地被认定为国家级动力电池特色产业基地，4家企业获评瞪羚企业、潜在瞪羚企业。

【体制改革】 深入推进相对集中行政许可权改革，单设行政审批局。在全省率先推行“证照分离”改革，全面实施“一枚印章管审批”，办事效率提高80%以上。推广午间和双休日延时服务。推行竞争上岗、绩效考核、末位淘汰等人事制度改革。探索财税金融体制改革、城市管理体制改革，稳妥推进农村宅基地制度改革试点。

【营商环境】 年内，先后举办以智能制造产业、锂电新能源产业、科技创新企业等为主题的5期“高新恳谈”，问题解决率90%以上。创新企业帮扶新模式，探索法律服务外包，出资聘请2家律师事务所为园区法律服务单位。建设智慧园区平台，精准服务企业，为园区企业提供产品展销及供求展示、跟踪帮扶服务等。在全省率先出台《积极响应映山红行动大力利用资本市场推动高质量跨越发展暂行办法》，支持企业境内外直接上市、并购后间接上市、总部迁移“植入式上市”；出台《鼓励企业科技创新实现高质量跨越发展若干意见》，实施高新技术企业、创新人才、创新平台“梯度倍增计划”。

【基础设施建设】 年内，投资12.6亿元实施提升城市品质项目43个。5大景观绿化精品工程、33个安置小区品质提升、12条城市支路和背街小巷改造提升项目基本完成。实施棚户区改造1411套，签约率、开工率均为100%。盘活闲置土地112.47公顷、消化批而未用土地89公顷。全区有各类住宅小区135个，实现规范化物业管理的小区83个，52个无物业小区全部成立业主委员会。

【人才引育】 激发“研发飞地”活力，高新区在外设有研发飞地13个，吸纳高层次人才300余名，开发出新产品、新技术320项。加强人才载体建设，动力电池特色产业基地成为2020年国家火炬特色产业基地，江西新余新材料科技研究院院士工作站落户赛维。全年引进本科以上人才222人，引进高素质优秀教师4人，打造农村实用人才培训基地5个，首批建设的4家“三名”工作室成效初显。园区获批国家级专家服务基地，省级服务支持人才创新创业示范基地。截至年底，全区有国家级研发平台3个、国家级特色产业基地4个、省级企业技术中心8个；省级工程技术研究中心2个；省级重点实验室3个；院士工作站4个；博士后科研工作站4个，博士后创新实践基地2个；省级创新团队5个，市级工程技术研究中心24个。

【脱贫攻坚】 全区“建档立卡”贫困户904户2197人全部脱贫。脱贫不稳定户为0，边缘易致贫户13户28人全部解除预警风险。省级贫困村河坪村如期退出。贫困户人均纯收入从最初的2497元，增长至2020年度的16684元，净增14187元。脱贫攻坚成效考核连续3年位列全省功能区第一方阵。

【乡村振兴】 农业龙头企业实力强。全区有规模以上农产品加工企业35家，年销售收入100多亿元，年税后利润3亿多元。培育发展天添农汇、农益万、汇杰电子、金土地、马洪实业等10多家涉农电子商务企业，其中马洪老酒、洪鸭皮蛋、归云山酸枣糕等产品年线上销售交易额1亿多元。农业经营主体发展活力足。2020年，新增新型农业经营主体24家，新型农业经营主体总数463家，共流转土地2586.67公顷，惠及农户6724户。农村电商产业发展势头好。全区建有村级电商服务站点51个，其中邮乐购服务站点5个、益农社服务站点46个，实现村级全覆盖。乡村建设更秀美。完成城乡供水一体化建设，建成“三园”面积19.8万平方米。安排新农村建设点151个，实现25户以上村组全覆盖。建成5个垃圾中转站，46个行政村全部实现垃圾无害化处理。建成村镇生活污水处理设施18座、无害化公厕497座，全区无害化户厕普及率93.4%。

【生态环境保护】 落实“河长制”“林长制”，总投资2.3亿元的污水处理厂异地提标项目投入使用，全区水质稳定在Ⅲ类水以上。开展“蓝天行动”，中央、省、市环保督察反馈问题得到整改，空气优良率97.7%。被国家发改委列入环境污染第三方治理园区，获评国家级绿色工业园区。全面推进受污染土地修复治理，前卫土壤污染治理国家试点项目已报验收，完成受污染土地安全利用面积201.67公顷，完成率100.8%。

【全国首次省级大规模核酸检测应急演练在新余高新区举行】 12月19

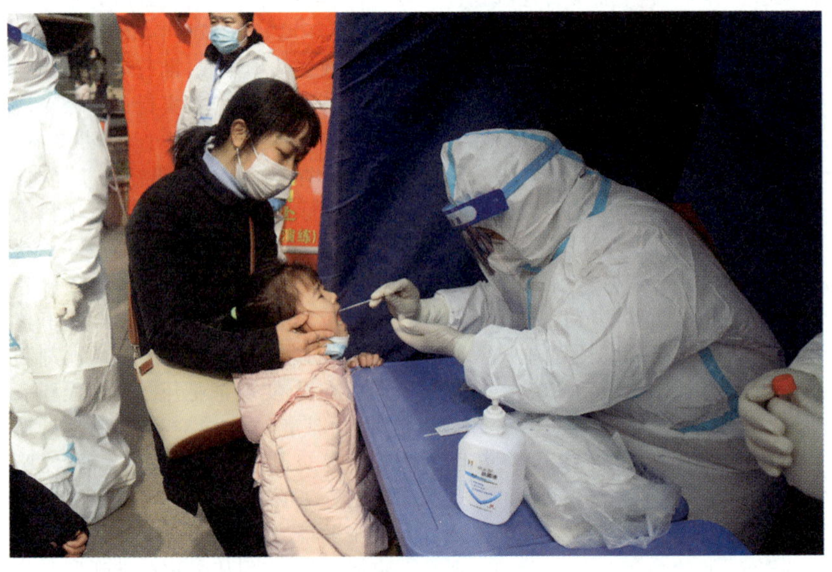

12月19日，医务人员在做核酸检测

罗柳根摄

日,江西省应对新冠肺炎疫情大规模核酸检测应急演练在新余举行,这在全国属首次。演练分为桌面推演和实际检测2个部分。桌面推演围绕疫情报告、临时管控、综合研判、封锁管控、核酸检测5个环节进行。演练中,该市首次采用核酸检测信息登记系统。指挥部从全市范围内抽调医务人员组建60个采样小分队,按每两千居民设置1个采样点,采集地点选择空旷、通风良好的场地,划分为等候区、采集区、缓冲区和临时隔离区,有效分散待检人员密度,高效组织群众参检,实际检测6.70万人。为全省提供可借鉴、可复制的经验,得到省疫情防控指挥部表彰。

(肖喻林　严玉环　杨小明)

景德镇高新技术产业开发区

【概　况】 位于景德镇市昌江区。全区控规面积30.85平方千米,实际管辖面积11.68平方千米。2020年,有规模以上工业企业94家,工业从业人员3.5万人,完成规模以上工业企业营业收入263.49亿元,增长3%。规模以上工业增加值56.13亿元,增长4.4%。实际利用省外项目资金111.01亿元,增长8.15%。外资进资4602万美元,增长6.45%。外贸出口14.7亿元,增长33.15%。因新冠肺炎疫情原因为企业减负降税,财政总收入15.09亿元,比上年略有下降。在全国169家国家级高新区中年度综合排名第81位,比上年前移5位。新增29家国家高新技术企业、47家国家科技型中小企业,新增2家省级科技创新平台(玉柏和联晟),新增有效发明专利158件。

【北航江西研究院景德镇分院获批】 5月,北航江西研究院景德镇分院获批,基本确定装修方案,年内确定11个由专家教授领衔的科研团队入驻。到年底,北航大学已确定前期引入5个科研团队入驻景德镇分院。

【青少年航天航空科普培训基地挂牌仪式举行】 11月,青少年航天航空科普培训基地牌匾授于江西直升机科技馆,并在该馆举行挂牌仪式。江西直升机科技馆是国内唯一一家直升机科技馆,占地面积1万平方米,位于景德镇高新区江直公司厂区内,是国家4A级景区,有海洋馆、星空馆、沙漠馆、森林馆、体验馆5个展馆,拥有米4、ka-26、Ak1-3、BO105、武直十等30多架直升机真机和模型。

【景德镇市哇陶众创空间小型微型企业创业创新基地入选国家级小型微型企业创业创新示范基地】 10月30日,工信部印发《关于公布2020年度国家小型微型企业创业创新示范基地名单的通告》,江西省3家基地入选,其中景德镇市哇陶众创空间投资管理有限公司的景德镇市哇陶众创空间小型微型企业创业创新基地是其中之一,填补景德镇市无一家国家级双创基地的空白,也填补全省无一家陶瓷类国家双创基地的空白。创业基地占地1.80万平方米,建筑面积近1.60万平方米。设有研发中心、商务中心、培训中心、多功能厅、多间创客展厅和文化艺术交流厅、客房、娱乐室、健身房、休息室、食堂等,创业孵化面积利用率87.3%。

【航空产业孵化园建设】 高新区航空产业孵化园项目位于航空大道与环保路交汇处,总建筑面积约11.83公顷,项目共13栋厂房,其中7栋多层厂房、4栋单层厂房、1栋配套服务楼、1栋航空科研楼。于4月全面开工建设,年底厂房已全部封顶。

【高新区职业教育学校】 该项目建设用地面积约8.95公顷,项目总投资1.35亿元。一期项目总建筑面积约2.8万平方米,主要建设职业教育中心、综合教学楼、教师办公楼、学生宿舍、图书馆、多功能会议室、田径运动场、室内体育馆、公共活动区、教育礼堂、食堂等工程,以及大门、围墙、地下室及设备用房、护坡、道路、广场、绿化、排水、供电等配套工程,购置职业教育实训设备。12月4日正式开工。

(程立梅)

鹰潭高新技术产业开发区

【概　况】 位于鹰潭市城区西南处,分白露科技园、龙岗产业园,辖1街道办事处。总面积43平方千米,规划面积28平方千米,建成区面积15平方千米。2020年,工业营业收入674亿元,增长9.57%;工业增加值增长6.4%。固定资产投资49.6亿元,增长10.7%。财政总收入25.04亿元,增长1.8%。财政支出26.8亿元。全年新增规模以上企业26家;净增高新技术企业14家。全年新签项目62个,投资总额330.4亿元。其中,投资额20亿元以上项目5个,50亿元以上项目2个。

【产业升级】 加快建设智联小镇,小镇起步区配套12条路网基础设施基本建成。35万平方米智联定制厂房、标准厂房建成投入使用。创新打造智联云馆,成为高新区乃至鹰潭市物联网产业发展对外科普、体验、宣传、招商、服务等多功能展示重要窗口。弘信电子、赛特智能、58科创等行业标杆企业签约入驻小镇。以智联小镇为载体,发展物联网及相关5G、智能制造等战略性新兴产业,6月10日成立江西省移动物联网产业技术创新战略联盟,为全省首家移动物联网产业技术创新战略联盟。推动欧菲光、弘信电子等一批物联网生产制造企业集群集聚,壮大孵化研发、产业导入、示范应用、安全检测的物联网产业链生态闭环。加快推进铜产业智能化、信息化改造,重点扶持鑫铂瑞、胜华金属、江南新材等一批精深型、供应链型铜企业。

【招商引资】 2月9日,高新区克服新冠肺炎疫情影响,通过Welink远程视频与朗通电子科技有限公司签约年产120万件辐照交联低烟无卤阻燃、耐火电缆项目,这是高新区在全市首创“屏对屏”线上签约。3月,高新区举行招商引资项目集中签约仪式,引进广东中造动力智能设备有限公司智能装备生产项目、海南工控国鑫国际贸易有限公司物联网智能终端制造项目等6个项目,项目总投资122.2亿元,涉及物联网、智能制造、新材料等多个领域。

【高新区2家企业在第九届中国创新创业大赛(江西赛区)决赛中获奖】 8月26日,在科技部主办、南昌市两创办、南昌市科技局承办的第九届中国创新创业大赛(江西赛区)暨第五届"洪城之星"创新创业大赛决赛中,高新区企业江西赛鹰智能科技有限公司的"全场景无人驾驶及机器人技术应用"项目获初创组第一名,江西叠嘉信息科技有限公司的"江西省冷数据灾备中心"项目获初创组第二名,实现鹰潭市参加全国创新创业大赛获奖零的突破。

【举办5G+工业互联网应用成果展示发布会暨战略合作协议签约仪式】 9月7日,鹰潭高新区举办5G+工业互联网应用成果展示发布会暨战略合作协议签约仪式。会上,发布全国首个铜箔行业5G+工业互联网智慧工厂应用成果,该成果以新一代信息技术为路径、以精细化管理为手段、以降本增效为目标,打造泛在感知、自动控制、智慧决策的智能化工厂。鹰潭高新区管委会与江西移动签订5G+工业互联网战略合作,同时,南昌大学、江西移动鹰潭分公司、鹰潭市泰尔物联网研究中心分别与江西鑫铂瑞科技有限公司、江西中轻智能设备有限公司、江西沃正邦农业科技有限公司、普华鹰眼科技发展有限公司签约5G+智慧工厂、5G+无人机、5G+智慧农业、5G+网联无人机平台战略合作协议。

【获批国家网络安全"高精尖"技术创新试点示范项目】 11月27日,工信部公布《2020年网络安全技术应用试点示范项目名单》,含新型信息基础设施安全、网络安全公共服务、网络安全"高精尖"技术创新平台3大类177个项目,鹰潭高新区成为6家入选名单中唯一的非省会城市园区。作为国家"03专项"试点示范核心承载地,鹰潭高新区有移动物联网产业蓬勃发展的基础,创新要素聚集,创新政策汇集,形成打造国家网络安全"高精尖"示范区"特色鲜明""基础雄厚""产业齐全""政策集成""人才汇聚""平台领先""配套完善"的7大优势。

【获评科技部"国家火炬铜基新材料特色产业基地"】 3月10日,科技部火炬中心印发《关于核定重庆涪陵现代中医药特色产业基地等二十九家产业基地为国家火炬特色产业基地的通知》,鹰潭铜基新材料特色产业基地被评为国家火炬铜基新材料特色产业基地。鹰潭铜基新材料特色产业基地位于鹰潭高新区,已聚集江西江南新材料科技有限公司、鹰潭市众鑫成铜业有限公司、胜华金属股份有限公司等40余家产业关联度大、市场竞争力强、技术水平高、发展潜力大的骨干优势企业。

(严志征)

抚州高新技术产业开发区

【概　况】 总面积158.6平方千米,辖1镇、2街道办事处。总人口15万人。2020年,营业收入507亿元。固定资产投资136.6亿元,增长9.3%。其中,工业投资101.1亿元,增长11.8%。工业用电量10.3亿千瓦时,增长24.9%。财政总收入22.6亿元,一般公共预算支出20.42亿元。外贸出口30亿元,增长41.6%。实际利用外资1.07亿美元,增长39.78%。新增国家高新技术企业11家,总数85家;新增规模以上企业12家,总数136家;新增瞪羚企业6家,总数9家。

【抚州高新区被批准为国家新型工业化产业示范基地(数据中心)】 3月5日,工信部公布第九批国家新型工业化产业示范基地名单,抚州高新区被批准为国家新型工业化产业示范基地(数据中心),成为全省唯一一家按专业化细分领域竞争力强的特色产业示范基地。抚州高新区打造华中地区最大的数据中心,推进九木集团超算中心、卓朗科技数据中心、抚州中科曙光云计算中心等数据中心建设,数据中心总投资超400亿元。以数据中心为核心,开发建设一个产城融合、生态美丽的数字小镇项目,围绕"双核云脑、内圈智造、外圈两融"进行产业空间布局,构建大数据云计算、新型电子信息制造、两化融合与数字化转型3大产业发展平台。成立抚州高新区数字经济发展有限公司,从建设城市"大脑"、打造区域性工业互联网平台、服务数字经济产业园等方面,对企业进行数字化升级。打造江铃底盘、博雅生物、双菱电子、明恒纺织等一批智慧工厂试点示范项目,全区应用智能制造技术和生产智能产品的企业20余家,使用智能制造设备1500余台(套),39%以上的规模以上企业应用数字化研发设计工具,35%以上的规模以上企业关键工序实现数控化。

【新增2家国家级众创空间】 3月24日,科技部火炬中心公布2020年度国家级众创空间名单,江西9家入选。其中,抚州高新区2家,分别是抚州高新区科技企业众创空间和抚创空间。抚州高新区科技企业众创空间围绕抚州高新区"1+3"产业(新一代信息技术产业、汽车及汽车零部件产业、生物医药产业、新能源新材料产业)布局开展项目招引孵化,依托高新区青年(大学生)创业实训基地、科研中心、人力资源市场、行政服务中心、展示馆、恰噶空间和总部经济办公楼7大平台开展创新创业服务,为企业提供政策指导、创业指导、融资担保、管理咨询、财税代理、人员招聘、技能实训、岗前培训、社保补贴、项目申报、项目推介、和评估等中介服务。抚创空间有入驻、孵化企业(团队)80余家,其专业服务能力覆盖材料学、物理化学、科技、金融、教育培训等领域,聘请20余位创业导师,累计举办培训活动200余场次,通过线上平台建设、线下资源对接、技术支持、团队保障,实现线上线下联动一体、相互协调、相互支持,提高企业自主创新能力,推动知识产权成果转化。

【举办2020年中国新基建与铜基材料创新应用(抚州)发展论坛】 7月31日,中国有色金属加工工业协会和抚州市政府共同主办的,抚州高新区管委会、江西金品铜业科技有限公司共同承办的“2020年中国新基建与铜基材料创新应用(抚州)发展论坛”在抚州高新区举行,国内铜加工行业知名企业家、高校及科研院所专家、装备制造商和下游用户、辅料生产企业、贸易商、期货公司等170余家单位的相关代表350多人参会。论坛主题为“新基建、新发展、新应用”,会上集中签约项目8个,签约总金额80亿元。

【举办2020中国(抚州)智慧商显系统产业创新发展大会】 9月24日—25日,中国商用显示系统产业联盟、抚州高新区管委会和深圳市商用显示系统产业促进会联盟联合主办的,2020中国(抚州)智慧商显系统产业创新发展大会在抚州高新区举行。大会以“数字新经济 商显新机遇”为主题,共有相关领导、专家和企业代表及媒体记者200多人参会。大会分开幕式、清单发布+签约仪式+专题报告、主旨演讲+高峰对话3个阶段。

【举办2020中国(抚州)不锈钢新材料应用产业峰会】 10月29日—30日,中国特钢企业协会不锈钢分会和抚州高新区共同主办的2020中国(抚州)不锈钢新材料应用产业峰会在抚州高新区举行,共有相关领导、专家、企业代表和媒体记者300多人参会。峰会主题为“用新改变,链接未来”。其间,举办招商推介、高峰论坛等系列活动,会上集中签约4个项目,签约总金额60亿元。

【民生工程】 抚州高新区依托区鑫农公司打造现代农业综合服务发展平台,实现农村土地流转率75%以上,实现所有村集体经济收入均超10万元;以上七线旅游公路为纽带,打造抚州城市后花园;推进钟岭农贸市场、豪德贸易广场等地带卫生整治、垃圾分类、厕所革命等工作。

【新冠肺炎疫情防控与复工复产】 年内,抚州高新区共发放疫情防控贷款14.14亿元,为企业减税降费3.35亿元,推动区内企业率先实现复工复产。搭建“1+N+N”企业防控体系,采取一对一跟踪服务的方式,每日跟踪企业动态,为企业提供线上办理工商注册登记、项目立项等代办服务,提前与各职能部门对接协调环评、安评、用水用电、用工招聘、政策兑现等事项的办理流程及所需材料,并实时跟踪办理进展。全区共有26家企业被纳入省疫情重点物资防控融资白名单,有5家企业获3.15亿元专项贷,为企业减少融资成本1000万余元。组织开展线下招聘活动28场,线上招聘活动145场,帮助企业招工近千人。

(洪县昌)

赣州高新技术产业开发区

【概 况】 位于赣州市赣县区,分稀金谷科创城、稀金谷钨与稀土产业园、稀金谷产业服务园,规划面积125平方千米。2020年,工业总产值163.53亿元,增长11.51%。规模以上企业工业增加值增长4.8%。营业收入171.48亿元,增长11.45%;利润总额12.31亿元,增长47.09%。工业固定资产投资53.68亿元,增长16.47%。新增规模以上企业10家。

【产业集群】 推进稀土永磁材料、智能装备制造、新能源材料、钨精深加工及应用4条产业链建设,打造全国有影响力的永磁电机研发、生产、应用全产业链高地。重点培育中科三环、粤磁稀土、腾远钴业、寒锐钴业、中科拓又达等一批稀土稀有金属产业链上下游龙头企业发展,打造稀土钨新材料、新能源动力电池材料、稀土永磁电机、高端智能装备制造4个超百亿元产业集群。2020年,首位产业规模以上企业61家,营业收入108亿元,增长11.51%。稀土磁性材料、稀土资源综合利用和钴金属年产能均占全国市场份额的三分之一;钨铁年产量占世界市场份额的三分之一。新引进亿元以上项目18个,总投资159.8亿元,其中50亿元以上项目1个,10亿元以上项目6个。

【科技创新】 中科院赣江创新研究院落户稀金谷,与中国稀金(赣州)新材料研究院、中国稀金谷中科产业育成中心、国家钨与稀土产品质量监督检验中心、国家钨与稀土材料创新中心等科研平台形成“两院三中心”。搭建中国稀金谷“互联网+稀金新材料在线、稀金大数据、稀金网上交易”服务平台。协助筹办中国稀土学会2020学术年会暨江西(赣州)稀土资源绿色开发与高效利用大会,展现稀土产业尤其是中重稀土领域科技创新实力不断增强与新材料及应用产业的发展成果。

【基础设施建设】 建成稀金二路、稀金三路南段、稀金四路、稀金五路、稀金六路、稀金七路、科创二路、科创七路8条市政道路。茅店平台二期场地平整工程完工,智创公路港场地平整基本完工。总投资1.41亿元的洋塘污水处理厂建成进水试运行、茅店平台华能电厂供热管网一期工程基本完工、35千伏窑陈线完成迁改。实施洋塘水系治理生态修复工程、低丘缓坡AC块挡土墙、窑前安置点旁挡土墙等工程,完成稀金大道中段北侧生态修复、稀金四路东段生态修复工程。全年赣州高新区投资发展有限公司争取专项债资金9.67亿元、银行融资19.77亿元,保障红金一期企业搬迁整治的进行,推进中国稀金谷永磁电机产业园等基础设施建设。

【深化改革】 深化“放管服”改革,高效承接行政审批职能。12月,赣州高新区政务服务大厅正式运行,能承接的审批事项实现直接受理,暂不能完全承接的在政务服务大厅专线办理,不能授权或设立分支机构的审批事项实行帮办、代办制。年内,高新区“政区合一”改革试点列入全省试点示范项目。组建高新区经济运行中心、综合监督管理办公室、国有资产监督管理办公室,实现职能“整合”。对接省发改委、省工信厅等部门,将工业企业省投资项目在线审批监管平台的项目审批权限,统一归口区经发局,实现区内项目区内审批。推动人事制度改革。全面实行档案封存、员额总控、全员聘任、以岗定薪、绩效考核的人事薪酬管理模式,实现岗位能上能下、人员能进能出、待遇能高能低,调动干部积极性。

【中科院赣江创新研究院揭牌】 10月10日，中国科学院赣江创新研究院在赣州揭牌，填补江西省无国家级大院大所的空白。研究院建设基地位于赣州稀金科创城，分科研区、中试区、生态休闲区、运动区和生活区等区域，总用地面积75.47公顷。项目采用分区建设模式，首期建成7.35万平方米（科研楼、行政楼、研究生公寓、工程试验中心），已投入使用。新建一期项目于2020年10月开工，占地面积27.23公顷，建设面积18.8万平方米，总投资12.87亿元，主要建设科学之门（科研楼）、国际交流会议中心、产业大楼、稀土科普馆、专家公寓、学生宿舍等综合科研区。

【永磁电机产业园】 12月，启动永磁电机产业园一期标准厂房及配套设施和汶潭大道、汶潭大桥等项目建设，项目占地面积约26.67公顷，总建筑面积43万平方米，总投资21.6亿元。

（陈婧）

吉安高新技术产业开发区

【概　况】 位于吉安县，规划面积18平方千米，已建成面积12平方千米，分为敦厚园区和凤凰园区。2020年，主营业务收入552.5亿元，增长9.17%；利润47.7亿元，增长20.72%。工业增加值120亿元，增长6%。基础设施投入15.4亿元，增长20.28%。从业人员6.41万人。

【鄱阳湖国家自主创新示范区建设】 年内，新增高新技术企业14家，入库科技型中小企业39家；立讯智造、伊戈尔电气获评省级瞪羚企业，鑫泰科技获评省级潜在瞪羚企业。4月10日，出台《关于支持吉安高新区创新驱动加快国家自主创新示范区建设的实施意见》，推动以自主创新为核心的全面创新，增强高新区产业集聚力、科技创新竞争力。科技与金融加快融合，出资200万元加入吉安市“科贷通”风险补偿金池，12家企业获得“科贷通”贷款2050万元。深入实施知识产权战略，专利申请量975件、发明专利申请量110件、专利授权数670件、发明专利授权数29件，分别增长21.3%、57.1%、173.5%和222.2%。

【实施“四攻坚三提升”行动】 实施基础设施项目建设、企业升级发展、产业项目建设、创新驱动发展“四大攻坚行动”和党建创优争先强基、环保安全综治管理、服务效能效率“三大提升行动”，深化高新区改革和创新发展。电子信息产业首位度不断提升，实现主营业务收入476.1亿元，占园区主营业务收入的86.2%。举办吉安智能制造产业峰会。推进集群式项目满园扩园行动，招引亿元以上项目18个，其中50亿元以上项目2个，分别为宇宙集团和坤琦精密项目；10亿元以上项目2个，分别为睿创包装、冠锂智材。立景创新科技、麦特微电子、宏鑫智能照明、昌新机械等22个项目开工，全通网印、建巢远大、威尔顿等9个项目竣工。完成白云路南延、盘龙路东延建设，完成凤凰五路二期、南山路、鹏程大道四期施工；职业技术学校基本建成，凤凰消防站主体工程完工。消化批而未建土地25.33公顷，完成土地报批41.67公顷、林地报批11公顷。完成征地16.99公顷、拆迁约7113.6平方米。“两型三化”园区管理提标提档行动成效显著，新增安全生产标准化创建企业47家，立讯智造、博硕科技、奕方科技、联基实业等12家企业的市级清洁生产示范企业改造工作通过验收。

【立讯智造与湖南大学机器人视觉感知与控制技术国家工程实验室签订战略合作协议】 8月21日，“中国工程院院士吉安行”活动走进企业并开展对接活动，立讯智造与湖南大学机器人视觉感知与控制技术国家工程实验室签订战略合作协议。根据协议，实验室帮助立讯智造重点解决生产线改造、智能制造等方面的实际技术问题，立讯智造为实验室科学研究转换为生产力提供实践平台。

【营商环境】 2020年，持续开展降成本优环境工作，全力以赴战疫情、促复产，企业实现100%复工复产、达产达标，全年为企业减负6亿元，减免厂房租金132.22万元，帮助企业争取防疫物资，牵线搭桥银企对接，助力企业转型升级发展。完成“财园信贷通”放款3.9亿元，惠及企业80家。拓展融资渠道，获得贷款4.3亿元，财政专项债2.0亿元，发行项目收益专项债2.5亿元。立讯智造主营业务收入307亿元，增长59.1%。

【获批国家级绿色园区】 10月16日，工信部办公厅印发《关于公布第五批绿色制造名单的通知公示》，吉安高新区获批国家级绿色园区。吉安高新区严把企业入园关口，杜绝高耗能、重污染项目落户，鼓励已有企业实施技术改造，实现节能减排，完善和调整能源结构，天然气、太阳能等清洁能源比重稳步提高，通过聘请有资质的第三方公司对园区绿色发展进行全面规划提升，完成园区重点企业的清洁生产示范企业改造工作。

（陈飞跃）

九江共青城高新技术产业开发区

【概　况】 园区由2个区块组成。核准面积2.93平方千米，规划面积60平方千米，已建成面积20平方千米。2020年，主营业务收入453.48亿元，增长13.93%；工业税收收入11.96亿元，增长15%。新增规模以上工业企业24家。新引进工业项目54个，合同资金228.7亿元。其中，亿元以上项目54个，50亿元以上和20亿元以上项目各2个。分2批次集中开工项目50个，合同资金216.5亿元。新增投产项目32个，25个项目实现当年签约当年投产。新增高新技术企业31家，总数71家。规模以上工业R&D经费投入占地区生产总值的1.8%。

【基础设施建设】 高标准完成园区控制性详细规划和区内市政管网图，投资600万元实施西一大道改造提升工程，投资150万元实施标识系统工程，建成高新区规划展示馆，高新区学校、幼儿园、党群活动中心、职工食堂投入使用。实施10.5千米污水管网收集和加压提升工程，29千米雨污管网清淤疏通项目,污水集中处理率90%。开展环境综合整治专项行动,关停或限期整改60家“小散污”(租赁)企业。盘活清理闲置低效用地,按照“一企一策”清理盘活5家企业20公顷闲置低效用地。

【科技创新】 2020年,培育科技型中小企业56家,申报(潜在)瞪羚企业4家。中科院无人机研究基地、北大空间信息研究教育示范基地、南昌大学光伏研究院光氢储技术产教融合基地、中科软件产业园、灏谷人工智能创新产业园等科创平台落户高新区科创园,与4所高校签订产学研融合战略协议,初步构建“基础研究—科技创新—成果转化—产业聚集”的创新链。江中食疗获批省级企业技术中心和博士后创新实践基地,亚华电子获省新型光学材料工程研究中心。职大园2所高校、九江市高层次人才产业园先后签约落户;多名中科院院士担任创新创业顾问;20余名省科学院博士结对帮扶高新区企业,进行项目合作或技术指导。

【营商环境】 持续推进“放管服”改革,央视新闻和江西二套对此进行4次正面报道。设立项目代办中心和企业服务中心,全年为119家企业提供代办服务、为75家租赁厂房企业和29家购地自建企业办结全部审批手续。推行线下“一窗办理”,行政审批速度由“2750”提速至“1321”,即企业开办100分钟办结、不动产登记3天办结、社会投资类审批21个工作日内完成。建立政策兑现联审会,全年为150余家企业发放政策兑现资金1.3亿元,为44家企业申请财园信贷通2.65亿元。按照“五个一”项目服务机制,优化签约后的落地服务,对入区企业每周定期进行跟踪服务,引导供水供电供气部门开发园区企业用水、用电、用气“一卡通”预付费信息平台。

(九江共青城高新区)

宜春丰城高新技术产业开发区

【概　况】 2020年,高新区规模以上企业201家,工业总产值714.86亿元,营业收入697.41亿元,利润总额65.42亿元。工业固定投资134.41亿元,增长24.96%。引进亿元以上项目57个,签约资金357.07亿元,其中“5020”项目7个。基础设施建设投资9.32亿元,启动在建项目15.77亿元。开工项目107个,总投资504.32亿元。新引进项目73个,签约资金突破357.07亿元。其中,亿元以上项目57个。

【科技创新】 年内,新增国家级平台6个,总数7个。新增国家高新技术企业40家,总数93家。发明专利授权量新增30件,企业研发投入占营业收入比重的1.6%。推进17个项目开展技术改造,投资额约6.5亿元。高新区先后获国家生物制造特色产业基地、国家绿色产业示范基地等称号,园区企业江西和美陶瓷、江西唯美陶瓷分别获批国家工业产品绿色设计示范企业和国家绿色工厂等称号。

【营商服务】 3月,智慧园区平台正式上线使用,实现“数据多跑路,人员少跑路”。5月,组建行政审批服务局,实现园区事园区内办结。继续开展降成本优环境活动,在新冠肺炎疫情防控、金融信贷支持、税收返还、补贴奖励等方面帮助企业减负19亿元。41家企业通过财园贷获得贷款,贷款金额2亿元。其中,首贷企业7家,贷款金额2650万元。建立企业诉求反馈机制,将企业蹲点干部作为营商服务员,挂点领导作为营商专员,采取营商服务员入企听诉、召开政企“圆桌会议”等形式,收集企业问题,建立清单,并逐一整治销号。推进基础设施建设,全面完善全区雨污管网系统;推进标准厂房建设,建成中部教育装备制造产业园标准厂房、新能源新材料标准厂房19.6万平方米。

【招商引资】 紧贴主导产业,制定“四图五清单”(产业链图、技术路线图、应用领域图、区域分布图,重点企业清单、重点项目清单、集群清单、问题清单、政策清单),聚焦聚力头部企业和“5020”项目,投资61.8亿元的家居岩板生产线项目、投资23.5亿元的生命健康产业园项目、投资10亿元的家居产业园项目、投资4500万美元的年生产规模800万双鞋业等一批项目落户高新区。

【安全生产与环境保护整治】 完成二级安标化创建4家、三级安标化创建58家。重点排查危险化学品、消防、城市建设、工贸企业等行业领域安全隐患,共排查企业156家,发现隐患问题1795条。组织安全教育培训150余次,参与职工6000余人。开展安全生产网络课堂35场,参与职工2000余人。干部职工参加“安全生产大家谈”云课堂100余次,参与职工8000余人。督促推动14家重点涉水食品企业完成雨污明管化改造,达到雨水明沟、污水明管建设要求。对中心片区8千米雨污管网进行改造,已有45家企业完成雨污分流改造。实施污水处理厂提标改造工程,出水水质将从一级B标准提升到一级A标准。

(熊国安　蔡学贤)

南昌经济技术开发区

【概　况】 位于南昌市北郊。总面积158平方千米,辖1镇、2管理处。常住人口约45万人。2020年,园区总收入5018.14亿元,增长12.75%;地区生产总值563.76亿元,增长5.2%。财政总收入51.8亿元,增长2.1%。地方一般公共预算收入19.5亿元,增长1.3%。规模以上工业增加值增长5.7%。固定资产投资增长8.5%,其中工业固定资产投资增长9.7%。工业用电量增长8.83%,达23.5亿千瓦时,居全省开发区第一;引进内资505.29亿元,增长22%;引进外资12.1亿美元,增长18%。社会消费零售总额增长2.8%。新增高新技术企业61家,独角兽(潜在)企业3家、瞪羚(潜在)企业3家,国家级众创空间1家。在2020年国家级经开区综合发展水平考核中,位列第31位,其中实际利用外资专项考核位居全国第8位。

【招商引资】 11月28日,南昌经开区举行重大产业项目集中签约、开工活动，现场集中签约项目46个、集中开工项目33个，签约和开工项目总投资逾千亿元。年内，南昌经开区通过实施屏对屏洽谈、直播恳谈、网签项目等线上招商模式，共签约产业项目91个，总投资1368.69亿元。签约项目中，亿元以上项目56个，其中100亿元以上项目6个、50亿～100亿元项目3个、20亿～50亿元项目8个。特别是电子信息产业，引进3个过百亿元的项目，分别是投资300亿元的康佳第三代化合物半导体科技园、投资100亿元的华为新一代智慧视觉、投资100亿元的赣鄱数据湖。

【城市建管】 2020年，南昌经开区投入近亿元完成“绿改彩”项目，建成12个邮票绿地、2个小游园、3条绿道、11条道路，新建智能化公厕67座，完成桂苑大道、海棠路、青岚大道等8个白改黑项目，提前打通海棠北路、白玉兰路等断头路。白水湖污水处理厂挂牌督办问题摘牌。

【儒乐湖新城建设】 2020年，南昌经开区推进儒乐湖新城基础设施、生态环境、公共配套、产业平台等重点项目83个，总投资约600亿元。其中，新城路网框架、综合管廊基本成型，“六横八纵”主干交通闭环基本形成，儒乐湖公园南岸、北岸开园。4大医疗中心全部建成，其中白玉兰远程医疗中心、瑞慈国际体检中心开放运营。技术协同创新园一期、国际数字产业园首期等产业平台项目基本完工，部分投入运营。其中，国际数字产业园已有阿里云创新中心、中以（江西）创新中心等12家科技创新型企业签约入驻。

【民生工程】 2020年，南昌经开区拨付政策扶持奖补资金786.07万元，减免养老保险3058万元，减免工伤保险81万元。针对缺工人数、工种、用工等问题，派专人前往招聘地做好服务保障工作，为欧菲光、海立、同兴达等多家企业2973人开展各类培训。新城学校教学楼、实验小学、英雄学校提前交付使用，儒乐湖国际学校竣工，南昌二中（经开校区）启动建设。与广州七喜集团合作创办七喜集团南昌医院。投资4000万元建成三级综治中心，打造综治一体化运营平台。投入5000万元新增“天眼”“智慧云眼”各1500个，形成云网联动的治安防控体系。研发推出“金智”出入境智慧管理服务系统，人均办证时间由20分钟缩短为3分钟，节约警力50%以上。打造南昌北智慧公安检查站，得到公安部、省公安机关领导肯定。区法院一站式多元解纷和诉讼服务体系建设得到最高人民法院院长肯定。

【助力企业复工复产】 2020年疫情防控期间，南昌经开区专门成立全省第一家复工复产服务中心，帮助复工企业做到“四到位、两承诺、一张表”。并通过线上招聘一批、包车包机返岗一批、本地挖潜一批等方法，帮助7.4万人返岗复工，其中仅包机就达36个航班，运送返岗员工近4000人。复工复产工作实现2个100%（规模以上企业、省重大重点项目100%复工），复工率列全市第一。《人民日报》以“为企业复工复产当好店小二”为题，点赞南昌经开区的复工复产工作。

【低效用地改革】 2020年，南昌经开区持续推进低效用地改革，出让1宗商住用地，41.53公顷的经开公园由旭辉地产以20.2亿元竞拍成交，溢价率47.27%。在土地出让前，委托国内一流设计院，对文体中心作建筑方案设计，通过多轮方案比选，最终确定采用“经开之翼”的造型和功能布局。这是全省首例带建筑设计方案的土地出让新模式。

【营商环境改革】 2020年，南昌经开区对标世界银行的营商环境指标，复制自贸区政策，打出优化营商环境“三张牌”。推进企情大收处与企业大走访相结合，设立企情收处中心，负责征集、处置、督办企业反映的问题，区工委管委会领导定期到反映最多的企业走访，现场协调解决，让企业绝大部分的诉求能在第一时间解决。项目推进红绿灯制度与重大项目专班相结合，对所有产业项目和政府类项目实行挂图、亮灯作战，项目进展正常亮绿灯；当接近限时办结时亮黄灯，分管领导必须亲自协调调度；项目滞后亮红灯，纪检监察部门立即启动问责程序。同时，针对重大产业项目专门成立由区工委管委会领导挂帅的工作专班，全过程专人专办。推进容缺审批与并联审批相结合，大幅降低审批时间，特别是工程领域审批时间。

【创新资源整合】 2020年，南昌经开区与南昌市大数据发展管理局合作，共建中国南昌数字经济港，引进和培育一批数字经济企业，推进试验基地建设。与电信、移动、联通开展深度合作，以中国电信中部云计算和大数据中心项目、中国移动数据中心为依托，推进区域内5G网络基础设施建设和智慧园区、智慧城市、数字政府建设，加速“5G＋北斗”“5G＋工业互联网”等技术深入融合。同时，在数据平台、技术应用、区块链产业方面引进倬云数字营销产业园、亿达智谷数字平台、易虎网数字云工厂、北斗＋5G卫星导航、中科曙光先进计算中心、杭州趣链区块链产业园等项目，把数字经济港建设成为全省最大数据中心，全省最大的数据应用产业支撑平台以及在全省具有影响力的虚拟现实、区块链产业孵化中心。

【获评2019年度国家级经济技术开发区绿色发展最佳实践园区】 12月4日，国家级经开区绿色发展联盟公布“2019年度国家级经开区绿色发展最佳实践园区”名单，南昌经开区绿色发展有关指标以及所提交案例（南昌经开区智慧环保信息管理系统，以“一图、一库、一档、一云”实现园区环保信息全景展示）的规划引领性、创新示范性和模式复制性的情况，成功入选。南昌经开区智慧环保信息管理系统以推动园区循环化改造体系建设，解决区内周边空气异味问题、实时掌握国考断面水质情况为目的，利用大数据分析、云服务、物联网等技术，建立起以在线监测及重点企业环保合规为导向、线上线下结合的智慧环保信息管理系统。系统包含园区概述、生态环境、一企一档、一企一策、在线监控、统计分析、环境管理、政策法规8大板块内容，整合环保领域重点关注要素，同时匹配线下专家资源诊断园区企业环保“症结”，提升园区环境管理智慧信息化水平。

（万志平）

南昌小蓝经济技术开发区

【概　况】 位于南昌市南部。规划核准面积18平方千米，已建成面积约33平方千米。2020年，开发区营业收入、工业总产值、财政总收入分别为1220.4亿元、1208.42亿元和72.14亿元，分别增长10.29%、10.04%和4.5%。固定资产投资306.01亿元，增长11.96%。其中，工业投资284.38亿元，增长11.55%。实际利用外资、实际利用内资、实际利用省外资金、外贸出口分别完成6.45亿美元、324.72亿元、220.16亿元和8.5亿美元，分别增长9.87%、24.97%、25.65%和13.26%。累计签约项目34个、总投资547.21亿元。其中，签约100亿元以上项目2个，分别为总投资110亿元的富士康智能科技小镇和总投资108亿元的恒隆新能源汽车零部件产业园。

【产业发展】 2020年，汽车及零部件、医药医器、食品饮料3大主导产业工业总产值662.48亿元，增长14.35%，占园区比重的55.37%；营业收入669.52亿元，增长14.71%，占园区比重的55.39%。工业增加值、规模以上工业利润总额、规模以上工业用电量等经济发展的“先行指标”分别增长5.6%、16.8%、7.45%。

【项目建设】 2020年，开发区推进总投资645.14亿元的57个重大重点项目建设，争取重大项目建设专项债资金10.85亿元。富山整车基地、济民可信生物医药产业园、泰豪VR产业基地、上海沪工航天军工产业基地等龙头引领型项目在新冠肺炎疫情期间均实现第一时间安全有序复工。融科技研发、科技转化、科技交流、公共服务于一体的金湖科创小镇9月开工，项目总投资80亿元，总面积2.9平方千米。

【科技创新】 2020年，新增高新技术企业69家，新增入库科技型中小企业168家。截至年底，开发区有省级种子独角兽企业1家、省级瞪羚企业(潜在独角兽企业)11家；有国家级研发机构5家、省级及以上技术中心47家、院士工作站5家、国家级博士后科研工作站1家；有国家级众创空间3家，国家级星创天地3家。

【营商环境】 2020年，开发区探索实行领导“挂帅”、干部“挂牌”、服务“挂网”的“三挂”服务模式。持续推进降成本优环境专项行动，累计为区内企业争取各类专项资金3.26亿元。全覆盖上门走访38家纳税超千万元企业、网格化上门服务上千家生产经营主体。累计发放“财园信贷通”贷款6.52亿元、帮助企业获取疫情贷款19.65亿元，累计争取人行专项再贷款企业12家、放款额12.1亿元，85家企业入选省财政厅财复贷白名单。新设立总规模30亿元的产业引导母基金。

（小蓝经开区管委会）

九江经济技术开发区

【概　况】 位于九江市西部，分为城西港区、综合保税区、原出口加工区、科技工业园、汽车工业园、石化产业园。总面积80平方千米，辖1乡、3街道办事处。总人口约20万人。2020年，地区生产总值365.8亿元。园区营业收入1248.2亿元。财政收入120.96亿元。一般公共预算支出18.61亿元。固定资产投资253.7亿元。利用外资3.15亿美元；利用省外资金258.77亿元，增长7.78%。外贸出口约11.7亿美元，其中生产型出口增长142%。全社会消费品零售总额127.7亿元。签约项目69个，合同金额462.34亿元，其中“5020”项目5个、首位产业项目26个。研发投入资金7.04亿元，增长76.8%。新增高新技术企业39家，总量140家，增长28.4%；新增规模以上企业25家，总数171家。新增专利授权1113件，增长58.5%。城镇居民人均可支配收入44292元，农村居民人均可支配收入23345元。

【新冠肺炎疫情防控与复工复产】 设立阶段性应急纾困专项资金1亿元，实行区内供应链采购补贴2%、新增设备补贴6%的政策，带动配套企业实现产值超13.5亿元，形成区内微循环。对承租国有资产类生产经营用房免收租金，共减免租金1269.8万元。协调18家银行为企业授信170亿元，帮助解决融资缺口10.33亿元。新冠肺炎疫情期间，189名驻企特派员开展“一企一策”精准帮扶，为企业解决员工返岗不足、资金周转困难、防疫物资紧缺等问题365个；通过社区招聘、以工招工、“云上招聘”等途径，为200余家企业招工超过5000人，保障重点企业及时复工复产。

【开放发展】 跨境电商综合试验区、一般纳税人资格试点、跨境电商“1210”业务等政策相继落地，综保区开展全省首单“区港联动”业务，进出口贸易跨越式增长338%，深圳九米、浙江海淘、北京跨境优品等近200家跨境电商企业相继落户，跨境电商贸易额5亿美元，上港集团九江港集装箱吞吐量突破60万标箱。

【营商环境】 出台应对新冠肺炎疫情27条措施，落实领导挂点与驻企特派员制度，帮助企业争取招工补贴、房租减免、社保费减免等惠企政策，为877家企业减免社会保险费4207万元。金融超市正式运营，上交所资本市场服务江西基地落户，企业融资保障更加多样便捷。设立人力资源保障专项资金1000万元，支持企业招聘、培养和人才引进。

（胡小平）

赣州经济技术开发区

【概　况】 位于赣州市中心城区西北部，代管1综合保税区和3镇、1乡、1街道办事处、1管理处。总面积227.76平方千米，建成区面积53.07平方千米。总人口38万人。2020年，财政总收入52.24亿元，增长3.3%。其中，一般公共预算收入增长1.4%。工业营业收入860亿元，增长20%；规模以上工业增加值增长5%。固定资产投资增长8.2%，其中工业固定资产投资增长7%。社会消费品零售总额231.3亿元，增长4.4%。其中，限上消费品零售额94.5亿元，增长7.9%。实际利用省外资金135.4亿元，增长9.6%；实际利用外资增长11.47%。进出口总额增长46.5%，其中出口总额增长42.2%。赣州综保区进出口增长348%，增速列全国第八位、全省第一位。净增高新技术企业49家，总数186家。培育独角兽企业1家、种子独角兽企业1家、瞪羚企业4家。规模以上工业企业研发费用9.02亿元。新增专利申请1948件，增长21.52%；新增专利授权1280件，增长40.81%。

【工业发展】 新能源汽车产业营业收入131.83亿元，增速27.33%；电子信息产业营业收入258.37亿元，增速37.84%。全区新能源汽车、电子信息产业营业收入占全市的80%、40%，产业集聚度升至77.27%。特别是国机智骏、凯马汽车、中电汽车3家企业实现整车下线投产，全年总销量突破1万辆。新增入规企业149家，其中工业企业54家，全区规模以上工业企业总数突破241家。培育营业收入超10亿元企业16家，超50亿元企业3家。赣州卷烟厂年营业收入98亿元；孚能科技入选中国民营企业榜单500强，获批国家企业技术中心，并与吉利集团达成120Gwh战略合作；金力永磁营业收入接近25亿元，成为特斯拉供应商。全区有上市企业11家，特别是孚能科技在科创板上市，打响全省进军科创板的“第一枪”。总面积71.7平方千米的新能源汽车科技城、电子信息产业园、赣州综合保税区3大产业平台，投入资金175亿元，建成面积31.3平方千米，园区配套基本到位。35个工业标准厂房科技园在建面积369万平方米，完成主体建设面积200万平方米，企业可直接“拎包入住”。

【招大引强】 年内，举办首届欧潭经济论坛、承办2020“芯长征”半导体高峰论坛、2020全球区块链创新发展大会、“粤企入赣、合作共赢”2020年赣州经开区(粤港澳大湾区)产业招商推介会等系列招商活动，签约项目119个、签约资金1453.56亿元，引进投资1亿元以上项目84个，其中投资10亿元以上项目22个、投资50亿元以上项目6个、投资100亿元以上项目4个。

【产城融合】 全区建成区面积增至53.07平方千米，城镇化率75.97%，海绵城市建设面积占建成区面积的23.38%。项目报建量、合同造价约占全市的20%、约占中心城区的50%。完成《赣州市迎宾大道城市设计》等规划。迎宾大道两侧城市更新全面启动，14家企业签订搬迁协议，3宗地块完成挂牌出让。全区行政村通客车率100%，G105改线工程经开区段提前4个月通车。工业旅游直通车运营良好，接待各类研学游客100万人次，中国第二个皮皮鲁主题乐园落户经开区。赣州“城市之眼”落户嘉福万达广场、星洲润达两大综合体，规划总商业面积32万平方米。汉字文化主题园、五彩城花博园、共享农庄成为网红打卡地。

【改革创新】 成立区行政审批局，实现13个部门131个审批事项集中办理。高标准建设“赣服通”赣州经开区分厅，实现221个事项“一网通办”。对接融入省市“好差评”系统，群众满意率100%。“无证明”营商环境试行良好，取消调整各类证明事项135项。推进“一链办理”改革，为企业提供从开办到项目落地全过程代办服务，企业开办时间压缩至1个工作日，新设立市场主体网上注册率93.41%，“最多一次办结”事项占比95.82%。创新出台《赣州经开区金融服务业发展扶持奖励办法》《赣州经开区关于加强金融工作的实施意见》《促进供应链金融发展的若干措施》，规划建设数字金融产业园、区块链技术产业园，举办7次政银担企对接会，签约金额615.65亿元，各银行机构为全区中小微企业提供资金支持1762笔、金额224.12亿元。入选2020中国经济营商环境十大创新示范区，成为全省唯一获此荣誉的县(市、区)，被商务部认定为“国家外贸转型升级基地”。

【区属国有企业改革】 赣州建控集团获AA+主体信用评级；获国家发改委备案登记发行不超过2.7亿美元的境外债券，是全市国企首次获批发行境外债券。全区获批协议市场化融资金额258.33亿元，到位金额178.45亿元。区工发集团发布50亿元重大项目产业基金，初步构建起“1+N”基金生态体系。赣州保税实业集团升级市属国企平台，全年完成进出口报关1279单、约46.4亿元，为区内企业提供供应链金融服务超40亿元。

【赣州综保区】 2020年，在全省常态化开行赣州至香港货运直通车线路，在全国第四批跨境电商综试区中第一个开通跨境电商业务，跨境电商平台“赣州保税商城”正式上线运营。投资120亿元的“一带一路”赣州千亿新粮谷项目落地。举办首次创新创业大赛，打造8大“双创”集聚区，在孵企业2250余家，创业就业人数近1.6万人。

【脱贫攻坚】 全区5405户1.90万人贫困人口全部高质量脱贫，粮食作物播种面积3820公顷，初步建成蔬菜、水产、脐橙等4个千亩基地，全区村集体经济总收入6306万元、增长80%，村均经营性收入96.5万元。

【污染防治】 全年空气质量优良率97.8%，上升4.5%；$PM_{2.5}$年均浓度25微克/立方米，下降16.67%，优良率、$PM_{2.5}$均优于省市考核目标值。武陵大桥市级考核断面地表水水质优良率100%(达到或优于Ⅲ类)，中心城区第二水厂饮用水水源水质达标率100%。全年未出现劣V类水，未发生涉及土壤的环境事故。

【民生实事】 投入44.92亿元办好39件109项民生实事。聚焦“返迁安置慢”“入园难”“就医难”等老大难问题，开工建设返迁安置房项目26个，竣工分配返迁安置房项目14个，安置房建成面积161万平方米，完成分配7083套，安置2766户，分配安置数超前5年总和；13所中小学、幼儿园建成投入使用，新增义务教育阶段学位9000余个，彻底消除“超大班额”问题。5家医院陆续建成。

(邱毅 曾鼎)

井冈山经济技术开发区

【概　况】 位于吉安市城南,包括井冈山经开区本部、吉州产业园、河东园区、富滩园区。规划总面积114平方千米,建成区面积近40平方千米。辖2街道办事处,常住人口约10万人。2020年,“一区四园”营业收入1107.8亿元,增长6.36%,列全省工业园区第7名。其中,井冈山经开区本部营业收入719.9亿元,增长4.5%。工业增加值、固定资产投资、利用省外资金、实际利用外资和外贸出口分别增长5.6%、10.3%、9%、8.5%和5.9%。财政总收入27.4亿元,增长5.3%。财政支出10.31亿元。新增高新技术企业26家,总数148家;新增瞪羚企业4家,总数(含潜在)9家;新增规模以上企业18家,总数128家,研发投入占地区生产总值的2%。

【产业发展】 年内,电子信息首位产业营业收入520亿元,增长28%。其中,增幅超20%的电子信息重点企业44家。落实省20条、市18条减税降费政策措施,出台支持企业复工复产“硬核八条”措施,兑现政策奖励6100万元,为企业减税降费5.93亿元;通过产业基金、委贷放款等方式,累计支持米田科技等42家企业17.38亿元,为泽发光电等企业提供担保余额19.65亿元。通过谋划包装项目、境外债、PPP项目等方式,融资到位资金62亿元,帮助企业获取信贷资金10.26亿元。发挥平台支撑作用,新增红板公司国家企业技术中心、国家绿色工厂等国家级平台3个、省级平台4个,累计获批国家级平台8个、省级平台35个、院士工作站2个、博士后工作站5所、海智计划工作站4家。

【招大引强】 2020年,共签约项目46个,签约总金额329.2亿元,分别增长22%和95%。签约项目中,百亿元项目1个、50亿元项目2个、20亿元项目5个、亿元以上项目43个。木林森全产业链项目总投资100亿元,实现百亿元项目零的突破。益海嘉里金龙鱼粮油食品精深加工项目投资20亿元,实现世界500强企业招引零的突破。易事特5G科创园项目投资20亿元,实现“新基建”项目招引新突破。投资50亿元的吉安钢铁厂年产100万吨建筑结构用高强度抗震钢材、投资26亿元的红板5G高阶HDI和IC载板、投资20亿元的南亚5G高性能覆铜箔板、投资20亿元的优特利新能源电池等新项目落地。依托工业互联网产业园,引进砺芯半导体设计、金黄光智慧照明、智慧119消防综合服务平台、吉安电信智慧企业大数据中心、经通空间等项目。

【项目建设】 列入吉安市重点调度的工业项目19个,全部开工。其中生益电子、米田电子、金匠铸造、航盛电子全球制造总部、中络科技等10个项目已试产或投产,巴斯巴新能源、火乐科技、集奥电子等项目主体封顶。列入吉安市重点调度的城建项目19个,燕子窝砂场混凝土搅拌区、西区产业配套服务中心、同心学校二期、螃蟹王国众创产业园、西区菜市场完成建设或竣工交付。创新大厦完成主体工程和玻璃幕墙,工业设计中心主体封顶。完成土地征收191.31公顷,报批土地107.97公顷,供应土地220.13公顷,消化批而未用土地104.13公顷,完成“工业标准地”出让11宗78.83公顷,全年处置低效用地7宗54.82公顷。收储麦德风能土地,引进吉安生益电子高端印制电路板项目;收储吉安钢铁厂17.3公顷土地,既置换和异地新建钢厂技改项目,又引进益海嘉里金龙鱼粮油精加工项目。

【深化改革】 成立行政审批局,打造“一站式审批”服务大厅,制定出台《井开区“放管服”改革实施方案》,构建“一枚印章管审批”的行政审批新模式,率先在全省启动“相对集中行政审批许可权改革”试点工作,获批全省首批开发区改革综合试点。调整完善以岗位责任为基础、以绩效考核为导向的薪酬管理制度,进一步拉开岗位和绩效收入差距,激发干事创业热情。企业投资项目承诺制、“亩产论英雄”、工业标准地、规划环评与建设项目环评联动试点、水电气报装联动等一批特色改革事项落地,获批全省第一批开发区体制机制改革试点单位。

【民生工程】 完成151户433人脱贫攻坚任务、17户35人城镇困难群众脱贫解困工作。仁安医院、西区菜市场正式运营,污水处理厂二期、经开区学校二期交付使用,金鸡湖创新小镇初具雏形,创新大厦、工业设计中心主体封顶。根据城市化进程及时调整优化社区布局,新增3个城市社区,面向群众开展服务。压实企业和村居(委会)新冠肺炎疫情防控主体责任,完善新冠肺炎疫情防控保障体系;加强四类人员管控,实现零感染、零病例、零报告。重新打造区、街道、村(社区)综治中心,配齐综治专干,持续推进扫黑除恶专项斗争,维护社会安全稳定。

(康信煜)

上饶经济技术开发区

【概　况】 位于上饶市中心城区西部,代管1乡、1街道办事处。规划建设面积104平方千米,已建(在建)面积46平方千米。2020年,上饶经开区主营业务收入1041亿元,增长21.2%,增速全省第一。引进“5020”项目9个,其中“50”项目3个,排名全省第一。实际进资263.6亿元,排全省第一。工业利润总额46.89亿元,增长97.27%,增速全省第一。开工纳入省商务厅统计项目91个,排名全省第二;投产工业企业415家,排名全省第三。新引进项目89个,签约总额552.4亿元。

【“三化”招商】 精准化招商。围绕“两光一车”3大主导产业加生物医药、以“数智终芯”为代表的电子信息产业,瞄准行业领军企业、头部企业制定精准招商5年计划表,梳理更新符合产业需求的目标企业。市场化招商。成立招商集团,用市场化思维、市场化模式、市场化资金、市场化平台、市场化订单推进招商工作。产业化招商。每个主导产业有1个完整的产业规划,有1个专门产业办跟进,有1个专业招商运营服务公司落实,至少有1个以上平台承接,有1套政策帮扶,有1支专门产业基金支持,有1套计划表推进。

【营商服务】 成立投资促进一体化工作领导小组,整合原招商局和企业服务总局,通过厘清职责、合署办公、再造流程,一个产业一个局负责,从项目洽谈到投产达产"一竿子插到底"。探索实施"4499"工程,对工业项目推出"承诺+零审批""容缺受理""超时默许""项目代办"4项机制。将审批流程优化为用地规划许可、建设规划许可、施工许可、竣工验收4个阶段。审批和验收各9个工作日共18天完成。根据体量、贡献大小,将工业企业划分为ABCD 4个类别,A类龙头企业由班子领导挂点,B类骨干企业由县级干部挂点,C类规模以上企业由科级干部挂点,D类规模以下企业由一般干部挂点。实行动态管理,一年一调整,让好的、有限的资源向好企业倾斜。坚持为企业提供"510"服务,"5"就是系统化、标准化、专业化、信息化、个性化"五化";"1"就是"妈妈式"服务;"0"就是对企业零打扰。

【绩效改革】 探索实施"1531"工程。"1"就是保障一个基础,将年度绩效50%作为基础保障;"5"就是实现5个挂钩,实现与老城区收储、重点项目推进、招商联动、安商服务、党风廉政建设挂钩;"3"就是凸显3个倾斜,向一线岗位、向关键岗位、向有突出贡献的团队和干部倾斜;"1"就是确保一个及时兑现。有效实现身份管理向岗位管理转变,"死工资"向"活薪酬"转变。为确保分类、精准考核,将督察、巡查、考核"三办合一",健全完善督导检查、考核评价、责任追究、结果运用等工作机制,实现平时考核与年终考核综合运用、一体推进。

(陈鹏)

萍乡经济技术开发区

【概　况】 位于萍乡市中心城区东北部。总面积57.6平方千米。总人口20万人。拥有主板上市企业1家,国家高新技术企业53家,国家级星创天地、国家级众创空间和国家级实验室各1家。2020年,地区生产总值259.66亿元,增长3.5%;规模以上工业总产值585.7亿元,增长4.2%;规模以上工业增加值增长4.4%。财政总收入27.93亿元,增长6.1%;公共财政预算支出26.56亿元,增长7%。固定资产投资增长7.7%。引进省外2000万元以上项目40个,实际进资115.2亿元。其中,投资亿元以上项目19个,增长12.12%。实际利用外资2.26亿美元,增长150%。其中,现汇进资2156万美元。外贸出口70亿元,增长66%。全区新增就业人数2324人,新增转移农村劳动力1836人,省内转移人数1362人。

【江西省企创产业园获批国家小型微型企业创业创新示范基地】 10月30日,工信部发布《关于2020年度国家小型微型企业创业创新示范基地名单的公示》,江西省3家基地通过审核,萍乡经开区江西省企创产业园运营管理有限公司运营的江西省企创产业园是其中之一。萍乡经开区一方面简化贷款程序,采取公司担保、信用担保等方式降低反担保门槛。同时,结合地域特色,突出服务、餐饮等第三产业和地区小微企业,将农村富余劳动力、失地农民、下岗失业人员等作为帮扶重点,个人贷款额度放宽至10万元,合伙经营贷款额度放宽至50万元。另一方面简化办理程序,缩短办理时限,推行"一窗受理""一次性告知所需资料""一站式服务"和"两次办结"。与农村商业银行、邮储银行等协作建立小额贷款台账,严把贷前调查准入关、贷款审核推荐关,保障创业担保贷款"放得出、用得好、收得回",加大创业担保贷款发放力度扶持小微企业发展。

【项目建设】 2020年,萍乡经开区新签约项目51个,签约资金162亿元。联泰兴、中金智谷产业园、中南大学正极材料项目、贵德液晶显示屏模组、普密斯精密检测设备等重大项目相继落户。加快产业项目平台建设,设立20亿元产业引导基金,协助解决企业发展难题。面对土地瓶颈和新冠肺炎疫情冲击,开辟数字经济的新路,投资2亿元打造全市首家数字经济创新中心,落户数字经济企业超30家,数字经济小镇获批省级特色小镇。

【营商环境】 建立"一个领导小组+N个协商、联席会"机制。成立降成本优环境工作领导小组,建立府检府院联动、银企政联席、社会监督反馈等一系列机制。强化"组织、制度、资金、纪律"4个保障。定期组织召开企业专题协调会议,协调解决企业遇到的难题,出台《"企业规模与效益倍增计划"实施方案》等文件,巩固扩大"财园信贷通"融资规模,率先推进"科贷通"工作,为企业解决融资难、融资贵问题,列出《亲清政商关系"双十条"正负面清单》,强化监督问责,整治不良风气和违纪行为,严肃查处"街霸""村霸"影响营商环境案件,为企业发展保驾护航。做好企业办事的"减法"和服务企业的"加法"。落实减税降费政策,推行"马上办、一门办、一证办、网上办、事好办"五办服务,推动"一个窗口、一枚印章"管审批,公布"一次不跑""只跑一次"清单751项,网上可办率100%。

【基础设施建设】 投资200亿元,推动城市建设,总建筑面积超600万平方米。投资60亿元,打造玉湖、聚龙、翠湖和萍水湖4大公园。投资15亿元,全面启动奥体中心建设。投资10亿元,新建玉湖学校,主体建筑年底全部封顶。投资30亿元,启动玉湖路、宝鼎路等30条道路建设,形成"六横六纵一环"路网格局。完成国道320线改造、319跨铁路桥、光丰铁桥拓宽、登岸小学等人行天桥建设。投资3.5亿元,启动雨污分流建设。投资1亿元,对市政道路等方面进行完善。投资1.58亿元,启动道路白改黑102条。投资5亿元,改造老旧小区22个。

(彭洲洋)

宜春经济技术开发区

【概　况】 位于宜春市中心城区北

部，辖1街道办事处。建成区面积约26平方千米。常住人口约6万人，人口自然增长率7.44‰。2020年，工业营业收入325.3亿元，增长10.3%。工业增速6.5%。利润总额20.5亿元，增长26.1%。财政总收入31.77亿元，增长17.1%。一般公共预算支出18亿元，增长0.5%。实际利用外资2.14亿美元，增长19.05%；实际利用省外项目资金169.46亿元，增长8.76%。进出口总额74.5亿元，增长34.49%。其中，出口总额71.7亿元，增长12.23%。新增规模以上工业企业40家，总数237家。净增国家高新技术企业39家，总数149家。

【产业发展】 2020年，全区围绕“4+2+N”现代产业布局，引进项目63个，其中亿元以上项目59个（“50”项目2个、“20”项目3个）。投资50亿元的宇泽半导体太阳能硅片项目签约落地。投资50亿元的江西省电子集团超导产业园项目实现超导材料战略性新兴产业零的突破。投资55亿元的清陶固态电池产业化项目1期1亿瓦时建成投产。“4+2+N”现代产业体系中，“4”指新能源、新材料、装备制造、电子信息及生物医药等主导产业；“2”指超导材料，基于高速物联网、高速互联网的车载智能装备和储能高端装备制造等战略性新兴产业；“N”指以现代服务业为核心的多种生产性、生活性业态。

【扶优扶强】 坚持集中资源、集成政策、集聚力量支持园区优质企业项目加快做大做强，出台重大项目建设专班、政企圆桌会议、“企业吹哨、部门报到”、专项特派员等制度机制，优服务、解难题，深入实施“五个一”推进机制和“三单一表”调度机制，推动各项工作全面提速。2020年，园区兴发、明冠、宇泽、中天、万申等10多家企业增资150多亿元持续扩产扩建。全区29个总投资121亿元的省重点调度项目完成年度投资74.7亿元，达到年度投资计划的163%。明冠新材料进军科创板，实现本土上市公司零的突破。

【创新驱动】 12月14日，出台《宜春经济技术开发区关于加强技能人才队伍建设的暂行办法》，拿出重金支持企业加大技能人才引进、培育及平台创建。12月28日，江西省锂电新能源产业研究院暨中国宜春高新材料研究院揭牌，宜春经开区打造“科技+资本+平台”产业发展新模式迈出第一步。全年开发省重点新产品34项，省科技成果登记9项，获批国家级众创空间1家、省级企业孵化器1家、省级工程研究中心1家、省级企业技术中心2家、省瞪羚（潜在）企业2家、省级智能制造标杆企业1家、省级专业化小巨人企业2家、省级重点创新产业化项目1个。

【营商环境】 向131家企业发放2020年度做大做强、智能制造、科技创新等奖励2946.9万元。全年累计拨付财政扶持资金2.8亿元，惠及企业186家；减免企业税收6000万元。通过财园信贷通、科贷通、推荐担保等方式为83家企业放贷4.67亿元，解决企业融资难、融资贵问题。加快推行“一窗受理”“全程代办”“限时办结”、容缺办理，承接省市先后3批次赋权审批事项344项，梳理整合290项审批事项归集行政服务中心受理，取消调整证明事项58项，企业办事由代办员全程代办、帮办、代跑，推行营商环境“红黄榜”网络评价机制，政务服务加速升级。

（周鞭）

龙南经济技术开发区

【概　况】 位于龙南市境内。2020年，规模以上工业增加值增长4.9%。营业收入214.27亿元，增长12.1%；利润总额10.26亿元，增长47.3%。规模以上工业用电量13.2亿千瓦时，增长20.26%。园区税收11.98亿元，增长10.23%；出口总额48.91亿元，增长3.7%。实际利用外资1.49亿美元，增长7.9%，完成年度任务101.55%。财政总收入23.45亿元，增长1.1%。

【新冠肺炎疫情防控和复工复产】 详细制定园区疫情防控方案，将园区细划为13个网格，实施“1个网格由1名处级领导担任网格长、将全区科级及以下干部分配到每个网格中，每名干部负责对接服务4家左右企业”的跟踪服务机制，提供防护口罩、测温仪等物资，免费为企业提供口罩17.47万个、红外线测温仪54支、消毒水130桶、酒精消毒液16瓶、消毒泡腾片150瓶。自2月10日全面启动复工复产后，仅用14天规模以上工业企业复工率100%，实现应复尽复。

【招大引强】 在全省率先开展外出招商活动，围绕电子信息、稀土及新材料、智能装备、锂电池等产业，聚焦招大引强、聚焦产业集聚、聚焦科技引领、聚焦财政贡献。全年累计外出招商300批次，接待客商222批次，累计签约项目69个，签约金额631.9亿元，70%以上为首位产业类项目，其中10亿元以上项目18个，“5020”项目9个，引进的柔驰锂电产业园项目、恩嘉智能科技项目被省商务厅认定为“50”项目，超额完成“50”项目任务数1个。引进总投资125亿元的佳纳锂电材料项目，实现工业百亿元项目零的突破。

【项目建设】 开展“当日签约当日推进，当场签约当场推进，明天签约今天推进”提速提效行动。恩欣龙项目当年签约，当年试投产并入规；动福源农牧科技有限公司年产100万套智能农牧设备项目当日洽谈、当日签约。2020年，列入赣州市重点调度的26个项目全部开工，完成年度投资率146.32%；竣工投产项目22个，投产率84.61%。

【园区配套】 启动粤港澳大湾区（增城—龙南）合作共建物流园及大罗工业园、金塘工业园等老园区规划编制工作。编制完成《“三南”区域一体化发展规划（修编）》《“三南”承接加工贸易转移示范地共建产业园高质量发展规划》，市级层面出台《“三南”示范园财税分享管理办法》。开展重大项目建设百日攻坚，开工建设电子信息产业科技城基础设施路网工程建设PPP项目等21个工程项目，资金总投入约4.62亿元，完成园区土地平整面积424.13公顷，建成市政道路约17.5千米、污水管道约16千米、雨水管道16千米。连接“三南”园区的三南快线龙南汶龙至里陂段通车。龙南畜禽定点屠宰厂投入运营。

【首位产业集群发展】 抢占5G和数字经济发展先机，在全省率先实现县一级园区5G网络全覆盖。志浩电子5G应用高精密线路板工业互联网试点示范项目入选工信部工业互联网试点示范项目名单。骏亚电子入选工信部企业上云典型案例，是全省唯一一家入选企业。加大科技创新力度，新增发明专利授权量75件，累计拥有有效发明专利202件；高新技术企业新增25家，累计71家。新增入规工业企业21家，累计132家。聚焦首位产业，实行“一企一策”等方式，畅通电子信息产业供应链，形成从覆铜板线路板、电子元器件到智能终端产品的完整电子信息产业链条。科技城落户电子信息企业150余家，首位产业集聚度57.9%，提升13.6个百分点。实现营业收入121.8亿元，增长28%。

【营商环境】 开展园区安全专项整治3年行动，设立经开区企业服务专区，搭建“政银企”对接平台，发行规模4亿元的“20龙南建投01”企业债。用好财园信贷通、创业信贷通等政策资金，全年为企业减免税费4亿元、提供信贷支持30.11亿元。落实“稳企业保用工”政策措施，累计发放就业补贴资金412.18万元。精准帮助汇森、宝辉、帝耳、诺威、汇森、新涛、志浩等企业招工，为园区新招聘员工5300余人。依托龙南保税物流中心，高标准建设跨境电商监管场所，专门出台跨境电商扶持政策，开通跨境电商“1210”进口业务和“9610”出口业务，跨境电商累计进口839万美元，出区5万余单，价值近1500万元，业务量位居全省前列。

（刘和龙）

瑞金经济技术开发区

【概　况】 位于瑞金市西部，总规划面积66平方千米，其中核心区规划面积25平方千米。2020年，工业营业收入205.15亿元，增长10.5%；税收收入13亿元，增长6.12%。出口总额33.02亿元，增长9.8%。实际利用外资9444万美元，增长7.69%。新增高新技术企业13家，新增规模以上工业企业12家、专精特新企业5家。固定资产投资34.67亿元，增长7.9%。

【招大引强】 主动对接粤港澳大湾区、长三角地区、海西经济区等区域，开展产业链精准招商，引进正大集团生猪全产业链、济民可信食品药品产业园等项目36个，签约资金约254.54亿元，其中投资超50亿元项目2个，实现首位产业单个项目超50亿元零的突破，是赣州引进超50亿元项目最多的县（市、区）之一。

【基础设施建设】 累计完成经开区基础设施建设总投资3.6亿元，实施基础设施项目18个，新增开发面积86.67公顷，建成标准厂房30万平方米，道路、绿化、亮化、供水、供电、排水、排污等设施基本完善，园区承载能力提升。

【产业发展】 大健康食品产业与南昌大学合作，组建产业研究院。金拉铜箔与中色科技合作，延长产业链做精新产品，打破赣南地区无压延铜带的历史。以产业用纺织品为主的特种服装、特殊面料、特色部件、特级辅料“四特”纺织服装产业初具雏形。以智能显示、AI机器人、智能穿戴为主的智能终端产业初现规模。

【政务服务】 设立经开区审批服务专窗，全面承接国家级开发区经济社会管理权限219项，实行“一站受理、全程代办、限时办结、服务到底”。建立瑞金经开区政务服务平台，实现“互联网+政务”，开通在线办理窗口和邮政免费邮寄，方便企业办事。瑞金市台商创业园生态环境监测预警综合服务平台年内完成验收，打造集企业污染源监控以及园区环境质量监控于一体的数字化在线监控平台。完成“智慧园区”2.0平台建设及园区200多家企业的数据收集，运用大数据、云计算、物联网、人工智能等技术，构建“两端一微”平台体系。

（郭经伟　李媛）

井冈山出口加工区

【概　况】 位于井冈山经济技术开发区内，2020年，加工区实际进出境贸易额2.98亿美元，增长274%。共签约5000万元以上加工制造类项目7个、跨境电商项目2个、综合服务类项目2个。

【井冈山综合保税区通过验收】 10月29日，井冈山综合保税区验收合格。综保区总体规划面积2.25平方千米，首期开发建设的围网封关面积0.63平方千米，2011年11月开工，2013年4月19日通过国家联合验收小组验收并封关运行。2016年11月省政府向国务院提出申请核减规划面积，2018年11月国务院批复同意加工区核减规划面积后0.48平方千米验收合格。2020年4月，加工区获国务院批复同意整合优化为综合保税区。井冈山综合保税区内有总建筑面积13万平方米的标准厂房11栋，5041平方米的监管仓库和5804平方米的保税仓库各1栋，以及7000平方米的查验场地。2020年9月，进口商品展示交易中心开工。

【跨境电商进口零售“1210业务模式”首单落地】 12月31日，吉安盛开润电子商务有限公司从法国进口的总货值20.6万元的轩尼诗系列洋酒，完成通关手续。这是综保区跨境电商进口零售“1210业务模式”首单，标志着吉安跨境电商业务实现零的突破。电商企业利用“1210业务模式”将进口商品提前备货至综合保税区内，入区无须缴税，订单产生后再分包裹分批运往国内，分批缴税并享受关税减免和增值税、消费税优惠，有效降低企业税务成本，提高货物通关时效和资金运转效率。

（杨兰芳）

·资料·

全省省级以上开发区(园区)一览

南昌市

1. 南昌高新技术产业开发区(南昌综合保税区)
2. 南昌经济技术开发区
3. 南昌小蓝经济技术开发区
4. 青山湖高新技术产业园区
5. 新建经济开发区
6. 安义工业园区
7. 进贤产业园

九江市

8. 九江经济技术开发区(九江综合保税区)
9. 九江共青城高新技术产业开发区
10. 瑞昌经济开发区
11. 九江沙城工业园区
12. 武宁工业园区
13. 修水工业园区
14. 永修云山经济开发区
15. 德安高新技术产业园区
16. 庐山工业园区
17. 湖口高新技术产业园区
18. 都昌工业园区
19. 彭泽工业园区
20. 濂溪产业园

景德镇市

21. 景德镇高新技术产业开发区
22. 乐平工业园区
23. 景德镇陶瓷工业园区
24. 浮梁产业园

萍乡市

25. 萍乡经济技术开发区
26. 莲花工业园区
27. 芦溪工业园区
28. 湘东产业园
29. 安源产业园
30. 上栗产业园

新余市

31. 新余高新技术产业开发区
32. 分宜工业园区
33. 袁河产业园

鹰潭市

34. 鹰潭高新技术产业开发区
35. 贵溪经济开发区
36. 余江工业园区

赣州市

37. 赣州经济技术开发区(赣州综合保税区)
38. 章贡高新技术产业园区
39. 赣州高新技术产业开发区
40. 南康经济开发区
41. 信丰高新技术产业园区
42. 大余工业园区
43. 上犹工业园区
44. 安远工业园区
45. 龙南经济技术开发区
46. 定南工业园区
47. 宁都工业园区
48. 全南工业园区
49. 于都工业园区
50. 兴国经济开发区
51. 会昌工业园区
52. 瑞金经济技术开发区
53. 寻乌产业园
54. 崇义产业园
55. 石城产业园

宜春市

56. 宜春经济技术开发区
57. 樟树工业园区
58. 宜春丰城高新技术产业开发区
59. 靖安工业园区
60. 高安高新技术产业园区
61. 奉新高新技术产业园区
62. 上高工业园区
63. 宜丰工业园区
64. 万载工业园区
65. 袁州产业园
66. 铜鼓产业园

上饶市

67. 上饶经济技术开发区
68. 上饶高新技术产业园区
69. 玉山高新技术产业园区
70. 横峰经济开发区
71. 铅山工业园区
72. 弋阳高新技术产业园区
73. 婺源工业园区
74. 万年高新技术产业园区
75. 鄱阳工业园区
76. 余干高新技术产业园区
77. 德兴高新技术产业园区
78. 上饶信州产业园
79. 茶亭经济开发区

吉安市

80. 井冈山经济技术开发区(井冈山综合保税区)
81. 吉州工业园区
82. 吉安高新技术产业开发区
83. 吉水工业园区
84. 永丰工业园区
85. 新干工业园区
86. 安福高新技术产业园区
87. 峡江工业园区
88. 泰和高新技术产业园区
89. 遂川工业园区
90. 永新工业园区
91. 万安工业园区
92. 井冈山产业园

抚州市

93. 抚州高新技术产业开发区
94. 抚北工业园区
95. 崇仁工业园区
96. 金溪工业园区
97. 南城工业园区
98. 南丰工业园区
99. 广昌工业园区
100. 东乡经济开发区
101. 宜黄工业园区
102. 黎川工业园区
103. 乐安产业园

本栏编辑　游桃琴

旅游业

综述

2020年，在新冠肺炎疫情冲击下，全省统筹做好疫情防控和文化、旅游各项工作，落实"六稳""六保"任务，文化和旅游工作取得较好成绩。全年全省共接待游客5.56亿人次，同比恢复70.25%，比全国平均水平高出22.35%；旅游收入5422.70亿元，恢复56.17%，比全国平均水平高出17.27%。

*有效防控新冠肺炎疫情，助力企业复工复产。*在防控新冠肺炎疫情期间，全省文旅部门第一时间采取严格措施，全面关停各级各类文化和旅游活动场所、景区景点，全面暂停旅游经营活动。根据疫情防控形势变化，及时发布旅游景区疫情防控工作方案、旅游景区和文旅公共服务场所疫情防控期间有序开放工作指南，组织督导组到各地开展疫情防控督导检查，有效防止疫情经由文化和旅游活动传播扩散。在全国率先出台《关于应对新冠肺炎疫情支持文化和旅游企业共渡难关的10条措施》《江西省文旅企业帮扶政策措施指引》等政策文件。暂退旅行社1.38亿元质量保证金，为旅行社减免保费120万元，为全省星级饭店减免通信费用近千万元。支持全省121个文化旅游项目成功发债122.71亿元；建立全省中小微文旅企业贷款风险补偿资金池，解决融资难题。

*重点景区管理体制改革取得重要进展。*年内，庐山管理体制改革取得重要进展，庐山实现"统一管理、统一班子、统一机构、统一财政"的一体化管理，庐山旅游发展集团组建、庐山景点整合工作全面启动。

*多措并举推动文旅消费复苏。*省级层面，下发《江西省人民政府关于打好"组合拳"提振旅游消费的通知》，印发《江西省人民政府关于进一步激发文化和旅游消费潜力的实施意见》。各地市随后也推出一系列促复苏的政策文件。4—6月，省级发放1000万元文旅消费电子券，各地配套发放4500万元旅游消费券。策划实施"爱江西·健康游""全国学子乐游江西""游江西·有好礼""遇见美丽江西"、第三届江西旅游消费节等一系列线上线下宣传推广活动。"全国学子乐游江西"被文旅部评为全国国内旅游宣传推广典型案例。在第八届中国旅游产业发展年会上，"江西风景独好"网红推广之夜主题活动获评"2020年度中国旅游影响力营销案例"。

*旅游景区品质进一步优化。*庐山西海景区成功创建国家5A级旅游景区，上饶三清山金沙旅游度假区获批国家级旅游度假区。石城县、靖安县、武宁县、景德镇市昌江区成功创建第二批国家全域旅游示范区。全省25家重点村列入第二批全国乡村旅游重点村名录。新增4A级旅游景区25家，5A级乡村旅游点5家，4A级乡村旅游点30家，省旅游风情小镇12家。强化A级景区动态监管，2家不合格4A级景区摘牌退出。

（钟佳骏）

景区建设

【概　况】 2020年，全省成功创建国家5A级旅游景区2家，总数13家，并列全国第五。成功创建第二批国家全域旅游示范区4家，总数7家。

【品牌创建】 2020年，萍乡武功山景区、庐山西海景区成功创建国家5A级旅游景区，安远三百山景区列入国家5A级旅游景区创建名单。石城县、靖安县、武宁县、景德镇市昌江区成功创建第二批国家全域旅游示范区。上饶市三清山金沙旅游度假区成功创建国家级旅游度假区，江西省国家级旅游度假区增加到2家。25个重点村被列为第二批全国乡村旅游重点村名录。新增25家4A级旅游景区、10家省级全域旅游示范区、4家省级旅游度假区、40个省乡村旅游重点村、5家省5A级乡村旅游点、30家省4A级乡村旅游点、12家省旅游风情小镇、5家第三批"绿水青山就是金山银山"省级实践创新基地、6家省级生态旅游示范区。

【景区管理】 做好景区常态化新冠肺炎疫情防控。制定《江西省旅游景区疫情防控期间安全开放工作指南》《江西省旅游景区做好疫情防控和安全有序开放工作方案》，严格落实"限量、预约、错峰"要求，对全省景区景点有序开放作出具体部署，"五一""十一"节假日期间通过省级智慧旅游监控平台，对全省A级旅游景区实行"一对一盯防"措施。景区动态管理常态化。委托第三方机构对全省38家高A级旅游景区暗访检查，给予2家品质严重不达标景区取消旅游景区质量等级处理（摘牌），给予吉安市永新县三湾改编景区、吉安市青原区东固景区、抚州市资溪御龙湾国际旅游度假区警告、严重警告并限期整改处理。对全省高等级旅游景区进行"把脉问诊"。组织省内外专家对全省12家5A级景区进行实地调研和暗访,形成《全省12家5A级旅游景区把脉问诊总体报告》及12个子报告,并在11月5日召开的全省旅游产业链链长制工作座谈会上部署全面整改工作。景区改革取得重要突破。年内,省深化庐山管理体制改革工作协调组多次召开会议,深入推进庐山管理体制改革工作。12月24日,举行庐山"市局合一"管理体制正式运行揭牌仪式,庐山"市局合一"管理体制正式运行,深化庐山管理体制改革省级层面基本完成。推进景区安全管理智慧化建设。印发《关于高质量推进全省高等级旅游景区安全管理智慧化建设的通知》,开展专项验收,全省所有4A级以上景区纳入省级旅游大数据中心平台,实现监管全时、全域覆盖。

【红色旅游】 长征国家文化公园建设初显成效,编制完成《长征国家文化公园江西段建设保护规划建议》《长征国家文化公园江西段建设保护规划》,配合做好长征国家文化公园项目储备库编制和中央预算内投资计划申报工作,开展江西省长征步道建设设计方案征选,研究制定并印发《江西省长征步道建设指南(试行)》。推进全省红色文化资源保护与开发利用,提请省委办公厅、省政府办公厅印发《关于推进红色文化资源保护与开发利用工作的意见》,建立联席会议保障机制,落实相关部门任务分工,合力推进红色文化资源保护和开发利用工作。完善全省红色讲解员队伍建设,举办第三届江西省红色故事讲解员大赛暨第二届江西省红色旅游五好讲解员大赛和全省红色旅游讲解员培训班,评选2020年江西省金牌、银牌红色旅游五好讲解员,提升全省红色讲解员讲解水平。做好红色旅游发展典型案例推荐,井冈山、于都县、南昌八一起义纪念馆入选国家红色旅游发展典型案例。

【乡村旅游】 印发《关于推动乡村旅游在脱贫攻坚决战决胜战役中发挥更大作用的通知》,让乡村旅游更好助力脱贫攻坚、乡村振兴,坚决打赢脱贫攻坚决战决胜战役。对2019年部分免费帮助编制乡村旅游和旅游扶贫规划的建档立卡贫困村的规划实施情况开展调研,掌握了解规划实施情况,同步辅导发展乡村旅游。

【发展旅游新业态】 培育旅游度假区。培育仙女湖、婺源、丫山、汤里4家创建国家级旅游度假区后备单位,开展省级旅游度假区指导与评定工作。在铅山县举办2020浙皖闽赣国家生态旅游协作区推进会,联合省生态环境厅开展省级生态旅游示范区和第三批"绿水青山就是金山银山"省级实践创新基地创建,与省林业局共同主办2020江西森林旅游节。

(刘长桂)

市场促销

【概　况】 2020年,克服新冠肺炎疫情对旅游行业的冲击影响,策划多项主题活动,出台全省2.5天弹性工作制、发放千万元电子消费券等提振文旅消费组合拳,促进全省文化旅游市场复苏回暖。

【开展"致敬白衣战士"活动】 2月20日起,省文旅厅组织全省390家景区推出"致敬白衣战士"活动,医务人员通过"云游江西"平台申领"英雄卡"(电子卡),到景区出具"英雄卡"和身份证即可享受免票优惠。截至年底,已发放2.71万张"英雄卡"。

【开展"爱江西·健康游"主题推广系列活动】 3月18日起,全省组织开展2020年"爱江西·健康游"主题推广系列活动。系列活动包含5个子活动,即十大江西"网红优选旅游线路"、百家"江西康养旅游打卡地"推选推广、千万元电子消费券投放推广、全省旅游市场恢复发展"金点子"征集和《主播带你健康游江西》大型公益文旅探路行网络直播活动。其中,通过"云游江西"平台向全省居民发放20万张面值50元(总价值1000万元)"爱江西·健康游"电子消费券,各地发放4500万元本地旅游消费券,带动全省旅游产业周边(餐饮、交通、住宿、购物等)超3亿元的消费规模。

【2020江西省旅游产业发展大会召开】 6月11日—13日,2020年江西省旅游产业发展大会在赣州市召开。省委书记刘奇出席会议并为下一年全省旅发大会承办地景德镇授旗。省长易炼红讲话。会议表彰2019年度旅游产业发展先进单位,赣州市、吉安市和萍乡市安源区负责人作大会发言,景德镇市负责人作承诺发言。同时,"客来客往·云游江西"旅游推介会以线上线下相结合、全网直播的形式举办,并同步通过"云游江西"平台进行全省旅游线路产品和旅游商品的直播预售。在项目签约活动上,省政府与携程集团等签订战略合作协议、全省13个相关县(市)政府与旅游项目投资方签订投资协议;宣布成立江西省重点旅游景区宣传推广联盟;启动"印象·江西"短视频创意秀(第一季)活动。

【开展"客来客往·云游江西"主题旅游推介会】 6月12日,"客来客往·云游江西"旅游推介会在瑞金市举办。省委常委、省委宣传部部长施小琳,省人大常委会副主任朱虹、省政协副主席李华栋出席,副省长吴浩致辞。会上,省文旅厅与携程集团、同程集团签署战略合作协议,全省13个市(县)政府与旅游项目投资方签订投资协议,推出全新形象宣传片《江西的样子》。推介会现场2小时总点击量3300万人次。

【举办"印象·江西"短视频创意秀大赛】 6月,省文旅厅联合省互联网信息办公室联合推出"印象·江西"短视频创意秀大赛。大赛分景区组和大众组,共有江西、四川、上海、浙江等地2000多人参赛,收到参赛短视频2600多条。最终,100多个优秀短视频在"江西风景独好"和"云游江西"抖音号播出,并在"学习强国"江西平台上开设专栏展播。抖音上"印象·江西"话题播放量3.5亿次。

【2020"全国学子乐游江西"主题活动启动】 7月15日起,省文旅厅启动"全国学子乐游江西"主题活动,全国中小学生经由"云游江西"小程序领取"学子"卡可免门票游览江西4A以上景区。截至12月底,已有47.6万

学生参与活动,17.5 万人参与核销。活动被文旅部评为全国国内旅游宣传推广典型案例名单并重点推广。

【开展“游江西·有好礼”主题活动】 国庆、中秋假期策划推出“游江西·有好礼”主题活动,申领“友邻卡”的外省游客在参与活动的景区可凭“友邻卡”二维码获伴手礼1份;活动结束后,还将获得景区统一安排寄送的景德镇精美瓷器1份。通过朋友圈、抖音或其他互联网平台发布江西旅游攻略,并将截图上传至“云游江西”平台的“友邻卡”外省游客,可参与公开摇奖赢取景德镇陶瓷大师手工定制高端瓷器1份。

【举办“网红推广之夜”主题活动】 10月17日,省文旅厅在南昌凤凰沟景区举办“江西风景独好”网红推广之夜主题推广活动,省委常委、省委宣传部部长施小琳出席。活动从“四季江西”“多彩江西”“印象江西”“乐动江西”4个维度展示“江西风景独好”品牌形象,制作推出《四季江西》宣传片,邀请500余名网红达人现场直播带货、推介江西美景美食和非遗文化。活动中,省文旅厅与美团、快手、摩登天空3大平台签署战略合作协议。当晚仅通过赣云观看直播的人次就超过1600万人次;新华社、人民网等主流媒体及今日头条、抖音、快手等120余家新媒体进行宣传报道,仅抖音平台上“江西的样子”话题播放量就超2亿次。活动被评为2020年度中国旅游影响力营销案例。

【2020中国红色旅游博览会在长沙举行】 11月14日,由江西省政府和湖南省政府共同主办的2020中国红色旅游博览会在长沙举行。博览会以“红色土地·全面小康”为主题,湘赣携手举办48个红色旅游活动,通过会展、论坛和推介会等形式,全方位展示25个省(自治区、直辖市)红色旅游产业发展和脱贫攻坚、乡村振兴、全面建成小康社会等成果,共享红色旅游发展新经验、新模式。博览会还举行湘赣边红色文化旅游融合发展创新区揭牌仪式。

【开展“同程验客”主题活动】 11月,省文旅厅联合同程旅行集团开展“同程验客”主题活动,邀请摄影、短视频等方面的网络达人分风光之旅、文化之旅、休闲之旅3条线路在江西头部景区采风,在微博上的话题“江西这边风景独好”共有1.1亿阅读量,3条线路已形成攻略并已在同程旅行网上进行售卖。

【开展“遇见美丽江西”主题推广活动】 12月,在武功山召开“遇见美丽江西”冬季旅游线路产品发布暨宣传策划会,联合省政府新闻办组织21家景区在南昌分5场召开记者见面会,推广发布各景区冬季旅游线路产品和政策。

【举办2020港澳“美丽中国·心睇验”线上推广活动之“高铁之旅”(江西分会场)活动】 12月22日,省文旅厅联合文旅部国际交流与合作局(港澳台办)举办2020港澳“美丽中国·心睇验”线上推广活动之“高铁之旅”(江西分会场)活动,在南昌和香港分别设立主会场和分会场,通过网络连线向港澳旅行商推介“四季游江西”线路产品。

【新媒体组合营销】 年内,启动新媒体组合营销项目,选择与抖音、携程、同程、美团、小红书、微信朋友圈等新媒体进行合作。编辑出版《听见江西》全媒体丛书,通过300多个具有代表性的江西故事,展现江西悠久的历史文化和丰富的旅游资源,在抖音、喜马拉雅、蜻蜓FM上开设专栏展播。

(肖士维)

行业管理

【概　况】 2020年,面对新冠肺炎疫情及其持续影响,江西文旅部门积极应对,严格落实文旅行业新冠肺炎疫情防控措施,从税收、租金减免等多方面制定文旅行业鼓励和扶持政策,狠抓文化和旅游安全生产、市场秩序管理工作,提升旅游住宿、旅行社、导游服务质量,推动文化和旅游经营主体复工复产复苏。促进旅游星级饭店高质量发展,江西省鹰潭沁庐豪生酒店、婺源瑞怡宝婺度假酒店、江西伯爵文山酒店3家饭店被全国星级饭店评定委员会评定为五星级旅游饭店。

【防控新冠肺炎疫情】 疫情初期,对旅行社停团退团、协调出境游客返程,发布境外旅游提醒,防止疫情传播扩散。累计取消境内和出境旅游团队2407个,涉及游客人数4.82万人。取消各类公共文化活动753场,延期举办55场。取消文艺演出活动538场。取消营业性演出活动89场。关停互联网上网服务场所5860家、娱乐场所5212家,涉及10万余从业人员。多家星级酒店、绿色饭店被征用为临时隔离点,无偿为疫情防控服务。常态化疫情防控阶段,下发《江西省文化和旅游厅关于做好2020年国庆节、中秋节文化和旅游假日市场工作的通知》《关于进一步做好今冬明春常态化疫情防控工作的通知》,全面做好外防输入、内防反弹工作。印发《关于有序推进娱乐场所、互联网上网服务营业场所复工复产的通知》《关于应对疫情影响稳定导游人员队伍的通知》,制定《江西省旅行社企业有序复工复产工作指南》《江西省娱乐场所、互联网上网服务营业场所疫情防控期间有序复工复产工作指南》,统筹推进疫情防控、旅游安全和复工复产、复游复市。指导旅行社企业积极处理投诉纠纷,组织各地开展暂退旅行社质保金约1.38亿元。与省移动、省电信公司协商,减免疫情期间旅游住宿企业的通信服务费900余万元。协调江泰保险经纪公司减免旅行社责任险保费120万元,免费为旅行社提供平台旅游线路宣传推广服务。协调导游行业组织免除导游会费,累计为1.93万名注册导游免除2020年会费253.55万余元。

【促进民宿业发展】 8月4日,制定出台《江西省人民政府办公厅关于促进民宿健康发展的意见》。12月21日,成立江西省旅游民宿联盟。12月28日,在龙南市召开民宿发展现场推进会,副省长吴浩出席,并就推进全省民宿健康、高质量发展提出明确的目标和任务。

【推进旅游行业标准化建设】 委托江西科技师范大学起草修订《江西省导游星级划分与评定》标准，将原标准《导游员星级的划分与评定》修改为《导游星级划分与评定》。调整导游评分标准以及评分内容，将原有3大项目（基本条件、服务质量、奖励加分）调整为2大项目（基本条件、服务质量），总分值由150分调整为100分，各星级导游的得分要求也相应调整。增加导游一线执业带团天数作为星级导游评定必备条件，借助导游监管平台中的游客评价数据对导游服务质量进行客观评判等内容。

【开展全省五星级导游评定工作】 成立省导游星级评定委员会，设立省导游星级评定委员会办公室，指导各设区市成立市级导游星级评定委员会。印发《江西省文化和旅游厅关于组织开展2020年导游星级评定工作的通知》《关于2020年全省五星级导游评定工作有关事项的通知》，明确五星级导游申报与评定标准、评定程序与实施步骤、各地推荐五星级导游名额分配等事项。12月17日，在南昌市七星商务酒店组织全省五星级导游现场面试，邀请南昌大学旅游学院、江西科技师范大学旅游学院、省旅游协会、省内旅行社等单位有关专家组成五星级导游评选专家组，对导游服务质量进行现场测试并评分。最终，评定南昌市导游协会揭震昆为江西省五星级导游。

【旅游服务质量】 持续加大涉外营业性场所、涉外娱乐场所、网吧、KTV、旅游饭店、旅行社、导游等违法违规行为的监管力度，保持对“不合理低价游”、强迫或变相强迫消费、虚假宣传高压监管态势。按照《江西省旅游者权益保护条例》要求，11月全省各市、县（市、区）、管委会等建成覆盖市县两级的先行赔付机制。指导鹰潭、赣州、宜春、上饶4个地市先行印发《旅游市场黑名单管理办法（试行）》。开发并上线江西省导游远教云平台APP，为导游业务学习、导游词创作、带团经验交流以及补办资格证业务创造便捷高效的平台环境。印发《江西省文化和旅游厅关于贯彻落实习近平总书记重要指示精神坚决制止餐饮浪费行为的通知》，在全省文化和旅游行业中开展反对浪费厉行节约活动。

【旅游安全监管】 制定《江西省文化和旅游厅涉旅突发事件应急预案》《江西省文化和旅游厅落实〈全国安全生产专项整治三年行动计划〉实施方案》，印发《关于成立江西省文化和旅游厅应急综合分队的通知》《关于做好2020年国庆中秋期间文化和旅游市场秩序和安全生产工作的通知》《关于认真汲取山西太原10.1重大火灾事故教训切实加强我省旅游安全工作的通知》等文件，促进应急工作科学化、规范化，提高预防和处置各类涉旅突发事件的能力，保障旅游者的生命财产安全。假期之前，召开安全工作专项电视电话会议，强调和部署假日旅游市场安全工作。

（黄春平）

风景名胜区

【概　况】 截至年底，全省建立风景名胜区45处，总面积4493.48平方千米，占全省总面积的2.7%。其中，国家级风景名胜区18处，面积2936.13平方千米，包括庐山、井冈山、三清山、龙虎山、仙女湖、三百山、梅岭—滕王阁、龟峰、云居山—柘林湖、高岭—瑶里、武功山、灵山、神农源、大茅山、汉仙岩、瑞金、小武当和杨岐山国家级风景名胜区，主要类型为山岳、纪念地、历史圣地、特殊地貌、湖泊、民俗风情、岩洞等；省级风景名胜区27处，面积1535.97平方千米，包括通天岩、翠微峰、梅关—丫山、陡水湖、聂都、麻姑山、秦山、南崖—清水岩、洪岩、白水仙—泉江、青原山、玉笥山、玉壶山、灵岩洞、百丈山—萝卜潭、华林寨—上游湖、洞山、象湖、葛源、潭湖、流坑、船屋、天门岭、相山、大华山、青龙湖—龙凤岩和车磨湖省级风景名胜区，主要类型为壁画石窟、特殊地貌、纪念地、山岳、湖泊、岩洞、江河纪念地、民俗风情等。各处风景名胜区均设有管理机构。国家级风景名胜区数量全国排名第四。

【规划编制报批和建设项目选址核准及勘界立标工作】 出台《江西省风景名胜区勘界立标工作方案》《江西省风景名胜区勘界立标工作技术指南》。核准井冈山下茅坪水库（饮用水水源地）、三清山银湖湾国际旅游度假村、沪昆高速梨园（赣浙界）至东乡段改扩建工程（龟峰国家级风景名胜区段）、国道206线龙虎山风景名胜区路段改建选线工程等10个项目选址方案。武功山、神龙源国家级风景名胜区总体规划列入部级联席会议日程。《百丈山—萝卜潭省级风景名胜区总体规划（2018—2035）》获省政府批复。协调推进通天岩省级风景名胜区总体规划批复工作。协调推进麻姑山入口服务区控制性详细规划修改工作，并上报国家林草局批复。中科院庐山植物园控制性详细规划经修改完善后，上报国家林草局初步审查，并按照初步审查意见修改完善后反馈；省林业局与省科技厅、庐山植物园多次沟通，基本达成一致意见，规划编制单位正在准备控规中“温室、学术交流中心、实验中心”建设3个专题论证材料，再报国家林草局审批。

【资源保护监管】 转发国家林草局自然保护地司《关于切实加强风景名胜区监督管理工作的通知》，有针对性地在全省风景名胜区开展全覆盖大排查，并建立台账。对中央巡视组关注的新余仙女湖风景名胜区斜行电梯项目，向仙女湖国家级风景名胜区管委会下发《关于立即查处仙女湖风景名胜区内违法建设的通知》，要求立即对斜形电梯项目进行调查处理，并在风景名胜区范围开展全面排查整治，在规定时间内上报排查处理结果。12月，仙女湖风景名胜区内斜行电梯设施已拆除，并在有序整改。12月11日，向南昌市林业局下发《关于立即查处梅岭风景名胜区内违法建设的通知》，要求对“泊园茶村”项目进行调查，依法依规处理，并举一反三，在梅岭风景名胜区范围开展全面排查整治，在规定时间内上报排查处理结果。向南昌市林业局下发《项目侵占象湖风景名胜区100亩湿地”问题督办函》，要求查清事实，扎实整改，依法严肃查处，并在南昌市范围内开展大排查，进行集中整治，坚决杜绝类似问题再次发生。梅岭国家级风景名胜区和象湖省级风景名胜区内违建问题正在按要求进行整改。

【管理人员培训】 9月27日—28日，省林业局在上饶举办职能转隶后首次全省风景名胜区管理培训班；培训采取讲座授课与现场参观相结合的方式，培训内容为风景名胜区的设立、保护、利用和管理，风景名胜区规划和项目选址论证等，并组织现场参观国家级灵山风景名胜区。培训班上对风景名胜区工作的改革和创新提出具体要求。11个设区市林业局和45个风景名胜区管理机构领导和专业技术人员共90人参训。

·资料·

2020年全省国家级和省级风景名胜区一览

序号	名称	批准年份	所在位置	面积（公顷）	资源类型	管理机构
一、国家级风景名胜区						
1	庐山国家级风景名胜区	1982年第一批	九江市	33042	山岳、纪念地	庐山风景名胜区管理局
2	井冈山国家级风景名胜区	1982年第一批	吉安市	33300	山岳、历史圣地	井冈山风景名胜区管理局
3	三清山国家级风景名胜区	1988年第二批	上饶市	22950	山岳、特殊地貌	江西省三清山风景名胜区管理委员会
4	龙虎山国家级风景名胜区	1988年第二批	鹰潭市	22000	特殊地貌	鹰潭市龙虎山风景名胜区管理委员会
5	仙女湖国家级风景名胜区	2002年第四批	新余市	19470	湖泊	仙女湖风景名胜区管理委员会
6	三百山国家级风景名胜区	2002年第四批	安远县	19700	山岳	安远县三百山风景名胜区管理局
7	梅岭—滕王阁国家级风景名胜区	2004年第五批	南昌市	14400	山岳	梅岭风景名胜区管委会、南昌市林业局
8	龟峰国家级风景名胜区	2004年第五批	弋阳县	9700	特殊地貌	龟峰风景名胜区管委会
9	高岭—瑶里国家级风景名胜区	2005年第六批	浮梁县	8600	纪念地、民俗风情	瑶里风景区管委会
10	武功山国家级风景名胜区	2005年第六批	宜春、萍乡、吉安市	13900	山岳	安福武功山风景名胜区旅游管理委员会、萍乡武功山风景名胜区管理委员会
11	云居山—柘林湖国家级风景名胜区	2005年第六批	九江市	49500	湖泊	庐山西海风景名胜区管理委员会
12	灵山国家级风景名胜区	2009年第七批	上饶县	10150	山岳	上饶县灵山风景名胜区管理委员会
13	神农源国家级风景名胜区	2012年第八批	万年县	4313	岩洞类、纪念地	神农源管委会
14	大茅山国家级风景名胜区	2012年第八批	德兴市	14300	山岳	大茅山风景名胜区管委会
15	小武当国家级风景名胜区	2017年第九批	龙南县	3080	特殊地貌	龙南县旅游发展委员会
16	汉仙岩国家级风景名胜区	2017年第九批	会昌县	4150	特殊地貌	会昌县汉仙岩风景名胜区管理委员会
17	瑞金国家级风景名胜区	2017年第九批	瑞金市	5338	特殊地貌	瑞金罗汉岩管理局
18	杨岐山国家级风景名胜区	2017年第九批	上栗县	5720	岩洞、山岳	杨岐山风景名胜区管理委员会
二、省级风景名胜区						
1	通天岩省级风景名胜区	1995年	赣州市	600	壁画石窟	赣州市通天岩风景名胜区管理局

序号	名称	批准年份	所在位置	面积(公顷)	资源类型	管理机构
2	翠微峰省级风景名胜区	1995 年	宁都县	1600	特殊地貌	宁都县翠微峰风景名胜区管理处
3	梅关—丫山省级风景名胜区	1995 年	大余县	6100	纪念地、山岳	大余县风景名胜区管理局
4	陡水湖省级风景名胜区	1995 年	上犹县	2900	湖泊	赣州阳明湖景区管委会
5	聂都省级风景名胜区	1995 年	崇义县	11000	岩洞	崇义县聂都乡政府
6	麻姑山省级风景名胜区	1995 年	南城县	4800	山岳	南城县麻姑山风景名胜区管理委员会
7	秦山省级风景名胜区	1995 年	瑞昌市	10300	岩洞	秦山风景名胜区管理处
8	南崖—清水岩省级风景名胜区	1995 年	修水县	5000	岩洞、江河	修水南崖—清水岩风景名胜管委会
9	洪岩省级风景名胜区	1995 年	乐平市	10000	岩洞	乐平市洪岩风景名胜区管理局
10	白水仙—泉江省级风景名胜区	1995 年	遂川县	2900	江河	遂川文化广电新闻出版旅游局
11	青原山省级风景名胜区	1995 年	吉安市	1900	山岳	青原山风景名胜区管委会
12	玉笥山省级风景名胜区	1995 年	峡江县	4800	山岳	峡江县林业局
13	玉壶山省级风景名胜区	1995 年	莲花县	5100	岩洞	莲花县林业局
14	灵岩洞省级风景名胜区	1995 年	婺源县	3800	岩洞	大鄣山灵岩风景名胜区管委会
15	百丈山—萝卜潭省级风景名胜区	1999 年	奉新县	15500	山岳	百丈山风景名胜区管理委员会
16	华林寨—上游湖省级风景名胜区	2006 年	高安市	17800	山岳、湖泊	华林山镇政府
17	洞山省级风景名胜区	2006 年	宜丰县	8000	山岳、民俗风情	洞山风景名胜区管理局
18	象湖省级风景名胜区	2007 年	南昌市	700	湖泊	南昌市象湖风景区管理处
19	葛源省级风景名胜区	2013 年	横峰县	3100	纪念地	葛源镇政府
20	潭湖省级风景名胜区	2013 年	南丰县	4500	湖泊	南丰县潭湖风景名胜区管理委员会
21	流坑省级风景名胜区	2013 年	乐安县	5100	民俗风情	乐安县流坑管理局
22	船屋省级风景名胜区	2014 年	黎川县	3400	民俗风情	船屋风景名胜区管理委员会
23	天门岭省级风景名胜区	2016 年	金溪县	3050	山岳	金溪县园林绿化局、何源镇政府
24	相山省级风景名胜区	2016 年	黎川县	1232	山岳	崇仁县乡相山风景名胜管理局
25	大华山省级风景名胜区	2017 年	乐安县	4115	山岳	乐安县园林局
26	青龙湖—龙凤岩省级风景名胜区	2017 年	广昌县	11500	山岳、湖泊	广昌县林业局
27	车磨湖省级风景名胜区	2017 年	南丰县	4800	湖泊	南丰县车么岭水库管理局

（省林业局）

本栏编辑　游桃琴

商贸服务业

综　述

2020年,全省社会消费品零售总额1.04万亿元,增长3.0%,增速比全国平均水平高6.9个百分点,位列全国第二、中部第一。

促进商贸消费复苏。统筹调度全省促消费工作。推动召开系列会议,及时分析消费品市场运行情况,谋划、动员和部署促消费工作。《江西省关于加快发展流通促进商业消费的实施意见》《关于应对疫情促进商贸行业适宜性发展的13条政策措施》等文件和省疫情防控应急指挥部第15号令发布,在政策上支持商贸消费复苏。掀起商贸消费热潮,推动系列促销活动。

推动企业复工复产。启动10大类35个生活必需品每日市场监测、调度,联合市场、商超企业成立保障供应专班,加大产销对接。帮助企业解决困难,为保供企业协调解决16.3万个口罩,向省金融部门推送有融资需求的重点商贸企业1078个,向商务部遴选推荐重点保供企业31家。协调解决复工企业返岗员工健康证明办理、企业复工备案、企业员工进出等具体事项10余起,协调华润万家、天虹等5家大型商超100多辆运输车辆过高速、进城区,为阿里巴巴等84家商贸物流、电商、商超等企业出具"民生保供企业资质证明"。

完善城乡市场体系。指导九江、萍乡、鹰潭、赣州等地制定完善城市商业网点规划,提高城市商业网点规划编制质量和水平。推进城市特色商业街建设,印发《江西省推进商业街区改造提升工作实施方案》《江西省商业街区改造提升试点评价指标(试行)》,在全省重点推动8条左右商业街区开展改造提升。推进电子商务进农村综合示范建设,新争取6个县列入示范县,新增中央财政支持资金0.8亿元。推动县乡农贸市场开展建设改造,争取财政资金1.52亿元,全省累计建设改造1036个。推进产销对接,组织省内优质农产品企业参加粤港澳地区等产销对接活动,拓宽农产品销售渠道。

推动传统商贸转型升级。加快连锁经营,乐豆家、有家等连锁便利店新增门店110个。指导各地对16家企业开展商业特许经营活动进行备案,备案企业年报报送率100%。推动实体零售企业创新转型,指导各地实体零售企业转型升级,创建21家实体零售创新转型示范企业。引导绿色流通发展,研究制定《输液瓶(袋)回收企业评定标准》,确定全省第一批输液瓶(袋)回收企业。会同省发改委研究制定《江西省绿色商场创建工作实施方案(2020—2022年度)》,完成2家大型商场全国绿色商场评审创建。加强拍卖行业日常管理,审批新增拍卖企业12家,办理拍卖变更事项36项,对170家拍卖企业经营情况进行年审;全省网络拍卖成交额占比突破20%。会同省发改委印发《江西省促进家政服务业提质扩容2020年工作要点》,指导督促各地加快推进大型家政企业、家政服务员信用信息录入商务部业务平台,发挥行业组织作用,全省成立家政服务协会组织8个。

做好市场供应保障工作。强化市场监测预警,做好应急值守,确保全省生活必需品市场平稳运行,市场监测工作保持全国前十。推进冻猪肉储备投放工作,全省累计储备6611.19吨,累计投放4089.32吨。做好商贸领域安全生产管理工作,组织专题培训2次,开展抽查检查3000余家企业,全省商贸领域未发生一起重特大安全事故。全面推进"双随机、一公开"监管,完善制定检查实施事项清单22项,做到监管事项有依据,检查内容有标准,处罚实施有规定。

（刘小海）

市场秩序建设

【"双随机、一公开"监管】　建立健全公开透明的监管规则,认领商务部赋予省商务厅监管事项22项,完善制定检查实施事项清单22项,做到监管事项有依据,检查内容有标准,处罚实施有规定。及时对省商务厅随机抽查事项清单进行调整并录入"双随机、一公开"行政执法监督平台。截至年底,共开展双随机检查任务31次、日常巡查任务32次,抽查企业167家,涵盖内贸、外贸、外资、外经各领域,随机抽查事项覆盖全厅监管执法事项。规范优化"双随机、一公开"检查程序。制定合理的抽查比例和频次,对涉及重大安全、社会关注度高的领域和区域,以及投诉举报多、列入经营异常名录、有严重违法违规记录等情况的市场主体,纳入重点抽查范畴,增加抽查比例和频次,加大检查力度。对守法经营、信用良好的检查对象,降低抽查比例和频次。同时,进一步规范随机抽查流程、及时准确公开抽查结果、加强抽查结果的运用,提升商务领域市场监管的质量和效能。

【商务领域专项整治】　1月,联合市

场监管等部门开展整治农村市场假冒伪劣、“三无”等产品和假冒伪劣食品专项行动。以农村集贸市场、综合批发市场、乡镇村组经营户、流动商贩、农村电商集散地等为重点，协同市场监管等部门全面打击农村市场涉及商务领域的侵犯知识产权、商业欺诈、假冒伪劣食品等违法行为，规范农村市场经济秩序。2月，开展全省商务系统打击整治非法制售口罩等防护产品专项行动。印发《江西省商务厅关于转发〈市场监管总局等八部门关于开展打击整治非法制售口罩等防护产品专项行动的紧急通知〉的通知》，督促商贸流通企业落实进销主体责任，加大排查力度，严控进货渠道、严把验货关口，严格落实购销台账制度。6月，开展商务领域涉非涉稳风险专项排查。各地商务主管部门结合工作实际，针对养老服务、预付消费、电子商务、单用途商业预付卡等商务领域重点企业、重点区域和重点群体进行排查。排查期间，全省各级商务部门出动1600余人次，排查各类商贸企业2000余家，未发现涉非涉稳风险。7月，联合市场监管局等部门开展“打假战汛保重建”专项行动。加大对非法制售涉汛涉灾医疗防护产品打击力度，督促商贸流通企业落实进销主体责任，加大排查力度，严控进货渠道、严把验货关口，严格落实购销台账制度。行动期间，全省各级商务部门配合市场监管局开展检查6014人次，检查督促商贸流通企业2382家，向市场监管和公安部门移送线索13条。对全省14个分支机构和443家服务网点开展全面排查，重点排查直销企业是否存在产品虚假宣传和欺诈消费者等违法违规行为。

【商务诚信体系建设】 10月12日，印发《2020年江西省开展“诚信兴商宣传月”活动的通知》。各地商务主管部门开展以“诚实经营、守信服务”为主题的宣传活动，共制作诚信宣传单、宣传画册20万余张，在电视、广播电台播发相关稿件3000余篇。推进江西省商务领域信用信息系统向市、县（区）延伸建设工作，实现全省全覆盖。分别向国家企业信用信息公示系统（江西）推送3376条信用信息，向江西省公共信用信息平台推送3197条信用信息，促进信用信息共享机制的实施完善。做好单用途预付卡立法调研工作，成立调研小组到省内外进行专项调研。

【重要产品追溯体系建设】 开发建成江西省重要产品追溯管理平台，支持政府各部门的重要产品管理平台、第三方重要产品追溯管理平台、企业追溯系统等按需接入。年内，已接入江西省中药材追溯体系和南昌市肉菜追溯系统，并向商务部重要产品追溯管理平台报送8900多万条数据。研究制定重要产品追溯体系建设的重点追溯产品目录，加快协同推进全省重要产品追溯体系建设。加强宣传推广，突出强调生产经营企业建设产品追溯体系建设的主体责任和行业组织推进追溯体系建设、消费者参与追溯体系建设的意义。

（冷萧）

市场体系建设

【电子商务进农村综合示范建设】 年内，推进电子商务进农村综合示范建设，评定会昌县、万载县、全南县、德兴市、都昌县、崇仁县为2020年国家电子商务进农村综合示范县，争取中央财政资金6000万元。截至年底，连续7年在全省开展电子商务进农村综合示范建设，先后有48个县52次列入国家电子商务进农村综合示范范畴。其中，24个国家级贫困县全部纳入支持范围，累计争取中央财政扶持资金9.46亿元。

【县乡农贸市场建设改造】 继续推动全省县乡农贸市场开展建设改造，年内新增资金600万元，共改造县乡农贸市场近40个。截至年底，连续8年推动省政府将县乡农贸市场列入全省重点民生工程，争取财政资金1.52亿元，带动全省各级财政和社会资金投入超20亿元，全省累计建设改造县乡农贸市场1036个。

【农产品冷链物流建设】 加强农产品冷链物流行业指导，推动落实《江西省冷链物流发展规划（2018—2022）》。培育一批冷链物流龙头企业，在全省评定7家重点冷链物流企业，推动全省冷链物流行业持续健康发展。全省冷链物流总额1374.26亿元，增长7.76%，占全省商贸物流总额的7.9%，占比提升2个百分点；冷链物流总收入69.57亿元，增长8.7%，占全省商贸物流总额的8.0%；已有冷库容量240.7万吨，增长31.6%；全省共有冷藏车1223辆，增长8.7%。

【商业街区改造提升】 联合省住建厅、省市场监管局出台印发《江西省推进商业街区改造提升工作实施方案》《江西省商业街区改造提升试点评价指标（试行）》，全面启动省级商业街区改造提升试点工作。坚持政府引导、市场运作、分批试点的方式，利用3年时间在全省重点推动8条左右商业街区开展改造提升。

【促进汽车消费】 推动省政府出台《江西省促进汽车消费的若干措施》，涵盖金融支持、税收优惠、通行便利及展览展销4大方面10条具体举措；推动南昌、赣州等设区市出台汽车消费补贴政策。在省级商务发展专项资金中安排汽车展览展销专项资金400万元，支持各地组织汽车展览展销。支持南昌、赣州、宜春、上饶等设区市在“五一”“十一”期间组织汽车展览展销。年内全省汽车类销售总额1009.5亿元，增长2.8%，比全国高4.6个百分点。

（周勤）

商贸服务管理

【概　况】 2020年，新冠肺炎疫情对全省餐饮行业影响巨大，为提振消费信心，省商务厅发布带头消费倡议书，发放餐饮消费券3000万元，带动全省各地累计发放餐饮消费券2亿元，组织开展餐饮促销活动500余场，带动餐饮消费快速复苏。6月，全省限额以上餐饮收入首现正增长，比全国提前3个月。全省餐饮收入855.63亿元、增长0.5%，比全国高17.1个百分点。

【出台《关于印发江西省打造赣菜品牌三年行动计划(2021—2023年)的通知》】 11月9日,省政府办公厅出台《关于印发江西省打造赣菜品牌三年行动计划(2021—2023年)的通知》。行动计划分为总体要求、主要任务、保障措施3大方面,提出做优赣菜企业、提升赣菜品牌、完善赣菜链条、加强赣菜推广、汇聚赣菜人才5项主要任务及3项保障措施共20项具体举措。

【发布赣菜"十大名菜""十大名小吃"】 11月19日至12月4日,省商务厅在"江西商务"微信公众号上开设赣菜评选专栏,对候选的30道赣菜名菜和30道名小吃开展大众在线投票,共有142.35万人参加投票。最终,综合大众投票、专家评审和菜品的代表性、多样性、带动性等因素,确定赣菜"十大名菜""十大名小吃"名单,并进行发布。其中,赣菜"十大名菜"分别为宁都三杯鸡、莲花血鸭、四星望月、余干辣椒炒肉、井冈烟笋、白浇雄鱼头、鳜鱼煮粉、甲鱼粉皮、藜蒿炒腊肉、滋补泰和乌鸡;赣菜"十大名小吃"分别为瓦罐煨汤、南昌米粉、瑞金牛肉汤、弋阳年糕、九江萝卜饼、井冈糍粑、瑞州烧麦、碱水粑、黎川芋糍、安远三鲜粉。同时确定赣菜宣传口号为"江西美如画,赣菜香天下"。

【举办第三届中国赣菜美食文化节暨第二届江西米粉节】 11月1日—5日,省商务厅联合宜春市政府、中国饭店协会在宜春明月山景区共同举办第三届中国赣菜美食文化节暨第二届江西米粉节,活动设立5大板块,开展12场系列活动,组织330家企业的2000款产品进行线上线下展销,近百家食材、调料、加工、餐饮企业到场采购,开幕式首日即有8万余人参与。参展企业现场销售额535万元,达成意向交易额3000余万元。展会期间,30余家媒体现场采访,其中新华社报道点击量58万人次。30名网红主播作为美食推荐官,在抖音、快手等新媒体全方位、多角度推荐分享赣菜美食,累计在线观看人数超150万人次。

【繁荣夜间消费】 依托特色街区(商圈)、商业综合体、知名旅游景区等载体,培育打造夜间消费集聚区,全省培育夜间经济街区超过100个,其中重点打造的夜经济街区23个。借助节假日集中开展"多彩夜经济"促销狂欢活动。全省累计举办各类夜间经济活动近千场次,参与商家超1.2万家,夜市人流量近1000万人次。

【"百城万村"家政扶贫】 2020年,全省4家"百城万村"家政扶贫承办企业线上线下累计培训家政从业人员2.2万人次,其中线下培训6304人。就业人数2173人,其中建档立卡贫困户304人;人均月收入超过3500元。

(胡浩)

市场运行调节

【概　况】 2020年,市场运行调节工作重点在促进消费、疫情防控、市场保供上持续发力。

【促进消费】 统筹调度全省促消费工作,先后召开全省商贸消费升级工作推进会、稳促"五一热"专题部署会、商贸消费工作调度会、商贸消费运行情况调度会。做好商贸消费复苏。省政府办公厅印发《江西省关于加快发展流通促进商业消费的实施意见》,细化20条稳定消费预期、提振消费信心的政策措施,部分建议被纳入省政府关于有效应对疫情稳定经济增长20条政策措施。省疫情防控应急指挥部发布第15号令,推动临街店铺开业促进商贸行业适宜性发展。省商务厅制定《关于应对疫情促进商贸行业适宜性发展的13条政策措施》,奖励82家新增限上商贸企业246万元。在全省开展稳促大干"红五月"、江西消费月活动、第三届全民旅游消费节等系列促销活动4000余场,督促指导省市县财政累计发放消费券5.8亿元。

【市场监管】 到11个设区市就承接成品油经营资格审批权限下放工作进行专题培训,培训人数近千人,确保各地在承接审批权限时接得住、管得好、用的活。加强茧丝绸市场监测、稳定全省茧丝绸市场,争取中央2020年度茧丝绸发展专项资金560万元。

(刘小海)

现代物流

【概　况】 2020年,实施商贸物流产业链链长制,开展全国城乡高效配送试点、省级城乡高效配送试点城市等工作,全省商贸物流运行逆势回升、增势平稳,物流业总收入保持增长,实现全省商贸物流总额1.74万亿元,增长7.2%,比地区生产总值增速(3.8%)高3.4个百分点。

【商贸物流产业链链长制工作】 省商务厅围绕强"链主"、建"链群"、通"链点"等重点任务,抓项目、搭平台、育龙头、优环境,力促一批知名企业物流项目落地江西。在上海、广东举办商贸物流产业招商会,签约物流项目24个、投资总额220亿元。

【城乡高效配送专项行动】 贯彻落实《商务部等5部委开展城乡高效配送专项行动计划》,创新推进城乡高效配送体系建设。推动鹰潭、宜春、赣州、南昌先后获批全国城乡高效配送试点城市,抚州、上饶入选省级城乡高效配送试点城市。指导各地建设物流园区123个,配送中心150个,仓储面积2200万平方米,冷库容量204万吨;快递网点9000个,居中部第一,城乡配送网络基本实现全覆盖。

【物流产业集群发展】 2020年,全省50个物流产业集群主营收入3054亿元,增长6%左右。南康家具物流产业聚集物流企业460多家(其中A级物流企业15家),运营专线1350条。主营收入115亿元。家具成品物流发出约28万车次,发送总量约810万吨(约合4428万立方米)。出口集装箱40.8万标箱,增长71.4%。家具产业产值突破1600亿元。樟树医药物流产业集群有医药物流企业

38家，医药仓储面积超15万平方米，其中五洲医药有自动化仓储面积8.3万平方米、江西仁翔药都樟树仓储面积5.56万平方米。集群内各种配送车1000余辆，冷库7000平方米。九江水运口岸物流产业主营业务收入105亿元，聚集水上货物运输企业及远洋货物运输企业45家，货运港口及码头服务企业136家。

【物流龙头企业】 12月14日，省商务厅印发《关于公布第八批重点商贸物流园区（中心）和企业认定及1～4批复核结果名单的通知》，全省新增2家重点商贸物流园区（中心）和17家重点商贸物流企业；1～4批75家重点商贸物流园区（中心）和企业复核合格44家。截至年底，全省共有重点商贸物流园区（中心）15家、重点商贸物流企业84家。指导行业协会开展A级物流企业评估，全省新增A级物流企业33家；江西A级物流企业保有量246家，其中5A级3家、4A级100家、3A级78家、2A级63家、1A级2家。

（蔡金伟）

电子商务

【概　况】 2020年，全省网络零售额1582.45亿元，列全国第14位，增长22.27%，比全国增速高11.37个百分点。其中，实物商品网络零售额1318.24亿元，增长33.12%，比全国平均增幅高18.32个百分点。全省网络零售监测企业4.29万家，监测店铺52.22万家。全省有淘宝镇54个、淘宝村34个，淘宝镇、淘宝村比上年分别增加8个、15个，总量在全国分别排名第9、第11，在中西部省份中排名第3。江西正邦科技股份有限公司、江西网优科技股份有限公司和江西万佶物流有限公司获批全国首批线上线下融合发展数字商务企业（全国共108家）。

【电商企业保供促消】 将支持电商化数字化改造升级、培育新消费列为省政府稳经济20条措施之一，先后印发《关于应对疫情促进商贸行业适宜性发展的13条政策措施》《关于加快发展流通促进商业消费的实施意见》《关于加快推广电商消费无接触配送服务的通知》等政策文件，推广"线上下单，线下无接触配送、预约配送、定点投递或应用智能配送柜（快递箱）"模式。收集并反馈电商物流企业融资需求555条。分3批次协调下发N95口罩4000个、一次性口罩4万个，缓解电商企业复工复产对防控新冠肺炎疫情物资的需求。

【深化战略合作协议】 3月20日，联合阿里巴巴集团发布《关于推进商贸流通电商化数字化发展激发商贸消费活力的倡议书》，推进"线上极速开店""网络消费促销""安心专区""数字菜场""安全团餐""无接触配送""放心码""小微企业普惠金融"8项商贸流通电商化数字化发展行动。8月10日，举办"赣品网上行"·阿里巴巴招商对接大会，组织省内400余家绿色食品产业链供应链重点电商企业、农业企业、食品工业企业参加，推动近100家企业开设天猫官方旗舰店。协调阿里巴巴天猫事业部，为鸭鸭品牌新设旗舰店1家和专卖店5家。

【助力传统产业数字化转型】 以"双品网购节""赣品网上行"为引领，联动省市县三级商务主管部门，指导相关电商平台细化实施方案和营销细则，创新满减、秒杀、特惠、优惠券、组合礼包、新媒体导流等营销推广方式方法，发动省内2万余家电商企业筹集200万个单品参与"五一"、京东"618"、支付宝"717"等节庆促销，密集举办网购节、电商节、消费节、直播节、线上展会等各类线上消费活动300余场次，线上优惠让利累计3亿余元。

【推广直播模式应用】 推动全省10余个知名平台赣品专区专馆、近百家电商平台、1万多家电商应用企业（网商）开展线上直播促消费，启动以"赣品卖全国，直播促消费"为主题的"千企万播"电商新消费季活动，共建"江西好物旗舰店"，创新"三免服务"，扶持1000家以上企业（网商）开展1万次以上直播活动，孵化1万名以上主播，开展直播电商人才培训、直播电商产业带和基地培育。

【实施电商助农行动】 全面启动"全网电商助农行动"，通过收集滞销信息、搭建对接平台、开展线上促销等方式，帮助产销多方即时沟通、对接信息并开展合作，推动蔬菜、柑橘、禽蛋、菌菇等多个滞销农产品品类上线电商平台开展直播、社群网络营销。依托电商扶贫工程专区专柜、江西扶贫商城、扶贫网江西馆、扶贫832、京东江西扶贫馆、市县淘宝公益扶贫直播间等平台，组织"电商扶贫""赣品上行""直播扶贫""村播大会"等扶贫产销对接促销活动150多场次，促成农产品销售25.8亿元，累计培训19.4万人次、销售86.9亿元，带动13.5万户贫困户增收，打造赣州安远模式、邮政扶贫、廖奶奶、励志园等典型。

【电商示范体系建设】 推动行业组织、高等院校、科研机构、产业园区探索建立产学研用、跨域融合、园企互动等合作机制，完成南康家具市场、新余高新区2家国家电商示范基地综合评价，推荐13家国家数字商务企业和电子商务示范企业。启动2020—2021年度江西省电子商务示范企业创建工作，评定出100家省级电子商务示范企业，以点带面加快电子商务市场主体做大做强。

（范超群）

粮食流通

【概　况】 2020年，全省粮食流通行业战大疫、抗大汛、迎大考，扎实做好"六稳"工作，全面落实"六保"任务。粮食安全省长责任制考核保持全国第5，连续4年被评为"优秀"等次。

【粮食收购储备】 为应对新冠肺炎疫情、汛情叠加的特殊形势，提前做好早稻收购准备工作，筹措收购仓容300万吨，筹集收购资金60亿元，确保"仓等粮、钱等粮、人等粮"。7月25日，在全省提前启动早稻托市收购，比规定时间提前1周，比上年提前40天。建立规模5亿元的粮食收购贷款信用保证基金，为企业市场化收购提供融资担保服务，构建市场化收购为主、政策性收购托底的格局。全年收购粮食1005万吨，其中市场化收购占比96%。全面落实国家下达的170万吨地方粮食储备规模。争取省政府支持，协调省发改委、省财政厅、农发行等部门，完成10年未落实到位的地方储备食用油实物3.3万吨。

【粮食供应保障】 健全完善粮食应急保供网络，全省建有应急加工点214个、应急保障（配送）中心126个，实现市县（区）全覆盖。做好粮油市场监测，及时发布粮油价格信息，正确引导市场预期。新冠肺炎疫情发生后，第一时间启动粮油市场情况日报制，做到监测全覆盖；第一时间调度48家省级动态储备粮企业提前复工复产，确保应急供应；组织粮油骨干企业复产增供，较短时间内全省155家重点粮油企业复工率100%。汛情期间，主动对接入赣抗洪部队需求，做好驰援江西抗洪救灾部队的军粮供应及应急保障服务工作。

【粮食产销合作】 开展“江西好粮油 赣粮行天下”系列活动，组织210余家企业代表共760余人参加在福州举办的第三届中国粮食交易大会，达成意向购销粮食90万吨，金额近24亿元；与福建等11省共同召开第十六届粮食产销协作福建洽谈会，进一步巩固和发展长期稳定的区域粮食产销协作关系；与广东省签订省际间粮食产销协作框架协议，推动赣粤2省粮食产销深度合作。在南昌举办2020年赣浙闽粤4省早籼稻产销对接暨网上粮食交易大会，并首次邀请湖南、湖北、广西、贵州4省参与，线上成交粮食44万吨，签订线下购销合同30万吨。南昌国家粮食交易中心完成各类粮油交易590.96万吨，成交额突破113.68亿元，增长127.29%，创下历史新高。

【粮食产业】 推进优质粮食工程，实施赣产“中国好粮油”行动计划，建设320个粮食产后服务中心，改造提升粮食质检机构66个，6个粮油品牌被评为“中国好粮油”产品，21个粮油品牌被授予“江西好粮油”产品称号，年新增优质稻产量85万吨。实施品牌战略，加大“江西好粮油”宣传推广力度，加大江西米粉、江西茶油、江西稻米油等特色产业支持，培育打造“宜春大米”“鄱阳湖大米”“井冈山稻米”等区域品牌。全省粮食产业经济发展逆势上扬，粮食加工业产值历史性突破1000亿元，达1003亿元，增长2%。

【粮食流通基础设施建设】 推进粮库智能化升级改造，全省9个设区市完成整体智能化改造，130个项目建设任务中除6个缓建项目外，完成121个；做好软硬件对接工作，视频接入库点48家，上传国家平台数据入库总量3.05万条，合格率87%。争取国家粮食安全保障调控和应急设施专项中央预算内投资计划1.8亿元，项目16个。做好2021年项目摸底及储备工作，全省申报72个项目，其中粮食仓储设施项目50个、粮食物流（产业）园区项目14个、应急配送中心项目8个。协调省财政一次性安排资金2.3亿元，重点支持全省国有粮库新建和维修改造。

【粮食储备体制改革】 9月1日，省委办公厅、省政府办公厅印发《江西省关于改革完善体制机制加强粮食储备安全管理的实施意见》，提出推进省级储备集中管理，完善动态储备管理，调整优化储备品种，实行部分储备年度轮换等体现江西特色的制度安排，为解决全省储备管理长期存在的一些问题突破体制障碍，确立新发展阶段全省粮食储备制度框架。制定《健全落实江西省地方储备粮与中央储备粮协同运作机制》《江西省省级储备粮轮换管理办法》，进一步健全储备管理制度体系。

【粮食流通执法监管】 完成政策性库存粮食大清查发现问题整改工作，组织开展涉粮问题整改“回头看”专项行动，严格查处各类违法违规行为，进一步消除风险隐患，堵塞管理漏洞。做好中央纪委监委到赣开展专项检查的配合工作，对发现的问题督促被查企业及时整改到位。持续做好政策性粮食出库和处置、粮食收购市场监管，维护粮食流通市场秩序。受理各类投诉举报和12325热线转办的案件，加大查处力度。全面推行“双随机、一公开”方式，持续加大监管力度，对2000余家涉粮企业评定诚信等级，实行分类监管，全省行业社会信用体系建设逐步完善。

【物资储备管理】 申请设立省粮油科技创新和物资储备中心，全面承接省应急救灾物资储备库管理职能；印发《建立健全全省重要应急物资储备体系建设改造实施方案》，加快应急救灾物资储备库基础设施建设，完成省应急救灾物资储备库土建及配套设施建设安装。省应急救灾物资储备库在储各类物资9大类9.1万件。新冠肺炎疫情期间，紧急向全省71个市县发放疫情防控物资2.6万余件。汛情期间，收到中央调入江西省救灾物资8.6万件，紧急向受灾地区调运帐篷、折叠床、棉被等救灾物资13万余件。

（陈志伟）

供销合作

【概 况】 2020年，全省供销合作社部门商品销售总额2594.69亿元，利润总额8.59亿元，分别增长27.63%、16.3%。省供销联社本级社有企业营业收入10.66亿元，增长1.24%；利润总额7701万元，增长89.26%。省供销合作社获全国供销合作社综合业绩考评一等奖第3名。

【新冠肺炎疫情防控】 疫情期间，依托“供销e家”等电商平台开展无接触配送，为城镇居民提供果蔬、大米等日常生活用品供应服务；帮助100多个结对帮扶社区、挂点扶贫村做好疫情防控值班值守，组织系统企业捐赠口罩、消毒液、蔬菜等防疫物品价值200多万元。省供销联社组织江西供销（余干）农商大市场调运近10吨新鲜果蔬捐赠给南大一附院和有关金融机构。截至年底，全系统未出现1例疑似病例和确诊病例。

【防汛抗洪】 省供销联社机关组织防汛救灾青年突击队到鄱阳县三庙前乡巡堤抢险；江西旅游商贸职业学院组织148名突击队员日夜驻守在赣江新区瓜洲圩责任段；九江市社、宜春市社以及鄱阳、新建、南昌、丰城、都昌、德安、东乡、临川、吉安、万安、浮梁、万年等县级社主要负责人率突击队坚守在各自防汛责任段；九江市供销生鲜配送公司为支援九江抗洪抢险的部队配送部分粮油、蔬菜等生活物资。全系统累计组织系统1500多名干部职工深入抢险救灾一线，并紧急调拨编织袋43.4万条、太阳布18.9万平方米、帆布2.8万平方米。同时，组织受灾地区供销合作社灾后自救。

【六稳六保】 发挥农资流通主渠道作用，成立农资保供工作专班，组织江西沃尔得农资连锁集团股份有限公司等化肥生产、储备企业加大化肥生产、调运、储备力度，公布72家重点农资企业名单，保障农资供应。全系统累计销售化肥327.22万吨、农药7.63万吨、农膜1.07万吨，农资市场份额达到全省的80%，维护农资市场价格稳定，保障全省农业生产所需。指导全系统累计减免承租户房租2891.13万元。各级社有企业和经营服务网点于4月前实现100%复工复产和正常营运。

【综合改革】 完成江西省供销合作社联合社更名，推动11个设区市供销合作社和59个县级供销合作社获批设立监事会机构；先后揭牌成立省供销集团有限公司、省供销冷链科技有限公司、省供销大数据有限公司、省供销新零售有限公司、省供销中药材产业发展公司、省供销博能科技有限公司等产业发展平台，建立健全省供销联社理事会对本级社有企业的合理授权经营工作机制，加强对社有资产的监督管理。

【冷链物流骨干网建设】 年内，累计建成冷冻冷藏库容15.5万吨，获批省政府专项债24亿元，信丰、全南、定南、于都、萍乡市湘东区、芦溪、抚州市临川区、共青城、铜鼓9个县（市、区）的城乡冷链物流骨干网项目全部开工，与抚州市政府、上饶市政府签订市域整体打包项目合作协议，与都昌、贵溪、德安、修水4个县（市）签订项目投资建设协议，并与华为、京东、麦金地等企业洽谈战略合作、筹划项目后期运营。7月，在全国供销合作社冷链物流暨农产品市场建设电视电话会议上作先进典型交流发言。

【供销集配体系建设】 年内，全省“互联网＋第四方物流”供销集配体系建设快速推进，广昌、寻乌等51个县（市、区）供销集配体系建设初具产业雏形，并建有供销集配中心51个、仓储面积48万平方米、集配网点4494个，全年承揽上下行快递件突破2亿件。2019年，江西“互联网＋第四方物流”供销集配模式入选商务部、供销总社等5部委确定的全国城乡高效配送典型案例。“互联网＋第四方物流”供销集配模式即整合各县域内农特产品、日用消费品、农资、物流快递等企业的仓储配送资源，将分散的商品流、物流合并，共享人、车、仓统一配送体系，构建县乡村三级集中配送网络体系，打通城乡双向流通渠道，减少中间环节，以实现快递物流高效配送的“互联网＋第四方物流”供销集配体系。

【中医药产业建设】 为响应省“中医药强省”发展战略，省供销合作社制定《发展中药材种植产业实施方案》，力争3年打造1000个中药材农民专业合作社，引进和培育一批中药材加工企业，打造百万亩中药材种植基地。年内，全系统采取“公司＋合作社＋农户”“农合联＋合作社＋农户”的模式，累计领办创办中药材农民专业种植合作社383家、种植面积1.87万公顷。

【农业生产服务】 年内，全省新增农业生产服务中心97个、农资经营服务网点187个，累计建成农业生产服务中心980个、农资经营配送网点7323个，全系统土地托管服务面积38.90万公顷，服务领域覆盖农业生产“耕、种、管、收、加、储、销”全过程。

【现代流通服务】 线下重点打造余干、广昌等36个农产品市场，发展8550个乡村日用消费品经营网点；线上依托“供销e家”电商平台建成1个省级运营中心、50个县级运营中心，发展电商企业158家。

【产销对接服务】 指导49个县（市、区）开展同城生鲜配送业务，推进农产品进企业、进校园、进机关、进社区。发挥农合联平台作用，举办各类农产品展示展销会177次，组织参加全国供销总社消费扶贫（北京）展销会、全国农产品交易会（重庆）、海南冬季农产品交易会等展示展销活动251次，助销农产品2.7亿元。

【基层组织建设】 累计发展基层社1678个、农民专业合作社4648个、各级农合联204个、农村综合服务社19495个，其中基层社标杆社29个、农民专业合作社示范社54个、村级综合服务社星级社138个。赣州市章贡区试点“党建带社建、村社共建”工程，在全省推动发展壮大村级集体经济现场会上得到省领导肯定。

【脱贫攻坚】 推进供销合作社行业扶贫工作，开展产业扶贫专业合作社838家，累计吸纳建档立卡贫困户1.24万户，帮助建档立卡贫困户脱贫2.14万户。开展各类扶贫培训1829次，培训5.74万人。与省财政厅、省扶贫办共同推进全国扶贫832平台对接服务工作，组织江西24个国家级贫困县的652家供应商入驻，上架可销售商品4800余种，累计销售扶贫产品3.04亿元，人均排名全国前列。

（刘行宾）

本栏编辑 游桃琴

对外贸易与经济合作

综　　述

2020年，全省商务部门统筹疫情防控和商务发展，推动招商引资、对外贸易以及对外经济合作等快速回稳，开放型经济保持稳中向好发展态势。

招商引资平稳增长。在新冠肺炎疫情最严峻时期，全省围绕招项目、落项目，在全国率先举办云招商推介会、央地合作视频会等线上招商活动156场，签约项目622个，投资总额3859.6亿元。新组建4支专业招商团队，会同市县招商小分队到广东、上海、浙江、北京等地密集开展产业招商活动，持续推进“三请三回”（请乡友回家、请校友回母校、请战友回驻地），推动“三企入赣”（外企、民企、国企入赣），举办江西对接粤港澳大湾区经贸合作活动、江西与跨国公司（上海）合作交流会、正和岛年会等8场重大经贸活动，共引进产业项目576个，签约投资总额8369.6亿元。全省重大经贸活动签约项目注册率89.8%、进资率85.2%、开工率79.5%；完成投资1799.7亿元，占签约总额的21.5%。全省开发区报送新引进“5020”项目163个，投资总额5105.9亿元，7家国家级经开区进入全国百强，其中南昌经开区位列31名，实际利用外资进入国家级经开区前十强，位列第8名。

对外贸易逆势上扬。为应对疫情对外贸影响，建立省市县“三级帮扶”“四单融合”帮扶机制，开通江西数字外贸服务平台，召开外贸政策兑现大会，举办出口商品网上交易会等系列举措，帮助外贸企业解决融资、担保、物流等困难，帮助晶科能源应对涉美光伏产品贸易摩擦取得胜利；推动出台金融帮扶13条措施，带动900多家企业银行贷款、保单融资990.4亿元。全省紧抓医用防护物资出口“窗口期”，全年出口口罩34.7亿只，价值36.2亿元，拉动出口增长1.5个百分点。“宅经济”产品出口显著增加，出口无线耳机、手机、笔记本电脑、平板电脑、家电等“宅经济”商品566.6亿元，增长67%，拉动出口增长9.1个百分点。全省机电产品和高新技术产品出口分别为1611.6亿元和972.7亿元，分别增长29.5%和37.1%。江西外贸经营主体显著增多，其中民营企业成为全省外贸稳定增长的主导力量，全年进出口2968亿元，占比74%。组团参加第三届中国进口博览会，累计意向成交3.2亿美元，比上届增长3.2%。培育跨境电商等外贸新业态，先后到广州、宁波、杭州等地组织开展跨境电商专题对接会，引进一批跨境电商企业落户江西，获批九江跨境电商综试区、宜春市二手车出口业务试点，支持九江、吉安、赣州获批跨境电商零售进口试点，开通跨境电商9610出口业务，增设9710、9810贸易方式，全年全省跨境电商进出口26.3亿元，增长323.7倍，规模上升至全国第13位。

对外经济合作稳步推进。省商务厅等19部门联合出台《关于促进全省对外承包工程高质量发展的实施意见》，支持“走出去”企业积极稳妥推进项目建设、市场开拓、疫情防控，在机场、能源、医疗、新能源、高层建筑等技术含量和附加值高的项目上累计新签合同额39亿美元，全省对外工程承包营业额40.6亿美元，居全国第9，总量连续5年跻身全国前十。争取商务部、金融机构支持，支持企业完成江西铜业哈萨克斯坦钨矿项目、腾远钴业刚果（金）冶炼厂二期项目、赣锋锂业阿根廷锂矿项目、联创电子入股韩国美法思株式会社项目、华伍制动收购瑞士富尔卡摩擦片有限公司项目等，全省对外直接投资8.7亿美元。江西国际、江西中煤、中鼎国际、江联重工、江西水建、省建工集团6家省内对外承包工程企业入选ENR全球最大国际承包商250强，入选企业数量居全国第三、中西部第一。抓好境外企业风险防范和安全管理工作，制作《对外投资合作国别（地区）指南》《江西企业走出去国家风险分析报告（2020版）》，举办国家安全、境外反恐、数据安全等政策知识培训，抓好“走出去”风险防控。

（曾令铭）

货物贸易

【概　况】　2020年，江西货物贸易进出口总额4010.1亿元，增长14.3%。其中，出口额2920.4亿元，增长17.0%；进口额1089.8亿元，增长7.5%。进出口增速、出口增速、进口增速分别比全国平均水平高12.4个百分点、13个百分点和8.2个百分点，进出口增速、出口增速均居全国第5。外贸规模前进1位居全国第18位，出口规模前进2位居全国第14位。民营企业进出口总额2968亿元，增长21.4%，占全省进出口总额的74%，比上年提升4.3个百分点。外商投资企业进出口总额894.1亿元，占比22.3%；国有企业进出口总额143.6亿元，占比3.6%。一般贸易进出口增长9.3%，占比70.5%；加工贸易增长20%，占比26.6%，比重提升1.3个百分点。机电产品、高新技术产品出口占比分别为55.2%、33.3%，分别提升5.3个百分点、4.9个百分点。有进出口实绩的外贸企业5386家，比上年增加410家。其中，进出口上亿元企业730家，增加100家；出口规模在1000万元以下的小微企业2646家，增加227家。

【贸易伙伴多元化】 对东盟、美国、欧盟、中国香港地区、韩国、日本、中国台湾地区等前十大贸易伙伴进出口均实现增长，合计进出口总额3027.2亿元，增长16.7%，占全省外贸总额的75.5%，拉动全省进出口增长12.4个百分点。其中，对东盟进出口649.8亿元，增长10.3%；对美国进出口506.8亿元，增长35.8%；对欧盟进出口452.7亿元，增长14.5%；对"一带一路"沿线国家进出口总额1170.9亿元，增长13.9%，占比29.2%，拉动全省进出口增长4.1个百分点。

【精准服务支持企业】 建立全省对外贸易会商协调机制、全省外贸企业复工复产情况调度机制、省市县三级帮扶机制、医用防护物资出口调度协调机制，先后召开4次外贸出口调度会和6次机制协调会议。新冠肺炎疫情期间，实行全省医用防护物资进出口日调度和日报制度。对外贸龙头企业、中小微企业和供货外省出口企业分类施策开展帮扶，推动"赣货赣出"和"外货赣出"。对全省1000余家外贸企业开展线上线下调查摸底，梳理汇总企业在接单、交付、运输、融资等方面存在的1790个问题，建立工作台账，实行销号管理。自3月27日起，全省4977家有进出口业绩的企业全部复工复产。落实落细中共中央、国务院和省委、省政府稳增长政策，出台稳外贸10条、金融帮扶外贸13条、推进外贸高质量发展3年行动方案、支持出口产品转内销10条等一系列政策措施，制定2020年外贸稳中提质事项资金政策。开展"四单(担)融合"金融服务活动，召开外贸政策兑现大会，缓解企业融资难题。全年全省累计带动900余家重点外贸企业银行贷款、保单融资990.4亿元；支持1876家外贸企业投保出口信用保险，增长9.4%。

【激发外贸主体发展动能】 推动省内2000余家外贸企业上线江西数字外贸服务平台，组织千家企业参加线上广交会、华交会，举办江西出口商品网上交易会(印度站—机电专场)、江西名优出口产品转内销"双线"对接大会，促进企业抢抓订单、开拓国内外市场。组团参加第三届进口博览会，省内1266家采购商到会洽谈、采购。做强做大原有的6个国家级和16个省级外贸转型升级基地，新增6个国家级外贸转型升级基地，进一步夯实出口基础。举办全省外贸新业态专题培训会，到长三角、粤港澳大湾区开展跨境电商等外贸新业态招商促进活动。推动医用防护物资合规出口、应出尽出，帮助154家企业列入商务部防疫物资出口企业白名单，"一企一策"帮助龙腾生物、药谷科技、鲍斯高服饰等企业解决防疫物资出口问题。

(冯留春)

服务贸易

【概　况】 2020年，全省服务外包合同额53.3亿美元，增长26.1%，比全国高21.6个百分点。服务外包执行额42.8亿美元，增长32.2%。离岸合同额13.1亿美元，增长18.9%。离岸执行额11.6亿美元，增长31.7%。全省新增服务外包企业353家，增长0.86%；新增从业人数6.9万人，增长9.52%。全省登记技术进出口合同200份，合同金额1.74亿美元，减少26.20%；登记技术进口合同143份，合同金额1.28亿美元，减少10.55%；登记技术出口合同57份，合同金额0.46亿美元，减少50.24%。

【《江西省推动服务外包加快转型升级的实施意见》出台】 7月，省商务厅联合省发改委、省教育厅、省工信厅、省财政厅、省人力资源和社会保障厅、南昌海关、省税务局8部门印发《江西省推动服务外包加快转型升级的实施意见》，提出加快数字化转型进程、推动重点领域发展、加强人才培养、培育壮大市场主体、推进贸易便利化5大方面16项具体举措。

【印发《关于认定首批江西省文化出口基地的通知》】 11月，省商务厅联合省委宣传部、省文旅厅、省广播电视局印发《关于认定首批江西省文化出口基地的通知》，认定景德镇昌南新区、新余市分宜工业园区、鹰潭市余江工业园区为首批"江西省文化出口基地"。

【组织参展】 年内，省商务厅先后组织省内16家服务贸易企业参加2020年中国国际服务贸易交易会线上展览展示，重点围绕大数据、人工智能、VR、服务外包、文化创意等领域进行产品发布。组织3个省级文化出口基地的7家文化贸易企业参加第十三届海峡两岸(厦门)文化产业博览交易会，重点展示陶瓷、根雕、夏布在内的特色优势产品。

【2020第七届中国长江经济带服务贸易(外包)产业城市发展高峰论坛在于都举行】 12月11日，2020第七届中国长江经济带服务贸易(外包)产业城市发展高峰论坛在于都举行。论坛由赣州市政府、中国长江经济带服务贸易产业联盟主办，省商务厅支持，赣州市商务局、于都县政府、省服务贸易(外包)促进会、赣州市服务外包产业协会承办，共有长江经济带服务贸易产业联盟、行业协会、服务外包园区及服务贸易(外包)企业代表260余人参加。会上，嘉宾围绕"展望'十四五'：服务贸易与外包的十四个新趋势""纺织服装智慧产业链生态圈的模式创新与平台构建""链接世界——跨境赋能产业出海""科技成果转化协同创新生态，如何支撑区域经济高质量发展""5G+VR产业馆，助力城市特色产业创新发展"作主题演讲，并围绕"产城融合·服务贸易如何赋能江西对接融入粤港澳大湾区"主题进行对话交流。

(吴萍)

利用外资及中国港澳台资

【概　况】 2020年，全省新设外商投资企业565家，增长3.86%；合同外资金额123.25亿美元，增长13.75%；实际使用外资金额146.02亿美元，增长7.53%，现汇进资22.03亿美元。新批中国港澳台资企业484家，实际使用资金120.58亿美元。其中，新批港资企业392家，实际使用资金111.01亿美元；新批台资企业62家，实际使用资金8.45亿美元；新批澳资企业30家，实际使用资金1.12亿美元。到赣投资现汇进资前四位国家（地区）分别是新加坡6860万美元、法国5385万美元、英属维尔京群岛4835万美元、萨摩亚3555万美元。中国香港地区到赣投资现汇进资17.22亿美元。

【利用外资行业分布】 2020年，全省新设一产外商投资企业15家，合同外资金额4.15亿美元，实际利用外资金额3.1亿美元，分别占全省总量的2.65%、3.36%、2.13%；新设二产外商投资企业294家，合同外资金额69.15亿美元，实际利用外资金额93.93亿美元，分别占全省比重的52.04%、56.11%、64.33%；新设三产外商投资企业256家，合同外资金额49.95亿美元，实际利用外资金额48.98亿美元，分别占全省比重的45.31%、40.53%、33.54%。

【欧美日区域外资引进】 2020年，全省从欧美日主攻区域实际引进外资金额10.2亿美元，增长17.79%。其中，法国雷诺集团入股江西江铃集团新能源汽车有限公司，进资5385万美元；瑞士江西省领衫服饰有限公司进资1829万美元。

【开发区利用外资】 2020年，全省开发（工业园）区实际利用外资115.96亿美元，占全省的79.41%。其中，19个国家级开发区实际利用外资49.67亿美元，增长10.34%，比全省平均增幅高2.81个百分点，占全省总重的34.01%，排名前四的分别为南昌高新区、南昌经开区、小蓝经开区、上饶经开区。

【6大重点产业利用外资】 2020年，全省新设6大重点产业外资企业132个，其中电子信息82个、装备制造17个、中医药2个、新能源3个、新材料28个。全省6大重点产业合同外资金额和实际利用外资金额分别为37亿美元和23.36亿美元，分别占全省总量的30.02%和16%。

【外商与中国港澳台商投资企业增资】 2020年，全省共有195家外商与中国港澳台商投资企业增资，增加合同外资36.71亿美元。其中，外商投资企业合同外资增资1000万美元以上企业有84家，增加合同外资金额32.73亿美元；中国港澳台商投资企业合同外资增资1000万美元以上企业71家，增加合同外资金额26.26亿美元。

【赣南等原中央苏区利用外资】 2020年，赣南苏区新设外商投资企业269家，占全省总数的47.61%，下降10.93%；合同外资金额46.01亿美元，占全省总量的37.33%，增长23.32%；实际利用外资金额46.09亿美元，占全省总量的31.56%，增长5.99%。

【优化外商投资营商环境】 宣传落实《中华人民共和国外商投资法》《外商投资法实施条例》等法律法规，提升外资领域依法行政、依法管理水平。推进外资领域“放管服”改革，贯彻落实《外商投资准入特别管理（负面清单）》《外商投资产业指导目录》，复制推广自贸试验区外资领域经验，落实外商投资准入前国民待遇加负面清单管理制度。健全完善外商投资企业投诉联席会议制度和《江西省外商投资投诉工作办法》，妥善处理外商投资企业投诉案件，依法平等保护企业产权和自主经营权。

（陈星）

对外经贸合作

【概　况】 2020年，全省完成对外承包工程营业额40.64亿美元，下降9.5%；签订对外承包工程合同项目155个，新签合同金额39.05亿美元，增长4%。承包工程的主要项目及国别（地区）为非洲和亚洲，完成营业额前十大主要市场为埃塞俄比亚、加纳、赞比亚、肯尼亚、津巴布韦、蒙古、印度尼西亚、阿尔及利亚、纳米比亚和印度。对外直接投资8.70亿美元，下降52.9%。

【6家企业入选ENR全球最大国际承包商250强榜单】 8月，2020年度美国《工程新闻纪录（ENR）》“全球

8月9日，中鼎国际工程有限责任公司在阿尔及利亚建奥兰大学5000座文言与艺术学院项目正面全貌

周颉供

最大250家国际承包商”榜单发布，江西6家企业上榜（中国江西国际经济技术合作有限公司、江西中煤建设集团有限公司、江西省水利水电建设有限公司、中鼎国际工程有限责任公司、江联重工集团股份有限公司和江西省建工集团有限责任公司），数量居全国第三、中西部第一。

【“一带一路”沿线国家对外投资合作】 2020年，全省在“一带一路”沿线国家承包工程新签合同额12.71亿美元，增长101.7%；营业额11.90亿美元，下降18.8%。项目主要集中在交通运输建设类、电力工程建设类和一般建筑类。项目国别上新增吉尔吉斯斯坦、新加坡和印度等国家。全年全省对“一带一路”沿线国家直接投资额1.56亿美元，增长2.98%。前五大主要投资的“一带一路”沿线国家为马来西亚、阿拉伯联合酋长国、泰国、越南和蒙古。

【支持对外承包工程企业发展】 面对新冠肺炎全球蔓延的不利形势，省商务厅先后印发《江西省商务厅印发〈关于支持走出去企业有效应对疫情影响推动实现平稳健康发展的若干措施〉的通知》《江西省商务厅关于统筹做好当前境外企业疫情防控和有序生产发展等工作的通知》，支持走出去企业实现平稳健康5条措施和统筹做好境外疫情防控和业务发展工作，联合18家省直及中央在赣单位印发《关于促进全省对外承包工程高质量发展的实施意见》《关于进一步推动优势产业加快走出去有关事项的通知》等配套文件，在全国率先出台对外承包工程企业境外业绩国内认可政策文件，鼓励和引导对外承包工程企业实现高质量发展，加快实现双循环。指导企业在全力做好境外疫情防控，确保不发生大的聚集性疫情的同时，做好项目建设、风险防控、市场开拓等各项业务工作。10月，推动发起成立江西省对外投资合作企业协会，促进企业深度合作。全年对外承包工程企业新签境外项目包含机场、能源、医疗、新能源、高层建筑等技术含量和附加值高的项目。

【能源资源类对外投资】 赞比亚江西工业园一期建设基本完工，重点项目金鹰卷烟开始烟草种植。联创电子入股韩国美法思株式会社成为第一大股东。华伍制动器公司收购瑞士老牌制动设备生产商福尔卡摩擦片有限公司等项目完成。

【争取商务部支持】 为九江、上饶2市的6个环鄱阳湖洪水重灾县争取联合国儿童基金会提供总值约30万美元教学物资，直接受益中小学生及学龄前儿童1.92万人。指导昌建建设集团有限公司获批对外援助成套项目实施企业资格，江西金佳谷物股份有限公司和江西省水利水电建设集团有限公司获批对外援助物资项目实施企业资格。指导中鼎国际工程有限责任公司、中国江西国际经济技术合作有限公司和江西中煤建设集团公司中标中国政府对乍得、安哥拉、柬埔寨和缅甸的援外项目。

（周颉）

经济合作

【概 况】 2020年，全省实际引进省外项目资金8751.6亿元，增长8.9%，全年引进电子信息、航空、先进装备制造、新材料、新能源、生物医药6大新兴产业项目聚集度进一步提升。省外资金来源地主要集中粤港澳大湾区、长三角及京津冀地区，前六位依次是广东、浙江、上海、北京、福建、江苏，以上区域进资占全省的77.81%。

【“三请三回”活动】 10月，省商务厅联合景德镇市政府共同举办2020景德镇市“三请三回”暨陶瓷产业招商推介会。会上，签约投资项目26个，签约金额167亿元。

【对口支援工作】 2020年，省商务厅贯彻落实国务院和江西省对口支援三峡库区合作规划（2014—2020年），继续加强对口支援三峡库区重庆武隆区、石柱县工作，按时足额拨付社会公益类支援资金250万元，积极对接、协调、指导受援县（区）的项目建设。

【举办2020年江西省对接粤港澳大湾区经贸合作活动】 12月3—4日，省政府主办的2020年江西省对接粤港澳大湾区投资合作推介会在深圳举行。大会采取主题活动和专题活动相结合方式，举办1场主题活动（江西省对接粤港澳大湾区投资合作推介会）和3场专题推介会（江西省对接粤港澳大湾区电子信息产业链招商推介会、文化和旅游产业链投资合作对接会、赣州打造对接融入粤港澳大湾区桥头堡推介会）。各市（县、区）利用活动平台，举办20余场专题对接活动。活动签约项目156个（其中港资项目4个），投资总额47.9亿港元。

【举办2020江西省与跨国公司（上海）合作交流会】 11月5日，2020江西省与跨国公司（上海）合作交流会在上海举办。这是江西省连续第五年在上海举办的重大招商活动，是省政府在长三角地区举办的唯一以利用外资为主题的经贸合作交流活动，共有跨国公司、境外商协会机构以及国内重点企业代表80余人参加，签约外资合作项目23个，投资总额34.58亿美元。

【举办2020正和岛创变者年会】 8月10日—13日，由省政府、正和岛联合主办的2020正和岛创变者年会在南昌举行。大会主题为“超越与共生”。开幕式上，省政府与正和岛达成战略合作，双方将深化在招商引资、正和岛大健康江西专项产业基金设立、营商环境评价与升级、江西企业家学习成长等领域的深度合作。在江西省与正和岛知名企业家恳谈会上，签约21个项目，其中意向合作协议1个，投资合作项目20个；签约总金额230.68亿元。

（喻敏辉）

本栏编辑 游桃琴

交 通 邮 政

公 路

【概　况】　2020年，全省公路水路投资突破1000亿元，创造年度投资历史最高值。至年底，全省公路总里程超21万千米，比"十二五"时期增长34.5%。其中，高速公路通车里程达6233千米，普通国道里程7697千米，普通省道里程1.09万千米，农村公路总里程18.58万千米。高速公路路网密度为每百平方千米3.7千米，是"十二五"时期的1.2倍、全国平均水平的2.5倍，"四纵六横八射十七联"高速公路规划网基本建成。普通国道二级及以上公路比例达到92%，省道二级以上公路比例达到59.0%，县道三级以上公路比例达到55.28%。普通国省道覆盖所有县城和86%的乡镇，道路优良率达88.3%。国省干线公路管养服务达到历史最高水平、进入全国先进行列。在全国率先实现25户以上自然村"村村通"和"组组通"水泥路，所有乡镇、建制村100%通客车和邮车，"四好农村路"示范县、管养体制改革试点等工作居全国前列。全省创建"四好农村路"全国示范县7个、省级示范县40个。落实防疫期间免收通行费政策，共免费放行车辆6000万辆次，免收车辆通行费61.5亿元。全年全省共有道路旅客运输经营业户（不含公交和出租）437户，减少7.8%。有道路货物运输经营业户7.2万户，减少13.1%。全省城市公交154户，出租汽车2490户（其中企业167户，个体户2323户）；有机动车维修经营业户9795户，减少6.5%；驾驶员培训业户共785户，增长6.5%；载客客车1.22万辆，减少7.98%；载货货车31.26万辆，减少1.91%。

全省共有营运出租汽车1.74万辆，减少1.5%；营运城市公交车辆1.54万辆，增加10.3%。全省共有三级及以上客运站222个，其中一级客运站23个，二级客运站71个，三级客运站128个。等级货运站56个。道路运输从业人员58.2万人，减少12.6%。

【公路桥梁与隧道】　全省公路桥梁累计178.65万延米/2.78万座（含危桥4.80万延米/1200座），有永久性桥梁175.91万延米/2.64万座。其中，全省特大桥17.51万延米/78座、大桥91.53万延米/3649座、中桥43.84万延米/8093座、小桥25.76万延米/1.60万座。全省隧道31.81万延米/326道。其中，特长隧道5.94万延米/14道，长隧道15.79万延米/95道，中隧道6.53万延米/92道，短隧道3.55万延米/125道。

【公路运量和周转量】　2020年，全省公路客运量3.36亿人次，减少26.76%，旅客周转量180.89亿人公里，减少25.94%；货运量14.2亿吨，货运周转量3247.1亿吨公里；客运平均运距53.8千米，货运平均运距228.7千米。巡游出租汽车完成客运量2.17亿人次，减少61.5%。全省城市公交完成客运量9.42亿人次，减少30.6%。南昌轨道交通线网开通3条运营线路，拥有车站70座，其中换乘站4座，开通运营里程88.85千米，轨道交通线网共配属车辆105列。完成客运量1.36亿人次（含3号线），下降22.3%，日均运送乘客37.14万人次；旅客周转量9.31亿人公里，下降25.6%。

【一科研项目入选交通运输行业重点科技项目清单】　3月，交通运输部发布《2019年度交通运输行业重点科技项目清单》，由省交通科研院与南昌市公路管理局合作的江西交通重点科技项目"普通国省道改扩建及大中修工程路面材料资源化高效利用研究"入选基础设施性能提升领域面上项目清单。"普通国省道改扩建及大中修工程路面材料资源化高效利用研究"项目主要针对沥青混合料回收料和无机回收料再生利用中的几个关键问题开展研究，包括沥青路面回收料性能、再生混合料设计、再生混合料性能、再生沥青路面结构设计和施工技术等内容。该项目预期可形成普通国省道沥青路面回收料质量管理体系、再生混合料组成设计方法和相关施工技术指南，提升普通国省道沥青路面回收料的资源化高效利用和国省道养护。

【首例高速收费所污水处理设施远程监控系统运行】　4月，省交通科学研究院环境监测与评估中心承建的温厚高速沿线收费所站院内生活污水处理增设工程正式运行，污水处理工艺为缺氧/好氧+膜生物反应器（AO+MBR）。该工程首次把远程监控系统运用到收费所污水处理设施，污水处理设施运作维护人员可通过手机软件实时掌握污水处理设施各设备的运行状态及出水情况。温厚高速沿线收费所的污水经处理后，出水水质达到城镇污水处理厂污染物排放标准GB18918－2002一级B的技术要求。该工程现作为省交通科学研究院主持科技项目"基于远程智能控制技术的服务区污水处理设施运维管理研究（2019R0022）"和地方标准《高速公路服务污水处理（AO工艺）

运维指南》的工程支撑，申报实用新型专利3项。

【宜春至遂川高速公路项目开工】 6月30日，宜春至遂川高速公路项目开工动员会在永新县召开。省委常委、常务副省长殷美根出席并下达开工令。宜春至遂川高速公路是《江西省高速公路网规划修编(2018—2035年)》“10纵10横21联”路网中第9纵的重要组成部分，项目起点16千米路段采用双向六车道标准，其他路段采用双向四车道标准，设计行车速度为每小时100千米。项目具有“一长三大”的特点。即建设里程长。项目起于袁州区新田镇，与即将开建的三阳至新田段高速公路相接，途经宜春市袁州区和吉安市安福县、永新县、井冈山市、遂川县2个设区市5个县(市区)28个乡镇，终于遂川县堆子前镇，与拟建的遂川至大余高速公路相连，全长约194.5千米，是江西在建里程最长的高速公路项目。投资规模大，项目概算投资约280.8亿元，每千米造价达1.4亿元，是江西省高速公路建设史上投资规模最大的项目。桥隧比例大，项目全线共设桥梁178座、隧道18座，项目桥隧比高达41%，局部路段达到64%。地质地形十分复杂，施工难度大，项目全线2次跨越高速、4次穿越铁路、9次穿越普通国省干线、11次穿越矿区。

【一项科技成果达到国际先进水平】 8月，中国公路学会组织召开科学技术成果评价视频会议，由省交通科学研究院与省高速集团、交通运输部规划研究院等单位合作完成的研究成果——《环境敏感区高速公路生态保护关键技术研究与应用》，经评价达到国际先进水平。该研究针对公路工程建设实际遇到的生态环境问题，对环境敏感地区生态保护关键技术进行探讨，为高速公路环境监测技术、红壤丘陵区弃土场和施工便道的植被恢复技术、红砂岩边坡生态防护技术、岩溶地区公路水沟生态排水技术及公路涵洞式鱼道改造技术提供科学指导。该研究成果已发布地方标准2项，获授权专利12项，获得软件著作权5项，相关成果在昌栗、广吉、昌九改扩建等高速公路工程得到应用推广。

6月30日，宜春至遂川高速公路项目开工动员会在永新县召开

省交通运输厅供

【南昌开通海昏侯国遗址公园公交专线】 9月23日，南昌汉代海昏侯国遗址公园开园。南昌市区至海昏侯国遗址公园4条公交线路分别为666路、137路、海昏侯国遗址公园旅游定制公交(老福山线)、海昏侯国遗址公园旅游定制公交(八一桥线)。其中，666路公交始发站为红谷滩配套中心，终点站为海昏侯国遗址公园，途经碟子湖大道、春晖路、丰和北大道、金山大道、昌九大道、紫金大道等，票价10元/人；137路公交始发站为红谷滩配套中心，终点站为铁河乡，途经碟子湖大道、文化大道、广兰大道、玉屏东大街、庐山北大道、国道105线、乡道043线，票价5元/人；2条海昏侯国遗址公园旅游定制公交线路的始发站分别为老福山和八一桥，上车可直达海昏侯国遗址公园，中途无站点停靠，票价均为10元/人。南昌市于9月22日发布4条海昏侯国遗址公园旅游公交网络定制专线，由乘客在掌上公交APP定制平台采取预约购票的方式，发起自主拼团出行。

【江西首对高速LNG加气站投入运营】 12月1日，济广高速南城服务区LNG加气站举行开业。南城服务区LNG加气站是江西省首对高速公路LNG加气站。南城服务区位于济广、福银高速抚州南城交汇段，地理位置优越，是连接山东、安徽与福建、广东的重要通道。南城服务区加气站的营业，填补全省高速服务区LNG加气站的空白。南城服务区加气站的投营，有效解决江西高速路段加气难的问题。

【南昌地铁3号线正式通车】 12月26日，南昌地铁3号线正式通车。南昌地铁3号线南起银三角北站，北至京东大道站，共串联起五区一县。线路全长约28.69千米，共设22座车站。在八一馆站与1号线换乘，在青山路口站与2号线换乘。3号线是南昌市首条采用PPP模式投融资及建设运营的线路。项目交易结构为A+B模式，A部分主要包括项目前期工程和土建工程，由南昌轨道交通集团负责实施；B部分主要包括轨道工程和机电工程，由中铁电气化局集团作为牵头方的社会投资人，与政府出资人代表南昌轨道交通集团合资成立南昌中铁穗城轨道交通建设运营有限公司，负责投资建设、运营管理和资源开发工作，特许经营期25年。3号线连接南昌县、青云谱区、西湖区、东湖区、青山湖区、高新区6大片区。3号线服务时间与既有线路保持一致。首班车时间为6时，末班车时间为22时30分，共计16.5小时。票价及优惠政策与既有线保持一致。采用计程票制按里程分段计价，依照“分级递进、递远递减”原则，起步6千米以内2元，每增1元可乘坐里程分别为6、8、8、10、10千米。支持鹭鹭行APP、现金、支付宝、微信、银联、洪城一卡通等方式扫码或购票进站。

【8个公路水运重点项目集中开工】 12月28日，全省公路水运重点项目集中开工动员大会在樟树举行。集中开工项目包括G45大广高速吉安至南康段改扩建工程、G60沪昆高速梨园至东乡段改扩建工程上饶东枢纽互通先行工程，以及宜春港樟树港区河西作业区综合码头、丰城尚庄货运码头、鄱阳角子口作业区综合码头、余干菱塘作业区综合码头一期工程、九江九宏综合码头、赣县港区五云作业区综合枢纽码头一期工程，总投资505亿元。

【交通运输安全生产事故】 2020年，全省道路客运领域共发生事故11起，死亡24人。与2019年同期相比，事故起数减少6起，下降35.3%；死亡人数增加2人，上升9.1%。其中，较大以上事故2起，死亡14人，全年未发生重特大道路运输行车死亡事故。全省城市客运领域共发生事故13起，死亡13人，与2019年同期相比，事故起数下降2起，下降11.7%，死亡人数减少8人，下降37.8%。全省道路货运领域共发生较大事故5起，死亡17人，与2019年同期相比，事故起数下降3起，下降37.5%，死亡人数减少10人，下降37%。全省水上交通运输领域共发生事故3起，死亡2人，沉船3艘，事故直接经济损失1010万元，与2019年同比事故起数增加3起，死亡人数增加2人，沉船艘数增加3艘，事故直接经济损失增加1010万元。交通重点工程领域发生安全生产事故3起，死亡5人，事故起数比上年上升50%，死亡人数上升150%。

（游小荣）

铁　路

【概　况】 2020年，中国铁路南昌局集团有限公司管辖赣闽2省全部和湘鄂浙皖4省部分铁路，管内车站457个（江西省境内215个）。部分铁路分界站（点）分别为京九线北端（蔡山站）K1277+000处与武汉局集团公司分界，京九线南端（定南站）K2008+200处与广州局集团公司分界；沪昆线东端（新塘边站）K502+200处与上海局集团公司分界，沪昆线西端（灯芯桥站）上行线K1043+446处、下行线K1043+445处与广州局集团公司分界；皖赣线（倒湖站）K342+500处与上海局集团公司分界；武九线（西河村站）K185+809处与武汉局集团公司分界；合九线（孔垄站）K278+871处与上海局集团公司分界；铜九线（香隅站）K164+000处与上海局集团公司分界；吉衡线（睦村站）K127+508处与广州局集团公司分界；赣韶线（珠玑巷站）K66+819处与广州局集团公司分界；沪昆高速线东端（江山站）K429+202处与上海局集团公司分界；沪昆高速线西端（醴陵东站）K1006+798处与广州局集团公司分界；合福高速线（黄山北站）K1307+230处与上海局集团公司分界；武九客专（枫林站）K153+696处与武汉局集团公司分界；衢九线（德兴东站）K96+416处与上海局集团公司分界；分茶线（茶陵站）K206+349处与广州局集团公司分界；浩吉线（吉安站）K1813+460处与武汉局集团公司分界；河下联络线（河下站）上行线K0+058处、下行线K0+055处与武汉局集团公司分界。

【营业里程】 年末，集团公司管辖营业里程8469.1千米（江西境内4546.3千米），其中国家铁路营业里程3573.4千米（江西境内2485.0千米），合资铁路营业里程4895.7千米（江西境内2061.2千米）。线路总延展里程1.76千米。复线里程5320.3千米，复线率62.8%；电气化里程6961.4千米，电化率82.2%。

【客货运输】 全年，旅客发送1.55亿人，完成计划111.6%，同比下降36.6%（江西铁路旅客发送7962.7万人，同比下降32.1%）；货物发送8238.0万吨，完成计划98.1%，同比下降8.9%（江西铁路货物发送4490.0万吨，同比下降9.5%）。换算周转量1360.88亿吨公里，完成计划107.4%，同比下降29.2%。其中，旅客周转量679.08亿人公里，完成计划110.7%，同比下降40.8%；货物周转量681.81亿吨公里，完成计划104.3%，同比下降12.2%。

【重点物资运输】 全年，发送煤炭2122.2万吨，减少393.0万吨，下降15.6%；发送粮食8.4万吨，减少6.8万吨，下降44.8%；发送化肥11.4万吨，增加1.0万吨，增长10.0%；发送石油213.1万吨，减少29.7万吨，下降12.2%；发送金属矿石1731.9万吨，减少193.8万吨，下降10.1%；发送钢铁823.1万吨，减少82.8万吨，下降9.1%。

【疫情防控】 落实“外防输入、内防反弹”疫情防控要求，强化源头卡控，5次调整退票政策、延长学生票期限，在全局128个客运办理站的进、出站口设置旅客测温通道和137个留验站，对发热旅客及时发现和处置，避免疫情扩散。加强防疫物资和人员运输，通过旅客列车行李车向湖北武汉等重点地区装运支援物资170批/1.06万件/107.13吨。开行动车组专列定点运送医护及救援人员5批次396人，其中江西省1批次278人。助力企业复工复产，安排南昌—厦门、宁波等务工专列17列，运送务工客流8300人。春运期间，调整列车开行方案和客运组织，停运列车335对，免费退票946万张。

【江西首趟中欧班列开行】 2月17日，满载41车40英尺（1英尺=0.304米）集装箱的中欧班列，由南昌（向塘）国际陆港横岗站发出，驶往俄罗斯莫斯科和白俄罗斯明斯克。该班列是疫情期间江西开出的首趟中欧班列，装载省内企业制造的汽车配件、一体机、机械设备、服装等货物，价值500万美元。铁路部门加强运输过程疫情防控，对出入口工作人员、驾驶员严格排查，做好体温检测及记录，开展环境整治、消毒，完成吊箱、验封等系列工作。

【江西南昌至法国巴黎防疫物资专列首发】 6月4日，首趟江西南昌至法国巴黎防疫物资专列由大功率内燃机车牵引，从南昌（向塘）国际陆港横岗站出发。该专列装载2000万只口罩、4500万副手套、130万只水溶袋以及免触碰消毒液机等产品，总金额达1000万欧元。专列在3周内穿越7个国家(地区)，行驶近1.4万千米。专列成本比空中运输大幅降低，运输耗时比海运缩减10~20天。

【江西首列汽车整车出口铁海联运班列开行】 8月24日，江西首列汽车整车出口铁海联运班列开行，607台江铃福特汽车在向塘铁路口岸装车出发。以往汽车整车出口主要通过集装箱江海联运，存在托架回送困难、轮毂需要拆装、装箱损耗较大等问题，难以满足整车出口需求。铁海联运班列采用JSQ6型运输车作为铁路双层汽车运输专用车，汽车整车不需要安装托架便可直接装车；到达码头后，整车可直接开上船。与集装箱江铁联运模式相比，该模式可全程快速衔接，缩短2天在途时间，减少装箱损耗，节省时间和物流成本。

【昌景黄高铁开始架梁作业】 8月28日，昌景黄高铁开始架梁作业。上午10时，第一片长32.6米、高3.1米、重790吨的预制箱梁在金溪湖特大桥363号、364号桥墩上架设。昌景黄高铁起自江西省南昌市，经景德镇终至安徽省黄山市，全长289.8千米，设计速度350千米/小时。全线设南昌东、军山湖、余干、鄱阳南、乐平、景德镇北、瑶里、黄山北等10座车站，其中江西境内新建6座车站；工程于2018年12月25日开工，工期4年。

【"百趟专列进赣州"活动】 11月13日，南铁旅游"百趟专列进赣州"首发团活动在瑞金市启动。该活动由赣州市文广新旅局和江旅科技集团指导，瑞金、兴国两地文广新旅局和南昌铁路旅游酒店资产管理有限公司承办。活动旨在推进"铁路+旅游"高度融合，推动赣州旅游事业发展。是日，首发专列从南昌、福州、厦门三地出发，运送旅客1000余人直达瑞金。

【赣深高铁江西段隧道贯通】 12月6日，赣深高铁关西隧道贯通。至此，赣深高铁江西段隧道全部贯通，为后续无砟轨道铺设等施工奠定基础。关西隧道全长4843米，采用单洞双线结构设计，是赣深高铁重点控制性工程。赣深高铁北起江西省赣州市，南至广东省深圳市，全长432千米(江西境内136.4千米)，江西段设赣州西、信丰西、龙南东、定南西4个站。工程于2016年12月开工建设。

(曾进)

民 航

【概 况】 2020年，江西省机场集团有限公司(以下称省机场集团)，省机场集团完成运输架次12.3万架次，下降19%；旅客吞吐量1272.7万人次，下降31%；货邮吞吐量18.7万吨，增长44%。其中，南昌昌北国际机场完成运输架次8.5万架次，下降19%；旅客吞吐量942.7万人次，下降31%。受疫情影响，全省各机场客运均受疫情冲击较大，3月25日，国际和地区客运航班全部停飞，全年国际和地区旅客吞吐量9.3万人次，减少90%。

【客运市场恢复】 省机场集团在疫情得到初步控制后，开展"航空出行更安全"等系列营销推广活动，联合航司开展复工复产包机等服务，促进客运加快复工复产。南昌机场到5月运力降幅控制在30%以内，到8月成为全国6个运力正增长千万级机场之一，到9月运力正增长8%。旅客吞吐量排名全国28位，比上年上升3位。

【货运发展】 2020年，南昌昌北国际机场年货邮吞吐量18.2万吨，增长48.7%，连续3年增速位居全国前列。全国机场货运量排名18位，比上年上升8位。其中，国内货邮10.5万吨，增长2.2%；国际货邮7.7万吨，增长296.9%。在货运航线网络方面，货运航线增至9条，每周47班。其中，国内货运网络通航点增加，国内及地区货运航线网络覆盖中部郑州，东部南京、上海、杭州，西北乌鲁木齐，南端深圳、南宁、香港；国际通航城市包含欧洲列日，美洲洛杉矶，东南亚金边，航线网络覆盖3大洲。

【航线网络】 2020年，冬航季航班换季后，南昌机场日均计划航班量近390架次(不含国际及地区航班)，加密北京首都、上海浦东、广州等门户枢纽航线，在首都航线上增加宽体客机，新增扬州等6个航点，支线机场增加北京大兴、上海浦东等门户航线，航线网络持续优化。

【航空发展环境】 省市联合出台《南昌昌北国际机场客货运发展专项资金奖励暂行办法》，省市政府客货管理机构和补贴政策有效整合。完成南昌机场飞行程序调整优化真机验证试飞，进离场航线分离工作取得实质性进展。全力协同南昌市政府引进春秋航空成为南昌机场第4家基地公司，初步形成全服务加低成本的"3+1"科学发展格局。

【服务质量品牌建设】 2020年，省机场集团开展服务质量品牌建设专项行动，提升航班正常水平和服务品质，树立特色服务品牌。南昌机场航班放行正常率90.90%，在全国千万级大型机场排名19位。与国航等8家航司建立行李运输数据共享机制，推进跨航司行李直挂服务；开通旅客遗失物品查询平台，提高旅客遗失物品的找寻效率。开通残疾人线上预约服务，推出"赣悦飞·特享"服务品牌。旅客满意度稳步提升，全年南昌机场ACI旅客满意度达到4.93分。

【基本建设项目】 2020年，省机场集团狠抓重点项目建设管理，加速推进南昌机场T2航站楼C指廊延伸及飞行区配套工程工作，南昌机场总体规划修编获批，完成航站楼方案征集工作，南昌机场3期建设预可研获得行业审查意见。口岸建设取得重大进展，推进南昌机场"一货站三中心"项目建设，快件中心、邮件中心、通关中心、新国际货站全部开通运行。推进南昌昌北机场安全保卫工程、围界更换工程。

(王若羊)

水　路

【概　况】 2020年，全省水运建设完成投资65.28亿元，其中交通项目61亿元、社会投资项目4.28亿元。21个水运项目加紧建设，信江枢纽界牌船闸和八字嘴枢纽东大河船闸主体工程已完工。全省拥有港口11个，港区63个；生产泊位628个，泊位总延长33.05千米；非生产用泊位28个，泊位总长2.08千米；千吨级以上泊位188个，最大靠泊能力5000吨级。全省通航里程5716千米。其中，Ⅰ级航道156千米，Ⅱ级航道175千米，Ⅲ级航道540千米，Ⅳ级航道87千米，Ⅴ级航道89千米，Ⅵ级航道313千米，Ⅶ级航道1067千米，等外级航道3289千米。全省经核查的营运船舶1946艘、317.7万载重吨、1.26万客位、5003箱位，平均载重吨位1633吨。全省完成货运量1.07亿吨，周转量266.4亿吨千米，增长3.5%和4.3%；完成港口吞吐量1.88亿吨，集装箱75.4万TEU，增长17.4%和6.2%；完成船舶客运量113.2万人次，旅客周转量1767万人千米，下降42.7%和35.8%。全年完成检查工作1100余次，发现问题375条，督促整改到位372条，行政处罚84次。赣江、鄱阳湖干线航道安全畅通，通航保证率达95%。全省发生一般等级水上交通事故2起，死亡1人，全省水上交通安全形势持续稳定。

【港口水运规划】 2020年，江西省港航管理局推进港口总体规划编制工作，《鹰潭港总体规划》《宜春港总体规划》《上饶港总体规划》《赣州港总体规划》相继获得批复，《南昌港总体规划（修订）》省部联合审查，《吉安港总体规划》正由省政府征求交通运输部意见。完成《江西省内河航道与港口布局规划》（报批稿）、《江西省“十四五”水运发展规划》（送审稿）、《袁河航道规划方案研究》《昌江航道规划方案研究》《抚河航道规划方案研究》《乐安河航道规划方案研究》等子规划。完成《赣粤运河规划报告》和4个专题报告《赣粤运河水资源综合利用研究》《赣粤运河通航技术标准与通航船型研究》《赣粤运河综合效益研究》《赣粤运河环境影响评价》（送审稿）。

【水运经营】 全省有水路运输经营户206家，其中水运企业174家，个体经营户32家，同“十二五”时期末相比分别减少17.93%。全省水运企业中，省际危险品水运企业16家，省际普货水运企业125家；省内普货水运企业14家，省内旅客运输企业19家。水运企业呈规模化、大型化发展趋势。

1月18日，江西省港口集团有限公司揭牌仪式在南昌举行

省交通运输厅供

【绿色水运】 2020年，全省1785艘100总吨以上船舶全部完成生活污水防污染改造，在全国率先完成100至400总吨船舶加装生活污水收集处理装置，132座港口完成自身环保设施改造，21个船舶污染物接收站，九江港化学品洗舱站建成运行，九江港湖口港区船舶LNG加注站已开工建设。实现港航企业船舶水污染物联合监管与服务系统全覆盖，船舶港口污染防治突出问题整治工作任务基本完成。

【港口管理】 省政府出台《江西省港口资源整合工作方案》，全省完成码头整合60个，“一省一港一主体”加快构建。全面开展非法码头整治工作，共拆除非法码头105座，规范提升20座，非法码头整治工作基本完成。

【江西省港口集团有限公司挂牌成立】 1月18日，江西省港口集团有限公司（以下简称“省港口集团”）成立揭牌仪式在南昌举行。根据省政府印发的《江西省港口资源整合工作方案》《关于同意组建江西省港口集团有限公司的批复》等文件精神，省港口集团作为省属国有企业，由省政府授权省交通运输厅依法行使出资人的权利和履行出资人的义务，按照“统一规划、统一建设、统一经营、统一管理”发展模式要求，实现全省港口“一省一港一主体”发展目标。主要经营港航基础设施投资建设、港口运营管理、港口和航运配套服务、货物运输及物流贸易、港口及临港产业投资、港区土地开发利用以及经批准的其他业务。此次挂牌成立标志省港口集团进入实质性运作阶段，开启新的征程。省港口集团重点聚焦主业，采取“精准施策、分类推进”的办法，扎实推进港口码头整合，6月底基本整合到位。同步推进九江港红光码头一期、南昌龙头岗码头二期等码头建设，全面加快赣江井冈山航电枢纽、信江八字嘴航电枢纽等水运项目建设。

【江西省首座船舶污染物接收站在抚州落成】 1月中旬，“赣抚清1号”

接收趸船、“赣抚洁1号”收集船停靠在指定水域，正式交付给抚州市船舶污染物接收站运营单位——江西省赣抚建材资源开发有限公司使用。随着接收船舶及水上设施的交付，抚州市在全省率先完成船舶污染物接收站建设项目。该站建成后，每天可接收转运船舶各类污染物20余吨，每天可同时保证市城区水域400余艘船舶污染物排放量。

【赣江与信江船闸通航中心挂牌成立】 6月30日，赣江与信江2个船闸通航中心相继举行挂牌仪式。江西省交通运输厅副厅长罗文江及省港航管理局党委书记陈鹏程在鹰潭、吉安两地，共同为赣江、信江2个船闸通航中心揭牌。新挂牌运行的赣江、信江2个船闸通航中心为省港航管理局所属正处级公益一类事业单位，主要承担赣江、信江通航建筑物及其配套设施的运行、维护、管理，船闸科学调度和船舶通航服务，船闸上下游航道监测、预警、信息技术支持等工作。两江船闸通航中心的成立，标志江西省水运基础建设取得实质性重大成果。

【南昌港东新港区姚湾作业区综合码头工程使用岸线获交通运输部批复】 8月7日，南昌港东新港区姚湾作业区综合码头工程获交通运输部批复使用岸线1.9千米，这是江西省一次性获批最长港口深水岸线项目。该项目总投资27亿元，设计年通过能力1040万吨、15万标准箱，已通过环评、航评、防洪影响评价。项目的建成对提升南昌港港口基础设施，发挥航运优势，补齐南昌水运发展短板、促进腹地物流业降本增效作用。

【九江航运交易中心开通运营】 10月28日，九江航运交易中心开通运营。该中心是一个集信息发布、支付结算、金融服务等内容于一体的综合服务平台。中心规划总建筑面积17.02万平方米，总投资6.74亿元，是建设九江区域航运中心基础性工程。航运交易中心按照“一中心、九系统”(综合交易信息中心，在线交易系统、业务管理系统、金融服务系统、物流信息系统、结算系统、客服系统、运力采购系统、运营调度系统、园区管理系统)的定位，发挥政务服务、商务服务和商业服务三大功能，推进航运信息化建设。

【江西省赣江(市汉至湖口)电子航道图制作与应用项目验收会召开】 11月20日，江西省赣江(市汉至湖口)电子航道图制作与应用项目验收会在南昌召开。会议成立项目验收委员会，集体审阅相关材料，听取项目汇报，观看成果演示。经认真审议，验收委员会认为项目提交的资料规范、齐全，符合验收要求；项目完成赣江市汉至湖口全河段控制测量、数据采集、电子航道图制作、APP的研发及技术服务等内容，符合合同约定；项目成果符合相关规范及标准要求，电子航道图及APP满足业务及应用需求，同意项目通过验收。项目验收后，开发的赣江电子航道图进入测试阶段，向社会发布及推广应用，提高航道管理及航道对外服务能力。

【九江港湖口港区船舶LNG加注工程开工仪式举行】 12月15日，九江港湖口港区船舶LNG加注工程开工仪式举行。工程建设规模为1个5000吨级LNG加注泊位(兼顾柴油加注)，年吞吐量1.5万吨，年通过能力1.91万吨。项目建成后，结合“湖口港区洗舱站项目”，可为过往船舶提供清洁能源、岸电、供水、环保接收、船舶维修、便利购物、医疗保健、交通驿站等多项服务，形成一个“水上绿色综合服务区”，提升湖口和九江的综合竞争力。该工程为全省首个水上LNG加注项目。

【赣江井冈山航电枢纽工程首台机组并网发电】 12月28日，赣江井冈山航电枢纽工程首台(1#)机组运行发电，正式投入运行。该项目总投资45.6亿元，共安装6台灯泡贯流式水轮发电机组，单机容量22.167兆瓦，水电站总装机133兆瓦，年均发电量5亿千瓦时，同比火电每年节约标准煤约6万吨，减少烟尘排放量约1万吨。赣江井冈山航电枢纽工程以航运为主，正常蓄水位为67.5米，库容为2.928亿立方米，将渠化赣江35千米航道，实现赣江Ⅲ级航道标准，改善赣江通航条件，促进赣江船舶大型化、标准化，有效降低货物运输成本。

【信江八字嘴航电枢纽东大河船闸项目通航】 12月28日，信江八字嘴航电枢纽东大河船闸项目通航。信江航运枢纽作为2020年信江三级通航的关键项目，是一座以航运为主、兼顾发电、防洪等综合利用效益的航运枢纽，由八字嘴航电枢纽和双港航运枢纽两个项目组成，总投资63.97亿元。信江下游双港船闸基本建成，信江全线基本具备三级通航条件。

(胡文斌)

10月28日，九江航运交易中心开通运营

省交通运输厅供

邮　政

【概　况】 2020年，全省邮政行业业务总量完成311.34亿元，全国排第14位，增长35.26%；业务收入完成173.69亿元，全国排名第15位，增长24.93%。全省快递服务企业业务量完成11.2亿件，全国排名第15位，增长44.11%；业务收入完成114.66亿元，全国排名第16位，增长36.02%。其中，同城业务量累计完成1.16亿件，增长23.51%；异地业务量累计完成9.96亿件，增长47.01%；国际及港澳台业务量累计完成745.36万件，增长40.61%。全省人均年使用快递服务67次。支撑网络零售额1300亿元。邮政普遍服务和快递服务满意度稳中有升，消费者申诉处理满意率99.6%，为消费者挽回经济损失117.75万元。全面推行快递业务经营许可全流程网上办理，推行非法定形式要件承诺制，推进邮政业安全生产专项整治三年行动，行业治理能力和治理体系健全，邮政快递业在服务经济社会发展中作用凸显。

【疫情防控】 省邮政局及时启动应急响应，成立领导小组，建立联控联防机制。抓细抓实常态化疫情防控，严格落实“外防输入、内防反弹”要求，做好系统内部和行业从业人员疫情防控，强化进出境邮快件处理场地和冷链食品邮快件运输管控，全省系统和行业无一例确诊病例，邮政和顺丰获评全省抗疫贡献企业。统筹行业资源做好防疫物资和生活必需品的运输寄递服务，满足特殊时期社会各界和人民群众对邮政快递服务的基本需求。邮政、顺丰、京东、德邦等企业全力支援湖北“战疫”，累计发运车辆426辆次，运输口罩、防护服、消杀用品等防疫物资1355吨。畅通省内防疫物资通道，累计发运车辆3695辆次、运输防疫物资9526吨。其中，省邮政公司为全省群众寄递“赣服通”预约口罩1050万个，免费承担省内防疫物资运输配送任务。全行业做好疫情防控期间无接触配送服务，配送米面粮油等生活用品1100万单、5.4万吨，有力保障社会正常运转和群众基本生活需要。

【基础设施建设】 2020年，全行业共有社会投资项目22个，投资额约176.5亿元，外资2亿美元。其中，邮政快递企业直接投资项目14个，投资额98.6亿元，外资2亿美元。韵达南昌分拨中心、昌北机场空侧南昌邮件处理中心、顺丰赣州电商快递产业园等3个建设项目被纳入省级重点工程项目。全省共建成智能快件箱8296组，城市快递公共服务站点3145个，农村公共取送点4410个，县、乡、村三级农村邮政快递配送体系基本形成。

【“两进一出”工程】 贯彻国家邮政局决策部署，认真落实商贸物流产业链链长制工作要求，由省政府办公厅印发《推进快递业“两进一出”工程实施方案》，联合相关部门协同推进“快递进村”“快递进厂”“快递出海”等“两进一出”工程。出台“快递进村”三年行动方案，推广邮快、交邮、快快、商快等合作模式，快件直投到村比例达到65.2%。全省共打造服务现代农业“一地一品”项目28个，支撑产值34.65亿元。与省工信厅签订《支持快递业与制造业深度融合发展战略框架协议》，深化江铃汽配、江中制药、南华医药、南康家具等优秀供应链服务项目，促成江铃汽车与韵达、圆通、极兔等10家企业总部合作，签订6250台购车协议。全省打造服务制造业项目66个，支撑产值157.74亿元。加强南昌国际邮件互换局和国际快件监管中心运营保障，协调开辟国际货邮航线，发展跨境电商业务，全年国际邮快件量达到1400万件。

【电商扶贫】 全省邮政企业建立电商扶贫站点1400余个、“邮乐购”站点1.6万个，累计销售农产品4.5亿元，带动4400户贫困户增收800余万元。快递企业推动网点下沉、服务下沉、拓宽扶贫线路，通过直播带货等途径，搭建电商服务平台，畅通农产品销售渠道，助力农业发展和乡村振兴。开展消费扶贫，动员全系统干部职工购买贫困村农产品10万余元。全省系统选派驻村扶贫干部5人，投入和引进各类资金488.9万元，实施帮扶项目29个，脱贫408人，帮助建档立卡贫困户就业961人。

【绿色邮政】 研究制定行业生态环保工作要点，细化行业绿色发展“9792”工程指标任务，建立健全快递包装治理与生态文明建设、垃圾分类工作的联动机制。全省“瘦身胶带”封装比例达97.6%，电商快件不再二次包装率81.3%，循环中转袋使用率95%，年内新增包装废弃物回收装置网点2000个，累计3500个，新增新能源汽车776辆，各项指标超额完成。组织开展快递包装领域“禁塑”“限塑”专项治理行动，与省生态环境厅、省发展改革委等7部门联合开展塑料污染治理监督检查，立案查处违法案件7起。

（范志奇）

本栏编辑　刘清林

金　融

综　述

2020年，江西省金融系统克服疫情影响，强化责任担当，为江西经济加速恢复、高质量发展赋能。全年全省金融总体呈现金融总量快速提升、融资结构持续优化、改革创新持续推进的良好发展态势。年末，江西省共有银行业金融机构（中国银行保险监督管理委员会江西监管局统计口径，不含人民银行机构数）7088个，比上年减少52个，下降0.73%；从业人员10.5万人，比上年增加2799人，增长2.74%。其中，政策性银行3家，机构96个，从业人员2371人；国有商业银行6家，机构3288个，从业人员5.19万人；全国性股份制商业银行11家，机构269个，从业人员5921人；城商及民营银行5家，机构773个，从业人员1.4万人；农村商业银行87家，机构2293个，从业人员2.42万人；村镇银行77家，机构165个，从业人员4322人；非银行金融机构6家，从业人员2026人；金融资产管理公司4家，从业人员198人；外资金融机构4家，机构1个，从业人员63人。

*社会融资规模增量创新高。*全年江西省社会融资规模增量8550.21亿元，多增1832.77亿元，创历年新高，占全国比重2.45%，降低0.17个百分点。全年江西省社会融资规模增量在全国排第14位，与2019年持平。分结构看，表内贷款持续快速增长。全年全省对实体经济发放人民币贷款增加5917.15亿元，多增884.26亿元；对实体经济发放外币贷款（折合人民币）增加77.82亿元，多增98.00亿元。表外融资大幅减少，全年表外融资减少824.30亿元，多减94.10亿元。其中委托贷款减少159.39亿元，少减13.87亿元；信托贷款减少494.63亿元，多减294.91亿元；未贴现的银行承兑汇票减少170.28亿元，少减186.94亿元。直接融资持续增长，全年直接融资增加1202.85亿元，占全省社会融资规模14.07%，低1.36个百分点。其中，公司债净融资最多，682.65亿元，多379.98亿元，创历年新高；中期票据、企业债、可转债、资产支持票据和交易所企业资产支持证券分别净融资321.70亿元、83.56亿元、65.66亿元、4.90亿元和2.06亿元；非金融企业境内股票融资147.32亿元，多118.24亿元，占全省社会投资规模1.72%，高1.29个百分点。

*存款增速创同期新高。*年末，全省本外币各项存款余额4.39万亿元，比年初增加4737.58亿元，多增860.52亿元。存款余额增长12.09%，创4年同期新高，增速列全国第9位，连续19个月保持领跑中部的绝对优势。分结构看：一是住户存款增加。住户存款余额2.28万亿元，比年初增加3075.38亿元，多增606.29亿元。其中，住户存款活期余额8630.08亿元，比年初增加946.22亿元，多增140.85亿元。二是非金融企业存款保持增长。非金融企业存款余额1.32万亿元，比年初增加1537.85亿元，多增479.59亿元。其中，非金融企业活期存款余额6931.38亿元，比年初增加539.58亿元，多增304.00亿元。三是非银行业金融机构存款有所减少。非银行业金融机构存款余额735.67亿元，比年初减少313.11亿元，多减573.00亿元。全年监管机构加大对结构性存款监管力度，加强结构性存款合规销售等监管措施，结构性存款出现大幅下降。1—12月，全省结构性存款比年初减少320.75亿元，多减294.72亿元。结构性存款成本较高，其占比下降有助于拉低金融机构负债端成本，间接降低实体经济融资成本。

*贷款增量创历史新高。*年末，全省本外币各项贷款余额4.17万亿元，比年初增加5970.83亿元，创历史新高；增长16.73%，列全国第2位、中部第1位，连续14个月保持全国前2名的较快增速。从余额排名看，2月末江西省贷款首次超过天津，列全国第16位。从信贷结构来看，资金回流实体部门速度加快。12月末，民营企业贷款增长14.85%，比上年加快6.36%。房地产贷款增长10.50%，比2019年同期回落6.27%，增速连续27个月逐月回落。企业贷款成本进一步降低。全年江西企业贷款平均利率5.08%，下降50BP。其中，小微企业贷款利率5.46%，下降61BP。

*债务融资工具发行创新高。*全年全省53家企业发行债务融资工具1608.1亿元，增长19.5%，发行金额创历史新高。债务融资工具发行加权平均利率3.03%，低于同期企业贷款利率2.05个百分点，估算可节约企业财务成本32.97亿元。

*证券保险市场发展创新高。*全年全省新增境内外上市公司13家，数量创年度之最；上市公司累计增至87家，在全国排名第18位，比2019年前进1位。全省保费收入870.9亿元，增长12.23%，增速居全国第1位；“险资入赣”创历史新高，落地资金275.1亿元，增长36.57%。

（柳翠）

地方金融监管

【概　况】 2020年,全省地方金融监管系统全面贯彻落实中共中央、国务院和省委、省政府决策部署,聚焦服务江西高质量、跨越式发展大局,扎实做好“六稳”工作,全面落实“六保”任务,坚决做好疫情防控、防汛救灾金融服务,深化金融供给侧结构性改革,着力提升服务实体经济质效,打好打赢防范金融风险攻坚战,切实防范化解区域金融风险,地方金融服务体系运行效率显著提高、支撑作用愈加凸显。至年底,省内小额贷款公司、融资担保公司、区域性股权市场、典当行、融资租赁公司、商业保理企业、地方资产管理公司等机构数量518家,注册资本总额676.4亿元,资产总额1059亿元,全口径统计提供各类融资服务1800亿元。

【抗疫抗洪】 面对新冠肺炎疫情及鄱阳湖流域超历史大洪水,多措并举全力以赴强化金融支持。印发《关于疫情防控中及时发现推荐金融领域担当作为先进典型的通知》;组建防汛救灾青年突击队,奔赴鄱阳湖圩堤防汛现场,完成救灾任务;印发《关于做好新型冠状病毒感染的肺炎防控工作的通知》《关于支持金融机构复工的通知》等系列文件,要求全省地方金融组织加大对卫生防疫、医药产品制造及采购、公共卫生基础设施建设及民生物资保障等方面的金融支持,动员资金保障重点防疫用品企业生产经营,资金综合成本应当符合国家利率有关规定,已投放的资金不得盲目抽贷、断贷。全省金融机构积极响应、认真贯彻,政府性融资担保再担保机构加强与银行机构合作,针对受疫情影响严重行业和疫情防控行业定制担保产品,对因疫情暂遇困难企业、小微企业,取消反担保抵质押要求,降低担保费。融资租赁、商业保理、小额贷款、区域股权市场等机构发挥贴近一线企业优势,依法依规在货款回收、原材料供应、项目发包等方面,加大对产业链上中小企业的支持,确保产业链运行平稳。

【服务实体经济】 全省政府性融资担保体系与国家融资担保基金全面对接,中央、省、市、县四级机构联动与商业银行共同参与的业务联动和风险分担机制落地建成,业务风险分担实现设区市(含赣江新区)全覆盖,体系成员70家、合作银行20家,全省担保放大倍数3.36倍,提高0.99倍。省融资担保集团增资至30亿元、主体信用评级AA+,省农业信贷担保公司创新“片区管理”模式加快农担基础服务网络建设,萍乡、新余、宜春、吉安、抚州实现政府性法人融资担保机构县域全覆盖。全省共有融资担保机构155家,注册资本金299.68亿元,在保余额1214.56亿元,比年初增长82.20%;平均综合担保费率0.85%,比年初下降0.29个百分比。区域股权市场强化创新驱动,平台功能作用逐步显现。突出政府扶持中小微企业政策措施的综合运用平台优势,全面对接企业上市“映山红”行动,建设省重点上市后备企业资源库系统,为中小微企业提供改制辅导、融资转让、财务顾问、信息咨询、管理培训、路演宣传、培育孵化等一揽子服务,市场展示企业6106家,挂牌企业78家,登记托管企业430家、684.46亿股,累计企业融资721.64亿元;江西联合股权交易中心完成股份制改造,公司治理水平提升。深化“融资租赁+”模式,加大服务实体经济和民生工程力度,融资租赁资产总额179.41亿元,比上年年末增加60.9亿元,增长51.39%;引导商业保理深度嵌入产业链,加大服务链上中小微企业力度,行业资产总额31.3亿元,增长114.24%;发放保理融资款23.29亿元,增长150.97%;小额贷款公司扎根县乡基层、支农支小作用明显,全省共有小额贷款公司机构数量147家,注册资本213.2亿元,全年累计发放纯农贷款18.7亿元,累计发放单户50万元以下贷款498.5亿元。地方资产管理公司持续稳健发展,总资产204.07亿元,其中不良资产投资余额121.66亿元。

【维护金融稳定】 2020年,江西省被评为全国五个“防范化解金融风险、营造诚实守信金融生态环境、维护良好金融秩序、健全金融消费者权益保护机制成效较好的地方”之一,受到国务院督查激励。建立由省政府领导牵头的金融工作议事协调机制,落实属地金融监管和地方金融风险防范处置责任。人行南昌中心支行建立国务院金融委办公室地方协调机制(江西省)。金融委办公室地方协调机制和地方政府金融工作议事协调机制相互配合、互为支点,共同营造良好金融环境。组织开展防范化解重大金融风险专项督查,会同人行南昌中心支行、江西银保监局组成4个督导组,分赴4个设区市、6个区县开展实地督导。统筹调度推进重点领域风险攻坚,严密防范区域性重大金融风险,加强重大风险防控,坚决守住不发生系统性风险底线。深化金融市场乱象整治,发挥“赣金鹰眼”非法集资监测预警平台功能,开展防范非法集资网格化管理试点,建立养老服务领域非法集资风险防控工作机制,组织开展防范非法集资宣传教育。健全完善非法集资全链条治理体系,全省新发非法集资案件连续5年下降,有力维护全省经济金融秩序和社会大局稳定,获国务院督查激励和省政府通报嘉奖,连续2年在全国防范和处置非法集资平安建设考评中获满分,列第1档。开展金融放贷领域扫黑除恶专项排查。组织开展地方金融领域乱点乱象专项整治,专项督导各地金融放贷领域突出问题整治工作,全省共收到及处置金融放贷领域乱点乱象105条,其中涉黑涉恶7条,立案打击13条。会同省教育厅等部门收集全省53所高校报送校园贷信息线索180余条,移送省公安厅扫黑办调查核实处理。

【行业监管】 强化地方金融监管治理,分类有序推进重点行业风险整治,行业监管履职能力全面提升,地方金融立法取得关键成果。11月25日,省第十三届人大常委会第二十五次会议审议通过《江西省地方金融监管条例》,江西省成为中部6省第1个、全国第9个出台地方金融监管法规的省份。该条例的颁布实施,赋予地方金融监管部门监管职能,明确执法依据,强化监管手段,有利于规范地方金融监管部门履职,加强“7+4”

类地方金融组织监管，对于推动建设江西现代金融体系，保障地方金融安全稳定提供法律依据。全面推进“双随机、一公开”行政执法监督，加快构建权责明确、公平公正、公开透明、简约高效的事中事后监管体系与协同监管格局。规范区域性股权市场可转债业务，稳妥处置存量风险隐患。组织实施小额贷款公司分类监管评级工作，引导小额贷款公司扎根县乡基层、服务实体。督促地方资产管理公司聚焦主业、稳步发展，指导省金融资产管理公司在各设区市设立资产管理子公司。推进融资租赁、商业保理、典当等三类机构清理规范工作。开展全省民间融资机构专项整治，现场检查 30 家民间融资机构。全省网贷行业全行业退出，网贷行业风险大幅压缩，涉众风险持续收敛。强化监管科技应用实践，推进“互联网 + 监管”，增强金融风险技防能力，提升监管专业性、统一性和穿透性。优化交易场所监管登记结算平台、小额贷款公司业务监管平台、互联网金融监管服务平台、非法集资监测预警平台等非现场监管系统，建立“一窗式”地方金融综合监管平台，提升跨行业、跨市场交叉性金融风险的甄别、防范和化解能力。

【优化营商环境】 推进“放管服”改革，开展政务服务效能提升行动计划，各项政务服务满意度持续提升，金融营商环境影响力不断扩大。强化省集中办事大厅窗口“一站式”服务功能，推行“无证办理”，企业群众通过“扫码”“亮码”等方式，自动调取证照信息。全年通过网上反馈、电话咨询、现场接待等方式服务办事群众 3000 余次，其中现场接待 700 余人次。实施政务服务“好差评”制度，让企业和群众成为监督者、推动者和受益者，办理结果满意度 100%，窗口在省集中办事大厅考评中名列前茅。严格执行政府权力清单、市场准入负面清单、公平竞争与合法性审查制度，制定融资担保、小额贷款、交易场所、融资租赁、商业保理、典当等地方金融组织审批工作流程，压缩办理时间、规范审批行为、提高审批效率。推进“互联网 + 政务服务”，扩大全省一体化政务服务平台和“赣服通”应用，按照“应上尽上”原则，实现全部依申请政务服务事项“网上可办”。全面推行涉企经营许可事项告知承诺制，除法律法规明确的要件外，在具备主审材料但缺少可容缺报审材料时可先行办理。建设完善“赣服通”金融服务专区，推进省一站式综合金融服务平台与省小微客户融资服务平台融合发展，为中小企业提供便捷化、精准化、智能化金融服务。

（滑超）

银行保险业监管

【概 况】 2020 年，江西银保监局引领银行保险机构，落实国家金融方针政策，做好“六稳”工作，全面落实“六保”任务，推进机构改革转型，助力打赢三大攻坚战，为全省经济持续稳健发展、经济增速保持全国“第一方阵”提供强劲金融支撑。年末，全省存款余额 4.36 万亿元，增长 12.0%；贷款余额 4.14 万亿元，增长 16.7%；存款增速位居全国第 6 位、中部第 1 位，贷款增速位居全国第 3 位、中部第 1 位。全年累计实现保费收入 928 亿元，增长 11.1%，位列全国第 1 位；累计赔付支出 311 亿元，增长 10.86%，高于全国增速 2.35 个百分点。

【服务疫情防控与复工复产】 发布《关于全省银行保险业加强服务管理为打赢疫情防控阻击战提供有力金融支持的通知》等 4 个文件，参与省政府 14 个文件起草，引导银行保险业机构按照“应贷尽贷快贷、应延尽延快延、应降尽降快降、应赔尽赔快赔”要求服务疫情防控、支持“六稳”“六保”。组织编写金融支持企业复工复产政策指南，建立健全监测统计制度，开展问卷调查，持续跟踪政策落实。全年累计发放防疫专项贷款 822 亿元、各类纾困贷款 2259 亿元；累计办理贷款延期还本 11.82 万笔、1566.6 亿元，办理贷款延期付息 8939 户、25.2 亿元；支持企业复工复产提供意外险及健康险保额 3968.54 亿元；复工复产综合保险为 2.36 万家次企业提供风险保障 35.75 亿元。疫情期间，1112 家企业降低保费费率，企业减负 538.14 万元；1368 家企业免费延长保险期限，平均延长保险期限 61.85 天；8777 辆次营运车辆提供停（复）驶服务。

【实体经济恢复发展】 制定《银行业保险业支持江西经济社会高质量跨越式发展的指导意见》，引导银行保险业机构紧扣服务全省“作示范、勇争先”目标定位和高质量跨越式发展战略，做大总量、做优结构、做强服务、做稳根基，全力支持江西经济社会发展。推进长江经济带、赣南苏区振兴等重大战略实施与大南昌都市圈等区域发展建设，年末全省银行业支持长江经济带融资余额增长 32.85%，支持赣南苏区融资余额增长 18.76%。出台《关于银行业保险业支持江西生态文明建设的指导意见》，健全绿色金融服务机制，组织评选第二轮绿色分（支）行 7 家，全年全省绿色信贷余额 3019.58 亿元，增长 27.23%，高于各项贷款平均增速 10.59 个百分点。支持抗击洪涝灾害，发放灾后恢复重建贷款 316.25 亿元，已付、预付保险赔款 9.64 亿元。参与“强链保链”协调联动机制，联合相关部门印发《关于金融支持全省重点产业链高质量发展的若干措施》，全年 14 条重点产业链全口径融资余额 8309 亿元。推动落实首台（套）重大技术装备保险补充机制试点和重点新材料首批次应用保险补偿机制试点，全年首台（套）重大技术装备保险提供风险保障 4.34 亿元，重点新材料首批次应用保险提供风险保障 11 亿元。

【普惠金融】 制定《2020 年普惠金融行动方案》，实施普惠金融联系点制度，开展“百行进万企”和“普惠金融 · 建功立业”活动，破解“融资难、融资贵”难题。创新推进普惠金融服务中心建设，全省共建成普惠金融服务中心 12 个，实现设区市全覆盖，接受业务咨询 6201 人次、发放贷款 1641 户、16.1 亿元。开展小微企业金融服务监管试评价，加强和改进普惠金融指标监测考核。全面实现小微、三农、脱贫攻坚等普惠金融工作目标。全年全省普惠型小微企业贷款5028.29亿元,增长24.12%,高于各项贷款增速7.48个百分点;新发放普惠型小微企业贷款平均利率5.65%,下降0.72个百分点;涉农贷款余额1.41万亿元,增长15.05%;农业保险保费收入20.58亿元,增长27.18%;精准扶贫贷款2180.38亿元,增长18.4%;防贫保险覆盖全省1078.68万"两易户"群体,全年理赔3866万元;大病保险覆盖3994.12万人,全年为161.23万人次支付补偿金20.66亿元。

【消费者权益保护】 健全信访、举报、投诉处理操作规程,推进银行机构消保站、12378热线建设。全年12378江西分中心接听群众电话3.97万个,电话处理满意率99.35%;接待群众到访579次/855人,处理信访举报1178件、投诉5370件。推进金融纠纷多元化解,加强与省高院、人民银行沟通协作,指导协会开展纠纷调解工作。行业协会共受理调解案件620个,调解483个,涉及金额3.47亿元。开展消保现场检查,打击侵害消费者权益违规行为。组织开展小微企业融资收费排查和清理银行乱收费降低企业负担行动,监管抽查、检查发现问题30个,已督促清退违规收费2059.9万元。组织开展"3·15银行业和保险业消费者权益保护教育宣传周"活动、2020年金融联合宣教活动,宣传存款保险、投资理财等金融知识,提升公众金融素养。

【化解金融风险】 按照"稳定大局、统筹协调、分类施策、精准拆弹"的总体思路,全力化解存量风险,推进构建风险防控长效机制,防范化解金融风险取得成效。压实风险防控责任,综合运用监管会谈、风险提示、监管问责等手段,督促推动银行保险机构发挥风险防控与处置主体作用,落实属地及条线监管责任,加强与地方党政会商沟通,形成风险处置合力。全年重点城商行超额完成处置任务,全省高风险农村中小法人银行全部摘帽,银行业不良贷款率降至近5年最低水平,影子银行风险持续收敛,法人银行风险抵御能力增强。

【市场乱象整治】 坚持综合施策、标本兼治,深化市场乱象整治,推进市场主体改革转型。研究制定《江西银行保险业公司治理三年行动方案》,引导法人机构构建具有中国特色公司治理机制。研究出台规范存款业务、个人贷款业务规定,祛除市场乱象。依法从严实施行政处罚,监管威慑力明显增强。全年对125家次机构、195人次实施行政处罚,罚没款5410.2万元,取消高管任职资格4人次,禁止从业5人次。巩固拓展扫黑除恶专项斗争成果,建立健全长效常治机制,推荐参评全国扫黑除恶先进单位。

(何凤远)

金融服务

【概　况】 2020年,江西省金融系统坚持稳中求进总基调,围绕"六稳""六保"目标任务,抓好各项金融支持政策落实,全力以赴战疫情、保主体、促发展,为全省疫情防控和经济发展提供金融支撑。全年全省金融业增加值1808.63亿元,增长10%,金融业增加值占全省地区生产总值7.04%,比上年提升0.75个百分点。占第三产业增加值14.63%,比上年提升1.39个百分点。

【金融支持政策】 2020年,人民银行按照中共中央决策部署,分阶段、有梯度地制定出台金融支持政策。人民银行南昌中支及时传导部署,省内各金融机构配合落实、精准对接疫情防控专项再贷款政策,推动省内828家防疫和物资保障重点企业与银行机构对接实现全覆盖,累计发放优惠贷款91.4亿元,提前一个半月完成总行下达江西210亿元复工复产专用再贷款额度的发放工作,累计惠及企业2.1万户;高效运用普惠性再贷款再贴现专用额度,支持企业复工复产,全年累计推动全省地方法人机构发放符合普惠性再贷款再贴现要求的贷款和贴现654.5亿元,惠及涉农、小微和民营企业9.5万户;地方法人银行落实两项创新型货币政策工具,确保政策直达企业,共6.2万户普惠小微企业办理贷款延期还本业务467.9亿元,发放普惠小微信用贷款70万笔、735.5亿元,贷款延期还本付息比率、新发放贷款中信用贷款比率均高于全国平均水平。

【信贷调控有保有压】 全省金融机构围绕江西经济高质量跨越式发展目标,落实有保有压信贷调控政策,提升对经济运行关键环节和薄弱领域的信贷支持力度。在民营和小微领域持续推广运用江西省小微客户融资服务平台,开展小微企业首贷提升工程,缓解小微企业融资难融资贵问题。12月末,全省普惠小微贷款增长18.75%,超过各项贷款增速;有贷款户数104.42万户,新增19.22万户;1—12月,普惠小微贷款利率5.98%,下降76BP,全面实现小微信贷"量增、价降、扩面"工作目标;"三农"和脱贫攻坚领域,全年全省涉农贷款增量占新增各项贷款比重30.93%,比上年提升6.79个百分点。其中,全省精准扶贫贷款增长31.8%(累放)、农村基础设施建设贷款增长24.95%、农业科技贷款增长63.34%,为全省打赢精准脱贫攻坚战,推动乡村振兴提供金融支撑。制造业领域,全省制造业贷款增长16.85%,比上年提高13.15个百分点。房地产领域,全省房地产贷款增长10.5%,增速回落6.27个百分点。

【利率市场稳定】 2020年,全省金融机构全面落实人民币存贷款利率市场化自律机制建设,推进存量浮动利率贷款定价基准转换,做好省内政策性贷款产品定价基准换锚工作,促进地方法人银行机构加快把LPR引入内部资金定价模型。全年全省法人机构存量浮动利率贷款定价基准转换进度接近100%,新发放贷款LPR运用占比达到100%;省内人民币货币加权利率5.58%,比上年最高点下降131BP,为企业节约利息成本61.2亿元。

【金融改革创新】 2020年,江西省绿色金融发展指数居全国第4位,连续3年居全国第一方阵。引导发行绿色债券,拓宽绿色项目融资渠道。全年全省发行各类贴标绿色债券约363亿元,其中赣州银行分2期发行绿色金融债共计30亿元。江西省法人城商行已累计发行绿色金融债180亿元,全省绿色信贷实现快速增长。年末,全省绿色贷款余额2776.51亿元,增长36.12%,高于各项贷款增速19.39个百分点。全年江西省普惠金融改革稳步推进,《江西省赣州市、吉安市普惠进入改革试验区总体方案》出台。延伸普惠金融服务网络,赣州市、吉安市分别设立农村普惠金融服务站1123个、909个,贫困村覆盖率分别达96.48%和100%。优化信贷结构,重点解决小微企业和农业生产主体贷款难问题。年末,赣州、吉安市各项贷款增速分别高于全省平均水平2.82个和0.75个百分点;涉农贷款增速分别高于全省平均水平1.36个和0.36个百分点;小微企业贷款增速分别高于全省平均水平0.9个和11.33个百分点。直接融资方面,全年赣州、吉安新增上市企业3家,新三板挂牌企业5家,全年两地企业在资本市场融资170.56亿元,为上年度2.55倍。在银行间市场,赣州银行发行30亿元绿色金融债和20亿元永续债,两地企业合计发行债务融资工具达162.8亿元。

【金融服务与管理】　开展金融消费权益保护,打造12363暖心热线,治理金融广告乱象,推进金融教育宣传数字化;开展“金融统计治理深化年”活动,推动国家金融基础数据统计改革在江西落地;上线支付系统城市处理中心运维审计系统,全省累计处理支付业务金额增长11.9%,推进移动支付便民工程建设,改善农村支付服务环境;开展打击电信网络诈骗、打击跨境赌博工作,推进整治拒收先进工作,维护群众现金支付选择权;完成个人所得税汇算清缴退税工作,推动退税质押融资业务在省内部分地区试点,开展征信市场监管,确保企业和个人信用信息安全,推进区块链服务平台建设,推动货物贸易便利化设点,推广涉外金融政务服务网上办理,辅导企业境外发债融资,推动人民币跨境结算业务,提升全省对外贸易及投融资便利化水平。强化反洗钱监管,配合开展扫黑除恶专项斗争,推动全省涉黑洗钱罪判决和洗钱案件判决工作,推进法治央行建设,落实依法行政理念。全年对22家机构实施行政处罚,罚没款1063.9万元,累计查处外汇领域案件324起,罚没款1720.6万元。

（柳翠）

外汇管理

【概　况】　2020年,全省外汇管理部门统筹疫情防控和支持涉外经济恢复发展,主动适应双循环发展新格局,提升外汇市场微观监管水平,防范跨境资金流动风险,增强外汇管理履职服务能力,各项工作取得实效。全省跨境收支总额500.48亿美元,增长8.0%;银行结售汇274.84亿美元,减少0.5%。跨境收支、银行结售汇分别累计实现顺差82.15亿美元和73.76亿美元。

【外汇风险防控】　2020年,全省外汇管理部门共查处案件324起,罚没款1720.61万元,其中程序性违规案件罚款下降9成。深挖“南昌5·19地下钱庄”交易对手违规线索和资金链条,协助公安破获2起涉赌汇兑型地下钱庄案件。以人工智能分析图谱为框架,构建实质性违规综合指标体系,纳入全国特殊矩阵分析模块。定期对九鼎集团31家核心企业、240家成员企业及17家境外企业开展重点分析和舆情分析,发现重点关注风险9项,为总局防范全国重要性机构风险提供助力。对辖内6家银行开展综合执法,针对发现的问题先后约谈银行12次,采取通报、考核扣分、行政处罚等方式综合施策,促进银行提升外汇业务合规性。建立监测分析指标体系,重点关注外商投资企业利润汇出、跨境溢(折)价转股等业务异常情况,及时掌握企业大额跨境收支业务动态,有效防范跨境资金流动风险。按季与海关交换企业出口和收付汇数据,定期向海关、税务及市场监督管理等外部门通报出口不收汇企业名单,全面构建涉外部门监管信息共享、监管资源互助的大监督格局。

【外汇业务管理】　联合省商务厅等3家单位共同签署“应对疫情稳外贸行动计划”,提供政策支持企业复工复产。按照“因企施策,一企一策”原则,指导帮助因疫情影响外债还款6家企业办理外债展期。支持银行扩大外汇业务服务网点,新增渤海银行、浙商银行结售汇业务准入,全省开办结售汇业务金融机构比上年新增40家。发挥银行外汇业务合规与审慎经营评估正向激励作用,完成对全辖35家银行外汇业务合规与审慎经营评估,促进银行提升外汇业务经营管理水平。鼓励银行外汇产品服务创新。依托自律机制引导银行创新外汇产品和服务,开发多样化的汇率避险工具,满足市场主体个性化的汇率避险需求。发挥银行个人外汇管理前置关口作用。开展银行个人外汇业务明察暗访,对省内部分银行开展走访调查近100余人次,提升个人外汇服务质效。

【外汇管理改革】　开展贸易外汇收支便利化试点,提升企业资金使用效率,收付效率比过去提升90%。推广服务贸易对外付汇税务备案网上信息核验试点,便利企业通过网上办理税务备案业务。按照国务院推行政务服务电子化的总体要求,优化政务服务网上办理,实现九成以上行政审批业务网上办,大幅降低企业脚底成本。全年全省共办理行政许可业务2407笔,网上办比率五成。创新探索保单融资场景建设,推动银行系统直联,提高银行融资意愿,解决出口企业融资难问题。全年全省参与试点银行增至22家,累计办理线上融资4.14亿美元。对辖内外债、跨国公司跨境资金集中运营需求进行摸底,有针对性地加强业务指导,激发市场活力。全年企业全口径跨境融资新增签约金额12.11亿美元。运用海外市场降融资成本。重点支持10家企业赴境外发债,有效降低企业融资成本,全年企业募集境外市场低成本资金32.07亿美元。　（柳翠）

证券期货

【概　况】　2020年,辖区共有上市

公司55家。全省志特新材、华维设计、悦安新材、九丰能源4家企业过会待发,善水科技、宁新新材等8家企业首发申请在证监会正常审核,33家公司在江西证监局正常辅导。至年底,辖区55家上市公司市值6286.33亿元,上升55.11%;新三板挂牌企业119家,其中创新层的挂牌企业14家。全年辖区有证券公司2家,证券分公司43家,证券营业部310家;期货公司1家,期货营业部32家;备案的私募基金管理人265家,备案的基金产品718只,管理基金规模1572.89亿元。证券经营机构开立资金账户总数822.39万户,托管客户资产5257.94亿元;全年累计证券交易金额7.73万亿元;期货经营机构客户总数5.82万户,客户总权益38.27亿元,全年累计代理成交金额3.53万亿元。全年辖区证券公司累计实现营业收入33.82亿元,增加13.76%;累计净利润7.35亿元,减少10.26%。辖区证券分支机构全年累计营业收入27.45亿元,增加38.85%;净利润9.73亿元,增加89.67%。辖区期货经营机构全年累计营业收入1.41亿元,增加76.33%;净利润867.34万元,增长1374.87万元。

【服务实体经济】 2020年,江西资本市场持续健康稳定发展,新增上市公司12家,新增IPO在审企业15家,新增正常辅导企业24家;资本市场服务实体经济能力提升。江西资本市场共融资1344.84亿元。其中,10家公司首发融资119.03亿元,4家上市公司发行股票再融资96.40亿元,9家新三板公司发行股份融资1.3亿元;68家债券发行人发行公司债券105只、融资909.13亿元,发行资产支持证券16只、融资152.70亿元;江西股交中心发行私募可转债65只、融资66.28亿元。调动市场主体履行社会责任积极性,推进“一司一县”结对帮扶工作,发挥市场主体专业特长,提升贫困地区利用资本市场发展能力,落实结对帮扶工作。全年辖区实施7单“保险+期货”,比上年增加2单,惠及建档立卡贫困户约8000户,全国唯一养殖类“保险+期货”县域覆盖项目落地赣州于都。至年底,私募在赣在投项目1036个,在投本金1989.69亿元。

【监管市场主体】 加强上市公司分类监管、精准监管,强化信息披露核心监管理念,依托监管“大数据”,深挖细究,增强分析的准确性。采取现场检查,树立首查责任制,按照稽查执法标准核查取证,提高检查精准度。突出监管重点,强化对上市公司商誉减值、违规担保、资金占用、公司治理规范性等监管。强化法人证券公司合规总监、首席风险官定期约谈,督促合规总监切实履职尽责,加强公司合规管理,3次向辖区机构通报监管要求和典型案例。持续关注辖区期货公司内控及治理,对公司风控体系开展专业化评估,压实大股东职责,督促公司管理层平稳过渡。发挥私募产业园统一管理作用,规范对到赣注册异地经营私募机构的登记管理。推进“了解公司·规范公司·服务公司”专项活动,对新挂牌公司开展“监管第一课”培训,提高挂牌公司的合规意识;加强对新三板挂牌公司监管,与全国股转公司推动联合检查,对检查发现的问题及时采取处理措施。组织开展新增债券发行人自查,指导企业主动规范整改,提升辖区债券市场规范水平。与省财政厅联合举办2020年江西资本市场审计监管工作会,督促审计评估机构履职尽责,强调证监会“零容忍”的监管态度。召开REITS试点工作座谈会,推进基础设施领域REITS试点工作。

【化解市场风险】 全面收集和分析上市公司、新三板挂牌公司信息,做好上市公司风险画像工作,定期调整风险分类,建立每日监测、每周更新、每月报送的股票质押风险监测常态化机制,就上市公司年报审核关注的风险事项致函地方政府,加强防控风险的整体合力。编制公司债券风险防控月报,建立债券风险预排查机制,持续监测到期和回售债券风险。成功化解“14安源债”到期兑付违约风险,及时通报地方政府,多方传导压力,实现借力监管,保持辖区公司债券市场零违约记录。开展证券期货经营机构及私募机构风险监测,以问题为导向,开展法人证券公司股票质押业务、债券受托管理和自营业务、网络安全、经纪业务客户集中增长、场外配资风险排查,对期货、私募行业开展全面风险排查。完善涉非信息监测机制,调动证券期货经营机构一线监测积极性,延伸监管触角,发挥探头作用。江西证监局走访联络省地方金融监管局、省委宣传部、省委网信办、省新广局、省通信管理局等,推动涉非信息监测、筛查、清理等方面合作。

【打击非法活动】 江西证监局与省公安厅执法协作,定期通报证券期货账户查询、类案侦办要点难点等较集中的问题,联合公安部门共同取证办案,移送有关违法线索。开展辖区证券期货基金行业涉非涉稳风险专项排查。严谨高效出具非法证券期货活动资质确认9件,为公安机关查处非法证券期货类案件提供专业支持。开展“股市黑嘴”“非法荐股”“场外配资”及相关“黑群”“黑APP”等专项整治行动。逐一分析甄别44条有效涉非线索,会同省通管局、省市监局、赣州及吉安市政府等有关部门分类妥善处置,快速精准打击。以“3·15”消费者权益保护日、“5·15”打击防范经济犯罪宣传日(投资者保护宣传日)、“12·4”宪法宣传日等时机,开展防非主题宣传,提升防非宣传覆盖面。作出行政处罚6件,罚没款906.22万元,分别是上年度的2倍、2.54倍,彰显监管执法严肃性、威慑力。加大诚信档案录入、查询和使用,强化对外服务工作,参与地方社会信用体系建设,做好资本市场失信联合惩戒工作。

(胡文静)

本栏编辑　刘清林

财 政 税 务

财 政

【概 况】 2020年，全省财政部门预算执行总体良好。全省财政总收入完成4048.3亿元，增长1.2%；一般公共预算收入完成2507.5亿元，增长0.8%；一般公共预算支出6666.1亿元，增长4.4%。4月份，财政收入增速逐月向好，持续好于全国水平。一般公共预算收入总量居全国第15位，与上年持平；增幅居全国第13位。质量稳步回升，全省税收收入占财政总收入80.1%。一般公共预算收入中税收收入占比67.9%，在全国排位由一季度的第28位回升至第23位。全省一般公共预算支出增速连续6年高于财政收入增速，持续保持较高支出强度。建立特殊转移支付机制，中央1107亿元直达及参照直达管理资金全部在规定时间内分配下达，直接惠企利民。支出结构不断优化，重大战略部署和基本民生等各项重点支出得到有效保障。

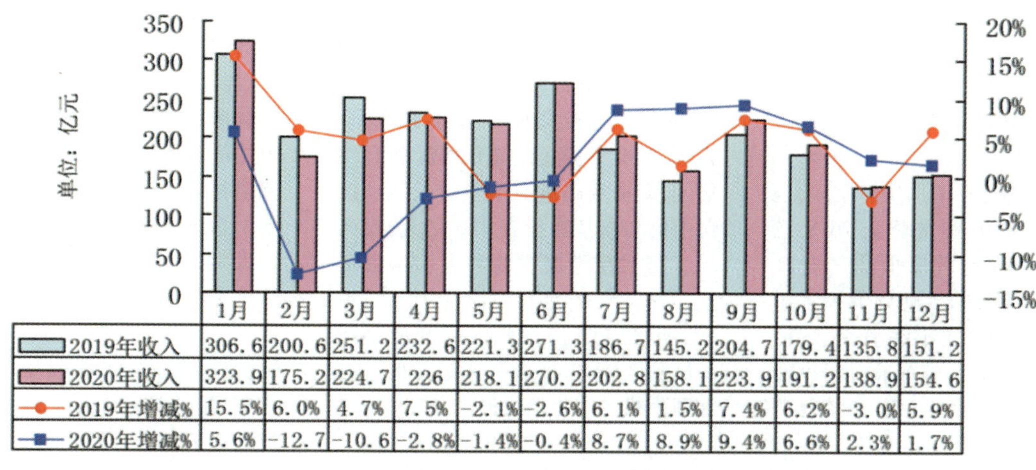

	1月	2月	3月	4月	5月	6月	7月	8月	9月	10月	11月	12月
2019年收入	306.6	200.6	251.2	232.6	221.3	271.3	186.7	145.2	204.7	179.4	135.8	151.2
2020年收入	323.9	175.2	224.7	226	218.1	270.2	202.8	158.1	223.9	191.2	138.9	154.6
2019年增减%	15.5%	6.0%	4.7%	7.5%	-2.1%	-2.6%	6.1%	1.5%	7.4%	6.2%	-3.0%	5.9%
2020年增减%	5.6%	-12.7	-10.6	-2.8%	-1.4%	-0.4%	8.7%	8.9%	9.4%	6.6%	2.3%	1.7%

一般公共预算收入分月情况

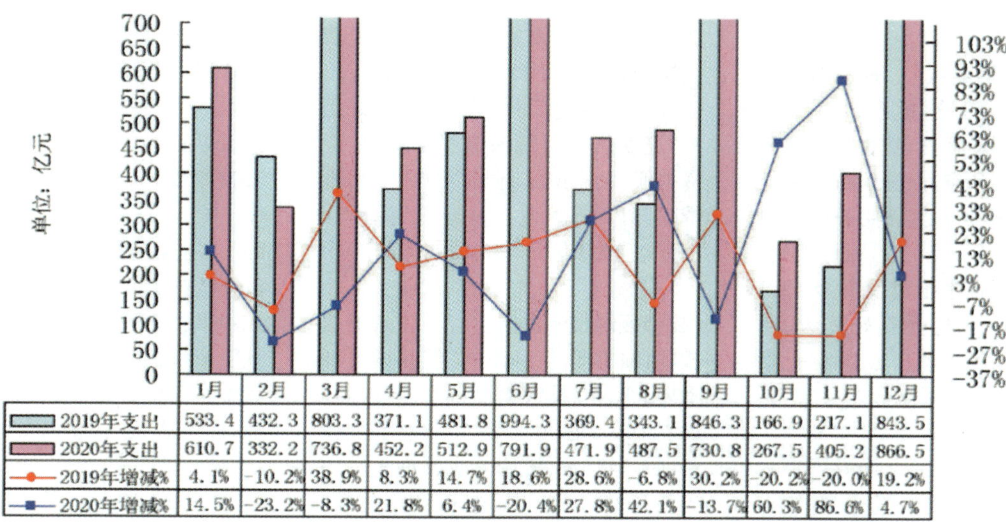

	1月	2月	3月	4月	5月	6月	7月	8月	9月	10月	11月	12月
2019年支出	533.4	432.3	803.3	371.1	481.8	994.3	369.4	343.1	846.3	166.9	217.1	843.5
2020年支出	610.7	332.2	736.8	452.2	512.9	791.9	471.9	487.5	730.8	267.5	405.2	866.5
2019年增减%	4.1%	-10.2%	38.9%	8.3%	14.7%	18.6%	28.6%	-6.8%	30.2%	-20.2%	-20.0%	19.2%
2020年增减%	14.5%	-23.2%	-8.3%	21.8%	6.4%	-20.4%	27.8%	42.1%	-13.7%	60.3%	86.6%	4.7%

一般公共预算支出分月情况

【统筹财力防疫战疫】 第一时间启动应急响应机制，开辟预算安排、资金拨付、政府采购等绿色通道；筹集70.4亿元资金，强化财政兜底保障，确保人民群众不因担心费用问题而不敢就诊，确保各地不因资金问题而影响医疗救治和疫情防控，落实常态化疫情防控各项措施。围绕患者救治、医护待遇、防疫物资生产、复工复产等方面出台57项财税支持政策，提升政策知晓度和实效性；下达抗疫特别国债资金190亿元，统筹用于公共卫生领域基础设施建设及相关支出；推出“抗疫担保贷”“财园信贷通企业复工复产贷”等系列财政金融产品，支持企业纾困和发展。

【统筹财力抗洪灾】 及时下拨专项资金支持开展抢险救援，妥善安置安抚受灾群众；统筹安排灾后重建资金近60亿元，加快恢复灾后生产生活秩序，加强全省应急保障体系建设。争取中央灾后重建和恢复生产生活专项资金超50亿元。

【支持脱贫攻坚】 增加扶贫投入，全年安排财政专项扶贫资金76.8亿元。其中，省级财政专项扶贫资金40.1亿元，增长20%，达到中央考核满分要求。新增安排债券资金25亿元，按每个县1亿元的标准向深度贫困县倾斜，助推如期“摘帽”。统筹整合财政涉农扶贫资金机制进一步健全，整合率达到99.9%。运用政府采购政策助力扶贫，全年采购额1.68亿元，居全国前列。

【支持生态文明建设】 推进国家生态文明试验区建设，投入31.3亿元实施全流域生态补偿，拨付6.5亿元推进省内流域和东江、渌水跨省横向生态补偿，下达长江经济带补助资金4.5亿元，落实31亿元支持重点水域禁捕退捕，拨付林业建设资金42.1亿元，下达11.5亿元打好蓝天、碧水、净土保卫战，协议出资10亿元参与设立国家绿色发展基金。

【防范政府债务风险】 全省限额内政府债务余额7149.1亿元，控制在财政部核定限额之内；把隐性债务风险状况和化解结果纳入市县高质量发展考核体系，全省隐性债务增量有效遏制、存量超额化解；市县融资平台实现整合目标。债券发行增量超1000亿元。抓住国家“增加地方政府专项债券规模”窗口期，全年发行地方政府债券比2019年增加1116亿元，总量达2287.6亿元。其中，1521亿元专项债券投向生态环保、农林水利、市政等领域1117个项目，着力补短板、强弱项。

【创新驱动保障】 大幅增加省级科技专项资金，总量达15.1亿元，重点支持中科院赣江创新研究院等重大创新平台建设。支持全省六大科创城建设，推动鄱阳湖国家自主创新示范区创建。推进国家职业教育VR示范实训基地建设。安排人才发展专项资金3.4亿元。省人才基金已投资14家科技企业，规模9.5亿元。

【促进产业链供应链稳定】 推进“2+6+N”产业高质量跨越式发展行动，安排工业转型升级、新能源汽车、光伏、标准厂房建设等专项资金15.3亿元，支持实施重点产业链长制。拨付中央和省基建投资210亿元，投入33.5亿元推进棚户区和老旧小区改造，安排40亿元专项债券用于轨道交通建设。支持江西内陆开放型经济试验区建设，整合7.8亿元促进昌北国际机场客货运发展。

【支持实体经济】 全年为企业减税及降低社保缴费超1400亿元，比上年增加200亿元，重点减轻中小微企业、个体工商户和困难行业企业税费负担，把各项纾困政策落实到位。出台“财园信贷通”十条新举措，用好用足“惠农信贷通”、政府引导基金、融资担保、农业担保、创业担保、专项再贷款、PPP等财政金融政策，撬动社会资本2000亿元“输血”实体经济。

【支持区域协调发展】 落实“一圈引领、两轴驱动、三区协同”等系列区域发展战略，安排大南昌都市圈各项补助资金800亿元，下达13.5亿元支持赣江新区建设，统筹落实赣南等原中央苏区振兴发展资金达1300亿元，推进景德镇国家陶瓷文化传承创新试验区建设。

【助力乡村振兴】 整合87亿元实施高标准农田建设，安排30亿元支持2万个村组开展新农村建设，统筹35亿元资金用于水利设施补短板，支持保障粮食、生猪等重要农产品有效供给。统筹24.4亿元推进全省城乡冷链物流骨干网建设，助推农产品规模化、品牌化。落实耕地地力保护资金42.9亿元，安排稻谷和农机购置补贴19.1亿元，拨付3亿元推广双季稻及稻油轮作，强化粮食安全保障。下达4.9亿元强化公交运营补助，推进城乡道路客运一体化建设。

【保障基层运转】 坚持“县级为主、省级兜底”，有效兜牢困难县市保基本民生、保工资、保运转底线。坚持财力下沉，下达市县补助资金2700多亿元，比上年大幅增加。出台阶段性延续现行地方财政资金留用比例等系列政策，提高资金调度频次，夯实基层库款。压实县级财政保障责任，加强保工资监测预警，强化预算编制审核，坚持“三保”在财政支出中的优先顺序，建立风险应急预案。严格控制新增支出，执行中原则上不出台增加当年支出的政策，确保地方财政可持续，全省“三保”运行总体平稳。

【民生保障】 完成51件惠民实事，全省民生领域支出5294亿元，占财政支出79.4%。坚持就业优先，统筹43亿元就业补助资金和失业保险基金落实惠企稳岗系列政策，促进高校毕业生等重点群体就业。完善社保政策，企业职工基本养老保险基金实行省级统收统支；连续16年提高企业退休人员基本养老金，城乡低保、医保等补助标准不同程度提高。加大教育投入，全省教育占财政支出18.3%，总量和占比均居全国前列，确保各阶段教育经费需求；落实义务教育教师工资收入政策。统筹59亿元加强公共卫生服务能力建设，支持基层医疗人才培养和基本药物制度实施。安排9亿元投向文化旅游事业，促进基层公共文化体系建设。

【中央财政支持】 2020年，争取中央财政一般预算各类补助资金超3000亿元，比上年增加较多。其中，均衡性转移支付727.8亿元,占全国4.3%,为兜牢市县“三保”提供财力保障;争取革命老区转移支付23.6亿元,占全国13.1%,居全国第2位。争取金砖国家新开发银行贷款赣州市五区一体化快速路网提升项目5亿美元,已获国务院列入备选规划,为全省利用外资贷款单笔额度最高的项目。争取国际金融组织和外国政府贷款成效显著,成为全国唯一争取到金砖国家新开发银行3个项目的省份。

【财税体制改革】 完善财政管理体制,调整省与市县财政关系,出台省与市县收入划分改革方案,推进科技、教育、交通运输等领域省与市县财政事权和支出责任划分改革;调整完善省与市县增值税留抵退税分担机制;健全省直管县财政体制,赋予设区市更大预算管理权限。改进预算管理制度,在省直行政和参公事业单位全面实行零基预算改革,市县相应启动试点工作。预算绩效管理提质扩围,财政绩效评价范围扩大到政府性投资基金、政府和社会资本合作、政府采购等项目。向省人大常委会报告全省国有资产管理情况,首次专项报告文化企业国有资产管理情况;划转部分国有资本充实社保基金工作取得进展。

【财政“放管服”改革】 全面实施财政票据和非税收入收缴电子一体化改革,与“赣服通”对接;推进投资评审、会计服务等领域“一网通办”和“只跑一次”“一次不跑”。完善政府采购制度,规范国有金融资本出资监管,首次统一编制全省财政系统行政权力清单。

【落实紧日子措施】 报请省委、省政府出台《关于严把财政支出关口 坚持过紧日子的若干措施》,提出党政机关过紧日子18条硬措施,大力压减行政支出。全年全省一般性支出579.8亿元,下降17.9%。其中,省级一般性支出减少35亿元,下降30.5%;省级“三公”经费支出1.8亿元,比上年减少1.2亿元,下降40%,全省财政拨款支出连续7年实现压缩。建立省直单位实有账户资金清理长效机制,盘活存量资金13.3亿元,及时调整用于经济发展、保障民生等急需领域。

(万凯芸)

税　务

【概　况】 2020年,省税务局凝心聚力战役情、防大汛、促发展、保稳定,各项工作取得新成效。全省税务系统38个单位被评为全国文明单位,128个单位被评为全省文明单位。省税务局被评为全国公共机构能效领跑者、全省开放型经济先进单位和全面依法治省优秀单位,在全国税务系统和省直单位绩效考核中连续3年获优秀等次,被省委、省政府记集体三等功。2名税务干部获得“全国先进工作者”称号,22名税务干部获“全省先进工作者”称号。全年获省领导、国家税务总局领导肯定批示85次。

【支持疫情防控和经济社会发展】 落实税务总局“四力”要求,统筹推进战疫情促发展,既减好税又收好税,应对经济下行压力,激发市场主体活力,保障国家财力。发挥以税资政作用,省市县三级税务局向党委、政府报送复工复产分析报告273篇,获批示203篇,税务发票分析数据被列入省政府复工复产观察指标。运用大数据向企业提供上下游匹配信息,为江西1107家企业与2649家湖北企业“牵线搭桥”,畅通供应链产业链。下拨1600万元专项经费,用于防疫抗汛,抓好优惠政策落实,助力灾后重建。

【税收收入】 全年累计完成各项税收收入3424.84亿元(含海关代征增值税、消费税,未扣减出口退税),比上年下降0.6%。其中,税务部门组织收入3338.28亿元,减少19.38亿元,下降0.6%;海关代征完成86.56亿元,减少0.21亿元,下降0.2%。办理出口退税226.56亿元,增加47.81亿元,增长26.7%。全年税务部门组织税收收入增幅在全国排第9位、中部6省排第3位。

【社会保险费和非税收入】 全年累计入库社会保险费732.8亿元,比上年增长72.2%,剔除降率、阶段性减免、1—10月企业社会保险费由人社、医保部门征收等因素,增长16.4%。组织非税收入及代征工会经费140.6亿元,增长3.0%。完成全省14万家企业和369万名灵活就业人员社会保险费征收职责划转,以及水土保持补偿费、地方水库移民扶持基金、排污权出让收入、防空地下室易地建设费4项非税收入征收职责划转。

【税收法治】 坚持依法合规组织税费收入,坚决守住不收“过头税费”底线,坚决不搞大规模集中清欠和全行业检查,提升税费收入质量。开展宪法宣传周活动,组织民法典专题讲座,推进耕地占用税、资源税适用税额(税率)方案落实。落实行政执法公示制度、执法全过程记录制度、重大执法决定法制审核制度等“三项制度”,抓好税务行政执法信息公示平台、税务执法音像记录管理平台建设运维,把重大执法决定法制审核制度嵌入金税3期系统。发挥重大税务案件审理制度作用,依法审理重大税务案件8件。公布711个税务机关权责清单。

【税收政策落实】 落实国家减税降费政策,推出助力企业复工复产“15+7”措施,成立202个专家团队实行包保服务,推动税收优惠直达市场主体。紧扣江西省发展战略,明确促进内陆开放型经济试验区对接措施,落实产业链链长责任制相关工作,促成景德镇传统手工技法制瓷产品适用3%税率简易计税办法。贯彻《支持脱贫攻坚税收优惠政策指引》和新出台的税收扶贫优惠政策,税务部门直接帮扶的290个贫困村、5.8万户贫困户如期实现脱贫。落实个人所得税优惠政策,推进首个个人所得税汇算清缴,完成个人所得税第三步改革。

【办税缴费服务】 细化13部门推进纳税缴费便利化改革、优化税收营商环境若干措施,推出政策直达快享、服务便捷高效等19条和“便民办税春风行动”103条措施,开展一次纳税人联系信息维护、一次纳税人需求调查、一个征纳互动微信群、一本优化税收营商环境工作手册等“四个一”专项行动，推进纳税人满意度整改、政务服务“好差评”等工作，优化纳税服务环境。

【征收管理】 推进分类分级管理，印发江西省税务局分类分级管理办法，合理划分各级各部门管理职责，优化基层税源管理方式，提升专业化管理能力，提高税源管理质效。改革税收管理员制度，在11个设区市各选择1~2个县(区)税务局开展固定管户向分类分级管户转变试点。推动《深化“放管服”改革五年实施方案(2018—2022)》措施落地，全年完成“放管服”改革任务51项，累计完成93项。简化企业开办程序，规范企业开办涉税事项，推行企业开办“一表集成”，首次申领发票时间压缩到1个工作日内。

【税务稽查】 坚持对假企业、假出口、假申报露头就打，开展扫黑除恶专项斗争，打造税警合成作战升级版，提高打击实效。全年立案检查虚开骗税808户，查处虚开和接受虚开发票22.26万份、金额170.99亿元、税额26.24亿元，打掉团伙18个，捣毁窝点9个；移送公安机关212户，抓捕174人；投案自首181人。明确各设区市税务局稽查局向省税务局稽查局移送“一案双查”线索范围，把“一案双查”移送数量纳入稽查绩效考核。推进重大税收违法失信案件联合惩戒，全省8户失信企业被禁止适用海关认证企业管理，1651件案件纳入“黑名单”系统管理。建设稽查信息化综合管理系统和推广稽查移动办案证据案卷管理系统，实现在线阅账痕迹化管理和稽查证据取证、案卷管理电子化。

【税务监管】 印发《江西省税务局全面推广税收征管质量5C监控评价工作实施方案》，从税款征收、纳税服务、风险管控、税务检查、自我纠正及法律救济5个主维度建立标准化指标体系，依托5C监控评价系统，及时发现短板、纠正偏差、持续改进，促进提升税收征管能力。开展“找税源、盯税源、管税源”工作，完成市场监管、税务部门市场主体信息比对，摸清未办税户数。规范和加强实名办税，优化实名信息采集流程，推行“无证”采集，实名信息采集免予出示身份证件；发挥实名办税在事中事后监管中的作用，把发票领用、发票代开等发票类事项纳入风险实名事项。

【电子税务】 推进“智慧税务”建设，制定江西省税务局信息化建设规划，完成税收大数据资源库、智慧电子税务局、统一电子工作平台、“微”电子交互平台等“一库一局两平台”建设。打造“456”便利化办税缴费格局，即“网上、掌上、自助、实体”4种办税缴费渠道，“电子税务局、自助终端、赣服通、微信、税务窗口”5种办税缴费方式，“银行转账、POS机、微信、支付宝、云闪付、现金”6种办税缴费手段，实现办税缴费向智能化、数字化、场景化转变。拓展电子税务局功能模块至513项业务，优化扩充“非接触式”办税功能模块至214项。

【大数据和风险管理】 建成全省统一的税收大数据智慧服务平台，在数据归集全面化、数据管理标准化、数据应用多元化、数据服务智能化方面取得进展。依托大数据智慧服务平台，开展法人和自然人纳税人信息库数据归集验证工作，对税收数据进行全生命周期标准化深度治理。加强税收风险防控力度，重点对批发零售、现代服务、西药批发、设备租赁、人力资源、铜加工、普通发票和平台企业等重点行业和风险领域开展风险管理，全年推送中高风险任务1829户，风险应对入库税款8.4亿元。制定税收风险管理办法和税收风险统筹管理办法，完善各税种后续管理和行业风险管理指引，规范税收风险应对程序，提升风险管理质量。

【国际税收】 办结江西省首例以内关联为主的特别纳税调整案件，补缴税息共613.52万元，实现特别纳税调整管理由传统的外关联向内关联方向拓展。利用“互联网+”技术和电子税务局平台，基本实现非居民企业网上办税全覆盖。升级对外支付税务备案系统，实现网上全流程办理对外支付税务备案功能。办结某私募基金境外股东转让股权案和九江某公司非居民股东股权转让案，分别入库税款3229.33万元、869.74万元。更新秘鲁、肯尼亚国别投资税收指南，宣传“走出去”税收指引。

【税收宣传】 全年向国家税务总局和江西省委、省政府上报信息142条，报送约稿信息14篇，在省级以上刊物用稿1400余篇，其中中央电视台新闻联播和正点财经等栏目宣传江西税务新闻26条，江西省税务局被评为全省政务信息工作优秀单位、全省党委信息工作先进单位。开展“减税费优服务 助复产促发展”加长版税收宣传月、“撸起袖子加油‘赣’”主题纪实摄影大赛、“税官讲税法”青少年普法视频征集等活动。完善网站建设、直播宣讲、政策解读、在线访谈、媒体评论和纳税咨询为一体的宣传解读链条，召开新闻发布会，及时向纳税人发布最新文件、税收政策、服务清单。开展“疫起学税法”新媒体宣传活动，开设“减税费 助复产 赣税青年在行动”直播云课堂。利用动漫、微电影开展税收影视文化宣传，全省税务系统3个作品在第四届全国税收公益广告作品征集暨展播活动、第八届亚洲微电影艺术节中获奖。中国税务报江西记者站获中国税务报社2020年度先进记者站，被江西省新闻出版社评为良好单位。

(李希明)

本栏编辑 刘清林

经济管理与监督

综合管理与调控

【概　况】　2020年，面对突如其来的新冠肺炎疫情和鄱阳湖流域超历史大洪水，全省坚持稳中求进工作总基调，贯彻新发展理念，推进高质量跨越式发展首要战略，抗疫情、战洪水、促发展，万众一心、众志成城、担当实干，推动全省经济运行加快恢复、企稳向好，全面落实"六稳""六保"工作，产业结构持续优化，改革开放纵深推进，民生保障扎实有力，社会大局和谐稳定。全年地区生产总值25691.50亿元，增长3.8%；财政总收入4048.36亿元，增长1.2%；一般公共预算收入2507.54亿元，增长0.8%；规模以上工业增加值增长4.6%；固定资产投资增长8.2%；社会消费品零售总额1.04万亿元，增长3%；外贸出口2920.4亿元，增长17%；实际利用外资146亿美元，增长7.5%；金融机构本外币贷款余额突破4万亿元，主要经济指标增速继续位居全国前列。全年全省经济社会发展取得新的历史性成就，"十三五"目标总体如期完成，为"十四五"开启全面建设社会主义现代化新征程奠定坚实基础。

【抗击疫情汛情】　针对疫情发生，及时启动重大突发公共卫生事件Ⅰ级响应，用14天时间就初步遏制疫情蔓延势头，27天本土每日新增病例控制在个位数以内，住院确诊病例51天全部清零。全省派出11批次13支医疗队1271人次驰援武汉、随州，援助乌兹别克斯坦。严格落实常态化疫情防控各项措施，坚决守住不发生输入性本地关联病例、不出现本地聚集性疫情两条底线。及时启动防汛Ⅰ级响应、救灾Ⅱ级响应，处置较大以上险情2075处，转移安置群众71.5万人。

【经济持续恢复】　坚持"两手抓、两手硬"，率先在全国取消公路卡点，及时解除社区（村组）封闭式管控，取消返岗健康证明和不必要的隔离措施，实行复工复产报备制、1周2次调度通报机制，推动复工复产走在全国前列。及时出台以应对疫情稳增长、"六稳""六保"等4个"20条"为主体的政策体系，建立能源保障日调度机制，加强经济运行监测调度，推动全省经济逐月回升、逐季提速。全面落实国家和省减税降费政策，全年企业减负1960亿元，其中新增政策减负超550亿元。金融扶助实体力度加大，新增本外币贷款5970.8亿元，企业直接融资4713.7亿元，制造业贷款余额增长15%，新增境内外上市企业13家，有效支持市场主体渡过难关。

【产业转型升级】　中科院赣江创新研究院挂牌成立，填补江西无国家级大院大所空白。国家稀土功能材料创新中心、江西低空空域管理改革试点成功获批，与北京大学签署战略合作协议。全省综合科技创新水平指数上升56.68%，是全国唯一连续7年进位省份。新增3家国家企业技术中心，景德镇（陶溪川）国家级双创示范基地获批。实施"2+6+N"产业发展行动，创新实施高规格产业链"链长制"，制定推动制造业高质量发展政策，六大优势产业加快壮大，航空、电子信息产业营业收入分别增长20%、13%。实施传统产业技术创新八大提升行动，工业技改投资占工业投资比重达39.2%，提高2.8个百分点。出台实施数字经济发展、新型基础设施项目建设3年行动计划，预计全省数字经济增加值达8500亿元。累计开通3万个5G基站、实现设区市主城区全覆盖。推动服务业提质升级，服务业增加值增长4%，占地区生产总值达48.1%，提高0.3个百分点。

【夯实发展基础】　推进"项目建设提速年"活动，省大中型项目、省重点工程分别完成投资1.08万亿元、3698.9亿元，分别完成年度计划139.6%、144.5%，兴赣高速北延、南昌地铁3号线一期、分宜电厂扩建、吉安立讯射频无线通讯产业园等项目建成，雅中至江西特高压直流工程、赣深高铁、昌景黄铁路、瑞金电厂二期、丰城电厂三期、九石化年产89万吨芳烃项目等重大项目和一批灾后重建项目加快建设，新开工宜春至遂川高速、大广高速吉安至南康段改扩建、通山至武宁高速、信丰至南雄高速、南昌绕城高速西二环、瑞金机场、信丰电厂、上饶江西北斗城、南昌VR科创城等重大项目。实施商贸消费升级"五大行动"，开展大干"红五月"、赣品"两上三进""爱江西·健康游""工业品供需对接"、江西消费月等系列活动，在商贸、餐饮、文旅、汽车等方面出台支持政策，发放居民消费券5.8亿元，推动消费持续复苏，庐山西海成功创建5A级景区，限额以上网络零售额增长38.6%。

【扩大改革开放】　深化"放管服"改革，新赋予国家级开发区和赣江新区34项省级经济管理权限，政务服务中心四级全覆盖，"赣服通"平台上线服务事项、证照种类、跨省数据位居全国前列，"赣服通""政务服务365天不打烊"入选国务院典型经验推介，"赣政通"正式运行，实施"容缺审批

+承诺制”“六多合一”集成审批等改革,建立政务服务“好差评”制度,出台江西省优化营商环境条例,完成对所有设区市营商环境评价,98.7%企业对当地营商环境给予满意以上评价,市场主体增长14%。出台实施全省完善经济体制、要素市场化改革等意见,事业单位改革稳步推进,国资国企、财税金融、农业农村等重点领域改革取得新突破。江西内陆开放型经济试验区获批并加快建设,赣州、九江跨境电商综合试验区、井冈山综保区建设全面铺开,海峡两岸产业合作区获批,新增6个国家外贸转型升级基地。开行铁海联运1700列,增长5.9%;航空货运量18.7万吨,增长44.3%。批复浙赣边际合作(衢饶)示范区发展规划,编制湘赣边区域合作示范区建设总体方案,举办世界VR产业大会、正和岛(江西)创变者年会、滕王阁创投峰会、对接粤港澳大湾区经贸合作会等重大活动,签署赣粤战略合作框架协议,开展“三请三回”“三企”入赣等活动,开发区“5020”项目全覆盖。

【区域城乡融合发展】 实施“一圈引领、两轴驱动、三区协同”区域发展战略,出台实施大南昌都市圈综合交通、产业布局、生态环境等专项规划,推动赣江新区一批重大事项和改革试点落地,大南昌都市圈引领辐射作用增强。完成国务院苏区振兴发展若干意见明确的目标任务,赣东北开放合作、赣西转型升级取得新成效。实施乡村振兴战略,累计建成188.33万公顷高标准农田。粮食总产量2163.88万吨、连续8年稳定在216亿千克以上。生猪存栏1569.9万头、基本恢复到2017年年末水平。65%村组完成“七改三网”整治建设。实施城市功能与品质提升3年行动,出台江西省县城补短板强弱项实施方案,改造城镇老旧小区1506个、惠及33.16万住户。新创建3个县级国家新型城镇化建设示范区,全省常住人口城镇化率58.6%、提高1.2个百分点。

【生态文明试验区建设】 实施长江经济带“共抓大保护”攻坚行动,全面落实重点水域禁捕退捕工作,生态环境质量持续向好,单位GDP能耗和主要污染物减排完成年度任务,国考断面水质优良比例96%,空气优良天数比例94.7%,长江干流江西段所有水质断面全部达到Ⅱ类标准。国家生态文明试验区38项重点改革任务全面完成,35项改革成果列入国家推广清单。出台实施构建现代环境治理体系措施,率先建立流域综合治理制度,生态补偿资金累计达到175.2亿元。抚州国家生态产品价值机制试点、九江长江经济带绿色发展示范区建设得到国家肯定,萍乡转型升级和老工业基地改造获得国务院通报表扬。新创建5个国家生态文明建设示范市县、1个“两山”实践创新基地,全省首个“两山银行”挂牌成立,绿色信贷余额增长20%。

【保障民生工程】 出台实施应对疫情打赢脱贫攻坚战的意见,夯实产业、就业、消费扶贫基础,完成国家对江西省脱贫攻坚成效考核,25个贫困县、3058个贫困村全部“摘帽”退出,全省现行标准下农村贫困人口全部脱贫,区域性整体贫困和群众绝对贫困问题得到历史性解决。24.78万城镇贫困群众脱困退出,36.22万存量对象全部纳入兜底保障。严格落实财政资金直达机制,51项民生实事全面完成。开展“保用工稳就业”等行动,新增城镇就业46.17万人,完成年度计划124.8%。居民收入稳步增长,城镇和农村居民人均可支配收入分别增长5.5%、7.5%。强化重要农产品产供销衔接,“米袋子”“菜篮子”产品量足价稳,全年CPI涨幅2.6%。及时启动社会救助和保障标准与物价上涨挂钩联动“提标扩围”,全年发放价格补贴7.84亿元,惠及2000多万人次。完善社会保障,实施企业基本养老保险基金省级统收统支。教育、卫生、文化、体育等社会事业取得新成效。打击非法集资,管控和化解地方政府存量债务,完成房地产市场稳控目标。 (刘上舰 王维)

重点工程建设

【概 况】 2020年,全省围绕基础设施、重点产业、社会民生和生态环保等领域分2批安排省重点工程共398项,总投资1.29万亿元,年度计划投资2560亿元。其中,建成投产项目67项,年度计划投资505亿元;续建项目164项,年度计划投资1332亿元;计划新开工项目150项,年度计划投资723亿元;预备项目17项。全省重点工程开工复工有序推进,逐月逐季回升,年度计划完成好于预期。全年共完成投资3699亿元,占年度计划144.5%,工程进度较上年同期提高31.8个百分点,超额完成年初确定目标任务。其中,建成投产项目建成率90%,完成投资604亿元,占年度计划119.4%;续建项目11项提前建成投产,完成投资2094亿元,占年度计划157.3%;计划新开工项目开工率91.3%,完成投资1001亿元,占年度计划138.5%;预备项目2项提前开工建设,完成投资10亿元。50亿以上计划建成投产项目全部建成投产,新开工项目开工率93.8%。

【基础设施项目建设】 全年基础设施项目建成投产16项,续建34项,新开工24项;完成投资1253亿元,占年计划142.1%,提高39.1个百分点。其中,铁路建设方面,兴泉铁路兴国段、于都段线下主体工程基本完成,安九客专江西段、昌景黄铁路江西段正在推进;公路建设方面,兴国至赣县高速公路北延新建工程、铜鼓至万载高速公路宜丰联络线新建工程建成通车,G60沪昆高速梨园(赣浙界)至东乡段改扩建工程、通山(赣鄂界)至武宁高速公路新建、G45大广高速公路吉安至南康段改扩建、寻乌至龙川高速公路(江西境内段)、南昌市绕城高速公路西二环(厚田至乐化段)新建等项目已开工建设,普通国省道完成改造601千米(国道251千米、省道350千米);港航机场建设方面,九江港彭泽港区红光作业区综合枢纽码头一期工程建成,赣江井冈山枢纽、信江八字嘴枢纽、双港航电枢纽等高等级航道建设项目和瑞金机场全面开工建设,昌北国际机场三期扩建取得预可行业意见;能源项目建设方面,中电投分宜电厂2×66万千瓦机组扩建工程建成投运,瑞金电厂二期2×100万千瓦机组正在加快建设，赣浙国华信丰电厂新建工程全面开工建设，丰城电厂三期 2×100 万千瓦机组复工建设，新余电厂二期 2×100 万千瓦机组前期工作取得重大进展，省天然气管网累计建成 242 千米，永丰—乐安、上栗、永修—武宁—修水等支线共 546.5 千米项目开工建设，赣州西、九江西等 500 千伏输变电工程及昌吉赣铁路配套以及分宜电厂二期送出、南昌青云谱、黄家湖等 220 千伏输变电工程建成投产，雅中—江西直流特高压及南昌—长沙交流特高压工程全面开工建设；水利建设方面，宜春市温汤河四方井水利枢纽、定南县洋前坝水库等项目建成，萍乡市湘东区碧湖中型水库新建工程、鹰潭市花桥水利枢纽工程正在加快建设，赣江抚河下游尾闾综合整治工程已启动建设；通信建设方面，“宽带中国”4G 高速网络基站及室内分布系统建设工程全年完成 5200 万套，累计完成 10.65 万套，全省行政村 4G 网络村村通，建成 5G 基站 2.33 万个、开通 5G 基站 3.38 万个、发展 5G 用户 965.6 万户，全省设区市主城区 5G 网络连续性覆盖；市政建设方面，南昌市轨道交通 3 号线工程通车试运营，1 号线北延工程和 2 号线东延工程已获国家批复同意建设，南昌 VR 科创城项目一期（红谷滩新区）全面开工建设，其展示中心对外正式展出，阿里云创新中心地块和华为软件中心地块主体结构完成封顶。

【产业项目建设】 全省产业项目建成投产 49 项，续建 102 项，新开工 91 项，完成投资 2221 亿元，占年计划 148.4%，提高 26.4 个百分点。其中，战略性新兴产业方面，江西亿维汽车制造公司年产三十万辆纯电动整车核心零部件、吉安县立讯射频科技股份有限公司无线通讯产业园、江西中车生一伦电机有限公司年产 8000 台高端装备电机等项目建成投产，江西中保正东物联科技有限公司 5G 物联网科技园、立景创新科技（吉安）有限公司立景创新摄像模组、济民可信南昌生物（医药）产业园、吉利新能源智能化新一代城市商用车三电系统等零部件、江铃新能源汽车有限公司整车生产扩能等一批续建项目加快建设，格力电器南康智造、江西康国科技公司智能化 5G 物联网及医疗器械、江西新冀动力科技有限公司数字电机关键零部件制造、中医药科创城创新示范基地等项目开工；传统产业优化升级方面，江西铜业股份有限公司德兴铜矿五号（铁罗山）尾矿库、新余钢铁股份有限公司产业转型升级改造工程综合料场智能环保易地改造等项目建成投产，九江石化芳烃、赛得利（中国）纤维有限公司差别化化学纤维（一、二期）、江西鑫铂瑞科技公司年产 4 万吨高端铜箔产品、江西省少海汇智能家居有限公司智能健康家居生态等一批续建项目正在建设，富祥生物医药、分宜海螺建筑材料有限责任公司年产 500 万吨建筑骨料及机制砂生产线、中林华中智能家居等项目开工建设；现代服务业方面，抚州创世纪大数据超算产业园、上饶灵山大峡谷景区、江西华强旅业公司华夏国际旅游度假区等项目建成投产，中国药都 · 樟树岐黄小镇、全南县鼎龙 · 十里桃江国际芳香森林度假区等续建项目有序推进，中国物流樟树港河西港区港城一体化、华夏阳光（德安）诗画田园文化旅游风景区等项目提前开工；农林牧渔业方面，彭泽县凯瑞田园综合体建设项目建成，景德镇市高岭中国村田园综合体、鄱阳湖口田园综合体等续建项目正在加快建设，江西省城乡冷链物流骨干网（第一期）、鹰潭精气神京东 AI 有机田园综合体（贵溪市）等项目开工建设。

【社会民生与生态环保项目建设】 1—12 月，社会民生和生态环保项目建成投产 8 项，续建 23 项，新开工 23 项；完成投资 225.1 亿元，占年计划 123.9%，提高 17.0 个百分点。其中，社会民生方面，江西陶瓷工艺美术职业技术学院搬迁项目建成，萍乡市湘东区老关镇凯丰故里乡村振兴示范区项目建成，会昌县和君教育小镇、景德镇近现代陶瓷工业遗产综合保护开发等续建项目正在建设，国家职业教育虚拟仿真示范实训基地、宜春学院新校区、南昌大学第二附属医院红角洲分院（二期）、江西省靖安—南昌大学第一附属医院康复基地、上饶恒和医院及养生谷等项目开工建设，景德镇艺术职业大学启动建设，长征国家文化公园于都长征集结出发地核心展示园长征学院进行场地平整。生态环保方面，江西和丰环保科技有限公司多金属固废资源综合利用、中节能江西公司江西省第二批工业园区污水处理设施——宜丰工业园区污水处理厂二期和省建筑陶瓷产业基地污水处理厂二期、九江市生活垃圾焚烧发电、鹰潭市生活垃圾焚烧发电（二期）等项目建成投产，江西中竹生物质科技有限公司年产 30 万吨生物基新材料、新余市孔目江流域洪水防控及环境治理工程等续建项目正在加快建设，九江吴城候鸟小镇二期、上饶信江生态走廊治理、南昌泉岭生活垃圾焚烧发电厂扩建等项目全面开工建设。

（陈平　刘志坚　杨芳英）

国有资产管理

【概　况】 2020 年，全省国有企业资产总额 4.34 万亿元，增长 17%；净资产 1.7 万亿元，增长 17.9%。全年营业收入 8711 亿元，增长 19.9%；利润总额 304 亿元，增长 4.5%；完成增加值 1164 亿元，增长 7.1%。其中，省属国有企业资产总额 1.55 万亿元，增长 7.7%；净资产 4408 亿元，增长 8.4%。全年营业收入 6202 亿元，增长 20.7%；利润总额 201 亿元，增长 7.2%，营业收入和利润总额均在全国排名第 11 位。与“十三五”初期相比，全省国有企业资产总额、营业收入、利润总额分别增长 2.5 倍、1.8 倍、1.7 倍，年均增长 20%、12.7%、10.9%。省属国有企业资产总额、营业收入、利润总额分别增长 2.3 倍、1.7 倍、3.1 倍，资产、收入、利润分别列全国地方省级监管企业第 17 位、11 位、11 位，排名分别前进 3 位、5 位、5 位。

【国资国企改革】 率先在全国出台国资国企改革创新三年行动实施方案，推动重点领域改革。新增混改企业 63 户，引进非公资本 11.65 亿元，104 家百户混改攻坚企业完成 63 家，完成 7 户“双百企业”改革，江铜集团获全国 A 类评级。公司制改革成为

"江西样板"典型经验,在全国国有企业公司制改革媒体通气会上作推介发言。率先完成全国驻赣央企退休人员社会化管理,完成实质性移交12.7万人,得到国务院国资委表扬。新钢集团职工基本医疗保险移交属地管理,全省国企社会保险纳入地方管理工作全面完成。推进培训疗养机构脱钩整合,长天集团完成53家省属培疗机构接交工作,9家单位完成转企改制。江咨集团整合4所省属设计院所,转企改制取得进展。省民爆投资公司、国泰集团整合重组获省政府批准。

【国企资产证券化】 全省国有控股上市公司达32家,南昌、景德镇、上饶、新余等地收购富春环保等5家民营上市公司控制权。加大上市后备资源培育力度,11户省属子企业申报重点上市后备企业,江盐集团完成上市前B轮融资,新钢股份公告分拆新华金属至上交所科创板上市预案,中国瑞林上市工作稳步推进。支持投融资平台建设,完成江西国际、省融资担保公司国有股权划转工作,省国控公司成为省内首家具备全市场储架式发行资格的企业。

【国企提质增效】 全面开展对标世界一流管理提升行动,"一企一策"优化高质量专项考核指标,省国资委监管企业提质增效增加效益20亿元。江铜集团、新钢集团突破现利润总额超30亿元。建材集团实现利润28.8亿元。江盐集团、水投集团、国泰集团利润增速超40%。开展"项目建设提速年"活动,推动省属国有企业重大项目投资创历史新高,全年共完成投资818亿元,增长28.9%。交投集团完成投资291亿元,助推全省高速公路通车里程达到6234千米。省铁航投立足航空基础设施投资和航空运营两个重要领域,项目建设和产业发展取得新成果。

【国企转型创新】 省出资监管工业企业科技支出90亿元,其中R&D研发投入80亿元,连续8年增速保持10%以上。新增专利300余件。推动航空产业链链长制各项工作,组建工程院院士吴光辉任专家组主任的高层次专家团队。全年新增省级创新平台4家,科技型中小企业29家,高新技术企业23家,博士后工作站1个。重点企业"创新倍增"取得实效,江铜集团、新钢集团实现营收分别增长31%、22.1%。推进有色、钢铁、建材等传统产业绿色化、循环化改造,新增7家国家级绿色矿山(工厂),5家省级绿色矿山(工厂)。加快数字化、网络化、智能化转型升级,城门山铜矿"5G+智慧矿山"、水务集团"智鄱源"智慧水务项目入选江西省03专项十大典型示范案例。宜春钽铌矿、于都南方万年青等入选"5G+工业互联网"应用示范企业。委属职业院校深化校企合作、产教融合,现代职院、工业职院与阿里巴巴集团共建阿里云论证中心,医药学校与华润江中开展深度校企合作。

【开放发展】 省出资监管企业境外资产总额71.04亿美元,增长6.78%;境外营业收入105.33亿美元,增长20.87%;对外工程承包新签合同额23.23亿美元,增长11.19%。江西国际、中鼎国际、建工集团分别位列全球最大国际工程承包商250强第81位、第144位和第208位,中国瑞林国际业务快速发展。与国务院国资委联合举办贯彻落实赣南等原中央苏区振兴战略暨央地合作视频会,76个央企入赣项目落地江西,"云签约"引资1205.76亿元。委属职业院校发展态势较好,启动共青产教融合基地建设,在校生8.4万余人,冶金职院、应用职院在校生规模创历史新高。9名入围第46届世界技能大赛中国集训队,电子学校在全国第一届职业技能大赛表现突出,获奖数占全省一半。

【国资监管】 划转部分国有资本55.91亿元充实社保基金。出台《江西省国资委权力和责任清单(试行)》,明确37项权责事项。鼓励企业建立中长期激励机制,探索出台实施办法。健全高质量发展考核评价体系,开展三项制度改革评估试点,要求企业员工劳动合同签订率达到100%。大成公司等企业率先开展职业经理人试点工作,实行清单化管理,明确企业各治理主体权责关系。推动企业全面建立风险管理、风险排查和重大风险事项报告制度。推进责任追究体系全覆盖,实施国资监管工作提示函、国资监管通报工作规则等机制,形成事前制度规范、事中跟踪监控、事后监督问责工作链条。健全完善内设监事会制度,实现监管企业委派监事全覆盖。在省国资委、监管企业和抚州市国资委开展"三重一大"在线监管系统试点建设,率先全国完成试点任务。委属职业院校扎实开展规范管理提升年活动,全年共解决问题269项、新建制度231项、修订制度442项。

【国企民生保障】 国有企业在抗疫防洪中,全力保障民生。江铜集团、省投资集团、新钢集团、江钨集团等10家省属国企按期完成转产100万只口罩任务。建工集团在省内外抢建改造防疫病房3000余间,在温州改造的战疫医院被称作温州版"火神山"医院。省投资集团、交投集团、水投集团等省属企业降低用水用气费用、减免租金和车辆通行费等超50亿元。大成公司第一时间复工复产保粮油供应和价格稳定。省属企业共组建218支青年突击队、3500人投入一线抗洪抢险,军工集团坚守抗洪一线,保障责任堤段安全度汛。全省国有企业减免租金9.5亿元,惠及各类市场主体4.1万户。省国控公司等多家企业共同推进国资创新基金发挥重要作用,完成6家民营企业、13.3亿元纾困项目资金投放,全力为民企纾困解难。

(曾红梅)

煤矿安全监察

【概　况】 2020年,全省煤矿安全形势持续稳定好转。全省共有煤矿35处,其中省属煤矿8处,地方及乡镇煤矿27处。全省煤矿共发生事故5起,死亡5人,同比事故起数持平,死亡人数减少4人、下降45%,百万吨死亡率1.59、下降21.7%。杜绝瓦斯、水害、火灾事故,有效防范较大事故,连续5年未发生重大及以上事故。

【煤矿监察执法】 围绕三年行动工作主线，组织开展一通三防、防治水、安全监控与提升运输系统、防冲击地压、企业主体责任等专项监察，强化春节、国庆、全国两会、汛期等重点时段突击监察和明查暗访，综合运用执法公示、公开曝光、联合惩戒等手段，严厉查处“五假五超三瞒三不”等违法违规行为。全年煤监机构共监察矿井502矿次，查处隐患1929条，责令停产整顿4处，暂扣煤矿安全生产许可证10处，行政罚款944.5万元(其中监察罚款672.5万元，事故罚款272万元)。

【遏制煤矿事故】 针对6月省内煤矿事故多发势头，7—12月组织开展“强监察严执法防事故”专项行动，对灾害重、基础弱的重点煤矿开展重点监察，对所有生产矿井开展全覆盖监察。吸取9月全国煤矿事故教训，落实煤矿安全大排查工作要求，组织对灾害重、风险大、管理差、安全没有保障的重点煤矿及上级公司开展全面检查。保障煤矿安全，11月起实施煤矿安全集中监察百日攻坚，采取分片督导、逐矿包保、明查暗访、远程监察等方式，对全省所有煤矿开展全覆盖、不间断执法，保持执法高压态势。

【重大灾害治理与风险研判】 联合省应急管理厅制定《江西省煤矿重大安全风险研判防控实施办法》，组织对煤矿重大风险点和隐蔽致灾因素综合开展超前分析研判，制定针对性的防范措施和检查方案，实施分析研判风险“一矿一册”、精准监察执法“一矿一策”。针对瓦斯治理，召开贯彻落实《防治煤与瓦斯突出细则》座谈会，提出14项针对性防范举措，对3处突出煤矿重新核定产能，对9处灾害严重、系统复杂矿井“开小灶”进行治理。汛期前组织开展防治水专项监察，推动水害隐患超前整改，汛期间组织对重点地区督促检查、重点煤矿抽查巡查等，指导化解沿沟煤矿仙槎排水站淹井险情。会同省地震局建立矿井地震信息共享机制，开展冲击地压防治专项监察，督促3处突出矿井完成冲击地压倾向性鉴定，责令1处弱冲击地压矿井完成安全论证。

【煤矿安全许可】 通过国家矿山安监局煤矿安全监察执法系统(煤矿企业安全生产基础数据管理平台)正式实行网上在线办理行政许可事项，实施发证全流程“一网通办”。严格发证审查和现场核查，对列入全年关闭退出计划的煤矿，安全生产许可证有效期满的不再办理延期，及时依法注销；对延期矿井全部书面反馈意见，强化事中事后全程监管。累计办理延期发证9矿次、变更3矿次、依法注销52矿次。

【事故查处与警示教育】 全年对事故矿井实施停产整顿、暂扣安全生产许可证，5起事故全部按期结案，给予党纪政纪处理44人次、调整五职矿长15人次、撤职煤矿矿长4人(含省属煤矿矿长2人)、移送司法机关1人。召开全省煤矿事故警示教育会议，通报事故情况、剖析事故原因，分析全省煤矿安全存在的突出问题和薄弱环节，制定整改措施。开展事故约谈，共约谈煤矿企业10次、管理人员92人次。

【煤矿安全信息化建设】 开展煤矿复合灾害监测预警系统建设，实施挂图作战、现场督导，3月底完成7处省属国有煤矿企业数据上传，实现“零突破”，煤监机构运用系统开展远程监察，以用促建。至年底，全省生产矿井安全监控、人员位置监测、工业视频“三大系统”均联网和数据上传。推进安全监控升级改造，组织安全监控两个AQ标准及升级改造验收规范等培训，开展监控系统专项监察，31处矿井全部按期完成升级改造。

【煤矿安全专项整治三年行动】 制定江西煤矿安全监察局《煤矿安全专项整治三年行动实施方案》《认真贯彻落实习近平总书记重要指示精神深化煤矿安全专项整治三年行动实施意见》，成立专项整治三年行动领导小组及办事机构，确定10个方面29项主要任务，逐一明确整治内容、突出问题、责任部门、工作要求和完成时间，形成问题、任务、责任3个清单。聚焦排查整治阶段主要目标，统筹开展煤矿安全集中整治、“开小灶”“学法规、抓落实、强管理”等活动。

(钟景昌)

价格管理

【概　况】 2020年，全省各级价格主管部门面对新冠肺炎疫情和鄱阳湖流域超历史洪水影响，做好“六稳”“六保”工作，坚持保供稳价和机制改革，推动全省经济运行加快恢复和经济社会发展，保持价格总水平基本稳定。1—12月份，居民消费价格指数CPI同比平均上涨2.6%，高于全国平均水平0.1个百分点，完成年初3.5%调控目标；工业生产者出厂价格指数PPI同比平均下降1.7%，低于全国平均水平0.1个百分点。

【价格总水平调控】 精细监测预警，对65种生活必需品价格实行“一日一监测”，对猪肉、蔬菜等重点“菜篮子”商品产运储销情况实施“一旬一调度”，与相关部门建立价格形势“一月一会商”。做好CPI、PPI指数信息月度发布和月、季、年度价格形势分析，全年上报国家各类价格监测报告制度报表600余份，发布各类价格监测信息300余条。强化冻猪肉储备调节，压实各级收储主体责任，指导各地在重要时段及涨价较快地区组织投放，有效平抑市场价格。出台促进砂石行业健康发展实施意见，促进江西砂石市场供需基本平衡，保障重点项目工程需求相关做法得到国家发展改革委价格司肯定并在全国推广。针对重点节假日和鄱阳湖流域超历史洪水等特殊时段，制订猪肉、蔬菜、水果等重要民生商品保供稳价政策措施，商请市场监管部门出台加强猪肉等生活必需品市场价格监管工作举措，会同价格监督检查机构对猪肉批发价偏高的屠宰企业、销售价格偏高的猪肉商户上门进行政策讲解和约谈，对养殖和经营大户开展提醒告诫。

【保障抗疫价格稳定】 印发做好疫情联防联控期间市场保供稳价工作紧急通知，协调有关部门加大市场供给和执法力度，有效遏制部分地区生活必需品抢购苗头。深入农产品批发市场、农贸市场、大型商超等开展制度性市场巡查,严守不脱销、不断档、不暴涨底线。新增6个省直监测点,对65种居民生活必需品价格实行日监测日报告日分析,制定非常时期猪肉、蔬菜等重点“菜篮子”商品监测预警和保供稳价措施,保障市场供应和价格稳定。对疫情防控期间保供稳价主动让利106家企业、商户给予财政补助563.5万元。同步开展医药和医用耗材价格监测和假劣药品、医疗器械、医用卫生材料、防控物资等价格认定。出台一揽子降低企业用能成本价格政策,降低江西企业用水用电用气成本30.79亿元。执行国家对防疫物资设备生产企业注册费减免政策,减免504家企业2709个品种注册费4804万元。疫情防控期间免收高速公路通行费65.03亿元。出台免征涉及灵活就业城市道路占用费政策。

【价格政策】 出台《加快推进天然气储备能力建设实施方案》,制定天然气输配价格监管措施。核定江西电网2020—2022年输配电价,形成降价空间全部用于2020年阶段性降低电价,减轻企业负担27.29亿元。建立“基准价+上下浮动”燃煤发电上网电价市场化价格机制,参与市场交易的实际结算电价低于基准价每千瓦时0.011元。制定长江经济带污水处理收费机制有关政策的实施意见和污水处理定价成本监审工作指南。出台进一步加强二次供水设施建设管理政策。出台对天然气管网企业的地方政府债券利息和商业银行贷款利息由受益县给予5年每年25%财政贴息政策,减轻企业利息负担4.58亿元。江西省政府办公厅研究起草江西进一步规范行业协会商会收费的实施意见,配套部署清理规范工作。出台2至6类货车优惠折扣差异化收费政策,年降低物流成本8亿元。加强转供电环节价格行为监管,把国家降低工商业电价政策红利传导至终端用户。

【民生改善】 3—6月,价格临时补贴阶段性提标扩围,把孤儿、事实无人抚养儿童、领取失业补助金人员长期纳入保障范围,全年累计发放价格临时补贴7.84亿元,惠及困难群众2000多万人次。推进江西完善国有景区门票价格形成机制工作,降低8个景区门票价格,平均降幅18%,年减轻旅客负担超500万元。降低县级非免疫规划疫苗储存运输收费标准40%,年减轻接种人负担1880万元。核定春季、秋季中小学教材零售价格,提出中小学服务性收费和代收费管理办法呈报江西省政府审定。落实国家关于港澳居民来往内地通行证补发、换发收费标准等有关政策。牵头多部门研究起草江西完善残疾人就业保障金制度更好促进残疾人就业总体方案的贯彻意见。督促落实高校学生食堂免租惠及学生和伙食价格平抑基金政策,要求免收食堂管理费,明确每日低价菜不低于总菜品1/4。公布稻谷最低收购价政策,协助提前启动最低保护价稻谷收购工作,开具70多个县(市、区)早稻收购价监测证明,及时提示相关地区早稻收购价回升到最低收购价以上的监测情况。推动指导各地加强平价商店建设。

【价格调研】 紧扣价格热点、难点、堵点形成各类价格专报、调研报告、形势分析100篇,《贯彻落实全国价格调控工作会议精神建议》《从价格成本变化看疫情冲击下我省生猪生产情况》等报告获得省领导肯定。针对性开展重要民生商品、粮食生产、重要工业原材料、房地产市场、农资市场等“六稳”“六保”专题调查调研,为宏观调控提供决策参考。开展新一轮定价目录和政府定价经营服务性收费目录清单修订,缩小定价范围,明确定价权限。出台江西价格听证目录,明确听证范围。推进《江西省涉案物品价格鉴证管理条例》修订,方案经江西省十三届人大常委会第二十五次会议表决通过。完成7项涉纪价格认定工作,认定金额4900万元。完成3项涉刑事案件价格认定复核工作。完成20个重要农产品常规调查、8项农产品直报调查、3个专项调查和主要农产品产量、成本及收益预测调查任务。完成非免疫规划疫苗储存运输和接种服务费成本调查。开展江西省建筑陶瓷产业基地配电成本监审和压力管道元件制造质量监督检验成本监审。定期在江西有线电视、门户网站发布价格信息。

(徐帆)

市场监督管理

【概　况】 2020年,全省市场监管系统深化改革创新,率先在全国开展“一照含证”改革,中央深改办《改革情况交流》、国办《要情》等相继刊登。推进事业单位改革,组建省检验检测认证总院。全省新登记各类市场主体63.6万户,增长1%。截至年底,全省实有各类市场主体319.11万户,增长10.43%。全年全省发明专利授权0.44万件,增长61%;有效注册商标总量51.3万件,增长27%。《江西省标准化条例》经省人大常委会审议通过并颁布施行。“绿色生态技术标准创新机制”被国家发改委列为全国首个生态文明标准化建设推广案例。全省系统18家单位获省委省政府、市场监管总局表彰的“抗击新冠肺炎疫情先进集体”,25名人员获先进个人。

【应对疫情和汛情】 面对疫情防控、防汛抗洪两个I级响应,市场环境规范有序。认真履行疫情防控环境组组长单位职责,开展打击野生动物非法交易专项执法行动,全面禁止野生动物交易;开展食用农产品集中交易市场专项治理,严格规范活禽交易,加强进口冷链食品市场监管;制订发布《农贸市场经营管理规范》地方标准。坚持特事特办,开设应急审评审批“绿色通道”,加快防护服、防护口罩等重点医用防护产品注册,完成防疫用第二类医疗器械产品注册597个,减免药品医疗器械产品注册等费用5494.23万元,满足疫情防控需求。紧盯口罩、消毒水等防护用品,蔬菜、米、面等老百姓生活必需品,坚持提前预防,从快处理、从重处罚哄抬价格行为,公开曝光违法案件,稳定市场价格秩序。立案查处涉嫌价格违法案件278件,其中对3起哄抬物价的违法行为进行顶格处罚。

【实施质量强省战略】 调整省质量强省领导小组组成人员，印发《江西省质量强省2020年工作要点》，明确全年全省产品、工程、服务和环境等质量工作领域的24项重点工作。开展制造业质量合格率统计调查，覆盖全省制造业20个大类、58个小类的510个样本。围绕“建设质量强国 决胜全面小康”主题，联合宣传、发改、科技、工信等部门开展全省“质量月”活动，参与企业2966家，参与一线员工9502人，参与群众3.51万人。开展第三届江西省井冈质量奖评选，省政府授予3家企业、2名个人江西省井冈质量奖，5家企业、4名个人江西省井冈质量奖提名奖。开展江西省“质量品牌故事演讲大赛”，编印涵盖135家企业的《企业先进质量管理方法汇编》并向全省企业推广宣传。按照一个行业一个行业抓质量提升的工作思路，在全省遴选确定赣州稀土永磁、南昌电线电缆、新余鞋业商贸服务等15个质量提升项目，通过有针对性的具体举措促进各地特色优势产业提升质量竞争力。开展“质量提升专家服务企业行”活动，派出5支专家服务队赴11个设区市，累计服务企业1500余家；建设“江西省首席质量官能力提升工程”网络授课平台，全省注册学习企业管理人员达3000余人。

【“一照含证”改革】 3月，省市场监管局印发《全省市场监管部门“一照含证”改革工作方案（试行）》，率先在全国提出“一照含证”改革，按照“以照含证、集约办理、信息支撑、综合执法”的要求，通过统一证照申办、集中并联审批、统一加载证照信息，向申请人发放一张同时加载行政许可（含登记备案）证信息的营业执照，完成办营业执照“最多跑一次”、办许可证“一次不跑”，为市场主体提供办事更快、服务更好、程序更简、花钱更少的营商环境。改革先行在新余、鹰潭进行试点，4月8日，全省首张“一照含证”营业执照在新余颁发。9月份在全省推广，至年底，全省共颁发“一照含证”营业执照4469余张。改革有效简化办事材料80%以上、缩短办事时间80%以上，得到省委书记刘奇、省长易炼红及省委常委、秘书长赵力平专门批示肯定。改革主要做法在中央深改办《改革情况交流》、国办《要情》等相继刊登，《人民日报》、新华网、中国政府网、《经济日报》等新闻媒体予以报道，上海、浙江、辽宁等省市相关部门先后到赣调研。不少领取“一照含证”营业执照的企业表示“政务服务像网购一样方便”，取得良好社会反响。

【落实“六稳六保”】 疫情发生后，省市场监管局第一时间出台服务企业复工复产20条举措，牵头出台扶持个体工商户发展的15条举措，优化“网上办、不见面、快递送”服务模式，创造性提出视频办、延期办等措施。建成江西省企业开办“一网通办”平台，在“赣服通”3.0版正式上线，企业开办只需“登录一个平台、填报一次信息”，即可办理营业执照、申请刻章、申领发票、登记社保、预约银行开户5项业务，各项登记业务承诺办结时限压缩至2个工作日，是国家六部委提出“年底前实现4个工作日”的一半时限，比肩上海、北京。加大个体工商户“诚商信贷通”推广力度，发放贷款超200亿元。全面推行动产抵押平台网上登记，办理动产抵押登记2285件，登记抵押担保金额692.08亿元。系列措施有效促进市场主体复苏复兴，6月份，全省新登记市场主体全面恢复正增长态势。全年全省新登记各类市场主体63.6万户，增长1%。至年底，全省实有各类市场主体319.11万户，增长10.43%。其中，企业97.79万户，增长16.75%；个体工商户213.92万户，增长7.98%；农民专业合作社7.40万户，增长4.03%。

【质量技术支撑】 《江西省标准化条例》经省人大常委会审议通过并颁布施行。“绿色生态技术标准创新机制”被国家发改委列为全国首个生态文明标准化建设推广案例。农产品标准化及可追溯体系通过国家验收。景德镇围绕国家陶瓷文化传承创新试验区建设，获批筹建省艺术陶瓷标委会。省市场监管局、省药监局认真履行现代家具、生物医药产业链牵头部门职责，精准高效指导帮扶产业链高质量发展。加强质量技术基础建设，国家羽绒质检中心获批成立，国家油茶质检中心通过验收；赣州获批筹建国家钨与稀土产业计量中心，萍乡成立省电瓷产业计量中心；省药检院获批市场监管总局科普基地、中成药质量评价重点实验室，省医疗器械检测中心获批“提升我国医疗器械检验检测能力建设项目”，国家钨与稀土检测中心参与制订的稀土国际标准《稀土术语》发布实施，省食检院申报的市场监管总局重点实验室初审通过；省药检院参与的“中药大品种金水宝系列产品产业化关键技术体系创建及其应用”获省科技进步一等奖，省计量院“基于物联网的能源管理关键技术及其在现代中药制造中的示范应用”获三等奖。按照省委、省政府部署要求，挂牌成立江西省组建省检验检测认证总院，推动质量技术机构整合提升。

【江西商标品牌建设】 推进商标注册增量提质，宣传商标注册便利化措施，指导商标与字号一体注册保护，指导全省139个基层商标工作站建设，印发《企业商标管理指南》，推动商标品牌发展，全年商标注册申请14.5万件，增长36%。赣南脐橙、南丰蜜桔、庐山云雾茶等10个地理标志产品荣登区域品牌（地理标志产品）100强，赣南脐橙、婺源绿茶等5个产品入选首批欧盟保护地理标志名单（全国仅100个产品入选）。申请马德里商标国际注册32件，全省有马德里商标国际注册230件。新申请地理标志商标74件。指导宁红茶、庐山云雾茶、浮梁茶申请驰名商标认定保护。开展地理标志、集群产业资源摸底调查，建立区域公共品牌资源数据库。印发《关于推进商标质押贷款工作方案》，组织银企对接活动，全年共质押商标140件贷款1.5亿多元。开展“讲好江西商标品牌故事”活动，组织地理标志商标参加“中国农民丰收节”（江西）活动。协助举办第十二届中国国际商标品牌节，全省70余家企业参展，景德镇陶瓷协会等22家企业获得“2020中华品牌商标博览会金奖”。开展商标集中执法专项整治，全省市场监管系统共查处各类商标侵权假冒案件479起，移送公安机关案件18起，九江市查处

"公牛"商标侵权案,入选全国十大商标侵权典型案例。

【食品药品安全监管】 召开2020年食安委全体(扩大)会议,传达国务院食安委第二次全体会议精神,总结交流经验,分析形势,部署全省三项专项行动,研究解决食品安全领域相关问题。出台《关于深化全省食品安全改革发展推进食品安全治理体系和治理能力现代化的实施意见》等文件,制订《食品小作坊示范点评价规范》等8个地方标准。开展食品安全宣传周活动,举办"提升食品质量、企业公开承诺"活动,推动构建共治格局。组织落实食品药品安全"四个最严"要求专项行动,开展食品安全"护校行动"、特殊食品体系检查、保健食品行业专项清理整治,全省保健食品投诉下降42.2%。全年安排抽检任务20万批次,达到人均4.5批次/千人。食品生产企业日常监督检查覆盖率100%,婴幼儿配方乳粉生产企业检查覆盖率100%、企业自查报告率100%,保健食品日常监管覆盖全部项目。出台《江西省食品生产加工小作坊三年提升计划》,推动全省传统食品小作坊改造升级。开展国产婴配乳粉、大米等质量提升行动。推进长江禁捕打非断链专项行动。组建职业化专业化药品检查员队伍,启动药品智慧监管平台和疫苗全程追溯监管系统建设,上线运行疫苗追溯公众查询系统。突出疫苗、血液制品等高风险产品监管,开展无菌和植入性医疗器械生产经营企业专项检查、医疗器械"清网"行动。

【特种设备安全监管】 全面启动特种设备安全专项整治三年行动,印发《江西省市场监管局安全生产三年专项整治实施方案》和《江西省特种设备安全三年行动实施方案》。8月,在南昌召开全省特种设备安全专项整治三年行动动员会,对全省特种设备安全专项整治工作进行再动员、再部署。全省累计出动监察人员4.45万人次,检查单位1.78万家,检查设备5.27万台(套),发出安全监察指令书2345份,立案263件。各地共对3587家企业4.9万个特种设备危险源进行辨识,确定87个重大危险源;排查隐患1.26万条,治理隐患1.23万条,全省9处特种设备重大隐患实施省级挂牌督办。开展"安全生产月""电梯安全宣传周"活动,提升全社会安全意识。加快特种设备信息化建设,"江西省特种设备智慧监管大数据平台"通过终验,各项功能基本完备。印发《关于进一步规范全省电梯责任保险工作的通知》,首次提出困人赔偿要求,保险覆盖面持续扩大。印发《江西省市场监管局办公室关于做好2020年特种设备安全监察员(B类)取证培训考核工作的通知》,共635名特种设备监察人员参加培训考核,614名取得特种设备安全监察员(B类)证,提高基层监察人员持证比例。

【工业产品质量安全监管】 编制《江西省重点工业产品质量安全监管目录(2020版)》。统筹省、市、县三级监督抽查,完成儿童用品等104种产品省级监督抽查,完成化肥、食品相关产品、竹木地板等68种2975批次产品抽查,合格2848批次,抽查合格率95.7%。严格监管工许获证企业,对获证企业每年不少于1次日常巡查,"双随机一公开"抽查比例不低于5%,对高风险企业增加检查频次,督促企业落实质量安全主体责任,加强质量管控,完善质保体系。开展危险化学品等3类产品质量安全风险隐患排查,压实各层级各环节责任。加强重点产品质量安全风险监控,对儿童玩具、食品相关产品等42种1257批次产品开展风险监测。会同有关部门联合开展塑料污染综合治理,严查制售违禁塑料制品等质量违法行为。开展儿童和学生用品质量安全守护行动,突出重点严格实施监管,消除和降低质量安全风险。开展电线电缆和防爆电气质量安全专项整治,综合运用工业产品生产许可证后监管、质量监督抽查、强制认证监管、执法稽查办案等行政手段,守住不发生重大质量安全事件底线,监督抽查企业(含销售领域)172家、产品255批次,检查企业(含销售领域)443家,对13家企业下达责令整改通知单,查办违法案件9起。

【反垄断和反不正当竞争】 坚持重点加强原料药、公用事业等民生领域反垄断执法,依法核查线索并查处垄断协议、滥用市场支配地位和滥用行政权力排除、限制行为案件15件,维护公平有序竞争环境。12次参加配合总局调查包括葡萄糖酸钙原料药垄断案在内的各类案件10件,获总局通报表扬。开展"行刑""行纪"衔接反垄断执法,克服疫情期间办案等困难,查办拟罚没2.8亿元的某市预拌混凝土协会涉黑垄断案,受到国家市场监督管理总局领导肯定。会同省发展改革委、省财政厅、省商务厅等四部门联合印发政策措施清理工作方案,对各地、各部门在2019年年底前制定的规章、规范性文件和其他政策措施进行清理。推进反不正当竞争执法,加强商业秘密保护,强化防疫物资、生活消费、互联网电子商务、医药购销和医疗服务等重点领域的反不正当竞争执法,推动各类市场主体公平参与竞争。全省共查处各类不正当竞争案件177起,结案148起。

【网络市场监管】 牵头联合省网络市场监管部门联席会议成员单位开展江西2020网络市场监管专项行动(网剑行动),打击网络虚假宣传、刷单炒信、违规促销、违法搭售等行为,开展互联网广告整治工作,改善网络市场竞争秩序和消费环境,促进网络经济健康发展。加大网络市场交易监测力度,开展"6·18""双十一"期间网络购物监测、网络销售长江流域非法捕捞渔获物监测、网络非法销售彩票监测、网络非法制售军服监测、网络销售婴幼儿固体饮料监测、网络销售"电子烟"监测等11次专项大数据监测工作,涵盖淘宝、天猫、1688、京东、国美、苏宁等主流电商平台,涉及全省网店114.51万户次,商品1.52亿件,网站、平台73.19万户次,网页260.58万户次,累计发现各类涉嫌违法的疑似有效线索数据3.42万条。加强网络交易行政指导,联合省消保委秘书处、南昌市市场监管局,召集京东、顺丰速运、车好多、华邦传媒、江西淘鑫、江西海淘、优品电商等多家电商企业,召开"6·18"网络集中促销活动行政指导座谈会,规范网络促销行为。

【价格监督检查】 强化疫情防控价格监管，率先在全国召开提醒告诫会，引导有关经营者规范价格行为，部署各地密切关注防疫用品价格波动情况，强化防疫物资生产、经营领域全链条价格监管。全省出动价格监管执法人员53.1万人次，对117.7万余家单位价格行为进行巡查，责令改正7630件不规范价格行为，立案处理365件涉嫌价格违法案件。整治涉企违规收费，加强企业融资、公共事业、人力资源、行业协会商会、电子政务平台等重点领域和重点环节监管，推动落实有关收费和价格减免政策措施。部署开展供水供电供气领域价格收费监管，要求各地加强转供环节监管，依法查处不落实降价政策等违法违规行为，减轻企业负担，检查转供电主体604家。在全省范围内试行应用“转供电费码”，运用互联网和大数据技术监管转供电价格行为，督促转供电主体严格落实优惠政策。针对清明、“五一”、中秋、国庆等重要节假日，部署做好节日期间市场价格监管工作，与常态化疫情防控工作相结合，加强出行、旅游等领域价格监管，指导经营者规范价格行为，优化节日市场消费环境。

【消费维权】 开展放心消费创建活动，印发《关于深入推进放心消费创建活动 促进消费扩容提质的指导意见》，围绕“同创放心消费、同促经济增长”目标，实现放心消费创建单位覆盖全省消费较为集中的行业领域和经营场所。推广线下实体店无理由退货，推进消费投诉公示试点。全省共向社会公示县、市级放心消费示范单位1812家，在南昌培育线下无理由退货承诺单位103家。加强12315行政执法体系建设，通过12315网站、微信和支付宝端口设置小程序，满足消费者随时随地线上维权，让消费维权快速便捷。会同省消保委开展“3·15”宣传咨询服务活动，推出特刊《维权先锋》，评选“江西最美消费维权人物”，宣传江西12315群体战“疫”事迹。

【信用监管】 创新企业信用修复机制，优先办理抗疫重点企业信用修复，对生产、经营疫情防控相关物资企业，被列入异常经营名录的，简化流程，特事特办，企业提交申请并作出相关信息真实性书面承诺后，容缺受理即来即办，其他相关材料可延缓补齐。对抗疫重点企业受疫情影响产生的不良信用记录，经企业主动纠正、消除影响后，缩短公示期限，减轻或免除信用惩戒。推进“双随机、一公开”监管，制定出台《江西省市场监督管理局随机抽查事项清单》《江西省市场监管局2020年度“双随机、一公开”抽查工作计划》《江西省市场监管部门“双随机、一公开”监管工作细则》等系列文件，提升“双随机、一公开”工作的规范性和有效性。完成企业年报公示工作。

（陈福传）

知识产权

【概　况】 2020年，江西省市场监管局（江西省知识产权局）加强知识产权创造，制定出台《江西省市场监督管理局发明专利提质倍增三年行动方案（2020—2022）》。全年全省专利申请首破10万件，达到11.4万件，增长25%。发明专利申请2.23万件，增长58%；专利授权4407件，增长61%，增幅均高于50%。万人有效发明专利拥有量3.68万件。组织全省第四届专利奖评选，授予“±1120kV特高压直流棒形瓷绝缘子制备方法”等10项专利第四届江西省专利奖。

【知识产权融资】 联合省金融监管局等6家单位共同签订知识产权质押融资六方协议，建立多元化知识产权担保机制；通过设立专利权质押融资绿色通道、加快资助资金审核拨付和优先审查推荐等措施，为中小企业缓解融资困难，减轻企业成本负担，应对疫情影响。全年全省专利权质押贷款金额22亿元，突破20亿元，增长78.2%。

【地标产品专用标志】 赣南脐橙、南丰蜜桔、庐山云雾茶等10个地理标志产品获区域品牌（地理标志产品）100强，赣南脐橙、婺源绿茶等5个产品入选首批欧盟保护地理标志名单（全国仅100个产品入选）。新申请地理标志商标74件。开展地理标志、集群产业资源摸底调查，建立区域公共品牌资源数据库。

【出台知识产权保护制度】 牵头草拟《江西省关于强化知识产权保护工作的实施意见》。5月12日，《实施意见》经省委深改委第十次会议审议并原则通过。6月4日，正式以中共江西省委办公厅、江西省人民政府办公厅名义印发《江西省强化知识产权保护工作的实施意见》。9月29日，江西省知识产权工作部门联席会议印发《2020—2021年贯彻落实〈江西省强化知识产权保护工作的实施意见〉推进计划》，细化相关措施，明确完成时限、责任部门等要求，为做好知识产权保护工作提供支撑。

【知识产权保护】 开展知识产权执法“铁拳”行动，加大对侵犯知识产权行为的惩治力度，打造良好知识产权保护环境。全年全省共办理专利侵权纠纷案件716件。开展专利真实性“双随机一公开”检查，全省共抽查市场主体1715户，对抽查发现的违法行为，依法加大惩处力度，形成有效震慑。制定《江西省落实〈关于进一步加强知识产权维权援助工作的指导意见〉贯彻方案》，对维权援助工作任务进行部署。

（陈福传）

自然资源管理

【概　况】 截至2019年年底，全省发现矿产144种（以亚矿种计193种）。查明有资源储量矿产108种（以亚矿种计共153种），其中能源矿产5种、金属矿产49种、非金属矿产52种（以亚矿种计97种）、水气矿产2种；列入2019年江西省矿产资源储量表矿产103种（以亚矿种计127种）。江西探明矿产资源保有储量在全国居前10位有78种（亚矿种）。其中，矿产资源储量居全国首位的矿种（亚矿种）有钨矿、钽矿、锆矿（$(Zr+Hf)O_2$）、铷矿、碲矿、化工用白云岩、硅灰石、滑石、陶瓷用砂岩、玻璃用脉石英、陶瓷土、饰面用板岩等 12 种;居第 2 位有锂矿、铊矿、保温材料用粘土、麦饭石、饰面用大理岩等 5 种;居第 3 位有铜矿、银矿、锆矿(ZrO_2)、硒矿、普通萤石、冶金用砂岩、硫铁矿(伴生)、化肥用灰岩、电气石、叶蜡石、透闪石、粉石英、水泥配料用页岩、海泡石粘土、水泥用辉绿岩、水泥用凝灰岩等 16 种。居第 4 位有冶金用白云岩、芒硝、透辉石、高岭土、饰面用花岗岩 5 种;居第 5 位有铌矿、铍矿、镓矿、硫铁矿(矿石)、化肥用蛇纹岩、玻璃用砂、水泥配料用砂、饰面用角闪岩、饰面用辉绿岩、建筑用大理岩等 10 种。

截至 2018 年年底,全省土地总面积 1669.36 万公顷。其中,耕地 309.01 万公顷,占 18.51%;园地 31.74 万公顷,占 1.9%;林地 1029.98 万公顷,占 61.7%;草地 26.84 万公顷,占 1.61%;城镇村及工矿用地 99.98 万公顷,占 5.99%;交通运输用地 25.12 万公顷,占 1.51%;水域及水利设施用地 124.95 万公顷,占 7.48%;其他土地 21.74 万公顷,占 1.3%。全年全省土地供应 8435 宗,面积 2.66 万公顷。

【保障抗疫战洪】 集结地理信息专业技术队伍,采取网络及视频工作方式,编制疫情专题地图,通过"天地图·江西"公开发布,对接至赣服通和省政府信息中心数据开放网站。通过地图方式对疫情数据空间特征、时间特征、数量特征和有力依据进行可视化展示,精准定位并展示病例所在具体位置、发病日期、发布日期等信息,查询定点救治医院分布信息、定点产检及住院分娩医院分布信息、发热门诊分布信息。省公安厅、南昌市疾控中心等单位把该疫情专题地图作为防控疫情工作用图。利用热红外遥感技术,开展复工复产热力分析,从投资类、消费类、离江西境内出口类、公共服务设施和交通基础设施 5 个方面进行比对分析,直观地反映江西省投资、消费、出口等经济指标在疫情前中后变化情况。7 月,全省发生重大洪涝灾害,鄱阳湖水位告急,启动卫星遥感应急监测,获取鄱阳湖区域汛期卫星影像,制作灾前、灾中、灾后水情遥感监测图,提供《江西省防汛物资分布图》《江西省重点区域抗洪抢险兵力部署图》《鄱阳县问桂道圩漫决遥感监测图》编制及鄱阳县问桂道圩漫决无人机应急航摄及数据处理,为防汛减灾提供遥感应急保障。

【国土空间规划体系建设】 省委办公厅、省政府办公厅出台在国土空间规划中统筹划定落实三条控制线的实施意见、建立以国家公园为主体的自然保护地体系的实施意见。省级国土空间总体规划形成初步成果,11 个设区市、73 个县级国土空间规划编制工作全面启动。完成省级国土空间规划"一张图",建设规划实施监督信息系统初验。完成 95 个县(市、区)生态保护红线评估优化方案"三上三下"审查工作,评估调整成果通过国家技术审查。93 个县(市、区)"两规融合"成果通过审查,共保障 3033 个项目,1.72 万公顷建设用地纳入规划。

【土地要素保障】 坚持要素跟着项目走,全年列入国家重大项目清单 32 个,列入省政府重大项目清单 291 个;共安排新增建设用地计划 1.41 万公顷,其中使用国家配置计划 3113.33 公顷。供应土地 2.74 万公顷,增长 5.06%;土地出让价款 2982.13 亿元、增长 40.96%,省本级从土地出让收入中统筹 53.65 亿元用于乡村振兴和脱贫攻坚。增减挂钩节余指标省域内调剂 260 公顷,成交金额 9.54 亿元;省域外调剂 600 公顷,预成交金额 27 亿元;省内补充耕地跨设区市交易占补平衡指标 886.67 公顷,交易金额达 22.15 亿元;全年省财政筹集调剂资金 15.37 亿元。

【耕地保护】 出台市县政府耕地保护责任目标考核工作指南、加强土地开发项目全程管理的通知、加强和改进设施农业用地管理的通知等。完成 2019 年耕地保护督察问题整改工作,整改到位个数占比 95.7%,面积占比 98.4%。超额完成年度补充耕地任务,全省耕地占补平衡指标库剩余指标 2.8 万公顷。组织重大建设项目用地占用和补划永久基本农田论证项目 54 个,确保永久基本农田面积不减、质量提升、布局稳定。按照国家违建别墅清查整治通知要求,完成清查整治各项工作,摸排上报 4.8 万个线索,排查出违建别墅问题 283 个,全部处置到位。推进农村乱占耕地建房问题整治,完成摸排和成果汇交工作,共上报农村乱占耕地建房问题(项目)15.14 万栋。

【节约集约用地】 推进"节地增效"行动,15 个单位、1583 家企业完成"亩产效益"综合评价;全年出让工业"标准地"568 宗,面积 2486.67 公顷,全省开发区(园区)管辖范围内"标准地"供应占比 39.31%;全年消化批而未用土地 1.36 万公顷,批而未用率从 26.25% 下降至 20.67%,消化周期从 4.0 年下降到 3.1 年,超额完成自然资源部下达批而未供和闲置土地处置任务;萍乡、赣江新区完成城镇低效用地再开发试点调查摸底及规划编制。制订建设用地"增存挂钩"办理指南,完成"增存挂钩"手续 7 宗,面积 53.33 公顷。区位调整报部备案取得成效,累计备案 4953.33 公顷。

【矿产资源勘查开发利用】 争取中央和省级财政资金 1.3 亿元,部署实施地质调查、勘查项目 44 个,提交超大型矿产地 3 处、大型矿产地 2 处、中型矿产地 5 处。完成第三轮矿规实施评估,启动第四轮矿产资源规划编制,推进矿规调整,新增或调整规划区块 61 个,删减规划区块 14 个。联合有关部门发布江西省矿业权出让收益市场基准率和第二批市场基准价,基准价矿种基本覆盖全省开发利用矿种。全面推行县级发证采矿权"净矿"出让,解决历史上矿业开发形成的"散、小、乱"局面,瑞昌"净矿"出让经验获自然资源部肯定。地质资料管理提升,地质资源汇交率由上年 70% 提高至 89.45%,实物地质资料库赣西库开馆。完成有偿处置采矿权 72 宗,省级发证采矿权有偿处置收缴出让收益 9.8 亿元。推进绿色矿山建设,全省 199 家矿山达到绿色矿山标准,46 家入选国家绿色矿山名录。

【国土空间生态修复】 率先在省级层面出台探索利用市场化方式推进矿山生态修复实施办法，鼓励和引导社会资本投入矿山修复。拓宽生态修复融资渠道，与国开行江西分行签订协议，由其提供200亿元金融信贷资金支持生态修复项目。全面完成长江江西段及赣江两岸10千米范围内357座、面积980公顷的矿山生态修复任务。基本完成赣州山水林田湖草生态保护修复试点任务，完成废弃矿山治理3413.33公顷、土地整治与土壤改良5193.33公顷。赣南等原中央苏区农村土地整治重大工程35个子项目完成竣工验收。20个乡（镇）纳入国家全域土地综合整治试点范围。全省山地丘陵地区山水林田湖草系统保护修复模式、寻乌废弃稀土矿山生态修复“三同治”模式被全国列为典型经验推广。

【国土重点改革】 深化“放管服”改革，实现国土空间规划“多规合一”、规划用地“多审合一”、建设项目验收和不动产登记阶段“多测合一”，发布全省统一“多测合一”技术规程、管理平台和中介服务机构名录。率先在全国4个生态文明试验区中，出台统筹推进全省自然资源资产产权制度改革实施意见。全面完成庐山市、安福县全民所有自然资源资产清查试点工作，试点经验和成效为国家有关技术规范的制定提供支撑。出台全省完善建设用地使用权转让、出租、抵押二级市场实施意见，推进全省土地二级市场信息汇集与监测监管系统建设。探索农村集体经营性建设用地入市，鹰潭城乡融合发展试验区探索实施入市4宗、入市价款529万元。支持赣江新区出台混合产业用地管理办法，成功出让全省首宗混合产业用地。

【维护群众资源权益】 全省11个设区市本级全面实现“互联网+不动产登记”，92个市、县（区）在“赣服通”开通登记信息查询功能，65个市、县（区）在银行窗口开展抵押登记延伸服务。全年累计办理不动产登记1183.8万件，颁发不动产权证书113.6万本（不含农房），登记证明80.5万份。全省农村房地一体确权登记发证工作基本完成，全国第一个全面颁发房地一体不动产权证书的省份，证书发放量达到798.7万宗，占全国发证总量50%。易地扶贫搬迁安置住房登记发证3.21万套，发证比例率先超过90%。联合有关部门出台《关于坚决遏制农村乱占耕地建房行为和切实保障农村村民住宅建设合理用地实施意见》。全面完成新一轮征地补偿标准调整工作，统一实行征地区片综合地价。投入4.42亿元部署实施307个地灾综合治理及避险移民搬迁项目，受益群众2.63万人，灾害发生数量减少58.6%，直接经济损失减少73.1%。全系统信访总量下降26.4%，人次总量下降24.2%。

【基础工作夯实】 100个县（市、区）的“三调”统一时点更新成果通过国家级核查，全面查清全省16.69万平方千米国土利用现状，首次掌握每块耕地种植属性和立地条件。建成江西省国土调查数据库及应用平台。完成全省1∶1万地形图由库数据向出图数据转换，实现1∶1万地形图第三轮全省覆盖，完成12.6万平方千米1∶1万地形图重点要素更新。基本完成省市县三级基础测绘“十四五”规划编制工作。建成自然资源省级卫星应用技术体系，启动赣州、萍乡、九江3个市级卫星应用技术中心建设。编制统一行政权力清单，推动修改地方性法规1件，制定行政规范性文件5件，启动全省土地管理法实施办法及征地管理办法修改工作。建成并运行全省自然资源执法监管平台，完成对执法全业务、全区域、全过程在线监测监管，前三季度违法用地宗数下降64.94%，面积下降48.5%，卫片执法检查连续10年国家层面“零约谈”“零问责”。完成9项绿色矿山地方标准建设和3项地名地址地方标准建设。

【测绘地理信息发展】 完成全省6192幅1∶1万地形图由库数据向出图数据转换，实现全省第三轮1∶1万地形图（4D产品）全省覆盖，完成12.6万平方千米1∶1万地形图重点要素更新，提供设区市和相关部门使用，保障江西省各级国土空间规划编制和全省第二次全国林业调查工作开展。自然资源部把江西省大南昌都市圈及周边6.26万平方千米0.5米分辨率航空摄影列入全年国家基础航空遥感影像获取计划，支持基础航空摄影经费666万元，提高大南昌都市圈基础地理信息数据现势性，保障自然资源管理和经济社会发展对基础地理信息需求。与安徽、福建、湖南等8个省份签订北斗卫星导航定位基准站网省际协同共享服务战略合作协议，完成省界附近基准站数据共享互通，加强江西省卫星导航定位服务系统在省界区域定位精度和稳定性。利用基建投资项目经费300万元，完成7个基准站迁建、15个基准站二等水准施测、控制中心服务器升级改造。投入175万元开展基准站加密项目，加密赣州市范围内卫星导航定位基准站，在赣州市原有16个基准站基础上，新建5个基准站，提高赣州市测绘精度与效率。其中，在江西应用技术职业学院新建1座基准站，列入全省卫星导航定位基准站产、学、研、用示范点，满足江西应用技术职业学院测绘及相关专业教学、科研、实训、生产需要，提升学院装备实力。完成智慧南昌、数字宜黄、数字永新等智慧城市和数字城市建设项目，督促指导吉安市局推进智慧吉安时空信息云平台项目建设。

【江西省测绘地理信息专家库成立】 成立由相关省直单位、高等院校及科研院所、设区市局和甲、乙级测绘资质单位118名专家组成的江西省测绘地理信息专家库，规范厅测绘地理信息类项目评审、验收、技术咨询等工作，分设大地测量、摄影测量与遥感、地图制图、地理信息系统工程、不动产测绘、工程测量等6个专家子库，成立由80名专家组成的基础测绘规划评审专家库。

【测绘应急保障】 按照《关于国家应急测绘保障能力建设项目江西单项工程实施方案的批复》文件要求，组织做好国家应急测绘保障能力建设项目江西单项工程建设，9月完成单项工程验收，建成有效覆盖全省范围、“天空地”一体、高适应性、高机动性的应急测绘专业力量。全省共计拥有测绘资质单位773家,其中甲乙级138家、丙丁级635家。全省各级测绘资质单位全年完成测绘服务生产总值31.18亿元,增长13.6%。

【举办全省基础测绘“十四五”规划编制培训班】 9月17日,省自然资源厅在南昌举办全省基础测绘“十四五”规划编制培训班。设区市、赣江新区和县(市、区)自然资源主管部门,基础测绘“十四五”规划编制单位200余人参加。培训班上,省自然资源厅国土测绘处主要负责人介绍市、县基础测绘“十四五”规划编制整体进展情况,分析“十四五”期间基础测绘工作面临形势和发展机遇,对市、县基础测绘“十四五”规划编制工作提出具体要求。省基础地理信息中心万冉冉详细讲解市、县基础测绘“十四五”规划编制流程、方法以及注意事项。

【地理信息服务】 组织申报“江西省国土空间大数据共享与服务平台建设项目”获省政府批复并纳入江西省新型基础设施重点项目三年行动计划目录。全年提供参加人大政协两会的代表各类地图(集、册)16.29万余幅,方便社会各界正确使用示意地图,组织编制更新江西省及11个设区市标准画法示意图等标准地图200幅,通过网站和微信公众号发布,链接国家标准地图服务网站,实现标准地图一站式服务,供社会各界免费下载。

【地理信息监管】 推进“互联网+政务”服务,地理信息提供审批实现“只跑一次”,地图审核实现“一次不跑”。开展全省自然资源目录服务系统和测绘成果审批系统融合并升级改造,建成江西省自然资源目录及审批系统,对接省政务服务网。做好地理信息服务,为自然保护地整合优化、国土空间规划、监督执法、生态修复、水利、地质勘查、矿产普查、地灾防治等项目建设提供地理信息数据图件2.15万幅,大地基准成果1157个,卫星影像数据5000景约4TB。全年完成各类地图审批件数182件(其中电子地图15件),图幅总计1250幅。

9月17日,全省基础测绘“十四五”规划编制培训班在南昌举办
省自然资源厅供

把地理信息与地图市场监管工作纳入省政府“双随机”,依托互联网地图监管系统重点监管政府、新闻网站总计1206个,检定地图图片4084幅。联合省网信办开展互联网地图安全监管工作,及时纠正全省8个网站54个网页违规登载使用地图。开展测量标志保护巡查工作,对全省51家甲乙级测绘资质单位开展资质巡查和测绘成果质量监督检查工作,把检查结果计入信用信息,开展信用管理。

【测绘资质】 全省共拥有测绘资质单位773家,其中甲乙级138家、丙丁级635家。全年全省各级测绘资质单位完成测绘服务生产总值31.18亿元,增长13.6%,受疫情影响,增速有所放缓。

(罗艳)

统计管理

【概 况】 2020年,全省统计系统深化统计改革,开展统计监测,实施地区生产总值统一核算改革,研究制定季度地区生产总值统一核算方案;制定江西省数字经济统计报表制度;建立绿色发展统计报表制度;推进统计法治工作,创新建立工业、服务业、贸易经济、固定资产投资等专业统计全过程留痕制度,分阶段对全省11个设区市18个县(区)开展“双随机”统计执法检查;做好普查调查,全面开展第7次全国人口普查工作。

【依法统计与依法治统】 加强统计法治建设,创新建立工业、服务业、贸易经济、固定资产投资等各专业统计全过程留痕制度,制定各行业统计工作规范,压实统计数据质量。健全完善《江西省统计行政处罚自由裁量规则》等10多项法规制度。督促各级统计部门切实履行防惩主体责任,加强对违纪违法责任人追究、违法企业处理和企业统计数据整改等监督检查。开展省本级统计法治专项督查,推动各地、各部门建立健全防范和惩治统计造假、弄虚作假责任制。全年分2个阶段对11个设区市18个县(区)开展“双随机”统计执法检查。开展国家转交违法线索核查处理、涉外调查专项执法检查和重大统计违纪违法案件“回头看”行动。

【统计制度改革与方法创新】 推进统计管理体制改革和统计制度方法创新,加快构建现代化江西统计调查体系。实施地区生产总值统一核算改革,研究制定《江西省季度地区生产总值统一核算方案》,修订全省生产法和收入法地区生产总值历史数据,首次核算2018年赣江新区地区生产总值,推进自然资源资产产权制度改革相关工作。推进投资统计改革、人口就业统计改革，全面提高人口劳动就业统计监测质量和效果。完成《江西省乡村振兴战略实施监测评价测算结果评估报告》。推动《江西省生态文明建设目标评价考核办法（试行）》实施，完成对全省11个设区市生态文明建设年度评价工作。制定《江西省数字经济统计报表制度（试行）》《江西省军民融合统计报表制度》，数字经济等影响力扩大。建立《绿色发展统计报表制度》，开展绿色发展评价工作，形成一批重要统计成果。规范省级统计调查项目申报，出台《进一步完善赣江新区统计管理体制实施方案》，修订完善城市商业综合体统计制度。

【重大普查与常规调查】 克服时间紧、任务重、疫情复杂等困难，协调组织全省统计系统开展第七次全国人口普查。结合疫情及省情特点，加强组织调度，严格法定程序，注重方法创新，推进普查机构组建、综合试点、物资采购、户口整顿、区划绘图、宣传动员、入户登记等各项普查工作，阶段性完成第七次全国人口普查。普查综合试点及事后质量抽查工作得到国家统计局肯定。参与脱贫攻坚普查。落实《全国经济普查条例》，完成省级普查课题招标、研究成果发布、评比，率先在全国出版经济普查年鉴。严格规范实施农业、工业、服务业、贸经、固投、调查单位管理等各项常规调查和国民经济核算，开展科技创新、人口、企业用工等专项调查和全面建成小康社会监测工作。组织实施省直单位绩效管理年终公众评价、公众生态环境满意度、全国“小康建设成果”群众满意度等多项重大民意调查。

【统计监测与统计分析】 强化宏观经济运行监测预警，密切关注疫情对经济运行，特别对主要经济指标影响，强化对企业复工复产、金融支持、用工保障、援企稳岗、社保减免等政策举措效果的统计监测。向省委、省政府报送统计分析材料23篇，其中16篇获省领导批示。及时向新闻媒体、重点期刊、国家统计局、“两办”提供经济形势分析和信息稿件，累计报送统计分析报告和统计专报168篇，其中43篇获省领导批示；累计向国家统计局报送信息90条，向省委办公厅报送信息185条。深入进行经济发展专题分析，局领导带头率领相关处室深入基层调研，及时掌握疫情下企业生产经营情况，形成《疫情对我省铜产业的影响及措施建议》《九江萍钢、石化产业疫情期间生产经营情况》等调研报告。2月，向省委省政府报送《立足疫情防控，着眼经济恢复》专报，获省委书记刘奇批示，省委以“重要信息”将专报转发各地。开展江西消费升级、军民深度融合、高质量发展、“十三五”发展成就、“十四五”发展路径、国际原油价格暴跌等“黑天鹅”事件对江西省经济影响等专题分析研究，为省委省政府提供决策咨询。科学开展高质量发展考评，修订完成《2020年江西省高质量发展综合绩效考核评价实施意见》，组织开展2019年县市区高质量发展考评，承办全省表彰大会。持续优化数据服务和统计产品，研究测算“十三五”“十四五”时期重要领域经济社会发展指标，高质量编撰统计年鉴等统计资料。引导社会预期，坚持季度新闻发布，解读各专业统计数据，做好网络舆情回应、信息公开，回应社会关切。开展统计重大活动宣传，开展“江西省第十一届中国统计开放日暨第七次全国人口普查宣传月启动仪式”现场活动，提高统计公开透明度。

（涂姗华）

审计监督

【概　况】 2020年，全省共组织实施审计项目3640个，查出主要问题金额1648.22亿元；审计发现非金额计量问题8909个；出具审计报告和专项审计调查报告4431篇；提出审计建议9411条，被采纳审计建议6196条；提交审计专题、综合性报告、信息简报等审计信息856篇；向司法、纪检监察等部门移送处理事项138件，移送处理人员158人。全国优秀审计项目评选中，江西省城市民生资金审计项目获全国省级审计机关优秀项目一等奖第1名，创历年参评最好成绩。

【全省经济发展环境审计调查】 9—12月，组织全省审计机关99个审计组1600多名审计人员，对11个设区市、91个县（市、区）、99个工业园区开展经济发展环境审计调查。发现招商引资、财政补贴、税收减免、事业收费、红顶中介、平台公司、就业补助、财园信贷通、人防工程、项目建设、治超治乱等方面问题，摸清全省经济发展环境总体情况，揭示影响发展环境“堵点”“难点”“痛点”，查出一批破坏发展环境、非法利益输送、骗取财政资金等违法违纪行为。

【市县财政存量资金审计】 3—6月，对11个设区市和100个县（市、区）开展财政存量资金审计，摸清全省财政存量资金总体情况。向省领导提交《市县财政存量资金审计主要情况汇报》审计专报，在省委审计委员会第四次会议上做专题汇报，提出强化预算约束、加强资金清理、盘活存量资金等建议。省委书记刘奇、省长易炼红、常务副省长殷美根等省领导，要求财政等有关部门采取有效措施，加大财政资金统筹力度，盘清、盘活、用好财政存量资金。审计后，全省各级财政部门推动一般公共预算和政府性基金预算结转资金使用425亿元，财政专户存量资金上缴国库328亿元，完成债券资金拨付153亿元，清理中央和省级专项资金173亿元。

【工业转型升级资金专项审计】 4—5月，开展省级工业转型升级资金分配使用情况专项审计调查，揭示专项资金分配使用不集中、项目评审把关不严格、多头重复安排资金、资金使用效益有待提高等7个方面114个问题。向省领导提交《省级工业转型升级专项资金审计调查主要情况汇报》专报，提出集中财力办大事、加大资金整合力度、重点支持产业链发展等审计建议，得到省委书记刘奇、省长易炼红、常务副省长殷美根等省领导肯定性批示。审计后，全省工信系统共追责问责30人，收回项目资金

9500万元，及时拨付滞留资金1.18亿元，修订完善《省级工业发展专项资金管理办法》等5个管理制度。

【疫情防控资金与捐赠款物专项审计】 面对新冠肺炎疫情，全省审计机关扛起政治责任，组织疫情防控专项审计，促进捐赠款物及时拨付、高效使用和规范管理。全省查出财政专项资金支出进度较慢、捐赠资金分配和使用不及时、重点保障企业贴息贷款资金闲置等问题316个。针对存在问题，向省长易炼红专门呈报《应对疫情防控资金和捐赠款物跟踪审计专报》，得到肯定和批示，专门召开全省专题调度会，部署疫情防控及专项审计工作。

【三大攻坚战审计】 围绕脱贫攻坚方面，对8个县扶贫政策和乡村振兴政策落实情况开展审计，查处问题金额3.73亿元；对全省所有脱贫攻坚考核县财政涉农扶贫资金管理使用情况进行审计，查出问题722个，查处问题金额2.28亿元。围绕污染防治方面，全省开展领导干部自然资源资产离任审计项目137个，省厅通过连续5年组织实施实现全省11个设区市领导干部自然资源资产离任审计全覆盖。围绕风险防范方面，开展九江银行审计，发现经营、投资不审慎造成不良资产，贷款存在较大潜在风险等问题，省委书记刘奇、省长易炼红作出重要批示，要求按照审计所提出处理原则和意见抓好整改。

【新增财政资金专项审计】 按照审计署统一部署，围绕“及时、直达、精准、安全、绩效”目标，对赣江新区、11个设区市、100个县（市、区）新增财政资金筹集分配、拨付下达、管理使用情况开展全程跟踪审计，揭示直达资金分配使用不及时、建设进度缓慢等问题。报送专项报告得到省长易炼红、常务副省长殷美根多次肯定性批示，有力促进直达资金分配更加科学合理、资金使用更加严格规范，保障中央财政资金直达机制高效运行和“六稳”“六保”任务有效落实。

【经济责任审计】 全省审计领导干部1494人，查出主要问题金额188.03亿元，提出审计建议3841条。省厅建立联席会议成员单位常态化工作机制，召开省经济责任审计工作联席会议，加强与省纪委省监委、省委组织部等部门协作配合，形成工作合力。全省11个设区市本级，除南昌市外，全部建立经济责任审计工作联席会议，配备联席会议办公室主任，保障经济责任审计工作有效开展。

【成立审计委员会】 坚持党对审计工作集中统一领导，推动重点部门和行业成立审计委员会。截至年底，全省已推动896家部门单位、高校、医院、国有企业成立党委（党组）审计委员会，为构建集中统一、全面覆盖、权威高效审计监督体系打下坚实基础。

（张良）

口岸管理

【概　况】 2020年，江西省口岸共完成进出口货运量684.56万吨，增长1.98%；国际集装箱44.24万重标箱，下降2.94%。水运、铁海联运、赣欧班列等开行路线保持稳定。

【畅通国际物流通道】 针对江西受境外新冠疫情影响，国际航空水运通道受阻严重，航线航班大面积停运，国际物流通道不畅，省商务厅及时出台国际物流通道扶持政策。2月17日，省委书记刘奇调研南昌赣欧班列恢复常态化运行工作。2月18日，南昌—列日货运航线恢复运行，逐步加密至每周9班，疫情期间，新开通南昌—阿姆斯特丹、南昌—大阪、南昌—洛杉矶等路向货邮包机，2月底，九江城西港天天班轮全面恢复，畅通江西省防疫物资、外贸产品出口物流通道。九江港共开行至上海外高桥、洋山“天天班轮”711班。

【国际客货运发展】 全年昌北机场旅客吞吐量在全国排名较上年上升3位，3年时间货邮吞吐量翻4番，增速远高于全国机场及华东地区机场货邮吞吐量增速，连续3年增幅位列全国省会城市第1位。至年底，全省完成货邮吞吐量18.2万吨，增长48.7%。其中，国内货邮吞吐量完成10.5万吨，增长2.2%。国际货邮吞吐量完成7.7万吨，增长296.9%。

【水运联运】 江西省口岸实施“货物进境与沿海同价到港、出境与沿海同价起运、通关与沿海同样效率”等水运“三同”政策，九江港集装箱吞吐量再创历史新高。全年集装箱吞吐量累计完成54.79万标箱，增长15.74%，排名长江港口吞吐量增速第2位。其中，外贸重箱完成18.2万标箱，增长17.5%。企业物流成本持续下降。本地龙头外贸企业单箱物流成本下降600~1100元。企业进出口时速提效，九江—洋山线平均航行时间缩短43.73小时，九江—外高桥线平均航行时间缩短86.5小时。九江港与上海港达成协议，确保“天天班”在上海港优先靠泊和所载货物全装全卸，通过干支线紧密衔接，缩短全程物流时间，提升企业满意度。

【综合保税区提升】 2020年，井冈山综保区获批并通过验收，江西省现有4个综合保税区蓄势待发，各综合保税区通过开展产业招商、政策支撑、引链延链补链，引进电子信息、食品深加工、物流分拨等50个重点项目落户。全年全省4个综保区完成进出口额178.62亿元，增长86.45%；占全省进出口额4.45%，提升2.5个百分点。

【铁海联运】 2020年，江西省至宁波、深圳、厦门、福州、广州5条“出海通道”加密运行，全年共开行1700列，增长5.92%，承运进出口集装箱13.6万标箱，增长5.91%。在上饶至宁波“天天班”基础上，南昌至宁波、赣州至深圳线路新增“天天班”，天天班发展3条。江西省铁海联运开行线路、运量均位居中部省份第一，全国前列。

【赣欧班列通达“一带一路”】 江西中欧班列通达“一带一路”沿线11个国家和26个城市，全年累计开行369列（出境238列，进境131列），共计3.25万标箱。其中，赣州开行237列

（出境135列，进境102列），南昌127列（出境99列，进境28列），鹰潭5列。与深圳合作开行“深赣欧”班列，开行防疫物资、跨境电商、地铁设备等专列，全年共开行369列，平均每天1列，返程班列占比36%，提高18个百分点，形成白俄罗斯、乌兹别克斯坦、俄罗斯列3条精品线路。

【国际贸易“单一窗口”】 开展国际贸易“单一窗口”建设，推动新上线功能培训推广，通过线上线下结合对730余家外贸企业，960余人展开培训，提高贸易便利化水平。拓展特色功能，实施更多事务线上办理，减少企业线下奔波，更多“屏对屏”，更少“面多面”。加强运维保障，“单一窗口”发展会员3000多家，通过95198服务热线、微信群等多种形式，向企业提供24小时服务，响应企业需求，解答企业通关流程、系统操作等问题，为企业节省申报时间60%。全年江西省进口通关时间压缩至18.24小时，出口整体通关时间压缩至1.73小时。进出口通关时效分别高于全国平均水平20.74个小时和2.27小时，其中进口通关时效位列全国第5位、出口通关时效位列全国第12位。

【境外捐赠物资网上办理】 江西省口岸办组织开发“境外捐赠物资快速通关系统”，由电子口岸研发小组设计和研发，3天完成系统总体框架设计与搭建，10天完成所有功能开发、测试和上线运行，开辟境外捐赠物资网上办理通道，搭建海外爱心人士与海关、民政及各类慈善组织的信息桥梁，简化办理流程，节省审核端人力投入，减少疫情期间人员聚集，提高境外捐赠物资通关效率，让境外捐赠物资投入抗疫一线。

【跨境电商综试区】 南昌、赣州、九江先后获批为国家跨境电商综试区，吉安为跨境电商零售进口试点城市，中心作为跨境电商线上综合服务平台的承建单位，协调海关和各综试区，创造性提出全省统一、各综试区共享平台建设模式，争取财政部门支持落实建设资金，编制完成可行性研究报告并得到省发改委立项批复，9月平台顺利建成并开通运行，和全国同类平台相比，江西省项目建设经费至少节省50%，运行维护更有保障。平台的运行支撑江西省跨境电商高速发展，全年江西省跨境电商进出口26.3亿元，增长323.7倍，规模居全国第13位。11月1日—11日，江西跨境电商火热，海关监管业务量暴涨百倍，创历史新高。

【口岸招商活动】 落实深圳江西口岸经济招商推介会（粤港澳大湾区站）成果，江西省商务厅厅长谢一平赴宁波、上海等地回访参会重点客商。10月，深圳盐田港与赣州国际陆港共同出资26亿元成立合资公司，双方共建“赣深组合港”和港产城合作区项目，投资100亿元格力电器等20多个项目签约落户赣州国际陆港。12月，浙江省副省长刘小涛率团到赣，共同举办浙赣物流大通道建设暨南昌—宁波海铁10周年系列活动，会上宁波港与南昌国际陆港签订两港合作协议。

（江斌）

海　关

【概　况】 2020年，南昌海关推进口岸疫情防控和促进外贸稳增长，《江西省人民政府 海关总署合作备忘录》53项任务措施取得成效。南昌海关所属昌北机场海关党总支获全国抗击新冠肺炎疫情先进集体，国务院联防联控机制3次督查均给予肯定。打击野生动植物及其制品走私，获中央政治局委员、全国人大常委会副委员长王晨肯定。千方百计稳外贸，促进江西外贸进出口4010.1亿元，外贸规模创历史新高，增长14.3%。其中，出口2920.4亿元，增长17.0%；进口1089.7亿元，增长7.5%。进出口、出口、进口增速分别高出同期全国平均水平12.4、13和8.2个百分点，进出口、出口增速均居全国前列。决战决胜脱贫攻坚，深化政策、产业、爱心、消费、健康扶贫“五大工程”，助力8个对口扶贫村全部脱贫，驻村工作队被评为最高等次“好”，央视专栏《百村脱贫记》报道南昌海关对口扶贫村脱贫事迹。

【筑牢新冠肺炎疫情外防输入“第一道防线”】 面对疫情，成立指挥部，组建工作专班，党委委员带头下沉一线、靠前指挥118次，组建“一线、预备、应急”三个梯队，用绝对忠诚和专业执法坚决打赢疫情防控阻击战，确保“一货站、三中心”全面运行。“零输入、零漏检、零感染”。坚持“一机一案”，严格落实“三查三排一转运”（筛查环节100%查验健康申报、体温筛查、医学巡查，排查环节严格实施流行病学排查、医学排查、实验室检测排查，处置环节对疑似病例和阳性病例一律转运地方卫生健康部门妥善处置），推动一天内搭建24间“海关采样方舱”，重点航班坚持主要负责人、分管领导、职能处室“三必到”机制，创新实施登临检疫、健康申报、体温筛查、医学巡查、流行病学调查、医学排查、采样（咽拭子/血样）检测、转交地方等8个“100%”，推动对涉外疫情实行信息报告、隔离管控、检测检疫、转运转送和医疗救治等“五个闭环”管理，配合建立“前中后”协同防控、远端信息共享、口岸检疫支持、留观跟踪管理、“三统一”检测、人员转诊转运、废弃物处置等7项机制，累计监管出入境航空器1859架次、人员11万人次，江西口岸入境通报病例全检出。坚持“人”“物”同防，强化源头管控、精准检测、环境消毒、预防性消毒，督促5家境外冷链出口商和生产企业提供书面承诺，按规定抽取新冠病毒监测样本，检测结果全为阴性。

【保障新冠肺炎疫情防疫物资通关“零延时”】 开通进出口防疫物资绿色通道，7×24小时预约通关。加强质量监管，验放进出口防疫物资50亿元，为全球抗“疫”注入“江西力量”。在物资最短缺时期，南昌海关综合业务处处长尹静浪专程赴上海协调验放558.5万个口罩快速通关抵赣，支援江西疫情防控。

【支持江西内陆开放型经济试验区建设】 南昌海关争取海关总署支持江西丰富口岸功能平台，助力江西形成四大口岸引领江西开放、四大综保区优化升级、七大功能平台拓展完善、三大新兴业态买卖全球开放新格局。

对接"一带一路",保障赣欧班列双向对开、常态推进运行 334 列。助力国际航空货运畅通,南昌空港货邮吞吐量 7.7 万吨,增长 2.9 倍,增幅全国第 2 位。10 月,井冈山综保区获批并验收;依托南昌综保区首批展品保税展示交易业务在景德镇落地,促进景德镇国家陶瓷文化传承创新试验区建设取得新进展。全年南昌、九江、赣州、井冈山 4 个综保区进出口总值增长 89.3%。九江直接进口肉类、赣州直接进口汽车实现"零突破",进口汽车 1086 辆、3.36 亿元,粮食进口增长 1.6 倍,推进南昌进境冰鲜水产品、水果、食用水生动物 3 个指定监管场地建设。

【新兴业态发展】 南昌新国际货站和邮件中心、快件中心、海关通关中心建设等"一货站、三中心"全面运行。推动九江市获批设立跨境电商综试区,吉安市纳入跨境电商零售进口试点范围。南昌、赣州、九江、吉安、龙南开通 1210 跨境网购保税业务,南昌、赣州、龙南开通 9610 跨境零售出口业务,跨境电商进出口列全国第 13 位,邮件/快件进出口超 900 万件。

【稳外贸政策】 落实海关总署促进外贸稳增长各项政策,配套出台促进外贸稳增长专项行动 20 条、支持中欧班列发展 16 条、支持综合保税区发展 12 条、统筹做好口岸疫情防控和通关便利化工作 96 条、落实稳外贸稳外资工作 182 条等系列措施,最大限度释放政策红利。3 月,江西省进出口在全国率先实现正增长。

【"十百千万"服务工程】 创新开展"十百千万"服务工程,制定实施方案,推进调度每月形势分析及工作督查例会,助力稳外贸稳外资。支持十大重点产业稳定发展,发挥"数据 + 研究"优势,对江西电子信息、有色金属、新能源材料、钢铁、汽车、纺织服装、食品农产品、家具、陶瓷、医药等十大产业开展调研分析,保持产业链供应链稳定,促进十大产业进出口增长 16.7%。一对一促进百强外贸企业做大做强,为 111 家进出口重点企业选派联络员一对一服务,新增 AEO 高级认证企业 10 家,达 35 家。联合地方率先在全国发起"关助融"项目,42 家企业获贷款 41.6 亿元。百强企业进出口 2151.1 亿元,增长 23.8%,占全省外贸总值 53.7%。推动千家中小型企业问题清零,研发上线"关企互动平台复工复产专版",解决问题 1805 个,促进江西率先在全国复工复产。全覆盖服务万家注册企业尽享红利,建立政策库,对 1.9 万家企业政策宣讲。

【开展"通关与沿海同样效率"行动】 12 月,开展"通关与沿海同样效率"行动。进口扣除国内运输段后整体通关时间 13.96 小时,压缩 72%,出口 0.41 小时,压缩 98%,进、出口通关效率保持全国前列。

【支持赣南苏区振兴发展】 落实《海关总署对口支援赣南振兴发展工作计划(2020—2021 年)》,把 6 项先行先试支持措施细化成 22 条具体安排。支持赣州打造对接融入粤港澳大湾区建设,与深圳海关签订《合作备忘录》,支持赣深"组合港"建设,"深—赣—欧"班列首发并开行 28 列,创新赣深"组合港"进出口货物通关新模式,开辟"老区 + 特区"对外开放新通道。

【支持加工贸易首破千亿元大关】 推进无纸化和"不见面"网上办理,取消外发加工收发货登记等 13 个加贸单证审核环节,企业业务办理时间平均压缩 70%。放宽加工贸易风险保证金缴纳要求,做到"能免尽免",惠及全省 194 家加贸企业,全年免征风险类保证金超 5 亿元。落实在账加工贸易风险保证金"应退尽退"政策,累计退还保证金 1.13 亿元。扶持区内加工制造企业开展委托加工业务,依托剩余产能拓展国内市场,承接境内区外"委内加工"业务 15.56 亿元、获利 566.2 万元。精准施策助力江西省加工贸易业务逆势增长,全年加工贸易进出口值首破 1000 亿元大关,达 1064.9 亿元,增长 20%;占全省外贸进出口 26.6%,较上年提升 1.3 个百分点。进出口增速高出全国平均水平 23.9 个百分点,居全国前列。

【检验检疫】 打好非洲猪瘟疫情防控持久战,保障供香港活猪 6.7 万头,列全国第 2 位,保障江西活猪首次供澳门。防止疫情疫病传入传出,截获有害生物 79 种类、383 种次。开展安全生产专项整治三年行动,加强烟花爆竹、危化品等重点敏感商品检验监管,出口烟花爆竹检验 7081 批、12.1 亿元,检出不合格 278 批。

【打击走私】 开展"国门利剑 2020"等专项行动,2 起案件列为一级挂牌督办案件,查办 1 起涉检案例被海关总署通报表扬。全年刑事立案 28 起,增长 33%。其中,涉税案值 1.26 亿元、偷逃税款 2200 万元,非涉税案件涉及固体废物、毒品、枪支、疫区动物、野生动物制品等。行政立案 147 起,案值 5.2 亿元,增长 25%;涉税 2351 万元,增长 130%。

(江志浩)

本栏编辑 刘清林

城乡建设

综述

2020年，面对新冠肺炎疫情和特大洪涝灾情，全省住建系统攻坚克难，住建事业发展取得新成效。中共中央政治局常委、国务院副总理韩正视察江西省公租房时指出"为老百姓办了件大好事"。住建部部长王蒙徽在省住建厅《关于持续推进城乡环境整治情况专报》上作出批示，江西省推动城乡环境整治和城市功能与品质提升等工作，形成可复制可推广的经验。江西整省推进城市体检工作获住建部肯定。全省城市建成区绿地率、建成区绿化覆盖率均列全国第2位。国家级历史文化名镇名村和中国传统村落数分别列全国第4位、第8位。"厕所革命"提前超额完成三年攻坚任务。省住房城乡建设厅被评为第六届"全国文明单位"。省住房城乡建设厅村镇建设处被评为全国脱贫攻坚表彰先进集体。江西省被列为全国农村危房改造工作积极主动、成效明显的省，鄱阳县被列为激励对象。省住房城乡建设厅被推荐为全国"扫黑除恶"专项斗争先进集体，获得省政府及时奖励通报表扬。

*助力打赢新冠疫情和洪涝灾情阻击战。*研究出台促进房地产市场平稳健康发展12条、做好"六稳"工作、落实"六保"任务23条等政策措施，推进复工复产，全省房地产建筑业复工复产走在全国前列；全省环卫、保洁、城管、物业等行业工作者坚持在抗疫一线，全力以赴保供水、保供气、保清洁、保安全；出台支持政策，规范发展"地摊经济""夜间经济"，助推经济复苏。全系统紧急抢修市政设施，全面调查城市内涝和农房安全，组织技术组赶赴受灾严重的县市，开展灾后农村住房安全排查鉴定。出台重建方案，争取政策支持，推进全省市政设施和城乡住房恢复重建工作。

*提升城市功能和城乡环境综合品质。*抓好城市道路清扫保洁市场化、机械化、标准化运行，设区市中心城区主次道路机扫率90.45%，市场化率85.02%。完善垃圾分类收运体系，新增焚烧处理设施16座（台），日处理能力1.69万吨，总数达29座，日处理能力2.61万吨；投入使用厨余垃圾处理设施设备41座（台），设计日处理能力995.65吨。新建改造污水管网1000千米，新增日污水处理能力59.5万立方米，新增49座城镇污水处理厂完成一级A提标改造。全省495个建制镇建有生活污水处理设施，覆盖率较上年提高18个百分点。全年实施城市功能与品质提升项目4300个，完成投资6600亿元，加快基础设施建设，完善服务功能。新建成中小学校90个、医疗机构18个、养老服务项目256个，新增公共停车位36.2万个，打通断头路104条，新增（改建）城镇公园639个，新增城镇绿道846千米，建成海绵城市建设面积379.05平方千米。

*保持房地产市场和建筑业平稳发展。*坚持"房子是用来住的、不是用来炒的"定位，建立房地产市场平稳健康发展城市主体责任制和调控评价考核机制，开展"红五月"百城千企万店房地产消费季活动。全省房地产开发完成投资2378.1亿元，增长6.2%；房地产业入库各类税收602.12亿元，占全省税收17.58%。落实房地产建筑产业链链长制，出台《关于促进建筑业转型升级高质量发展的意见》，提升建筑业发展质量效益。全年完成建筑业总产值8649.16亿元，增长8.87%，增速居全国前列。赣州市、抚州市获国家装配式建筑范例城市，全省5家企业获国家级装配式建筑产业基地，20家企业（科研院校）被评为省级装配式建筑产业基地，有4个项目入选"鲁班奖"。

*改善群众住房条件。*加大力度保障改善人民群众住房条件。全年棚改计划开工20.42万套，居全国第1位，提前2个月全面完成开工任务；基本建成11.65万套，是目标任务的2倍。老旧小区改造开局良好，全年1506个小区、33.16万户改造任务全面开工。坚持把公租房扩大到非户籍人员，公租房开工任务全面完成，分配率98.5%，使用效率保持全国前3位。抓好城镇脱贫解困住房安全保障，符合条件的7万多户做到"应保尽保"。抓好农村危房改造，全省四类重点对象5150户危房，其中建档立卡贫困户809户，均高质量提前完成改造，80.57万户建档立卡贫困户住房安全保障全部得到核验确认，住建领域脱贫攻坚取得决定性成就。

*释放住建领域发展活力。*工程建设项目审批制度改革成效显著，审批事项由100余项压缩至79项，审批时间从200个工作日缩短至最低18个工作日。"放管服"改革纵深推进，企业资质和从业人员资格等行政审批事项全部实现"一次不跑"网上办，简单变更事项实现"智慧审批"秒办结，全面实行电子证书。率先在全国推进不见面开标、远程异地评标，推进建设工程消防设计审查验收改革。

（左彩骏）

城市建设与管理

【概　况】 2020年，省整治办通过实施建筑屋顶"脏乱差"、城镇"防盗窗"、线缆"线乱拉"、建筑工地扬尘治理等整治行动，持续深化城乡环境综合整治，提升全省城乡面貌，城市发展更加宜居、更具绿色、更有韧性、更显智慧、更富人文。省委书记刘奇在全省城乡环境综合整治工作会议上指出，大多数地方城乡环境从视觉和感觉上都有改善，出行更畅通、秩序更规范、街道更整洁、地面更干净、空气更清新。江西整省推进城市体检工作得到住建部部长王蒙徽、副部长黄艳批示肯定，赣州市、景德镇市成为全国城市体检样本城市。全省城市建成区绿地率、建成区绿化覆盖率均列全国第2位。

【污水处理提升】 开展城镇污水处理提质增效三年行动，紧盯污水管网调查和问题整改，推进城镇污水处理设施能力建设，抓好"一厂一策"系统化整治方案编制，全年累计新建改建污水管网约1000千米，新增污水日处理能力59.5万立方米，消除一批生活污水管网空白区和雨污混接错接点，基本消除生活污水直排口。推进全省城镇污水处理厂一级A提标改造，全省城镇污水处理厂基本完成提标改造。推进污泥处理处置，11个设区市基本实现污泥无害化处理处置，全省污泥处理处置能力累计达到1600余吨/日。

【黑臭水体整治】 开展省级城市黑臭水体整治环境保护专项行动，多次调研指导黑臭水体整治现场。召开2020年城镇水务重点工作视频会议和城市黑臭水体整治效果评估推进会暨专家解答工作视频会议。组织开展黑臭水体整治"回头看"，指导各地做好整治效果评估工作，推进黑臭水体整治长制久清。全省设区城市建成区33个黑臭水体基本完成整治。

【老旧小区改造】 截至年底，全面推进城镇老旧小区改造，全年计划任务全部开工。出台《江西省人民政府办公厅关于全面推进城镇老旧小区改造工作的实施意见》《江西省城镇老旧小区改造技术导则（试行）》，编制《城镇老旧小区改造专项规划（2021—2025）编制大纲（试行）》。争取中央补助资金，全年获得3批次中央预算内投资49.45亿元，2批次中央财政补助资金16.09亿元，共计65.54亿元。组织各地开展老旧小区调查摸底，全省共摸排出2005年年底前建成的城镇老旧小区8087个、户数160万户。

【建设海绵城市】 组织开展2020年海绵城市建设效果评估和海绵城市建设项目报送，编制评估报告，强化项目管理，以项目建设促进海绵城市建设。印发《关于进一步加强城镇建设项目落实海绵城市建设要求的通知》，从项目规划、建设、验收等方面全过程落实海绵城市建设理念，推进全省县城及以上城市开展海绵城市建设。全省22个设市城市共建成海绵城市建设面积379.05平方千米，完成比例120.4%。

【城镇园林绿化】 推进江西省生态园林城市（镇）建设工作。开展全省城镇园林绿化提升专项行动。组织开展2020年度江西省优质建设工程奖（杜鹃花奖）园林绿化项目实地核查。加强园林绿化源头管控和审批事项的事中事后监管，提高城市园林绿化建设管理水平。全年全省新改建城市公园639个、面积3057.5公顷，新建绿道里程846千米，闲置裸露土覆绿或软覆盖面积526公顷。

【市政基础设施建设】 新建改造供水管网2800千米，全省设区城市智能水表占比39.33%，推进景德镇市直饮水试点改造工作。新建改造城市道路950余千米，新增公共停车位36.2万个。加强燃气行业管理，全省用气人口2082.3万人，液化石油气供气总量36.83万吨，人工煤气供气总量1.15万余万立方米，天然气供气总量25.29亿立方米，设市城市燃气普及率98.63%，县城燃气普及率97.65%。

【城乡环境整治】 2020年，全面贯彻省委、省政府关于城乡环境综合整治工作的决策部署，深化城乡环境综合整治。开展乡镇所在地、城郊结合部、城中村、农贸市场4个重点区域环境整治行动。建筑屋顶"脏乱差"、城镇"防盗窗"、线缆"线乱拉"、建筑工地扬尘治理4个突出问题整治行动。在巩固过去整治成果基础上，开展中心城区、铁路沿线、高速公路沿线、交通和商业秩序等4大精细化提升整治行动。

【改进城市管理】 推进城市执法体制改革改进城市管理工作，各设区市相继出台关于推进城市执法体制改革改进城市管理工作的实施意见或方案，实现市政公用、市容环卫、园林绿化、城市管理执法管理执法机构综合设置。制定省级城市综合管理服务平台工作方案和建设方案，11个设区市平台在全国率先完成与国家平台互联互通。围绕"美好环境和幸福生活共同缔造"中心工作，开展"城管进社区 服务面对面"工作，全省开展城管进社区工作的社区超过1500个。

【市容环境治理】 推动《江西省生活垃圾管理条例（草案）》立法调研，听取相关单位意见建议，指导立法工作高效开展，完成该条例（草案）的阶段性任务计划。全年全省正在运营的生活垃圾填埋场50座，日处理能力1.25万吨；建成生活垃圾焚烧处理设施29座，日处理能力2.61万吨，11个设区市城区生活垃圾基本实现"零填埋"；投入使用的厨余垃圾处理设施设备41座（台），设计日处理能力995.65吨。

（张磊　徐辉）

村镇规划与建设

【概　况】 2020年，全面完成全省四类对象农村危房改造5150户，提前完成脱贫攻坚农村危房改造扫尾任务。99.56%行政村纳入"村收集、乡转运、区域处理"生活垃圾收运处置体系，全国农村生活垃圾治理第三方机构暗访，全省行政村通过率

100%。495 个建制镇生活污水处理设施建成并运行，覆盖率 68.5%。中国传统村落总数 343 个，位列全国第 8 位。抚州市列入 2020 年传统村落集中连片保护利用示范市。

【农村危房改造】 于都县农村危房改造工作获国务院 2019 年落实有关重大政策措施真抓实干成效明显激励和省政府及时奖励。全省实施四类对象农村危房改造 5150 户，其中建档立卡贫困户 809 户。6 月 28 日，四类对象危房改造全部竣工验收，其中 809 户建档立卡贫困户提前 20 天全部竣工验收，完成扫尾任务。完成全省 80.57 万户建档立卡贫困户住房安全有保障核验工作，保障建档立卡贫困户住房安全。6 月底，全省所有建档立卡贫困户 80.57 万户信息录入基本完成，2016 年以来全省四类对象 22.8 万户危房改造农户台账信息全部录入系统。脱贫攻坚巡视“回头看”反馈意见、“不忘初心、牢记使命”主题教育检视问题、成效考核指出问题，全部按时完成整改销号。针对新冠疫情影响，多次印发紧急通知，指导各地根据疫情发展情况和疫情风险等级分区分类，差异化推进农村危房改造。制定印发《建立健全农村危房改造长效机制的指导意见》，探索建立农村危房改造动态监测机制。针对洪灾给住房安全有保障带来的新情况新问题，组织省级技术指导组，赴全省受灾严重地区进行灾后住房安全排查鉴定现场指导和技术服务，组织专家编写《灾后农房入住后安全简易观察及应急处置明白卡》，指导灾区群众返回住房后进行简易观察及应急处置，确保农户入住安全。截至年底，全省受灾四类对象 962 户灾后重建工作全部完成。

【农房安全隐患排查】 印发全省实施方案，成立省级工作领导小组，召开全省工作动员部署暨培训会议，成立工作专班，制定《江西省农房安全隐患排查 APP 操作表》和《江西省农房安全隐患排查判定表》，下发至基层农房排查人员，指导各地开展农房排查工作。截至年底，全面完成用作经营性自建房的排查工作。

图为上犹县古田村危房改造集中点

省住房城乡建设厅供

【农村生活垃圾治理】 坚持城乡一体化治理，补齐设施、人员、监管短板，推动 99.56% 行政村纳入“村收集、乡转运、区域处理”生活垃圾收运处置体系，实现生活垃圾及时收运和无害化处理。全国率先制定省级地方标准《江西省农村生活垃圾治理导则》，规范农村环卫保洁作业标准，指导各地提升作业水平。探索在 14 个县（市、区）试点农村垃圾分类减量和资源化利用，广丰列入全国农村生活垃圾分类和资源化利用示范县。指导 80 个县（市、区）推行政府和社会资本合作的农村生活垃圾第三方治理，鹰潭市城乡生活垃圾第三方治理模式入选《国家生态文明试验区改革举措和经验做法推广清单》。截至年底，全省 526 处非正规垃圾堆放点全部整治销号。

【传统村落保护】 加快公布传统建筑，实行挂牌保护，推动全省传统建筑保护工作规范化。抓好传统村落保护项目实施，对列入 2016 年第一批和第二批中央财政支持范围 36 个村的传统村落保护项目实施情况进行验收，并对 2019 年传统村落验收存在问题的村落进行复核。强化规划编制保护，委托第三方进行课题研究，编制完成《江西省传统村落保护发展规划》，统筹整体保护和长远发展，为全省传统村落保护发展路径和模式提供分类指引。抚州市列入 2020 年全国传统村落集中连片保护利用示范市。推进抚州生态产品价值试点工作，指导抚州市探索中国传统村落保护利用市场化试点，吸引社会资本用于传统村落传承利用，依托文化资源挖掘生态文化价值。

【建制镇生活污水处理】 分类梯次推进建制镇生活污水治理，部署重点镇全面建成生活污水处理设施，确保鄱阳湖长江沿岸建制镇建成生活污水处理设施。截至年底，全省 495 个建制镇建有生活污水处理设施、覆盖率 68.5%，比上年提高 18 个百分点。

【对口扶贫帮困】 开展泰和县马市镇柳塘村、兴国县鼎龙乡古顺村、峡江县金坪民族乡等对口帮扶任务，选优配强驻村工作力量。安排 260 万元，支持马市镇村村庄建设，抓好产业就业帮扶，发放鸡鸭苗 1300 只，开展职业培训，创建“阳光助残就业基地”，提供 15 户残疾人家庭稳定就业岗位；补齐民生设施短板，柳塘进村主路沿线 3.5 千米安装 56 盏太阳能路灯，开办幸福公益食堂，解决村内 10 多名 70 岁以上老人和部分村小就读学生营养午餐问题，修建村庄灌溉水渠，解决柳塘村“季节性缺水”短板，保障 866.67 公顷农田灌溉用水需求。 （涂莉）

·资料·

江西省国家级历史文化名镇名村

序号	设区市	镇村名称	公布批次	
			国家级	省级
1	南昌市	安义县石鼻镇罗田村	第四批	第一批
2	九江市	修水县山口镇	第七批	第四批
3	景德镇市	浮梁县瑶里镇	第二批	第一批
4		浮梁县勒功乡沧溪村	第五批	第二批
5		浮梁县江村乡严台村	第四批	第二批
6		浮梁县蛟潭镇礼芳村	第七批	第五批
7		浮梁县峙滩乡英溪村	第七批	第四批
8	萍乡市	安源区安源镇	第六批	第三批
9	鹰潭市	鹰潭龙虎山上清镇	第三批	第一批
10		贵溪市塘湾镇	第七批	第一批
11		贵溪市耳口乡曾家村	第七批	第一批
12	赣州市	赣县白鹭乡白鹭村	第四批	第二批
13		宁都县田埠乡东龙村	第六批	第三批
14		龙南县关西镇关西村	第五批	第一批
15		龙南县里仁镇新园村	第七批	第五批
16		寻乌县澄江镇周田村	第七批	第一批
17	宜春市	高安市新街镇贾家村	第三批	第二批
18		宜丰县天宝乡天宝村	第四批	第二批
19		樟树市临江镇	第七批	第二批
20	上饶市	婺源县江湾镇汪口村	第三批	第一批
21		婺源县沱川乡理坑村	第二批	第一批
22		婺源县思口镇延村	第四批	第一批
23		婺源县思口镇思溪村	第六批	第二批
24		婺源县浙源乡虹关村	第五批	第二批
25		婺源县江湾镇篁岭村	第七批	第五批
26		婺源县思口镇西冲村	第七批	第二批
27		铅山县河口镇	第六批	第一批
28		铅山县石塘镇	第六批	第一批
29		横峰县葛源镇	第四批	第一批
30	吉安市	安福县洲湖镇塘边村	第六批	第一批
31		安福县金田乡柘溪村	第七批	第二批
32		青原区富田镇	第五批	第三批
33		青原区文陂乡渼陂村	第二批	第一批
34		青原区富田镇陂下村	第四批	第二批
35		吉水县金滩镇燕坊村	第三批	第一批

序号	设区市	镇村名称	公布批次	
			国家级	省级
36	吉安市	吉水县金滩镇桑园村	第六批	第一批
37		吉安县永和镇	第六批	第二批
38		吉州区兴桥镇钓源村	第五批	第一批
39		峡江县水边镇湖洲村	第六批	第四批
40		泰和县螺溪镇爵誉村	第七批	第四批
41	抚州市	乐安县牛田镇流坑村	第一批	直接列为国家级
42		乐安县湖坪乡湖坪村	第七批	第四批
43		金溪县双塘镇竹桥村	第五批	第三批
44		金溪县琉璃乡东源曾家村	第六批	第四批
45		金溪县浒湾镇	第六批	第五批
46		金溪县合市镇游垫村	第七批	第五批
47		金溪县陈坊积乡岐山村	第七批	第五批
48		金溪县琅琚镇疏口村	第七批	第五批
49		金溪县合市镇全坊村	第七批	第五批
50		广昌县驿前镇	第六批	第一批

江西省省级历史文化名镇名村

序号	设区市	镇村名称	公布批次	中国传统村落公布批次
1	南昌市	安义县万埠镇梓源民国村	第五批	
2		进贤县架桥镇陈家村	第二批	第二批
3		进贤县文港镇周坊村	第五批	
4		进贤县温圳镇杨溪李家村	第五批	第一批
5		新建县大塘坪乡汪山村	第三批	
6		南昌县三江镇前后万村	第三批	第二批
7		青云谱区青云谱镇朱桥梅村	第五批	
8	九江市	修水县黄坳乡朱砂村	第五批	
9		都昌县苏山乡鹤舍村	第四批	
10	景德镇市	浮梁县浮梁镇旧城村	第四批	第一批
11		浮梁县西湖乡膽溪村	第三批	第二批
12		浮梁县瑶里镇高岭东埠村	第一批	高岭村为第一批
13		乐平市涌山镇涌山村	第四批	第二批
14	萍乡市	莲花县路口镇湖塘村	第三批	第二批
15	新余市	分宜县分宜镇介桥村	第三批	第二批
16		分宜县钤山镇防里村	第五批	第二批
17		渝水区罗坊镇下寸村	第五批	
18	赣州市	南康区坪市乡谭邦村	第五批	
19		赣县湖江乡夏府村	第三批	第二批
20		赣县大埠乡大坑村	第五批	

序号	设区市	镇村名称	公布批次	中国传统村落公布批次
21	赣州市	兴国县梅窖镇三僚村	第三批	第二批
22		兴国县兴莲乡官田村	第五批	第二批
23		于都县马安乡上宝村	第一批	
24		于都县葛坳乡澄江村	第五批	
25		瑞金市九堡镇密溪村	第一批	第二批
26		安远县镇岗乡老围村	第一批	第一批
27		定南县天九镇九曲村	第三批	
28		会昌县筠门岭镇羊角村(羊角水堡)	第五批	
29	宜春市	丰城市张巷镇白马寨村	第一批	第二批
30		丰城市筱塘乡厚板塘村	第一批	第二批
31		万载县株潭镇周家大屋	第二批	
32		铜鼓县排埠镇	第三批	
33	上饶市	婺源县江湾镇江湾村	第一批	第一批
34		婺源县江湾镇晓起村	第一批	第二批
35		婺源县秋口镇李坑村	第一批	第二批
36		婺源县镇头镇游山村	第二批	第二批
37		婺源县段莘乡庆源村	第二批	第二批
38		婺源县浙源乡凤山村	第三批	第二批
39		婺源县紫阳镇考水村	第三批	
40		铅山县篁碧畲族乡畲族村	第五批	
41		横峰县姚家乡兰子畲族村	第三批	
42		德兴市银城镇新营村	第四批	
43		德兴市海口镇	第四批	
44		广丰县嵩峰乡十都村	第五批	
45	吉安市	安福县洋门乡上街村	第五批	第一批
46		青原区新圩镇江头毛家村	第三批	
47		青原区富田镇横坑古村	第四批	第一批
48		青原区富田镇夻田村	第五批	第二批
49		吉水县金滩镇仁和店村	第二批	第二批
50		吉水县白沙镇桥上村	第四批	第二批
51		吉安县横江镇唐贤坊村	第二批	
52		吉安县敦厚镇圳头村	第五批	第二批
53		吉安县横江镇公塘村	第五批	
54		泰和县马市镇蜀江村	第四批	
55		峡江县水边镇何君村	第五批	第二批
56		峡江县水边镇沂溪村	第五批	第二批
57		峡江县巴邱镇	第五批	
58		永新县石桥镇樟枧村	第四批	
59	抚州市	乐安县牛田镇水南村	第三批	

序号	设区市	镇村名称	公布批次	中国传统村落公布批次
60	抚州市	崇仁县相山镇浯漳村	第四批	
61		黎川县华山场洲湖村	第四批	
62		金溪县浒湾镇黄坊村	第五批	
63		金溪县合市镇东岗村	第五批	
64		东乡县黎圩镇浯溪村	第二批	
65		东乡县黎圩镇上池村	第五批	
66		宜黄县棠阴镇	第一批	

建筑业与房地产业

图为南昌县千亿建筑科技产业园，规划面积73.33公顷，致力于打造成全省驰名、全国著名、全球知名的建筑产业园区

省住房城乡建设厅供

【概　况】 2020年，全省总承包和专业承包建筑业企业1.65万家，其中特级企业22家，一级企业867家。全省建筑业企业共完成建筑业总产值8649.16亿元，增长8.87%，增速较上年下降4.73个百分点。其中，在外省完成产值2684.93亿元，增长1.19%。全省建筑业总产值在全国排第13位，中部地区第5位，总产值增速总体高于全国平均水平2.7个百分点，全国位列第11位。全省建筑企业完成税收收入281.66亿元，占全省入库税收总收入8.22%。全省建筑业企业完成产值超过百亿元企业7家；完成产值在50亿～100亿元之间企业23家；完成产值在20亿～50亿元之间企业53家；完成产值在5亿～20亿元之间企业205家，比上年增加29家。全年全省建筑业企业在全球40多个国家开展对外工程承包业务，共完成对外工程承包营业额40.64亿美元，比上年下降9.6%；总量居全国第9位，同期新签合同额39.05亿美元，增长4%。全年江西省民营企业100强名单中，房地产建筑业企业共28家。江西国际、江西中煤、中鼎国际、江西水建、江联重工、江西建工等6家企业入选行业权威期刊《工程新闻记录（ENR）》发布的“2020年全球最大国际承包商250强”，入选企业数量及排位均为历年最好成绩，保持“全国领先、中西部第一”。

全省房地产用地供应面积6942万平方米，增长25.7%；房地产用地成交价款2794.9亿元，增长39.8%；全省房地产开发完成投资2378.1亿元，增长6.2%；全省商品房销售面积6732.7万平方米，增长4.2%，高于全国平均水平1.6个百分点。全省新建商品住宅销售均价7093元/平方米，增长5.4%，增幅低于全国11.6%和中部7.3%平均水平。至年底，全省房地产贷款余额1.36万亿元，占各项贷款余额32.54%，比年初低1.61个百分点。商品住宅库存4062.2万平方米，去化时间9.3个月，比上年增加1.5个月，仍处于合理区间。全省房屋新开工面积5301.8万平方米，下降9.6%，降幅低于全国1.2%平均水平。新建商品房批准预售面积6189.6万平方米，下降11.8%；全省房地产业入库各类税收下降8.87%，占全省税收17.58%，占比与上年同期略有下降。

【提升工程品质和建造水平】 推动装配式建筑和绿色建筑发展。全省新开工装配式混凝土结构建筑面积2491万平米，占新开工总建筑面积20.02%。赣州市、抚州市获国家装配式建筑范例城市，江西武阳装配式建筑产业园区及中阳建设集团等5家企业获国家级装配式建筑产业基地，南昌市政远大等20家企业被评为省级装配式建筑产业基地。会同省工业和信息化厅、省自然资源厅印发《关于加快推进江西省装配式建筑发展的若干意见》，提出工作目标和12条措施。对6个钢结构试点城市分别给予200万元奖补。全年城镇新增绿色建筑面积5528.5万平方米，共批准省级工程建设工法130项，立项应用建筑业十项新技术示范工程55个。全年全省4项工程获得鲁班奖。

图为航信大厦。其建筑物荣获全国绿色建筑创新三等奖，并取得三星级绿色建筑设计标识

省住房城乡建设厅供

【建立房地产长效管理调控机制】 多措并举保持房地产市场稳定，印发《关于落实房地产市场平稳健康发展城市主体责任制的意见》及《江西省城市房地产市场调控评价考核暂行措施》。制定有效应对疫情促进房地产市场平稳健康发展12条措施。召开省房地产市场会商协调小组会议，加强市场监测分析和调研督导。每月定期向省领导呈报房地产市场形势研究专报，及时发现房地产市场新情况、新问题，传达省领导批示精神，提出贯彻落实意见。发挥房地产领域涉稳风险防范处置联席会议机制作用。化解省联席机制办公室重点督办272件房地产领域涉稳风险问题，基本化解241件，化解率88.6%。成立复工复产领导小组，建立复工复产每周两调度一通报制度，精准施策推动房地产业高质量复工复产。

（刘瑞金　丁锦琳）

勘察设计与建设科技

【概　况】 2020年，全省工程勘察设计单位649家，其中建设工程设计甲级企业118家，乙级企业141家，丙级企业237家；建设工程勘察甲级企业44家，乙级企业52家，丙级企业57家；注册建筑师1110人，注册勘察设计工程师2296人。组织全省4256名参加全国勘察设计注册工程师执业考试，1105名参加全国注册建筑师执业考试，报名人数创全省历史新高。完成注册建筑师657人、注册结构师702人、注册岩土工程师324人继续教育培训。全省城镇新增绿色建筑面积6361.24万平方米，竣工阶段绿色建筑占新竣工建筑比例86.91%。完成既有居住建筑节能改造面积602.34万平方米，开展可再生能源应用建筑面积998.61万平方米，对304栋公共建筑能耗情况进行在线监测。全省8地入选全国无障碍环境市县村镇表彰名单。

【推动企业复工复产】 把全省住建部门核发的建设工程勘察设计乙级以下资质有效期即将期满的，统一延期至7月31日，保证勘察设计企业业务正常开展。牵头开发“勘察设计企业和个人业绩补录系统”，实行疫情期间业绩补录“不见面办理”，支持全省勘察设计企业资质增项、延续、升级。全年完成517条工程业绩补录。

【勘察设计行业管理】 推动建设工程总承包，联合省发改委下发国家部委关于房屋建筑和市政基础设施项目工程总承包管理办法，提出贯彻落实要求。“数字化+联合图审”工作作为改革亮点受到省政府主要领导表扬，以文件形式得到推广。

【建筑节能与绿色建筑】 联合有关部门印发《江西省绿色建筑创建行动实施方案》，明确新建建筑全面实施绿色建筑标准等九大重点工作，有效指导全省绿色建筑工作开展。明确全省城镇规划区内新建民用建筑全面实施《绿色建筑评价标准》（GB/T50378－2019）基本级建设标准，强化参建各方主体责任。开展建筑节能与绿色建筑专项检查，督促各地针对存在的问题及时整改，确保建筑节能和绿色建筑工作落实到位。

【建筑标准与科技支撑】 下达2020年编制计划，批准发布6项工程建设地方标准和2本图集，发挥标准技术引领作用。规范工程建设地方标准管理流程，组建专家库，构建支撑高品质工程建设标准管理体系。开展2021年度省、部科技计划项目申报工作，共推荐项目19项。推广建筑业新技术，组织专家对20项省级新技术应用示范工程进行验收。

（洪鹏云）

本栏编辑　刘清林

水　　利

综　　述

2020年，省水利厅围绕省委、省政府决策部署，践行水利改革发展总基调，做好“六稳”工作，全面落实“六保”任务，疫情防控取得重大成果，防汛抗洪斗争取得全面胜利，水利改革发展取得新突破。

防汛抗洪斗争连战连捷。面对鄱阳湖流域发生超历史大洪水，全省水利系统启动防汛Ⅰ级响应，紧急动员宣誓。通过科学运用单退圩堤有序进洪、大中型水库拦洪错峰、禁止涝水外排以及三峡等长江上中游水库群联合调度，紧急转移安置70万人群众，处置险情2000余处，保障湖区46.67万公顷农田和900万人口防洪安全，避免启用康山蓄滞洪区分洪，无一人伤亡，极大减少洪灾损失。

疫情防控和重大水利工程建设双战双赢。落实省委、省政府“两个实施意见”，全省水利系统人员保持“零感染”记录。全力抓好重大水利工程建设。全年累计落实投资281亿元，增长26%，全国排名第4位。中央水利建设投资完成率98.7%，中央水利发展资金绩效评价结果连续3年获全国优秀。

水利脱贫攻坚任务圆满完成。24个国定贫困县共落实水利扶贫资金23亿元，全面完成农村饮水安全巩固提升工程扫尾工作，确保全省280余万建档立卡贫困人口的饮水安全问题不反弹。水利公益性岗位吸纳建档立卡贫困劳动力3199人。省水利厅对口扶贫点均实现脱贫摘帽。

乡村振兴民生水利取得新发展。加固整治各类堤防1470千米，出台《江西省农村供水条例》《关于全面推行城乡供水一体化的指导意见》，所有县完成城乡供水一体化模式构建，与金融机构达成初步筹资意向1700亿元；实施鄱湖大型灌区及21个重点中型灌区续建配套与节水改造项目，灌溉水有效利用系数提升至0.515。

幸福河湖建设取得新成效。新增流域生态综合治理河流或河段项目14个；靖安县北潦河示范河湖建设通过水利部验收；乐安县、高安市、德安县农村水系综合整治试点县开工建设。全省新增水土流失综合治理面积1267平方千米；新增水生态文明村196个；改造2552座农村水电站生态流量泄放设施，创建19座国家绿色小水电示范电站；122个长江干流岸线利用项目清理整治按期完成及销号，九江市打造长江最美岸线获国务院领导高度肯定。

水利行业监管取得新进步。组织开展6批次18个方面综合督查、6类共74个在建项目稽查、45个项目质量监督和飞检。及时问责问效，共开展9批次约谈，约谈责任单位42个、责任人61人次。推进县域节水型社会达标建设，16个县通过水利部复核命名；开展节水机关、节水高校、节水灌区创建；完成“五河一湖”流域水量分配。出台《江西省流域综合管理暂行办法》；推进河湖管理范围划定工作，划定979条河流、104个湖泊管理范围；开展清河、河湖“清四乱”、河湖卫士监督执法等行动，以及鄱阳湖生态环境专项整治、消灭Ⅴ类及劣Ⅴ类水整治，河湖水质持续向好。有采砂任务的河道实现采砂规划全覆盖，完成采砂船舶卫星定位安装，严厉打击非法采砂行为。加强水土流失遥感监管和动态监测，推进图斑精细化管理，开展风力发电项目水土保持专项执法行动。出台水利建设市场主体市场行为评价办法，对57家市场主体进行责任追究及行政处罚；开展安全生产专项整治三年行动，全省水利系统安全生产形势总体稳定；推进水利工程标准化管理，“理清管理事项、确定管理标准、规范管理程序、科学定岗定员、建立激励机制、严格考核评价”等“六步法”见行见效，1.3万余处工程实现标准化管理；开展堤防注册登记工作，完成54座重点堤防白蚁危害普查，制定防治方案；加强农村饮水工程运行管理，4家水厂被水利部命名为农村供水规范化水厂。

深化水利改革取得新突破。推进河湖长制工作，建立“河长湖长＋检察长”协作机制，形成河湖保护工作合力；因河湖长制工作成效明显，宜春市获国务院办公厅督查激励，奖励资金4000万元。创新改革模式，建立帮扶制度，完成农业水价改革面积21.87万公顷。联合省发改委印发推进水权水市场改革工作方案和水权交易管理办法。宜黄县颁发全省首张河道经营权证，建立“以河养河”长效管护机制试点；德安、上高和崇仁县被水利部确定为第一批深化小型水库管理体制改革样板县；鄱阳县等探索“业主＋物业化管理公司＋水库安全员”新管理模式，全省4650座水库实行社会化、物业化、专业化管护。完成智慧水利一期试点项目建设，开发省级水利工程监督平台，“智鄱源”被评为03专项年度优秀项目。推进事业单位改革，完成省设计院转企改制和水投集团移交工作。

（秦璐）

水利工程建设与管理

【概　况】 2020年，全省各级水利部门推行工程标准化管理，狠抓河湖综合管理，全力加快工程建设管理等工作，水利工程建设与管理水平明显提升。全省建成各类水利工程160余万处，建成的水利工程为民服务发挥效益。

【水利工程标准化管理】 出台《关于2020年全省水利工程标准化管理工作的指导意见》。修订完善《江西省水利工程标准化管理评价办法》《评价标准》等政策性文件，全面提供水利工程标准化管理制度保障。派出20个工作指导组，赴全省有关县（市、区）开展两轮技术指导，促进标准化管理工作提质增效。举办标准化管理培训班，对全省1400名从事水利工程标准化管理工作人员、技术骨干进行培训，提高管理能力。创新激励机制，发挥"省考"指挥棒作用，把工程标准化管理实施情况列入全省水利改革发展考核，与省级以上水利工程维修养护补助资金安排挂钩，取得良好成效。至年底，全省共1.3万余座水利工程达到标准化管理相应等级。工作得到水利部肯定，全省水利工程标准化管理为经济欠发达地区推行水利工程标准化管理作出有益探索，值得学习与借鉴。全省经验做法多次在全国性水利工作会议上作典型发言，广东、山东、湖南、安徽等省厅局到赣参观。"让标准成为习惯、使管理合乎标准"在全省水利行业全面推进，水利工程标准化管理"江西样板"走在全国前列。

【水库水闸安全运行】 督查指导各地落实全省水库大坝安全管理等5个责任人；完成全省大中型水库运行管理信息系统平台建设验收；督促各地按规定开展大中型水库日常安全监测工作，确保水库运行安全。针对个别地方非法侵占水库管理范围水域，危及水库防洪、水资源和水生态安全问题，印发通知要求各地进一步开展水库违法建设专项排查、整治，有效维护水库生态环境，全省县（市、区）完成取缔水库网箱养殖任务，取得成效。全年全省计划开展安全鉴定水库2055座和95座水库降等报废，全部超额完成任务。

【小型水利工程管理体制改革】 开展小型水库管理体制改革示范县创建工作，印发工作方案，在市级水利部门推荐、县级政府申报基础上，结合各地小型水库日常运行管理情况，由水利部评估审核，江西省德安县、上高县、崇仁县被水利部确定为第一批深化小型水库管理体制改革样板县，为全省小型水库管理体制改革提供新样板，发挥典型引领作用，促进小型水库管护主体、管护人员和管护经费落实。鼓励探索政府购买服务和社会化管理等多种管理模式，推行管养分离，开展社会化、专业化维修养护和观测监测服务。全省共有4650座水库实行物业化管理，其中小型水库4593座，有效提升工程运行管理水平。指导培育江西扬帆公司、省水投集团等一批水库堤防物业化管理专业公司，提升信息化管理水平。

图为峡江县水利枢纽工程

省水利厅供

【河湖综合整治】 开展河湖"清四乱"常态化规范化，各地共排查出"四乱"问题507个，全部完成整改销号。开展长江干流岸线保护和专项检查行动，全面完成122个项目整治。开展违建别墅清查整治工作，河湖管理范围内52个违建别墅问题，全部整改到位。开展非法矮围清理整治工作，推动全省重点水域禁捕退捕工作，完成清理37处非法矮围。开展河湖划界工作，全省完成916条河流及18个城镇规划区水面面积不足1平方千米重要湖泊划界工作，由县级以上人民政府公告划定成果。

【水利建设市场违法违规行为治理】

出台《江西省水利建设市场主体市场行为评价办法》《江西省水利建设项目施工和施工监理评标办法补充规定》，对全省721个施工项目（标段）、399个监理项目（标段）开展市场行为评价。建设江西省水利建设市场监管平台，采集、公开和管理水利建设市场主体的市场行为评价信息，全年共对57家市场主体下达60件责任追究及行政处罚决定，记录企业不良行为。开展年度水利建设市场主体信用评价，对655家施工单位、33家监理单位、4家招标代理单位、7家质量检测单位、14家勘察单位、7家咨询单位、22家设计单位及3477个项目进行评价赋分。在全省在建水利项目中，推广使用水利建设市场主体关键岗位人员信息化考勤，强化市场主体履约意识，规范参建单位关键人员到岗履职。

【重点水利工程建设】 12月，景德镇浯溪口水利枢纽工程通过竣工验收，宜春市四方井水利枢纽工程主体工程完工，鹰潭市花桥水利枢纽工程完成截流。寻乌县太湖水库通过竣工验收，莲花县寒山水库完成主体工程建设。开工建设龙南县茶坑水库、东乡县井山水库、定南县洋前坝水库。袁州区飞剑潭等3座病险水库除险加固项目主体工程完工。瑞金日东水库等20座病险水库除险加固项目开工建设,完成刘家拦河闸等11座大中型水闸除险加固项目竣工验收工作。

（张金辉）

水资源管理

【概　况】 2020年,全省年平均降雨量1853毫米,比多年平均值多13.1%。地表水资源量1666亿立方米,比多年平均值多7.8%。全年总供水量与总用水量持平,为244.12亿立方米。人均综合用水量526立方米,万元GDP(当年价)用水量96立方米,万元工业增加值(当年价)用水量65.7立方米,农田灌溉亩均用水量578立方米,农业灌溉水有效利用系数0.515。

【出台水资源管理制度】 完成水权水市场改革主要制度设计与出台。该项改革列入省委全面深化改革委员会2020年工作要点台账,按照文件要求,主动作为、协调沟通、大力推进,取得阶段性成果。联合省发改委印发《江西省水利厅 江西省发展和改革委员会关于印发推进水权水市场改革工作方案的通知》,对全省推进水权水市场改革提供政策保障。印发《江西省延续取水技术评估服务指南》,指导市、县规范开展延续取水评估工作;印发《江西省水权交易管理办法》和《江西省水权交易规则》,为水权交易实践和规范发展提供可操作性制度支撑。建立国家、省、市三级重点监控用水单位名录,其中国家级重点监控用水单位59家,省级42家,市级232家,11个设区市均发布市级重点监控用水单位名录。推进"放管服"和"一次不跑",制定水资源论证区域评估管理办法,颁发全省第一张取水许可电子证照。

【生态流量与水量分配】 省政府批复袁水、禾水、锦江、梅江4条河流生态流量,赣抚信饶修及鄱阳湖环湖区等主要河湖水量分配通过省政府批准;配合流域机构完成全省跨省河流水量分配方案编制及审查。向水利部上报《江西省取水工程(设施)核查登记整改提升实施方案》,组织开展整改提升座谈会,全省共核查登记长江流域取水工程(设施)1.75万个,412个退出类项目和5558个整改类项目全部完成整改。

【开展水资源监管专项整治】 开展"河湖卫士"水资源专项执法检查。规范计划用水,对超计划用水实行累进加价收费制度,保障取用水户科学、合理利用水资源,提高节约用水管理水平和用水效率。克服疫情,征收水资源费2.71亿元,确保机关高效运行。国控二期和省控项目均通过水利部技术评估。

【水资源保护】 定期调度、督促各设区市城市应急备用水源项目进度,印发《江西省水利厅关于商请加快推进设区市应急备用水源建设工作的函》,推进应急备用水源建设,除九江市、宜春市外,全省9个设区市完成建设任务。向水利部报送2019年度全国重要饮用水水源地安全保障达标建设自评估报告,完成年度任务。部署地下水管控指标确定工作,《江西省地下水管控指标确定论证报告》通过技术审查和流域机构技术复核,地下水管控指标确定成果上报水利部,推进地下水超采区治理。

【节水管理】 完成《江西省节水行动实施方案》年度工作任务。对标对表全面完成年度各项任务目标。全省节约用水工作协调推进小组会议得到副省长罗小云肯定。超额完成县域节水达标建设,完成33个县(市、区)县域节水型社会达标建设(国家下达任务是28个),其中23个县(市、区)通过水利部复核命名,居南方省份首位。全省共建成各类节水载体9927个,其中省级载体71个,分别是省级节水型企业22个,节水型灌区20个,节水型高校19家,节水型小区10个,全部超额完成相关部委下达任务。全省水利行业节水机关创建完成率100%,省级机关节水型单位创建完成率100%。联合省水利科学院制作《节水总动员》科普动画片获大禹科普奖,登录"赣教云"。自创节水主题公益歌曲《写下湛蓝的未来》MV获"节水中国"原创作品大赛唯一"最佳音乐短片奖"。连续2年开展节水大使评选活动。全年全省共160个规划和建设项目开展节水评价工作并通过审查,2个项目因节水评价不通过而未通过水资源论证报告审查。委托省水利设计院承担江西省"十四五"节约用水规划编制工作,印发《江西省水利厅办公室关于配合开展江西"十四五"节约用水规划编制工作通知》,协调有关省直单位和各设区市水利局提供基础资料,赴部分地区开展调研复核,完成初稿编制。

（陈芳）

水　文

【概　况】 2020年,赣江、饶河、信江、修河及鄱阳湖发生13个编号洪水和84站超警戒洪水,16站水位超历史,鄱阳湖流域防汛压力很大。江西水文启动防汛测报应急响应38次,施测流量9306次,采集各类水文数据1.78亿条,发布洪水预警202次,支撑省水利厅科学调度大中型水库43次、拦蓄洪量18亿立方米,为全省减少灾害损失、安全转移安置83.7万人提供参谋服务。水文部门在防汛工作中预报精准、参谋得力、成效显著,9月省政府领导分工把水文行业单列,凸显水文工作的重要性。坚持疫情防控、水文业务两手抓、同步走,做法与成效得到水利部肯定,水利部水文司发文在全国推广。

【水文机构改革】 根据机构改革部署要求,省水文局更名为省水文监测中心,为省水利厅所属副厅级公益一类事业单位。9个设区市(鄱阳湖)水文局按流域整合为赣江上游、赣江中游、赣江下游、抚河、信江饶河、修河、鄱阳湖7个正处级水文水资源监测中心。改革后,水文机构更好地体现全省水系分布特点,城市水文、县域水文功能得到加强。

【水文科技】 获江西省科技进步一等奖1项、三等奖2项。鄱阳湖水文生态监测研究基地实验研究系统建成投运,增设“一带一路”河湖生态保护技术联合培训中心鄱阳湖培训基地、“水利部中国科学院水工程生态研究所湖泊生态系统研究野外科学实验鄱阳湖站”两块牌子,江西水文实现拥有水利部科研平台、国际科研平台和中科院科研平台历史性突破。

【水文监测管理】 47个测报中心全面运行,119处国家基本水文站全部推行“一站一表”标准化管理,110处水文测站(中心)依法办理测站确权登记手续。开展以溃口洪水监测预报为主要内容的全省水文防汛测报应急演练,购置74部卫星电话,实现防汛重要站应急通信全覆盖。推出《2019年鄱阳湖流域泥沙公报》,提供水文资料产品服务。

【应急监测队建设】 针对昌江问桂道圩、中洲圩及修河三角联圩发生险情,水文应急监测队迅速出击、连续作战,施测溃口流速、流量32次,发送水位数据10余万条,编发《水文应急监测简报》9期,支撑封堵抢险。疫情防控和防汛Ⅰ级应急响应期间,对全省51处国家重点地表水监测站和135处重要城市及县(区)主要供水水源地开展水质应急监测,保障民生安全。

【提升水资源监管服务】 县级水资源公报服务实现全省全覆盖,水资源月报服务覆盖39个县(市、区)。基本构建覆盖全省主要江河生态流量指标体系,推进水生态水环境监测试点工作。同步监测鄱阳湖滨湖区20处入湖河流控制站水质水量,12条流域面积100平方千米的主要直接入湖河流水资源状况得到有效监控。推进农村饮水水质监测,累计检测2000余份水样,保障人民群众饮水安全。

【河湖长制管理】 率先在全国引进环境DNA监测技术,对重点水域实施监测。对全省76个重点湖泊开展水生态调查评价,承担鄱阳湖19个子湖和35个碟形湖水环境情况调查任务,推出《2019年度江西1km^2以上湖泊水生态监测报告》《2019年度鄱阳湖水生态状况蓝皮书》《鄱阳湖子湖和碟形湖水环境情况调查工作报告》。《江西省10 km^2 ~ 50km^2 河流特征调查成果报告》通过审查。

【水文前期规划】 《江西省水文现代化建设规划》报水利部水文司审批。《江西省城市水文监测规划报告》《江西省水生态监测规划(2019—2030年)》获省水利厅批复。江西省东江源水文水生态监测与保护研究系统建设、九江市城市湖泊水文实验站等10个项目均获得省发改委可研批复和省水利厅初设批复。

【水文信息化建设】 推进“一数一源”工作,数字流域上线运行,建成水文综合数据库。全面建成水文信息综合服务平台,三级用户统一使用、分级管理。与中国铁塔江西分公司开展战略合作,推进水文“监视监测预报预警预案”信息可视化,推动江西智慧水文建设。 (胡彧)

水政监察

【概　况】 2020年,全省水政监察围绕“节水优先、空间均衡、系统治理、两手发力”治水方针和水利改革发展总基调,坚持生态文明试验区建设,落实依法治水管水,完善水利法治建设,制定修改水事法规规章,推进政府职能转变,加强水法治监督,提升依法治理能力水平。坚持狠抓“四个全面”,保障“四大提升”,推进全省水利改革发展新跨越提供法治保障。

【完善水法规制度体系】 3月27日《江西省农村供水条例》经省十三届人大常委会第十九次会议审议通过,6月1日起正式实施,全省农村供水事业进入有法可依新阶段。探索流域综合管理制度建设,《江西省流域综合管理暂行办法》经省委深改委第11次会议和第53次省政府常务会议审议通过。10月10日,印发《江西省人民政府关于印发江西省流域综合管理暂行办法的通知》。开展法规规章和政策文件清理,对涉水12部法规、5部规章和规范性文件,开展涉及营商环境、野生动物保护、妨碍统一市场和公平竞争、改革发展和民法典的清理工作。

【创新“放管服”改革】 对全省水利系统权力清单事项按照“三级四同”目标要求,梳理编制《江西省水利系统统一行政权力清单》,经第53次省政府常务会议审议通过。对跨行政区域边界河道修建水工程以及河道整治工程的许可、乙级水利工程质量检测单位资格认定等事项实行承诺制审批;依托“赣服通”3.0版升级建设,完成采砂许可证、取水许可证以及水库水位、河道水情、雨量等数据实时更新及查询,提供“掌上查询”;把取水许可、取水计划调整和审批、全省整修长江堤防进行吹填固基或者整治长江河道采砂审查3项政务服务事项纳入“掌上办理”。

【水法治监督整治】 做好法规规章执行情况监督,开展为期半年的执法监督调研,了解《江西省河道采砂管理条例》实施总体情况及实施过程中存在的问题,总结经验分析不足。全面完成全省58起陈年积案“清零”工作,对南昌、景德镇、抚州、上饶、鹰潭5个执法案卷及整改现场进行抽查复核,完善案件查处、案卷制作。落实“水利工程补短板、水利行业强监管”的水利发展总基调,加强对行政执法行为监督制约,开展行政处罚案卷评查活动,组织专家对11个设区市报送31件行政处罚案卷进行评审。

【水法规宣传活动】 完成“世界水日”“中国水周”暨第二届“江西省河湖保护活动周”宣传活动。利用省级报刊、手机短信、办公楼显示屏等平台开展宣传活动。3—4月,联合省普法办、新法制报开展“百万网民学法律”水法规专场知识竞赛活动,共32万人次参与知识竞赛活动。专门制作《节水总动员》节水宣传片和“节水惜水,共护赣鄱”节水主题课,“水周”期间通过“赣教云”平台播出,全省600多万名中小学生点击观看。3月22日—28日,联合省机关事务管理局开展“节水大作战,等你来挑战”有奖答题活动。参与答题活动突破121万人次，收获有效答题32万份。印发宪法学习宣传计划，举办宪法知识专题讲座，组织开展宪法宣誓活动，开展民法典知识讲座。

【开展河湖卫士监督执法行动】 开展河湖卫士监督执法行动，坚持河道清障、涉河建设项目及活动，水利工程设施保护，水资源保护、河道采砂管理，水土保持，水利建设市场等重点方面，强化协调调度和问题督导，实行重点问题动态管理，紧盯重点问题整改，依托河湖卫士工作平台，开展河湖卫士专项执法行动，实现涉水监督执法事务全覆盖，构建全省水利系统“全面执法、综合执法、联合执法”工作新格局。至年底，省级重点问题共157个，整改到位155个，整改完成率98.7%。

【河湖与水资源保护】 围绕扫黑除恶专项斗争工作重点，把重点水域与中小河流非法采砂全面整治结合，注重强化部门联动协作，确保涉砂涉水矛盾纠纷得到及时有效控制和化解。开展“春节及两会期间打击非法采砂专项行动”“河湖卫士春雷2020联合执法行动”“河湖卫士中小河流非法采砂整治百日大会战”等专项行动。期间，全省共出动执法人员6.4万余人次，清理、整治非法砂场240余个，查处采砂船舶（机具）190余艘（台），切割（销毁）采砂船舶（机具）90余艘（台），共查处涉砂行政处罚案件450余件。加强取用水检查，系统性总结提炼工作方法供基层学习，规范取水计量设施运行管理。年度征收水资源费2.74亿元，超年度征收计划14%。

【水土保持监管】 围绕巩固清理整改提升长江经济带水土保持监督执法专项行动成果，开展年度“双随机一公开”检查，抓好项目库梳理，严格进行现场检查；开展“风力发电项目水土保持专项监督执法行动”，做好水保监督执法全覆盖工作，全年共开展水土保持监督检查22次，检查项目95个，查处违法案件2个，年度征收水土保持补偿费4844万元，超出年度征收计划47%。开展水土保持监测网络优化升级，抓好监测网络运行管理，推进监测网络管理规范化和自动化建设。

【执法信息化建设】 推进项目建设，“智慧水政”先行先试，完成鄱阳湖区、长江干流、赣江流域部分水域38套监控设备的安装。与省水科院合作，推广使用无人机用于日常河湖保护执法巡查，提升执法巡查工作效能和执法宣传效果，强化与江西日报社、新法制报社、江西头条等传统媒体和新媒体合作，打造“1+2+N”宣传主阵地，“江西水政”微信公众号与传统纸媒、网络平台结合，形成“线上+线下”立体式宣传格局，提升联合执法成效。开展鄱阳湖区联合巡逻，联合省公安厅部署开展河湖卫士“春雷2020”联合执法行动，推动出台《关于建立河道采砂联合整治长效机制的指导意见》《水行政执法与刑事司法衔接实施办法》等相关文件，建立健全涉砂违法防控治理长效机制，加强与各部门互联互通。

（郭鹤 余琪）

农村水电

【概 况】 江西省水能资源理论蕴藏量685万千瓦，技术可开发量633万千瓦，其中农村水电技术可开发量423万千瓦。截至年底，全省共有农村水电站3766座，装机容量351.4万千瓦，占农村水电技术可开发量的83.1%，全年发电量89.15亿千瓦时。江西农村水电站主要特点是点多面广，小水电站居多，1000千瓦以下有3115座，占全省农村水电站数量82.7%。

【农村水电增效扩容改造】 江西省“十三五”水电增效扩容改造项目371个，其中电站改造项目182个，项目改造总投资5.44亿元，经第三方绩效评价，水利部、财政部现场复核，全省水电站增效扩容项目绩效评价全国排名第3位，获国家奖励资金409万元，部分项目超额完成目标任务，追加安排江西省中央补助资金245万元。截至年底，全省累计增加装机容量3.84万千瓦，修复脱水河段222千米，提高发电量，增加电站收入，恢复生态基流，改善河流生态环境，消除电站安全隐患。

【小水电安全监管】 逐站落实农村水电站安全生产“双主体”责任以及农村水电站水库“三个责任人”，实现农村水电站“双主体”责任全覆盖。汛前组织对水电站进行拉网式全覆盖汛前检查，汛后组织进行电站大坝安全鉴定情况分片督导，把安全生产工作列入省水利厅综合督查重点事项，全面完成年度农村水电站管理标准化创建任务，完成4座农村水电站安全生产标准化一级达标，创建数量居全国第2位，实现“零”突破。

【绿色水电建设】 全年全省绿色小水电创建19座，创建数量和质量大幅提高。农村水电安全管理更加规范，完成安全生产标准化一级达标电站4座，二级达标电站6座，一级达标电站实现零突破。农村水电增效扩容绩效评价全国排名第3位，获水利部奖励。全省农村水电增效扩容改造项目371个，增加装机容量3.82万千瓦，多年平均发电量增加2.53亿千瓦时，全省222.02千米减脱水河段问题全部消除。全省3个小水电扶贫试点项目全面完工，总装机6190千瓦，其中扶贫装机4300千瓦，帮扶贫困户966户，完成投资4553万元，初步产生效益。

【小水电整治】 截至年底，全省4121座小水电全部完成清理整改验收销号。位于自然保护区核心区、缓冲区51座农村水电站全部解网退出，有生态流量泄放要求的2552座农村水电站改造完成生态流量泄放设施及下泄生态流量，修复减脱水河段1300余千米。全省建农村水电站涉及立项审批、水资源论证（取水许可）、土地预审、林地征（占）用等1.32万余项合法合规性手续全部得到完善。

（高云平 黄韬）

本栏编辑 刘清林

生 态 环 境

综 述

2020年，全省生态环境质量创"十三五"最高水平，污染防治攻坚战顺利收官，推进造林绿化、资源管理、护绿提质，江西林长制走在全国前列，为国家出台《关于全面推行林长制的意见》提供江西经验。国土绿化各项任务超额完成。率先在全国建立湿地生态环境损害调查评估制度，全省湿地保护率61.99%，提升2.54%。鄱阳湖区湿地候鸟保护实现"三无一杜绝"（湖中无天网和毒饵；路上无非法携带和运输越冬候鸟；餐馆酒店和市场无藏匿、经营、交易和食用越冬候鸟，杜绝严重破坏越冬候鸟资源和湿地环境违法犯罪案件的发生）总体目标。全省森林覆盖率63.1%，稳居全国第2位，675个行政村首获"江西省森林乡村"称号。开展林业专项整治，狠抓生态环境问题整改，有效维护全省生态安全。

污染防治攻坚战。全年全省$PM_{2.5}$浓度30微克/立方米，优良天数比例94.7%，11个设区市全部达到二级标准，设区城市集中式饮用水水源地水质达标率100%，地表水国考断面水质优良比例96.0%，全面消灭Ⅴ类和劣Ⅴ类水断面，鄱阳湖点位总磷浓度0.058毫克/升，下降15.9个百分点，长江干流江西段所有水质断面全部达到Ⅱ类标准，大气、水环境质量均名列中部省份第一。全省生态环境状况指数（EI）为优，列全国第4位；国家级"绿水青山就是金山银山"实践创新基地累计达到5个，列全国第2位；"国家生态文明建设示范市县"累计达到16个，列全国第5位。

抗击疫情洪灾。全省医疗废物集中处置能力由79.5吨/天提升到129.5吨/天，应急处置能力达506.5吨/天，确保疫情期间全省医疗机构及设施环境监管和服务100%全覆盖，疫情医疗废物及时有效收集转运和处理处置100%全落实。出台加强汛期全省生态环境安全监管和防汛抗洪抢险救灾工作相关措施，全省生态环境系统1600余名干部全程参与汛期防汛抗洪、堤坝巡查、生态环境安全监测工作，保障汛期全省生态环境安全稳定。

环境治理。全省建立现代化环境治理体系24条措施及相关配套制度，设置省生态环境保护督察办公室和赣东、赣南、赣西、赣北、赣中5个区域生态环境监察专员办公室，构建江西特色"1+5"省级生态环保督察体系。率先在全国出台《江西省生态环境保护督察工作实施办法》《江西省生态环境保护责任规定》，创新生态环保综合执法、环境资源审判、生态检察等司法制度。10项垂直管理改革任务全面完成，垂改、综合执法改革等经验列入《国家生态文明试验区改革举措和经验做法推广清单》。

问题整改。抓好中央环保督察及"回头看"反馈、长江经济带警示片披露等问题整改，实施挂图作战、四色预警、定期调度、暗访督导，落实"初审、申请、核实、公开、核准、问效"程序，严格问题销号。推进省级环保督察和区域环境监察，完成第二轮省级环保督察"回头看"，率先在全国实现省级环保督察及"回头看"全覆盖，开展突出生态环境问题大排查行动，排查1.38万个问题，完成整改1.33万个，建立《生态环境突出问题》专报省委、省政府工作机制，实事求是反映问题、推动整治，发挥生态环保督察前哨、探头和尖兵作用。全省公众生态环境满意度提高5.7个百分点。

国土绿化。争取中央预算内资金2.98亿元，安排营造林任务5.68万公顷。全省完成人工造林7.65万公顷，占计划163.9%；低产低效林改造11.79万公顷，占计划100.5%；森林抚育39.41万公顷，占计划101%。重点区域森林"四化"建设1.59万公顷，占年度计划119.5%；重点防护林工程营造林6.04万公顷，占年度计划104.2%。国家储备林项目2.20万公顷。封山育林7.35万公顷。新增沙化土地治理6457.41公顷。全省新增城镇公园387个、新增公园绿地2482公顷，改建城镇公园253个、改建公园绿地553公顷；新建城镇绿道里程841千米，完成覆绿或软覆盖526公顷。完成江河堤防绿化235千米、面积350.73公顷，新增水土流失综合治理1267.46平方千米，完成小流域水土流失综合治理451.4平方千米。长江经济带废弃矿山生态修复0.16万公顷，115座矿山达到绿色矿山标准。全省57所高校完成绿化567.47万平方米，校园绿化率51%。全省参加义务植树2593万人次，义务植树尽责率91.5%。

森林管理。全面建成省市县乡村五级林长管理体系，设立省级林长11人、市级林长100人、县级林长1603人、乡级林长1.40万人、村级林长3.54万人。省委书记、省级总林长在全国率先签发总林长令，市县两级签发总林长令153次；向各级林长提交"三单一函"（林长责任区域森林资源清单、问题清单、工作提示单和督办函）7805份，各级林长开展巡林5624人次，协调解决森林资源保护发展问题3017个。开展森林资源网格、管理人员、管护资金"三整合";整合监管员6322人,聘请专职护林员3.09万人;109个县级单位推广应用江西省林长制巡护信息系统,系统上报事件2.37万起,处理办结2.35万起,办结率98.9%。贵溪市龙虎山上清镇护林员肖冬样被评选全国"最美护林员"。全省审核使用林地建设项目2021个,批准使用林地面积1.17万公顷,增加11.4%。开展第6次沙化监测。开展公益林管护省级核查,完成国家级公益林监测落界,全省公益林乔木林每公顷蓄积87.96立方米,公益林蓄积年均增长5.25%;年森林生态服务功能价值5278.46亿元。森林参保874.11万公顷,占有林地面积81.5%;提供风险保障712.51亿元。完成赔付965起、面积7.02万公顷、金额1.63亿元。全省森林植被恢复费征收25.16亿元,增长50.94%。

*湿地管理。*争取中央财政湿地保护补助资金6000万元。出台《江西省湿地占用管理办法》,批复重要湿地占用许可9个,面积21.21公顷,实施湿地"占补平衡"补充湿地36.32公顷。完成湿地恢复与综合治理533.33公顷。开展全省小微湿地(小于8公顷)摸底调查,小微湿地总面积7.2万公顷,其中自然湿地20.83%,人工湿地79.17%。新增国家湿地公园1处和省级湿地公园10处,新增湿地保护面积6411公顷。兴国潋江和婺源饶河源国家湿地公园被认定国家重要湿地。江西鄱阳湖南矶湿地列入《国际重要湿地名录》。推进3s技术应用,对44处省重要湿地及武宁县等4个检查对象进行核查,发现重要湿地问题92处,面积85.05公顷;一般湿地问题112处,面积180.45公顷。

*物种保护。*全省保护白鹤、梅花鹿南方亚种、南方红豆杉、落叶木莲等珍稀濒危野生动植物取得显著成效。初步构建以武夷山脉、南岭山脉、罗霄山脉、九岭山脉、鄱阳湖湿地等为重点区域,以保护中亚热带常绿阔叶林森林生态系统、鄱阳湖天然湿地生态系统、珍稀野生动植物为主体的自然生态保护网络。全省野生脊椎动物995种,其中兽类105种,鸟类570种,爬行类77种,两栖类40种,鱼类203种,分别占全国同类动物种数21%、39.5%、20%、14%、5%。列国家一级保护动物19种,二级保护86种;省级保护107种(类)。列入《濒危野生动植物种国际贸易公约》附录Ⅰ和附录Ⅱ野生动植物种类98种(类)。全省高等植物5117种,约占全国总数17%;列国家重点保护野生植物55种,其中国家一级9种,国家二级46种;省级重点保护植物150种(科、属)。全省自然保护区内保存80%野生动物种类、95%野生植物种类,其中国家和省重点保护物种500多种。全省建立野生动植物保护管理站69个、陆生野生动物疫源疫病监测站58处,其中国家级25处、省级33处,布设监测点300余处,巡护监测人员2000余人。争取国家野生动植物保护、救护繁育经费180万元,实施13种极小种群野生动植物救护繁殖项目。开展鄱阳湖13种大型越冬水鸟调查,统计到大型水鸟37.71万只。开展鄱阳湖区夏季鸟类调查,记录到鸟类139种,其中夏季水鸟69种,非水鸟70种。开展鄱阳湖越冬水鸟同步调查,统计到水鸟68种,数量68万余只,其中白鹤3998只。鄱阳湖沿湖各部门开展湿地候鸟保护联合执法320次,出动4100人次,对160个农贸市场、380家酒店餐馆、20个野生动物养殖场进行巡查。开展第7个"世界野生动植物日""2020年国际生物多样性日"、第39届"爱鸟周"、保护野生动物宣传月、"世界候鸟日"暨"发现鄱湖之美"文创大赛等宣传活动。开展鸟类迁徙规律研究,环志迁徙候鸟0.5万只。全年办理野生动植物行政许可974起,其中国家重点保护野生植物行政审批928起,野生动物行政审批46起。

(省生态环境厅　省林业局)

生态环境建设

【概　况】 2020年,全省造林项目建设资金7.14亿元,其中防护林2.98亿元、造林补贴1.96亿元、低产低效林改造1.41亿元、重点区域森林"四化"建设0.79亿元。完成重点防护林工程造林6.04万公顷,其中"长防林"4.98万公顷,"珠防林"1.06万公顷。完成低产低效林改造11.79万公顷。国家储备林项目2.20万公顷。欧洲投资银行贷款项目4.15万公顷。建设省级乡村风景林示范点100个,乡村风景林建设0.44万公顷。

【森林质量提升】 省林长办出台《江西省"护绿提质2020行动"实施方案》。全省人工造林核实面积合格率98.9%,封山育林核实面积合格率100%。完成低产低效林改造11.79万公顷,占计划100.5%;森林抚育39.41万公顷。下达林木良种繁育项目投资5000万元。建立4处国家级、12处省级种质资源库,保存林木种质资源15.6万份;重点林木良种基地22处,其中国家级13处、省级9处,省级保障性苗圃53家,省级示范保障性苗圃17家。全省生产良种5000千克,油茶良种穗条2500万根,良种苗木和"四化"造林苗木2.26亿株。中央和省级良种苗木专项补助2060万元,培育良种苗木5862万株。全省主要造林树种良种使用率73%,其中林业重点工程良种使用率100%。编制《多功能近自然森林经营技术指南》地方标准,开展崇义县等3个全国森林经营试点单位建设,推进崇义等22个县开展省级森林经营样板基地和近自然森林经营试点工作。全省活立木蓄积量6.85亿立方米,乔木林单位面积蓄积量78.9立方米/公顷。

【森林城乡创建】 做好国家森林城市创建推进工作,吉安、抚州、南昌、宜春4个设区市通过国家森林城市动态监测,保留"国家森林城市"称号。推荐永丰县等5县(市)申报创建国家森林城市。奉新县等8县(市)申报创建获国家林草局备案。大余县等6县(市)国家森林城市建设总体规划通过国家林草局专家评审。全省新增省级森林城市1个,累计76个。开展创建森林乡村活动,创建国家森林乡村430个、省级森林乡村675个。

【重点区域森林"四化"建设】 全年重点区域森林"四化"建设1.59万公顷,占年度任务119.8%;面积核实率

97.2%，同比增加0.9%，完成面积和核实率双增长；栽植彩色与珍贵树种950.82万株。重点打造长江、赣江最美岸线，推进昌吉赣高铁、泰井高速、福银高速沿线彩化，做优重点景区和乡村生态景观。全省新建示范基地21个。九江打造百里长江“最美岸线”，87个非法码头依法拆除，恢复岸线7529米，完成复绿种植65.9万平方米。

【自然保护地建设】 印发《省委办公厅、省人民政府办公厅关于建立以国家公园为主体的自然保护地体系的实施意见》，提出到2035年自然保护地占全省国土面积12%总体目标，确保自然保护地面积只增不减。《江西省自然保护地整合优化预案》通过国家专班审核。武夷山、井冈山国家公园列入2021年国家公园建设计划。贵溪笔架峰晋升省级自然保护区，新建共青城南湖湿地县级自然保护区。对都昌候鸟、万载三十把、芦溪羊狮幕、铜鼓棘胸蛙4个省级自然保护区和安义西山岭县级自然保护区进行规划调整。命名6处省级示范森林公园。全省149处森林公园矢量化数据通过技术校核，占全省森林公园总数82%。启动102处乡村森林公园建设，命名150处乡村森林公园，落实奖补2140万元。全年审核占用森林公园林地事项24项。南丰潭湖省级湿地公园晋升国家湿地公园，总面积1270.25公顷，湿地面积402.05公顷。寻乌东江源、横峰岑港河2处国家湿地公园试点转正“国家湿地公园”，总面积1876.40公顷，湿地面积1213.28公顷。新设立景德镇昌南湖、龙南渥江、龙南桃江窑头、余干琵琶湖、鄱阳鸦鹊湖、都昌北鄱阳湖、共青城珍珠湖、永丰恩江、永新双江口、进贤青岚湖、东乡幸福、九江芳兰湖、共青城南湖、上栗枣木湖、南昌瑶湖、安义北潦河、泰和蜀水等17处省级湿地公园。

（黄柏祯　张媛媛）

生态环境保护

【概　况】 全省林地面积1029.98万公顷，占国土面积61.7%。全省湿地面积91.01万公顷，占国土面积5.45%。创建40处国家级（其中试点16处）、69处省级湿地公园（其中试点17处），认定2处国际、2处国家、42处省级重要湿地，设立湿地保护小区656个，受保护湿地面积56.41万公顷，湿地保护率61.99%。全省设立50处国家级、120处省级、12处市县级森林公园，批复总面积52.91万公顷，占全省国土面积3.17%。全省建成自然保护区191处（国家级16处、省级39处、市县级136处），风景名胜区45处（国家级18处、省级27处），地质公园15处（国家级5处、省级10处），世界遗产5处（世界自然遗产3处、世界文化遗产1处、世界文化与自然双遗产1处）；自然保护区109.98万公顷、风景名胜区44.72万公顷、地质公园31.01万公顷、世界遗产202.3万公顷，分别占全省国土面积6.59%、2.68%、1.86%、12%。全省省级以上生态公益林342.48万公顷。全省天然草地38.87万公顷，草地综合植被盖度91%。全省签订天然商品林停伐、管护协议面积163.78万公顷。

【林业有害生物防控】 省政府向各设区市政府下达《2020—2021年度松材线虫病防控目标责任书》。印发《江西省重大林业有害生物防控工作指挥部工作规则》《江西省重大林业有害生物灾害应急预案》。省林业有害生物防控工作指挥部恢复由分管省领导兼任指挥长，成员单位从17个调整为26个。松材线虫病防控纳入政府科学发展考核、高质量发展考核、生态文明试验区考核、生态文明建设考核、林长制工作考核范畴。开展江西省松材线虫病防控“三年攻坚战”行动，首次公布松材线虫病疫点乡镇484个，重点打好庐山、井冈山、龙虎山、三清山、梅岭等重点区域松材线虫病防控“保卫战”；全省投入防治经费6.7亿元，省级同比增加23%；清理疫木685.70万株、面积30.09万公顷，打孔注药36.26万株。在庐山、三清山、龙虎山、明月山等风景名胜区设立8个森林植物检疫检查站；首次聘请第三方对松材线虫病疫木清理绩效开展省级评价；首次大范围使用无人机开展松材线虫病秋季普查；开发松材线虫病疫木监管信息化平台和疫木监管APP。评定全省林业有害生物防治组织95家，监理组织24家。开展2019—2020年度全省松材线虫病防控目标考核，赣州、南昌、萍乡、抚州、上饶、鹰潭6个设区市政府和九江市濂溪区、景德镇市昌江区、分宜县、鹰潭市月湖区、赣州市南康区、寻乌县、铜鼓县、玉山县、峡江县、南城县政府以及南昌市湾里管理局等11个单位为优胜单位。全年林业有害生物偏重发生，发生面积58.16万公顷，上升56.3%。其中，病害36.73万公顷，上升103.95%；虫害21.42万公顷，上升11.65%。646个美国白蛾疫情监测点配发监测设备。全省发放检疫证书10.5万份，签发调运检疫证书5.69万份，产地检疫合格证2234份；调入林业植物及其产品8.95万单。新批215名专职检疫员。培养60余名无人机驾驶员。

【林业专项行动】 开展“护绿提质2020行动”，全省查结林业行政案件4532起。全省开展清查非法猎捕和交易野生动物专项行动，出动执法人员42.7万人次，检查野生动物驯养繁育场所12.7万处次、餐饮企业10.5万个次、集贸市场9.4万个次，野外巡护监测里程155万千米；查处野生动物案件1799起，收缴野生动物4912只、野生动物制品244.57千克。开展“鄱湖利剑”专项行动，清除“天网”和粘网1.7万米，救治放飞候鸟200余只，收缴诱捕器2台、铁夹60套，平毁非法围堰5处、面积140公顷，办理各类案件28起，行政处罚28人。开展森林督查、“绿盾行动”等专项整治行动，查处刑事案件1667起、行政案件1.06万起，整改完成率85%。推进自然保护地等重点区域违建别墅整治，排查WJBS涉林问题189个，处置到位100%。开展2020年湿地保护专项行动，《2019年涉湿生态环境问题清单》79个问题有78个完成整改销号，行政罚款5700万元，恢复和补充湿地0.11万公顷。全年9个涉湿问题完成整改销号6个，完成湿地补充地建设9.75公顷，就地恢复湿地2.29公顷。

【建立完善天然林保护修复制度体系】 4月17日，率先在全国出台《江西省天然林保护修复制度实施方案》，提出建立全面保护、系统恢复、用途管控、权责明确的天然林保护修复制度体系，实行天然林保护与公益林并轨管理，促进天然林保护工作健康稳步推进。确保到2035年，全省天然林面积保有量稳定在440万公顷，质量实现根本好转，天然林生态系统得到有效恢复，生物多样性得到科学保护，生态承载力显著提高。要求各级政府加大对天然林保护修复的资金投入，统一天然林管护与公益林补偿政策，建立财政专项补助支持天然林抚育，逐步建立天然商品林差别化补偿机制。

【出台《江西省林长巡林工作制度》】 4月8日，省林长办出台《江西省林长巡林工作制度》。规定各级林长可根据工作实际，采取集中巡林和日常巡林两种方式，省级林长每年巡林不少于1次，市级林长每半年不少于1次，县级林长每季度不少于1次。巡林主要内容包括贯彻落实中央和省委省政府生态文明建设决策部署情况，上级生态环境督查发现问题整改及下级林长保护发展森林资源责任制落实情况，森林资源监管体系建设及村级林长、森林资源监管员、专职护林员履职情况，林地林木管理、天然林和公益林保护、野生动植物保护管理、自然保护地管理、古树名木保护、湿地草地保护、森林防火和林业有害生物防控等情况。

【签发省级总林长令】 11月9日，省委书记、省级总林长刘奇签发2020年第1号总林长令——《关于开展林长制巡林工作的令》。号令全省各级林长按照《江西省林长巡林工作制度》要求，督促指导责任区域林长制各项重点工作，协调解决森林资源保护发展的突出问题，履行森林资源保护发展的责任，做到守土有责、守土负责、守土尽责。做好森林督查等发现问题的查处整改，减少问题“存量”；严厉打击新增破坏森林资源违法犯罪行为，遏制问题“增量”；提升林业灾害防控能力，确保监督管理无盲区、无死角。加强日常巡护和排查布控，打击破坏湿地、危害候鸟违法犯罪行为，为候鸟迁徙和越冬提供良好环境，确保湿地候鸟安全。

【江西湖南共建千年鸟道护鸟红色联盟】 6月5日，江西省遂川县营盘圩乡和湖南省桂东县沤江镇、炎陵县下村乡，围绕护鸟组织联建、护鸟执法联管、生态教育联手、生态经济联谋4项重点措施，组建千年鸟道护鸟红色联盟。千年鸟道位于江西遂川县营盘圩乡与湖南省株洲市炎陵县下村乡接壤的牛头坳，是迁徙候鸟跨越湘赣2省的必经之路，每年秋季30多万只候鸟经此地迁徙。

（黄柏祯 张媛媛）

【生态文明示范创建】 江西省修订《江西省省级生态市县管理规程》《江西省省级生态市县建设指标》《江西省省级生态市县规划编制指南》3项规范性文件。浮梁县被生态环境部评为第4批“绿水青山就是金山银山”实践创新基地，武宁、寻乌、安福、铜鼓、宜黄5个县获国家生态文明建设示范县。全省共有“绿水青山就是金山银山”实践创新基地5个，数量居全国第2位；国家生态文明建设示范市县16个，数量列全国第5位，居全国“第一方阵”。命名武宁、石城、莲花、奉新、宜黄5个县为第3批“绿水青山就是金山银山”省级实践创新基地。推进省级生态县（市、区）创建工作，命名40个省级生态乡（镇）、94个省级生态村。

【自然生态保护】 制定《江西省自然保护地生态环境监管工作暂行办法》，编制《江西省自然保护区保护成效评估工作规程》，探索自然生态保护新举措，健全完善制度体系。全省共有各类自然保护地547处，其中自然保护区191处、风景名胜区45处、森林公园182处、湿地公园109处、地质公园15处、世界自然遗产（世界自然与文化遗产、文化景观）5处。开展“绿盾2020”自然保护地强化监督工作，紧盯自然保护地突出生态破坏问题不放，提升全省自然保护地监督管理水平，有效守护全省自然保护地生态安全。全省省级及以上自然保护区共核查违法违规问题716个，整改709个，整改率99.02%，完成销号665个，销号率92.8%。

【生态保护红线】 推进红线评估优化和调整方案上报相关工作，强化重点项目涉及占用红线不可避让性专题论证会过程监管，开展全省生态状况2015—2020年变化遥感调查评估工作。

【生物多样性保护活动】 围绕“保护生物多样性，促进生态文明建设”主题，省生态环境厅联合省林业局、省科学院在靖安县举办全省2020年国际生物多样性日宣传活动。活动现场设置主题展板，举办生态科普校园行暨赣鄱科普大讲堂和专家报告会，组织赴江西九岭山国家级自然保护区生物多样性考察活动，30余名专家学者深入探讨全省新形势下野生动物保护管理与生物多样性维护对策。省内外多家主流新闻媒体进行宣传报道，扩大社会影响，深化活动成效。组织开展万安水库生物多样性保护现状调查与评估，依职实施全省重点水域禁捕退捕工作。

【山水林田湖草综合治理】 江西省落实《江西省山水林田湖草生命共同体建设行动计划（2018—2020）》部署要求，加强与省直相关部门沟通联络，指导赣州市、南昌市、吉安市、九江市和抚州市等先行试点探索不同类型的生态系统保护修复模式，推进全省山水林田湖草生命共同体建设。

（省生态环境厅）

·资料·

江西省国家级和省级湿地公园

单位:公顷

序号	名 称	所在地	通过验收时间	总面积	湿地面积	管理机构
一	国家湿地公园					
1	东鄱阳湖国家湿地公园	鄱阳县	2011 年 9 月 23 日	37444.30	36275.40	东鄱阳湖国家湿地公园管委会
2	孔目江国家湿地公园	新余市	2013 年 10 月 8 日	1125.31	720.09	孔目江国家湿地公园管理处
3	修河国家湿地公园	永修县	2014 年 12 月 31 日	4556.81	3759.22	江西修河国家湿地公园管理局
4	东江源国家湿地公园	安远县	2015 年 12 月 31 日	2675.70	547.00	东江源国家湿地公园管理局
5	丰城药湖国家湿地公园	丰城市	2015 年 12 月 31 日	2574.21	2199.24	江西药湖国家湿地公园管理局
6	南丰傩湖国家湿地公园	南丰县	2015 年 12 月 31 日	1727.00	372.50	江西南丰傩湖国家湿地公园管理局
7	武宁庐山西海国家湿地公园	武宁县	2016 年 8 月 16 日	4016.30	3821.00	武宁县庐山西海国家湿地公园管理局
8	修水修河源国家湿地公园	修水县	2015 年 12 月 31 日	4342.40	3577.20	江西修河源国家湿地公园管理局
9	赣县大湖江国家湿地公园	赣县区	2016 年 8 月 16 日	6655.00	5353.70	江西大湖江湿地公园管理局
10	会昌湘江国家湿地公园	会昌县	2016 年 8 月 16 日	1264.70	1038.80	江西会昌湘江国家湿地公园管理局
11	婺源饶河源国家湿地公园	婺源县	2016 年 8 月 16 日	346.60	320.60	江西婺源国家湿地公园管理办公室
12	兴国激江国家湿地公园	兴国县	2017 年 12 月 22 日	3577.00	2362.45	江西激江国家湿地公园管理局
13	赣州章江国家湿地公园	赣州市	2017 年 12 月 22 日	1054.80	788.20	赣州市章江国家湿地公园管理处
14	万年珠溪国家湿地公园	万年县	2018 年 12 月 29 日	1060.10	544.20	万年珠溪国家湿地公园保护中心
15	南城洪门湖国家湿地公园	南城县	2018 年 12 月 29 日	7984.79	4208.81	南城洪门湖国家湿地公园管理局
16	景德镇玉田湖国家湿地公园	景德镇市	2018 年 12 月 29 日	387.50	199.50	景德镇市玉田水库管理处
17	宁都梅江国家湿地公园	宁都县	2018 年 12 月 29 日	6345.80	4471.20	宁都梅江国家湿地公园管理站
18	上犹南湖国家湿地公园	上犹县	2019 年 12 月 25 日	752.77	733.51	上犹县林业局
19	三清山信江源国家湿地公园	玉山县	2019 年 12 月 25 日	1053.04	672.73	玉山县林业局
20	遂川五斗江国家湿地公园	遂川县	2019 年 12 月 25 日	897.30	447.80	遂川县林业局
21	鹰潭信江国家湿地公园	鹰潭市	2019 年 12 月 25 日	1699.40	1483.67	鹰潭市林业局
22	南丰潭湖国家湿地公园	南丰县	2020 年 3 月 18 日	1270.25	402.05	潭湖水库管理局
23	横峰岑港河国家湿地公园	横峰县	2020 年 12 月 25 日	329.60	266.08	横峰县林业局
24	寻乌东江源国家湿地公园	寻乌县	2020 年 12 月 25 日	1546.80	947.20	寻乌县林业局
二	国家湿地公园试点					
1	庐陵赣江国家湿地公园	吉安市	2014 年 12 月 31 日	777.10	657.34	吉安市林业局
2	芦溪山口岩国家湿地公园	芦溪县	2014 年 12 月 31 日	1043.47	419.01	芦溪县林业局
3	高安锦江国家湿地公园	高安市	2015 年 12 月 31 日	2600.00	2255.00	高安市林业局
4	石城赣江源国家湿地公园	石城县	2015 年 12 月 31 日	1254.60	982.10	石城县林业局
5	资溪九龙湖国家湿地公园	资溪县	2015 年 12 月 31 日	367.14	127.64	资溪县林业局

序号	名　称	所在地	通过验收时间	总面积	湿地面积	管理机构
6	崇义阳明湖国家湿地公园	崇义县	2016年12月30日	2122.96	2056.94	崇义县林业局
7	大余章水国家湿地公园	大余县	2016年12月30日	1468.40	636.70	大余县林业局
8	莲花莲江国家湿地公园	莲花县	2016年12月30日	755.07	622.34	莲花县林业局
9	全南桃江国家湿地公园	全南县	2016年12月30日	898.90	595.18	全南县林业局
10	万安湖国家湿地公园	万安县	2016年12月30日	4075.88	2052.98	万安县林业局
11	抚州凤岗河国家湿地公园	抚州市	2017年12月27日	734.17	596.49	抚州市园林局
12	峡江玉峡湖国家湿地公园	峡江县	2017年12月27日	1821.00	1174.60	峡江县林业局
13	广昌抚河源国家湿地公园	广昌县	2017年12月27日	579.30	232.96	广昌县林业局
14	抚州廖坊国家湿地公园	抚州市	2017年12月27日	2831.22	2158.50	廖坊水库管理局
15	瑞金绵江国家湿地公园	瑞金市	2017年12月27日	1802.89	927.67	瑞金市林业局
16	吉水吉湖国家湿地公园	吉水县	2017年12月27日	1293.00	1135.48	吉水县林业局
三	省级湿地公园					
1	上饶槠溪省级湿地公园	上饶县	2016年2月14日	450.84	396.84	江西上饶槠溪省级湿地公园管理办公室
2	遂川遂川江省级湿地公园	遂川县	2016年2月14日	665.93	519.73	江西遂川遂川江省级湿地公园管理站
3	浮梁三贤湖省级湿地公园	浮梁县	2017年11月8日	41.36	23.19	浮梁县林业局
4	高安瑞州省级湿地公园	高安市	2017年11月8日	56.00	55.00	高安市园林局
5	丰城玉龙河省级湿地公园	丰城市	2017年11月8日	235.70	228.70	丰城市林业局
6	宜丰新昌湖省级湿地公园	宜丰县	2017年11月8日	33.00	25.60	宜丰县林业局
7	德兴泊水河省级湿地公园	德兴市	2017年11月8日	353.00	255.10	德兴市林业局
8	金溪白马湖省级湿地公园	金溪县	2017年11月8日	629.56	375.85	金溪县林业局
9	进贤磨盘洲省级湿地公园	进贤县	2017年11月8日	49.50	41.05	进贤县林业局
10	萍乡南岗口省级湿地公园	萍乡市	2017年11月8日	102.00	63.90	萍乡市湘东区林业局
11	南丰琴湖省级湿地公园	南丰县	2017年11月8日	195.52	170.10	南丰县林业局
12	南城盱江省级湿地公园	南城县	2017年11月8日	632.60	603.30	南城县林业局
13	黎川黎滩河省级湿地公园	黎川县	2017年11月8日	150.75	116.64	黎川县林业局
14	彭泽长江省级湿地公园	彭泽县	2017年11月8日	2929.11	2611.11	彭泽县林业局
15	南昌澄碧湖省级湿地公园	南昌县	2019年1月17日	90.39	54.33	南昌县林业局
16	德安隆平省级湿地公园	德安县	2019年1月17日	142.43	129.42	德安县林业局
17	庐山星湖湾省级湿地公园	庐山市	2019年1月17日	2694.16	2497.37	庐山市林业局
18	乐平东湖省级湿地公园	乐平市	2019年1月17日	36.50	27.65	乐平市林业局
19	萍乡玉湖省级湿地公园	萍乡市	2019年1月17日	58.68	35.33	萍乡市林业局开发区分局
20	分宜万年湖省级湿地公园	分宜县	2019年1月17日	207.12	190.78	分宜县万年湖省级湿地公园管理中心
21	贵溪大禾湖省级湿地公园	贵溪市	2019年1月17日	86.09	62.80	三县岭营林林场
22	贵溪浮石省级湿地公园	贵溪市	2019年1月17日	610.96	478.06	贵溪市林业局

序号	名 称	所在地	通过验收时间	总面积	湿地面积	管理机构
23	南康蓉江河省级湿地公园	南康区	2019 年 1 月 17 日	153.10	93.10	赣州市南康区林业局
24	于都长征源省级湿地公园	于都县	2019 年 1 月 17 日	1150.66	858.84	于都县林业局
25	定南九曲河省级湿地公园	定南县	2019 年 1 月 17 日	130.57	115.69	定南县林业局
26	奉新潦河省级湿地公园	奉新县	2014 年 12 月 31 日	449.76	344.65	奉新县林业局
27	万载龙河省级湿地公园	万载县	2019 年 1 月 17 日	202.00	126.00	万载县林业局
28	铅山宋家源省级湿地公园	铅山县	2019 年 1 月 17 日	150.70	72.10	铅山县林业局
29	新干湄湘河省级湿地公园	新干县	2019 年 1 月 17 日	715.80	637.40	新干县林业局
30	安福泸水河省级湿地公园	安福县	2019 年 1 月 17 日	201.69	171.48	安福县林业局
31	崇仁乐丰省级湿地公园	崇仁县	2019 年 1 月 17 日	983.53	612.24	崇仁县林业局乐丰省级湿地公园管理中心
32	乐安龙潭省级湿地公园	乐安县	2019 年 1 月 17 日	135.55	119.24	乐安县林业局
33	宜黄百鹭洲省级湿地公园	宜黄县	2019 年 1 月 17 日	126.46	123.01	宜黄县林业局
34	南丰沧浪水省级湿地公园	南丰县	2019 年 1 月 17 日	57.82	56.75	南丰县园林局
35	南丰九剧水省级湿地公园	南丰县	2019 年 1 月 17 日	159.30	148.46	南丰县农业现代示范园
36	余干琵琶湖省级湿地公园	余干县	2020 年 1 月 20 日	605.40	568.17	余干县林业局
37	龙南渥江省级湿地公园	龙南县	2020 年 1 月 20 日	71.26	32.84	龙南县林业局
38	龙南桃江窑头省级湿地公园	龙南县	2020 年 1 月 20 日	188.84	117.07	龙南县林业局
39	都昌北鄱阳湖省级湿地公园	都昌县	2020 年 1 月 20 日	3400.00	3099.00	都昌县林业局
40	鄱阳鸦鹊湖省级湿地公园	鄱阳县	2020 年 1 月 20 日	683.10	649.60	鄱阳县林业局
41	共青城珍珠湖省级湿地公园	共青城市	2020 年 1 月 20 日	122.10	79.00	共青城市农林局
42	景德镇昌南湖省级湿地公园	景德镇市	2020 年 1 月 20 日	187.76	136.10	景德镇市城昌南拓展区建设办公室
43	进贤青岚湖省级湿地公园	进贤县	2020 年 1 月 20 日	1343.00	1277.90	进贤县林业局
44	九江芳兰湖省级湿地公园	濂溪区	2020 年 1 月 20 日	249.40	218.60	九江市鄱阳湖生态科技城管委会
45	共青城南湖省级湿地公园	共青城市	2020 年 1 月 20 日	1702.80	1694.00	共青城市林业局
46	上栗枣木湖省级湿地公园	上栗县	2020 年 1 月 20 日	120.68	48.09	上栗县林业局
47	永丰恩江省级湿地公园	永丰县	2020 年 1 月 20 日	204.74	194.45	永丰县林业局
48	永新双江口省级湿地公园	永新县	2020 年 1 月 20 日	296.60	184.90	永新县林业局
49	东乡幸福省级湿地公园	东乡区	2020 年 1 月 20 日	423.82	306.26	东乡区林业局
50	南昌瑶湖省级湿地公园	高新区	2020 年 8 月 17 日	2055.47	1913.79	南昌市高新区管委会
51	安义北潦河省级湿地公园	安义县	2020 年 8 月 17 日	135.81	111.64	安义县林业局
52	泰和蜀水省级湿地公园	泰和县	2020 年 8 月 17 日	201.68	192.32	泰和县林业局
四	省级湿地公园试点					
1	余江白塔河省级湿地公园	余江区	2010 年 9 月 28 日	621.00	516.30	鹰潭市余江区林业局
2	万安云洲省级湿地公园	万安县	2010 年 9 月 28 日	42.67	16.09	万安县林业局
3	奉新华林省级湿地公园	奉新县	2010 年 9 月 28 日	138.00	87.00	奉新县林业局

序号	名称	所在地	通过验收时间	总面积	湿地面积	管理机构
4	鹰潭白露河省级湿地公园	鹰潭市	2011年11月29日	34.58	25.36	鹰潭市月湖区农林局
5	广丰丰溪省级湿地公园	广丰区	2011年11月29日	103.68	103.09	上饶市广丰区林业局
6	樟树芗溪省级湿地公园	樟树市	2013年12月31日	65.60	40.00	樟树市林业局
7	临川白鹭省级湿地公园	临川区	2013年12月31日	103.28	62.10	抚州市临川区林业局
8	湖口洋港省级湿地公园	湖口县	2014年12月31日	322.71	308.04	湖口县林业局
9	九江小城门湖省级湿地公园	九江县	2014年12月31日	130.22	109.79	九江县林业局
10	上高锦江省级湿地公园	上高县	2014年12月31日	500.85	307.52	上高县林业局
11	吉安君山湖省级湿地公园	吉安县	2014年12月31日	164.40	113.10	吉安县林业局
12	瑞昌安定湖省级湿地公园	瑞昌市	2015年12月30日	260.50	222.00	瑞昌市林业局
13	永修鹤田省级湿地公园	永修县	2015年12月30日	437.67	418.56	永修县林业局
14	宁都黄陂河省级湿地公园	宁都县	2015年12月30日	390.71	380.59	宁都县林业局
15	铜鼓定江省级湿地公园	铜鼓县	2015年12月30日	136.11	130.20	铜鼓县林业局
16	信丰桃江省级湿地公园	信丰县	2016年12月30日	469.68	349.80	信丰县林业局
17	弋阳信江省级湿地公园	弋阳县	2017年12月25日	1031.98	737.70	弋阳县林业局

江西省国家级和省级森林公园

单位:公顷

序号	名称	批建时间	批复面积	经营管理单位
一	国家级森林公园			
1	三爪仑国家示范森林公园	1993年3月	12396.23	靖安县旅游局
2	庐山山南国家森林公园	1993年5月	3346.67	庐山市东牯山林场
3	梅岭国家森林公园	1993年5月	11173.10	梅岭国家森林公园管理办公室(湾里区林业局)
4	三百山国家森林公园	1993年5月	3330.00	安远县林业局
5	马祖山国家森林公园	1993年5月	666.67	九江市濂溪区林业局
6	鄱阳湖口国家森林公园	1993年5月	1280.00	湖口县三里林场
7	灵岩洞国家森林公园	1993年5月	3000.00	婺源县灵岩洞国家森林公园管理局
8	明月山国家森林公园	1994年12月	7842.00	宜春市明月山温泉风景名胜区管理局
9	翠微峰国家森林公园	1999年1月	7866.67	宁都县翠微峰管理委员会
10	天柱峰国家森林公园	2000年2月	20757.00	铜鼓县国有城郊林场
11	泰和国家森林公园	2000年12月	3000.00	泰和白鹭湖国家森林公园管理处
12	鹅湖山国家森林公园	2000年12月	7950.00	铅山县鹅湖山国家森林公园管理局
13	龟峰国家森林公园	2000年12月	7400.00	上饶市龟峰国家森林公园管理委员会(龟峰风景名胜区管理委员会)
14	上清国家森林公园	2000年12月	9684.89	鹰潭市龙虎山风景名胜区上清林场
15	梅关国家森林公园	2001年11月	5629.02	大余县林业局
16	永丰国家森林公园	2001年11月	7600.00	永丰国家森林公园管理局

序号	名　称	批建时间	批复面积	经营管理单位
17	阁皂山国家森林公园	2001 年 11 月	6946. 37	樟树市林业局
18	三叠泉国家森林公园	2001 年 11 月	1650. 97	庐山市海会镇三叠泉风景区管理处
19	武功山国家森林公园	2002 年 12 月	25571. 07	安福县武功山国家森林公园管理局
20	铜钹山国家森林公园	2002 年 12 月	19500. 00	上饶市铜钹山国家森林公园管理委员会
21	阳明山国家森林公园	2003 年 12 月	6889. 80	阳岭国家森林公园管理处
22	天花井国家森林公园	2003 年 12 月	685. 00	九江市林科所
23	五指峰国家森林公园	2003 年 12 月	24533. 00	上犹县五指峰林场
24	柘林湖国家森林公园	2004 年 12 月	16450. 00	永修县林业局
25	赣州阳明湖国家森林公园	2004 年 12 月	22666. 67	赣州阳明湖景区管理委员会(犹江林场)
26	万安国家森林公园	2004 年 12 月	17160. 44	万安国家森林公园管理办公室(万安湖国家湿地公园管理局)
27	三湾国家森林公园	2004 年 12 月	15513. 30	永新县三湾采育林场
28	安源国家森林公园	2004 年 12 月	9642. 23	江西省安源国家森林公园管理委员会
29	九连山国家森林公园	2005 年 12 月	20063. 00	龙南县九连山林场
30	岩泉国家森林公园	2005 年 12 月	4885. 39	黎川县岩泉生态林场
31	云碧峰国家森林公园	2005 年 12 月	872. 50	云碧峰国家森林公园管理委员会
32	景德镇国家森林公园	2005 年 12 月	5479. 70	景德镇市枫树山林场
33	瑶里国家森林公园	2005 年 12 月	4471. 00	江西省瑶里国家森林公园管理局
34	清凉山国家森林公园	2006 年 12 月	3397. 82	资溪县株溪采育林场
35	峰山国家级森林公园	2006 年 12 月	20635. 20	赣州市峰山森林公园管理处
36	九岭山国家级森林公园	2006 年 12 月	1266. 16	武宁县林业局
37	岑山国家级森林公园	2008 年 1 月	955. 00	横峰县林业局
38	五府山国家级森林公园	2008 年 1 月	1715. 00	上饶县五府山林场
39	军峰山国家级森林公园	2008 年 1 月	1217. 15	南丰县林业局
40	碧湖潭国家森林公园	2008 年 12 月	6838. 70	萍乡市湘东区林业局
41	怀玉山国家森林公园	2008 年 12 月	3354. 00	玉山县林业局
42	仰天岗国家森林公园	2009 年 8 月	2178. 93	新余市仙女湖区仰天岗国家森林公园管理处
43	圣水堂国家森林公园	2009 年 12 月	4060. 10	国营安义县峤岭林场
44	鄱阳莲花山国家森林公园	2012 年 1 月	6510. 00	鄱阳县莲花山林场
45	彭泽国家森林公园	2013 年 1 月	2505. 00	江西彭泽森林公园管理处(彭泽县林业局)
46	金盆山国家森林公园	2014 年 1 月	5981. 85	信丰县金盆山林场
47	贵溪国家森林公园	2017 年 1 月	2982. 71	贵溪森林公园管理委员会
48	罗霄山大峡谷国家森林公园	2017 年 12 月	2936. 05	遂川县森林公园管理处
49	会昌山国家森林公园	2017 年 12 月	3423. 87	会昌县会昌山森林公园管理局
50	洪岩国家森林公园	2019 年 1 月	3242. 61	乐平市历居山林场
二　省级森林公园				
1	龙泉山省级森林公园	1990 年 12 月	353. 33	安远县林业局

序号	名　称	批建时间	批复面积	经营管理单位
2	青山省级森林公园	1993 年 2 月	3400.00	瑞昌市青山林场
3	上高县省级森林公园	1993 年 2 月	160.00	上高县森林公园管理处
4	宜丰县省级森林公园	1993 年 2 月	2805.10	宜丰县林业局
5	狮山省级森林公园	1993 年 2 月	193.33	奉新县林业局
6	青原山省级森林公园	1993 年 2 月	450.00	吉安市林科所
7	玉笥山省级森林公园	1993 年 2 月	900.00	峡江县玉笥山林场
8	贵溪省级森林公园	1993 年 2 月	120.00	贵溪市林业局
9	水鸡岽省级森林公园	1993 年 2 月	7666.67	赣州市赣县区林业局
10	武当山省级森林公园	1993 年 2 月	533.20	龙南县小武当山风景区管理处
11	罗汉岩省级森林公园	1993 年 2 月	500.00	瑞金市林业局
12	西华山省级森林公园	1993 年 2 月	175.33	石城县林业局
13	三清省级森林公园	1993 年 5 月	666.67	德兴市林业局
14	象山省级森林公园	1993 年 5 月	1674.00	南昌市新建区象山集体林场
15	广昌县省级森林公园	1993 年 5 月	2852.00	广昌县盱江林场
16	百丈峰省级森林公园	1993 年 5 月	2133.33	新余市渝水区百丈峰林场
17	均福山省级森林公园	1993 年 6 月	1488.00	兴国县均福山采育林场
18	浮梁省级森林公园	1993 年 6 月	53.33	浮梁县银钨林场
19	梦山省级森林公园	1993 年 1 月	2666.67	南昌市新建区红岭林场
20	南山省级森林公园	1994 年 1 月	536.67	赣州市南康区林业局
21	麻姑山省级森林公园	1994 年 9 月	4969.32	南城县洪门岭生态公益林场
22	玉壶山省级森林公园	1994 年 9 月	393.33	莲花县林业局
23	吉安县省级森林公园	1994 年 9 月	100.00	吉安县林业局
24	龙宫洞省级森林公园	1995 年 4 月	669.27	彭泽县龙宫洞旅游发展有限公司
25	罗田岩省级森林公园	1996 年 2 月	400.00	于都县罗田岩森林公园管理处
26	黄畲山省级森林公园	1996 年 1 月	600.00	寻乌县林业局
27	马岗岭省级森林公园	1997 年 8 月	26.67	国有余江区马岗岭林场
28	大东山省级森林公园	1997 年 11 月	4000.00	吉水县芦溪岭林场
29	玉华山省级森林公园	2000 年 11 月	666.70	泰和县澄江镇人民政府
30	遂川省级森林公园	2000 年 6 月	970.00	遂川县林业局
31	莲花洞省级森林公园	2001 年 2 月	1610.00	庐山莲花洞森林公园有限公司
32	郭璞峰省级森林公园	2001 年 4 月	733.00	景德镇市昌江区林业局
33	义门陈省级森林公园	2005 年 12 月	1050.00	德安县林业局
34	远泉省级森林公园	2005 年 12 月	428.94	江西远泉实业集团有限公司
35	三尖源省级森林公园	2006 年 9 月	12000.00	都昌县林业局
36	九龙庙省级森林公园	2006 年 9 月	4950.00	万载县九龙垦殖场
37	东江源桠髻钵山省级森林公园	2006 年 9 月	2980.00	寻乌县富寨林场
38	六石岩省级森林公园	2006 年 9 月	993.74	上饶市广丰区嵩峰乡人民政府

序号	名　称	批建时间	批复面积	经营管理单位
39	白云山省级森林公园	2006 年 9 月	2187. 60	吉安市青原区白云山林场
40	太宝峰省级森林公园	2006 年 11 月	2038. 00	新余市仙女湖风景名胜区东坑林场
41	香炉峰省级森林公园	2006 年 11 月	661. 30	进贤县前岭林场
42	屏山省级森林公园	2006 年 11 月	4528. 60	于都县林业局
43	兴农沙漠生态省级森林公园	2006 年 12 月	232. 00	南昌县林业局
44	白鸡峰省级森林公园	2006 年 12 月	666. 60	鹰潭市余江县高公寨林场
45	大南省级森林公园	2007 年 6 月	637. 07	上饶市广丰区大南镇人民政府
46	通天寨省级森林公园	2007 年 6 月	2112. 00	石城县林业局
47	大砻下省级森林公园	2007 年 6 月	675. 00	分宜县大砻下林场
48	仙人寨省级森林公园	2007 年 8 月	1041. 22	铅山县林业局
49	三尖峰省级森林公园	2007 年 8 月	630. 80	萍乡市南坑林场(芦溪县)
50	寒山省级森林公园	2007 年 12 月	1168. 00	莲花县林业局
51	理田源省级森林公园	2007 年 12 月	166. 70	婺源县思口镇人民政府
52	翠云峰省级森林公园	2008 年 6 月	173. 10	金溪县翠云峰森林公园管理委员会
53	小金山省级森林公园	2008 年 8 月	438. 80	萍乡市安源区高坑镇人民政府
54	马形山省级森林公园	2008 年 8 月	800. 00	宜丰县潭山镇店上村民委员会
55	睦州山省级森林公园	2008 年 10 月	1542. 00	上饶市信州区林业局
56	芦泉湖省级森林公园	2008 年 11 月	946. 00	高安市新街镇景贤村民委员会
57	仙隐洞省级森林公园	2009 年 12 月	920. 00	宜丰县芳溪镇人民政府
58	龙口源省级森林公园	2010 年 7 月	303. 00	瑞昌市林业局
59	东湖南山省级森林公园	2010 年 7 月	322. 50	都昌县林业局
60	双尖峰省级森林公园	2010 年 7 月	579. 00	彭泽县林业局
61	台山省级森林公园	2010 年 7 月	223. 00	湖口县林业局
62	万寿寺省级森林公园	2010 年 7 月	473. 30	浮梁县万寿山垦殖场
63	四亩里省级森林公园	2010 年 7 月	75. 00	浮梁县林业局
64	风龙省级森林公园	2010 年 7 月	531. 23	萍乡市安源区青山镇人民政府
65	鸡冠山省级森林公园	2010 年 7 月	1120. 80	上栗县鸡冠营林林场
66	李畋省级森林公园	2010 年 7 月	379. 33	上栗县林业局
67	湖仙山省级森林公园	2010 年 7 月	182. 00	莲花县林业局
68	园岭省级森林公园	2010 年 7 月	3027. 13	兴国县园岭森林公园管理局
69	李腊石省级森林公园	2010 年 7 月	112. 90	石城县林业局
70	梅子山省级森林公园	2010 年 7 月	180. 51	全南县林业局
71	大山脑省级森林公园	2010 年 7 月	337. 90	赣州市南康区林业局
72	天工开物省级森林公园	2010 年 7 月	67. 00	奉新县林业局
73	龙津湖省级森林公园	2010 年 7 月	210. 00	丰城市总部经济基地办公室
74	东方禅文化省级森林公园	2010 年 7 月	68. 00	宜丰县林业局
75	龙泉湖省级森林公园	2010 年 7 月	219. 00	万年县林业局

序号	名　称	批建时间	批复面积	经营管理单位
76	李梅岭省级森林公园	2010 年 7 月	657.00	余干县李梅岭生态林场
77	黄金山省级森林公园	2010 年 7 月	107.85	上饶市信州区林业局
78	骆驼山省级森林公园	2010 年 7 月	389.90	铅山县林业局
79	珍珠山省级森林公园	2010 年 7 月	316.67	婺源县珍珠山林场
80	兴安省级森林公园	2010 年 7 月	87.47	横峰县林业局
81	广丰三山省级森林公园	2010 年 7 月	116.00	上饶市广丰区林业局
82	清水湾省级森林公园	2010 年 7 月	154.67	上饶市广信区罗桥街道办事处
83	冰江省级森林公园	2010 年 7 月	71.53	玉山县林业局
84	聚远楼省级森林公园	2010 年 7 月	647.97	德兴市凤凰湖景区管理委员会
85	龙山省级森林公园	2010 年 7 月	247.30	新干县林业局
86	君华省级森林公园	2010 年 7 月	222.95	吉安市吉州区林业局
87	西龙山省级森林公园	2010 年 7 月	285.90	吉安县林业局
88	白凤省级森林公园	2010 年 7 月	168.33	泰和县林业局
89	龙江省级森林公园	2010 年 7 月	81.60	井冈山市林业局
90	汝水省级森林公园	2010 年 7 月	70.67	抚州市林业局
91	乐安省级森林公园	2010 年 7 月	67.87	乐安县林业局
92	卓望山省级森林公园	2010 年 7 月	732.40	宜黄县林业局
93	泰伯省级森林公园	2010 年 7 月	66.73	资溪县林业局
94	龙华山省级森林公园	2010 年 12 月	153.33	上饶市广丰区桐畈镇人民政府
95	仙峰岩省级森林公园	2010 年 12 月	415.12	萍乡市安源区城郊管理委员会
96	山谷省级森林公园	2012 年 5 月	139.10	修水县林业局
97	东江源仙人寨省级森林公园	2012 年 5 月	620.00	寻乌县林业局
98	螺峰尖省级森林公园	2012 年 5 月	71.10	宜丰县林业局
99	老鹰山省级森林公园	2013 年 6 月	593.76	宁都县林业局
100	虎峰山省级森林公园	2013 年 6 月	484.25	鄱阳县田畈镇政府
101	芦溪狮山省级森林公园	2013 年 12 月	121.19	芦溪县林业局
102	贵溪象山省级森林公园	2013 年 12 月	988.43	贵溪市雄石办事处
103	罗山省级森林公园	2013 年 12 月	608.42	丰城市洛市镇政府
104	鹤坪省级森林公园	2013 年 12 月	408.20	靖安县林业局
105	日峰山省级森林公园	2013 年 12 月	69.40	黎川县林业局
106	豫宁省级森林公园	2013 年 12 月	120.85	武宁县林业局
107	安基山省级森林公园	2013 年 12 月	580.54	龙南县林业局
108	九仙岭省级森林公园	2014 年 7 月	134.10	德安县林业局
109	湖东省级森林公园	2014 年 7 月	108.40	永修县林业局
110	金鸡寨省级森林公园	2014 年 7 月	87.63	龙南县林业局
111	龙泉省级森林公园	2014 年 7 月	150.32	江西农业大学
112	中华贤母园省级森林公园	2014 年 7 月	72.53	九江市柴桑区中华贤母园管理处

序号	名　称	批建时间	批复面积	经营管理单位
113	株山省级森林公园	2014 年 12 月	436.80	丰城市株山林场
114	九峰省级森林公园	2014 年 12 月	792.00	上高县九峰林场
115	蒙岗岭省级森林公园	2014 年 12 月	97.40	安福县林业局
116	银凤岭省级森林公园	2015 年 12 月	731.85	萍乡市玉女峰林场
117	十八湾省级森林公园	2015 年 12 月	1581.08	芦溪县新泉乡人民政府
118	林湾省级森林公园	2016 年 5 月	36.91	南昌市湾里区生态公益林场
119	金山岭省级森林公园	2016 年 12 月	433.33	抚州市临川区林业局
120	定南神仙岭省级森林公园	2018 年 8 月	868.03	定南县林业局(江西定南神仙岭省级森林公园管理办公室)

江西省国家级和省级地质公园

单位:公顷

序号	名称	批准时间	面积	位置	管理机构
一	国家级地质公园				
1	江西庐山国家地质公园	2001 年第一批	29156.00	九江市	庐山地质公园管理委员会
2	江西龙虎山国家地质公园	2001 年第一批	25009.00	鹰潭市	龙虎山世界地质公园管委会
3	江西三清山国家地质公园	2005 年第四批	22950.00	上饶市	江西省三清山风景名胜区管理委员会
4	江西武功山国家地质公园	2005 年第四批	37830.00	萍乡市、吉安市、宜春市	武功山国家地质公园管委会
5	江西石城国家地质公园	2014 年第七批	2039.00	赣州市石城县	石城国家地质公园管理处
二	省级地质公园				
1	江西省柘林湖地质公园	2005 年	140000.00	九江市	江西省柘林湖地质公园管理委员会
2	江西省象山地质公园	2005 年	3276.00	鹰潭市贵溪市	贵溪市自然资源局
3	江西省万年神龙源地质公园	2007 年	6032.00	上饶市万年县	神农源管委会
4	江西省铜鼓地质公园	2010 年	1153.00	宜春市铜鼓县	江西铜鼓旅游产业开发有限公司
5	江西省五指峰地质公园	2012 年	10060.00	赣州市上犹县	五指峰省级地质公园管理局
6	江西省洪岩洞地质公园	2013 年	278.00	景德镇市乐平市	乐平市洪岩风景名胜区管理局
7	江西省灵山地质公园	2016 年	10150.00	上饶市上饶县	灵山风景名胜区管委会地质公园管理科
8	江西省兴国丹霞地质公园	2017 年	6581.00	赣州市兴国县	兴国县林业局
9	江西省杨岐山地质公园	2018 年	1145.00	萍乡市上栗县	杨岐山风景名胜区管理委员会
10	江西省信丰香山地质公园	2018 年	3865.00	赣州市信丰县	信丰县林业局

江西省国家级和省级林业自然保护区

单位:公顷

序号	名称	类型	所在地	面积	批建时间	管理机构
一	国家级自然保护区					
1	江西鄱阳湖国家级自然保护区	湿地	新建区、永修县、庐山市	22400.00	1988 年	江西鄱阳湖国家级自然保护区管理局
2	江西井冈山国家级自然保护区	森林	井冈山市	21499.00	2000 年	江西井冈山国家级自然保护区管理局

序号	名称	类型	所在地	面积	批建时间	管理机构
3	江西桃红岭梅花鹿国家级自然保护区	动物	彭泽县	12500.00	2001 年	江西桃红岭梅花鹿国家级自然保护区管理局
4	江西武夷山国家级自然保护区	森林	铅山县	16007.00	2002 年	江西武夷山国家级自然保护区管理局
5	江西九连山国家级自然保护区	森林	龙南县	13411.60	2003 年	江西九连山国家级自然保护区管理局
6	江西官山国家级自然保护区	动物	宜丰县、铜鼓县	11500.50	2007 年	江西官山国家级自然保护区管理局
7	江西马头山国家级自然保护区	植物	资溪县	13866.50	2008 年	江西马头山国家级自然保护区管理局
8	江西鄱阳湖南矶湿地国家级自然保护区	湿地	新建区	33300.00	2008 年	江西鄱阳湖南矶湿地国家级自然保护区管理局
9	江西九岭山国家级自然保护区	森林	靖安县	11541.00	2011 年	江西九岭山国家级自然保护区管理局
10	江西齐云山国家级自然保护区	森林	崇义县	17105.00	2012 年	江西齐云山国家级自然保护区管理局
11	江西阳际峰国家级自然保护区	森林	贵溪市	10946.00	2012 年	江西阳际峰国家级自然保护区管理局
12	江西赣江源国家级自然保护区	森林	石城县、瑞金市	16100.90	2013 年	石城赣江源国家级自然保护区管理局 瑞金赣江源国家级自然保护区管理局
13	江西庐山国家级自然保护区	森林	庐山市	20120.00	2013 年	江西庐山国家级自然保护区管理局
14	江西铜钹山国家级自然保护区	森林	广丰区	10800.00	2014 年	江西铜钹山国家级自然保护区管理办公室
15	江西婺源森林鸟类国家级自然保护区	动物	婺源县	12922.70	2016 年	江西婺源森林鸟类自然保护区管理局
16	江西南风面国家级自然保护区	森林	遂川县	10588.00	2017 年	江西南风面自然保护区管理局
二	省级自然保护区					
1	江西阳岭省级自然保护区	森林	崇义县	1880.00	1997 年	崇义县阳岭自然保护区管理站
2	江西水浆省级自然保护区	森林	永丰县	2000.00	1997 年	水浆自然保护区管理站
3	江西云居山省级自然保护区	森林	永修县	2480.00	1997 年	云居山省级自然保护区管理处
4	江西瑶里省级自然保护区	森林	浮梁县	3658.00	2001 年	浮梁瑶里省级自然保护区管理局
5	江西岩泉省级自然保护区	植物	黎川县	2460.00	2001 年	岩泉省级自然保护区管理委员会
6	江西三十把省级自然保护区	森林	万载县	2100.00	2001 年	万载县林业局
7	江西华南虎省级自然保护区	动物	宜黄县	58300.00	2001 年	宜黄华南虎省级自然保护区管理办公室
8	江西老虎脑省级自然保护区	森林	乐安县	14502.60	2004 年	老虎脑省级自然保护区管理办公室
9	江西都昌候鸟省级自然保护区	湿地	都昌县	41100.00	2004 年	都昌候鸟省级自然保护区管理局
10	江西峤岭省级自然保护区	森林	安义县	4490.00	2004 年	安义县林业局
11	江西羊狮幕省级自然保护区	森林	芦溪县	7188.00	2004 年	江西武功山林业局
12	江西鄱阳湖江豚省级自然保护区	动物	进贤县、南昌县	6800.00	2004 年	江西鄱阳湖国家级自然保护区管理局
13	江西抚河源省级自然保护区	森林	广昌县	8187.70	2010 年	广昌县抚河源省级自然保护区管理局
14	江西七溪岭省级自然保护区	森林	永新县	10500.00	2010 年	永新县七溪岭省级自然保护区管理站
15	江西黄字号黑麂省级自然保护区	动物	浮梁县	17356.20	2010 年	浮梁黄字号黑麂省级自然保护区管理局
16	江西高天岩省级自然保护区	森林	莲花县	4780.00	2010 年	莲花县高天岩省级自然保护区管理站
17	江西章江源省级自然保护区	森林	崇义县	7973.00	2010 年	章江源自然保护区管理站

序号	名称	类型	所在地	面积	批建时间	管理机构
18	江西桃江源省级自然保护区	森林	全南县	11560.00	2010 年	全南县林业局
19	江西五指峰省级自然保护区	森林	上犹县	6081.78	2010 年	上犹县五峰指省级自然保护区管理局
20	江西修河源五梅山省级自然保护区	森林	修水县	14485.00	2010 年	修河源五梅山自然保护区管理局
21	江西信江源省级自然保护区	森林	玉山县	4535.00	2011 年	玉山信江源省级自然保护区管理办公室
22	江西凌云山省级自然保护区	森林	宁都县	10673.00	2011 年	宁都县林业局
23	江西玉京山省级自然保护区	植物	宜春市	1199.00	2011 年	宜春明月山林业局
24	江西南方红豆杉省级自然保护区	植物	瑞昌市	2500.00	2011 年	瑞昌市南方红豆杉自然保护区管理局
25	江西伊山省级自然保护区	森林	武宁县	11340.00	2011 年	武宁县伊山自然保护区管理局
26	江西潦河大鲵省级自然保护区	动物	靖安县	3486.00	2011 年	江西潦河大鲵自然保护区管理所
27	江西中华秋沙鸭省级自然保护区	动物	宜黄县	1693.54	2014 年	宜黄县林业局
28	江西铁丝岭省级自然保护区	森林	安福县	2046.86	2014 年	安福县林业局
29	江西五府山省级自然保护区	森林	广信区	5104.17	2014 年	上饶市广信区林业局
30	江西大龙山省级自然保护区	森林	宁都县	5238.16	2014 年	宁都县林业局
31	江西棘胸蛙省级自然保护区	动物	铜鼓县	2686.00	2014 年	铜鼓县林业局
32	江西鲤鲫鱼产卵省级自然保护区	动物	都昌县、鄱阳县、余干县	48000.00	2014 年	江西鄱阳湖国家级自然保护区管理局
33	江西银鱼产卵场省级自然保护区	动物	进贤县、南昌县	17103.00	2014 年	江西鄱阳湖国家级自然保护区管理局
34	江西芙蓉山省级自然保护区	森林	南城县	3820.45	2015 年	南城县芙蓉山省级自然保护区管理站
35	江西井冈山大鲵省级自然保护区	动物	井冈山	703.08	2015 年	井冈山市大鲵自然保护区管理办公室
36	江西程坊省级自然保护区	森林	修水县	10759.76	2017 年	修水县林业局
37	江西金盆山省级自然保护区	森林	信丰县	3711.70	2017 年	信丰县林业局
38	江西湘江源省级自然保护区	森林	会昌县	10353.00	2017 年	会昌县湘江源省级自然保护区管理局
39	江西笔架峰省级自然保护区	森林	贵溪市	2165.50	2020 年	江西笔架峰自然保护区管理站

（省林业局）

水土保持

【概　况】 2020 年，全省坚持水利改革发展总基调，构建“三纵五横”水土保持监管体系，抓好目标责任考核，落实各级政府水土保持主体责任，全面完成遥感监管工作任务。开展风电专项执法行动、“双随机一公开”监督检查、“河湖卫士”水利综合监督检查等行动，建立强监管履职督查制度，督促各级水行政主管部门依法履行水土保持监管职责，推动水土保持责任落实。全年完成水土流失综合治理 1267 平方千米，超额完成年度水土保持生态建设任务。按照山水林田湖草系统保护与综合治理原则，打造一批治理典型，指导创建一批水土保持生态文明示范工程。推进赣州水土保持改革试验区建设及水土保持工程建设以奖代补试点工作。

【水土保持规划实施考核评估】 严格落实水土保持目标责任考核制度，把水土保持纳入省委、省政府高质量发展一级考核指标，加大水土保持目标责任制考核在高质量发展考核中权重，压实各级政府责任。9 月，水利部向各省通报 2019 年度国家 7 部委对各省（自治区、直辖市）人民政府水土保持规划实施情况考核评估结果，江西省获优秀等次。

【加强监管整治】 按照“发现问题、查处问题、整改问题”及“应批尽批、应管尽管、应收尽收、应罚尽罚、应验尽验”要求，构建水土保持“三纵五横”监管体系，强化监管力度。检查生产建设项目 5800 余个，查处违法违规项目 100 个，罚款 160 余万元。开展 2 期水土保持遥感监管，现场复核扰动图斑 8799 个，发现违规项目 1577 个，全部完成查处整改工作。推动各地以政府购买服务方式开展项目全过程监管，以第三方监管服务解决基层监管力量不足问题。开展风电专项执法行动、“双随机一公开”等监督检查行动，完成在建项目监管全覆盖。建立强监管履职督查制度，督促各级水行政主管部门依法履职。开展生产建设项目水土保持方案质量抽查，促进水土保持方案编制市场规范有序发展，督促专家认真履责。开展监测季报监管工作，强化项目过程监管。开展责任追究和信用监管工作，把10家单位列入“重点关注名单”。完成水土流失动态监测工作任务。做好水土保持设施自主验收报备工作，推动生产建设单位及时开展完工项目水土保持设施自主验收，全省各级共完成685余个项目水土保持设施验收报备。全省各级水行政主管部门通过购买服务对水土保持设施自主验收报备项目，对263个完成自主验收报备项目开展核查。

【水土流失治理】 2020年，国家水土保持重点工程安排在九江市、上饶市、抚州市、吉安市、赣州市37个县(市、区)实施，共安排中央水利发展资金2.27万元，省级财政资金6212万元。治理水土流失建设规模739.3平方千米，治理崩岗35座，水土保持工程建设以奖代补试点县4个。37个县中有15个国贫县和4个原中央苏区县整合全部或部分中央水利发展资金和省级水利资金用于精准扶贫，共涉及中央水利发展资金7773万元、省级财政资金4434万元。实际投入水土保持重点工程建设资金为中央水利发展资金1.49万元、省级财政资金1778万元，共25个县实际实施水土保持重点工程。截至年底，共完成计划投资99.6%，超过国家规定要求。明确上犹县、宁都县、赣县区、兴国县为全年试点县。加强日常调度调研，就政策实施和改进等方面对宁都县、赣县区和兴国县试点工作开展调研，查勘项目建设现场，查阅档案资料，指出问题。对水土保持工程建设管理、资金投入、建后管护机制等进行改革创新，建立水土保持建设多元化投入机制，提高试点县社会力量参与水土流失治理，加快治理进程，促进财政资金使用效益。

【监测与信息化管理】 完成水土流失动态监测全覆盖，开展省级水土流失动态监测工作，解译图斑74.85万个，完成监测成果审查、复核、汇总和上报，监测成果通过水利部复核。动态监测结果显示，全省水土流失状况持续好转，生态环境整体稳固向好，水土流失实现面积、强度“双下降”。加强水土保持信息系统管理，12月，全国水土保持信息系统中，江西省共录入生产建设项目水土保持方案1.44万个，其中省级250个，市级3791个，县级1.04万个。全年共录入生产建设项目水土保持方案3054个，其中省级18个，市级374个，县级2662个。安排经费委托技术单位每月对信息系统录入资料进行检查，及时向责任单位反馈修改完善，保障系统资料规范、准确。

(周天鸿)

污染防治

【概　况】 2020年，出台《关于进一步加强危险废物环境监管的实施意见》，严格控制省内综合利用能力严重过剩的涉危险废物综合利用项目。制定《江西省土壤污染防治条例》《江西省建设用地土壤污染风险管控标准(试行)》《江西省建设用地土壤污染状况调查、风险评估、风险管控及修复效果评估报告评审细则(试行)》《江西省土壤生态环境专家库管理办法(试行)》《江西省生态环境厅土壤生态环境管理行政督导和技术帮扶办法(试行)》等地方法规、标准和规范性文件，确立全省土壤生态环境依法管理体系。推进城镇生活污水厂提标改造，全省112座城镇生活污水处理厂完成一级A提标改造，全省设区市建成区的33个黑臭水体完成整治，黑臭水体消除比例100%。各地开展餐饮油烟污染整治，提高餐饮经营单位油烟净化装置安装比例。

【水环境防治】 截至年底，全省集中式饮用水水源地共依法划定保护区1090个，其中地级城市32个，县级城市129个，农村乡镇(含村级“千吨万人”)929个；开展水源水质环境状况评估，定期开展水源水质监测；推进影响水源水质问题整治，全年全省929个农村乡镇(含村级“千吨万人”)水源地共排查发现问题1142个，整治完成1141个，完成率99.1%。推进全省开发区水污染防治设施建设，开展开发区污水处理基础设施建设、工业企业达标排放、“散乱污”企业整治、化工污染专项整治等相关行动，完成全省1190家重点排污单位开展执法监测工作并对外发布监测信息。全省107个开发区建成工业污水集中处理设施118座，达到一级A标准34座，建设配套管网5500千米，104个开发区建成一体化监控平台并与生态环境部门联网，平台建成联网率97.2%。排查整治及帮扶指导全省54个化工园区，撤销6家化工园区，48家化工园区完成完善升级。排查出工业企业超标排放问题293个、“散乱污”企业7481家、问题化工企业600家，全部完成问题分类整治。完成水产养殖水域滩涂规划编制，全省畜禽粪污处理设施配套率98.4%，综合利用率92.3%；94个涉农县全部完成农村改厕任务；共建成垃圾焚烧发电厂20座，日处理能力1.86万吨；全省99.56%的行政村纳入城乡一体化生活垃圾收运处置体系。

【专项整治活动】 2020年，江西省开展入河排污口排查整治、“清磷”专项排查整治、船舶港口污染防治专项等专项行动。排查长江干流和赣江干流入河排污口3830个，排查赣江支流及抚河、信江、饶河、修河干支流和鄱阳湖、仙女湖、柘林湖入河排污口3781个，除长江、赣江干流外，其他需整治的排污口434个，完成整治434个，整治完成率100%；全省共排查11个涉磷重点行业3588家涉磷企业，77家企业存在不达标排放及其他环境问题完成整改或关停。推进全省船舶污染物接收、转运、处置联合监管工作，落实监管制度运行。推广应用船舶水污染物联合监管与服务信息系统，实现港航企业全覆盖。全省港口企业均配备船舶垃圾分类回收设施、船舶垃圾接收指示标牌及污水接收箱等船舶污染物接收、转运及处置设施。

【大气环境防治】 2020年，省生态环境保护委员会印发《关于启动大气污染防治攻坚冲刺行动的紧急通知》。推动全省建成乡镇(街道)空气站180个、黑烟车抓拍及汽车遥感监测装置100套，监测监控网络健全。各设区市全面完成大气污染源清单编制。印发《江西省钢铁行业超低排放改造计划方案》,全年计划实施17个燃煤自备电厂和7家钢铁企业13个超低排放改造项目均完成。印发《江西省2020年夏秋季VOCs治理攻坚帮扶工作方案》,推进有机化工和表面涂装等重点行业VOCs治理,全省共组织833家企业集中清运含VOCs废料3019.7吨,督促968家企业在7月底全部更换活性炭吸附剂。推动10家动静密封点大于9000个示范企业全部完成一轮LDAR泄漏检测修复。印发《江西省工业炉窑大气污染综合治理方案》,569个工业炉窑提标改造项目完成。全年江西省开展新生产机动车达标监管,省市两级对各机动车生产销售企业开展新生产机动车环保达标监管,所检查车型均符合环保生产一致性核查要求,合格率100%。各设区市对2645家汽车进口、销售企业进行新车一致性检查。全省298家排放检验机构全部联网,完成检验过程公开,全面完成新国标升级改造。全年全省累计抓拍超标黑烟车1.67万台次,向公安部门移交5785台次,路检路查及入户检查车辆2.38万辆,其中尾气排放不合格1760辆,路检合格率92.6%。全省累计完成7.32万台非道路移动机械编码登记。11个设区市及宜春10个县区等划定高排放非道路移动机械控制区。各地共检查施工工地各类非道路移动机械5136台,查处未登记及排放不合格机械1105台。

【扬尘污染治理】 2020年,江西省加大城市扬尘污染处罚力度,全省施工现场扬尘污染违法立案数64起,行政处罚63起,共处罚141.5万元;渣土车运输违法立案1837起,处罚起数957起,处罚金额251万元。提升建筑工地扬尘监管能力,运用视频监控技术手段对建筑工地扬尘治理进行监控,全省施工工地总数2095家,1210个在建项目安装视频监控,安装率57.8%。建立城市道路扬尘考核排名及资金奖罚机制,加大城市道路降尘力度。严格控制秸秆露天焚烧,全年无人机航拍结合卫星遥感监测共核定火点123个,核定全省火点数116个,纳入清算县(市、区)46个,扣减备罚金580万元,对未发现火点的54个县区,分别获得奖励资金88.52万元。

【固体废物处置与利用】 全省医疗废物集中处置能力由79.5吨/天提升至129.5吨/天,应急处置能力达506.5吨/天,确保疫情期间全省医疗机构及设施环境监管和服务100%全覆盖,疫情医疗废物及时收集转运和处理处置100%全落实。全省107个省级以上开发区均建成一体化监控平台,推动开发区污水处理厂污泥属性鉴定,94个污水处理厂明确污泥属性。全年全省第1批动态管理新发现4个工业固体废物堆存场所均完成整治。按照《2020年江西省危险废物规范化管理督查考核方案》,对全省185家涉危企业进行规范化管理考核,其中经营单位55家,产废单位130家,考评结果与上年持平;规范易制毒化学品及毒品销毁处置工作,全年全省共销毁易制毒化学品及毒品97.98吨;核查国家系统下发至江西省833个尾矿库名单,填报389座尾矿库信息,235座尾矿库完成环境治理工作。推广小微企业危险废物集中收集试点工作,10个设区市建成小微企业危险废物收集平台;开展钨渣"点对点"定向利用危险废物经营许可豁免管理试点,印发《江西省钨冶炼固体废物处理处置污染防治技术指南》;编制《瑞金市"无废城市建设试点"实施方案》,推进瑞金市"无废城市"建设试点。

【土环境整治】 2020年,江西省高质量完成全省土壤污染状况普查,获得分析数据77万余个,全省4家单位和63名个人获生态环境部、农业农村部、自然资源部表彰;全国率先完成地下水污染防治区划,掌握全省土壤、地下水污染现状。建立土壤信息管理平台,实施全省土壤和地下水污染防治工作"一张图"管理。建立发布污染地块名单59个、建设用地土壤污染风险管控和修复名录30个。对造成地下水串层污染的报废矿井、钻井、取水井实施封井回填。完成全省2470座加油站8526个地下油罐更新改造。实施丰城围里废品市场地下水修复、丰城市废弃煤矿封井回填国家地下水污染防治试点。完成43个涉镉污染源整治,完成9个土壤污染治理修复应用技术国家试点项目,土壤污染风险得到管控。

【农村环境治理】 全省共完成937个建制村农村环境综合整治任务。对全省农村基本信息、生活污水治理及黑臭水体开展全面排查,率先在国内建设涉及自然村的农村环境综合管理系统,收集全省15.7万个自然村1200万条数据,建立"一村一档"信息档案。各地按照新建农村生活污水治理设施与村庄规划、改水改厕等衔接要求,新增广昌县、永丰县和靖安县纳入全省整县推进农村生活污水治理试点范围。指导全省94个涉农县印发县域农村生活污水治理专项规划。全省全部农村生活污水治理设施的地理坐标、现场图片、水质监测等数据载入系统实施监管。对日处理能力20吨及以上污水处理设施出水进行定期监测,督促建成的农村生活污水处理设施正常运行。全年全省新建农村生活污水处理设施2203座(套)。会同省农业农村部门对全省无法律法规依据划定禁养区进行复核,全省共取消无法律法规依据划定禁养区3199个,89个县(市、区),调减面积9875.37平方千米。

【辐射安全监管】 省生态环境厅助力疫情防控,豁免肺炎诊断Ⅲ类射线装置辐射安全许可,提供医疗机构全力抗疫保障。及时出具雅中—江西±800kV特高压直流工程、南昌—长沙1000kV特高压交流输变电工程2个重点项目开工建设复函意见。开展核与辐射安全隐患排查三年行动,对全省重点监管企业检查全覆盖,更新放射源动态管理清单,确保账、物、信息系统"三统一"。跟踪废旧、闲置放射源监控与收贮情况,全年共收(送)贮废旧放射源46枚。全省公布第一批伴生放射性矿产资源开发利用企业名录,开展伴生放运用"双微",射性矿开发利用环境辐射监测暨辐射环境管理培训,推进伴生矿企业规范化管理。通过开设"4·15"全民国家安全教育日专栏,推送国家安全与核安全重点知识,依托"江西环境”公众号开设“核”你同行，向公众开放实验室，深入社区开展5G基站环境保护宣传，在省电视台播放电磁辐射宣传片，推送核安全文化。

（熊志强）

节能减排

【概　况】 2020年，全省能源消耗总量和强度“双控”工作取得成效，单位地区生产总值能耗下降2.12%，累计下降19.4%，超额完成国家下达能耗“双控”目标任务；全省规模以上单位工业增加值能耗累计下降21.3%，超额完成“十三五”单位工业增加值能耗下降18%工业节能目标任务；退出煤炭产能334万吨，新能源和可再生能源装机容量占比达46%。

【节能考核】 8月，省发展改革委会同省工信厅、省住建厅、省交通运输厅、省科技厅、省市监局、省机关事务管理局、省能源局等部门及有关专家，对各设区市人民政府2019年度能源消耗总量和强度“双控”目标完成情况和节能措施落实情况进行评价考核。经过综合评定，萍乡市、景德镇市、鹰潭市、宜春市、新余市等5个设区市为“超额完成”等级，赣州市、吉安市、南昌市等3个设区市为“完成”等级，九江市、上饶市、抚州市等3个设区市为“基本完成”等级。

【产业园与老工业基地改造】 完成南昌高新区园区循环化改造和赣州餐厨废弃物资源化利用和无害化处理等国家试点验收，萍乡经开区、新余高新区、赣州高新区列入国家环境污染第三方治理园区，丰城循环产业园区列为国家绿色产业示范基地，丰城高新技术产业园区等19个园区列为省级循环化改造园区。推进南昌市青云谱区、九江、景德镇、萍乡开展老工业区搬迁改造评估，萍乡市区老工业基地调整改造、产业转型升级示范2项工作成效显著获国务院通报表扬。

【举办2020年江西省节能宣传周暨绿色低碳健步行活动】 6月29日—7月5日，省发展改革委联合赣州市政府在瑞金举办2020年江西省节能宣传周暨绿色低碳健步行活动。主题为“绿水青山，节能增效”。活动包括14个专题，涉及15家牵头部门和责任单位，涵盖工业、农业、商务、建筑、交通运输、公共机构六大重点节能领域，覆盖机关、学校、企业、社区等方面。活动中，国家发展改革委环资司向瑞金市捐赠半导体照明产品2.56万盏。活动旨在倡导树立和普及生态文明理念，营造绿色消费氛围，形成勤俭节约、节能低碳的社会风尚。

【全省用能权有偿使用和交易及能源计量专题培训班举行】 12月8日—9日，全省用能权有偿使用和交易及能源计量专题培训班在南昌举行。会上，省发展改革委生态处工程师胡晓、北京中创碳投科技公司高级工程师裴定宇、江西省计量测试研究院副总工钱永安分别介绍“江西省用能权有偿使用和交易政策”“江西省用能权交易指标分配方案”“能源计量与节能减排”等专题。江西省产权交易所环境能源部经理周蕾、业务高级经理万利利就用能权有偿使用和交易规则、用能权交易注册登记系统和交易系统功能进行解读，指导地方和企业做好用能权有偿使用和交易工作；完成150家用能权试点企业能源利用状况核查和计量审查，全面了解用能单位主要产品结构与产能产量、能源消费结构与总量、能源利用效率、节能目标完成情况、节能效益分析、能耗在线监测系统建设等方面情况，为初始用能权确权分配提供数据基础。

（田红豆）

【约束性指标减排】 2020年，经生态环境部核定，江西省空气质量指标、水环境质量指标综合评价结果均为优；二氧化硫、氮氧化物、化学需氧量、氨氮排放总量分别为44.89万吨、43.24万吨、68.16万吨、8.06万吨，较上年分别下降2.4%、1.6%、1.09%、0.9%，4项主要污染物均完成国家下达年度减排目标任务。

【大气污染物减排】 江西省推进工业废气深度治理，印发《江西省钢铁行业超低排放改造计划方案》，规划至2025年底，全省钢铁企业完成改造，共122个超低排放改造项目；完成60个，完成率49%；编制《江西省工业炉窑大气污染综合治理方案》，分年度推进工业炉窑大气污染综合治理项目，全年完成901个治理项目。排查出散乱污企业7478家，完成分类整治7286家，整改完成率97.4%。推进柴油货车污染治理，全面统筹油、路、车治理，实施清洁柴油车、清洁柴油机、清洁运输、清洁油品行动。参照生态环境部组织专家入驻“2+26”城市帮扶指导的做法，江西省聘请省级大气环境管家团队驻场服务，由中国环科院派出5名专家驻点服务，九江、赣州、鹰潭、抚州和新余5城市购买专家团队驻点服务。

【水污染物减排】 推进全省开发区水污染防治设施建设，全省97家（国家备案）开发区全部建成工业污水集中处理设施。开展化工园区整治专项行动，对全省54个化工园区（集中区）开展排查整治及帮扶指导，撤销6个化工集中区，升级48家化工园区（集中区）；完成排查整治问题化工企业600家；完成排查整治“散乱污”企业7481家；强化企业达标排放，完成排查整治工业企业超标排放问题293个。全省新建改建污水管网1000千米；新增日污水处理能力59.5万立方米，增加15.5%；全省城镇污水处理厂全年累计处理生活污水13.8万吨，提高10%。11个设区市本级基本建成污泥处理设施；全面完成水产养殖水域滩涂规划编制，划定水产养殖禁养区面积6.89万公顷、限养区面积23.97万公顷，在15个县20个养殖场开展养殖尾水治理试点示范建设；开展农药化肥减量行动，累计建成农作物病虫害绿色防控示范区574个，示范面积19.33万公顷，推广测土配方施肥面积超530.27万公顷，农药、化肥用量连续4年实现负增长。

（熊志强）

本栏编辑　刘清林

教 育

综 述

2020年，全省教育系统狠抓抗疫战洪和教育脱贫重点工作，推动教育强省建设，20次在中央相关简报和全国会议上作典型宣传，为全省高质量跨越式发展提供人才支撑，人民群众教育获得感增强。

抓好教育系统疫情防控。针对新冠肺炎疫情，坚持把守护师生生命安全放在第一位，筑牢校园疫情防线，维护教育教学秩序，师生共同抗疫，疫情防控和教育改革发展取得全面胜利。全省各级各类学校在校师生总数占全省总人口1/4，疫情防控责任重、风险高、难度大。省委书记刘奇、省长易炼红、省委宣传部部长施小琳、副省长孙菊生等省领导，多次到校园实地考察指导疫情防控、线上教学、开学复学等工作。1月22日，成立疫情防控工作领导小组，发布防控文件和提示函200余件，及时调整疫情防控常态化措施，研发启用“教育系统新冠肺炎疫情填报信息系统”，实现全省“校园无疫情”。率先在全国启动覆盖全省各级各类学校线上教学，实现全面复学复课，建立专线向湖北推送3666节“线上课程”，750万湖北中小学生直接受益。中小学线上教学团队被评为全省抗疫先进集体，线上教学做法在全国基础教育改革创新视频会和教育部新闻发布会上宣传。组织动员6所高校、9家附属医院570余名医护工作者驰援湖北，100余所高校1.56万名大学生在江西或驻地参与防控志愿服务。第212期中央教育工作领导小组《教育工作情况》专门推介江西省教育系统多措并举坚决打好疫情防控总体战的做法。

全面落实立德树人根本任务。省委书记刘奇、省长易炼红等带头进学校、上讲台，为师生作形势政策报告，带动各级党政领导、教学名师授课1537堂，听课师生60余万人次。思政课教师配比1∶303，辅导员配比1∶172，公办高校专职辅导员100%在编制内配齐，高校思想政治工作体系全面建立。完成87项省级重点任务，江西省获全国高校辅导员年度人物。开展“红色走读”“追寻红色足迹”等活动，线上云游超过6600万次，入选中宣部“新时代爱国主义创新实践案例”，受邀在全国中小学德育工作会议上作经验交流，《教育工作情况》第235期、278期宣传江西省做法和经验。推出“同上一堂战‘疫’课江西专场”等6场融媒体思政课，累计收看4700多万人次。开发“学校思想政治工作资源库”，常态提供优质资源1.1万余例；承办全国高校师生“网上重走长征路”暨推动“四史”学习教育启动仪式并作典型发言。出台《全面加强新时代大中小学劳动教育的实施意见》，推动实施体育美育浸润计划、中小学健康促进行动；26所学校获第二届全国文明校园。

推动各级各类教育巩固提升。实施“教育厅长挂号项目”，加快公办幼儿园建设，启动实施全省普惠性民办园扶持试点，完成小区配套园治理1342所、无证园治理1543所。召开全省基础教育工作视频会，出台《深化教育教学改革全面提高义务教育质量的实施意见》，下达薄弱环节改善与能力提升、消除“大班额”等项目资金28.7亿元，全部消除“超大班额”。全省接收随迁子女就读45.9万人，适龄儿童入学实现“应入尽入”，学校招生入学实现“公民同招”。出台《关于新时代推进普通高中育人方式改革的实施意见》，建立初、高中学生综合素质评价信息管理系统，遴选首批15所普通高中特色学校，示范带动高中教育加快发展。出台《教育部 江西省人民政府关于整省推进职业教育综合改革提质创优的意见》，召开部省共建职业教育创新发展高地启动大会，职业教育校企合作被国务院通报表彰，国家职业教育VR示范实训基地建设得到中央政治局常委、国务院副总理韩正肯定。新增“长江学者”4人、中组部人才计划6人、国家优青2人、博士以上人才1287人，3名获第二届全国创新争先奖。完成“十三五”省“双一流”建设期满验收，6所独立学院完成转设，获批国家一流专业建设点102个，全国排名第18位，通过国家级一流课程认定92门，59个新增备案专业中有35个直接服务全省“2+6+N”产业发展，占比51.5%。在第六届全国“互联网+”大学生创新创业大赛中获金牌9枚，实现所有赛道金牌全覆盖，综合排名全国第6名。江西理工大学获批组建江西省首家国家制造业创新中心（国家稀土功能材料创新中心）。“校企通——江西省高校科技成果转化服务平台”正式上线，第三届江西高校科技成果对接会签约金额6.01亿元，加快高校科技成果转化工作在全国教育领域“放管服”改革现场推进会上作交流发言。

提升教育服务能力水平。出台《加快推进教育现代化建设教育强省实施纲要2035》及支持大南昌都市圈、赣州市区域性教育中心城市建设等政策性文件。与省发改委联合启动高校助力企业复工复产推动江西高质量发展“百校行”活动，组织高校与全省开发区结对，开展项目合作2638个，合作金额10.28亿元。推进教育脱贫攻坚意见整改，共资助各类学生222.5万人，金额达50.07亿元；18所高校与52个未摘帽贫困县开展结对帮扶；推进控辍保学，2个项目入选全国高校精准扶贫精准脱贫典型项目（全国30项），教师支月英获2020年全国脱贫攻坚贡献奖。率先在全国部署全省性网络招聘会、举办省级线下校园招聘会，高校毕业生就业率超过全国平均水平，1.2万名有就业意愿的“建档立卡”毕业生全部就业，《江西着力打好高校毕业生就业攻坚战》在第244期《教育工作情况》宣传刊载。针对疫情、高温、汛情、考试时间推迟，稳步推进招考，完成高考、中考等21项考试任务，得到教育部、国家体育总局和省委、省政府肯定。推动全省市、县（区）教育考试机构及职能整合，完成新一轮5亿元标准化考场建设任务。高招录取严谨、科学、规范，违规违纪举报为零。建立精准帮扶机制，确保学生全面实施线上教学；率先在全国面向师生和社会大众开展疫情心理援助服务，受益人数5.86万人；委厅入选人民网网民留言办理工作担当实干单位。

（省教育厅）

基础教育

【概　况】　2020年，紧抓疫情防控与改革发展，围绕“学前教育重普惠、义务教育促均衡、高中教育强特色、特殊教育抓提升、信息技术推应用”，聚焦发展不平衡不充分问题，推动各项工作取得实效。全省基础教育学生911.22万人。其中，小学在校生406.31万人，小学毛入学率101.66%；初中在校生220.41万人，初中阶段毛入学率109.52%；普通高中在校生110.45万人，高中阶段毛入学率92.5%；幼儿园1.63万所，在园幼儿170.03万人，学前教育毛入园率87.62%，比上年提高3.9个百分点；特殊教育学校95所，在校生4.02万人，比上年增长6.70%。

【停课不停学】　落实中共中央和教育部决策部署，推动线上教学作为全省疫情防控重点工作，制定“三统一”实施方案，确保线上教学进度与国家课程要求教学进度基本一致。研制全省线上课程质量标准，建立学校团队集体备课、市县教研部门精心指导、省教研部门严格审核的三级课程质量保证体系。争取江西广电网络、江西移动、江西联通网络电视各免费安排频道30个，以电视屏幕为主渠道播出线上教学内容。疫情期间，依托赣教云推动“停课不停学”资源平台建设，共发布1万多节课程，提供全省700多万中小学师生线上教学服务14亿次。主动与湖北省对接支援事宜，全部课程通过专线同步推送给湖北省，每天有750万湖北中小学生通过电视观看学习，湖北省教育厅专门向江西省教育厅致感谢信。在全国基础教育改革创新视频会和教育部新闻发布会上，江西省教育厅专门就“停课不停学”和“线上教学”作典型发言，介绍经验。

【德育工作】　利用中小学“复学第一课”、战“疫”先进典型教育等“活教材”，加强新时代爱国主义教育和民族精神教育。遴选优秀师资录制专题课程，通过“赣教云”平台播放，组织全省中小学生“每月同上一堂课”活动。开展“红色基因传承”教育实践、绿色学校创建、劳动教育实践等活动，与新华社新闻信息中心联合开展暑期中小学生“追寻红色足迹”活动，实现“线上云游、线下研学”双平台红色育人新模式。在全国中小学德育工作会议上，江西省作视频经验交流，介绍红色文化教育典型做法。

【学前教育】　印发《关于做好2020年全省学前教育工作的通知》，督促指导各地加快乡村公办幼儿园建设，加大城区新建、改扩建公办幼儿园力度。启动全省普惠性民办幼儿园扶持试点工作，联合相关部门出台疫情期间普惠性民办幼儿园帮扶措施。推进城镇小区配套幼儿园治理工作，共完成小区配套幼儿园治理1342所，扩充城区普惠性学前教育资源。出台《江西省无证幼儿园专项治理工作方案》，全面启动全省无证幼儿园治理工作，共完成无证幼儿园治理1543所。全年全省学前教育毛入园率87.62%，公办幼儿园在园幼儿占比52.75%，普惠性幼儿园覆盖率89.12%。开展全省第9个学前教育宣传月活动，推进科学保教。印发《江西省学前教育质量提升计划（2020—2025年）》，开展全省第一批学前教育质量提升实验园、领航者和指导专家遴选工作，共遴选出实验幼儿园50所，省级学前教育领航者100名，学前教育指导专家76人。

【义务教育】　印发《关于做好全省义务教育控辍保学相关工作挂牌督战的通知》《进一步做好2020年控辍保学工作 落实“义务教育有保障”的通知》，督促指导各地通过大数据加强动态监测机制，完善控辍保学工作台账，实行销号管理，保障建档立卡贫困家庭子女不失学辍学，其他义务教育阶段适龄儿童做到“应入尽入”。下达义务教育薄弱环节改善与能力提升项目中央资金12.1亿元和省级资金2.6亿元，保障项目实施。召开全省义务教育薄弱环节改善与能力提升项目建设调度会，解决项目推进中的困难问题，加快项目实施。下达省级消除义务教育大班额资金14亿元，扩容城区学校，增加学位供给，加大化解大班额工作力度。下发《关于做好2020年普通中小学招生入学工作的通知》，实施民办义务教育学校与公办义务教育学校同步招生。完善随迁子女招生入学实施细则，简化入学手续，全年全省义务教育阶段学校接收随迁子女45.9万人。印发《关于印发〈关于加强全省专门学校建设和专门教育工作的实施意见〉的通知》，对全省专门学校建设及教育进行部署，实现每个设区市都有1所运行正常的专门学校。

【普通高中教育】　安排省级资金5.2亿元，争取国家补助2.75亿元，改善高中办学条件，推进高考综合改革。印发《江西省人民政府办公厅关于新时代推进普通高中育人方式改革的实施意见》，深化教育教学改革，提升育人水平。组织新课程新课标教育培训和成果展示活动，提高教师实施新课程能力。建立初、高中学生综合素质评价信息管理系统，组织开展平台培训，促进综合素质评价改革深入实施。确定江西师大附中等35所学校为全省首批普通高中特色学校，下发《关于开展2020年普通高中特色学校评估认定工作的通知》，启动第二批全省普通高中特色学校评估认定工作。落实国家关于教材管理的“一个规划”“四个办法”，加强全省教材建设规划顶层设计，草拟《江西省中小学教材管理实施细则》。组织开展教材专项排查，共排查教材教辅1643册，确保教材意识形态安全。

【特殊教育】 把特殊教育事业纳入全省教育改革发展整体规划，坚持“特教特办”原则，加大政策、资金和人员等方面倾斜力度，提升特殊教育保障能力。印发《关于开展义务教育阶段重度残疾儿童少年送教上门工作的指导意见》，进一步规范送教上门工作，推动全省特殊教育改革发展；全省共投入4886万元，新建、改扩建校舍面积1.92万平方米，新建资源中心3个、资源教室24个，改善特殊教育办学条件；配齐配足特殊教育教师，全年全省新增特殊教育专人教师155人；推动特殊教育向两头延伸，省级财政投入290余万元，支持南昌市启音学校、南昌市盲童学校现有高中部面向全省招生；投入16.38万元，支持30余所特殊教育学校附设学前部（班）。

【教育信息化建设】 推进信息技术与教育教学实践深度融合，推动课堂革命，构建“互联网+教育”新生态，加快全省教育现代化进程，实现“三个课堂”常态化运用。印发《推进全省中小学“三个课堂”应用的实施方案》，加快“专递课堂”建设，助力农村薄弱学校和教学点开齐开足开全国家规定课程。截至年底，教学点“专递课堂”覆盖率75.6%，赣教云课堂平台开通8789个学校空间，20万名教师空间，在线课程6384个，观看56万人次。推动教育信息化教学应用实践共同体项目建设，全省《江西省虚拟仿真实验共享教育共同体》《5G智慧数字校园融合教学应用实践共同体》2个项目被教育部确定为全国示范项目。

（省教育厅）

职业教育与成人教育

【概　况】 2020年，全省职业教育与成人教育落实中共中央、国务院和省委、省政府重大决策部署，围绕年度重点工作安排，深化改革、提质创优，各项工作取得新成效。全省有职业院校476所，在校人数总规模118.77万人。其中，高职院校63所，在校生56.69万人；中职学校413所，在校生62.08万人。全省有普通高等学校、独立学院和成人高等学校共113所，其中举办继续教育并参与编制高校继续教育发展报告的高校57所，在籍学生30.33万人。

【国家职业教育创新发展高地启动大会举行】 8月24日，教育部、江西省共建国家职业教育创新发展高地启动大会在南昌举行，是全国第3个部省共建国家职业教育创新发展高地。教育部部长陈宝生、省委书记刘奇出席并作讲话，省长易炼红主持会议。启动大会后，教育部和江西省人民政府联合召开新闻发布会，正式发布《教育部江西省人民政府关于整省推进职业教育综合改革提质创优的意见》，提出打造江西职业教育五大“高地”目标和29项改革举措。成立由教育部部长、省委书记、省长任组长的高地建设领导小组，推进高地建设工作；印发《教育部和江西省共建职业教育创新发展高地任务分工方案》，把60项重点任务进行细化和量化，明确责任部门、完成时限和完成方式，要求按时间节点，挂图作战，逐条落实各项举措，确保工作任务落实。

【规范办学行为】 印发《江西省中等职业学校分级标准（试行）》，中职学校根据办学水平分为A档、B档、C档3个档次，加强认定结果实行动态管理，有效期3年。印发《江西省高等职业教育（专科）专业设置管理实施细则》，规范全省普通高等学校高等职业教育专科专业设置管理，指导全省高职院校依法自主设置和调整高职专业。公布全年中职学历教育招生资格学校名单。完成职业院校拟招生专业备案。研究制定《江西省中等职业学校有偿招生处理办法》。开展省外高校在赣增设函授站、学习中心备案，加大对校外函授站在办学资质、办学条件、招生宣传、教学管理、收费情况等环节教学监督检查和办学能力评估的力度，规范函授站点办学活动。完成全年各普通高等院校和成人高校专业设置备案，公布高等学历继续教育拟招生学校55所，拟招生专业256个，招生专业点1295

8月24日，教育部、江西省共建国家职业教育创新发展高地启动大会在南昌举行

省教育厅供

个。启动全年高等学历继续教育毕业论文查重工作。

【教育教学管理】　实施2020年职业院校教师素质提高计划，共培训5412人。开展第2批省级项目任务承担基地遴选，确定省级项目任务承担基地49个，其中“双师型”教师培训基地26个，企业实践基地18个，远程教育培训基地5个。启动全年中高职“双师型”教师认定工作。开展中等职业学校特聘兼职教师申报。组织职业教育教材专项工作，对全省职业院校全部使用教材情况进行摸底和排查。开展首届全国教材建设奖（职业教育与继续教育类）教材推荐。组织职业院校疫情期间利用职业教育专业教学资源库等在线资源开展线上教学，开展疫情期间线上教学优质课程评比和高职院校在线开放课程认定。举办全省职业院校技能大赛、职业院校教学能力大赛、中等职业学校班主任能力比赛，达到以赛促教目的。

【职业教育提质培优】　省教育厅、省委编办等6部门联合印发《关于做好职业教育“一市（校）一策”实施方案编制工作的通知》，优化职业院校服务经济社会布局等8项重点任务。实施省级“双高计划”、国家“双高计划”，重点建设一批高水平职业院校，打造一批特色专业群。开展省级“双高”建设单位中期绩效评价；修改完善国家“双高”建设单位建设方案和任务书编制，提交2部备案；会同省财政厅下达2020年国家“双高计划”和省级“双高计划”建设资金。启动职业教育提质培优行动计划，江西承接45项任务，其中90所中职学校、57所专科高职院校、2所本科高职学校共承接30项任务。举办全省高职院校办学能力专题研修班、中职学校校长集中研修班，重点提升全省职业院校校长治校能力和管理水平。

【高职扩招】　9月，省教育厅等13部门联合印发2020年扩招工作方案，重点提出9项举措，部署高职扩招专项工作，确保高质量完成扩招工作任务。会同省农业农村厅、省退役军人事务厅、省交通厅、省水利厅、省国资委等部门，围绕农业、水利、交通系统等重点行业或产业人才短缺，启动国有企业单位员工学历提升专项计划、退役军人技能提升专项计划、幼儿园教师学历提升计划、高素质农民培养计划、基层医护人员能力提升计划（非临床类）、工业园区（开发区）现代学徒制专项计划等六大专项学历提升计划，建立配套招生及管理政策，提供各类学习群体升学和培养模式。全年全省76家高职（专科）院校参与高职扩招，录取26.27万人，其中面向社会扩招1.84万人。

【江西省高等职业院校G10联盟成立】　10月31日，江西省高等职业院校G10联盟成立仪式在九江举行。省教育厅厅长郭杰忠出席。G10联盟由九江职业技术学院、江西财经职业学院、江西应用技术职业学院、江西现代职业技术学院、江西交通职业技术学院、江西外语外贸职业学院、江西环境工程职业学院、江西旅游商贸职业学院、江西陶瓷工艺美术职业技术学院、九江职业大学10所高水平高等职业院校构成。该联盟主要目标是“探索江西路径，贡献江西力量，共绘江西方案”，旨在“集聚优势资源，破解职教难题，实现跨越发展”，推进全省双高建设和提质创优行动计划实施。G10联盟聚焦江西职业教育改革发展重大决策部署，建立有效合作机制，共享优质办学资源，共同开展职教研究，共同推进“双高计划”建设，引领江西省高等职业教育改革和发展。

【产教融合】　全省高职院校产教融合发展现场会在吉安职业技术学院召开。会上，成立全省职业院校1+X证书制度试点工作协调推进领导小组，遴选53所院校为江西省1+X证书制度试点77个证书联盟牵头院校。全年全省“1+X证书”试点院校数196所，试点专业数230个，试点学生规模14万人。江西“1+X”试点工作经费标准协商办法被教育部作为优秀案例推广。开展第3期全国现代学徒制试点单位省级验收。遴选确定南昌市汽车机电学校现代汽车技术等6个实习实训基地为江西省职业教育产教融合区域公共实习实训基地建设项目。推进国家VR实训基地建设，推动4所高职院校5个自建专业课程体系建设，做好国家职业教育虚拟仿真示范实训基地自主建设专业课程体系建设工作。与中国邮政江西省分公司签署战略合作协议，校企共建实训基地，实现“产学研用”协同发展。支持九江职业技术学院、江西信息科技职业技术学院等职业院校与华为、阿里巴巴、京东、新华三等国内知名企业共建二级产业学院。会同省发改委开展江西省产教融合型企业认定，对80个申报企业参与职业教育情况进行审核。

【继续教育】　推动全省各级各类职业院校开展面向贫困人口就业培训工作，全年全省147所职业院校开发完成适合扶贫培训的课程和项目580个。实施农民工“求学圆梦”行动计划，提高农民工学历层次水平。推动省级社区教育实验区、示范区建设，新增省级实验区13个、省级示范区4个。举办首届社区教育骨干教师培训班。打造终身学习品牌项目，全省5名获全国“百姓学习之星”、5个项目获全国“终身学习品牌项目”，同时获“事迹特别感人的百姓学习之星”和“特别受百姓喜爱的终身学习品牌项目”2项国家级终身学习荣誉称号。举办2020年全民终身学习活动周，开展学习宣传、教育培训、文化艺术和学习服务等活动。推动江西电视广播大学转型发展，12月19日江西开放大学揭牌成立，主要职责服务江西全民终身学习，推进江西开放教育体系建设，探索中部地区和革命老区开放教育、职业教育、继续教育、社区教育、老年教育融合发展新模式。

（胡田）

【职业技能竞赛】　承办全国陶瓷行业技能竞赛、全国美容美发行业技能竞赛；举办省级一类竞赛2项，有80个职业；二类竞赛32项，有100个职业；三类竞赛15项，100个职业，直接参加省级决赛人数7万人，带动岗位练兵70万人。

【技能人才评价体系】　推进技能人才评价多元化，建立“1+3”技能人才评价制度体系。“1”,即适应鉴定机构由审批制改为备案制的要求,出台《江西省职业技能考核鉴定机构备案和监督管理办法(试行)》,规范准入内职业资格鉴定工作。“3”,即印发《关于开展技工院校学生职业技能等级认定试点工作的通知》《关于全面推行企业职业技能等级认定工作的通知》《关于遴选备案职业技能等级认定社会培训评价组织的通知》3个文件,支持企业、技工院校开展职业技能等级自主认定,明确社会培训评价组织开展职业技能等级第三方认定程序和要求。

【技工教育管理】 印发《关于加快技工教育发展 加强技能人才队伍建设的若干意见》,联合省财政厅出台《关于实施技工就业促进计划有关工作的通知》。优化技工院校布局,新设立高级技工学校4所、普通技工学校4所。强化内涵建设,提高教师职业水平,开展全省技工院校一体化师资培训班。提升办学与产业发展融合度,开展全省技工院校校企合作对接会。全年全省技工院校93所,在校生17.6万人,新招生7.3万人,毕业生4.4万人,新招收建档立卡贫困家庭学生4829人,建档立卡贫困家庭在校学生1.15万人。组织首届全省技工院校教师职业能力大赛,参加全国技工院校教师职业能力大赛,获得6个二等奖、3个三等奖。195名学生获2020年度中职国家奖学金,3名学生获2020年度“技能雏鹰”奖学金,4名学生获2020年度“技能雏鹰”助学金。

(肖璟)

高等教育

【概 况】 2020年,全省有普通高等学校、独立学院和成人高等学校113所,其中普通高等学校105所(含独立学院13所),成人高等学校8所。各类高等教育在学人数总规模166.85万人。高等教育毛入学率52%,比上年提高3个百分点。

【人才培养】 落实江西省“六卓越一拔尖”培养计划2.0任务清单,遴选并推荐262个专业申报国家一流专业建设点,推荐5个基地申报国家基础学科拔尖学生培养基地,推进新工科、新农科、新医科、新文科“四新”建设。推进专业优化和结构调整,全省高校新增备案专业59个,其中35个专业直接服务全省“2+6+N”产业发展,占比51.5%。启动第二轮专业综合评价,制定工作方案,完善评价体系。做好专升本考试工作,全年完成招生2.66万人。启动第二学士学位教育工作,全年完成招生4614人。继续推动校所合作,选派第二批21名高校教师到司法所开展为期2年挂职工作。

【“双一流”建设】 全省102个专业获批国家一流专业建设点,全国排名第18位;共有251个省级一流专业建设点,全国排名第11位。加强一流课程建设,92门课程通过首批国家级一流课程认定,建成698门省级一流课程。南昌大学有30门课程通过国家一流课程认定,位居全国第37位。加强建设过程管理,开展“双一流”建设高校年度评估报告抽评,会同省财政厅、省发改委开展“双一流”建设期满验收工作。

【教育教学改革】 实施高校课程育人共享计划,注重思政课程与专业教学融合,立项支持181门共享计划课程。推进高校校际学分互认和转换改革试点,20所试点高校推出395门线下和线上线下混合式课程,2.28万人次学生完成跨校选课。联合江西教育电视台,推动25所高校书记(校长)谈本科教育电视访谈节目上线,挖掘高水平本科教育建设新样本、新亮点,为全省本科教育提供新思路、新借鉴,推动高校强化本科教育质量建设。

【创新创业教育】 出台《关于鼓励全省高校师生参加中国国际“互联网+”大学生创新创业大赛的实施意见》,激励师生参加创新创业大赛。组织高校开展2020年大学生创新创业训练计划项目申报,通过国家级立项802个,省级立项2073个。在第六届全国“互联网+”大学生创新创业大赛中,全省高校共获9金16银35铜,实现所有赛道金奖全覆盖,创历史最好成绩。承办2020年江西“青年红色筑梦之旅”活动,吸引全国26个省80个市参与,942个创新创业项目团队齐聚云端,助力精准脱贫和乡村振兴。开展2020年江西省大学生科技创新与职业技能竞赛,共有94所高校1.8万余名选手参加18个项目比赛。

【高校科技创新】 全年全省高校R&D经费支出20.37亿元,比上年增长1.6亿元。江西理工大学“离子型稀土矿浸矿场地土壤污染控制及生态功能恢复技术”等5个项目获国家重点研发计划项目立项。全年全省高校共获批国家自然科学基金889项,直接经费3.14亿元,立项数创历史新高。

【科技创新平台】 江西理工大学牵头国家稀土功能材料创新中心获工业和信息化部批复组建,实现全省国家制造业创新中心零突破。依托华东交通大学建设省部共建轨道交通基础设施性能监测与保障国家重点实验室通过省部会商。新增江西农业大学猪遗传改良及创新和南昌大学绿色食品精深加工与食品安全2个省部共建协同创新中心。江西中医药大学牵头组建江西省葛产业技术创新战略联盟。全省高校新增15个江西省重点实验室和9个江西省工程研究中心。

【校地校企合作与成果转化】 省教育厅与省发改委联合开展高校助力企业复工复产推动江西高质量发展“百校行”活动,共组织高校与86个开发区对接,开展项目合作2638个,服务企业4989家,产生经济效益63.12亿元;建立大学生创新创业园492个,推动大学生创新创业6.48万人。组织开发“校企通——江西省高校科技成果转化服务平台”,遴选认定南昌大学、江西师范大学等8家江西省高校科技成果转化和技术转移基地,开展高校科技成果转化技术经理人培训,初步建立专业技术经理人队伍。联合教育部科技发展中心、省科技厅等单位举办第三届江西高校科技成果对接会，86 所省内高校、20 所省外“双一流”建设高校、1000 余家企业参会，校企签约金额 6.01 亿元。

【江西省虚拟现实教育联盟成立】 10 月 20 日，华东交通大学、南昌大学、江西理工大学等 12 所高校与 HTC 威爱联合成立江西省虚拟现实教育联盟，汇聚江西省高校、企业优势资源，搭建高校和企业在虚拟现实产学研，信息交互、人才培养、科学研究、协同合作等领域协作平台，推动江西省虚拟现实教育产业繁荣发展。会议通过《江西省虚拟现实教育联盟章程》《江西省虚拟现实教育联盟第一届理事会推选办法》《江西省虚拟现实教育联盟第一届理事会成员选举办法》，华东交通大学当选理事长单位，HTC 威爱为第一副理事长单位，江西理工大学、南昌大学等 12 所高校被选为副理事长单位。

【江西省集成电路人才培养研讨会召开】 8 月 28 日，江西省集成电路人才培养研讨会在南昌召开。江西省 30 余所高校 100 余名代表与国内 IC 界知名专家参加。共同探讨集成电路产业发展方向及人才培养方式，服务区域集成电路产业，推动产业技术创新和融合发展。此次大会为促进江西数字经济发展和行业数字化转型升级、深化职业教育改革等方面提供智力支撑。中国集成电路产教融合发展联盟秘书长王世江做视频报告，报告分析当前中国集成电路产业发展面临的“人才短板”现状，并提出发展建议。中国半导体行业协会专家委员会专家余山结合《中国集成电路产业人才白皮书》，对中国集成电路产业人才发展现状进行深度分析。集成电路领域政、产、学、研、培各界专家，畅所欲言，为全省集成电路学科建设与人才培养，把脉问诊，建言献策，创新 VR、集成电路相关专业人才培养机制。

（省教育厅）

8 月 28 日，江西省集成电路人才培养研讨会在南昌召开

省教育厅供

教师队伍建设

【概　况】 2020 年，全省各级狠抓教师队伍师德师风建设，优化教师队伍配备，提升教师队伍整体素质。开展庆祝第 36 个教师节活动，举办第三届“感动江西教育年度人物”和首批“新时代学生心中的好老师”推选活动。招收定向师范生 5200 余人，招聘到岗中小学幼儿园教师 1.7 万人。选派音体美专业师范生赴农村小学实习支教 1234 人次、“三区”人才支持计划支教教师 1965 人。核定公办中小学教职工编制 42.1 万个，其中增加 3 万个，启动实施义务教育学校教师“县管校聘”管理改革试点；义务教育教师平均工资收入水平不低于当地公务员目标全面实现；出台落实减轻中小学教师负担“十八条”。先后在全国义务教育教师工资收入落实情况、中小学幼儿园教师招聘工作、中小学教师减负工作视频会上作典型发言。

【第 36 个教师节系列活动】 组织庆祝第 36 个教师节系列活动，营造尊师重教氛围。9 月 7 日，省领导施小琳、马志武、汤建人等出席第三届“感动江西教育年度人物”颁奖晚会。袁清山等 10 人被推选为第三届“感动江西教育年度人物”。9 月 9 日，省领导刘奇、易炼红、施小琳、孙菊生等与洪一江、汤美丽、李荣同、张蕾、涂悠悠、史南城等 15 名优秀教师和教育工作者代表座谈；省领导施小琳、马志武、汤建人等分别赴九江市、吉安市、新余市走访慰问教师。9 月 10 日，组织“为教师亮灯”公益活动，南昌市红谷滩区绿地双子塔、九江市文博园胜利碑等地标性建筑，以及江西理工大学、上饶幼儿师范高等专科学校等各级各类学校亮出“老师，您好”，向教师致敬，引发新华社、人民网、央视《新闻联播》、江西广播电视台都市频道等媒体关注。

【中小学思政课教师队伍建设】 8 月，省委教育工委、省教育厅会同省委组织部、省委宣传部、省财政厅、省人社厅下发《关于加强新时代中小学思想政治理论课教师队伍建设的实施意见》，明确中小学思政课教师队伍建设目标任务，从加强配备管理、提升素质能力、创新评价激励机制等方面提出政策举措。首次启动中小学思政课教师“名师工作室”申报建设，面向全省各地遴选确定 8 个中小学思政课教师“名师工作室”，省级给予每个工作室 10 万元经费支持。

【师德师风建设】 率先在全国搭建江西省教育信用体系信息系统，建成教师行业信用信息平台。全年度收录教师正面信用信息 5249 条、负面信用信息 101 条。开展“万师访万家”活动，全年全省 10.81 万名教师家访 184.49 万名学生。首次开展“新时代学生心中的好老师”宣传推介活动，发布首榜 30 名教师名单，通过教育厅微信公众号、江西教育电视台，“学习强国”、江西融媒体等媒体宣传入选教师优秀事迹，展示江西教师良好形象。

【“县管校聘”管理体制改革】 4月，省教育厅、省委编办、省财政厅、省人社厅联合印发《关于推进义务教育学校教师“县管校聘”管理体制改革的指导意见》，全面启动义务教育学校教师“县管校聘”管理体制改革，明确全年将在各设区市选择1～2个县（市、区）开展改革试点。经各地遴选推荐，全年选择南昌县等18个县（市、区）进行试点县。

【教师培养补充】 针对新冠肺炎疫情，指导各地挖潜创新，为高校毕业生提供教师招聘岗位2万个，首次实行“先上岗、再考证”，共有15.2万名考生报名参加考试，共招聘到岗中小学幼儿园教师1.9万人。6月19日，在教育部召开全国中小学幼儿园教师招聘工作推进视频会上，江西省作典型发言。推动校长教师交流轮岗和支教，助力教育脱贫攻坚，全年实现交流教师1.09万人、轮岗校长1122人；选派1234人次音体美专业师范生赴农村小学实习支教；选派“三区”人才优秀支教教师1965人；选派学前教育巡回支教点310个，招聘支教教师650人；选派“银龄讲学计划”教师274人。

【中小学教师培训】 全年争取中央财政“国培计划”资金1.07亿元，组织开展37个项目，培训10.89万人；争取省财政资金3200万元，组织开展培训班78班次，培训1.82万人。选派全省第二批援疆支教教师230名赴新疆阿克陶县开启一年半的支教工作；5月6日，省教育厅召开视频培训会，组织230名援疆支教教师行前培训。

【中小学名师名校长培养】 启动实施第5期、第6期“中小学名校长培养计划”，逐级遴选确定145名中小学名校长培养对象，其中，幼儿园30人、小学40人、初中（含9年一贯制学校）30人、普通高中45人。启动实施第三期“中小学名师培养计划”，逐级遴选确定小学45名和中学45名思政课教师。组织开展全省第四批中小学学科带头人和骨干教师选拔培养工作，逐级选拔确定学科带头人492人、骨干教师987人。

【教师待遇保障】 省政府研究出台义务教育教师工资待遇保障政策。省政府办公厅和省教育厅、省人社厅、省财政厅等部门推进工作落实，省政府教育督导委员会办公室多次组织实地督导和明查暗访，把义务教育教师工资收入落实情况纳入县（市、区）党政领导干部履行教育职责考核评价和高质量发展“教育发展”考评内容。6月28日，在国务院教育督导委员会办公室和教育部联合召开的全国义务教育教师工资收入落实情况视频调度会上，江西省作典型发言。截至年底，全省100个县（市、区）如期实现义务教育教师平均工资收入水平不低于当地公务员平均工资收入水平的目标。

【中小学教师减负】 6月，省委办公厅、省政府办公厅印发《江西省减轻中小学教师负担十八条措施》，从减轻督查检查评比考核负担、减轻社会事务进校园负担、减轻报表填写工作负担、减轻抽调借用中小学教师带来的负担、保障措施5个方面提出18条减轻中小学教师负担具体举措，明确减负主要任务、责任主体。6月11日，江西省在教育部召开的全国推进中小学教师减负工作视频会上作典型发言。各地市陆续出台实施意见和正面清单，把降压减负与提质增效相结合，营造教育教学良好环境。

【教师资格认定】 2020年，全省有7.02万人在中国教师资格网上申请认定教师资格，经过各级教师资格认定机构严格把关，共认定各类教师资格6.98万人，其中幼儿园教师资格8867人，小学教师资格3.42万人，初中教师资格1.04万人，高级中学教师资格1.28万人，中等职业学校教师资格186人，中等职业学校实习指导教师资格14人，高等学校教师资格3364人。

（省教育厅）

民办教育

【概　况】 2020年，全省各级各类民办学校9158所，在校生184.7978万人，占全省在校生16.57%。其中，民办高校33所（本科8所、专科12所、独立学院13所），在校生32.76万人；民办中等职业学校88所，在校生11.78万人；民办普通高中175所，在校生21.35万人；民办初中183所，在校生22.22万人；民办小学52所，在校生16.29万人；民办幼儿园8620所，在园幼儿80.34万人；民办特殊教育学校7所，在校生578人。

【民办学校年检】 面向全省各设区市和省直管县（市）教育局印发《关于进一步规范全省民办中小学幼儿园年检工作的通知》，明确每年1—5月，对全省所有民办中小学（含小学、初中、普通高中、职业高中、普通中专、特殊学校）、幼儿园上一年度依法办学情况进行年检。年检内容主要包括加强党的领导、完善学校法人治理、依法规范办学行为、加强财务资产管理、加强教师队伍建设、落实安全稳定责任等六大方面。按照“属地管理、分级负责”和“谁主管、谁负责”原则，各设区市、县（区）教育行政部门分别负责直管民办学校年检工作。同时，设区市教育行政部门负责督促指导所辖县（区）教育行政部门开展相关工作。组织对全省18所民办高校、15所民办非学历高等教育机构和2所省管民办普通中专开展依法办学情况检查。

【民办教育监督管理】 落实中共中央、国务院和省委、省政府关于“支持和规范民办教育”重要决策部署，推进全省民办教育治理体系和治理能力现代化，组建“江西省民办教育管理专家库”。专家库由人事、财务、资产、金融、税务、审计、法律等领域专家学者或行政管理人员共56人组成。主要职责是参与起草江西省民办教育领域重大政策法规文件，为民办教育规范管理提供咨询意见和建议，针对民办教育改革发展中的重大理论和现实问题开展调查研究，协助审核民办高校办学章程，受委托开展民办高校依法办学年度检查等。推进“江西省民办教育公共服务平台”优化升级，全面推行民办学校电子办学许可证，推进“互联网＋政务服务”改革；实现民办学校审批、专项资金管理、重大事项备案、法定事项审批、依法办学年检等主要业务线上申请与办理，提升服务效能；落实民办学校信息公示制度，保障公民、法人和其他组织依法获取民办学校信息，促进民办学校依法治校；建立民办学校、举办者、法定代表人、校长、副校长信用档案，营造诚信守法氛围；建立民办教育大数据，强化动态监管，规范办学行为。组织对18所民办高校、13所独立学院、15所民办非学历高等教育机构、2所省管民办普通中专进行年度财务审计，完成6所民办高校举办者变更审核、18所民办高校决策机构变更备案、11所民办高校校长（副校长）备案、20所民办高校招生简章和广告备案。

【规范校外培训机构】 省教育厅联合省市场监管局、省民政厅、省人社厅、省住房与城乡建设厅等部门出台《关于规范校外培训机构设置的意见》，对专门从事以中小学学生为主要对象的文化课程培训服务非学历培训机构，以及设立实施语言能力、艺术、体育、科技、研学等民办培训教育机构设置标准进行规范。明确培训机构名称应与其办学类别相符合，与市场监督、民政登记管理和教育相关法律法规的规定相符合；培训机构应具备相对独立的办学场地、教室和办公室必须设在一处，所在楼层不超过5层，同一培训时段内生均教学用房建筑面积不少于3平方米；不得聘用中小学在职教师；不得一次收取时间跨度超过3个月费用。

（省教育厅）

国际合作与交流

【概　况】 2020年，受新冠肺炎疫情影响，省委教育工委、省教育厅领导，省属本科院校及厅属高职院校因公出国（境）访问、学术交流、进修、培训等工作未如期举行；中外合作办学机构（项目）144个；建立海外孔子学院14所，孔子课堂6个，汉语教学中心2个；外国留学生招收资格院校39所，在校留学生6279人；聘专资格院校123所，在校外籍教师705人；国家公派留学485人；中国政府奖学金资格院校8所；青年骨干教师出国研修项目资格院校9所；国别和区域研究中心4个。

【疫情防控】 针对新冠肺炎疫情发生，省教育厅落实省委省政府、教育部相关举措，扎实做好外籍师生疫情防控工作。全年全省外籍师生人员稳定，未发现确诊及疑似案例。2月9日，发布《致留学生的一封信》，推送给每名留学生；3月8日，面对国外疫情蔓延态势，根据省委书记刘奇指示要求，再次发布《致江西省外籍师生的一封信》，及时下发《关于疫情期间加强在校留学生管理工作的通知》《关于做好应对境外新冠肺炎疫情输入风险有关工作的通知》《关于针对新型冠状病毒感染的肺炎疫情开展网络心理辅导服务的公告》，确保全省外籍师生身心健康。全年省教育厅在中央和省直主要媒体推出留学生抗疫相关新闻报道163篇，其中，中央媒体刊发报道56篇。3月13日和3月18日，省教育厅把全省外籍师生疫情防控相关工作以《江西教育工作专报》形式，分别呈报省委、省政府和教育部，得到教育部副部长田学军，省委常委、秘书长赵力平肯定性批示。

【江西省第八届外国留学生汉语大赛】 12月14日，由省教育厅主办，江西财经大学、江西教育电视台承办，江西省教育国际合作中心协办，历时近2个月的江西省第八届外国留学生汉语大赛结束。大赛以“人杰江西·锦绣赣鄱”为主题，分预赛、决赛及一、二等奖争夺赛3个阶段，全省共有22所高校60名国外留学生报名参赛。受新冠肺炎疫情影响，此次汉语大赛决赛和一、二等奖争夺赛采用参赛视频形式进行评审，视频内容包括自我介绍、致敬英雄、我行我秀、声临其境。决赛设演讲、配音和才艺表演3个环节。经过角逐，江西师范大学留学生乔安安、江西财经大学留学生马超获一等奖；南昌大学留学生游娜、华东交通大学留学生卢克、江西财经大学留学生李苏非获二等奖；江西师范大学留学生宋翊、南昌航空大学留学生那子夫、江西科技学院留学生本杰明、赣南师范大学留学生维特、江西中医药大学留学生萨希尔获三等奖；江西财经大学、江西师范大学获最佳组织奖。

【孔子学院发展】 落实《江西孔子学院发展规划（2012—2020年）》，4月，东华理工大学、青海民族大学尼泊尔特里布文大学孔子学院成立。组织召开江西省孔子学院业务工作会议，研讨孔子学院（课堂）转隶工作。11月18日，江西省孔子学院工作联盟在江西师范大学正式成立，全省12所孔子学院合作院校共结联盟，推进全省孔子学院管理方式和运作模式改革创新。截至年底，江西省12所高校在法国、美国、韩国等13个国家设立孔子学院14所、孔子课堂6个，汉语教学中心2个。

【“一带一路”教育合作】 全面落实《江西省推进共建“一带一路”教育行动计划》，加强“一带一路”沿线国家教育交流与合作。全年组织国家公派高级研究学者及访问学者（含博士后）等18个项目申请初审推荐工作，共受理申请593人，录取人数485人。“一带一路”教育合作有新突破，与泰国教育部职业委员会取得教育合作意向。加强区域国别研究，江西省马达加斯加研究中心等4个高校国别和区域研究中心获教育部国别和区域研究2020年度课题立项8项，强化“一带一路”教育智力支撑。

（省教育厅）

本栏编辑　刘清林

科 学 技 术

综 述

2020年，全省科技进步综合水平达到第16位，科技进步贡献率58.24%。全省R&D支出同比增长23.7%，增速居全国第2位，占地区生产总值1.55%。万人发明专利拥有量3.68件，较上年同期增长0.8件，全省专利授权总量达到8万件。全省争取国家项目1180项，获得经费支持5.43亿元。

重大创新平台建设。中科院赣江创新研究院在赣州落地挂牌，实现江西省中科院直属机构从无到有的历史性突破。中药国家大科学装置正式向国家发改委申报列入“十四五”规划国家重大科技基础设施。中科院庐山植物园总体规划、控制性详细规划、景观规划编制完成，已报国家林草局审批。中国工程科技发展战略江西研究院、中国信通院江西分院、江西航空研究院、大口径射电天文望远镜等重大平台取得进展。

科技型企业培育。共发布独角兽（含潜在、种子）企业和瞪羚（含潜在）企业114家，新增独角兽企业1家。全省高新技术产业增加值累计同比增长11.2%，占规模以上工业比重38.2%。举办第二届“滕王阁创投峰会”。启动实施科技帮扶“千百万”行动，采用“选派对接”的普惠制和“揭榜对接”的个性化相结合的方式开展科技服务企业行动。

03专项试点示范。各设区市城区实现5G全覆盖，全省基本实现NB－IoT网络全覆盖。全省物联网产业主营业务收入突破1000亿元，达到1100亿元。国家03专项成果转移转化试点示范3年框架协议成功续签，全省成为国家科技重大专项试点示范首个续约省份。打造智鄱源、智赣119、飞鹰警务云、优智卫、智能制造等品牌工程，形成“水、火、警、医、造”五大亮点应用，其中智赣119率先突破百万级应用，走在全国前列。

科技金融服务。设立规模10.6亿元的物联网创投发展基金，推进鄱阳湖国家自创区科创基金、科技创新（独角兽）基金组建工作。“科贷通”规模不断壮大，累计发放贷款977笔、放贷25.99亿元，实现贷款规模和企业受益面双倍增成效。支持晶科电力、孚能科技、日月明测控、金达莱环保4家科技型企业成功上市融资。

科技成果转移转化效益。网上常设技术市场建设持续完善，出台网上常设技术市场技术交易专项补助办法，对技术交易转让方和受让方、技术转移服务机构进行专项补贴。共汇集省内外科技成果2.16万项、技术需求2281项。全省技术合同成交额突破200亿元，达到233.4亿元，增长57.1%。

构建科技“大监督”格局。科技监督范围覆盖到科技计划项目、科技奖励、科技领域相关资格认定等全部科技活动。加强科技计划项目随机抽查，完善科研诚信体系建设，建立科研领域相关失信责任主体联合惩戒机制，严肃查处一批科研失信案件，首次追回、暂缓和终止拨付项目资金550万元。

科技人才管理服务。建立科技系统领导干部联系科技人才政策宣讲、服务保障等制度，打造科技人才之家。在南昌高新区试点建立外国人来华工作许可与居留许可“单一窗口”，为外籍人才提供“一窗受理、并联办理”的便捷高效服务。加强对高层次人才的培育和服务，4名科技人才入选国家级人才计划，占全省入选总数40%。

“十四五”科技发展专项规划。立足全国科技创新发展新格局，加强与中国科技发展战略研究院合作，邀请国内知名专家参与规划编制，在充分吸纳专家意见和群众智慧的基础上，结合江西省科技发展总体战略和科技发展重大任务，初步形成“十四五”科技发展专项规划。

科技抗疫和复工复产。按照省委、省政府统一部署，结合江西中医药特色，组织全省优势力量开展应急科研攻关，在中医药防治、检测技术及装备、疫情防控智能化系统等方面取得成效，其中具有江西特色的“三方一汤一法一技”中药方，得到国务院联防联控机制专项督查组的肯定，并作为典型案例在全国宣传推广。景德镇市、萍乡市、井冈山市及南昌高新区、抚州高新区、井冈山国家农业科技园区被科技部列入“百城百园”行动实施名单。

创新改革环境。出台推进“项目评审、人才评价、机构评估”改革实施方案等系列体制机制改革文件，进一步突破制度障碍。在鄱阳湖国家自创区建设及独角兽、瞪羚企业发展方面，出台在全国具有创新性的激励政策。

（周泽全）

科技发展计划

【概 况】 2020年，省级科技专项总预算13.56亿元，按照“1＋5”科技计划体系，共安排各类省级科技计划项目2555项。联合省发改委出台《江西省构建市场导向的绿色技术创新体系的实施方案》;联合省外办等九部门出台《加强科技创新能力开放合作的实施意见》;联合省委宣传部等六部门下发《关于推进文化和科技深度融合发展的实施意见》;联合省农业农村厅等八部门出台《关于加强农业科技社会化服务体系建设的实施意见》。优化科技创新服务,落实高新技术企业优惠政策企业1003家,减免税额38.07亿元;落实高新技术企业以及科技型中小企业亏损结转年限由5年延长至10年等政策。向高企、科技型中小企业和创业者等开放共享平台,共享科研设施与仪器,减半收取使用费用。大仪入网单位145家,增长130%;设备2256台套,增长66.6%;总值20.8亿元,增长56.9%。出台网上常设技术市场技术交易专项补助办法,对技术交易转让方和受让方、技术转移服务机构进行专项补贴。共汇集省内外科技成果2.16万项、技术需求2281项。全省技术合同成交额突破200亿元,达到233.4亿元,增长57.1%。

【科技监督评估与诚信体系】 出台《关于进一步压实科研作风学风和科研诚信主体责任的通知》《江西省科技厅科技活动监督工作暂行规定》,夯实科技监督政策基础。推进科研诚信建设,加强对科研活动承办单位及科技计划项目主要负责人开展科研诚信审核,全年审核37批次,审核单位(人员)1.86万个(人),出具诚信审核报告132份。定期与信用中国(江西)平台加强联系,实行联合惩戒。运用互联网平台加强科技领域监管,收集报送各类检查对象7877条,实现巡查记录256条,推送监管动态信息227条,曝光台信息53条,对科技部下放4类监管事项和6项检查事项实现网上监管。

【科技改革创新】 完成科创大走廊"一带三区十中心"空间布局,出台鄱阳湖国家自主创新示范区建设措施和发展规划。井冈山国家农高区申报创建及规划开展建设。六大科创城集聚各类研发机构44个、研发平台127个、公共技术服务平台44个及高等院校11家,研发人员5000余人。萍乡市、景德镇市、井冈山市、南昌高新区、抚州高新区、井冈山农高园列入科技部"百城百园"行动计划。樟树市、高安市、南昌县、月湖区、青云谱区、永修县、东乡区、德兴市等8个县(区)被评为第三批省级创新型试点县(区)。中科院赣江创新研究院在赣州成立挂牌,实现江西省中科院直属机构从无到有历史性突破。中科院庐山植物园、江西省中科院大连化物所中药科学中心、中科院江西产业技术创新与育成中心等"中科系"重大创新平台相继落地。与省外大院大所名校合作共建研发机构46家、科技协同创新体102家,经认定新型研发机构27家。江西省与科技部、工信部续签03专项试点示范框架协议,推进以5G为代表的03专项成果转化应用。出台《江西省网上常设技术市场技术交易专项补助办法(试行)》。截至年底,全省入库科技型中小企业6416家,共培育独角兽企业(含潜在、种子)18家、瞪羚企业(含潜在)174家,高新技术企业5595家。

【科技抗疫科研攻关】 制定出台《关于科技支持防控疫情促进企业平稳健康发展的若干措施》,争取国家项目助力中小微企业战疫发展,"5G通信网络光模块开发"等项目获得立项,50家中小微企业共获得3000万元重点经费支持。强化科研攻关,共支持8个攻关项目,同步拨付经费500万元,与省中医药管理局联合支持11个中医药防治专项项目,在中医药防治、检测技术及装备等方面取得成效。全省首个生物安全防护三级实验室(P3实验室)启动建设,全省公共卫生体系建设取得历史性突破。开展线上服务。开展农业科技服务、加快科技成果转化、科技金融、涉外疫情防控等方面线上工作,为疫情期间企事业单位复工复产提供科技支撑。

【基础研究计划】 全年省自然科学基金共受理通过申请项目4402项,资助项目1179项,比上年增加82.79%;资助总经费5695万元,比上年增加17.06%;平均资助率26.78%,比上年增加12个百分点。其中,安排面上项目和青年基金项目979项,比上年增加108.30%;资助经费3945万元,比上年增加51.5%;重点项目和青年基金重点项目200项,比上年增加14.29%,资助经费1750万元,比上年减少6.57%。

【创新型省份建设】 2020年,全省主要科技创新指标稳步提升,创新型省份建设目标基本完成。全省综合科技进步水平再进2位,达到第16位;获国家科技奖励10项;技术市场成交合同金额232.2亿元,每万人发明专利拥有量3.68件;全省高新技术产业增加值占规模以上工业企业增加值39.6%。出台《江西省引进共建高端研发机构专项行动方案(2020—2025)》,10家新型研发机构纳入省属科研机构管理。推进国家级研发平台建设,国家稀土功能材料创新中心获批全国第14家、全省首家国家级制造业创新中心,新增国家认定企业技术中心3家。组建3家国家级平台预备队、18家省重点实验室、6家省技术创新中心,新增认定省级工程研究中心45个,新增省级企业技术中心54家。举办第二届"滕王阁创投峰会"。启动实施科技帮扶"千百万"行动,采用"选派对接"普惠制和"揭榜对接"个性化相结合方式开展科技服务企业行动,科技支撑经济高质量发展能力增强。全年新增省主要学科学术和技术带头人培养计划人选113人;扩大联合资助范围,对领军人才(学术类)实施联合资助项目。举办赣籍人才对接、"智荟赣鄱——人才江西行"等活动。建立科技系统领导干部联系科技人才政策宣讲、服务保障等制度。做好外国人才引育,组织中国政府"友谊奖"申报推荐,开展省政府"庐山友谊奖"评选奖励。在南昌高新区试点建立外国人来华工作许可与居留许可"单一窗口",提供外籍人才"一窗受理、并联办理"便捷高效服务。

【科技保障服务】 加快引导金融机构支持科技型企业发展,设立规模10.6亿元物联网创投发展基金,推进鄱阳湖国家自创区科创基金、科技创新(独角兽)基金组建工作。

“科贷通”规模不断壮大，累计发放贷款 977 笔、放贷 25.99 亿元，实现贷款规模和企业受益面双倍增良好成效。推进降成本优环境专项行动，全年落实申报享受研发费用加计扣除优惠 6267 户，增长 85.85%；加计扣除金额 194.29 亿元，增长 43.67%，折合减免企业所得税税款 48.67 亿元；落实高新技术企业优惠 1003 户，减免企业所得税 38.07 亿元。推进双创示范基地建设，加快建设赣江新区国家双创示范基地，培育省级双创示范基地 51 家。举办全省双创活动周、第九届中国创新创业大赛（江西赛区）暨第五届洪城之星创新创业大赛、科普讲解大赛、科技活动周等活动。

【省重点新产品计划】 全年省重点新产品计划围绕服务企业及促进企业科技转型，支持企业拥有自主创新知识，转化国家、省级等 5 类科技计划成果，实现重点新产品由小试、中式到规模产业化推广应用、示范。省重点新产品重点支持具有自主知识产权、创新性强、技术含量高、市场前景好，对支柱产业发展具有重大促进和带动作用的新产品，尤其是原创型新产品，采用国家标准、行业标准、地方标准、企业标准和团体标准的重点新产品，鼓励企业参与标准制定。重点支持电子信息、生物与新医药、航空航天、新材料、高技术服务、新能源与节能、资源与环境、先进制造与自动化等高新技术领域。全年组织申报省级重点新产品计划项目 3 批，共计 645 项，其中符合申报条件受理数 551 项，获批立项 507 项。

（省科技厅）

高新技术及产业

【概　况】 2020 年，全省共有高新区 25 个。其中，国家级高新区 9 个，数量位居全国第 5 位，中部地区第 2 位；省级高新区 16 个。全省有效期内高新技术企业 7134 家，新增 2019 家，同比增长 39.47%。全省共有国家级高新技术产业化基地 28 个，国家火炬特色产业基地 8 个，国家级软件园 1 个，国家级文化和科技融合示范基地 1 个，省级高新技术产业化基地 12 个。

【高新技术产业开发区】 省科技厅配合省发展改革委开展高新区扩区调区工作和优化整合，支持共青高新区“一区三园”优化整合，支持德安工业园、金溪工业园、湖口高新区等园区开展扩区调区工作。帮助上饶市委市政府对接科技部，推进上饶高新区升级国家高新区工作。指导南昌高新区强化电子信息产业建设，指导抚州高新区强化信息技术产业建设。以中央引导地方项目资金形式，支持南昌高新区、抚州高新区各 350 万元，共计 12 个项目。印发《关于支持鄱阳湖国家自创区建设的若干政策措施》，根据《江西省高新技术产业开发区提质增效综合评价办法（试行）》对全省高新区进行综合考评，促进高新区加快转型升级步伐，从科技经费中安排 1000 万元资金用于奖励 2019 年在全国高新区考评中进位的 6 家国家高新区和 8 家省级高新区。全省国家级高新区排名普遍大幅进位。其中，南昌高新区从上年的 30 位上升至 26 位，稳居全国第一方阵。4 家高新区实现两位数进位，鹰潭高新区由 112 位上升至 102 位；赣州高新区由 134 位上升至 124 位；吉安高新区由 135 位上升至 125 位；宜春丰城高新区由 163 位上升至 153 位。3 家高新区实现明显进位，九江共青城高新区由 159 位上升至 150 位；景德镇高新区由 86 位上升至 81 位；抚州高新区由 92 位上升至 87 位。

【高新技术企业认定】 全省第一批认定高企 1510 家，第二批认定高企 1547 家，全年共认定高企 3057 家。截至年底，有效期内高企共 7134 家，增长 39.4%。全省高新技术产业增加值累计增长 11.2%，比规模以上工业高 6.6 个百分点；占规模以上工业 38.2%，比上年同期提高 2.1 个百分点。

【独角兽与瞪羚企业评定】 2 月，省推进创新型省份建设领导小组办公室征求各成员单位意见，完成独角兽与瞪羚企业评选工作。4 月，省推进创新型省份建设领导小组办公室发布 2019 年度独角兽（潜在、种子）和瞪羚（潜在）企业名单，其中独角兽企业 1 家，潜在独角兽 3 家，种子独角兽 10 家，瞪羚企业 60 家，潜在瞪羚企业 40 家；支持经费共 2690 万元。从产业上看，独角兽（潜在、种子）、瞪羚（潜在）企业中，63% 聚集在新一代信息技术产业及新材料产业。其中，智能制造占比 42%，新材料占比 25%，洁净能源占比 23%，生物医药占比 6%。从区域上看，全省高新区独角兽（潜在、种子）、瞪羚（潜在）企业数量 35 家，其中鄱阳湖国家自创区占全省 31%。

【高新技术产业化基地】 至年底，全省共有 28 个国家级高新产业化基地，8 个国家火炬计划特色产业基地，1 个国家级软件园，1 个国家级文化和科技融合示范基地，12 个省级高新技术产业化基地，全省示范基地达 50 个。

【鄱阳湖国家自主创新示范区建设】 6 月 4 日，中共江西省委江西省人民政府印发《关于支持鄱阳湖国家自主创新示范区建设的若干政策措施》，在强化创新平台建设、完善创新创业服务、加速科技成果转移转化、加快科技型企业发展、强化高端人才集聚、促进科技金融深度融合、深化科技创新放管服改革、加大创新产品支持、创新体制机制、强化责任落实和绩效考评等 10 个方面推出若干条支持措施，推动鄱阳湖国家自主创新示范区建设提质增效。7 月 16 日，省委、省政府《关于支持鄱阳湖国家自主创新示范区建设的若干政策措施》新闻发布会在南昌召开。12 月 7 日，鄱阳湖国家自主创新示范区建设领导小组组长、省长易炼红签发《鄱阳湖国家自主创新示范区建设实施方案（2020—2025 年）》。围绕“四区一高地”的战略定位，把从建设开放协同高效新格局、构建具有核心竞争力创新型产业集群、全面提升自主创新能力、打造一流创新创业服务体系、深度促进“绿色 + 科技”融合发展，推进体制机制改革创新与政策先行先试，抓好鄱阳湖国家自主创新示范区建设。

【生产力促进中心建设】 至年底，全省生产力促进中心总数124家，其中国家级示范生产力促进中心6家（江西省生产力促进中心、南昌大学生产力促进中心、江西中药生产力促进中心、宜春市生产力促进中心、江西省国防科技行业生产力促进中心、江西省机械行业生产力促进中心）。按照中心所在设区市级分布：南昌市29家，赣州市20家，宜春市13家，吉安市17家，上饶市11家，抚州市6家，九江市8家，景德镇市3家，萍乡市7家，新余市6家，鹰潭市4家。全省生产力促进中心在岗职工人数1315人。其中，34岁以下370人，35～50岁之间578人；大专以上学历人员1252人（其中博士38人，硕士225人，学士573人）；高级职称人员354人，中级职称人员349人。全年人员培训总数4321人次，其中参加科技部培训49人次，参加其他培训4272人次。全省生产力促进中心总资产8.22亿元，其中流动资产1.49亿元，固定资产原值5.40亿元。技术装备原值1.52亿元，技术装备3264台（其中电脑1592台），办公总面积9.43万平方米。全省生产力促进中心政府投入4151.4万元，非政府投入1.88亿元（其中原依托单位投入608.10万元、其他投入1.82亿元）。

【科技创新载体培育】 全年全省有省级以上创业孵化机构286家，比上年增加10家。其中，孵化器89家，新增1家；众创空间181家，新增9家，退出2家；大学科技园16家，与上年持平。

【2020第二届滕王阁创投峰会举行】 12月11日，2020第二届滕王阁创投峰会在南昌举行。主题为“预见独角兽，智能新江西”。由省人民政府指导，省科技厅、省地方金融监督管理局、南昌市人民政府为主办单位，青云谱区人民政府、南昌市科技局、中科心客、梅花创投、清科集团、猎户星空为承办单位，科创板日报为支持单位。会上，58集团、猎户星空和南昌市人民政府家政机器人战略合作协议签约；新余市人民政府与58集团共建58·中国（江西）人才发展综合服务基地战略合作框架协议签约；江西科技创新基金签约；江西卫视《预见独角兽》栏目签约；2020年南昌市高层次科技人才“洪城计划”创业大赛获奖项目落户南昌签约。签约后，猎户星空董事长傅盛主持主题论坛环节。省科技厅厅长万广明为参会人员解读江西科技型企业培育政策，省地方金融监管局局长韦秀长为参会人员介绍江西省企业上市“映山红行动”政策，南昌市委常委、副市长王万征和青云谱区委书记孙毅则分别对南昌市和青云谱区进行推介。梅花创投创始合伙人吴世春作题为《当下是投资江西的最好时机》演讲。

（省科技厅）

12月11日，第二届滕王阁创投峰会举行。图为签约仪式现场

省科技厅供

农业科技

【概　况】 2020年，全省农业科技进步贡献率59.53%，高于同期全国水平。26项农业科技成果获省科技奖。井冈山市科技扶贫工作得到科技部肯定，并在国务院新闻发布会上作专门介绍。新增1个国家农科科技园区，在全国评估工作中，1个园区评为优秀，国家农业科技园区建设取得“一增”“一优”新成效。科技特派员主动服务洪涝灾后恢复生产取得实效；出台《加强农业科技服务体系建设的实施意见》，结合江西省实际，提出体现全省特色贯彻落实意见。

【农业科技园区】 全省农业科技园区建设包括国家级农业科技园区、省级农业科技园和创建井冈山国家高新技术产业示范区工作。全省有国家农业科技园区10个，分别为南昌、井冈山、新余、上饶、丰城、赣州、萍乡、宜春、九江和景德镇国家农业科技园区，省级农业科技园43个。全年10个国家农业科技园区核心区面积6.11万公顷，政府投入9.8亿元，社会投入45.7亿元，总产值346.3亿元，入驻企业766个，转化科技成果40个，引进技术74个，引进品种349个，引进设施83个。经科技部组织专家材料审查、现场考察、视频答辩等程序，江西省推荐申报的景德镇农业科技园区获第9批国家农业科技园区，成为全省第10个国家农业科技园区。

【科技扶贫】 江西科技扶贫实施创新驱动发展战略和乡村振兴战略，推动人才下沉、科技下乡、服务三农，为打赢脱贫攻坚战提供科技支撑。11月28日—29日，科技部部长王志刚一行赴井冈山调研督导扶贫工作并召开科技部全年定点扶贫工作座谈会，肯定江西省科技扶贫工作。12月23日，在国务院新闻办公室举行的科技扶贫助力打赢脱贫攻坚战新闻发布会上，科技部对井冈山科技扶贫措施做法给予肯定。东华理工大学教授李荣同获江西省2020年度脱贫攻坚作为奖。

【科技特派团工作】 全年省科技厅从148个省、市高校和科研院所中选派1393名科技特派员，向贫困地区派驻309个科技特派团，覆盖全省92个县(市、区)。首次开展2019—2020年全省科技特派员绩效评价，388名科技特派员评价结果为“优秀”、71名科技特派员评价结果为“不合格”。筛选李荣同等40个优秀省级特派员(团)先进事迹汇编成书《矢志扶贫凭科技情系三农在初心》。全省1393名科技特派员及时响应《致全省农业科技特派员的倡议书》，利用微信、QQ、网络和电话等形式，开展应急科技服务，编制《“新冠肺炎疫情”防控期间农业生产技术手册》等应急技术指导材料56篇。科技特派员开展洪涝灾后恢复农业生产等实地技术指导4000余次，提供线上咨询服务3000余次，解决蔬菜补种、病虫害防治等灾后生产技术问题550个，服务受灾乡镇262个、企业和合作社427家、农户和贫困户5574户，发放技术手册2万余份、优良水稻种子2000千克、优良蔬菜种子4600余包。安排中央、省财政培训专项经费394万元，通过公开征集、资格审查、评审等环节，确定江西农业大学、江西财经大学、省农科院、省林科院、宜春国家农业科技园区、江西省武夷源茶业股份有限公司等18家单位，开设农林产业科技型企业创新创业、科技特派员创新创业、国家农业科技园区优势特色产业发展全省示范推广、优势特色农林产业技术升级县(市、区)巡回培训、农业科技园(星创天地)能力提升培训等18个培训班。围绕全省水稻、香精香料、稻鸭共种养、中药材、油茶、茶叶、食用菌等特色产业，全年开展培训27期(次)，参与培训机构30个、专家97名、编写培训课件48件、现场观摩40次，培训涉农企业技术骨干、科技示范户、农村科技服务人员、种养大户、返乡农民工等1438人。

【第三批省级创新型县(市、区)建设试点】 8月，省科技厅启动第三批省级创新型县(市、区)建设工作，发布《关于开展第三批省级创新型县(市、区)建设申报工作的通知》，受理9个设区市18个县(市、区)申报。按建设主题分为重点开发区11个、农业主产区5个、重点生态区2个。按照厅务会审议通过《第三批省级创新型县(市、区)评审遴选方案》要求，经专家评审、厅务会研究、公示公告等程序，确定宜春市樟树市、宜春市高安市、南昌市南昌县、鹰潭市月湖区、南昌市青云谱区、九江市永修县、抚州市东乡区、上饶市德兴市8个县(市、区)为第三批省级创新型县(市、区)，并给予每个县(市、区)50万元、共400万元支持。8个县(市、区)按建设主题分为重点开发区5个、农业主产区2个、重点生态区1个。截至年底，全省试点县(市、区)达20家。井冈山市作为江西省推荐申报入选首批国家创新型县(市)。建立生态经济、井祥菌草2家院士工作站和20家科技示范基地，建设井冈山高科技农业博览园和国家农业科技园区，培育龙头企业27家。

【国家重点研发计划】 围绕科技部发布的农业领域国家重点研发计划重点专项申报指南，组织全省相关高校、科研院所和企业申报，指导推荐申报国家重点研发计划“蓝色粮仓科技创新”等重点专项项目3项，完成视频答辩。全年全省有3个子课题获国家重点研发计划立项支持，获批经费355.75万元。南昌大学牵头组织实施科技部国家重点研发计划“蓝色粮仓科技创新”专项“井冈山绿色生态立体养殖综合技术集成与示范”项目，取得新成效。阐明莲—鱼综合种养模式两种饲养方式对“中科5号”鲫鱼生长性能影响，形成一套适合当地稻—澳洲淡水龙虾养殖新模式，研发丘陵梯田稻蛙鳅综合种养中黑斑蛙歪头病生态防控技术，获得黑斑蛙变态阶段饲料中蛋白质最适需求量41.81%~42.21%，探明黑斑蛙胚胎发育最适水温区间为24℃~27℃，确定香糟风味大鲩冷冻调理制品制作工艺。申请发明专利2项、实用新型专利5项，授权发明专利1项、实用新型专利1项、软件著作权6项，制定地方标准3项。建立12家稻(莲)—虾(蟹)—渔综合种养试验示范基地，示范面积172公顷，推广面积466.67公顷；5家冷水性水产动物健康养殖示范基地，示范面积1790平方米。集中培训6次，现场技术指导20次，发放技术资料200余份，培训技术人员和养殖户1000余人次，实地调研和指导企业生产100余次；带动井冈山市和永新县农户156户，其中建档立卡贫困户86户。

(省科技厅)

气　象

【概　况】 2020年，全省气象部门统筹协调防汛救灾、疫情防控气象服务和改革发展，创新部门合作机制，强化气象灾害防御，抓实预报提前工作，全年受到省委书记刘奇、省长易炼红等省领导批示指示50次。气象灾害防御首次纳入省委“十四五”规划建议，气象重点工作首次在《江西省政府工作报告》专题部署，气象灾害防御首次纳入全省应急管理综合考核，农村气象防灾减灾首次纳入全省乡村振兴战略实绩考核，农产品气候品质评价首次纳入全省有机产品认证示范区创建考评体系。省政府召开气象灾害防御指挥部和推进气象现代化领导小组会议，63项气象工作任务纳入各相关厅局工作部署。

【气象防灾减灾】 全省汛期降雨极端性、致灾性强，7月连续区域性暴雨到大暴雨，鄱阳湖流域多次发生编号洪水和超警戒洪水，多站点水位甚至超保证、超1998年、超历史水位。全省气象部门精密监测、精准预报、精细服务，筑牢气象防灾减灾第一道防线。推动省政府召开全省气象灾害防御(人工影响天气)指挥部全体成员会议，出台指挥部工作规则。组建指挥部办公室非常设机构，推动实体化、规范化运行。与防指联合组织防汛和气象灾害防御督查，印发明电7期。做好汛期13次区域性暴雨、强对流过程气象服务，报送决策材料75期，发送决策短信526期，省气象局主要领导参加省委省政府防汛有关会议21次；强化预报预警信息发布，向暴雨影响区域全网发布暴雨信息

11次，覆盖2436万人次；共享省平安办“平安江西”资源向170万网格员和志愿者发送暴雨信息；根据6小时降雨预报紧急转移安置38.6万人。

【气象服务】 履行省防疫指挥部成员单位职责，每天制作气象服务专报，做好影响天气监测预报服务。通过突发事件预警信息发布系统、气象微信微博等发布政府指令、防控知识。组建190名在职党员志愿者队伍支援社区疫情防控。严格落实防控工作部署，月调度、周安排、日督促，没有出现确诊和疑似病例。增强农业气象服务供给，加强关键农时和灾害性天气过程的精细化农业气象服务；围绕粮食安全报送服务材料7期，获省委书记刘奇、省长易炼红批示；围绕特色农产品品牌创建，颁发10个茶叶“特优”等级气候品质认证标志；完成农产品气候品质评价规范技术指南、业务流程，探索推进与农产品质量可追溯平台对接。围绕生态文明建设气象保障需求，推进气象灾害生态影响评估、气候承载力监测评估等技术的研究、平台建设和保障服务；制定七大重点改革24项能力建设任务，改革构建省市县生态气象服务业务体系，提升生态服务能力；指导、推荐湾里等5地获评“中国天然氧吧”，联合新浪江西完成江西“寻找避暑旅游目的地”评选活动。

【气象现代化建设】 省政府召开省推进气象现代化建设领导小组全体成员会议，全面部署2020年气象现代化建设工作任务。领导小组印发《落实推进气象现代化开发利用好气象资源工作任务分工的通知》，明确50项工作任务和各成员单位分工。推进“十三五”规划实施建设收官，加快“十四五”规划编制，抓好“十四五”气象重点建设工程。九江、抚州、南昌、宜春、上饶、吉安、鹰潭、新余等市政府召开推进气象现代化建设领导小组会议；赣州市政府对县级气象现代化建设进行督查督办，宜春市启动中心城区内涝监测预报预警智慧服务系统建设，吉安市启动智慧气象服务系统建设。

【气象改革试点】 按照中国气象局部署开展气象业务技术体制重点改革试点，印发6个专项方案，确定3个试点市局，全面实施“智气象战略”，推进“智气象空间”建设。开展防灾减灾第一道防线试点，机构运行有效，预警机制完善，预警先导作用凸显。推进国家生态文明试验区（江西）气象保障服务试点，形成一批可复制、可推广的成果。改进气象行政审批，试行“容缺审批＋承诺制”办理模式，“赣服通”增设气象信息服务，江西气象网增设服务专栏；加强防雷安全监管，开展防雷安全普查、防雷与升放气球安全专项整治、资质“挂靠”行为专项整顿等活动，与省教育厅联合部署学校防雷安全检查；全面推行“互联网＋监管”，推进“放管服”和专业气象服务改革。

【气象治理】 开展气象治理年活动，梳理、修订、完善一批制度。制定督查考评办法，建立健全综合督查、常态督查机制。开展省气象局直接对县级气象部门的高质量发展考核，加强考评结果应用。改革配套部门规章，完善行政处罚自由裁量权，协调落实气象主管机构执法主体资格确认。推进标准化建设，申报国标1项、行标8项；梳理现行有效的688项气象标准并形成“执行清单”，开展标准执行情况评估。强化行政执法和执法监督，全省共办理气象行政许可331件，开展执法检查2020次。出台厉行节约强化支出管理若干措施，加强财务监管。

（钟微）

地　震

【概　况】 2020年，江西省境内共记录到地震189次，其中1.0～1.9级地震25次，2.0～2.9级地震5次，3.0级以上地震1次。最大地震为8月12日赣州市上犹县（纬度25.90度，经度114.29度）发生的3.3级地震。

【省防震减灾工作领导小组会议召开】 6月5日，省政府在南昌召开省防震减灾工作领导小组会议。会议贯彻落实国家减灾委员会全体会议暨国务院防震减灾工作联席会议精神，总结2019年度全省防震减灾工作，研究部署2020年重点工作任务。省防震减灾工作领导小组各成员单位负责人和联络员共70余人参加会议。

【江西选手高云莹获全国防震减灾科普讲解大赛优秀奖】 7月28日，第四届全国防震减灾科普讲解大赛决赛在厦门举行。大赛围绕“防震减灾科普先行”主题，从不同角度，结合实际案例，生动讲解减隔震技术、钻地蚯蚓机器人、抗震阻尼器等在地震救援中的应用，以及《你不知道的地震急救包》《给孩子的防震减灾课》《家庭防震——你的家具摆放对了么》等实用内容。江西省地震局选派景德镇陶瓷博物馆的高云莹代表江西省参赛，经过角逐，江西选手高云莹获大赛优秀奖。

【全国地震安全监管工作督查组在赣督查】 7月6日—10日，全国地震安全监管工作督查组在江西省实地督导检查建设工程地震安全监管检查工作开展情况。在赣期间，督查组先后到南昌、贵溪、丰城等市县，通过召开会议、听取报告、实地察看等方式对重大工程、高层建筑、学校、医院等工程的地震安全监管情况进行检查。7月9日，督导组在南昌举行座谈，与省直相关行业主管部门和有关专家就全省建设工程地震安全监管工作情况进行交流研讨。督查组对江西省建设工程地震安全监管检查工作和建设工程抗震设防要求落实情况给予肯定。

【应对上犹县3.3级地震】 8月12日，赣州市上犹县发生3.3级地震后，江西省地震局立即启动应急响应，分别向省政府、中国地震局报告情况，向省应急厅、赣州市通报震情。派出工作组协助赣州市与上犹县开展紧急处置。派员赴震区架设流动观测仪器加密地震监测，召开紧急会商会研判震情趋势。及时发布震情灾情信息，回应群众关切。地震造成上犹、崇义2县交界的陡水镇、平富乡、营前镇、梅水乡、杰坝乡、横水镇等地有震感，未造成人员伤亡和房屋倒塌。

【签订科技交流与合作框架协议】 7月16日，江西省地震局与中国地震局地震预测研究所签订科技交流与合作框架协议。协议本着“优势互补、资源共享、注重实效、共同发展”原则，明确在共同推进国家地震科技创新工程、人才培养、科技成果转化等领域联合开展科技交流与合作。

【开展萍乡安源矿区地震科学探测台阵野外观测工作】 8—9月，江西省地震局在萍乡市安源区、湘东区、芦溪县、上栗县等地布设142台短周期地震仪和13台宽频带地震仪，组成密集台阵，开展为期1个月的野外观测工作。通过观测及研究，获得安源矿区从近地表至上地幔顶部的精细速度结构，填补区域高分辨率速度结构研究的空白，将为评估该区域的地震灾害风险、制定震灾防范措施提供科学依据。

【开展2019年度地震科技星火项目验收】 经中国地震局科技与国际合作司授权同意，9月28日，江西省地震局组织开展2019年度中国地震局地震科技星火计划项目验收。“基于氢氧同位素的九江台地下水循环及地球化学特征研究”“氡观测仪器检测平台校准规程研究”2个项目通过验收并获评优秀项目。

【签订战略合作协议】 10月29日，江西省地震局、江西省消防救援总队在南昌签订战略合作协议。根据协议，双方按照“信息互通、资源共享、优势互补、协同作战”原则，建立日常沟通协调机制、信息共享机制、地震应急协同工作机制和地震工作长效合作机制。

【纪念“11·26”九江—瑞昌5.7级地震15周年活动】 11月26日，江西省地震局联合九江市、瑞昌市在瑞昌举行纪念“11·26”九江—瑞昌5.7级地震15周年活动。开展防震减灾知识讲座、地震应急演练近20场，发放宣传资料2000余册，科普馆分批接纳在校师生、社区居民等参观人数超过1000人次。

【2人入选中国地震局优秀人才名单】 12月4日，中国地震局印发《关于公布中国地震局创新团队和优秀人才新入选名单的通知》，江西省地震局吕坚入选骨干人才，黄仁桂入选青年人才。

（曹健）

社会发展科技

【概　况】 2020年，组织应急科研攻关，分三批择优确定8个应急攻关项目，下达专项经费累计500万元；与省中医药局联合下达11个中医药防治应急专项项目，下拨经费110万元。支持省级科技计划项目366项，投入科技经费5882万元。其中，重大科技专项4项，重点项目45项、一般项目306项，中央引导地方科技创新示范项目18项，省级临床医学研究中心5项。争取国家项目4项，获得国拨专项经费4873.5万元，牵头国家重点研发专项项目2项。其中，由中国南方稀土集团有限公司承担的“赣南离子型稀土资源基地典型固废循环利用集成示范”项目（项目编号2020YFC1909100），获国家重点研发计划“固废资源化”重点专项2020年度指南项目立项，中央财政经费支持2203万元。组建江西省首个生物安全防护三级实验室（P3实验室）。9月，实验室建设申请被科技部正式批准。针对江西协同研究网络空白，在老年疾病、精神疾病、针灸、代谢疾病、感染性疾病5个领域新组建一批省级临床医学研究中心，支持8个医疗机构新认定为国家临床医学研究中心分中心，是上年的2.6倍。联合省中医药局印发《科技支撑江西中医药传承创新发展行动方案（2021—2025年）》；落实科技部等7部门印发《关于加强科技创新支撑平安中国建设的意见》，联合省内有关单位组织制定《关于加强科技创新支撑平安江西建设的实施方案（征求意见稿）》。

【科技重大专项】 全省重点围绕中医药强省战略和生物医药战略性新兴产业建设，用科技解决核心关键技术，经过网评、会评、现场考察等评审环节，确认4个项目，每个项目支持500万元。针对中药制药智能化问题，通过重大专项支持华润江中制药集团有限责任公司牵头实施“中药大品种绿色智能制造产业化关键技术研究与应用”，系统研究生产控制技术、过程在线检测技术、自动化信息技术并搭建中药绿色智能制造产业化关键技术平台。针对江西省中药材大品种缺乏问题，通过重大专项支持江西九草铁皮石斛科技协同创新有限公司牵头实施“中药材大品种铁皮石斛产业链关键技术研究及应用”，重点开展铁皮石斛良种、生态高效栽培模式及技术、提取加工与健康产品等全产业链技术研发，推动江西中药材大品种大品牌发展。针对中国儿童用药品种少、剂型少，导致儿童用药存在选药不合理、剂型剂量不合理等问题，通过重大专项支持江西亿友药业有限公司实施“儿童用国家新药盐酸溴己新颗粒及分散片的研发”，利用公司具有国内唯一生产注射级盐酸溴己新原料药，开发具有自主知识产权的适合于儿童药用的新型口服固体制剂。针对高安建陶产业基地内50余家建陶企业二段炉煤制气普遍存在环保不达标问题，通过重大专项支持济民可信（高安）清洁能源有限公司实施“煤制清洁燃气制备成套技术与工业化装备开发”，重点建设清洁工业燃气集中供气项目，开展富氧气化技术和飞灰残碳燃烧技术研究。

【重点研发计划】 社发领域重点研发计划重点项目立足资源开发、生态保护、生物医药、医疗卫生、公共安全等领域，重点支持相关技术研究与产品研发。其中，在资源环境领域，通过支持资源高效开发与综合利用、污染防治、环境保护与生态修复等领域关键技术研究与示范，解决一批关键技术问题，助推江西省生态文明建设；在生物医药领域，支持现代创新药物、中药大品种提质增效、化学药物一致性评价、生物药、药用辅料基质先进技术研究与开发应用，支持热敏灸机器人研发与推广应用等；在医疗卫生领域，支持创新诊疗器械研发及示范、干细胞临床研究、精准诊疗、常见慢性病筛查与防控、名老中医经验传承等临床技术研究与产品研发；在公共安全领域，支持食品安全风险防控、生产和社会安全、防灾减灾研究。全年共立项社发领域重点研发计划重点项目32项，投入科技专项经费1260万元。

【可持续发展实验区】 推进井冈山市、赣州市章贡区、婺源县、贵溪市、崇义县、泰和县、鹰潭市龙虎山风景区、资溪县8个国家可持续发展实验区（以下简称“实验区”）和35个省级实验区建设工作。各实验区所在区政府发挥创新作为引领发展第一动力作用，按照建设方案中提出的实验主题，以问题为导向，深化体制机制改革，开展实验探索，推动当地经济社会协调、可持续发展，为江西省可持续发展提供经验和样本。

【省级临床医学研究中心】 采取“牵头＋联合”组建方式，在针灸医学、内分泌代谢病、精神心理疾病、老年疾病、感染性疾病等疾病领域新组建5个省级临床医学研究中心，投入经费250万元。全省在21个疾病领域共组建25个省级临床医学研究中心，开展联合攻关、学术交流、人才培养、成果转化，推动全省医学科研成果转化路径。全年新增6家国家临床医学研究中心分中心，完善临床研究协同体。江西省有11家省级中心成为国家临床医学研究中心分中心，初步构建起承接国家先进适用技术，覆盖省内200余家基层单位的国家、省、市、县疾病协同研究网络；各中心开展远程培训和远程诊疗，开展技术推广100余项，开展培训200余次，培训基层骨干30余人。开展临床技术研究及转化，承担各类计划180余项、发表论文300余篇、获省部级奖励10余项。其中，省中医院设计制造全球首台热敏灸机器人样机，作为中医药传承创新的重大成果在江西文化发展巡展的中医药文化展馆展示。

【疫情防控应急攻关项目】 按照“先研究、后立项”的模式开展应急攻关，在疫情防控技术、临床救治技术、中医药防治、检测技术及装备、疫苗研发等五大方面，分3批择优确定8个应急攻关项目，同步下达专项经费累计500万元；与省中医药局联合下达11个中医药防治应急专项项目，下拨经费110万元；指导各设区市开展工作，各设区市结合自身特点及优势同步开展59个攻关项目，投入市级财政经费880万元。其中，南昌市、抚州市、赣州市分别投入科研攻关经费410万元、180万元、130万元。明确江西省新冠肺炎传播和流行特征，精准预测江西新冠肺炎疫情发展，为全国技术防控方案提供依据；临床救治技术研究实现科学精准救治。研发国际上首个基于尿液检测抗新冠病毒抗体的胶体金免疫层析快速检测试纸条，中医药防治成果“三方一汤一法一技”被国务院联防联控机制秋冬季专项督查组作为典型案例被全国推广。其中，“三方”即清热化湿康复方、散寒除湿抗毒方、建昌系列组方；“一汤”即温肺化纤汤；“一法”即十层脉法；“一技”即热敏灸技术。

（省科技厅）

高校科研与成果转化

【概　况】 2020年，全省高校从事科技活动人员2.85万人。其中，科学家与工程师2.82万人，占98.9%。获科技经费34.06亿元，其中R&D经费21.6亿元。承担各级各类科技项目1.42万项，投入项目经费17.54亿元。其中，企事业委托科技项目3219项，投入经费8.56亿元。共有2项国家级项目通过验收，其中国家科技支撑计划1项、军工项目1项。发表学术论文1.89万篇，其中国外学术刊物发表8404篇、SCIE收录6549篇、EI收录2324篇、ISTP收录472篇。出版科技著作149部，大专院校教科书170部。共申请知识产权7205项，其中境外12项、发明专利2498项、实用新型专利4212项、外观设计专利495项；获知识产权授权5367项，其中境外6项、发明专利1131项、实用新型专利3855项、外观设计专利381项、其他知识产权741项。签订技术转让合同244项，合同金额1.55亿元，实际收入1.83亿元。

【国家级科技项目】 南昌大学获批“主动健康与人口老龄化应对领域”等2项国家重点研发计划项目，实现全省健康与卫生领域国家重点研发项目零突破。江西中医药大学“江西省创新方法（中医药）支持疫情防控和经济社会发展”获批国家重点研发计划创新方法工作专项。

【高校科技奖励】 全省高校共获省部级以上科学技术奖励77项，其中一等奖24项、二等奖25项。黄路生、罗胜联、陈日新3名获第二届全国创新争先奖奖状。南昌大学“基于同步射流的土压平衡盾构泥饼防治系统”和“可控粒径高吸光强度多枝状胶体金纳米粒子的制备方法”2项专利获第四届江西省专利奖。

【科研平台建设】 2020年，江西理工大学牵头组建国家稀土功能材料创新中心，实现全省国家制造业创新中心零突破。依托华东交通大学建设的省部共建轨道交通基础设施性能监测与保障国家重点实验室通过省部会商。新增江西农业大学猪遗传改良及创新和南昌大学绿色食品精深加工与食品安全2个省部共建协同创新中心。新增15个江西省重点实验室和9个江西省工程研究中心。组织开发“校企通——江西省高校科技成果转化服务平台”，遴选认定南昌大学、江西师范大学等8家江西省高校科技成果转化和技术转移基地。

【高校人才队伍建设】 东华理工大学陈焕文、南昌大学祝新根入选长江学者特岗计划，南昌大学廖伟强入选青年长江学者，东华理工大学冷成彪获批国家优青项目。全省高校（含附属医院）35名入选2020年度江西省主要学科学术和技术带头人。

【举行第三届江西高校科技成果对接会】 12月11日—12日，省教育厅联合教育部科技发展中心、省科技厅等单位在南昌举行第三届江西高校科技成果对接会。对接会主题为“创新驱动发展，科技赋能产业”，共设展位128个，其中特装展位43个，普通展位85个，集中展示各自在科技创新、创新创业、产教融合等方面的成就。省内86所高校、省外20所“双一流”建设高校和14个企业参展。会上，进行校企科技合作签约仪式，23所学校和56家企业签署56个项目合作协议，签约金额6.01亿元。还为南昌大学、江西师范大学等8个首批江西省高校科技成果转化和技术转移基地授牌。

（省教育厅）

科技合作与交流

【概　况】 2020年，省科技厅加强科技创新开放合作，制定出台《江西省关于加强科技创新能力开放合作的实施意见》《江西省引进共建高端研发机构专项行动方案（2020—2025）》《江西省引进共建高端研发机构工作方案》《关于加强我省科技交流合作风险防控管理工作的通知》等系列文件。强化与中科系合作四大平台建设，制定四大平台工作推进机制，协调解决中药国家大科学装置、中科院庐山植物园、中科院江西产业技术创新与育成中心有关问题，确保平台建设进行。推动与西安交通大学、北京航空航天大学、浙江大学在江西科技合作交流取得进展。推进与粤港澳大湾区、长江经济带和周边省份科技合作，与广东省科技厅签订科技合作框架协议。推动“一带一路”国家和发达国家、创新强国科技合作交流，重点推进与菲律宾在水稻和竹子，与俄罗斯和乌克兰在航空和材料领域合作。谋划120米大口径全可动射电望远镜和中国工程科技发展战略江西研究院落户江西。

【国际科技合作与交流】 推进全省有关单位与非方就水稻和竹产业达成科技合作协议。重点围绕稻渔种养模式和相关新品种选育，竹资源深加工技术研究与推广等合作内容，与菲律宾科技部推动共建“一带一路”联合实验室，开展学术交流、人员互访、政策咨询和技术培训等方面合作。组织实施“中俄科技创新年”活动，东华理工大学3项活动列入正式活动清单。推动中俄质谱科学与仪器联合实验室建设，开展应急研发攻关，为江西省和全国疫情防控提供快速精准新检测手段。推进与乌克兰、保加利亚、柬埔寨等其他“一带一路”国家科技合作。与乌克兰科学院Bilous Anatolii院士团队合作，对新一代全固态电池关键工程技术问题开展攻关。江西理工大学与保加利亚的科技合作项目“基于非线性动力学特征的噪声条件下风力发电机叶片损伤监测与诊断研究”获中保2020—2022年度科技人员交流项目立项，项目经费10万元。与保加利亚农科院签署科技合作协议，开展大豆优良品种选育和栽培、实验等方面科技合作与交流。继续实施科技部对发展中国家科技援助项目“柬埔寨租赁式太阳能发电技术研究与应用示范”，与柬埔寨共建“新能源与环保技术研究院”达成合作意向。配合做好“一带一路”及国际杰青计划工作调研，召开“一带一路”科技交流合作政策宣讲座谈会。分别与以色列国家创新中心、以色列本古里安大学及以色列贝尔谢巴Gav－Yam先进技术园等机构签署合作协议。调研省内有关农业企业，召开技术对接会，促成江西省农业企业与以色列Netafim公司就水肥一体化系统展开合作。推动与澳大利亚科技合作交流，举办矿物、冶金及材料研发前沿技术国际研讨会，邀请中澳两国著名专家学者做专题报告54场，探讨解决矿冶和材料领域前沿的世界性难题。推动江西省参与国际大科学计划——“国际模式猪科学计划”。国际模式猪科学计划由中国科学院院士黄路生任项目负责人，9个欧美国家和22家中方单位共同参与。组织由副厅长鄢帮有带队专业观众团参加第三届中国国际进口博览会、参加第八届中国－东盟技术转移与创新合作大会，鄢帮有在面向东盟科技创新合作座谈会上作交流发言。

【区域科技合作与交流】 5月，赣州市科技局与广州市科技局续签战略合作框架协议。9月，省科技厅厅长万广明带队赴广东省调研科技创新工作以及广深港澳科技创新走廊建设等情况，主动对接广东省科技厅，推动江西省科技事业融入粤港澳大湾区建设。广东省科技厅副厅长郑海涛一行5人到江西省科技厅调研交流，就强化赣粤两省科技创新和科技金融合作等进行座谈交流。9月，省科技厅厅长万广明参加2020年泛珠三角区域合作行政首长联席会议，并在会上与广东省科技厅签署《江西省科学技术厅 广东省科学技术厅科技合作框架协议》。10月，省科技厅副厅长鄢帮有参加在海南举办“中欧科研快车”2020年科技创新合作系列宣讲活动，并赴三亚江西省农科院海南水稻育种中心等单位调研。12月，省科技厅厅长万广明、副厅长陈金桥出席2020年江西省对接粤港澳大湾区经贸合作系列活动，副厅长鄢帮有带队参加第十八次“泛珠三角”区域科技合作联席会议。出台《关于支持赣州建设区域性科研创新中心的若干措施》，推动赣州与广州、深圳等地建立更为紧密的科技战略合作关系。谋划在赣州市建立赣粤科技合作示范区。省科技厅组团参加第二十三届中国北京国际科技产业博览会。广泛征集省内单位需求，精心协调展位、展板设计、展品等各项事宜，组织南昌硅基半导体科技有限公司、江西金达莱环保股份有限公司、爱驰汽车有限公司及江西科骏实业有限公司4家省内优秀企业参展。东华理工大学在中关村绿创环境治理产业技术创新战略联盟协助下，参与承担北京市科委“浸渍冷冻智能化装备集成研究及冬奥会测试赛食品供应应用示范”冬奥会重大专项，筹办“质谱技术国际转移中心”，提出反制发达国家大型精密仪器“单个有效数据碳排放指标”，编制质谱类国产仪器碳排放指标核算标准草案，在北京市经信局指导下，与顺义区、怀柔区达成精密仪器制造及科技成果转化等方面合作意向，“绿色质谱技术国际转移研究院”落户北京顺义区。

【省院科技合作与交流】 加强江西省与中科院、中国工程院、中国信通院交流，推动江西科技创新能力提高和经济社会高质量跨越式发展。中科院赣江创新研究院、中科院庐山植物园、中药国家大科学装置预研中心、中科院江西产业技术创新与育成中心等“中科系”重大创新平台建设进展顺利。全年中科院在江西省实施产业化合作项目累计119项，比上年增长 17.8%，合作领域主要分布在生物医药、节能环保、新材料、航空、新能源等战略性新兴产业领域；落地转化项目实现销售收入 64.56 亿元，比上年增长 7.6%；实现社会效益 116.94 亿元，比上年增长 16%。

【省校科技合作与交流】 推动江西省与北京航空航天大学合作、西安交通大学、浙江大学、西安电子科技大学交流合作，初步达成共识。省级科技专项资金中支持省校科技合作项目立项 4 项，支持经费 110 万元，支持以北京航空航天大学、同济大学、上海大学为合作单位的省科技创新平台立项 4 项，经费 1000 万元。

（省科技厅）

引进国外智力

【概　况】 2020 年，江西打造引才引智活动新品牌、创新人才管理服务新举措，推动引进国外智力与科技人才工作取得新成效。4 名科技人才入选国家级人才计划，10 家企事业单位获批科技部高端外国专家引进计划 15 项，获批资助经费 262 万元；8 名入选首批省高端领军人才培育项目；新增省主要学科学术和技术带头人培养计划领军人才 54 人、青年人才 59 人。举办 3 期“智荟赣鄱”活动，邀请 26 名高层次人才到赣对接洽谈、交流合作；加强对高层次人才成长的培育和服务，举办省主要学科学术和技术带头人国情研修班，试点建立外国人来华工作许可与居留许可“单一窗口”，指导全省各地各级科技行政管理部门建立领导干部联系科技人才制度、科技人才政策宣讲制度、科技人才服务保障制度，打造科技人才之家。全年引进专家和技术人才 402 人，引进新品种新技术 229 个（项）。

【引育高端人才计划】 启动实施省高端领军人才（院士后备人才）培育项目，优化实施省主要学科学术和技术带头人培养计划、省高层次和急需紧缺海外人才引进计划，初步构建引进、培养并重，从青年人才、领军人才到高端领军人才，梯次合理、符合人才成长规律的科技人才计划体系。4 名科技人才入选国家级人才计划；支持 10 家企事业单位获批科技部高端外国专家引进计划 15 项，获批资助经费 262 万元；加大对全省有实力成为两院院士的杰出人才培养力度，首批遴选 8 名为省高端领军人才培育项目资助对象，资助经费 200 万元/人（分 2 年拨付，每年拨付 100 万元），经费使用实施“包干制”；鼓励支持加强基础研究，对省主要学科学术和技术带头人培养计划领军人才项目（学术类）实施联合资助，共资助领军人才 54 人、青年人才 59 人，资助经费 3240 万元。推荐 48 名人才（团队）申报科技部有关人才计划；推荐 2 家单位申报科技部、教育部“高等学校学科创新引智计划”；推进省“双千计划”自然科学类项目评审推荐工作，落实疫情防控要求，创新实施“云会评”，做到评审工作流程不变、环节不减、标准不降。完善人才计划评审工作，在评审标准上注重科学性、专业性，突出引才育才用才的针对性、实用性。

【举办引智活动】 启动开展 3 期“智荟赣鄱”活动。其中，2 期“智荟赣鄱”活动邀请 22 名人才（其中国家级人才 12 名）携项目赴省高层次人才产业园考察对接，促成 2 个项目在产业园落地建设，2 个单位与江西省开展交流合作；智荟赣鄱——江西航空产业发展院士专家咨询会邀请 4 名院士为江西省航空产业高质量跨越式发展建言献策。组织省内企事业单位参加第十八届中国国际人才交流大会网上大会，依托大会平台设立江西虚拟展厅，展示江西省科技创新及招才引智成就，搭建人才引进和交流合作渠道。

【引智服务保障】 会同省出入境部门在南昌高新区试点建立外国人来华工作许可与居留许可“单一窗口”，实现“一口受理、并联办理”，江西省成为继上海、深圳、福建厦门后全国第 4 个设立“单一窗口”省份。指导全省各地各级科技行政管理部门建立领导干部联系科技人才制度、科技人才政策宣讲制度、科技人才服务保障制度，打造科技人才之家。提供省科技人才申报国家级人才计划面对面、点对点申报指导，加强对高层次人才成长的培育和服务。会同省出入境部门为 2 名国家级人才办理永居提供便捷高效上门服务，比规定时间缩减 160 天完成审批制作永居证。开展 2017 至 2019 年度省政府“庐山友谊奖”评选奖励，报请省政府确定 15 名专家为江西省表彰人选，每人给予 10 万元人民币奖励。做好疫情期间在赣工作外国人“两稳”工作，协调畅通全省复工复产复学急需紧缺外国人到赣渠道，做好宣传引导和日报告制度。至年底，外国人在赣工作 549 人，增长 28.3%，实现正增长。

（徐安）

科技成果与奖励

【概　况】 2020 年，全省登记科技成果 1070 项，涉及 11 个设区市，22 个厅局级、行业办和大型企业单位。比上年 785 项增加 285 项，增长 36.31%。其中，省直单位登记成果 601 项，占成果总数 56.17%，比上年增长 38.8%。设区市成果登记有 469 项，占成果登记总数 43.83%，比上年增长 33.24%。全省 11 个设区市成果登记最多的有 111 项，最少为 21 项，各设市区之间仍有差距。全省登记的科技成果仍以应用技术成果为主，有 843 项，比上年增长 38.65%，占成果总数 78.79%；基础理论成果 227 项，占成果总数 21.21%，比上年增长 28.98%。登记的成果评价方式以验收为主，机构评价、结题为辅，鉴定及其他评价方式并存。登记成果中验收项目 431 项，占登记成果总数 40.28%。机构评价项目 93 项，占成果总数 8.69%；结题项目 172 项，占成果总数 16.07%。知识产权授权项目 272 项，占成果总数 25.42%。鉴定、评审、评估、行业准入等其他评价方式项目 102 项，占成果总数 9.53%。

【应用技术成果水平】 全省登记应用技术成果 843 项。其中，达到国际领先水平项目 53 项，占应用技术成果总数 6.29%；达到国际先进水平 76 项，占应用技术成果总数 9.02%；达到国内领先和国内先进水平 399 项，占应用技术成果总数 47.33%；达到国内一般水平 17 项，占应用技术成果总数 2.02%。未评价成果 298 项，占应用技术成果总数 35.35%。达到国内先进水平以上项目占应用技术成果总数 62.64% 以上。

【应用技术成果专利与标准】 全省登记的成果中，已获专利授权数 1092 件。其中，独立科研机构 153 件，占授权总数 14.01%；大专院校 202 件，占授权总数 18.50%；企业 723 件，占授权总数 66.21%；医疗机构 5 件，占授权总数 0.46%；其他 9 件，占授权总数 0.82%。在登记的成果中，制订标准 24 件，其中国际标准 1 件，国家标准 6 件，行业标准 16 件，地方标准 1 件。

【高技术领域成果】 全省登记的 843 项应用技术成果中，有高新技术领域成果 633 项，占登记的科技成果总数 59.16%。其中，电子信息 114 项，占高新技术领域成果总数 18.01%；先进制造 78 项，占高新技术领域成果总数 12.32%；航空航天 27 项，占高新技术领域成果总数 4.27%；现代交通 9 项，占高新技术领域成果总数 1.42%；生物医药和医疗器械 110 项，占高新技术领域成果总数 17.38%；新材料 101 项，占高新技术领域成果总数 15.96%；新能源与节能 40 项，占高新技术领域成果总数 6.32%；环境保护 38 项，占高新技术领域成果总数 6.00%；地球、空间与海洋 29 项，占高新技术领域成果总数 4.58%；核应用技术 2 项，占高新技术领域成果总数 0.32%；现代农业 85 项，占高新技术领域成果总数 13.43%。电子信息领域在全省高新技术领域中所占比例最高。

【应用技术类成果效益】 全省登记的 843 项应用技术类成果中，产生经济效益 290 项，占应用技术类成果总数 34.40%。自我转化总收入 478.09 亿元，净利润 41.78 亿元，实缴税金 39.86 亿元，出口创汇 42.47 亿元，节约资金 21.93 亿元；合作转化收入 32.05 亿元，其中技术入股股权折价 0.37 亿元；技术转让与许可收入 0.62 亿元，其中知识产权转让收入 0.14 亿元。

【科技成果转移】 出台《2020 年推进新一代宽带无线移动通信网国家科技重大专项成果转移转化试点示范工作要点》。至年底，全省累计开通 5G 基站 3.38 万个，实现 11 个设区市主城区 5G 连续覆盖和全部县城核心区覆盖。全省共部署 NB - IoT 基站 7.30 万个，实现全省 NB - IoT 网络县以上全覆盖；共部署 eMTC 基站 7.73 万个，开通 eMTC 基站 2.99 万个，实现全省全域覆盖；全省部署 4G 基站全面支持 4G - CAT1 制式。完成中国信通院江西分院签约，智赣 119、智慧水务、飞鹰警务云等十大品牌工程进展良好；全省移动物联网核心及关联产业主营业务收入突破 1100 亿元。截至年底，江西省网上常设技术市场汇集省内外科技成果 2.16 万项、技术需求 2281 项、技术专家 4.08 万人、服务企业 5977 家。举办江西智库峰会暨国家级大院大所产业技术进江西活动、江西高校科技成果对接会等一批转移转化活动，促成一批研发平台共建和科技成果转化落地。

（省科技厅）

技术市场

【概　况】 2020 年，全省技术合同登记 4086 项，比上年增加 1287 项，增长 46%。技术合同成交额 233.4 亿元，比上年增加 84.8 亿元，增长 57%。其中，技术交易额 173.1 亿元，比上年增加 61 亿元，增长 54.4%。全省技术市场合同交易呈现 3 个主要特点：(1) 技术合同登记量质齐增，技术市场呈现向上态势。全省四类技术合同中，技术开发合同 1565 项、技术交易额 65.7 亿元，位列四类合同首位，技术服务合同成交额 104.6 亿元，跃居首位，说明技术开发和技术服务仍是江西省科技成果转化的主要形式。技术转让合同增幅最大，达到 91.7%。(2) 技术市场贴近产业需求，重点领域技术交易活跃。合同成交额居前 3 位的分别是城市建设与社会发展、电子信息和先进制造领域。其中，城市建设与社会发展领域快速增长跃居第 1 位，成交额 43.9 亿元，比上年增长 158.8%；电子信息技术合同成交额持续保持领先地位，成交额 37.5 亿元；先进制造领域成交额 36 亿元，位居第 3 位。各类技术领域中，生物、医药和医疗器械、新材料及其应用、新能源与高效节能和航空航天领域较上年均有 50% 以上增长。(3) 企业科技创新意识增强，技术转移主体地位稳固。企业法人保持技术交易主体地位，输出技术合同 3162 项，成交额 199.7 亿元，占全省技术合同成交总额 85.5%。科研机构输出技术合同成交额较上年 1.7 亿元显著增加，成交额 6.3 亿元，输出 191 项。高等院校输出项目数 378 项；成交额 1.5 亿元，较上年增长 54.6%。

【出台网上技术交易补助政策】 省科技厅出台《江西省网上常设技术市场技术交易专项补助办法（试行）》。2020 年起，分别对线上技术交易转让方、受让方及中介服务机构，按照技术交易额 1.5%、2.5%、1.0% 进行专项补助。联合省政府新闻办在南昌举办"技术交易专项补助政策"新闻发布会，新华社、《江西日报》等 20 余家省内外媒体纷纷宣传报道。组织宣讲队到各设区市及赣江新区，举办 14 场政策落地推进宣讲会，累计培训相关企业等单位 1000 余个，培训骨干人员 1700 余人，发放宣传册 2000 余册，推动补助政策落实落细。

【江西省网上常设技术市场服务】 坚持以新发展理念抓成果转化，以"互联网 +"思维促成果对接，加强江西省网上常设技术市场建设，打造成为"展示、交易、共享、服务、交流"五位一体的综合服务平台，重点开展技术成果和技术需求在线发布与展示、专家咨询、对接洽谈等活动，促进科技成果转化线上与线下协同发展。至年底，江西省网上技术市场汇集高校院所等单位科技成果和专利技术 2.16 万项，技术需求 2281 项，技术专家 4.08 万人，服务企业 5977 次。

【举办 6 场全省性大型科技成果在线对接会】 全年共举办疫情防控、民用航空产业、有色金属产业、VR 产业、中医药等 6 场全省性大型科技成果在线对接会，共面向省内外高校及科研院所征集科技成果 3855 项，征集企业技术需求 1193 项，在线实现技术对接 2029 次，产生意向 678 次，达成意向 131 次，推动省内外创新资源与江西省产业需求等匹配对接，取得实效。

【2020 年度全省科技成果与技术市场工作会召开】 5 月 15 日，省科技厅在南昌组织召开 2020 年度全省科技成果与技术市场工作会。会议总结 2019 年度全省科技成果管理与技术市场建设的工作成效及经验举措，研究部署 2020 年度全省科技成果管理与技术市场建设的工作思路及重点任务，重点交流 2020 年度全省技术市场工作思路、目标任务，江西省技术合同登记系统，江西省网上常设技术市场建设和补助政策落实以及 2020 年度江西省科技奖提名工作改革举措。南昌市科技局、吉安市科技局、南昌大学技术转移中心、省科学院、南昌航空大学等单位代表作典型发言，交流分享科技成果管理与技术市场建设的经验做法，各单位提出很多建设性意见或建议。具备江西省科学技术奖提名资格的有关省直部门、省属高校、科研院所等单位具体负责人，各设区市科技局、赣江新区创发局分管领导及科室负责人，及国家级技术转移示范机构单位负责人，共 50 余人参加会议。

【参加第二十二届中国国际高新技术成果交易会】 11 月 11 日—15 日，第二十二届中国国际高新技术成果交易会在深圳会展中心举行。展会主题为“科技改变生活，创新驱动发展”。江西展团由副省长罗小云带队，率省科技厅、商务厅、发改委、工信厅、国资委、新闻办、省科学院、南昌高新区管委会、省政府驻广东（深圳）办事处、各设区市人民政府、赣江新区管委会负责人，以及各级科技管理部门、高校院所、国家高新区、参展企业等单位代表 200 余人参会，筛选一批紧贴市场需求、产学研用融合显著、具有自主知识产权的高新技术成果参与展示及投资洽谈，促进江西在

5 月 15 日，省科技厅在南昌组织召开 2020 年度全省科技成果与技术市场工作会

省科技厅供

项目、技术、资金、人才、信息等方面与国内外交流合作。交易会上，江西展团紧扣经济热点和发展趋势，从 226 项高新技术成果项目中遴选 121 个作为重点进行现场展示。展示成果及产品，涵盖新一代信息技术、航空制造技术、新能源技术、新材料技术等领域新技术新成果。江西展团获高交会组委会颁发“优秀组织奖”和“优秀展示奖”，JH－5 小白虎无人驾驶直升机、海昏侯 VR 考古及教育系列产品与 5G 远程驾驶无人机器人 3 项高新技术产品获“优秀产品奖”。

（张馥）

科学技术普及

【概　况】 2020 年，省科协围绕《全民科学素质行动计划纲要》，开展主题科普活动和实施科普项目，拓宽科普社会化服务渠道。通过微信公众号、抖音号“科普江西”、省科协网站和遍布全省各地 500 余台科普 e 站终端大屏等新媒体发挥科普矩阵信息化优势，发布“科普中国”和科学辟谣平台权威内容，供全省科协系统下载转发，动员全省 1 万名科普信息员传播。举办科普知识系列网络竞赛。开展江西省“科普伴春行”科学素质知识网络竞答、江西省预防感染新冠病毒科普知识网络竞赛活动、江西省“5·30 科技工作者日”科学素质知识网络有奖竞答等网络竞赛活动。其中，参与预防感染新冠病毒科普知识网络竞赛活动 454 万人次。制作面向企业、校园、领导干部公务员三大人群的 3 版《新冠肺炎疫情防控知识手册》，免费发送给企业职工、大中小学生、领导干部公务员等重点人群。制作印发《新型冠状病毒感染的肺炎公众预防指南》科普挂图 3 万张，免费送到村、社区，在公共场所粘贴。

【科普基地建设】 重点资助扶持设区市科协、省级学会、高校科协开展 20 余场重点活动，带动全省各级各类科协组织结合全国科普日、疫情防控、乡村振兴等开展 1000 余场科普报告会。组织省科技馆新馆“赣鄱科普大讲堂”揭牌，定期举办系列科普讲座。举办“赣鄱科普大讲堂——新冠肺炎疫情防控知识系列讲座”网络直播活动，从心理防护、膳食营养、居家锻炼等方面开展 3 场科普直播，在线观看 51 万余人。印发《江西省科普小镇建设标准（试行）》，开展江西省科普小镇项目建设。资助指导彭泽凯瑞科普小镇等 4 个单位开展试点建设。联合省科技厅、省文旅厅、省农业农村厅、省工信厅等单位，出台《江西省科普小镇管理办法》和测评体系。为江西先锋软件学院、华东交大基础实验与工程实践中心、国鸿集团、华农恒青科技股份有限公司授牌“省级青少年科普教育基地”，为南师附小教育集团、站前路小学教育集团授牌“校园科普教育基地”。

【科普信息化】 “科普江西”微信公众号关注量、江西省“科普中国”科普信息员注册量得到增长。“科普江西”抖音共上传原创科普视频85个，累计获得225万人次点赞。在7月31日发布的“中国科协网络平台宣传评价排行榜”的“抖音排行榜”地方科协排名第2位。“科普江西”微信公众号全年累积推文1000篇，关注量稳定在90万人，实现80%增长，比上年提升40余万人。全省建成494个科普e站，各类内容点击132.07万次，基层参与内容发布单位326个，建设基层频道1421个，发布内容1.4万条。江西省“科普中国”信息员注册量大幅上涨，全国排名第10位（最高排名第8位），传播量425万余次。发布“科普中国V视快递”视频721部，转载科普中国内容2.23万条，实现科普中国落地应用提升。

【开展2020年江西省全国科普日活动】 9月19日，省科协联合省委宣传部、省教育厅、省科技厅、省水利厅、省农业农村厅、省卫生健康委、省应急管理厅在省科技馆新馆共同组织开展2020年江西省全国科普日活动。副省长罗小云出席江西省主场活动启动仪式并宣布启动。省全民科学素质工作领导小组副组长，省科协副主席罗莹主持启动仪式。省全民科学素质工作领导小组副组长、省科协主席史可致辞并为省科技馆新馆“赣鄱科普大讲堂”揭牌。省政府办公厅副主任杜章彪、省科协二级巡视员黄丽芬和活动主办单位有关领导出席启动仪式。仪式上，学生代表、广昌实验小学五年级学生赖子琦和2019全国最美科技工作者、第二届全国创新争先奖章获得者、寻乌中学教师黄才发作发言。省主场活动集中开展科学体验、主题科普展览、青少年科技教育活动展示、科普剧场表演等具体活动。聚焦脱贫攻坚，邀请300余名来自寻乌、修水、广昌、庐山等全省贫困县区的中小学生开展“助力追光少年，照亮未来之路”科学教育扶贫研学活动。3名科普专家分别围绕疫情防控、应急防灾、防洪防溺水等内容举办“赣鄱科普大讲堂”系列报告。联合主办单位制作200余块科普展板展示。举办鄱湖精灵、科学实验等科普表演12场。省主场活动采取全景VR云游科普日形式，涵盖“同上一堂科学课”“全民点亮科普日”“公民科学素质有奖竞答”“公共安全主题展”等内容。省主场活动线上累计参与774.2万人次。其间，全省各地上下联动，线上线下互动，组织500余场科普宣传教育活动，利用网络直播，惠及公众1000万人次。

【举办青少年科技活动】 5月，第35届江西省青少年科技创新大赛举办线上终评视频答辩，从中选拔青少年科技创新成果竞赛项目12项、少年儿童科学幻想绘画30幅、优秀科技实践活动10项、科技辅导员创新项目5项报送全国参赛。联合省青少年科技教育协会共同举办第六届全国青少年创意编程与智能设计大赛江西省选拔赛。举办江西省2020年青少年网络安全与信息科技大赛，全省585所中小学校9.56万名学生报名参赛，评选出一等奖48名、二等奖158名、三等奖222名以及优秀指导教师151名、优秀团体33个。组织江西省青少年参加第11届全国青少年科学影像节活动，从全省范围内评选出130项作品报送参加全国评比，4项作品获“全国优秀作品”。与省数学学会、物理学会、化学化工学会、动物学会和植物学会合作，开展中学生学科竞赛。全省学科竞赛参赛学生6万人，选拔参加复赛人数4250人，获全国决赛金牌14枚、银牌30枚、铜牌6枚。组织实施“云上高校科学营”活动，在全省选拔240名营员参加16所重点高校线上分营活动，24名获优秀营员称号，2名获优秀指导教师称号。联合南昌大学大数据发展研究中心开展全省青少年抗击新冠肺炎科普知识网络竞答暨动漫绘画作品征集与评审活动，网络竞答参与人数5000人次，共收到作品68幅。承办由中国青少年科技辅导员协会、中国科协青少年科技中心主办的美国《新一代科学教育标准》解读教师网上交流活动，全省100余名科技辅导员全程在线参加培训。

【江西省科学技术馆建设】 4月，省科技馆新馆投入使用，6月迎来游客。新馆先期免费开放儿童科学乐园和临时展厅内部测试，面积7824平方米。其中，儿童科学乐园设有互动展项159件，临展厅举办抗击新冠病毒专题等4场展览。内测期间，儿童科学乐园接待观众2.29万人次，临展3.75万人次。举办科普展教和馆校合作活动。原创科学实验8个、科普剧3个，开展科学实验表演183次，系列主题活动42场，导览讲解服务380次。联合南昌市教育局、5所中小学开展“同上一堂科学课”系列活动，开展科普进校园活动7场。在覆盖全省25个贫困地区基础上，科学教育扶贫活动走进资溪等地21所学校、受益人数4万余人。资助广昌等9个市县800名贫困学生到馆研学。承办2020年全省科普讲解赛，为各设区市选拔推荐62名优秀科普工作者提供交流互鉴平台。策划数字科普传播活动。依托官方网站、手机App、微信等平台，策划集视频、音频、图文和交流互动于一体的线上科普栏目。发布“在线看实验，科学在身边”等栏目140期、科学课60期、音视频61期、图文88期。官方微信用户数6.27万户。承接流动科技馆巡展工作，协同各参展地共同做好场地消杀、参观限流、体温检测等工作。全年完成20个站点巡展任务，覆盖井冈山、全南、定南、金溪、资溪、东乡等区域。巡展包含声光体验、电磁探索、健康生活、安全生活、VR体验、生命奥秘、数学魅力、球幕电影、机器人表演等内容，受益人数25万人次。开展赣州市、吉安市流动科技馆区域常态化巡展试点工作。11月，江西省科学技术馆科普大篷车项目被中国科协科普部评为“明星车队”。

（袁悦）

本栏编辑 刘清林

社会科学与地方志

综　述

2020年，围绕省委、省政府中心工作，推进理论研究、智库建设、学术交流、社科普及、期刊发展等各项工作。

理论研究。在《光明日报》《经济日报》和《党建》杂志发表《大力弘扬长征精神 走好新时代的长征路》《以“四力”锻造智库硬实力》《努力在加快革命老区高质量发展上作示范》《牢记初心使命让“苏区精神”永放光芒》等6篇理论文章，在《江西日报》发表《努力打造红色基因传承创新高地》等44篇理论文章；在CSSCI来源期刊发表文章21篇，在核心期刊发表文章12篇；推出《中国特色社会主义理论自信的内在逻辑研究》《激发民间有效投资活力实践与探索》《闽浙赣苏区政权建设史》《两宋通货膨胀史》《论反讽》《宋代节令诗研究》等21部精品著作。

智库建设。编纂并发布《江西蓝皮书：江西经济社会发展报告》，连续2年发布《江西文化产业发展报告》蓝皮书。推出《“双循环”新发展格局下江西面临的机遇、挑战及突破对策》《“十四五”期间江西对接融入长三角一体化战略的难点与突破路径》《“十四五”时期推进红色基因传承的形势研判与对策建议》《“十四五”时期江西实现巩固拓展脱贫攻坚成果同乡村振兴有效衔接研究》《“十四五”期间推进江西社会治理走向前列的优势、短板与建议——基于中部六省的比较》等一批重要研究成果，获中央领导批示1件，省领导批示72件，同比增长80%。其中，省委、省政府主要领导批示13件。作为中宣部舆情直报点，报送的100篇舆情报告，采用率53%，比上年提高6个百分点。

学术交流。先后举办纪念黄道诞辰120周年理论研讨会、中国文学地理学会第十届年会暨第五届硕博论坛、第二届“网络安全法治建设”学术论坛、2020年院学术活动月系列活动、中共十九届四中全会精神研究成果交流会、学习贯彻中共十九届五中全会精神理论座谈会、“疫情背景下保持经济社会持续稳定发展研究”中俄学者网络学术座谈会；邀请中国社科院学部委员、生态文明研究智库常务副理事长、研究员潘家华，中国财政科学研究院党委书记、院长、研究员刘尚希，江西师范大学教授方志远，原省政府发展研究中心副主任王志国等省内外知名专家学者作学术讲座。

社科普及。制定《省社科院“社科专家走基层”宣讲活动实施方案》，在寻乌县举办首场活动；围绕宣传贯彻中共十九届五中全会精神、《中华人民共和国民法典》、省委十四届十二次全会精神等，深入党政机关、高等院校、基层单位宣讲20余次；深入新时代文明实践中心12个全国试点县调研，召开座谈会60场，访谈干部群众360余人；依托江西电视台、《江西日报》、南昌电视台等新闻媒体，开展理论宣传70余人次。

期刊发展。《江西社会科学》“文学栏目”获江西省2020年优秀期刊栏目奖，并举办纪念《江西社会科学》创刊40周年座谈会。《企业经济》影响力指数（CI）学科排序位居“企业经济”学科第一，入选2020年中国科技核心期刊（社会科学卷），获评RCCSE中国核心学术期刊。《农业考古》光盘版发行至境外30多个国家和地区的400多家机构，并获2020年国际影响力优秀学术期刊。《鄱阳湖学刊》获国家哲学社会科学文献中心学术期刊数据库环境科学学科最受欢迎期刊，并在环境科学类学科10种期刊中排名第一。

方志工作。年内，组织43部志稿初审，12部志稿复审，31部志稿验收。《江西省志·烟草志（1991—2010）》已出版，21部省志分志交付出版。《江西年鉴（2020）》完成编纂出版；全省11个设区市2020年卷全部实现“一年一鉴，公开出版”，覆盖率100%；《赣州年鉴（2020）》入选中国年鉴精品工程。全省100个县（市、区）2020年卷均完成或交付出版。组织开展江西省第五届年鉴质量评比活动。《江西地方志》期刊围绕“学习贯彻十九届五中全会精神”、疫情防控和抗美援朝70周年等专题进行策划，以多种形式开展热点宣传。省方志馆进一步完善更新网站的数字资源，并申请微信公众号，设置数字图书馆功能，为公众提供更便捷的地情资料查阅服务。

（省社科院）

学术活动

【开展2020年学术活动月活动】 5月8日至6月23日，省社科院以“建设高质量新型智库，推动国家治理现代化”为主题，开展2020年学术活动月活动，发布2019年省社科院重要研究成果。活动期间，举行特约研究员论坛2次，江西师范大学教授方志远、省政府研究室研究员王志国分别作“明朝百年：社会进步与社会问题”

“江西工业高质量发展的内涵、目标任务与实现路径”学术报告；举办青年学者沙龙暨科研座谈会1场，省社科院副研究员吴晓荣作“比较视野下的苏区乡村社会改造”学术报告。院科研、科辅人员和行政部门相关负责人，通过现场或在线直播的形式观看、聆听学术报告。

5月8日至6月23日，省社科院开展2020年学术活动月活动

省社科院供

【举办《江西经济社会发展报告(2020)》发布会暨江西经济社会高质量发展研讨会】 7月31日，由省社科院、社会科学文献出版社举办《江西经济社会发展报告(2020)》发布会暨江西经济社会高质量发展研讨会。省政府副秘书长樊雅强出席并讲话，省社科院党组副书记、院长蒋金法致辞。省社科院党组书记田延光、省文史研究馆馆员陈石俊作主题报告。省发改委投资处处长傅小鹏、江西农业大学经济管理学院院长翁贞林、江西财经大学教授陈成文、省委党校副研究员曾光分别作专题研讨发言。《江西经济社会发展报告(2020)》编委会成员单位代表、作者代表、专家学者、新闻媒体等近百人参加会议。

【纪念黄道诞辰120周年理论研讨会在上饶召开】 8月21日，由省社科院、上饶市委宣传部、市委党史办、上饶师范学院主办的纪念黄道诞辰120周年理论研讨会在上饶召开。省社科院党组书记田延光出席并主持开、闭幕式。会议肯定黄道为民族解放、人民幸福和共产主义事业奋斗的一生，他是忠诚的共产主义战士，中国共产党早期的无产阶级革命家，闽浙皖赣革命根据地和红十军、红四军的创始人之一。中共中央党史和文献研究院、北京大学、中国人民大学、清华大学、南昌大学、福建省史志办、江西省社科院、江西省新四军研究会、江西省方志敏研究会等高校和研究机构的专家学者及黄道亲属代表参加会议。

【“江西农业高质量供给指标体系研究”课题评审暨江西农业高质量发展座谈会召开】 8月26日，“江西农业高质量供给指标体系研究”课题评审暨江西农业高质量发展座谈会在南昌召开。省统计局研究员张启良、江西农业大学教授翁贞林、省社科院研究员高平等评审专家出席会议，省农业农村厅市场处副处长刘晓斌代表课题委托方主持会议。评审专家一致同意通过评审，认为农业高质量供给“五化”指标具有创新性、科学性、前瞻性，为全省农业高质量发展提供理论基础。评审结束后，参会专家与省社科院应用对策研究室科研人员围绕如何促进江西农业高质量发展，做好统计规范、从统计数据中发现问题，发展智慧农业，构建农业国内大循环，国内国际双循环等问题进行交流和探讨。

【“生态产品的属性分析与价值溯源”学术讲座】 9月21日，中国社会科学院学部委员、生态文明研究智库常务副理事长潘家华受邀作“生态产品的属性分析与价值溯源”学术讲座，省社科院党组书记田延光出席，党组副书记、院长蒋金法主持并讲话。潘家华围绕生态产品的内涵、市场属性、价值溯源、核算评价、供需调控5个方面，对生态文明建设实践意义上的生态产品进行市场属性分类，并运用“两山”理论、环境生产力经济学等理论，溯源生态产品的价值。他还就“生态产品价值实现的难点”“生态产品与市场如何对接”“江西生态产品价值转化的路径”等问题同参会人员进行交流。院各部门科研人员50余人聆听讲座。

【“构建公共风险管理机制，提升我国可持续发展能力”学术讲座】 9月25日，中国财政科学研究院党委书记、院长刘尚希应邀到省社科院，作“构建公共风险管理机制，提升我国可持续发展能力”学术讲座，省社科院党组书记田延光出席。刘尚希从“十四五”规划编制等热点经济议题着眼，全面解读国际、国内经济形势发展。他提出要强化风险意识，构建防范化解风险机制，在有关政策和改革方案出台前，增加公共风险评估的强制性程序，最大程度避免因决策失误可能导致的风险。院各部门科研人员70余人聆听讲座。

【“全面建成小康社会：人口流动、城镇化与新发展阶段中长期反贫困战略选择”学术讲座】 10月14日，中国社会科学院社会发展战略研究院院长张翼应邀到省社科院，作“全面建成小康社会：人口流动、城镇化与新发展阶段中长期反贫困战略选择”学术讲座，省社科院党组成员、副院长樊宾出席。张翼就高质量打赢脱贫攻坚战、全面建成小康社会等经济社会热点议题进行解析。他提出要不断提高城镇化水平，逐渐缩小常住人口城镇化率与户籍人口城镇化率之间的差距，加强长远规划，更好促进城市治理体系和治理能力现代化，让城镇化为人民提供更多发展机遇，不断提升人民群众的获得感、幸福感、安全感。院各部门科研人员70

余人聆听讲座。

【第二届"网络安全法治建设"学术论坛暨2020年网络法学研究课题征集仪式举行】 11月21日，第二届"网络安全法治建设"学术论坛暨2020年网络法学研究课题征集仪式在南昌举行。论坛由中国政法大学网络法学研究院、中国政法大学刑事司法学院、腾讯安全战略研究部与《法学论坛》《法学杂志》《江西社会科学》《江淮论坛》《湖南科技大学学报(社会科学版)》《云南民族大学学报(哲学社会科学版)》6家CSSCI来源期刊共同主办，《江西社会科学》杂志社承办。省社科院党组成员、副院长龚剑飞出席开幕式并致辞。来自高校、研究机构、企业和律师界的50余名专家学者，围绕"个人权利偏向的个人信息保护""公共利益偏向的数据制度构建""对网络违法犯罪行为的规制"3个问题展开研讨。

【"超现代性的景德镇发展模式——从生产地到艺术区的文化实践"学术讲座】 11月26日，中国艺术研究院研究员方李莉应邀到省社科院，作"超现代性的景德镇发展模式——从生产地到艺术区的文化实践"学术讲座，省社科院党组副书记、院长蒋金法出席。方李莉从生产、技术、合作、交易、消费、资源开发6个方面，深入解读景德镇从生产地转变为艺术区这一过程中的文化实践。她提出改革开放是"超现代性的景德镇发展模式"存在的根基，景德镇未来发展是否还能保持这种模式，取决于国家能否加大改革开放的力度和保持在全球经济体系中的地位。院各部门科研人员60余人聆听讲座。

【举办"疫情背景下保持经济社会持续稳定发展研究"中俄学者网络学术座谈会】 12月7日，由省社科院和俄罗斯科学院沃洛格达研究中心举办的"疫情背景下保持经济社会持续稳定发展研究"中俄学者网络学术座谈会在南昌召开。省社科院党组副书记、院长蒋金法出席并致辞。省社科院研究员李志萌、副研究员易外庚，俄方学者卢金·叶夫根尼、马济洛夫·叶夫根尼分别作"疫情对产业链及消费方式的影响与建议""疫情常态化社区治理有效性研究""2020年俄罗斯经济:冠状病毒危机的现状和后果""疫情下俄罗斯对中小型企业的政府支持:实施经验和业务评估"主题演讲。院科研、科辅部门代表及行政部门相关负责人等20余人参加座谈。

【全省社科界学习贯彻中共十九届五中全会精神理论研讨会召开】 12月16日，全省社科界学习贯彻中共十九届五中全会精神理论研讨会在南昌召开。省委常委、省委宣传部部长施小琳出席并讲话。8名专家学者紧扣学习贯彻中共十九届五中全会和省委十四届十二次全会精神，聚焦"十四五"期间"怎么看、怎么办"主题，结合工作实际，围绕科技创新、文化强省建设、公共卫生应急管理体系建设、省域治理体系和治理能力现代化等方面进行探讨交流。

【纪念《江西社会科学》创刊40周年座谈会举行】 12月24日，纪念《江西社会科学》创刊40周年座谈会在南昌举行。省委宣传部二级巡视员罗远东出席并讲话;省社科院党组书记田延光主持开幕式，党组副书记、院长蒋金法致辞。会议肯定《江西社会科学》创刊40年来取得的成绩，是全省出版界、社科界的一个品牌，是江西哲学社会科学研究走向全国的重要窗口。江西财经大学党委书记卢福财、江西师范大学党委副书记张艳国、南昌大学原总会计师黄新建、东南大学艺术学院院长龙迪勇分别作主旨演讲。高校作者代表、省内期刊代表、原杂志社工作人员代表、院相关部门负责人等40余人出席座谈会。

(省社科院)

【承办2020江西智库峰会暨国家级大院大所产业技术进江西活动】 9月25日，由省委、省政府、中国科学院主办，省委宣传部、省科学院、省社联等单位承办的2020江西智库峰会暨国家级大院大所产业技术进江西活动在南昌举行。峰会以学习贯彻中共中央总书记习近平重要讲话精神为主线，以"'十四五'科技创新与中部崛起"为主题，围绕5G技术、科技创新、中医药产业、智能制造、现代农业、教育发展等方面进行阐述，为江西谋篇布局"十四五"，加快高质量跨越式发展建言献策。省委副书记、省长易炼红出席并讲话，中国科学院院长、党组书记白春礼通过视频致辞。省领导姚增科、刘强、赵力平、周萌、孙菊生、罗小云出席，省委常委、省委宣传部部长施小琳主持。中国科学院、中国工程院等40多个国家级大院大所的200多名专家学者参加。

【承办第四届全国原苏区振兴高峰论坛】 11月7日，由《苏区研究》编辑部、中国社会科学院农村发展研究所、江西师范大学苏区振兴研究院、龙岩学院中央苏区研究院等单位承办的第四届全国原苏区振兴高峰论坛在龙岩学院举行。论坛围绕"苏区精神与苏区老区振兴"主题，交流和研讨苏区精神的研究成果、全国原苏

12月24日，纪念《江西社会科学》创刊40周年座谈会在南昌举行

省社科院供

区和其他革命老区振兴发展的创新经验和典型做法，探索思考新时代革命老区高质量发展的新举措、新办法。中国社会科学院、全国原苏区和其他革命老区的有关部门、高校的140多名领导、专家、学者和研究生参加。

（省社联）

高校社科研究

【概　况】　2020年，全省高校有人文社会科学活动人员2.82万人，其中高级职称8310人、中级职称1.24万人、初级职称7501人；投入人文社会科学研究与发展经费4.39亿元；全省高校承担人文社会科学研究课题1.66万项，出版人文社会科学著作638部，发表论文9171篇（其中在国际学术刊物发表446篇，向有关部门提交研究咨询报告71篇，被采纳54篇）。举办国际学术会议14次，参加会议143人次，提交论文963篇；举办国内学术会议192次，参加会议3923人次，提交论文1108篇；派出人员出国讲学73人次，国外人员受聘到校讲学87人次，派出人员国内讲学166人次（含港澳台地区讲学人次），国内人员受聘到校讲学1195人次（含港澳台地区讲学人次）；出国进行社科考察73人次，国内进行社科考察1530人次（含港澳台地区人次），接受国外人员到校考察126人次，接受国内人员到校考察1253人次（含港澳台地区人次）；派人出国进修学习104人次，派人国内进修学习1926人次，接受国外人员到校进修学习203人次，接受国内人员到校进修学习1529人次。与国际合作研究课题27项，与国内合作研究课题456项。申请国家专利979项，授权882项。

【社会科学研究项目】　全省高校获国家社科基金项目108项（其中重点项目8项、一般项目71项、西部项目14项、青年基金项目12项、高校思政课研究专项3项），经费2020万元；获国家社科基金重大项目立项4项，经费200万元。获教育部人文社会科学研究一般项目57项，其中规划基金项目、青年基金项目45项，中国特色社会主义理论体系研究专项任务项目2项，教育部后期资助项目3项，辅导员和思政课教师专项共7项；经费632万元。组织开展2020年度江西省高校人文社科研究项目申报评审，1007项研究课题通过专家评审，其中一般项目727项、高校思政工作专项146项、重点研究基地项目134项。

【举办全省高校哲学社会科学教学科研骨干研修班】　举办全省高校哲学社会科学教学科研骨干研修班，学习习近平新时代中国特色社会主义思想和中共中央总书记习近平在全国思想政治理论课教师座谈会上的讲话精神，学习贯彻中共十九届五中全会精神。全年举办研修班4期，每期21天，共360人参加研修。

（省教育厅）

社科成果与奖励

【组织申报2020年度国家社科基金项目】　自2019年12月20日印发《关于组织申报2020年度国家社会科学基金项目的通知》；至2020年4月，省社联共受理各高等院校、科研机构、党政机关申报材料1000余项。经过匿名初筛和资格审查，按全国社科工作办限额指标上报，获国家社科基金年度项目立项106项，其中重点项目8项、一般项目71项、青年项目13项、西部项目14项；共获资助经费2240万元。此外，获重大项目5项（其中一项转为重点），研究阐释中共十九届四中全会精神重大专项4项，应急管理体系建设专项1项，高校思政课研究专项3项，后期资助暨优秀博士论文出版项目7项，成果文库项目1项，冷门绝学研究专项1项，中华学术外译项目1项，共获资助经费895万元。

【开展2020年江西省社会科学规划项目评审活动】　3月，省社联印发2020年江西省社会科学规划项目申报通知，并首次实行限额申报。7月，组织网上匿名初评。9月，组织会议复评，最终确定353项立项，资助经费399万元。其中，重点项目23项，每项资助经费3万元；一般项目269项，每项资助经费1万元；青年项目61项，每项资助经费1万元。

【组织实施2020年江西省青年马克思主义者理论研究创新工程】　6月18日，2020年江西省青年马克思主义者理论研究创新工程（简称“青马工程”）项目申报通知发布后，全省13个研究生培养单位共申报700余项。10月，召开“青马工程”评审会，共确定资助博士、硕士学位论文开题报告102项，资助经费33.6万元。其中，博士学位论文15项，每项资助经费5000元；硕士学位论文87项，每项资助经费3000元。

（省社联）

志书编纂

【概　况】　江西省第二轮修志规划志书208部。其中，第二轮《江西省志》规划97部，至年底，完成出版1部，交付出版21部，通过终审13部，通过复审15部，通过初审47部；第二轮市级志书规划11部，年内出版《景德镇市志（1986—2010）》，累计出版11部；第二轮县级志书规划100部，累计出版98部，《铅山县志》《乐安县志》交付出版。此外，年内出版《南昌市纪检监察志》《南昌市新建区姓氏志》《修水县蚕桑志》《仙女湖志》《宜春市袁州区工会志》《南康区国土资源志》《宝莲山志》《兴国黄氏志》《于都县卫生计划生育志》《于都县疾病预防控制志》《大觉山志》、上饶市广丰区《财政志》12部部门（行业、专题）志，出版《天红镇志》《升坊镇志》《河东·滨江街道志》和《石城东南村志》。

【第二轮《江西省志》编纂】　年内，完成《财政志》《发展与改革志》《食品药品监督管理志》《机构编制志》《民政志》《中小企业与工业园区志》《名山志》《物价志》《茶志》《证券业志》《科技志》《工业志》《行政区划志》《国防工业志》《青年志》《扶贫和移民志》《民主党派工商联志》《纪检监察志》《人力资源和社会保障志》《民族宗教志》《环境保护志》《人口志》《煤炭工业志》《人民政府志》《统计调查志》《建筑与房地产业志》《政府法制志》《气象志》《海关志》《保险业志》《工商行政管理志》《邮政志》《法院志》《历代政权志》《商务志》《党史研究志》《安全生产监督管理志》《出入境检验检疫志》《景德镇陶瓷文化志》《妇女志》《卫生志》《鄱阳湖志》《客家志》43 部初审，至此，第二轮《江西省志》97 部初审全部完成；完成《粮食志》《统战志》《中共江西省委志》《人民政府志》《食品药品监督管理志》《城乡建设志》《纪检监察志》《财政志》《政协志》《煤炭工业志》《宣传志》《扶贫和移民志》12 部复审；完成《残疾人事业志》《广播电影电视志》《水利志》《水文志》《党校行政学院志》《检察志》《交通运输志》《铜业志》《出版志》《农垦志》《公安志》《银行业志》《社会科学志》《文物与非物质文化遗产志》《文化艺术志》《市县概况》《机关党建志》《农业志》《工会志》《国家税务志》《外事侨务志》《国土资源管理志》《质量技术监督志》《审计志》《盐业志》《地方税务志》《台湾工作志》《人大志》《国有资产监督管理志》《电力工业志》《粮食志》31 部验收；《江西省志 · 烟草志(1991—2010)》完成出版。

【第二轮《江西省志》编纂和出版收官动员部署会召开】 9 月 28 日，省政府在南昌召开第二轮《江西省志》编纂和出版收官动员部署会。副省长、省地方志编纂委员会副主任孙菊生出席会议并讲话，他强调，要全面做好全省第二轮省志编纂和出版收官工作，各单位要增强工作责任感和时间紧迫感，聚焦短板、精准发力，强化措施、加强调度，确保如期完成“两全目标”任务。会议由省政府副秘书长樊雅强主持。省地方志编纂委员会副主任，省地方志办党组书记、主任甘根华在会上通报第二轮《江西省志》编纂进度情况。第二轮《江西省志》53 部尚未提交复审稿的 64 家承、参编单位分管领导和编纂室负责人参加会议。

【《江西省志 · 烟草志(1991—2010)》出版】 10 月，由省地方志编纂委员会编纂的《江西省志 · 烟草志(1991—2010)》出版，这是第二轮省志中首部出版的分志。该志设烟叶生产与经营、卷烟生产、卷烟经营、专卖管理、科技教育、综合管理、企业文化、组织机构、设区市烟草及驻南铁烟草概况 9 章，共 88 万字，全面记录全省烟草业改革发展的历程，总结 20 年间全省烟草业探索创新的历史经验。

（黄诗惠）

年鉴编纂

【省级综合年鉴编纂】 11 月 17 日，由省地方志编纂委员会编纂的《江西年鉴(2020)》出版。该年鉴首次采用全彩印刷，设 49 个类目，收录照片 145 幅，共 165.9 万字，系统记述 2019 年江西省自然、政治、经济、文化、社会等方面情况，重点记述江西省庆祝新中国成立 70 周年系列庆祝活动、昌九高速改扩建工程完工、昌赣高铁开通运营、2019 南昌飞行大会、2019 世界 VR 大会、省文化中心建设等重大事件。

【市县综合年鉴编纂】 至年底，全省 11 个设区市 2020 年卷全部实现“一年一鉴，公开出版”，覆盖率 100%。其中，7 个设区市完成出版，4 个设区市交付出版社。《赣州年鉴(2020)》入选中国年鉴精品工程。全省 100 个县(市、区)2020 年卷均完成或交付出版。

【江西省第五届年鉴质量评比活动专家评审会召开】 8 月 28 日，江西省第五届年鉴质量评比活动专家评审会在南昌召开。省直有关单位和省、市、县三级地方志机构的 16 名年鉴评审专家参加评审。评审专家分成 2 个组，按市级综合年鉴、县级综合年鉴、专业年鉴 3 个类别分工进行审读，最后经评审组会议提出年鉴建议等次，领导小组召开(扩大)会议研究确定评审结果，共有 61 部年鉴获得等次，其中一等 10 部、二等 18 部、三等 28 部、提名年鉴 5 部。并推选 7 部年鉴参加第七届全国地方志优秀成果(年鉴类)评审。

（黄诗惠）

方志馆和信息化建设

【方志馆建设】 2020 年，省市两级地方志工作机构进一步加大方志馆建设和功能拓展力度。省方志馆对省情展及方志业务展两个展厅进行重新布展；采购江西人民出版社、江西高校出版社《新中国七十年江西文化要览》《寻乌文献丛刊》《江西地方珍稀文献丛刊》等图书 132 种，并完成馆藏资料的清理、盘点工作。九江市史志办完成方志馆布展陈列大纲论证，办理方志馆报建手续。赣州市政府批准建设赣州市方志馆，建筑面积约 5000 平方米，并将方志馆建设项目纳入 2020 年《政府工作报告》、市政府 50 件民生实事项目和 2020 年重点建设项目投资计划，12 月开工建设。景德镇市方志馆开展“历史小课堂”，对全市青少年开展爱国主义教育。鹰潭市史志办推进方志馆建设，并向市政府报送《关于建立鹰潭市地方志馆的请示》《关于建立鹰潭市地方志馆选址的调研报告》。

【地方志网站建设】 江西省地方志研究院网站完成更名和 8 个一级栏目、26 个二级栏目的更新完善，完成采编稿件 280 篇。吉安市数字方志馆网站、南昌市史志办网站继续进行版面设计和栏目优化，实施市县一体化建设，逐步丰富完善数字方志馆馆藏，向社会大众提供地情资料，方便公众查找和使用。新干县数字方志馆网站完成改版。

【数字化建设】 2020 年，方志馆网站数字资源进行进一步完善更新，上传第一轮省志和第一、二轮市县志，历年《江西年鉴》、市县年鉴，旧志、通志、地情资料、杂志、图片、影像等资料。申请微信公众平台订阅号，并与 ILAS 业务系统对接，设置数字图书馆功能，为公众提供地情资料查阅服务。

【新媒体平台建设】 “方志江西”微信公众号坚持每个工作日发布至少1篇文章，全年发布文章353篇，累计点击量突破155万次，核心粉丝量有近4000人。在12月初全国地方志系统的微信公众号排名中，“于都在线”和“方志江西”公众号分别为第7名、第8名。南昌市史志办注重用好互联网、“两微一端”平台，与“江西头条APP”合作，开通“南昌史志”头条订阅号，先后推送形式灵活、个性化强的史志宣传文章15篇，每篇点阅量平均超过2万次。“方志吉安”公众号以吉安撤地设市二十年为契机，推出全新专栏“撤地设市二十年”。

（黄诗惠）

方志开发利用

【旧志整理】 南昌市史志办完成清同治《南昌府志》点校。九江市史志办完成明正德《南康府志》点校，开始点校清康熙《九江府志》。赣州市章贡区地方志办点校整理清道光《赣县志》。吉安市地方志办点校出版清顺治《吉安府志》、清光绪《吉水县志》、清同治《安福县志》《新淦县志》、清乾隆《龙泉县志》，开始点校清乾隆《吉安府志》。宜春市史志办修缮并重印清乾隆《袁州府志》。抚州市史志办出版清康熙《广昌县志》点注本、清雍正《崇仁县志》点注本，完成清同治《乐安县志》《东乡县志》《东乡乡土志》点校，开始点校注释明正德《抚州府志》《建昌府志》、清同治《宜黄县志》《临川县志》。

【地情书编写与出版】 完成第二批名镇志中的《小布镇志》初稿。开展中国名山志的编纂工作，撰写《灵山志》初稿。南昌市史志办开展《南昌文化史话》《南昌工业史话》编纂工作，并按照“以图记事、以图载史”的要求，进一步提升《图记南昌》编纂质量。新余市史志办完成“工小美”系列丛书，编纂出版《惟新在余》。萍乡市史志办编纂的《昭萍韵谱》已定稿。德兴市编纂的《德兴中草药志》通过国家出版基金审核，并纳入第四次中药资源普查系列专著。庐山市地方志办编纂出版《星子历史文化丛书》，全景式呈现原星子县1000多年的历史文化。南丰县地方志办组织民间摄影爱好者拍摄南丰民间老手艺，编纂《南丰老手艺》画册。此外，《赣州市2019年度大事记》《鹰潭大事记》《九江工业史·都昌卷》《黎川人物》《宝莲山志》《于都县卫生和计划生育志（2010—2017）》《走汀州》《南康大事记（2019年）》《河东·滨江街道志》《富田镇志》《陂下古村志》《歌声飞扬东固山——东固畲乡歌谣汇编》《东固畲族乡志》《印象新干》等一批乡镇志、专志和地情资料已出版或正在编纂。

【信息咨询与服务】 省地方志办、九江市史志办、吉安市地方志办在两会上向人大代表和政协委员赠送志鉴图书。九江市史志办为中央电视台《记住乡愁》栏目组、“纪念抗美援朝70周年藏品展览”等提供地情资料。吉安市地方志办为“井冈大米”“井冈蜜橘”申报国家地理标志提供方志资料依据，为编制《吉安市国土空间总体规划（2020—2035年）》提供地情资料，为编制《吉安历史文化名城保护规划》提供相关资料。庐山市地方志办为大庐山和峰德新区的规划提供史料依据。共青城市史志办向新入职共青城市各单位的干部宣讲“共青精神”。德安县地方志办为爱民乡、塘山乡、聂桥镇申报国家地理标志产品提供指导和史料支持。修水县地方志办为县委、县政府打造古城旅游建设项目提供资料，并从地方史角度提出建议和意见。广昌县地方志办、黎川县地方志办、永新县史志办围绕长征国家文化公园，资溪县地方志办、金溪县地方志办围绕三年游击战文化公园，做好项目建设的论证、申报和建设工作。泰和县史志办协助老营盘镇，为搞好“袁玉冰广场”提供相关史料；协助县委宣传部及县电视台，为纪念“白云山战斗”“老营盘战斗”拍摄宣传片。玉山县地方志办通过对南宋爱国将领郑骧史料的挖掘研究，促成金沙溪湿地公园郑骧纪念亭及郑骧塑像项目立项；通过对相关家谱资料的研究，发现并收集到明代正德年间玉山县进士占泮遗落在民间的文集《少华遗稿》，共有诗文400余篇。弋阳县地方志办完成《弋阳县地名志》编纂工作，并为推进不规范地名的清理和城区新增道路的命名工作提出建议。

（黄诗惠）

方志理论研究

【概　况】 2020年，省地方志学会组织会员在省级以上刊物发表理论研究文章30余篇，出版论文集1部，参与国家社科基金一般项目1项。九江市史志办组织撰写《地方志编纂》《年鉴简介》等资料。新余市史志办申报并完成《罗坊会议研究文集》《要从〈罗坊会议决议〉中汲取奋进力量》《新余市家谱中家规家训的整理研究及利用》3项社会科学规划课题报告。

【期刊出版】 2020年，《江西地方志》编辑出版6期，共刊登志书编修研究6篇、年鉴研究8篇、方志利用4篇、方志文化考订2篇、史志关系1篇、方志文化研究1篇、新技术助力地方志1篇、志鉴招投标1篇、经验交流1篇。刊物注重围绕热点加强宣传，筹划了“学习贯彻十九届五中全会精神”、疫情防控专栏和抗美援朝70周年等专题；深入挖掘江西文化，刊载《万亩映山红花海创视觉盛宴令人震撼！荷湖旅游业转型 建江西首红前景光明》《白鹿洞书院：中国四大书院之首》《神奇的赣州》《六百年御窑烧造 建公园申遗保护——景德镇御窑厂发现与保护纪实》《袁州历代景韩诗及韩愈刺袁行为的当代价值》《世界文化与自然双遗产——江西武夷山史话》等地情文章。

（黄诗惠）

本栏编辑　詹跃华

文化艺术

综述

2020年，江西文化和旅游业多举措应对新冠肺炎疫情，促进文旅市场逐步恢复，加快文旅产业质量升级。全年江西规模以上文化及相关产业1794家，比上年增加199家；实现营业收入2383.89亿元，比上年增长13.7%，比全国增速高11.5个百分点。

*打好脱贫“攻坚战”。*推进产业扶贫，实施传统工艺振兴计划，设立103家非遗扶贫就业工坊。推动贫困地区发展乡村旅游、红色旅游，拓宽贫困群众增收渠道。举办江西非遗扶贫就业工坊建设管理培训、酒店服务技能培训等，组织一批建档立卡贫困人员参加就业培训。策划举办江西省脱贫攻坚主题美术书法摄影农民画创作展、江西“非遗购物节”、非遗扶贫年货展销等活动。

*打好疫情防控“阻击战”。*2020年年初，为应对新冠肺炎疫情，全面关停江西各级各类文化和旅游活动场所、景区景点，取消各类公共文化、文艺演出活动，暂停旅游经营活动，防止疫情经由文化和旅游活动传播扩散。出台《关于应对新冠肺炎疫情支持文化和旅游企业共渡难关的10条措施》《江西省文旅企业帮扶政策措施指引》等政策文件。省级发放1000万元文旅消费电子券，各地配套发放4500万元旅游消费券。策划实施“爱江西·健康游”“全国学子乐游江西”“游江西·有好礼”“遇见美丽江西”、第三届江西旅游消费节等一系列线上线下宣传推广活动，“全国学子乐游江西”评为全国国内旅游宣传推广典型案例，“江西风景独好”网红推广之夜主题活动评为“2020年度中国旅游影响力营销案例”，全省各地推出一系列促复苏举措，推动江西旅游市场复苏。

*推动中央和省委重大决策、重点工作落地见效。*深入学习贯彻中共中央总书记习近平关于考古和文物保护工作重要讲话精神，研究制定《进一步加强文物考古和石窟寺保护利用工作的实施意见》《推进江西南方汉代文化研究的意见》《江西省文博人才培养三年行动计划》等一系列政策文件。举办2020全省旅游产业发展大会，展示江西丰富旅游资源和特色旅游产品。举办文化强省推进大会“文化的力量——2020江西文化发展巡礼展”和天工开物园陈展工作。景德镇国家陶瓷文化传承创新试验区建设取得系列成果，景德镇国家陶瓷文化生态保护实验区获文化和旅游部批复，景德镇手工制瓷技艺列入国家级非遗数字化保护试点。景德镇中国陶瓷博物馆“瓷业高峰是此都展览”入选“全国博物馆十大陈列展览精品奖”。加快长征国家文化公园江西段建设步伐，出台《长征国家文化公园江西段建设工作实施方案》《长征国家文化公园江西段建设保护规划》，实施文物保护传承、文旅融合、数字再现等工程。公共文化机构完成法人治理结构改革等重点改革任务。深化庐山管理体制改革取得重要进展，庐山实现“统一管理、统一班子、统一机构、统一财政”的一体化管理，庐山旅游发展集团组建，庐山景点整合工作全面启动。

*推动文化事业全面发展。*艺术创作持续发力。2部剧目入选文化和旅游部2020年度剧本扶持工程（全国仅12部），5部作品入选“庆祝中国共产党成立100周年舞台艺术精品创作工程”，3部作品入选“2020年度全国舞台艺术重点创作计划”。组织开展“以艺抗疫”创作，全省创作4700余件作品。举办第三届江西省青年美术家优秀作品展、抗疫主题美术作品展等10个展览活动。公共服务效能提升。2020年，江西省文化中心（省图书馆、省博物馆新馆）以及省美术馆新馆正式开馆。全面完成基层综合性文化服务中心建设。文化遗产保护传承成效显著。出台《江西省省级考古遗址公园管理暂行办法》《江西省文物保护工程竣工验收暂行办法》等一系列规范性文件。2020年“十一”假期，南昌汉代海昏侯国遗址公园开园。建成江西文物考古研究基地。新增38家国家级博物馆，新增数量全国第4名，其中一二级博物馆新增数量全国第2名，江西省182家博物馆推出各类陈展1200余个。文物安全工作全面加强，在全国率先启动江西文物安全监管平台建设。

*推进文旅融合走深走实。*实施文化和旅游产业链“链长制”，梳理7个方面24条问题清单，明确43项产业链重点任务。文旅项目建设上新台阶，江西新签约文化和旅游项目231个，新开工项目177个；续建项目345个，新竣工项目134个。旅游品牌打造有新突破，成功创建国家5A级景区1家、国家级旅游度假区1家和国家全域旅游示范区4家。智慧旅游展新面貌，出台《智慧景区建设指南（地方标准）》，“一部手机游江西”项目深入推进，全省184家4A级以上景区闸机系统、181家4A级以上景区视频监控接入平台，“云游江西”平台用户突破330万。

（胡小庆）

文　学

【文学项目扶持】 完成中国作协2020年定点深入生活扶持项目、重点作品扶持项目的申报。刘伟林、郭玉芳、曾清生、彭学军4名作家的选题入选中国作协定点深入生活扶持项目；温燕霞、凌翼等2名作家的选题入选重点作品扶持项目的“决胜全面小康、决战脱贫攻坚”主题专项。完成2020年度江西省文化艺术基金重点项目的申报。省作协“光荣与梦想”庆祝建中国共产党成立100周年江西谷雨诗歌朗诵音乐会获2020年度省文艺基金重点项目扶持；20多部作品获2020年度省文艺基金扶持。实施江西8090·重点作品创作扶持项目。共扶持出版诗集《流水和白马》《波澜后的涟漪》《到处都是轰鸣》、散文集《身体里的石头》、小说集《少年走过蓝木街》等5部作品。

【文学创作成果】 江西作家出版小说作品《大地耳目》《后情书》《雾埋》《陈宝箴》《幽暗家园三部曲》《别》《命运三部曲》《午夜正适合分离》等，散文作品《深山已晚》《有温度的湖》《楚楚雩阳》等，儿童文学作品《二十四节气里的少年》《扶贫路上的追风少年》等，诗集《人间欲渡》，文学评论集《人气》等；另有温燕霞、李伯勇、范晓波等人出版个人文集。在《十月》《人民文学》《北京文学》《中国作家》《天涯》《小说月报》《小说选刊》等重要文学报刊发表小说作品《黄场长的自传》《琵琶围》《食物链》《烟花》《小镇上的英雄》《追风筝的女人》等，纪实文学作品《于都河在述说》《布谷深春——江南第一作家村》《特别的春天》，电影文学剧本《启初的起初》《浙赣生死线》等。省作协出版《新世纪江西文学精品选》大型丛书。丛书分7卷，约180万字，为21世纪20年江西优秀文学作品精选。其中，小说集三卷（含中篇小说二卷，短篇小说一卷，）；散文集二卷（2000—2009年一卷，2010—2019年一卷）；诗集一卷；儿童文学、纪实文学、文学评论合集一卷。

【文学创作培训】 10月26日至28日，由省文联、新余学院主办，省作协、新余市文联、新余学院文传学院承办的第二期江西网络文学培训研讨班在新余举办。活动期间，中国作协网络文学研究院副院长夏烈、网络作家月关、江西师大历史文化和文旅学院教授方志远、阅文集团内容合作总监陈立波、省文联主席叶青分别为学员授课，来自江西各地的48名网络文学编辑、作家参加活动。

【主题文学活动】 1—2月，举办“抗击新型肺炎”主题文学作品征集活动，共收到诗歌、散文、报告文学等稿件2000余篇（首）。通过江西作协和江西文艺微信公众号推送、向有关报刊推荐等方式推出作品。江西作协微信公众号先后共推出9期作品。《江西日报》、江西日报客户端分别选载其中大量作品。3月，联合江西日报社、江西星火文学杂志社共同举办“我们的扶贫故事”主题征文活动。征文时间从2020年3月至12月30日，优秀作品陆续在《江西日报》井冈山副刊和《星火》杂志上刊发。4月19日，省文联、省作协共同举办“决战决胜脱贫攻坚，倾情抒写赣鄱华章”2020年江西谷雨诗会诗歌创作座谈会。省文联、省作协、省科技厅、省社科院领导以及诗人、作家代表30余人与会座谈。会上颁发2019江西年度诗人奖，诗人吴素贞获得该奖项，叶小青、周簌获2019江西年度诗人提名奖。谷雨期间还推出线上诗歌朗诵会。4—5月，开展“决胜全面小康、决战脱贫攻坚”主题创作采风活动。先后组织一批作家深入赣州、新余、九江等9个地市的脱贫攻坚一线采访采风。参与活动的作家创作一批优秀作品在《人民日报》《光明日报》《江西日报》和学习强国等媒体发表。

【文学作品研讨】 10月18日，江西优秀青年诗人诗歌创作研讨会在瑞昌举行。江西省作协、福建省作协、四川省作协领导及知名刊物主编等专家，与省内诗人、评论家对10名江西省优秀青年诗人作品进行研讨。10月25日，长篇小说《凤凰洲》作品研讨会在南昌召开。活动由江西省作协、江西省当代文学学会、百花洲文艺出版社、南昌大学当代文学研究所联合主办。中国作协、省作协、南昌大学、百花洲文艺出版社领导及省内外专家学者20余人与会研讨。11月21日，重大题材暨江西省小说创作研讨会在吉安举办。全国重点文学报刊主编、编辑、评论家及省内优秀小说作家、当地文学爱好者近50人参加活动。

（李芬芬）

艺　术

【抗疫艺术作品创作】 2020年，省文化和旅游厅印发《关于积极开展“防控新型冠状病毒感染的肺炎疫情”艺术作品创作生产的通知》，共创作出戏曲、音乐、舞蹈、曲艺、美术等多个门类的4700余件“抗疫”艺术作品。其中，歌曲《你是怎样的人》《天使的微笑》等一批优秀原创作品被中央电视台、“学习强国”App、“中国艺术头条”公众号等中央和国家级媒体推送转载。省文化和旅游厅官方微信公众号和“云游江西”公众号分别开设“艺术抗疫”专栏，连续推送优秀抗疫艺术作品50期。举办“同心抗疫、共克时艰——江西省抗疫主题美术作品展”，并组织优秀抗疫艺术作品评选，共评选出183件各类优秀抗疫艺术作品。

【美术创作展览】 以参加文化和旅游部组织的各类美术项目及展览活动为牵引，开展美术创作展览活动。宜春市美术馆的“由心化镜——陈祖煌版画学术研究展”入选2019年度全国优秀展览提名项目；翁波波《人生如戏》、邬江《舞动的山寨》、江葆华《古韵今声》、许玉华《人生如戏》、廖杰《皮影戏图》、陈祖煌《高安采茶戏——孙成打酒》6幅作品入选2020年戏曲百戏（昆山）盛典“戏曲百戏百人百画”，入选数量位居全国第5。举办第三届江西省青年美术家优秀作品展、江西省美术馆馆藏当代花鸟画作品展、走进我们的小康——江西省脱贫攻坚主题美术书法摄影农民画创作展、勇猛精进——虚苑版画十年典藏展、全国高等院校虚苑版画新锐奖作品展、江西版画研究展、全省画院创作成果、江西省首届当代工艺美术双年展等10余个省级及以上展览活动，并借助展览开展美术研究与普及教育活动。

【舞台艺术创作生产】 聚焦中国共产党成立100周年、全面建成小康社会等重要时间节点，推出一批舞台艺术作品。其中，赣南采茶戏《一个人的长征》、赣剧《瓷·心》入选文化和旅游部2020年度剧本扶持工程；赣南采茶戏《一个人的长征》《八子参军》等5部作品入选文化和旅游部“庆祝中国共产党成立100周年舞台艺术精品创作工程”；歌剧《山茶花开》、话剧《108个赞》《大疫之春》入选文化和旅游部“2020年度全国舞台艺术重点创作计划”；南昌采茶戏《郝仁好事》、话剧《108个赞》、南昌采茶戏《抚河三道湾》入选中宣部、文化和旅游部、中国文联和国务院扶贫办共同主办的“全国脱贫攻坚题材舞台艺术优秀剧目展演”。

【戏曲百戏(昆山)盛典江西折子戏专场】 10月11日至11月21日，由文化和旅游部、江苏省人民政府主办，文化和旅游部艺术司、江苏省文化和旅游厅、昆山市人民政府承办的2020年戏曲百戏(昆山)盛典在昆山举办。江西抚州采茶戏《卖花线》、袁河采茶戏《劝妻改嫁》、东河戏《抢伞》、赣中花鼓戏《打鸟》、盱河戏《姜女送衣》、赣东采茶戏《小放牛》、宁河戏《宝莲灯·劈山救母》7个经典剧目，组成2020年戏曲百戏(昆山)盛典——江西省折子戏专场，于11月17日、18日在昆山连续演出两场。这标志着历时3年，通过该平台江西23个本土剧种全部完成展演。

【江西省文化强省推进大会文艺精品展演活动】 7月9日—15日，2020江西省文化强省推进大会文艺精品展演活动在抚州举办。此次展演共汇集各设区市新创精品剧目11部、省外引进优秀剧目2部，共13个剧目在汤显祖大剧院、东乡区大剧院、陆九渊文化艺术中心等5个剧场开演，在贯彻落实新冠肺炎疫情常态化防控工作基础上，展演在线上线下同步进行，惠及现场参与观众4100余人，线上直播参与观众156万余人次。

【江西省第三届少数民族文化艺术节】 9月26日—27日，江西省第三届少数民族文化艺术节在三清山风景名胜区举行。此届艺术节以“促进民族文化相互认同相互交融、各民族团结进步繁荣向前”为宗旨，主要内容包括一部原创民族音乐剧、一台闭幕晚会、一场民族山歌赛、多民族题材书画摄影图片展和一定数量的民族工艺、民族饮食、民族传统体育的展示展演等。开幕式演出的《云上凤凰》为原创民族音乐剧。闭幕式晚会节目融入本土弋阳腔和婺源傩舞，以及鄱阳大鼓和铅山畲族舞蹈等体现赣鄱文化和少数民族文化艺术元素的节目。

(刘礼铸)

江西抚州采茶戏、袁河采茶戏等7个剧种的经典剧目组成2020年戏曲百戏(昆山)盛典——江西省折子戏专场，于11月17日、18日在昆山连演两场

新余市采茶歌舞剧院供

社会文化

【概　况】 2020年，江西省文化系统坚持优服务、提效能、促发展，加快文化和旅游公共服务融合发展，不断推进文化和旅游公共服务治理体系和治理能力现代化。推进基本公共文化标准化、县级文化馆公共图书馆总分馆制建设、公共文化机构法人治理结构改革、村级综合性文化服务中心建设四项文化领域重点改革任务全面完成。

【抗击新冠肺炎疫情】 1月，根据全省抗击新冠肺炎疫情形势需要，省文化和旅游厅下发通知，关闭全省各级公共图书馆、文化馆、美术馆、基层综合性文化服务中心等公共文化场馆并暂停所有线下服务，要求各公共文化场馆，发挥数字文化资源优势，采取多种措施，推出一系列线上文化服务，陪伴全省人民共克时艰。至3月，江西各级公共文化场馆逐步恢复免费开放，群众通过线上预约，进入公共文化场馆。同时，向各地提出要求，通过在重点景区打造一批文旅融合、环境优美、主客共享的阅读空间，实现江西文化和旅游公共服务融合向纵深发展。

【举办原创小戏小品大赛】 8月4日，由省文化和旅游厅主办、省文化馆承办，各设区市、省直管县文广新旅局协办的原创小戏小品大赛决赛在南昌市举行。大赛历经初赛、复赛、决赛三个阶段，共征集作品45个，最终选拔12个作品入围决赛展演。

【开展第五次全国文化馆评估定级工作】 11—12月，江西省文化和旅游厅组织开展全省第五次全国文化馆评估定级工作。通过采取线上填报、自查自评、线上普评和实地抽查相结合的方式对全省 113 个文化馆进行评估,初评出一级文化馆 52 个、二级文化馆 43 个、三级文化馆 18 个。

【江西文化和旅游公共服务融合发展工作推进会召开】 9 月 19 日,江西文化和旅游公共服务融合发展工作推进会在南昌市召开。会议代表先后赴江西省图书馆、江西省博物馆新馆和南昌市高新区图书馆、艾溪湖"美书馆""晓美书馆"参观考察;会上江西省文化和旅游公共服务机构功能融合试点单位就推进文化和旅游公共服务融合发展介绍工作经验,并向各地提出要求,通过在重点景区打造一批文旅融合、环境优美、主客共享的阅读空间,实现文化和旅游公共服务融合向纵深发展。

【举办全省旅游厕所暨文化和旅游公共服务工作培训班】 12 月 21 日—23 日,全省旅游厕所暨文化和旅游公共服务工作培训班在抚州市资溪县开班。会上总结推广江西旅游厕所革命先进工作经验,截至 2020 年年底,江西建设旅游厕所 5644 座,建成一批智能化管理、智慧化服务的旅游厕所。

【参加 2020 年全国文化和旅游志愿服务项目线上大赛】 2020 年,在文化和旅游部组织的全国文化和旅游志愿服务项目线上大赛中,鹰潭市余江县"板车宣讲 · 服务三农"文化志愿服务获一等奖,吉安市吉州区"幸福美吉州　最美夕阳红"群众文化志愿服务获三等奖。

(董焕霞　罗维)

非物质文化遗产

【概　况】 2020 年,在非遗抗疫创作、助力精准扶贫、创新保护模式、提升区域整体性保护水平、加强传承人队伍建设、强化非遗 + 等方面,江西省非物质文化遗产保护工作完成预期目标。同时,印发《江西省非物质文化遗产生产性保护示范基地管理办法》《江西省非物质文化遗产研究、传承、传播基地管理办法》,加强非遗制度建设。

【举办系列非遗主题活动】 1 月 26 日,举办"我画非遗"江西省主题创作美术作品展。展览以"乡土情怀""乐享非遗""我爱非遗"为主题,展现江西省非遗保护成果、传承人的坚守精神及各地民俗民风。6 月 5 日"世界环境日",省文化和旅游厅与省生态环境厅联合举办"提篮买卖——非遗和环保同行"宣传主题活动,通过非遗展示、非遗进社区等形式倡导环保健康生活,释放"非遗 +"能量。与省妇女联合会共同举办"妈妈的味道"江西非遗美食大赛,发挥非遗在乡村旅游和妇女工作中的独特作用,并最终产生四星望月、莲花血鸭等优胜菜品。

【新增国家级文化生态保护实验区】 6 月 3 日,文化和旅游部同意在江西景德镇市设立"景德镇陶瓷文化生态保护实验区"。这是江西继婺源 · 徽州文化生态保护区、客家文化(赣南)生态保护实验区后获批的第三个国家级文化生态保护(实验)区。文化和旅游部设立的国家级文化生态保护(实验)区已有 23 个成员,涉及 21 个省(自治区、直辖市),其中江西和青海各拥有 3 个。

【非遗扶贫】 2020 年,江西省设立 70 家省级非遗扶贫就业工坊,其中 25 家纳入全国脱贫攻坚项目库,录入全国扶贫开发系统。省文化和旅游厅与省扶贫办共同印发《关于推进非遗扶贫就业工坊建设的通知》,明确以江西省 25 个国家级贫困县为重点支持地区,探索非遗扶贫新路径,带动贫困劳动力提高就业技能,实现就业增收。

【启动互联网非遗保护新模式】 2020 年"文化和自然遗产日"期间,省文化和旅游厅落实文化和旅游部非遗司的工作部署,开展 2020 江西"非遗购物节",与阿里巴巴、拼多多等知名电商以及抖音等短视频平台合作,发动非遗扶贫工坊、传统工艺工作站、中华老字号等参与,依托"江西非遗集市",宣传展示和销售非遗衍生品。江西上线店铺总数 242 家,上线销售非遗产品种类 700 余种,涉及非遗项目 66 项,非遗项目保护单位 59 家,传承人 214 人,覆盖 17 个国家级贫困县。

【开展非遗优秀实践案例遴选工作】 2020 年,省文化和旅游厅开展省级非遗代表性项目优秀实践案例遴选工作。经广泛听取意见、各地推荐申报、材料审核、专家评审、对外公示等程序,从上报的 29 个省级非遗代表性项目推荐案例中评选出上栗傩舞、豫章绣、靖安黑陶制作技艺等 10 个优秀实践案例。

(刘薇薇)

图书馆

【概　况】 2020 年,江西省有公共图书馆 113 家,其中省级 1 家,市级 11 家,县(市、区)级 101 家。江西省公共图书馆馆舍总建筑面积达 56.95 万平方米,阅览座席共 4.83 万个。全年全省公共图书馆从业人员 1553 人,其中高级职称 88 人,中级职称 378 人。全省读者持借阅证总量超 195.63 万个,全年总流通人次达 1910.33 万人次,年书刊文献外借 1208.53 万册次。

【开展线上阅读活动】 2020 年,结合新冠肺炎疫情防控形势,江西省图书馆通过官网、微信公众号、微博、抖音、移动图书馆等平台持续开展形式多样的线上资源推送及读者服务活动。向读者宣传疫情防控知识,推送电子书、有声书、视频、期刊、图片等各类型数字资源。先后以"书香助力战'疫'阅读通达未来""决胜全面小康,践行科技为民"为主题,举办"书香赣鄱"全民阅读暨第十届"读好书"活动和全国科普日阅读活动。

【举办"红七月 · 不忘初心铸党魂"——建党 99 周年主题图书云展活动】 7 月,江西省图书馆学会主办"红七月 · 不忘初心铸党魂"——建党 99 周年主题图书云展活动。该活动采用线上直播和线下展览相结合的方式开展，央视频移动网、江西网络广播电视手机江西台对活动进行现场直播，部分市级图书馆进行在线直播，110万名观众观看活动网络直播。全省各级各类图书馆设立“四史”学习书单、“不忘初心，牢记使命”主题教育图书等专架陈列。云展图书包括省内出版的数百种重点主题图书，集中呈现中国共产党近百年来取得的辉煌成就和丰硕成果。

【中部六省（湘鄂赣皖晋豫）公共图书馆联盟成立】 9月27日，湖南、湖北、江西、安徽、山西、河南六省公共图书馆在江西省图书馆签署合作协议，成立中部六省（湘鄂赣皖晋豫）公共图书馆联盟并召开中部六省公共图书馆联盟第一次工作会议。会议通过《中部六省（湘鄂赣皖晋豫）公共图书馆联盟章程》及《中部六省（湘鄂赣皖晋豫）公共图书馆联盟运行机制》。

【江西省图书馆新馆开馆】 9月27日，江西省图书馆新馆开馆，建筑面积9.6万平方米，设计藏书量1000万册，阅览座位6000余个，信息节点4000余个，月均服务到馆读者超10万人次。特别打造视听空间、红色图书馆和创客空间等特色空间，为读者提供便捷、智能的现代公共文化服务。

【举办“百年馆庆”系列活动】 2020年是江西省图书馆建馆100周年。12月8日，省委、省政府、省人大、省政协有关领导，国家图书馆、中国盲文图书馆馆长及全国图书馆同仁共800余人，齐聚省图书馆新馆，共庆赣图建馆100周年。当天还举办“全国图书馆文化创意产品开发联盟”第一家实体分店——锦文轩揭牌仪式、百年大事记展等活动。

【一批古籍入选第六批《国家珍贵古籍名录》】 2020年，江西省图书馆完成吉安、赣州、上饶等地7家单位7173部6.88万册古籍的编目工作。10月，国务院下发《国务院关于公布第六批国家珍贵古籍名录和第六批全国古籍重点保护单位名单的通知》，江西省有18部234册古籍入选第六批《国家珍贵古籍名录》，其中江西省图书馆11部136册。

【举办“册府千华——江西省藏国家珍贵古籍特展”】 12月8日，“册府千华——江西省藏国家珍贵古籍特展”在江西省图书馆开幕。该展览以中华古籍发展历史为主线，展品以江西省入选《国家珍贵古籍名录》《江西省珍贵古籍名录》的珍稀古籍为主体，展示全省图书馆古籍保护成果，是江西展出古籍珍本数量最多、价值最高、规模最大的一次展览。

（姚斯琴）

博物馆

【概　况】 2020年，江西省在省级文物行政部门登记备案且功能比较完善的博物馆共有182家，其中文化（文物）系统管理的131家，行业博物馆8家，非国有博物馆43家。有国家等级博物馆61家，其中一级博物馆11家、二级博物馆27家、三级博物馆23家。江西省博物馆新馆和南昌汉代海昏侯国遗址博物馆正式开馆，成为全省文化新地标、城市新客厅。景德镇御窑遗址博物馆、樟树市博物馆、万年县博物馆、鄱阳湖博物馆和上栗县博物馆、共青城市博物馆、龙南县客家围屋博物馆等加速建设。以省级博物馆为龙头，市县级博物馆为主体，非国有博物馆为补充的具有地方特色的博物馆体系加速形成。

【博物馆“云展览”】 2020年，省文化和旅游厅印发《关于加强网上博物馆服务的通知》，鼓励博物馆提供线上展览展示服务。瑞金中央革命根据地纪念馆等6个博物馆和“博物江西”数据资源服务平台入选国家文物局网上展览资源推送名单。江西省博物馆《文物里的防“疫”守则微视频》获国家文物局2020年度“中华文物全媒体传播精品（新媒体）推介”入围项目名单。

【博物馆建设】 2020年，江西省新增博物馆18家。其中，非国有博物馆新增12家；总数达到42家，约占全省博物馆总数的1/4。景德镇御窑遗址博物馆、鹰潭市博物馆新馆、樟树市博物馆新馆、鄱阳湖博物馆、寻乌县博物馆等完成主体建设，共完成博物馆基本建设投入超23亿元，96%的县（市）建有博物馆。

【提升博物馆服务水平】 2020年，完成江西文物博物馆三级藏品定级工作，实施26个市县级博物馆的可移动文物修复和预防性保护项目，以及12个博物馆陈展提升工作。江西博物馆藏品高清图片网上公开达到4万多件。推出10个博物馆陈列展览精品，江西省博物馆获“全国最具创新力博物馆”，景德镇中国陶瓷博物馆获“全国博物馆十大陈列展览精品奖”。省博物馆新馆首批推出“4+1”陈列展览。3个博物馆的陈展入选国家文物局2020年度“弘扬优秀传统文化、培育社会主义核心价值观”主题展览推介项目，景德镇中国陶瓷博物馆在国家文物局座谈会上作典型发言。

【推进博物馆高质量发展】 2020年，制定江西博物馆融合发展示范单位评选办法，公布首批20家全省博物馆融合发展示范单位。开展2019年度全省博物馆免费开放绩效评估工作，评定26家优秀等次博物馆。印发《江西省非国有博物馆考核评估暂行办法》和《评估细则》，协调省财政设立专项资金补助非国有博物馆免费开放。第四批全国博物馆定级评估新增国家等级博物馆38家，排名全国第四，其中一级博物馆6家、二级博物馆23家、三级博物馆9家。至年底，江西国家等级博物馆总数排名全国第6位。

（艾淞）

文物保护与考古发掘

【概　况】 2020年，江西省获国家文物保护专项资金1.96亿元，项目52个。完成全省不可移动文物名录和文物保护单位基础信息录入，开展第八批全国重点文物保护单位保护范围和建设控制地带划定。在事业单位改革中，加强省直文博事业单位机构队伍建设。省文物保护中心更名为省文化遗产保护中心，由公益二类提升为公益一类事业单位。省文物商店更名为省文物交流中心，由生产经营类事业单位提升为公益二类事业单位。公布实施《江西省南昌汉代海昏侯国遗址保护办法》，出台《江西省重点发展区域文物保护和考古事项区域评估实施细则》《江西省文物保护工程竣工验收暂行办法》和《江西省省级考古遗址公园管理暂行办法》等规范性文件，启动《江西文物事业发展"十四五"规划》和相关专项规划编制工作。

【基本建设和考古调查】 推进文物领域"放管服"改革，配合江西省各地做好大型基本建设项目土地出让前的考古前置工作。组织开展信雄（赣粤界）高速、抚州东临高速、遂大高速等8条高速公路和南昌地铁项目超过270千米的文物资源评估。完成宜井遂高速、寻龙（赣粤界）高速和宜春绕城高速共230多千米的文物调查，以及昌北机场二期、新余大岗山水库、萍乡芦溪凤栖小镇停车场和南昌至长沙高压线涉及洪州窑遗址建设控制地带的考古调查勘探工作。配合基本建设完成贵溪市文坊镇坛石村商周遗址、浮梁县王港乡高沙村张家仵遗址、修水县宁州镇黄田里村夏光庭墓、九江浔阳城遗址等抢救性发掘工作。

【考古发掘】 完成海昏侯2号墓考古发掘和回填保护，江西省文物考古研究院和海昏侯国遗址管理局成立江西省第一家联合考古工作站。樟树国字山墓发掘取得重要成果，发现一批带铭文铜器，出土文物1000余件（套），开展外围陪葬坑和夯土建筑遗迹区考古调查。完成赣江新区七星堆六朝古墓群A、C区考古发掘考古资料整理和B区考古发掘将在后续开展。安福起凤山墓考古发掘取得重大进展。宜黄锅底山遗址发现叠压有序的商代地层和大量新石器时期的红烧土块。高安上湖旧石器遗址出土大量旧石器时代石制品，这是江西省首次旧石器时代旷野遗址考古发掘，填补考古缺环。

【考古科研及文物修复】 江西省文物考古研究院与荆州文物保护中心成立国家出土漆木器保护南昌工作站，与北京大学、复旦大学等合作设立实习实践基地，与中国社科院考古研究所重启海昏侯墓园实验室考古。出版《赣州七里镇窑址出土瓷器》《明代淮王府遗址出土瓷器》《吉简吉美——吉州窑遗址出土瓷器集萃》等考古报告和研究专著。《南方文物》入选"2020中国国际影响力优秀学术期刊"。启动961件漆木器、80余件青铜器的保护修复工作，全年完成5509件（套）海昏侯刘贺墓出土文物移交工作、200余件漆木器出水定型工作、5000余枚竹简的保护修复方案申报工作和147件车马器的修复验收工作。

【石窟寺专项调查】 印发《关于开展江西省石窟寺专项调查工作的通知》《江西省石窟寺专项调查工作实施方案》，组织开展江西省石窟寺专项调查，调查内容包括石窟寺（含摩崖造像）基本情况、保存状况和主要风险、保护管理情况和安全防范情况，完成前期业务培训、野外调查阶段。全年江西共有13处石窟寺、6处摩崖造像。

【大遗址保护利用】 新干牛头城遗址、角山板栗山遗址、吴平墓群等大遗址保护规划，紫金城城址与铁河古墓群—刘贺墓园环境整治项目方案和祠堂岗墓区环境整治立项计划获国家文物局批准同意。南昌汉代海昏侯国遗址公园（一期）建成，国庆节期间正式对公众开放，开园首周游客数超过3万人次，成为江西文化旅游的新名片和网红打卡地。完成刘贺墓园保护展示（一期）工程，启动御窑厂环境整治提升项目、陶阳里历史街区——御窑厂遗址片区PPP项目，推进海昏侯刘贺墓主墓保护性设施项目、吉州窑遗址（茅庵岭遗址片区）保护性设施工程、吴城遗址环境整治工程（一期）、吴城遗址南城垣西段遗迹本体加固及正塘水库整治工程和筑卫城遗址环境整治工程（一期）。

【世界文化遗产保护】 8月25日，在北京召开景德镇御窑遗址申遗文本专家论证会，通过专家论证，申遗文本基本完稿。9月27日，省政府组织召开景德镇御窑厂遗址保护工作调度会。省文旅厅会同景德镇市草拟《景德镇御窑申遗三年行动计划（2021—2023年）》《景德镇御窑申遗2021年工作要点》。《景德镇御窑厂遗址保护规划（2020—2030年）》修改完善并经专家论证通过，上报国家文物局审批。向国家文物局争取将李渡烧酒作坊遗址纳入"中国白酒老作坊"世界文化遗产预备名单。推进万里茶道（江西段）申遗工作，八省联合签署《万里茶道保护和联合申报世界文化遗产城市联盟章程》，成立"万里茶道保护和联合申报世界文化遗产城市联盟"，在九江海关姑塘分关旧址举办2020环中国自驾游集结赛（ACSC）万里茶道（中国段）赣湘赛段发车仪式，以文旅体产融合的方式助力万里茶道申遗。

【革命文物整理和宣传工作】 核定江西省第一批革命文物名录，率先向社会公布各级文物保护单位1321处。其中，全国重点文物保护单位41处、省级文物保护单位414处、市县级文物保护单位866处；国有可移动革命文物9759件套1.17万件，其中一级文物382件套457件、二级文物1131件套1698件、三级文物8246件套9582件。核对普查登记红色标语1.07万条，其中重要红色标语5292条；江西11市87县（市、区）分两批列入革命文物保护利用片区分县名单，分别划入9个片区。省文化和旅游厅策划主办开展"守初心担使命——百件革命文物说江西"系列活动，相继推出"革命文物篇"30期，"革命旧址篇"30期，"学习强国"APP开辟专栏推介，国庆期间江西影视旅游频道连续展播；组织开展"全省文博场馆红色主题社会教育示范项目评选推介活动"，推出多样化、系列化、品牌化的红色主题社教活动。

（王琴红　李艺璇）

文化交流

【概　况】 2020年，省文化和旅游厅贯彻落实《推动共建丝绸之路经济带和21世纪海上丝绸之路的愿景和行动》《国家“十三五”时期文化发展改革规划纲要》以及《文化部“一带一路”文化发展行动计划（2016—2020年）》等文件要求，对接国家“一带一路”建设和江西省委、省政府扩大双向开放的部署，以重点项目促进江西文化和旅游对外交流与合作工作。1—2月，省文化和旅游厅共组织开展2批次文化交流合作项目，涉及46人次。此后受新冠肺炎疫情影响，对外文化线下交流活动按下“暂停键”。

【参加泰国“欢乐春节”演出】 2020年泰国“欢乐春节”，江西艺术团一共演出7场。1月24日，江西艺术团在曼谷市中心暹罗广场参加开幕式演出；25日，赴耀华力路唐人街为诗琳通公主宴会做专场演出，当晚转场唐人街露天舞台继续表演；26日，江西艺术团再次到曼谷市中心暹罗广场，为赶来参加活动的民众与游客继续表演。1月31日至2月1日，艺术团在普吉开展为期3天的驻场演出，到场观众共万余人。

【承办白俄罗斯“欢乐春节”文化交流及演出系列活动】 1月15日—20日，由文化和旅游部、中国驻白俄罗斯大使馆和白俄罗斯文化部主办，江西省文化和旅游厅、明斯克中国文化中心及白方相关演出单位承办的白俄罗斯2020年“欢乐春节”文化交流及演出系列活动在白俄罗斯首都明斯克举行。活动共演出四场，分为暖场活动（中国文化体验）和剧院演出（江西艺术团表演）两部分。活动期间，还播放江西旅游宣传片、发放江西旅游宣传手册，向白俄罗斯民众推广江西文化和旅游。

（胡一之）

2020年1月15日至20日江西艺术团在白俄罗斯“欢乐春节”现场表演器乐合奏

省文化和旅游厅供

文化市场

【概　况】 2020年，江西文化市场共出动检查2.07万人次，检查经营单位7.53万家次，责令改正235家次，当场处罚206件，立案调查456件，移交案件4件，办结案件659件，警告397家次，罚款416家，罚款金额384.51万元，责令停业整顿25家次，吊销许可证2家，取缔13家；受理各类旅游投诉698起，办结647起，办结率92.6%，旅游投诉协调赔偿金额共220.34万元。

【开展文化市场综合执法专项行动】 2020年，省文化和旅游厅开展江西网络文化市场交叉执法专项整治行动，重点打击网络表演、网络音乐、网络动漫、网络游戏等违法违规行为，发现问题线索41个，立案查处9起；开展江西文化市场无证经营专项整治行动。联合省公安厅等8个部门，重点打击文化市场无证经营行为，出动执法人员1.18万人次，检查企业1.29万家次，查处无证经营企业77家；开展江西文化市场交叉执法专项整治行动。联合省市场监督管理局等3个部门，共发现并查处各类文化市场主体违法违规行为58个；查处一批重大案件，其中吉州区天逸酒店管理有限公司擅自从事营业性演出经营活动案、江西趣星文化传媒有限公司以非法手段取得营业性演出许可证案等5个案件获2019—2020年度全国文化市场综合执法重大案件；组织查处假冒“优衣库”不雅视频女主角演出案、金华环游旅行社虚假宣传案等一批危害较大、影响较为恶劣的案件。

【开展文化市场扫黑除恶专项斗争】 2020年，省文化和旅游厅按照中共中央、省委关于扫黑除恶专项斗争的决策部署，出台省文化和旅游厅扫黑除恶长效常治系列文件，强化行业整治，实现“行业清源”的既定目标，先后2次在江西扫黑除恶专项斗争推进会上作交流发言，工作经验在江西扫黑办工作简报中专门刊登。

【执法队伍建设】 5月25日—29日，省文化和旅游厅在永新三湾举办江西文化市场综合执法队伍助力扶贫攻坚培训班，各设区市和贫困县文化市场综合执法队伍负责人和执法业务骨干参加培训；在景德镇举办全省旅游质量监督投诉处理培训班，通过讲授旅游投诉纠纷处理实务、旅游投诉典型案例，提升全省旅游投诉处理水平；先后在南昌、上饶、吉安组织开展三批以案施训，参训人员全程参与案件查办，并独立制作远程勘验笔录、现场检查笔录、调查询问笔录等执法文书，提升案件办理能力和案卷规范性水平；在赣州举办江西文化市场综合执法人员“民法典”专项培训

5月25日至29日，省文化和旅游厅在永新三湾举办江西文化市场综合执法队伍助力脱贫攻坚培训班

省文化和旅游厅供

班，讲解民法典的核心要义和重要内容，推动《中华人民共和国民法典》在江西文化市场执法领域的实施。

【综合执法】 2020年，省文化和旅游厅制定下发《旅游服务质量"千名社会监督员"工作方案》和《旅游服务质量社会监督员职责和工作办法（试行）》；开展综合执法监管云平台试点工作，将网吧互联网上网内容、监管数据等信息通过"云机房"进行存储和监管；搭建文化市场网络监测系统。加强与其他省市执法协作，与江苏、浙江、福建、上海、山东、安徽等文化和旅游部门共同签署华东六省一市执法合作协议。

（郭贵拓）

文化产业

【概　况】 2020年，全省规模以上文化企业1794家，比上年增加199家；实现营业收入2383.89亿元，比上年增长13.7%，比全国增速高11.5个百分点，增速居全国第2位、中部省份第1位。南昌市、新余市获批国家文化和旅游消费试点城市，确定南昌市、景德镇市等7个省级文化和旅游消费试点城市创建单位。确定景德镇昌南新区（陶瓷）等3家首批省级文化出口基地。江西出版集团连续十二届入选"全国文化企业30强"。景德镇陶溪川文创街区获评首批国家级文化产业示范园区，全国仅9家。对接华为、腾讯、字节跳动等头部互联网企业，促使腾讯内容审核中心、抖音直播基地、培训中心落户江西。

【构建"1+N"文化经济政策体系】 2020年，省文化和旅游厅下发《金融支持文化产业高质量发展若干措施》《中小文化企业贷款风险补偿资金管理暂行办法》《江西省中小微文旅企业贷款风险补偿资金管理办法》《关于推进文化和科技深度融合发展的实施意见》《省级文化和科技融合示范基地认定办法》《江西省文化出口基地认定管理办法（试行）》，出台《关于应对新冠肺炎疫情促进文化和旅游业持续健康发展的10条措施》《关于进一步激发文化和旅游消费潜力的实施意见》《江西省文化产业和旅游产业融合发展示范区（点）创建办法（试行）》等文件。

【搭建文化产业发展平台】 2020年，省文化和旅游厅出版《江西文化产业发展报告（2020）》；建立健全产业发展智库平台、文化和旅游产业发展研究分析和咨询评估机制。举办影视与江西文旅融合论坛，专题研究景德镇国家陶瓷文化传承创新试验区建设。

【加大金融支持文化产业力度】 2020年，搭建"政银企"对接平台，中行江西省分行、交行江西省分行、浦发银行南昌分行、北京银行南昌分行、江西银行5家银行承诺在未来3年为江西省文化企业提供不低于1000亿元的意向性融资支持。光大银行南昌分行承诺在未来5年为江西文旅产业领域投入不低于100亿元的资金支持，全年已有31个项目获得23.9亿元资金支持；省农村信用联社承诺在未来3年投放300亿元以上信贷资金。分别推出"文企贷""文旅贷"产品，21家企业获批7670万元贷款。全省121个文化旅游项目发债成功，发债资金额122.71亿元。

【引进重点项目】 2020年，江西省新签约文旅项目231个，新开工项目177个，总投资额1853.201亿元；续建项目345个，总投资额4683.26亿元。在成都、长沙市举办产业招商会，签约总金额111.4亿元；在深圳举行2020江西省文化和旅游产业链投资合作对接会，12个重大项目现场集中签约，签约总金额102.25亿元。

【文化商贸活动】 参加中国服贸会（北京文博会）、深圳文博会等。中国服贸会江西馆现场签约724万元，订单3558万元。深圳文博会江西省展团获"优秀展示奖"。开设"天工开物"品牌线下自营店3家、合作运营店7家、线上平台2个，先后在江西文化发展巡礼展、中国服贸会等会展中亮相。

（匡恺）

本栏编辑　徐佳佳

新闻出版　广播电影电视

报纸期刊

【概　况】　2020年，全省有报纸65种，年度总印数7.83亿份，年度总印张数9.67亿印张，年度定价总金额9.12亿元。全省有各类期刊165种，年度总印数7958.8万册，年度总印张数2.3亿印张，年度定价总金额4.9亿元。

【报纸媒体管理】　开展报纸年度核验，对核验工作中发现的少数报纸出版形式不规范、专版专刊字号偏大等问题，督促相关责任单位整改。其中，针对《安源工人报》《新参考文摘》存在的“未按批准刊期出版，擅自变更刊期”等违规问题，按照程序约谈出版单位的主要负责人和相关分管领导。开展报纸出版单位社会效益考评，评定优秀等级30家、良好等级32家、合格等级3家。开展报纸编校质量抽检，抽检《修水报》《瑞金报》各6期，对抽查中发现的主题宣传不突出、编校质量不高等问题，督促2家单位严格落实“三审三校”制度，提高报纸出版质量。落实报纸审读常态化机制，全年审读报纸1602期、新媒体101个，共发现和整改各类问题31个，涉及报纸25家，并就审读发现问题先后约谈报纸4家、相关责任人7人。

【期刊监管】　开展期刊出版单位社会效益评价考核和年度期刊核验工作，坚持考核环节一个不落、核验项目一项不少，严把政治导向，狠抓整改落实，确保考核、核验工作规范有序、准确无误。核验发现《花炮科技与市场》《极目》《东方陶瓷》《江西化工》4种期刊编校质量差、出刊周期乱，严格按照规定予以缓验3个月处理。2020年，共完成165种期刊条码申请工作，5种期刊变更主管主办单位，2种期刊变更名称，10种期刊变更刊期；办理增刊34期。各期刊出版单位严把政治导向关、价值取向关、内容题材关、出版质量关，正确处理阵地和市场、社会效益和经济效益的关系。

【发挥审读效能】　严格落实期刊审读工作，完善“三审三校”工作制度。2020年，共组织5批次48种期刊审读，每次审读情况及专家建议及时在“江西期刊工作群”通报，供各期刊单位学习参考，达到相互学习、相互促进作用。审读发现质量较差期刊，依据《期刊出版管理规定》约谈期刊主管主办单位相关负责人，要求他们加强监管，健全机制，堵塞管理漏洞。因质量问题，省委宣传部先后约谈《当代江西》《党史文苑》《南昌大学学报》《花炮科技与市场》《极目》《东方陶瓷》《江西化工》《药品评价》《江西畜牧兽医杂志》《亲子》等10余种期刊相关负责人。

【开展培优推优活动】　注重加强期刊人才队伍建设，提升期刊从业人员业务能力。2月，省新闻出版局抽调各期刊单位精干力量参加第二届全国报刊编校技能大赛，江西省代表队获二等奖；7月，省新闻出版局会同江西省期刊协会举办“期刊质量管理规定解读及期刊质量提升”专题讲座，邀请中国新闻技术工作者联合会副秘书长、《中国期刊年鉴》原主编段艳文进行网上授课，现场答疑解惑。开展主题宣传活动，引导期刊单位发挥特色、注重原创、多出精品。10月，《苏区研究》2019年第5期《名家笔谈·纪念古田会议90周年》入选中宣部出版局主办、中国期刊协会承办的第四届“期刊主题宣传好文章”推荐活动作品名单。

（涂翔　陈晓斌）

图书和数字出版

【概　况】　2020年，全省8家出版社出版图书、音像、电子出版物1.34万种。其中，新出图书、音像、电子出版物4871种；重印8481种，重印率63.5%。

【出版行业管理】　3月，贯彻落实《图书出版单位社会效益评价考核试行办法》，按照“图书出版单位自评、主办单位复核、主管单位审核”程序，组织7家图书出版单位进行评价考核。经过考核，江西人民出版社、江西教育出版社、二十一世纪出版社、江西美术出版社、江西高校出版社考核结果为优秀，江西科学技术出版社、百花洲文艺出版社考核结果为良好。6月，根据国家新闻出版署通知要求，省新闻出版局组织7家图书出版单位就2018年、2019年出版经营情况进行年度核验，均符合经营要求，准予通过年检。省新闻出版局全年审批选题1.32万个，否定73个存在“三俗”或导向有问题的选题，报中宣部履行重大选题备案手续12个；组织专家审读书稿179部，对159部书稿的内容提出修改意见。

【主题出版工程】　省新闻出版局组织8家图书、音像、电子出版单位向中宣部申报2020年主题出版重点选题40个，其中图书选题35个，音像、电子选题5个；江西人民出版社《中国共产党怎样解决贫困问题》、红星音像电子出版社《红游记》入选。围绕“纪录小康工程”主题，组织策划30余种主题出版物，江西人民出版社长篇小说《琵琶围》、二十一世纪出版社长篇小说《逐光的孩子》入选中国作协“纪录小康”主题创作推荐书单。按照中共中央、国务院“把疫情防控工作作为当前最重要的工作来抓”要求，突出抗“疫”主题调度，策划出版《戴上口罩就出发》《白衣超人》等40余种抗“疫”题材图书。

【重点出版项目】 编制2020年度重点选题出版计划，策划省级重点选题145个，落实列入国家级重点项目44个。通过申报、参选共获国家级奖项和荣誉143项，继续保持精品出版走在全国前列。其中，中华优秀出版物方面，江西教育出版社《世界是部金融史》等7种出版物获第七届中华优秀出版物奖；国家重点出版物出版规划、重点出版工程方面，江西人民出版社《琵琶围》、二十一世纪出版社《独龙江上的小学》入选国家新闻出版署2020年“优秀现实题材文学出版工程”，江西人民出版社《信仰至上》入选国家新闻出版署2020年“优秀通俗理论读物出版工程”，江西人民出版社《中国文化ABC：山水与建筑》等3部作品入选国家新闻出版署2020年“全国有声读物精品出版工程”，江西教育出版社《新时代中国的核心价值观》等3部作品入选2020年丝路书香工程，江西人民出版社《中国共产党怎样解决人权问题》等3部作品入选2020年经典中国国际出版工程，二十一世纪出版社《建座瓷窑送给你》《荆棘丛中的微笑：小丛》《我的爷爷奶奶超级酷》入选2020年陈伯吹国际儿童文学奖，江西教育出版社《中国蚕桑、丝织的产生、发展和西传》、二十一世纪出版社《独龙江上的小学》入选中宣部对外出版采购类项目；国家出版基金资助项目方面，《文天祥全集》《时代印迹——中国版画一百年》《中国景德镇陶瓷窑炉变迁史》等10个项目入选2020年度国家出版基金资助项目，江西人民出版社《文廷式全集》入选2020年度国家古籍整理出版专项经费资助项目，分别资助金额618万元、50万元。

【数字出版】 2020年，省新闻出版局组织图书出版单位和网络出版服务单位申报数字出版精品项目20个，二十一世纪出版社《不可爱动物派对》《五只青蛙一百条腿》入选2020年“原动力”中国原创动漫出版扶持计划，江西中医药大学《东方逸侠之莲出东方》入选2020“原动力”中国高校动漫出版孵化计划。加强网络游戏出版管理，省新闻出版局指导江西高校出版社在南昌高新技术开发区、上饶市高铁经济试验区和宜春市宜阳新区等游戏开发、运营企业相对集中的地方，设立游戏版号办理部门。全年全省游戏企业获11个游戏版号，5款国产移动网络游戏获网络游戏出版物号。

【公共文化服务】 4月，省新闻出版局下发《关于开展2020年“书香赣鄱”全民阅读活动的通知》，组织开展好书推荐、主题阅读、品牌创建等系列有特色有影响的全民阅读活动；省直各单位和各地市结合实际开展公益广告展播、主题图书展示展销、女性读书月等系列活动。“学习强国”江西学习平台专门开办“书香赣鄱·文化江西”全民阅读专题栏目，省广播电台、电视台、报刊和互联网站、微信公众号、新闻客户端等媒体进行集中宣传报道，在全社会营造爱读书、读好书、善读书的氛围。组织开展2020“乡村阅读季”和“我的书屋·我的梦”农村少年儿童阅读实践活动，收集征文300余篇、绘画书法作品120余幅，向中宣部报送征文20篇、绘画书法作品55幅。下发《2020年农家书屋重点出版物推荐目录》《2020年农家书屋赣版重点出版物推荐目录》，鼓励各出版单位、新华书店开展阅读推广和图书捐赠活动，完成各地农家书屋出版物补充更新工作。全省有3种图书入选中宣部农家书屋办公室评选的“农民喜爱的百种图书”，赣州市宁都县黄云获评“荐书达人”，全国农家书屋工作简报2020年第5期专题介绍赣州市寻乌县、安远县“农家书屋＋电商”模式。

（陈晓斌）

版　权

【概　况】 2020年，加强重大案件办理，新余“7·13”侵犯著作权案、上饶“7·02”手机游戏侵犯著作权案2起案件在国家4部委联合挂牌督办；南昌“2·15”侵犯著作权案、南昌“0791DJ音乐网”侵犯音乐作品著作权案、九江“11·02”侵犯影视著作权案、鹰潭“3·21”侵犯网络影视作品案等大案要案办结，其中南昌“0791DJ音乐网”侵犯音乐作品著作权案入选国家“剑网2020”专项行动十大案件。加大执法力度，全年办结侵权盗版案件129起（含4起刑事案件），全省11个设区市案件查办实现全覆盖。推进版权登记工作，全省作品登记量达2.33万件，再创历史新高。

【版权服务】 指导景德镇市设立陶瓷版权快速维权中心，在景德镇市陶溪川文创街区建立陶瓷版权登记绿色通道，就地即可办理登记、领取证书。开展第二届版权输出奖评选表彰工作，经申报推荐、审查、评审、审定和社会公示等程序，共有11个版权输出项目获第二届版权输出奖。9月，第26届北京国际图书博览会在线上召开，省版权部门组织全省各出版单位参展，售出最新图书版权437种，同时开展一系列商务洽谈，举办36场国际版权推介活动，实现48个项目版权输出，28个项目达成输出意向。

【推进软件正版化】 7月9日，制订《2020年江西省推进使用正版软件工作实施方案》，在全省范围内部署开展2020年度江西省推进使用正版软件工作。10月，省版权局举办2020年度版权执法监管和软件正版化工作线上培训，省直各单位、各设区市相关人员共400余人在线参加。年底，在国家推进使用正版软件工作部际联席会议核查组的复查中，全省所有省直政府机关单位软件正版化合格率达100%。

【开展“剑网2020”专项行动】 6—

10月，省版权局与省公安厅、省通信管理局、省互联网信息办联合在全省范围内开展“剑网2020”专项行动，严厉打击视听作品、电商平台、社交平台、在线教育等领域的侵权盗版行为，规范整治网络游戏、网络音乐、知识分享等平台的版权传播秩序，巩固网络文学、动漫、网盘、应用市场等专项治理成果。专项行动期间，全省办结网络版权行政案件51起、刑事案件3起。

（何宏勇）

印刷复制

【概　况】　2020年，全省有印刷企业1750家，其中出版物印刷企业143家，包装装潢印刷企业（含外资企业）609家，其他印刷品印刷企业981家，专项印刷企业12家，专营数字印刷企业5家。全年实现工业总产值约326亿元。其中，出版物印刷51.3亿元，占15.74%；包装装潢印刷185.0亿元，占56.75%；其他印刷品印刷86.5亿元，占26.53%；排版、装订等专项印刷3.2亿元，占0.98%。全行业固定从业人员7.44万人。

【重点印刷企业】　全省有规模以上重点印刷企业68家，其中包装装潢印刷企业43家，占规模以上印刷企业63.23%。规模以上重点印刷企业主要集中于南昌、赣州和宜春3个设区市，其中南昌17家、赣州25家、宜春12家，占全省规模以上重点印刷企业79.41%。2020年，全省68家规模以上重点印刷企业实现工业总产值156.3亿元，占全省印刷工业总产值47.94%；实现销售收入125.4亿元，利润1.3亿元。

【印刷复制企业监管】　按照“双随机一公开”要求，全面加强印刷复制企业事中事后监管，依法依规加强审核审批工作。省新闻出版局全年审核图书印刷委托书1.16万件，审批出版物印刷及数码印刷企业设立9家。开展印刷企业年度报告和国家印刷复制示范企业年度考核工作，共有1750家印刷企业通过年度核验。

【内部资料性出版物管理】　推进《内部资料性出版物管理》贯彻落实，完成全省262种连续性内部资料出版物年度核验工作，审批连续性内部资料7件、一次性内部资料32件，注销不合格连续性内部资料出版物27种，约谈编印质量和行为存在问题单位负责人15家，规范内部资料性出版物编印秩序。

【开展第七届全国印刷行业职业技能大赛（江西赛区）】　10月，由省新闻出版局主办，中文天地出版传媒集团组织、江西省印刷复制协会承办的第七届全国印刷行业职业技能大赛（江西赛区）在南昌举行，共有257名选手参加三大工种6个组别竞赛，最终选出职工组7人、学生组11人，组队赴深圳参加全国决赛，获职工组二等奖1人、三等奖1人、优秀奖1人，学生组二等奖5人、优秀奖3人。

（陈晓斌）

出版物发行

【概　况】　2020年，全省有出版物发行单位2847家（不含省新华发行集团和省邮政公司下属发行网点），其中出版物发行批发单位335家、出版物发行零售单位2512家；共有从业人员4.23万人；实现销售收入192.5亿元。

【重点主题出版物发行】　部署、统筹抓好党和国家重要文件文献、重点图书发行工作，推动习近平新时代中国特色社会主义思想深入人心。2020年，《习近平谈治国理政》第三卷累计发行26万余册，做到党组织全覆盖、党员干部全覆盖；《国家安全知识百问》发行数量位于全国前列；《中国制度面对面》累计发行20万余册，排在全国第一方阵。借助重要节假日、全民阅读月等时机，省新闻出版局指导新华发行集团开展重点主题出版物展销营销活动。全省各新华书店门店开展“新华大讲堂”“赣鄱书香·全民阅读”“快乐阅读·照亮世界”儿童节营销、暑期营销、开学季营销、国庆中秋营销等活动近600场。

【中小学教材发行】　2月，中小学教材发运时间点与抗疫防疫关键期重合，省新华发行集团攻坚克难、争分夺秒，完成2020年春季中小学教材征订发行工作。同时，响应“停课不停学”活动，及时在微信公众号开通人教版电子教材下载专区，供学生和家长免费使用。7月，省内多地连续遭受暴雨袭击，鄱阳、余干、新建、安义等地教材仓库门前积水严重，情况危急。省新闻出版局指导各地新华书店紧急部署，迅速组织人员冒雨将教材转移到安全地域，确保教材储存发运安全。

【推进实体书店复工复产】　根据国家新闻出版署《关于支持出版物发行企业抓好疫情防控有序恢复经营的通知》要求，省新闻出版局及时制定《实体书店恢复营业疫情防控工作指南》，指导实体书店做好复工复产相关工作。2月20日，省新华书店门店在全国率先开始分批复工复产，至3月10日，所有门店全部正常营业。坚持“立足自有平台、拓展多方渠道”原则，加大线上线下融合发展力度。省新华发行集团参与新华书店网上商城平台建设以及网络发行工作，打通协同供货数据终端，开展多样化产品定制活动；拓展多渠道电商平台，在天猫、京东、抖音等销售渠道新增图书专营店铺，通过与第三方仓储、物流合作，提高网上配送服务能力。全年自有平台销售码洋超1000万元，电商平台销售码洋超4000万元。

【出版物发行单位年度核验】　2020年，全省参加年度核验的出版物批发企业有346家，通过年度核验320家，缓期登记15家，注销和不予通过年度核验11家；参加年度核验的出版物零售企业有2526家，通过年度核验2390家，缓期登记122家，不予通过年度核验14家。审批通过新设立的批发企业48家，审批准予通过变更事项的批发企业37家，所有行政许可事项都严格按照相关法律和规章办理，无行政投诉现象发生。通过自查自评、审查复核，省新华发行集团社会效益评价考核等级为优秀，江西蓝海国际贸易有限公司社会效益评价考核等级为良好。

（涂翔　陈晓斌）

出版物市场监管

【概　况】 2020年，开展“清源”“固边”“净网”“护苗”“秋风”专项整治行动，完善“扫黄打非”体系和机制建设，严查快打各类涉黄涉非出版传播活动。全省查缴违法出版物14.4万件，查办“扫黄打非”案件282起。

【推进“护苗2020”专项行动】 推进“护苗2020”专项行动，加强开学季、高考季校园周边文化市场清查整治，收缴诱导自杀少儿读物和有害“口袋书”、卡通漫画、游戏卡片等6万余件，查删未成年人非法网站、学习类APP180余个，查处涉未成年人网络直播表演、网络传播淫秽色情信息、违规盗印教辅教材等案件10起。组织开展“护苗”宣传周活动2次，在世界读书日、国庆假期2个时间节点组织开展一系列主题宣传、名家讲座、亲子课堂、优惠购书、集中销毁等活动。疫情期间，通过“赣教云”平台，开设“网络安全”“疫情防控”“阅读写作”等网络云课堂，强化“护苗”教育引导。疫情防控常态化后，会同省教育部门面向全省中小学校开展“正版书与盗版书的区别”等“开学第一课”活动；邀请儿童文学作家、艺术家、主持人深入江西“护苗”课堂，举办“绿书签”名家进校园50余场次，发放绿书签30余万份。

【推进“秋风2020”专项行动】 推进“秋风2020”专项行动，打击新闻“三假”（假媒体、假记者站、假记者）和侵权盗版活动。全年收缴非法报刊、侵权盗版出版物9.8万件，查处侵权盗版案件93起。省“扫黄打非”办与教育、文化执法等部门处置违规编印教材教辅培训机构15家。组织开展网络销售平台出版物经营证照核查，清理关闭通过虚假信息注册店铺32家。赣州市上犹县警方破获一起以发布负面信息为由索取他人财物，实施有偿删帖的敲诈勒索案件，涉案3人被判处1年2个月至3年不等有期徒刑。新余市查办一起利用APP侵犯他人影视作品著作权案，被列为国家重点挂牌督办案件。

【推进“净网2020”专项行动】 推进“净网2020”专项行动，打击网络淫秽色情低俗信息。会同网信、公安、通信管理等部门，对网络直播、短视频、社交群组、网络文学等青少年接触较多的传播渠道进行管控，排查重点互联网企业359家，查删网络淫秽色情信息790余万条，关闭传播淫秽色情有害信息网站248个。

（涂淑婧）

电影电视剧

【概　况】 2020年，全省有数字影院386家、银幕2161块，其中新增数字影院39家、新增银幕235块。全省电影总票房5.19亿元，占全国总票房2.56%，同比增长0.2%，在全国排第16位；观影人次1514.72万人，占全国观影人次2.8%，同比增长0.2%。全年票房超500万元的影院有8家，其中票房超1000万元的影院有1家。分配下达“文企贷”风险补偿金、影院贷款贴息、惠民观影补贴、影院放映国产影片奖励、影院疫情专项补贴和电影创作生产扶持等中央和省级电影专项补助资金2006万元，惠及354家影院。审核转报电影剧本58部，其中36部通过国家电影局备案公示；审查转报电影完成片6部，其中3部获《电影公映许可证》。推进电视剧创作生产，突出创作重点。全年审核转报剧本备案立项7部，其中电视剧《红土地，红五星》等4部通过立项。

【电影创作生产】 2020年，为庆祝中国共产党成立100周年献礼，江西省重点创作《三湾改编》《邓小平小道》《井冈山1927》等重大历史革命题材影片。其中，《三湾改编》是由江西省和解放军文化艺术中心共同创作，剧本已被国家电影局备案立项；《邓小平小道》《井冈山1927》2部影片均完成前期拍摄，正在进行后期制作。此外，教育题材电影《一生只为一事来》获2020年度国家电影局电影精品专项资助资金40万元。

【农村电影公益放映】 2020年，聚焦脱贫攻坚时代主旋律，开展“脱贫不忘颂党恩　红色经典进万村”重大主题展映活动。组织1400余支流动电影放映队，深入农村、中小学校、厂矿、城镇广场、社区、敬老院开展主题放映，拓展农村电影公益放映覆盖面。通过集中展映《十八洞村》《老阿姨》《最后一公里》《李保国》《脱贫路上好支书》等扶贫题材影片，进一步助推全省脱贫攻坚工作，激发贫困群众脱贫致富的内生动力，引导广大农村群众感党恩、听党话、跟党走，提高人民群众的获得感和幸福感。

【制定《江西省省级国家电影事业发展专项资金预算管理办法》】 6月19日，根据《财政部中央宣传部关于印发〈中央级国家电影事业发展专项资金预算管理办法〉的通知》，结合江西省电影发展实际，制定《江西省省级国家电影事业发展专项资金预算管理办法》。该办法明确了省级电影专项资金预算的使用范围和资助标准，除中央级电影专项资金规定的资助项目外，还增加资助国产影片制作、开展公益电影主题放映活动和奖励票房成绩突出影院等项目及标准。

【开展全国知名编剧婺源采风、电影项目评审会暨全省电影创作与管理人才研修班活动】 8月，组织开展全国知名编剧婺源采风、电影项目评审会暨全省电影创作与管理人才研修班活动。邀请部分全国知名编剧开展采风活动，收集创作素材，推荐一批省内年轻编剧跟班采风，向国内名师近距离请教提升电影题材发掘、剧本情节创作等方法；举办全省电影创作与管理人才研修班，邀请部分参加采风活动的专家，为省内60名中青年影视创作人员授课，讲解剧本悬念设置、人物塑造等，交流创作经验，为学员答疑解惑；邀请其中7名参加采风活动的专家，开展2020年省级电影专项资金扶持电影创作生产项目复评工作，评选出32个资助项目。

【举办庐山国际爱情电影周活动】　9月，在庐山举办庐山国际爱情电影周活动。电影周以“时光之恋，庐约而至”为主题，以庐山秀美自然风光和深厚人文资源为支撑，以国际爱情电影集中展映为特色，以影视与文旅产业融合理念为依托，主要包括“悠然庐山　一路星光”明星入场秀、庐山国际爱情电影周启动仪式、国际华语爱情电影论坛、影视与江西文旅融合论坛、庐山国际爱情电影周影片展映等系列活动。电影周活动得到《人民日报》、新华社、《光明日报》、中央电视台电影频道（CCTV－6）、《江西日报》等主流媒体关注和报道。

（何根晖）

【电视剧创作生产】　2020年，围绕打赢脱贫攻坚战、全面建成小康社会和庆祝中国共产党成立100周年等重要时间节点，主动出题策划，打造主旋律作品。江西报送的电视剧《抬头望见北斗星》（更名为《大道薪火》）、《井冈山儿女》《糍粑黏黏　日子甜甜》《一江水》（与重庆合作）、《爱拼会赢》（与福建合作）入选2020年国家广电总局第三批2018—2022年重点电视剧规划选题。电视剧《可爱的中国》获2020年第32届中国电视剧“飞天奖”优秀电视剧奖。电视剧《可爱的中国》《初心》《破阵》获第三届江西省文学艺术奖。

【重点文艺创作】　2020年，成立由省广电局主要领导任组长的重点广电文艺创作生产协调推进小组，完善重点文艺创作台账式管理机制。做好重要时间节点的无缝衔接，在抓好全面建成小康社会、中国共产党成立100周年重点文艺创作的同时，着眼中共二十大，提前谋划重点创作项目，组织《红土地，红五星》《景漂》《1000度的青春》等重大题材的创作生产，确保广电文艺创作重要节点有精品、重大主题不缺位。

【举办全省电视剧人才培训班】　8月19日—21日，省广电局举办全省电视剧人才培训班，各设区市文广新旅局电视剧主管部门负责人，江西广播电视台、省内电视剧制作机构制片人、导演、编剧等共100人参加培训。培训期间，国家广电总局电视剧司内容处处长朱正文就“把好创作方向，推进精品电视剧创作”，当代著名剧作家、导演、教授龚应恬就“一剧之本的理解和心得”，知名作家、导演张品成就“红色题材影视作品剧本创作”，上饶市司艺文化传媒有限公司、艺海纳川国际文化发展（北京）有限公司、云南天木影视文化传媒有限公司董事长徐知音就“全情投入，迎难而上，打造精品——电视剧《可爱的中国》制片实战”，分别进行授课。

（郭立）

广播电视宣传

【重大主题宣传】　全省各级广电媒体聚焦学习宣传贯彻习近平新时代中国特色社会主义思想和中共十九大及十九届二中、三中、四中、五中全会精神，深化广播电视“头条工程”建设，坚持网上网下一体推进、内宣外宣协同发力，设置议题，策划专题专栏，在重要时段、醒目位置开展全会精神宣传阐释，宣传各地各部门贯彻落实习近平新时代中国特色社会主义思想的新思路、新举措、新成效。江西网络广播电视台PC端和手机江西台手机端同步推出《学习贯彻五中全会精神》专题，策划推出“落实全会精神书记谈”系列融媒体报道，利用短视频、H5、海报、抖音等多种融媒体产品形式，做好学习宣传贯彻落实全会精神的报道。组织全省各级广电媒体开设“决胜全面小康、决战脱贫攻坚”宣传专栏，开展全省广播电视台联播展播活动，通过多种报道形式，展现全面建成小康社会的伟大历程、伟大成就、伟大经验，全方位、多层次、立体化展现新时代脱贫攻坚的伟大创举。

【抗疫抗洪宣传】　在抗疫抗洪宣传中，全省各级广电媒体聚焦主题主线，全面、准确、及时报道防疫抗洪情况，发布信息，向公众宣传科学预防知识和各项防控措施。省广电局协调央视中国纪录片网，为省内市县台专门提供一批优秀纪录片；并组织调度一批各类型优秀节目共1.70万分钟，用于各级电视台抗击疫情期间免费公益播出。全省各级电视台根据省防汛抗旱指挥部工作安排，滚动播出防汛抗洪宣传提示，形成做好防汛抗洪抢险救灾的声势。

【广播电视创新创优】　省广电局围绕重大主题、重要时间节点，加强对节目创作生产的组织指导，抓好广播电视节目、电视纪录片、电视动画片的生产，推动结构调整和质量提升。电视节目《跨越时空的回信（第三季）》等8个项目入选广播电视创新创优重点选题项目，开展联合制作。在第30届中国新闻奖和第十六届长江韬奋奖评选中，江西广播电视台电视新闻节目编排《“3·15”特别报道》获一等奖，电视新闻专题《聚焦“放管服”改革　曝光“怕慢假庸散”》获二等奖，广播消息《163份留下的初心与使命》获三等奖；江西广播电视台副台长张龙获第十六届长江韬奋奖。在第26届全国电视文艺“星光奖”评选中，电视节目《〈跨越时空的回信〉之“父亲”》获优秀电视综艺节目奖，电视纪录片《长江之恋》获优秀电视纪录片奖，电视动画片《可爱的中国》获优秀电视动画节目提名奖，电视节目《长江之恋——长江流域12省市春节联欢晚会》获优秀电视节目提名奖。

【广播电视宣传管理】　省广电局组织全省广播电视机构开展“加强宣传管理，抵制低俗、庸俗、媚俗”专项行动，推动广播电视讲品位、讲格调、讲责任。全省各级广播电视行政管理部门和播出机构落实主体责任，加强广播电视阵地管理，开展全面自查。江西广播电视台着眼健全制度，出台《江西广播电视台关于贯彻〈中国共产党宣传工作条例〉的若干措施》《江西广播电视台播音员主持人管理办法》《江西广播电视台进一步提高宣传质量、改进舆论监督的实施意见》等一系列制度办法。

（万里波　胡小玲）

广播电视科技

【概　况】　2020年，坚持源头预防，

加大网络安全监测、管理和保障力度，提升全省广播电视网络安全防护能力，完成重要保障期安全播出任务。推进智慧广电建设，丰富智慧广电内容生产体系，以科技助推广播电视转型升级跨越式发展。加强制度建设，制定出台《关于进一步做好广播电视安全播出事件和事故管理工作的通知》等文件，发布全省广播电视安全播出季度质量通报。依托广播电视监测系统，强化对广播电视安全播出的量化管理和过程管理。

【网络安全防护】　开展专项隐患排查，委托国家广电总局广播电视信息安全测评中心对有关高标清播控系统和电视综合业务新闻网系统进行测评，并督促整改。每季度组织省广电局监管中心，对江西广播电视台及各设区市广播电视台官方网站进行网络安全漏洞扫描，发现中高危漏洞及时下发通报，第一时间修复。举办全省广播电视网络安全培训班，邀请省内外有关网络安全专家就网络安全法、广播电视网络安全技术、制度等方面进行授课，提升广播电视行业网络安全人才技术水平。

【智慧广电建设】　全省各级广播电视台贯彻《省广播电视局关于加快推进高清电视发展的实施意见》，加快主要频道的高清化转换进程，推动台内采编播系统全流程的高清化，省级和设区市广播电视台主要频道基本实现高标清同播。同时，加快广播电视台内制播体系重构、流程再造，建立“多渠道采集、共平台生产、多渠道分发”的高清化、融合化、智慧化的广播电视节目制播体系。成立江西省地面数字电视700兆赫兹频率迁移工作领导小组，推进地面数字电视覆盖网的优化升级。开展全省地面数字电视无线发射台站基础信息核查，并对台站填报的信息进行把关审核，上报国家广电总局入库，全面摸清底数。与省工信厅沟通广播电视系统700兆赫频段广播电视办理无线电台执照有关情况，并更新5G卫星地球站无线电台（站）保护清单。

【广播电视监测】　投入资金约1200万元，组织实施IPTV监测系统（一期2.0）、传统监测网建设和移动互联网视听节目监测系统项目，通过对全省各地的广播电视信号和网络视听节目播出情况进行采集、分析和汇总统计，实现对全省设区市以上广播、电视和互联网视听节目的同时监测监管，做到可视化呈现、报表统计输出、监测结果移动发布，在提升“导向安全、数据安全、技术安全、渠道安全、应用安全”智慧监管上实现新突破。

（蔡旦颖）

播出制作机构管理

【概　况】　2020年，省广电局不断强化全省广播电视制作机构监督管理，突出管理重点，规范行业秩序。全省有广播电视播出机构96座，共开办节目238套，其中广播节目116套、电视节目122套。加强广播电视节目调度，组织协调江西广电网络公司策应重点工作部署，配合省教育厅落实“江西省中小学2020年寒假及春季学期延迟开学期间线上教育教学”工作，临时下线部分专业频道，全方位调集资源保障32个频道直播线上教学，通过电视直播、重播、时移回看、点播等多种形式，覆盖从小学一年级到高三年级的所有年级课程，保障全省中小学生在疫情防控延期开学期间通过有线电视网络在线学习，做到停课不停学，防疫学习两不误。

【播出机构频率频道监管】　3月始，在全省部署开展擅自开办频道频率、违规运营频道频率等违规问题专项排查整治行动，将擅自开办频道频率、违规运营频道频率等违规问题纳入“双随机、一公开”检查事项，先后对鄱阳县、共青城市、永修县、万年县、兴国县等12个广播电视播出机构进行实地检查，督促播出机构规范运行。同时，加强广播电视广告播出监管，开展保健食品虚假宣传整治、非法集资风险专项排查和违规养生类节目排查等专项整治，严格落实广播电视播出机构广告播出常态化监测。坚持对江西广播电视台卫视频道实行每日监看，对江西广播电视台其他频道和地市级广播电视台主要频道轮流抽测。全年出具监测报告244期，下达《违规整改通知书》32次，约谈相关负责人14人次，对发现的违规广告立即责令限期整改，整改违规广告300余条次。

【推进电视频道建设】　2020年，江西实现高标清同播或高清播出的电视频道18个，占电视频道总数的46%。贯彻落实国家广电总局《关于进一步加强专业电视频道建设管理的意见》精神，引导全省广播电视播出机构优化频道结构布局，部署省市两级广播电视台对综合频道（新闻综合频道）以外的其他电视频道实施专业化电视频道建设，设置开办突出差异化、体现多样化、避免同质化的专业电视频道，促进专业电视节目融合创新、繁荣发展。

（徐俊）

本栏编辑　詹跃华

卫生健康

综　述

2020年，秉持"守正创新、崇尚实干、提升地位、健康强赣"工作理念，统筹疫情防控和卫生健康事业发展。

健康江西建设。在全国率先制定印发并实施健康江西16个专项行动，建立健康江西行动定期调度机制，出台健康江西行动考核实施细则。深入开展爱国卫生运动，获批7个国家卫生城市、16个国家卫生县城和66个国家卫生乡镇，全省农村无害化卫生厕所普及率91%。组建省级卫生健康行业融媒体中心，出版发行《城乡卫生健康手册》，面向社会发布《江西省乡村卫生健康公约》。

中医药强省建设。出台《关于促进中医药传承创新发展的实施意见》，召开全省中医药大会，联合举办2020上海合作组织传统医学论坛，加快中药国家大科学装置、中国中医科学院江西分院建设。中医药全程深度参与省内外疫情防控，成立省级中西医结合定点救治医院，派出专家队伍赴乌兹别克斯坦抗击疫情，中医中药首次得到乌兹别克斯坦法律许可。推进热敏灸产业发展和热敏灸小镇建设，确定兴国县方太乡等5个乡镇为2020年热敏灸小镇（社区）重点建设项目单位。

深化医改。协调推进公立医院取消耗材加成医疗服务价格调整工作，全省完成调价项目1735项。在3个设区市和15个县（市）分别推进城市医疗集团和县域医共体改革试点。推荐创伤、心血管、神经系统、呼吸、肿瘤5个专业申报国家区域医疗中心，科学布局4～5个省级区域医疗中心，建成省级卒中中心65家、创伤急救中心24家、胸痛中心53家。持续开展优质服务基层行和社区医院建设活动，全省409家基层医疗卫生机构达到国家基本标准，22家机构获评社区医院。

健康扶贫。全省因病致贫家庭减少26.7万户，累计减幅94.3%；新增4个大病专项救治病种，救治病种总数35个，累计救治大病患者153万例次，是全国免费救治病种数和救治人数最多的省份。推进尘肺病防治攻坚行动，重点职业病监测县（区）覆盖率100%。三级重点寄生虫病监测实现全覆盖，肺结核患者成功治疗率和性病防治健康科普工作均排名全国第一。

公共卫生体系建设。先后获得中央投资项目91个、补助资金20.04亿元，省预算内投资5910万元，世行贷款项目1亿美元。谋划储备770个强基础、补短板、管长远、利大局的公共卫生项目，布局全省2+5+n公共卫生临床中心。5所省属医院新院区全面开诊运营，推进3所省属医院新院区建设和省疾控中心迁建。南昌医学院获教育部批准组建，实现委属单位医学本科院校零的突破。省政府办公厅出台《关于加强公立医院公共卫生职能建设的实施意见》，推动医防融合发展。实施公立医疗卫生机构人才提能提质工程，在全省选送临床医学、公共卫生、卫生管理等1200名卫生技术人员赴西安交大进修培训。

老龄健康服务。在全国率先推动医疗卫生机构与养老服务机构签约工作，基本实现养老机构医疗卫生服务全覆盖。推广"党建+农村健康养老服务"模式，全省农村建成互助养老服务设施1.02万个。建设省级老年医学医疗中心，打造安宁疗护专科联盟，落实老年人看病就医36条助老便利举措，解决老年人运用智能技术困难的问题。

妇幼生育服务。省政府办公厅出台《关于促进3岁以下婴幼儿照护服务发展的实施意见》，在全省设立12个托育服务试点，争取中央预算内投资补助项目90个。全省实现标准化母婴室应建全建，16个县被评为全国计划生育优质服务县，5个单位被授予国家级母婴安全优质服务单位。推进婚育一站式服务，99个县婚检和婚登机构实现紧邻设置，全省婚检率提升至96.86%，位居全国第三。

（马晓平）

医疗改革

【概　况】　2020年，公立医院改革效果评价考核成绩进入全国第一方阵；省卫健委党组书记、主任王水平入选2020年度"推进医改、服务百姓健康"十大新闻人物。加大政府卫生投入保障力度，全省卫生筹资总额增长7.78%，医疗卫生支出占财政支出9.88%，政府卫生支出占地区生产总值比重提高到2.55%。协调推进省直公立医疗机构取消耗材加成医疗服务价格调整，自12月25日零时起执行，共调整282项医疗服务项目价格。指导11个设区市完成公立医院取消耗材加成调价工作，各地共调价1453项。疫情期间，依托省远程医疗系统，组织省直医院开展新冠肺炎线上会诊活动，通过省内接入109所新冠肺炎医疗救治定点医院，第一时间为患者提供诊疗服务。

【医保支付方式改革】 协调省医保局，全面推行以按病种付费为主，按人头、按疾病诊断和按床日等方式为辅的多元复合式医保支付方式改革，在上饶市开展疾病诊断相关分组（DRG）付费国家试点改革，在南昌市开展基于大数据技术的按病组分值付费，在新余、赣州2个市开展基于大数据技术的按病种分值付费改革，在紧密型县域医共体内探索实行医保打包总额预付改革，实行“结余留用、合理超支分担”，调动医共体单位和医务人员积极性。

【医联体建设试点】 选择九江、赣州、上饶3个设区市开展城市医疗集团试点，选择南昌县、丰城市、贵溪市、抚州市东乡区、分宜县等15个县（市、区）开展县域紧密型医共体建设试点，试点地方通过整合区域内所有医疗卫生机构，实行“人、财、物”统一管理，深化医保打包支付方式改革，提升区域内医疗卫生机构整体绩效。

【公共卫生服务体系建设】 6月28日，联合省发改委等8个部门出台《关于加快提升公共卫生防控救治能力的实施方案》，推动全省公共卫生防控和医疗救治体系改革发展。推动成立1个省级和4个区域为格局的“1+4”公共卫生临床中心，强化公共卫生服务体系建设。以省政府办公厅名义下发《关于全面加强公立医院公共卫生职能的实施意见》，从优化公共卫生治理结构、强化应急救治能力建设等方面，推动医防融合发展。筹建省政府举办、省卫健委行政管理、省教育厅业务管理的医药类本科院校（南昌医学院），逐步实现专业设置、招生培养、就业指导、在职教育全链条服务。与江西财经大学合作共建江西省卫生健康政策研究基地，推进卫生健康治理体系建设和政策创新。

（吴思庭）

医政工作

【概 况】 2020年，坚持深化改革、健全体系、完善机制，做好新冠肺炎疫情防治和医疗管理工作，不断提升医疗质量和服务能力。加快“互联网+医疗服务”发展，明确互联网医院准入标准，推进互联网医院和“互联网+护理服务”试点，确定20家互联网医院试点单位和1个“互联网+护理”试点地市。健全完善省级互联网医院监管平台，成立省级互联网医疗专业质量控制中心，组建互联网医院和互联网诊疗服务准入审核专家库，出台互联网医院监管平台监管规则。组织实施2019年度二、三级公立医院（非中医类）绩效考核，启动第四周期江西省医院评审工作。

【新冠肺炎防治】 建立健全救治体制机制，抓好常态化疫情防控和医疗救治指导支持，新冠肺炎患者治愈出院率、中医药参与率分别为99.9%、97.9%。统筹江西、湖北两场战“疫”，派出10批13支医疗防疫队1271名队员驰援湖北，累计管理住院患者2480人、治愈患者1951人，疫情期间向黄石、咸宁、鄂州等三地供应血液64.8万毫升。推进发热门诊规范化建设和核酸检测能力提升，实现核酸检测能力县域、三级综合医院、传染病专科医院、三级妇保院全覆盖，11个设区市发热门诊建设任务达标率100%。

1月27日，江西省首批援助武汉医疗队出征仪式在南昌举行

省卫生健康委供

【机构人员准入】 下放三级医院准入权限，取消二级及以下《医疗机构设置批准书》核发，推进二级及以下医疗机构“两证合一”。支持8家社会办医疗机构临床重点专科建设，至年底，全省社会办医疗卫生机构有2.40万家，占全省医疗机构总量57.13%。组织实施2018—2019年度医师定期考核，全省参与考核医师9.86万人，合格率98.28%。推进医疗机构、医师、护士电子证照改革，全省医疗机构、医师、护士电子证照申领率分别为98.09%、95.52%、96.67%。

【医疗服务能力建设】 实施城乡对口支援和县级医院服务能力提升工程，全省三级医院向贫困县县医院派出支援医护人员704人次，开展诊疗3.66万人次、会诊3679人次、培训7095人次、手术示教3786人次。加快“三大中心”创建，推进儿科医师转岗培训，全省卒中中心、创伤急救中心、胸痛中心分别达65家、43家、53家，设有儿科门诊的公立综合医院188家，每千名儿童床位数和执业（助理）医师数分别增至1.49张、0.73人。推进国家社会心理服务体系建设赣州试点和省级试点，全省精神病患者报告患病率、面访率、规范管理率、服药率、规律服药率分别为4.61‰、93.30%、90.89%、93.47%、80.05%。

【医疗管理】 加强与国家救治政策衔接，新增肾癌、膀胱癌、卵巢癌、风湿性心脏病4种救治病种，救治病种达35个，累计救治大病患者157万例次。累计拨付应急救助资金4322万元,救助患者7298人次。加强医疗机构药品耗材器械全流程管理,组建省级药事专家库和药事管理与药物治疗学委员会,出台省级重点监控合理用药药品目录和高值医用耗材重点治理清单,推进国谈医保药品进医院。加强医疗机构院感防控,建立新冠肺炎医院感染防控督导包干工作机制和常态化疫情防控下医院感染防控巡查工作制度。加强医疗机构废弃物综合治理,全省医疗机构医疗废物分类收集合格率98%。

【医疗质量安全管理】 新增省心血管病医疗质量控制中心组长单位,制定出台腹膜透析、院前医疗急救质控标准。审核并确定全省241家医疗机构电子病历应用水平分级。加强医院单病种质量管理和血液供应保障,全省无偿献血总人次数、采血量、供血量分别为46.05万人次、78.40万单位、1.51亿毫升,同比上升8.72%、7.32%、4.60%;核酸检测率100%,临床用血100%来自无偿献血。规范人体器官捐献和移植管理,移植手术质控正向指标排名全国第一方阵。

【医疗纠纷调处】 启用江西省医疗纠纷调处管理系统,建立医疗纠纷调处信息大数据库,全省各级医调组织调解医疗纠纷1178件,成功率92%,医疗纠纷医保赔付结案率91.8%。医疗纠纷处理"江西模式"继续获国家卫健委肯定。

(闵梦双)

基层与妇幼卫生

【概　况】 2020年,全省有社区卫生服务机构735个,其中社区卫生服务中心230个、社区卫生服务站505个;乡镇卫生院1622所,其中中心卫生院506所、一般卫生院1116所;村卫生室2.40万个,乡村医生4.69万人。将40%的工作任务安排给村医承担,落实相关补助经费。组织开展乡村医生执业资格考试,全省1107名考试合格者可申请乡村医生执业注册。按照基本医疗有保障工作标准规范村卫生室设置,合理配备村卫生室医务人员。中央财政投入资金3000万元,支持15个县级妇幼保健机构能力建设。开展第三周期等级评审,省妇幼保健院、九江市妇幼保健院、萍乡市妇幼保健院通过评审,批复为三级甲等妇幼保健院。印发《妇幼健康促进行动实施方案(2020—2030)》,举办遗传病防治中国行(江西站)、健康新生儿长征路(于都站)活动。省妇幼保健院新生儿、更年期保健科和九江市妇幼保健院产科被批准为国家级妇幼保健特色专科。

【健康扶贫攻坚】 深入推进健康扶贫攻坚,实施挂牌督战,确保任务全面完成。联合省医保局、扶贫办建立监测预警机制,对基本医疗有保障突出问题实行动态监测,落实重点监测对象帮扶政策,防范因病致贫因病返贫。全面对接乡村振兴,参加国家卫健委"巩固拓展健康扶贫成果同乡村振兴有效衔接"政策研讨,谋划推进乡村振兴战略。至年底,全省贫困人口实现全部脱贫,贫困患者医疗费用报销比例90.68%,健康扶贫每年对全省的脱贫贡献率在40%左右。

【农村疫情防控】 发挥基层组织功能,先后排查管理湖北(武汉)、北京、乌鲁木齐、石家庄等51个疫情中高风险地区到(返)赣人员12万余人,省外低风险地区到(返)赣人员220余万人。发挥基层医疗卫生机构"哨点"作用,制定21条措施规范基层医疗机构发热患者管理,明确接诊流程指引。加强基层医疗机构疫情防控知识培训和健康宣传教育,规范基层机构发热诊室设置,指导参与隔离点和出院患者管理,做好自身院感防控和疫情防控管理。

【基层卫生能力建设】 开展基层机构整治活动,明确40条整改要求,提升基层医疗卫生机构规范化管理水平。实施基层卫生人才能力培训项目,全年培训1426人,中央财政安排培训经费1491万元。投入经费4770万元,支持乡镇卫生院开展优质服务基层行、医共体建设、贫困县乡镇卫生院服务能力建设。

【基本公卫项目】 实施高血压和糖尿病综合防治行动计划,推进全省电子健康档案信息系统互联互通。至12月底,建立全省城乡居民健康档案4241.43万份,电子建档率91.26%,为1198.88万名老年人、儿童、孕产妇及高血压、糖尿病、重性精神疾病和结核病患者等提供健康服务与管理。组建家庭医生团队1.66万个,一般人群签约率35.4%,重点人群签约率67.6%。财政部江西监管局对全省基本公卫项目绩效评价为优等,第三方电话调查满意度达90%以上。

【母婴安全保障】 强化孕产期保健集中管理,南昌大学一附院、景德镇市、萍乡市、新余市和瑞金市妇幼保健院获评国家级母婴安全优质服务单位。举办新生儿复苏县级师资、基层产科医师、孕产妇安全管理培训班,培训500余人。对重点地区开展专家驻县蹲点。全省住院分娩活产数40.94万人,孕产妇死亡率5.94/10万、婴儿死亡率4.2‰。

【出生缺陷防治】 全省婚检、婚姻登记紧邻设置的县区达99%,婚检率97.7%,产前诊断机构9家。实施免费孕前优生健康检查;为育龄妇女增补叶酸。利用中央资金对PKU患儿实施救助,每人补助8000~20000元。

【妇幼公共卫生服务项目】 贫困地区儿童营养改善、新生儿疾病筛查项目实现贫困县全覆盖。贫困县农村妇女"两癌"免费检查28.7万人,完成城镇贫困妇女"两癌"免费检查。为40余万名孕妇免费筛查艾滋病、梅毒、乙肝,3项孕期检测率均超96%,检出艾滋病感染82人、梅毒感染954人、乙肝感染3.87万人。加强综合干预,艾滋病母婴传播率下降至2.44%,达到艾滋病母婴传播消除目标。

(龚明亮　许志钊)

疾病预防控制

【概　况】 2020年,全省法定传染病报告发病率410.73/10万,甲类传染病无发病、死亡病例报告;乙类传染病报告发病率 199.30/10 万,发病数居前 5 位的病种分别为病毒性肝炎、肺结核、梅毒、淋病、细菌性和阿米巴性痢疾,占 96.15%;丙类传染病报告发病率 211.43/10 万,发病数居前 5 位的病种依次为手足口病、其他感染性腹泻病、流行性感冒、流行性腮腺炎和急性出血性结膜炎,占 99.96%。开展全省学生常见病和健康影响因素监测与干预。全省儿童青少年近视调查覆盖 11 个设区市 100 个县(市、区),总体近视率48.64%。

【急性重点传染病防控】 全省新建萍乡、吉安 2 家市级网络实验室,形成由 1 个中心实验室和 8 个市级网络实验室组成的国家致病菌识别网江西区域网络。处置流感、诺如病毒病、手足口病、人感染猪链球菌病、发热伴血小板减少综合征等(不含新冠肺炎)急性传染病疫情 153 起,疫情调查率、事件原因查明率均为 100%。开展霍乱、鼠疫、人禽流感、伤寒、手足口、布病、流感等 12 种传染病监测工作,监测任务完成率 100%。

【新冠肺炎疫情防控】 2020 年,全省报告新冠肺炎 935 例。其中,本地确诊 930 例,治愈出院 929 例,报告死亡 1 例;境外输入确诊病例 5 例,治愈出院 5 例,无死亡病例报告。累计管理密切接触者 2.84 万人,入境人员隔离医学观察 1.19 万人,接收并管理外省协查管理人员 2391 人,入境重点管控人员 2.64 万人;处置新冠肺炎疫情 252 起,其中聚集性疫情 195 起。

【重大疾病防控】 至年底,全省存活艾滋病病毒感染者和病人共 1.90 万人,符合治疗标准的感染者和病人接受抗病毒治疗比例为 90.5%,疫情维持低流行态势。全省设立 194 个艾滋病丙肝监测哨点,新建 14 个艾滋病筛查实验室和 58 个艾滋病检测点,全年检测 836 万人次。开展美沙酮维持治疗、针具交换、宣传教育、心理支持、安全套发放、咨询检测、健康体检、转介治疗等服务,全年暗娼、吸毒者和男男性行为者月均干预覆盖率分别为 81.2%、24.7% 和 75.1%。全年救治补助贫困家庭艾滋病机会性感染患者 2143 人,随访管理艾滋病患者 1.76 万人。

【结核病防治】 新发现肺结核患者 2.6 万例,肺结核成功治疗率 95%。结核病报告发病率、患者病原学阳性率、密切接触者筛查率、耐药结核病防治等指标均达"十三五"规划要求。1—10 月,实施新病原学阳性患者耐药筛查 9558 例,筛查率 86.75%,同比增长 33.30%。继续在赣州市实施肺结核患者发现项目,实施初诊患者痰涂片检查 0.87 万例,发现涂阳患者 0.22 万例;实施多色巢式实时荧光定量核酸检测(含耐药筛查)0.61 万例,确诊利福平耐药患者 126 例。全年救助耐多药肺结核患者 76 例,发放救治补助资金 36.06 万元。7 起学校结核病聚集性疫情处置成功率 100%。第六轮全国结核病分子诊断技术能力验证合格率 98%。

【麻风病防治】 开展全省消除麻风病危害规划评估工作,如期实现总体目标。开展重点县区麻风病防治"精准帮扶",推进全省皮防机构"医防联合体"建设。全省麻风病新增病例 11 例(新确诊病例 8 例、复发病例 3 例),现症病人 92 例,100 个县(市、区)麻风病患病率均在 1/10 万以下。

【免疫规划】 全省完成 40.6 万名新生儿建卡,接种免疫规划疫苗 1054 万剂次,以乡(镇)为单位,乙肝、卡介苗等免疫规划疫苗接种率达 90% 以上。保持无脊灰状态,麻疹发病率维持历史最低发病水平。保持疫苗针对传染病监测敏感性,及时监测发现 2 例乙脑、123 例百日咳。完成 2.3 万所小学、托幼机构 130 万人预防接种证查验,补种 35.6 万剂次免疫规划疫苗。在分宜县等 6 县区开展江西省乙肝疫情评估技术及乙肝流行病学效果评价工作,在南昌市东湖区等 5 个县区开展全国肝炎免疫效果评价等调查工作。在赣州市、宜春市、抚州市等地开展麻疹等疫苗相关疾病健康人群抗体水平监测。疑似预防接种异常反应监测指标均达国家监测要求。启动江西省免疫规划信息系统升级改造,开展重点人群新冠疫苗预防接种。

【慢性非传染性疾病防控】 建成南昌市青山湖区,抚州市临川区、东乡区,上饶市信州区、广信区、广丰区,九江市濂溪区 7 个省级慢性病综合防控示范区,成立抚州市癌症中心。推进全民健康生活方式行动,组织开展第五届"万步有约"健走竞赛,新建健康支持性环境 150 余个。完成心血管病高危对象筛查 2.1 万人,短随 0.3 万人、长随 2.6 万人;脑卒中院外筛查干预 6.9 万人,院内综合干预 3.4 万人。完成农村高发地区癌症早诊早治初筛 1.1 万人,诊断性筛查 1040 人,机会性筛查 3181 人;完成城市癌症早诊早治筛查 1.04 万人。在 20 个国家级死因监测点和 68 个肿瘤登记点开展监测。推进基层呼吸系统疾病早期筛查干预能力提升,实施全省儿童口腔疾病综合干预项目。

【环境卫生监测】 城市水水质监测项目覆盖 11 个设区市 100 个县(市、区),设置监测点 1072 个,检测水样 2144 份;农饮水水质监测项目覆盖 11 个设区市 97 个县(区)1368 个农村人口乡(镇),设置监测点 3933 个,监测水样 7866 份。农村环境卫生监测项目覆盖 11 个设区市、28 个县(市、区),对 2800 个监测户,280 所农村中小学开展监测工作。在南昌市青云谱区、青山湖区和婺源县开展空气污染(雾霾)对健康影响的监测;在上饶市等 5 地开展公共场所健康危害因素监测。

【开展全省地方病防治专项三年攻坚行动终期评估】 8 月,省卫健委会同省发改委、省工信厅、省生态环境厅、省水利厅、省农业农村厅、省林业局和省市场监管局组织开展全省地方病防治专项三年攻坚行动终期评估工作。至 2020 年,在全省 39 个血吸虫病流行县中,鹰潭市余江区等 24 个县(市、区)达到血吸虫病消除标准,湖口县等 4 个县(市、区)达到传播阻断标准,南昌县等 11 个县(市、区)继续维持传播控制标准。全省 100 个县(市、区)合格碘盐覆盖率 97.33%,燃煤污染型氟中毒病区推广使用清洁能源数达 26.32 万户,饮水型氟中毒病区累计改水率 100%,水氟合格率 100%。

【首次江西省血吸虫病防治技术竞赛举行】 10月26日—28日，首次江西省血吸虫病防治技术竞赛在南昌举行。竞赛由省血地办主办，省寄生虫病防治研究所承办，全省8个设区流行市和15个未消除县分别组队，共23支代表队92名选手参加。竞赛分为理论笔试和技能操作2个部分，理论笔试考核内容为血吸虫的生活史、诊断、钉螺、监测与防治等基础知识，技能操作考核项目为间接红细胞凝集试验(IHA)操作、改良加藤厚涂片制作、加藤片阅片、尼龙绢集卵孵化法与钉螺检测。通过角逐，共决出个人理论、技能、综合奖，团体奖和优秀奖等奖项。南昌市代表队、南昌县代表队分获消除地区和未消除地区团体一等奖，陈维荣、李远青获个人理论一等奖，黄江妹、罗三琴获个人技能一等奖，陈维荣获个人综合一等奖。

（叶琳琳　李崇蔡）

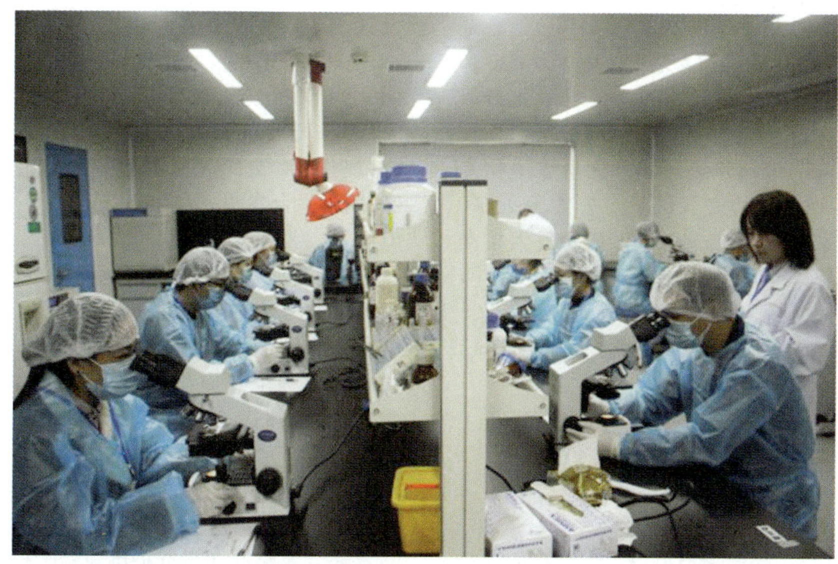

10月26日—28日，首次江西省血吸虫病防治技术竞赛在南昌举行

省卫生健康委供

卫生应急与监管

【概　况】 2020年，各级监督执法机构强化日常监督，健全案件查处定期通报机制，全年查处各类案件1.71万件，罚没款4518万元，查案数量和罚没款金额分别比上年上升8.08%和8.06%。1例执法案卷被国家卫健委评为年度优秀典型案例。

【防汛救灾卫生应急】 在汛期到来之前，印发《关于做好当前突发事件紧急医学救援准备的通知》，要求全省卫生健康部门做好疫情下的救援准备并开展针对性训练。4月24日，印发《江西省抗洪救灾应急处置新冠肺炎疫情防控技术方案》，提出将抗洪救灾和新冠防控“两手抓、两手硬”，统一指挥协调，打赢“两场战役”。全省680余支医疗卫生应急队伍收拢人员、清点物资，做好遂行防汛救灾卫生应急工作的各项准备。汛期灾情发生后，密切关注汛情，加强卫生防病指导，抗洪救灾防疫涉及99个县746.3万人。坚持24小时值班制度，保证联络畅通，严格岗位责任制。同时，加强与应急、气象、水利等部门的沟通协调，完善信息通报和协调联动机制，及时获取灾害预警信息和相关部门工作动态，做好受灾地区救灾防病工作信息和工作信息日报告、传染病疫情监测报告工作。

【航空紧急医学救援建设】 推动全省卫生健康部门直升机起降点建设，按时完成6家省直单位直升机起降点建设，全省11个设区市上报突发公共事件航空紧急医学救援网点医院26个。11月，省应急救援航空体系建设工作领导小组办公室印发《江西省航空应急救援地面队伍体系编成》的通知，将省卫生健康委2支航空紧急医学救援队作为航空医疗救护队，列入其地面队伍体系编成，并提出建设管理要求。

【医疗卫生行业综合监管】 针对国家联合督察组反馈的问题，联合相关厅局制定整改工作方案，牵头组织17个部门召开综合监管成员单位联席会议，完善综合监管机制。参与国家医疗卫生行业“信用+综合监管”首批试点工作。结合社会诚信体系建设，确定上饶、九江2市参与国家医疗行业“信用+综合监管”试点设区市，指导试点地区制定实施方案，推进“信用+综合监管”工作。

【职业卫生尘毒危害专项执法】 9月，开展尘毒危害专项执法工作，通过分级排查、交叉检查、“双随机”抽查等形式，加大用人单位、职业健康检查机构、职业卫生技术服务机构执法力度。至12月31日，全省检查用人单位1.09万个，实际监督检查1.59万次，下达执法文书1.16万份，责令限期改正6282个，立案1565个，警告2272个，罚款461.22万元，责令停止作业1个。

【医疗卫生领域监管】 10月，联合公安、药监等部门开展打击非法行医、净化医疗美容领域等专项整治行动。通过加强“双随机”抽查，完善投诉举报机制，严厉打击相关领域违法违规活动。活动期间，共查处各类违法违规案件1016起，罚款915.5万元，移送司法部门案件11起。贯彻落实《医疗机构依法执业自查管理办法》有关精神，组织省直医疗机构及相关单位召开医疗机构依法执业自查管理办法宣贯工作会议，学习领会有关要求，部署自查工作任务，强化医疗机构依法执业主体责任，不断规范医疗机构执业行为。

【疫情防控卫生监督】 4—5月，分批分阶段对全省所有复学的学校进行卫生监督检查，检查指导各级各类学校6462所，卫生合格学校5554所，合格率85.9%。5—9月，在全省范围内组织开展公共场所集中空调通风系统卫生专项整治，监督检查使用单位1205家；组织开展生活饮用水集中式供水单位卫生专项监督检查，检查城市集中式供水单位187家、农村小型集中式供水水厂1518家，查办案件104件，行政罚款23.1万元。加快实施公共场所卫生监督量化分级管理，全省公共场所量化分级平均覆盖率95.8%。开展景区景点卫生专项检查，检查景区景点公共场所660家，合格单位491家；开展卫生检测364家，限期整改160家，立案查处47件，罚款6.98万元。

（王玮　孔诚）

中医药工作

【概　况】 2020年，全省有公立中医医院104家，其中三级中医医院从16家增至25家。中医医院床位3.3万张，全省每千人常住人口配置中医医院床位0.6张。争取项目资金6.03亿元，推进3个国家中医药传承创新工程项目。推进设区市中医院建设，抚州、上饶将区属中医院整体上收设区市管辖。加快县级中医院建设，推进15个县级医院救治能力提升工程项目和7个健康扶贫工程项目。全省97.13%社区卫生服务机构、99.56%乡镇卫生院、72.68%村卫生室具备中医药诊疗服务能力，基层中医药服务量占比提升到31.32%，高于全国平均水平。全省中医医院门、急诊人次1313.8万人次，基本与上年持平；出院病人125.46万人，比上年增长11.95%；业务收入113.96亿元，比上年增长0.1%。推动高等教育中医药类专业设置，完成评估中医药本科专业1个，高职专业7个。组织申报中医药课题1406项，立项825项，年度结题600项。开展“杏林杯”中医知识竞赛，现场14支代表队参赛，千人观摩，网络平台参与人数257万人次。

【中药材产业】 实施中药材产业工程和森林药材产业工程，引导资源要素向赣产道地药材主产区汇集。全省中药材种植总面积16万公顷，其中宜春、抚州占全省总面积50%以上。培育道地药材品牌，打造以“赣十味”“赣食十味”为主体的中药材赣药品牌，建设定制药园15个。全省艾草种植面积近0.6万公顷，比上年增加200%。逐步建立中成药和中药饮片从种植、加工生产到应用全链条可溯源体系。新增国家地理标志保护产品5个，全省有相关产品12个。

【中医药产业】 实施“2+6+N”产业发展行动计划，推动中医药产业提质增效。全省有规模以上中药企业152户，其中中成药企业95户、中药饮片企业57户。全年全省中药行业实现主营业务收入500.66亿元，同比增长1.08%。全省医药行业54个品种年销售额过亿元，中医药占35个。全省医药行业6个单品销售额过10亿元，中药品种占5个。拥有南昌小蓝和桑海、宜春樟树和袁州、赣州章贡、吉安峡江和永丰7个医药产业基地和集群，其中6个以中医药为主。中医药在全省医药基地和集群中的主营业务收入占50%左右。

9月3日，江西省中医药大会在南昌召开

省卫生健康委供

【中医药大健康产业】 探索大健康产业新模式，推动中医药与健康养生、旅游等产业融合。组建热敏灸产业发展总部并落户赣江新区。建设热敏灸区域诊疗中心4个、热敏灸小镇15个，在建20多个。培育热敏灸相关产品企业近20家，年产值超过5亿元。完成热敏灸类医疗器械注册事项6个，新增热敏灸产品4个。创建国家中医药健康旅游示范区1个、示范基地4个，江西成为全国中医药健康旅游示范区和示范基地最多的3个省份之一。

【中医药创新平台建设】 打造中国（南昌）中医药科创城。中医药国家大科学装置预研中心、中国中医科学院健康研究院、中药制造工艺与装备国家技术创新中心3个“国字号”科研平台落户。全省中医药领域建成国家级工程中心2个、国家级创新实验室2个，新获批国家级企业技术中心1个，拥有省部级重点科研创新平台53个。培育中医药省级科研平台，投入资金425万元，建设中医药重点研究室14个、临床研究基地3个。

【中医药高层次人才培养】 组织实施国家中医药领军人才支持计划，2人获全国中医药杰出贡献奖，2人入选国家“青年岐黄学者”。开展中医药中青年骨干人才培养，在中医临床、中医药科研、中药方面选拔100名中青年人才，给予重点培养。完成6批次国家优秀人才项目115人年度考核，16个国家名老中医工作室验收。江西中医药大学获批国家中医药高层次人才培养专业基地。

【江西省中医药大会召开】 9月3日，江西省中医药大会在南昌召开。省委书记刘奇提出要求。省长易炼红，国家卫健委党组成员、国家中医药局党组书记余艳红出席并讲话。省领导马志武、刘卫平出席，副省长孙菊生主持。会议指出，全省各地各有关部门要深入学习贯彻中共中央总书记习近平关于中医药发展的重要指示精神，总结中医药在抗疫中的经验，抢抓发展机遇，遵循中医药发展规律，深化改革创新，健全完善中医药管理体系，推进中医药科创城建设,不断提升中医药服务能力,做实做强做优做大中医药产业,加快推进中医药现代化、产业化,推动中医药事业和产业高质量发展,加强中医药对外交流合作,打造国内领先、世界知名的中医药强省。会上,抚州市和峡江县、修水县、横峰县政府负责人作发言。

【基层中医药人才培养】 推进住院医师规范化培训管理,全年考核通过结业315人,招录新生232人。新增国家中医住院医师规范化培训基地4家。开展基层医务人员中医药适宜技术知识培训5期,培训人员1000人;"西学中"培训21期,培训人员950人。举办国家级中医药继续教育21期,组建中医疫病防治骨干人才库,对612名骨干开展组建培训。

(宋慧)

计划生育

【全面两孩政策体系建设】 省级财政投入资金3亿多元,用于保障计划生育家庭基本权益和开展工作。省委、省政府将计生协改革纳入全省群团改革总体部署,省计生协内设机构由2个增至4个,编制由12名增至22名。全面合并生育保险和职工医保,明确生育津贴支付期限按照规定的产假期限执行。

【婴幼儿照护服务】 4月27日,省卫健委、省委编办、省民政厅、省市场监管局印发《江西省托育机构登记和备案实施细则(试行)的通知》,做好托育机构登记备案相关政策解读,梳理分析托育机构备案管理系统信息数据。至12月,全省托育机构申请备案208家,备案通过129家。以普惠托位推动婴幼儿照护服务发展,支持社会力量发展普惠性托育服务专项行动,全年全省成功申报国家发改委普惠性托育项目89个,获项目补助金1.05亿元,相应的普惠性托位数1.05万个。指导托育机构开展防控应急培训和演练,督促各类托育机构抓实常态化科学精准防控,压实属地、部门、单位、社区、个人和家庭"五方责任",保障入托婴幼儿的生命安全和身体健康。

【妇幼健康和婚育服务】 深化生育服务管理制度改革,把生育登记服务、出生医学证明线上申领纳入省政府"赣服通"平台,提供一站式的生育服务网上办事窗口。群众提供身份证号,通过人脸识别等实名认证方式,生成并领取电子证照,实现婚育户一链办理。推进婚检和婚姻登记机构紧邻设置,做到"两检同做,两证同发"。至12月,94%的县(市、区)建立"一站式"婚育服务中心,其中设立在县级妇幼保健院"一站式"婚育中心的县(市、区)占66%。推进母婴设施建设,向群众普及母婴设施安全使用知识,形成鼓励和支持母乳喂养的社会认知。

【计划生育家庭扶助保障】 建立分类帮扶有侧重的联系人帮扶体系,全省帮扶联系人2.01万人,其中家庭医生3811人、乡镇干部4645人、村专干5230人、其他人员6439人。开通就医"绿色通道",提供医疗咨询、就医引导和陪诊服务,制作2.4万余张爱心就医卡,计划生育特殊家庭凭卡可享受优先挂号、就诊、缴费、取药、检查、住院等服务。落实计划生育家庭奖励扶助政策,全省确立奖励扶助对象12.5万人,特别扶助对象1.8万人,阳光助学对象1.4万人,城镇独生子女父母奖励对象57万人。为1.8万余名计划生育特殊家庭成员开展免费体检,为全省计生特殊家庭投保住院护理补贴保险,全省1.8万多名农村计生家庭子女享受"中考加10分"政策。疫情防控期间,向29户特殊困难家庭各发放1万元防疫补助,把每名计划生育特殊家庭成员纳入社区疫情防控管理,优先保障防疫物资。

(马晓梅)

老龄工作

【概　况】 2020年,全面实施机关事业单位养老保险制度改革,开展职业年金发放工作,首次发放率达82%。提高退休人员基本养老金和城乡居民基础养老金,并对高龄老年人予以倾斜调整。推进社会保险信息系统省级集中建设,推行老年人服务温馨办,全省224.1万名退休人员进行养老金待遇领取资格自助认证,70.6万名退休人员由系统数据比对实现"静默认证"。提高老年人基本医疗保障水平,低收入家庭中60周岁以上的老人,其个人缴费部分由财政给予全额补助。参加职工医保且累计缴费达到男满30年、女满25年的,退休后个人无须缴费即可享受医保待遇。全面推进异地就医住院费用直接结算工作。落实医疗救助政策,贫困老年人住院费用报销比例控制在90%适度水平。开展长期护理保险试点,实现失智、年老、疾病、伤残等全失能类型保险待遇覆盖。

【老年健康服务】 开展老年健康促进行动推进会暨2020年全省老年健康宣传周宣传活动。加大老年健康服务供给,开展老年人心理关爱项目、老年人失能(失智)预防干预试点工作、建档立卡失能贫困老年人照护工作。发展老年疾病诊治,推动二级以上综合医院开设老年医学科,推广老年综合评估和营养支持等服务项目。全面推进安宁疗护,基本实现安宁疗护服务县(区)全覆盖。完善医养结合政策措施,推动医疗服务与养老机构、社区养老服务设施、农村互助养老设施建立多种形式合作关系。至年底,全省有医养结合机构116家,医疗机构与养老机构、养老服务设施签约5176对,医疗机构普遍建立为老年人提供挂号、就医、取药等便利服务通道。推动老年疾病临床诊疗技术研究及相关产品研发,建立老年残疾预防试验区。加强省级科技项目支持,支持心血管、呼吸、重大慢性病等涉老疾病领域老年相关科技项目152项。推动5家涉老疾病医疗机构对接国家临床医学研究中心网络,支持组建江西省老年系统疾病临床医学研究中心。

【养老服务体系建设】 统筹资金近5亿元,新建或改造县级福利院43所,护理型床位占比76.2%,82个县(市、区)3400余名农村特困失能人员在县级福利院集中照护;实现改造提升敬老院929所,占比63%。加快公办养老院改革发展,71家公办养老院实现公建民营,100%完成事业单位法人登记,公办养老院在满足特困供养对象服务需求的前提下,将剩余床位向社会老年人开放。上饶、景德镇纳入中央财政支持改革试点,1个设区市列为省级试点单位,实现居家和社区办公室养老服务改革试点全覆盖。发展城市社区养老服务,在老旧小区改造中推进养老服务设施建设,建成居家和社区养老服务设施1923个。全面推行"党建+农村互助养老服务",开展示范点建设,建成站点1.02万个,覆盖60.4%的建制村,直接服务25万农村老年人。全面放开养老服务市场,安排资金1400万元,对民办养老机构给予一次性建设补贴。开展养老院服务质量专项行动,举办全省养老机构安全管理线上讲座,实施民办养老机构消防安全达标工程,启动省级养老服务综合管理信息化平台建设,在45个县(市、区)开展养老机构综合责任险试点工作。组织开展养老机构等级评定工作。举办养老院院长培训班6期,培训养老护理员1.3万人次。

【老年友好社会环境建设】 鼓励家庭成员与老年人共同生活或就近居住,全省办理父母投靠城镇成年子女落户1.3万余人。开展特殊困难老年人居家适老化改造,对1800户困难老年人家庭给予补助。11月28日,在九江市举行全民终身学习活动周开幕式,举办"江西省全民终身学习成果展"和老年教育、社区教育成果献演。支持补助58个大型体育场馆、167个中小型体育场馆免费或低收费向社会开放,健全老年人体育健身组织,为老年人开展体育健身活动提供条件。举办"科学健身抗疫情"居家广场舞视频展示大赛、"抗击疫情 运动健身"主题居家运动接力赛等赛事活动。开展"敬老月"和敬老、爱老、助老志愿服务活动,全年参与志愿者6.60亿人次,产生志愿服务时长45.60万小时。36个单位和55人获国家"敬老文明号"和"敬老爱老助老模范人物"称号,2人入选"中国好人"孝老爱亲类,6人入选"江西好人"。鼓励老年人参与社会事务,各地成立"红白理事会""五老纠纷调解队"等老年志愿服务队伍,参与农村移风易俗、乡风文明建设、关心留守儿童等工作。

【老年合法权益保障】 加强老年消费宣传教育保护,定期发布老年消费情况分析,发布保健食品常见误区及老年消费常见行骗伎俩等消费警示。规范老年人消费市场秩序,将老年人用品列入年度重点监督产品目录和抽查计划,部署开展整治食品安全问题联合行动和打击聚集型传销专项行动,严肃查处各类欺骗老年人的违法行为。各级司法行政机关开展"精准法律援助专项行动""关爱老年人"法律援助服务进社区等活动,拓宽老年人法律援助范围,将老年人等困难群众法律援助经济困难审查标准调整为低收入标准或最低工资标准。全年各级法律援助机构办理涉老法律援助案件2761件,受援老年人2836人,挽回损失或取得利益2000多万元;各级人民调解组织化解以家庭矛盾、邻里纠纷为重点的各类涉老矛盾纠纷6000多件,调解成功率96.5%。依法严惩侵害老年人权益犯罪,全省公安机关及时受理对涉及老年人的报警和求助,打击伤害老年人人身安全和侵犯老年人财产安全的违法犯罪行为,全年查破涉老违法犯罪案件3580余起,救助和资助受困老人5610余人次。全省检察机关对侵害老年人案件优先审查,依法从重从快打击涉老违法犯罪行为,全年批准逮捕侵害老年人犯罪案件873件1036人,提起公诉1648件2063人。各级法院继续开展老年维权示范岗创建工作,妥善处理涉老法律纠纷,全年处理涉60岁以上老年人的民事案件2.75万件、行政案件1739件、刑事案件1414件,涉及3.75万人。

(王超)

爱国卫生运动

【卫生城镇创建】 9月,省爱卫会向全国爱卫办推荐横峰县等16个国家卫生县城、66个国家卫生乡镇,全部通过并获命名。至此,全省有国家卫生县城25个、乡镇73个,占全省县城、乡镇总数6.7%。12月,省爱卫会向全国爱卫会推荐赣州市、上饶市、九江市、景德镇市、抚州市、共青城市、德兴市申报国家卫生城市,经全国爱卫办组织专家验收和综合评审,全部通过并获命名。至此,全省有国家卫生城市11个,占全省城市总数50%。

【农村改厕】 4月,印发《2020年农村改厕工作要点》《关于加强突出问题排查整改全面提升农村改厕工作质量的通知》。省卫健委、省农业农村厅召开农村"厕所革命"工作推进会,压实改厕责任,要求28个一类县党政主要领导签订承诺书,提出完成改厕的措施和进度。将农村改厕工作纳入卫生城镇创建、乡村振兴战略、美丽宜居示范县等工作考核内容。开展全省农村改厕第三方调查评价工作,对存在问题的县(市、区)下发整改督办函。全年改造农村户厕79万座,无害化卫生厕所普及率93.5%;集中居住300户或1000人以上村庄实现卫生公厕全覆盖。

【开展城乡环境卫生整治行动】 3月19日,省疫情防控应急指挥部办公室、省卫健委印发《江西省关于开展环境卫生整治行动,推进健康江西建设的实施意见》,在全省范围组织开展城乡环境卫生整治行动。全省整治居民小区、村庄16.2万个,企事业单位9.06万个,清理垃圾杂物190余万吨,参与人员587.8万人次;对660个农贸市场和商场超市、药店、宾馆等公共场所进行环境卫生整治。

【开展爱国卫生月活动】 4月,省爱卫会组织开展第32个爱国卫生月活动,全省各地均组织开展形式多样的宣传活动,发放各类爱卫宣传资料、张贴海报和倡议书等共4400.98万份,制作横幅、宣传栏5.2万个,刊发文章4613篇,电视媒体报道131条,新闻媒体发布文章阅读量6309万次,参与线上活动239万余人次。

(饶钦可)

本栏编辑 詹跃华

体　育

综　述

2020 年，省体育局统筹做好疫情防控、“六稳六保”和复工复产工作，为 6 家直属单位的 31 家承租户减免房屋租金 163 万元，指导直属企业减免税费 111 万元。开展拖欠民营企业中小企业账款问题专项清理，支付账款 1144 万元。

各项保障助推群众体育纵向发展。推动《江西省全民健身条例》列入省人大立法工作计划，完成《江西省全民健身实施计划（2016—2020 年）》实施效果评估，指导 6 个县（市、区）创建全民运动健身模范县。举办省一级社会体育指导员培训班 6 期。23 家省级单项体育协会与体育部门脱钩。举办省足球联赛、省足协杯赛、省男子篮球联赛、省智力运动会、砂板乒乓球展示推广、“运动·同一片蓝天”全民健身志愿服务、关爱“抗疫一线医务人员”行动、“圆梦工程”农村未成年人体育夏令营等比赛活动。2020 年下达中央补助地方公共文化服务体系建设资金 610 万元，支持未脱贫的贫困县（区）行政村建设农民体育健身工程 122 个。筹集省本级体育彩票公益金 2310 万元，支持建设城市社区全民健身场地设施示范工程 22 个、农村社区全民健身场地设施示范工程 121 个。

科学训练助力竞技体育深度发展。强化基础体能训练，科学制定体能训练计划，举办优秀运动队体能测试大比武，恶补体能短板。同时加强科技助力复合型团队建设，全力备战东京奥运会和陕西全运会。在国际国内大赛上获 18 枚金牌、14 枚银牌、28 枚铜牌，并有 5 名运动员获得东京奥运会参赛资格。举办省青少年锦标赛、省体传校比赛、省第六届青少年“未来之星”阳光体育大会和百县青少年田径、篮球、足球运动会。通过建立青少年体育大数据管理系统，提高数据分析和形势研判能力。完善赛艇皮划艇可持续发展支撑体系方案，举办省赛艇皮划艇青少年训练营暨可持续发展支撑体系研讨会。

特色体育推进体育产业高效发展。创建国家体育产业基地 1 个、省级体育产业基地 2 个。参加 2020 中国体育文化博览会·中国体育旅游博览会，并获奖 10 项。推动体育消费试点城市建设，南昌、新余 2 市入选首批国家体育消费试点城市。开展 2019 年度体育产业单位名录库建设和体育消费调查。依托互联网信息化，开发健身步道微信公众号和微信小程序，建立全省体育健身公共服务平台。全省体育彩票销量 51.72 亿元，列全国第 13 位。

（饶若枫）

群众体育

【概　况】　2020 年，完成《江西省全民健身实施计划（2016—2020 年）》实施效果评估，全面总结评估全省各级政府提供全民健身公共服务、推进建设全民健身公共服务体系的发展水平，为制定新周期《全民健身实施计划》、建设健康中国和体育强国奠定基础。与江西师范大学体育学院签订协议，科学制定《江西省全民健身实施计划（2021—2025 年）》《江西省人民政府办公厅关于加强全民健身场地设施建设发展群众体育的实施意见》。联合省金融监管局、省妇联、省残联举办江西省第五届金融系统健身大联赛、江西省妇女健康生活展示大赛、江西省首届残疾人冰雪嘉年华活动。举办 2020 年环鄱阳湖自行车精英赛，根据疫情影响，调整参赛人群和范围，11 个赛段设置在各设区市景区中。举办全省男子篮球联赛，为广大篮球运动爱好者搭建交流展示平台；举办全省第三届智力运动会，推动智力运动在全省普及发展，打造江西棋牌类品牌赛事活动。举办全民健身日、“体育·惠民 100”系列活动。举办“科学健身抗疫情”居家广场舞视频展示大赛，组织“抗击疫情运动健身”主题居家运动接力赛。完成第五次国民体质监测工作和全民健身活动状况调查，共监测 2.74 万人，采集状况调查样本 5148 例。

【推动全民健身场地设施建设】
2020 年，支持建设行政村农民体育健身工程 122 个、城市社区全民健身场地设施示范工程 22 个、农村社区全民健身场地设施示范工程 121 个。全省有体育公园 295 个，86% 以上的县（市、区）建有全民健身活动中心，城市社区“15 分钟健身圈”覆盖率 90.64%，行政村（社区）健身设施覆盖率 87.32%，人均体育场地面积 1.88 平方米，超额完成“十三五”规划人均 1.8 平方米的目标任务。

【提升社会体育指导员业务素质】
举办 6 期一级社会体育指导员培训班，新增一级社会体育指导员 594 人。组织开展江西省第七届社会体育指导员素质交流展示大赛，搭建全省社会体育指导员交流展示平台，进一步提升社会体育指导员业务素质和指导水平。评选出299名2020年全省优秀社会体育指导员。

【2020全国新年登高健身大会(江西主会场)在宜春举行】 1月1日，“中国体育彩票”2020全国新年登高健身大会(江西主会场)在宜春明月山举行。此次活动由国家体育总局主办,国家体育总局登山运动管理中心、中国登山协会、江西省体育局承办,宜春市教育体育局、明月山温泉风景名胜景区管委会、宜春市体育总会协办。活动以“登高望远览山川,贺岁迎新促健康”为主题,吸引2000余人共登明月山。参与者从明月山风景名胜区游客服务中心广场出发,途经晃月桥、观瀑亭等景点,于云谷飞瀑结束,全程2.2千米,海拔提升100米。

【举办江西省第六届全民健身运动会】 6—11月,江西省第六届全民健身运动会在全省范围举行。运动会由省政府主办,省体育局、省体育总会承办,分两个阶段开展,历时6个月。第一阶段(6—9月)为分赛区竞赛,由各市、县(区)、行业系统、部门(单位)和体育协会组织开展全民健身运动会,全省11个设区市及其所辖县(市、区)参与率100%。第二阶段(9月14日至11月19日)为集中竞赛,共设16个项目,除龙舟、风筝、航海航空模型、羽毛球、轮滑5个项目分别在景德镇、庐山西海、吉安航校、鹰潭、崇义举行外,其他项目均在南昌举行。赛事采用线上线下相结合的新模式,通过网络开展竞赛项目、会徽、奖牌、吉祥物征集及“全民健身日”线上火炬传递活动。同时,组织开展摄影展、先进组织单位评选、闭幕暨颁奖仪式等活动。

(饶若枫)

竞技体育

【概　况】 2020年,江西省运动员在国际国内大赛上共获金牌9枚、银牌10枚、铜牌19枚。督促各项目运动管理中心、各赛区制定比赛安全工作预案,加强对裁判员执裁比赛监督,对比赛的全过程进行管控,确保比赛的安全及公平、公正、公开。举办田径、游泳、体操、跳水、乒乓球、羽毛球、射击、赛艇、皮划艇、举重、摔跤、拳击、跆拳道、武术套路、散打、网球、篮球、足球、攀岩19个项目的年度全省青少年锦标赛,以及4项省体传校比赛、省第六届青少年“未来之星”阳光体育大会和百县青少年田径、篮球、足球运动会,共有6802人参赛,其中运动员3948人。同时,抓好比赛中参赛运动员资格审核工作,注册总人数2.87万人,其中新增1.46万人。

【体能训练】 3月,下发《关于开展院内中心项目队公共体能项目大比武的通知》,省体操队、跳水队、乒乓球队、羽毛球队、武术套路队、网球队所有在家的运动员尝试性测试400米、800米、立定跳远3个项目。5月,面向全省优秀运动队开展第二次体能测试,省优秀运动队全体一线运动员及省体育运动学校全体二线运动班学生全部参加所有7个项目的体能测试。9月10日,下发《关于进一步加强运动队体能训练和监控的通知》,强调训练单位要从思想上牢固树立强化体能的意识,并根据国家队10项测试指标制定训练单位体能训练工作方案。同时,加大训练工作现场检查督查力度,检查训练计划的执行情况,与各训练单位签订反兴奋剂工作责任书,严抓训练作风,统筹推进疫情防控和训练工作。

【举办2020年全国线上亲子运动会(江西站)暨2020年江西省线上亲子运动会】 6—7月,举办2020年全国线上亲子运动会(江西站)暨2020年江西省线上亲子运动会。运动会由国家体育总局青少司指导,江西省体育局、省教育厅主办,南昌市体育局、南昌日报社承办,全省各设区市体育局(教育体育局)、教育局、《南昌晚报》、婺源县体育总会协办,以“大手牵小手健身抗疫情”为主题,分为“家庭7日打卡”和全省优秀作品展播两个阶段。比赛分幼儿组和小学组,幼儿组比赛项目包含追逐游戏、跳跃冒险、投壶游戏、特工游戏、极速抓球,小学组比赛项目包含俯卧推积木、快乐足球、双人仰卧起坐异侧手击掌、双人踢毽子、亲子跳绳。全省11个设区市累计参与运动打卡52.7万次,参与亲子体育活动的家庭18.7万个,活动平台累计访问量670万人次。

【2020年江西省第六届青少年“未来之星”阳光体育大会在婺源举行】 10月15日—18日,2020年江西省第六届青少年“未来之星”阳光体育大会在婺源举行。体育大会由国家体育总局青少司指导,江西省体育局、省教育厅、共青团江西省委主办,上饶市体育局、市教育局、共青团上饶市委承办,婺源县教育体育局、共青团婺源县委、县体育总会协办,全省11个设区市、6个省直管县(市)的17支队伍600余名学生运动员、裁判员、工作人员参加。比赛设啦啦操、气排球、跳绳、定向越野4个项目,以设区市、省直管县(市)为组队单位,以学校、青少年体育俱乐部为单项参赛单位。经过比赛,南昌市获团体总分一等奖。

【2020年江西省第十四届百县青少年(U系列)田径运动会在吉安举行】 11月16日—18日,“中国体育彩票”“多威”杯2020年江西省第十四届百县青少年(U系列)田径运动会在吉安全民健身体育中心举行。运动会由省体育局、省教育厅主办,省田径游泳运动管理中心、省田径运动协会、吉安市教育体育局承办,全省100个县(市、区)代表队的870名运动员参加。经过3天角逐,芦溪县、南昌县、九江市柴桑区、南昌市青云谱区、南昌市西湖区、吉安市吉州区、高安市、萍乡市安源区代表队获团体总分一等奖,湖口县、吉水县、赣州市南康区、安福县、新干县、吉安县、吉安市青原区、新余市渝水区代表队获团体总分二等奖,信丰县、萍乡市湘东区、万安县、进贤县、南昌经开区、南昌市东湖区、井冈山市、靖安县、樟树市、大余县、遂川县、龙南市、抚州市临川区、万载县、武宁县、玉山县代表队获团体总分三等奖,南昌县、定南县、大余县、赣州市南康区、上栗县、宁都

县、兴国县、高安市、崇仁县、景德镇珠山区代表队获体育道德风尚奖。

【举办2020年江西省第二届百县青少年乒乓球运动会】 11月21日—22日，省体育局、省教育厅举办“中国体育彩票杯”2020年江西省第二届百县青少年乒乓球运动会。比赛采取分区赛、总决赛的方式，将全省11个设区市所属的百余个县区分为东、南、西、北4个赛区，以县区为单位报名，设混合团体、男女单打。每个项目按13岁至15岁、11岁至12岁、9岁至10岁和8岁以下年龄段，分设甲、乙、丙、丁4个组。4个分赛区每个项目各组的前8名进入总决赛。泰和县、渝水七小、仙来一队（渝水）、仙来二队（渝水）分获混合团体甲、乙、丙、丁4个组的第一名。安福县的管梓清、泰和县的颜鸿艺获甲组男、女单打冠军；鹰潭市月湖区的曾旨天、李康萍获乙组男、女单打冠军；新余市渝水区仙来俱乐部的胡曦晨、鄱阳县的刘芷涵获丙组男、女单打冠军；新余市渝水区仙来俱乐部的刘俊麟、泰和县的李诗珺获丁组男、女单打冠军。

【举办2020年江西省第六届百县青少年“五人制”足球运动会】 11月22日—27日，2020年江西省第六届百县青少年“五人制”足球运动会在省足球后备人才定南训练基地举行。运动会由省体育局、省教育厅主办，省体育彩票管理中心冠名，省足球协会、定南县政府、赣州市体育局、市教育局承办，赣州市足球协会、定南县教育科技体育局、江西定南国家青少年足球训练基地协办。全省97个县（市、区）140支队伍1113名运动员参加，其中男子组有92支队伍，女子组有48支队伍。定南县代表队获女子组冠军，南昌市东湖区代表队获男子组冠军。

【举办2020年江西省第六届百县青少年篮球运动会】 11月30日至12月7日，由省体育局、省教育厅主办的2020年江西省第六届百县青少年篮球运动会在瑞昌举行。比赛项目设男子三人制篮球赛、女子三人制篮球赛，全省98个县（市、区）157支代表队1000多名选手参赛，南昌市东湖区、宜春市袁州区、新余市渝水区分获男子组一、二、三名，南昌市东湖区、大余县、武宁县分获女子组一、二、三名。

【举办2020年江西省跨界跨项青少年锦标赛】 12月10日—12日，2020年江西省跨界跨项青少年锦标赛在南昌举行。锦标赛由省体育局、省教育厅主办，省体育彩票管理中心冠名，省体育局各项目管理中心承办，省体育发展有限公司协办，设游泳、体操、滑雪、田径、赛艇、皮划艇、跆拳道、乒乓球等13个项目，全省11个设区市近600名运动员参赛。九江市、宜春市、萍乡市、抚州市、上饶市、赣州市分获团体总分前6名。

（伍小玲）

体育产业

【概 况】 2020年，印发《江西省体育旅游发展规划（2020—2025）》，推动出台《江西省人民政府办公厅关于加快发展体育竞赛表演产业的实施意见》《江西省人民政府办公厅关于促进全民健身和体育消费推动体育产业高质量发展的实施意见》等文件。开展《山地户外运动安全管理规范》和《水上运动安全管理规范》地方标准编制工作，同时做好体育产业政策汇编。以《探索江西体育产业筑基固本之道——“十三五”江西体育产业综述》为主题，编纂集国家和省级体育产业综合性政策文件、江西体育产业发展典型经验和实践素材为一体的政策汇编，为各级政府、体育部门和体育市场主体提供借鉴。

【推动社会足球场地设施建设】 面对年初完成任务44.25%的现状，以及新冠肺炎疫情、洪水灾害等外部因素影响，省体育局加强与省发改委、省足协等联席会议成员单位协调沟通，按照《江西省社会足球场地设施建设攻坚行动计划（2019—2020年）》要求，把握时间节点，倒排工期，全力提速，至7月底，提前完成800块场地目标任务。全年向省领导报送专报10次，向市、县（市、区）印发通报13次，向相关设区市发出督办函3次。及时调整省级公共文化（体育）专项资金使用方向，安排专项资金2850万元，用于非标准社会足球场地设施建设，并对部分存在资金困难的县（市、区）予以倾斜帮扶。建立省市县三级调度、通报和督办等制度，实行项目建设进展情况与年度评先、投资安排双挂钩的激励机制。完成江西省社会足球场地设施建设自查自纠和核查验收工作。

【体育彩票销售】 2020年，全省体育彩票销售51.72亿元，在全国排名第13位。筹集公益金13.09亿元，市场份额67.11%，比上年增加3.9个百分点，实现四连增。全年净增销售门店1118个，全省销售门店增至5741个，人均覆盖率提升至8051人/店，超过全国同期平均数。专营门店3280个，比上年增加407个。月均销量超2万元门店增至3191个，年销量达500万元以上的门店增至287个。举办19场品牌营销推广活动，推动产品营销和品牌宣传融合落地。同时，以新购彩者群体扩大推动销量增长，增强大乐透和即开型等基础性游戏产品的市场竞争力。大乐透期均销售票数增至36.93万张，同比增长12.35%，销量增幅居全国第6位；即开型销量同比增长13.06%，市场份额由上年的29%提升至43.74%，份额增幅列全国第2位。

【体育产业融合发展】 2020年，创建国家体育产业基地1个，创建省级体育产业基地2个。以“2020中国体育文化博览会·中国体育旅游博览会”为平台，组织省体育文化、体育旅游项目参展和推介，全省有22个体育旅游项目参展，14个项目获选体育旅游精品项目。其中，庐山西海体育旅游示范基地、瑞金市红区运动休闲旅游线路获评中国十佳体育旅游精品项目，玉山中式台球世界锦标赛获评中国十佳体育旅游精品赛事，婺源获评中国十佳体育旅游目的地。江西展区获优秀组织奖。

（饶若枫）

2020年江西省运动员参加全国比赛获奖情况

序号	姓　名	项　目	成　绩	名次	比赛名称	比赛时间	比赛地点	备注
1	张冬莲、李晴、林飘飘	女子飞碟双向团体	354 中	1	全国射击锦标赛	10 月 23 日	山西临汾	获全运席位
2	谭雪琴	女子跆拳道 49 公斤级		1	全国跆拳道冠军总决赛	10 月 26 日	江苏无锡	
3	彭建华	男子 5000 米	14′13″8	1	全国田径锦标赛	9 月 15 日至 18 日	浙江上虞	
4	彭建华	男子马拉松	2:08′50	1	全国马拉松锦标赛暨奥运会马拉松达标赛	11 月 29 日	江苏南京	
5	徐诗晓、孙梦雅	女子 500 米双人划艇	02′01″279	1	全国皮划艇锦标赛	11 月 10 日至 14 日	浙江丽水	山东合作
6	郑妩双、丰硕(外省)	女子网球双打		1	全国网球单项锦标赛年终总决赛	11 月 29 日	四川成都	跨省组合
7	张冬莲	女子飞碟双向个人	资:122 中 决:53 中	2	全国射击锦标赛	10 月 23 日	山西临汾	获全运席位
8	程灵芝	女子 200 米单人划艇	00′48″608	2	全国皮划艇锦标赛	11 月 10 日至 14 日	浙江丽水	
9	李琰、吴伊慧、黄嘉艳、陆师师	女子四人双桨	06′26″45	2	全国赛艇锦标赛	11 月 15 日至 20 日	上海	
10	王鑫	女子跆拳道 46 公斤级		3	全国跆拳道冠军总决赛	10 月 26 日	江苏无锡	
11	徐鑫颖	女子链球	66. 84 米	3	全国田径锦标赛	9 月 15 日至 18 日	浙江上虞	
12	万乐天	女子 100 米仰泳	1′0″7	3	全国游泳冠军赛	9 月 22 日至 10 月 2 日	山东青岛	
13	敖辉	女子举重 87 公斤级	抓举 114 公斤、挺举 152 公斤、总成绩 266 公斤	3	全国女子举重锦标赛暨东京奥运会模拟赛	10 月 16 日至 19 日	湖南邵阳	
14	程水燕	女子自由跤 72 公斤级		3	全国国际式摔跤锦标赛	10 月 6 日至 18 日	浙江温州	
15	门欢、李琪	女子 500 米双人划艇	02′04″164	3	全国皮划艇锦标赛	11 月 10 日至 14 日	浙江丽水	
16	孙旭柳、郑妩双	网球团体		3	全国网球团体锦标赛	10 月 1 日	山东日照	跨省组合
17	程德峰	男子链球	65. 17 米	4	全国田径锦标赛	9 月 15 日至 18 日	浙江上虞	
18	黄唯璐	女子链球	65. 75 米	4	全国田径锦标赛	9 月 15 日至 18 日	浙江上虞	
19	万乐天	女子 200 米仰泳	2′14″8	4	全国游泳冠军赛	9 月 22 日至 10 月 2 日	山东青岛	
20	黄婷	女子举重 64 公斤级	抓举 106 公斤、挺举 130 公斤、总成绩 236 公斤	4	全国女子举重锦标赛暨东京奥运会模拟赛	10 月 16 日至 19 日	湖南邵阳	

序号	姓 名	项 目	成 绩	名次	比赛名称	比赛时间	比赛地点	备注
21	李蓉	女子举重81公斤级	抓举110公斤、挺举143公斤、总成绩253公斤	4	全国女子举重锦标赛暨东京奥运会模拟赛	10月16日至19日	湖南邵阳	
22	王志豪	男子举重102公斤级	抓举173公斤、挺举200公斤、总成绩373公斤	4	全国女子举重锦标赛暨东京奥运会模拟赛	10月22日至25日	浙江开化	
23	黄嘉艳、李琰	女子双人双桨	07′08″32	4	全国赛艇锦标赛	11月1日至20日	上海	
24	危洪佳	女子跆拳道49公斤级		5	全国跆拳道冠军总决赛	10月26日	江苏无锡	
25	黄志勇	男子举重61公斤级	抓举133公斤、挺举168公斤、总成绩301公斤	5	全国女子举重锦标赛暨东京奥运会模拟赛	10月22日至25日	湖南邵阳	
26	易桂花	女子拳击63公斤级		5	全国女子拳击锦标赛	10月17日至22日	河北迁安	
27	吴文峰	男子自由跤61公斤级		5	全国国际式摔跤锦标赛	10月6日至18日	浙江温州	
28	赵峻	男子自由跤70公斤级		5	全国国际式摔跤锦标赛	10月6日至18日	浙江温州	
29	熊玉梅、彭艳君、林慧群、赖雨芊	女子500米四人皮艇	01′40″833	5	全国皮划艇锦标赛	11月10日至14日	浙江丽水	
30	张杨、晁竟雄、王鹏祥、熊伟	男子500米四人皮艇	01′27″906	5	全国皮划艇锦标赛	11月10日至14日	浙江丽水	
31	谢伶俐、胡江俐	女子轻量级双人双桨	07′04″81	5	全国赛艇锦标赛	11月15日至20日	上海	
32	刘云思雨(女)、郭涵霆(男)	帆船470级混合团体长距离赛		5	全国帆船锦标赛	9月1日至10日	河北秦皇岛	
33	吴昊、曾世弘(外省)	男子网球双打		5	全国网球单项锦标赛年终总决赛	11月29日	四川	跨省组合
34	郑妩双	网球女单		5	全国网球单项锦标赛年终总决赛	11月29日	四川	
35	吴昊、肖霖昂、黄浩远	网球团体		5	全国网球团体锦标赛	10月1日	山东日照	跨省组合
36	傅凯鑫、胡润杰、黄百计、罗志轩、阮家勇、章志龙	男子体操团体	311.35分	6	全国体操锦标赛	9月18日至28日	广东肇庆	
37	程玉洁	女子200米自由泳	2′3″8	6	全国游泳冠军赛	9月22日至10月2日	山东青岛	

序号	姓　名	项　目	成 绩	名次	比赛名称	比赛时间	比赛地点	备注
38	兰天露	女子400米栏	1′1″8	7	全国田径锦标赛	9月15日至18日	浙江上虞	
39	肖菊秀	女子100米栏	13″71	7	全国田径锦标赛	9月15日至18日	浙江上虞	
40	程玉洁	女子100米自由泳	55″36	7	全国游泳冠军赛	9月22日至10月2日	山东青岛	
41	唐欣	女子举重81公斤级	抓举100公斤、挺举125公斤、总成绩225公斤	7	全国女子举重锦标赛暨东京奥运会模拟赛	10月16日至20日	湖南邵阳	
42	邓娟	女子自由跤55公斤级		7	全国国际式摔跤锦标赛	10月6日至18日	浙江温州	
43	陈文杰	古典跤60公斤级		7	全国国际式摔跤锦标赛	10月6日至18日	浙江温州	
44	李琪	女子200米单人划艇	00′50″708	7	全国皮划艇锦标赛	11月10日至14日	浙江丽水	
45	盛琨华	男子1000米单人划艇	04′14″216	7	全国皮划艇锦标赛	11月10日至14日	浙江丽水	
46	周小康	男子跳水1米板	404.25分	8	全国跳水冠军赛	10月3日至7日	河北石家庄	
47	彭建华	男子10000米	30′15″9	8	全国田径锦标赛	9月15日至18日	浙江上虞	
48	李江燕	女子链球	64.4米	8	全国田径锦标赛	9月15日至18日	浙江上虞	
49	陈玉敏、廖文清、钟源、傅燕虹、刘柔镁	女子20公里竞走团体	6:40′47	8	全国田径竞走锦标赛	9月19日至20日	山东泰安	成年组
50	付裕豪	男子举重109公斤级	抓举155公斤、挺举200公斤、总成绩355公斤	8	全国女子举重锦标赛暨东京奥运会模拟赛	10月22日至25日	浙江开化	
51	李威宇	男子自由跤57公斤级		8	全国国际式摔跤锦标赛	10月6日至18日	浙江温州	
52	彭艳君、林慧群	女子500米双人皮艇	01′54″936	8	全国皮划艇锦标赛	11月10日至14日	浙江丽水	
53	许哲怡、门欢、盛琨华、左有民	混合500米四人划艇	01′52″261	8	全国皮划艇锦标赛	11月10日至14日	浙江丽水	
54	熊雄、姚子康	男子轻量级双人双桨	06′43″03	8	全国赛艇锦标赛	11月15日至20日	上海	

序号	姓 名	项 目	成 绩	名次	比赛名称	比赛时间	比赛地点	备注
55	刘家豪	古典跤55公斤级		1	全国摔跤冠军赛	11月21日至29日	河南焦作	
56	郑妩双	女子网球双打		1	中国网球巡回赛	10月18日	贵州贵阳	CTA800
57	郝琴	女子中国跤70公斤级		1	全国中国式摔跤锦标赛	10月27日至30日	陕西渭南	引进
58	龚浪波	女子滑水回旋	18.5分	1	全国滑水锦标赛	11月12日至16日	北京顺义	
59	钟俊杰	男子滑水花样	2580分	1	全国滑水锦标赛	11月12日至16日	北京顺义	
60	周永旋	男子滑水赤脚	350分	1	全国滑水锦标赛	11月12日至16日	北京顺义	
61	黄祖辉、戴望、夏青云、李诗沣、陈诗睿	混合羽毛球团体		2	中国羽毛球超级联赛	9月28日	四川成都	
62	王诗怡	女子跆拳道46公斤级		2	全国跆拳道锦标赛系列赛	10月22日	江苏无锡	第三站
63	黄强	男子滑水回旋	18.5分	2	全国滑水锦标赛	11月12日至16日	北京顺义	
64	杨森林	男子滑水赤脚	70分	2	全国滑水锦标赛	11月12日至16日	北京顺义	
65	王文静	女子滑水赤脚	70分	2	全国滑水锦标赛	11月12日至16日	北京顺义	
66	万乐天	女子50米仰泳	28″36	2	全国春季游泳锦标赛	1月7日至10日	安徽蚌埠	
67	万乐天	女子100米仰泳	1′02″36	2	全国春季游泳锦标赛	1月7日至10日	安徽蚌埠	
68	熊亚瑄	女子25米手枪个人	资:586环 决:32中	3	全国射击冠军赛	9月28日	陕西宝鸡	
69	邓宇洁、刘柔镁、李建欣、陈玉敏、傅燕虹、钟源、廖文清	女子20公里竞走团体	6′52″44	3	全国竞走大奖赛	1月16日	云南石林	成年组
70	钟嘉未	女子跳远	6.33米	3	国家队跳跃项目通讯赛	5月3日	北京	
71	赵峻	男子自由跤70公斤级		3	全国摔跤冠军赛	11月21日至29日	河南焦作	
72	周冬	古典跤60公斤级		3	全国摔跤冠军赛	11月21日至29日	河南焦作	

序号	姓　名	项　目	成 绩	名次	比赛名称	比赛时间	比赛地点	备注
73	徐斌	古典跤 67 公斤级		3	全国摔跤冠军赛	11 月 21 日至 29 日	河南焦作	
74	王诗怡	女子跆拳道 46 公斤级		3	全国跆拳道锦标赛系列赛	9 月 22 日至 25 日	江苏无锡	第一站
75	王诗怡	女子跆拳道 46 公斤级		3	全国跆拳道锦标赛系列赛	9 月 27 日至 30 日	江苏无锡	第二站
76	胡鸿翔	男子跆拳道 54 公斤级		3	全国跆拳道锦标赛系列赛	10 月 2 日	江苏无锡	第三站
77	邱海梅	女子攀岩速度赛	8″08	3	中国攀岩联赛总决赛	10 月 7 日	江苏吴江	全运出线
78	杨成鹏	中国跤 65 公斤级		3	全国中国式摔跤锦标赛	10 月 27 日至 30 日	陕西渭南	引进
79	黄玉涵	女子滑水花样	320 分	3	全国滑水锦标赛	11 月 12 日至 16 日	北京顺义	
80	吴嘉鹏	男子滑水赤脚	60 分	3	全国滑水锦标赛	11 月 12 日至 16 日	北京顺义	
81	宋宇宽	男子 50 米仰泳	26″17	3	全国春季游泳锦标赛	1 月 7 日至 10 日	安徽蚌埠	
82	宋宇宽	男子 100 米仰泳	56″74	3	全国春季游泳锦标赛	1 月 7 日至 10 日	安徽蚌埠	
83	谢贵珍	女子攀岩速度赛	8″10	4	中国攀岩联赛	9 月 24 日至 26 日	西藏林芝	
84	肖霖昂	男子网球双打		4	中国网球巡回赛	9 月	湖南长沙	CTA1000
85	郑妩双	女子网球双打		4	中国网球巡回赛	9 月	湖南长沙	CTA1000
86	孙旭柳	女子网球单打		4	中国网球巡回赛	10 月 18 日	贵州贵阳	CTA800
87	郑妩双	女子网球双打		4	中国网球巡回赛	11 月 8 日	广东广州	CTA800
88	门欢、李琪	女子 200 米双人划艇	00′47″271	4	全国皮划艇锦标赛	11 月 10 日至 14 日	浙江丽水	
89	王文静、吴嘉鹏	滑水双人技巧	32. 5 分	4	全国滑水锦标赛	11 月 12 日至 16 日	北京顺义	
90	程玉洁	女子 50 米自由泳	25″55	4	全国春季游泳锦标赛	1 月 7 日至 10 日	安徽蚌埠	
91	张冬莲	女子双向飞碟个人	资:118 中 决:25 中	5	全国射击冠军赛	9 月 22 日	河北保定	
92	傅凯鑫	男子体操个人全能	156. 45 分	5	全国体操冠军赛	10 月 20 日至 26 日	陕西西安	
93	谭雪琴	女子跆拳道 49 公斤级		5	全国跆拳道锦标赛系列赛	9 月 22 日至 25 日	江苏无锡	第一站
94	危洪佳	女子跆拳道 49 公斤级		5	全国跆拳道锦标赛系列赛	9 月 27 日至 30 日	江苏无锡	第二站
95	谭雪琴	女子跆拳道 49 公斤级		5	全国跆拳道锦标赛系列赛	10 月 22 日	江苏无锡	第三站

序号	姓　名	项　目	成 绩	名次	比赛名称	比赛时间	比赛地点	备注
96	曹俊伟	男子中国跤52公斤级		5	全国中国式摔跤锦标赛	10月27日至30日	陕西渭南	
97	王超	男子中国跤56公斤级		5	全国中国式摔跤锦标赛	10月27日至30日	陕西渭南	
98	程玉洁	女子100米自由泳	56″14	5	全国春季游泳锦标赛	1月7日至10日	安徽蚌埠	
99	章志龙	男子体操自由操	13.066分	6	全国体操冠军赛	10月20日至26日	陕西西安	
100	邱海梅	女子攀岩速度赛	9″23	6	中国攀岩联赛	9月11日至13日	山东泰安	
101	谢雨芳	女子攀岩年度难度赛	103分	6	中国攀岩联赛总决赛	10月7日	江苏吴江	全运出线
102	谢贵珍	女子攀岩速度赛	9″97	6	中国攀岩联赛总决赛	10月7日	江苏吴江	全运出线
103	万乐天	女子200米仰泳	2′15″20	6	全国春季游泳锦标赛	1月7日至10日	安徽蚌埠	
104	谢雨芳	女子攀岩难度赛	16分	7	中国攀岩联赛	9月24日至26日	西藏林芝	
105	谢贵珍	女子攀岩速度赛	10″21	7	中国攀岩联赛	9月11日至13日	山东泰安	
106	李威宇	男子自由跤57公斤级		7	全国摔跤冠军赛	11月21日至29日	河南焦作	
107	焦梦颖	女子自由跤53公斤级		7	全国摔跤冠军赛	11月21日至29日	河南焦作	
108	黄鑫	古典跤55公斤级		7	全国摔跤冠军赛	11月21日至29日	河南焦作	
109	邹佳华、桂子民、刘勇、曾宪瑞、杨乐平、黄明明、黄俊	男子20公里竞走团体	6′53″27	7	全国竞走大奖赛	1月16日	云南石林	成年组
110	杨司祺	女子50米仰泳	29″81	8	全国春季游泳锦标赛	1月7日至10日	安徽蚌埠	
111	程水燕	女子自由跤76公斤级		8	全国摔跤冠军赛	11月21日至29日	河南焦作	
112	陈龙	古典跤60公斤级		8	全国摔跤冠军赛	11月21日至29日	河南焦作	
113	黄琨	古典跤77公斤级		8	全国摔跤冠军赛	11月21日至29日	河南焦作	
114	吴昊	男子网球单打		8	中国网球巡回赛	11月8日	广东广州	CTA800
115	谢雨芳	女子攀岩难度赛	16分	8	中国攀岩联赛总决赛	10月7日	江苏吴江	全运出线
116	段煜荣	男子攀岩速度赛	6″10	8	中国攀岩联赛总决赛	10月7日	江苏吴江	全运出线
117	周冬	古典跤60公斤级		1	全国国际式摔跤锦标赛	11月12日	安徽淮北	
118	黄琨	古典跤77公斤级		1	全国国际式摔跤锦标赛	11月13日	安徽淮北	

序号	姓 名	项 目	成 绩	名次	比赛名称	比赛时间	比赛地点	备注
119	郭镇萱	女子网球双打		1	全国网球 U 系列上海站第一站	10 月 1 日	上海	U12 组
120	李彦璟	男子网球单打		1	全国网球 U 系列积分排名赛	11 月 7 日	江西武宁	U12 组
121	郭子琪	男子 50 米步枪三姿	资:1154 环 决:447.3 环	1	全国青少年锦标赛	10 月 2 日	南昌湾里	
122	曹月、舒芳、林婧双	女子飞碟多向团体	300 中	1	全国青少年锦标赛	11 月 25 日	福建莆田	
123	刘家豪	古典跤 60 公斤级		2	全国国际式摔跤锦标赛	11 月 12 日	安徽淮北	
124	陈文杰	古典跤 63 公斤级		2	全国国际式摔跤锦标赛	11 月 12 日	安徽淮北	
125	杨瑶瑶、周佳惠	女子双人双桨	07′25″87	2	全国赛艇青年锦标赛	11 月 3 日至 6 日	湖北鄂州	
126	熊成艺	女子 10 米气步枪	资:624.8 环 决:248.9 环	2	全国青少年锦标赛	10 月 2 日	南昌湾里	
127	徐斌	古典跤 67 公斤级		3	全国国际式摔跤锦标赛	11 月 12 日	安徽淮北	
128	陈思龙	男子拳击 69 公斤级		3	全国男子拳击锦标赛	11 月 17 日至 22 日	辽宁朝阳	U18
129	涂佳盈、廖珈檬、杨瑶瑶、周佳惠	女子四人双桨	06′45″71	3	全国赛艇青年锦标赛	11 月 3 日至 6 日	湖北鄂州	
130	吴伊慧、黄嘉艳	女子八人赛艇有舵手	06′23″90	3	全国赛艇青年锦标赛	11 月 3 日至 6 日	湖北鄂州	联合队
131	何佳钰	女子 5000 米单人划艇	26′2″47	3	全国皮划艇青年锦标赛	10 月 29 日至 11 月 1 日	湖北鄂州	
132	封亚珍、付振蝶	女子 500 米双人皮艇	1′52″07	3	全国皮划艇青年锦标赛	10 月 29 日至 11 月 1 日	湖北鄂州	
133	陈子俊	体操男子跳马	11.199 分	4	全国体操青年 U 系列冠军赛	10 月 15 日至 21 日	陕西西安	乙组(U14)
134	曹欣婷、曾媛媛	女子双人单桨	07′48″43	4	全国赛艇青年锦标赛	11 月 3 日至 6 日	湖北鄂州	
135	何佳钰、陈静思	女子 500 米双人划艇	2′05″82	4	全国皮划艇青年锦标赛	10 月 29 日至 11 月 1 日	湖北鄂州	
136	郭镇萱	女子网球双打		4	全国网球 U 系列上海第二站	10 月 1 日	上海	U12 组
137	李逸	男子网球双打		4	全国网球 U 系列徐州站	10 月 23 日	江苏徐州	U14 组
138	曹月	女子飞碟多向个人	资:113 中 决:26 中	4	全国青少年锦标赛	11 月 25 日	福建莆田	
139	余橹虹、李文馨、陶欣媚	女子 50 米步枪三姿团体	3419 环	4	全国青少年锦标赛	10 月 19 日	南昌湾里	
140	戴嘉俊、杨以恒、张志涛	男子飞碟多向团体	311 中	4	全国青少年锦标赛	11 月 24 日	福建莆田	

序号	姓　名	项　目	成　绩	名次	比赛名称	比赛时间	比赛地点	备注
141	王俊	男子自由跤65公斤级		5	全国国际式摔跤锦标赛	11月6日	安徽淮北	U20
142	金诚阳	女子拳击64公斤级		5	全国女子拳击锦标赛	12月4日至9日	河北迁安	U18
143	张定红、姚子康、彭敏、唐海棋	男子四人双桨	06′18″78	5	全国赛艇青年锦标赛	11月3日至6日	湖北鄂州	
144	刘芮旻、夏志斌、高伟斐、张殿鑫	男子500米四人皮艇	1′30″61	5	全国皮划艇青年锦标赛	10月29日至11月1日	湖北鄂州	
145	熊成艺、徐慧、陶欣媚	女子10米气步枪团体	1866.2环	5	全国青少年锦标赛	10月2日	南昌湾里	
146	郭子琪、邓捷、刘志超	男子50米步枪三姿团体	3414环	5	全国青少年锦标赛	10月2日	南昌湾里	
147	刘柔镁	女子10公里竞走个人	45′40″	6	全国田径竞走锦标赛	9月19日至20日	山东泰安	青年组
148	晏军宇、许家鑫、徐世龙、郜恩辉	男子四人双桨	06′17″08	7	全国赛艇青年锦标赛	11月3日至6日	湖北鄂州	
149	封亚珍	女子5000米单人皮艇	24′15″88	7	全国皮划艇青年锦标赛	10月29日至11月1日	湖北鄂州	
150	封亚珍、刘佳慧、赖淑婧、付振蝶	女子500米四人皮艇	1′46″18	7	全国皮划艇青年锦标赛	10月29日至11月1日	湖北鄂州	
151	陆嘉伟	男子5000米单人划艇	30′00″18	7	全国皮划艇青年锦标赛	10月29日至11月1日	湖北鄂州	
152	曹月、戴嘉俊	混合飞碟多向团体	130中	7	全国青少年锦标赛	11月26日	福建莆田	
153	罗健文	古典跤82公斤级		8	全国国际式摔跤锦标赛	12月13日	安徽淮北	
154	陆佳伟、熊慎越	男子1000米双人划艇	4′07″65	8	全国皮划艇青年锦标赛	10月29日至11月1日	湖北鄂州	
155	李逸	男子网球双打		8	全国网球U系列上海站第二站	10月1日	上海	U14组
156	李彦璟	男子网球双打		8	全国网球U系列上海站第二站	10月1日	上海	U12组
157	李逸	男子网球单打		8	全国网球U系列徐州站	10月23日	江苏徐州	U14组
158	李原昊	男子网球双打		8	全国网球U系列徐州站	10月23日	江苏徐州	U14组
159	胡朝阳	女子网球单打		8	全国网球U系列徐州站	10月23日	江苏徐州	U14组
160	王治平、万煜彬、郭子琪	男子10米气步枪团体	1852.6环	8	全国青少年锦标赛	10月19日	南昌湾里	

（伍小玲）

本栏编辑　詹跃华

居民生活

婚姻

【概　况】 2020年，全省346个婚姻登记机关共办理婚姻登记50.53万对，其中结婚27.30万对、离婚10.97万对、补发婚姻证件12.26万对，免除婚姻登记费用455万余元。

【婚姻登记】 根据疫情及时调整婚姻登记服务，确保疫情防控与婚姻登记“两不误”“两促进”，做好“小高峰”的婚姻登记工作，全省有2.05万对新人在“5·20”“5·21”登记结婚。5月9日，印发《关于加强全省婚姻登记机关行风建设的通知》，通过开展专项活动，进一步增强服务意识、优化服务流程、完善服务内容、创新服务手段、规范内部管理，持续提升婚姻登记服务水平和能力。

【开展婚姻文化宣传】 以《中华人民共和国婚姻法》实施70周年为契机，开展“家风、民风、社风”主题征文活动，进一步弘扬尊老爱幼、男女平等、夫妻和睦、睦邻友群等家庭美德，培育新时代家风文化。联合相关部门开展“七夕有约　浪漫园游”“遇见美好 相约山风”的主题交友活动，给青年提供相交相识的机会和平台。南昌市青云谱区、青山湖区、南昌县和鄱阳县等地举办结婚登记集体颁证活动，通过举行庄重节俭、内涵丰富的结婚登记颁证仪式，引导新人树立“重登记、强责任、崇节俭”的现代婚俗理念。

【开展婚俗改革试点工作】 6月17日，印发《关于开展婚俗改革试点工作的实施意见》，加强婚姻法律文化宣传教育、加强婚姻登记场所文化建设、完善婚姻家庭辅导服务、推动结婚颁证服务、创新婚礼组织形式、加大不正之风治理力度。12月3日，印发《关于确定省级婚俗改革试点单位的通知》，确定12个省级试点单位。同时，为强化对试点单位的跟踪指导，从11月始，编印江西省婚俗改革工作简报，不定期刊发各试点单位的典型做法，推进婚俗改革。

【举办婚姻登记业务培训班】 为学习宣传《中华人民共和国民法典》，推进全省婚姻登记工作规范化、标准化和信息化建设，提高婚姻登记工作人员业务素质，11月2日—6日，省民政厅在南昌市举办2期婚姻登记业务培训班。培训班邀请江西卫视《金牌调解》栏目特约嘉宾、资深婚姻登记主任、久其软件系统工程师、专业礼仪师分别对民法典、婚姻家庭调解、婚姻登记操作实务、婚姻颁证礼仪、婚姻登记系统及信用系统的操作与使用等相关内容进行讲授，并统一对参训人员进行资格考试，向合格者颁发证书。江西省涉外收养和涉外婚姻登记中心，各设区市民政局婚姻管理工作人员，县（市、区）、个别乡镇婚姻登记业务骨干共231人参加培训。

（王玉华）

家庭

【概　况】 2020年，省妇联和省卫健委举办“抗疫最美家庭”揭晓会，揭晓200户江西省“抗疫最美家庭”，并向全国妇联推荐20户“抗疫最美家庭”。“江西家教”公众号开通家庭教育远程亲子课堂，提供亲子教育、婚姻家庭、生活技能等网上课程600余堂。省妇联开展“清洁家庭筑屏障　人人防控有力量”活动，助力疫情防控。开展“党员家庭话家风”征集展示活动，把对党忠诚教育融入家庭家教家风建设。联合多部门开展“把爱带回家”寒假特别行动活动，面向家长、儿童推动“把优良家风带回家”“把法治安全带回家”“把社会关爱带回家”。开展家庭教育知识线上竞答、儿童安全教育主题公益讲座等活动。争取中央、省级彩票公益金救助“两癌”贫困妇女。实施“中国妇女法律援助行动项目”，受理并结案妇女儿童法律援助案件11件。联合省委政法委、省法院、省公安厅、省民政厅、省司法厅印发《2020年全省婚姻家庭纠纷预防化解工作要求》，3月，联合省检察院在全国率先构建家暴等严重侵害妇女儿童案件快速办理机制。9月8日，省妇儿工委办召集省法院、省检察院、省公安厅、省教育厅、省民政厅、省卫健委、团省委等成员单位，召开江西省反家庭暴力及女童保护专项协商会议，落实主体责任，健全工作机制。

【开展寻找最美家庭活动】 年初，启动寻找最美家庭活动。在寻找最美家庭活动中，突出寻找和宣传脱贫攻坚、绿色清洁、抵制浪费、勤俭节约、勤劳致富、家庭和睦、清正廉洁等家庭典型。通过群众发现、组织寻访、社会推荐，经遴选、评议、公示产生300户全省最美家庭，其中脱贫攻坚类家庭100户、绿色清洁类家庭100户、综合类家庭100户。10月29日，在九江市柴桑区举办“小家传大爱　共同奔小康”2020年江西省最美家庭揭晓会，通过短视频、情景剧、现场访谈等形式展示6户最美家庭的故事，200人出席现场活动，约100万人在线观看同步线上直播。此外，向全国妇联推荐32户第十二届全国五好家庭、6个全国家庭工作先进集体、6名全国家庭工作先进个人和33户2020年全国最美家庭。

【开展清洁家庭创建行动】 5月，省妇联联合省发展改革委、省生态环境厅等七家单位下发《绿色家庭(清洁家庭)创建行动实施方案》。5月25日至6月15日，开展"清洁家庭"创建互学互促行动，省妇联领导带队、各设区市妇联主席组成清洁家庭创建互学互促调研组，针对全省9个县2个区的22个村、11个社区进行调研，推动"清洁家庭"创建工作。6月至7月，开展"我是家庭好帮手"清洁家庭实践和展示活动。11月，下发《关于提升全省清洁家庭创建参与度的通知》。12月2日—4日，在赣州市召开全省清洁家庭工作推进会，对清洁家庭创建工作作出新的部署，提出更高要求。全省部分设区市妇联主席、副主席，家庭和儿童工作部部长，县(市、区)妇联主席，部分社区妇联干部等180余人参加会议。

【2020年"春蕾计划"青春期教育江西站项目启动】 10月22日，省妇联启动2020年"春蕾计划"青春期教育江西站项目，推动形成学校、家庭、社会相结合的青春期教育体系。项目专家、学校代表、学生代表等近200人参加启动仪式，90余万人收看线上直播公开课。争取中国儿童少年基金会、恒安集团捐赠的"你好女孩"青春期教育项目资源包，用于在南昌市和赣州市开展青春期女生科普教育活动，惠及2万多名青春期女生。

【全省妇联系统未成年人校外教育骨干培训会】 9月22日—24日，全省妇联系统未成年人校外教育骨干培训会在上饶召开，各设区市妇联家儿部部长，省市儿童活动中心负责人和骨干教师，30个县(市、区)妇联主席、乡镇、村、社区妇联主席和县(市、区)、乡镇、村、社区未成人校外场所的负责人等150余人参加。培训班邀请省妇联家儿部部长黄陶青，江西科技师范大学教育学院教授施晶晖，江西省妇女儿童活动中心活动部负责人胡澎，上饶蓝天救援队宣教队长卢伟和女子中队宣教组组长黄美蓉，分别就儿童之家活动与管理、《江西省家庭教育促进条例》《家长行为规范》、如何开展校外教育实践活动、校外教育的培训课程框架简介、防溺水安全知识6个主题进行授课。

【全省妇联系统未成年人校外教育骨干"陪伴的力量"专题培训班】 12月21日—23日，全省妇联系统未成年人校外教育骨干"陪伴的力量"专题培训班在南昌举行。培训班围绕《中华人民共和国未成年人保护法》《江西省家庭教育促进条例》《家庭教育指导大纲》《陪伴对儿童成长的积极影响》《家庭教育家长行为规范》等内容，对基层校外教育人员及家庭教育宣讲骨干进行培训。全省130名校外教育人员及家庭教育宣讲骨干参加培训。

(凌云)

居民收入

【概　况】 2020年，全省居民人均可支配收入2.80万元，比上年增长6.7%，扣除价格因素，实际增长4.0%，名义和实际增速比全国平均水平高2.0和1.9个百分点，名义增速位居全国第4位、中部六省第1位，在全国排位比2019年提升9位。其中，城镇居民人均可支配收入3.86万元，增长5.5%，扣除价格因素，实际增长3.0%，名义和实际增速分别比全国平均水平高2.0和1.8个百分点，名义增速位居全国第3位、中部六省第1位，在全国排位比2019年提升14位；农村居民人均可支配收入1.70万元，增长7.5%，扣除价格因素，实际增长4.4%，名义和实际增速均比全国平均水平高0.6个百分点，增速位居全国第17位、中部六省第4位，在全国排位比2019年提升6位。

【收入水平与全国相对差距持续缩小】 2020年，全省居民收入水平与全国平均水平相对差距逐步缩小，全省居民人均收入由上年全国平均水平的85.5%提高为87.0%，缩小1.5个百分点。其中，城镇居民人均收入由上年全国平均水平的86.3%提高为88.0%，缩小1.7个百分点；农村居民人均收入由上年全国平均水平的98.6%提高为99.1%，缩小0.5个百分点。

【城乡居民收入相对差距继续缩小】 城镇居民、农村居民收入水平均有较大幅度提高，特别是全省持续推进强农、惠农、富农政策，改革发展成果更多惠及农村居民，"精准扶贫"不断推进，有效促进农民增收。2020年，全省农村居民人均可支配收入名义增速快于城镇居民2.0个百分点，实际增速快于城镇居民1.4个百分点。城乡居民收入比由2019年的2.31下降至2.27，城乡居民收入相对差距继续缩小。

【收入四大项增长特点】 工资性收入稳定增长，就业政策落实效果显著。2020年，全省居民人均工资性收入1.60万元，增长6.6%。其中，农村居民人均工资性收入增长9.0%，快于城镇居民4.1个百分点。主要原因是各地贯彻落实稳就业各项政策措施，实施就业优先政策，强化稳岗就业举措，进一步加大减负稳岗扩就业的力度，社保减免、稳岗返还等各项政策落地见效，就业形势总体稳定。全省城镇新增就业46.17万人，城镇失业人员再就业17.67万人，就业困难人员就业4.67万人，新增转移农村劳动力58.86万人，均超额完成全年目标任务。

经营净收入加快恢复，一二三产经营收入均实现正增长。2020年，全省居民人均经营净收入4446元，增长1.8%。其中，城、乡居民人均经营净收入分别增长1.1%和2.9%。在全省居民中，一产、二产、三产经营净收入分别增长1.2%、3.7%和2.0%。前期因受新冠疫情影响，居民经营收入受到较大冲击，加上7月洪涝灾害对省内部分地区农业生产经营造成一定影响，后期随着疫情防控形势持续向好，复工复产复商复市深入推进，经营市场逐步回暖，各项支农惠农、种粮补贴、粮食最低收购价等政策落实，居民经营收入逐渐恢复。

财产净收入平稳增长，比前三季度加快0.2个百分点。2020年，全省居民人均财产净收入1871元，增长7.8%。城镇居民人均财产净收入3391元，增长6.4%，比前三季度加快0.2个百分点；农村居民人均财产净收入279元，增长8.4%，比前三季度加快0.8个百分点。

转移净收入较快增长，困难群体生活得到重点保障。2020年，全省居民人均转移净收入5699元，增长10.6%，其中，城、乡居民人均转移净收入分别增长8.8%和12.6%，在四大项收入中增长最快。全省居民社保待遇按时足额发放，退休人员基本养老金上调，困难群众救助供养标准提高，灾后恢复生产下达补助资金，居民获得政府财政转移支付持续增长。全省居民人均养老金或离退休金增长16.6%，人均社会救济和补助增长15.1%，政策性惠农补贴增长15.0%。

2020年全省分城乡居民收入四大项情况

指标名称		绝对水平	上年水平	增速(%)	占比(%)
城镇居民	人均可支配收入	38556	36546	5.5	—
	(一)工资性收入	24310	23168	4.9	63.1
	(二)经营净收入	3089	3055	1.1	8.0
	(三)财产净收入	3391	3188	6.4	8.8
	(四)转移净收入	7766	7135	8.8	20.1
农村居民	人均可支配收入	16981	15796	7.5	—
	(一)工资性收入	7301	6699	9.0	43.0
	(二)经营净收入	5866	5701	2.9	34.6
	(三)财产净收入	279	257	8.4	1.6
	(四)转移净收入	3535	3139	12.6	20.8

(廖云洲)

居民消费

【概　况】 2020年，全省居民人均消费支出1.80万元，增长1.7%，增幅比前三季度加快1.6个百分点，扣除价格因素，实际下降0.9%。其中，城镇居民人均消费支出2.21万元，下降2.6%，降幅比前三季度收窄1.8个百分点，扣除价格因素，实际下降4.8%，名义和实际增速均比全国平均水平高1.2个百分点；农村居民人均消费支出1.36万元，增长8.7%，增幅比前三季度加快1.7个百分点，扣除价格因素，实际增长5.5%，名义和实际增速分别比全国平均水平高5.8和5.6个百分点。

【消费八大项"四升四降"】 2020年，全省居民人均消费支出八大项呈现"四升四降"态势。医疗保健支出增长最快，增长13.7%，其次是食品烟酒支出、交通通信支出和居住支出，分别增长10.8%、2.0%和1.3%；其他用品和服务支出下降最快，下降17.4%，其次是生活用品及服务支出、教育文化娱乐支出和衣着支出，分别下降14.4%、10.3%和8.4%。城镇居民消费支出八大项呈现"三升五降"态势，增长最快的是医疗保健支出；农村居民消费支出八大项呈现"五升三降"态势，增长最快的是食品烟酒支出。城、乡居民消费支出八大项中下降最快的均是其他用品和服务支出。

【恩格尔系数反弹】 2020年，全省居民恩格尔系数为32.2%，比上年回升2.7个百分点。其中，城镇居民恩格尔系数31.4%，比上年回升2.3个百分点；农村居民恩格尔系数33.6%，比上年回升3.2个百分点。疫情以来，全省居民基本民生得到保障，生活必需品供应充裕，居民食品烟酒等基本生活支出稳定增长。特别是2—3月受疫情防控措施影响，居民外出次数大幅减少，在家做饭的家庭比例大幅提高，同时受部分恐慌情绪影响，部分居民囤积食品，造成粮油、蔬菜、肉类等生活必需类食品支出增长较快。同时，全省食品价格快速上涨(11.5%)，双重因素造成全省城乡居民恩格尔系数双双反弹。

【城乡居民消费差距继续缩小】 随着全省农村居民收入快速增长，脱贫攻坚成效持续巩固，农村市场消费潜能得到有效释放，同时疫情对农村居民生活消费冲击程度轻于城镇居民。2020年，全省农村居民人均消费支出名义增速和实际增速快于城镇居民11.3和10.3个百分点，城乡消费比为1.63，比上年同期的1.82低0.19。城乡居民生活消费绝对差值为8555元，比上年同期的1.02万元缩小1662元。

【耐用消费品拥有量继续增加】 2020年，全省每百户家用汽车拥有量31.78辆，比上年增加3.7辆；每百户洗衣机拥有量82.08台，比上年增长1.3%；每百户电冰箱拥有量99.07台，比上年增长0.8%；每百户空调拥有量115.79台,比上年增长7.5%;每百户抽油烟机拥有量57.91台,比上年增长7.2%;每百户热水器拥有量95.98台,比上年增长6.0%。由于新冠疫情影响,居民更加注重健康家电及健身器材的消费,特别是城镇居民更为明显,城镇居民每百户家用空气净化器、洗碗机、健身器材拥有量分别比上年增长60.4%、14.4%、55.8%。

2020年全省城乡居民消费及增速情况

指标名称	全年		前三季度	上半年	一季度
	消费支出(元)	增速(%)	增速(%)	增速(%)	增速(%)
全体居民	17955	1.7	-0.1	-2.3	-5.3
城镇居民	22134	-2.6	-4.4	-6.0	-8.0
农村居民	13579	8.7	7.0	3.7	-1.0

2020年全省居民人均生活消费支出八大项情况

	全体		城镇		农村	
	绝对值(元)	增幅(%)	绝对值(元)	增幅(%)	绝对值(元)	增幅(%)
消费支出	17955	1.7	22135	-2.6	13581	8.7
#食品烟酒	5781	10.8	6949	5.2	4557	19.9
#衣着	987	-8.4	1355	-13.7	603	4.3
#居住	4455	1.3	5316	-1.0	3554	4.2
#生活用品及服务	967	-14.4	1234	-18.1	687	-7.6
#交通通信	2146	2.0	2857	3.1	1403	-1.6
#教育文化娱乐	1879	-10.3	2262	-18.7	1478	5.9
#医疗保健	1437	13.7	1724	10.6	1137	17.9
#其他用品和服务	303	-17.4	438	-20.6	162	-9.7

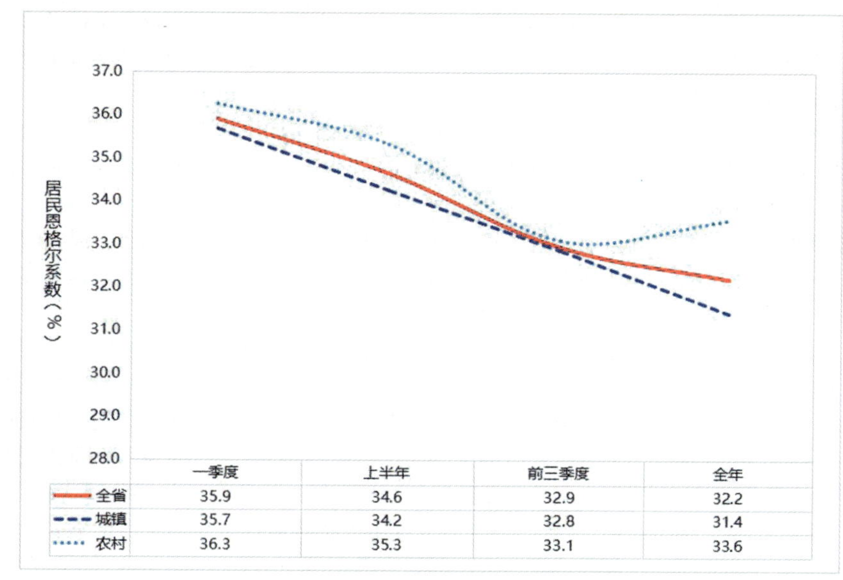

2020年各季度全省及城乡居民恩格尔系数

(廖云洲)

本栏编辑 詹跃华

人 力 资 源

综　述

2020年,面对疫情严重冲击,省人社厅坚持把稳就业、保就业作为重大政治任务和头等大事,迅速响应、主动担当,制定减负、稳岗、保就业等一系列政策举措,就业形势总体稳定、好于预期,成为民生改善的基础和经济企稳的支撑。全年城镇新增就业46.2万人,调查失业率从一季度的6.2%回落到四季度的5.4%。紧扣省委、省政府关于打造一支规模宏大、结构优化、素质优良的“人才赣军”和重塑“江西制造”辉煌的要求,完善人才发展体制机制和发展环境,释放人才创新创造活力。至年底,全省专业技术人才达到299万人,技能人才达到494万人。

深入实施人社公共服务体系建设“首位工程”,基本建成全省标准统一、方便快捷、群众满意的人社公共服务体系。服务事项标准化方面,率先编制全省统一行政权力清单和公共服务事项清单,完成195项服务事项的“八统一”(主项名称统一、子项名称统一、设定依据统一、受理条件统一、办理材料统一、办理流程统一、办结时限统一、办事表单统一)标准化,申请材料精简48%、流程环节精简14%、办理时限压缩43%、办事表单精简23%。服务手段信息化方面,上线运行省级集中的江西人社一体化综合信息系统,集成接入一批业务信息系统,统一对接部省平台,统一共享人社内外部数据,推动134个事项一体化系统经办,实现“单点登录、全网通行”。服务渠道多元化方面,线下统一设置165个人社“一窗受理”综合窗口(窗口端),线上开通江西人社公共服务平台(网端),在“赣服通”开设“人社专区”(掌端),一体化系统累计办理服务事项139万件。此外,推进社会保障卡居民服务“一卡通”,人社领域102项应用目录全部开通,初步实现七大领域的“一卡通”。加强系统行风建设,推进人社服务快办行动,全面推行人社服务“好差评”,常态化开展岗位技能练兵比武,深入推进优质服务窗口创建。

(肖璟)

人力资源市场

【概　况】　至年底,全省建成人力资源服务产业园11个,其中国家级1个、省级7个。推进国家级中国南昌人力资源服务产业园建设,至年底,入驻机构238家,累计营业收入252亿元,累计服务用工1008万人次。制定出台《江西省省级人力资源服务孵化基地评估认定暂行办法》,评定首个省级人力资源服务孵化基地(南昌市高新区),加快培育创新型企业。举办3期省内重点产业企业人力资源高管研修班和1期全省人力资源服务机构高管研修班。推进省、市级行业协会建设,4月,江西省人力资源发展协会在南昌成立;8月,赣州市人力资源发展协会成立。开展《江西省人力资源市场条例》立法工作。制定出台《江西省人力资源服务机构诚信等级评定办法》,2020年度评选出11家江西省“诚信服务示范机构”和12家江西省“AAA级诚信服务机构”。做好参加第一届全国人力资源服务业发展大会准备工作,举办全国人力资源服务大赛江西省选拔赛。至年底,全省有人力资源服务机构2276家,从业人员2.7万人,年营业收入突破530亿元,同比增长40%。

【人力资源服务】　5月6日,制定出台《2020年全省人力资源服务机构助力脱贫攻坚行动实施方案》,明确开展七大专项行动,发挥人力资源服务机构专业优势,为决战决胜脱贫攻坚提供人力资源服务支撑。省内人力资源服务机构组织贫困劳动力劳务输出16.5万人,举办扶贫专场招聘会1176场次,开展“三送”(送政策、送信息、送培训)活动1213次,发放宣传资料176万余份,培训贫困劳动力4.1万人次。8月11日,制定出台《关于开展人力资源服务行业促就业行动实施方案》,建立人力资源服务机构“点对点”用工对接机制。疫情期间,组织59家人力资源服务机构为重点企业开展点对点用工服务,为3000多家企业对接用工11.1万人。

【第三届中国(江西)人力资源服务创新发展论坛暨首届人力资源服务“前湖论坛”举行】　12月16日—17日,第三届中国(江西)人力资源服务创新发展论坛暨首届人力资源服务“前湖论坛”在南昌举行。论坛以“科技赋能 产业协同”为主题,包括人力资源与区域经济协同发展高峰研讨会、人力资源服务创新项目(产品)博览会、人力资源服务供需对接洽谈会、人力资源生态圈CEO交流会、校企合作对接洽谈会等活动。论坛期间,人力资源服务机构、技工院校与实体企业对接洽谈479家次,达成意向合作135项次。900余人参加现场活动,10余家国内主流媒体现场报道或全球直播,吸引近110万人次在线观看。

(肖璟)

人才队伍建设

【概　况】 至年底，全省专业技术人才总量299万人。选拔产生65名享受国务院特殊津贴专家和96名享受省政府特殊津贴专家，141人入选省级百千万人才工程，6人入选国家级百千万人才工程。在克服疫情不利影响的情况下，全省引进博士以上高层次人才1320人，其中引进赣籍人才384人，占引才总数的29.1%。全年组织举办3期国家级专业技术人才高研班和17期省级高级研修班，共有1400多名相关专业领域的专业技术人才参加研修学习。

至年底，全省有技能人才494.4万人，其中高级工以上技能人才149.2万人、中华技能大奖获得者6人、全国技术能手103人。技能人才中，享受国务院津贴52人，享受省政府津贴46人。全省有93所技工院校，在校生17.6万人；新招生7.3万人，增长17.7%。1—12月，全省开展政府补贴性培训117.92万人次，完成年度目标任务168.48%，使用专账资金培训102.05万人次；使用职业技能提升行动专账资金11.62亿元，完成年度目标任务168.45%。全省有32家公共实训基地，1018家民办职业培训机构，建有国家级高技能人才培训基地30家、国家级技能大师工作室40家、省级高技能人才培训基地77家、省级技能大师工作室163家，建成7个项目的世界技能大赛中国集训基地。

全年组织实施公务员考录、中小学教师招聘、军转干部考试、“三支一扶”、专业技术资格等各类人事考试54项，参考人数67.58万人，考试总科次132.08万科次；共精准编排考场座位132.08万科次，组织网上报名53次，其中省内12次。全年全省完成职业技能考核鉴定11.82万人次，核发职业资格证书10.4万人次。其中，高级工以上鉴定2.1万人次，核发职业资格证书1.86万人次。

6月12日，2020年江西省优势产业高层次人才网络云招聘会在中国江西人才市场举办

省人社厅供

【高层次人才引进】 搭建线上招聘平台，采取线上线下相结合方式，举办“才聚江西智荟赣鄱”系列高层次人才引进活动。其中，举办线上引才对接活动13场；组团赴东北、西北、西南等10所985、211高校，举办江西专场引才活动。开展全省重点产业链人才需求情况调查摸底，举办有色金属、航空、电子信息等重点产业链专场招聘活动。全年全省刚性引进博士以上高层次人才1320人，同比增长4.68%。

【百千万人才工程】 开展2020年“百千万人才工程”人选选拔工作，6人入选国家级“百千万人才工程”人选，141人入选省级“百千万人才工程”人选。组织举办2期新入选“百千万人才工程”人选高级研修班，140余人参加国情教育。至年底，全省有国家级“百千万人才工程”人选72人，省级“百千万人才工程”人选1954人。

【博士后人才引进】 至年底，全省累计招收博士后研究人员近1400人，累计完成博士后科研项目1800项，博士后科研项目转化经济效益22亿元。全省有博士后科研流动站34个、工作站108个、博士后创新实践基地102个，涉及稀土、有色金属、陶瓷、中医热敏灸、红色文化、生态农业和资源环境等优势产业领域。

【高技能人才建设】 全省有技能人才494.4万人。在首届全国职业技能大赛上，江西代表团获1块金牌（飞机维修）、4块银牌（家具制作、云计算、制冷与空调、网站设计）、3块铜牌（电子技术、餐厅服务、汽车喷漆）、44个优胜奖；有26个项目入围第46届世界技能大赛中国集训队，比第45届世界技能大赛增加9个项目，入围项目数再创历史新高。

【举办2020年中国经济安全与发展全国博士后论坛】 11月20日，2020年中国经济安全与发展全国博士后论坛在南昌举办。该论坛由全国博士后管委会办公室、中国博士后科学基金会、江西省人力资源和社会保障厅联合主办，江西财经大学承办，邀请中国社会科学院研究员冯颜利等专家作主旨报告，全国财经专业领域100余名博士后参加论坛。

【江西省高层次人才联谊会成立】 按照省委人才办工作安排，牵头组织筹建江西省高层次人才联谊会，共邀请团体会员46个、个人会员632人，其中院士60人。12月11日，召开江西省高层次人才联谊会成立大会，大会通过了章程，选举产生第一届理事会，中科院院士、江西农业大学党委书记黄路生当选为会长，中科院院士、南昌大学党委常委、副校长江风益等人当选为副会长。

（肖璟）

培训师资班 17 期，培训 487 人。

就业创业

【概　况】 2020 年，围绕落实“保就业、保基本生活、保市场主体”目标任务，出台完善求职创业补贴、一次性稳岗补助、支持灵活就业、新业态发展等新一轮政策体系，稳定和扩大就业。出台进一步落实“保居民就业、保基本民生、保市场主体”任务 23 条措施。通过全省人社系统落实失业保险稳岗返还、创业担保贷款、促进高校毕业生就业创业等一系列“含金量高”的“保就业”政策。新增转移农村劳动力 58.86 万人，其中省内转移 40.41 万人。全年开展企业职工岗位技能培训 73.52 万人次。开展失业保险护航行动和职业技能提升展翅行动，为 2.12 万家企业发放一般企业稳岗返还资金 5.23 亿元，惠及职工 136.60 万人；为 691 家企业发放困难企业稳岗返还资金 9.76 亿元，惠及职工 13.79 万人；为 3.06 万名参保职工落实技能提升补贴 5029.05 万元。

开展全省创业孵化基地建设，全省建立创业孵化基地 249 个，比上年净增 23 个，入驻实体净增 1400 余家，带动就业人数净增近 5000 人。全年开展创业培训 16.66 万人次，完成年计划任务 138.81%。组织开展创业培训师资班 17 期，培训 487 人。

【实施高校毕业生“三支一扶”计划】 继续做好“三支一扶”人员招募工作，全省招募“三支一扶”人员 2081 名，超额完成省政府民生工程任务；妥善安置 1827 名期满合格“三支一扶”人员，安置率 100%；举办“三支一扶”人员脱贫攻坚专项培训班和能力提升综合培训班各 1 期，共培训 400 名在岗“三支一扶”人员；开展第三轮高校毕业生“三支一扶”计划总结评估工作。

【推行就业扶贫“三三六”工作法】 为促进贫困劳动力就业，全省推行就业扶贫“三三六”（实施“三纳入”推进机制，打造“三支撑”保障机制，拓展“六路径”工作机制）工作法。“三三六”工作法作为就业扶贫项目参加第四届“中国创翼”创业创新大赛暨就业创业服务经验交流活动，得到全国人大常委会副委员长张春贤及人社部部长张纪南、副部长李忠的肯定。至年底，全省贫困劳动力总量 171.7 万人，已就业务工 131.5 万人，占贫困劳动力总量 76.6%。

【打造就业扶贫“一库一码一平台”】 2020 年，省人社厅结合就业扶贫工作实际，提升信息化工作手段，打造“一库一码一平台”（就业扶贫数据库、江西就业扶贫码、江西省就业扶贫数据分析平台）。构建全省集中的就业扶贫数据库，录入全省 171.39 万贫困劳动力在就业扶持、政策享受和社保待遇等方面的相关信息，并实行实名制动态管理。研发江西就业扶贫码微信小程序，按照“一人一码”和精准化、个性化、差异化、地域化要求，向贫困劳动力推送“政策包”和“服务包”。全省已有 99.94% 的贫困劳动力登录使用“就业扶贫码”，累计扫码用码 489.42 万人次。累计推送招工信息 8774 条、培训计划 1515 条、招聘会信息 487 条，提供招聘岗位 20.3 万个。开发江西省就业扶贫数据分析平台（含 PC 端和手机版），对就业监测、省际流动、培训概况、公益性岗位、扶贫车间、交通费补贴等多项数据进行动态监测统计，通过大数据和互联网络的技术运用，为各级人社和相关部门提供研判分析支撑。

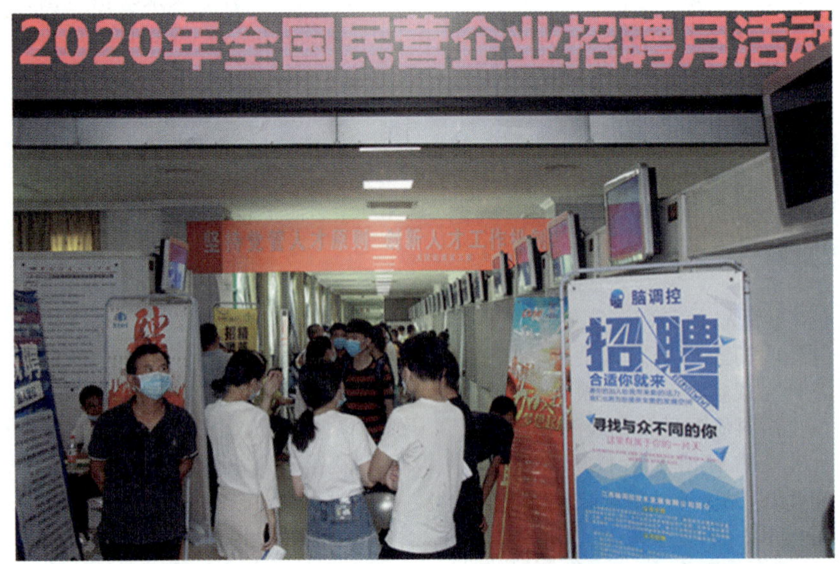

7 月 25 日，省人才市场召开 2020 年江西省民营企业公益招聘会。图为招聘现场

省人社厅供

【公共就业服务】 继续为流动人员提供档案管理、户口管理、职称申报、流动党员管理等公益性服务。全年累计办理接收档案 4510 份、转递档案 3859 份，职称申报 41 件，户口办理 98 件，流动党员转入 98 人、转出 263 人。持续为所有企业提供免费现场招聘服务。疫情常态化后，恢复每周三、周六现场招聘会活动，全年举办现场招聘会 25 场，累计参会单位 1289 家次，提供就业岗位 2.94 万个。联合省内各地市人才网站，先后开展“新春招聘”“春风行动”“民营企业服务周”“高校毕业生就业服务周”“保用工稳就业”“百千万线上线下招聘专项行动”等主题线上线下公益性招聘会活动。聚焦重点群体助力脱贫攻坚，对就业困难人员提供免费就业登记、免费优先推荐等精准公益性就业帮扶措施。

【毕业生就业】 推动省政府办公厅印发《江西省人民政府办公厅关于促进我省 2020 届高校毕业生就业创业若干政策措施的通知》，为高校毕业生新增开发 4 万个就业岗位；组建“4 万新增岗位专项推进小组”，专门对接省直 16 个部门做好政策性岗位落实落地工作。通过硬核政策和务实举措相结合，全省开发各类政策性岗位11.30万个,为稳定高校毕业生就业局势"雪中送炭"。全省2020届高校毕业生32.07万人,同比增长2.34%。至9月1日,全省2020届高校毕业生就业率79.51%,超额完成教育部提出的"确保9月1日就业率达到70%"的目标任务。全省2020届高校毕业生留赣就业14.11万人,占已就业总人数55.33%,与2019届相比提升4.01个百分点;留赣就业绝对人数增加7313人。全省1.20万名"建档立卡"贫困家庭高校毕业生就业率91.06%,高于全省平均水平11.55个百分点。

【创业担保贷款发放】 2020年,全省新增发放创业担保贷款192.7亿元,增长24.4%,完成全年民生工程任务175.18%;通过创业担保贷款直接扶持个人创业13.78万人次,带动就业51.43万人次,还款率99.95%。至年底,全省累计发放创业担保贷款1401亿元,累计扶持个人创业127万人次,带动就业496万人次,各项指标继续位居全国前列。

【第二届"江西省青年创业风云人物"评选活动】 根据《关于组织开展第二届"江西省青年创业风云人物"评选工作的通知》要求,经自愿申报、择优推荐、专家考评、实地考察、征信调查、意见征询等程序,7月,最终选出吴军、郭桥生、吴世伟、左智亮、刘光森、伍小军、杨新宁、付莹莹、彭健、魏龙斌10名为第二届"江西省青年创业风云人物",方婷、胡蓉、杨辉、吴吉亮、乐宁、刘建、夏清华、吴新星、熊小环9名为提名奖。10月15日,在江西省大众创业万众创新活动周启动仪式上,省长易炼红等为第二届"江西省青年创业风云人物"颁奖。

【第四届"中国创翼"创业创新大赛暨就业创业服务经验交流活动在景德镇闭幕】 11月19日,第四届"中国创翼"创业创新大赛暨就业创业服务经验交流活动在景德镇闭幕。全国人大常委会副委员长张春贤出席闭幕式并宣布活动闭幕,人社部部长张纪南、江西省省长易炼红出席并致辞。江西省创新组"兵哥'鲜'行——打造社区'最后一公里'就创业新模式"获全国第1名和一等奖,创业组"亮朵——集好物,享服务"和专项赛的"一碗水酒别样情怀"2个项目获三等奖,"智慧城市低空安全综合管控"等3个项目获优秀奖。省人社厅获第四届"中国创翼"创业创新大赛优秀组织奖及特别贡献奖。

(肖璟)

人才人事管理服务

【概 况】 5月6日,印发《关于做好新冠肺炎疫情防控一线医务人员申请享受职称评聘优惠政策工作的通知》,部署完成省内一线医务人员的调查统计工作,梳理出全省1.3万余名一线医务人员名单。8月,完成援鄂医务人员高级职称集中优先评审,不设通过比例,首批154名援鄂医务人员通过评审优先获得高级职称。健全事业单位高层次人才工资分配激励机制,支持和鼓励事业单位科研人员创新创业,规范事业单位专业技术二级岗位管理。指导全省高校建立"岗位能上能下、人员能进能出、待遇能高能低"的岗位动态管理机制,加强聘期考核管理,将考核结果作为人事关系存续、岗位等级变动以及工资待遇调整的依据。至年底,全省23所本科高校均制定岗位动态管理办法。

【完善专业技术人才职称政策】 7月27日,出台《关于在工程技术领域实现高技能人才与工程技术人才职业发展贯通的实施意见》,打通工程技术领域高能人才的职称申报渠道。制定《江西省农业技术人员职称申报条件》和《江西省基层农业技术人员职称申报条件》,对基层农业人员实行定向评价、定向使用,全年农业技术人员高级职称申报350人,增长91.26%,基层一线农业技术人员取得高级资格占74.63%。

【推进职称"放管服"改革】 进一步下放职称评审权,新增下放豫章师范学院等59所院校、江西文化演艺发展集团有限责任公司和赣州市妇幼保健院等单位职称自主评审权。全省高校教师职称全部实现自主制定评审标准、自主设置评审机构、自主开展评审工作、自主使用评审结果。至年底,已向全省105所高校、8所医院、17家企业、4家科研院所下放职称评审权,向11个设区市下放中小学教师、卫生副高级职称评审权。

【开展事业单位公开招聘】 重点做好应届高校毕业生公开招聘工作,通过优化政策、简化流程、与行业部门协同配合等一系列举措,大幅提高事业单位招聘岗位数量。全年全省约4.2万人通过事业单位公开招聘进入各级各类事业单位,其中省直事业单位约5000人。

【落实及时奖励制度】 完成省政府第四批和第五批及时奖励申报评选,全省1191个集体和个人进行申报,经严格评选,2批次共评选出先进集体22个,先进个人7名。印发《江西省人力资源和社会保障厅关于开展及时奖励直接申报推荐工作的通知》,创新建立及时奖励直接申报推荐制度,开辟设区市直接申报推荐渠道,由当地人社局部署及时奖励直报工作。

【完善绩效工资政策】 3月25日,制定出台《关于深化事业单位高层次人才工资分配激励机制改革的实施意见》,并按照文件精神对南昌大学、南昌航空大学、华东交通大学、江西中医药大学4所大学43名高层次人才实行70万~200万元年薪制。落实职业教育改革有关政策,对江西交通职业技术学院等7所职业院校因开展校企合作等工作单独核增绩效工资总量。优化绩效工资总量申报核定办法,9月11日,下发《关于2020年省直事业单位绩效工资总量申报核定有关事项的通知》,对公益一类、公益二类、生产经营类事业单位绩效工资总量实行分类核定和限高管理,完成497家省直事业单位绩效工资总量核定工作。

(肖璟)

劳动关系

【概 况】 2020年,加强劳动关系

领域重点难点问题研究，及时发布疫情期间劳动关系政策指导，定期开展劳动关系矛盾风险隐患排查化解。完成“和谐劳动·幸福江西”三年行动计划，推进深化构建和谐劳动关系综合配套改革试点，启动劳动关系“和谐同行”能力提升三年行动计划和第二届省模范劳动关系和谐单位评选表彰工作。鼓励国有企业应对新冠肺炎疫情影响，制定支持企业改革发展的工资分配政策。开展国有企业在岗职工工资统计，经省政府同意，发布2020年度省属国有企业负责人薪酬基本年薪计算基数。完成全省企业薪酬调查工作，共调查1.08万户企业73万职工薪酬数据，向社会公开发布全省各类职业（工种）、各等级专业技术人员和技能人员的工资价位、初次就业大学生工资价位。

【构建和谐劳动关系综合配套改革试点】 按照人社部《深化构建和谐劳动关系综合配套改革试点方案》要求，1月23日，景德镇市政府制定出台《景德镇市深化构建和谐劳动关系综合配套改革试点实施方案》，指导和推动景德镇市围绕“智慧劳动关系”建设，以点带面，推进深化构建和谐劳动关系综合配套改革试点工作，形成景德镇市、万载县和昌南工业园区“一市一县一园区”构建和谐劳动关系综合试验区建设格局。

【印发《江西省劳动关系“和谐同行”能力提升三年行动计划实施方案》】 11月11日，印发《江西省劳动关系“和谐同行”能力提升三年行动计划实施方案》，明确自2020年起至2023年9月，在全省范围实施“和谐劳动关系十百千万计划”“重点企业用工指导计划”和“企业薪酬指引计划”，推动劳动关系工作方式方法创新，改进和完善对企业劳动用工、工资分配的指导和服务，提升劳动关系公共服务能力和基层调解仲裁工作效能，推进劳动关系治理体系和治理能力建设。

【第二届江西省模范劳动关系和谐单位评选表彰活动启动】 12月17日，省人社厅、省总工会、省工商联、省企联（省企协）印发《关于推荐评选第二届江西省模范劳动关系和谐单位的通知》，在全省范围内启动第二届江西省模范劳动关系和谐单位评选表彰活动。评选表彰对象为：凡在江西省行政区域内登记注册且生产经营活动正常的企业和工业园区、乡镇（街道），符合申报条件的，均可申报参加江西省模范劳动关系和谐企业、工业园区、乡镇（街道）评选。按照申报、初审、审定、公示、批准程序，评选表彰江西省模范劳动关系和谐企业30个，江西省模范劳动关系和谐工业园区12个，江西省模范劳动关系和谐乡镇（街道）18个。

（肖璟）

权益保障

【概 况】 2020年，组织开展根治欠薪冬季专项行动、清理整顿人力资源市场秩序专项检查和劳动保障年度书面审查工作。落实“六保六稳”，全省实行银行保函项目606个，以银行保函替代企业现金缴纳农民工工资保证金金额19.24亿元；实行商业履约保函项目1128个，以商业履约保函替代企业现金缴纳农民工工资保证金金额12.21亿元。全省劳动保障监察机构检查用人单位2.38万户，依法为2.28万名劳动者追回工资待遇2.45亿元，向社会公布重大劳动保障违法行为31件，10户企业和个人纳入拖欠农民工工资“黑名单”管理，向公安机关移送涉嫌拒不支付劳动报酬犯罪案件66件，公安机关立案侦查40件。全省各级劳动人事争议调解仲裁机构共依法受理劳动人事争议案件2.53万件，依法调处案件2.50万件，仲裁结案率96.3%，调解成功率70.7%，终局裁决率45%，仲裁终结率72.6%，涉案金额8.7亿元，未引起大面积群体性事件，化解了社会矛盾和纠纷。加强裁审衔接，与省法院联合印发《关于办理劳动争议案件若干问题的解答（试行）》，统一全省裁审标准。上线推广江西省“智慧仲裁”信息系统，提升案件处理智能化水平和服务社会能力。

【执行疫情防控期间暂缓缴存农民工工资保证金政策】 4月27日，省人社厅、省住建厅下发《关于落实新冠肺炎疫情防控期间暂缓缴存农民工工资保证金政策等有关事项的通知》，要求从3月18日起至6月底，暂缓缴存农民工工资保证金，其间新缴存的农民工工资保证金及时退还。政策实施期间，全省暂缓缴纳保证金4.4亿元。同时，全省各地实行差异化缴存政策，对优质诚信企业工程项目按规定减收农民工工资保证金，对工资支付到位企业按程序第一时间退还保证金，对3年无拖欠的企业按照50%的比例应减尽减。

（肖璟）

本栏编辑 詹跃华

社会保障

综述

面对新冠肺炎疫情和严重汛情，省人社厅以“六稳六保”为主线，采取一系列措施，为全面建成小康社会、决战决胜脱贫攻坚作出贡献。

制度保障逐渐完善。根据国家有关文件精神，先后出台阶段性减免企业社会保险费政策和延长减免政策，有效缓解企业负担。统一全省企业职工因病或非因工死亡抚恤金政策和标准。出台基本养老金计发基数过渡办法。全面实施城镇企业职工基本养老保险基金省级统收统支制度，提升制度统筹层次。出台江西省职业年金绩效考核办法，完善全省职业年金运营管理流程。出台文件明确法官检察官单独职务序列改革实施后养老保险有关问题，以及公务员实行职务与职级并行制度后养老保险有关问题。配合省委宣传部等部门印发会议纪要，妥善解决转企院团原退休人员纳入机关事业单位养老保险等历史遗留问题。

社会保险稳步推进。全省城镇职工养老保险、城乡居民养老保险、失业保险和工伤保险参保人数分别达到1168.2万人、2077.99万人、291.86万人、557.98万人。全省城镇职工基本养老保险、城乡居民养老保险、失业保险、工伤保险基金全年总收入分别为1072.26亿元、130.58亿元、12.38亿元、15.21亿元。城乡居民基本养老保险基础养老金水平提高到月人均110元。累计为贫困人员代缴城乡居民养老保险8.1亿元，累计办理“助保贷款”1.5万人次。因降费率政策和阶段性减免企业社保费政策累计减轻企业和个人社保负担256亿元。全省职业年金基金资产净值261.15亿元，其中本金238.06亿元，累计投资收益30.61亿元。启动城乡居民基本养老保险投资运营，首次确定委托投资运营额不低于100亿元。

经办水平稳步提高。11月10日，全面实现江西省社保信息系统省级集中，系统将业务、财务、档案、风控四大业务板块深度融合，实现养老、工伤和失业保险“三险合一”服务省级集成、数据省级集中、业务全省通办，做到全省一个标准、一套系统、一口对接、一体联动。截至年底，全省开通网上经办参保单位12.14万家，网厅业务经办量达到445.7万笔。推进江西人社APP上线，APP面向全省所有参保人员提供30余项高频业务，并通过集成方式提供社会保险、创业贷款、求职招聘和劳动关系4个业务板块的人社业务。完成95项社保事项“八统一”标准化，办理材料平均精简45.3%、办理时限平均压减26.5%。全省各级社保经办机构提供延时错时预约服务，其中省本级提供7项延时服务、5项预约服务。在经办大厅增设自助一体机，提供全省参保人员信息查询、个人权益单打印等8项便民服务。在县(市、区)统一配备小型制卡设备。截至年底，社会保障卡持卡人数达到4630万人，基本实现“人手一卡”;开通30个电子社保卡服务渠道，签发电子社保卡2000万张;加快推进社会保障“一卡通”应用工作，实现在20多个民生服务和政务服务领域应用。 （省人社厅）

保障体制

【减免企业社会保险费】 3月3日，省人社厅会同省财政厅、省税务局、省统计局出台《江西省人力资源和社会保障厅等四部门关于阶段性减免企业社会保险费的通知》，明确江西省阶段性减免企业社会保险费实施办法。7月14日，省人社厅会同省财政厅、省税务局出台《关于延长阶段性减免企业社会保险费政策实施期限的通知》，延长阶段性减免企业3项社会保险费政策，明确延长阶段性减免企业社会保险费政策的执行期限、困难企业缓缴社会保险费执行期限和减轻企业和参保人员缴费负担等具体政策，进一步缓解企业负担。

【统一全省企业职工因病或非因工死亡抚恤金政策和标准】 3月9日，省人社厅会同省财政厅、省总工会出台《关于统一全省企业职工和退休人员因病或非因工死亡抚恤金标准的通知》，统一全省企业职工和退休人员因病或非因工死亡抚恤金标准。企业职工因病或非因工死亡的，抚恤金标准调整为企业职工死亡时上年度全省全口径城镇单位就业人员10个月平均工资。调整后的抚恤金标准低于2019年所在市、县(区)上年度在岗职工10个月平均工资的，按2019年所在市、县(区)上年度在岗职工10个月平均工资支付。企业退休(含退职)人员因病或非因工死亡的，抚恤金标准调整为退休人员死亡时上年度全省企业退休人员10个月平均基本养老金。调整后的抚恤金标准低于2019年所在市、县(区)上年度企业退休人员10个月平均基本养老金的，按2019年所在市、县(区)上年度企业退休人员10个月平均基本养老金支付。

【完善机关事业单位养老保险制度】 1月14日，省人社厅会同省财政厅出台《关于2019年机关事业单位退休人员养老保险待遇平稳衔接有关问题的通知》，明确江西省2019年机关事业单位退休人员养老保险待遇平稳衔接办法。印发省属转企改制院团原退休人员纳入机关事业单位养老保险相关工作协调会议纪要。配合省委宣传部等部门印发《5家省属转企改制院团原退休人员纳入机关事业单位养老保险相关工作协调会议纪要》，妥善解决转企院团原退休人员纳入机关事业单位养老保险等历史遗留问题。出台《江西省人力资源和社会保障厅等四部门关于法官检察官单独职务序列改革实施后养老保险有关问题的通知》，确保单独职务序列改革前后法官、检察官的养老保险平稳衔接。为贯彻落实公务员职务与职级并行制度，落实职级公务员的养老保险待遇，出台《中共江西省委组织部、江西省人力资源和社会保障厅、江西省财政厅关于公务员实行职务与职级并行制度后养老保险有关问题的通知》。

【全面实施工伤保险基金省级统筹】 按照《江西省工伤保险基金省级统筹实施方案》要求，从1月1日起，全省工伤保险基金实行省级调剂、设区市统收统支、设区市和县（市、区）分级经办，全面建立工伤保险参保范围和参保对象统一、工伤保险费率政策和缴费标准统一、工伤认定和劳动能力鉴定办法统一、工伤保险待遇支付标准统一、经办流程和信息系统统一的工伤保险省级统筹制度。同时，配套出台《江西省工伤保险省级调剂金管理办法》和《江西省工伤保险业务经办规程》，上线运行全省统一的工伤保险信息系统。全省11个设区市全面执行全省统一的政策标准、基金管理和业务经办规程。

（省人社厅）

医疗保障

【概　况】 2020年，全省医疗保障系统坚持以人民为中心的发展思想，统筹推进疫情防控和江西医保“1235”工程落地落实落效。截至年底，全省基本医疗保险参保人数4779万人，参保覆盖率稳定在95%以上。基本医疗保险基金（含生育保险）总收入615.89亿元，同比增长6.21%。基金总支出553.41亿元，增长7.06%。当期结余62.48亿元，累计结余667.89亿元，增长10.62%。其中职工医保（含生育保险）累计结余381.66亿元，可支付22.58个月。居民医保累计结余286.23亿元，可支付9.8个月。累计争取到中央下达城乡居民基本医疗保险补助资金452.97亿元、城乡医疗救助资金25.36亿元、医疗服务与保障能力提升资金3.64亿元。全省医保基金运行总体平稳、安全可控。

【应对新冠肺炎疫情】 面对新冠肺炎疫情，省医疗保障局及时统筹部署，迅速开辟救治费用、药品挂网、经办服务、复工复产“四条通道”，建立完善基金动态预付、药品耗材应急采购、不见面办服务、医保费用减征缓缴“四项机制”。累计向全省109家定点救治医院预付医保基金3.95亿元，确保收治医院不因支付政策影响救治；医保基金支付新冠肺炎确诊和疑似患者费用2457万元，平均支付比例56.51%，确保患者不因费用问题影响救治；减半征收6.17万家企业医保费9.3亿元，受理6.67万家企业缓缴医保费6.97亿元，促进企业复工复产。

【推进医疗保险市级统筹】 5月15日，省政府办公厅转发省医疗保障局等4部门《关于推进医疗保险基金市级统收统支工作意见》，按照制度政策统一、基金统收统支、管理服务一体的要求，统筹推进全省医疗保险基金市级统收统支工作，建立“覆盖范围统一、筹资政策统一、待遇水平统一、基金管理统一、经办流程统一、信息系统统一”的医疗保险市级统筹制度，全面做实基本医疗保险市级统筹。

【医保精准扶贫】 4月17日，印发《决战决胜脱贫攻坚全省医保扶贫“总决战”工作方案》，系统推出20项医保扶贫“政策包”。全省281.6万农村建档立卡贫困人口和36.2万城镇贫困群众实现应保尽保。城乡贫困群众住院医疗费用通过基本医保、大病保险和医疗救助“三道保障线”报销比例达73.58%（城乡居民住院费用报销比例72%），加上重大疾病补充保险等政策落实，实际报销比例达90%；全面取消贫困群众大病保险封顶线，起付线再降低50%，报销比例提高到65%；27种门诊特殊慢性病治疗费用纳入医保统筹基金待遇保障范围。2020年，贫困人口基本医保住院报销金额38.3亿元，大病保险住院报销金额5.5亿元，医疗救助住院救助金额4亿元，贫困人口医疗费用负担持续减轻。全省1686个定点乡镇卫生院门诊统筹开通率100%，1.13万个产权公有村卫生室即时结算率100%，疫情期间“长处方”报销率100%。

【规范统一职工医保待遇政策】 1月1日起，江西省按照国家部署将职工生育保险和基本医保合并实施合并征收，个人不缴纳生育保险费。截至12月底，全省生育保险参保职工372万人，比合并实施前的2019年年底增长18.5%。推动全省职工医保制度统一规范工作，12月2日，省政府办公厅印发《关于统一规范职工基本医疗保险和大病保险政策的实施意见》，明确自2021年1月1日起，经过3年协同努力，在全省构建起缴费标准、基本医疗保险缴费年限、基本医疗保险费用补缴、个人账户、住院医疗待遇、大病保险待遇、个人先行自付比例统一规范的职工基本医疗保险和大病保险制度，提升江西省职工医疗保障制度规范化、标准化水平，为健全覆盖全民、统筹城乡、公平统一、可持续的多层次社会保障体系奠定基础。

【统一城乡居民医保筹资标准】 8月14日，印发《关于落实〈国家医疗保障局财政部国家税务总局关于做好2020年城乡居民基本医疗保障工作的通知〉的通知》，明确2020年江西省城乡居民基本医疗保险筹资标准为不低于每人830元，其中财政补助标准在2019年的基础上新增30元，达到每人每年不低于550元；个人缴费标准在2019年基础上新增30

元，达到每人每年280元，2020年已按250元标准缴纳个人参保费用的，差额30元部分，在缴纳2021年城乡居民医保个人费用时一并补缴。

【医疗保障基金监管】 推进制度建设，出台深化医疗保障基金监管制度体系改革实施方案，明确江西医保基金监管“1+6+3+5”制度体系；基金监管“两试点一示范”通过国家中期评估，宜春高安市、赣州市、南昌市获得优秀等次；加强综合监管，推动将“打击欺诈骗保违法行为、维护医保基金安全”列入2020年度全省平安建设考评体系。2020年，推进打击欺诈骗保专项治理“秋季攻坚”行动和省级飞行检查，全省检查定点医药机构2.73万家，实现全覆盖；处理违规定点医药机构1.67万家，占定点机构总数61.13%；处理违规参保人员209人，移交司法51例；追回资金7.23亿元，追回资金与基金支出之比，在全国排名第十。基金监管工作成效连续2年位居全国第一方阵，维护了基金安全。

【执行国家新版医保药品目录】 印发《关于全面执行〈国家基本医疗保险、工伤保险和生育保险药品目录〉的通知》，全面执行《2019版国家医保药品目录》，共纳入医保支付药品3601个。创新制定江西省过渡期医保目录政策，对超出《2019版国家医保药品目录》的药品，第一时间明确过渡期保留范围、保留期限，用足3年过渡期政策，为企业转型升级赢得空间和时间。江西省44家医药企业生产的22个西药、47家医药企业生产的46个中成药、63家医药企业生产的209个中药饮片、22家医疗机构的277个院内制剂和3家医药企业生产的931个中药配方颗粒均保留在医保范围内，目录执行情况平稳有序。

【助力中医药强省战略】 5月18日，印发《关于助力打造江西中医药品牌服务中医药强省战略的通知》，推出16条针对性的具体举措，从医药机构准入、中医药使用、支付方式改革、发挥中医药治疗独特优势、政策宣传5个方面，全力支持打造“江西中医药”品牌，促进全省中医药产业发展，保护人民健康。截至年底，全省有217家中医医保定点医疗机构，101家中医综合类异地就医定点医疗机构；“三子一壳”等1101个中药饮片、120个中医医疗机构制剂纳入医保支付范围；78项中医诊疗服务项目纳入门诊统筹支付范围；支持乡镇卫生院等基层定点医疗机构开展适宜的中医医疗服务项目，医药费用按40%比例报销。将江西中医药大学附属医院特色热敏灸项目设立为一个独立的医疗服务项目，并纳入医保目录，项目价格由单独设立前的46元/次提高到60元/次，医保支付标准提高到50元/次。

【药品医用耗材集中带量采购】 全面落实国家组织药品和医用耗材集中带量采购中选结果，探索开展江西省未过评药品集中带量采购，每年可节约购药资金35亿元。4月11日，第二批国家组织药品集中采购中选结果开始执行，32个药品价格平均降幅71.46%，最大降幅96.43%；11月20日，第三批国家组织药品集中采购中选结果开始在江西落地执行，55个中选药品价格平均降幅70.53%，最大降幅97.04%；12月20日，第一批国家组织药品集中采购中选结果续约；跟进国家冠脉支架集中带量采购，中选产品平均降价超94%。同时，探索开展未过评药品集中带量采购“江西模式”，第一批6个品种中选价格最高下降96.33%，平均下降59.49%。

【优化医保经办服务】 全面推行“一份清单、两个下放、一个系统、四个办理”的“1214”模式。全省各级医保经办机构执行统一的政务服务事项清单制度，切实提升经办服务规范化、标准化水平；医保经办下放审批权限，扛起监管责任，省本级已将定点医药机构准入权限下放至南昌市，将门诊特殊慢性病认定权限下放至公立三级医疗机构；全面展开医保政务服务“好差评”系统建设，省本级、南昌、抚州、新余、景德镇、上饶6个统筹地区完成系统建设并投入使用；全面推行“备案业务网上办、查询服务掌上办、大厅业务马上办、证明事项简化办”的“四办”便民服务模式，百姓就医购药更加便捷。

【异地就医直接结算】 持续推进异地就医备案线上办理，不断扩大异地定点医疗机构范围，异地就医直接结算服务可及性不断提升，结算规模稳步增长。九江、景德镇等11个统筹区接入国家异地就医备案小程序试点；全省有异地定点医疗机构960家（含跨省异地定点医疗机构807家）和异地定点零售药店998家；2020年，全省参保人员跨省异地就医直接结算21.52万人次，直接结算金额29.13亿元，同比分别增长14.01%和13.60%；外省参保人员在江西省直接结算1.65万人次，直接结算金额1.39亿元，同比分别增长13.80%和35.06%；省内异地就医直接结算160.18万人次，直接结算金额33.80亿元，同比分别增长71.76%和46.26%。同时，省本级、南昌、鹰潭、赣州、吉安、抚州6个统筹区主动承接国家门诊费用跨省直接结算试点。

（省医疗保障局）

社会保险

【概　况】 2020年，江西省连续第16年提高企业退休人员基本养老金，连续第5年同步调整企业和机关事业单位退休人员基本养老金。城乡居民基本养老保险基础养老金水平提高到月人均110元。职业年金待遇享受人数14.62万人，累计发放7.52亿元。连续16年提高因工致残人员伤残津贴等定期待遇。因工死亡职工一次性工亡补助金标准84.7万元，比2012年提高41.1万元。全省城镇职工基本养老保险、城乡居民养老保险、工伤保险、失业保险基金待遇支出分别达到1163.31亿元、91.46亿元、16.72亿元、19.40亿元。

【社保扶贫】 截至2020年年底，全省符合参加城乡居民养老保险条件的建档立卡贫困人员、低保对象和特困人员等贫困群体292.58万人，全部参加城乡居民养老保险。其中建档立卡贫困户210.36万人，低保对象、特困人员82.23万人。年度内，为206.13万人代缴城乡居民养老保险费，其中建档立卡贫困人员代缴152.50万人，低保对象、特困人员代缴53.63万人，财政代缴金额2.10亿元。全省应享受城乡居民养老保险待遇的建档立卡贫困人员、低保对象和特困人员等贫困群体86.46万人，全部发放到位。截至年底，累计办理“助保贷款”1.5万人次、发放贷款5亿元、财政贴息2270万元，6100余名困难助保对象领取养老金。

【长江流域退捕渔民参加养老保险】 引导符合条件的渔民参加企业职工或城乡居民养老保险，对1.48万名困难渔民实施政府代缴保费政策，全省6.3万名符合条件的退捕渔民全部纳入基本养老保险；根据渔民从业状态，明确针对性补贴标准，实行“先缴后补”“政府直补”的参保流程，为2.9万名符合条件渔民发放养老保险补贴；推出退捕渔民社保定制服务，开通社保卡发放补助功能，通过上门办社保、集中办手续、代办点通办、在线服务等多渠道，帮助退捕渔民“足不出户、参保到人”。

【做好新冠疫情工伤保险工作】 为做好新型冠状病毒肺炎疫情防治工作，保障防治人员的权益，会同省财政厅、省卫健委印发《关于因履行工作职责感染新型冠状病毒肺炎的医护及相关工作人员有关保障问题的通知》，明确在新型冠状病毒肺炎预防和救治工作中，医护及相关工作人员因履行工作职责，感染新型冠状病毒肺炎或因感染新型冠状病毒肺炎死亡的，应认定为工伤，依法享受工伤保险待遇。开通疫情防控工伤认定绿色通道，建立全省医护及相关人员感染新冠肺炎情况日调度制度。

【加强失业保险保障措施】 推进失业保险金“畅通领、安全办”工作，全年为3.61万名失业人员发放失业保险金2.53亿元。扩大失业保险保障范围，出台《关于做好扩大失业保险保障范围有关工作的通知》《关于进一步明确失业补助金政策有关问题的通知》，全口径落实失业保险扩围政策，进一步明确相关操作细则，精简证明、完善流程，做到应扩尽扩、应发尽发。2020年共为8.60万人发放失业补助金1.92亿元。

（省人社厅）

社会福利

【概　况】 截至2020年年底，江西建有养老机构1989家、总床位数16.4万张（护理型床位7.7万张），其中公办养老院1473家、床位10.7万张，社会力量运营的养老机构516家、床位5.7万张；建有城乡居家和社区养老服务设施1.25万个。

全省有孤儿5024人，事实无人抚养儿童8489人，农村留守儿童60.2万人，农村留守妇女3.1万人；设立乡镇（街道）儿童督导员1988人，村（居）儿童主任2.21万人；建成儿童福利机构43个，未成年人救助保护机构88个。实施“福彩圆梦·孤儿助学”“孤儿医疗康复明天计划”项目，资助657名年满18周岁孤儿就读大中专院校，开展救治康复1041例。

全省纳入生活补贴的残疾人49.8万人，纳入护理补贴的残疾人43.9万人。将农村困难残疾人生活补贴和重度残疾人护理补贴标准分别提高10元，达到每人每月60元和70元，实现城乡标准统一。发放两项补贴省级补助资金4.21亿元。统筹中央、省级福彩公益金1100余万元支持精神卫生福利设施和精神障碍社区康复机构建设，新建成赣州市精神卫生社会福利院，支持9个精神障碍社区康复机构建设。统筹残疾人就业保障金200万元，用于支持精神障碍社区康复服务站点运营管理。继续组织实施“福康工程”项目，争取民政部福彩公益金96万元。

【居家和社区养老服务】 全面推进居家和社区养老服务改革，新增景德镇、上饶2个设区市纳入中央财政支持居家和社区养老服务改革试点，全省有10个设区市纳入试点范围；将鹰潭市列为省级试点单位，在全国率先实现居家和社区养老服务改革试点全覆盖。建成居家和社区养老服务设施1923个，打造15分钟养老服务圈，为老年人提供助餐、助医、助行以及家政助洁等服务。2020年，投入700余万元对3500户特殊困难老年人家庭进行居家适老化改造。推进互联网+智慧养老，77%的设区市和65%的县（市、区）建成或在建养老服务信息化平台，打造智慧健康养老示范基地1个、示范街道（乡镇）13个、示范企业2个。

【农村养老服务】 11月16日—17日，民政部在江西召开全国农村养老服务推进会议，全面推广江西“党建引领、三级联动”农村养老服务工作经验。2020年，全省统筹使用中央预算内投资、部省彩票公益金、养老服务体系建设省级补助资金近5亿元，支持县级福利院、农村敬老院新建或改造。新建或改造县级福利院43所，护理型床位占比76.2%，82个县（市、区）3400余名农村特困失能人员在县级福利院集中照护；实现改造提升敬老院达929所，占比63%。加快公办养老院改革发展，建立公办养老院入住评估轮候制度，100%完成事业单位法人登记。协调省委编办出台文件，建立健全省市县乡四级养老服务中心。出台《农村互助养老服务设施建设管理运营指引》，建成农村互助养老服务设施1.02万个，覆盖60.4%建制村。会同省委组织部、省财政厅开展“党建+农村互助养老服务”省级示范点建设。全面建立农村留守等困难老年人探视巡访制度。

【发展养老服务产业】 深化放管服改革，发布养老服务发展扶持政策清单，编印养老服务项目招商手册，与广东、广西签订旅居养老框架协议。建立健全养老机构建设补贴和运营补贴政策，省级下达建设补贴资金1400万元。各地争取地方政府专项债支持养老服务项目资金18.2亿元。加快医养融合发展，审批设置老年专科医院25家，537家养老院取得医疗资质，93%以上的养老院通过不同形式提供基本医疗服务。

【老年人福利制度建设】 为近360万名老年人购买人身意外伤害保险；对经济困难的高龄老年人按照每人每月不低于50元的标准发放养老服

务补贴,为92.9万名80岁以上高龄老年人每人每月发放50~1000元不等的高龄津贴。2020年,发放高龄津贴8.02亿元。

【事实无人抚养儿童首次纳入国家保障】 根据省民政厅、省高院、省检察院等13部门《关于进一步加强事实无人抚养儿童保障工作的通知》,全面加强事实无人抚养儿童基本生活、医疗康复、教育救助、就业创业、家庭监护、关爱服务6个方面保障,并从1月1日起,按照散居孤儿基本生活费标准,每人每月发放950元基本生活补贴。

【推进贫困重度失能残疾人照护服务】 联合省残联对全省建档立卡贫困重度失能的照护和托养对象有关情况进行摸底调查,精准识别2.58万名符合条件的残疾人。4月至6月,联合省残联、省政府办公厅先后赴5个设区市10余个县(市、区)就贫困重度失能残疾人照护和托养工作开展专题调研。10月,联合省财政、省残联等5部门共同印发《关于加快推动贫困重度失能残疾人照护和托养工作的通知》。12月,实现11个设区市落实照护和托养政策全覆盖,6057名重度失能残疾人得到多层次多元化照护和托养服务。《民政部简报》(2020年第113期)刊发江西省开展贫困重度失能残疾人照护和托养工作的经验。

(汤娜 汪卫英 董优)

社会救助

【概 况】 2020年,全省城市低保标准和补差水平提高到705元和450元,增长10.16%和9.76%;农村低保标准和补差水平提高到470元和325元,增长22.08%和14.04%。城市特困人员供养标准提高到915元,增长9.58%;农村集中分散供养标准、特困失能半失能人员城乡供养标准实现统一,提高到每人每月615元和每人每月915元。

【社会救助兜底保障脱贫攻坚】 会同省扶贫办启动社会救助兜底脱贫行动,全省281.6万建档立卡贫困人口中有91.8万人纳入低保或特困,占建档立卡贫困人口32.6%,占全省农村低保、特困对象57.74%;边缘易致贫户5.07万人中有1.96万人纳入低保或特困,占边缘易致贫人口38.66%;脱贫不稳定户3.59万人口中有2.18万人纳入低保或特困供养,占脱贫不稳定监测人口60.72%。牵头印发《关于在脱贫攻坚兜底保障中充分发挥临时救助作用的通知》,加强临时救助与扶贫政策有效衔接,临时救助防止返贫致贫作用有效发挥。印发《2020年江西省社会救助专项治理方案》,将专项治理范围从低保拓展至社会救助领域。全省排查农村困难群众1600余万人次,整治农村低保领域问题500多个次,动态调整农村低保对象136.2万人,其中调增61.8万人、调减74.4万人。

【城镇贫困群众脱贫解困】 争取省财政安排脱贫解困专项资金3亿元,用于解决城镇贫困群众"两不愁三保障"问题。截至年底,全省资助城镇贫困群众家庭学生9.81万人,发放资助资金1.89亿元,城镇贫困群众家庭失学辍学子女实现"动态清零";城镇贫困群众基本医保住院报销金额5.9亿元,为3.2万名适龄城镇贫困妇女进行宫颈癌、乳腺癌免费检查;排查城镇"三类贫困群众"17.75万户,对符合住房保障条件的7.32万户实施"应保尽保";对12.87万法定劳动年龄内城镇贫困劳动力开展摸排和帮扶,其中就业7.46万人;为符合代缴条件的19.46万城镇贫困人员代缴保费1946万元,4.3万城镇贫困老人领取城乡居民养老保险待遇。全省城镇贫困群众比2018年初的88.61万人减少53.21万人,存量35.4万人全部落实兜底措施。

【社会救助制度体系建设】 报请省委、省政府在全国率先印发《关于改革完善社会救助制度的实施意见》;制订、修订家庭经济状况评估办法、低保操作规程、支出型贫困低收入家庭认定办法3个操作文件;制定突发公共事件困难群众救助应急预案、加强临时救助等改革文件20余个。开展社会救助改革创新试点,3个项目入选全国试点,推动各地出台系列改革创新文件。副省长胡强在全国贯彻落实《关于改革完善社会救助制度的意见》视频会作改革试点经验交流发言。启用"数字民政"二期社会救助子系统,推广上线APP客户端,推动社会救助申请实现"掌上办""指尖办"。

(刘钊)

慈善救助

【概 况】 2020年,省慈善总会募集款物及争取慈善药品援助价值3.22亿元,其中募集善款1.60亿元、争取慈善援助药品及物资价值1.62亿元。发放救助款物3.42亿元,惠及困难群众10万余人。

【新冠疫情防控慈善捐赠】 为抗击新冠疫情,1月26日,省慈善总会向社会各界发出抗击疫情接收捐赠倡议,共收到捐赠款物累计1.35亿元,全部用于疫情防控一线。坚持依法依规、公开透明原则做好慈善款物接收使用工作,制定《江西省慈善总会新型冠状病毒感染的肺炎疫情防控捐赠款物管理工作暂行办法》,按照"即转立转、应转尽转"要求,确保捐赠款物及时、快捷送达到疫情防控的前线。及时响应社会关注的捐赠款物接收和使用情况,连续21次向社会公示捐赠款物接收使用情况。

【开展慈善扶贫】 2020年,省慈善总会继续实施"善济江西 脱贫攻坚"慈善扶贫专项工程,全年发放六大任务项目资金2386.7万元。响应省委、省政府关于援疆工作战略部署,通过省对口援疆指挥部向阿克陶县捐赠资金1000万元,助力阿克陶县脱贫攻坚。继续联合江西农商银行开展"农商银行 助你圆梦"慈善助学活动,资助贫困高考学子2080名,发放助学金1040万元。联合江西中烟工业公司开展"金圣助学"活动,资助贫困大学生50名,发放助学金30万元。继续开展"衣恋助学"活动,资助贫困高中学子800名，发放助学金360万元。在江西省安义中学、修水一中、余干中学等地新开办8个“科瑞慈善阳光班”，资助贫困高中学生400名。总会进一步健全项目监督管理机制，加强对入股企业（合作社）监管，督促地方慈善会认真审核分红名单，及时掌握发放情况，确保慈善股金分红能够送到贫困户手中。入股黎川柚果生态农业科技有限责任公司，投入资金60万元，帮助黎川县德胜镇德胜村30户贫困户稳定增收脱贫。

【慈善募捐】 继续争取爱心单位和企业捐赠。8月28日，省慈善总会在靖安举行2020“农商银行 助你圆梦”慈善助学活动助学金发放仪式，江西农商银行捐赠1040万元，资助贫困高考学子就学。创新募捐方式，开展“慈善一日捐”活动。2020年“慈善一日捐”活动在通过银行捐赠账号接收捐赠的基础上，开通线上捐赠渠道，发动省直各单位开展捐赠。开展网络筹募，参与“99公益日”活动。省慈善总会发动全省慈善会系统参与，利用新闻媒体广泛宣传。“99公益日”活动期间，总会上线1个母项目、13个子项目，项目捐款人数7.2万人，筹集资金358万元，获得腾讯公益配捐14万元。

【慈善宣传】 在江西农商银行助学、科瑞助学、99公益日、“慈善一日捐”、爱心义诊等活动中，利用中央、省、市主流媒体开展形式多样、内容丰富的主题宣传，在新闻媒体上刊发稿件105篇。利用PC端和手机端渠道，传播总会工作动态。2020年，省慈善总会官网更新新闻稿件98条，总会微信平台发布宣传信息100篇，推送58次。策划拍摄《情暖扶贫路 大爱洒人间——江西省慈善总会“善济江西 脱贫攻坚”慈善扶贫专项工程纪实》宣传片，在第八届中国慈展会及网络平台进行播放，展示省慈善总会工作。

【慈善救助】 动员社会力量，开展抗洪救灾慈善募捐工作。总会下拨资金230万元，资助全省7个受灾严重地区，用于受灾群众转移安置和灾后重建。争取社会爱心企业支持，阿里巴巴捐赠价值150万元的救灾生活包，江苏省江西商会捐赠价值111.5万元的米、油等生活物资，旺旺集团捐赠价值316万元的方便食品，支援抗洪救灾工作。联合各市、县慈善会开展“慈善情暖万家”活动。总会人员到全省11个地市26个县，走访慰问各地贫困家庭和敬老院老人。“慈善药品援助”项目争取药物价值1.44亿元，帮助困难群众9000余人次。

【开展慈善志愿服务活动】 以慈善志愿服务基地为抓手，以孤寡空巢老人、孤儿、留守儿童、残疾人等困难群体为服务重点，组织慈善志愿者到敬老院、残障儿童康复中心、街道社区、农村小学等地开展志愿服务，参与志愿服务6045人次，服务时间1.92万小时。以慈善志愿者活动中心为平台，通过线上与线下培训相结合，提升志愿服务水平和质量。开展线下志愿培训3场，通过微信群、QQ群、钉钉群等网络媒介开展线上志愿培训50场，在线培训志愿者5600人次。

（官志平）

保险基金管理

【概　况】 实施职业年金市场化投资运营，基金资产净值261亿元，累计投资收益30.6亿元；启动城乡居民基本养老保险投资运营；出台社会保险基金举报奖励办法，全面推动风险防控措施“进规程、进系统”，防范化解基金安全风险。

【出台社会保险基金举报奖励办法】 为进一步加强社会保险基金管理，调动社会力量参与基金监督管理的积极性，防范和制止各种侵害社保基金的违法违规行为，省人社厅联合财政厅、税务局制定颁布《江西省社会保险基金举报奖励办法》，召开新闻发布会宣传政策，在社保经办机构、便民服务中心、劳保所等地宣传社保基金监管法律法规，在门户网站和“江西人社”公众号统一公布全省举报电话和设置举报平台，鼓励广大群众举报。

【开展社保基金专项检查】 组织开展2019年全省社保基金管理风险专项检查“回头看”、机关事业单位养老保险基金管理、失业保险基金管理内控专项检查和企业职工提前退休问题专项核查4个专项检查和社保基金专项审计检查。通过全面自查和抽查，省市县三级联动，现场联合开展检查，全面排查基金监管风险。通过专项检查，发现和处理各类风险问题2572个，追回骗领、冒领社保基金1135.86万元。

【推动城乡居民基本养老保险投资运营工作】 印发《江西省城乡居民基本养老保险基金委托投资运营工作方案》。各地在预估5年内基金收支情况的基础上，测算上报可委托投资基金数额。经汇总后，全省可将不少于100亿元用于委托投资。江西省与全国社会保障基金理事会正式签订5年期承诺保底的委托投资合同，首批委托资金54亿元于12月25日划转。

【推进划转部分国有资本充实社保基金工作】 会同省财政厅、省国资委，对省属国有企业开展国有股权划转工作，向9家省属企业集团下达股权划转批复。省本级充实社保基金国有股权划转工作全面完成，共划转省本级国有企业9家，划转国家资本51.07亿元，对应享有归属母公司所有者权益218.44亿元。配合省财政厅指导市、县（区）国有企业开展国有股权划转工作，推进全省划转部分国有资本充实社保基金工作。

（省人社厅）

本栏编辑　邓诚君

社会事务管理

基层政权及基层民主建设

【概　况】　以加强城乡基层群众性自治组织建设为重点，部署开展新一轮村（居）委会换届选举，推进基层组织领域扫黑除恶专项斗争，开展村级议事协商、村务公开、村务监督等基层群众自治实践活动，推动城乡群众自我管理、自我服务、自我教育、自我监督，促进城乡基层民主发展。发挥民政部门牵头协调作用，总结推广乐安县“1134”模式，推进乡镇政府服务能力建设。

【部署第十一届村（居）民委员会选举】　组织开展村（居）委会换届选举专题调研，召开全省第十一届村（居）委会选举工作座谈会，对换届选举工作进行前期分析研判。组织开展村（社区）党组织书记、村委会主任“一肩挑”“两委”成员交叉任职专题调研，并形成专题调研报告。结合村（社区）“两委”任期3年改5年、集中与县乡换届同步进行等新要求，联合省委组织部起草并提请省委、省政府印发《关于做好全省村（社区）党组织和第十一届村（居）民委员会选举工作的指导意见》。向省委、省人大、省政府上报《关于成立江西省村（社区）“两委”换届选举工作领导小组有关事项的请示》，成立全省村（社区）“两委”换届选举工作领导小组及办公室，加强对换届选举工作的组织领导。12月16日，省委、省政府在南昌召开全省村（社区）“两委”换届选举工作会议，全面部署第十一届村（居）民委员会选举工作。12月23日，会同省委组织部通过视频形式举办全省村（社区）“两委”换届选举工作业务培训班，对全省市、县、乡、村四级主要领导干部及具体负责人进行集中培训，加强对换届选举工作的业务指导。根据中央新要求，及时修订印发《江西省社区居民委员会选举规程》，加强对社区居委会选举工作指导。

【基层群众自治实践】　发挥村规民约和居民公约在城乡基层群众自治中的引导作用，先后印发《关于进一步规范完善村规民约（居民公约）的通知》《关于开展优秀村规民约（居民公约）征集遴选和宣传推介活动的通知》，指导各地结合当地实际进一步修订完善村规民约（居民公约），推动基层自治有章可循、规范有序，并从全省遴选20篇村规民约（居民公约）在全省予以宣传推介。指导各地开展村级协商议事实践活动，印发《关于开展2020年村级议事协商创新实验申报工作的通知》，打造一批村级议事协商创新实验示范点，扩大城乡居民参与度。组织开展村（居）委会出具证明事项清理整治行动，报经省政府同意，联合省发改委、省公安厅、省司法厅、省人社厅、省卫健委出台《关于改进和规范全省基层群众性自治组织出具证明工作的实施方案》，制定村（居）委会出具证明事项负面清单，对不应当由村（居）委会出具的证明事项进行清理整治，提升基层服务效能。

【推进村民自治领域扫黑除恶专项斗争】　根据省扫黑办工作部署和安排，抓好民政领域尤其是村民自治领域突出问题整治。制定下发《省民政厅扫黑除恶专项斗争领导小组2020年工作要点》，对全省民政系统2020年度扫黑除恶专项斗争工作作出具体部署。健全完善定期调度机制，加强日常监管调度，落实分级核查责任制，推动行业整治的各项部署在全省民政系统落地生根。制定出台《省民政厅关于健全民政民生领域整治行业乱象打击黑恶违法犯罪推动长效常治机制的实施意见》及配套子文件，会同省委组织部等部门联合下发《关于建立防范和惩治“村霸”问题长效机制的通知》，深化系统监管和行业治理，建立健全民政民生领域乱象整治、防范管理的长效常治机制。省民政厅先后3次在全省扫黑除恶专项斗争工作推进会上作典型发言和经验交流。

【乡镇政府服务能力建设】　发挥民政部门牵头协调职能，推动乡镇政府服务能力建设。贯彻落实在抚州市召开的全国乡镇政府服务能力建设经验交流会精神，在全省推广乐安县乡镇政府服务能力建设“1134”模式，发挥示范引领作用。下发《关于征集第二批全省乡镇政府服务能力建设典型经验的通知》，从各地上报的典型经验中择优向民政部推荐2篇经验做法。

（吴新传）

城乡社区治理

【概　况】　贯彻落实《中共江西省委江西省人民政府政府关于加强和完善城乡社区治理的实施意见》各项部署，坚持以问题和需求为导向，以示范创建为抓手，推进全省城乡社区治理工作。在全国率先探索将加强基层民政服务能力建设与城乡社区治理有机结合，提升城乡社区治理水平。全年20名城乡社区工作者被民政部表彰为“全国疫情防控优秀城乡社区工作者”，260个社区被命名省级“绿色社区 美丽家园”创建活动示范社区，170个社区被命名为省级农村社区建设试点示范社区。

【城乡社区新冠疫情防控】 新冠肺炎疫情发生后，省民政厅联合省卫健委出台加强社区防控文件7个，其中在全国率先印发《关于进一步加强城乡社区疫情防控工作若干措施的通知》，出台并督促落实关心关爱社区干部的具体政策措施，全省100个县(市、区)参与疫情防控的城乡社区干部落实防疫补贴全覆盖，推荐的20名城乡社区工作者被民政部表彰为“全国疫情防控优秀城乡社区工作者”，28个村(社区)、37个城乡社区工作者被省委、省政府表彰为疫情防控先进集体和先进个人。及时向全省城乡社区工作者印发“致广大城乡社区工作者的一封信”，倡导广大城乡社区工作者参与疫情防控。加强宣传引导，依托传统媒体、网络等宣传载体，宣传社区疫情防控先进事迹100余人次。在全省村(社区)推广运用“社区疫情报送及监测平台”系统，引导社区干部采取信息化手段做好疫情防控工作，提升社区防控的信息化、智能化水平。

【完善城乡社区治理领导协调机制】 经省委、省政府批准，调整优化省城乡社区治理工作领导小组成员单位，明确领导小组议事规则和成员单位部门职责，统筹推进各项工作落实。制定出台《2020年度全省城乡社区治理高质量发展考评办法》，细化考核指标和内容，明确考核程序及结果应用，发挥高质量发展考核指挥棒作用。全省城乡社区综合服务设施、社区工作者队伍、社区治理体制机制建设等取得成效。

【开展城乡社区治理示范创建活动】 指导南昌市西湖区创建“全国城市社区治理和服务创新实验区”、共青城市创建“全国农村社区治理实验区”，并通过民政部专家组评估。联合省委宣传部在全省开展“江西最美城乡社区工作者”学习宣传活动，突出疫情防控和脱贫攻坚两大主题，评选出20名“江西最美城乡社区工作者”，并举办事迹报告会，学习宣传最美城乡社区工作者先进事迹。持续开展“绿色社区 美丽家园”示范创建和农村社区建设试点示范社区创建工作，通过各级申报、审核、考察、公示等环节，2020年全省共命名省级“绿色社区 美丽家园”创建活动示范社区260个、省级农村社区建设试点示范社区170个，引领全省城乡社区治理提档升级。

【提升城乡社区民政服务】 制定出台《关于大力推动城乡社区民政服务元素融合提升社区治理水平的实施意见》，在全国率先探索将加强基层民政服务能力建设与城乡社区治理有机结合，在5个县(市、区)开展试点，搭建社区综合服务平台，建立社区民政服务对象、服务项目、工作事项“三张清单”，完善社区基本民生保障、基层社会治理、基本社会服务“三项功能”，探索创新城乡社区民政服务元素融合“133”模式，促进民政资源要素向社区下沉、服务元素在社区融合，增强基层民政服务能力，提升城乡社区治理水平。民政部主要领导及有关分管领导分别作出肯定性批示，《民政部简报》专题刊发江西省经验做法。

(吴新传)

社会组织管理

【概 况】 截至2020年年底，全省各级民政部门登记注册各类社会组织2.79万家。其中，社会团体1.27万家，民办非企业单位1.52万家，基金会86家。

【规范行业协会商会收费】 以省政府办公厅名义印发《关于进一步规范行业协会商会收费的实施意见》，理顺部门职责和任务分工。完善监督举报机制，在“江西民政网”开设“清理规范行业协会商会收费”专栏，公开“五个严禁”等13条举报内容，公布357家省本级行业协会商会名单。推动自查整改，357家省本级行业协会商会自查报告收集率94.23%。全省各级开展自查自纠的行业协会商会2509个，督促注销活动不正常行业协会商会127个，减免会费档次和标准211个，取消收费项目15个，累计减轻企业负担1216万元。加大典型案例曝光力度，在国家级媒体曝光第一批6家行业协会商会乱收费问题。

【动员社会组织履行社会责任】 组织开展“百社解千难”之“黎川行”“对口支援新疆阿克陶挂牌督战贫困村”系列行动。累计动员200余家社会组织结对帮扶新疆阿克陶县29个挂牌督战贫困村，捐赠资金2460万元。民政部社管局《信息动态》专门通报表扬江西经验做法。动员30余家社会组织助力黎川县决战决胜脱贫攻坚，支持黎川县建立社会组织培育发展基地。投入帮扶资金325万元，23家社会组织购买黎川扶贫产品38万元。在全国率先下发社会组织参与疫情防控倡议书，联合部分社会组织开展“抗疫先锋包”公益项目，落实社会组织登记窗口疫情防控，协调行业协会商会助力企业复工复产，减降会员企业年费及服务性收费。全省累计参与疫情防控及助力复产复工社会组织超过2200余家，累计走访慰问各类贫困群众16.8万户，发放慰问金1132.65万元，发放物资1299.2万元。发起“百社解千难”社会组织助力防汛救灾行动。省慈善总会紧急下拨230万元资助鄱阳县、永修县等7个重灾县，全省线上线下参与防汛救灾社会组织达800余家。

【深化社会组织管理改革】 完成全年行业协会商会脱钩改革任务，累计脱钩行业协会商会2157家，除去工商联主管的组织，其他组织应脱尽脱率100%。开展社会组织参与创新社会治理、服务市域社会治理创新试点。对名称业务相近且多家主管单位均要求成立的，首次试行人大代表、政协委员、专家部门共同会商论证。落实城市社区平均拥有不少于10个社区社会组织、农村社区平均拥有不少于5个社区社会组织政策。完善社会组织联合执法机制，开展社会组织反恐怖融资工作宣传。推动"数字民政"社会组织登记管理系统二期升级改造。使用全国社会组织信用信息共享平台,确保当地社会组织活动异常名录和严重违法失信名单移入移出信息能够及时、准确、全面录入系统。

(叶兴)

区域地名管理

【概　况】 2020年,全省完成县、乡级行政区划调整事项6件。至年底,全省辖11个设区市,100个县(市、区),其中市辖区27个、县61个、县级市12个;乡级行政区划1566个,其中街道办事处168个、镇830个、乡568个(含民族乡8个)。推进地名普查成果应用,清理整治不规范地名,推进地名文化建设,完成边界管理年度任务。

【行政区划变更】 2020年,国务院批准县级行政区划调整1件,省政府批准乡级区划调整4件,设区市批准市辖区街道行政区划变更1件,涉及九江、新余、赣州、吉安4个设区市。

九江市:撤销湖口县凰村乡,设立湖口县凰村镇,行政区域范围和政府驻地均保持不变,凰村镇政府驻凰村村。

设立九江市浔阳区八里湖街道,将九江市浔阳区西二路街道畔湖、园艺、怡祥苑3个居委会划归八里湖街道管辖,八里湖街道办事处驻怡祥苑社区。九江市浔阳区西二路街道更名为九江市浔阳区向阳街道。

新余市:撤销新余市渝水区鹄山乡,设立新余市渝水区鹄山镇,以原鹄山乡行政区域为鹄山镇行政区域,鹄山镇人民政府驻鹄山社区。

赣州市:撤销龙南县,设立县级龙南市,以原龙南县行政区域为龙南市行政区域,龙南市人民政府驻龙南镇龙翔大道1号。龙南市由省直辖、赣州市代管。

撤销赣州市章贡区水南镇,设立赣州市章贡区水南街道、章江街道。以五指峰路沿赞贤路、长征大道、新赣州大道、长冈路、红都大道、赣康路至沙石大桥止为界线,界线以西为水南街道管辖范围,水南街道办事处驻兴国路16号,辖建设路、长征路、绵江路、登峰、赣康路5个居委会和长塘村、高楼村2个村委会;界线以东为章江街道管辖范围,章江街道办事处驻会昌路10号,辖岭头上、沙角、章江南、赣江源、梅关5个居委会和南桥村、腊长村2个村委会。

吉安市:设立井冈山市罗浮镇,将厦坪镇罗浮、石市口2个居委会,丰田村、田头村、文泉村、石门村4个村委会以及茨坪镇罗浮村、土山村、长古岭村3个村委会划归罗浮镇管辖。罗浮镇人民政府驻罗浮居委会罗浮街东路128号。

【地名普查成果应用】 联合湖南、湖北省民政厅编制《长江中游城市群标准地名图》,联合省教育电视台拍摄《江南西道》地名故事宣传视频片32部,推选2名选手参加中央电视台《中国地名大会(第二季)》节目录制,完成《江西省行政区划图》和《江西政区地名的古往今来》三审三校,继续做好国家地名词典和地名志的编纂退改工作,启动省本级地名词典和地名志编纂,编制《赣南地名文化大观》《宜春市地名故事》等地名文化图书。

【清理整治不规范地名】 江西省为全国清理整治不规范地名工作4个先行省份之一。省民政厅联合省公安厅等5部门印发《关于持续推进清理整治不规范地名工作的指导意见》,经省级专家论证,全省摸排并列入不规范地名清理整治清单257条。民政部在南昌举办全国清理整治不规范地名培训班,省民政厅和南昌市在会上作典型发言。

【行政区划调整管理】 加强行政区划变更组织实施督导。省民政厅主要领导和分管领导出席设立南昌市红谷滩区挂牌仪式和赣州市龙南县撤县设市挂牌仪式。南昌市部分行政区划变更和上饶县撤县设区组织实施完成情况按程序上报国务院。完成8件2019年省政府批准的行政区划调整事项组织实施工作。完成赣江新区直管区划线任务。按照省委、省政府《关于完善赣江新区管理体制的实施方案》精神,划定赣江新区直管区168.24平方千米,组织赣江新区、南昌经开区、新建区、永修县签订赣江新区直管区管理范围确认书。

【界线管理】 完成赣湘、皖赣省界联检工作,将赣湘线列入民政部2020年度省界界桩更换项目,完成赣湘线11颗界桩更换任务。完成2020年度全省县、乡界年度联检任务。

【区域地名基础建设】 起草《江西省设立镇标准》《江西省设立街道标准》,2轮次征求17个省直部门和11个设区市政府意见,提请省政府常务会审议研究。联合江西师范大学完成《江西省县域行政区划调整与区域经济发展研究报告》,获民政部政策理论研究二等奖。持续开展区划地名调研月活动,收集调研报告100余篇,其中7篇入选民政部区划地名司《区划地名工作调研报告选编》。

(聂丽红)

殡葬管理

【概　况】 2020年,统筹省级各类资金8966万元,支持市县升级改造殡葬设施,全省改扩建殡仪馆88个,升级改造火化炉247台,建成城市公益性骨灰堂(公墓)112个、农村公益性骨灰堂(公墓)1.96万个,基本实现公益性殡葬设施全覆盖。至年底,全省遗体火化率99.7%,基本完成"十三五"和"殡葬改革三年行动计划"各项目标任务。殡葬改革工作获省部级领导肯定性批示6次,先后4次在民政部有关会议上做典型发言。在民政部重点工作综合评估中,江西省殡葬管理工作继续位列全国第一方阵。江西民政系统驰援湖北工作队获"全国抗击新冠肺炎疫情先进集体"称号。

【提升殡葬管理服务】 提请省政府召开全省殡葬设施建设管理和丧葬礼俗改革现场推进会,副省长胡强出席会议并讲话。加强公益性骨灰堂

(公墓)管理,指导各地做到"人员、场所、制度、经费"四落实,实现管理标准化、规范化、人性化。持续抓好5项基本殡葬服务免费政策落实,推动落实免费火化不分火化炉型,每具遗体平均免费减免1500元。指导各地分区分级、精准精细做好殡葬领域疫情防控和管理服务,保障群众基本丧葬需求。建成运行江西省殡葬管理服务信息系统,确保殡葬信息实时、准确、规范录入,年度生成火化数据25万余条,补入历史火化数据88万余条,建立省级殡葬基础信息数据库。推动殡葬治理信息化和协同性,加强骨灰去向跟踪,实现殡葬数据部省市县四级联通和省直单位互联共享。完成"赣服通"殡葬业务小程序开发上线,提供网上预约等便民服务。

11月10日至11日,江西省殡葬设施建设管理和丧葬礼俗改革现场推进会在瑞昌市召开

省民政厅供

【殡葬突出问题治理】 推动全省所有设区市和县(市、区)出台殡葬移风易俗文件,举办殡葬机构"开放日"活动。开展宗教领域殡葬服务突出问题专项整治"回头看"。按照民政部等部委统一部署,联合开展安葬(放)设施违规建设经营专项摸排和违建墓地专项整治成果巩固提升行动,完成底数摸排并按要求完成系统录入。加强"三沿六区"管控,基本实现"三沿六区"无有碍观瞻坟墓。巩固提升遗体火化率,推进节地生态安葬,截至2020年年底,全省遗体火化率达99.7%。

(杨振华)

社会工作

【概　况】 2020年,全省社会工作专业人才资源总量6.35万人,其中持证社工7320人。登记注册社会工作服务机构142家,登记注册志愿者630万人,登记注册志愿服务组织693家。

【社会工作岗位开发设置】 加大民政事业单位吸纳和使用社会工作专业人才力度,全年完成社工岗位设置的民政事业单位541家,设置岗位862个,同比分别增长33%、37%。全省民政直属事业单位社会工作岗位设置率100%。加强与相关部门协调,在退役军人服务、医疗卫生服务等机构设置社会工作岗位,拓展社会工作专业人才发展空间,全省三甲医院全部设置社会工作部。

【社会工作人才培养】 2020年,全省各地举办社会工作考前培训18期,培训1500余人;社会工作职业水平考试报考1.1万人,增长120%;通过社工考试人员2175人,增长150%;持证社工7322人,增长42%。加强对贫困地区和基层一线社会工作人才的培养和支持,举办罗霄山片区社会工作专题培训3期,培训420余人。继续实施社会工作"三区计划"和社会工作服务机构"牵手计划",为贫困县选派和培养社工105人。

【社会工作宣传】 开展2020年社会工作主题宣传活动,举办江西省社会工作人才线上供需对接活动。开辟社会工作岗位供需线上交流渠道,对接社工招聘信息22条,对接社工岗位108个。开展寻找最美战"疫"社工评选活动,对15名助力疫情防控的社会工作者给予奖励。

【社会工作力量参与社会服务】 年内,印发《关于优化社会工作服务项目实施加强对重点人群心理支持和关爱帮扶的通知》,引导社会工作服务聚焦低保对象、特困人员、老年人、留守儿童和困境儿童、流浪乞讨人员、残疾人,以及新冠肺炎患者、隔离人员及家属等重点人群,为重点群体开展走访探视、精神慰藉等服务。开展福彩公益金社工项目14个,服务贫困群众2000余人,重点为农村留守群体、困难群众开展探视巡访、心理慰藉,链接社会救助政策和社会慈善、志愿服务等资源。实施"社会工作抗疫助力计划",全省累计开通援助热线236条,动员2117名社会工作者、40余万名志愿者参与疫情防控,服务患者及家属、隔离群众1.4万余人。南昌大学第二附属医院联合省社工协会开展"安心计划",入驻武汉汉阳区各社区网格微信群,累计志愿服务2.6万小时。防汛抗洪期间,动员160余家社工机构、志愿服务组织参与防汛救灾各项工作。

(何珊)

本栏编辑　邓诚君

退役军人事务管理

抚恤优待

【概　况】　2020年，全省走访慰问烈属4万余人次，发放慰问金800余万元。组织协调走访慰问省内健在老红军、参加抗日战争人员510余人，参加抗美援朝战争人员4610余人，全省各地市、县领导走访慰问5000多人次。继续提高重点优抚对象抚恤补助标准，提标幅度10%，按时足额将全年22.8亿元的优抚资金发放到位，惠及优抚对象近29万人；及时将中央下拨的优抚对象临时补贴补助资金1850万元发放到位，确保优抚对象基本生活不因物价上涨而降低。

【走访慰问】　结合年度走访慰问工作，全省走访慰问烈属4万余人次，发放慰问金800余万元。印发《江西省退役军人事务厅办公室关于认真做好四川木里火灾牺牲烈士家属走访慰问工作的通知》，要求赣州市、宜春市在春节前夕走访慰问四川木里火灾烈士家属。协调沟通省领导走访慰问抗日战争、抗美援朝老战士、老干部系列活动，8月和9月，分别对抗日战争、抗美援朝的老战士老干部进行摸底，协调报送推荐走访名单，确保走访活动顺利进行。省委书记、省长等四套班子主要领导带队走访慰问抗日战争、抗美援朝的老战士老干部，并带动市、县领导进行走访慰问。2020年，共组织协调走访慰问全省健在老红军3人，参加抗日战争人员510余人，参加抗美援朝战争人员4610余人，全省各地市、县领导共走访慰问5000多人次。

【优抚政策落实】　继续提高省重点优抚对象抚恤补助标准，提标幅度10%，按时足额将全年22.8亿元的优抚资金发放到位，惠及优抚对象近29万人；及时将中央下拨的优抚对象临时补贴补助资金1850万元发放到位，确保优抚对象基本生活不因物价上涨而降低。持续做好伤残军人残疾评定等工作，与省卫健委沟通协调做好评残鉴定机构筛选，建立评残专家库。2020年，审核评残材料628份，评定残疾人员542人，办理残疾人员抚恤关系接收转移、补换发伤残证件、配置换发康复辅助器1500多人。建立1～4级残疾军人免费上门服务制度。康复器具配置机构主动到残疾军人家中，为重度残疾军人提供个性化、专业化服务。建立优抚对象医疗服务和巡诊制度。省荣军医院分2批派出医疗队，为20个县（区）1500名左右优抚对象开展医疗服务，建立健康档案；建立优抚对象短期疗养休养制度。省本级为1084名重点优抚对象提供短期疗养和休养服务。根据《中华人民共和国退役军人保障法》《军人抚恤优待条例》和退役军人事务部有关政策规定，省荣军医院制定发布《尊崇退役军人和其他优抚对象医疗优待办法（暂行）》，对医疗优待对象及其直系亲属看病就医进行大幅度让利优待，在住院、门诊健康、体检等方面加大优惠力度，并明确具体优待内容及流程。

【优抚数据管理】　加强优抚数据管理，规范优抚数据特别是优抚对象个人数据认定工作，加大基础数据的录入和增减，开展数据核查。2020年，成立3个督导组分别到11个设区市进行督导检查优抚数据情况，每个地市抽取2个县（区）2个乡镇（街道），重点查看70岁以上重点优抚对象，严格落实数据年度核查比例（60岁以下20%、60岁～69岁40%、70岁～79岁60%、80岁以上100%）要求，全年核查人数18.86万人，完成计划数14.13万人的133.44%，实际核减1.17万人，核减抚恤补助资金6000多万元，实现数据管理良性循环。

【优抚事业单位转隶】　印发《江西省退役军人事务厅关于进一步做好光荣院转隶工作的通知》，要求各设区市把光荣院转隶作为一项重要任务。光荣院和优抚医院建设纳入江西省国民经济和社会发展“十四五”规划、公共服务发展规划。2020年，全省有24所独立办院的光荣院全部转隶到位（包括集中供养超过10名优抚对象的光荣院），1所优抚医院、1所工疗站、2所优抚对象休养院及所辖军供站全部转隶到位，实现优抚事业单位应转尽转。

烈士褒扬

【概　况】　2020年，全省有各类烈士纪念设施106802座（处），其中，县级以上烈士纪念设施25607座（处），零散烈士纪念设施81195座（处）；烈士纪念设施保护单位447个。烈士纪念日，全省各级党委、政府在烈士纪念场所举办公祭活动1000场，现场参加公祭活动19万余人。做好烈士证补（换）发工作，全年补（换）发烈士证102份。

【健全烈士褒扬政策法规体系】　以省委办公厅、省政府办公厅、省军区政治工作局名义下发江西省烈士纪念设施规划建设修缮管理维护实施方案，对全省烈士纪念设施规划建设修缮管理维护工作作出具体部署安排。与省公安厅、省财政厅、省交通运输厅、省文化和旅游厅联合下发《关于做好烈士异地祭扫组织服务工作的意见》，以退役军人事务厅名义下发《关于开展“致敬·2020清明祭英烈”网上祭扫活动的通知》《江西省烈士纪念设施有序开放工作指引》等12个文件，逐步健全全省褒扬纪念系统政策法规体系，为褒扬纪念工作提供支撑。

【烈士评定】 7月7日，南昌市湾里管理局梅岭消防站消防员张五洲、徐济鑫在抢救和保护他人生命过程中被洪水卷走，不幸牺牲。根据省政府办公厅转达的南昌市政府《关于申报张五洲、徐济鑫两名同志评定为烈士的请示》，依照《烈士褒扬条例》有关规定，省退役军人事务厅对申报材料进行审核，并于7月15日赴湾里区实地调查，进一步了解张五洲、徐济鑫牺牲前后详细经过等相关情况，形成评定材料上报至省政府，并报退役军人事务部备案。7月17日，省政府批复同意评定张五洲、徐济鑫为烈士。

【开展节日祭扫纪念活动】 统筹做好新冠肺炎疫情防控期间清明烈士祭扫工作。创新开展“致敬·2020清明祭英烈”网上祭扫活动，指导全省各级退役军人事务部门搭建本地清明祭扫平台，添加献花留言板块，做到“祭扫足不出户”。通过“大江网”《信息日报》等主流媒体，将省本级和设区市网络祭扫通道向社会统一公布。清明节期间，全省开通各类清明祭扫活动平台112个，阅读量突破250万人次。精心组织烈士纪念日活动。将烈士纪念日纪念活动与中国人民抗日战争暨世界反法西斯战争胜利75周年和中国人民志愿军抗美援朝出国作战70周年纪念活动相结合，开展形式多样的纪念活动。9月30日，省政府在南昌市革命烈士陵园举行向人民英雄敬献花篮仪式，省委书记刘奇、省长易炼红等党政军领导及社会各界群众代表1200余人参加活动。全省各级党委政府在当地烈士纪念场所共举办公祭活动1000场，现场参加公祭活动19万余人。

【烈士纪念设施建设管理】 指导全省各级烈士纪念设施做好疫情防控工作，通过下发工作指引、建立日报告制度、加强部门联动等措施，全省烈士纪念场所安全有序运行。组织开展全省烈士纪念设施数据校核工作，对现有烈士纪念设施数据采集校核情况进行复查，补充各类数据，准确掌握全省烈士纪念设施数据信息。全省有各类烈士纪念设施106802座（处），其中，县级以上烈士纪念设施共25607座（处），零散烈士纪念设施81195座（处）；烈士纪念设施保护单位447个。指导各地编制“十四五”规划，按要求建立本区域“烈士纪念设施建设”项目库，并汇总上报至退役军人事务部褒扬纪念司。年内，资溪烈士陵园、南昌烈士陵园、金溪烈士陵园建设项目获退役军人事务部批准。依据《优抚事业单位专项补助资金使用管理办法》，下拨专项资金2980万元，支持县级以上烈士纪念设施提质改造。申报“方志敏烈士墓”更名为“方志敏烈士纪念园”。

【营造尊崇氛围】 创办《尊崇——江西退役军人》杂志，全年编印4期。牵头组织开展江西省首届“尊崇杯”迎“八一”退役军人征文和书法大赛，活动共收到征文作品606篇、书法作品731幅，获奖作品进行集中展览。指导各地开展特色宣传活动，发挥各级烈士纪念设施“褒扬先烈、教育群众”功能，推进红色基因传承。

双拥活动

【概　况】 2020年，全省双拥工作围绕巩固和发展军政、军民团结的目标，聚焦练兵备战，决胜脱贫攻坚，争创双拥模范，各项工作取得新的进展。20个城市被评为江西省双拥模范城，23个县被评为江西省双拥模范县，18个区被评为江西省双拥模范区，5名个人被评为江西省爱国拥军模范。

【江西省双拥模范城（县）命名表彰大会召开】 12月2日，江西省双拥模范城（县）命名表彰大会在南昌召开，会议传达学习全国双拥模范城（县）命名表彰大会精神，为江西省双拥模范城（县、区）和先进单位、先进个人代表颁奖，部署新一轮双拥模范城（县）创建工作，赣州市、德兴市、井冈山市有关负责人作交流发言。南昌市、九江市等20个城市被评为江西省双拥模范城，南昌县、修水县等23个县被评为江西省双拥模范县，南昌市东湖区、南昌市西湖区等18个区被评为江西省双拥模范区，吉安市吉州区北门街道办事处党工委书记熊红艳等5人被评为江西省爱国拥军模范。省委书记刘奇、东部战区副司令员顾祥兵出席大会并讲话，省长易炼红主持，省政协主席姚增科，省委常委、常务副省长殷美根，省军区政委徐贵福等军地领导人及各类代表共200人参会。各设区市设分会场，各类参会代表共1100人。

【开展双拥宣传】 春节和“八一”建军节前夕，省领导走访慰问部队36次，赠送慰问品近7万份，以省委、省政府名义赠送“光荣之家”年画140万份。召开“八一”建军节党政军座谈会，共谋兴赣富民大计，共话军民鱼水深情。将双拥工作融入文艺精品创作，创作多部双拥题材的影视剧，其中《大道星火》《井冈山儿女》等5部作品入选国家广播电视总局第三批2018—2022年100部重点电视剧规划选题。组织广大文艺工作者开展“我们的中国梦——文艺进万家”和“红色文艺轻骑兵”下基层活动，组织优秀红色群众文艺作品进农村、进社区、进广场、进学校、进军营、进企业活动，开展各类活动2000余场。

【保障国防和军队建设】 建立健全拥军支前工作机制，建立拥军支前工作队伍。保障部队备战打仗，各级政府向驻赣部队划拨基础设施建设和保护资金，划拨土地，修建专用道路，保障过往部队。为立功受奖现役官兵送三等功以上喜报1161人次。做好东部战区现役部队和驻赣部队驰援江西省抗洪一线拥军支前服务保障，开展走访慰问抗洪一线部队活动1600余次，赠送价值约1752万元慰问物资。开展“情系边海联官兵”拥军优属活动，为官兵开展“六个一”为主要内容的优抚活动，为每位官兵家庭赠送500元至3000元不等的慰问金（慰问品），收集解决官兵家庭各类实际困难295个。在全省启动“满怀忠诚讲尊崇、千行百业共拥军”活动，全省惠军拥军企业提供优惠项目800余个，开展各类优惠退役军人主题活动100余场次。

【驻赣部队支援驻地建设】 驻赣部队开展扶贫济困、平安建设、抢险救灾、助学兴教、医疗扶持等活动。投入经费5582万元，挂钩帮扶160个村、361个项目，结对帮扶2032户贫困户。全面实行“一村一品”“一户一策”，团级以上干部开展“1+1”结对帮扶贫困学子，从经济、精神、技能等方面开展形式多样的关爱活动。支援江西抗洪抢险。东部战区投入现役官兵和民兵，转移受灾群众2.5万人，运输物资1156.6吨，封堵管涌3382处，装填沙袋403.8万个，加固堤坝306.7千米，抢修道路8.6千米；省军区调动民兵遂行抗洪救灾任务，转移群众2.1万人，处置险情359处，精准实施保障东部战区部队入赣抗洪行动。武警江西省总队出动16万余人次，完成等级警卫、春运执勤、武装追捕等各类任务1100余起，确保一方平安。

复员退伍军人安置

【概 况】 2020年，江西省接收由政府安排工作退役士兵和退出消防员近1800人。按照属地安置、属地负责和“国防义务均衡负担”原则，符合由政府安排工作条件人员全部由机关事业单位和国有企业接收安置，人员岗位落实率达到100%，其中事业单位接收安置比例90%以上。具备移交条件的伤病残退役军人全部得到接收安置，年度安置计划任务完成。

【完善安置配套政策】 根据退役军人事务部、应急管理部、军委政治工作部文件要求，及时印发《转发退役军人事务部、中央军委政治工作部关于进一步规范退役士兵移交安置工作有关具体问题的通知》，统一接收移交文本，规范由政府安排工作退役士兵的接收安置工作流程。结合江西省工作实际，省退役军人事务厅、省应急管理厅、省消防救援总队和省军区政治工作局联合制定《关于做好2020年由政府安排工作退役士兵和退出消防员移交安置工作的通知》，明确接收人员类型，压实属地责任，提出工作要求，为完成年度移交安置任务提供政策保障。配合部队做好由政府安排工作人员的档案审核接收，做好人员接收与计划名单下达的精准校对，推进移交安置服务管理信息化建设。经省政府同意，省退役军人事务厅、省委编办、省人社厅、省发改委和省国资委结合各地人员实际接收和岗位空缺情况，制定下发《关于下达2020年全省退役士兵和退出消防员安置计划的通知》，将任务分解落实到各地各单位。对接国家下达江西省中央企业专项岗位计划，及时与60余个中央驻赣企业进行沟通衔接，下达分解落实计划到实际岗位地域，协调人员选岗、报到接收和上岗，落实相应的工资和福利待遇，提升中央企业岗位计划的利用率。

【推进规范安置】 发挥机关事业单位和国有企业接收安置退役士兵的主渠道作用，挖掘优质岗位资源，按照量化服役贡献、积分排序、按序选岗的“阳光安置”要求，确保由政府安排工作人员100%安置到机关事业单位和国有企业，其中安置到机关事业单位的达到95%，位居全国前列。40余名自愿选择到中央省属企业的退役士兵，都安置到金融、电力、烟草、铁路交通等龙头优势企业，就业安置质量得到显著提升，岗位安置质量得到有力保障，退役士兵的满意度、获得感和幸福感不断增强。推进指导各地加强退役军人移交安置服务管理信息化系统建设，组织召开全省退役士兵移交安置系统管理员和业务骨干线上和线下培训，建立系统操作人员和服务对象数据库，提升移交安置信息化服务保障水平。依托全国退役军人大数据平台，做好由政府安排工作人员返乡报到登记、落户办理、组织关系转接，逐人建档立卡，完善人员台账，做好管理系统信息数据录入。按照公开透明的要求，及时公示安置对象服役表现量化积分情况，组织召开安排工作对象座谈会，宣讲国家安置政策和社会就业形势，介绍当地岗位安置情况，帮助人员树立正确的就业观。

离退休军人安置

【概 况】 2020年，审定军休人员去向68人，其中军休干部47人，退休士官21人；接收安置军休人员61人，其中军休干部40人，退休士官21人。全年下拨军休退役安置补助资金4.21亿元，其中下拨人员经费3.82亿元、增资经费1943万元、机构经费1532万元、用房经费485万元。

【推进军休所更新改造】 按照退役军人事务部的决策部署，采取重建、扩建、购置或原址重新装修等方式，将基础较为薄弱、工程量较大的吉安、九江、上饶军休所纳入江西省“十三五”规划，推进全省军休机构更新改造。省厅从中央用房经费中列支部分经费，分别向吉安军休所拨付210万元、九江军休所拨付258万元、上饶军休所拨付380万元，全省累计投入经费2.29亿元（其中地方财政投入1.97亿元），改造军休干部活动场地2.5万平方米，新增活动场地9654平方米。截至12月20日，九江市、上饶市军休所新址挂牌，实现全省军休所更新改造全覆盖，军休干部休养环境明显改善，军休服务保障水平明显提升。江西省主要做法在全国军休服务管理工作会议上做典型经验介绍。

【军休服务管理】 在九江先期探索引进社工专业服务军休干部工作的基础上，8月19日，在九江市召开全省军休服务管理机构社会工作专业服务军休干部推进会，全面启动社工专业服务军休干部工作，满足军休干部个性化、人性化、亲情化需求。与军队衔接，完成1439名军休干部换证工作。组织各地申报“中国人民志愿军抗美援朝出国作战70周年纪念章”、全国“敬老文明号”和“全国敬老助老模范人物”等工作，吉安市军休所获2020年全国“敬老文明号”。选送南昌、九江2名军休功臣参加军休司组织的海南三亚疗休养，获“全国军休功臣疗养文体活动”组织奖。对接省人社厅，解决3名享受国务院特殊津贴军休干部部分待遇没有到位难题。采取二次安置方式，帮助南昌市军休干部金百良的服务管理关系转移到深圳市军休所管理，解决军休干部年老身边无子女照顾等问题。指导南昌市打造“军休服务管理进站点”新模式，把军休干部党建活动、文化娱乐、服务保障、医疗服务等内容，融入基层退役军人服务站工作范围，打造军休干部半小时服务圈。

军转干部安置

【概　况】 2020年，中央下达江西省计划分配军队转业干部509名，实际接收505名。全省军转安置工作实现安置标准、安置质量、安置速度“三不降”。

【做好军转安置服务】 省委常委会、省政府常务会、省军区常委会把退役军人安置工作作为重要议题，多次研究部署，推动落实。省委、省政府主要领导亲自审定2020年安置计划。省直单位接收军转干部继续提供100%公务员岗位，以省直带头推动全省安置工作高质量发展。坚持把退役军人安置工作纳入各级党委、政府四个考核体系，同时作为创建“双拥模范城”“双拥工作先进单位”重要内容。各级党委、政府把退役军人安置任务完成情况及完成质量纳入督查内容，定期通报安置进度，倒逼责任落实。坚持推行考试考核与积分选岗、公开选调、双向选择相结合的“阳光安置”办法，严格做到各环节公开。全省统一组织营职以下军转干部(含专业技术干部)进行考试，所有军转干部按照统一的考核赋分标准实施打分。各级纪委监察部门全程参与并监督军转干部考试和选岗全过程，进一步增强军转安置工作的透明度和公信力。把“尊崇工作法”应用到军转安置工作的全过程。对担任作战部队师、旅、团、营级主官的军队转业干部以及功臣模范、烈士子女、有参战经历、长期在艰苦边远地区和特殊岗位工作的军转干部在考核时予以加分，在安置地审核时予以照顾，在工作岗位和职务职级安排上予以倾斜，得到部队和军转干部好评。

【提高军转安置质量】 省退役军人事务厅会同省军区转业办、省委组织部一同推动，明确对担任正团职领导职务满最低年限的，应安排副处级领导职务或二级调研员；对担任副团职领导职务满最低年限的，可以安排正科级领导职务或四级调研员。2020年，除2人主动要求到省直事业单位安置外，全省选择到党政机关和参公单位安置的军转干部占99%，比2019年提高0.2%，继2019年之后再次位列全国第一；团职军转干部平职对应公务员职级或低一职安排领导职务的占82.4%，比2019年提高8.3%。

·资料·

立二等功以上荣誉江西籍现役军人

一等功

王亮

二等功

裘建平、黄天纵、田靖、侯国乘、许金伟、胡浔、谢全、龙青、邓安坤、胡志鹏、王步蓝、程伟楠、包诚、王超群、石尧、黄家临、周瑞、闵晨云、庄青、陈磊、郭奕青、谢观添、廖小教、易云峰、谢明恩、邱丁轲豪、朱碧波、朱斌辉、谭杰、黄琦、熊健、高路、王小军、俞建利、方志春、叶乐章、程晓冰、盛贤华、刘攀、罗秋平、钟君健、蔡系文、彭应平、谢知杭、陈鑫、黄军华

（省退役军人事务厅）

本栏编辑　邓诚君

民族宗教事务

综　述

2020年，省民族宗教事务局深入学习贯彻习近平新时代中国特色社会主义思想，全面贯彻落实中央、省委关于民族宗教工作的重大决策部署，完成各项工作任务。

以铸牢中华民族共同体意识为主线做好民族工作。围绕脱贫攻坚重点任务，按要素分配法分配中央和省级财政专项扶贫资金(少数民族发展支出方向)4504万元。其中，为全省辖有民族乡、村、组的23个贫困县切块资金2266万元，比2019年增长2.26%，比平均增幅高1.86%。持续组织32家省直单位对口支援民族乡村。全省民族地区34个贫困村全部脱贫摘帽，区域性整体贫困得到解决。提前下达2021年中央财政专项扶贫资金(少数民族发展支出方向)1816万元至23个贫困县(市、区)，重点支持贫困地区巩固拓展脱贫成果同乡村振兴相衔接。组织开展"十四五"民族团结进步事业规划编制调研工作，确定金坪民族乡、新月畲族村作为首批民族乡村振兴试点乡村。下达专项资金300万元，支持26个单位民族团结进步创建示范单位建设，推进新余、萍乡、宜春、鹰潭4个设区市民族团结进步创建工作创新试点，在南昌、吉安、鹰潭、赣州、上饶共8所学校设立"铸牢中华民族共同体意识践行基地"。上饶市承办第三届江西省少数民族文化艺术节。江西省第三届少数民族文化艺术节获国家民委领导肯定，信息工作获全国民委部门第二名、散杂居省份第一名，连续4年获"全国民委系统信息工作优秀集体"。

以坚持宗教中国化方向为抓手做好宗教工作。举办江西省宗教界代表人士坚持宗教中国化方向暨爱国实践教育专题培训班，召开"江西省宗教界学习党的十九届五中全会精神暨坚持我国宗教中国化方向座谈会""江西省宗教院校思想政治课程建设现场推进会"。推动开展国旗、宪法和法律法规、中华优秀传统文化、社会主义核心价值观"四进"宗教活动场所活动，基本实现场所全覆盖。加强党对民族宗教工作的集中统一领导，夯实基层基础。11个设区市全部由统战部副部长兼任民宗局局长；98个县(市、区)由统战部部长兼任民宗局局长；54个县(市、区)设立民宗服务中心，增设事业编制150余个。加强法治宣传教育培训，组织开展"百万网民学法律"民族宗教政策法规专项知识竞赛，参赛人数超过105万人次。宗教有关工作获得中央统战部肯定。

(省民宗局)

民族事务

【概　况】　第六次全国人口普查统计，全省有除保安族外的54个少数民族成分，人口15.23万人，占全省总人口0.34%，其中畲族人口9.1万人。全省设有8个少数民族乡(贵溪市樟坪畲族乡、铅山县太源畲族乡、铅山县篁碧畲族乡、永丰县龙冈畲族乡、南康区赤土畲族乡、青原区东固畲族乡、乐安县金竹畲族乡、峡江县金坪民族乡)、82个少数民族行政村和398个少数民族村小组。少数民族流动人口约8.5万人。

【民族地区脱贫攻坚】　省民宗局落实差别化支持政策，持续组织32个省直单位开展对口支援民族乡村工作，下达中央和省级财政专项扶贫资金(少数民族发展支出方向)4504万元，保障贫困地区的资金增幅不低于当年财政专项扶贫资金平均增幅。江西民族地区34个贫困村全部脱贫摘帽，区域性整体贫困得以解决。民族地区农民人均可支配收入接近江西平均水平，有半数民族乡超过当地平均水平。全省民族地区基础设施条件和公共服务水平得到明显改善，民族地区"外畅通、内循环"的交通格局基本成形，25户以上自然村通水泥路率100%，广播电视入户率、自来水入户率、改厕率基本达100%。居住在深山区、库区和地质灾害区的民族地区贫困群众615户2486人全部完成移民搬迁，基本实现"搬得出、稳得住、能脱贫"。

【资助受灾民族乡村灾后重建】　2020年春夏，因持续强降雨影响，江西部分地区遭受洪灾。省民宗局及时出台措施，帮助受灾民族乡村灾后重建。向灾情较重的贵溪市樟坪畲族乡、铅山县太源畲族乡和篁碧畲族乡下拨经费65.44万元，争取国家民委防汛救灾经费30万元，联系慈善组织筹措项目建设资金100余万元和物资80万元，联系有关部门帮助受灾民族乡村恢复通路、通电、通水，解决护坡、护堤、护岸建设问题，恢复受灾民族乡村生产生活秩序。

【江西省第三届少数民族文化艺术节在上饶举行】　9月26日—27日，江西省第三届少数民族文化艺术节在上饶举行。9月26日，在三清山举行开幕式。省委常委、省委统战部部长陈兴超出席开幕式并宣布开幕，国家民委党组成员、副主任郭卫平，省政协副主席刘晓庄出席开幕式。9月27日，在三清山举行闭幕式主题晚会。省民族工作领导小组副组长、副省长胡强到会讲话，并为下一届少数民族文化艺术节承办地赣州市授旗。省政协副主席刘晓庄出席。该届艺术节由省民宗局、省文旅厅和上饶市政府共同主办，是在上两届江西省畲族文化艺术节基础上确立的，主要包括一部原创民族音乐剧《云上凤凰》演出、一台闭幕晚会、一场山歌比赛（含6首少数民族山歌、7首区域山歌、4首汉族山歌）以及反映民族地区经济社会发展成就、民族团结进步创建成效的书画摄影图片展和民族工艺、饮食、传统体育的展示展演等。

【出台《关于宜春、萍乡、新余、鹰潭四市开展民族团结进步创建工作创新试点的指导意见》】 5月，省民宗局印发《关于宜春、萍乡、新余、鹰潭四市开展民族团结进步创建工作创新试点的指导意见》。《意见》从坚持政治引领，铸牢中华民族共同体意识；推动各民族文化认同，构建中华民族共有精神家园；推进互嵌式社区建设，促进各民族交往交流交融；加快民族事务治理体系能力建设，提供民族团结进步事业法治保障；拓展创建工作网络空间，凝聚共筑中国梦磅礴力量5个方面探索民族事务治理体系和治理能力现代化新途径。

（省民宗局）

宗教事务

【概　况】 截至2020年12月，全省有合法登记宗教活动场所6663处，教职人员1.19万人，信教群众176.42万人，其中信仰佛教87.72万人、道教29.91万人、伊斯兰教1.4万人、天主教4.24万人、基督教53.15万人。五大宗教全省性宗教团体全部成立，市、县（市、区）宗教团体200余个。有江西佛学院（下设宝峰佛学院、大金山尼众佛学院、东林净土学院）、曹洞佛学院、龙虎山道教学院（筹）、江西圣经学校4所（6处）宗教院校。

【江西省加强宗教活动场所管理暨佛教道教商业化治理工作推进会在抚州召开】 5月22日，江西省加强宗教活动场所管理暨佛教道教商业化治理工作推进会在抚州召开。省委统战部副部长、省民宗局党组书记、局长曹国庆出席会议并讲话。各设区市宗教工作部门、省宗教工作领导小组成员单位及相关县（市、区）宗教工作部门负责人参加会议。会议传达省委常委、省委统战部部长陈兴超书面讲话精神，强调要始终坚持“导”的思路，破解宗教领域重难点问题，加强宗教法治和制度化建设，重视宗教界自身建设，推进宗教活动场所规范化管理。

【“江西省宗教界代表人士坚持我国宗教中国化方向暨爱国实践教育专题培训班”在井冈山举办】 8月4日至8日，“江西省宗教界代表人士坚持我国宗教中国化方向暨爱国实践教育专题培训班”在井冈山举办。省委统战部副部长，省民宗局党组书记、局长曹国庆作开班动员讲话并授课。五大宗教全省性宗教团体主要负责人和部分班子成员，全省各宗教院校主要负责人、教务长和思想政治课骨干教师，部分重点寺观教堂负责人，省民宗局副处级以上驻会干部以及省政协民宗委特邀代表等96名学员参加培训。会议强调，宗教界要进一步弘扬爱国爱教优良传统，坚定不移坚持宗教中国化方向，助力防范化解宗教领域重大风险；宗教界人士要切实发挥桥梁纽带作用，继续团结带领广大信教群众，与党和政府同心同德，同向同行。

【江西省市、县（市、区）党委政府分管民族宗教工作领导干部培训班在南昌举办】 11月13日，省委组织部、省委统战部、省民宗局在南昌联合举办江西省市、县（市、区）党委政府分管民族宗教工作领导干部培训班。受省委常委、省委统战部部长陈兴超委托，省委统战部副部长，省民宗局党组书记、局长曹国庆出席培训班并作开班动员讲话。会议强调，新形势下民族宗教工作只能加强，不能削弱；各级党委政府要切实履行民族宗教工作主体责任，进一步建立健全民族宗教工作领导机制，把民族宗教工作纳入重要议事日程，及时研究解决民族宗教领域重要问题。省纪委省监委驻省委统战部纪检监察组组长徐小平，省民宗局党组成员、副局长王希贤、马哲海先后就如何做好新时代民族、宗教工作进行指导和授课。各设区市、县（市、区）党委政府分管民族宗教工作领导干部，省委统战部和省民宗局相关处室共120余人参加培训。

【江西省宗教界学习中共十九届五中全会精神暨坚持我国宗教中国化方向座谈会在抚州市召开】 11月19日，江西省宗教界学习中共十九届五中全会精神暨坚持我国宗教中国化方向座谈会在抚州市宜黄县召开。五大宗教全省性宗教团体负责人、秘书长，宗教院校负责人、教务人员、思政教师，部分设区市、县（市、区）民宗局负责人及高校专家学者等50余人参加会议。会议学习中共十九届五中全会精神，五大全省性宗教团体负责人交流学习体会。省委统战部副部长，省民宗局党组书记、局长曹国庆出席会议并讲话。会议强调，要深入激发宗教界坚持中国化方向的内生动力，挖掘宗教界坚持中国化方向的有效路径，抓住宗教坚持中国化方向的关键重点。

（省民宗局）

本栏编辑　邓诚君

精神文明建设

综　述

2020年，全省精神文明建设践行以人民为中心的发展思想，开展理想信念教育，实施公民道德建设工程，推进新时代文明实践中心建设，社会文明风尚更加浓厚，公民文明素质和社会文明程度显著提升。

*统筹全局确定思路。*加强统筹协调，进一步完善党委统一领导、党政齐抓共管、文明委组织协调、有关部门各负其责、全社会积极参与的领导体制和工作机制。1月10日，全省文明办主任会议召开。其间，与会代表列席全省宣传部长会议，讨论研究江西省文明委2020年工作要点，理清工作思路，统一工作步调。3月30日，召开省文明委第四次全体会议，回顾总结2019年精神文明建设工作，研究部署2020年精神文明建设任务，审议通过有关事项。省委书记刘奇，省委副书记、省长易炼红多次作出批示，提出明确要求，充分发挥文明委的“指挥部”作用。12月4日，组织召开全省精神文明建设座谈会，总结工作经验，探讨工作方法，推动“五大创建”工作实现常态长效发展。

*注重提升队伍建设。*成立江西省新时代文明实践促进中心，为省委宣传部下属正处级公益一类事业单位，核定全额拨款事业编制26名。将新时代文明实践内容纳入省委党校有关班次以及全省宣传部长培训班教学安排，采取“井冈山主会场培训+33个试点县分会场视频培训”形式，对全省5700余名党建宣传员、志愿服务骨干进行培训，组织开展文明城市创建培训班、志愿服务骨干培训班、乡村学校少年宫项目骨干培训班、心理辅导骨干培训班。各地结合实际，围绕精神文明建设主线举办各类型各层次培训班500余场次，培训人员2万余人次。

*推进新时代文明实践中心建设。*省委组织部、省委宣传部等6部门联合印发《关于推动全省党的基层阵地资源整合的试点方案》，选择在33个县（市、区）开展党的基层阵地资源整合试点工作。33个试点县（市、区）均建成新时代文明实践中心，在乡镇一级建成新时代文明实践所516个，在村一级建成新时代文明实践站6899个。全省选择一批条件较好以及工作较薄弱的文明实践所、站进行重点扶持，建设百家新时代文明实践示范点。召开全省新时代文明实践中心建设视频推进会，组织拍摄《江西省推进新时代文明实践工作纪实片》。成立试点工作联席会，会同成员单位负责人挂点指导试点县（市、区）工作，形成工作合力。推动村级新时代文明实践站与党群服务中心、综合性文化服务中心、农家书屋等融合发展，构建15分钟党群服务和文明实践活动圈；每个行政村配备1～2名专职党建宣传员，负责党群服务中心、新时代文明实践站、综合性文化服务中心等村级阵地运行管理和活动组织。33个试点县（市、区）共招聘6095余名党建宣传员。建设省新时代文明实践志愿服务管理平台，设计开发志愿服务点单微信小程序，按照“群众点单、中心派单、志愿者接单、群众评单”的模式开展志愿服务活动。2020年年底，完成40个县（市、区）8876个点单项目库搭建工作。与省教育厅、江西师范大学共建省新时代文明实践研究中心，共同完成3篇调研报告，为文明实践工作开展提供坚实理论支撑。

（陈怡）

理想信念教育

【加强理论武装】　省委组织部在江西网络干部学院开办“深入学习贯彻党的十九届四中全会精神”专题培训班7个、开发专题课程10余门，参训人员达23.6万人次。省直机关成立350个青年干部理论学习小组，开展丰富多彩的学习活动。组织实施“习近平新时代中国特色社会主义思想在江西实践研究工程”“江西省青年马克思主义者理论研究创新工程”，加强江西省中国特色社会主义理论体系研究中心建设，开展中宣部“马工程”办公室重大委托课题“从瑞金追根溯源：为人民打天下为人民治国家”“井冈山精神及其时代价值研究”工作，在中央“三报一刊”刊发系列重点理论文章，形成一批研究成果。举办全省社科界学习贯彻中共十九届五中全会精神理论研讨会，在《江西日报》开辟“十四五怎么看怎么办”专栏。举办纪念毛泽东寻乌调查90周年理论研讨会。加强省重点新型智库建设和管理，制定《江西省智库研究项目管理办法（试行）》，与中国科学院共同举办2020江西智库峰会暨国家级大院大所产业技术进江西活动，邀请200多名中国科学院、中国工程院等国家大院大所专家学者为江西高质量跨越式发展提供智力支持。运用各级党委讲师团、“老兵宣讲团”“小巷讲堂”等各类宣讲资源，全方位、多层次组织开展中共十九届五中全会精神宣讲活动。2020年，全省开展各类宣讲活动1万余场，受众超500万人次。围绕《习近平谈治国理政》第三卷、全国"两会"精神和疫情防控、脱贫攻坚等重大主题，发挥新时代文明实践中心、县级融媒体中心作用。持续加强"学习强国"学习平台使用和江西平台的建设管理，2020年，全省"学习强国"手机客户端总用户数达306.9万人。

【培育和践行社会主义核心价值观】

印发《江西省新时代公民道德建设实施方案》《江西省贯彻〈新时代爱国主义教育实施纲要〉的若干措施》，加强策划和调度，全年31项公民道德建设和29项爱国主义教育重点活动有序组织实施。推进长征国家文化公园江西段建设，制定实施方案和保护规划，编制江西段重点建设项目库，推动瑞金中央革命根据地纪念馆、于都中央红军长征出发纪念馆改陈提升等重点工程建设，打造全国长征文化标志。制定出台《关于推进江西省红色文化资源保护与开发利用工作的意见》，加快爱国主义教育基地数字化规范化建设，打造24个爱国主义教育示范基地数字展馆。开展高校"红色走读"活动，组织广大学生"云游"爱国主义教育基地数字展馆，实地走读研学。截至12月底，数字展馆云平台访问次数达6641.17万人次，用户访问区域覆盖全国31个省（区、市）及港澳台地区，遍及20多个国家和地区。举办第三届江西省红色故事讲解员大赛暨第二届江西省红色旅游五好讲解员大赛，近220万人次通过中国江西网直播平台观摩。举办"文化的力量——2020江西文化发展巡礼"、文艺精品展演等系列活动，现场参观人数达54.4万人，网上展厅访问量达278.7万人次。组织创作电影《邓小平小道》《三湾改编》、电视剧《像我们这样奋斗》、话剧《支部建在连上》等一批具有江西特色的文艺作品。《井冈山儿女》《爱拼会赢》《一江水》《糍粑黏黏日子甜甜》入选国家广播电视总局第三批2018—2022年100部重点电视剧规划选题；赣南采茶戏《一个人的长征》入选文旅部"百年百部"创作计划重点扶持作品；《中国共产党怎样解决贫困问题》《红游记》入选中宣部2020年主题出版重点选题。

【凝聚防疫抗洪合力】 印发《关于在打赢疫情防控阻击战中有针对性地开展精神文明教育的通知》，报道各地各部门疫情防控、防汛救灾的措施成效，讲述防疫抗洪一线的感人事迹，营造强信心、暖人心、聚民心的舆论氛围。中央及省内媒体共刊发江西省疫情防控稿件34.4万条，总阅读量超152.1亿次。其中，12部融媒体作品阅读量破亿次，220多部作品阅读量破千万次。调动志愿者、身边好人、文明单位等各方力量参与到疫情防控工作，形成联防联控、群防群控的抗疫格局，全省有180余万名志愿者参与宣传防疫知识、生活物资配送等疫情防控志愿服务。省防汛抗旱指挥部办公室、团省委联合下发《关于迅速组建全省防汛救灾青年突击队的紧急通知》，号召各地各单位迅速组建青年突击队作为全省防汛救灾预备队伍参与防汛工作，各地各单位积极响应，为打赢防汛抢险攻坚战发挥重要作用。

（陈怡）

思想道德建设

【提升好人文化品牌】 举办"时代楷模——九江市消防救援支队"巡回事迹报告会，宣传"新时代好少年""最美脱贫之星""最美扶贫干部""最美抗疫医师""最美城乡社区工作者"等最美人物的先进事迹。组织"中国好人"推荐评议工作，全年有72人上榜"中国好人"。举办全省道德模范与"身边好人"现场交流活动暨"江西好人"发布仪式，全年线上线下共发布103事迹124人。举办6场好人故事会进基层活动，挖掘身边好人的感人故事，传播社会正能量。组织对2019年度75名生活困难道德模范和"中国好人"进行慰问帮扶，发放46.9万元帮扶金；动员省体彩、省福彩等社会力量共同支持帮扶身边好人，发放30余万元帮扶资金，带动各地走访慰问一批身边好人，营造崇德向上、德者有得的社会氛围。

【开展志愿服务活动】 在"12·5"国际志愿者日，组织开展志愿服务活动，全省各地上下联动，进一步弘扬新时代雷锋精神。会同有关部门组织开展2020年度全国学雷锋志愿服务"四个100"先进典型宣传推选活动，严格对照标准条件，遴选最美志愿者、最佳志愿服务组织、最佳志愿服务项目、最美志愿服务社区4个类别各10个候选对象，打造高质量的志愿服务品牌。"敲门嫂""老兵宣讲团""田教授"等一批志愿服务团队通过深入细致、暖心贴心的服务，提升志愿服务的口碑度和含金量。

【深化"我们的节日"主题活动】 组织新余、抚州、宜春、上饶4个设区市和寻乌县分别策划七夕节、教师节、"迎中秋庆国庆"、重阳节和国际志愿者日活动方案，组织全省新时代文明实践中心（所、站）开展"爱国歌曲大家唱""感恩奋进大家谈""我的节日我传承"等系列活动。其中，宜春市国庆期间组织开展232场"爱国歌曲大家唱"活动，累计参与人数17.2万余人，激发干部群众的爱国热情。新余市与中央电视台合作录制的"七夕"特别节目收视份额3.49%，位列当日全国上星频道综艺类节目收视第一，观众人数5630余万人，1300家主流媒体、微博账号发布节目相关内容，总话题量超32亿次，新媒体直播视频播放量8636万次。

【未成年人思想道德建设】 清明期间，开展以"缅怀·致敬·传承"为主题的网上"清明祭英烈"活动，吸引460余万人次参与。开展第四届"书香伴成长"网上朗读活动，共征集朗读作品5000余篇，访问量17万余人次，点赞投票3万余人次。推荐5名江西"新时代好少年"参评全国"新时代好少年"，余梓洋入选2020年度全国"新时代好少年"，并作为全国10个代表之一，参加10月下旬在中央广播电视台举办的2020年度"新时代好少年"先进事迹发布仪式。开展2020年度江西省"新时代好少年"推选活动。经网络展示点赞、评委会集中评议，并综合宣传影响力等方面情况，最终评出21名江西省"新时代好少年"，通过网络展示、专家评审、社会公示、专场发布、媒体宣传、学习宣讲等多种方式，实现典型推选与学习宣传有机结合。

【推进乡村学校少年宫建设与管理】 做好2020年度90个中央项目的推荐、申报、审核、社会公示等有关工作。组织对2020年度1131个中央和省级项目建设和运行情况进行督查考核,确定等次,会同省财政厅对参加考核评比的乡村学校少年宫进行补助。在全省开展督查工作,对新建项目加强督促指导,对已建项目认真检查。举办2020年度全省乡村学校少年宫项目建设在线培训会议,全省各地600余人参加培训。加强项目动态管理,组织各地对历年已建项目档案资料进行集中录入,完成1221个项目录入、资料更新、审核工作。

(陈怡)

精神文明创建活动

【文明城市创建】 2020年,省级文明城市54个,占全省城市总数(111个)48.7%,其中11个设区市获评江西省文明城市,占全省设区市总数(11个)100%,43个县(市、区)获评江西省文明城市,占全省县(市、区)总数(100个)43%。2019—2021年创建周期江西省文明城市提名城市有峡江县等21个城市。在上一轮全国文明城市创建中,萍乡市、景德镇市和宜丰县、玉山县、芦溪县、大余县获评第六届全国文明城市,地级城市获评比例为66.67%,高于全国37.38%的平均水平,县级城市获评比例为57.14%,高于全国47.02%的平均水平,获评城市数量位居全国中上游。南昌市、赣州市、吉安市和南昌县通过全国文明城市复查并保留荣誉称号,且排名全部前移,取得历史最好名次。其中,南昌县排名全国前十,受到通报表扬。建立健全省市联动等工作机制,制定出台《支持省直和中央驻赣单位参与全省深化全国文明城市创建工作的若干措施》等制度,45家中央驻赣和省直单位对相关城市进行业务指导和双向交流,协助解决51个重点难点问题。省住建厅将文明城市创建与推进城乡环境综合整治有机结合,围绕市容市貌、环境污染等开展一系列专项整治行动,清理广告牌25.22万块,拆除违法违章建筑3.57万处,整治背街小巷3154条。

【农村精神文明建设】 制定出台《关于深入推进移风易俗建设文明乡风的实施意见》,发挥村(居)红白理事会、乡规民约和党员干部及乡贤能人的示范引领作用,破除婚丧喜庆大操大办、高价彩礼、厚葬薄养等陈规陋习。与省民政厅联合发布《清明节携手抗疫文明追思倡议书》;会同省民政厅、省农业农村厅等部门,从开展专项行动、加强监督管理、引导村民自治、加大宣传力度等方面持续做好遏制天价彩礼等移风易俗工作。省农业农村厅开展"三清两改一管护"村庄清洁行动,建立农村人居环境治理"万村码上通"长效管护平台,村庄环境卫生状况有效改善。省民政厅印发《关于进一步规范完善村规民约(居民公约)的通知》,全面提升村规民约的规范化和覆盖率。截至2020年年底,全省村规民约覆盖率达98%。

【文明单位创建】 做好文明单位日常创建管理工作,修订《江西省文明单位测评标准(2021年版)》和相应操作手册,做好2021年江西省文明单位动态管理系统更新准备。组织开展2020年度文明单位复查工作,对标测评标准,以复查促创建。向社会发布《江西省文明单位志愿服务倡议书》,推动履行社会责任,参与新时代文明实践中心建设和开展志愿服务活动。组织省级文明单位成立志愿服务"小分队",通过寓教于乐等形式,深入基层开展7场"送服务、送文艺、送知识"活动,参与的省级文明单位14家,邀请道德模范等先进典型参加活动并发放4.2万元帮扶金。

【文明家庭创建】 坚持把家庭作为道德教化、文明传承的第一驿站,以注重家庭、注重家教、注重家风为着力点,开展"文明家庭""五好家庭""星级文明户"等推选活动。组织"新时代家庭观"讨论,进一步扩大家风建设的覆盖面、参与性,促进家庭和睦,促进下一代健康成长,促进老年人老有所养。

【文明校园创建】 向中央文明办推荐28所大中小学校(其中大学3所)参评第二届全国文明校园,其中26所学校获全国文明校园称号。确定615所江西省文明校园创建先进学校,促进全省文明校园创建工作。加强师德师风建设,引导办好思想政治理论课,开展"七一颂党恩""唱响中国梦""书香伴成长"等校园文化活动,帮助青少年树立正确的世界观、人生观、价值观。组织开展"最美校园竞晒"网上风采展示活动,展示师生文明风貌和校园文明风采。省委教育工委等单位举办2020年全省青少年校外教育学生成果展示活动,进一步增强未成年人的社会责任感、创新意识和实践能力。

【网络文明宣传】 结合重点节日,开展《践行初心使命的江西故事——短视频征集》《清明网上祭英烈》《向国旗敬礼》《新时代好少年》等"不忘初心 牢记使命"主题教育、"中国梦"宣传教育、培育和践行社会主义核心价值观、"我们的节日"等系列活动。倡导文明办网、文明上网、文明用网,组织省内新闻网站统一开设"暖新闻·江西2020"专题和"点赞江西正能量"网评栏目,办好"温暖江西""江西正能量"等微话题,挖掘宣传践行社会主义核心价值观的平民英雄、凡人善举等先进典型。推进"江西文明网""文明江西"微博和江西志愿服务网建设,江西文明网获全国十大"优秀地方文明网站"称号。发挥江西文明网阵地作用,发布各类宣传稿件1.3万余条,被中国文明网要闻区和深度评论区采用43篇,网站累计访问量630余万人次。"文明江西"两微一端阅读量破亿,长期保持在全国文明办系统微信公众号前列。

(陈怡)

本栏编辑 邓诚君

市、县(区)

南昌市

【概　况】　位于江西省中部偏北，辖3县、6区、3国家级开发区和1临空经济区。总面积7195平方千米，其中城市建成区面积345平方千米。全市园林绿地面积1.44万公顷，绿化覆盖面积1.51万公顷，公园绿地3814公顷。城市绿化覆盖率41.3%。常住人口625.50万人，其中城镇人口488.38万人。2020年，地区生产总值5745.51亿元，增长3.6%。其中，第一产业增加值235.28亿元，增长2.2%；第二产业增加值2676.89亿元，增长3.8%；第三产业增加值2833.35亿元，增长3.4%。财政总收入912.01亿元，增长1.0%。其中，地方一般公共财政预算收入483.86亿元，增长1.4%。地方一般公共财政预算支出838.07亿元，增长0.5%。规模以上工业营业收入7346.91亿元，增长5.5%。规模以上工业增加值增长4.7%。固定资产投资增长8.8%，其中工业投资增长3.7%、房地产开发投资增长6.4%。社会消费品零售总额2452.74亿元，增长3.0%。进出口总值1151.46亿元，增长8.4%。其中，出口值713.11亿元，增长10.3%；进口值438.35亿元，增长5.4%。农林牧渔及服务业总产值401.62亿元，增长2.7%。谷物总产量207.11万吨。主要农产品及产量有油料11.7万吨、蔬菜及食用菌132.35万吨、水果14.03万吨、猪肉11.78万吨、牛存栏15.43万头。城镇居民人均可支配收入4.68万元，增长6.0%；农村居民人均可支配收入2.09元，增长9.4%。

【中国电子（江西）联合攻关基地揭牌】　7月31日，中国电子（江西）联合攻关基地在南昌揭牌。南昌市与中国电子信息产业集团有限公司在信创产业、现代数字城市、大数据先进技术研究平台等领域合作，进一步推动相关重点企业、顶尖团队、高端人才、技术要素在南昌聚集，促进南昌市电子信息产业跨越发展。

【南昌昌北国际机场新国际货站、国际快件中心二期暨跨境电商9610开通运营】　9月16日，南昌昌北国际机场新国际货站、国际快件中心二期暨跨境电商9610开通运营仪式举行。仪式现场，美国新蛋网、京东跨境协同仓等20个项目达成签约意向。南昌昌北国际机场新国际货站于2019年3月19日动工，2020年9月16日建成投运，总用地面积约8.27万平方米，总建筑面积3.66万平方米。新国际货站建设工程，是南昌机场发展航空货运的一个重大配套项目，完成货运目标的重要基础设施。

【南昌汉代海昏侯国遗址公园开园】　9月23日，南昌汉代海昏侯国遗址公园正式开园。南昌汉代海昏侯国遗址公园实行大门票制，通票价格为100元/(人·次)，开园1年内门票优惠价为60元/(人·次)，开园时间为每天9时至17时。园区内部封闭运行，乘电瓶车往返，车票价15元/(人·次)。南昌市民、身高1.2～1.5米儿童、中小学、全日制大学本科及以下学历在校学生以及60～65周岁老年人4类人群，可享受门票5折优惠政策，即30元/(人·次)。

【南昌市城建重大重点项目集中开工暨昌东大道竣工通车活动举行】　9月29日，南昌市城建重大重点项目集中开工暨昌东大道竣工通车活动举行。昌东大道拓宽改造提升工程是南昌市“十纵十横”干线性路网的第六纵，总投资18.62亿元。集中开工的8个城建重大重点项目，包括南昌绕城高速西二环、九龙湖过江大桥、九洲高架东延、广州路东延、海关桥及周边道路改造工程、S49枫生快速路北段拓宽工程、沿江中北大道道路提升改造和桃花南路快速化改造工程，建设总里程约123千米，总投资约328亿元。

【举办2020南昌飞行大会】　10月30日至11月1日，2020南昌飞行大会在瑶湖机场举行。大会由南昌市政府主办，南昌高新区管委会承办，主题是“江西飞机飞起来”。10月30日举行航空发展论坛、商飞江西生产试飞中心，ARJ21飞机交付仪式。10月31日至11月1日，举行开幕式、飞行表演、航空飞行器、航空企业静态展示。其中，洪都公司L15、初教6，昌飞公司AC311、AC311A等一批“江西制造”的飞机展现编队飞行和特技飞行；中国商飞公司生产制造的C919飞机首次航展动态展示；“动力三角翼”“阿若拉”“闪电”“空中宝马”等国内知名飞行表演队表演特技飞行动作。大会参加企业200余家、参展飞行器100余架。开幕式上，21个重大重点项目签约，投资总额450亿元。

主要领导人　市委书记：殷美根（任至3月）、吴晓军（3月任）。市人大常委会主任：陈德寿（任至5月）、吴伟柱（5月任）。市长：黄喜忠。市政协主席：周关（任至5月）、刘家富（5月任）。

（南昌市史志办公室）

·南昌县·

【简　况】 位于江西省中部偏北，辖9镇、7乡、1街道办事处、1国家级开发区、1省级开发区和银三角管理委员会。总面积1683平方千米，其中城区面积64平方千米。耕地面积7.87万公顷，有林面积2388.8公顷；森林覆盖率13.73%。总人口106.46万人，其中城镇人口33.6万人；人口自然增长率5.73‰。2020年，地区生产总值1048亿元，增长4.7%。其中，第一产业增加值增长2.6%；第二产业增加值增长4.4%；第三产业增加值增长5.7%。财政总收入141.3亿元，增长3.3%；税收占财政总收入的86.1%。地方公共财政预算收入76亿元，增长2%；地方财政支出142.4亿元，下降12.31%。规模以上工业总产值1066.16亿元，增长6.2%。500万元及以上固定资产投资增长9.4%。实际利用外资10.03亿美元，增长9.6%；实际利用内资389.6亿元，增长23.8%。主要工业产品及产量有化学药品原药1524.3吨、饲料72万吨、水泥215.46万吨。农业总产值121亿元，增长3.1%。粮食总产量86.6万吨。主要农产品及产量有水稻75.4万吨、蔬菜66.9万吨、油料1.8万吨。城镇居民人均可支配收入4.28万元，增长6.7%；农村居民人均可支配收入2.31万元，增长7.5%。城乡居民年末储蓄余额506.2亿元。

【25个口岸经济类项目入驻南昌县】 5月16日，南昌县举行南昌向塘国际陆港发展服务中心落成暨口岸经济项目入驻签约仪式，总投资115.5亿元的25个口岸经济类项目入驻南昌县，其中世界500强企业投资项目3个、大型国有企业投资项目6个，涉及供应链金融、国际货代、港口贸易、报关报检、信息技术服务等多个业态。

【全国重点网媒江西行暨中国江西网(大江网)创办20周年大型采访活动启动仪式在南昌县举行】 9月21日，全国重点网媒江西行暨中国江西网(大江网)创办20周年大型采访活动启动仪式在南昌县文化会展中心举行。江西日报社社长黄万林，南昌市委常委、宣传部部长龙和南，南昌县委书记、小蓝经开区党工委书记熊运浪等领导及人民网、新华网、中国新闻网、腾讯网、网易网等30多家全国重点网媒的记者出席活动。活动启动后，全国重点网媒的50余名记者到小蓝经开区、向塘国际物流港、冈上教授村、原城纪特色文化街区等地开展采访活动，推介南昌县、小蓝经开区的特色亮点、发展成效。

【原城纪·南昌城市文化街区开业】 9月28日，原城纪开街狂欢季开幕式暨原城纪开业仪式举行"原城纪·南昌"项目总建筑面积12万平方米，位于南昌县银三角区域。项目以"一席洪城里、半部南昌史"为宗旨，以南昌城市文化旅游主题街区为核心，依托南昌百年城市文脉，在引入老南昌城市记忆的基调上，汲取赣文化精髓，浓缩和发扬南昌城市精神。项目集十坊百店·都市休闲旅游街区、艺术中心、非遗村落、都市市集、精品酒店等为一体，创建形态、文态、业态、生态"四态"合一的文化旅游及城市休闲综合体。

主要领导人 县委书记：熊运浪。县人大常委会主任：黄芝亮。县长：陈翔。县政协主席：郑响龙。

（刘汉求）

·进贤县·

【简　况】 位于江西省中部，辖9镇、12乡、1垦殖场、1省级开发区。总面积1971平方千米，其中城区面积37.3平方千米。耕地面积7.59万公顷，有林面积4.6万公顷；森林覆盖率22.36%。城区绿化率43.6%。户籍人口84.35万人，其中非农业人口57.1万人；人口自然增长率5.12‰。2020年，地区生产总值290.13亿元，增长2.5%。其中，第一产业增加值70.35亿元，增长2.4%；第二产业增加值120.33亿元，增长0.7%；第三产业增加值99.45亿元，增长5%。财政总收入36.7亿元，增长2.31%；税收占财政总收入的83.7%。地方财政收入20亿元，增长1.4%；地方财政支出68.6亿元，增长10%。工业总产值376.8亿元，增长1.5%。规模以上工业增加值82.71亿元，占地区生产总值的28.5%。固定资产投资199.5亿元，增长8.5%。实际利用外商投资2.38亿美元，增长18.8%。主要工业产品及产值有钢架结构产值71.35亿元、医疗器械产值59.67亿元、食品加工产值34.09亿元、饲料加工产值23.37亿元、烟花鞭炮产值19.32亿元。农业总产值117.16亿元，增长3%。粮食总产量49.2万吨。主要农产品及产量有稻谷45.3万吨、花生2.78万吨、芝麻4932吨、肉类7.78万吨、水产品13.07万吨。城镇居民人均可支配收入4.00万元，增加2546元；农村居民人均纯收入2.14万元，增加1361元。城乡居民年末储蓄余额319.13亿元，增长17.21%。

【防控新冠肺炎疫情】 2020年，面对新冠肺炎疫情防控的严峻形势，进贤县坚持"外防输入、内防扩散"政策，构建县、乡镇、村(社区)、村小组(小区)"四级联动"工作机制，利用电视台、微信公众号等媒介，发放宣传单60万张、公开信27万份，悬挂横幅1.5万条，张贴海报10万张、通告12万张，通过"两微一端"及抖音等新媒体发布信息2000条，累计阅读量超过5000万次。制作发布《进贤县新型冠状病毒感染的肺炎疫情防控工作简报》85期。累计拨付疫情防控专项资金1.83亿元，其中县本级资金7496万元、上级资金1.08亿元。查实湖北到县人员4135人，其中武汉到县人员3272人；完成全县37名确诊病例救治和403名密切接触者集中隔离医学观察任务；核酸检测3.79万人次，血清学检测3362人次，取得新冠肺炎患者治愈率100%、零死亡、医护零感染成绩。县医务人员5人代表进贤驰援武汉、随州。对重点区域实施交通管制，在国道、高速路口、主干道和各自然村路口设置卡点1800余个，排查车辆6.8万辆、人员8.25万人，劝返湖北籍车辆64辆。采用"大数据+网络化"手段开展排查，关闭各类酒店、KTV等文化娱乐场所2068处，办理涉疫行政案件16

起。实行县乡村三级网格化管理,设立网格2866个,机关事业单位公职人员以及社区(村)党员干部和志愿者等2.1万人参与网格化管理。县纪委监委组成督查组22个,会同县委、县政府督查室成立综合督查工作组,抽调督查人员近1000人次,开展明察暗访300余次,下发督办单25张,查处问题33起。加大防控物资生产,疫情期间向国家和省市供应口罩7765.5万只、防护服17.8万套、隔离衣200余万件、医用手套200余万双,被省政府给予及时奖励集体三等奖。助力国际疫情防控,6月4日,江西洪达医疗器械集团有限公司生产的1700万只、价值3600万元的医用外科口罩,通过"法国防疫物资专列"从南昌铁路口岸出口法国。

【脱贫攻坚】 2020年,全县4964户1.45万人建档立卡贫困人口,现行标准下全部完成脱贫目标。其中,2020年脱贫317户702人,贫困发生率由2014年的2.4%降到2020年年底的0,脱贫人口年人均收入1.36万元。落实"两不愁、三保障"和饮水安全政策,实现低保兜底零遗漏、医疗服务零障碍、教育保障零负担、危房改造零压力、安全饮水零超标。开展"脱贫攻坚百日大会战""扶贫资金项目大排查""受疫情汛情影响入户核查""回头看"等专项行动。全县99个帮扶单位7557名干部定期到贫困村开展结对帮扶,送出政策宣传资料6.4万份,解决需求4000余个。县扶贫龙头企业——江西省桐汐实业有限公司为贫困群众免费提供技术和服务,带动54户120人脱贫人口脱贫致富。创新一单四函调度机制,下发一单四函131份。疫情期间,为5011户贫困户住所进行防疫消毒,送口罩30万余个,提供"送货上门"服务520余次,解决各类防疫帮扶需求300余次。以行政村为单位,对全县脱贫户和边缘户评选"感恩奋进之星",开展"三讲一评"颂党恩活动1591场。

【防汛救灾】 7月,受上游水流和持续强降雨影响,进贤县超警圩堤达185千米,多处水位超历史最高水位。7月7日,县防汛抗旱指挥部启动防汛IV级应急响应;7月11日,启动防汛I级应急响应。全县成立13个防汛分指挥部,由28名县级领导担任指挥长或副指挥长,36名县级领导到一线督战。全县21个乡镇、264个村、55个社区的5000余名党员干部坚持日夜奋战在抗洪救灾一线,布防堤段185千米,处置险情20处,转移群众1.8万余人,守住"不倒一堤、不亡一人"的底线目标。积极开展灾后重建工作,修复水毁沟渠320条,抢种晚稻2133.33公顷,争取上级财政救助资金1274万元,救助受灾群众2.5万余人。提前实施城区主箱涵清淤疏浚工程,完成下水道疏浚5.3千米,确保汛期不发生内涝。

主要领导人 县委书记:钟益民(11月,因涉嫌严重违纪违法接受省纪委省监委纪律审查和监察调查)、王强(12月任)。县人大常委会主任:胡鹏飞。县长:叶修堂。县政协主席:钱和平。

(王方)

·安义县·

【简　况】 位于江西省西北部,辖7镇、3乡、1管理处。总面积660.14平方千米。耕地面积2.52万公顷,森林面积2.73万公顷;森林覆盖率45.55%,建成区绿地率32%。总人口30.73万人,非农业人口9.46万人;人口自然增长率3.97‰。2020年,地区生产总值109.27亿元,增长3.6%。其中,第一产业增加值14.90亿元,增长2.7%;第二产业增加值42.51亿元,增长5.2%;第三产业增加值51.86亿元,增长2.0%。财政总收入19.27亿元,增长6.6%;税收占财政总收入的84.8%。地方财政收入11.88亿元,增长2.2%;地方财政支出39.90亿元,增长22.3%。工业增加值38.44亿元,占地区生产总值的35.17%。固定资产投资增长10.1%。实际利用外资1.06亿美元,增长23.4%;实际利用内资107.93亿元,增长21.9%。主要工业产品及产量有建材产能200万吨、纺织服装100万锭、新材料产值16.75亿元、新能源产值3.44亿元。农业总产值26.15亿元,增长3.2%。粮食总产量20.85万吨。主要农产品及产量有肉类2.23万吨、水产品3.43万吨、蔬菜20.26万吨、水果1.24万吨。城镇居民人均可支配收入3.77万元,增加2401元;农村居民人均纯收入1.89万元,增加1487元。城乡居民年末储蓄余额126.36亿元,增长13%。

【安义基层便民服务站建设】 2020年,安义县在全县124个村委会和社区居委会高标准建成村(社区)便民服务站,实现村(居)民办事不出村(社区)的目标。整合基层资源,以基层便民服务站为载体,同步建设基层党群服务中心,打造集便民服务、乡贤参事会、党员活动室、退役军人服务站、扶贫工作室等为一体的"一站式"基层服务平台,并通过整合乡村专职工作人员队伍、志愿者、退役军人等,让村(居)民摸得着门,找得到人,办得了事,真正发挥基层阵地服务群众的作用。

【安义县获全国信访工作"三无"县】 4月2日,国家信访局办公室发布《国家信访局办公室关于2019年信访工作"三无"县(市、区)创建情况的通报》,安义县名列其中。安义县委、县政府始终坚持以人民为中心做好信访工作,从制度入手夯实信访工作责任,出台《关于做好信访"三率工作"的通知》《关于进一步做好全县信访工作的意见》2个专门性文件。同时,纳入外地商会力量,进一步充实信访工作力量,发扬"枫桥经验",解决群众反映强烈的信访问题。上访量连续呈下降趋势,其中2019年赴京上访人次与上年同期相比下降81.8%,且无非接待场所上访;到省、市上访人次与上年同期相比分别下降56%、56.1%。

【安义公共法律服务实现县乡村全覆盖】 2020年内,安义公共法律服务实现县乡村全覆盖。安义县在推进公共法律服务体系基础建设的同时,以公共法律服务中心为平台,整合司法行政法援、公证、司法鉴定等职能,不仅推出县级公共法律服务实体平台,还在全县所有乡镇(场)、村(居)委会等131个单位设立公共法律服务站(室),实现公共法律服务县乡村全覆盖。安义县公共法律服务线上平台借助"江西法网""平安安义"公众号网上预约服务平台,实现法律咨询、法律援助、司法鉴定、公证办理、远程会见等公共法律服务事项网上咨询、预约,并实现一对一回复,一条龙服务。

主要领导人 县委书记:彭开先。县人大常委会主任:刘万勇。县长:谭伯乐。县政协主席:黄小平。

(刘娉斐)

·东湖区·

【简　况】 位于江西省中部偏北,辖1镇、9街道办事处、2管理处。总面积56.95平方千米,园林绿地面积472.8公顷;城区绿化覆盖率29.7%。户籍总人口43.34万人,人口自然增长率1.93‰。2020年,地区生产总值407.53亿元,增长2.5%。其中,第一产业增加值6500万元,第二产业增加值32.23亿元,第三产业增加值为374.65亿元。财政总收入(省口径)85.4亿元,增长4.9%。其中,地方一般公共预算收入13.9亿元,增长1.6%;税收占财政总收入的89.7%。地方一般公共预算支出29.5亿元,增长2.0%。固定资产投资增长8.6%。社会消费品零售总额380.93亿元,增长2.6%。出口总额4.16亿美元。实际利用外资3.98亿美元,增长16.95%;实际利用内资90.21亿元,增长21.77%。城镇居民人均可支配收入4.83万元,增长5.2%。

【梁书美术馆开馆】 9月29日,南昌市梁书美术馆正式开馆。梁书美术馆是南昌市十大文化重点工程之一的百花洲文化艺术街区的重要组成部分,是为纪念中国著名国画家、乡村美术教育家梁书所建。美术馆为两层仿古建筑,总建筑面积约750平方米,采用古典与现代结合的新中式风格,将纸、墨、山、水等元素融入其中,馆内集中陈列梁书的画作,分为序厅、丹青人生、翰墨精微、臻品荟萃和后记5部分。该馆是东湖区持续深化公共文化服务体制改革,创新运用"民助公办、公建民营、设立资金支持"等方式打造而成,是推动"民间私藏"走向"大众共享"的案例。

【江西省首届全国篆隶书法大赛获奖作品展在东湖区举行】 6月30日,由省文化馆、省书法家协会、东湖区委宣传部、东湖区文化广电新闻出版旅游局主办的,江西省首届全国篆隶书法大赛获奖作品展在东湖区文化馆美术展览厅举行。作品展为期1个月,共展出一、二、三等奖作品35幅。书法大赛自9月2日启动,10月10日结束,共收到全国各地来稿2000余件,经过评审,评出一等奖6名、二等奖10名、三等奖20名、优秀作品39名、入展作品236名。

【东湖区行政审批局挂牌成立】 6月23日,东湖区在南昌市龙沙路55号(区行政服务中心大门)举行东湖区行政审批局揭牌仪式。行政审批局是在原区行政服务中心管理委员会基础上组建起来的正科级单位,负责原分散在区发改委、区教科体局、区民政局等14个部门的行政许可及关联事项。

主要领导人 区委书记:刘闯。区人大常委会主任:喻国泰。区长:高辉红。区政协主席:王玮。

(陈耀武)

·西湖区·

【简　况】 位于江西省中部,辖1镇、11街道办事处。总面积35.3平方千米,绿地覆盖率38.9%。常住人口48.5万人,人口自然增长率5.45‰。2020年,地区生产总值592.42亿元,增长0.1%。财政总收入105亿元,下降6.1%。地方一般公共预算收入17.4亿元,下降11.5%。固定资产投资增长8.1%。社会消费品零售总额331.57亿元,增长2.4%。实际利用外资4.3亿美元,增长21.1%;实际利用内资93.5亿元,增长26.8%。工业总产值44.62亿元。城镇居民人均可支配收入4.77万元。

【企业帮扶】 2020年,出台区19条等举措,帮助企业复工复产,全面恢复经济社会发展秩序,被央媒宣传。区本级税务机关全年累计减税降费3.08亿元,其中年内新出台的政策减税降费1.45亿元。为586家企业阶段性减免失业保险费181万元;为856家企业减免职工养老保险2566万元。对承租国有房屋的小微企业和个体工商户减免租金1760.64万元。争取各类纾困资金6302万元。"财园信贷通"贷款3.21亿元,惠及企业84家,节约企业融资成本489.76万元。搭建政企融资直通车,对接银行向区内企业提供贷款81亿元。

【举办首届南昌西湖玛雅戏水节】 7月30日至8月30日,西湖区举办首届南昌西湖玛雅戏水节。戏水节以"乘风破浪　大美西湖"为主题,共推出4大板块19项主题活动:"大爱西湖"板块以"致敬军烈、人民教师、抗疫英雄、社区干部,帮助困难儿童"为核心方向,邀请百家媒体共同打造系列公益活动,传递西湖大爱精神;"活力西湖"板块依托西湖区自身特点及互联网娱乐榜单,推出年轻群体喜爱的网红明星产品;"动感西湖"板块借力丰富的文娱活动,打造动感时尚之地;"缤纷西湖"板块以南昌玛雅乐园作为主会场,汇聚西湖区文化、旅游、商超、酒店、大企业,合力推出系列优质产品,让利群众。截至9月初,玛雅乐园共接待游客62.3万人次,日均人流量1.3万人,单日最高突破2万人。其中,非南昌户籍游客25.9万人次,南昌以外游客约12.5万人次。玛雅乐园周边酒店平均入住率60.86%,单日单店最高入住率106%。

主要领导人 区委书记:梅茂发。区人大常委会主任:马力。区长:黄小燕。区政协主席:唐于禄。

(朱君)

·青云谱区·

【简　况】 位于江西省北部,辖1镇、5街道办事处和1城市综合功能区。总面积43.17平方千米,其中城区面积43.17平方千米。城区绿化率39.3%。总人口26.07万人,其中非农业人口26.07万人;人口自然增长率下降7‰。2020年,地区生产总值339.82亿元,增长率4%。其中,第二产业增加值230.25亿元,增长

4.5%;第三产业增加值109.57亿元,增长2.6%。财政总收入42.6亿元,下降15.7%;税收占财政总收入的94.7%。地方财政收入10.6亿元,下降15.7%;地方财政支出26.8亿元,增长65.3%。规模以上工业总产值375.25亿元,增长13.2%。工业增加值占地区生产总值的27.2%。固定资产投资增长8.3%。实际利用外资3.68亿美元,增长21.52%;实际利用省外资金72.08亿元,增长22.21%。主要工业产品及产量有商品混凝土80.80万立方米、汽车33.63万辆、金属门窗及类似制品602吨、电力电缆4205.5千米、乳制品4.90万吨。城镇居民人均可支配收入4.70万元,增长5.7%。

【青云谱区2020年"战疫情·稳增长"重大重点项目集中开工仪式举行】 3月25日,青云谱区2020年"战疫情·稳增长"重大重点项目集中开工仪式举行。集中开工的13个项目,涵盖产业发展、城市建设及民生实事3个领域,总投资约125亿元。其中,市重大重点项目6个(医疗器械产业园项目、国药楚济堂江西总部项目、乔家栅烘焙DIY研学基地项目、保利南昌天汇项目、悦湖华苑项目、融创南昌雪个庭明清商业街区项目),区重大重点项目7个。

【兵哥"鲜"行项目获第四届"中国创翼"创业创新大赛创新组一等奖】 11月10日,由人力资源和社会保障部联合国家发改委、科技部、国务院扶贫办、共青团中央、中国残联共同举办的第四届"中国创翼"创业创新大赛决赛在江西景德镇市举办。青云谱新经济产业集聚区江西兵哥送菜实业有限公司创始人陈堃源及其团队的《兵哥"鲜"行——打造社区"最后一公里"就创业新模式》以全国总分排名第一的成绩获创新组一等奖。陈堃源,2010年从部队退役后成为兵哥"鲜"行项目负责人。该项目创新的提出社区合伙人模式。采取培训退役军人及军属,合格后成为社区合伙人,项目按需配送其所在社区的生鲜产品,最后合伙人进行社区"最后一公里"的营销、分拣、打包、配送等服务模式,带动退役军人"1+1+N"创业就业。项目覆盖南昌97个社区,累计帮扶105名退役军人成为社区合伙人,带动其创业。

【青云谱区医保局医保"订单式"服务新模式获评全国优秀奖】 12月10日,由国家医保局医疗保障事业管理中心、《中国医疗保险》杂志联合举办的"全国医疗保障精细化管理服务典型案例征集活动"结束,青云谱区医保局打造的医保"订单式"服务新模式获评全国医保精细化管理服务典型案例优秀奖,是全省2家入选的医保局之一。该"订单式"服务模式按照"好事办好,实事办实"的原则,提供"政策服务、掌上服务、体检服务、送药服务、送医服务、志愿服务、慈善帮扶"7大类项目,确保有需求群众、弱势群众医保业务在家门口办理、服务在家门口提供、力量在家门口汇聚、资源向基层倾斜,打造立体式多功能的医保党建阵地新模式。

主要领导人 区委书记:孙毅。区人大常委会主任:魏根金。区长:吴江辉。区政协主席:胥萍。

(徐亮)

·青山湖区·

【简　况】 位于江西省中部,辖4镇、4街道办事处、1省级工业园区。总面积127.6平方千米,森林覆盖率15.72%;建成区绿化面积1410平方米,城区绿化率28.6%。户籍人口44.1万人;人口自然增长率7.5‰。2020年,地区生产总值537.1亿元,增长3.1%。其中,第一产业0.3亿元,增长0.3%;第二产业359.1亿元,增长2.6%;第三产业177.7亿元,增长4.5%。三次产业结构为0.05∶66.86∶33.09。税收收入12.0亿元,税收占财政总收入的为81.0%。地方一般公共预算收入14.8亿元,下降14.3%;地方财政支出30.2亿元,增长0.6%。规模以上工业增加值增长2.0%,外贸出口总额8.9亿美元。500万元以上固定资产投资增长8.8%。实际利用外资7.9亿美元,增长22.2%;实际利用内资298.2亿元,增长21.8%。主要工业产品及产量有服装2.15亿件、钢材421万吨、生铁359万吨。农业总产值4687万元,增长0.5%。粮食总产量7100吨。主要农产品及产量有水产品1235吨。社会消费品零售总额240.6亿元,增长3.0%。城镇居民人均可支配收入4.74万元,增长6.1%;农村居民人均可支配收入2.37万元,增长7.4%。

【"五统一审四监督"工作法入选全国农村财务管理规范化建设典型案例】

2020年,青山湖区探索形成的"五统一审四监督"工作法入选农村财务管理规范化建设全国20个典型案例,是全省唯一入选案例。"五统一"指统一资金审批流程、资产购置流程、资产处置流程、基建工程审批流程、合同签订程序,以实现对镇、村"三资"运营进行事前监管;"一审"指将村干部任期和离任经济责任审计全面纳入区审计局审计范畴,结合每年例审、三年轮审,实行事后常态化审计监督;"四监督"指群众监督、镇(园区)"三资"办监督、区"三资"办监督、纪检监察监督,形成上下联动,事前、事中和事后全程监督体系。该工作法的实施,可实现农村财务事前、事中和事后全程监督和规范管理,促进集体经济跨越式发展和城乡发展协调,切实提高辖区内村民幸福感、获得感,有效夯实乡村善治的经济基础。

【青山湖区一站式多元解纷e中心成立】 11月5日,全省首家区级一站式多元解纷e中心——青山湖区一站式多元解纷e中心挂牌成立。e中心依托省高级人民法院自主研发的多元化解e平台,在青山湖区人民法院设立主中心,联合全区各镇(街道、园区)和区委信访局、区公安分局、区司法局、区纺织服装行业商会及塘山镇星光社区设立14个分中心,并可根据矛盾纠纷调处需要随时设立分中心,采取"线上为主、线下补充"的方式联调联处,实现人民群众化解矛盾纠纷"最多跑一地、有事网上见、矛盾线上调"。e中心的成立,推动青山湖区社会治理方式形成"纵向到底,横向到边,集成联动,诉讼兜底"的一站式多元解纷新格局,促进矛盾纠纷的源头治理,为群众提供更加高效便捷的解纷途径,被确定为全省市域社会治理现代化试点工作现场会观摩点位。截至年底,参与调解案件3000余件,调解成功1200余件,调解成功率近40%。

主要领导人　区委书记:王强(4月任,任至12月)。区人大常委会主任:黄志平。区长:袁一旦(5月任)。区政协主席:邹艾民。

(宋文娟)

·新建区·

【简　况】　位于江西省中部偏北,辖12镇、6乡、1省级开发区。总面积2193.32平方千米。耕地面积7.99万公顷,森林面积2.47万公顷;森林覆盖率13.96%,城区绿化率41.45%。总人口71.29万人,其中城镇人口21.56万人;人口自然增长率9.23‰。2020年,地区生产总值380.55亿元,增长2.1%。其中,第一产业增加值69.40亿元,增长2.5%;第二产业增加值156.29亿元,增长2.7%;第三产业增加值154.86亿元,增长1%。财政总收入62.92亿元,增长1.4%;人均财政总收入8825元;税收占财政总收入的86.5%。地方财政收入34.2亿元,增长2.2%;地方财政支出96.46亿元,增长6.7%。规模以上工业总产值537亿元,增长0.92%。其中,规模以上工业企业增加值增长1.3%。500万元以上固定资产投资增长9%。社会消费品零售总额143.42亿元,增长3.6%。实际利用外资4.78亿美元,增长21.8%;实际利用内资163.98亿元,增长22.1%。出口总额2.24亿美元,增长17.86%。主要工业产品及产量有变压器产量55.16万千伏安、多色印刷品237.86万对开色令、水泥386.58万吨、钢化玻璃46.09万平方米、纱7687吨。农业总产值119.26亿元,增长2.9%。粮食总产量51.77万吨。主要农产品及产量有水稻50.25万吨、油料2.63万吨、肉类5.96万吨、水产品9.76万吨。城镇居民人均可支配收入4.25万元,增长6.7%;农村居民人均可支配收入2.12万元,增长8.1%。年末家庭存款余额314.9亿元,增长17%。

【脱贫攻坚】　2020年,新建区实施“脱贫攻坚决胜行动”,落实中央和省市区四级财政专项扶贫资金4960余万元(上级资金3860余万元、区级配套1100万元),增长27.63%。全区批复扶贫项目67个,财政支出专项扶贫资金5171余万元;投入9885万元,对15个乡(镇)、89个行政村、490个自然村饮水安全全面巩固提升,为1092户贫困户安装单户型净水机。为全区4540户1.23万人农村建档立卡对象发放低保金2381.8万元、特困供养金570万元、孤儿保障生活费47.6万元。春季发放1705名建档立卡贫困学生资助金76.82万元,秋季发放1606名建档立卡贫困学生资助金71.51万元,为19名特殊教育的贫困生提供“送教上门”。建成扶贫车间15个,吸纳贫困劳动力102人就业。疫情期间,增加临时性公益岗位100个,安排50万元对外出务工贫困户的生活、交通补贴进行提标,向扶贫车间、扶贫产业基地发放资金补贴8万元。实施126户农村危房改造。组织专人、专班对全区4589户建档立卡贫困户房屋情况逐户逐栋进行安全鉴定,做到安居扶贫“全覆盖”。通过省级脱贫成效专项普查和交叉考核,建档立卡贫困户满意度99.9%,全面完成剩余贫困人口“清零”任务。

【海昏侯国遗址公园开园仪式举行】　9月23日,位于大塘坪乡的南昌汉代海昏侯国遗址公园开园仪式举行。公园占地约12平方千米,建有海昏侯国遗址博物馆、刘贺墓园、海昏食邑美食街、编钟剧场表演、龙文化馆等。遗址博物馆设有“金色海昏”“书香海昏”“丹漆海昏”“遇见海昏”4个展馆。已移交5671件(套)遗址出土文物,展陈文物1200余件。

【江西金达莱环保股份有限公司上市】　11月11日,江西首家科创板环保上市企业——江西金达莱环保股份有限公司在上海证券交易所科创板上市,证券代码688057,发行价格25.84元/股。公司成立于2004年10月,注册资本2.07亿元,位于南昌市新建区。公司专注于污水治理技术及产品的研发应用,已获发明专利63项,其中欧美等发达国家27项,入选“十二五”重大专项标志性成果,并获美国R&D特殊贡献奖、国际水协创新奖、美国马萨诸塞州清洁能源中心创新技术试点项目奖励。

主要领导人　区委书记:饶绍清。区人大常委会主任:刘珠。区长:陈吉炜(任至4月),王玮(4月任)。区政协主席:陈圣栋。

(陶木标　吴志芳)

·红谷滩区·

【简　况】　位于江西省中部偏北,辖1镇、2街道办事处、3管理处。总面积175平方千米,城区绿化率10.2%。总人口60万人。2020年,地区生产总值665.09亿元,增长5.0%。其中,第一产业增加值1.55亿元,下降6.7%;第二产业增加值65.27亿元,增长6.5%;第三产业增加值598.27亿元,增长4.9%。财政总收入102.1亿元,税收占96.3%。其中,地方一般公共预算收入35.3亿元,增长5.6%,税收占91.8%。500万元以上固定资产投资增长9.2%。社会消费品零售总额255.19亿元,增长3.0%。实际利用外资3.3亿美元,增长13.16%;实际利用内资309亿元,增长20.88%。出口创汇3.92亿美元,增长20%。城镇居民人均可支配收入4.86万元,增长6.6%;农村居民人均可支配收入2.09万元,增长6.9%。

【南昌市红谷滩区挂牌成立】　6月28日,南昌市红谷滩区揭牌成立。2000年2月23日,南昌市委、市政府出台《关于全面开放建设红谷滩新区的初步实施方案》,成立红谷滩新区开发建设总指挥部。同年7月,红谷滩中心区4.28平方千米开发建设破土动工。2002年4月9日,南昌市委、市政府批复成立红谷滩新区管委会,并于5月15日挂牌运行,将红谷滩新区区域面积扩大到50平方千米。2007年8月2日,市委、市政府将新建县生米镇4个行政村成建制划归红谷滩新区管辖,红谷滩新区面积达到78平方千米。2012年,新建县生米镇成建制划归红谷滩新区管辖,区域面积扩大至175平方千米。2019年12月,国务院批复同意调整南昌市部分行政区划,设立南昌市红谷滩区,将南昌市东湖区沙井街道、卫东街道和新建区生米镇划归红谷滩区管辖。

【南昌VR科创城展示中心试运营】 10月19日,在2020年世界VR产业大会开幕当天,南昌VR科创城展示中心试运营。该展示中心位于红谷滩区南昌VR科创城内,共4层,每层面积约6000平方米,由南昌市虚拟现实科创城建设有限公司建设,总投资约2.6亿元。5月开工,10月19日前完成建设及内部一层精装修。该展示中心是南昌VR科创城首个标志性建筑。一层为科技展馆,将建成融合政务接待、市民参观、企业成果展示、科研发布为一体的虚拟现实展示平台,10月完成"天工开物""碗幕""贝壳沙盘""BOX影院""企业展示交互"等展区建设。

【"红谷滩区·高通中国·影创联合创新中心"运营】 9月4日,国内首个XR(扩展现实)产业联合创新中心——"红谷滩区·高通中国·影创联合创新中心"在南昌市运营。该中心位于南昌VR产业基地,面积2000平方米,由展示中心和创新实验室组成。展示中心展示高通技术支持的终端产品及应用案例,帮助南昌市双创企业了解全球最新技术、应用场景与案例。创新实验室配备先进的测试仪器,为符合条件的双创企业提供技术评估、初期研发指导及实验性测试。

主要领导人 区委书记:周亮(8月任)。区人大常委会主任:吴韶宸(9月提名)。区长:任海斌(8月提名)。区政协主席:陶国强(9月提名)。

(胡信斌)

·湾里区·

【简 况】 位于江西省西北部,辖4镇、2街道办事处、1管理处。总面积238平方千米。其中,林地面积17321.8公顷,林木绿化率76.94%。户籍人口8.28万人。2020年,地区生产总值66.72亿元,增长3.6%。财政总收入18.8亿元,增长8.7%;税收占比92.4%。一般公共预算收入9.7亿元,增长1.3%。规模以上工业增加值增长4.7%。固定资产投资61.2亿元。社会消费品零售总额15.79亿元,增长3.1%。城镇居民人均可支配收入4.21万元,增长5.5%;农村居民人均可支配收入1.62万元,增长7.8%。

【湾里管理局揭牌】 6月28日,中共南昌市湾里管理局工委、南昌市湾里管理局揭牌。湾里管理局委员会位于湾里岭秀湖街1号,管理范围主要包括站前、幸福2个街道办事处,招贤、梅岭、罗亭、太平4个镇和洗药湖管理处,全局设21个社区居民委员会,35个村民委员会,4个分场,1个林场。

【旅游产业】 2020年,湾里在芙山房、雨田水巷、美集竹隐度假营地、半朵悠莲民宿村等60多家精品民宿相继投入运营;九龙溪田园综合体获评江西省4A级乡村旅游点;成功举办2020年·中国梅岭国际越野挑战赛、2020年中国农民丰收节农垦"喜丰收·奔小康"、十大特色农家菜评选等20余场节庆活动。全年累计接待游客2047.22万人次,旅游综合收入超66.89亿元。以农业产业结构调整为主线,发展休闲观光农业,成立农业专业合作社127家,新增省市休闲农业示范点5个、省级休闲农业精品园区1家、省级现代农业示范园1家。

【"湾里乐游,踏春而行"线路入选《中国美丽休闲乡村精品旅游线路手册》】 10月,农业农村部乡村产业发展司编制出版《中国美丽休闲乡村精品旅游线路手册》,"湾里乐游,踏春而行"线路入选。该线路推荐行程2天,所属季节为春季,线路从南昌市区—明清古建筑园—曼山谷(原泊园茶村)—太平心街—九龙溪生态公园—雷港民宿村—大客天下。

主要领导人 区委书记:于立山。区人大常委会主任:李传强。区长:空缺(因机构改革,未配备)。区政协主席:喻玫。

(张近荣)

九江市

【概 况】 位于江西省北部,辖3区、3县级市、7县和1开发区、2风景名胜管理局。总面积1.91万平方千米,中心城区建成区面积190.5平方千米。耕地面积150.75万公顷,林地面积110.99万公顷;森林覆盖率56.44%,城市绿化覆盖率50.14%。常住人口460.03万人,城镇人口281.42万人。2020年,地区生产总值3240.50亿元,增长3.8%。其中,第一产业增加值228.56亿元,增长2.0%;第二产业增加值1534.10亿元,增长3.6%;第三产业增加值1477.84亿元,增长4.3%。财政总收入545.29亿元,增长0.7%;税收占财政总收入的82.4%。公共财政预算收入286.44亿元,增长0.9%;财政支出652.57亿元,增长0.1%。规模以上工业增加值增幅4.2%。外贸出口372.51亿元,增长27.9%。固定资产投资增长9.0%。实际利用外商投资25.24亿美元,增长7.6%。实际利用省外2000万元以上项目实际进资1134.81亿元,增长9.0%。主要工业产品及产量有发电量238.50亿千瓦时、啤酒14.73千升、化学纤维80.51万吨、烧碱121.42万吨、粗钢662.9万吨。农业总产值381.39亿元,增长2.5%。粮食总产量143.02万吨,下降5.5%。主要农作物及产量有稻谷121.37万吨、棉花3.53万吨、油料18.83万吨、茶叶1.07万吨、水果13.62万吨。城镇居民人均可支配收入4.03万元,增长5.9%;农村居民人均可支配收入1.71万元,增长8.1%。城乡居民年末储蓄余额2183.53亿元,增加274.97亿元。

【九江市获批跨境电商综合试验区】 4月27日,《国务院关于同意在雄安新区等46个城市和地区设立跨境电子商务综合试验区的批复》,九江市入选,成为全省继南昌、赣州后的第3家。2020年,九江市实现1210、9610、9710海关监管模式的进出口业务,迎来跨境电商跨越式发展。

【设立九江石化产业园】 10月14日,省政府批复同意设立省级产业园,定名为九江石化产业园。实行现行省级开发区政策,规划面积537.64公顷(含中石化九江分公司已有生产厂区325.77公顷),纳入九江经济技术开发区统一管理,不新设管理机构。

【修水、都昌两贫困县脱贫摘帽】 4月26日,在省政府新闻办、省扶贫办联合召开的江西省贫困县脱贫摘帽退出新闻发布会上,省扶贫办党组书记、主任宣读省政府关于于都县等7个贫困县脱贫退出的公告。国家级贫困县修水县、省级贫困县都昌县脱贫摘帽。至此,九江市347个贫困村(包括深度贫困村24个)全部脱贫出列,26.13万建档立卡贫困人口全部脱贫退出,取得脱贫攻坚全面胜利。

【庐山西海景区晋升为国家5A级旅游景区】 12月29日,文旅部发布《关于确定21家旅游景区为国家5A级旅游景区的公告》,庐山西海景区上榜。庐山西海位于九江市西南部,景区总规划面积495平方千米,分为西海湖区和云居山片区两大板块。湖区水域面积308平方千米,有2000平方米以上岛屿1667座,3333.33平方米以上的岛屿997座,大小岛屿8000多个。湖区总容量为80亿立方米,平均水深45米,能见度11米,大气负氧离子含量每立方厘米15万个,拥有国家一级水质、一级空气,是"水中大熊猫"桃花水母的全国最大繁衍地。

【九江港集装箱突破60万标箱】 截至12月31日,九江港全年集装箱突破60万标箱,居长江中游港口前三。上港集团九江港务有限公司克服新冠肺炎疫情和汛情影响,以九江—上海航线为依托,促进物流资源要素集聚。九江—上海"天天班"始发率100%,直达率超6成,码头昼夜装卸能力1949标箱;对接长江平台,以九江港作为长江港航区块链综合服务平台的重要支点,增强沿江辐射带动能力;开辟新航线挺进西南,"九江—泸州"航线、"九江—宜昌"航线相继开通运行,进一步加强九江港与长江上游港口的联系,缩短物流时间3~5天,为企业降低物流成本。同时,港口功能多元化持续推进,启动进口大米业务、冷链物流;自南昌溯赣江而上发展赣江自营小支线航班,依托港口提供公路"门到门"服务,开通乐化无水场站—九江班列。

主要领导人 市委书记:林彬杨。市人大常委会主任:冯静(任至5月)、熊永强(5月任)。市长:谢来发(代至4月,5月任)。市政协主席:杨小华(任至10月)。

(黄地 杨磊)

·修水县·

【简 况】 位于江西省西北部,辖19镇、17乡。总面积4502.46平方千米,其中中心城区面积近25平方千米。耕地面积3.79万公顷,林地面积33.92万公顷;森林覆盖率73.46%,城市绿化率43.46%。总人口90.1万人,其中城镇人口22.7万人;人口自然增长率8.8‰。2020年,地区生产总值257.01亿元,增长4.1%。其中,第一产业增加值29.52亿元,增长2.2%;第二产业增加值101.30亿元,增长3.0%;第三产业增加值126.19亿元,增长5.6%。财政总收入26.87亿元,增长3.1%;税收占财政收入的84.6%。地方预算收入17.01亿元,增长0%;地方财政支出70.11亿元,增长3.3%。规模以上工业总产值350.68亿元,规模以上工业增加值增长0.5%。外贸出口1.65亿美元。社会固定资产投资148.39亿元,增长9.2%。实际利用外资1.33亿美元,增长6.0%。县外投资121亿元。主要工业产品及产量有蚕丝320.4吨、钨精矿3912.0吨、大米8.13万吨、服装183.7万件。农业总产值49.02亿元,增长2.8%。粮食总产量25.8万吨。主要农产品及产量有稻谷23.2万吨、红薯8000吨、油菜籽1.2万吨、蔬菜(含菜用瓜)9.7万吨、生猪存栏37.8万头。城镇居民人均可支配收入3.30万元,增长6.6%;农村居民人均纯收入1.27万元,增长9.6%。城乡居民年末储蓄余额189.90亿元,增加23.71亿元。

【修水县整体脱贫摘帽】 4月26日,省政府新闻办公室、省扶贫办公室联合举办新闻发布会,宣布修水县退出贫困县序列。开展脱贫攻坚工作起,修水县围绕贫困户"两不愁三保障"的脱贫标准,分年度制定脱贫计划,推进"十大扶贫工程"政策落实,全力推进脱贫攻坚工作。从124个县直帮扶单位中选派158名第一书记、650名驻村工作队员开展定点驻村帮扶。截至2020年,全县133个贫困村全部实现整村退出,2.32万户8.85万名建档立卡贫困户全部实现脱贫。

【2020环中国自驾游集结赛万里茶道修水站开赛】 11月18日上午,由中国汽车摩托车运动联合会、中国文物交流中心、万里茶道联合申遗办、省文旅厅(文物局)、九江市政府、修水县政府主办的2020环中国自驾游集结赛万里茶道修水站开赛仪式在杭口镇双井村举行。全国各地的60辆参赛车辆近200名选手参赛,赛段为修水至湖南临湘。仪式结束后,车队从双井出发,先后经过巡游打卡点双井茶园、大洋洲公园、宁红茶文化园、漫江宁红茶园,最后前往湖南临湘。

【省农科院对接县政府共建博士工作站】 12月30日,省农业科学院与修水县政府共建的博士工作站挂牌。双方就博士工作站建立制定实施方案。实施方案规定,建立1个院县领导互访联系机制,省农业科学院每年至少开展1次由院领导带队赴修水县进行产业技术需求调研活动;组建博士科技服务团队,针对修水县富硒水稻、杭猪、黑山羊、黄坳黄羽乌鸡、茶叶、青钱柳等地方特色产业资源,分别落实5位博士为产业领头人,开展"订单科研""点单服务";省农业科学院针对修水县农业产业需要,根据博士团队的项目,优先在修水县开展试验示范,并根据条件,建立一批成果示范点等。围绕特色农业产业技术需求,共建"产业技术升级研发专项",双方就相关资金需求达成协议。

主要领导人 县委书记:孙朝辉。县人大常委会主任:胡荣军。县长:张林。县政协主席:袁观云(6月任)。

(曾荣)

·武宁县·

【简　况】　位于江西省西北部，辖8镇、11乡、1街道办事处和1工业园。总面积3504.6平方千米，其中城区面积50.85平方千米。耕地面积2.31万公顷，林地面积27.42万公顷；森林覆盖率75.5%，城区绿化率44.15%。常住人口32.22万人，其中城镇人口16.35万人；人口自然增长率3.94‰。2020年，地区生产总值175.09亿元，增长3.2%。其中，第一产业增加值22.26亿元，增长1.6%；第二产业增加值74.12亿元，增长2.3%；第三产业增加值78.71亿元，增长4.6%。财政总收入22.57亿元，增长7.8%；税收占财政总收入的85.8%。地方公共财政预算收入14.81亿元，增长10.0%；公共财政支出27.59亿元，下降7.6%。规模以上工业增加值增长0.3%。外贸出口2.67亿美元，增长20.5%。固定资产投资增长9.0%。实际利用外商投资1.24亿美元，增长0.2%；实际利用内资142.81亿元，增长8.29%。社会消费品零售总额79.53亿元，增长4.0%。农林牧渔业总产值35.93亿元，增长5.9%。粮食总产量15.46万吨。主要农产品及产量有油料1.53万吨、蔬菜9.38万吨、水产品3.93万吨、肉类总产1.09万吨。城镇居民人均可支配收入3.79万元，增长6.4%；农村居民人均可支配收入1.81万元，增长7.8%。城乡居民年末储蓄存款141.06亿元，增长15.3%。

【脱贫攻坚】　年内，出台两业扶贫举措33条，统筹涉农资金2.9亿元，教育、医疗等各项政策有效落地实施，全面完成危房改造、饮水安全检测及整改，剩余贫困人口1108户1700人全部脱贫。规范发展扶贫龙头企业7家、“一领办三参与”合作社70个、扶贫基地39个、扶贫车间38个，贫困劳动力就业增长9.3%，贫困户收入增长26.2%。武安锦城获评全国“十三五”美丽搬迁安置区，入选全国易地扶贫搬迁典型案例。全国水库移民暨扶贫资金全过程咨询现场会在武宁召开。官莲乡东山村第一书记谭翊泉获评全国先进工作者，大洞彭坪第一书记冷秋红获评全省最美扶贫干部。

【旅游产业】　11月8日，文旅部发布《关于公示第二批国家全域旅游示范区名单的公告》，武宁县入选。2020年，武宁县引进九岭云栖小镇、天德房车、金色家园等项目，长水景区道路拓宽、民俗工坊等一批项目全面完工。《遇见武宁》获评省文旅融合示范项目十强。举办文旅促进消费月系列活动，国家级媒体聚焦报道110余次。全县接待旅游人次970.9万人，增长20.9%；实现旅游收入80.9亿元，增长21.2%。长水、北湾分别获评国家、省乡村旅游发展重点村，杨洲被评为省旅游风情小镇，逍遥岛入选省旅游度假区，情缘谷、云水湾获评国家3A景区，七彩长乐获评省4A乡村旅游点。

【武宁县获评第四批国家生态文明建设示范县】　10月10日，生态环境部发布第四批国家生态文明建设示范市县遴选结果，武宁县与全国其他86个市县被评为第四批国家生态文明建设示范市县。武宁县坚持走绿色崛起道路，在重点领域和关键环节先行先试，全面打好污染防治八大标志性战役、30个专项行动，全面推行禁捕退捕，船网回收率、转产就业率、参保率均达100%。生活污水处理厂完成提标改造。一般工业固废填埋场建成使用。实现乡镇（工业园）空气质量自动监测站全覆盖。在全省率先启动生态产品储蓄银行试点。农村人居环境整治3年行动胜利收官，高标准建设新村点257个、美丽宜居示范村5个。罗坪镇获评国家卫生乡镇，官莲乡东山村获评全国文明村镇，宋溪镇南皋村、甫田乡太平村、清江乡龙石村等12个村入选第一批国家森林乡村。

主要领导人　县委书记：杜少华。县人大常委会主任：余育民。县长：李广松。县政协主席：朱必香。

（郑双虎）

·瑞昌市·

【简　况】　位于江西省北端，辖8镇、8乡、2街道办事处、3场。总面积1419平方千米，其中城区面积27平方千米。耕地面积2.41万公顷，林地面积9.35万公顷；森林覆盖率61.84%，城区绿化率40.45%。总人口45.75万人，其中城镇人口24.66万人；人口自然增长率4.87‰。2020年，地区生产总值267.15亿元，增长4.4%。其中，第一产业21.14亿元，增长2.10%；第二产业153.04亿元，增长4.4%；第三产业92.97亿元，增长4.8%。财政总收入40.76亿元，增长1.9%；税收收入32.15亿元，占财政总收入的78.9%。地方财政收入24.56亿元，下降4.7%；财政支出47.81亿元，下降0.2%。规模以上工业总产值618.9亿元，增长5.4%；规模以上工业增加值117.9亿元，增长5.3%。固定资产投资251.54亿元，增长9.5%。实际利用外资3.06亿美元，增长6.6%。外贸出口总额3.42亿美元，增长19.16%。主要工业产品及产量有纱5.87万吨、服装190万件、水泥674万吨、机制纸及纸板53.75万吨、化学试剂171.18万吨。农业总产值36.15亿元，增长2.7%。粮食总产量9.6万吨。主要农产品及产量有稻谷7.08万吨、棉花2800吨、油菜籽2.19万吨、蔬菜11.96万吨、肉类1.37万吨。城镇居民人均可支配收入3.83万元，增长6.4%；农村居民人均纯收入1.85万元，增长8.0%。城乡居民年末储蓄余额167.82亿元，增长14.7%。

【2021长江经济带半导体照明产业合作峰会在瑞昌举行】　12月4日，长江经济带半导体照明产业合作峰会在瑞昌市举行。中国半导体照明行业相关专家，中国照明学会半专会委员单位，瑞昌市部分LED企业负责人，相关部门单位负责人约160人参加会议。峰会上，国家半导体照明工程研发及产业联盟副理事长窦林平作《中国照明产业的发展》的主题报告；中国建筑科学研究院建筑环境与节能研究院副院长、研究员赵建平作《照明在变，初心未变——新时代照明技术发展的思考》的主题报告；欧司朗通用照明全球销售负责人邵嘉平作《共探光电器件在智能化、大健康背景下的最新发展趋势》的主题报

告;广晟德董事长胡稳作《新经济形式下,LED 智能设备的创新与发展》的主题报告;中国照明学会半导体照明技术与应用专委会主任唐国庆作《长江经济带半导体照明产业合作机遇》的主题报告;凯铭电气总设计师、董事长助理袁伟铭分享公司参与国内各种灯光秀设计和制作经验。

【瑞昌铜岭铜矿遗址入选第四批国家工业遗产名单】 12 月,工信部公布第四批国家工业遗产名单,瑞昌市铜岭铜矿遗址入选,实现瑞昌市国家工业遗产零的突破。铜岭铜矿遗址位于瑞昌市夏畈镇的幕阜山东北角,为商周时期的遗址,从整体上构成中国早期采矿技术体系。铜岭铜矿大体始采于商代中期,发展于西周,盛采于春秋,延及战国,前后连续开采达千余年。铜岭铜矿遗址以极为丰富的科学资料证明中国大规模开采铜矿的历史至少有 3000 余年,是中国已发现的矿冶遗址中年代最早、保存最完整、内涵最丰富的一处大型铜矿遗存,是中国青铜文明的象征之一,把中国悠久的采铜历史推前 300 多年,对于研究中国青铜文明的发展进程有着特殊的历史地位。

【瑞昌市入选国家产融合作试点城市】 12 月 16 日,工信部、财政部、中国人民银行、中国银行保险监督管理委员会、中国证券监督管理委员会联合印发通知,同意北京市朝阳区等 51 个城市(区)列为国家产融合作试点城市,其中第一批延续试点城市(区)18 个,第二批试点城市(区)33 个。瑞昌市被列入全国第二批试点城市(区),是全省唯一入选城市。产融合作试点城市评选活动于 2016 年开始,旨在为促进产业与金融协调发展,推动构建金融有效支持实体经济的体制机制。对入选城市(区),工信部、财政部、中国人民银行、中国银行保险监督管理委员会、中国证券监督管理委员会将加强工作指导和政策支持。

主要领导人 市委书记:郭小云。市人大常委会主任:郭少雄。市长:陈琪。市政协主席:周洪文。

(冯国成)

·都昌县·

【简　况】 位于江西省北部,辖 12 镇、12 乡。总面积 2226.71 平方千米,其中耕地面积 447.33 平方千米。总人口 80.67 万人,其中城镇居民 20.62 万人。财政总收入 16.70 亿元,财政支出 60.31 亿元。2020 年,地区生产总值 215.79 亿元,增长 3.1%。规模以上工业增加值增长 2.4%。引进市外资金 147.4 亿元。实际利用外资 1.05 亿美元。外贸出口 2.4 亿美元。社会消费品零售总额 93.07 亿元。农业总产值 52.59 亿元。城镇居民人均可支配收入 3.00 万元,农村居民人均可支配收入 1.05 万元。

【都昌县首家农副产品扶贫超市开业】 9 月 6 日,都昌县首家农副产品扶贫超市——鄱湖晨晖产业扶贫生鲜超市在春桥乡开业。生鲜超市遵守优先租用贫困户店面,优先聘用贫困户等 8 大宗旨,店内产品来源于当地贫困户自产,主要包括蔬菜、肉类等农副产品。

【景程深航国际酒店开业】 9 月 19 日,景程深航国际酒店正式开业。该酒店由江西景程控股集团按国家五星级标准投资兴建,是全省单体独栋最大的酒店,总投资约 4.6 亿元,由深圳航空全资子公司——深航酒店管理公司冠名并全权管理。酒店总占地面积约 3.2 万平方米;建筑面积约 7.2 万平方米,楼高 8 层,属都昌首家五星级酒店。酒店拥有 368 间(套)不同风格的客房,中餐厅拥有各类型豪华包房 16 间,零点餐厅可容纳 140 人。

【省道 214 线都昌多宝至县城段升级改造工程通车】 9 月 19 日,省道 214 线都昌境内多宝至县城段升级改造项目全线竣工。9 月 28 日,举行通车仪式。总投资 7.6 亿元的省道 214 线是省政府批复的重点交通项目,其中都昌境内全长 17.1 千米,设计时速 80 千米/小时。通车后,县城至都昌西互通仅 15 千米,对打通都昌县公路交通外循环,完善公路交通网络和构建东西动高联运具有重要作用。

主要领导人 县委书记:肖立新。县人大常委会主任:石和平。县长:钟有林。县政协主席:李建华。

(程芬)

·湖口县·

【简　况】 位于江西省北部,辖 7 镇、5 乡、2 场。总面积 673.66 平方千米,其中城区建成面积 12.43 平方千米。耕地面积 192.54 平方千米;森林覆盖率 28.07%,城区绿化覆盖率 40.22%。总人口 29.21 万人,其中城区人口 9.50 万人;人口自然增长率 4.52‰。2020 年,地区生产总值 245.36 亿元,增长 4.3%。其中,第一产业增加值 16.08 亿元,增长 1.8%;第二产业增加值 164.50 亿元,增长 4.9%;第三产业增加值 64.78 亿元,增长 3.3%。财政总收入 37.59 亿元,下降 13.2%;税收占财政收入的 84.5%。地方财政收入 20.67 亿元,下降 7.1%。财政支出 34.29 亿元,下降 2.9%。工业增加值 155.93 亿元,增长 5.1%。外贸出口 4.02 亿美元,增长 45%。固定资产投资增长 9.4%。实际利用外资 1.81 亿美元,增长 6.1%。主要工业产品及产量有钢材 650.5 万吨、化学纤维 34.1 万吨、水泥 83.2 万吨、硫酸 32.07 万吨。农业总产值 26.7 亿元,增长 2.3%。粮食总产量 7.7 万吨,下降 5.3%。主要农产品及产量有棉花 6435 吨、油料 2.1 万吨、蔬菜瓜果 7.6 万吨、水产品 4.4 万吨。城镇居民人均可支配收入 4.00 万元,增长 6.4%;农村居民人均可支配收入 1.87 万元,增长 7.5%。城乡居民存款余额 111.26 亿元,增长 11.58%。

【湖口县获评国家卫生县城】 8 月 13 日,全国爱国卫生运动委员会印发《关于命名 2017—2019 周期国家卫生乡镇(县城)的决定》,湖口县入选国家卫生县城。2016 年 11 月起,湖口县陆续出台《湖口县爱国卫生工作管理办法》《湖口县城市市容环境管理办法》《湖口县城市创建“网格化”管理考核办法》等文件,把城市创建任务纳入全县目标考评管理体系。建立“门前五包”责任制、主管部门巡查通报制、督查督办问效追责制等管理机制。截至 2020 年,全县居民健康教育基本知识知晓率 86.7%,垃圾无害化处理率 100%,生活污水处理率 86.13%,公共场所从业人员体检率 100%,病媒生物防制率 95%,群众对全县卫生状况满意率 92%。启动“四修”工程,共修复路面、路沿石、人行道、排水管网 1.45 万平方米,投资 1 亿元建成智慧湖口城市指挥中心,投入 10 亿元推进高新园区“三化”整治,推进 2400 户老城棚户区改造,投入 5 亿元打造长江“最美岸线”,在全省率先实施城乡环卫一体化 PPP 项目,建成垃圾渗透液处理中心及垃圾资源化利用站,实现城乡环卫“一把扫帚扫到底”。其间,成功创建 5 个省级卫生乡镇、39 个省级卫生村(居)。

【阳太羊获全国“最美农技员”称号】 10 月,农业农村部通报 2020 全国第二届“寻找最美农技员”活动结果,全省有 3 名农技员获评“最美农技员”,阳太羊上榜。阳太羊,男,1970 年 7 月出生,中共党员,湖口县大垅乡农技推广综合服务站站长,1993 年,阳太羊从农校毕业后一直在大垅乡从事农技推广工作,27 年来,他真心爱农、一心为农、倾心兴农。先后协同乡村两级通过引来客商、引入资本、引进能人,培育产业带动龙头 3 个、创建产业规模基地 6 个、打造产业特色品牌 6 个、发展新型经营主体 38 个。全乡基本形成“一村一品”的特色产业格局,总面积达 200 多公顷,带动农民户均年增收持续稳定在 1000 元以上,现代农业发展综合绩效冲到全县前列。

【长江鄱阳湖水生物保护基地项目开工】 11 月 1 日,位于湖口县南北港场的长江鄱阳湖水生物保护基地项目举行开工奠基仪式。该项目总投资 2.5 亿元,占地面积 20 公顷,规划有长江鄱阳湖水生物保护展示馆、花园岭、动植物室外展示区和景观湖 4 个区域。其中,主体建筑工程水生物保护展示馆建筑面积 22 万平方米,是一个集水生物保护、科普宣教、亲子游园、旅游休闲于一体的综合性基地。

主要领导人 县委书记:李小平(任至 3 月)、江训开(8 月任)。县人大常委会主任:阮洋。县长:江训开。县政协主席:杨小林。

(张磊 沈文初)

·彭泽县·

【简 况】 位于江西省最北端,辖 10 镇、3 乡、1 区、3 场、1 厂、1 所。总面积 1544 平方千米。森林覆盖率 53.25%。常住人口 28.48 万人,其中城镇人口 15.24 万人。2020 年,地区生产总值 174.3 亿元,增长 4.1%。其中,第一产业增加值 26.2 亿元,增长 2.0%;第二产业增加值 83.2 亿元,增长 4.1%;第三产业增加值 64.9 亿元,增长 4.6%。财政总收入 29.2 亿元,增长 5.6%。地方财政收入 20 亿元,增长 14.3%;财政总支出 44.8 亿元,增长 8.8%。农林牧渔业增加值 27.9 亿元,增长 2.1%。粮食总产量 11.0 万吨,下降 0.9%。主要农产品及产量有油料产量 2.96 万吨、棉花 9800 吨、蔬菜 7.7 万吨、肉类 1.53 万吨、水产品 6.06 万吨。固定资产投资 142.4 亿元,增长 9.7%。社会消费品零售总额 51.1 亿元,增长 4.0%。实际利用外资 1.73 亿美元,增长 6.15%。出口总额 3.5 亿美元,增长 29.7%。城镇居民人均可支配收入 3.65 万元,增长 5.1%;农村居民人均可支配收入 1.81 万元,增长 8.2%。

【长江水域禁渔退捕】 建立禁捕、运输、销售、餐饮的一条龙治理链条,采取“部门常态化管理 + 多部门联动”“渔政执法队伍 + 生态管护队伍”的工作机制,加强禁渔管理。年内,渔政、公安、市场监管等执法部门共开展部门巡查和联合巡查 1020 人次,其中渔政部门巡查 100 人次,公安部门巡查 520 人次,市场监管部门巡查 50 人次,渔政、公安联合执法巡查 250 人次,渔政、公安、市场联合执法巡查 100 人次。查处案件 31 起,涉案 33 人,其中行政处罚案件 28 起 29 人,刑事案件 3 起、批捕 2 人、取保候审 2 人。清理网具 300 余笼套,清理餐饮店“长江鱼”广告或菜单 13 家,取得禁捕和打击非法捕捞阶段性成果。259 名退捕渔民全部上岸。完成渔民的渔船、网具、捕捞证补偿和过渡生活费补助发放,135 户(船)金额 436.79 万余元;完成享受社保补助退捕渔民 257 人社保补助发放,发放金额 412 万元。渔民安置实行动态管理,根据就业局更新的数据,退捕渔民需就业人数 181 人、转产就业人数 181 人、就业和创业培训 98 人,退休和不符合就业人员 75 人,就业安置比例约 100%。

【现代农业发展】 国家现代农业产业园通过认定。蔓谷田园综合体、太泊湖垂钓运动中心、五福花田等项目建成运行。成功举办 2020 年“中国农民丰收节”暨第四届鄱阳湖清水大闸蟹文化艺术节,鄱阳湖小龙虾入选全国 50 个优势农业产业集群。凯瑞田园科普小镇、南昌大学(彭泽)生态与乡村振兴研究院挂牌成立。增加省市农业龙头企业 4 家、合作社 11 家、家庭农场 20 家,获省级绿色有机农产品示范县。凯瑞公司获“2020 中国农业企业 500 强”,群鹿实业等 5 家企业获江西省名牌产品,“雷峰山”优质茶获农产品气候品质标志,泊湖村入选全国“一村一品”示范村镇。

【脱贫攻坚】 围绕贫困群众“两不愁、三保障”目标,全县 10 个“十三五”贫困村全部退出。贫困人口从 2015 年年底 1.68 万人至 2020 年年底实现绝对贫困“清零”。2020 年,安排扶贫专项资金 4046 万元,实施项目 328 个,全省脱贫攻坚成效专项调查群众满意度 100%。出台应对疫情、汛情政策措施,累计销售扶贫产品 6500 万元,受益贫困人口 1958 户 6131 人。实施黄花东红村、太泊湖良田村、定山东明村 3 个乡村振兴示范点建设,脱贫攻坚与乡村振兴有效衔接。同步完成 195 户 421 人城镇贫困群众脱贫解困工作。

主要领导人 县委书记:严盛平(任至 9 月)、邵九思(9 月任)。县人大常委会主任:查秋玲。县长:邵九思(任至 9 月)、吴华丰(9 月任)。县政协主席:马亮(9 月任)。

(高异)

·永修县·

【简　况】 位于江西省西北部，辖11镇、4乡、2垦殖场和2企业集团。总面积2047平方千米(含已划归共青城市部分)，其中城区面积16平方千米。耕地面积3.1万公顷，林地面积7.83万公顷；森林覆盖率33.6%，城区绿化率41.36%。总人口39.77万人，其中城镇人口16.46万人；人口自然增长率4.66‰。2020年，地区生产总值250.62亿元，增长4.5%。其中，第一产业26.36亿元，增长1.8%；第二产业13.34亿元，增长4.4%；第三产业90.82亿元，增长5.2%。三次产业结构为10.5 ∶ 53.3 ∶ 36.2。财政总收入30.76亿元，增长6.57%。其中，地方财政收入18.91亿元，增长8.17%。财政总支出47.09亿元，下降9.98%。工业总产值55.93亿元，增长7.66%。规模以上工业总产值53.8亿元，增长7.62%。外贸出口4.13亿元。固定资产投资20.20亿元，增长9.6%。实际利用外资1.81亿美元，增长6.24%。主要工业产品及产量有有机硅粗单体48.97万吨、烧碱3.8万吨、中成药277吨。农业总产值44.11亿元，增长9.08%。粮食总产量20.67万吨。主要农产品及产量有棉花1470吨、油料1.08万吨、蔬菜16.22万吨、柑橘5.22万吨。城镇居民人均可支配收入3.83万元，增长5.7%；农村居民人均可支配收入1.95万元，增长8.65%。城乡居民年末储蓄存款154.59亿元，增长15.26%。

【经济发展】 2020年，永修县强化“首位产业＋主导产业＋新兴产业”的主攻路径，开展“项目建设提速年”活动，帮助星火有机硅单体、润禾有机硅等一批延链项目顺利开工，正邦植保制剂、装配式建筑等一批“5020”项目加快建设。持续壮大以星火有机硅、卡博特为龙头的有机硅产业集群；打造以中城通达、新松机器人为支撑的高端装备产业集群；培育以立邦、康佳新材料为核心的绿色建材产业集群；加快形成以魅丝蔻、拜乐为代表的数字经济产业集群，全县产业发展呈现百花齐放局面。同时，紧盯粤港澳、长三角等重点区域，发挥“三请三回”商会招商、龙头企业招商3大平台作用，引进重大产业项目，为工业高质量发展提供强劲动力。年内，全县新签约项目56个，合同总金额208.76亿元。其中，20亿元以上项目5个、10亿元以上项目9个、亿元以上项目36个。

【越冬候鸟和湿地保护】 11月18日，鄱阳湖区越冬候鸟和湿地保护工作会议在南昌市新建区召开，会议通报2019至2020年度越冬候鸟和湿地保护工作先进县，永修县获表彰，这是永修县连续10年获此荣誉。永修县精心呵护鄱阳湖越冬候鸟和湿地，积极实施吴城镇修河河岸湿地修复工程，仅吴城镇修河与赣江交汇处河岸受损湿地，就恢复湿地面积5万平方米，种植各类水生植物65.4万株，各类乔、灌木922株。严厉打击破坏湿地和候鸟资源违法行为，赋予全县80多名专职护林员湖区护鸟职责，聘请20名专职护湖员，从一线完善永修鄱阳湖区的网格化防护体系，保护鄱阳湖国际重要天然湿地和越冬候鸟安全。全力推进中央财政湿态效益补偿项目实施，受益群众4.35万人次。

【推动禁捕退捕渔民转产就业】 2020年，永修县出台《永修县重点水域禁捕退捕工作实施方案》等文件，广泛宣传禁捕退捕的政策和意义，做好渔民思想引导工作，确保禁捕退捕工作进行。出台《永修县重点水域禁捕退捕船网工具回收处置实施办法》，组建水上公安、交通、农业农村、属地乡镇联合工作组，开展渔船渔具回收工作，整治涉渔“三无”船舶。年内，完成有证渔民的船网回收，其中生产船1356艘、辅助船1395艘，网具数量65.44万千克；拆解渔船2631艘、留置120艘，网具全部处置销毁。按照“每船必查、每证必核、每户必验”的要求，逐船逐人核对基本信息，全面核查摸清1359个捕捞证渔民情况，对2717位渔民实施动态管理。同时，制定《永修县重点水域渔民退捕养老补助和转产就业过渡期生活补助实施方案》，按照退捕渔民不同情况，分类落实养老保险补助标准和办法，将船网回收、过渡期生活补助及捕捞证注销补偿、部分社保补助资金1.09亿元拨至各退捕乡镇，全部发放至渔民手中，中央专项资金使用率达95.8%。该县还制定《永修县重点水域退捕渔民转产就业实施意见》，成立业务指导组，下到8个退捕乡镇开展业务培训指导，全力推进重点水域禁捕退捕促渔民转产就业。全年开展政策宣传4次、就业指导2次、提供岗位信息6000余个，已帮2073名退捕渔民找到合适岗位，实现生态保护和渔民转岗就业“双赢”。

主要领导人 县委书记：许斌。县人大常委会主任：张品娥。县长：秦岭(5月任)。县政协主席：杨泽旗。

(陈汉铭)

·德安县·

【简　况】 位于江西省北部，辖5镇、8乡、2场。总面积863平方千米，其中城区面积13.63平方千米。耕地面积1.1万公顷，有林面积4.61万公顷；森林覆盖率64.16%，城区绿化率41.77%。总人口17.55万人，其中城镇人口7.23万人；人口自然增长率6‰。2020年，地区生产总值149.64亿元，增长4.5%。其中，第一产业增加值10.28亿元，增长2.3%；第二产业增加值90.96亿元，增长4.1%；第三产业增加值48.40亿元，增长5.6%。财政总收入23.68亿元，增长6.7%；人均13470元，增长6.9%。税收占财政总收入的86.6%。地方财政收入12.9亿元，下降6.1%。地方财政支出31.14亿元，增长6.1%。工业总产值483.25亿元，增长1.7%。规模以上工业增加值增长5.5%。外贸出口占地区生产总值的15.65%。固定资产投资增长9.5%，其中工业投资增长3.8%。实际利用外商投资1.69亿美元，增长6.4%。主要工业产品及产量有布28274万米、纱7.2万吨、服装3660万件、水泥69.37万吨。农业总产值16.53亿元，增长2.8%。粮食总产量7.07万吨。主要农产品及产量有油料7161吨、棉花1827吨、生猪出栏7.64万头、水产品7544吨、水果5450吨。城镇居民人均可支配收入3.94万元，增长6.4%；农村居民人均可支配收入1.95万元,增长8.1%。城乡居民年末储蓄余额141.99亿元,比年初增长11.8%。

【2条交通大道通车】 1月1日,德安县迎宾大道二期——迎宾大道进城段通车,迎宾大道全线贯通。迎宾大道全长7.46千米,总投资6亿元,是县城通往乡镇和丰林工业新区的一条生态走廊,是德安打造的示范路。1月21日,渊明大道延伸线及博阳河大桥通车。渊明大道延伸线及跨博阳河大桥是德安县委、县政府“七桥十八路”工程中重要的一笔,也是打通城市外循环的关键一环。渊明大道延伸线及博阳河大桥始建于2018年,总投资3.7亿元,西起渊明大道火车站涵洞口,东接滨河东大道,全长1.1千米,其中跨博阳河大桥563米,为双向6车道。渊明大道延伸线及博阳河大桥竣工通车,有效加强宝塔园区、老城区、河东片区、九仙片区4大组团之间的互联互通,满足群众交通出行需求。

【防控新冠肺炎疫情】 1月26日,德安县委、县政府全面贯彻落实联防联控工作机制。按照“外防输入、内防扩散”的疫情防控要求,在县火车站、汽车站、高速出入口已设立3个体温检测点的基础上,又在县境内各主要路口增设9个检测点。全县12个体温检测点均设好并实行“5个1”的运行制度,即由1名科级领导干部牵头抓总协调把关,1名医务工作者负责人员体温检测和数据上报,1名交警人员负责车辆疏导,1名公安人员负责秩序维护和劝返工作,1名乡(镇、场)干部负责人员登记,并对相关人员进行安全培训,确保工作顺利、科学开展,把好疫情防控第一道防线。2月11日,德安县首例确诊新冠肺炎患者在县人民医院治愈出院。同日,县医院郭宝明、王倩、段晓萱3名医护人员出征驰援湖北,分别征战湖北省随州市中心医院龙门院区、广水医院、曾都医院,经过42天奋战,完成医疗救治任务返回德安。

【全国首家覆盖纺织全流程5G+智慧工厂项目在德安签约启动】 12月17日,由江西省亿阳纺织集团有限公司、中国移动通信集团九江分公司、北京旷视科技有限公司联合共建的覆盖纺织全流程5G+智慧工厂项目在德安县签约启动。项目主要是通过人工智能(AI)技术、软硬一体化产品和高度智慧化的物流解决方案,打造纺织业高密度单卷自动化立体仓库。这是全国首家覆盖纺织全流程5G+智慧工厂项目。

主要领导人 县委书记:熊晋喜。县人大常委会主任:袁有福。县长:周三连。县政协主席:江昌英。

(郭任初)

·共青城市·

【简　况】 位于江西省北部,辖2镇、3乡和1街道办事处。总面积287.19平方千米。耕地面积8550.49公顷,林地面积5065.45公顷;森林覆盖率19.90%,城区绿化率47.7%。常住人口约22万人。2020年,地区生产总值171.47亿元,增长4.8%。其中,第一产业增加值7.90亿元,增长2.1%;第二产业增加值88.46亿元,增长3.9%;第三产业增加值75.10亿元,增长6.6%。财政总收入37.63亿元,增长36.3%、增幅全省第一,税收占财政总收入的90.65%。地方财政收入17.70亿元,增长18.0%;一般公共财政预算支出33.46亿元,增长13.9%。规模以上工业增加值占地区生产总值的44.6%,外贸出口占地区生产总值的17.4%。固定资产投资增长8.9%。实际利用外商投资1.90亿美元;实际利用内资168.53亿元,增长8.8%。主要工业产品及产量有棉纱2.34万吨、服装5511.3万件、饮料酒9.52万千升、商品混凝土40.91万立方米、饲料7.51万吨。农业总产值12.7亿元,增长2.6%。粮食总产量4.3万吨。主要农业产品及产量有稻谷3.29万吨、小麦1242吨、玉米762吨、豆类712吨、薯类7341吨。社会消费品零售总额55.90亿元,增长4.3%。城镇居民人均可支配收入3.98万元,增加2082元;农村居民人均可支配收入1.90万元,增加1218元。城乡居民年末储蓄余额58.04亿元,增长19.4%。

【防疫抗洪】 面对突如其来的新冠疫情,共青城市第一时间建立联防联控机制,当地确诊病例在34天内清零。根据疫情形势变化,适时调整防控策略,及时启动复工复产、复商复市、复学复课,规模以上工业企业、重点工程、农业龙头企业2月底100%复工复产,8所高校近8万大学生顺利复课,央视《新闻联播》16次报道共青城市防疫和复工复产工作。持续抓好常态化疫情防控,按照“外防输入、内防反弹”要求,把严关口、织密闭环,实现“社会零扩散、人员零感染”。面对超历史最高水位的特大洪水,全市上下众志成城、日夜奋战,有序组织分洪,妥善转移安置群众2000多人,打赢大塘圩、南湖圩、涂山圩、浆潭联圩、共青联圩“五大重点圩堤”保卫战,实现“不伤一人、不死一人、不垮一坝”的目标。

【数字经济发展】 探索“人才+资本+产业”发展新路子,加速形成“一镇五园”数字经济格局。基金小镇入驻企业超5800家,认缴资金规模超3600亿元,实现税收15.8亿元,连续2年获评中国最具影响力基金小镇。年内,人力资源产业园入驻企业500多家,产值超过100亿元,实现税收5.4亿元;数字经济产业园入驻企业90多家,主营业务收入突破200亿元,实现税收6.5亿元、增长近3倍;跨境电商产业园进驻企业280多家。举办2020中部地区跨境电商发展峰会,获评2021年全国电子商务进农村综合示范备选县。网易研究院联合创新中心投入运营,中国科学院无人机综合验证基地挂牌成立,互联网教育产业园、大学生创业园、九江高层次人才产业园正式开园。新增规模以上服务业企业49家,新增数在九江市占比超过80%。全面落实“六保”任务,经济社会发展保持稳中有进的良好态势。

【民生事业】 累计发放临时价格补助2.9万人次,开通“免费就业直通车”,提供就业岗位8000多个。全面完成重点水域禁捕退捕,为全部渔民落实社会保障政策,全部渔民上岸转产就业。国科共青城实验学校二期、南湖新城学校二期投入使用,共青城市第二幼儿园、第三幼儿园、南湖新城幼儿园开工建设,职业教育大学园项目取得突破,教育综合测评位居全省县(市、区)第一。基层医疗机构基础设施改造项目基本完工,市人民医院核酸检测实验室投入使用,赣江新区共青医院启动建设。龚炳章烈士墓升级为共青城市革命烈士纪念园,博物馆建成开馆,文化馆评估定级跃升为国家一级馆。残疾人康复中心、社会福利中心完成建设,城乡供水一体化项目启动开工,年初确定的一批民生实事基本完成。扫黑除恶专项斗争取得重大成果,打掉涉黑涉恶势力团伙5个。

主要领导人 市委书记:王丰鹏。市人大常委会主任:黄惠华。市长:卢治轩。市政协主席:况泉水。

(汪官金 赵俊)

·庐山市·

【简 况】 位于江西省北部,辖9镇、1乡、1林场、1管理处。总面积764.52平方千米,其中城区面积10.92平方千米。耕地面积8793公顷(确权),有林面积2.38万公顷;森林覆盖率山上93.79%、山下34.47%,城市绿化率44.89%。总人口27.85万人(含山上),其中城镇人口12.97万人(含山上);人口自然增长率-0.99‰。2020年,地区生产总值145.03亿元,增长3.6%。其中,第一产业增加值10.23亿元,增长2.4%;第二产业增加值51.78亿元,增长2.0%;第三产业增加值83.02亿元,增长5.0%。财政总收入25.59亿元,增长1.5%;税收占财政总收入的61.3%。一般公共财政预算收入20.48亿元,增长3.9%。一般公共预算支出38.6亿元,增长9.7%;政府性基金支出18.05亿元,增长112.6%。规模以上工业企业总产值333.01亿元,增长10.0%。规模以上工业增加值增幅4.4%。固定资产投资增长8.4%。实际利用外资1.33亿美元,增长6.3%。外贸出口2.24亿美元。社会消费品零售总额62.93亿元,增长4.6%。主要工业产品及产值有非金属矿产品产值169.05亿元、文教(工美、体育)和娱乐用品制造业产品产值90.79亿元、设备制造业产值7.08亿元。农业总产值16.42亿元,增长2.9%。粮食总产量5.57万吨。主要农产品及产量有油菜7656吨、水稻4.65万吨、棉花2050吨。城镇居民人均可支配收入3.72万元,增长5.6%;农村居民可支配收入1.78万元,增长6.5%。城乡居民年末储蓄余额89.34亿元,增长17.25%。

【体制改革】 深入推进以"市局合一"为中心的庐山管理体制改革。山上山下整合撤并机构107个,合并成立旅发委等5个行政机构和3个辅助支撑的事业单位,精简率93%。完成社会管理职能移交划转,财政管理实现以国库合一、预(决)算合一、收支核算合一为主要内容的"三合一"管理体制。山上山下旅游管理一体化、专业化架构基本形成,新组建温发集团、农发集团、文旅集团等市属国有企业;成立国有资产经营管理公司,实现统一管理、统一运营,12月24日"市局合一"正式揭牌运行。城乡公交一体化改革基本完成,开通环山景区旅游公交专线。"放管服"改革深入推进,发出全省首张免现场核查食品生产许可证。推进投融资改革,与工商银行、九江银行达成共150亿元战略合作。

【旅游产业】 获评中国夏季休闲百佳县(市)、中国县域旅游综合竞争力百强县(市)。庐山博物馆晋级国家一级博物馆,庐山云雾茶首次入选中国品牌价值评价百强榜。牯岭镇被评为省级特色文旅小镇、"新时代·中国最具文化魅力小镇"。白鹿洞书院入选中国华侨国际文化交流基地,初步完成《庐山环山旅游发展规划》《庐山市滨湖走廊休闲旅游业发展规划》编制。观音桥、三叠泉、碧龙潭等环山六大景区实行"联票"机制。与中科院庐山植物园达成省院共建,启动桃花源景区整体改造提升,山上山下融合发展通道纳入全省重大项目库。投资5400万元的庐山智慧旅游项目建成并投入使用,完成落星墩景观亮化。温泉文化广场建成开放,6家温泉企业完成整合。收回秀峰经营权和太乙索道。9月28日,江西进京高铁首次冠名"庐山号",以"庐山"号冠名的G488次高铁动车在南昌西站举行首发式。开通全国首趟"庐山天下悠"跨省专列。举办庐山国际爱情电影周,举办"庐山天下悠·天下恋庐山"大型融媒体直播节目,主题歌曲《我在庐山等你》广为传唱。全年接待各地来客4913.18万人次,实现旅游业总收入270.48亿元。

【横塘镇获评全国乡村特色产业10亿元镇】 11月20日,农业农村部印发《关于公布第十批全国"一村一品"示范村镇及2020年全国乡村特色产业十亿元镇亿元村名单的通知》,庐山市横塘镇入选全国乡村特色产业10亿元镇。横塘镇有3个村被评为"淘宝村",该镇也是全国著名的"淘宝镇"。红星羽绒电商创业园是江西省首批创业孵化基地,集羽绒生产、加工、销售为一体,全镇羽绒童装加工企业483家,电商销售企业超1300家。围绕羽绒加工这个龙头,以公司+农户为模式,催生了物流、仓储、包装、设计、营销等相关产业,带动周边县、乡数万人就业。

主要领导人 市委书记:李甫勇(9月任)。市人大常委会主任:雷高兴。市长:王斌(9月任)。市政协主席:查代藩。

(吴倩)

·柴桑区·

【简 况】 位于江西省北部,辖5镇、3乡、3街道办事处、2场、1经济技术开发区、1管理处。总面积916.55平方千米,其中城区面积16.5平方千米。耕地面积2.65万公顷,有林面积2.96万公顷;森林覆盖率25.20%,城区绿化率41.07%。总户籍人口31.4万人,其中非农业人口11.1万人。2020年,地区生产总值177.5亿元,增长4.7%。其中,第一产业增加值20.5亿元,增长1.8%;第二产业增加值79.0亿元,增长4.6%;第三产业增加值78.0亿元,增长5.3%。财政总收入25.5亿元,增长8.8%。地方财政一般预算收入15.1亿元,增长4.0%。税收收入21.9亿元,增长6.9%。财政总支出

33.5亿元,下降15.4%。规模以上工业总产值364.0亿元,增长5.1%。规模以上工业增加值增长5.4%。实际利用外资1.8亿美元,增长6.5%。外贸出口3.1亿美元,增长20.6%。社会消费品零售总额46.1亿元,增长4.2%。主要工业产品及产量有水泥118.98万吨、纱8.1万吨、粗钢7.7万吨。农业总产值33.5亿元,增长2.0%。粮食总产量8.3万吨。主要农产品及产量有棉2800吨、油料1.06万吨。城镇居民人均可支配收入3.84万元,增长5.8%;农村居民人均可支配收入1.85万元,增长8.4%。城乡居民储蓄存款余额123.1亿元,增长16.9%。

【脱贫攻坚】 年内,全区开展中央专项巡视"回头看"反馈问题整改、"百日提升"行动。推进教育扶贫,资助贫困学生3725人次、379万元。全面落实健康扶贫,医疗保障惠及贫困户1.60万人次、报销金额3949万元。完成脱贫攻坚国家普查,全面实现"两不愁三保障"及饮水安全,完成贫困户房屋安全等级集中核验、饮水安全大排查。实施贫困户受益基础设施建设项目327个、产业扶贫项目93个。实现贫困劳动力就业4698人,发放交通补贴93.2万元。3617户9756人全部脱贫,8个贫困村脱贫退出,如期完成脱贫目标。

【柴桑区禁毒公益驿站成立】 3月31日,全省首家禁毒公益驿站——柴桑区禁毒公益驿站揭牌成立,626爱心超市正式营业。超市二楼展示各种毒品模型和禁毒宣传资料,5名店员包括癌症患者、残疾人和吸毒人员家属。他们在这里既有一份工作,又能开展禁毒宣传,以实际行动影响和教育感化"瘾君子"。

【九江区域航运中心柴桑全产业链基地项目签约】 6月30日,柴桑区与上饶市龙翔航运有限公司关于九江区域航运中心柴桑全产业链基地项目的签约仪式在中华贤母园举行。项目总投资51.6亿元,主要包括赤湖物流园区、船员培训学校、船舶交易中心、铁路专线、航运大厦等一系列配套项目。项目打造服务长江中上游、对接上海国际航运中心、辐射长江经济带的全产业链区域航运中心。

主要领导人 区委书记:骆效农。区人大常委会主任:李照培。区长:赵和平。区政协主席:袁汝明。

(张树华　陈新)

·浔阳区·

【简　况】 位于江西省北部,辖5街道办事处。总面积26平方千米。总人口31万人。2020年,地区生产总值350.07亿元,增长3.3%。财政总收入30.07亿元,增长9.6%。固定资产投资增长8.3%。社会消费品零售总额175亿元。城镇居民人均可支配收入4.42万元,增长5.8%。实际利用外资1.2亿美元,增长4.9%;引进区外资金100.79亿元,增长8%。外贸出口总额2.45亿美元,增长19.98%。

【九江首柜进口肉类通关】 5月30日,九江进口肉类指定监管场地首柜通关到场仪式在新雪域物流园举行。这是全省第一个进口肉类指定监管场地,结束了江西境内不能直接进口肉类的历史,实现全球进口肉类"直进"江西。2016年9月,九江进口肉类指定监管场地由原国家质检总局批准建设,是全省唯一水运的进口肉类指定口岸;2019年6月,通过验收;2019年10月,对外招商运营;2020年3月,第一批进口肉类从巴西起运;2020年5月底,首柜进口肉类抵达九江港。

【浔阳区重大项目建设推进暨九江新旅文化旅游城开工仪式举行】 7月4日,浔阳区重大项目建设推进暨九江新旅文化旅游城开工仪式举行。九江新旅文化旅游城是全市"5020"重大项目,是浔阳区重点招商引资项目,从地块发布征迁公告到开工历时近4年。九江新旅文化旅游城是中国首个皮皮鲁冒险乐园,江西首个文化IP、科技娱乐、科普教育三合一的城市文化主题游乐项目。项目结合皮皮鲁、鲁西西、罗克、亚旗、舒克、贝塔合6大国漫IP主角,构建五维空间港、生态实验室、亚旗指挥厅、双子星球4大主题娱乐板块,选择全球知名主题游乐设计团队,采用世界成熟、先进的技术和顶尖的游乐设备,确保每一个游乐项目都能达到国际顶级水平。同时,该项目坚持倡导中国本土文化教育IP特色,打造一站式旅游、文化、娱乐、美食、购物和教育等主题娱乐消费空间,塑造"全龄段、全业态、全天候、全季节"符合现代城市消费诉求的新时代文旅产品样板。

【浔政问策导航器系统平台签约仪式暨上线试运行启动仪式举行】 12月4日上午,浔政问策导航器系统平台签约仪式暨上线试运行启动仪式举行。平台包括区域政策库、企业库的建设和智能对接,既能让各类企业一键获取适合自己的政策奖补,又能为各局委办政策主管部门提供跨区域跨部门政策对比、政策适配的企业清单,通过大数据技术和专业运营来破除政策服务的"中梗阻"。平台分为功能建设和服务运营,3年运营期间服务费180万元。企业累计注册1872家,用户累计注册2178个,平台归集各类惠企政策2634条,累计匹配政策1843条,平台政策分解与解读682次,政策推送415次。

主要领导人 区委书记:宋细妹。区人大常委会主任:王向东。区长:邱舰(4月任)。区政协主席:范初芳。

(郑伟)

·濂溪区·

【简　况】 位于江西省北部,辖5镇、2乡、2街道办事处。总面积387.5平方千米,其中城区面积42平方千米。耕地面积3700公顷,有林面积9300公顷;森林覆盖率35.8%,城区绿化率47.6%。总人口23.82万人,其中非农业人口15.66万人;人口自然增长率4.76‰。2020年,地区生产总值295.60亿元,增长3.7%。其中,第一产业增加值5.95亿元,增长2.0%;第二产业增加值128.60亿元,增长3.9%;第三产业增加值161.05亿元,增长3.5%。财政总收入30.04亿元,下降13.4%,税收占财政总收入的88.3%。一般公共预算收入17.36亿元,增长18.8%;一般公共预算支出26.5亿元,下降3.4%。工业总产值403.1亿元,增长12.0%。规模以上工业增加值增长5.7%,占地区生产总值的27.8%。外贸出口3.23亿美元。固定资产投资增长9.1%。实际利用外资2.11亿美元,增长7%。主要工业产品及产量有商品混凝土1200.44万立方米、烧碱117.62万吨、玻璃纤维布819.90万米、瓷质砖1706.42万平方米、水泥406.57万吨。农业总产值9.3亿元,增长2.5%。粮食总产量2.36万吨。主要农业产品及产量有稻谷1.60万吨,小麦1833.7吨、玉米1007.28吨、甘薯1888.95吨、大豆604.94吨。城镇居民人均可支配收入4.32万元,增长5.9%;农村居民人均可支配收入2.12万元,增加7.6%。

【濂溪区政府与光大银行九江分行签署战略合作协议】 3月17日,濂溪区政府与光大银行九江分行战略合作协议签约仪式在濂溪区举行。根据协议规定,未来3年内,光大银行九江分行给予濂溪区不低于50亿元的信贷支持,重点支持濂溪区振兴发展规划中所涉及的重要平台、重大项目,城镇化建设,综合交通运输体系建设,进一步完善化纤产业发展体系,为符合国家产业和环保政策的优质、特色中小微企业提供金融服务,缓解企业发展的资金瓶颈,建立健全适应中小微企业的生产和经营特点的信贷管理体制,开发创新适合中小微企业的金融产品,完善对中小微企业的信贷服务组织体系以及开展金融精准扶贫等方面的工作。

【重大项目签约落户】 4月28日,总投资10亿元的瀚城健康医疗科技产业园项目签约落户濂溪区。瀚城健康医疗科技产业园项目由九江津晶城众创投资发展有限公司投资兴建,项目建设科研中心、标准厂房、区域总部中心、公共服务平台等,打造一个集科技研发、生产制造、销售交易、仓储物流于一体的医疗健康全产业链的产业园区。

【濂溪区启动县区级应急综合物资储备库项目建设】 年内,濂溪区在全省率先启动县区级应急综合物资储备库项目建设。该项目占地面积5.33公顷,总投资约5000万元,总建筑面积约1.4万平方米。建设内容主要包括综合应急救援大队营房、仓库管理用房及周转库、标准田径训练场以及救灾装备库和救灾物资库各1座,同时附带建设综合应急指挥中心、停车场、航空森林消防直升机停机坪等。

主要领导人 区委书记:柯尊玉(任至1月)、容长贵(8月任)。区人大常委会主任:王正发。区长:容长贵(任至8月)、盛炜(9月任)。区政协主席:张金水。

(杨小岛)

景德镇市

【概 况】 位于江西省东北部,辖1市、1县、2区、1开发区、1新区。总面积5256平方千米。常住人口161.9万人。2020年,地区生产总值957.14亿元,增长3.7%。其中,第一产业增加值68.07亿元,增长1.9%;第二产业增加值412.84亿元,增长3.5%;第三产业增加值476.23亿元,增长4.3%。财政总收入140.27亿元,增长0.6%。一般公共预算收入100.05亿元,增长0.4%;一般公共预算支出235.88亿元,增长0.1%。出口总值65.68亿元,增长3.9%。实际利用外资2.51亿美元,增长6.2%。粮食总产量62.74万吨,增长1.16%。农业总产值117.43亿元,增长2.3%。主要农产品及产量有蔬菜150万吨、油料4.06万吨、茶叶1.3万吨。规模以上工业增加值增长4.3%。主要工业产品及产量有瓷质砖3083.97万平方米、汽车19233辆、气体压缩机5636.37万台、家用电冰箱77.85万台。能源消费总量337.55万吨标准煤,增长1.3%。固定资产投资增长8.4%。社会消费品零售总额467.72亿元,增长2.5%。城镇居民人均可支配收入4.23万元,增长5.3%;农村居民人均可支配收入1.93万元,增长7.3%。

【景德镇中国陶瓷博物馆获全国博物馆十大陈列展览"精品奖"】 5月18日,由中国博物馆协会、中国文物报社主办的第十七届(2019年度)全国博物馆十大陈列展览精品推介获奖名单公布。景德镇中国陶瓷博物馆"瓷业高峰是此都"展获评"全国博物馆十大陈列展览精品推介精品奖",景德镇第一次获中国文博界最高奖项。《瓷业高峰是此都——景德镇瓷器、瓷业与城市发展史陈列》以"一部陶瓷史,半本景德镇"和"工匠八方来"的包容与传承、"器成天下走"的繁荣与影响为历史经纬,以"瓷都""瓷业""瓷器""瓷人"等为展示点,围绕"讲好中国故事,展现文化自信"的展陈目标,通过"水土宜陶、兴业立城、民始官进、体系完备"等6个部分,向观众呈现景德镇陶瓷业历史。展览展出文物2003件,其中珍贵文物417件。2019年,接待中外观众93.87万人次。

【首届陶瓷数字文化论坛举行】 10月20日,由景德镇陶瓷大学和中国数字文化集团联合主办的首届陶瓷数字文化论坛在景德镇陶瓷大学湘湖校区研究生艺术实验大楼报告厅举行。论坛围绕"一带一路"建设,景德镇国家陶瓷文化传承创新试验区建设进行。景德镇市副市长张良华,中国数字文化集团总编辑陈胜利,景德镇陶瓷大学党委书记梅仕灿分别致辞。论坛通过"聚焦陶瓷数字文化品牌打造及文旅融合创新发展""陶瓷文化助推'一带一路'沿线国家产业发展"2个议题。相关专家学者分别以《艺术与创意》《十四五我国文化产业高质量发展的若干思考》《文化科技发展介绍》《数字经济与陶瓷文化》《数字经济发展促进陶瓷文化产业转型》《国家文化大数据体系建设背景下的"数字瓷都"》《陶瓷数字文化和知识产权保护》《打破陶瓷和数字之间的屏障,赋予陶瓷数字灵魂》为主题作主旨演讲。论坛嘉宾和景德镇陶瓷大学师生代表共180余人出席论坛。

【景德镇国家陶瓷文化传承创新试验区建设部省恳谈会召开】 11月4日,国家发改委、最高人民法院、教育部、文旅部、国家铁路局、国家民航局、国家文物局、国铁集团在北京召开景德镇国家陶瓷文化传承创新试验区建设部省恳谈会。国家发改委副主任连维良,江西省委常委、常务副省长殷美根出席会议,省政府副秘书长王亚联,省发改委主任张和平、副主任郭新宇,省文旅厅厅长池红,景德镇市委书记钟志生,市委常委、常务副市长黄金龙参加会议。殷美根介绍国家试验区建设进展情况。连维良对国家试验区建设取得的积极成效给予肯定,对工作提出指导性意见。钟志生对提交恳谈会研究的国家试验区建设纳入国家"十四五"规划、罗家机场迁建、六安景铁路建设、景德镇陶瓷大学科技艺术学院转设为景德镇艺术科技学院、御窑遗址申报世界文化遗产、创建国家文物保护利用示范区、陶阳里御窑景区申报5A级景区、设立景德镇知识产权法庭等事项作说明。会上,相关部委负责人均表示,将全力支持景德镇国家陶瓷文化传承创新试验区建设,推进区域经济高质量发展。

【景德镇市入选第六届全国文明城市】 11月10日,中央文明网公布第六届全国文明城市入选名单和前五届全国文明城市经复查后确认继续保留荣誉称号城市名单。景德镇市入选第六届全国文明城市。2005年,景德镇市获全国创建文明城市工作先进城市称号。从2005年起,景德镇市坚持全国文明城市创建工作,坚持创建为民、创建靠民、创建惠民,以项目为抓手、以活动为载体、以百姓满意为目标,全国文明城市创建工作取得实效,城市基础设施建设、市民文明素质、城市文明程度显著提升。

【景德镇市陶瓷非物质文化遗产保护协会成立大会召开】 12月12日,景德镇市陶瓷非物质文化遗产保护协会成立大会暨首届会员大会在市非遗中心会议厅召开。中国非遗保护研究中心主任朱小健、市人大常委会副主任唐良出席会议。大会选举出第一届理事会,选举中国工艺美术大师李文跃为首届协会会长。景德镇市陶瓷非物质文化遗产保护协会是全市陶瓷非物质文化遗产保护工作者自愿组成的自律组织,属非营利性社会团体,遵循"继承和弘扬中华民族优秀传统文化,保护非物质文化遗产景德镇手工制瓷技艺,推动非物质文化遗产景德镇手工制瓷技艺的保护传承、传播与发展"的办会宗旨,接受主管单位的管理和指导,传承、保护景德镇陶瓷非物质文化遗产。市陶瓷非遗保护协会的工作范围:开展调查研究、信息收集、举办展示传播活动、咨询服务和陶瓷文化交流与合作等方面,同时,协会还承担中国陶瓷非物质文化遗产保护相关机构、团体的经济和文化交流,开展非遗作品备案、非遗技艺培训等工作。

主要领导人 市委书记:钟志生。市人大常委会主任:汪立耕。市长:刘锋。市政协主席:张春萍。

(吴军 石卉珍)

·乐平市·

【简 况】 位于江西省东北部,辖15镇、1乡、2街道办事处、1农科园和1大型水库管理局。总面积1980平方千米,其中城区建成区面积31.03平方千米,规划区面积40平方千米。耕地面积6.11万公顷,林地面积10.36万公顷,有林地面积9.37万公顷,森林覆盖率49.3%。总人口94.66万人。2020年,地区生产总值353.26亿元,增长3.6%。其中,第一产业增加值40.80亿元,增长1.7%;第二产业增加值163.27亿元,增长3.5%;第三产业增加值149.19亿元,增长4.3%。规模以上工业增加值增长4.5%。财政总收入47.26亿元,增长1.6%。固定资产投资增长8.5%。外贸出口24.2亿元,增长5.2%。农业总产值67.24亿元,增长2.04%。粮食总产量36.85万吨,增长1.79%。社会消费品零售总额148.15亿元,增长3.1%。城镇居民人均可支配收入3.92万元,增长5.8%;农村居民人均可支配收入1.92万元,增长6.9%。

【江西世龙实业通过海关AEO高级认证】 1月3日,江西世龙实业股份有限公司通过海关AEO高级认证,获南昌海关颁发的海关AEO高级认证企业证书。这是景德镇唯一通过高级认证的企业,也是江西省化工行业首个通过海关高级认证的企业。江西世龙实业股份有限公司成立于2003年12月2日,注册地位于乐平市接渡镇,经营范围包括烧碱、盐酸、液氯、氢气、硫酸、AC发泡剂(偶氮二甲酰胺)等化学产品和副产品的生产销售;液体消毒剂的生产销售;化工产品的技术开发、技术转让、技术服务、原辅材料、机械设备、仪器仪表及零配件、包装制品的销售等。

【景德镇市首例新冠肺炎患者治愈出院】 1月30日,景德镇市首例新冠肺炎患者在乐平市人民医院治愈出院,也是江西省首例由县级二甲医院治愈出院的病例。该名患者为女性,26岁,常年在武汉工作,1月20日从武汉回乐平后,出现发烧、咳嗽、胸闷症状。1月21日自行前往乐平市人民医院就诊,后被确诊为新冠肺炎。

主要领导人 市委书记:俞小平。市人大常委会主任:王颖军(5月任)。市长:高翔。市政协主席:王颖军(任至5月)、潘赛新(5月任)。

(彭建光 蒋暾)

·浮梁县·

【简 况】 位于江西省东北部,辖9镇、7乡。总面积2851平方千米。耕地面积1.81万公顷,森林面积23.67万公顷;森林覆盖率81.4%。总人口28.04万人。2020年,地区生产总值141.87亿元,增长3.9%。其中,第一产业增加值20.45亿元,增长2.6%;第二产业增加值70.23亿元,增长3.8%;第三产业增加值51.19亿元,增长4.7%。财政总收入21.22亿元,增长23.9%;一般公共预算收入11.14亿元,增长8.5%。规模以上工业增加值65.94亿元,增长3.8%。工业总产值97.74亿元,增长8.5%。农林牧渔业总产值36.37亿元,增长3.0%。粮食总产量17.8万吨,增长3.5%。社会消费品零售总额37.12亿元。城镇居民人均可支配收入3.46万元,增长5.7%;农村居民人均可支配收入1.95万元,增长8.5%。

【新冠肺炎疫情防控】 浮梁县成立以县委县政府主要领导为组长的领导小组,由政府主要领导担任指挥长的新型冠状病毒感染的肺炎疫情防控应急指挥部,形成每日晨会的工作机制,并召开专题县委常委(扩大)会议,多次召开指挥部调度会议,做到疫情及时通报,防控困难及时解决。镇、村均成立由党组织负责人任组长的领导小组,采取"党建+疫情防控"模式,发挥基层党组织战斗堡垒作用,发动群众,联防联控、群防群治,把防输入、防扩散、防输出等各项措施落到实位,全力做好新冠肺炎疫情防控工作。1月24日,全县乡村干部、派出所民警、卫健系统干部职工全部进入"外防""内查"岗位。全县4个高速路口,15个省际、县际公路路口设卡,24小时值守,外防疫情输入。通过微信公众号、浮梁融媒app、微博、抖音等多种渠道,发布有关疫情消息防控知识等各类文章、视频1000余篇(个),实时推送先进典型事迹。印制防疫宣传画2万份,宣传单8万份,《致返乡人员一封信》5万份。县电视台全天候推送宣传防疫知识及市县疫情防控指挥部发布的指挥令和通告,引导群众正确开展疫情防控工作。全年浮梁县没有出现1例新冠肺炎病例,成为全省16个"零报告零疑似零确诊"县之一,并率先启动复工复产。

【"7·7"特大洪水】 7月6日20时至8日20时48小时内,浮梁县全境普降暴雨,大部分乡镇和昌江上游降下大暴雨或特大暴雨,全县平均量高达368毫米,其中以经公桥镇6205毫米最大,蛟潭镇胡宅村4704毫米次之。受暴雨影响,昌江及其主要支流河道水位全面上涨。昌江潭口站最高水位达62.61米,超警戒水位线4.61米;浯溪口水库站60.05米,超汛限水位4.05米;樟树坑站最高水位41.50米,超警戒水位7.0米。

【脱贫攻坚】 浮梁县全面落实精准方略,脱贫攻坚收官。全县建档立卡贫困人口4096户10834人脱贫,10个省级贫困村全部退出。脱贫人口2020年人均纯收入15562.2元,比2016年增长144.63%。"两不愁三保障"突出问题实现动态清零。

主要领导人 县委书记:罗建国(任至3月)、胡春平(3月任)。县人大常委会主任:张永进。县长:程新宇。县政协主席:陈国清。

(全寿进 张敏)

·昌江区·

【简 况】 位于江西省东北部,辖2镇、2乡、2街道办事处。总面积405平方千米。耕地面积3733.33公顷,有林面积1.69万公顷,森林覆盖率54.77%。总人口16.47万人,人口自然增长率5.49‰。2020年,地区生产总值236.8亿元,增长3.6%。财政总收入18.2亿元,增长0.3%。规上工业增加值增长3.6%。固定资产投资额57.7亿元,增长10.3%。引进内资54.71亿元,增长8.3%。实际利用外资2804万美元,增长6.1%。外贸出口1.69亿美元。社会消费品零售总额110.9亿元,增长2.3%。城镇、农村居民人均可支配收入分别为4.36万元、2.00万元,分别增长5%、7.3%。

【昌江区侨联成立】 12月18日,昌江区侨联成立大会暨第一次归侨侨眷代表大会召开。市侨联党组书记郑铁出席大会并致辞,区委副书记、区长倪卫春出席大会并讲话,区委常委、常务副区长陈忠豪,区委常委、统战部长乐先锋出席。各群团组织负责人,各乡镇(街道)分管负责人,归侨侨眷代表等参加。乐先锋主持开幕式。开幕式上,区委统战部相关负责人作昌江区第一次归侨侨眷代表大会筹备工作报告;团区委负责人代表群团部门致辞。大会以无记名投票方式选举产生区侨联第一届委员会主席、副主席、秘书长、常务委员、委员。唐建昌为主席,王志刚、刘安娜(女)、陈伦杰、傅强为副主席,陈伦杰(兼)为秘书长,吴永先、项忠东为常务委员。王志刚、刘安娜(女)、杨磊、吴先永、陈伦杰、项忠东、俞暄(女)、洪汇平、徐义平(女)、唐建昌、傅强为区侨联第一届委员会委员。闭幕式通过《昌江区第一次归侨侨眷代表大会筹备工作报告》的决议、昌江区侨联关于执行《中华全国归国华侨联合会章程》的决议、聘请昌江区侨联第一届委员会顾问的决议。会后,市委党校教授郑建峰为与会人员详细解读《中华人民共和国归侨侨眷权益保护法》。

【昌江区首例新冠肺炎患者治愈出院】 2月17日,经市疾控中心连续2次呼吸道病原核酸检测阴性,符合国家卫健委新型冠状病毒肺炎确诊病例解除隔离和出院标准,昌江区首例确诊新型冠状病毒肺炎患者在市第五人民医院治愈出院。患者张某某,男,36岁,自由职业,家住景德镇市昌江区,有武汉活动史。1月22日自驾车回昌江区老家过春节,1月30日晚因发热、干咳等症状到市第一人民医院就诊并入院隔离治疗。

【吕蒙大桥爆破拆除】 11月2日,吕蒙大桥成功爆破拆除。吕蒙大桥1973年1月动工新建,1974年10月竣工通车,是跨越昌江河上第一座永久性公路桥,是两岸百姓出行的重要通道,至今已有近半个世纪。爆破拆除后,吕蒙大桥将进行重建。

主要领导人 区委书记:罗璇(任至10月)。区人大常委会主任:李恩清。区长:朱仕木(任至5月),倪卫春(5月任)。区政协主席:陈华清。

(洪东亮)

·珠山区·

【简 况】 位于江西省东北部,辖1镇、9街道办事处。总面积111.14平方千米,其中城区面积32.87平方千米。耕地面积533公顷,有林面积1375公顷;森林覆盖率29.52%。2020年,地区生产总值225.26亿元,增长3.8%。其中,第一产业增加值0.84亿元,下降0.1%;第二产业增加值45.98亿元,增长2.7%;第三产业增加值178.44亿元,增长4.1%。财政总收入22.89亿元,增长2.63%。其中,税收收入19.52亿元;税收收入占财政总收入85.27%。工业总产值17.84亿元,规模以上工业增加值增长2.0%。固定资产投资总额增长10.3%。社会消费品零售总额171.55亿元,增长2.3%。引进内资49.26亿元,实际利用外资2509万美元;外贸出口4061万美元。城镇居民人均可支配收入4.43万元,增长4.9%。

【抗击新冠肺炎疫情】 1月23日,珠山区成立新冠肺炎疫情防控应急指挥部和疫情防控工作领导小组,下设10个专项工作组,确保疫情防控反应快速、运转高效。在全市率先设立临时集中观察点,对湖北武汉等重疫区到景德镇人员进行定点隔离医学观察。2月,对辖区内所有小区(含开放式小区)实行封闭式管理,人员进出一律测温并出示健康码。辖区内各大出口及出入境道路陆续实行临时交通管制。采取"人防+技防"手段,推出"珠山区疫情防控信息平台APP",共对5.6万余名外来人员进行登记造册,分类实行隔离措施,严格落实"四包一"制度。10月,组织开展珠山区2020年秋冬季新冠肺炎疫情防控应急处置演练检验各部门联防联控机制运行情况,提升秋冬季新冠肺炎疫情应急处置能力和水平。投资420余万元新建核酸检测实验室。针对冬春季呼吸道传染病流行特点,完善应急预案、组织应急演练、储备应急物资,做好疫情防控各项应对准备。

【昌景黄铁路建设项目沿线征迁】 7月3日,为支持省重点工程昌景黄铁路建设项目施工,珠山区启动房屋和土地征收工作,全年共完成征地12.25公顷,拆除房屋约6600平方米,迁移坟址230余座。

【珠山区发展中心启用】 10月20日,新落成的珠山区发展中心举行揭牌仪式并正式启用。该中心园区总用地面积6.56公顷,建筑面积3.8万平方米,共有15栋建筑,其中10栋为办公用房,5栋为功能性用房,规划进驻珠山区48家单位,人员900余人。

主要领导人 区委书记:林卫春。区人大常委会主任:谢日元。区长:罗文军。区政协主席:邵继纲。

(刘姗姗)

萍乡市

【概 况】 位于江西省西部,辖3县、2区。总面积3831.02平方千米。耕地面积6.62万公顷;森林覆盖率67.25%,城区绿地率43.46%。总人口180.48万人,其中非农业人口122.38万人;人口自然增长率4.65‰。2020年,地区生产总值963.60亿元,增长3.6%。其中,第一产业增加值76.26亿元,增长2.0%;第二产业增加值420.31亿元,增长4.1%;第三产业增加值467.04亿元,增长3.4%。财政总收入176.20亿元,增长2.1%。地方财政支出281.33亿元,增长2.0%。税收占财政总收入的79.7%。一般公共预算收入106.11亿元,增长1.0%。工业总产值增长5.4%。进出口总额147.47亿元,出口总额145.00亿元。固定资产投资增长8.0%。实际利用外商投资4.53亿美元。主要工业产品及产量有原煤117.55万吨、水泥727.12万吨、工业陶瓷制品528.31万吨、烟花爆竹868.91万箱、钢材611.21万吨。农业总产值123.22亿元,增长2.4%。粮食总产量49.25万吨。主要农产品有豆类1.2万吨、薯类1.7万吨、油料4.2万吨。城镇居民人均可支配收入4.04万元,增长4.7%元;农村居民人均可支配收入2.08万元,增长6.2%。住户年末存款余额829.92亿元,增长16.91%。

【全国拥有自主知识产权的最长隧道窑投产】 4月2日,由中铁国材绝缘材料有限公司投资1200多万元的全自动控制隧道窑建成投产。该隧道建设历时2个月,采用天然气为燃料,是国内电瓷行业拥有自主知识产权的最长隧道窑。与"梭式窑"相比,该隧道窑不仅节能降耗,而且能够提高成品率。整条隧道窑全部采用自动温度控制系统,风机均采用变频控制,确保整条隧道窑的温度符合控制曲线的要求,满负荷运行后比相同产能的"梭式窑"节能30%以上。除拥有最长隧道窑外,该公司每道生产工序都运用人工智能技术。在制泥工序,柱塞泵自动控制进浆压力、流量并传输给中控室控制卸闸;在粗炼、精炼、修坯、上釉、切割、胶装等工序,采用10台机器人代替人工作业;国内行业首创的自动导航车通过激光导航、智能控制转运半成品。

【萍乡市实现全域生活垃圾无害化处理】 5月30日,中节能萍乡垃圾焚烧发电厂二期实现垃圾进场入仓,萍乡市垃圾处理能力提升到1300吨/日,完全满足全市分类后其他垃圾的全量焚烧需求,将完全无害化处理萍乡未来30年产生的生活垃圾,在全省率先实现全域生活垃圾无害化处理。此外,该项目还在邻近的山坡背后同步配套建设一座容积24万立方米的固化飞灰填埋场,彻底解决生活垃圾焚烧后产生的飞灰对外运输及贮存的环保问题。

【江西省最大吨位公跨铁转体桥精准转体】 10月14日,中交隧道工程局有限公司北京公司承建的萍乡市中环北路涉铁桥合计2万吨的双幅不对称梁体顺时针转动47度,与铁路两旁桥墩实现精准对接,刷新全省公路跨铁路最大重量的纪录。萍乡市中环北路转体桥上跨沪昆铁路,线路为上、下行线共2股道,线间距5.3米,无缝线路,允许速度160千米,转体T形刚构梁体全长140米,转体长度132.16米,转体总重2万吨。

【萍乡获评第六届全国文明城市】 11月20日,萍乡获评第六届全国文明城市。萍乡连续15年开展文明城市创建,先后实施"八个全覆盖""八大工程""八个提升""八个着力"等一揽子民生战略,改造提升流万、矿区等一批标准化农贸市场,整治改造443条背街小巷、115个老旧小区,新建、改造和维修公厕218座,打造便民15分钟生活圈。全市投入资金130余亿元,以海绵城市建设为龙头,新建改造玉湖公园、南正街等500余个提升城市功能品质的基础设施项目;推动"白改黑"工程向镇村延伸,完成沥青路面铺设600余万平方米,修复破损路面近7万平方米;改造提升或新建城市道路93条,打通断头路、拓宽瓶颈路21条,新增公共停车场78个、新增停车位2.6万余个等。

【甘源食品股份有限公司成为萍乡首家中小板上市企业】 7月30日,甘源食品于深交所中小板上市,成为萍乡首家中小板上市企业,证券简称“甘源食品”,证券代码002991。公司成立于2006年,位于萍乡经开区生物医药食品工业园,是一家集豆类、果仁类休闲食品的专业性研发、生产和销售为一体的公司。报告期内,甘源食品的营业收入与净利润均保持稳定增长,2018年和2017年的净利润增速分别达到93%和26%。

主要领导人 市委书记:李小豹。市人大常委会主任:周敏。市长:李江河。市政协主席:吴运波。

(姚萍)

·安源区·

【简　况】 位于江西省西部,辖4镇、6街道办事处、1管理委员会(乡级)。总面积212.81平方千米,其中城区面积约42.16平方千米。耕地面积2994.82公顷,有林面积7096.2公顷;森林覆盖率46.28%。总人口41万人,人口自然增长率4.24‰。2020年,地区生产总值228.35亿元,增长3.4%。其中,第一产业增加值5.70亿元,增长1.4%;第二产业增加值62.29亿元,增长2.4%;第三产业增加值160.36亿元,增长3.6%。财政总收入47.3亿元,增长4.7%;公共财政预算收入28.7亿元;增长5.1%;工业增值税3.42亿,增长2.1%;规模以上工业增加值增长4.9%。全社会固定资产投资增长8%;实际利用外商投资5890万美元,其中现汇进资287万美元;利用省外2000万元以上项目资金111.87亿元,增长8.53%。社会消费品零售总额170.52亿元,增长2.7%。农业总产值25397万元,增长1%。粮食总产量18355吨。城镇居民人均可支配收入4.29万元,增长4.75%;农村居民人均纯收入2.39万元,增长6.51%。

【推动疫后经济复苏】 疫情稳定后,高效推进复工复产工作,经济主要指标在二季度由负转正,并逐月回升、逐季提速。加强助企纾困,出台“助企撑企18条”和暖企“干货8条”,设立1亿元企业续贷支持基金,为企业减税降费、减租降息2.5亿元,完成融资担保业务2330万元。持续扩大投资,加快重点项目建设,36个省市重大项目完成投资112.6亿元,占年计划161.4%,省市重大项目个数在全市各县区占比率居前,四类项目投资完成率和入统率排名第一;241个项目争取上级资金17.5亿元;利用省外2000万元以上资金97亿元,增长7.8%。激发市场活力,新增注册企业3369家,个体工商户4019户,农民专业合作社16家。统筹“放管服”改革,“一次不跑”“只跑一次”事项占比90%以上;深化“妈妈式”服务,全年签约引进项目65个,合同金额306.9亿元,其中亿元项目46个,“5020”项目7个。

【脱贫攻坚】 完善脱贫攻坚体制机制,出台提高社会救助保障标准和补差水平等实施方案,着力解决义务教育、基本医疗、住房和饮水安全保障中存在的短板弱项。全面打造“龙头企业+合作社+贫困户”扶贫模式,引入“千企帮千村”帮扶企业22家,分批实施项目113个,投入金额7135.78万元。全区61个光伏扶贫项目,收益均实行“差异化”分配,利益联结1229户贫困户。积极推进就业扶贫,举办就业扶贫专场援助活动(招聘会)30场次,组织各类招聘单位、企业637家,提供岗位1.4万个次。通过宣传家政服务、春雷农贸市场等网络平台,鼓励贫困人员灵活就业。全区贫困劳动力已就业2202人,实现就业率80.51%,公益性岗位安置358人,创新性开展企业提供5年期公益性岗位“一企帮一户”活动,帮助贫困户家门口就业,实现挣钱、顾家、务农“三不误”。全区贫困户1486户4649人已全部脱贫,2个省定贫困村全部脱贫出列,1.6万城镇贫困群众生活有保障。

主要领导人 区委书记:康峰。区人大常委会主任:肖锋。区长:黎增义(1月任)。区政协主席:陈建荣。

(周圆圆　曾崎　陈钧智)

·湘东区·

【简　况】 位于江西省西部,辖8镇、2乡、1街道办事处。总面积858.75平方千米,其中城区面积7.83平方千米。耕地面积1.32万公顷,森林面积93.35万公顷;森林覆盖率69.85%,城区绿化率45.8%。总人口42万人。2020年,地区生产总值127.72亿元,增长4.2%。其中,第一产业增加值17.47亿元,增加1.9%;第二产业增加值47.23亿元,增加5.7%;第三产业增加值63.02亿元,增加3.6%。财政总收入22.37亿元,增长4.7%;税务系统收入18.14亿元,增长3.9%。规模以上工业增加值4.6%。固定资产投资增长7.8%。社会消费品零售总额22.43亿元,增长3.4%。农业总产值17.47亿元,粮食总产量10.64万吨。生猪出栏31.12万头,存栏16.69万头。城镇居民人均可支配收入4.06万元,增长4.93%;农村居民人均可支配收入2.12万元,增7.4%。居民年末储蓄余额120.7亿元,增长15.9%。

【熊建华被追授全国抗击新冠肺炎疫情先进个人】 9月8日,湘东区湘东镇泉塘村原党支部书记、村主任熊建华被追授全国抗击新冠疫情先进个人。熊建华,萍乡湘东人,1965年出生,1993年加入中国共产党,生前系湘东镇泉塘村党支部书记、村委会主任。在任职的8年多时间里,他带领村“两委”通过盘活闲置资源、引进光伏发电产业、引导村民发展养殖业等措施,使村集体经济和村民收入不断增长;通过多方争取支持,实施道路改造以及农贸市场、文化活动站、天然气工程等基础设施建设,使村民生活品质不断提升。新冠肺炎疫情发生后,熊建华坚持把人民群众的生命安全放在首位,农历年三十就开始带领党员干部克服村道四通八达、人员流动大、疫情防控难等困难,迅速投入到抗疫战斗中。他关键时刻主动担当,带头参与湖北武汉等重点疫区返乡人员摸查隔离、卡点值守等工作,在疫情防控一线工作了60多天。其间,熊建华的母亲因病去世,他在料理完丧事后的第二天便返回防疫岗位。3月30日上午,熊建华在村部安排工作时,因劳累过度突发脑出血被紧急送医。3天后,经抢救无效去世,享年55岁。

【签约旭阳焦化玻璃循环产业项目】 11月23日,萍乡旭阳焦化玻璃循环产业项目签约仪式举行,旭阳焦化玻璃循环产业项目落户湘东。该项目规划选址在湘东工业园,规划设计年焦炭产能为360万吨、浮法玻璃日熔量1200吨2条线。项目初步可行性研究已经完成,总投资概算70亿元,分两期建设。一期建设焦炭产能180万吨、浮法玻璃日熔量1200吨2条线;二期建设年焦炭产能180万吨,其中焦化生产采用德国最先进的6.78米炭化室捣固焦炉,玻璃生产采用国内最先进成熟的浮法玻璃生产技术工艺,确保整个项目采用国际国内最先进的生产和环保技术。项目的煤耗、能耗、节水等指标都达到国家标准,大气污染物排放达到国家特别排放标准,参照河北省焦化行业超低排放标准执行。

主要领导人 区委书记:杨博。区人大常委会主任:王志才。区长:何超。区政协主席:彭建达。

(肖凯)

·芦溪县·

【简　况】 位于江西省西部,辖5镇、4乡。总面积960平方千米,其中城区面积18.13平方千米。耕地面积1.632万公顷,林地面积6.91万公顷;森林覆盖率71.26%、城区绿化率36.15%。总人口31.1564万,人口自然增长率3.98‰。2020年,地区生产总值115.39亿元,增长4.0%。其中,第一产业增加值22.66亿元,增长2.3%;第二产业增加值46.18亿元,增长4.6%;第三产业增加值46.56亿元,增长4.0%。完成财政总收入18.41亿元,增长5.4%,税收占财政总收入80.2%;地方财政收入11.92亿元,增长2.2%;地方财政支出37.24亿元,增长8.2%。规模以上工业增加值增长4.8%。全社会固定资产投资增长8.3%,外贸出口117974万元,外贸出口占地区生产总值10.86%。实际利用外商投资4543万美元;全年引进省外2000万元以上项目资金112.74亿元,增长8.63%。电瓷产量64.7万吨。农业总产值36.65亿元,增长2.8%。粮食总产量11.08万吨。主要农产品及产量有蔬菜及食用菌14.34万吨、西瓜1.02万吨。城镇居民人均可支配收入3.75万元,增长5.06%;农村居民人均可支配收入2.11万元,增长7.4%。城乡居民年末储蓄余额91.54亿元,增长21.89%。

【芦溪县获评第六届全国文明城市】 11月10日,中央文明办公布第六届全国文明城市名单,芦溪县入选。芦溪县县委、县政府主要领导多次深入一线调度,现场办公解决创建难题。开展文明实践志愿服务活动,县级实践中心成立志愿服务总队,下设10支专业志愿服务大队和1支社会志愿服务大队,在9个乡镇组建45支志愿服务分队,村、社区组建690余支志愿服务小队,志愿者人数近1万人,累计开展志愿服务8000余次。积极动员群众参与,充分利用入户调查的方式进行文明创建问需于民,收集并解决小区停车区域不足、次干道白改黑等老百姓急需解决的问题39个。深入开展城市功能与品质提升三年行动,改造提升古城山、狮山、老崖山等公园,建成城市"绿心",城区人均公园绿地面积达27.78平方米。完成站前南路、东洲大桥、迎宾道、北环路、320绕城线等建设,畅通城市外环。完成民俗文化街、人才公寓、漫时区商业广场、博物档案综合馆、芦溪外国语学校新校区等文体设施项目建设,生态新城拔地而起。开展"白改黑"、城乡环境整治、管网修复、棚户区改造等工作,老城区焕然一新。持续开展环境卫生、市场环境、交通秩序、经营秩序、文明窗口和"六小"行业等六大专项整治,强化城市管理,有效提升城市形象。注重深入挖掘身边的好人好事并大力宣传,在全县营造"学好人、做好人、当好人"的良好氛围。持续推进"五个三"好人好事发布机制,2020年,县、乡(镇)、村(社区)三级各发布"好人好事榜"12期,上榜好人610余人次。出台《道德模范礼遇帮扶实施办法》,在医院等窗口单位设立道德模范专用窗口、对困难道德模范进行慰问帮扶、仙凤三宝等旅游景点为道德模范提供免票服务等。组织省、市级文明单位和乡镇对身边好人和道德模范先进事迹开展宣讲90余场。开展"书香芦溪·全民阅读"、"家"文化建设、"我们的节日"等主题活动,进一步提高干部群众道德品德和文明素养。

【芦溪县获评中国电瓷之都】 9月22日,中国轻工业联合会和中国陶瓷工业协会授予芦溪县"中国电瓷之都·芦溪"称号。芦溪县围绕世界电瓷之都建设目标,积极推进电瓷电气产业智能化制造、规模化生产、国际化销售,形成从瓷土开采、附件生产、主导产品到电气设备等较为完善的产业链。成立芦溪高压电瓷电气研究院,国家电瓷检验检测中心一期750kV及以下产品通过国家认证委检测认证。承办中国电器工业协会绝缘子避雷器分会2020年年会,帮助本地电瓷企业进入全国绝缘子标准化技术委员会,已有高强、宇翔、海克拉斯、华通、泉新、百新6家企业成为全国绝缘子标准化技术委员会观察成员。"芦溪电瓷"集体商标已上报国家知识产权局,旭华、百纳德两个商标成功获欧盟注册。新增爱瑞达电瓷、旭华电瓷、金洋电瓷获得国家电网供应商资质,全县获得国家电网供应商资质企业累计达16家,中材电瓷特高压输变电用棒形支柱瓷绝缘子关键技术获省科学技术进步奖一等奖,海克拉斯成为江西省第一家通过国家电网750kV悬式特高压资质审核的企业,其160KN圆柱头产品通过荷兰KEMA实验室、匈牙利Veiki实验。依托国家电瓷外贸转型升级基地,积极实施"走出去"战略,2020年电瓷企业出口1.2亿元,增长39.87%。全县共有电瓷电气企业88家,先后被授予国家电瓷产业化基地、全国电瓷产业知名品牌创建示范区等称号。

主要领导人 县委书记:杨劲松(任至1月)。县人大常委会主任:胡世燕。县长:刘占纯(任至10月)。县政协主席:夏坤勇。

(彭刚)

·上栗县·

【简　况】 位于江西省西部,辖6镇、4乡。总面积725平方千米。耕地面积15829.74公顷(含萍乡开发区413.68公顷),林地面积4.29万公顷;森林覆盖率60.3%,城区绿化覆盖率36.9%。2020年,地区生产总值168.52亿元,增长4.5%。其中,第一产业增加值18.73亿元,增长264.0%;第二产业增加值84.09亿元,增长13.6%,第三产业增加值65.70亿元,增长6.4%。财政总收入26.59亿元,增长5.4%。税收占比82.09%。固定资产投资127.25亿元,增长8%。规模以上工业增加值53.15亿元,增长6.5%;工业增值税5.64亿元,增长23.9%。农业总产值30.30亿元,增长2.6%。粮食总产量10.97万吨,减少2.17%。主要农产品及产量有玉米4989吨,增长4.29%;豆类4489吨,增长2.19%;薯类1812吨,增长2.6%。城镇居民人均可支配收入为3.78万元,增长5.15%;农村居民人均可支配收入2.05万元,增长6.51%。城乡居民年末储蓄余额169.41亿元,增长4.97%。

【脱贫攻坚】 常态化坚持"包村长""周六扶贫日""每周帮扶清单"等工作机制,全面压实脱贫攻坚责任。全县19个贫困村全部退出,3149户11350人稳定脱贫,贫困户人均年收入达13078元,与全国全省全市同步实现脱贫,在全省脱贫攻坚成效考核综合评价中被评为"好"等次。肉兔产业入选"2020中国兔产业区域扶贫和企业扶贫先进模式"。李维正获全国脱贫攻坚先进个人。

【污染防治】 深入推进农村人居环境达标村创建,通过国务院3年行动考核验收,并在全省作典型发言。深入推进生态文明示范县建设,全面创建国家森林城市,坚决打好蓝天、碧水、净土保卫战,县城空气质量明显提升,优良率提升到92%,邓家洲、和雁桥断面及县城饮用水源地水质均达到或优于Ⅲ类标准,生态环境持续改善。

【金融风险防范】 坚决遏制隐性债务增量,加强地方政府债务管理,全面完成省市下达的隐性债务化解任务。建立国资项目投资决策、融资和偿债机制,建立"借用管还"一体化的国资平台的融资监管体制,提高国资项目投资效益。深入推进社会信用体系建设,加大防范和打击非法集资力度,全力防范和化解金融风险,全县银行机构贷款不良率下降0.82个百分点,借贷法庭集中审理借贷案件1232件,涉及金额达24.34亿元,维护当事人的合法权益。

【上栗出土数十枚恐龙蛋化石】 9月15日,上栗工业园(彭高园区)道路施工时,挖出数十枚恐龙蛋化石,单个化石直径为一二十厘米。经初步鉴定,化石系晚白垩世早期的蜂窝蛋类,距今约9000万年。蜂窝蛋类是恐龙蛋的一个大类,主要特征是蛋壳的弦切面具有蜂窝状的结构。此次恐龙蛋化石的发现对于进一步了解江西萍乡乃至整个江西地区晚白垩世的古地理和古环境具有重要意义,相对较完整的蛋窝能反映出恐龙产卵的一些习性,为恐龙蛋在地层中的分布情况提供珍贵的一手资料和详实的古生物学证据。此地带方圆数十平方千米范围内,曾多次发现恐龙蛋化石,此次发现再次印证萍乡属华南地区重要的恐龙蛋化石产地之一。

主要领导人 县委书记:肖妮娜。县人大常委会主任:兰先湖。县长:利军。县政协主席:关翠屏

(李存华　易勇)

·莲花县·

【简　况】 莲花县位于江西省西部,辖5镇、8乡、1垦殖场。总面积1072平方千米。林地面积5.4万公顷,森林覆盖率73.78%。总人口28万人,其中城镇人口8.73万人;人口自然增长率1.2‰。2020年,地区生产总值63.96亿元,增长3.8%。其中,第一产业增加值11.02亿元,增长2.1%;第二产业增加值19.15亿元,增长4.5%;第三产业增加值33.79亿元,增长3.8%。财政总收入10.64亿元,增长6.1%;公共财政预算支出28.6亿元,增长6.9%。工业增加值14.76亿元,增长3.4%。固定资产投资增长7.6%。农业总产值17.62亿元,增长2.5%。粮食总产量13.75万吨。主要农产品及产量有肉类2.48万吨、水产品6100吨、水果3500吨。社会消费品零售总额23.42亿元,增长2.3%。城镇居民人均可支配收入2.84万元,增长4.93%;农村居民人均可支配收入1.28万元,增长8.97%。

【推进改革创新】 农村房地一体宅基地和集体建设用地使用权确权登记发证项目率先通过省级验收。深入推进绿色殡葬改革,移风易俗成效显著,完成总长133千米的156个村级公墓山道路建设,"三沿六区"散埋乱葬坟墓整治率、火化率和入公墓率均达100%。深入推进事业单位改革和乡镇机构改革,全面完成经营类事业单位改革。继续开展降成本优环境工作,全力落实"省130条"等各项惠企政策,落实疫情期间企业房租减免184.09万元,全年为企业减税降费约1.22亿元。在全省率先成立营商办,解决企业问题151个,助推银企无缝对接。全力推动创新驱动"5511"工程,7个项目被列入省"三百一重"项目,新增省级"专精特新"企业7家、"工业设计创新卷"资金企业3家、"新兴产业倍增"专题项目1项。全年申请发明专利40件,发明专利授权14件,万人拥有率达1.92件。

【脱贫攻坚】 扎实推进"十大扶贫工程",推行"五个一"和"一领办三参与"产业扶贫模式,整合涉农扶贫资金1.8亿余元,重点抓好产业扶贫、安全饮水巩固提升、农村基础设施等项目606个,安排2455万元专项资金用于"一乡一品"特色产业基地和村级自主发展产业奖补,销售各类扶贫产品2.32亿元。健全防止返贫致贫监测和帮扶机制,统筹抓好城镇贫困群众脱贫解困工作,投入118万元为全县所有农村人口购买防贫保险,有效控制贫困增量和返贫问题。全面实现"两不愁三保障",10229户39771名贫困人口全部脱贫,63个重点贫困村全部退出。坊楼镇人民政

府获“全国脱贫攻坚先进集体”称号。

主要领导人 县委书记：张运来。县人大常委会主任：刘绍华。县长：曾国祥。县政协主席：刘海林。

（彭金臻　王玉斌）

新余市

【概　况】 位于江西省中部偏西，辖1县、1区、1高新技术产业开发区和仙女湖风景名胜区。总面积3178平方千米。常住人口120.25万人。2020年，地区生产总值1001.33亿元，增长3.5%。其中，第一产业增加值68.97亿元，增长2.3%；第二产业增加值460.01亿元，增长3.8%；第三产业增加值472.35亿元，增长3.3%。财政总收入155.7亿元，增长2.2%。一般公共预算收入80.34亿元，增长3.1%；税收总收入139.2亿元，下降0.1%，占财政总收入89.4%，下降2%。固定资产投资增长7.8%。工业增加值380.28亿元，增长4.1%。规模以上工业增加值增长4.8%。外贸进出口总额164.43亿元，增长10.2%。其中，出口78.99亿元，增长4.7%；进口85.44亿元，增长16.0%。实际使用外资5.43亿美元，增长6.7%。实际利用省外2000万元以上项目资金613.73亿元，增长8.4%。社会消费品零售总额341.95亿元，增长2.7%。农林牧渔业总产值120.57亿元，增长2.9%。粮食总产量55.5万吨，下降1.7%。主要农产品及产量有油料2.31万吨、肉类5.68万吨。年末金融机构各项存款余额1381.52亿元，增长8.6%。

【新宜吉合作示范区（高铁新区）管委会挂牌成立】 1月2日，新余市新宜吉合作示范区（高铁新区）管委会揭牌。新宜吉合作示范区（高铁新区）规划控制区面积17.6平方千米，该区依托高铁高速通道优势，促进新余与南昌的无缝衔接，以满足南昌、长沙的休闲度假需求和承接服务业外溢为核心，凸显康养户外运动特色，推动科创与文创产业协同发展。该区以促进“新宜吉”6县经济一体化、打造城市副中心为目标，聚焦会展商务、总部经济、科技服务等高等级现代服务业，提升对区域一体化发展的引领能力；发展零售业、餐饮业、休闲娱乐业、文教体卫公共服务业，突出综合性、专业性和特色性，引导和满足市民的综合消费需求、提高居民生活品质。

【钢铁产业营收首次突破1000亿元】 2020年，新余市钢铁产业营业收入历史上首次突破1000亿元。新余市出台《支持新钢公司跨越发展三十条措施》，从产业发展、基础设施、财政金融、生产要素和发展环境等多个方面，全力支持和服务新钢发展。2020年，新钢公司营业收入近800亿元，钢产量985万吨，经济效益位于同行业前列，入选中国制造业上市公司价值创造500强。在龙头企业新钢带动下，截至年底，全市有钢铁产业链上企业300余家，其中规模以上企业108家，钢铁产业链上中下游均已齐备，已基本形成较完整的产业链，以新钢公司和渝水区为核心的新余钢铁和钢材加工产业集群是全省重点产业集群。

【完成棚改“双百”目标】 2020年，新余市棚改项目目标任务24768套，其中城市棚户区目标任务16269套、国有垦区棚户区目标任务8323套、国有林区棚户区目标任务176套，为历年改造任务之最。新余克服疫情带来的入户难、测量难、宣传难、见面难等困难问题，超前谋划，创新举措，强力推进，实现棚改工作高效有序推进。截至年底，城棚安置房开工16269套，垦区开工8323套，林区开工176套，实现棚改任务完成率100%，安置房开工率100%的“双百”目标。

【“两江”黑臭水体整治达标销号】 11月，生态环境部检查组认定廖家江、贯早江基本消除黑臭，“两江”黑臭水体整治达标销号。2019年，新余市启动“两江”黑臭水体治理工程，编制《新余市中心城区黑臭水体治理三年攻坚战实施方案》《新余市两江黑臭水体整治实施方案》，全方位谋划“两江”黑臭水体整治工作。“两江”黑臭水体整治总投资约6.76亿元，主要包括进行贯早江、廖家江流域内地下排水管线的管网普查、完善两江流域内的城区污水干管、整改市政管网雨污错接管道、两江流域内的管道及河道清淤、漂浮物打捞，两江流域内小区内雨污水分流改造。项目施工单位为中节能下属中国地质工程集团有限公司，设计单位为中国瑞林工程技术股份有限公司。截至2020年年底，该项目已完成投资1.9亿元，与两江水质密切相关的新建雨污管网、排口整治、混错接节点改造和主管维修已基本完成，实现所有污水进入污水主干管，“两江”水体质量得到改善。

【举办“罗坊会议和毛泽东兴国调查90周年”理论研讨会】 10月16日，纪念罗坊会议和毛泽东兴国调查90周年理论研讨会在新余市会展中心召开。国内相关专家学者，赣州、新余、宜春、吉安等地党史、社科和文化旅游部门负责人共200人参加研讨会。研讨会由省委党史研究室、省社联、新余市委、新余市政府主办，以“传承红色基因，谱写时代新篇”为主题，讨论和挖掘“罗坊会议和毛泽东兴国调查”历史和现实意义。中共中央党史研究室原副主任龙新民出席研讨会并作主旨发言。新余市委书记蒋斌致辞。通信指挥学院原教授、少将牛力，国防大学战略学教授、大校罗海曦，中国人民解放军军事科学院历史研究所原主任刘庭华出席研讨会并发言。研讨会由省委党史研究室主任俞银先主持。

主要领导人 市委书记：蒋斌。市人大常委会主任：董晓健。市长：犹瑝。市政协主席：卢伟平。

（傅媛媛）

·分宜县·

【简　况】 位于江西省中部，辖7镇、3乡、1园区、2街道办事处。总面积1391.76平方千米，其中建成区面积13.8平方千米。耕地面积2.511万公顷。有林面积8.931万公顷；森林覆盖率65%，城区绿化率40.6%。

户籍人口34万人,常住人口27.5万人,其中非农业人口16.8万人;人口自然增长率4.46‰。2020年,地区生产总值188.12亿元,增长5%。其中,第一产业增加值22.15亿元,增长2.3%;第二产业增加值66.58亿元,增长6.2%;第三产业增加值99.39亿元,增长4.9%。财政总收入25.74亿元,增长3.1%;人均7571元。税收占财政收入比重81%。地方财政收入15.05亿元,增长12%;地方财政支出33.63亿元,增长10.26%。工业总产值162.58亿元,增长18.8%。规模以上工业增加值占地区生产总值的16.36%。外贸出口10.99亿元。固定资产投资增长8.9%,实际利用外商投资1.8亿美元,省内外投资162.86亿元,主要工业产品及产量有水泥250万吨、驱动桥8604台、发电量57亿千瓦小时、苎麻布569万米。农林牧渔业总产值23.39亿元,增长2.5%。粮食总产量15.8万吨。主要农产品及产量有西瓜5.98万吨、蔬菜8.04万吨、猪肉1.68万吨、水产品1.73万吨。城镇居民人均可支配收入3.63万元,增长5%;农村居民人均纯收入2.02万元,增长6%。城乡居民年末储蓄余额123.34亿元,增加14.49亿元。

【首届全国县级融媒体中心舆论引导能力建设年会在分宜召开】 12月4日—5日,首届全国县级融媒体中心舆论引导能力建设年会在分宜召开。年会由中国新闻出版研究院传媒研究所、新余市委宣传部主办,分宜县委、县政府承办,年会以建设"'融媒体+'推动县级融媒体中心舆论引导能力跨越式提升"为主题,探讨、总结全国县级融媒体中心舆论引导能力建设经验和做法,推动县级融媒体中心向纵深发展,不断提高"引导群众、服务群众"的能力,逐步建成面向基层的主流舆论阵地、综合服务平台和社区信息枢纽。年会上,中宣部、国家广电总局、新华社、人民日报社、光明日报社、中国记协等部门和单位的负责人,中国科学院、中国社会科学院和北京大学、清华大学、中国人民大学、北京师范大学等科研院校以及全国各地融媒体中心的业内人士,围绕"融媒体+"多维度解码媒体深度融合、推动县级融媒体中心舆论引导能力跨越式提升等作主题发言。论坛举办圆桌论坛,江西分宜、浙江长兴、内蒙古满洲里、宁夏贺兰、云南陆良的5家具有代表性的县级融媒体中心以圆桌对话的形式,就进一步提升县级融媒体中心舆论引导能力建设分享实践经验。

【乡村医疗卫生服务】 分宜县按照"科学规划、建筑风格、项目验收、晓康诊所标识、医疗设备配置、信息化系统、药械采购"的"七统一"原则,投资1350余万元建成标准化村卫生室131所。县医院和县中医院与13所卫生院建立医疗联合体,定期选派专家到卫生院开展对口支援,为城乡居民健康档案管理、健康教育、预防接种、儿童健康管理、孕产妇健康管理、老年人健康管理、慢性病患者健康管理等基本公共卫生服务项目提供保障。分宜县还依托中国初级卫生保健基金会为13家乡镇卫生院配置近5000万元的医疗设备,大幅提升乡镇卫生院诊疗能力。解放军301医院与县人民医院建立远程会诊平台服务,3年来已为建档立卡贫困群众、颐养之家老人等100多个贫困患者家庭提供远程会诊服务。推进家庭医生签约服务与落实基本公共卫生服务项目有机结合起来,把家庭医生签约当作转变服务模式、夯实分级诊疗基础、构建和谐医患关系的一项重点医改工作。

主要领导人 县委书记:李逸翔。县人大常委会主任:袁传胜。县长:胡军。县政协主席:卓俊。

(杨诚)

·渝水区·

【简　况】 位于江西省中部偏西,辖7镇、4乡、6街道办事处。总面积1174平方千米。耕地面积3.16万公顷,有林面积4.98万公顷;森林覆盖率39.6%。总人口71.77万人;人口自然增长率3.72‰。2020年,地区生产总值608.03亿元,增长3%。其中,第一产业增加值34.43亿元,增长2.4%;第二产业增加值284.63亿元,增长3.2%;第三产业增加值288.97亿元,增长2.9%。财政总收入43.54亿元,增长3.3%。其中,税收收入40.85亿元,占财政总收入比重92.3%。地方财政收入22.82亿元,增长2.9%。工业总产值304.1亿元,下降2.47%。固定资产投资264.89亿元,增长8.7%。实际利用外资1.51亿美元,增长6.5%。实际引进省外2000万元以上项目资金191.51亿元,增长8.5%。社会消费品零售总额210.72亿元,增长2.7%。农业总产值57.19亿元,增长2.86%。粮食总产量33.45万吨。主要农产品及产量有油料1.06万吨、水果7.31万吨、蔬菜9.73万吨。城镇居民可支配收入4.37万元,增长4.5%;农村居民人均可支配收入2.13万元,增长6.6%。

【新冠肺炎疫情防控】 1月24日,渝水区向全区各基层党组织和中共党员发出全力支持打赢新冠肺炎疫情抗击战的倡议书,动员各级党员领导干部和党员把疫情防控作为压倒一切的重大政治任务。区委主要领导深入防控一线研究部署疫情防控。区四套班子领导每人挂点乡镇(办)和1至3个社区,全面负责挂点社区疫情防控。区直各单位和部门党员干部分成若干个工作组,每个工作组负责一个或一片住宅小区,全面推动小区实施半隔离管理。党员干部对住宅小区的密切接触者和居家隔离人员进行跟踪监测,形成以上率下、层级联动、全面联防联控工作布局。全区共有3万余名党员干部投入疫情防控。针对基层一线防控人员物资和生活用品短缺的现状,区委组织部结合上级划拨的专项党费,及时将80万元专项党费划拨到17个乡镇(街道、办)、4个区直重点防疫单位,用于慰问战斗在疫情防控斗争第一线的医务工作者和基层党员、干部,支持基层党组织购买疫情防控物品、物资,补助因患新冠肺炎而生活困难的党员和群众。

【良山镇获评国家卫生乡镇】 8月,良山镇被正式命名为国家卫生乡镇(县城)。2018年,良山镇开始国家卫生乡镇(县城)申报,将创建国家卫生乡镇纳入整体目标管理,成立创建工作领导小组,签订责任书,提升城镇建设和管理水平,增强群众文明素质,提高城镇品位。倡导健康生活风气,开展控烟,在全镇中小学、休闲广场、农贸市场、公租房、超市、网吧、各驻镇单位、村居委会设立健康知识宣传栏或宣传展板、悬挂宣传标语、发放宣传资料。开展妇女普病普治,老年人、慢性病患者免费健康体检等健康检查活动。在全镇中小学设立健康教育课程,开课率100%。主要街道保洁时间不低于12小时。全镇范围的垃圾转运都采用市场化管理模式,每年投入费用60余万元,至少保持有3辆专用垃圾车承担全镇范围内的垃圾转运事宜。镇域垃圾装化覆盖率超90%,垃圾日产日清,密闭清运率100%。每月联合城管、公安、物业等30余人对集镇小区进行集中整治,改善小区乱占绿化带种菜的不文明现象。联合市场监管部门对集镇小商摊贩进行全面清理,对不符合卫生要求的进行关停取缔。加强证照许可管理和服务,引导食品生产经营单位改进条件申办证照,落实健康检查要求,制定食品安全卫生管理制度、公示证照和量化分级等级等。整治占道经营、车辆乱停乱放、摊点乱摆等行为,规范农贸市场及周边经营秩序。严格执行生猪定点屠宰规范,严防未经检验检疫猪肉上市销售,加强对农贸市场内熟食店的规范管理。

主要领导人 区委书记:李虹。区人大常委会主任:李克华。区长:邹家洪(6月任)。区政协主席:徐徕水。

(龚招生)

鹰潭市

【概 况】 位于江西省东北部,辖1市、2区及市龙虎山风景名胜区、鹰潭高新技术产业开发区、市信江新区。总面积3560平方千米。耕地面积9.23万公顷。总人口122.81万人,其中城镇人口74.34万人;人口自然增长率12‰。2020年,地区生产总值982.65亿元,同比增长4.0%。其中,第一产业增加值73.44亿元,增长2.4%;第二产业增加值502.63亿元,增长4.3%;第三产业增加值406.58亿元,增长3.9%。财政总收入152.05亿元,增长2.0%。税收占财政总收入80.9%。地方财政收入88.78亿元,增长1.0%。地方财政支出188.97亿元,增长21.9%。规模以上工业总产值2359.42亿元,增加值增长4.9%。主要工业产品及产量有电解铜112.36万吨、铜材207.77万吨、发电103.47亿千瓦时、节能灯4.82亿只。固定资产投资增长9.5%。社会消费品零售总额343.12亿元,增长3.9%。进出口总额324.74亿元,增长9.1%。实际利用外资3.65亿美元,增长7.1%。实际引进省外资金462.89亿元,增长8.7%。农林牧渔业总产值120.13亿元。粮食总产量66.0万吨。主要农产品及产量有油料2.18万吨、水产品5.27万吨、肉类9.1万吨。城镇居民人均可支配收入3.91万元,增长5.1%;农村居民人均可支配收入1.89万元,增长6.8%。住户存款余额619.34亿元,增长16.7%。

【鹰潭市"屏对屏"签约重大项目】 2月9日,通过Welink远程视频,鹰潭高新区与朗通电子年产120万件辐照交联低烟无卤阻燃、耐火电缆项目成功签约。这是鹰潭市由"面对面"招商转变为"屏对屏"不见面招商具体举措取得的首个重大成果。朗通电子科技有限公司此次签约落户鹰潭高新区的项目总投资20亿元,用地面积约2.6公顷,生产的辐照电线使用寿命可长达70年以上,过载能力比普通电线提高30%至70%,环保等级达到欧洲标准,阻燃、耐火等级最高可达到A级标准。项目达产后将成为江西省首家辐照电线的生产企业,可实现年产值20亿元,税收3000万元。

【鹰潭(杭州)物联网暨铜产业招商推介会举行】 6月30日,鹰潭(杭州)物联网暨铜产业招商推介会在鹰潭市举行。招商推介会由江西省商务厅、鹰潭市人民政府、中电海康集团、浙江省高新技术企业协会、浙江省物联网产业协会、杭州市物联网行业协会、浙江省江西商会联合主办,会上鹰潭市签约项目25个,签约总金额210.6亿元。其中,20亿元以上重大项目5个。

【江西省工业强省推进大会在鹰潭召开】 9月15日,江西省工业强省推进大会在鹰潭召开。省委书记刘奇出席会议并讲话,省长易炼红主持会议。会上,刘奇总结2019年工业强省推进大会以来工业发展成绩,分析全省工业发展存在的困难和不足,就深入实施工业强省战略,推动工业高质量跨越式发展提出要求。会议通报工业强省战略实施进展和2020年以来工业经济发展情况。鹰潭市、龙南市、南昌高新区作典型发言,景德镇市作剖析发言。

【鹰潭市现代物流园被评为全国优秀物流园】 2020年,鹰潭市现代物流园被评为全国优秀物流园。园区位于鹰潭城区东南部,规划面积676公顷。园区围绕创建国家陆港型物流枢纽城市契机,按"一心、一带、三轴、六片区"的空间结构布局,打造城区协调发展、功能先进、环境优良、具有活力和可持续发展潜力的现代物流园区。园内已聚集356家企业开展业务。其中,5A级物流企业林安集团,中国民企500强胜华集团,江西盐业集团,江西广旬集团等行业龙头企业分别在园区落户;鹰潭丰圣现代电子商贸物流城、鹰潭市综合货物集散配载中心项目、鹰潭市多试联运物流中心等8个物流仓储配送项目入园。

主要领导人 市委书记:郭安。市人大常委会主任:郭清。市长:于秀明(任至6月)、陈敏(7月任)。市政协主席:戴春英。

(杨保平)

·贵溪市·

【简 况】 位于江西省东北部,辖16镇、4乡、3街道办事处、7林(垦殖、园艺)场。总面积2493.02平方千米,其中中心城区建成区面积33.03平方千米。耕地面积4.98万公顷,林地面积15.41万公顷;森林覆盖率64.45%,城区绿化率38.74%。总人口64.58万人,其中城镇人口18.11万人;人口自然增长率0.2‰。2020年,地区生产总值505.00亿元,同比增长4.5%。其中,第一产业增加值32.82亿元,增长率3.5%;第二产业增加值304.52亿元,增长4.5%;第三产业增加值167.66亿元,增长5%。财政总收入68.76亿元,增长3.35%;税收占财政总收入84.61%。地方财政收入39.18亿元,增长4.79%。地方财政支出66.98亿元,增长19.49%。工业总产值1445.82亿元,增长11.5%;规模以上工业增加值增长5%,占地区生产总值55%。固定资产投资增长9%。实际利用外商投资1.47亿美元,增长8.78%。实际引进省外项目资金170.67亿元,增长14.15%。主要工业产品及产量有铜材162.2万吨,增长8.88%;精炼铜112.36万吨,增长3.48%;水泥108.52万吨,减少37.3%;硫酸194.27万吨,增长3.3%。农业总产值66.91亿元,增长3.3%。粮食总产量33.52万吨。主要农产品及产量有稻谷31.96万吨、小麦160吨、玉米1300吨、大豆3350吨。城镇居民人均可支配收入3.96万元,增长5.7%;农村居民人均可支配收入1.89万元,增长6.9%。住户储蓄存款余额226.03亿元,增长17%。

【花桥水利枢纽工程大坝截流】 9月2日,花桥水利枢纽工程截流仪式举行。花桥水利枢纽工程是列入全国“十三五”水利发展规划的省、市重点水利工程项目,是一座以供水灌溉为主、结合防洪兼顾发电的国家大(2)型水利枢纽工程,是鹰潭市及贵溪市单体投资最大的水利民生工程。工程库区永久性征地7.51平方千米,移民安置1669户6359人,坝址以上控制流域面积约163平方千米,最大坝高39米,正常蓄水位132米,总库容1.09亿立方米,输水管道37.8千米。工程于2019年9月27日正式开工建设,建设周期30个月。工程完工后可以改变贵溪市供水水源单一的现状,全面提升城乡供水保障体系。

【象山书院重建开工仪式举行】 11月3日,贵溪市举行“追本溯源·心向贵溪”心学文化周活动之象山书院重建开工仪式。象山书院重建项目位于城南象山公园,规划面积约8.67万平方米,总建筑面积约5.3万平方米,主要建设内容包括象山书院、心学广场、论坛楼、研学楼、文峰塔、昭真观、洗心湖等,项目总投资约6亿元。

【茨莩弄历史文化街区项目开工】 11月19日,贵溪茨莩弄历史文化街区项目开工。茨莩弄历史文化街区以赣派水系和古建筑为依托,以老贵溪文化为主题,兼游览观光、特色商业、文化民俗体验、文化休闲、节庆活动、民俗演艺、商务会议等多功能于一体的赣东北历史文化旅游街区。项目占地总面积约7.7万平方米,建筑总面积12万平方米,总投资约22亿元。茨莩弄历史文化街区项目的实施对提升贵溪形象具有里程碑意义,填补贵溪文化旅游街区的业态空白。

主要领导人 市委书记:毛建华。市人大常委会主任:毛建华。市长:周谷昌。市政协主席:李中华。

(吴志文)

·余江区·

【简　况】 位于江西省东北部,辖7镇、5乡。总面积940平方千米,其中城区面积10.08平方千米。耕地面积3.64万公顷,有林面积3.71万公顷;森林覆盖率39.87%,城区绿化率35.9%。总人口40.36万人,其中非农业人口11.34万人;人口自然增长率3.67‰。2020年,地区生产总值164.45亿元,同比增长5.0%。其中,第一产业增加值23.10亿元,增长2.6%;第二产业增加值77.45亿元,增长5.2%;第三产业增加值63.89亿元,增长5.6%。财政总收入25.96亿元,增长13.4%;税收占财政总收入84.84%。地方财政支出39.0亿元,增长7.8%。规模以上工业总产值239.77亿元,增长14.5%。主要工业产品及产量有铜材28.95万吨、服装74.8万件、眼镜成镜6019.13万副。农业总产值39.22亿元,增长3.8%。粮食总产量26.82万吨。主要农业产品及产量有花生0.89万吨、生猪49.81万头。城镇居民人均可支配收入3.66万元,增长5.3%;农村居民人均可支配收入1.95万元,增长6.9%。城乡居民年末储蓄余额201.64亿元,增长15.27%。

【科技创新助力乡村农业发展】 为促进农民增产增收,余江区出台农业特色产业扶贫规划,并制定产业发展指导制度,由区农粮局、乡镇农技站、乡村致富能手177人组成科技指导小组。科技指导小组深入田间地头对有意向的农户进行技术支持,对贫困户进行技术支援,满足其技术需求,逐级解决问题。充分利用现代网络,将技术专家、合作社带头人与种粮大户连接在一起,在微信群推广最新科技信息,发挥能人作用培训科学技术,再带动其他农户及贫困户。2020年,余江区利用科技优势,遴选57家服务主体,100余台无人机助力早稻生产和春耕春种,增加极飞、大疆等高端无人机40余台,增加机防服务组织20余家。通过宣传科技政策,传播科技知识,推广先进技术,让科技创新发展成果走向镇村、走进基层。

【举办“中国农民丰收节”活动】 9月20日,2020年“中国农民丰收节”在余江区杨溪乡灵溪小镇开幕。活动优选60家企业参展,汇集鹰潭各地的农牧业特色产品,瓜果蔬菜、米面粮油一应俱全。开幕式上,颁发“鹰潭市十佳农民”“鹰潭市十佳农民合作社”“鹰潭市十佳农产品品牌”“鹰潭市十佳新农村建设促进会”及微诗一二三等奖。该活动还举行文艺汇演,鹰潭市各区(市)选送《在希望的田野上》《家和万事兴》《丰收》《盛世欢歌》等各类歌舞、小品、武术、乐器12个节目。

【水稻绿色高质高效行动现场观摩会召开】 11月5日,余江区组织召开2020年水稻绿色高质高效行动现场观摩会。市、区两级农业农村粮食局相关农业领域专家、各乡(镇、场)农业技术推广综合服务站负责人和新型农业经营主体或大户代表50多人参加现场观摩会。2020年,余江区以稳定粮食发展和促进农民持续增收

9月20日，鹰潭市余江区举办2020年“中国农民丰收节”

鹰潭市余江区史志办供

为目标，在平定乡、潢溪镇、春涛镇、锦江镇等地开展水稻绿色高质高效行动，打造5个万亩以上优质粮油生产基地，建设优质稻新品种展示示范区、再生稻示范区、水稻机插示范区、机抛示范区“绿色病虫害防控”等示范基地。全年余江粮食播种4.91万公顷，全面完成高标准农田建设任务并获得全省先进。

主要领导人 区委书记：苏建军。区人大常委会主任：谭建新（任至5月）、陈强（5月任）。区长：罗卫国（5月任）。区政协主席：金建华。

（汤淑英）

·月湖区·

【简　况】 位于江西省东北部，辖1镇、5街道办事处。总面积90.5平方千米。耕地面积1876公顷，有林面积2300公顷；森林覆盖率21.8%，城区绿化38.5%。总人口数17.87万人，其中非农业人口16.24万人；人口自然增长率3.16‰。2020年，地区生产总值153.50亿元，同比增长3.5‰。其中，第一产业增加值2.27亿元，增长1.7%；第二产业增加值27.25亿元，增长3.7%；第三产业增加值123.98亿元，增长3.4%。财政总收入12.78亿元，下降13.5%；税收占财政总收入76.1%。地方财政收入8.02亿元，下降13.5%。地方财政支出15.11亿元，增长11.3%。工业总产值38.28亿元，增长13.2%；规模以上工业增加值5.4亿元，占地区生产总值3.5%。外贸出口占地区生产总值0.65%。固定资产投资66.65亿元，增长10.3%。实际利用外商投资1875万美元。农业总产值2.50亿元，增长1.5%。粮食总产量1.29万吨。主要农产品及产量有生猪出栏2.06万头、水产1950吨、蔬菜1.32万吨。城镇居民人均可支配收入4.27万元，增长3.7%；农村居民人均可支配收入2.00万元，增长5.5%。城乡居民年末储蓄余额255.55亿元，增长17.69%。

【老旧小区改造】 月湖区按照“统一规划设计、统一组织施工、统一施工监理、统一工程决算、统筹社会力量、居民全程监督”的工作原则，推进老旧小区改造。至年底，完成34个小区2.29万户的改造任务，总投资4.58亿元。月湖区开展老旧小区改造工作过程中，月湖区重点破解资金难题，通过政府主导、居民出资、企业投资等方式建立资金合理共担机制，争取中央财政补助资金，作为改造主要资金来源。市、区两级财政按比例配套，引导水、电、气、通信运营企业对各小区供水、供电、燃气、通信、广电等基础设施实行改造提升。老旧小区改造过程中，月湖区融入智慧新城建设，增设智慧消防、智慧安防、智能门禁车禁、智慧路灯、智慧体检、智能垃圾分类、智慧电柱、智慧生鲜柜及智能快递柜等智慧应用设施，打造智慧样板建设。

【加快科技创新】 2020年，月湖区被评为全省创新型县（区）。为抓好科技创新，月湖区先后制定《关于推进科技创新发展升级工作意见》《月湖区创新创业人才引进培养实施办法》《月湖区“智慧新城”建设工作方案》《月湖区推进“新一代宽带无线移动通信网”国家科技重大专项成果转移转化试点示范工作三年行动实施方案》《月湖区推进创新型城区建设行动实施方案》等政策措施。加快建设国家新型工业化产业示范基地、国家自主创新示范园区、智慧金融应用示范区。月湖区重视科技创新研发，致力物联网研发资源的聚集地建设。先后建成中国信通院、鹰潭泰尔物联网研究中心、北航鹰潭研究院、华为（江西）物联网云计算创新中心、中国联通5G创新应用研究中心、智慧云测安全检测中心、叠嘉数据存储平台、鹰潭移动物联网科技成果转移转化综合服务中心等各类服务平台。

主要领导人 区委书记：刘军生（任至4月）、李志兵（8月任）。区长：李志兵（任至12月）。区人大常委会主任：朱淑英（10月任）。区政协主席：曾文峰。

（雷荷莲）

赣州市

【概　况】 位于江西省南部，辖3区、2市、13县。总面积3.94万平方千米。其中，市中心城区建成区面积202平方千米。耕地面积50.29万公顷，林地面积305.77万公顷；森林覆盖率76.23%。总人口982.10万人，其中城镇人口319.61万人。2020年，地区生产总值3645.20亿元，同比增长4.2%。其中，第一产业增加值414.64亿元，增长2.6%；第二产业增加值1389.19亿元，增长4.2%；第三产业增加值1841.37亿元，增长4.6%。三次产业结构比调整至11.4∶38.1∶50.5。财政总收入491.03亿元，增长1.1%。其中,一般公共预算收入285.82亿元,增长1.9%。财政总收入占地区生产总值13.47%,下降0.53个百分点。税收收入203.76亿元,减少3%。一般公共预算支出976.89亿元,减少3%。全部工业增加值1145.34亿元,增长4.1%;规模以上工业增加值增长4.6%。货物进出口总额503.03亿元,增长26.6%。其中货物出口420.61亿元,增长24.3%。固定资产投资增长9.2%。实际使用外资21.66亿美元,增长7.7%;利用省外项目资金998.41亿元,增长9.1%。主要工业产品及产量有锂离子电池1.04亿只、家具3244万件、发电量84.7亿千瓦时、水泥1973万吨,10种有色金属4.22万吨。农林牧渔总产值674.40亿元,增长3.1%。粮食总产量258.50万吨。主要农产品及产量有蔬菜390.98万吨、水果186.12万吨、肉类74.61万吨、水产品30.11万吨。城镇居民人均可支配收入3.70万元,增长6.3%;农村居民人均可支配收入1.30万元,增长9.2%。

【赣州实现历史性整体脱贫】 2020年,赣州市制定落实"四个不摘"责任清单,开展"十大清零"行动,出台《关于有效应对疫情影响稳定贫困户收入的若干措施》等政策文件,最大限度降低疫情对脱贫攻坚的影响。实施产业就业提质增效工程,创新推出"农业产业振兴信贷通",产业扶贫覆盖带动90.9%贫困户增收,建成就业扶贫车间1248家,新增公益性岗位1.6万个。至年底,赣州市剩余2.82万贫困人口全部脱贫,南康区、赣县区、上犹县、安远县、兴国县、宁都县、于都县、瑞金市、会昌县、寻乌县、石城县11个贫困县全部摘帽,1023个贫困村全部退出,现行标准下114.3万农村贫困人口全部脱贫,4.5万城镇贫困群众全部脱贫解困,绝对贫困和区域性整体贫困问题得到解决,实现历史性整体脱贫。

【全球区块链创新发展大会在赣州市举办】 8月13—14日,以"价值互联链接世界"为主题的2020全球区块链创新发展大会在赣州市举行,在北京设分会场,全程视频连线,网络同步直播。会议由中华国际科学交流基金会、江西省工业和信息化厅、赣州市政府联合主办,"一带一路"沿线国家行业代表、国内外知名专家学者、区块链知名企业和行业协会代表360多人参加。大会有会议论坛、展览展示、产业与应用对接3个板块。其间,发布世界500强企业布局区块链白皮书(2020)和中华国际科学交流基金会区块链创新发展专项公益基金,启动赣州链、脐橙链、家具链、长征链等区块链应用服务平台;中国区块链智库、江西省区块链产业联盟、清华校友总会博士后校友分会IT专委会科技实验基地、赣州区块链研究院、BSN江西节点5个创新平台集中揭牌;赣州国际信息和数字创意产业园暨赣州信息港、赣州区块链产业园等44个项目现场签约,签约金额125.2亿元;举行涵盖区块链与工业互联网、金融科技、社会治理等内容的3场平行论坛。

【中国科学院赣江创新研究院挂牌运行】 10月10日,中国科学院赣江创新研究院在赣州揭牌,成为中国科学院在江西省设立的第一个院属事业单位。中国科学院赣江创新研究院规划用地66.67万平方米,一期建设用地26.67万平方米,建筑面积约20万平方米;二期于2020年年底开工建设,形成科研教学、技术孵化、生活一体化的综合性科研聚集基地。中国科学院赣江创新研究院的设立,填补江西无大院大所直属机构的空白,促进江西省进一步优化创新格局、完善创新机制、提升创新能力、加快创新型省份建设。至2020年年底,中国科学院赣江创新研究院共进驻科研人员150余人。

【赣州市获批国家普惠金融改革试验区】 10月29日,赣州市、吉安市普惠金融改革试验区新闻发布会在省政府新闻办新闻发布厅举行,经国务院同意,赣州市获批建设普惠金融改革试验区。2020年,赣州市实现城商行、农商行、村镇银行、证券营业部、还贷周转金公司、政府性融资担保机构等金融机构县域全覆盖,引导金融机构设立社区支行、小微支行、科技支行等普惠金融专营机构,共设立25家社区支行、7家小微支行、1家科技支行。推动农村金融基础设施建设,全市布放助农取款点3944个,行政村覆盖率91.00%;建成"农村普惠金融服务站"1123个,贫困村站点覆盖率96.48%;建立农村普惠金融服务示范站35个。推动移动支付便民工程示范城市建设。完成县(市、区)全域开通移动支付公交,布放聚合码的助农取款点2600余个,农户移动支付支持率达78%,全市28万户特约商户实现银联移动支付,商户移动支付支持率达96%。在南康区、崇义县

10月10日,中国科学院赣江创新研究院在赣州揭牌

赣州市地方志研究室供

等地开展“普惠金融服务中心”建设试点，至2020年年底，普惠金融中心接受业务咨询1573人次，受理贷款户数517户，发放贷款金额5.17亿元，发放贷款户数393户，需求满足率76%。引导小微企业、个体工商户在“江西省小微客户融资服务平台”注册，注册数达55.89万户，注册率达94.5%，居全省第一，线上申请贷款企业3.02万户，获得贷款授信企业2.19万户，申贷满足率61.68%。注册户数、户计满足率均居全省第一。

【蝉联全国文明城市】 11月10日，中央文明办公布第六届全国文明城市入选城市名单和复查确认保留荣誉称号的前五届全国文明城市名单，赣州市以优异成绩通过全国文明城市三年一届的总评，在64个往届全国文明城市地级市中排名第13位，蝉联全国文明城市称号。2020年，赣州市依托物联网、大数据、云计算等现代信息技术，研发运用赣州市文明城市智能化管理平台，实现“问题上报、通报下发、整改反馈、数据统计”的全流程大数据整合，构建文明城市管理“智慧大脑”。组织37名市领导担任城区主干道“路长”，212名市直(驻市)单位“一把手”分别与社区挂点结对，构建纵向到底、横向到边的工作网络，开展城乡环境、交通秩序等八项整治，全面加强主次干道、背街小巷、居民小区清扫保洁和垃圾清运。截至年底，全市有市级以上文明县城15个、文明村镇263个、文明单位615个。大余县入选第六届全国文明城市(县级市和县)，实现赣州市县级文明城市“零”的突破。

主要领导人 市委书记:李炳军(任至11月)。市人大常委会主任:赵多仙(6月任)。市长:曾文明。市政协主席:刘建平(任至4月)、彭业明(4月任)。

(周俊)

·章贡区·

【简 况】 位于江西省南部，辖4镇、6街道办事处。总面积351.3平方千米。林地面积2.11万公顷，森林面积2.06万公顷，森林覆盖率60%。总人口54.07万人，其中城镇人口50.24万人；人口自然增长率6.7‰。2020年，地区生产总值521.94亿元，同比增长4.6%。财政总收入45.58亿元，增长0.4%，其中税收收入39.1亿元、非税收收入6.48亿元。一般公共预算收入22.68亿元，下降4.1%；一般公共预算支出41.05亿元，下降11.5%。规模以上工业增加值增长5.0%，固定资产投资增长9.0%，500万元以上固定资产增长9%。实际利用外资1.73亿美元，增长8.8%。进出口总额60亿元，其中出口总额46亿元，增长3.7%。农业总产值6.4亿元，增长10.78%。粮食总产量2.43万吨。主要农业产品及产量有肉类597吨、食用菌6000吨、水产品1953吨。社会消费品零售总额311.02亿元，增长3.4%。城镇居民人均可支配收入4.45万元，增长6.8%；农村居民人均可支配收入1.86万元，增长8.4%。

【三大攻坚战】 现行标准下农村贫困人口全面脱贫，通过省级脱贫成效专项调查，脱贫攻坚取得决定性胜利。全面小康实现程度达99.05%。守住不发生区域性金融风险底线，做好金融、政府存量债务、房地产等重点领域风险防范化解工作。排查整顿含“金融”“理财”等字样非金融机构，严厉打击非法集资等金融乱象。牢固树立过“紧日子”思想，全面实行预算和限额管理，新增债券资金10.36亿元，全年化解存量债务7.48亿元。坚持“房住不炒”定位，强化风险排查防控，房地产市场总体平稳。生态文明建设持续加强。持续打好蓝天、碧水、净土保卫战，持续推进河长制、湖长制、林长制工作。运用信息技术推进生态文明建设，实时在线监控重点污染源企业，空气质量稳定在全国二级标准，断面水质、饮用水源地水质全面达标。开展绿色创建行动，启动垃圾分类全域化试点工作。

【产业发展】 “全国综合实力百强区”创评工作通过第二轮评审。发展大健康产业，青峰药谷入驻企业98家、康养基地4个、医疗服务机构4家。青峰药业百亿生产基地建成投产，新批药品上市品种6个，获批二类医疗器械证13个，引进国内500强、医疗器械领军企业中国威高集团，投资50亿元建设南方制造基地。文化旅游业持续发展，福寿沟博物馆、魏家大院亮相省旅发大会；成功举办第三届章贡文旅节；江南宋城历史文化旅游区、马祖岩人文公园、龙川极地海洋世界分别获评国家4A、3A级景区。推进七鲤古镇项目，启动阳明文化公园(一期)建设，楼梯岭会议旧址完成修缮。全年接待旅游总人数和旅游总收入分别同比增长2.12%、2.51%。发展金融商务业，引进平安银行、广发银行、建信人寿等12家金融机构，广发银行、平安银行营业，普惠金融集聚区列为全省金融支持民营企业发展现场推进会参观点；赣州苏区振兴并购基金园实现税收3.61亿元、新增入驻企业101家，被认定为省级现代服务业集聚区。科技创新动力强劲，净增高新技术企业35家，总数达139家。章贡高新区获批国家“双创”升级特色载体、中国科协海智计划工作基地，赣坊1969青创公社被列为国家级众创空间，全市科技成果交易大市场落地章贡区阳明国际中心，豪鹏科技获评国家“专精特新”小巨人企业，科睿特、深联电路获批省级企业技术中心。列为全省首批数字经济创新发展试验基地，赣州数字经济产业园获评省级特色小镇，集聚企业80余家。获批全省首个工业互联网标识解析综合型二级节点并接入国家顶级节点，组建全省首个信创联盟，承接建设全省首个省市共建信息安全产业园，信创产业体系建设被工信部评价走在地级市第一方阵。

主要领导人 区委书记:高世文。区人大常委会主任:刘铭忠。区长:连天浪。区政协主席:廖小波。

(张凤)

·赣县区·

【简 况】 位于江西南部，辖12镇、7乡。总面积2993.09平方千米。耕地面积2.15万公顷，林地面积23.16万公顷；森林覆盖率76.16%，绿地率47.38%。总人口65.94万人，其中乡村人口51.00万人;人口负增长654人。2020年,地区生产总值202.28亿元,同比增长4.4%。其中,第一产业增加值24.05亿元,增长2.7%;第二产业增加值62.21亿元,增长3.1%;第三产业增加值116.02亿元,增长5.7%。财政总收入26.30亿元,增长1.1%,税收占财政总收入77.1%。地方财政收入17.32亿元,增长3.6%;地方财政支出60.03亿元,下降8.0%。工业总产值163.53亿元,增长11.5%。固定资产投资增长8.5%。实际利用外商投资1.39亿美元,增长7.9%。主要工业产品有稀土和有色金属。农业总产值39.18亿元,增长10.99%。粮食总产量17.85万吨。主要农产品及种植面积有脐橙7001.34公顷、蔬菜6541.23公顷、油茶2.04万公顷、烟叶173.33公顷。城镇居民人均可支配收入3.33万元,增长5.5%;农村居民人均纯收入1.28万元,增长8.8%。城乡居民年末储蓄余额206.45亿元,下降2.2%。

【城乡建设】　以省域副中心城市建设为目标,持续推进五区一体化,城市建成区面积22.8平方千米,城镇化率56%。成功创建国家卫生城市,并蝉联全国文明城市。在全市首创“老旧小区+棚户区+土地出让”城市更新模式,高标准高品质完成燕南小区等14个集中连片老旧小区改造,受益群众4126户1.8万人,创造出老旧小区改造“赣县样板”。城区所有断头路全部打通,所有主次干道实现“白改黑”。新建26个公共停车场,新增停车位2343个、充电桩560根。打造红金社区“共同缔造”示范点。完成杨仙大道、贡江大道等节点亮化提升,实施城区3个高速出入口、高铁北站绿化提升,打造红金社区“共同缔造”示范点,优化与中心城区、城北片区的公交线路。加快推进江口示范镇、南塘中心镇等建设。高标准新建22个乡镇农贸市场、19个乡镇污水处理厂,在全省率先实现农贸市场、环卫保洁、污水处理3个城乡一体化。完成232个新农村建设村点整治,新改建公厕80座。高标准新建22个乡镇农贸市场、19个乡镇污水处理厂,在全省率先实现农贸市场、环卫保洁、污水处理3个城乡一体化。

【民生事业】　2020年,推进全区民生实事,基本公共服务水平得到提升。民生类支出51.72亿元,占一般公共预算支出86.16%。全年新增城镇就业7310人、转移农村劳动力7831人,城镇登记失业率3.68%。开工建设稀金中小学等25个校建项目,新(改、扩)建校舍面积10.6万平方米,新增学位1.5万个。公办园入园率达到52%,新建12个社会足球场。提升医疗服务水平,区中医院建成投入使用,人民医院综合大楼开工在建;完成田村、湖江、阳埠等8个乡镇卫生院新(改、扩)建和67所村卫生室,残疾人康复中心、残疾人综合服务中心竣工;建成城区居家养老服务中心(站)10个、农村居家和社区养老服务站点248个。开展文化惠民、全民健身活动,建成12个社会足球场。金融、房地产市场保持平稳健康发展,物价水平总体保持稳定。完成为期3年扫黑除恶专项斗争,共破获涉黑涉恶案件179起,打掉黑恶团伙11个,“一村一辅警”、全民反电信诈骗工作在全市率先开展并得到推广,市域社会治理现代化试点工作得到市委、市政府肯定。

主要领导人　区委书记:胡晓平。区人大常委会主任:刘吉龙。区长:张景霖。区政协主席:罗宗祺。

(朱祥福)

·南康区·

【简　况】　位于江西省南部,辖5镇、11乡、2街道办事处。总面积1623.02平方千米。耕地面积3.22万公顷,林地面积10.16万公顷;森林覆盖率60.45%,城区绿化率45.23%。总人口77.41万人,其中城镇人口28.54万人。2020年,地区生产总值354.6亿元,同比增长4.7%。其中,第一产业增加值25.77亿元,增长2.3%;第二产业增加值148.67亿元,增长5.3%;第三产业增加值180.16亿元,增长4.5%。财政总收入37.64亿元,增长5.6%;地方财政收入23.99亿元,增长2.8%;地方财政支出74.88亿元,下降6.4%。工业总产值1041.9亿元,增长11.01%。规模以上工业增加值增长5.1%;固定资产投资增长9.5%。实际利用外商投资2.16亿美元。主要工业产品及产值有家具845亿元、矿产品95.6亿元、服装49.2亿元、电子52.1亿元。粮食总产量19.33万吨。主要农产品及产量有水稻20.19万吨,花生1.73万吨,生猪出栏68.21万头、存栏49.67万头,牛出栏19.1万头、存栏4.40万头,家禽出笼672.1万只、存笼310万只,禽蛋产量72.06吨,肉类产量6.35万吨。社会消费品零售总额153.38亿元,增长6.8%。城镇居民人均可支配收入3.56万元,增长6.7%;农村居民人均可支配收入1.35万元,增长8.2%。金融机构存款余额568.77亿元,增长6.7%;贷款余额606.53亿元,增长20.4%。

【脱贫攻坚】　2020年,南康区严格落实“四个不摘”,加大挂牌督战力度,脱贫攻坚“十个清零”任务全面完成。统筹整合涉农扶贫资金2.4亿元,实施扶贫项目230个,剩余438户894名贫困人口稳定脱贫。开展“千名干部帮扶贫困劳力抓就业”行动,依托家具等主导产业,全区4.45万名有就业意愿的贫困劳动力全部实现就业。创新村集体经济发展模式,在全市率先完成每村10万元经营性收入目标。发展产业扶贫基地261个,惠及80%以上贫困户。农村环境和基础设施大幅改善,通过国家和省级农村人居环境整治三年行动验收。连续4年在省脱贫攻坚成效考核中夺得综合评价为“好”的等次,区水利局被中共中央、国务院表彰为全国脱贫攻坚先进集体。

【格力电器落户南康】　7月1日,南康区政府与珠海格力电器在南康区双向开放服务中心签约,标志着珠海格力电器落户南康,这是珠海格力电器首次在江西投资的制造业基地项目。省委副书记、市委书记李炳军,珠海格力电器董事长、总裁董明珠,市委常委、常务副市长胡雪梅,市委常委、区委书记徐兵,市委秘书长、市委办公室主任孙敏,赣州市发改委、工信局、自然资源局、商务局、财政局的负责人以及区委副书记、区长、赣州国际陆港党工委书记何善锦,陈钰滢、彭秀生、严国雄等区四套班子领导及其他县级领导干部,各乡(镇、街道)党(工)委书记,有关单位负责人,佳兴集团董事长等共100余人出席签约仪式。7月10日,格力电器智能制造生产基地项目在南康开工建设。省委副书记、市委书记李炳军讲话并下达开工令。格力电器南康项目落户于赣州粤港澳大湾区产业园,园区规划用地面积30平方千米,其中格力项目规划用地133.33公顷,总投资超百亿元,研发、生产、销售主要遵循绿色低碳、循环发展新路径。

主要领导人 区委书记:徐兵。区人大常委会主任:彭秀生。区长:何善锦。区政协主席:严国雄。

(倪贵清)

·信丰县·

【简　况】 位于江西省南部,辖3乡、13镇、1个高新技术产业园区。总面积2866.04平方千米。耕地面积4.36万公顷,森林覆盖率71.3%。总人口77.97万人。2020年,地区生产总值244.94亿元,同比增长4.2%。其中,第一产业增加值41.84亿元,增长2.7%;第二产业增加值88.45亿元,增长2.8%;第三产业增加值114.64亿元,增长6.0%。财政总收入22.42亿元,增长3.0%。公共财政收入12.88亿元,增长1.6%。公共财政支出60.02亿元,增长9.2%。500万元以上固定资产投资增速8.5%。实际利用外资1.45亿美元,增长8.6%。工业总产值184.98亿元,增长15.6%;工业增加值88.45亿元,增长2.8%。规模以上工业增加值增速4.9%。农业增加值41.84亿元,增长2.7%。粮食总产量2.26亿千克。社会消费品零售总额45.81亿元,增长2.7%。农村居民人均可支配收入1.56万元,增长8.6%;城镇居民人均可支配收入3.47万元,增长6.7%。金融机构年末存款余额356.89亿元,增长10.6%;贷款余额291.95亿元,增长19.6%。

【重大项目建设】 信丰县破解项目前期推进难、用砂难、征迁难、用地难、融资难等节点问题,探索重大项目建设引领经济高质量发展示范先行的实践路径。2020年新签约项目42个,签约资金478.3亿元,其中10亿元以上项目15个、20亿元以上项目9个、50亿元以上项目5个,签约项目资金总额为历年之最。全年举行3次大型重大项目集中开(竣)工活动,累计总投资达610.5亿元。信丰集中开工项目个数和投资额均列赣州市第1,其中信丰电厂单个项目累计完成投资16亿元,新增入统入库项目105个。同时开展“争资争项年”活动,争取赣州市委、市政府出台《关于支持信丰县建设高质量发展示范先行区的意见》,并成立领导小组高位推动,37个市直部门出台配套政策457条。争取项目359个、资金110.48亿元、土地指标563.6公顷、林地指标428公顷。26个专项债券项目进入国家储备库,申报新增中央投资项目198个。

【《信丰人物志》出版发行】 12月,《信丰人物志》由江西人民出版社出版,面向社会公开发行。这是该县建县以来修编的首部人物志。该书由县地方志办组织,于2015年6月启动编纂,五易其稿,编纂成书。采用章节目体,设4章22节。记述自唐永淳元年(682年)信丰建县以来的古今人物,收录的人物传(略)和简介共3532人,人物表列数千人,其中革命烈士2321人。该志编纂出版,有利于弘扬和传承信丰历史文化。

主要领导人 县委书记:钟旭辉。县人大常委会主任:邹长东。县长:袁炎。县政协主席:何文庆。

(罗才胜)

·大余县·

【简　况】 位于江西省西南部,辖8镇、3乡。总面积1343.67平方千米。耕地面积1.30万公顷。森林覆盖率73.3%,新增城镇绿地面积10.2万平方米。总人口30.51万人,其中城镇人口15.28万人,下降1.5%;人口自然增长率3.82‰。2020年,地区生产总值110.94亿元,同比增长3.5%。其中,第一产业14.26亿元,增长2.5%;第二产业45.66亿元,增长5.0%;第三产业51.03亿元,增长2.2%。三次产业结构比由2019年的12.3∶41.9∶45.8调整为12.8∶41.2∶46.0。财政总收入13.30亿元,下降2.9%;财政总支出34.57亿元,下降5.5%。社会固定资产投资增长7.5%,其中500万元以上固定资产投资增长7.5%。实际利用外资1.36亿美元,增长6.5%。农林牧渔总产值23.37亿元,增长3.0%。粮食总产量8.97万吨。社会消费品零售总额45.94亿元,增长5.1%。城镇居民人均可支配收入3.22万元,增长5.7%;农村居民人均可支配收入1.40万元,增长8.4%。金融机构存款余额137.99亿元,增长9.4%;贷款余额109.38亿元,增长12.2%。

【大余县获“第六届全国文明城市”称号】 11月,大余县获“第六届全国文明城市”称号。为提升市民素质,大余县成立“四城同创1+4+10”工作机构,完善网格化管理机制,城区划分为34个网格,每个网格安排1名县级领导带领多个县直单位,负责创建工作。创新文明管理“楼长制”“巷长制”“街长制”等10余类市民自治模式,依托网格开展“四城同创”社区夜话活动,统筹文明创建与新冠肺炎疫情防控、卫生城市创建工作。疫情期间设置200余个志愿服务卡点,结合疫情防控宣传、周五爱国卫生日,开展志愿服务工作、“清洁大余”、不文明随手拍等创文重点活动。共发放《市民手册》《创文问卷知识》等各类宣传单20余万份,张贴宣传海报8万余份,文明餐桌提示牌1万多个,签订承诺书3万余份。利用“文明大余”微信公众号对各单位创建工作任务情况进行公开曝光,推动创建工作任务完成。老旧小区改造、城区主次干道“白改黑”、农贸市场改建新建等60件民生实事项目全面完成。2018年以来,大余县先后获全国文明城市2018—2020年周期提名城市、国家卫生县城、全国绿化模范县(市)、第六届江西省文明城市、省级生态文明示范县等称号。

【基础设施建设】 年内,大余县列入市六大攻坚战调度项目89个,开工率100%,总投资306.92亿元,年度计划投资120.8亿元,实际完成投资236.41亿元。推进城乡供水一体化工程,第二水厂建成供水,实施村庄整治项目120个,全县105个村全部实现通村组道路、生活用电和动力电。县道升级改造主体工程基本完工,全年公路项目建设总里程达120千米;省天然气管网(二期)工程大余段及城市天然气对接工程达到通气条件;形成新能源汽车充电服务市场;农村电网改造新建10千伏线路59千米、低压线路49千米。

主要领导人 县委书记:曹爱珍(任至2月)、廖永平(6月任)。县人大常委会主任:李细妹(任至7月)、黄文发(7月任)。县长:廖永平(任至6月)、韩相云(7月任)。县政协主席:邓金健。

(刘福山 叶研)

·上犹县·

【简 况】 位于江西省西南部,辖6镇、8乡。总面积1543.87平方千米。耕地面积8666.7公顷,森林面积1.2万公顷;森林覆盖率81.4%。总人口32.83万人,其中非农业人口5.04万人;人口自然增长率6‰。2020年,地区生产总值92.47亿元,增长3.7%。财政总收入10.94亿元,增长1.3%。新引进5000万元以上工业项目15个,总投资20.24亿元。规模以上工业营业收入97.94亿元,实现工业税收3.83亿元,增长8.4%。实际利用外资9466万美元,增长7.2%。进出口总额10.12亿元,增长5.6%;其中出口总额9.63亿元,增长7.7%。社会消费品零售总额36.37亿元,增长3.3%。城镇居民人均可支配收入3.03万元,增长5.8%;农村居民人均可支配收入1.24万元,增长8.3%。

【提升生态旅游环境】 2020年,上犹县被省生态环境厅、省发展和改革委员会、省住房和城乡建设厅、省林业局命名为省级生态县。2月,省文化和旅游厅公布2020年省级全域旅游示范区名单,上犹县上榜。上犹县森林覆盖率达81.4%,空气质量优良率常年保持在98%以上,是“中国天然氧吧县”。上犹出境断面水质全年稳定在Ⅱ类及以上,达标率100%,在全省县(市、区)中位列第二名,同比变好12.74%。境内风景如画,是赣、粤、湘3省交界处保存完好、融山水于一体的生态功能区。

【环鄱阳湖自行车精英赛(赣州·上犹站)在上犹举行】 11月28日,环鄱阳湖自行车精英赛(赣州·上犹站)在县文体中心举行发车仪式。省体育局党组成员、副局长张祖平,赣州市委常委、市政府副市长李新民,原省体育总会主席、省自行车运动联合会主席聂明阮,赣州市体育局局长李诒芸,县委书记赖晓岚,县委副书记、县长余业伟,县人大常委会主任蓝青,县政协主席钟恢森等县领导出席活动。省内专业精英车手、业余及当地骑行爱好者240余人,江西新闻客户端、江西广播电视台、腾讯新闻、凤凰新闻等多家媒体朋友,省市县有关单位负责人以及教练员、裁判员等参加发车仪式。县委常委、副县长刘红雨主持发车仪式。经过2个小时角逐,南昌市路客车队选手周克强获男子公路精英组第一名,宜春市朝阳轮胎车队选手胡紫云获男子山地精英组第一名,赣州市江西巨星自行车队选手陈永彬获男子山地大师组第一名,景德镇市协会祺洋航车队选手王祥梅获女子山地精英组第一名。

主要领导人 县委书记:赖晓岚。县人大常委会主任:蓝青。县长:余业伟。县政协主席:钟恢森。

(谢东才)

·崇义县·

【简 况】 位于江西省西南部,辖6镇、10乡。总面积2206.27平方千米。总人口21.496万人,其中城镇人口4.89万人;人口自然增长率3.78‰。2020年,地区生产总值89.15亿元,增长3.8%。其中,第一产业增加值11.15亿元,增长2.7%;第二产业增加值35.00亿元,增长4.9%;第三产业增加值42.99亿元,增长2.9%。三大产业比例为12.5∶39.3∶48.2。财政总收入13.61亿元,增长1.3%。其中,税收收入9.66亿元,下降11.9%。一般公共预算收入9.37亿元,下降1.2%。一般公共预算支出30.56亿元,增长0.1%。全县工业增加值29.14亿元,增长3.2%。规模以上工业增加值增长4.5%。500万元以上固定资产投资增长8.2%。实际利用外资2357万美元,增长6.9%。实际利用省外2000万元以上项目资金20.77亿元,增长8.2%。农林牧渔业总产值18.19亿元,增长11.1%。粮食总产量3.75万吨。主要农产品及产量有油料作物1703吨、茶叶198吨、水果5.61万吨、水产品1.26万吨。社会消费品零售总额29.31亿元,增长3.0%。城镇居民人均可支配收入3.14万元,增长6.1%;农村居民人均可支配收入1.24万元,增长8.5%。金融机构年末各项存款余额117.42亿元,增长14.1%;各项贷款余额135.87亿元,增长23.64%。

【三产融合发展】 特色工业持续壮大。章源钨业钨制品工程研究中心被认定为省级工程研究中心,中竹微气流超声波绿色分离技术入选“2020江西省绿色技术项目”,中竹科技新材料(二期)、力道动力锂电池梯度循环利用等项目全面竣工,首位产业集聚度达92.2%。新建标准厂房26万平方米,成功创建省级循环化改造园区,获评全省首届十佳优化营商环境工业园区。新增规模以上工业企业10家。现代农业增产增效。全年粮食总产3.75万吨,新增生猪年产能11.92万头。组建崇天然公司,注册发布“崇水山田”特色农产品区域公用品牌。“南酸枣产业化关键技术和装备创新与应用”项目获全省科学技术进步一等奖。获评全国第三批农村创业创新典型县、全省首批有机产品认证示范创建区。“旅游+”多业融合深入推进。总投资50亿元的阳明心城开工建设,上堡梯田景区提升、左溪阳明军事文化体验园等一批高品质项目加速推进,以“八个一”为架构的阳明文化核心载体逐步成型。举办上堡梯田公益众筹、阳明文化旅游节等活动，上堡梯田获评国家4A级旅游景区，阳明山入选中国体育旅游精品项目。获评中国县域全生态百优、全国候鸟旅养小城百佳、全国森林康养基地试点建设县。

【提升城镇化水平】 持续提升城市功能品质、优化分区布局，汽修城、汽贸城、建材城、商业综合体建成运营，滨江北路、南山口应急水源等重点项目基本完工。完成12个老旧小区改造，用不到1个月的时间完成北门沿江路棚改征迁。获评全省城市功能与品质提升工作考核先进单位。推进新型城镇化示范乡镇建设，开展城乡环境整治，17个圩镇和50个美丽宜居示范村完成改造提升，获评全国村庄清洁行动先进县、全省新农村建设暨环境整治先进县、全省首批美丽宜居示范县。加快补齐基础设施短板，遂大高速线路基本确定，国道220线分水坳至过埠、金坑至思顺红色旅游公路等重点公路竣工通车，县城至过埠一级公路基本建成，结束崇义县无一级公路的历史。

主要领导人 县委书记：邱凌（任至7月）。县人大常委会主任：郭兰。县长：潘金城。政协主席：陈金发。

（朱建华）

·安远县·

【简 况】 位于江西省南部，辖8镇、10乡、1城市社区管委会。总面积2350平方千米，其中城区面积18平方千米。耕地面积1.69万公顷，森林面积19.31万公顷，森林覆盖率82.72%，城区绿化率40.71%。总人口40.78万人，其中非农业人口9.67万人；人口自然增长率6.37‰。2020年，地区生产总值92.12亿元，同比增长3.4%。其中，第一产业增加值21.69亿元，增长2.4%；第二产业增加值22.83亿元，增长5.2%；第三产业增加值47.59亿元，增长2.8%。财政总收入10.36亿元，增长4.4%，税收占财政总收入84.9%。地方财政收入6.63亿元，增长8.3%；地方财政支出37.21亿元，下降3.5%。工业总产值39.95亿元，下降8.1%。外贸出口8.39亿元。固定资产投资增长7.6%。实际利用外商投资23.76亿元，增长8.2%。主要工业产品及产量有单一稀土金属3434.1吨、智能音箱873.47万台、光电子器件5028.2万片（套）、电子元件2.20亿只、印刷电路板29.95万平方米。农业总产值35.24亿元，增长10.6%。粮食总产量9.5万吨，增长0.15%。主要农产品及产量有蔬菜20.5万吨、烟叶0.18万担、生猪出栏35万头、家禽出笼116.8万只。社会消费品零售总额42.29亿元，增长4.1%。城镇居民人均可支配收入2.82万元，增长4.9%；农村居民人均纯收入1.23万元，增长8.1%。城乡居民年末储蓄余额105.85亿元，增长14.1%。

【安远县获"中国天然氧吧"称号】 11月24日，中国气象局公示2020年度"中国天然氧吧"评审结果，安远县获"中国天然氧吧"称号。安远县践行"绿水青山就是金山银山"理念，统筹推进山水林田湖草系统综合治理，开展植树造林和低质低效林改造工程，同时创新机制体制，组建生态综合执法大队，构建生态环境保护"大格局"，全县森林覆盖率达到84.3%。其中，三百山总面积197平方千米，森林覆盖率达98%，空气中含菌量少，负离子浓度高，是纯天然的"氧吧"。

【举办安远东江源·三百山马拉松赛】 11月8日，由赣州市政府主办，赣州市体育局、安远县政府承办的"新时代·新长征"安远东江源·三百山马拉松赛在安远县三百山梅屋游客集散中心开跑，全国22个省、自治区、直辖市的5000多名马拉松爱好者参加比赛。该届赛事设全程马拉松、半程马拉松、迷你马拉松3个比赛项目。其中，张喜秋、房广霞分别获全程马拉松男子组、女子组冠军；刘帆夺、陈丽琴分别获半程马拉松男子组、女子组冠军。

主要领导人 县委书记：严水石。县人大常委会主任：曹志坚。县长：肖斐杰。县政协主席：刘惠宗。

（叶国丰）

·龙南市·

【简 况】 位于江西省南部，辖9镇、5乡、1林场、2管委会。总面积1646平方千米。耕地面积1.23万公顷，林地面积13.16万公顷。总人口33.82万人。2020年，地区生产总值171.52亿元，增长4.5%。其中，第一产业增加值15.58亿元，增长2.3%；第二产业增加值87.27亿元，增长3.3%；第三产业增加值68.68亿元，增长6.9%。三次产业结构比调整为9.1∶50.9∶40.0。财政总收入23.45亿元，增长1.1%；一般公共预算收入15.3亿元，增长1%。规模以上工业增加值增长4.9%。固定资产投资增长8%。出口总额48.91亿元，增长3.7%。实际利用外资1.49亿美元，增长7.9%；利用省外项目资金87.19亿元，增长9.3%。农业总产值25.37亿元，增长10.59%。粮食总产量5.94万吨，增长0.15%。主要农产品及产量有油料3711吨、蔬菜20.43万吨、生猪出栏25.27万头、家禽出笼631万只。社会消费品零售总额45.9亿元，增长3%。城镇居民人均可支配收入3.47万元，增长6.6%；农村居民人均可支配收入1.37万元，增长7.2%。金融机构年末存款余额213.70亿元，增长8.43%；贷款余额199.68亿元，增长19.15%。

【主攻工业】 全年累计签约项目69个，签约金额631.9亿元，70%以上为首位产业类项目，其中10亿元以上项目18个、"5020"项目9个。引进总投资125亿元的佳纳能源，实现百亿元工业项目零的突破。引进祥益鼎盛、吉祥达、宇宙、嘉元、孚佑、广信等一批行业细分领域龙头企业。电子信息首位产业集聚度57.9%，提升13.6个百分点。推进赣州电子信息产业科技城二期、富康园区三期及四期基础设施建设，加快5G智能科技园建设。汇森家居在香港H股上市。实现县级城区园区5G网络全覆盖。保税物流中心跨境电商进出口双向通道贯通，"1210"网购保税进口业务量居全省前列。新增规模以上工业企业23家、高新技术企业25家。深化"放管服"改革，实行

“容缺后补”政务创新服务,帮助企业纾难解困,破解发展难题,累计发放贷款24.66亿元、稳工补贴资金280余万元。龙南经开区入选国家级绿色园区,在全省工业强省推进大会上作典型发言。

【龙南撤县设市】 6月29日,省政府发布《关于撤销龙南县设立县级龙南市的通知》。根据民政部《关于同意江西省撤销龙南县设立县级龙南市的批复》,国务院同意撤销龙南县,设立县级龙南市,以原龙南县的行政区域为龙南市行政区域,龙南市政府驻龙南镇龙翔大道1号。龙南市由省直辖,赣州市代管。7月25日,龙南市成立大会暨揭牌仪式在龙南行政中心举行。省委副书记、赣州市委书记李炳军出席并讲话,省民政厅厅长刘金接宣读《江西省人民政府关于撤销龙南县设立县级龙南市的通知》,赣州市委副书记刘文华主持。中国科学院院士、中科院西北生态环境资源研究院院长赖远明,原中国人民解放军总政治部纪律检查部副部长、少将叶万碧,赣州市人大常委会主任赵多仙,赣州市政协主席彭业明,省民政厅副厅长樊胜,赣州市领导唐舒龙、胡雪梅、陈李忠、喻德红、江阶虎等,龙南四套班子领导及乡(镇、场、管委会)、市委市政府各单位、驻市各单位负责人共200多人出席。龙南成为江西省第12个、赣州市第2个县级市。

主要领导人 县(市)委书记:缪兰英。县(市)人大常委会主任:曾明健(任至6月)、廖小波(6月任)。县(市)长:刘勇。县(市)政协主席:王慧君。

(蔡东进 余年顺)

·全南县·

【简 况】 位于江西省南部,辖6镇、3乡、2公司、1林场。总面积1535平方千米,其中城区面积12.80平方千米。耕地面积1.07万公顷,林地面积13.43万公顷;森林覆盖率83.39%,城区绿化率49.55%。总人口19.45万人。2020年,地区生产总值86.96亿元,增长4.1%。其中,第一产业增加值15.80亿元,增长2.4%;第二产业增加值33.67亿元,增长6.0%;第三产业增加值37.49亿元,增长2.3%。三次产业结构比由17.5:39.5:43调整为18.2:38.7:43.1。财政总收入10.44亿元,下降4.3%;其中税收收入7.35亿元,下降18.1%。税收收入占财政总收入70.5%,下降11.8个百分点。民生支出30.00亿元,增长13%,占一般公共预算支出77.3%。规模以上工业总产值55.73亿元,下降0.9%。规模以上工业增加值增长4.7%,固定资产投资增长8.6%。外贸出口2.51亿元。实际利用外资9170万美元,增长7.4%。主要工业产品有服装、组合音响、电子元件、稀有稀土金属矿、商品混凝土等。农业总产值23.75亿元,增长2.9%。粮食总产量6.41万吨。主要农产品有水稻、玉米、甘薯、花生、蔬菜、西瓜等。社会消费品零售总额40.87亿元,增长4.3%。城镇居民人均可支配收入3.06万元,增长6.4%;农村居民人均可支配收入1.07万元,增长11%。金融机构存款余额93.75亿元,贷款余额84.83亿元。

【精准脱贫】 2020年,全南县8个“十三五”省级贫困村全部退出,4626户1.54万名贫困人口全部脱贫,635户1003名城镇贫困群众脱贫解困,历史性消除绝对贫困。全县贫困人口“两不愁、三保障”问题有效解决,100%的建档立卡贫困户总体生产生活状况明显改善,贫困群众获得感、幸福感、满意度增强,通过省脱贫成效专项调查。全面小康指数98.45%,与全国同步迈过全面建成小康社会的门槛。

【李海林家庭被评为2020年度全国抗疫最美家庭】 5月15日,全南县李海林家庭被全国妇联评为2020年度全国抗疫最美家庭。李海林是全南县妇幼保健院院长,他和妻子谭丽明都是全南县妇幼保健院医生。为抗击疫情,妻子谭丽明全力支持丈夫李海林主动请缨支援湖北随州的决定。新冠肺炎疫情发生后,李海林坚守在防控一线。在湖北武汉疫情严重需要大量专业医务人员支援时,他第一时间写下请战书,并于2月16日出发奔赴湖北省随州市随县洪山医院抗击新冠肺炎疫情一线支援。谭丽明作为全南县妇保院妇产科执业医师,在疫情期间兼顾工作和家庭,让在前线奋战的丈夫无后顾之忧,全力为抗击疫情贡献力量。

主要领导人 县委书记:余钟华。县人大常委会主任:曹东春。县长:曾平。县政协主席:马石旺。

(江裕来)

·定南县·

【简 况】 位于江西省南部,辖7镇。总面积1321.13平方千米。耕地面积7610公顷,有林面积10.55万公顷;森林覆盖率80.9%。总人口20.99万人,其中城镇人口13.22万人。2020年,地区生产总值87.07亿元,同比增长4.1%。其中,第一产业增加值12.66亿元,增长2.4%;第二产业增加值28.84亿元,增长2.4%;第三产业增加值45.57亿元,增长6.0%。财政总收入12.42亿元,增长0.9%。实际利用外资1.05亿美元,增长7.7%。外贸出口5.66亿美元,增长26.5%。规模以上工业总产值61.75亿元,增长1.5%。规模以上工业增加值增长4.5%。500万元以上项目固定资产投资增长8.6%。农业总产值20.62亿元,增长2.8%。粮食总产量5.58万吨。主要农产品及产量有水果2.34万吨、蔬菜及食用菌8.57万吨、生猪出栏56.47万头。社会消费品零售总额30.09亿元,增长2.9%。城镇居民人均可支配收入3.27万元,增长6.0%;农村居民人均可支配收入1.19万元,增长9.1%。

【打造“足球之城”】 定南县创新推动足球与基础教育、文化旅游、城乡建设等领域融合发展,设立县足球融合发展服务中心,“江西定南国家青少年足球训练中心”获国家体育总局授牌,走出一条“四个落实、三不脱离(场地、教练、课时、赛事落实,不脱离学校、不脱离家庭、不脱离社会)”的足球青训模式。获评全国青少年校园足球试点县,累计有19所中小学、幼儿园获评全国足球特色校园。男足U10梯队夺得全国“北体青训杯”冠军，女足U11梯队夺得全省百县青少年足球运动会冠军。建成江西省唯一的国家级足球训练中心、18个学校和社会共享的标准足球场，足球赛事活动初见规模，承办市级以上足球赛事11次，参赛人数近万人。建成足球小镇、留雈足球特色村。全县足球文化氛围浓厚，足球成为该县“第一运动”。

【人才社区建成入住】 2月，人才社区群贤花园第一批入住仪式举行，首批30名优秀人才入住新房。定南县整合各方力量资源，投资建设一个规模大、品质高、配套服务齐全的人才社区，该人才社区共建设15栋638套人才住房。另新建390套教师人才房，改善中小学教师的住房条件，吸引更多优秀人才从事教育工作。定南县组建县人才集团有限公司，构建人才链、产业链、技术链、资金链、信息链“五链”联动人才服务体系，打造对接粤港澳大湾区的引才、育才、用才、留才高地。2020年持续实施“人才回归”“赣商回归”工程，引进各类急需紧缺人才400名，为经济社会高质量发展注入动力。

主要领导人 县委书记：赖正文。县人大常委会主任：叶富安。县长：龙小东。县政协主席：陈文新。

（赖春梅）

·兴国县·

【简　况】 位于江西省中南部，辖6镇、19乡、1个经济开发区、1个城市社区管委会。总面积3215平方千米。总人口85.83万人，其中城镇人口21.68万人。2020年，地区生产总值201.1亿元，增长3.4%。其中，第一产业增加值34.79亿元，增长3.4%；第二产业增加值61.34亿元，增长7.9%；第三产业增加值104.8亿元，增长10.5%。三次产业结构比调整为17.3∶30.5∶52.2。财政总收入21.28亿元，增长6.0%。公共财政预算收入9.13亿元，增长1.5%。税收占财政总收入90.8%。财政总支出60.85亿元。500万元以上固定资产投资增长9.4%。实际利用外资1.19亿元，增长6.37%。出口总额3.87亿美元，增长13%。社会消费品零售总额85.35亿元，增长3.3%。农村居民人均可支配收入1.30万元，增长5.2%；城镇居民人均可支配收入3.18万元，增长9.6%。金融机构年末各项存款309.72亿元，增长7.4%；各项贷款215.36亿元，增长18.2%。

【兴国县获“全国双拥模范县”称号】 2020年，兴国县被授予“全国双拥模范县”称号。2016年以来，兴国县广泛开展军民共建活动，把支持部队建设、保障部队需求作为双拥工作的重中之重。筹资338万元，用于县人武部办公楼维修、更新设备、营区绿化等建设。解决武警中队维修资金83万元，投入1388万元新建消防特勤站。在军民融合发展方面先行先试，兴国获批省级军民融合产业基地平台，高规格举办军民融合发展（兴国）高峰论坛暨军民融合产业招商会，相关做法被中央军民融合办推荐为典型案例。投入7000万元，新建涵盖民兵训练、国防教育、学生军训、征兵体检、民兵整组、专业分队综合演练等内容的国防教育训练基地。建立优抚对象抚恤补助自然增长机制，710余名享受抚恤补助的优抚对象每两年组织一次免费体检。同时，投入资金750万元，为40名“两红”人员（在乡退伍红军老战士、红军失散人员）新建住房，优抚对象住房难问题得到改观。在全市率先实施“红军后代贫困学子及孤儿特困生关爱工程”，对纳入城乡低保的红军直系后代及孤儿特困生由财政统筹解决学杂费，并发放生活补助，安排副科级别以上干部结对帮扶。截至2020年年底，累计投入资金2300多万元，6450人次受益。

【长迳村被评为全国文明村镇】 2020年，长迳村被中央文明办评为全国文明村镇。长迳村位于高兴镇北部，距县城20千米、镇政府4千米，全村总面积30平方千米，耕地面积283.2公顷，林地面积930公顷，辖21个村民小组，人口1053户5083人，其中党员78人。长迳村坚持规划引领，大力发展产业，促进农民增收，完善文体设施，加大环境整治力度，建成标准化灰鹅生态养殖基地1个，占地8公顷，年出笼达2万只；建成150千瓦和75千瓦光伏发电站；种植猕猴桃、枇杷、脐橙、杨梅等水果基地近200公顷，发展花卉苗木基地20公顷、大棚蔬菜3.33公顷；种植烟叶37.33公顷，年产量达7.5万千克；养殖生猪3000头，村级集体经济收入达到24.4万元。

主要领导人 县委书记：赖晓军。县人大常委会主任：曾令峰。县长：陈黎。县政协主席：魏国寿。

（李文）

·宁都县·

【简　况】 位于江西省东南部，辖12乡、12镇。总面积4048.82平方千米。总人口83.6万人，其中城镇人口21万人。2020年，地区生产总值219.3亿元，同比增长3.9%。其中，第一产业增加值45.45亿元，增长3%；第二产业增加值59.06亿元，增长2.2%；第三产业增加值114.8亿元，增长5.2%。财政总收入13.45亿元，下降4.7%，其中，一般公共预算收入9亿元，增长1.6%。规模以上工业增加值增长4.6%，实现营业收入102亿元。粮食总产量36.76万吨。社会消费品零售总额86.2亿元，增长3.4%。城镇居民人均可支配收入2.79万元，增长5.1%；农村居民人均可支配收入1.27万元，增长9.4%。金融机构存款余额377.9亿元，增长8.3%；贷款余额217.7亿元，增长9.7%。

【城乡建设】 县城改造提升城区供水管网11.9千米，实施中心城区、城南片区、河东片区、水东片区污水管网配套，完成污泥处理、污水处理提标设施建设。垃圾焚烧发电、建筑垃圾消纳场等项目加快推进。赣江源大道加快建设，凌云大道南北延、永宁大道西延等城市道路全面贯通，硬化背街小巷道路50余条。新改（扩）建农贸市场5个、公厕10座，建设停车场（点）26个、新增停车位3000余个。整合财政资金1.7亿元，推进农村人居环境整治三年行动，实现农村生活垃圾综合治理全覆盖、常态化。

建成乡村公厕393座,农村户用卫生厕基本普及。推进乡村污水处理设施建设,长胜等5个乡镇污水处理设施投入运营。

【项目建设】 争取上级项目资金30.3亿元,增减挂跨省交易指标157.28公顷。实施"项目建设提速年"活动,累计完成省大中型项目、市重点项目投资75.9亿元。投资46.5亿元的梅江大灌区项目规划获批。兴泉铁路宁都站房主体工程、站前广场完工,兴赣高速北延项目建成通车,瑞兴于快速走廊对坊至黄石段竣工,县道388对坊至半迳段建成通车,县道386东江大桥至枫子岭段加快建设。被列为交通强国建设试点县。完成高标准农田建设2000公顷,蔡江、黄陂等防洪工程和枧田千亩圩堤项目竣工。省天然气管网宁都段项目加快建设。完成电力投资1.8亿元,武华山风电110千伏输出工程、洛口35千伏输变电工程、长胜至黄岗35千伏线路建成投用。

主要领导人 县委书记:邱建军。县人大常委会主任:余路晓。县长:刘定辉。县政协主席:黄海印。

(邱新民)

·于都县·

【简 况】 位于江西省南部,辖9镇、14乡。总面积2892.32平方千米,其中城区面积29平方千米。耕地面积4.12万公顷,有林面积20.98万公顷。森林覆盖率71.68%,城区绿化率38.6%。总人口111.95万人,其中城镇人口27.30万人。2020年,地区生产总值279.43亿元,同比增长4.3%。其中,第一产业增加值32.13亿元,第二产业增加值106.74亿,第三产业增加值140.55亿元。三次产业比由上年11.0∶39.0∶49.6调整为11.5∶38.2∶50.3。财政总收入22.5亿元,下降0.8%;其中一般公共预算收入14.23亿元,下降3.5%。500万元以上固定资产投资增长8.5%。规模以上工业增加值增长4.6%。实际利用外资1.34亿美元,增长7.3%;利用内资54.01亿元,增长8.8%。进出口总额31亿元,其中出口总额28亿元,增长141.1%。农林牧渔业总产值52.45亿元,增长11%。粮食总产量21.54万吨。主要农产品及产量有花生1.44万吨、油菜籽2090吨、蔬菜27.07万吨。社会消费品零售总额101.05亿元,增长3.4%。城镇居民人均可支配收入3.33万元,增长6.3%;农村居民人均可支配收入1.30万元,增长9.3%。金融机构年末各项存款余额396.47亿元,各项贷款余额321.70亿元。

【工业产业】 工业产业提档升级,新增规模以上工业企业24家,总户数达161家,实现营业收入268亿元,增长9.4%。提升园区综合承载力,新开工标准厂房70万平方米,新建园区道路6条。举办中国服装论坛创新峰会等系列活动。江西卫棉、华美集团等39家龙头企业相继落户,引进江西星都服装弹性供应链示范基地项目,探索"核心工厂+卫星工厂"模式,265家小微企业赋能成长。挂牌成立纺织服装产业研究院,建成运营省级纺织服装产品质量监督检验中心。规模以上纺织服装企业突破100家,纺织服装产业集群产值突破500亿元,被认定为国家纺织服装外贸转型升级基地。光电电声产业快速发展,规模以上企业达到26家,实现营业收入70亿元。硅基金黄光LED光源技术、热敏灸机器人等一批科创产品实现量产。天键电声健康声学研究中心被认定为省级工程研究中心。奥科特照明等16家企业完成智能化改造。绿色装配式建筑产业加快发展,全行业产值突破35亿元,新增高新技术企业31家、科技型中小企业41家。

【民生事业】 全年民生支出68.5亿元,50件民生实事基本完成。12所乡镇敬老院、75个互助养老服务点建成使用。城镇登记失业率控制在3.7%以内,零就业家庭就业安置率达100%。开展根治欠薪专项行动,农民工讨薪信访问题基本化解。社会保障"一卡通"应用实现全覆盖。教育事业加快发展,新(改)建10所城乡公办幼儿园,新增公办学前教育学位1500个。新长征中学、城北中小学等学校开学,新增城区学位1.7万余个,消除"大班额"现象。发展卫生健康事业,新区人民医院部分投入使用,新区妇保院、第二人民医院(新院)启动装修。县人民医院被授予国家级综合防治卒中中心、胸痛中心。发展文体事业,长征源合唱团累计巡演480余场,体育中心投入运营,足球、射击、冰雪、水上运动等体育项目进校园全面启动。实施"雪亮工程"二期建设。建成智慧安防小区5个、公共安全防护设施306处,全县"一村一辅警"实现全覆盖。扫黑除恶专项斗争收官,信访总量和"两抢一盗"发案数持续下降。"法律明白人"培养工程全面完成。

主要领导人 县委书记:蓝捷(任至10月)、陈阳山(10月任)。县人大常委会主任:黄小龙。县长:陈阳山(任至10月)、黄法(10月代)。县政协主席:肖惜才。

(丁良跃)

·瑞金市·

【简 况】 位于江西省东南部,辖7镇、10乡。总面积2441平方千米,其中城市建成区30.38平方千米。耕地面积2.86万公顷。总人口70.74万人,其中非农人口19.34万人;人口自然增长率7.44‰。2020年,地区生产总值174.69亿元,增长3.7%。其中,第一产业增加值27.43亿元,增长2.7%;第二产业增加值62.86亿元,增长3.2%;第三产业增加值84.40亿元,增长4.3%。财政收入25.13亿元,增长2.3%;税收占财政收入92.4%。财政支出63.95亿元,下降4.3%。工业增加值51.77亿元,增长3.5%。规模以上工业总产值214.2亿元,增加值增长4.6%。外贸出口35.0亿元,增长16.3%。实际利用外资9444万美元,增长5.8%;实际引进内资65.38亿元,增长8.9%。主要工业产品及产量有服装194万件、玩具3191万个、烤鳗2101吨、水泥407万吨、电力电缆7.03万千米。农业总产值44.67亿元,增长3.2%。粮食总产量18.53万吨。主要农产品及产量有脐橙10.98万吨、烟叶1696吨、蔬菜20.76

万吨、家禽出笼716.49万只、生猪出栏37.3万头。社会消费品零售总额90.2亿元,增长3.4%。城镇居民人均可支配收入3.48万元,增长6.5%;农村居民人均可支配收入1.37万元,增长9.2%。金融机构期末存款余额335.58亿元,增长12.5%;金融机构期末贷款余额310.27亿元,增长14.8%。

【产业经济】 济民可信食品医药科技园、正大集团百万头生猪全产业链等项目落地建设,金拉铜箔、嘉汇饮品等项目竣工投产。建成标准厂房12万平方米,经开区建成面积达16平方千米。新增规模以上工业企业15家,工业营业收入突破200亿元。红色故都、红色培训基地(瑞金干部学院二期)等文旅项目加快推进,"浴血瑞京"获批国家4A级旅游景区。高质量承办全省旅发大会,瑞金被评为全省旅游产业发展先进县市。完成粮食种植面积3.39万公顷,新增大棚蔬菜466.67公顷、脐橙1733.33公顷、油茶733公顷,建成百亩以上富硒农业产业基地30个,获批富硒产品认证4个。瑞金列入2020年省级生猪调出大县名单。

【民生事业】 全年民生支出55.3亿元,占一般公共预算支出的86.5%。上级下达和本级实施的153件民生实事基本完成,群众关切的"九难一差"(入园难、上学难、看病难、养老难、出行难、停车难、买菜难、休闲难、如厕难、环境差)问题得到解决。年初剩余的947名贫困人口全部脱贫,城镇、农村居民人均可支配收入分别增长6.5%、9.2%,瑞金获评2020年度中国全面小康百佳示范县市。年内,新增城镇就业5061人。实施棚改4000户,改造农村困难群众危房26户。实施城乡学校建设项目21个,开展体教融合、家校共育、心理健康教育,高中教育质量稳居赣州市前列。深化县域综合医改试点,建立紧密型医共体(以县级医疗机构为龙头、其他若干家县级医疗机构及乡镇卫生院、社区卫生服务中心为成员单位的紧密型医共体),市妇保院进入全国"百强县市妇幼医院"。实施失能失智护理院项目,建成128个建制村居家和社区养老服务设施,8所区域性中心敬老院投入使用。开工建设城东全民健身中心,建成五人制足球场6个、群众体育健身场地15个。开展扫黑除恶专项斗争,安全生产形势总体平稳,传统刑事案件"四年四连降",公众安全感排名全省第十四,连续8年获全省双拥模范城市。

主要领导人 市委书记:许锐。市人大常委会主任:李学通。市长:吴建平。市政协主席:彭强(任至6月)、陈晓斌(6月任)。

(杨溢)

·会昌县·

【简　况】 位于江西省东南部,辖6镇、13乡。总面积2712平方千米,其中城区面积14.5平方千米。耕地面积1.74万公顷,有林面积19.71万公顷;森林覆盖率80.87%,城区绿化率46.6%。总人口53.16万人,其中农村人口38.91万人;人口自然增长率7.72‰。2020年,地区生产总值134.35亿元,同比增长3.3%。其中,第一产业增加值25.80亿元,增长2.3%;第二产业增加值47.15亿元,增长3.3%;第三产业增加值61.40亿元,增长3.6%。财政总收入14.88亿元,增长1.1%;税收10.46亿元,税收占财政总收入70.3%。地方财政收入10.35亿元,增长0.3%;地方财政支出47.81亿元,下降3%。规模以上工业总产值107.26亿元,下降5.2%。外贸出口15.8亿元。500万元及以上固定资产投资增长7.8%。实际利用外资7633万美元,增长5.8%。利用省外项目16个,实际进资26.05亿元,增长8.6%。主要工业产品及产量有工业盐39.79万吨、食用盐29.6万吨、水泥292.9万吨、锡锭807万吨、六氟磷酸锂678万吨。农业总产值41.87亿元,增长2.8%。粮食总产量15.93万吨,增长0.2%。主要农产品及产量有烟叶2385吨,脐橙、橘柚15.96万吨,生猪出栏45.3万头,家禽出笼528.86万只,水产品1.7万吨。城镇居民人均可支配收入3.08万元,增加1470元;农村居民人均纯收入1.31万元,增加1296元。城乡居民年末储蓄余额153.73亿元,增长13%。

【开展双拥工作】 7月,会昌县被省委、省政府、省军区表彰为全省双拥模范县。会昌是红色大县、优抚大县。创评双拥模范县以来,该县做好拥军优属、拥政爱民各项工作。重新修缮西江革命烈士碑墓、洞头革命烈士纪念园,会昌小密烈士纪念园。组织社会各界干部群众在"烈士纪念日"开展形式多样的纪念活动,向烈士敬献花篮,缅怀先烈精神。在县城主干道、城区出入口设立3块大型双拥宣传牌,在机关、乡(镇)、企业、学校开辟双拥宣传专栏。举办会昌县第一届最美退役军人""最美军嫂"评选活动。宣传推介退役军人好人好事,87篇双拥新闻稿件被省级及以上媒体采用。解决军人军属各项难题,安排符合政府安置条件的33名退役士官到县直全额拨款事业单位工作。一次性发放133名自主就业退役士兵经济补助及待安置生活补助206.1万元。协调安置1名随军家属到县直事业单位就业。联合司法部门在县退役军人服务中心设立退役军人法律服务工作站,邀请执业律师定期为退役军人开展专业法律服务。落实优抚安置政策法规,维护优抚对象合法权益。推进基础保障服务,采集退役军人信息8487人,悬挂光荣牌8400余块。推进退役士兵社保接续办理,协调县财政资金322.17万元,为退役老兵办理社保、医保接续工作。"八一"、春节发放抚恤补助优抚对象慰问金163.3万元,实现重点优抚对象全员慰问。提升军人家庭荣誉感,送出喜报45份、年画2万余张、慰问信1.8万封。出台《关于切实做好义务兵家属和重点优抚对象优待工作的通知》等政策文件。构建服务退役军人保障体系。建立县、乡(镇)、村(居)三级退役军人服务中心(站)295个,落实全县退役军人服务站编制105名,配足275个村(居)服务专干,协调县公车平台划拨1辆服务用车供县服务中心使用,实现有机构、有编制、有人员、有经费、有保障的要求。

【小密花乡景区被评为国家4A级景区】 6月,小密花乡景区被评为国家

4A级旅游景区。小密花乡景区位于会昌县小密乡,游览面积2.83平方千米,特色农业景观大道贯穿景区。景区主要分5大主题:丰源大观园主题、农业艺术主题、浪漫爱情主题、山居樱谷主题、盆景艺术主题。景区把握道路周边自然、人文资源的区位优势,因地制宜,打造"花—木—石—地形—文化"景观链,汇集赣南特色美食餐饮、会议会务、人才培训、研学教育、休闲观光、研学旅游、果蔬采摘、盆景艺术文化展示、亲子游乐、特色花海影视等多重业态。

主要领导人 县委书记:蔡小卫。县人大常委会主任:郭贤富。县长:余学明。县政协主席:刘为民。

(赖俊)

·寻乌县·

【简　况】 位于江西省南部,辖7镇、8乡。总面积2351.55平方千米,其中城区建成区面积12.00平方千米。耕地面积1.55万公顷,林地面积14.87万公顷;森林覆盖率82.37%,城区绿化率45.84%。总人口32.95万人,其中非农业人口7.93万人;人口自然增长率0.5‰。2020年,地区生产总值102.68亿元,同比增长3.7%。其中,第一产业增加值24.45亿元,增长2.6%;第二产业增加值30.84亿元,增长2.8%;第三产业增加值47.39亿元,增长4.9%。财政总收入10.01亿元,增长3.2%;税收收入8.26亿元,税收占财政总收入的82.52%。地方财政收入6.56亿元,增长13.3%;地方财政支出33.10亿元,下降14.0%。规模以上工业总产值53.11亿元,下降10.2%。固定资产投资增长9.0%。实际引进外资3019万美元,增长6.1%。主要工业产品及产量有水泥2.72万吨、发电量9.80亿千瓦时。农林牧渔业总产值39.83亿元,增长10.9%。粮食总产量11.69万吨。主要农产品及产量有柑橘40.63万吨、脐橙28.92万吨、生猪出栏13.52万头、禽蛋产量9197吨、蔬菜类及食用菌13.03万吨。城镇居民人均可支配收入3.03万元,增长6.3%;农村居民人均可支配收入1.31万元,增长10.2%。城乡居民年末储蓄余额85.04亿元,增长13.5%。

【寻乌发现罕见野生观光木群落】 4月16日,中国科学院庐山植物园发布消息,在寻乌县晨光镇龙图村十八渡水的山坡林地沟谷,发现罕见的大型观光木野生群落,估算总面积0.2平方千米,为全国有记录的最大观光木群落。观光木又名香花木、宿轴木兰,隶属木兰科的单种属观光木属,为纪念中国植物学奠基人钟观光而命名。该次调查发现的观光木群落,在海拔300米至400米之间,沿沟谷溪边两侧林坡分布,属于伐后更新的次生林优势种群,地径超过1米的观光木老树很多,幼树和大树的频度也很高。根据相关文献断定,寻乌的观光木群落是有记录的中国最大野生观光木群落。该群落的乔木层主要包含鹿角栲、木荷等,灌木层有金毛狗、乌毛蕨、百齿卫矛等,攀缘藤本有光叶紫玉盘、瓜馥木等,草本层包含赤车、尾花细辛、日本蛇根草、曲毛赤车等。

【纪念毛泽东寻乌调查90周年理论研讨会在寻乌举行】 9月28日,由中央宣传部理论局、光明日报社、国家统计局综合司、江西省委宣传部、省委党史研究室和赣州市委共同主办的纪念毛泽东寻乌调查90周年理论研讨会在寻乌举行。研讨会由江西省委常委、宣传部部长施小琳主持。江西省委副书记、赣州市委书记李炳军,光明日报社总编辑张政,中宣部副秘书长、出版局局长郭义强,国家统计局资料中心主任钟守洋分别致辞。中央党校、中国社会科学院等单位的专家、学者以及全国各地的优秀论文作者代表等70余人出席研讨会。中共党史学会副会长、原中央党史研究室副主任李忠杰等专家作主旨发言。1930年5月,毛泽东在江西寻乌进行深入系统的社会调查,创作《寻乌调查》,提出"没有调查,没有发言权""中国革命斗争的胜利要靠中国同志了解中国情况"等论断。

主要领导人 县委书记:柯岩松。县人大常委会主任:黄志高(任至6月)、曾雷(6月任)。县长:杨永飞。县政协主席:刘琼招。

(钟玉华)

·石城县·

【简　况】 位于江西省东南部,辖6镇、5乡。总面积1567.4平方千米,其中建城区面积12.1平方千米。耕地面积2.21万公顷,林地面积11.39万公顷,森林覆盖率75.9%。总人口33.33万人,其中非农业人口8.19万人。2020年,地区生产总值84.42亿元,同比增长3.5%。其中,第一产业增加值18.13亿元,增长2.4%;第二产业增加值23.77亿元,增长2.3%;第三产业增加值42.52亿元,增长4.8%。财政总收入10.46亿元,增长4.3%。税收收入占财政总收入87.4%。公共财政收入6.37亿元,增长8.0%;地方财政支出34.78亿元,增长3.3%。规模以上工业增加值增长4.7%。外贸出口4.26亿元,增长14%。500万元以上固定资产投资增长8.5%。实际利用外资3190万美元。农业总产值29.44亿元,增长2.9%。粮食总产量12.24万吨。主要农产品产量有花生4071吨、烟叶2469吨、白莲7840吨。城镇居民人均可支配收入2.88万元,增长5.3%;农村居民人均纯收入1.20万元,增长12.1%。金融机构存款余额149.87亿元,增长13.2%。

【石城县获"国家卫生县城"称号】 7月,石城县被列入全国爱国卫生运动委员会命名的2017—2019周期"国家卫生县城"名单。石城县自2017年启动国家卫生县城创建,按照"县领导包片、单位包区"的原则,将城区划分成20个大网格120多个小网格,实行"一路一巷一长"城区网格化管理制度,建立科学的创卫长效机制。先后投入15.5亿元,推进城区背街小巷提升改造、城区道路白改黑、城区绿化提升、农贸市场改造、城区公共设施等项目建设。先后完成10条共23.2千米的城市主次干道白改黑路面改造,新建和改造城区配套污水管网6.85千米,城区生活污水收集处理率达到94%以上。新增城区燃气市政中压管约5千米,新建和改造城市供水管网10千米。建成2处城市公益性篮球场、4片羽毛球场及7块足球场。完成县人民医院、康复医院、县残疾人康复中心三合一综合业务用房建设。建成生活垃圾填埋场渗滤液处理系统,生活垃圾无害化填埋达省Ⅱ级填埋标准,日处理垃圾达190余吨;新建城区公厕5座,改扩建公厕13座,新建垃圾收集房2个,提升改造7个垃圾中转站、收集房,安装果壳箱612个。先后购买不锈钢板车100辆、电动三轮车30辆、脚踏三轮车100辆、300个600升垃圾桶、600个脚踏式240升垃圾桶。新建公共停车场2个,新设开放小区停车位3000余个。新建温坊农贸市场投入使用,西城农贸市场、城南农贸市场、兴隆农贸市场、东城临时农贸市场完成提升改造并投入使用,完成滨江壹号、莲乡农贸市场主体工程建设。

【鞋服产业成为石城县首个百亿产业】 2020年,鞋服首位产业成为石城县首个百亿产业,鞋服全产业链产值达100亿元。2016年3月19日,省政府批准石城县工业园为省级产业园,园区重点发展轻纺鞋服、机械制造、绿色食品、矿产品精深加工等产业。同年8月召开的石城县第十四次党代会上提出打造百亿鞋服产业的目标,并将鞋服产业定位为全县工业首位产业。高标准规划建设鞋服产业园,引进新百伦领跑、斯哌纹奇、阿迪达斯、奇酷、开心米奇、海润制衣、双特体育、立娇皮具、熊出没、金石鞋服科技等品牌运动鞋服生产项目。2020年,全县新增规模以上鞋服生产企业8家,总数达到31家。重点鞋服企业纳税同比增长30.5%;用电1847万千瓦时,增长29.2%;鞋服生产企业达390余家,涵盖制鞋、服装、纺织、箱包等产业链各个终端,全县有2万余人从事鞋服加工业,年生产成品鞋3000万双以上,服装2000万件以上。全省唯一的省级鞋类检测中心获批运营,为鞋服企业提供零距离检测服务。

主要领导人 县委书记:鲍峰庭。县人大常委会主任:刘晓波。县长:尹忠。县政协主席:刘群楷。

(曾燕)

宜春市

【概 况】 位于江西省西北部,辖3市、6县、1区以及宜阳新区、宜春经济技术开发区、明月山温泉风景名胜区。总面积1.87万平方千米。总人口500.77万人。其中城镇人口282.16万人。2020年,地区生产总值2789.87亿元,同比增长3.7%。其中,第一产业增加值323.38亿元,增长2.1%;第二产业增加值1137.59亿元,增长4.1%;第三产业增加值1328.90亿元,增长3.6%。三次产业结构调整为11.6∶40.8∶47.6。财政总收入416.32亿元,增长1.8%;其中一般公共预算收入247.65亿元,增长0.6%。财政总收入占地区生产总值14.9%;税收收入347.35亿元,占财政总收入83.4%,下降1.5%。一般公共预算支出652.98亿元,增长5.2%。500万元以上固定资产投资增长8.1%。外贸进出口总额244.1亿元,增长17.2%。实际利用外资9.75亿美元,增长7.5%。全年引进省外2000万元以上项目484个,资金829.49亿元。农业总产值559.4亿元,增长2.6%。粮食总产量374.02万吨,下降0.11%。主要农产品及产量有油料产量23.60万吨、蔬菜产量196.37万吨、肉类产量42.39万吨、水产品产量35.71万吨。社会消费品零售总额909.6亿元,增长2.7%。城镇居民人均可支配收入3.67万元,增长5.5%;农村居民人均可支配收入1.76万元,增长7.5%。年末金融机构各项存款余额4070.61亿元,比年初增加463.67亿元。

【经济发展】 2020年,出台确保经济平稳健康运行40条,实施产业链链长制,探索推行企业特派员、政企圆桌会议等制度,一产一策、一企一议开展精准帮扶,在全省率先实现复工复产“3个100%”。全面开展“产业招商升级战”,新签约2000万元以上项目484个,总投资2403亿元,其中“5020”项目49个,实现百亿工业项目“零”的突破。引进亿元以上项目1464个,累计到资3486亿元。全市新增规模以上工业企业312家、净增210家,均居全省第一。新认定高新技术企业309家、总数达725家,高新技术产业增加值占规模以上工业增加值40.5%,超出全省平均水平2个百分点。实施技改项目215个,“两化”融合贯标企业88家。奉新获评国家消费品工业“三品”战略示范城市,丰城循环经济园区获批国家绿色产业示范基地,宜春经开区和宜阳新区分别获评省级锂电新能源产业示范基地、数字经济创新发展试验基地。开展“项目建设提速年”活动,684个5000万元以上项目完成投资1842.7亿元,占年计划的144.9%。启动全域创建富硒绿色有机农产品大市,富硒农产品基地面积达6.8万公顷,中药材种植面积7.07万公顷。获批国家火炬特色产业基地2家,新增国家级众创空间1家,袁州新龙生物项目获评省科技进步奖一等奖。金融机构贷款余额增长17.3%。全面整合优化市本级国有平台企业,总资产达1756.6亿元。退出烟花爆竹生产企业285家、地方煤矿16处,工矿商贸事故实现“双下降”,全市安全生产态势总体平稳。政府隐性债务年度化解任务全面完成,金融、房地产等重点领域风险总体可控。

【城乡环境建设】 拓展城市空间,教体新区、智慧经济产业特色小镇加快建设,中心城区建成区面积扩大至91平方千米,城镇化率由44.8%提高到59.4%。启动国土空间规划编制,实施城市功能与品质提升项目1018个,完成投资751亿元。改造城市棚户区3.2万套、农村危旧房1865户、老旧小区160个、中心城区背街小巷121条。累计改造城市棚户区17.3万套、农村危旧房2.8万户,棚户区改造工作获国务院表彰。建成美丽宜居乡镇26个、村庄229个、示范线11条。推进宜春至遂川、宜春西绕城高速公路等项目。明月山机场年旅客吞吐量突破70万人次。推进八大标志性战役、30个专项行动,中心城区空气优良天数比例96.7%,市县两级空气质量均达国家二级标准;国考省考断面水质、县级以上饮用水源地水质全部达标,萧江、雷河重点整治提升工程基本完工,河长制、湖长制工作获国务院表彰;完成受污染耕地和污染地块安全利用任务。巩固生态优势,推进国家生态文明试验区建设5项试点任务,成功创建国家生态文明建设示范县4个、国家生态县3个。靖安入选国家"绿水青山就是金山银山"实践创新基地。生活垃圾分类和减量工作试点走在全国前列。

【宜春明月山机场新站坪投入运营】 2月27日凌晨,宜春明月山机场新站坪正式投入使用。宜春明月山机场新站坪扩建项目占地9万平方米,自2017年10月始建,历时2年,于2019年10月通过民航华东地区管理局验收。新站坪扩建项目南北长115米,东西宽295米,总投资1.11亿元,扩建后机场停机位从3个增至11个。

【宜春清陶固态动力锂电池项目(一期)投产】 7月29日,宜春市重大项目建设——宜春清陶固态动力锂电池项目(一期)在宜春经济技术开发区正式投产。中国科学院院士、清华大学材料科学与工程研究院院长南策文,市委书记于秀明、市长许南吉等市领导以及来自上汽、北汽、广汽、合众等车企、投资机构、合作伙伴、供应商共100余人出席投产仪式。该项目由南策文院士团队领衔创办的高新技术企业——清陶能源科技有限公司投资建设,项目总投资55亿元,年产10GWh固态动力锂电池。一期项目工程于2019年8月开始动工,投资5.5亿元,占地6.67公顷,建筑面积3.8万平方米,年产1GWh固态动力锂电池。

主要领导人 市委书记:颜赣辉(6月,因涉嫌严重违纪违法接受省纪委省监委纪律审查和监察调查)、于秀明(6月任)。市人大常委会主任:张鉴武。市长:王水平(任至1月)、许南吉(1月代,5月任)。市政协主席:陈荣。

(林峰　袁宁)

·袁州区·

【简　况】 位于江西省西北部,辖17镇、3乡、8街道办事处。总面积2537平方千米,其中建成区面积88.4平方千米。耕地面积5.50万公顷。森林覆盖率62.23%,城区绿化率51.70%。总人口116.84万人,其中城镇人口48.29万人。2020年,地区生产总值456.81亿元,同比增长4.0%。其中,第一产业增加值41.97亿元,增长2.2%;第二产业增加值153.88亿元,增长5.5%;第三产业增加值260.96亿元,增长3.1%。财政总收入41.49亿元,增长3.7%。其中一般公共预算收入23.62亿元,增长1.0%。地方财政支出85.06亿元,增长6.5%。工业增加值123.3亿元,增长5.4%。规模以上工业增加值增长4.9%。实际利用外资9703万美元。主要工业产品及产量有中成药3.14万吨、水泥117.11万吨、锂离子电池2.3亿只、铸铁件2.12万吨、电子元件10.81亿只。粮食总产量35.3万吨,减少0.1%。主要农产品及产量有谷物33.1万吨、油料2.0万吨、肉类5.88万吨、生苎麻1066吨、水产品3.57万吨。城镇居民人均可支配收入4.09万元,增长5.5%;农村居民人均可支配收入1.73万元,增长7.8%。城乡居民年末储蓄余额516.61亿元,增长18.02%。

7月29日,宜春市举行重大项目建设——宜春清陶固态动力锂电池项目(一期)投产仪式

宜春市史志办供

【医药产业发展】 2020年,袁州区聚焦重点,强化医药主导产业。主攻医药产业链招商,全区引进医药产业项目17个,总投资额48.2亿元。其中,亿元以上项目10个,投资额46.25亿元;10亿元以上项目2个;20亿元以上项目1个。园区医药产业实现营业收入364.5亿元,增长17.3%;缴纳税金13.15亿元,增长21.1%。在2020年上半年全省开发区考评排名前三,袁州医药产业集群列入全省重点产业集群之一,被省工信厅列入江西省新型工业化产业示范基地。2020年,济民可信集团营业收入64.92亿元,缴纳税金8.94亿元,增长69.4%,占全区规模以上医药制造业营业收入的80%以上;新建降糖新药项目投产,宜春区域各药品投产生产线产能达到100%,列江西省"十百千亿"工程,获省科学进步一等奖。

【社会事业】 2020年,袁州区推进民办幼儿园公办改革33所,公办在园幼儿占比达54.1%;新改扩建学校7所,增加学位1.7万个,实现全区超大班额清零;建成并免费向社会开放足球场5块;初步建成"互联网+智慧医疗"云平台监管中心,完成中医馆建设17家;建成基层综合性文化服务中心378个,高标准打造81个村(社区)示范点;新建居家和社区养老服务中心、农村"党建+乐龄中心"65个,改造提升公办养老机构13所;建成公益性墓地244个。

主要领导人 区委书记:鲁旭东(任至9月)、李国兴(10月任)。区人大常委会主任:谢密蜂。区长:胡勇(4月任)。区政协主席:孙智红。

(窦忠平)

·樟树市·

【简 况】 位于江西省中部,辖10镇、4乡、5街道办事处。总面积1290.99平方千米,其中市区面积29.5平方千米。耕地面积5.18万公顷,有林面积2.75万公顷;森林覆盖率32.2%,城区绿化率48.6%。总人口60.46万人,其中城镇人口24.35万人;人口自然增长率6.8‰。2020年,地区生产总值420亿元,同比增长4.1%。其中,第一产业增加值44.52亿元,增长2.5%;第二产业增加值184.38亿元,增长4.3%;第三产业增加值191.1亿元,增长4.0%。三次产业结构比由上年的10:45.7:44.3调整为10.6:43.9:45.5。财政总收入62.89亿元,比上年增长3.7%。一般公共预算收入36.35亿元,增长0.1%。其中地方税收收入25.81亿元,下降6.0%。一般公共预算支出67.96亿元,增长2.1%。规模以上工业总产值577.95亿元,增长6.7%。外贸出口2.70亿美元,实际利用外商投资1.10万美元。主要工业产品及产量有白酒2.20万千升、原盐138.90万吨、中成药7879吨。农业总产值74.37亿元,增长3.0%。粮食总产量51.64万吨。主要农产品及产量有油料5.67万吨、中药材5.68万吨。社会消费品零售总额111.88亿元。城镇居民人均可支配收入3.97万元,增长5.7%;农村居民人均可支配收入1.99万元,增长7.2%。城乡居民年末储蓄存款余额455.39亿元,增长15.6%。

【电影《樟帮》在全国上映】 1月10日,电影《樟帮》在全国上映。樟树药业历经1800余年,是全国中医药文化的发源地之一。电影《樟帮》是一部以樟树为故事发生地、由国家一级导演曾冬青携手青年导演梁立新联手执导的民国时期传奇电影。电影以民国初年同盟会与外国殖民者的斗争为时代大背景,从中国古之药都"樟树"和"讨药"为生的樟帮子弟为切入点,用大气恢宏的时代视角和细腻入微的镜头语言讲述一幕跌宕起伏的民国传奇故事。通过电影镜头向观众展示樟树千年药都的历史积淀和文化传奇,将观众带入百年药帮的传奇世界。影片反映了樟帮悬壶济世、抗击外敌的英勇事迹和民族精神,弘扬樟帮文化,凝聚奋进力量,对于宣传推介樟树中医药文化,加快樟树文化旅游产业发展,彰显中国药都城市品牌,具有推动作用。

【樟树第51届全国药材药品交易会】 10月16日—18日,由中国中药协会主办,樟树市文旅投资集团有限公司、北京创意行通科技股份有限公司、江西仟得文化传播有限公司承办的樟树第51届全国药材药品交易会在樟树市岐黄小镇举行。开幕式上,举行中国中医科学院《道地药材标准汇编》新书发布仪式。此次交易会以"传承精华·守正创新"为主题,全面推行市场化办会模式,既有线下的大型会展、互动交流,也有线上的云上会展、数字药交。交易会期间,安排经济贸易、学术交流、行业交流、文化宣传四大板块,包括专业交易会展、江西中医药强省科技创新在线对接会、2020江西(宜春·樟树)医药产业招商引资推介会、全国名老中医高峰论坛暨义诊、第二届全国中药材产业大会、中国中药材种植产业联盟高峰论坛、创意行通中医药发展论坛、中国药都中医药博物馆展陈、中国药都药膳养生文化节等15项活动。全国各地的8600余家医药厂商参会参展,参展品种2.7万个,开幕式当天成交额约109亿元。

主要领导人 市委书记:董晓明。市人大常委会主任:付亚红。市长:尹志来。市政协主席:谌厚有。

(陈云芽)

·丰城市·

【简 况】 位于江西省中部,辖20镇、7乡、6街道办事处。总面积2845平方千米,其中城区面积54.5平方千米。耕地面积10.26万公顷,有林面积8.4万公顷;森林覆盖率42%,城区绿化率45%。总人口149.31万人,其中城镇人口57.29万人;人口自然增长率6.32‰。2020年,地区生产总值535亿元,同比增长3.3%。其中,第一产业增加值78.6亿元,增长2.3%;第二产业增加值236.3亿元,增长3.5%;第三产业增加值220.3亿元,增长3.4%。财政总收入80.9亿元,增长1%,税收占财政总收入81.3%。地方财政收入48.6亿元,下降2.2%;地方财政支出106.2亿元,增长1.1%。工业总产值793.5亿元,增长7.6%。规模以上工业增加值增长4.6%。外贸出口2.66亿美元,500万元及以上固定资产投资增长7.6%。主要工业产品产量有原煤101.75万吨、焦炭97.8万吨、水泥217.6万吨、火力发电量149.03亿千瓦时。农业总产值123.68亿元,增长2.81%。粮食总产量100.71万吨。主要农产品产量有水稻95.55万吨、油料4.65万吨、生猪出栏45.9万头、禽蛋3.39万吨。社会消费品零售总额138.4亿元,增长2.3%。城镇居民人均可支配收入3.90万元,增长5.8%;农村居民人均纯收入2.01万元,增长8.5%。城乡居民年末储蓄余额224.4亿元,增长28.6%。

【推进乡村振兴】 支持农村基础设施建设。统筹整合资金17.85亿元,推进3.97万公顷高标准农田建设;探索建立"党建+宅基地管理+村级治理+特色农业"的秀美乡村建设"丰城模式";投资9.2亿元,确保全市955个秀美乡村建设点如期完工。落实强农惠农政策。通过"一卡通"发放耕地地力补贴1.68亿元、适度规模经营补贴121万元、"雨露计划"204.7万元、建档立卡贫困户临时价格补贴381.33万元等。改善农村人居环境。推行农村生活垃圾第三方治理,建成每日处理规模1200吨垃圾焚烧发电项目,市财政每年安排1000万元用于垃圾处理站运行和城乡生活垃圾清运。强化扶贫资金管理。安排使用下拨财政专项扶贫资金6019万元,其中用于产业扶贫项目3584.03万元、贫困村基础设施建设项目1480.8万元。

【丰城地方煤矿全部关闭】 2020

年,全市最后10家地方煤矿全部关闭停产。丰城市出台《地方煤矿关闭退出奖励办法》,对上半年和下半年关闭煤矿分别奖励200万元、150万元,对其转型发展给予政策支持,共引导7家地方煤矿提前关闭退出,累计补贴2000余万元。全市煤矿产业实现从“地下”到“地上”,从“黑色”到“绿色”,从废弃“矿区”到森林“景区”的转型。

主要领导人 市委书记:胡江萍(任至4月)、李晓楚(4月任)。市人大常委会主任:邹小平(任至8月)、余文广(8月任)。市长:徐结强。市政协主席:熊建清。

(熊国安 程亮)

·靖安县·

【简 况】 位于江西省西北部,辖5镇、6乡,总面积1377.49平方千米,其中城区面积8.3平方千米。耕地面积1.19万公顷,林地面积11.65万公顷;森林覆盖率84.1%,城区绿地率41.17%。总人口15.18万人,其中非农业人口6.04万人;人口自然增长率4.92‰。2020年,地区生产总值67.04亿元,同比增长4.0%。其中,第一产业增加值8.3亿元,增长2.8%;第二产业增加值24.68亿元,增长4.1%;第三产业增加值34.06亿元,增长4.3%。财政总收入10.86亿元,增长4.3%;其中税收收入8.65亿元,占财政总收入的79.7%。一般公共财政预算收入6.68亿元,增长3.9%;一般公共财政预算支出23.1亿元,增长1.5%。规模以上工业总产值69亿元,增长7.7%。固定资产投资47.6亿元,增长8.7%。实际利用省外资金47.6亿元,增长8.9%;利用外资0.34亿美元,增长6.37%。外贸出口1.7亿美元,增长34%。主要工业产品及产量有涂料5530吨、铜材2.26万吨、电光源2.75亿只、锂离子电池428万只。农业总产值15.9亿元,增长3.26%。粮食总产量8.6万吨。主要农产品及产量有水稻7.6万吨、棉花0.05万吨、柑橘4.33万吨、茶叶385吨、油菜籽0.77万吨。社会消费品零售总额21.14亿元,增长2.2%。城镇居民人均可支配收入3.41万元,增加1775元;农民人均纯收入1.68万元,增加1163元。城乡居民年末储蓄余额73.11亿元,增长21.6%。

【推进城市功能品质提升】 靖安县持续推进城市功能品质提升,建设美丽县城大景区。12月,完成西门外古街A区修复工程,修缮、改造房屋建筑总面积2.5万平方米,最大程度保留、恢复古街原有格局和风貌;新建古街配套工程——清和广场,占地9800平方米,地上公园供市民休闲娱乐,并建有古名楼——望烟楼、白香亭、幽谷亭等设施,地下为停车场。全年,新建城市道路12条、黑化8条,广场游园7个,新增公共停车场13个、停车位2000余个;改造老旧小区9个,共130栋2044户23.66万平方米,背街小巷35条。启动寨下山遗址湿地公园建设,总投资2.5亿元,占地35.37万平方米。启动石马大桥建设,总投资1.6亿元,横跨北潦河,桥梁全长166米,宽26.5米,工程线全长1215米。

【创建国家全域旅游示范区】 12月2日,靖安县被文化和旅游部公布为第二批“国家全域旅游示范区”。2019年10月,靖安县入选“国家全域旅游示范区”创建单位,启动各项旅游项目建设工作。全县有国家4A级景区3个,山岳峡谷型、人文型景点景区20多个,旅游项目30多个,国家级景点93处;有全国工业旅游示范点、森林旅游示范点各1个,省级特色小镇3个,省级旅游度假区、省级生态旅游示范区各1个。188千米主干道旁打造“房屋立面风景线、民宅庭院风景线、路域环境风景线”,是江西省第一批美丽宜居示范县。有2个四星级酒店,4个文化主题酒店,30多家精品民宿,685家山庄度假村,2万多张旅游床位,还有1个五星级标准酒店在建。江西省十大区域公用品牌——靖安白茶等80多种特色农产品,有江西省十佳旅游商品——竹雕等20多种旅游工艺品,有8家江西省餐饮名店。建成1个一级旅游集散中心、3个二级游客中心、4个房车营地和16个公路驿站,旅游公厕62个。建设了3条旅游廊道,从县城旅游集散中心至核心景区“三道并行”的七彩景观通道、山地自行车骑行绿道、水上游览道,也是“四好农村路”省级示范县。

主要领导人 县委书记:郑绍。县人大常委会主任:陈基先。县长:严旭辉(任至10月)、黄为民(12月代)。县政协主席:贾秋林。

(蔡会如 黄烈花 赖丰芳)

·奉新县·

【简 况】 位于江西省西北部,辖10镇、3乡、3场、2管委会。总面积1642.81平方千米。耕地面积3.94万公顷,有林面积10.80万公顷。总人口33.64万人。2020年,地区生产总值192亿元,同比增长4.0%。其中,第一产业增加值22.67亿元,第二产业增加值85.84亿元,第三产业增加值83.47亿元。财政总收入27.2亿元,增长3.7%。外贸进出口总额3.4亿美元,增长65%。固定资产投资131.2亿元,增长7.2%。规模以上工业增加值90.9亿元,增长4.0%。实际利用外资1.14亿美元,增长16.0%;实际引进内资89亿元,增长8.7%。主要工业产品及产量有大米加工2740吨、棉纺27.7万吨、塑料制品6678吨。农业总产值37.23亿元,增长7.83%。粮食总产量27.60万吨。主要农产品及产量有生猪出栏16.35万头、水产品总产量1.85万吨、猕猴桃4.5万吨。社会消费品零售总额56.8亿元,增长3.2%。城镇居民人均可支配收入3.70万元,增长5.8%;农村居民人均可支配收入1.96万元,增长7.7%。城乡居民年末储蓄余额190.73亿元,增长14%。

【城市建设】 实施城市功能与品质三年提升行动,推动城市功能品质双提升。环城南路建成通车,奉新大道焕然一新,天工公园建成开园。推进棚户区(城中村)改造,签约1767户,拆除面积30万平方米。加快污水管网、垃圾环卫等设施建设,完善停车场等便民设施,城区新设临时停车场6个,新增停车位500余个。高标准推进12个老旧小区提升改造,实施垃圾分类试点,加大城乡环境整治。入选2020年全国120个县城新型城镇化建设示范名单。

【支月英获评全国脱贫攻坚奖贡献奖】 10月17日,全国脱贫攻坚奖表彰大会暨脱贫攻坚先进事迹报告会在北京举行,奉新县乡村教师支月英获评全国脱贫攻坚奖贡献奖。支月英40年如一日,坚守乡村教育岗位,资助20多名贫困家庭学生完成学业,教育培养1000余名贫困山区孩子,为贫困山区孩子带去希望。

【丁洪阳获评全国劳动模范】 11月24日,全国劳动模范和先进工作者表彰大会在北京人民大会堂举行。奉新县丁洪阳获评2020年全国劳动模范。他以“合作社+农户”模式,组建祥和苗木专业合作社。该社有苗木基地92公顷,入社农民115户,每户农民年均创收3万余元。

主要领导人 县委书记:甘贤武。县人大常委会主任:邹俊明。县长:李国兴(任至10月)。县政协主席:胡健。

(熊正秋 邹文生 何鸿如)

·高安市·

【简 况】 位于江西省西北部,辖19镇、2乡、2街道办事处、1垦殖场。总面积2439.33平方千米,其中城区建成面积36.2平方千米。耕地面积10.11万公顷,林地面积91290.8公顷;森林覆盖率35.9%,城区绿地率36.9%。总人口87.20万人,其中城镇人口34.99万人;人口自然增长率5.31‰。2020年,地区生产总值468.45亿元,同比增长4.3%。其中,第一产业增加值46.47亿元,第二产业增加值164.85亿元,第三产业增加值257.13亿元。财政总收入51.41亿元,增长2.5%;公共财政预算收入31.61亿元,增长3.9%。财政总收入占地区生产总值10.98%。规模以上工业总产值500亿元,增长3.72%;规模以上工业增加值增长5.6%。500万元以上项目固定资产投资增长9%。实际利用省外资金89.28亿元,利用外资1.02亿美元,外贸出口2.17亿美元。主要工业产品及产量有瓷砖8.86亿平方米、锂离子电池3930万只、齿轮3.52万吨、商品混凝土210.71万立方米、水泥436万吨。农业总产值83.76亿元,增长11.14%。粮食总产量68.5万吨,下降0.1%。主要农产品及产量有生猪出栏52.19万头、肉牛出栏5.45万头、稻谷66.20万吨、棉花0.45万吨、油料6.89万吨。社会消费品零售总额124.84亿元,增长4%。城镇居民人均可支配收入3.74万元,增长4.8%;农村居民人均可支配收入1.93万元,增长7.5%。

【推进城市工程建设】 2020年,高安市实施新型城镇化项目138个,完成投资70.33亿元,总建安量300万平方米。推进75万平方米棚户区改造,拆除城中村10个,新建安置点19个、完工8个。加快建设4个农贸批发市场、5个城市公园、6座桥梁。新增绿地面积67.13公顷、绿化率提升8个百分点。新建城市污水管网43.95千米、完善路灯1050盏,新增城区停车位4384个、公厕18个。至年底,高安城区四梁八柱基本形成,行政、市民、党教、医疗、养老、会展、体育、艺术、商业、科创十大中心同步推进,44条道路贯通,锦河抬水坝投入使用。10月31日,中央电视台综合频道“晚间新闻”将高安城镇建设与雄安新区建设放在一起专题报道。

【推进扫黑除恶专项斗争】 2020年,全市政法部门压紧压实扫黑除恶政治责任,健全大要案会商、“侦诉审”衔接常态化机制,依法、精准、高效打击黑恶势力犯罪。重点聚焦工业园、建陶基地、有拆迁任务的城市规划区、重大项目所在地周边村庄等区域,以及建陶、二手车交易、矿产资源等行业,开展行业问题整治行动。部署开展“两镇三村一产业”“三镇两办一产业”“四镇两乡一园区”“五镇一行业”“五镇一领域”五轮整治,提升行业综合治理能力。加强涉黑涉恶违法犯罪防范打击制度建设,建立常态化打击、警情研判、线索排查、会商研判、遏制涉黑涉恶腐败和“保护伞”滋生蔓延等长效机制,从源头上防范黑恶势力滋生蔓延。聚焦涉黑涉恶问题突出的重点地区、重点案件、重点领域,深挖彻查,对群众反映强烈、深恶痛绝的18类黑恶势力犯罪严厉打击,先后打掉熊某敏、黄某盼、金某龙、熊某华4个黑社会性质组织,摧毁恶势力犯罪集团4个、恶势力犯罪团伙19个,抓获成员1445人,破案979起。查处涉黑涉恶腐败、充当“保护伞”等问题86个,查处科级干部15人,给予党纪政务处分86人。全年审结涉黑恶案件44件,判处罪犯226人,其中涉黑案件17件129人、涉恶案件27件97人。

主要领导人 市委书记:袁和庚。市人大常委会主任:黄雪刚(任至5月)、付仁保(5月任)。市长:康健。市政协主席:丁杏花。

(高安市史志办公室)

·上高县·

【简 况】 位于江西省西北部,辖9镇、5乡、1场、1街道办事处。总面积1350平方千米,其中城区面积23.74平方千米。耕地面积3533.48公顷,有林面积5.94万公顷;森林覆盖率46.9%,城市建成区绿化率37.45%。总人口38.24万人,其中城镇人口16.24万人;人口自然增长率4‰。2020年,地区生产总值225.2亿元,同比增长2.8%。其中,第一产业增加值27.2亿元,增长1.6%;第二产业增加值101.9亿元,增长2.9%;第三产业增加值96.1亿元,增长3.0%。财政总收入33.6亿元,增长2.1%,税收占财政总收入86.2%。一般公共预算收入18.8亿元,增长6.3%;一般公共预算支出41.0亿元,增长5.9%。工业总产值304.6亿元,增长6.5%。固定资产投资增长8.1%。实际利用外商投资1.14亿美元,省外资金89.76亿元。主要工业产品及产量有饲料16.4万吨、饮料6.3万吨、纱7.6万吨、鞋427万双、水泥263.5万吨。农业总产值56.6亿元,增长2.0%。粮食总产量26.25万吨。主要农产品及产量有油料1.7吨、生猪出栏50.1万头、牛存栏3.8万头。城镇居民人均可支配收入3.66万元,增长5.2%;农村居民人均可支配收入2.04万元,增长6.5%。城乡居民年末储蓄余额195.2亿元,增长13.5%。

【上高县入选第一批深化小型水库管理体制改革样板县(市、区)】 11月19日,上高县被水利部公布为第一批深化小型水库管理体制改革样板县(市、区)。上高县有小型水库260座(小⑴型水库34座、小⑵型水库226座),其中国有水库2座、乡镇管理水库258座。2005年,按照水利部和省水利厅《关于水利工程管理体制改革实施意见》的要求,上高县合作化、鸡公尾2座国有小⑴型水库全面完成水管体制改革任务,由自收自支事业单位转为全额拨款事业单位。配置事业编18名,其中合作化水库6名、江南水库12名。全县15个乡镇(街道)均设置乡镇水务站,管理全县各类水利工程,每个水务站均配备人员3~4人。2017年,根据"谁投资、谁所有、谁受益、谁负担"原则,按照工程类别、属性、规模、功能、建设资金来源、受益情况和方便管理等要求,对全县258座小型水库工程办理小型水利工程设施权属证书(小型水库工程类),其中和平、南窝、三八等33座水库产权归属所在地乡镇政府,其余225座水库产权归属所在地村委会,明确所占土地均为集体土地,确定各乡镇水务站为小型水库管护主体。从2012年开始,上高县260座小型水库工程按照小⑴型水库每座聘用2名水库安全管理员、小⑵型水库每座聘用1名水库安全管理员的原则,全县聘用290名小型水库安全管理员,均签订聘用合同书。通过安全管理员的日常巡查,小型水库工程险情能即时上报,降低险情发生概率,安全得到有效保障。上高县水利局每年根据小型水库运行状况,制定年度维修养护实施方案。维修养护经费主要来源于中央、省级补助资金以及县、乡镇配套资金,维修养护经费主要用于小型水库安全管理员补助以及水库维修养护。2019年,全县小型水库维修养护及标准化建设共落实经费约937万元,其中中央补助资金339万元,省级财政资金256.85万元,县级小型水库管护经费9.56万元,县级维养待分配资金123.5万元,乡镇财政预算经费208万元;平均每座水库管护经费约3.6万元。小型水库工程维修养护及标准化建设资金分两类使用,其中小型水库安全管理员补助资金145万元,其余资金792万元用于小型水库管理体制改革试点县创建和全县218座小(2)及以上规模小型水库开展标准化管理达标创建。

【上高县被教育部确认为基础教育国家级优秀教学成果推广应用示范区】 12月,上高县被教育部确认为60个基础教育国家级优秀教学成果推广应用示范区之一。上高县以城镇小区配套幼儿园专项治理为抓手,通过国资新建一批、国资改造(回收)一批、民资幼儿园移交一批的举措,增加公办幼儿园学位数量,补齐学前教育短板。全县新增公办幼儿园21所,新增公办园学位4038个,缓解学前教育"入园难、入园贵"难题。完善中小学新增教师招聘制度和教师交流机制,加大体育艺术学科教师招聘力度,2018—2020年招聘教师492人,其中体育、艺术(美术、音乐)、信息技术、心理健康等专业教师119人。严格执行校长教师交流轮岗制度,确保每年交流轮岗教师比例高于符合交流条件教师总数的10%,骨干教师占交流轮岗教师总数的20%以上。投入1400余万元购置各类饮水机、激光投影仪、电脑等教学设备500多套,完善各乡镇学校教学设施配置。

主要领导人 县委书记:龚法生(任至4月)、胡海洋(10月任)。县人大常委会主任:况国高(任至5月)、胡宝成(5月任)。县长:胡海洋。县政协主席:晏晓勤。

(晏紫春)

·宜丰县·

【简 况】 位于江西省西北部,辖8镇、4乡、2林场、2垦殖场。总面积1935平方千米,其中城区面积8.5平方千米。耕地面积2.85万公顷,林地面积13.97万公顷;森林覆盖率71.9%,城区绿化率37.65%。总人口29.66万人,其中城镇人口12.16万人;人口自然增长率4.89‰。2020年,地区生产总值154.55亿元,增长4%。其中,第一产业增加值24.12亿元,增长2.7%;第二产业增加值69.01亿元,增长4.9%;第三产业增加值61.42亿元,增长3%。财政总收入20.01亿元,下降3.9%,税收占财政总收入85.7%。其中一般公共预算收入11.67亿元,下降3.9%。财政总支出33.16亿元,增长7%。规模以上工业增加值增长5.8%。500万元以上固定资产投资增长8.8%。实际利用外商投资8299万美元,省外投资49.99亿元。主要工业产品及产量有竹地板106.66万平方米、人造板126.97万立方米、瓷质砖6184.64万平方米、铅酸蓄电池614.12万千伏安时。农业总产值48.4亿元,增长3.25%。粮食总产量24.49万吨。主要农产品及产量有水产品2.09万吨、肉类2.58万吨、生猪出栏21.21万头、禽蛋产量8732吨。城镇居民人均可支配收入3.62万元,增长5.7%;农村居民人均可支配收入1.80万元,增长7.5%。城乡居民年末储蓄余额152.76亿元,比上年末增长14.3%。

【重大项目集中签约开(竣)工仪式举行】 3月9日,2020年重大项目第一季度集中签约开(竣)工仪式在县工业园区举行。该次集中签约和开(竣)工重大项目33个,总投资50.88亿元。其中,签约项目18个,总投资27.89亿元;开工项目15个(含5个签约即开工项目),总投资26.57亿元;竣工项目5个,总投资4.22亿元。项目涵盖一、二、三产和基础设施。其中,工业项目18个,总投资28.2亿元;农业项目3个,总投资6.27亿元;旅游服务业项目4个,总投资7.53亿元;基础设施项目8个,总投资8.89亿元。

【宜丰进境家禽监管场地建成】 11月,宜丰进境种鸡隔离检疫场通过南昌海关专家验收组验收,标志着全省首个进境家禽海关指定监管场地建成。为帮助企业尽快建好进境种鸡隔离检疫场,宜春海关收集有关进境动物隔离检疫场建设相关规范性文件,针对隔离检疫场布局、硬件设施建设及与周边环境距离等问题,争取南昌海关职能处室支持和指导,邀请省内畜牧行业专家开展研讨2次,为企业提供专业技术支持。隔离检疫场占地面积1.47万平方米,能满足6万只进境种鸡隔离检疫的场所需要。宜丰种鸡隔离检疫场的建立,缓解南方优良种鸡资源不足,保障全国蛋鸡生产及肉蛋等"菜篮子"产品供应,同时降低全市家禽养殖成本、提高产品市场竞争力,对全市规模化、集约化养殖业的发展起到推动作用。

主要领导人 县委书记:张俊(任至8月)。县人大常委会主任:刘毅力。县长:解鸳。县政协主席:舒彬。

(纪睿)

·铜鼓县·

【简 况】 位于江西省西北部,辖6镇、3乡和4个国有林场。总面积1551.94平方千米,其中城区面积6.02平方千米。耕地面积8868.39公顷,林地面积13.83万公顷;森林覆盖率88.04%。总人口13.86万人,其中非农业人口3.72万人;人口自然增长率8.83‰。2020年,地区生产总值56.9亿元,同比增长2.2%。其中,第一产业增加值7.98亿元,增长2.6%;第二产业增加值19.42亿元,增长2.6%;第三产业增加值29.5亿元,增长1.8%。财政总收入7.9亿元,增长4.7%;税收占财政总收入79.2%。地方财政收入4.7亿元;地方财政支出20.6亿元,增长4.4%。工业总产值33.89亿元,增长3.8%。规模以上工业增加值增长3.6%。外贸出口占地区生产总值8.2%。500万元以上固定资产投资增长7%。实际利用外资3148万美元,省外投资19.78亿元。主要工业产品有医药、化工、竹木建材、计算机外围设备。农业总产值14.19亿元,增长3.25%。粮食总产量4.63万吨。主要农产品产量有茶叶3130吨、薯类7500吨、豆类1214吨、瓜果3326吨。城镇居民人均可支配收入2.93万元,增长4.9%;农村居民人均纯收入1.20万元,增长7.9%。城乡居民年末储蓄余额46.62亿元,比年初增加8.45亿元。

【铜鼓县扶贫办获评全国"十三五"易地搬迁担当有为集体】 2020年,铜鼓县被国家发展和改革委员会评为全国"十三五"易地搬迁担当有为集体。铜鼓县在全国"十三五"时期,通过统规统建、统规联建和统规自建方式实施村中心安置、集镇安置、进城进园梯度安置方式,建设集中安置区61个,分散安置点4个,共完成易地扶贫搬迁2061户7388人,其中搬迁贫困户1537户5320人,搬迁人数居全省第七(居非贫困县第一),占全县贫困户的50.7%。同时,强化后续帮扶,使搬迁户"搬得出、稳得住、有就业,逐步能致富"。

【铜鼓县获评"中国黄精之乡"】 12月18日,"中国黄精之乡"授牌仪式在铜鼓县举行。会上,宣读《中国林学会关于认定铜鼓县为"中国黄精之乡"的复函》,曾祥谓代表中国林学会向铜鼓县政府授牌。铜鼓县有黄精种植面积2400公顷,占全省黄精一半以上,位居国内前列。全县有黄精合作社25家、企业8家、员工2500人,帮助850户贫困户实现就业脱贫。黄精因味甘性平的特点,作为优质杂粮已开发出黄精果脯、黄精茶、黄精酒、九蒸九晒黄精等10多个种类的初加工产品,受到市场欢迎。铜鼓县年采收黄精90吨左右,22%加工为成品药材、50%加工成食品,年产值超过1000万元。

主要领导人 县委书记:江伟斌。县人大常委会主任:李鸣。县长:黄为民。县政协主席:赖国梁(11月23日,因涉嫌严重违纪违法,接受宜春市纪委市监委纪律审查和监察调查)。

(铜鼓县史志工作办公室)

·万载县·

【简 况】 位于江西省西北部,辖9镇、7乡、1街道办事处。总面积1719.63平方千米,其中城区面积16.1平方千米。耕地面积3.29万公顷,有林面积11.36万公顷;森林覆盖率67.27%,城区绿化率30.7%。总人口57.90万人,人口自然增长率7.09‰。2020年,地区生产总值209亿元,同比增长3.3%。其中,第一产业增加值20.27亿元,第二产业增加值96.35亿元,第三产业增加值92.38亿元。三次产业结构由"十二五"期末的12.9∶56.9∶30.2调整为9.7∶46.1∶44.2。财政总收入28.63亿元,增长1.8%。规模以上工业增加值增长3.8%,固定资产投资增长7.2%。社会消费品零售总额65.47亿元,增长2.5%。城镇居民人均可支配收入3.27万元,增长6.3%;农村居民人均可支配收入1.43万元,增长7%。

【万载与浏阳签订政务服务"跨省通办"合作协议】 12月7日,在宜春市行政审批局指导下,万载县与湖南省浏阳市签订政务服务"跨省通办"合作协议,成为宜春市率先启动政务服务"跨省通办"的县(区)。根据协议,双方按照"高频优先、应上尽上""线上优先、线下补充""实现一批、公布一批"原则梳理"跨省通办"的事项目录清单;通过线下开设专窗、线上开设专栏、"一窗式"受理系统、业务办理系统和移动端服务互通等方式,逐步实现两地政务服务"业务通、系统通、数据通、证照通、用户通";推动企业和百姓异地"跨省通办、一次办成",解决群众异地办事面临的"多地跑""折返跑"难点问题。签订"跨省通办"合作协议,是万载县进一步深化"放管服"改革、优化营商环境,提升政务服务便捷度和群众获得感的重要举措。

【万亩富硒现代农业产业园区项目启动】 6月10日,万载亚太农业产业投资有限公司开发的万亩富硒现代农业产业园区在白良镇白良村举行启动仪式。万亩富硒现代农业产业园区是一个田园综合体及有机、富硒产业项目,投资总额20亿元,属于全国推进富硒产业高质量跨越式发展所引进的重点项目之一,以富硒农业为主导,打造集富硒农业种植加工、观光体验、餐饮娱乐、生态度假为一体的花园式主题农业生态园。

主要领导人 县委书记:胡全顺(7月31日,因涉嫌严重违纪违法,接受省纪委省监委纪律审查和监察调查);严旭辉(10月任)。县人大常委会主任:张清华(2021年4月,因涉嫌严重违纪违法,接受宜春市纪委市监委纪律审查和监察调查)。县长:曾文军。

县政协主席:龙雷君。

(徐小明)

上饶市

【概　况】 位于江西省东北部,辖1市、8县、3区。总面积2.3万平方千米。耕地面积45.9万公顷,林地面积138.19万公顷;森林覆盖率62.44%。总人口649.11万人。2020年,地区生产总值2624.3亿元,同比增长4.1%。其中,第一产业增加值296.2亿元,增长2.1%;第二产业增加值1002亿元,增长4.3%;第三产业增加值1326.1亿元,增长4.4%。财政总收入377.3亿元,增长1%。一般公共预算支出750亿元,增长2.5%。规模以上工业增加值增长5%。固定资产投资增长9.3%。实际利用外资14.6亿美元。外贸出口33.5亿美元。主要工业产品及产量有水泥1785万吨、太阳能电池857万千瓦、汽车3.1万辆。农林牧渔业总产值479.6亿元,增长2.5%。粮食总产量324.5万吨。主要农产品及产量有生猪出栏206.6万头、水产品51.8万吨。社会消费品零售总额1229.4亿元,增长3.5%。城镇居民人均可支配收入3.96万元,增长5.9%;农村居民人均可支配收入1.59万元,增长8.3%。金融机构存款余额4464.7亿元,增长14.2%。

【脱贫攻坚】 上饶市坚持把脱贫攻坚作为第一民生工程来抓,攻坚克难,落实帮扶措施,精准开展脱贫攻坚工作。4月26日,省政府批复同意鄱阳县脱贫"摘帽",至此,全市4个国家扶贫开发工作重点县全部退出贫困县序列。至11月底,全市剩余的2.3万贫困人口全面达到脱贫标准。至此,全市55.74万建档立卡贫困人口全部脱贫退出,贫困发生率从建档立卡初期的9.07%降至0。

【启动实施美丽集镇建设】 5月,印发《上饶市高质量推进美丽集镇建设的指导意见》,启动实施美丽集镇建设,用3年时间把全市184个乡镇政府所在地集镇(不含县城城关镇、街道)全部改造提升为美丽集镇。2020年,先行抓好32个集镇试点,共谋划497个项目,投资总额46.4亿元,受益群众36.28万人。德兴市花桥镇、广丰区洋口镇投入超过1亿元,集镇面貌焕然一新。11月20日,省委书记刘奇考察花桥美丽集镇试点,给予肯定,称"上饶开展的美丽集镇建设,是我多年来一直想干的事"。

【打击电信网络诈骗】 5月14日,上饶市召开打击治理电信网络新型违法犯罪工作局际联席会议,推进打击治理工作。10月10日起,在全市范围内部署开展以打击、治理、惩戒开办贩卖"两卡"(电话卡、银行卡)违法犯罪团伙为主要内容的"断卡"行动,全市公安机关侦办线索1177条,破案754起,打掉团伙52个,刑拘341人,取保103人,监视居住3人,惩戒680人,查扣电话卡5.77万张、银行卡574张、电子设备210台、资金315.65万元、车辆9辆。12月17日,市公安局联合滴滴公司召开"共筑反诈上饶"主题宣传活动新闻发布会,启动主题宣传活动。全年全市公安机关破获电信网络诈骗案件2384起,抓获犯罪嫌疑人1027人,分别同比上升72.13%和77.07%;冻结涉案账户金额7637.06万元,同比上升153.97%。

【开展"开拓市场万里行"活动】 在全市范围内开展"开拓市场万里行"活动,帮助企业跑市场,实现市场主体稳定、产业链供应链稳定。全年开展开拓市场活动410次,累计行程超230万千米,促进企业签订销售订单总额950亿元,实现工业经济稳定增长。规模以上工业增加值同比增长5%,增幅全省第一;规模以上工业企业营业收入3632亿元,同比增长13.9%,增幅全省第一;新增入统工业企业374户,位列全省第一;完成工业税收同比增长12.3%,增幅全省第一。

【开展商务领域促消费系列活动】 5—11月,上饶市围绕商圈营销、特色美食、汽车消费、文体运动、扶贫助农等主题,共组织策划479场商务领域促消费系列活动,安排发放157万张消费券,总额1.13亿元。其中,"五一消费黄金季"系列活动共开展136场活动,带动全市5000余商家,实现销售额43亿元(包含批、零、住、餐);"十一劲爆黄金周"系列活动,策划"上旅杯"第四届饶帮菜美食汇、市中心城区夜间经济示范街区开街、明叔公园开园以及会展促销、文体旅游等214场子活动,"十一"期间,全市实现社会消费品零售总额70.4亿元。

主要领导人 市委书记:马承祖。市人大常委会主任:汪东进(任至6月)、朱寅健(6月任)。市长:陈云(1月代,6月任)。市政协主席:程建平(任至6月)、杨文英(6月任)。

(陈俐)

·信州区·

【简　况】 位于江西省东北部,辖4镇、5街道办事处。总面积339平方千米。总人口44.85万人,其中城镇人口32.23万人。2020年,地区生产总值342.3亿元,同比增长4.0%。其中,第一产业增加值8.8亿元,增长1.8%;第二产业增加值78.2亿元,增长3.1%;第三产业增加值255.3亿元,增长4.3%。财政总收入30.2亿元,增长5.9%。税收占财政总收入84.7%。一般公共预算收入18.1亿元,增长3.1%。一般公共预算支出39.2亿元,增长17.6%。外贸出口3.18亿美元,增长167.2%。固定资产投资增长9.5%。实际利用外商投资1.09亿美元,增长4.7%。工业总产值56.8亿元,增长40.3%。农业总产值14.45亿元,增长2.4%。粮食总产量5.2万吨。主要农产品及产量有谷物3.6万吨、肉类3125吨、蔬菜10.1万吨、油料3062吨、水果1567吨。城镇居民人均可支配收入4.26万元,增长5.3%;农村居民人均可支配收入2.01万元,增长7.3%。

【重点改革】 全面启动区、镇(街)财税体制改革,沙溪经济发达镇行政管理体制改革通过全省第一轮改革工作评估。深化农村集体产权制度改革,全区66个股份经济合作组织挂牌。上饶市立医院和上饶市中医院列入疾病诊断分组(DRG)改革试点。深化殡葬改革,实现火化率和入公墓率两个100%。推进"放管服"改革,推广"一次不跑"网上办和"只跑一次"马上办,深入实施政务服务"一网一门一次"改革,梳理公布"一次不跑"事项320项,"只跑一次"事项620项。"好差评"系统实现事项、对象、渠道全覆盖,非常满意率100%。完成"赣服通"3.0版建设,事项办理增加到120余项。推进商事主体登记步入"全流程、无纸化、零见面"的电子化登记新模式,新登记企业3623户、个体户5895户;企业全程网上登记2109户,增长33.4%。

【民生保障】 全年民生支出33.84亿元,占财政支出86.4%。推进全民参保工作,企业职工养老保险参保人数、机关事业单位养老保险参保人数、城乡居民基本养老保险参保率稳定增长。扩大就业,开展就业技能培训、创业培训、以工代训、岗前培训,发放创业担保贷款1亿余元。投入6000余万元,落实义务教育教师工资待遇并建立收入稳定增长机制。开展城镇脱贫解困工作,投入2423万元,保障2704户3994人城市低保对象的基本生活;城乡低保月人均保障标准分别提高到每人每月705元、470元。投入1000万元,扶持社区养老工作,新增居家和社区养老服务站点20家。

【城乡建设】 持续巩固、推进"双创"工作,实施创文项目100余个、改造老旧小区62个、改造里弄小巷25条,新建城市公厕6个。全面整治占道经营、乱停乱放、乱堆乱倒等顽疾,开展"最干净街道评比""洗城"和文明交通劝导行动。推进垃圾分类试点工作,完成284个市、区两级公共机关单位、学校、医院垃圾分类工作,投放垃圾分类设备200余台。控违持续发力,拆除各类违建面积16.9万平方米,责令停建或整改7039户,成功创建国家卫生城市。启动美丽集镇建设,推进农村厕所革命、生活垃圾处理、污水治理和村容村貌提升,新建农村公厕70座,完成改厕3518座,全区农村卫生厕所普及率94%,农村生活垃圾无害化处理率100%,通过农村人居环境整治三年行动第二批省级验收。实施五河治理沙溪镇防洪工程,建设治理堤防8.1千米。打造最美高铁线,迁移坟墓228座,覆绿裸露地块1.35万平方米,改造提升房屋506栋。

主要领导人 区委书记:潘表光。区人大常委会主任:徐志勇。区长:叶文华。区政协主席:程茹。

(俞敏华)

·广丰区·

【简　况】 位于江西省东北部,辖15镇、3乡、5街道办事处。总面积1377.79平方米,其中城区面积32平方千米。林地面积8.54万公顷,森林覆盖率62.05%。总人口98.42万人,人口自然增长率7.17‰。2020年,地区生产总值451.89亿元,同比增长4.0%。其中,第一产业总产值26.69亿元,增长2.3%;第二产业总产值227.56亿元,增长2.7%;第三产业总产值197.64亿元,增长6.0%。财政总收入55.87亿元,增长0.7%。税收收入44.76亿元,占财政总收入80.11%。一般公共预算收入29.96亿元。规模以上工业增加值增长4.8%。固定资产投资增长9.8%。实际利用外商投资1.46亿美元。农业总产值43.15亿元,增长2.76%。粮食总产量18.2万顿。主要农产品及产量有马家柚6万吨、蔬菜33.79万吨、生猪出栏17.1万头、牛出栏1.27万头、羊出栏6.97万头。社会消费品零售总额127.03亿元,增长4.1%。城镇居民人均可支配收入4.24万元,增长6.5%;农村居民人均可支配收入1.94万元,增长7.0%。金融机构年末存款余额360.53亿元,增长19.4%。

【2020年江西省"振兴杯"雕刻行业职业技能竞赛举行】 10月27日—30日,2020年江西省"振兴杯"雕刻行业职业技能竞赛在广丰举行。此次竞赛由上饶市人社局、市委人才办和广丰区委、区政府主办,广丰区人社局、江西月兔企业集团有限公司承办,江西省根石艺美术学会协办。竞赛内容由理论考试和技能考核两部分组成,分选拔赛和决赛两个环节举行。全省82名木雕高手同场比拼雕刻技艺,经过4天角逐,共有34名选手获奖。

【广丰天虹购物中心开业】 10月31日,广丰天虹购物中心开业。广丰天虹购物中心是上饶市广丰区最大的商业综合体,项目总投资10亿元,商业总面积8万平方米,地下商业专用车位800余个,外场停放非机动车面积700平方米。项目定位为"畅享欢乐时光的时尚生活中心",进驻近300个品牌,以"时尚零售、吃喝玩乐、儿童成长、便利生活"四个维度,打造一站式欢乐生活中心。客户群主要是家庭型品质顾客,尤其是周末进城休闲的家庭消费型人群。在购物中心内设有主题街区、欢乐时光项目、智能零售科技等多种特色项目。

主要领导人 区委书记:谭赣明(任至3月)、胡心田(6月任)。区人大常委会主任:皮晓瑶。区长:郑华森。区政协主席:方有水。

(周冠辉)

·广信区·

【简　况】 位于江西省东北部,辖11镇、10乡、3街道办事处。总面积2231.71平方千米,其中城区面积24平方千米。耕地面积3.1万公顷,林地面积15.2万公顷;森林覆盖率73.04%,城区绿化率41.26%。总人口86.87万人,其中城镇人口35.4万人;人口自然增长率7.24‰。2020年,地区生产总值289.9亿元,同比增长4.5%。其中,第一产业增加值22.6亿元,增长1.9%;第二产业增加值147.9亿元,增长4.8%;第三产业增加值119.3亿元,增长4.7%。财政总收入28.96亿元,增长1.6%。税收占财政总收入88.4%。规模以上工业总产值240.4亿元。固定资产投资增长9.6%。实际利用外资1.2亿元。农业总产值35.9亿元。粮食总产量1.7万吨。主要农产品及产量有甘蔗4817吨、花生984吨、蔬菜14.94万吨。城镇居民人均可支配收入3.27万元,增长6.1%;农村居民人均可支配收入1.27万元,增长9.4%。城乡居民年末储蓄余额253.2亿元,增长19.8%。

【产业优化】 出台规模以上工业企业扶持意见5条,新增规模以上企业31家。梳理"五个一批"(跟踪洽谈一批、签约一批、开工一批、竣工投产一批、入驻标准厂房一批)项目109个,新增产值62亿元、税收3.6亿元。三大主导产业实现营业收入216.8亿元、税收8亿元,分别增长44.2%、17.3%。望仙谷一期、云谷田园一期、翼天欢乐世界、十里槠溪时光PARK开业运营。云谷田园被评为国家4A级景区,灵山景区被评为全国第三届全民旅游消费节十佳目的地。全区接待游客1350万人次,增长20.5%;旅游综合收入137亿元,增长23%。云谷田园农业科技示范园、科技馆全面竣工。新建高标准农田537.6公顷,获评全省高标准农田建设先进县。流转农用地1.12万公顷,流转率50.2%。新增规模化产业基地1333.33公顷,新增产值2.2亿元。

【城乡建设】 实施项目306个,总投资57.2亿元。开工建设自来水厂2个、安置小区3个、停车场4个,新改建公厕12座、老旧小区31个、警务室66座、110千伏变电站1座、雨污水管网12千米,滨河公园、郊野公园等8个公园建成开放。完成棚户区改造2250套、30万平方米。修补市政园林基础设施40万平方米,拆除城区违建2.4万平方米。入选全国文明城市提名城市,成功创建国家卫生城市。推进乡村建设,投入资金1.17亿元,完成392个自然村"七改三网"。改造危桥5座,建成农村公路95千米。

主要领导人 区委书记:熊孙魁。区人大常委会主任:潘玉斌。区长:何党生。区政协主席:童晓闻。

(叶芬)

·玉山县·

【简 况】 位于江西省东北部,辖9镇、5乡、2街道办事处。总面积1728平方千米。耕地面积1.88万公顷,林地面积11.47万公顷;森林覆盖率68.59%,城区绿化率45.2%。总人口65万人。2020年,地区生产总值225.87亿元,同比增长4.6%。其中,第一产业增加值19.94亿元,增长2.3%;第二产业增加值94.98亿元,增长5.5%;第三产业增加值110.95亿元,增长4.2%。财政总收入28.76亿元,增长1.7%。地方财政支出51.5亿元,增长2.2%。规模以上工业增加值增长5.1%。外贸出口1.57亿美元,增长7.4%。固定资产投资106.22亿元,增长9.7%。实际利用外资1.04亿美元,增长7%;利用省外资金72.52亿元,增长9.15%。主要工业产品有水泥、轴承、有色金属、智能环保装备、光电等。农业总产值32.61亿元,增长2.71%。粮食总产量20.9万吨。主要农产品有水稻、蔬菜、油菜、茶叶等。社会消费品零售总额129.4亿元,增长4.4%。城镇居民人均可支配收入3.68万元,增长6.2%;农村居民人均可支配收入1.84万元,增长8.6%。金融机构年末存款余额339.69亿元,增长12.7%。

【玉山县政务服务网中介超市平台上线运行】 6月1日,玉山县政务服务网中介超市平台上线运行。该平台涵盖信息发布、中介机构入库、机构报名与选取等功能,业主单位可通过网上直接指定、竞价选取或随机选取3种方式选择第三方中介服务机构。至12月底,平台累计进驻中介机构578家,涉及资质49项;注册业主单位126家;累计发布各类项目需求公告1598条,完成选取1079条;发布金额2474万元,成交金额1944万元,节约资金530万元,节约率21.4%。采购类型主要集中在土地评估、工程造价咨询、工程招标代理、工程监理等领域。

【入选全国县级文明城市】 11月10日,中央文明办公布第六届全国文明城市入选城市名单,玉山县入选全国县级文明城市。2020年,玉山县3000余名在职党员干部进社区、小区,实行责任包干;9万余名志愿者参与文明县城创建志愿服务;建立日督查、周调度、月考核的考评机制。累计投入创建资金100亿元,完成文明创建项目1100个。其中,实施棚户区改造196.5万平方米,完成老旧小区改造23个,建成总面积98.78万平方米的主题公园10个,新建城市主干道14条,修补破损路面9万平方米,新增机动车停车位6187个,新建改建农贸市场12个。

【G320沪瑞线玉山段公路改线工程完工】 12月30日,G320沪瑞线玉山段公路改线工程全线完工并通车。2017年9月,开工建设G320沪瑞线玉山段公路改线工程,全长31千米,分拓宽和改线两个路段。其中,拓宽段起点为赣浙界,终点为岩瑞镇会英亭,路线长13千米;改线段起点为会英亭,终点为玉山县与上饶市广丰区交界,路线长18千米。总投资14.5亿元,全线按一级公路标准设计,双向4车道,路基宽21.5米,设计时速80千米。

主要领导人 县委书记:胡剑飞(任至11月)、郑国良(11月任)。县人大常委会主任:张常青。县长:徐树斌。县政协主席:朱明善。

(刘丕云)

·横峰县·

【简 况】 位于江西省东北部,辖2镇、6乡、2街道办事处、1垦殖场。总面积654.16平方千米,其中县城建成区面积16.2平方千米。耕地面积0.91万公顷,林地面积4.46万公顷;森林覆盖率63.6%,城区绿化率48.54%。总人口22.93万人,其中非农业人口12.75万人。2020年,地区生产总值86.44亿元,增长3.7%。其中,第一产业增加值7.12亿元,增长2%;第二产业增加值44.96亿元,增长2.6%;第三产业增加值34.37亿元,增长5.76%。财政总收入13.85亿元,增长2.3%。税收占财政总收入90.3%。规模以上工业主营业务收入228亿元,增长11%。外贸出口225万美元。固定资产投资50.8万元,增长9%。主要工业产品有阳极铜、电解铜、金、银、钯。农业总产值11.99亿元,增长2.47%。粮食总产量7.98万吨。主要农产品有葛根、油茶、马家柚。社会消费品零售总额35亿元,增长3.2%。城镇居民人均可支配收入

2.96万元,增长4.9%;农村居民人均可支配收入1.26万元,增长9.3%。

【推进"六稳六保"工作】 出台应对疫情稳增长24条,开展"百支专班助百企""开拓市场万里行"活动,启动抗疫专项再贷款和复工复产普惠再贷款,发放"抗疫贷"和"抗疫再贷款"。保就业创业,新增创业贷款1.58亿元,扶持自主创业1600人,新增城镇就业6000余人。开展"点对点"送工返岗活动,助力返岗复工2616人。全面落实助企纾困政策,新增减税降费5683万元,对全县76家企业开展"以工代训",发放补贴631万元。争取各类项目61个,政策资金11.25亿元,跑项数量和争资总额均创历年新高。全年实施重点建设项目173个,其中新开工108个、竣工项目65个。

【城乡建设】 全年实施城市基础设施建设项目26个,总投资15.3亿元。推进安置房欢歌苑项目,古窑东大道、古窑大桥、文教路南延等一批城市道路建成通车,纺器厂、原政府大院等9个老旧小区和5条里弄小巷改造全面竣工,生活污水处理厂一级A提标工程建成运营,新改建污水管网22.67千米、供水管网22千米,生活垃圾无害化处理率100%,城区路灯亮化率98%。推进农村粪污综合治理,农村无害化卫生厕普及率95%;推进乡镇污水处理厂建设,实施岑阳、青板、姚家、新篁污水治理项目,铺设污水管网6.9千米。建立健全秀美乡村"五定包干"长效管护机制,获评全国深化农村公路管理养护体制改革试点县。

【全国农村人居环境整治工作培训班在横峰举行】 9月26日—29日,全国农村人居环境整治工作培训班在横峰县举行。农业农村部副部长刘焕鑫出席开班式并作主旨报告,副省长胡强出席并致辞,农业农村部农村社会事业促进司司长李伟国主持开班式,省政府副秘书长宋雷鸣,省委农办主任、省农业农村厅党委书记江枝英,省农业农村厅厅长胡汉平、副厅长刘伟参加相关活动。培训期间,召开"十四五"农村人居环境整治工作座谈会,参训人员实地考察横峰县、弋阳县农村人居环境整治情况。

主要领导人 县委书记:饶清华。县人大常委会主任:李必良。县长:潘琍。县政协主席:杨学园。

(张文丰)

·弋阳县·

【简　况】 位于江西省东北部,辖10镇、5乡、2街道办事处。总面积1592.5平方千米,其中县城建成区面积19.3平方千米。耕地面积2.2万公顷,有林面积9.75万公顷;森林覆盖率59.27%,城区绿化率46.5%。总人口42.46万人,其中非农业人口10.07万人;人口自然增长率12‰。2020年,地区生产总值128.05亿元,同比增长3.8%。其中,第一产业增加值24.78亿元,增长2.0%;第二产业增加值36.76亿元,增长5.8%;第三产业增加值66.51亿元,增长3.1%。财政总收入18.64亿元,增长0.4%。税收占财政总收入82.54%。财政总支出64.54亿元,增长35.3%。实际利用外资7739万美元,增长6.8%;利用省外2000万元以上项目资金62.17亿元。主要工业产品有铜金属、水泥、罐头、中成药、机制纸。粮食总产量20.48万吨。主要农产品有水稻、蔬菜、油菜、花生、甘蔗。社会消费品零售总额57.9亿元,增长3.8%。城镇居民人均可支配收入3.60万元,增长5.3%;农村居民人均可支配收入1.62万元,增长6.95%。金融机构年末存款余额235.92亿元,增长18.2%。

【做好"六稳六保"工作】 2月,弋阳县出台《关于有效应对疫情稳定经济增长24条政策措施》,对租用国有资产类用房的企业和个体工商户实行房租"两免三减半加一免"(对承租国有厂房的中小企业,前2个月房租免收、后3个月房租减半征收,对租用国有店铺的免1个月房租),共减免疫情期间国有资产租金319万元,惠及中小企业、个体工商户203户。搭建"政银企"对接平台,促成12家企业完成9.29亿元融资。落实疫情防控期间医药、食品、农业等领域企业复工复产贷款政策,促成50余家企业进入全省疫情防控重点保障企业、财复贷名单。发挥财园信贷通、财政惠农信贷通、工业企业还贷周转金作用,累计发放财园信贷通3000万元、财政惠农信贷通1.25亿元、还贷周转金830万元。抢抓央行推出3000亿元疫情防控专项再贷款、5000亿元专用再贷款政策"窗口期",推进县内4家全国性及地方性重点企业专项再贷款落地,共发放专项再贷款3100万元。运用专用支小再贷款发放9800万元,助力58家小微企业复工复产。

【电视剧《可爱的中国》入围金鹰奖】 7月,电视剧《可爱的中国》从全国1000多部影视作品中脱颖而出,入围第30届中国电视金鹰奖优秀电视剧荣誉提名,进入125部优秀电视剧作品候选榜单。该剧讲述中国共产党早期伟大的无产阶级革命家、军事家、杰出的农民运动领袖、土地革命战争时期赣东北和闽浙赣革命根据地及红十军的创建人方志敏,在大革命失败后组织发动农民暴动、组建红军、创建革命根据地、建设"苏维埃模范省"、为掩护中央红军战略转移向敌人统治腹地进军,被俘后,又以坚定的革命意志开展狱中抗争,并写下《可爱的中国》等不朽篇章,最终从容就义的光辉一生。该剧塑造了一代伟人方志敏的光辉形象,凸显以"爱国、清贫、创造、奉献"为主要内核的方志敏革命精神。

主要领导人 县委书记:谢柏清。县人大常委会主任:宣功成。县长:陈敏。县政协主席:陈康。

(杜育和)

·德兴市·

【简　况】 位于江西省东北部,辖6镇、6乡、4街道办事处。总面积2101平方千米,其中县城建成区面积23.5平方千米。耕地面积2.03万公顷,林地面积14.17万公顷;森林覆盖率76.2%。总人口33.41万人,其中城镇人口17.43万人。2020年,地区生产总值165.96亿元,同比增长3.5%。其中,第一产业增加值20.72亿元,增长2.1%;第二产业增加值

58.07亿元,增长4.3%;第三产业增加值87.16亿元,增长3.2%。财政总收入40.82亿元,增长3%。税收收入29.24亿元,增长5.8%。一般公共预算支出59亿元,增长2.6%。规模以上工业增加值增长4.8%。固定资产投资112.2亿元,增长9.1%。主要工业产品及产量有铜金属9519吨、铅金属2018吨、锌金属3221吨、建筑用天然石料7.40万立方米、黄金3755千克。农业总产值33.19亿元,增长2.51%。粮食总产量11.15万吨。主要农产品及产量有油茶籽8100吨、茶叶430吨、水果3068吨、生猪出栏10.57万头、豆类2590吨。社会消费品零售总额68.46亿元,增长3.7%。城镇居民人均可支配收入3.90万元,增长6.1%;农村居民人均可支配收入1.82万元,增长7.7%。

【工业经济】 落实产业链"链长制",签订订单43.2亿元,新增规模以上工业企业29家,总量167家,纳税过千万元企业19家,新增营业收入过亿元企业8家。规模以上工业企业主营业务收入279.2亿元,增长17.5%。有色金属、先进机械制造和大康养三大主导产业集群不断壮大。关停"散乱污"企业47家,完成提升并入园11家。

【脱贫攻坚】 强化产业扶贫,投入1388万元,实施产业项目82个,带动贫困群众2500余户,贫困户人均收入1576元,同比提高8%。创新消费扶贫,举办扶贫产品展销会4场,设立消费扶贫专馆1个、专区2个、专柜50个,销售扶贫产品2400余万元。强化返贫监测预警和动态帮扶,投入87万余元,为5000余名农村人口购买防贫保险。至年底,全市6个"十三五"贫困村脱贫退出,2876户、7861名建档立卡贫困户脱贫。同时,推进城镇贫困群众脱贫解困工作,1012户1640名城镇贫困群众脱贫退出。

主要领导人 市委书记:郭峰。市人大常委会主任:张跃平(任至9月)、李元涛(9月任)。市长:杨秀福(9月任)。市政协主席:刘德奖。

(王蓉　周勇)

·婺源县·

【简　况】 位于江西省东北部,辖10镇、6乡、1街道办事处。总面积2967.78平方千米。耕地面积2.18万公顷,林地面积25.12万公顷;森林覆盖率82.64%。总人口37.64万人,人口自然增长率4.35‰。2020年,地区生产总值135.32亿元,同比增长3.5%。其中,第一产业11.26亿元,增长2.2%;第二产业31.43亿元,增长8.6%;第三产业92.63亿元,增长1.7%。财政总收入16.03亿元,下降6.1%。一般预算收入9.44亿元,下降14.8%。地方财政支出39.26亿元,增长7.6%。规模以上工业增加值增长4.6%。实际利用外资6871万美元,增长6.3%;利用省外投资2000万元以上项目资金57.1亿元,增长9.1%。主要工业产品及产量有精制茶3.83万吨、人造板3.89万立方米、中成药157吨。农林牧渔业总产值18.12亿元,增长2.6%。粮食总产量11.05万吨。主要农产品及产量有茶叶1.89万吨、水果1479吨、生猪出栏8.62万头、肉类8537吨、水产品8994吨。社会消费品零售总额69.06亿元,增长3.4%。城镇居民人均可支配收入2.98万元,增长5.5%;农村居民人均可支配收入1.53万元,增长7.3%。金融机构年末存款余额227.2亿元,增长14.3%。

【脱贫攻坚】 抓好产业扶贫、就业扶贫和问题整改,推动脱贫攻坚与乡村振兴有机衔接。聚焦消费扶贫、脱贫成果、城镇脱贫解困,助力贫困劳动力就业。通过部门联合、上下联动、帮扶干部包户等办法,完成脱贫攻坚目标任务。年内,脱贫802户1335人,实现"十三五"贫困村和贫困人口全部脱贫"摘帽"。篁岭"景区带村"模式成为世界旅游联盟旅游减贫案例;婺源乡村旅游助力精准脱贫成为国务院扶贫办产业扶贫典型案例。

【工业经济】 争取中央和省级无偿资金9800万元、政府专项债券8.13亿元、抗疫特别国债1.42亿元,为战疫抗洪和项目建设筹足资金。全年完成重点项目投资69.4亿元,增长38.6%。用足用活省市应对新冠疫情稳增长的一揽子政策,出台支持旅游产业、工业企业发展等一系列措施,对不裁员、人数在50人以上的规模以上工业企业,给予一次性5个月的稳岗补贴。全年新增规模以上工业企业17户,累计为企业减税4.72亿元,比上年增加1.68亿元;发放普惠小微信用贷2.8亿元,惠及1260户企业和个体工商户。旅游产业在1—6月负增长85%的情况下,强劲复苏,主要指标10月实现正增长,11月同比增长40%,12月同比增长5%。全县经济由负转正、逐月回升、逐月提速。

主要领导人 县委书记:吴曙。县人大常委会主任:汪培欣(任至10月)、董立新(10月任)。县长:吴云飞。县政协主席:汪春萍(任至10月)、俞春旺(10月任。2021年7月20日,因涉嫌严重违纪违法,主动投案,接受上饶市纪委市监委纪律审查和监察调查)。

(王金莲)

·铅山县·

【简　况】 位于江西省东北部,辖8镇、9乡、1青溪服务中心。总面积2178平方千米,其中城区面积15.63平方千米。耕地面积2.9万公顷,林地面积166.78万公顷;森林覆盖率74.6%,城区绿化率34.88%。总人口48.09万人,人口自然增长率2.37‰。2020年,地区生产总值160.41亿元,同比增长4.2%。其中,第一产业增加值19.75亿元,增长2.1%;第二产业增加值61.35亿元,增长5.3%;第三产业增加值79.31亿元,增长3.7%。财政总收入22.93亿元,下降3.6%。税收占财政总收入80.3%。地方财政收入14.12亿元。地方财政支出46.68亿元,增长1.34%。规模以上工业增加值增长4.9%。固定资产投资增长8.5%。实际利用外资7787万美元。外贸出口4804万美元。主要工业产品及产量有电解铜5.93万吨、硫酸38.5万吨、无水氢氟酸5.35万吨、光伏发电1.2亿千瓦时。农业总产值31.5亿元,增长2.55%。粮食总产量16.95万吨。主要农产品及产量有蔬菜75.6万吨,油料0.47万吨,生猪存栏11.47万头、出栏18.18万头。城镇居民人均可支配收入3.06万元,增长5.74%;农村居民人均可支配收入1.55万元,增长8.11%。城乡居民年末储蓄余额209.1亿元,增长15.3%。

【脱贫攻坚】 抓问题整改,补齐短板,脱贫攻坚存在问题整改全面“清零”。抓工作调度,建立落实“疫情风险期内每周一次、常态化防控后每月一次”调度推进机制。抓复工复产,推动全县19家各类扶贫龙头企业、34家扶贫车间复工复产;做实产业扶贫,投入资金1870万元,实施产业扶贫项目42个,落实产业奖补政策2686户;做强消费扶贫,认定扶贫产品129个,扶贫产品累计销售金额5151.92万元。抓稳岗拓岗,采用“1+6”模式推动贫困劳动力就业,开发临时性扶贫特岗2689个,全县贫困人口7477人实现就业。抓项目建设,扫尾实施危房改造稳固安居58户、饮水安全巩固提升16处。抓政策落实,健全防止返贫致贫五大机制,对全县脱贫不稳定户和边缘易致贫困户进行动态监测,出资54万元为全县建档立卡贫困户、边缘易致贫困户等购买防贫保险,建立并落实扶贫资产运营管护机制。完成全年减贫目标,剩余贫困人口1010户2002人脱贫退出,通过国家脱贫成效专项调查、省级脱贫攻坚工作成效考核。

【旅游产业】 3月18日,县委、县政府出台《关于扶持文化旅游产业发展的意见》,县本级财政每年安排不少于1亿元的文化旅游产业发展专项资金,主要用于扶持文旅项目建设、旅游品牌创建、文化品牌建设、旅游商品开发、旅游人才培养等文化旅游产业发展。葛仙山景区葛仙村旅游度假区通过文化融入、聚焦夜游、名人引流、流量平台加盟等措施,集聚人气和流量,成为旅游网红打卡地。全年旅游人次同比增长6%;综合收入70.1亿元,增长7%。

【院线电影《我们的岁月》在武夷山镇开机】 9月23日,由铅山籍裴蓓担任制片人的院线电影《我们的岁月》在武夷山镇共大旧址举行开机仪式。《我们的岁月》是一部为建党100周年献礼的影片,由中宣部批准立项,珠海山中木文化传播有限公司和铅山县委宣传部联合拍摄,总投资1300万元。影片主要以南方沿海地区乃至中国近几十年的变迁为背景,讲述一代人的梦想与奋斗、友情与爱情。

主要领导人 县委书记:周金明(任至9月)、危岩(9月任)。县人大常委会主任:陈晓琴。县长:危岩。县政协主席:陈武洲。

(刘芳)

·万年县·

【简 况】 位于江西省东北部,辖6镇、6乡、3管委会。总面积1140.76平方千米。耕地面积2.15万公顷,林地面积7.02万公顷;森林覆盖率65%。总人口44.62万人,其中城镇人口20.2万人。2020年,地区生产总值174.26亿元,同比增长4.4%。其中,第一产业增加值20.58亿元,增长2.3%;第二产业增加值84.68亿元,增长5.1%;第三产业增加值69亿元,增长4%。财政总收入22.48亿元,增幅1.3%。税收收入18.26亿元,占财政总收入81.2%。公共预算收入13.97亿元,下降7.3%。公共预算支出50.18亿元,增长4.7%。工业增加值89.5亿元,增长11.85%。外贸出口1.31亿美元,增长7.6%。实际利用外资1.06亿美元,增长20.7%;省外投资66.82亿元,增长8.77%。农业总产值46.71亿元,增10.33亿元。粮食总产量27万吨。主要农产品及产量有油料0.62万吨、糖料0.58万吨、生猪出栏49.6万头、牛出栏0.6万头、羊出栏0.6万头。社会消费品零售总额65.79亿元,增幅5%。城镇居民人均可支配收入3.67万元,增长6.3%;农村居民人均可支配收入1.62万元,增长8.2%。金融机构年末存款余额234.72亿元,增长11.69%。

【首届线上招商大会举行】 2月11日,万年县首届线上招商大会举行,邀请百名乡友企业家、客商通过万年移动“云视讯”连线主现场,通过播放万年宣传片,介绍全县经济社会发展情况、招商政策,特别是疫情以来省、市、县出台的针对稳定经济增长的各项优惠政策,向客商推介万年,以“不见面、屏对屏”的沟通方式开启万年县2020年的招商工作。除招商工作改为“屏对屏”沟通外,还把项目签约搬到网上,举行了江西致信光电科技有限公司投资10亿元的高端变焦镜头生产项目屏对屏签约仪式,首次实现视频签约。

【山东鲁花(万年)米业有限公司在万年开业】 5月30日,山东鲁花(万年)米业有限公司在万年开业。此公司是山东鲁花集团全资子公司和第一个大米加工项目,成立于2018年7月。一期投资5.3亿元,占地面积7.53公顷,筒仓储存能力达8.1万吨,工厂稻谷日加工能力600吨,年加工稻谷20万吨,产出成品大米10万吨,利税1亿元。

【第七届“全球重要农业文化遗产”(中国)工作交流会在万年召开】 10月19日,由农业农村部国际合作司、国际交流服务中心主办,万年县政府承办的第七届“全球重要农业文化遗产”(中国)工作交流会在万年召开。全国15个全球重要农业文化遗产所在地及相关候选地主管部门的代表,部分农业农村部全球重要农业文化遗产专家委员会专家出席会议。会议总结全国全球重要农业文化遗产工作取得的成就,分析新的形势,研究部署2020年的重点工作。会议期间,发布“专家+遗产地深耕行动”倡议,呼吁各相关科研团队加强对农业文化遗产相关领域的研究和支持。

主要领导人 县委书记:吴树俭。县人大常委会主任:侯如文(任至6月)、朱振华(6月任)。县长:毛奇。县政协主席:江俊。

(王自清)

·余干县·

【简 况】 位于江西省东北部,辖9镇、11乡、3垦殖场、2林场、1水产场、1良种场、1社区。总面积2331平方千米,其中县城建成区面积20平方千米。耕地面积9.18万公顷,林地面积4.45万公顷;森林覆盖率21.9%,城区绿化率40%。总人口109.82万人,其中城镇人口38.14万人;人口自然增长率5.3‰。2020年,地区生产总值208.2亿元,同比增长4.0%。其中,第一产业增加值47.1亿元,增长2.0%;第二产业增加值60.4亿元,增长3.5%;第三产业增加值100.7亿元,增长5.5%。财政总收入20.1亿元,增长2.0%。税收占财政总收入82.8%。外贸出口1611.95万美元。固定资产投资增长9.6%。实际利用外资8641万美元,省外2000万元以上项目资金59.68亿元。主要工业产品及产量有电67.7亿千瓦时、水泥11.9万吨、大米1.3万吨、服装349.3万件、纸制品2.3万吨。农业总产值71.7亿元,增长2.42%。粮食总产量72.85万吨。主要农产品及产量有油料作物2.3万吨、蔬菜21.4万吨、肉类2.6万吨、水产品14.8万吨。城镇居民人均可支配收入2.84万元,增长4.8%;农村居民人均可支配收入1.29万元,增长10.4%。城乡居民年末储蓄存款余额284.31亿元,比年初增长12.22%。

【脱贫攻坚】 印发《余干县产业扶贫运行机制管理实施细则》《余干县贫困村创业致富带头人培育工作实施方案》《余干县扶贫小额信贷贴息实施办法》等文件,规范扶贫产业运行机制。采取多项措施整合产业化财政扶贫资金,抓好种植业、养殖业、电子商务等项目建设,重点扶持菌菇、马家柚、蔬菜、中药材等产业化种养殖项目350个,覆盖建档立卡贫困户3.81万户,带动3.43万户贫困农民增收。发挥滨湖地区农业资源优势,发展优质稻、稻虾共作、特种水产、湖面光伏发电等产业。对建档立卡贫困户实施信贷精准扶贫,对有能力、有项目、缺资金的贫困农户,支持其自主创业,并依据创业规模提供每户不超过5万元信贷支持。全年脱贫2746户5871人;至12月底,全县3.40万户12.61万人全部脱贫。

【生态环境整治】 开展餐饮业油烟污染专项整治,建成"明厨亮灶"316户。强化建筑道路扬尘治理,严格管控秸秆露天焚烧,全县空气质量优良率96.9%。开展长江经济带"共抓大保护"攻坚行动,关停拆除养猪场9家,新建污水管网9.4千米,统筹推进山水林田湖草综合治理,完成造林绿化0.19万公顷。深化河长制、湖长制,推进鄱阳湖区全面禁捕退捕工作,对全县水库及大型水面全部实行退养,全县饮用水达标率100%,主要河流断面水质达标率100%。

【余干县高铁新区开发项目落地】 6月10日,省铁路投资集团和余干县政府就余干县高铁新区开发项目达成协议,并举行投资协议签约仪式。此项目结合余干产业特色,打造智慧科技、金融服务、生物医药三大核心产业,商贸、物流两大重要产业,城市服务、休闲旅游两大补充产业以及综合商务的衍生产业。项目总投资150亿元,年综合产值20亿元以上,税收3亿元以上。

主要领导人 县委书记:胡伟。县人大常委会主任:谭学显。县长:江忠汉。县政协主席:王晓燕。

(洪新华 李爱清)

·鄱阳县·

【简 况】 位于江西省东北部,辖14镇、15乡、1街道办事处。总面积4214.68平方千米。耕地面积11.88万公顷,山林面积15.6万公顷;森林覆盖率34.1%。总人口159.2万人,人口出生率12.77‰。2020年,地区生产总值255.8亿元,同比增长4.4%。其中,第一产业增加值67.0亿元,增长2.0%;第二产业增加值75.6亿元,增长5.4%;第三产业增加值113.2亿元,增长5.1%。财政总收入20.7亿元,增长1.6%。公共预算收入13.5亿元,下降0.2%。规模以上工业增加值增长4.9%。固定资产投资增长9.2%。实际利用外资9051万美元。农业总产值109.1亿元,增长2.36%。社会消费品零售总额151.1亿元,增长4.0%。城镇居民人均可支配收入2.76万元,增长5.4%;农村居民人均可支配收入1.27万元,增长9.5%。金融机构年末各项存款余额490亿元,比年初增长6.5%。

【鄱阳客运总站启用】 1月8日,鄱阳县举行鄱阳客运总站启用仪式。江西长运集团党委书记、董事长王晓,上饶市运管局副局长胡杰,县委常委、常务副县长杨秀福,县领导汪天水,县政协副主席、县交通运输局局长雷垦华出席仪式。鄱阳客运总站坐落在城北新区洪迈大道与鄱阳湖大道交会处,项目规划用地5.53公顷,总建筑面积2.06万平方米,总投资1.21亿元,按国家一级汽车客运站标准设计建造。

【"鄱阳大米"获国家农产品地理标志登记证书】 6月3日,农业农村部发布第290号公告,"鄱阳大米"获国家农产品地理标志登记证书,被列入中国农产品地理标志登记保护行列。鄱阳大米保护区域地处鄱阳丘陵和湖区平原,土壤以水稻土、潮土、草甸土为主,湖区平原土壤含大量河湖沉积物,富含有机质,养分充足,且土层深厚、蓄水能力强,耕性良好。鄱阳属中亚热带季风气候区,四季分明,雨量充沛,水资源丰富,种植出的鄱阳大米具有外观晶莹剔透,米粒长柱形,米饭洁白香醇、爽滑、有嚼劲,适口性好,冷却后不回生等特点。

主要领导人 县委书记:张祯祥(任至9月)、周金明(9月任)。县人大常委会主任:陈振华。县长:胡斌。县政协主席:占梦来。

(薛文)

吉安市

【概 况】 位于江西省中西部,辖1市、10县、2区。总面积2.53万平方千米,其中城区面积294平方千米。耕地面积44.45万公顷,有林面积175.6万公顷;森林覆盖率67.47%,城区绿化率40.53%。总人口537.99万人,人口自然增长率6.83‰。2020年,地区生产总值2168.83亿元,增长4.0%。其中,第一产业增加值235.41亿元,增长2.3%;第二产业增加值960.40亿元,增长4.5%;第三产业增加值973.02亿元,增长3.8%。财政总收入307.24亿元,增长2.1%。税收占财政总收入79.8%。一般公共预算收入178.28亿元,增长0.2%。一般公共预算支出555.02亿元,增长2.3%。规模以上工业增加值增长5.0%。外贸出口56.48亿美元,增长11.0%。实际利用外商投资13.62亿美元,增长7.5%;实际利用省外项目资金867.71亿元,增长9.0%。主要工业产品有水泥、铁矿石原矿、液晶显示屏。农业总产值459.7亿元,增长2.9%。粮食总产量367万吨。主要农产品及产量有油料16.9万吨、水果65.8万吨。城镇居民人均可支配收入3.96万元,增长5.5%;农村居民人均可支配收入1.65万元,增长8.3%。城乡居民年末储蓄余额2005.54亿元,增长14.5%。

【吉安市获国务院"促进工业稳增长和转型升级、实施技术改造成效明显"通报激励】 5月8日,国务院办公厅发布通报,对2019年落实打好三大攻坚战和实施乡村振兴战略、深化"放管服"改革优化营商环境、促进工业稳增长和转型升级、实施技术改造等有关重大政策措施真抓实干、取得明显成效的213个地方予以督查激励,相应采取30项奖励支持措施。其中,在促进工业稳增长和转型升级、实施技术改造方面,吉安市成为全省唯一获得该项督查通报激励的设区市。

【江西商贸零售首股"国光连锁"在上交所上市】 7月28日,江西国光商业连锁股份有限公司(以下简称国光连锁)在上海证券交易所上市,成为江西省商贸零售"第一股",正式登陆A股资本市场,实现吉安市主板上市企业"零突破"。国光连锁股票代码为605188,其上市首发申请于5月21日获准通过。本次公开发行股票价格为每股4.65元,发行数量4958万股,首发融资2.3亿元。保荐机构为中信证券股份有限公司。此次所募资金投资"连锁门店建设项目""连锁门店改建项目""吉安物流配送中心升级项目"和"信息系统升级改造项目"。江西国光商业连锁股份有限公司成立于2005年,公司旗下横跨购物广场、超市、专业百货、社区便利店、现代物流等领域,分店遍布江西吉安、赣州、宜春等各地级县市,总部设立在吉安市,拥有门店61家。

【井冈山综合保税区通过验收】 4月27日,国务院批复同意井冈山出口加工区整合优化为井冈山综合保税区,是江西省继南昌、赣州、九江综合保税区之后第4个获批综合保税区,规划面积0.48平方千米。10月29日,受海关总署委托,南昌海关会同省发改委、财政厅、自然资源厅、商务厅、税务局、市场监督管理局、外汇管理局等相关部门组成联合验收组,按照《综合保税区基础和监管设施设置规范》规定,对井冈山综合保税区基础设施、监管设施以及相关配套设施进行集中验收,同意通过验收。井冈山综合保税区获批后,包括增值税一般纳税人资格试点、境内外保税维修、承接境内区外委托加工、促进内销便利、支持再制造业、促进研发创新,支持医疗设备研发、服务外包、期货保税交割等在内10项有需求享实惠政策可立即推进实施。全年井冈山综合保税区实现进出境贸易额3.14亿美元,增长393%;实现进出区贸易额6.7亿美元,增长136%,全国排名前移20位。

【吉安红板公司拟认定为国家企业技术中心】 11月10日,国家发展改革委创新和高技术发展司公示2020年(第27批)国家企业技术中心拟认定名单,井冈山经开区红板(江西)有限公司技术中心上榜。国家企业技术中心是国家发改委重点推动,以企业为主体的国家重大科技创新平台,是实施创新驱动发展战略的重要载体,是培育壮大经济发展新动能的重要支撑。红板(江西)有限公司2005年创立,实施创新驱动战略,推动企业高质量发展。创建多个创新平台,包括江西省企业技术中心、江西省工程研究中心、江西省工业设计中心,以及公示中的国家企业技术中心等,为企业创新发展奠定基础。

主要领导人　市委书记:胡世忠。市人大常委会主任:刘连根。市长:王少玄。市政协主席:刘贤清。

（丁声）

·吉州区·

【简　况】 位于江西省中部,辖4镇、6街道办事处。总面积425平方千米,其中城区面积43.5平方千米。耕地面积1.43万公顷,有林地面积1.50万公顷;森林覆盖率32.97%,城区绿地率41.36%。总人口37.0万人,人口自然增长率-0.56‰。2020年,地区生产总值238.6亿元,增长4.9%。其中,第一产业增加值9.5亿元,增长2.1%;第二产业增加值82.4亿元,增长5.4%;第三产业增加值146.7亿元,增长4.8%。财政总收入19.59亿元,增长2.9%。税收收入15.62亿元,增长2.4%。地方财政收入11.25亿元,下降5.4%。地方财政支出38.3亿元,增长4.9%。规模以上工业企业主营业务收入271.57亿元,增长4.74%。主要工业产品及产量有水泥73.66万吨、白酒1.01万千升、金属切削机床31台、电力电缆0.32万千米。农业总产值17.90亿元,增长8.5%。主要农产品及产量有稻谷9.86万吨、油料1389吨、蔬菜11.81万吨、瓜果6176吨、肉类0.98万吨。城镇居民人均可支配收入4.23万元,增长5.0%;农村居民人均可支配收入2.0万元,增长8.3%。

【"九打吉安"历史陈列馆正式开放】 1月13日,"九打吉安"历史陈列馆免费对外开放仪式在长塘镇陈家村举行。该馆由室内、室外2部分组成,室内分为"序厅""革命烽火""九打吉安""伟大创举""英名流芳"5个单元;室外立足创建国家AAAA级景区,依山造势建设"吉安的占领"缅怀先烈平台、百姓欢乐小舞台、小游园等设施。

【吉州发现抗战刊物《半月文摘》】 吉州区档案馆在整理馆藏民国图书资料时,发现1937年10月至1938年7月抗战刊物《半月文摘》15期,由汉口华中图书公司发行,编辑人陶滌亚。该15期《半月文摘》内容主要反映国共合作统一抗战、坚信抗战持久抗战必胜信念、日寇的暴行、外人眼中的日本强盗、抗战周年中日政治外交财政经济军事状况、国际形势等。每期均有在抗敌前线系列报道、半月来世界和中国、抗战人物访谈等栏目,其中半月漫画,包括木刻画作品,主题均是抗战爱国,漫画作者含张乐平、丰子恺、张仃、叶浅予等人。

【城市驿站“庐纺站”投入使用】 7月30日,吉安市首个对外开放的城市驿站——庐纺站投入使用,庐纺站位于吉州区北门河路与环湖路交叉口东50米。该驿站和吉州区图书馆合作建设北门分馆,市民可在馆内借阅书籍,书籍量7000余册,打造文化共享空间是其特色服务。“城市驿站”外部按照统一标准建设,中半月漫画,包括木刻画作品,主题均是抗战爱国,漫画作者含按照“务实管用、简约大气、适当超前”标准,一般通过利旧、购买、共建单位认捐等方式添置各项配套设施。配备有远程教育触摸屏或电视机、冷暖空调、冰箱、微波炉、20兆以上宽带等便民设施,供市民免费使用。“城市驿站”将通过区域党建共建形式整合区域内服务资源,推行“1+6+N”服务模式。“1”指建立驿站党建共建服务保障机制,街道、社区与共建单位党组织开展驿站“契约化”共建,每年制定驿站专项需求、资源、项目(或服务、需求、问题)3张清单,对照清单促进驿站组织共建、活动共联、资源共享,做大、做好、做常驿站服务。“6”指驿站六大共性服务(共建联络站、支部活动站、网格管理站、社情民意站、志愿服务站、红色加油站)。“N”指驿站若干个性服务,驿站根据所处区域、共建单位及服务对象特点,设置个性服务内容。永叔驿站和儒林里驿站分别于8月和9月相继开放。

【5G电子铜箔工程技术研究中心落户吉州区】 河南科技大学、江西宏业铜箔有限公司产学研合作基地暨5G电子铜箔工程技术研究中心签约、揭牌仪式在吉州区举行。这是吉州区加快人才柔性引进,推动校企深入合作,突破产业技术瓶颈,推动电子信息产业转型升级,实现科研成果转化的具体举措,是该区实施“庐陵英才”计划、凝聚新时代人才的实际行动。高频高速覆铜板(5G)用VLP低轮廓铜箔制备研究课题开展为期5年项目合作,并在江西宏业铜箔有限公司成立河南科技大学产学研合作基地及5G电子铜箔工程技术研究中心。

主要领导人 区委书记:朱谋俊。区人大常委会主任:刘大水(任至6月)、肖生珍(6月任)。区长:尹冬苟。区政协主席:汤耀明。

(雷嘉庆)

·青原区·

【简　况】 位于江西省中部,辖6镇、1乡、2街道办事处。面积914.62平方千米,其中城区建成面积20平方千米。耕地面积1.24万公顷,有林面积6.13万公顷;森林覆盖率66.7%。总人口24.07万人,其中城镇人口13.13万人;人口自然增长率5.9‰。2020年,地区生产总值125.50亿元,增长2.7%。其中,第一产业增加值8.58亿元,增长2.4%;第二产业增加值60.51亿元,增长2.4%;第三产业增加值56.41亿元,增长3.1%。财政总收入11.15亿元,增长0.5%。税收收入8.85亿元,税收占财政总收入79.3%。地方财政收入6.55亿元,减少6.0%。工业总产值235.69亿元,减少16.2%;规模以上工业总产值173.01亿元,减少25%。500万元以上固定资产投资50.59亿元,增长9.9%。实际利用外资7634万美元,增长6.34%;实际利用省外项目资金46.69亿元,增长8.71%。主要工业产品及产量有火电发电量99.78亿千瓦时、水泥88.23万吨、机制纸6.05万吨、机砖1.21亿块、合成洗涤剂11.78万吨。社会消费品零售总额45.0亿元,增长3.6%。城镇居民人均可支配收入4.2万元,增长4.6%;农村居民人均可支配收入1.62万元,增长8.3%。

【疫情防控守住“双零”战果】 针对新冠疫情,建立疫情防控体系,开展“外防输入、内防反弹”常态化疫情防控,建成区人民医院等4个核酸检测实验室,确诊病例和疑似病例守住“双零”战果。出台各类方案、制度、公告30余个,确保每个阶段工作方向准、重点明、措施实。开展重点人员摸排、医务人员梯队安排、物资保障、市场稳定、宣传引导等方面工作,提出一个主题责任、一道门岗、一只体温计、一个口罩、一份表格、一套宣传品等“六个社区闭环管理”要求,加强对“5+1”类人员管控。对武汉返乡发热人员进行医学隔离,把爱国卫生运动和疫情防控同抓共促。把挂乡镇街道、社区、主抓项目、帮扶企业等“四条线”工作责任,逐一分解落实到每名县级领导。通过社区干部、市直区直单位干部和回社区报到党员干部“三方组合”,整合志愿者等多方力量,形成一支3000余人疫情防控服务团队。强化“5+1”类重点人员隔离,落实“不出门、不进门、背对背、隔中隔”差异化防控措施。封闭小区实行“一扇门”适度封闭管理和开放式住宅区实行定向适度管制管理;“管好人”做到三方责任人清楚、返城新增居民清楚、房东房客旅客情况清楚、发热发烧人员情况清楚、生活贫困人员情况清楚;“消好毒”做到中心城区全覆盖、贫困村庄全覆盖、圩镇全覆盖、重点村庄全覆盖、贫困户家庭全覆盖;“服好务”做到重点人员代办服务、生活贫困人员帮扶服务、人员扎堆劝散服务、上班和务工人员联系出入通勤服务、防护物资方面配送服务。

【农村社区建设】 围绕“和爱邻里、幸福家园”农村社区建设,开展美好生活新社区建设三年行动,创建省级“绿色社区、美丽家园”3个、江西省农村社区示范点10个。利用农村闲置学校、村务大楼、公共用房等资源,通过改(扩)建等形式,打造面积不少于300平方米社区党群服务中心,对创建成功的农村社区,区财政一次性奖补10万元。推动城市公共服务向农村社区延伸,在各社区党群服务中心推行民政、社保、残联、就业、教育等公共服务事项“一口式”窗口建设。推进老年人活动中心、妇女儿童之家、休闲广场等功能场所建设,探索一条贴近基层、服务居民的社会化服务新路子。各社区结合美丽乡村建设、脱贫攻坚等工作,因地制宜形成各具特色的社区建设模式。典型的有新圩镇璋塘村的“党建＋和爱邻里＋老年康养”模式，东固畲族乡敖上村、文陂镇渼陂村“旅游＋社区服务”模式，天玉镇流坊村“产业＋邻里经济”模式，值夏镇桐坑上铜锣坵村“文化＋村民自治”模式，富滩镇社山流汶塘村“关爱＋宜家宜居”模式，初步形成畲乡文化、古村文化、红色文化、休闲农业等新农村社区。至年底，各农村社区共为群众代办各类民生事项4000余件。全区共投入资金1000余万元，建成“和爱邻里、幸福家园”农村社区点51个，覆盖率50%。

【生态文明建设提档升级】 聚焦水、土、气污染防治，推进生态文明建设提档升级。全年全区 $PM_{2.5}$ 累计平均浓度每立方米29微克，空气质量优良天数比例93.3%，主要河流考核断面水质优良率100%，森林覆盖率提至66.7%，能耗总量和单位GDP能耗“双控”均实现下降目标。聚焦群众反映强烈的突出生态环境问题，拆除禁养区畜禽养殖场217家，取缔非法砖瓦窑、采砂场29家，关停“散乱污”企业9家，治理油烟餐饮店157家，完成5个圩镇、93处村点污水处理设施建设，建成投入日处理4万吨的污水处理厂，办结销号中央、省、市环保督察反馈问题163个，群众生态环境满意度不断提高，群众满意率92.89%。推进山水林田湖草保护修复，建立和完善覆盖区、乡、村三级河湖长制和林长制管理体系，完成绿化造林3000公顷，治理恢复破损山体3.86万平方米，新增4个县级湿地保护小区，湿地保护率54.89%，率先在全市实现圩镇生活污水无害化处理全覆盖和污水处理延伸到村，农村生活垃圾实现第三方治理全覆盖，主要河库水质均达或优于III类水，建成水生态文明示范点220个。开展生态文明理念教育及生态文明知识普及，建设文明实践场所152个，组建144支志愿服务小分队，开展文明实践活动600余场，惠及群众6万余人次；开展绿色创建活动，打造国家4A级景区4个、3A级景区1个和国家级生态镇村5个、省级生态镇村14个、省级休闲农业与乡村旅游示范点6个，青原禅溪、螺滩水库晋升为国家级水利风景区，渼陂古村获评为中国美丽休闲乡村。

【大气污染防治】 至年底，聚焦扬尘治理、秸秆禁烧、油烟废气等突出领域，实施大气污杂防治攻坚战。1—7月，$PM_{2.5}$ 累计平均浓度22微克/立方米，空气质量优良天数比例100%。12月，区大气污染防治督查组督查区重点工程项目，要求施工现场100%围蔽、工地砂土100%覆盖、工地路面100%硬地化、拆除工程100%洒水压尘、出工地车辆100%冲净车轮车身、暂不开发场地100%绿化，对照“六个百分之百”要求，开展城市扬尘治理攻坚行动，地毯式排查城区各建设工地，发现一处、纠正一处，对不配合整改的，依法处置，绝不手软。通过明察暗访、群防群治、在线监测等途径，构筑乡村扬尘治理网络。采取定点设卡、流动巡查办法，严肃查处运输车辆“抛、洒、滴、漏”和超限超载行为，全年检查车辆1万余辆，卸载货物1400余吨；统一更新300多辆新型环保运输车，解决运输过程中的洒漏、扬尘等问题。每年安排资金150万元，推进秸秆肥料化、饲料化、基料化、能源化、原料化“五化”利用，秸秆综合利用率90%。建立健全“区负总责、乡镇主体、村组巡防、农户联防”工作机制，强化区、乡、村三级网格职能，实行24小时驻守值班、巡查监管，确保野外“不点火、不冒烟”。整治餐饮油烟扰民问题，新增油烟治理达标店157家，城市建成区内规模以上餐饮店全部安装油烟净化设施，城市餐饮油烟问题得到治理。禁燃禁放区域由城区扩大至各乡镇政府驻地及东固景区、富田景区、渼陂景区、青原山景区，空气质量明显改善。集中开展柴油货车污染治理和“散乱污”企业清零行动，通过关停取缔一批、整合搬迁一批、升级改造一批等措施，推动问题整改。至年底，全区10家“散乱污”企业关停9家、升级改造1家，在用柴油车监督抽测排放合格率达到90%，销售柴油机车型系族的抽检合格率达到95%。

主要领导人 区委书记：肖梓才。区人大常委会主任：肖萌（任至6月）、刘修桢（6月任）。区长：邹卫梅。区政协主席：郭小健。

（王平发）

·井冈山市·

【简　况】 位于江西省西南部，辖9镇、6乡、1街道办事处。总面积1450.65平方千米，其中城区面积8.9平方千米。耕地面积1.31万公顷；森林覆盖率81.6%，城区绿化率37.3%。总人口19.03万人，其中城镇人口8.36万人；人口自然增长率5.09‰。2020年，地区生产总值75.47亿元，增长率3.9%。其中，第一产业增加值8.37亿元，增长2.6%；第二产业增加值12.23亿元，增长4.9%；第三产业增加值54.87亿元，增长3.8%。财政总收入10.66亿元，增长5.2%。税收占财政总收入72.4%。地方财政收入6.89亿元，增长1.3%。地方财政支出23.83亿元，增长2.6%。工业增加值增长8.26%。固定资产投资增长9.8%。实际利用省外项目资金47.07亿元，增长8.96%。主要工业产品及产量有塑料制品1.56万吨、水泥12.1万吨、钢材5108吨、光缆5.14万芯千米、光纤24.99万千米。农业总产值14.07亿元，增长9.29%。粮食总产量9.48万吨。主要农产品及产量有水稻7.34万吨、蔬菜8.2万吨、玉米4036吨、豆类6024吨、西瓜1.2万吨。城镇居民人均可支配收入3.94万元，增长5.6%；农村居民人均纯收入1.29万元，增长10.6%。城乡居民年末储蓄存款余额124.68亿元，增长13.6%。

【举行撤乡并镇后行政区划调整挂牌活动】 3月19日，井冈山市碧溪镇、龙市镇、茅坪镇、柏露乡、光明乡举行区域调整挂牌活动。12月12日，罗浮镇举行正式挂牌活动。两次挂牌活动，标志着井冈山发展进入新阶段。碧溪镇从原泰和县西部的偏远乡镇转变为现井冈山市的城郊镇，成为井冈山市东部开发建设的前沿阵地。罗浮镇成立，宣告井冈山企业集团正式剥离社会事务管理属性，转由政府提供公共服务并履行社会管理职能，构建区域经济发展新优势。调整后井冈山市辖1个街道（红星街道)、9个镇(龙市镇、茨坪镇、古城镇、新城镇、茅坪镇、厦坪镇、拿山镇、碧溪镇、罗浮镇)、6个乡(柏露乡、东上乡、睦村乡、葛田乡、黄坳乡、光明乡)。

【井冈山市获“全国双拥模范城(县)”称号】 10月20日,在北京召开全国双拥模范城(县)命名暨双拥模范单位和个人表彰大会上,井冈山市获“全国双拥模范城(县)”称号。该市第七次获得“全国双拥模范城(县)”称号,每年组织人员赴“井冈山舰”走访慰问活动,与驻舰官兵畅谈井冈发展、赞颂改革成就。落实省(市)优抚政策,连续4年累计发放701.4万元,发放驻市随军家属待业补助金11.5万元。实施“优抚安居工程”“优抚医保工程”,解决住房困难38套,发放优抚对象修建房资金9.8万元,减免优抚对象各项医疗费152万元。安置转业干部1人、转业士官41人、随军家属2人,退役士兵安置率、干部安置率、随军家属安置100%,对自主择业的退役士兵发放一次性自主就业补偿金290万元。为全市3485户军、烈属、退役军人悬挂光荣牌,奖励优秀士兵与部队立功受奖干部218人。出台《井冈山市征兵工作奖惩暂行办法》,奖励38人,发放奖金19万元。出台《关于解决军人家庭子女上学难的实施意见》,解决12名军人家庭子女进城上学问题。

【入选红色旅游发展典型案例】 5月,国家发展改革委社会发展司、文化和旅游部资源开发司面向全国组织开展“红色旅游发展典型案例征集展示活动”。井冈山报送的《红色力量在这里迸发——井冈山推动红色教育培训高质量发展的生动实践》经过省市部门推荐、专家评定、地方复核等环节,最终成功入选。此次活动最终遴选出红色资源保护状况良好、红色内涵挖掘充分、经验做法示范引领突出的60个红色旅游发展典型案例,将通过融媒体平台推广各地发展红色旅游的实践经验,并邀请相关专家对典型案例进行点评,编撰出版《红色旅游发展典型案例汇编》,通过先进典型示范引领,发挥红色旅游理想信念教育功能和脱贫富民作用。

【井冈山市获“中国天然氧吧”称号】 2020年,井冈山市获“中国天然氧吧”称号。井冈山度假旅游“适宜期”11个月,负氧离子含量全国领先,平均浓度2517个/立方厘米,全年超出世界卫生组织界定的清新空气的标准(1000~1500个/立方厘米)。

主要领导人 市委书记:刘洪。市人大常委会主任:周志平。市长:焦学军。市政协主席:张伟。

(杨双羽 江文)

·吉安县·

【简 况】 位于江西省中部,辖13镇、6乡。总面积2068平方千米,其中城区面积15平方千米。耕地面积3.77万公顷,有林面积12.14万公顷;森林覆盖率63.50%。总人口50.83万人,其中城镇人口20.31万人,人口自然增长率7.09‰。2020年,地区生产总值208.98亿元,增长4.4%。其中,第一产业增加值29.75亿元,增长2.3%;第二产业增加值113.39亿元,增长5.5%;第三产业增加值65.84亿元,增长3.1%。财政总收入30.89亿元,增长2.9%。税收收入22.55亿元,增长2.8%,占财政总收入73%。一般公共预算财政收入19.02亿元,增长1.4%。公共财产预算支出47.24亿元,增长10.8%。规模以上工业总产值567.3亿元,增长5.2%;规模以上工业增加值增长5.9%。固定资产投资增长4.2%。实际利用省外项目资金73.56亿元,增长9.14%。主要工业产品及产量有水泥14.2万吨、啤酒7.36万千升、软饮料8.18万吨、饲料25.5万吨、铁精粉52.12万吨。社会消费品零售总额86.96亿元,增长2.1%。城镇居民人均可支配收入3.69万元,增长4.9%;农村居民人均可支配收入1.38万元,增长9.5%。

【举行第十七届赣台(吉安)经贸文化合作交流大会农业专题推介会】 9月24日,第十七届赣台(吉安)经贸文化合作交流大会农业专题推介会在吉安县举行。江西省委、省政府围绕建设现代农业强省,大力实施质量兴农、绿色兴农、品牌强农,先后出台一系列打基础、管长远的政策举措,真金白银投入农业发展,着力把江西打造成全国乃至世界知名的绿色有机农产品供应基地。赣台两地经贸交流频繁,台湾成为江西吸引投资主要来源地之一,江西也成为大陆中部地区台资企业的主要聚集地之一。两地经济相融,经贸合作成果丰硕,江西的优质农产品不断进入台湾市场,台湾也成为全省农产品五大输出市场之一。此次推介会赣台两地共签约6个农业项目,投资总额3.47亿美元。推介会现场,各设区市采取视频宣传片、农业产业推广和产品展示等多种形式,向与会台商作专题推介。

【抗击疫情】 2月10日,吉安县确诊首例新冠肺炎患者曾某符合出院标准,这是吉安市首批在市内定点医院治愈出院病例。针对疫情爆发,全县医务人员主动递交请战书要求前往湖北一线抗击疫情,吉安县人民医院护士刘雪姝、县中医院护士刘萍被选为预备队员。2月11日,2名护士随吉安市第三批援鄂护理医疗队出征湖北,与前线医护人员并肩作战。3月23日,在随州市曾都医院工作1个多月,护士刘雪姝、刘萍所在江西支援湖北随州医疗队任务完成,返回江西。

主要领导人 县委书记:李克坚。县人大常委会主任:张迪俊(任至6月)、尹子安(6月任)。县长:解芳云。县政协主席:郭钰山。

(赖晨霞)

·新干县·

【简 况】 位于江西省中部,辖7镇、6乡、1街道办事处、2国有农林场。总面积1248平方千米,其中城区面积25.54平方千米。耕地面积3.36万公顷,林地面积7.2万公顷;森林覆盖率59.82%,城区绿化率45%。总人口35.82万人,其中城镇人口16.41万人,人口自然增长率8.0‰。2020年,地区生产总值174.66亿元,增长4.2%。其中,第一产业增加值21.03

亿元，增长1.9%；第二产业增加值81.64亿元，增长5.2%；第三产业增加值71.99亿元，增长3.7%。财政总收入21.1亿元，增长2.7%。税收占财政总收入89.7%。地方财政收入11.69亿元，增长2.6%。地方财政支出35.6亿元。规模以上工业总产值296亿元，增长6.5%；规模以上工业增加值68.2亿元，占地区生产总值39.0%。外贸出口1.34亿元。固定资产投资131.7亿元，增长11%。实际利用外资1亿美元，增长8%；实际利用省外项目资金66.8亿元，增长8.8%。主要工业产品及产量有食用盐8.9万吨、非食用盐79.6万吨、玻璃制品20.9万吨、大米56.7万吨、箱包1085万只。农业总产值37亿元。粮食总产量31.22万吨。主要农产品及产量有蔬菜27.4万吨、柑橘29.1万吨、生猪出栏52.92万头、油菜籽1.26万吨、茶叶45吨。社会消费品零售总额68.3亿元。城镇居民人均可支配收入3.72万元，增长6.1%；农村居民人均可支配收入1.84万元，增长7.8%。城乡居民年末储蓄余额162.8亿元，增长4%。

【海木源景区创建国家4A级景区】6月2日，江西省文化和旅游厅按程序组织综合评定并完成公示，确定新干县海木源景区为国家4A级旅游景区。海木源景区位于新干县潭丘乡（海源、毛堂、木源村）地带，总占地面积450公顷。投入资金1亿元，完成酒文化广场建设、美食街建设、生态停车场建设、标识标牌设置、旅游厕所建设和游服中心改造工程，逐步形成春赏花、夏戏水、秋摘果、冬泡泉的旅游特色。对茶马古道，石宝寨山庄进行改建，打造四季花海、竹憩空间等旅游项目，开发海木源有机大米、海木源原浆酒、海木源生态茶油、海木源莲子等旅游特色商品。增加拓展基地的拓展项目，铁索桥、高空断桥、攀岩、毕业墙、水上漂、CS丛林战、野外露营全部投入运营，接待拓展训练200班次，人数5000人。聘请专业园林规划人员对毛堂村进行整体规划设计，村庄巷道、房屋立面进行统一风格改造，对整村绿化亮化。高标准打造民宿，设置床位44个，依托毛堂村现有建筑建设一个采茶剧院，有大型表演，承接会议，接待用餐一体多功能作用。利用毛堂村旧居建设一个古村清吧，古村清吧分室内清吧和室外清吧2个区域，满足播放音乐、主题K歌、小型表演等功能。游客服务中心改建一座2A级旅游厕所，设立无障碍设施和第三方卫生间；兴建2处购物中心，美食小吃街设有县各种特产和小吃。

【新农村建设】开展基础设施、环境卫生、交通秩序等十大专项治理“百日攻坚”行动，打通淦中路南延、洋峰路西延、川南西路西延等支路，新增停车位6100个，完成3个农贸市场、29条背街小巷、57个老旧小区和240个住宅小区改造整治，通过国家卫生县城第三次复审，开展农村人居环境问题“大排查·大整治”集中攻坚月活动，推进农村“厕所革命”、农村生活垃圾治理等五大攻坚行动，完成144个省级新农村点建设，打造2条“三沿两岸一区”美丽乡村示范带、13个农村人居环境整治精品示范片区，新建成3条省级生态文明路，石口至新街上公路获评江西最美十大农村公路，所有行政村均开通公交班线。

主要领导人　县委书记：包静（任至1月）、邓永翔（1月任）。县人大常委会主任：陈春延。县长：傅小林。县政协主席：曾春保。

（邹洪生）

·永丰县·

【简　况】位于江西省中部，辖8镇、13乡、3场。总面积2710平方千米，其中城区面积18.7平方千米。耕地面积4.49万公顷，有林面积20.52万公顷；森林覆盖率71.5%，城区绿化率40.64%。总人口49.43万人，其中城镇人口23.92万人，人口自然增长率3.2‰。2020年，地区生产总值189.90亿元，增长4.7%。其中，第一产业增加值23.18亿元，增长2.4%；第二产业增加值83.29亿元，增长4.9%；第三产业增加值83.43亿元，增长5.2%。财政总收入22.04亿元，增长2.9%。税收占财政总收入的80.1%。一般公共预算收入13.01亿元，增长0.1%。一般公共预算支出42.42亿元，增长2.8%。规模以上工业增加值58.16亿元，增长5.2%。固定资产投资增长10.5%。实际利用外资1.05万美元；省外项目资金52.74亿元。农业总产值45.01亿元，增长2.6%。粮食总产量31.9万吨。主要农产品及产量有蔬菜31.72万吨、油茶3.361万吨、中药材9945吨。城镇居民人均可支配收入3.58万元，增长5.8%；农村居民人均可支配收入1.94万元，增长8.3%。城乡居民年末储蓄余额178.86亿元，增长16.05%。

【永丰县入选国家新一轮农村宅基地制度改革试点】9月27日，中央农办、农业农村部批复全国104个县（市、区）和3个设区市为新一轮农村宅基地制度改革试点地区。永丰县入选，试点期限2020—2022年。永丰县重视农村宅基地制度改革，因地制宜，大胆探索，推进农村集体产权制度改革、村庄规划编制、房地一体宅基地使用权确权登记颁证等宅基地制度改革相关基础工作，健全完善农村集体经济组织、基层宅基地管理和执法体系。

【永丰县入选全国绿色矿业发展示范区】12月11日，自然资源部公布50家绿色矿业发展示范区名单，江西省有3个市、县入选，永丰县金丰矿业、天宝矿业纳入国家绿色矿山名录。此次入选，标志着永丰县绿色矿业发展进入一个新阶段，这对推进全县绿色矿山建设，带动传统矿业转型升级，促进资源开发利用与经济社会全面协调可持续高质量发展起到重要推动作用。

【恩江古城创立国家3A级旅游景区】1月8日，经吉安市旅游景区质量等级评定委员会公告，永丰县恩江古城景区被认定为国家3A级旅游景区。景区规划面积80公顷，景区内有欧阳修纪念馆、状元楼、刘绎状元府等历史文化街区，以及江西现存最长的明代古城墙。围绕“品欧公文章、忆状元及第、游历史街区、尝特色美食”定位，四大功能片区应运而生，打造集文化体验、休闲旅游于一体的“活力慢城、乡愁故地、文创高地”。

【广源化工获评博士后科研工作站】 12月1日,经人力资源社会保障部和全国博士后管委会批准,江西广源化工有限责任公司设立国家博士后科研工作站。广源化工实施科技创新和人才引进战略,公司快速成长为"中国碳酸钙第一强企业"。公司积极参与国际竞争,通过自主研发打破欧美巨头技术垄断,引领中国碳酸钙产业快速发展。

主要领导人 县委书记:钟义山。县人大常委会主任:傅伟。县长:娄致文(任至9月)、柯柏云(9月任)。县政协主席:陶保平。

(黄颖婕)

·峡江县·

【简 况】 位于江西省中部,辖6镇、5乡。总面积1287.43平方千米,其中城区面积6.85平方千米。耕地面积2.33万公顷,有林面积7.21万公顷;森林覆盖率65.5%,城区绿化率35.67%。总人口19.03万人,其中城区人口7.35万人;人口自然增长率-4.6‰。2020年,地区生产总值77.79亿元,增长4.1%。其中,第一产业增加值12.13亿元,增长2.3%;第二产业增加值29.12亿元,增长4.9%;第三产业增加值36.54亿元,增长4.0%。财政总收入14.7亿元,增长2.9%。税收收入占财政总收入82.4%。公共财政预算收入8.49亿元,增长5%。财政总支出26.07亿元,增长0.9%。工业总产值205.4亿元,增长15%;规模以上工业增加值增长5.3%。固定资产投资增长10%。实际利用外资1361万美元,实际利用省外项目资金47.11亿元。主要工业产品有生物医药、装备制造、绿色食品。农业总产值23.24亿元,增长2.8%。粮食总产量21万吨。主要农产品有烟叶、杨梅、蔬菜、水产品。城镇居民人均可支配收入3.15万元,增长5.7%;农村居民人均可支配收入1.50万元,增长7%。城乡居民年末储蓄余额80.95亿元,增长23%。

【峡江县复评国家卫生县城】 围绕"巩固国家卫生县城成果"为重点,完善城市功能,强化城市管理,提升城市品位,加强环境整治,完善城市基础设施建设,动员全社会力量,通过组织开展城乡环境综合整治、城市功能与品质提升等活动,城乡环境面貌明显改善,市民文明素质不断提升。8月,全国爱国卫生运动委员会公布关于2019年国家卫生城市(区)和国家卫生乡镇(县城)复审结果,峡江县被确定为国家卫生县城。

【打造大健康产业融合发展新样板】 以落实中医药强省战略为契机,把中医药大健康产业定为首位产业,前端接上中药材种植,后端主抓康养旅游,以二产带一产促三产,打造大健康产业融合型高质量发展新样板。设立中药材种植发展基金,按种植品种及规模,为企业、合作社、种植大户兑现奖补资金1000万元,全县现有中药材种植面积超4000公顷。延长产业链条,发展中成药、中药饮片等大健康产业,培育本土中医药生产企业,为中药材规模种植、后续加工销售提供平台基础,产业规模突破100亿元。培育"健康+"产业,采取PPP模式撬动民资,完成投资5.6亿元玉笥养生谷项目二期建设。深化与江西中医药大学合作,在金坪民族乡打造全省规模最大的热敏灸小镇。

【峡江县巴邱沿江路堤竣工通车】 巴邱沿江路堤项目属省水利厅规划设计的五河治理项目,总投资3.5亿元,路堤南起原粮食局仓库,北至赣江大桥左岸桥头,总长4.25千米,宽15米,防洪设计标准41.6米黄海高程,设滨江和刘家2个电排站。工程于2018年启动,2020年10月竣工通车。

主要领导人 县委书记:刘志斌(任至2月)、郑军平(2月任)。县人大常委会主任:王振军(任至6月)、彭世富(6月任)。县长:郑军平(任至9月)、尹嵘峰(9月任)。县政协主席:胡新明。

(曾政)

·吉水县·

【简 况】 位于江西省中部,辖15镇、3乡。总面积2509.73平方千米,其中县城建成区面积22.19平方千米。耕地面积5.3万公顷;有林面积16.9万公顷,森林覆盖率65.5%;城区绿化率42.1%。总人口57.02万人,其中城镇人口24.5万人,人口自然增长率1.7‰。2020年,地区生产总值181.1亿元,增长3.8%。其中,第一产业增加值26.2亿元,增长2.8%;第二产业增加值67.1亿元,增长4.5%;第三产业增加值87.8亿元,增长3.3%。财政总收入20.2亿元,增长0.5%;人均财政收入3562.7元。税收占财政总收入80.9%。地方财政收入11.7亿元,下降2.9%。地方财政支出47.2亿元,增长1.5%。工业总产值25.3亿元,增长1.4%;规模以上工业增加值57.2亿元,增长5.2%,占地区生产总值31.6%。外贸出口1.7亿美元。固定资产投资99.8亿元,增长8.6%。实际利用外商投资1.14亿美元;实际利用省外投资5000万元以上项目资金55.4亿元。主要工业产品及产量有水泥25万吨、人造板6.2万平方米、松香类产品38.3万吨、电子元件1.69万件、印刷电路板498.3万平方米。农业总产值50.2亿元,增长8.9%。粮食总产量50.7万吨。主要农产品及产量有稻谷48.3万吨、水果4.4万吨、豆类0.7万吨、薯类1.7万吨、水产品2.4万吨。城镇居民人均可支配收入3.37万元,增长5.7%;农村居民人均可支配收入1.96万元,增长7.4%。城乡居民年末储蓄余额184.5亿元,增长12.2%。

【民生福祉提升】 开展脱贫攻坚"四十天决战整改"行动,瞄准剩余325户627个贫困人口,精准施策、重点攻坚,推行"遇困即扶"等工作机制,实施现行标准下农村贫困人口全部稳定脱贫。出台疫情下稳就业稳岗位等一系列措施,全年新增城镇就业4640人,转移农村劳动力6686人,城镇登记失业率控制在2.8%。城北学校基本完工,吉水五中、城南二小实现开学,吉水二中完成迁建并开学,新增学位5500个,破解"大班额"难题。推进学前教育提升行动,启动县中心幼儿园扩建,完成凤凰城小区等10所小区配套幼儿园治理工作,新增学位1290个，全县公办幼儿园在园人数占比33.2%。健康吉水不断深入，建成核酸检测实验室3个，启动新冠肺炎疫苗接种工作。推进县域综合医改，建成医疗健康综合管理服务体系信息平台，县妇保院门诊综合保健大楼封顶，枫江、黄桥等乡镇卫生院主体工程基本完工。养老、医保、救助、住房等政策全面落实，城镇困难对象1760户3381人实现脱贫，建成146个农村互助养老之家，全县行政村覆盖率59.1%。

【举行电视连续剧《井冈山儿女》开机仪式】 5月27日，电视连续剧《井冈山儿女》在吉水燕坊古村举行开机仪式。该剧在吉水燕坊和大坰古村等地取景拍摄10天。该剧取材于红军后代陈瑞生创作的长篇小说《风雨少年》，讲述1934年红军主力部队长征后，留在井冈山的红军后代在苏区群众保护下与敌人斗智斗勇，历经艰难，逐渐成长为红军战士，走上革命道路的故事。该剧由阚卫平担任导演，林江国、傅晶领衔主演，并入选江西文化艺术基金和国家广电总局"2019年度电视剧引导扶持专项资金"重点扶持项目。

5月27日，电视连续剧《井冈山儿女》在吉水燕坊古村举行开机仪式

吉水县史志档案馆供

【举行吉安·中国进士文化园开园活动】 9月29日—10月8日，吉水县举行吉安·中国进士文化园开园活动。活动主题为"十万进士耀中华，千年吉水绘画卷"。其间，将开展开园仪式、文创产品及特色产品展示活动，文化作品交流展活动，武状元考试，泮月池及古城墙武术、太极表演活动，状元游园、采茶戏展演活动，铁脚戏、鳌鱼灯非遗展演活动，吉水县旅游图片及书籍出版，旅游采风活动，祭拜孔子仪式，百名汉服秀直播，考生赶考晒书读书活动，国潮文化打卡，状元府第乐器弹奏，旅游产品推介会和网络讲解直播等内容。吉安·中国进士文化园位于吉水县城南，占地30.67公顷，采取古典造园手法，集聚中国传统文化和科举文化，结合庐陵文化特色，形成以进士文化为主题的首个历史文化园区。园区以进士博物馆为核心，由一带、二林、九园、十八景构成。一带，即园区西侧的状元省亲、巡游路线带；二林为香樟林、毛竹林；"九园"为松园、竹园、梅园、桂花园、玉兰园、樱花园、紫薇园、桃李园、郁金香园；"十八景"包括及第大观、书香万古、鼎元天下、大成至圣、鱼升龙门、状元府第、对台唱古、庐陵印象、远浦归帆、涌泉吉水、映日荷色、文峰古渡、鱼跃于渊、高步云衢、香溪环山、闱墨忆梦、独占鳌头和渔村夕照。整个园区文化布展征集文物，包括古籍文献，科举人物图像，状元、进士书画以及相关牌匾等1100余件套。

主要领导人 县委书记：袁守旺(2021年4月9日，因涉嫌严重违纪违法，接受省纪委省监委纪律审查和监察调查)。县人大常委会主任：刘龙林。县长：陈克龙(任至9月)、段恩雄(10月任)。县政协主席：王克齐。

(李大毛)

·泰和县·

【简　况】 位于江西省中部偏南，辖15镇、6乡、2场。总面积2495.25平方千米。耕地面积5.60万公顷，有林地面积14.78万公顷，森林覆盖率62.72%，城镇绿化率57.15%。总人口57.92万人，其中城镇人口21.56万人；人口自然增长率2.4‰。2020年，地区生产总值202.2亿元，增长3.9%。其中，第一产业增加值27.9亿元，增长2.0%；第二产业增加值93.4亿元，增长4.9%；第三产业增加值80.9亿元，增长3.1%。财政总收入25.03亿元，增长1.25%。地方财政收入15.73元，增长8.18%。税收收入18.88亿元，减少4.56%；占财政总收入75.43%，下降4.57%。一般公共预算支出46.53亿元，下降10%。规模以上工业增加值增长5.1%。固定资产投资102.77亿元，增长10.9%。实际利用外资1.18亿美元，增长7.45%；实现外贸出口2.76亿美元，增长17.36%。农业总产值51.8亿元，增长5.7%。粮食总产量49.35万吨。主要农产品及产量有蔬菜36.5万吨、家禽出笼2746.29万只、生猪出栏43万头、肉牛36.64万头、水产品2.67万吨。社会消费品零售总额83亿元，增长3.5%。城镇居民人均年可支配收入3.34万元，增长6.0%；农村居民人均可支配收入1.78万元，增长7.7%。城乡居民年末储蓄余额230.36亿元，增加19.49亿元，增长9.25%。

【现代农业】 全年全县3867公顷高标准农田建设全面完工，7个生猪生态循环养殖小区建成运营。新泰和乌鸡原种场建成托管运营，泰和乌鸡入选"2020中国品牌价值评价"区域品牌百强榜单，泰和乌鸡林下生态养殖系统入选第5批中国农业文化遗产名单。

【城乡融合】 泰和县祥和大道中段新建、井冈山大道改造提升、吉泰大道改造等顺利通车,城区“七横六纵”路网加速成型。推进县人民医院新建、县汽车客运站、车驾管便民服务中心等重大项目,垃圾填埋场改造提升、生活污水处理厂扩容提标等市政工程完工,1878 套棚户区改造开工,63 个老旧小区改造基本完成。477 个美丽乡村点和 16 个特色村点全面成型,25 户以上自然村实现全覆盖。“厕所革命”三年任务全面完成,农村卫生厕所普及率 92.59%,达二类县标准。

【惠民保障】 全县城乡居民基本养老保险实现全覆盖。投入 1.23 亿元,新改扩建校舍 4.9 万平方米,机关幼儿园城东、泽盛分园、城西实验学校、文田二小、高新区小学等一批学校建成开学,江西师范大学附属泰和杏岭实验中学挂牌。县中医院整体搬迁启用,推进图书馆、博物馆、美术馆陈展布展工程、县妇幼保健大楼项目,县人民医院、县中医院和县疾控中心核酸检测实验室建成投用。社区和居家养老服务中心投入运营,79 个农村互助养老之家建成。完成第 7 次全国人口普查登记。

主要领导人 县委书记:胡小勇(任至 8 月)、廖东生(8 月任)。县人大常委会主任:曾盈昌。县长:邓永翔(任至 6 月)、杨艳晖(6 月任)。县政协主席:万建中。

(刘捷)

·万安县·

【简 况】 位于江西省中南部,辖 9 镇、7 乡、1 垦殖场。总面积 2051 平方千米,其中城区面积 12 平方千米。耕地面积 2.65 万公顷,有林面积 12.44 万公顷;森林覆盖率 71.9%,城区绿化率 36.47%。总人口 31.62 万人,其中城区人口 13.00 万人;人口自然增长率 4.94‰。2020 年,地区生产总值 93.10 亿元,增长 4.3%。其中,第一产业增加值 13.60 亿元,增长 2.7%;第二产业增加值 31.96 亿元,增长 4.7%;第三产业增加值 47.54 亿元,增长 4.5%。财政总收入 13.87 亿元,增长 3.5%。税收占财政总收入 77.1%。固定资产投资 61.95 亿元,增长 10.2%。实际利用外资 410 万美元;实际利用省外项目资金 46.86 亿元,增长 9.1%。规模以上工业增加值 24.07 亿元,增长 5.4%;规模以上工业企业营业收入 85.6 亿元,增长 7.4%。主要工业产品有电子元件、光电源、啤酒、胶合板、工业锅炉。农业总产值 26.95 亿元。粮食总产量 2.25 亿吨。主要农产品及产量有生猪出栏 15.1 万头、油料、蔬菜、水果、肉牛、水产品。社会消费品零售总额 33.8 亿元,增长 3.7%。城镇居民可支配收入 3.08 万元,增长 5.6%;农村居民人均可支配收入 1.30 万元,增长 11.4%。年末金融机构各项存款余额 174.71 万元,增长 14.6%。

【城乡建设】 实施城市功能与品质提升 3 年行动,推进沿江路北延及“三馆”项目、建设路北延、城北大道、棚户区改造及安置房建设、职校整体搬迁、城乡水环境治理等一批项目。推动城南老旧小区改造综合示范工程,34 个老旧小区改造项目全面竣工。城北片区“两纵三横”路网基本贯通,形成集医院、学校、文化、商住等功能于一体的现代新城区。河西片区打通城市道路 8 条,农贸市场、污水处理厂等民生项目投入使用,提升城市功能品质。开展农村人居环境整治攻坚行动,重点打造杨万线和高铁连接线乡村振兴集成示范带,全面完成旱厕改造任务,累计拆危拆旧 36 万平方米,完成村庄整治项目 287 个。推进农村生态文明建设,加大农业面源污染治理、农村生活垃圾和生活污水治理力度,野生动物禁食、转产工作取得实效。耕地保护工作取得新成绩,万安县获全省节约集约用地考核进步奖,4 个城乡水环境综合治理先导项目全面完工。推进绿色殡葬改革,“三沿六区”散埋乱葬整治率 98.4%。推进八大标志性战役、30 个专项行动,实施“河长制”“湖长制”“林长制”,系统做好赣江、遂川江和蜀水河全流域综合治理,国控、省控断面水质达到或优于Ⅲ类标准,县城集中式生活饮用水源水质达标率 100%。

【万安县获批省级有机产品认证示范创建区】 12 月 28 日,经江西省有机产品认证示范区创建工作厅际联席会议审定,万安县为 2020 年度省级有机产品认证示范创建区,这是江西省首次开展省级有机产品认证示范区创建活动。至年底,全县有机产品获证企业有 7 家,证书 13 张,有机产品 15 个,有机产品以稻谷、茶叶、油茶、甲鱼为主,获证有机种植基地 9 个,种植面积 500 公顷,养殖基地 1 个,有机加工企业 5 家,年产量 267 吨,年产值 1500 余万元。示范创建区建设期 3 年,按计划完成创建工作,经省级考核验收合格后,可授予“江西省有机产品认证示范区”称号。

主要领导人 县委书记:李伟平。县人大常委会主任:胡影秋。县长:刘军芳。县政协主席:郭白云。

(叶章青)

·遂川县·

【简 况】 位于江西省西南部,辖 12 镇、11 乡、3 国有林场。总面积 3144.17 平方千米,其中城区面积 24.34 平方千米。耕地面积 25.80 万公顷,有林面积 25.08 万公顷;森林覆盖率 79.09%,城区绿化率 41.83%。总人口 62.18 万人,其中城镇人口 21.43 万人;人口自然增长率 5.72‰。2020 年,地区生产总值 171.1 亿元,增长 4.1%。其中,第一产业增加值 15.9 亿元,增长 2.6%;第二产业增加值 72.2 亿元,增长 4.5%;第三产业增加值 83.0 亿元,增长 4.1%。财政总收入 17.26 亿元,增长 0.3%。税收收入 13.61 亿元,占财政总收入 78.8%。一般公共预算收入 10.9 亿元,下降 2.5%。一般公共预算支出 50.61 亿元,下降 5.8%。规模以上工业企业总产值 235.07 亿元,下降 8.0%;规模以上工业增加值增长 4.9%。固定资产投资增长 9.6%;外贸出口 3800 亿美元。实际利用外资 5854 万美元,增长 4%。农业总产值 31.2 亿元,增长 3.1%。粮食总产量 27.73 万吨,主要农产品及产量有油料 8324 吨、茶叶 4628 吨、水果 6.35 万吨、生猪出栏 16.88 万头。城镇居民人均可支配收入 3.15 万元,增长 5.5%;农村居民人均可支配收入 1.29 万元,增长 9.5%。金融机构年末储蓄余额 238.1 亿元,增长 5.9%。

【遂川县获“中国高山温泉茶之乡”称号】 6 月 28 日,中国国际茶文化研究会授予遂川县“中国高山温泉茶之乡”称号。遂川被评为中国特色农产品优势区,“中国茶业百强县”。狗牯脑茶入选农业农村部农产品地理标志,入选区域品牌(地理标志产品)百强榜单。狗牯脑茶被列入中国茶叶股份有限公司(简称中茶公司)生态特选茶扶贫系列产品之一,成功进入中茶公司营销渠道,荣获江西农产品 20 大区域公用品牌第 2 名。狗牯脑茶还进入首批 100 + 100 中欧地理标志协定保护名录,在第十届“中绿杯”名优绿茶质量推选活动中荣获“金奖”。江西遂川“问茶寻春”之旅游线路在全国 185 条精品茶旅线路中脱颖而出,入选“春季踏青到茶乡——全国茶乡旅游精品路线”。成功聘请茶界仅有的 2 名院士陈宗懋、刘仲华为遂川狗牯脑茶首席科学家。至年底,全县茶园面积达 1.87 万公顷,品牌价值 25.37 亿元。

【五斗江湿地公园通过国家验收获正式授牌】 推动自然保护地建设,先后申报建设一批国家级、省级自然保护区、湿地公园、森林公园,推进全县生态文明建设。12 月 25 日,国家林业和草原局下发《关于 2019 年试点国家湿地公园验收情况的通知》批准设立江西遂川五斗江国家湿地公园。该公园是遂川县首个国家级自然保护地,也是吉安市首个国家级湿地公园。遂川县从 2014 年申报湿地公园试点建设到 2019 年试点建设期满迎接国家验收,历时 5 年,其间,相继实施湿地恢复、湿地科学监测、生态旅游设施、湿地景观保护、科普宣教等工程项目建设,总投资额 3500 余万元。该公园全长 80 千米,总面积 897.3 公顷,涵盖五斗江乡、衙前镇和双桥乡 3 个乡 11 个行政村,主要分生态保育区、宣教展示区、合理利用区、管理服务区 4 个功能区。

主要领导人 县委书记:张智萍。县人大常委会主任:陈道萍(任至 5 月)、刘大春(5 月任)。县长:肖凌秋。县政协主席:刘路生(任至11 月)。

(张春艳)

·安福县·

【简 况】 位于江西省中西部,辖 7 镇、12 乡。总面积 2795.81 平方千米,其中城区面积 18.5 平方千米。耕地面积 4.58 万公顷;森林覆盖率 67.1%。总人口 41.84 万人,其中非农业人口 14.37 人;人口自然增长率 3.89‰。2020 年,地区生产总值 163.69 亿元,增长 4.6%。其中,第一产业值 21.47 亿元,增长 2.4%;第二产业值 71.51 亿元,增长 5.0%;第三产业增加值 70.71 亿元,增长 5.0%。财政总收入 20.58 亿元,增长 2.5%。一般公共财政预算收入 12.23 亿元。税收收入 16.46 亿元,占财政总收入 80.0%。地方财政支出 39.88 亿元,下降 4.4%。工业总产值 255.4 亿元,增长 0.2%;规模以上工业增加值 58.6 亿元,增长 5.5%。固定资产投资 112.33 亿元,增长 10.6%。实际利用外资 8750 万美元,增长 7.7%;利用省外项目资金 57.16 亿元,增长 8.86%。主要工业产品及产量有水泥熟料 143.7 吨、液压元件 95.5 万件、电子元件 5449 万只、水力发电量 1.26 亿千瓦小时、鞋 211 万双。农业总产值 41.71 亿元。粮食总产量 33.52 万吨。主要农产品及产量有稻谷 32.16 万吨、蔬菜 17.38 万吨、肉类 4.5 万吨、油料总产 2.04 万吨、水果 2.64 万吨。城镇居民人均可支配收入 3.33 万元,增长 5.0%;农村居民人均纯收入 1.74 万元,增长 8.4%。社会消费品零售总额 82.86 亿元,增长 3.9%。金融机构年末存款 224.78 亿元,增长 12.5%。

【安福县获国家生态文明建设示范县称号】 10 月 26 日,国家生态环境部发布第 4 批国家生态文明建设示范县称号名单,江西省有 5 个县获评,安福县榜上有名。该县深入学习贯彻习近平生态文明思想,践行“绿水青山就是金山银山”理念,坚持“在生态文明试验区建设上做样板、在全域旅游发展上走前列”发展战略和节约资源、保护环境的基本国策,统筹山水林田湖草系统治理,实行最严格的生态环境保护制度,形成生态良好的文明发展道路,生态文明建设创建取得实效。全年全县耕地面积 4.58 万公顷,山地面积 20.2 万公顷。

【陈山红心杉结硕果】 陈山红心杉是国家地理标志产品,江西特有树种,享有“闻名全国、甲于东南”美称。该县推进陈山红心杉产业化建设,高起点规划、高标准建成陈山红心杉采种基地 310 公顷、陈山红心杉速生用材林木良种基地 33.2 公顷、陈山红心杉二代种子园 16.67 公顷;建成无性系扦插圃、组培苗圃、种子园嫁接苗圃、容器苗圃等多样化、适用型示范苗圃 3.33 公顷;建成育苗基地规模 66.67 公顷。年产优质陈山红心杉一级苗已达 5000 万株、无性系扦插苗 120 万株。按照“大规模、深加工、精产品、低耗材、低排放”要求,培植以陈山红心杉为主要材料的木材加工企业 34 家,其中生产陈山红心杉精品地板、高档家具和工艺品的骨干企业 6 家,产品畅销上海、武汉、广州等大中城市和港澳地区。全县木材加工企业共解决就业 690 余人。

【横龙镇入选 2020 年农业产业强镇建设名单】 5 月 26 日,农业农村部办公厅、财政部办公厅联合公布 2020 年农业产业强镇建设名单,江西 6 个乡镇上榜,横龙镇成为吉安市唯一入选的乡镇。该镇曾经是赣中柑橘主产地之一,全县九成的柑橘产自这里。为助推产业提档升级,该镇因势利导推动“退橘改柚”工程,把橘子园变成柚子园,大力种植金兰柚。依托原产地和土地资源优势,推动土地流转实施规模化种植,引导广大农民开发和利用荒山、荒坡、荒滩、残次林地、撂荒地和房前屋后空闲地种植金兰柚,把金兰柚打造成富民强村的“黄金果”。

主要领导人 县委书记:贺利华。县人大常委会主任:杨红大。县长:王玮(任至 3 月)、毛江虎(4 月任)。县政协主席:吴杰。

(刘武文)

·永新县·

【简　况】 位于江西省西部,辖10镇、13乡、1街道办事处、1林场。面积2194.57平方千米,其中县城建成面积16.3平方千米。耕地面积3.16万公顷;有林面积16.44万公顷,森林覆盖率65.68%。总人口52.52万人,其中城镇人口20.69万人;人口自然增长率6.33‰。2020年,地区生产总值115.1亿元,增长4.1%。其中,第一产业增加值17.8亿元,增长2.2%;第二产业增加值28.9亿元,增长4.8%;第三产业增加值68.4亿元,增长4.3%。财政总收入12.8亿元,增长3.5%。一般公共财政预算收入7.6亿元,增长3.0%。一般公共财政预算支出40.33亿元,增长7.8%。工业总产值91.8亿元,增长14.0%;规模工业主营业务收入90.4亿元,增长17.2%;规模工业增加值增长5.1%。固定资产投资81.6亿元,增长9.8%。实际利用外资4846万美元,增长7.75%;实际利用省外项目资金49.55亿元,增长8.88%。农业总产值35.4亿元,增长2.7%。城镇居民人均可支配收入2.83万元,增长5.5%;农村居民人均可支配收入1.27万元,增长9.4%。城乡居民年末储蓄余额18.98亿元,增长12.7%。

【江西物联网智能制造永新示范园签约仪式举行】 1月13日,江西物联网智能制造永新示范园签约仪式在永新县举行。县委书记肖兵出席仪式并致辞,县委副书记、县长孙劲涛主持仪式,弈博太集团董事、弈博智能信息技术有限公司总经理窦学斌参加仪式。仪式上,弈博太集团董事、弈博智能信息技术有限公司总经理窦学斌与副县长刘俊生共同签订项目协议书。江西物联网智能制造永新示范园是以深圳弈博智能信息技术有限公司为主导的多家企业共同投资兴建的高端物联网智能制造项目。该项目总投资额20亿元,主要从事物联网智能设备研发、加工、组装、销售和运营。

【永新县7个乡村被认定为国家森林乡村】 3月,国家林业和草原局公布第二批国家森林乡村认定名单,其中,永新县坳南乡牛田村、埠前镇燕溪村、才丰乡联合村、高市乡滨江村、龙源口镇墩上村、曲白乡浆坑村、三湾乡三湾村7个乡村上榜。开展国家森林乡村建设,是示范带动乡村绿化美化、推进落实乡村振兴战略和农村人居环境整治的重要措施,加快乡村绿化美化,提升村容村貌,建设美丽宜居乡村。被认定为国家森林乡村,可按照统一标识制作和使用国家森林乡村牌匾。

【龙春仁当选全国劳动模范】 11月24日,全国劳动模范和先进工作者表彰大会在北京召开。会上,永新县工业园区农民工龙春仁当选全国劳动模范。龙春仁是永新县首个当选全国劳模的非公企业农民工。龙春仁,男,1968年2月11日出生,江西省永新县怀忠镇人。龙春仁是江西青特化学有限公司的一线职工,扎根化工生产一线12年,为企业节能环保、安全生产、技术创新作出突出贡献。2008年3月,龙春仁进入江西飞翔医药化学有限公司当操作工,凭借他对那份工作的珍惜与热爱,在1个月就能单独上岗操作。由于勤奋好学,工作努力,3个月后基本掌握公司全部产品的工艺流程和操作方法,因工作表现出色,龙春仁被评为优秀员工。2009年,公司在永新县茅坪工业园建设新厂房,龙春仁被任命为三乙铵盐酸盐班组的班组长。2015年,因工作成绩突出,龙春仁被授予江西省劳动模范。

【电影《三湾改编》启动仪式暨新闻发布会在北京举行】 12月18日,电影《三湾改编》启动仪式暨新闻发布会在北京举行。电影《三湾改编》由江西电影制片厂有限责任公司、井冈山西江月文化传媒有限公司和八一电影制片厂联合出品。该片导演为八一电影制片厂一级导演杨虎,编剧为王玮,主演为郭广平。影片讲述1927年秋收起义失败后,毛泽东在江西省永新县三湾村领导"三湾改编",创造性地确立"党指挥枪""支部建在连上""官兵平等"等一整套崭新的治军方略,全景式展示中国共产党建设新型人民军队最早的一次探索和实践。

主要领导人 县委书记:肖兵(任至9月)、孙劲涛(9月任)。县人大常委会主任:尹毅斌。县长:孙劲涛(任至10月)、古秋云(10月任)。县政协主席:曾志华。

(史冬华)

抚州市

【概　况】 位于江西省东部,辖9县、2区和抚州国家级高新技术开发区、东临新区。总面积1.88万平方千米,其中城区面积63.55平方千米。耕地面积34.26万公顷,有林面积131.86万公顷;森林覆盖率66.3%,城区绿地率46.12%。总人口361.49万人,其中城镇人口205.89万人。2020年,地区生产总值1572.51亿元,同比增长3.7%。其中,第一产业增加值221.38亿元,增长2.3%;第二产业增加值588.85亿元,增长4.2%;第三产业增加值762.28亿元,增长3.7%。财政总收入216.59亿元,增长1.7%。其中,税收收入180.36亿元,增长0.7%,占财政总收入83.3%;公共财政预算收入130.34亿元,增长0.8%。财政预算支出499.65亿元,增长5.2%。工业增加值415.31亿元,增长4.0%;规模以上工业增加值增长4.8%。外贸出口总额162.74亿元,增长16.3%,占地区生产总值的10.35%。固定资产投资增长8.7%;实际利用外商投资4.41亿美元,增长7.0%。进出口总值173.87亿元,增长14.1%。主要工业产品及产量有铜材80.49万吨、饲料30.82万吨、塑料制品12.12万吨、人造板81.53万立方米、水泥305.79万吨。农业总产值383.25亿元,增长2.8%。粮食总产量261万吨。主要农业产品及产量有油料作物产量5.53万吨、棉花产量0.25万吨、园林水果产量162.66万吨、茶叶产量0.29万吨、肉类产量30.14万吨、水产品17.56万吨。城镇居民人均可支配收入3.66万元,增长6.1%;农村居民人均可支配收入1.74万元,增长8.1%。城乡居民年末储蓄余额1698.61亿元，比年初增加210.50亿元。

【新冠肺炎疫情后经济回稳】 2020年，抚州市开展"项目建设提速年"活动，实行每季度常态化调度机制，466个市重点项目完成投资971.1亿元，占年计划113.4%。市区融合关键性工程钟岭大道西延伸工程建成通车，崇岗大道市区段道路基础工程基本完成，市中心城区应急备用水源工程竣工通水，一批基础设施、产业发展、社会事业、生态治理等重点项目竣工投运。新引进高新区星禾云云计算、临川区智汇产业园、东乡区永冠新材生产基地、"宜黄之光"光电产业园等"5020"项目18个，继续实现省级以上开发区全覆盖。其中，总投资超50亿元的3个。引进上市公司万向新元科技，志特新材通过发审会审核。外贸出口稳中提质。海西保税物流中心(B型)报海关总署审批。抚州市进入全省口岸赣欧班列"三同"试点范围。全市出口逆势增长，增速比上年提高9.6个百分点，其中，东乡区永冠科技当年出口1.2亿美元、增长67%。商贸消费加速升级。抚州市入选省文化和旅游消费试点城市创建单位，崇仁县获评国家电子商务进农村综合示范县，黎川县入选全国"互联网+"农产品出村进城工程试点县。

【数字经济生态圈初步形成】 2020年，中国联通(江西)云数据中心落户抚州，全国智慧村医工程(抚州)健康大数据中心落成启动，江西省信息技术网络安全研究院在抚州市成立，抚州高新区数字小镇获批省级特色小镇，支持九木集团与华为合作设立数据中心联合创新实验室，引进华为等数字经济研发、浪潮集团等数字装备制造、思极智云等数字应用企业，以算力为核心的前端研发、中端制造、后端应用数字经济生态圈初步形成。全年数字经济增加值385亿元，占地区生产总值24.5%。

【2020年江西文化强省建设推进大会系列活动在抚州举办】 7月9日至15日，2020年江西文化强省建设推进大会系列活动在抚州文昌里历史文化街区举办，这是该活动首次由设区市承办。活动主题为"文化的力量"，巡礼展设立综合展区、省属文化企业展区、设区市展区、特色文化展区和26个独立展馆。活动安排有文艺表演、非遗展示、红色朗读亭、多种VR沉浸式体验、科技换装、先进模范现场互动、"学习强国"挑战答题等互动活动，设置有图书现场签、大所讲堂、智慧书店自助购、中医热敏灸和香疗体验等内容，增强参与性、互动性和趣味性。其间，每日有精品剧目在江西艺术中心、汤显祖大剧院、东乡大剧院、陆九渊文化艺术中心、抚州幼专剧场等处上演，展现江西厚重历史文化与缤纷赣鄱风情。

【"赣抚农品"新闻发布会暨品牌授权仪式举行】 9月7日，抚州市农产品区域公用品牌"赣抚农品"新闻发布会暨品牌授权仪式在汝水森林宾馆举行。发布会以"生态抚州　绿色农品"为主题，对"赣抚农品"进行品牌推介，现场公布首批15家授权使用"赣抚农品"品牌的企业并颁发授权证书。"赣抚农品"是抚州市委、市政府统筹规划，市农发投公司打造的全市域农产品区域公用品牌。品牌围绕抚州"一县一业""一村一品"特色农产品，以"区域公用品牌+企业产品品牌"的母子品牌战略为主线，打造标准化体系、信用体系、可追溯体系、金融支持体系、营销宣传体系、信息化体系、科技创新体系7大体系，探索一条差异化、特色化、品质化发展路径，助推生态产品价值实现。全年南丰蜜橘、崇仁麻鸡进入2020中国地理标志产品品牌价值100强；3个地理标志产品入选中欧地理标志互认保护名单；新增地理标志商标5件，居全省第1位。

【2020(第六届)江西省互联网大会在抚州举行】 11月6日，以"智汇江西新时代，创享数字新未来"为主题的2020(第六届)江西省互联网大会开幕式在抚州举行。国家部委和省领导，省内外知名互联网企业精英、科研院校专家学者，抚州市和全省各设区市及部分省直单位负责人，以及全国30余家主流媒体记者共1200余人参加活动。设置多个分论坛，与会专家围绕5G应用、数字经济等产业前沿问题进行主题报告或演讲。

主要领导人 市委书记：肖毅(2021年5月，因涉嫌严重违纪违法，接受中央纪委国家监委纪律审查和监察调查)。市人大常委会主任：魏建锋。市长：张鸿星。市政协主席：黄晓波。

(谷丽茜)

·临川区·

【简　况】 位于江西省东部，辖6乡、17镇、1垦殖场、5街道办事处、1工业园区和昌抚合作示范区。总面积2126平方千米，其中城区面积85.3平方千米。耕地面积5.5万公顷，有林面积7.68万公顷，森林覆盖率42.8%。常住人口131万人，其中城镇人口60万人，农村人口71万人。2020年地区生产总值486.2亿元，增长3.6%。其中，第一产业增加值49.1亿元，增长2.3%；第二产业增加值220.8亿元，增长5.0%；第三产业增加值216.3亿元，增长2.1%。财政总收入24.1亿元，增幅1.1%。税收21.5亿元，占财政总收入的88%。一般公共预算收入13.8亿元，下降2.9%。一般公共预算支出64.9亿元，下降7.6%。规模以上工业总产值226.41亿元，增长11.9%；规模以上工业增加值增长4.6%。固定资产投资增长8.8%。社会消费品零售总额186.2亿元，增长3.2%。外贸出口总值18.5亿元，增长9.46%；实际利用外资5612万美元，增长6.31%。主要工业产品及产量有水泥141.79万吨、精炼铜8.61万吨、人造板17.84万立方米、化学农药216.8吨、饲料17.25万吨。农业总产值43.86亿元，增长3.9%。主要农产品及产量有粮食53.27万吨、西瓜28.27万吨、生猪出栏22.56万头、家禽出笼311.71万只。水稻种植面积8.88万公顷。城镇居民人均可支配收入4.51万元，增长6.5%；农民人均纯收入2.13万元，增长8.2%。

【推进城乡建设】 2020年，临川区实施城市功能与品质提升项目44个，总投资36.7亿元。新建城区道路6条，实施道路白改黑及拓宽改造

7条,学成路及抚州大道、才子大桥建成并通车;完成城区生活污水处理厂提标扩容改造,铺设污水管网25.4千米,棚户区改造涉及1500户、22.6万平方米,实施老旧小区改造8个;“一河两岸”提升改造完成,党建文化园、文化中心、临汝书院等竣工并投入使用。完成东华理工大学新校区房屋征收,抓紧编制城南新区规划;开展城区环境整治、生态绿化修复、拆违拆临和“全民洗城”等行动;推进337个省级村点新农村建设,受益农户达1.8万户、约7万人;第三方治理农村生活垃圾机制运行良好,完成农户改厕7910户,完成罗针等6个乡镇农村生活污水处理设施建设,实施畜禽粪污处理及资源化利用项目。

【粮食产业发展升级】 2020年,临川区围绕打造粮食生产核心区的目标,推进粮食产业发展升级。百亩以上种粮大户478户,千亩以上种粮大户46户;实施“科技兴粮”战略,开展粮食高产创建、水稻防病虫、测土配方施肥、机械化作业等工程,推广水稻抛秧2.8万公顷,推广测土配方施肥8.67万公顷,惠及19.6万农户;向国家争取支持现代农业生产发展水稻产业项目6个、国家增产千亿斤粮食高标准农田建设工程项目12个;粮食种植面积达8.67万公顷,粮食总产量68.2万吨;有省级龙头企业8家、市级龙头企业26家;连续12年荣获“全国粮食生产先进县(区)”称号。

【加快科技创新】 2020年,临川区研发投入占地区生产总值比重达1.87%,今日电气“5G智能变电站能源能耗管理系统开发与应用”项目入选科技部“科技助力经济2020”重点专项,银涛药业、自立环保获“抚州市科技创新团队奖”。新增高新技术企业22家、科技型中小企业49家,4家企业获评省级“专精特新”企业,组织10家企业申报2020年瞪羚(潜在瞪羚)企业。5家企业申报市级工程技术研究中心。专利申请量1259件、专利授权量596件,1家企业获国际专利(PCT)授权,填补抚州市申报国际专利的空白。

主要领导人 区委书记:董东明。区人大常委会主任:吴茂发。区长:杜晓良。区政协主席:江瑞庆。

(魏会华　肖玲芬　黄川)

·南城县·

【简　况】 位于江西省东部,辖10镇、2乡。总面积1713平方千米,其中城区建成面积16.9平方千米。耕地面积2.82万公顷,林地面积12.26万公顷;森林覆盖率64.5%,城区绿化率55.4%。总人口35.3万人,其中城镇人口19.92万人;人口自然增长率7.48‰。2020年,地区生产总值152.97亿元,同比增长3.9%。其中,第一产业增加值18.98亿元,增长2.7%;第二产业增加值54.82亿元,增长2.4%;第三产业增加值79.17亿元,增长5.5%。财政总收入17.57亿元,增长1.7%。税收收入15.24亿元,增长0.8%,占财政总收入的比重86.8%。地方财政收入10.37亿元,增长0.9%。工业增加值43.68亿元,增长1.6%。社会消费品零售总额40.75亿元,增长3.7%。主要工业产品及产量有水泥143.65万吨、饮料酒1.33万吨。农业总产值32.1亿元,增长3.3%。粮食总产量26.4万吨。主要农产品及产量有水产品4.12万吨、水果8.95万吨、柑橘8.58万吨、稻谷25.01万吨、家禽468.92万只、禽蛋1.80万吨、生猪出栏23.42万头。城镇居民人均可支配收入3.9万元,增长5.9%;农村居民人均可支配收入1.97万元,增长7.1%。城乡居民年末储蓄余额129.87亿元,增长17.2%。

【数字经济】 南城县围绕“光网”城市建设,抢抓“新基建”,统筹推进5G建设和发展工作。2020年,南城县开通2座5G基站,建设13万个光网信息点,建成24座物联网基站。推进校具(教育装备)产业园和电子信息产业园标准厂房及配套设施建设。两个产业园一期建成32万平方米标准厂房,入驻高科技企业13家,二期进场施工。围绕打造数字经济科创平台,柔性引进科技人才109人,建设国家级科技载体1个(国家级星创天地——江西仙绿创业孵化基地),省级科技平台载体3个(省级工程技术研究中心2个,省级众创空间1个)。全年南城县拥有联益电子、聚德电子等数字经济国家高新技术企业31家,国家科技型中小企业42家。以电子信息产业为主导的数字经济实现销售收入58.3亿元,同比增长8.7%。新建50个农村淘宝村级服务站和40个便民服务站,设立全市首个电商县级运营中心、集散中心,构建起“县—乡—村”配送模式,一批地方特色产品插上数字经济翅膀“飞”向全国各地,南城县也因此被评为国家电子商务进农村示范县。

【农村客运】 2020年,南城县实施交通便民民生工程,围绕“畅乡通村、提质增效”目标,破除城乡一体化发展的“肠梗阻”,疏通乡村产业振兴的“毛细血管”,通过探索农村客运发展新模式,让农村群众“行有所乘”。南城县新规划启动建设南城县客运站、徐家客运中心、上唐客运中心、路东客运中心、火车站客运枢纽等站点建设,以县城为中心、以农村公路为纽带、客运站(亭)为节点,内通外连、城乡联动、四通八达的县域公路网络格局基本形成。全县12个乡镇、150个村路面硬化率100%,通客车率100%,开通农村客运班线69条,有96辆农村班线客运车辆运行。全年2个乡、30个村由班线客运改为公交客运。

【绿色金融改革】 南城县通过多种途径鼓励金融机构先行先试,创新“绿易贷”“林农快贷”“商标质押”等绿色金融产品,破解融资难题,实现金融信贷“产品大众化+服务精准化”。南城县农业银行推出“绿易贷”,全年放贷8700万元,惠及小微个体2000多户。县建设银行尝试“林农快贷”,凭经营权无实物抵押放贷2100万元。全县整合筹措5.2亿元绿色产业发展引导基金和5.37亿元校具产业“订单贷款”,支持和推进中药材种植加工、蔬菜水果种植、生态养殖、教育装备等绿色产业发展。与省农发行对接,探索河道清淤疏浚沙石收益质押贷款3.2亿元,用于廖坊水库的复绿与灌溉、金山口老旧工业园区污水处理等11个生态修复和环境治理项目建设。

主要领导人 县委书记:王小林。县人大常委会主任:陈胜堂。县长:汪华辉。县政协主席:朱文泉。

（吴云华）

·黎川县·

【简　况】 位于江西省中部偏东,辖8乡、7镇、1企业集团和1垦殖场。总面积1728.56平方千米,其中城区面积14.74平方千米。耕地面积2.21万公顷,林地面积13.095万公倾;森林覆盖率73.29%,城区绿地率43%。总人口20.52万人,其中城镇人口12.27万人。2020年,地区生产总值85.45亿元,同比增长3.7%。其中,第一产业增加值11.95亿元,增长2.3%;第二产业增加值28.74亿元,增长4.1%;第三产业增加值44.76亿元,增长3.8%。财政总收入11.77亿元,增长3%。税收占财政总收入81.67%。规模以上工业增长4.9%。县内主要工业产业有陶瓷、新型材料等,年产值分别为60亿元、8.5亿元。农业总产值21.29亿元,增长2.9%。粮食总产量15.2万吨。主要农产品及产量有生猪出栏10.6万头,生猪存栏9.26万头、家禽出笼634.7万只、存笼175.02万只。固定资产投资增长8.5%。社会消费品零售总额26.2亿元,增长3%。城镇居民人均可支配收入3.21万元,农村居民人均可支配收入1.62万元,分别增长5.4%和7.1%。城乡居民年末储蓄余额85.39亿元,增长13.6%。

【脱贫攻坚】 2020年黎川县实施“十大清零”行动,做好“两基两业”,完成省级脱贫攻坚专项调查。建立健全预警监测和致贫返贫防范机制,3390户9048名建档立卡贫困群众全部稳定脱贫,人均年收比上年增长16.5%,全年未出现一例致贫返贫。助推贫困户稳岗就业“七个一”创新做法被推广,华山镇华联村、潭溪乡三都村、龙安镇柘园村分别亮相央视“一村一寨总关情”“走村直播看脱贫”“百村脱贫记”等扶贫专题栏目。推进城镇贫困群众脱贫解困工作,1747户2605名城镇贫困群众脱困退出。

【卫生县城创建】 2020年,在江西省爱国卫生运动委员会公布的《关于命名2020年度江西省卫生城市(县城)的决定》中,黎川县榜上有名。黎川县开展创建省级卫生县城,建立“条块结合、上下联动、重点攻坚、整体推进”的创建机制,通过加大宣传、集中攻坚、全民参与等多种形式,推进省级卫生县城创建工作。利用“黎川发布”两微一端、电视等新闻媒体宣传各项创建措施、创建活动、创建典型、卫生与健康知识等。设置创卫宣传栏、电子屏130多个,发放创卫一封信及健康知识折页3.5万余份。创作一批宣传创卫工作的文艺节目,在全县各社区、街区巡回演出,形成人人关心创卫、支持创卫、参与创卫氛围。打好环境卫生提升攻坚战、市容市貌提升攻坚战、市政设施提升攻坚战“三大战役”,通过环境清理、综合整治、小区改造等各种措施,提升群众的幸福感和获得感。

【2020抚州旅游产业发展大会召开】 8月25日至26日,2020抚州旅游产业发展大会在黎川召开。25日,由受邀参加2020抚州旅发大会的旅行社和福建省部分县(区)领导组成的文化旅游项目观摩团到该县,参观黎川古城景区、油画创作基地、油画陶瓷交易中心、德胜农垦小镇等景点,观油画风采,赏古城美景,游农垦小镇,品煲都美食。25日晚,召开2020抚州旅游产业发展大会·旅游推介会,推介环节分为“世界抚州”“寻梦抚州”“生态抚州”“休闲抚州”4个篇章。会上举行11个重大项目签约仪式,总投资达60多亿元。

主要领导人 县委书记:聂仕雄。县人大常委会主任:顾波(任至7月)、聂平太(7月任)。县长:江志坚(任至9月)。县政协主席:章劲松(任至7月)、章军华(7月任)。 （过印光）

·南丰县·

【简　况】 位于江西省东部,辖7镇、5乡、1场。总面积1920平方千米,其中城区建成面积14.5平方千米。耕地面积1.79万公顷,林地面积15.04万公顷;森林覆盖率78.12%,城区绿化率45.27%。总人口31.48万人,其中城区人口13.71万人;人口自然增长率4.68‰。2020年,地区生产总值142.39亿元,同比增长3.4%。其中,第一产业增加值33.62亿元,增长2.1%;第二产业增加值34.38亿元,增长1.4%;第三产业增加值74.39亿元,增长4.9%。财政总收入13.8亿元,增长2.3%。税收占财政总收入83%。地方财政收入8.6亿元,增长8.7%。地方财政支出34.03亿元,增长1.78%。规模以上工业总产值27.35亿元,增长3.4%;规模以上工业企业增加值增长4.6%。外贸出口

2020年,抚州市南丰县蜜橘种植面积达5.07万公顷,带动近3000户贫困户脱贫致富　　省扶贫办供

总值10.82亿元,外贸出口占地区生产总值7.6%。固定资产投资增长8.5%,实际利用外商投资2555万美元。主要工业产品及产量有中成药370吨、锂离子电池1541万只、商品混泥土31.56万立方米、葡萄酒2698千升、铝材2520吨。农业总产值59.9亿元,增长2.4%。粮食总产量6.8万吨。主要农产品及产量有南丰蜜橘121万吨、稻谷6.53万吨、蔬菜15.2万吨、西瓜4.47万吨、生猪出栏9.76万头。城镇居民人均可支配收入3.69万元,增加1814元;农村居民人均可支配收入2.52万元,增加1633元。城乡居民年末储蓄余额97.43亿元,增长4.1%。

【脱贫攻坚】 2020年,面对新冠肺炎疫情影响下南丰蜜橘销售难题,南丰县委、县政府探索新型直播带货销售模式,为群众网上卖橘。同时南丰县实施蜜橘销售财政奖补,2月16日至3月31日,县内蜜橘鲜销企业或个人在规定时间内向橘农收购南丰蜜橘达50吨(含50吨)以上的,按实际南丰蜜橘收购量20元/吨的标准予以奖补;县内电商企业电商出单数100单以上的,按0.5元/单的标准予以奖补等。南丰县依托南丰蜜橘、甲鱼、白莲、槟榔芋、蜜蜂、茶树菇等特色种养业,建立产业扶贫示范基地32个,吸纳、带动贫困户3000余人;通过"基地+合作社+贫困户""三变三带三联三创"等模式,基地与贫困户之间建立起利益联结机制,实现贫困户户均年增收1000元以上。对2016年年初尚未脱贫的贫困户发放光伏发电收益分红每年每人500元,全年光伏发电收益共发放67.2万元,24个贫困村每村获益2.8万元。至年底,南丰县建档立卡贫困户3594户1.10万人,全部退出达标,贫困户人均纯收入增幅高于全省平均水平,人均纯收入超出8000元的贫困家庭占比达91.18%,贫困户工资性收入占比57.16%,生产经营性收入占比19.89%,两项收入占比均大幅度高于全省平均水平。

【潭湖湿地公园晋升为国家级湿地公园】 3月18日,国家林业和草原局国家级自然公园评审委员会2019年第二批国家级自然公园评审会的评审结果出炉,江西南丰潭湖湿地公园晋升国家湿地公园。该园在保护湿地生态系统、合理利用湿地资源、开展湿地宣传教育和科学研究等方面,均取得突出成效。此次全国共有3处省级湿地公园晋升为国家级湿地公园,南丰县潭湖湿地公园成为江西省唯一入选的省级湿地公园。

【南丰县图书馆入选全国"双服务"文化建设先进集体名单】 11月,中宣部、文化和旅游部、国家广电总局对第八届全国服务农民、服务基层文化建设先进集体入选单位进行公示,南丰县图书馆榜上有名。这是江西省唯一入选的县级图书馆。南丰县图书馆为国家二级公共图书馆,馆藏纸质图书逾20万册、古籍3487册、电子图书46万册、电子期刊2000种。

主要领导人 县委书记:吴自胜。县人大常委会主任:段云来。县长:乐启文。县政协主席:邓军。

(李燕青)

·崇仁县·

【简 况】 位于江西省中部偏东,辖7镇、8乡,总面积1520平方千米。耕地面积2.6万公顷,有林面积9.89公顷,森林覆盖率为70%。总人口38.89万人,其中城镇人口10.07万人;人口自然增长率-2.7‰。2020年,地区生产总值134.53亿元,同比增长4.2%。其中,第一产业增加值29.06亿元,增长2.6%;第二产业增加值43.81亿元,增长3.4%;第三产业增加值61.66亿元,增长5.4%。规模以上工业增加值增长5.1%。外贸出口15.96亿元。固定资产投资增长9.2%。实际利用外资3248万美元。财政总收入12.9亿元,增长2.3%;财政总支出39.61亿元,增长3.0%。主要工业产品及产量有互感器2.85万台,变压器915万千伏安,服装1180万件,铜材2.15万吨,电动手提式工具9.01万台。农业总产值49.03亿元。粮食总产量26.77万吨。主要农业产品及产量有麻鸡出栏8300万只、棉花1027吨、油料1.87万吨、蔬菜27.8万吨、烟叶269吨。社会消费品零售总额30.8亿元,增长3.7%。城镇居民人均可支配收入3.3万元,增长6.56%;农民人均可支配收入2.07万元,增长8.17%。金融机构年末储蓄余额162.62亿元,增长8.1%。

【第三届中部地区变电设备产业峰会举行】 12月5日至7日,第三届中部地区变电设备产业峰会在崇仁县举行。此届产业峰会主题为"数字新赋能、智能新时代",由中国城镇化促进会、抚州市人民政府、江西省工业和信息化厅主办,崇仁县人民政府、抚州市工业和信息化局(抚州市大数据发展管理局)承办,由开幕式、技术报告、行业学术交流、圆桌会议高端对话、人才集中聘任、相关赛事、投资项目洽谈及企业推介、成果展示、实地参观考察等环节构成。开幕式上举行江西明正变电设备有限公司国家级企业技术中心授牌仪式,集中签约仪式和高层次人才集中聘任仪式。崇仁县人民政府对中国科学院院士朱位秋、中国工程院院士陈芬儿,长江学者、国家杰出青年、华中科技大学教授黄云辉等19名人才集中聘任,朱位秋、陈芬儿受聘为崇仁县政府高级顾问。

【崇仁4家企业被评选为瞪羚企业】 5月,江西省推进创新型省份建设领导小组办公室发布《省推进创新型省份建设领导小组办公室关于公布江西省2019年度独角兽(潜在、种子)、瞪羚(潜在)企业名单的通知》,并组织开展江西省2019年度独角兽(潜在、种子)和瞪羚(潜在)企业申报评选工作。崇仁高新区的江西伊发电力科技股份有限公司、江西亚珀电气有限公司、江西德伊智能电力股份有限公司和江西江控电气有限公司4家企业被评选为江西省2019年度瞪羚企业,其中伊发电力科技和亚珀电气连续两年被评选为瞪羚企业。

【崇仁县获"第五批国家慢性病综合防控示范区"称号】 6月2日,国家卫生健康委公布2019年度国家慢性病综合防控示范区建设评估结果,崇仁县榜上有名,获得第五批国家慢性病综合防控示范区称号,成为抚州市首个，也是抚州市唯一一个国家慢性病综合防控示范区。

【中国崇仁麻鸡农博城项目签约仪式举行】 8月7日，中国崇仁麻鸡农博城项目签约仪式举行。该项目是全省城乡冷链物流骨干网首批建设项目之一，总投资5亿元，建设内容包含农副产品交易中心和冷链物流园、麻鸡屠宰中心、麻鸡产业大数据平台等。该项目还包括组建全国性的立体化销售平台，夯实从商品鸡养殖、活鸡加工、销售、产业大数据、技术综合服务等一整套产业化运营体系。

主要领导人 县委书记：程新飞。县人大常委会主任：龙雪荣（任至7月）、王后发（7月任）。县长：周国华。县政协主席：高自辉。 （胡庆）

·乐安县·

【简　况】 位于江西省中部，辖9镇、7乡（含1个农林垦殖场）。总面积2410.44平方千米。耕地面积3.20万公顷，有林面积16.07万公顷；森林覆盖率70.43%，城区绿化率44.56%。总人口35.87万人，其中非农业人口15.86万人；人口自然增长率6.86‰。2020年，地区生产总值76.02亿元，同比增长3.5%。其中，第一产业增加值11.48亿元，增长2.5%；第二产业增加值22.41亿元，增长6.8%；第三产业增加值42.13亿元，增长1.9%。财政总收入9.8亿元，增长4.6%。税收收入8.23亿元，税收占财政总收入84%。地方财政收入6.27亿元，增长13.8%。地方财政支出36.74亿元，增长15.4%。工业总产值21.83亿元，增长41.24%；规模以上工业增加值增长5.3%，占地区生产总值28.72%。固定资产投资增长9%。农业总产值11.84亿元，增长3.1%。粮食总产量29.05万吨。主要农产品及产量有谷物28.19万吨、油料2576吨、蔬菜7.75万吨、肉类2.71万吨、水产品7660吨。城镇居民人均可支配收入2.77万元，增长1433元；农村居民人均纯收入1.18万元，增长1030元。居民年末储蓄余额149.53亿元，增长13.5%。

【“红军标语＋全社会力量”保护利用模式入选全国十佳案例】 12月11日，2020全国革命文物保护利用十佳案例宣传推介活动终评会在北京举行，会上共有全国95项参评案例。乐安县申报的“让红军标语‘活’起来——乐安县‘红军标语＋全社会力量’保护利用模式”被推介为2020全国革命文物保护利用十佳案例，也是江西省唯一入选案例。

【乐安县入选全国第一批水系连通及农村水系综合整治试点县】 2020年是全国开展水系连通及农村水系综合整治试点县建设的第一年。5月，乐安县入选全国第一批水系连通及农村水系综合整治试点县。乐安县水系连通试点项目总投资5.9亿元，实施恩江干流、南村水、望仙水、王泥汗水共73.3千米的河道治理，以恢复河湖基本功能、修复河道空间形态、改善河湖水环境质量、建设“河畅、水清、岸绿、景美”的美丽乡村为目的，解决农村水系存在的淤塞萎缩、水污染严重、水生态恶化等突出问题，集中连片统筹沿岸旅游开发、新农村建设、生态环境等乡村振兴水利建设项目，形成以招携镇、流坑古村为中心辐射周边区域的整体格局，打造一批各具特色、示范引领县域综合治水样板。

【促进集体经济发展】 乐安县以扶持集体经济薄弱村为重点，聚焦产业、资源、政策三大要素，通过政策推动、资金促动、项目牵动、帮扶联动、人才拉动、示范带动等措施，解决集体经济组织薄弱、发展缓慢等问题，不断增强村级集体经济组织“造血”功能，实现集体资金、资产、资源保值增值。2020年，乐安县176个行政村村级集体经济收入10万元以上申请验收的村有136个（含第一批审核验收通过的82个），其中50万元以上的11个（含第一批审核验收通过的2个）。

主要领导人 县委书记：彭银贵。县人大常委会主任：张乐明。县长：吴宜文。县政协主席：李以庚。

（袁加勤　詹悦昕）

·宜黄县·

【简　况】 位于江西省中部偏东，辖8镇、4乡、1工业园区、2垦殖场，总面积1937平方千米。耕地面积1.99万公顷，林业面积14.14万公顷；森林覆盖率76.86%。总人口23.47万人。2020年，地区生产总值85.91亿元，同比增长4.1%。其中，第一产业增加值10.23亿元，增长2.5%；第二产业增加值34.93亿元，增长4%；第三产业增加值40.75亿元，增长4.5%。财政总收入11.15亿元，增长4.44%。税收占财政总收入86.46%。公共财政预算收入6.08亿元，下降10.16%。财政支出24.95亿元，增长4.72%。工业增加值28.91亿元，增长3.6%；规模以上工业增加值增长5%。主要工业产品及产量有有色金属0.41万吨、机制纸及纸板9.45万吨、化学药品原药0.1万吨、棉纱3.78万吨。农业总产值16.73亿元，增长1.87%。粮食总产量15.5万吨。主要农产品及产量有稻谷13.55万吨、油料0.19万吨、烟叶439吨、蔬菜8.41万吨、水果5907吨。固定资产投资增长8.9%，实际利用外资2043万美元，出口总额7.67亿元。社会消费品零售总额29.02亿元，增长3.1%。城镇居民人均可支配收入3.09万元，增长5.9%；农村居民人均可支配收入1.65万元，增长7.7%。城乡居民年末储蓄余额79.43亿元，增长14.88%。

【宜黄县成为第四批国家生态文明建设示范县】 10月9日，生态环境部公布第四批国家生态文明建设示范市县名单，宜黄县榜上有名，成为国家生态文明建设示范县。为做好生态文明建设工作，宜黄县围绕打好蓝天、碧水、净土保卫战，设定生态指标要求，倒逼企业全面治理污染、职能部门控制污染；全面推行“林长制”，提升生态建养水平，优化生态空间格局，全县封山育林面积12.13万公顷，完成1.6万公顷天然林保护工程规划调查和“停伐协议”签订工作。宜黄以产业生态化和生态产业化为主线，推进生态与产业融合，打通绿水青山就是金山银山的转化通道，告别靠山吃山和低水平发展老路,发展信息技术、智能制造、生物医药等新兴产业,做大做强休闲旅游、健康养老、中医药等新经济,打好全域生态文化旅游攻坚战。

【宜黄县入选全国森林康养基地试点建设县】 11月10日,中国林业产业联合会公布宜黄县为2020年全国森林康养基地试点建设县。宜黄县森林资源丰富,全县林业用地面积15.64万公顷,占全县土地总面积81.18%。有林地面积14.14万公顷,其中毛竹林面积3.73万公顷。活立蓄积量805万立方米,立竹蓄积量8731万根。境内木本科植物有73科171属277种,其中裸子植物门有7科14属18种,被子植物门有66科157属259种。国家I级重点保护野生植物5种;国家II级重点保护野生植物14种,森林覆盖率达76.86%。

【东莞市和美光学有限公司签约入园】 12月30日,宜黄县人民政府与东莞市和美光学有限公司举行项目入园签约仪式。该项目总投资2.8亿元,其中固定资产投资1.8亿元,租赁金塑产业园6号厂房约1.8万平方米,主要生产5G手机组件、新型塑料制品及2.5D、3D曲面玻璃。该项目产品被广泛运用于折叠手机、折叠笔记本电脑、卷轴显示和其他柔性产品中,被认为是柔性折叠材料在新型显示应用上的重要发展方向。

主要领导人 县委书记:姚飞翔。县人大常委会主任:罗建顺。县长:叶峰。县政协主席:谢光明(任至7月)、赖昌明(7月任)。

(罗来福)

·金溪县·

【简　况】 位于江西省东部,辖8镇、5乡。总面积1358平方千米。有林面积6.61万公顷,森林覆盖率57.2%。总人口30.67万人,其中城镇人口13.20万人。2020年,地区生产总值95.88亿元,同比增长3.9%。其中,第一产业增加值14.06亿元,增长2%;第二产业增加值30.67亿元,增长2%;第三产业增加值51.15亿元,增长5.6%。工业增加值24.16亿元,同比增长0.9%。固定资产投资增长9.1%。出口创汇11.97亿美元,实际利用外资3105万美元。全县规模以上工业企业60家,规模以上工业主营业务收入完成60.63亿元,增长1%。粮食总产量32.1万吨。主要农产品及产量有蔬菜及食用菌12.17万吨、茶叶2033吨、水果10.42万吨。财政总收入10.95亿元,同比增长1.7%。社会消费品零售总额29.17亿元,增长2.6%。城镇居民人均可支配收入3.46万元,增长6%;农村居民人均可支配收入1.74万元,增长7.7%。年末金融机构各项存款余额148.7亿元,增长15.4%;贷款余额149.5亿元,增长20.4%。

【优化产业结构】 2020年,金溪县继续优化产业结构,结合各村实际情况,通过"公司(合作社)+基地+农户(贫困户)"模式,引导当地农户发展"一村一品"特色种养业,形成陆坊乡葛坊村茭白、秀谷镇大坊村迷迭香、合市镇凤凰山村蜜梨、陈坊积乡高坪村肉牛等"一村一品"特色种植养殖村200余个,帮助1万余农户就近脱贫增收,户均年增收3万余元。金溪鼓励农业龙头企业、专业大户、种植养殖能手、农村经纪人创办各类专业合作组织和行业协会,通过产业化管理模式,发展蔬菜、芳樟、蜜橘、蜜梨、黄栀子、无患子、山羊、鹌鹑等多种特色产业,在县内外建起芳樟、蓝桉、无患子等香料原料林基地0.7万公顷,直接带动1000余贫困户就近就业。建立和完善农业科技人员和农村科技特派员驻村包点制度,帮助各村解决产业发展中遇到的问题;鼓励农业科技人员以技术入股、技术承包等形式,与农户、企业结成利益共同体,促进"一村一品"提档升级。

【旅游产业】 2020年,金溪县充分发挥"旅游+"的优势,以点带面,全域谋篇,推动农旅、城旅、文旅、香旅等融合发展,由"古村游"一枝独秀发展为"茶园观光游""茶文化体验游""香文化体验游"等多元旅游,形成"处处是风景,处处可旅游,人人都参与,人人都受益"的全域旅游态势,带动餐饮、酒店、购物等多种业态跨界融合发展。金溪县对绿色产业种植大户进行旅游产品开发、旅游接待服务等相关培训,鼓励和扶持他们在种植基地兴建民宿,将种植基地建成集生态观光、果蔬采摘、水上游乐、民宿接待等为一体的生态旅游观光园(山庄)。至年底,金溪县建成御道园、乔治、丰怡等20多个生态旅游观光园(山庄)以及秀谷镇徐坊村、双塘镇水南村等60多个生态新村。

【《盱江御医龚廷贤研究》出版发行】 8月14日,由抚州市卫生健康委、市中医协会主办的《盱江御医龚廷贤研究》出版发行新闻发布会在金溪县中医院举行。龚廷贤是明代金溪著名中医学家,被誉为"医林状元",是江西古代十大名医之一,在中国医学史以及海外具有较大影响。《盱江御医龚廷贤研究》由江西中医药大学博士李丛主编,江西科学技术出版社出版。全书分为《龚廷贤及其故里》《龚廷贤急症证治思想》《龚廷贤针灸思想》《龚廷贤食疗思想》《龚廷贤临证思想现代研究》5章,系统挖掘整理龚氏内外妇儿科急症证治思想、针灸理论、养生食疗思想,并对当代龚廷贤研究进行整理。

主要领导人 县委书记:高连珠。县人大常委会主任:王树标。县长:张文贵。县政协主席:刘文波。

(李先进　曾铭)

·资溪县·

【简　况】 位于江西省东部,辖5镇、2乡、5场。总面积1251平方千米,其中城区建成面积15平方千米。耕地面积0.63万公顷,有林面积10.19万公顷;森林覆盖率87.7%。总人口11.41万人。2020年,地区生产总值44.97亿元,同比增长3.80%。其中,第一产业增加值4.40亿元,增长2.30%;第二产业增加值12.13亿元,增长4.50%;第三产业增加值28.45亿元,增长3.80%。财政总收入5.78亿元,增长2.40%。公共财政预算收入3.20亿元,增长1.20%;财政总支出17.52亿元,增长8.75%。固定资产投资增幅为

8.7%,下降1.51个百分点。工业总产值9.35亿元,增长2.8%。主要工业产品有鸡肉食品、竹地板、细木工艺板等。规模以上工业企业增加值增幅4.5%,增幅下降3.7个百分点。农业总产值7.38亿元,增长2.80%。粮食总产量3.68万吨。主要农产品及产量有烟叶72吨、白茶69吨、水果546吨、西瓜1694吨、生猪(出栏)2.89万头、家禽(出笼)12.10万只。城镇居民人均可支配收入2.99万元,增长6.65%;农村居民人均可支配收入1.62万元,增长8.26%。金融机构各项存款余额63.51亿元,增长10.76%。社会消费品零售总额25.55亿元,增长3.30%。

【资溪县被列为国家生态综合补偿试点县】 2月12日,资溪县被纳入国家生态综合补偿试点县,开展生态综合补偿试点工作。资溪县坚持多举措筑牢生态屏障,系统实施农业面源污染、农村污水处理、厕所革命、裸露山体植被恢复等系列生态治理,打好"蓝天碧水净土"保卫战。2020年,资溪县5个重要江河湖泊水功能区水质的达标率均为100%,空气质量排名始终在全省前列。同时,资溪县坚持大力推进生态产业,初步形成以生态旅游为首位,面包食品、竹科技产业为主导,有机休闲农业和现代康养等服务业为重点的"1+2+2"绿色产业体系。坚持以最高标准完善生态制度,建立健全领导干部自然资源资产离任审计制度和"先评价、后建设"项目开发机制、生态环境诉讼机制、生态综合执法机制、四级环境管护机制,推进生活垃圾三分类处置试点。

【举办首届中国烘焙食品产业链发展大会】 10月5日,由抚州市人民政府、全国工商业联合会烘焙业公会主办,资溪县人民政府、抚州市人力资源和社会保障局、抚州市文化广电新闻出版旅游局联合承办,江西省面包商会、资溪面包科技公司协办的"2020第五届中国资溪面包文化节暨首届中国烘焙食品产业链发展大会"在资溪举行。2020年,资溪县面包产业城完成投资10亿元,亚洲最大肉丝厂费哥肉松建成投产,面包厂、馅料厂、糕点厂、鲍师傅食品加工厂基本建成。拥有5万人的"资溪面包军团"在全国1000余个城镇开办1.6万余家面包蛋糕店,拥有"资溪面包"品牌直营店400余家,品牌化经营达2600余家,企业化经营100余家,面包产业年创产值200余亿元。面包产业成为该县带动群众最多、产值最高、贡献最大的支柱产业,资溪面包食品产业集聚效益初显成效。

【筹建全省首家"两山学院"】 10月30日,中共资溪县委党校(行政学校)、资溪"两山学院"(两山即指绿水青山和金山银山)举行开工奠基暨揭牌仪式,为江西省首家"两山学院"。该校以开展"两山"研究、服务"两山"实践、培养"两山"人才为办学使命,旨在总结、推广"两山"实践转化经验,进一步培训提升干部绿色发展能力。该校先后被确定为中国环科院生态研究所资溪生态环境科研基地、中共江西省委党校(行政学院)现场教学基地、中国井冈山干部学院"两山"理念现场教学点、抚州市干部"两山"理念教育基地和中共抚州市委党校(行政学院)现场教学基地。

主要领导人 县委书记:黄智迅。县人大常委会主任:王锋。县长:黄智迅(任至4月)、吴淑琴(4月代,7月任)。县政协主席:万鸣(任至6月)、邓泉兴(7月任)。

(帅建忠 谢金凤)

·广昌县·

【简 况】 位于江西省东部,辖6镇、5乡、1场。总面积1612平方千米;其中城区建成面积13.35平方千米,城区绿化率49.31%。耕地面积2.01万公顷;有森林面积10.65万公顷,覆盖率70.24%。总人口25.12万人,其中城镇人口10.70万人;人口自然增长率2.22‰。2020年,地区生产总值82.29亿元,增长3.6%。其中,第一产业增加值12.03亿元,增长2.4%;第二产业增加值27.28亿元,增长5.4%;第三产业增加值42.98亿元,增长2.4%。财政总收入10.21亿元,增长2%。税收占财政总收入87.83%。地方财政收入6亿元,下降0.7%。财政支出37.76亿元,增长6.1%。固定资产增长8.5%。社会消费品零售总额30.73亿元,增长2.8%。实际利用外资1383万美元,同比下降34%;出口总额9.47亿元,增长7.3%。规模以上工业总产值63.62亿元,增长5.6%;规模以上工业增加值15.03亿元,增长4.5%。农业总产值20.77亿元,增长0.9%。粮食总产量11.3万吨。主要农产品及产量有通芯白莲总产量0.64万吨、烟叶总产量1034吨、生猪出栏4.18万头。城镇居民人均可支配收入3.00万元,增长4.86%;农村居民人均可支配收入1.26万元,增长9.34%。城乡居民年末储蓄余额92.31亿元,增长14.1%。

【2020中国青少年足球发展论坛在广昌举行】 7月25日,由江西省足球协会指导、县教育体育局和抚州市足球协会共同主办、抚州茵才体育俱乐部承办的2020中国青少年足球发展论坛在广昌县举行。论坛以领导专家发言和圆桌讨论等形式,围绕校园足球开展、青少年足球俱乐部发展、精英输送、赛事交流等主题进行研讨,为"后疫情"时期青少年足球运动发展提供决策参考。论坛期间,还举行抚州市足球协会青少年足球培训基地、中华足球种子计划志愿站揭牌仪式。

【抚州市重大重点项目集中竣工和集中开工动员大会召开】 8月31日,抚州市重大重点项目集中竣工和集中开工动员大会召开,大会采取市县两级联动、设立市主会场和县(区)分会场的形式进行。此次集中开竣工项目共21个,总投资32.25亿元。其中,竣工项目8个,总投资14.36亿元;新开工项目13个,总投资17.89亿元。项目涵盖基础设施、民生事业、生态旅游、工业产业等多个领域。

【新发现第五次反"围剿"时期红军战斗遗址群】 12月,广昌县旴江镇大塘村云庄、彭上等地,新发现一批红军战斗遗址群。这批遗址隐藏于云庄、彭上茂密的群山草木中,经县党史、文博部门工作人员调查测量,有10多处战场、战壕、防空洞、碉堡遗址和掩体,大多淤积倒塌。这些红军战斗遗址群记录的是中国工农红军第五次反围剿“广昌保卫战”的历史。1934年4月10日,国民党军11个师的兵力向广昌进攻。4月27日、28日,广昌县城保卫战打响,红十四师的2个团在云庄、彭上一带驻守,其中的一个营在战斗中全部壮烈牺牲。

主要领导人 县委书记:许爱军。县人大常委会主任:李广文。县长:欧阳巧文。县政协主席:揭秉华(任至7月)、赵敏(7月任)。

(陆小梦)

·东乡区·

【简　况】 位于江西省东部,辖8镇、4乡、2垦殖场、1街道、1生态林场。总面积1195.61平方千米,其中城区面积39.60平方千米。耕地面积4.02万公顷,林地面积6.27万公顷;森林覆盖率46.1%,城区绿化率46.72%。总人口45.26万人,其中城镇人口24.36人。2020年,地区生产总值185.94亿元,同比增长4%。其中,第一产业26.50亿元,增长2.2%;第二产业78.90亿元,增长4.6%;第三产业80.55亿元,增长3.7%。财政总收入27.71亿元,增长2.62%。财政总支出55.33亿元,增长3.92%。社会固定资产投资增长8.2%。工业总产值242.69亿元,增长8.89%。主要工业产品有医药、妇婴卫生用品、农业机械、汽车零配件等。农业总产值42.61亿元,增长2.8%。粮食总产量35万吨。主要农产品及产量有生猪出栏41.93万头、生猪存栏53.12万头。城镇居民人均可支配收入4.03万元,增长6.25%;农村居民人均纯收入2.02万元,增长7.7%。金融机构存款年末余额241.02亿元。

【推进医疗保障制度改革】 2020年,东乡区从建立健全医管制度、提升服务能力、降低群众就医费用方面入手,先试先行,统筹推进医疗保障制度改革。组建医疗健康集团,实现政事分开、管办分开,以重构健康服务体系补齐医疗服务短板。由区人民医院、区中医院、区第二人民医院牵头,包括区妇保院、区皮防所、17家乡镇卫生院和135所村卫健室建设“3+1”紧密型医共体,建立基层首诊、双向转诊、急慢分治、上下联动的分级诊疗模式。采取政府奖税、企业让利、集中采购、二次议价等形式,药品耗材采购价格在现行基础上下降30%以上,确保医保基金安全度,降低群众看病费用。建成东乡区医疗健康综合服务管理平台和健康东乡APP,推出诊间结算、住院一站式结算等智能服务,打通为民服务“最后一公里”。

【推进养老服务体系建设】 2020年,东乡区以构建完善的社会养老体系为目标,从制度、资金等众多方面入手,改善老年群体的生活质量,推进养老服务体系建设。健全完善相关制度建设,加大资金保障,按照“政府主导、社会参与、市场运作”原则,统筹解决好农村居家养老服务资金保障问题;结合农村基层党建,探索“党建+道德讲堂+幸福小屋”的农村居家养老服务模式。建立健全特困失能、半失能集中供养机制,改善集中供养硬件设施,足额保障工作经费,提高补助标准,将农村失能特困人员补助金从1705元/(人·月)提高到2035元/(人·月)。实施全区特困人员集中供养模式。东乡区23名失能特困人员已经入住区社会福利院进行集中托养,建设具备助餐设施的农村居家养老服务运营站点44个。

【电子商务】 2020年,东乡区推进电子商务发展。通过搭建购物便捷的电商平台,推动东乡区购物商场进驻美团、饿了么、东乡同城优品圈等电商平台,为群众提供线上服务,实现“无接触配送服务”,该举措在疫情防控期间发挥积极作用。举办“电商助农·共克时艰”直播活动,销售本地各类农产品6500余件,其中销售绿壳蛋、土鸡蛋17.28万枚,瓜蒌子250千克,白花蛇舌草、竹笋等1200余单,销售额达23.76万元。6月,抚州市首届电商直播网购节启动仪式在东乡区电商创业园举行,区领导参与现场直播推介东乡的“工业、农业、商贸、书法、旅游、城市建设”等产品与服务,累计观看人数达842.53万人次,实现交易额5074.3万元。

【秀美乡村建设】 9月,东乡区投资7.8亿元,对143个行政村实施城乡养老、医疗、公交、供水、环卫、粪污一体化综合治理,项目建成后,处理全区90%以上农户的生活水,惠及7.98万户农民。启动城乡污泥处理一体化项目,关停污染企业和养猪场158家,投资10亿元,新建18家城乡生活和工业污水处理厂,促使污水排放达到一级A标准。收回山塘水库对外承包经营权,投资12亿元,兴建井山水库,将自来水引入农户家,实施城乡供水一体化工程,让群众用上干净水、喝上放心水。实施农村(社区)居家养老服务“公建民营”改革试点,将13所乡镇敬老院整合成4个区域性医养护理中心,推进城乡养老一体化,全面提升农村基本养老服务水平。投入7.8亿元,对1298个村庄进行整治改造,新农村村点建设实现全覆盖。

主要领导人 区委书记:曾春。区人大常委会主任:姚英华(任至6月)、雷东水(6月任)。区长:彭敏群。区政协主席:杨卫国。

(陈思东　陈细国)

本栏编辑　游桃琴　徐佳佳

人　物

省级领导机构成员名录

中共江西省委

刘　奇　书记
易炼红　副书记
李炳军　副书记(任至 11 月)
孙新阳　常委(任至 3 月)
毛伟明　常委(任至 1 月)
尹建业　常委
刘　强　常委
殷美根　常委
陈兴超　常委
赵力平　常委、秘书长
施小琳　(女)常委
吴亚非　常委
吴晓军　常委
马森述　常委(3 月任)
吴忠琼　(女)常委(7 月任)

江西省人大常委会

刘　奇　主任
周　萌　党组书记、副主任
朱　虹　党组副书记、副主任
马志武　(回族)副主任
龚建华　党组成员、副主任
冯桃莲　(女)党组成员、副主任
胡世忠　党组成员、副主任
韩　军　党组成员、秘书长

江西省人民政府

易炼红　党组书记、省长
毛伟明　党组副书记、副省长(任至 1 月)
殷美根　党组副书记、副省长(3 月任)
孙菊生　副省长
吴晓军　党组成员、副省长(任至 3 月)
吴忠琼　党组成员、副省长
秦　义　党组成员、副省长
胡　强　党组成员、副省长
陈小平　党组成员、副省长
吴　浩　党组成员、副省长(3 月任)
罗小云　党组成员、副省长(8 月任)
张小平　党组成员、秘书长

政协江西省委员会

姚增科　党组书记、主席
陈兴超　党组副书记(3 月任)
李华栋　副主席
谢　茹　(女)副主席
汤建人　副主席
刘晓庄　副主席
陈俊卿　党组副书记、副主席
张　勇　党组成员、副主席
肖　毅　党组成员、副主席(2021 年 5 月,因涉嫌严重违纪违法接受中央纪委国家监委纪律审查和监察调查)
刘卫平　党组成员、副主席
雷元江　副主席
汪　爽　党组成员、秘书长

省直单位、中央驻赣单位、省属高校领导干部名录

省纪委省监委

孙新阳　省纪委书记、省监委主任(任至 3 月)
马森述　省纪委书记、省监委代理主任(3 月任)
潘东军　省纪委常务副书记、省监委副主任
何　刚　省纪委副书记、省监委副主任
魏晓奎　省纪委副书记、省监委副主任
许朝杰　省纪委副书记(11 月任)
肖　良　省纪委常委、秘书长、省监委委员(任至 9 月)
饶利萍　(女)省纪委常委、秘书长(12 月任)
郑光泉　省纪委常委(任至 12 月)
庄国良　省纪委常委
郑志军　省纪委常委、组织部部长
黄永茂　省监委委员
王爱东　省监委委员
包　静　(女)省监委委员(1 月任)
黄冬生　省纪委副秘书长、办公厅主任
舒　畅　(女)二级巡视员
罗聪明　(女)宣传部部长
段　娜　(女)二级巡视员(任至 3 月)
潘叶锋　调研法规室主任
蓝丽红　信访室主任(任至 9 月)
石军英　案件监督管理室主任
李鹏云　第一监督检查室主任
黄发高　第四监督检查室主任(6 月提副厅级)
徐华平　第二监督检查室主任(任至 11 月)、第五监督检查室主任(11 月任)
王　谷　第六监督检查室主任(6 月提副厅级)
万　丰　第八监督检查室主任
姚军章　第五监督检查室主任(任至 11 月)、第九监督检查室主任(11 月任)
蔡晓季　第十审查调查室主任、省第十批援疆指挥部党委委员、副总指挥(援疆任克州副

州长)
严 正 第十一审查调查室主任
桂云黔 第十二审查调查室主任(8月提副厅级)
彭海宝 第十四审查调查室主任
熊 明 案件审理室主任
王凌文 二级巡视员

省委办公厅

刘 烁 省委副秘书长、办公厅主任
李绪先 督查专员(正厅级,任至9月)
张 锋 省委副秘书长、办公厅直属机关党委书记
利继忠 省委副秘书长
黄之猛 副主任、滨江招待所所长
胡晓华 (女)一级巡视员(8月任)
方瑞增 省纪委省监委驻厅纪检监察组组长
陈 斌 副主任
徐建文 副主任
徐云涌 副主任
高 伟 一级巡视员
汤俊峰 督查专员(副厅长级)
王 俊 省国家保密局局长
郑明胜 二级巡视员(任至3月)
赵长江 二级巡视员
荣 蓉 (女)省委机要局局长
聂文胜 督查专员(副厅级,8月任)
陈金梅 (女)省专用通信局局长(12月任)

省信访局

王新有 省委副秘书长,局长
张 明 正厅级信访督查专员
肖平学 副局长
江 勤 (女)副局长
曾小平 副局长
鄢 华 副局长
吴 萱 (女)副厅级信访督查专员(3月任)

省委组织部

刘 强 (回族)部长
徐南凯 常务副部长(任至10月)
刘三秋 (女)副部长
周训国 副部长兼省委非公有制经济组织与社会组织工作委员会书记
肖洪波 副部长
徐 忠 副部长
廖元柱 驻部纪检监察组组长
刘光华 部务委员
屈 泉 部务委员
邹绍辉 部务委员,干部一处处长(任至11月)
汤乐毅 省委党建工作领导小组办公室专职副主任
王家龙 二级巡视员
李敏芳 二级巡视员
谌建荣 二级巡视员
邬卫东 二级巡视员(12月任)
许建新 二级巡视员(12月任)
刘寒松 二级巡视员(12月任)

省委老干部局

肖洪波 局长
王海燕 (女)副局长
陈渊平 副局长
邓国良 副局长(12月任)
康京华 一级巡视员(12月任)
罗 林 二级巡视员

省委宣传部

施小琳 (女)部长
郭建晖 常务副部长
杨六华 副部长
吴永明 副部长
梅 毅 副部长
王成饶 省国有文化资产监督管理领导小组办公室主任
罗勇兵 副部长
黎隆武 副部长
傅 云 副部长
吴信根 驻部纪检监察组组长
林大建 二级巡视员
罗远东 二级巡视员
王宜华 二级巡视员

省委网信办

梅 毅 主任
周森昆 副主任(任至8月),一级巡视员(8月任)
郭力根 副主任(8月任)
余和平 副主任
张 丽 (女)副主任

省委统战部

陈兴超 部长
陈 敏 常务副部长(任至6月)
刘文华 分管日常工作的副部长(8月任)
曹国庆 副部长
李青华 (女)副部长(任至9月)
胡志平 副部长(6月任)
高鹰群 (女)副部长
徐小平 驻部纪检监察组组长
刘伟旗 副部长
张继钦 副部长(8月任)

省委政法委

尹建业 (白族)书记
林 强 常务副书记
张 强 副书记(正厅级,6月任)
黄文辉 副书记
毛保国 副书记
罗亦斌 驻委纪检监察组组长
梁启有 副厅长级领导干部(原省610办专职副主任)
张鹤翔 副厅长级领导干部(原省综治办副主任)
吴 鹏 政治部主任
刘朝阳 省法学会专职副会长
沈亚男 一级巡视员(任至10月)
万长余 二级巡视员
王 飞 二级巡视员
彭 霖 二级巡视员

省委政研室(省委改革办)

沈谦芳 省委副秘书长,政研室主任、改革办副主任
陈 强 省委改革办专职副主任(正厅长级)
黄光明 省委政研室副主任
张晓勇 省委改革办专职副主任(副厅长级)
祝剑锋 省委政研室(改革办)二级巡视员
洪三宝 省委政研室(改革办)二级巡视员(12月任)

省委省政府台办

邓保生 主任
何 晞 副主任

沈兵秋　副主任
马　艳　(女)二级巡视员

省委编办

傅世平　主任
廖　涛　(女)副主任
王云标　副主任
陈卓飚　副主任
段长发　二级巡视员

省直机关工委

彭世东　书记
肖　良　副书记(正厅长级,9月任)
雷　音　副书记
刘大胜　工委委员、宣传部长
孔德然　工委委员、组织部长
程新生　工委委员、省直机关纪工委书记
熊育杰　工委委员
王知民　二级巡视员(任至6月)
袁　林　副厅级纪检员
王桂玲　二级巡视员

省委巡视办

王仁辉　主任
吴雪军　副主任
陈　琰　(女)副主任

省委巡视组

梅仕灿　第一巡视组组长(任至4月)
吕　伟　第一巡视组正厅级巡视专员
尹　健　第一巡视组副组长
黄赛荣　第二巡视组组长(任至8月)
尹玉光　第二巡视组组长(8月任)
毛智勇　第五巡视组副组长(任至8月)、第二巡视组副组长(8月任)
罗贤忠　第二巡视组副厅级巡视专员
涂志柏　第三巡视组组长(任至3月)
汪永华　第二巡视组副组长(任至8月)、第三巡视组组长(8月任)
万　明　第三巡视组副组长
周少玲　(女)第三巡视组副厅级巡视专员
黄玉剑　第四巡视组组长
吴小瑜　(女)第四巡视组副组长
钟陈辉　第四巡视组副厅级巡视专员
蔡厚勇　第五巡视组组长
黄海燕　(女)第五巡视组正厅级巡视专员
王　玮　第五巡视组副组长(8月任)
曾亦冰　第六巡视组组长
曾崇新　第六巡视组正厅级巡视专员
吴宜文　第六巡视组副组长(任至8月)
宁满林　第六巡视组副组长(8月任)
熊桂生　第七巡视组组长(任至10月)
涂俊伟　第七巡视组正厅级巡视专员
宋江涌　第七巡视组副组长(任至12月)
杜志刚　第八巡视组组长
刘立松　第八巡视组正厅级巡视专员
胡自然　第八巡视组副组长
王金林　第九巡视组组长(8月任)
傅仁万　第九巡视组副厅级巡视专员(6月任)
黄样兴　第十巡视组正厅级巡视专员(8月任)
李圣明　第十巡视组副组长(8月任)

省委党史研究室

俞银先　主任
卢大有　副主任(任至9月),一级巡视员(9月任)
彭　勃　(女)副主任
刘　津　副主任(9月任)

省委党校(行政学院)

曾志刚　常务副校(院)长
杨　超　副校(院)长
罗志坚　副校(院)长(任至6月)、一级巡视员(6月任)
黄样兴　副校(院)长(任至8月)
廖清成　副校(院)长
杨解生　副校(院)长
杨会清　副校(院)长(6月任)
王　毅　二级巡视员(任至2月)
潘锦屏　(女)二级巡视员(任至8月)

省人大常委会办公厅

徐　力　省人大常委会副秘书长、办公厅主任
左继生　省人大常委会副秘书长
巫欣春　省人大常委会副秘书长
杨泽民　副主任
刘三妹　(女)驻省人大机关纪检监察组组长
陈惠龙　副主任
任江南　一级巡视员(任至9月)
郭玉元　一级巡视员
王清衡　二级巡视员

省人大监察司法委

魏　民　主任委员(任至9月)
胡永新　副主任委员
陈晓春　副主任委员
肖德福　副主任委员
陈友锦　副主任委员

省人大财经委

张振球　主任委员
刘翠兰　副主任委员(3月任)
李保民　副主任委员(任至7月)
蔡社宝　副主任委员
周山印　副主任委员、预算工委主任
邓　勤　(女)副主任委员
周华爱　(女)副主任委员

省人大教科文卫委

朱　希　主任委员
傅克刚　副主任委员(任至11月)
黄小华　(女)副主任委员
郭学勤　(女)副主任委员
傅小健　(女)副主任委员(任至9月)
舒仁庆　副主任委员(任至7月)
公艳萍　(女)副主任委员

省人大农委

阎钢军　主任委员
毛祖逊　副主任委员
陈日武　副主任委员
罗小茶　(女)副主任委员

省人大环资委

吴治云　主任委员
陈松远　副主任委员(任至11月)
左和平　副主任委员
傅行家　副主任委员(1月任)
柳　铭　二级巡视员

省人大法制委

刘义研　主任委员
李舰海　副主任委员(任至7月)
郭　兵　副主任委员
周　雍　副主任委员(1月任)、法工委主任
叶敏健　副主任委员

省人大社会委

龚绍林　主任委员
舒仁庆　副主任委员(任至7月)
陈德寿　副主任委员(5月任)
饶剑明　副主任委员
韩　燕　(女)副主任委员

省人大常委会法工委

周　雍　主任
裴忠彪　副主任
刘永亮　副主任
杨润华　副主任
万祥裕　二级巡视员

省人大常委会选任联工委

徐　忠　主任
谭筱刚　副主任
陈　蔚　(女)副主任
李元生　一级巡视员(任至3月)

省人大常委会外侨民宗工委

聂道宏　主任
潘辛菱　(女)副主任

省人大常委会预算工委

周山印　主任
梁　力　副主任
周国亮　副主任(5月任)

省政协办公厅

杨木生　副秘书长,办公厅主任、机关党组成员
赵　波　(女)副秘书长
刘新农　副秘书长(兼职)
欧阳剑雄　副秘书长(兼职)
林　凯　副秘书长(兼职)
肖礼庆　副秘书长(兼职)
徐友洪　副秘书长(兼职,6月任)
钱　薇　副主任(1月任)
孙卫国　副主任、机关党组成员
周建华　省纪委省监委驻省政协机关纪检监察组组长、机关党组成员
钟清滨　副主任、机关党委书记
邓　杰　副主任
涂　建　一级巡视员
樊　欣　一级巡视员(任至3月)
陈淦彬　一级巡视员(12月任)

省政协提案委员会

丁晓群　主任(7月任)
刘定明　主任(任至7月)
张国轩　副主任
黄建新　副主任(任至6月)
李家祥　副主任
余慧川　副主任(专职,1月任)

省政协经济委员会

王　萍　(女)主任
朱来友　副主任(任至11月)
姚庆艳　副主任(任至11月)
王亦斌　副主任
尹小明　副主任(专职,任至7月)

省政协农业和农村委员会

谢茂林　主任
谢金水　副主任(1月任)
邹英香　(女)副主任(专职)

省政协人口资源环境委员会

邓兴明　主任
郭　家　副主任
周光华　副主任(11月,因涉嫌严重违纪违法接受省纪委省监委纪律审查和监察调查)
罗小璋　副主任
谭文英　(女)副主任
樊　欣　副主任(专职,任至7月)
金秋平　副主任(专职,7月任)

省政协教科文卫体委员会

洪三国　主任
肖为群　副主任
徐跃进　副主任
罗　莹　副主任
余少良　副主任
郑仙桃　副主任(专职)

省政协社会和法制委员会

傅卓成　主任
胡淑珠　(女)副主任
杨小华　副主任(11月任)
何剑锋　副主任
刘立松　副主任
刘克琦　副主任
吴财锋　副主任(专职)

省政协民族和宗教委员会

尹小明　主任(7月任)
杨春燕　(女)主任(任至7月)
丁晓群　副主任(1月任,任至7月)
周海涛　副主任
曹国庆　副主任
陈淦彬　副主任(专职,任至1月)
释纯一　副主任
胡国云　二级巡视员(任至8月)

省政协港澳台侨和外事委员会

曾　粮　主任(6月任)
辜　清　主任(任至6月)
张知明　(女)副主任
胡伟荣　副主任
黄加文　副主任
郭坚华　副主任
唐勇华　二级巡视员

省政协文史和学习委员会

辜　清　主任(6月任)
曾　粮　主任(任至6月)
王　晖　副主任(1月任)
肖华茵　副主任
俞银先　副主任
何建洋　副主任
傅兆良　副主任(专职)

省法院

葛晓燕　(女)党组书记、院长
夏克勤　党组副书记、副院长
胡淑珠　(女)副院长
居国屏　党组成员、副院长

靳世标 党组成员、政治部主任
柯　军 党组成员、副院长
赵九重 党组成员、副院长
邹中华 党组成员、执行局局长
李来木 党组成员、纪检组组长
陈仁生 审判委员会专职委员
杨国安 审判委员会专职委员
陈建平 审判委员会专职委员(6月任)
陈修腾 一级巡视员
熊春安 二级高级法官(9月任)
胡智斌 二级巡视员
姚晨奕 二级巡视员
吴　勃 二级巡视员

省检察院

田云鹏 党组书记、检察长
罗晓泉 党组副书记、副检察长
张国轩 副检察长
邱　利 党组成员、副检察长
徐胜平 党组成员、副检察长
张勇玲 (女)党组成员、副检察长
刘永华 党组成员、省纪委省监委驻院纪检监察组组长
华智峰 党组成员、政治部主任
孙牯昌 检察委员会副厅级专职委员(任至6月),一级巡视员(6月任,任至8月)
冯祖强 检察委员会副厅级专职委员
周有智 检察委员会副厅级专职委员
谢　健 一级巡视员(任至5月)
罗庆华 南昌铁路运输检察分院党组书记(任至2月)、检察长(任至1月)、一级巡视员(任至3月)
周文英 (女)二级巡视员
黄有兰 (女)二级巡视员

省政府办公厅

张小平 省政府秘书长,办公厅党组书记、主任
李　能 省政府副秘书长,办公厅党组成员
宋雷鸣 省政府副秘书长、办公厅党组成员
邱向军 省政府副秘书长、办公厅党组成员
刘晓艺 (女)省政府副秘书长、办公厅党组成员
吴龙强 省政府副秘书长、办公厅党组成员
王亚联 省政府副秘书长、办公厅党组成员
樊雅强 省政府副秘书长、办公厅党组成员
熊科平 省政府副秘书长、办公厅党组成员
宋迪维 一级巡视员
蒋志红 党组成员、副主任
杜章彪 党组成员、副主任
徐松柏 党组成员、副主任
廖裕良 一级巡视员(12月任)
赵　国 驻厅纪检监察组一级巡视员(12月任)
杨　俊 党组成员
何波生 党组成员、副主任
张朝凌 二级巡视员(任至10月)
蔡雪芳 (女)二级巡视员
李盛平 二级巡视员
邱长华 二级巡视员

省发展改革委

张和平 党组书记、主任,省鄱湖办(省苏区办)主任
郭新宇 党组成员、副主任
刘　兵 党组成员、省生态文明建设领导小组办公室专职副主任
喻志勇 党组成员、省粮食和物资储备局党组书记、局长
李志刚 党组成员、副主任
李庆红 党组成员、副主任
温俊杰 党组成员、省能源局局长
宁　全 党组成员、副主任(6月任)
龚惠民 党组成员、驻委纪检监察组组长(任至8月)
吴　军 党组成员、驻委纪检监察组组长(8月任)
赖南京 省鄱阳湖生态经济区建设办公室副主任(任至6月)、一级巡视员
郑沐春 党组成员、省能源局局长(任至8月),一级巡视员
邱啟旻 省鄱阳湖生态经济区建设办公室副主任(9月任)
金俊平 省信息中心主任(任至6月)
杜军龙 省信息中心主任(9月任)
薛　强 省赣南等原中央苏区振兴发展工作办公室副主任
熊　毅 一级巡视员(任至8月)
王　威 二级巡视员(任至5月)
范　强 二级巡视员(任至11月)
陈百鸣 二级巡视员(任至11月)
程霜枫 省赣南等原中央苏区振兴发展工作办公室副主任(任至5月)
徐新宇 省赣南等原中央苏区振兴发展工作办公室副主任(任至5月)
张　鹏 省赣南等原中央苏区振兴发展工作办公室副主任(6月任)
李新民 省赣南等原中央苏区振兴发展工作办公室副主任(6月任)
周光华 党组成员、副主任,省鄱阳湖生态经济区建设办公室(省赣南等原中央苏区振兴发展工作办公室)常务副主任(11月,因涉嫌严重违纪违法,接受省纪委省监委纪律审查和监察调查)

省财政厅

朱　斌 党组书记、厅长
吕朝明 党组成员、驻厅纪检监察组组长
李　伟 党组成员、副厅长
黄　平 党组成员,副厅长(9月任)
苏昌平 党组成员、副厅长(1月任)
邓　忠 党组成员、副厅长(6月任)
刘伍根 党组成员(8月任)
王　斌 一级巡视员
张耀霞 (女)党组成员(任至3月)、副厅长(任至4月),一级巡视员(3月任)
程继强 二级巡视员
林火平 江西财经职业学院党委书记
刘彪文 江西财经职业学院党委副书记(5月任)、院长(4月任)
余新民 二级巡视员(4月任)
马祖赞 二级巡视员(4月任)
刘宗敏 二级巡视员(8月任)
郭冠华 二级巡视员(8月任)

省人力资源和社会保障厅

刘三秋 (女)党组书记、厅长
黄加文 党组成员、副厅长(6月任)
吴福全 党组成员、副厅长

王书红 党组成员、副厅长
廖云东 党组成员、省纪委省监委驻厅纪检监察组组长
刘克琦 党组成员、副厅长
张 伟 党组成员(任至4月)、副厅长(任至5月)
肖国军 党组成员、副厅长(1月任)
叶志忠 省社会保险管理中心主任
查金滚 省社会保险管理中心党委书记
李新乐 二级巡视员

省审计厅

辜华荣 党组书记、厅长
刘 达 (女)党组成员、副厅长
罗伟华 (女)党组成员、驻厅纪检监察组组长
胡志勇 党组成员、副厅长
胡雅萍 (女)党组成员、副厅长(1月任),省经济责任审计联席会议办公室主任(任至1月)
陈义平 省经济责任审计联席会议办公室主任(1月任)
刘斌良 党组成员、总审计师(任至6月),一级巡视员(6月任)
黄正宇 党组成员、副厅长(任至6月),一级巡视员(6月任)
董 琪 二级巡视员
刘俊民 二级巡视员(任至11月)
郑中淮 二级巡视员
刘功滨 二级巡视员
罗贤勇 二级巡视员
程旭华 二级巡视员(12月任)
邬晓明 二级巡视员(12月任)

省民政厅

刘金接 党组书记、厅长
欧阳海泉 党组成员、副厅长(正厅级)
张福庆 党组成员、副厅长
樊 胜 党组成员、副厅长
向 东 党组成员、省纪委省监委驻厅纪检监察组组长
胡奇蔚 省纪委省监委驻厅纪检监察组二级巡视员
赵大伟 二级巡视员
熊 铭 二级巡视员
刘石呈 二级巡视员(1月任)

省统计局

万庆胜 党组书记、局长
韩志生 一级巡视员
彭勇平 (女)一级巡视员(任至12月)
曾永生 党组成员、副局长(4月任)
喻 滨 党组成员、副局长
金 绮 (女)二级巡视员
康冬明 总统计师(1月任)
曾庆道 二级巡视员
叶德祥 二级巡视员
陆 锋 二级巡视员(任至11月)
张 捷 二级巡视员(12月任)

国家统计局江西调查总队

方正亚 党组书记、总队长
周献华 党组成员、副总队长
赵兰香 (女)党组成员、副总队长
陈悟朝 党组成员、纪检组组长(任至11月)
赖建军 党组成员、副总队长
薛大伟 党组成员、纪检组组长(11月任)
张福坤 一级巡视员
余 靖 二级巡视员

省档案馆

方维华 (女)党组书记、馆长
方华清 党组成员、副馆长
谭向文 党组成员、副馆长
谭荣鹏 党组成员、副馆长
毛海帆 (女)二级巡视员
邓东燕 (女)二级巡视员(9月任)

国家税务总局江西省税务局

胡立文 党委书记、局长
李德平 党委委员、副局长
黄正逊 党委委员、副局长(任至10月),一级巡视员(7月任)
陈国英 党委委员、副局长
刘 琼 (女)党委委员、副局长(11月任)
姚慧玲 (女)党委委员、纪检组组长(任至12月)
温亚涌 党委委员、副局长
张建平 党委委员、总会计师
刘英怀 党委委员、总经济师
黄 峻 党委委员、总审计师(2月任)
黄中根 一级巡视员(任至11月)
王显和 一级巡视员
胥敏锋 一级巡视员
冷报德 二级巡视员(任至7月)
董国珍 二级巡视员(任至10月)
汪跃华 二级巡视员(3月任,任至4月)
林 剑 二级巡视员(4月任)
游润珍 二级巡视员(4月任)
徐 皎 二级巡视员(4月任)
雷新敏 二级巡视员(4月任)
黄 贞 (女)二级巡视员(4月任)
刘远来 二级巡视员(4月任)
汪 捷 二级巡视员(4月任)
万淑芳 (女)二级巡视员(4月任,任至5月)

省国资委

陈德勤 党委书记、主任
马 健 党委委员、副主任(正厅长级,7月任)
卢正大 党委委员、副主任
文翠萍 (女)党委委员、副主任(任至3月),一级巡视员(3月任,任至5月)
郑德才 党委委员、副主任
江尚文 党委委员、副主任(3月任)
刘玉椿 党委委员、省纪委省监委驻省国资委纪检监察组组长
杨国安 党委委员(12月任)
龚建平 一级巡视员
李少华 二级巡视员
袁紫忠 二级巡视员
谢 敏 省出资监管企业监事会主席
钟宇晖 省出资监管企业监事会主席
谢 言 省出资监管企业监事会主席
张 明 省出资监管企业监事会主席

省工业和信息化厅

杨贵平 党组书记、厅长
钱 昀 (女、回族)党组成员、副厅长
刘 煜 党组成员、副厅长
江明成 党组成员、副厅长
郑正春 党组成员、副厅长
辛清华 党组成员、副厅长
郭国君 党组成员、驻厅纪检监察组组长
蒋文定 党组成员、副厅长(挂职)
何 琦 党组成员、副厅长

王亦斌 一级巡视员
章志锋 驻厅纪检监察组二级巡视员
熊国纲 二级巡视员
李善乐 二级巡视员
陈 军 二级巡视员

省交通运输厅

王爱和 党委书记、厅长
王昭春 党委委员、副厅长
罗文江 党委委员、副厅长
蓝丽红 党委委员、省纪委省监委驻厅纪检监察组组长(8月任)
魏遵红 党委委员、副厅长，省邮政管理局党组书记、局长
刘震华 党委委员、副厅长
丁光明 党委委员、副厅长(10月任)
胡钊芳 党委委员、总工程师(任至3月)
陈 兵 党委委员、省纪委省监委驻厅纪检监察组组长(任至8月)
胡钊芳 一级巡视员(3月任)
彭 瑜 (女)二级巡视员(2月任)
王继东 二级巡视员(9月任)
肖伦发 二级巡视员(任至5月)

省住房城乡建设厅

吴昌平 党组书记
卢天锡 厅长
宗玉明 (女) 驻厅纪检监察组一级巡视员
章雪儿 一级巡视员
李道鹏 副厅长
王海涛 党组成员、副厅长
熊春华 党组成员、副厅长
江新洪 党组成员、副厅长
严全胜 党组成员、驻厅纪检监察组组长
姚宏平 二级巡视员
曹达红 总经济师
陈建蓉 (女)二级巡视员
李 炜 总工程师
陈立忠 二级巡视员

省生态环境厅

徐延彬 党组书记、厅长
郑光泉 党组成员(12月任)
罗小璋 党组成员、副厅长
尹玉光 党组成员、驻厅纪检监察组组长(任至8月)
龙 刚 党组成员、副厅长
李鹏云 党组成员、驻厅纪检监察组组长(12月任)
陈 钊 党组成员(3月任)、副厅长(4月任)
舒飞庚 党组成员(12月任)
杨 鹏 生态环境监察专员(12月任，副厅长级)
邹国星 生态环境监察专员(4月任，副厅长级)
罗盛金 生态环境监察专员(4月任，副厅长级)
林 文 (女)生态环境监察专员(9月任，副厅长级)
喻子水 生态环境监察专员(11月任，副厅长级)
石 晶 (女)一级巡视员

省应急厅

龙卿吉 党委书记、厅长
宋树欣 党委副书记(任至9月)、副厅长(任至9月)
汪少舟 党委委员、副厅长
周运柏 党委委员、驻厅纪检监察组组长
钟世富 党委委员、副厅长
余 钢 党委委员、副厅长
张贤义 党委委员、副厅长
徐卫明 党委委员、副厅长
姚 丹 党委委员(3月任)、副厅长(4月任)
周 平 一级巡视员
陈 斌 二级巡视员(任至10月)
王小清 二级巡视员(任至6月)
刘 武 二级巡视员(2月任)
吴继波 二级巡视员(2月任)

省消防救援总队

刘克辉 党委书记、政治委员
宋树欣 党委副书记、总队长(任至7月)
肖纯栋 党委委员、副总队长
关中安 党委委员、副总队长兼灭火救援指挥部部长
张小新 党委委员、副总队长
王巧梅 (女)党委委员、副总队长
黄小辉 党委委员、副政治委员
朱飞勇 党委委员、总工程师
黄 敏 党委委员、政治部主任

江西煤矿安全监察局

田学起 党组书记、局长
杨市龙 党组成员、副局长
马成荣 党组成员、纪检组组长(任至7月)
郑江萍 党组成员、一级巡视员(任至12月)
傅源春 二级巡视员(任至3月)
陈腊根 二级巡视员(任至12月)

省人防办

李绪先 党组书记、主任(9月任)
彭光华 党组书记、主任(任至9月)
林显君 党组成员、副主任
钟 斌 党组成员、副主任
陈文平 二级巡视员

省邮政管理局

魏遵红 党组书记、局长
周慧锋 党组成员、副局长
刘 勇 党组成员、纪检组组长

省通信管理局

熊党非 党组书记、局长
胡素仁 党组成员、纪检组组长、副局长
谢胜斌 党组成员、副局长

省机场集团公司

周敏生 党委副书记、总经理
万 林 党委书记、副总经理
欧阳智 党委委员、副总经理
黄肇春 党委委员、副总经理
华民涛 党委副书记、纪委书记、工会主席(任至7月)
周 军 党委委员、副总经理
康永宁 党委委员、副总经理
胡最清 (女)财务总监(3月任)

中国铁路南昌局集团有限公司

王 培 党委书记、董事长
蒋 辉 党委副书记、董事、总经理
万 军 党委副书记、董事
刘梦书 党委委员、纪委书记
黄少雄 党委委员、职工董事、工会

主席、副总经理
杨 斌 党委委员、副总经理
谭立新 党委委员、副总经理
杜永明 党委委员、副总经理
李 晔 党委委员、副总经理
王 斌 党委委员、副总经理
谢照胜 党委委员、总会计师
陈寿卿 福州铁路办事处主任、党工委书记，集团公司副总经理

省商务厅

谢一平 党组书记、厅长
刘 煜 党组成员，中国国际贸易促进委员会江西省委员会党组书记、会长
梁小康 党组成员、副厅长
贾俊芳 党组成员、省纪委省监委驻厅纪检监察组组长
方向军 党组成员、副厅长
饶芝新 党组成员(6月任)、副厅长(7月任)
罗 璇 党组成员(9月任)、副厅长(10月任)
姚睿钦 省纪委省监委驻厅纪检监察组一级巡视员
朱元发 一级巡视员(10月任)，党组成员(任至10月)、副厅长(任至11月)
喻 洪 二级巡视员
宁小武 二级巡视员
晏 斌 江西外语外贸职业学院党委书记
朱隆亮 江西外语外贸职业学院院长、党委副书记

省供销合作社

李晓刚 党组书记、理事会主任
欧阳太来 一级巡视员
卢 忠 党组成员、理事会副主任
杨晓琴 党组成员、理事会副主任兼省供销集团董事长(3月兼任)
陈立新 党组成员、省供销集团有限公司总经理(4月任)
裴敏春 党组成员、理事会副主任(9月任)
汪 波 监事会主任
吴小平 江西旅游商贸职业学院党委书记
蔡海生 江西旅游商贸职业学院院长(4月任)

省市场监管局

王福平 党组书记、局长
曹 麒 党组副书记、省药监局党组书记(任至12月)
沈庆中 党组成员、副局长
蔡 玮 党组成员(任至12月)、副局长，一级巡视员(12月任)
刘邦琰 党组成员、省纪委省监委驻局纪检监察组组长(任至8月)
谭文英 (女)副局长
刘建华 一级巡视员
张正新 党组成员、副局长
邓季芳 党组成员、省纪委省监委驻局纪检监察组组长(8月任)
吴 维 党组成员、省药监局党组书记(12月任)
黄富华 党组成员、副局长
梁卫光 党组成员、副局长
杨 瑛 (女)党组成员
章志键 二级巡视员
李 捷 二级巡视员
杨 莹 (女)二级巡视员(任至6月)

省外事办

赵 慧 (女)党组书记、主任
黄加文 党组成员、副主任(任至6月)
李雨强 党组成员、副主任
胡志扬 党组成员、副主任
叶 松 二级巡视员
涂安波 省对外友协专职副会长(4月任)

南昌海关

张格萍 (女)党委书记、关长
赵月淦 党委委员、缉私局党组书记、局长
符 平 党委委员、副关长(11月任)
李 宇 党委委员、副关长
温劲松 党委委员、副关长
张 潮 党委委员、政治部主任(11月任)
邵 飞 党委委员、副关长(11月任)
蔡金水 党委委员、纪检组组长(11月任)
褚碧波 党委委员、政治部主任(任至11月)
谢 斌 党委委员、纪检组组长(任至11月)
宋 军 一级巡视员
周维颖 党委委员、副关长(任至4月)，一级巡视员(4月任)
车鲁强 (女)二级巡视员(任至1月)
庄立文 总工程师、二级巡视员(7月任)
周 健 二级巡视员(7月任)
温志海 二级巡视员(7月任)
傅国栋 二级巡视员(7月任)
陈高平 赣江新区海关党委书记、关长、督办(7月任)
余银喜 二级巡视员(9月任)
晏礼峰 二级巡视员(9月任)
段振龙 青山湖海关督办(9月任)
黄优平 新余海关党委书记、关长、督办(9月任)
李国念 二级巡视员(7月任，任至12月)

省政府驻外办事处

严佛元 驻北京办事处党组书记、主任(任至4月)
金俊平 驻北京办事处党组书记、主任(6月任)
吴文凯 驻北京办事处党组成员、副主任(任至6月)，一级巡视员(6月任)
高延平 驻北京办事处党组成员、副主任
侯熙文 驻北京办事处党组成员、副主任(6月任)
熊炎飞 驻北京办事处二级巡视员
张卿烊 驻北京办事处二级巡视员(8月任，任至10月)
吴井勇 驻上海办事处党组书记、主任
张雪萍 (女)驻上海办事处党组成员、副主任
王坚真 (女)驻上海办事处党组成员、副主任
吕宏光 驻上海办事处二级巡视员
刘友龙 驻广东(深圳)办事处党组书记、主任
胡汉羽 驻广东(深圳)办事处党组成员、副主任
陶继红 驻广东(深圳)办事处党组成员、副主任
柳 林 驻广东(深圳)办事处二级巡视员

人民银行南昌中心支行

张智富　党委书记、行长兼国家外汇管理局江西分局局长（任至7月）
张瑞怀　党委书记、行长兼国家外汇管理局江西分局局长（7月任）
吴豪声　党委委员、副行长（任至3月）
周伟军　党委委员、副行长（11月任）
王地宁　党委委员、副行长
陈　锋　党委委员、副行长
叶建华　党委委员、工会主任
鹿　芬　党委委员、纪委书记
杜正琦　党委委员、副行长

江西银保监局

李赛辉　党委书记、局长
程健荣　党委委员、副局长
曾　晖　（女）党委委员、副局长（任至5月）
熊　伟　党委委员、二级巡视员
李青川　党委委员、二级巡视员，副局长（11月任）
朱伟忠　党委委员、纪委书记
曹东明　党委委员、副局长（11月任）
余祖典　党委委员、副局长，一级巡视员（7月任）
章莳安　二级巡视员
郭汉强　二级巡视员（任至11月）

江西证监局

唐理斌　党委书记、局长，一级巡视员
周　军　党委委员、副局长
洪　漫　（女）党委委员、副局长
姜慧平　（女）党委委员、纪委书记（8月任）

省农业农村厅

江枝英　省委农办主任、省农业农村厅党委书记
胡汉平　省农业农村厅厅长
倪美堂　省委农办副主任，省农业农村厅一级巡视员（2021年7月，因涉嫌严重违纪违法，接受省纪委省监委纪律审查和监察调查）
万国根　一级巡视员（任至10月）
赖金生　一级巡视员
龙宇闻　一级巡视员
刘　伟　党委委员、副厅长
刘光华　党委委员、副厅长
刘建堂　党委委员（任至8月）、副厅长（任至9月）
吴国昌　党委委员
邓贤贵　党委委员、副厅长
曹爱珍　党委委员、省纪委省监委驻厅纪检监察组组长
严　卫　省纪委省监委驻厅一级巡视员
万秋根　一级巡视员（任至3月）
刘春茂　二级巡视员
刘宝林　二级巡视员

省林业局

邱水文　党组书记、局长
黄小春　党组成员、副局长
罗　勤　（女）一级巡视员
严　成　党组成员、副局长
辛卫平　党组成员（任至4月），省森林公安局局长
刘　宾　党组成员（9月任）、副局长（10月任）
肖忠优　江西环境工程职业学院党委书记
熊起明　江西环境工程职业学院院长

省金融监管局

韦秀长　党组书记、局长
骆小林　党组成员、副局长
王小林　党组成员、副局长
徐鹤飞　党组成员、副局长

省水利厅

罗小云　党委书记、厅长，省鄱建办党委书记
罗传彬　党委委员、副厅长，省鄱建办党委委员、主任（1月任）
廖瑞钊　党委委员、副厅长
吴义泉　党委委员、副厅长
蔡　勇　党委委员、副厅长
胡文南　（女）党委委员、驻厅纪检监察组组长
姚毅臣　省“河长制”办公室专职副主任
徐卫明　党委委员、副厅长
纪伟涛　一级巡视员
张伯义　二级巡视员
王　纯　党委委员、副厅长（任至5月）
张文捷　党委委员、总工程师（任至11月）
钟应林　二级巡视员（任至11月）
刘　超　省鄱建办党委委员、副主任
李海辉　省鄱建办党委委员、副主任（1月任）
方少文　省水文局党委书记、局长

省自然资源厅

张圣泽　党组书记、厅长
邱水文　党组成员，省林业局党组书记、局长
邝先华　党组成员、驻厅纪检监察组组长
张龙飞　党组成员、副厅长
梁春祥　党组成员、副厅长（任至10月）
陈祥云　党组成员、副厅长（任至1月）
陶小驹　党组成员、副厅长（1月任）
郑斌勇　副厅长
杨远林　驻厅纪检监察组一级巡视员（任至11月）
蔡建平　党组成员（1月任）、省国土资源执法监察总队总队长
龚　健　二级巡视员（任至5月）
黄国品　驻厅纪检监察组二级巡视员
冷世民　二级巡视员
陶　志　二级巡视员
余茂宗　二级巡视员（任至8月）
黄庆龄　江西应用技术职业学院党委书记
徐志峰　江西应用技术职业学院院长（4月任）

省粮食和储备局

喻志勇　党组书记、局长
刘福元　党组成员、副局长
廖小平　党组成员、副局长（任至9月）
林　华　党组成员、副局长（1月任）
崔家楠　二级巡视员

省扶贫办

史文斌　党组书记、主任
饶振华　党组成员、副主任
胡跃明　党组成员、副主任
路文革　党组成员、副主任
邓丰昌　党组成员、副主任

刘卫东 二级巡视员(任至2月)
张清华 二级巡视员(9月任)
刘晓勇 二级巡视员(9月任)
吴路宁 二级巡视员(9月任)

省医保局

梅 亦 (女)党组书记、局长
何 桑 (女)党组成员、副局长
梁义敏 党组成员、副局长
吴国平 党组成员、副局长
王秀珠 (女)二级巡视员(2月任)

省政府研究室

李 能 主任
彭 峰 副主任
王平俭 副主任
李鹏飞 二级巡视员

省机关事务管理局

翟 明 党组书记、局长(任至4月)
严佛元 党组书记、局长(4月任)
邱永强 党组成员、副局长
黄才兰 党组成员、副局长
简逢春 党组成员、副局长
敖颠根 二级巡视员
查志鸿 二级巡视员(8月任,任至9月)
曹亚伟 二级巡视员(8月任,任至12月)

省地震局

刘 晨 党组书记、局长
熊 斌 党组成员、纪检组组长
陈家兴 党组成员、副局长

省气象局

詹丰兴 党组书记、局长
谢梦莉 党组成员、纪检组组长
傅敏宁 党组成员、副局长
邓世忠 党组成员、副局长
孙国栋 党组成员、副局长
殷建敏 总工程师
何财福 二级巡视员

省科技厅

万广明 党组书记、厅长
刘邦琰 党组成员、驻厅纪检监察组组长
席 宏 党组成员、副厅长
鄢帮有 党组成员、副厅长
陈金桥 党组成员、副厅长
陈炜蓉 党组成员、副厅长兼省外国专家局局长
赵金城 一级巡视员
刘 青 一级巡视员
曹春阳 二级巡视员

省委教育工委、省教育厅

叶仁荪 工委书记
郭杰忠 工委副书记、厅长
肖志华 工委副书记
刘菊娇 (女)一级巡视员
汪立夏 工委委员、副厅长
施新华 工委委员、驻厅纪检监察组组长
裴鸿卫 工委委员、副厅长
刘雪平 (女)工委委员、省教育考试院党委书记
王江华 工委委员、副厅长
曹伴好 工委委员、总督学
刘小强 工委委员、副厅长(12月任)
徐 峰 省教育考试院院长
杨美珍 (女)二级巡视员
陈 新 (女)二级巡视员
何少加 二级巡视员

省体育局

晏驹腾 党组书记、局长
王 勇 党组成员、副局长
张祖平 党组成员、副局长
林 军 党组成员、副局长(任至12月)
徐跃跃 二级巡视员

省卫生健康委

王水平 党组书记,主任(1月任)
丁晓群 主任(任至1月)
曾传美 党组成员、副主任(任至6月),一级巡视员(6月任)
朱烈滨 党组成员、副主任
谢光华 党组成员,省中医药管理局党组书记、局长
江晓斌 党组成员、副主任
龚建平 党组成员、副主任
罗礼生 党组成员(12月任),省计划生育协会专职副会长
钭方芳 (女)党组成员(12月任)
万筱明 (女)一级巡视员(任至3月)
王金林 党组成员、驻委纪检监察组组长(任至8月)

省退役军人厅

欧阳泉华 党组书记、厅长
万小根 党组成员、副厅长
雷起平 党组成员、副厅长
张 勇 党组成员、副厅长
何 晨 二级巡视员

省文化和旅游厅

池 红 党组书记、厅长
任永新 党组成员、副厅长(任至7月)
陈晓平 党组成员、副厅长
郎道先 党组成员、副厅长(任至12月)
丁新权 党组成员、副厅长,省文物局局长
黄小蓉 (女)党组成员、副厅长
雷朝晖 (女,畲族)党组成员,驻厅纪检监察组组长
谌洪敏 一级巡视员(任至3月)
潘之钰 二级巡视员
章国宝 二级巡视员

省广电局

杨六华 党组书记、局长
王朝新 一级巡视员
白文松 党组成员、副局长
周世敏 党组成员、副局长
彭建华 党组成员、驻局纪检监察组组长
兰丽华 (女)党组成员、副局长
韩兴文 党组成员
廖家槐 驻局纪检监察组二级巡视员

省民宗局

曹国庆 党组书记、局长
王希贤 党组成员、副局长
马哲海 党组成员、副局长
左旭生 二级巡视员(任至5月)
宋春华 二级巡视员(8月任,任至12月)
马徽江 二级巡视员(12月任)

省地方志办

甘根华　党组书记、主任
周　慧　二级巡视员
杨志华　党组成员、副主任
张棉标　党组成员、副主任(1月任)

省社科院

梁　勇　党组书记、院长(任至4月)
田延光　党组书记(4月任)
蒋金法　党组副书记、院长(6月任)
龚建文　(女)党组成员(任至3月)、副院长(任至4月)
樊　宾　党组成员、副院长
龚剑飞　党组成员、副院长
钟小武　党组成员(3月任)、副院长(4月任)

省公安厅

秦　义　副省长,厅党委书记、厅长、督察长
叶国兵　党委副书记、常务副厅长(2021年4月,因涉嫌严重违纪违法,接受省纪委省监委纪律审查和监察调查)
涂建生　党委委员、副厅长(正厅长级)
张　强　党委委员,江西警察学院党委书记(任至6月)
胡朗民　党委委员、江西警察学院党委书记(6月任)
王越飞　党委委员、特勤局局长(正局级)(4月任)
陈光明　党委委员、副厅长
万秀奇　党委委员,南昌市政府副市长、市公安局党委书记、局长、督察长
胡满松　党委委员、副厅长
何军威　党委委员、政治部主任、直属机关党委书记
周重和　党委委员、省纪委省监委驻厅纪检监察组组长
万　凯　党委委员、副厅长
李大宝　二级巡视员(任至9月)
田　军　二级巡视员
邹永锋　二级巡视员
吴国高　二级巡视员
阮皇星　二级巡视员
胡新国　二级巡视员
何烈成　二级巡视员(任至11月)
李金华　二级巡视员
赵　武　二级巡视员

省司法厅

王国强　党组书记、厅长,兼省监狱管理局第一政委
江　涛　党组成员、副厅长
凌　云　党组成员、副厅长
刘品韬　党组成员、副厅长,省监狱管理局党委书记、局长
邱荣飞　党组成员、副厅长,省戒毒管理局党委书记、局长
龚河兴　党组成员、副厅长
胡兴平　党组成员、驻厅纪检监察组组长
胡水明　党组成员、政治部(警务部)主任、厅直属机关党委书记
邓奕强　一级巡视员
阎循店　一级巡视员,省监狱管理局党委副书记(任至4月)
刘晨华　二级巡视员
汪玉青　二级巡视员(任至5月)
刘林如　二级巡视员(任至11月)
贺秀涛　省监狱管理局党委副书记(4月任)、省监狱管理局政委
吴　强　省戒毒管理局党委副书记、政委
罗　冈　省监狱管理局副厅级干部(任至8月)、二级巡视员(8月任)

省总工会

龚建华　主席
饶剑明　党组书记、常务副主席
陈文明　一级巡视员(任至5月)
吴海平　一级巡视员
陈　兵　党组成员、驻会纪检监察组组长(8月任)
饶冬梅　(女)党组成员、副主席
吴福才　党组成员、副主席
吴　峰　党组成员、驻会纪检监察组组长(任至8月)
吴丽云　(女)党组成员、经费审查委员会主任
任春山　党组成员、副主席(4月任)
樊　胜　副主席(兼职)
刘克琦　副主席(兼职)
向　东　副主席(兼职)
刘伟平　副主席(兼职)
甘　颀　二级巡视员(4月任)
黄伟勇　二级巡视员(4月任,任至8月)
熊志伟　(女)二级巡视员(8月任,任至11月)

团省委

邱　凌　副书记(主持工作)
伍复康　副书记
易　军　副书记
胡振燕　(女)副书记
罗　华　副书记
张雪黎　(女)二级巡视员

省妇联

王　庆　党组书记、主席
肖晓兰　党组成员、副主席
刘　丽　党组成员、副主席
吴艳玲　党组成员、副主席
朱　彦　党组成员、副主席(任至4月)
李景芝　二级巡视员
江怀玉　副主席(兼职)
甘公荣　副主席(兼职)
胡秀筠　副主席(兼职)

省文联

郑　翔　党组书记(任至6月)
马玉玲　党组书记(6月任)
叶　青　党组成员、主席
张　越　党组成员、副主席
邬定忠　党组成员、副主席
李小军　省作家协会主席(6月任)
毛国典　副主席(8月任)
温燕霞　党组成员、副主席(挂职,8月任)

省社联

罗勇兵　党组书记、主席
杨宇军　党组成员、副主席
汤水清　党组成员、副主席
刘清荣　党组成员(9月任)、副主席(11月任)
李方明　党组成员、副主席(挂职,11月任)
朱民安　一级巡视员(6月任)
刘弋涛　党组成员、副主席(任至9月),一级巡视员(9月任,任至11月)

赵树贵 二级巡视员(任至12月)

省科协

罗 莹 党组书记、副主席
史 可 主席
梁纯平 党组成员、副主席、机关党委书记
孙卫民 党组成员、副主席
李世锋 党组成员(12月任)
黄丽芬 二级巡视员
张光明 二级巡视员

省侨联

张知明 (女)党组书记、主席
王 强 专职副主席
罗丽都 (女)专职副主席
许晓燕 (女)二级巡视员
蔡 峻 秘书长

省台联

徐友洪 会长
吕少军 副会长
俞红光 副会长(专职)
杨 奕 副会长
林 峻 副会长
温建新 副会长

省残联

何剑锋 党组书记、理事长
田颖汉 党组成员(任至11月)、副理事长
张志凤 (女)党组成员、副理事长
黄建国 党组成员、副理事长
邹 凯 党组成员(12月任)

省红十字会

龚建辉 党组书记、常务副会长(11月任)
袁才华 党组成员、专职副会长
戴 莹 (女)党组成员、专职副会长
朱振华 专职副监事长(11月任)
刘华鹰 二级巡视员

民革江西省委会

马志武 (回族)主委
胡汉平 副主委
陈春平 (女)副主委(专职,任至4月)
徐景坤 副主委
李家祥 副主委
熊 皓 副主委
傅 春 (女)副主委
熊 彤 (女)副主委(专职,4月任)

民盟江西省委会

刘晓庄 主委
何建洋 副主委
黄菊花 (女)副主委
陈文华 (女)副主委
刘新农 副主委(专职)
张国新 副主委
胡淑玉 (女)二级巡视员(任至11月)
熊建平 二级巡视员(6月任,任至7月)
王永新 二级巡视员(8月任,任至9月)

民建江西省委会

孙菊生 主委
胡淑珠 (女)副主委
杨文龙 副主委
左继生 副主委
刘木华 副主委
陈朝清 副主委(4月任)
梅彩玲 (女)二级巡视员
戴玲玲 (女)二级巡视员

民进江西省委会

汤建人 主委
梅国平 副主委
卢天锡 副主委
张国轩 副主委
欧阳剑雄 副主委(专职)
刘菊娇 (女)副主委
崔传鹏 副主委
陈洪萍 (女)秘书长,二级巡视员(任至9月)、一级巡视员(9月任)

农工党江西省委会

史 可 主委
罗胜联 副主委
余少良 副主委
龙国英 (女)副主委
林 凯 (回族)副主委(专职)、监督委员会主任
刘季春 副主委
朱英姿 (女)二级巡视员

九三学社江西省委会

李华栋 主委
洪三国 副主委
李广振 副主委
张玉清 副主委
辛洪波 副主委
肖礼庆 副主委(专职)
张 伟 副主委
田 荣 二级巡视员、秘书长

台盟江西省委会

曾鲁台 主委
徐友洪 副主委(专职)
吕少军 副主委

省工商业联合会

雷元江 主席
李青华 (女)党组书记(任至9月)、常务副主席(任至10月)
高鹰群 (女)党组书记、副主席
洪跃平 党组成员(任至9月)、副主席(任至10月),一级巡视员
刘星平 党组成员、副主席
周华爱 (女)副主席
邹常军 党组成员、副主席
谢松岳 党组成员、秘书长(任至10月)、副主席
彭玉萍 (女)二级巡视员
李文强 党组成员(1月任)、秘书长(10月任)

南昌大学

喻晓社 党委书记
周创兵 党委副书记、校长
黄恩华 党委副书记(任至4月)
李德平 党委副书记(9月任)
朱友林 副校长
江风益 党委常委、副校长
邓晓华 党委常委、副校长
史国珍 (女)党委常委、纪委书记
朱小理 党委常委、副校长(任至9月)

刘成梅　党委常委、副校长(1月任)
刘耀彬　党委常委、副校长(1月任)
黄细嘉　党委委员、江西发展研究院院长
徐光兵　党委常委、组织部部长
饶　勇　党委常委、宣传部部长
滕勇前　党委常委、统战部部长

江西师范大学

田延光　党委书记(任至4月)
黄恩华　党委书记(5月任)
梅国平　校长
张艳国　党委副书记
涂宗财　党委委员、副校长
姚弋霞　(女)党委委员、副校长
项国雄　副校长
丁　晖　党委委员、副校长(任至5月)
刘　俊　党委委员、副校长
陈运平　党委委员、副校长(任至5月)
舒平贵　党委委员、纪委书记
陈义旺　党委委员、副校长
汪　洋　党委委员、副校长(6月任)
周利生　党委委员、副校长(10月任)

江西农业大学

黄路生　党委书记
赵小敏　党委副书记、校长
郭新春　党委副书记
贺浩华　党委委员、副校长
许斌华　党委委员、副校长
黄英金　党委委员、副校长
邱晓辉　党委委员、副校长
曾志将　党委委员、副校长
林小凡　党委委员、副校长
刘木华　副校长
乔金霞　(女)党委委员、纪委书记

江西财经大学

王　乔　党委书记(任至11月)
卢福财　党委书记(11月任),党委副书记、校长(任至11月)
邓　辉　校长(11月任),副校长(任至11月)
蒋金法　党委副书记(任至6月)
朱小理　党委副书记(9月任)
刘小丽　(女)党委常委、副校长
杨建林　党委常委、纪委书记
王小平　党委常委、副校长(任至4月)
阙善栋　党委常委、副校长
欧阳康　党委常委、副校长
袁　雄　党委常委、副校长
袁红林　党委常委、副校长(2月任)
李春根　党委常委(4月任)、副校长(5月任)

华东交通大学

万　明　党委书记
罗玉峰　党委副书记、校长(任至8月)
徐长节　党委副书记、副校长(8月任,主持行政工作),党委委员、副校长(任至8月)
肖长春　党委副书记
张　坚　党委委员、副校长
陈梦成　党委委员、副校长
范　勇　党委委员、副校长
黄稚龙　党委委员、副校长(任至11月)
刘林芽　副校长
洪　梅　(女)党委委员、纪委书记
杨　辉　副校长(2月任)

东华理工大学

柳和生　党委书记
孙占学　党委副书记、校长
刘紫春　党委副书记
汤　彬　副校长
郭福生　党委常委、副校长
陈晓勇　副校长
聂逢君　党委常委、副校长
万继锋　党委常委、纪委书记
陈焕文　副校长
杨　波　党委常委、副校长
刘云海　党委常委、副校长

江西理工大学

罗嗣海　党委书记(任至4月)
杨　斌　党委书记(5月任),党委副书记、校长(任至5月)
温和瑞　党委副书记、校长(5月任)
伍自强　党委副书记
钟健生　副校长
邱廷省　党委常委、副校长
李国金　党委常委、副校长
刘祖文　党委常委、副校长
龙立福　党委常委、纪委书记
龚姚腾　党委常委、副校长
罗仙平　党委常委、副校长
廖春发　党委常委、副校长

南昌航空大学

罗嗣海　党委书记(4月任)
罗胜联　校长
罗旭彪　党委副书记(12月任)
周世健　党委常委、副校长
何兴道　党委常委、副校长
杨晓光　党委常委、副校长
熊震宇　党委常委、副校长
顾有平　党委常委、纪委书记
陈　震　党委常委、副校长(1月任)
代冀阳　党委常委、副校长(9月任)
郭正华　党委常委、副校长(9月任)

井冈山大学

胡春晓　(女)党委书记(4月任)
曾建平　党委副书记、校长
温和瑞　党委副书记(任至4月)
吕玉华　党委常委、副校长
史胜平　党委常委、纪委书记
陈小林　党委常委、副校长
黄俭根　党委常委、副校长
肖宜安　党委常委、副校长
李　军　党委常委、副校长
胡永红　党委常委、副校长(6月任)
刘利民　党委常委、副校长(12月任)

江西科技师范大学

李红勇　党委书记
左和平　校长
张立青　党委副书记
胡业华　党委委员、副校长
蒲守智　党委委员、副校长(任至6月)
朱　笃　党委委员、副校长
徐景坤　副校长
李玉保　党委委员、副校长
邓　弘　党委委员、副校长(任至4月)
李文龙　党委委员、副校长(4月任)
刘建飞　党委委员、副校长
黄赣华　党委委员、纪委书记
郑鹏武　党委委员、副校长

景德镇陶瓷大学

江伟辉　党委书记(任至4月)
梅仕灿　党委书记(4月任)

宁　钢　党委副书记、校长(任至9月)
吕品昌　党委副书记、副校长(9月任,主持行政工作)
胡林荣　党委副书记
叶观荣　党委委员、纪委书记
吴本荣　党委委员、副校长
占启安　党委委员、副校长(任至12月)
李良智　党委委员、副校长(任至4月)
王海波　党委委员、副校长
冯　浩　党委委员、副校长
吕金泉　党委委员、副校长(9月任)
陈云霞　(女)党委委员、副校长(9月任)
黄　勇　党委委员(12月任)
胡银娇　(女)党委委员(12月任)
杨志民　党委委员、组织部部长
曾德生　党委委员、宣传部部长
章义来　党委委员,统战部部长(任至12月)

江西中医药大学

陈明人　党委书记
左铮云　党委副书记、校长
赵恒伯　党委副书记
朱卫丰　(女)党委委员、副校长
杨　明　党委委员、副校长
简　晖　党委委员、副校长
章德林　党委委员、副校长
邹健生　党委委员、纪委书记
杜建强　副校长
朱根华　党委委员、副校长(6月任)
聂国林　党委委员、组织部部长
薛铁瑛　党委委员、宣传部部长

赣南医学院

李恭进　党委书记
刘　潜　党委副书记、院长
曾泽鑫　党委副书记
陈　亮　党委委员、副院长
黄瑞忠　党委委员、副院长
叶军明　党委委员、副院长
肖树辉　党委委员、纪委书记
张小康　党委委员、副院长
彭维杰　党委委员、副院长

赣南师范大学

范小林　党委书记
卢　超　党委副书记、校长
胡龙华　党委副书记
刘　民　党委委员、副校长
邱小云　党委委员、副校长
吴剑波　党委委员、副校长
吴　磊　党委委员、副校长
罗序中　党委委员、副校长
郭新春　党委委员、副校长(任至4月)
于保春　党委委员、纪委书记
易　龙　党委委员(10月任)、副校长(11月任)

南昌工程学院

徐兰宾　党委书记
金志农　党委副书记、院长
吴泽俊　党委副书记
汪胜前　党委委员、副院长
李　明　党委委员、副院长
樊后保　党委委员、副院长
汪荣有　党委委员、副院长
殷安全　党委委员、纪委书记
周敏丹　(女)党委委员、副院长
陆伟锋　党委委员(4月任)、副院长(5月任)
胡　敏　党委委员(任至11月)、副院长(任至12月)

江西开放大学

易小明　党委书记
朱爱莹　(女)党委副书记、校长(任至8月)
黄平槐　党委副书记、校长(9月任)
邓文君　党委副书记(8月任)
王水平　党委委员、纪委书记
陈江鸿　党委委员、副校长(任至6月)
刘　平　副校长
邱东升　党委委员、副校长
冯豫红　(女)党委委员、副校长(6月任)

南昌师范学院

王金平　党委书记
徐求真　党委副书记、校长
李德平　党委副书记(任至9月)
殷　剑　党委副书记(12月任),党委委员、副校长(任至12月)
谢晓国　党委委员、副校长
周毛春　党委委员、副校长
胡小萍　(女)党委委员、副校长
叶廷峻　党委委员、纪委书记
刘小强　党委委员、副校长(任至12月)
高　翔　(女)党委委员、组织部部长
常　颖　(女)党委委员、宣传部部长
陈小琼　(女)党委委员、统战部部长

九江学院

赵　伟　党委书记
刘晓东　党委副书记、院长
魏立平　党委副书记
陈小林　党委委员、副院长
纪岗昌　副院长
王万山　党委委员、副院长
陈春生　副院长
杨耀防　党委委员、副院长
夏启国　党委委员、副院长
查振华　党委委员、副院长
李广欣　党委委员、纪委书记

新余学院

刘　冬　党委书记
张玉清　院长
李明斌　党委副书记(5月任)
胡　涌　党委委员、副院长(任至4月)
陈裕先　党委委员、副院长
李　敏　党委委员、副院长
龚丽春　党委委员、副院长
郭瑞新　党委委员、纪委书记(任至4月)
徐忠麟　党委委员、副院长
刘志勇　党委委员、纪委书记(9月任)
张发云　党委委员、副院长(11月任)
姚　伟　党委委员
周文生　党委委员
曾浩武　党委委员

宜春学院

李雪南　党委书记
曾晓春　党委副书记、院长
胡国瑞　党委副书记
梅光泉　副院长
李明斌　党委委员、副院长(任至5月)
蒋　钰　(女)党委委员、副院长
余新卫　(女)党委委员、副院长
罗　政　党委委员、副院长
邱家明　党委委员、副院长
张　梅　(女)党委委员、纪委书记
严青松　党委委员、副院长
李建军　党委委员、副院长(11月任)

上饶师范学院

朱寅健　党委书记(任至4月)
陈洪生　党委书记(4月任)
詹世友　党委副书记、院长
刘国云　党委副书记
饶爱京　(女)副院长
吴亦丰　副院长
王德荣　党委委员、纪委书记
赖明谷　党委委员、副院长(任至11月)
郑大贵　党委委员、副院长(任至3月)
李培生　党委委员、副院长
卢　超　党委委员、副院长(任至2月)
郑彦芳　(女)党委委员、副院长
李永明　党委委员(4月任)、副院长(6月任)
郑宗仁　党委委员
杨发建　党委委员
张善平　党委委员
付惠敏　党委委员

萍乡学院

陈金印　党委书记
史焕平　党委副书记、院长
郭　伟　党委委员、副院长
邱建丁　党委委员、副院长
潘运华　党委委员、纪委书记
刘卫林　党委委员、副院长
田常红　(女)党委委员
陈永秀　(女)党委委员、组织部部长
陈永国　党委委员、宣传部部长

景德镇学院

蔡付斌　党委书记(任至5月)
李良智　党委书记(5月任)
陈雨前　党委副书记、院长
王丽心　党委副书记
吴　丁　党委委员、副院长
郑富年　党委委员、副院长
郑昕芾　党委委员、副院长
李新荣　党委委员、纪委书记
朱贺江　党委委员、组织部部长
方文龙　党委委员、宣传统战部部长

全国劳动模范

罗　升　江西省南昌县人,1971年9月生,大专学历,江西汇仁药业股份有限公司固体制剂车间主任,工程师。2014年,在公司肾宝片产品销售放量增长、原有二条生产线不能满足生产需求的情况下,他带领车间经过半个多月的日夜加班,对生产区域布局进行重新调整,实现产能翻番。后经过改造、安装,新增2条生产线,生产能力由每天240万片提升到每天640万片,保障供货需求。经过300个日夜奋战,他和全车间近300人共同努力,完成公司下达的生产任务,实现当年生产入库产值18.75亿元,为公司一线生产作出突出贡献。2015年4月,他获"江西省劳动模范"称号;2016年4月,获"全国五一劳动奖章";2016年12月,获"江西省劳动模范"称号;2020年,获"全国劳动模范"称号。

丁继锋　江西省南昌县人,1963年5月生,中共党员,南昌市大众餐饮满意早餐销售有限公司配送部负责人。公司成立20多年,他由一名配送员,逐步成长为公司配送部负责人。他管理配送4大类80余个品种的早餐,负责南昌市148个早餐点的配送,配送范围辐盖5市3县,解决2000多人下岗人员再就业问题,为公司创造了可观的利润。为把工作做好,他总是兢兢业业,踏踏实实,脏活累活抢着干,从不计较个人得失。他夜以继日的忘我工作,几乎没有双休日,为配送工作倾注了大量心血,每天工作量均在10小时以上。2013年5月,获"江西省五一劳动奖章";2015年9月,获"江西省劳动模范"称号;2020年,获"全国劳动模范"称号。

邓建新　江西省南昌市人,1963年8月生,大学本科学历,中共党员,南昌市政公用投资控股有限责任公司党委书记、董事长。通过抓战略推改革,他带领企业发展取得显著成效。截至2019年年底,集团总资产1338.97亿元,完成总收入445.94亿元,利润总额实现22.60亿元,上缴税费24.54元。其中经营收入和纳税总额实现五年翻两番,总资产实现三年翻番。企业排名不断进位赶超,2016年位列中国服务业500强第179名,首次入闱中国服务业200强;2019年位列第168名,同年首次挺近中国企业500强,成为全省第八家中国500强企业。他2010年被评为全省先进工作者,2015年、2017年两次当选江西省优秀企业家,2018年获江西省科学技术进步奖(三等奖),2019年获江西省科学技术进步奖(一等奖)。2020年,获"全国劳动模范"称号。

朱春财　江西省余干县人,1953年12月生,中共党员,西湖区农民工(散工)联合工会主席。2011年,南昌市西湖区广场东路发生一起连环车祸,一名女孩被一辆轿车压在车底,他组织19名农民工兄弟抬车救人,成功救出女孩。同年,农民工自发成立西湖区丁公路街道外来务工人员工会委员会,他被推选为工会主席。在他倡导下,成立西湖区丁公路街道外来务工人员散工超市,推出朱春财劳模工作室、老表解交团、"帮帮"共享工具间等贴心服务项目。从2012年成立,散工超市登记务工人员1094人,吸纳工会会员152人,为1.15万家用工单位派工18.17万人(次),每天定点聚集等候的散工约80人;累计帮农民工讨薪近600万元,帮助150余名农民工子女解决上学问题。2015年,他获"江西省劳动模范""全国优秀农民工"称号;2020年,获"全国劳动模范"称号。

胡堂仁　江西省南昌县人,1973年10月生,江西省人之初科技集团有限公司物流仓储部经理。在物流仓储岗位上,他一干就是15年。他购买物流运输方面书籍学习,加强自身的岗位素养和技能。15年中,他购买物流运输方面的书籍达到120多册。他发明适合公司特点的"田田物流模式"和"一加三加众的物流运输模式",为人之初集团的快速发展,提供一个稳定、快捷、高效及服务周到的物流运输服务。2011年7月,集团包材仓库由于高温引发电线零火,恰逢胡堂仁巡查到该点。他迅速通知所有仓管人员后,在火势还在初级阶段时候扑灭了。当时仓库里存放着价值2000余万元的包材原物料,一旦火势蔓延后果不堪设想。集团董事长给予他个人行政记大功奖励一次。

2015年4月，他获“江西省劳动模范”称号；2020年，获“全国劳动模范”称号。

周　建　江西省安义县人，1958年7月生，大专学历，中共党员，安义县优质水稻油菜专业合作社法人，1993年至2018年任村党支部书记兼村委会主任。20世纪80年代初，他办起村里第一家纺织机械厂，带动全村家庭工厂迅速发展，村子进入全县、全市先进村行列。他自筹资金10万元在村里6.67公顷荒坡地建立橘果业基地。在他带动下，村民筹资200多万元上山建果园，开垦荒山，全村40公顷荒山变成一座“绿色银行”。2011—2014年，他创建安义县优质水稻油菜专业合作社、安义县田埠统防统治专业合作社、安义县田埠土地流转专业合作社，通过打造现代农业新格局，推动田埠村现代农业更快更好发展。2000年，获“江西省劳动模范”称号；2007年、2008年分别获“全国种粮大户”称号。2020年，获“全国劳动模范”称号。

王中美　女，湖北省黄梅县人，1981年10月生，中专学历，中共党员，中铁九桥工程有限公司电焊工。工作15年来，她以技立业，曾主持完成武汉天兴洲桥、南京大胜关桥、安庆桥、黄冈桥、铜陵桥等40多座知名桥梁钢梁制造的前期焊接试验任务。她在实践中敢于突破固有经验和传统，对焊接功法和焊接工艺进行大胆、有效创新。她革新厚度16毫米以上钢板熔透焊接必需开双面坡口的传统焊接工法，采用开单面坡口焊接工法，实现厚度16毫米~28毫米钢板熔透焊接无需开双面坡口的技术创新。该成果被公司命名为“王中美焊接工法”，并在公司内广泛推广使用。作为“技师工作室”骨干，她创新施焊工艺、工法，解决难题17项。2016年10月，公司成立以她名字命名的“王中美劳模创新工作室”。她言传身教，常常开班授课，徒弟均成长为业务能手。2013年她带领工班获江西省“工人先锋号”；2017年2月，由她作为骨干成员的女子电焊突击队获“全国五一巾帼标兵岗”。2018年4月，她被授予“全国五一劳动奖章”；2019年，被共青团中央授予“中国青年五四奖章”；2020年，获“全国劳动模范”称号。

屈　勇　江西省湖口县人，1975年1月生，大学本科学历，中共党员，中国电信股份有限公司九江分公司云网中心工业互联网团队长。1998年，他从南京邮电学院毕业后进入九江市电信分公司数据通信局工作。作为骨干人员，先后参加九江电信公司第一个网站“九江信息港”开发、九江市政府新闻网站筹建和全市县级门户网站建设工作。2003年，他主动请缨，负责互联网数据中心运营，一干就是11年。中国电信在2006年开始投资建设IDC机房一期，他带领班组成员制定机房的各项管理规章制度，对机房进行全天候、全时段、全流程的电信级网络运营维护，他所管的机房被评为四星级IDC机房。2011年，他主动学习网络信息安全知识，开发DDOS攻击监控及解决系统，实现对网络攻击的实时监控。2003年，被授予“江西省五一劳动奖章”；2004年，被授予“全国五一劳动奖章”；2004年，获“江西省劳动模范”称号；2020年，获“全国劳动模范”称号。

宛　双　江西省湖口县人，1986年10月生，大学专科学历，中共党员，九江萍钢钢铁有限公司机修组长。2012年，他主动请缨，承担改造项目中一系列主要零部件的设计、加工任务，使设备故障率从原来的半月一次降低到半年一次。他和技术人员探讨，决定在锯床上焊接一个小型模具，使得一次只能锯1块试样的锯床变成一次可以锯几块、十几块、甚至几十块试样，大大提高工作效率，这项创新每月累计节约成本5万余元。2019年，累计为维修车间及其他车间加工备品备件和备件修复8500多件，从每月创效20余万元到每月30余万元，为轧钢厂节约大量成本。2013年，他获公司职业技能大赛第一名和江西省青年职工职业技能竞赛冠军。2015年，获“江西省劳动模范”称号；2020年，获“全国劳动模范”称号。

黄国平　安徽省无为县人，1966年12月生，彭泽县国平水产养殖专业合作社理事长，九江市鄱阳湖大闸蟹行业协会会长。2015年12月，他联合当地38家专业合作社和家庭农场，先后流转土地458公顷，大力推行稻田养蟹、稻虾连作、稻鱼共生等生态养殖模式，高标准规划建设194公顷稻蟹养殖基地和264公顷稻虾共作养殖基地。实施“渔业+标准化”行动，模拟鄱阳湖生态水系环境积极探索稻鱼综养、套养大闸蟹和小龙虾等特种水产品，稻虾共作亩产有机稻550千克、小龙虾130千克，亩平均纯利润达3000~5000元，达到一地两用、一水两养、一田双收效果。辐射引领全县10余个乡镇1万余名农户开展稻虾蟹综合种养，面积达6666.67公顷。2017年，获“全国农业劳动模范”称号；2020年，获“全国劳动模范”称号。

程招星　江西省庐山市人，中共党员，庐山市招星粮食种植农专业合作社理事长。2011年3月，他在星子镇签下7.33公顷土地承包经营权；2012年，在星子镇仕林村扩种8.67公顷；2013年，成立招星粮食种植农民专业合作社，吸纳社员100余人，在庐山市星子镇流转土地80公顷水田，解决抛荒土地53.33公顷，合作社100多户农户每亩增收200余元，带动就业人口60余人，每人每年增加收入5000余元；2015年，他经营土地达到133.33公顷，自筹资金250万元建立稻谷烘干基地，为周边种粮大户、农户共计烘干100多万千克。他创办农产品电商运营中心，投资200余万元建设工厂化育秧基地，购买坐式快速插秧机6台，无人植保机3台，托管和流转经营土地近万亩，产值800万元，年纯收入150多万元。2018年，获“2018年度全省粮食生产先进个人”称号；2020年，获“全国劳动模范”称号。

孙滨生　辽宁省丹东市人，1962年2月生，中共党员，昌河飞机工业（集团）有限责任公司工人，高级技师。他陆续参与了AC313、AC311、直8系列型机、直11系列型机、直10系列型机等国家重点型号和对外合作项目波音、S76D、S92、A109、C919型机的科研生产工作。国家重点型号直10

专用武装直升机研制过程中,他与设计部门共同探讨零件结构,提出多项建设性意见。他多次受命赴部队,参加国产航母交付等重点任务的直升机现场维护保障。完成对外合作机型S76D、C919、波音等部分难加工、表面要求高的零件;协助相关车间攻克新材料零件加工、数控机加大型框板零件变形等技术难题。公司组建由他牵头的技能团队,成立劳模创新工作室。近两年"孙滨生劳模创新工作室"牵头完成较大技术攻关13项,其中2项获全国QC优秀课题;申请国家专利20项,多项课题获航空工业、省、市及公司科技进步奖。2006年,他获"全国技术能手"称号;2011年,获"江西省劳动模范"称号及国务院政府津贴、江西省政府特殊津贴;2018年,获江西省"赣鄱工匠"称号;2020年,获"全国劳动模范"称号。

丁来保 安徽省怀宁县人,1962年1月生,大专学历,中共党员,景德镇市西湖珍芝天然食品有限公司总经理。2002年,他创办西湖珍芝天然食品有限公司。通过不断摸索,他开创"公司+农户+基地"发展模式,在这种模式引领下,浮梁县针形名优绿茶快速崛起。四方茶农、茶商聚到这里交易,农民在家门口就能卖掉茶叶,红、绿茶并举,价格翻了几番。通过"公司+农户+基地作"模式,当地农民创收增收3000余万元,解决当地剩余劳动力就业5600多人次。在他带动下,西湖乡茶农发展到1300多户。西湖珍芝茶于2000年获省优质名茶奖,2002年获中、日、韩国际名茶银奖。2008年,他获"全国优秀农民工"称号;2015年,获"江西省劳动模范"称号;2020年,获"全国劳动模范"称号。

张来清 江西省萍乡市人,1975年11月生,中共党员,江西煤业集团有限责任公司安源煤矿采掘二区副区长。在井下一线15年,他每月出勤高达26天以上,共采梁7.4万余块,落煤15万多吨,曾连续10年在全矿创造劳动工效、出勤工时、工资收入、安全质量四个第一。2014年,矿区成立以他名字命名的"张来清劳模创新工作室"。成立以来,工作室有21项科技成果得到实施应用,10篇论文在国家级期刊上发表,他提出的"工作面人行道增宽法"革新项目,不但创造了良好的安全生产条件,每天还增产原煤60余吨,每年创造经济价值约1000万元。他带出各级劳模、技术干部80余名,为推进百年老矿挖潜增效和人才队伍建设作出重要贡献。2019年,以他为首的矿区劳模,对矿井在复杂地质结构环境下的机械化采煤技术进行攻关,并获得成功,使建矿122年的安源煤矿首次实现机械化采煤。2011年,他获"江西省五一劳动奖章";2013年,获"全国五一劳动奖章";2020年,获"全国劳动模范"称号。

阳昌绍 江西省芦溪县人,1964年6月生,中共党员,芦溪县宣风镇珠亭村村民委员会主任。他早年不慎被机械扭断右手,落下终身残疾。他积极面对挫折,练习用左手写字、干活。2005年以来,他从事人民调解工作,既为百姓宣传法律知识,又将矛盾纠纷化解在萌芽状态。多年来,他累计化解各类矛盾纠纷1000余件,制止处理突发事件、群体事件40余件,挽回经济损失800余万元,远赴浙江、广东等地为农民工追讨赔偿110余万元。2018年,他被群众推选为村委会主任。为带领群众致富,他帮助农民成立种养专业合作社15家,打造百亩蔬菜种植园区,珠亭村成为当地的"菜篮子"。2019年,全村12户35人如期脱贫。珠亭村先后获"全国无邪教创建示范村""全省文明村镇"等称号。2015年9月,他获"江西省劳动模范"称号;2016年12月,入选中央文明办"中国好人榜";2016年12月,获"全国司法行政系统劳动模范";2020年,获"全国劳动模范"称号。

王　伟 江西省新余市渝水区人,1986年11月生,研究生学历,中共党员,新余钢铁股份有限公司自动化部新自信公司经营部部长,高级工程师。2015年,酸轧线上的开关不停损坏,他蹲到现场研究,终于发现问题,重新选定位置安装,一年为公司节约50余万元。2016年,作为班组长和技师工作站组长,针对冷轧板成品带钢厚度波动、产品降级的问题,带领小组对冷轧产品生产进行全过程跟踪,大大降低产品厚差,为新钢公司创效达600余万元。2019年,他和团队承揽新钢智能综合料场自动化开发调试、料场堆取料机定位系统调试、金属制品厂MES系统、中冶新材料产供销MES系统、冷轧智能库管系统等工程项目,通过项目培养人才,反哺新钢,为公司创效420万元。他和团队积极开拓技术服务项目,承接并完成MES信息化项目、无人行车智能化项目等34个工程项目,创造营收1200多万元。2018年,他获"全国技术能手""赣鄱工匠"称号;2020年,获"全国劳动模范"称号。

刘小青 江西省新余市人,1966年5月生,高中学历,中共党员,新余市天欣源工贸有限公司林产基地主管,水西镇森林扑火队队长。林场火险等级高,他每年有三分之二以上的时间在巡山查林。2005年,开发区成立一支半专业扑火队,他主动请缨兼任扑火队队长一职。每次遇有火情他都冲锋在前,带领队员战斗在灭火第一线。他有记录参与的森林扑火达42次,种过的树木不计其数。林场改制后,他按照现代林业产业发展思路,对林场实施"苗林一体"化改造。2010年起,林场建立珍稀树种楠木基地300公顷,种植楠木100万余株;建立红心杉种植基地66.67公顷,种植红心杉25万余株。2018年,他被授予"江西省五一劳动奖章;2019年4月,被授予"全国五一劳动奖章";2020年,获"全国劳动模范"称号。

邹财高 江西省鹰潭市人,1968年6月生,中共党员,余江县香樟红文化用品销售有限公司首席技师。他协助政府开展招商,成功引导中国根艺美术大师童胜富等200余人回乡创业,并筹建余江根石艺美术学会。2014年,引导、鼓励其徒弟返乡创业,并与政府合作创办余江县雕刻培训学校,每年培训学员200余名。2014年,为创建余江雕刻创意产业园,再次赴浙江招商引资,引进入园企业30余家。他技艺精湛,2013年7月,其作品《赤壁游》获江西省工艺美术"杜鹃奖"银奖;2016年5月,作品《和谐之家》获中国工艺美术"百花奖"金奖;2016年12月,作品《溪山人家》《恩爱》被江西省工艺美术馆永久收藏。2015年4月,他获“江西省劳动模范”称号;2020年,获“全国劳动模范”称号。

肖冬样　江西省贵溪市人,1968年1月生,中共党员,鹰潭市龙虎山风景名胜区上清镇护林员,中华秋沙鸭保护员。他成天在野外巡逻,又脏又累,一干就是16年。2007年,龙虎山泸溪河首次发现国际濒危物种、国家一级野生保护动物中华秋沙鸭,肖冬样成为中华秋沙鸭护鸟人。为深入了解秋沙鸭,他坚持写观察日记,详细记录中华秋沙鸭的来去时间、数量以及活动规律和生活习性,形成研究中华秋沙鸭的第一手珍贵资料。每年他接待来自全国乃至世界各地的摄影者、观鸟者、爱鸟者,但他从不收取一分报酬。2009年,他被授予“江西省五一劳动奖章”;2010年,获“江西省劳动模范”称号;2020年,获“全国劳动模范”称号。

陈赣飞　江西省赣州市人,1978年12月生,中共党员,江西气体压缩机有限公司加工厂车工组组长。自参加工作以来,他一直工作于江西气体压缩机有限公司,近20年如一日地奋斗在生产第一线。由于技术过硬,在赣州市技术能手大赛中他获车工组一等奖。他总结出材质、刀具、刀具角度等多种要素对产品加工效率的影响与规律,通过技术革新,使公司在加工各种活塞杆、螺母产品上工效提高3倍之多。作为车工组组长,他坚持比同车间本工种员工多干活,多完成任务,完成任务率每年平均在300%以上,产品合格率达99.98%。近几年,他带领的小组平均完成任务264%,质量合格率99.76%,均为全公司第一。2010年,他获“江西省劳动模范”称号;2018年1月,当选全国第十三届人大代表;2020年,获“全国劳动模范”称号。

邱联昌　江西省兴国县人,1982年8月生,中共党员,硕士研究生学历,赣州澳克泰工具技术有限公司研发工程师。他以简单涂层工艺为基础,采用多弧离子镀技术开发出新型PVD多层涂层,满足不同材料加工应用领域需求,实现章源钨业乃至赣南地区工业化硬质涂层技术零的突破。2014年担任研发部副经理后,通过外国专家指导和全体成员努力,开发出9款CVD新型硬质涂层和7款PVD新型硬质涂层,涂层应用范围涵盖铸铁、碳钢、不锈钢、高温合金、有色金属的车削、铣削和钻削。2015年6月,他编写工信部“工业强基工程”项目投标技术文件,为“高端装备用高性能硬质合金涂层技术”分包项目的中标奠定基础,公司成为江西省成功申报2015年工信部“强基工程”的两家企业之一。2015年,他获“江西省劳动模范”称号;2018年,被授予“全国五一劳动奖章”;2020年,获“全国劳动模范”称号。

任祥君　四川省阆中市人,1979年12月生,硕士研究生学历,中共党员,赣州金环磁选设备有限公司副总经理,高级工程师。他带领科研团队先后完成CT系列湿式筒式磁选机、GT系列干式永磁磁选机、SCTN系列新型高效磁选机等产品的研制工作,研发出各类矿山设备上百种规格型号,广泛应用于金属矿山和非金属矿山的矿石选别,累计实现销售收入上亿元。他主持6项江钨集团科研项目,取得1项行业标准,获得5项专利。2017年和2018年,公司获批成立以其名字命名的市级和省级劳模创新工作室,他充分发挥“劳模创新工作室”技术传帮带的作用,培养出一批技术人才。2015年,他获“江西省劳动模范”称号;2020年,获“全国劳动模范”称号。

陈隆梅　女,江西省赣州市人,1977年12月生,中共党员,赣州市南康区江西客家人环境管理有限公司龙岭和金塘清扫班班长。2008年1月,组织选派她担任龙岭班班长。她白天扫大街,晚上上门“招兵”,几天时间就建起一支20多人的清扫队伍,确保龙岭片区环卫工作开展。2009年,环卫所接管龙岭菜市场清扫工作,原来的环卫工人因工作量大而辞职。她一人担起清扫重任,确保市场垃圾不过夜。2016年环卫体制改革,逐步引入市场外包服务。她是13个班长中唯一主动去外包公司并坚守一线工作的班长,并带领全班员工一同转制。2015年9月,她获“江西省劳动模范”称号;2018年1月,当选为第十三届全国人大代表;2018年3月,被评为“江西省三八红旗手”;2020年,获“全国劳动模范”称号。

程志明　江西省高安市人,1987年9月生,大学本科学历,江西济民可信药业有限公司固体车间副主任,执业药师。2014—2015年公司拳头产品银黄颗粒(无蔗糖)水分存在偏高的现象,他分析调查生产全过程,最终发现内包装材料材质为主要影响因素,随即联合供应、质量、车间及技术等相关部门,解决该品种水分偏高的现象。2018年公司核心品种出现质量异常情况,他对该产品生产质量全过程进行分析调查,最终找到问题所在,解决质量问题。他主导的《降低银黄颗粒(无蔗糖)水分不合格率》和《提高扭伤归胶囊产品质量稳定性》分别获江西省第三十五次、第三十六次质量管理小组大会QC成果一等奖、二等奖。2015年,他获“江西省劳动模范”称号;2020年,获“全国劳动模范”称号。

古战文　广东省梅县人,1981年7月生,大学本科学历,中共党员,江西和美陶瓷有限公司工艺技术研究员,高级工程师。他先后主持或参与凹凸仿古全抛陶瓷砖、通体布料釉饰砖、高性能半导体防静电陶瓷砖20多个重点科研项目,其中1项达到国际领先水平、6项达到国际先进水平、11项达到国内领先水平;申请23件发明专利和8件实用新型专利,其中获得授权发明专利5件、实用新型专利7件。2015年以来,他主持研究200多款畅销新品,新品首次订货累计达到近12亿元,降低生产成本累计达6000多万元,大大提升企业自主创新能力和产品竞争力。他在国内核心期刊发表论文11篇,获“省科技进步三等奖”一项。2020年,他获“全国劳动模范”称号。

卢志红　女,江西省樟树市人,本科学历,中共党员,江西省樟树市福城街道药市社区党总支部书记。2011

年，她组织成立樟树市药市社区志愿者协会。在她努力下，志愿者队伍不断壮大，药市社区平均每7个居民中就有1个是志愿者。她依托社区平台，组织志愿者在全市范围内开展“情暖空巢”“点亮心灵”等各类暖人心接地气的志愿服务活动，营造爱老助弱的和谐社区氛围；发动组建义务巡逻队、“红绿灯下”交通护卫队等志愿队伍10多支，孵化出樟树市青年志愿者协会、樟树曙光救援队等社会组织。协会开展的各类社会公益活动1000余次，介绍返乡人员就业260人，资助弱势群众50余万元。协会累计服务时长12.65万小时，其中她个人累计服务时长达1.38万小时。2020年，她获“全国劳动模范”称号。

伍映方 湖南省新化县人，1971年9月生，靖安县靖窑陶瓷坊技工。他采用倒推法，在无数次实验后成功恢复古法黑陶制作技艺。靖窑黑陶制作技艺成功申报为省级非物质文化遗产，江西省考古研究院授牌靖窑“黑陶研究基地”。在恢复黑陶古法制作的基础上，他破解温度超过900摄氏度就得不到全黑色陶瓷的难题，创烧出不用施釉而产生釉面光泽、有害物质浸出为零的无釉黑瓷，并于2017年完成靖窑无釉黑瓷制作工艺省级地方标准制订。他同样采用倒推法，经过反复试烧，成功恢复木叶、剪纸、兔毫、黑定、乌金、油滴、虎斑、玳瑁等名贵黑釉瓷的古法制作技艺。为此，中国本原文化艺术研究院授牌靖窑为“古法陶瓷实践基地”。2018年4月，他被授予“江西省五一劳动奖章”；2018年6月，获“江西省能工巧匠”称号；2020年，获“全国劳动模范”称号。

丁洪阳 浙江省新昌县人，1971年3月生，奉新县会埠祥和花木专业合作社理事长。他是苗木种植大户，2010年，他发起组建祥和苗木专业合作社，第一批入社农民56户，入股面积18公顷。按照“合作社+农户”的模式，吸纳育苗散户“抱团入社”，形成“生产在家，服务在社”方式，既保证苗木质量，又充分调动社员的劳动积极性。随着合作社发展，入社农户达115户，入股面积39.6公顷，合作社有苗木基地92公顷，每户年均创收3万余元。2013年，祥和花木专业合作社分别获省、市“农民林业专业合作社示范社”称号。2015年4月，他获“江西省劳动模范”称号；2020年，获“全国劳动模范”称号。

邵红花 江西省弋阳县人，1981年4月生，大专学历，中共党员，中国电信股份有限公司弋阳电信分公司中小幼营业部主任。2015年3月，她担任公司中小幼支局局长，兼管企业与银行客户。上饶银行新增手机集团网58户，带动宽带58户；学校翼校通发展22所，带动手机集团网400余户。2017年3月手机放号550户，并与弋阳县教育体育局签订腾讯智慧校园合作协议，带动年收入180万元。2019年，她凭借良好的客情关系，签约弋阳县教育城域网建设项目，拉动主营收入910万元。该项目被省教育厅作为城域网项目标杆示范项目在全省推广。2016年，她获“江西省五一劳动奖章”；2017年，被授予“全国五一劳动奖章”；2020年，获“全国劳动模范”称号。

杨岸峰 湖南省长沙县人，1980年9月生，本科学历，中共党员，中建五局土木工程有限公司江西分公司上饶市城镇综合管廊项目经理，高级工程师。中国建筑2012年进驻上饶，他积极沟通，成为企业与地方政府的桥梁纽带，促成项目完成招商融资5亿元。在320国道改扩建项目建设过程中，他带领项目团队埋头苦干，使项目提前通车，新320国道成为上饶主要交通运输干道之一。2015年，公司成立杨岸峰劳模创新工作室。他带领团队申报国家专利发明2项，工作室获国家级QC成果2项，省部级QC成果2项，其中《提高综合管廊预埋槽道安装一次合格率》可将综合管廊预埋槽道安装一次验收合格率由88.2%提升到98.1%。2015年，他获“江西省劳动模范”称号；2020年，获“全国劳动模范”称号。

王张伟 安徽省肥西县人，1983年4月生，本科学历，中共党员，弋阳海螺水泥有限责任公司工艺总工程师。他推行技术革新，打造智能化、自动化、数字化工厂，完成第一套带固危废协同处置专家操作控制系统的建设和投用调试，在线率稳定在98%以上，多个指标得到优化，节能减排取得良好效果。他注重绿色环保，负责牵头实施环保改造项目，近2年环保设备改造费用超5000万元；组织对窑实施精准SNCR技改，技改后窑脱硝效率明显提高。根据公司低碱石灰石特点，他策划研发满足TB10005－2010高铁标准的低碱水泥，保供“昌景黄高铁”重点工程；配合水泥行业产品结构调整政策，策划开发P.C42.5水泥并取得全国一等品认证，实现P.C32.5R水泥取消后产品衔接。2020年，他获“全国劳动模范”称号。

杨增辉 江西省余干县人，1970年9月生，余干县嘉宇纺织有限公司技术与销售员。2000年，他与人一起投资700万元合办余干县嘉宇纺织有限公司，吸纳70多名原毛纺厂下岗职工再就业。他带着担当与责任，带领其他技术人员，夜以继日进行技术攻关，升级改造设备，当年公司就扭亏为盈。2006年，他带领团队改进一种新型纱线，得到各行业客户的青睐，当年产纱2000余吨，创造出上百万元经济效益。2017年，他引进同行业较先进的全自动落纱机和自动络筒机，利用机械手自动操作，颠覆传统纺纱工艺，节约用工成本，为公司每年直接节省90多万元。在他带动和技术指导下，很多有志青年加入到返乡创业的行列，先后开办制线厂、制衣厂、毛纺厂、纺纱分厂，带动整个产业链的发展。2015年，他获“江西省劳动模范”称号；2020年，获“全国劳动模范”称号。

何强生 1964年4月生，江西省横峰县人，大专学历，中共党员，江西兴安种业有限公司科研部主任，天下禾育种研究所所长，高级农艺师。他和科研团队数十年如一日进行科研攻关，先后获得国家知识产权授权发明专利1项，受理2项；获农业部国家植物新品种保护授权1项，新品种保护受理2项；取得计算机软件著作权2项；实用新型专利6项；外观设计专利13项；水稻两用核不育系通过省专家组田间育性鉴定6项。由他主持或参与选育并通过国家和省级审定的优质、高产、高效品种17个，累计推广种植面积达106.67万公顷，增产优质粮食16亿千克，农民增收20.4亿元。“建优381繁育推广”和“甬优1538选育与推广”被先后列为科技部成果转化和省科技成果转化项目，甬优1538和兴安香占等优质高效品种2017—2019年连续3年被省农业农村厅列为全省主推品种，科技成果转化率高达100%。2012年4月，他获“江西省五一劳动奖章”；2015年，获“江西省劳动模范”称号；2018年11月，入选江西省政府特殊津贴人员；2020年，获“全国劳动模范”称号。

曾满春　女，江西省万安县人，1981年8月生，本科学历，中共党员，中国电信股份有限公司吉安分公司渠道运营中心负责人，人力资源管理师。她带领团队积极推进信息化应用，先后打造“卫监助手”“农技宝”“随访助手”等十大行业标杆。她在全国率先推进“互联网+农技宝”项目，为广大农技人员与农民之间搭建有效沟通平台，帮助1000多名农技员、3000多户种养殖大户登录平台使用而获益，解决100多人次的农业技术问题和农产品销售问题。她加大内部管理创新、对外合作创新，为给客户提供便利的通信服务。她将厅店建设延伸到社区、农村，同时，深入农村组织各类活动，提供上门服务，多次为客户提供免费的宽带巡检、Wi-Fi检测、家庭组网建议等服务。2015年，她获“江西省劳动模范”称号；2020年，获“全国劳动模范”称号。

陈铁山　江西省泰和县人，1977年9月生，大学本科学历，中共党员，国网江西省电力有限公司泰和县供电分公司发展建设部主任，高级技师。他任发展建设部主任以来，配合公司推进全县配电网建设和改造步伐，全县新建10千伏线路103.33千米，新建和改造低压线路287.79千米、配电台区141台(容量22.6兆伏安)，全县配电线路供电可靠性和电压合格率分别提升至99.64%和99.37%；在省级重点工业园区文田工业开发区新建1座开闭所，新建10千伏线路共0.54千米，使工业园区供电可靠性提升至99.81%；带领施工班组完成重点专项技改项目2个，改造10千伏及以下配电“三跨”线路22条，累计投资822万元，保障微小产业园、高铁广场和高速公路配电网的安全稳定运行。2015年，他获“江西省劳动模范”称号；2020年，获“全国劳动模范”称号。

胡建诚　江西省吉安县人，1973年8月生，大专学历，红板(江西)有限公司维修工程师。为了恒定沉金线镍缸、金缸温差的变化，他把温度控制系统由传统温控器改为温度模块控制，使温度更精准，上镍上金速率更快，色差更好，品质得到改善。公司电金线镀金均匀性偏高，他带领同事克服种种困难，改造金缸循环泵，使压力由0.5千克/cm^{2}提到1.2千克/cm^2，加快了金离子循环速率，提高金水的活性，cov由8%降到6%，节约了金药水。VCP垂直连续电镀线因为传动轴弯曲经常性出现升降系统崩溃问题，他专门组织部门同事进行商讨研究，将8毫米的传动轴更换成12毫米，解决了升降系统崩溃问题，为公司的连续生产提供保障。2015年，他获“江西省劳动模范”称号；2020年，获“全国劳动模范”称号。

龙春仁　江西省永新县人，1968年2月生，江西肯特化学有限公司四丁基溴化铵班组班组长。2009年，公司在永新县茅坪工业园建设新厂房，四丁基溴化铵产品因生产条件的改变始终无法正常生产，他带领班组认真查找原因，改进设备，提出回收乙腈罐内循环、改进常压蒸馏工艺的措施，极大地改善产品品质，降低生产成本。一个月后，四丁基溴化铵实现正常生产。经过对工艺和设备的持续改进，四丁基溴化铵产品品质大幅提升，在市场上有巨大的竞争优势，迅速占领市场并出口海外。他与技术人员沟通和协作，成功将四丁基溴化铵废固分解并回收，使废固总量减少一半以上。2015年，他获“江西省劳动模范”称号；2020年，获“全国劳动模范”称号。

陈胜德　江西省抚州市人，1958年4月生，大学本科学历，中阳建设集团有限公司董事长，高级工程师。他带领中阳集团融入国家“一带一路”建设，在赞比亚、埃塞俄比亚、吉布提等国设立海外分公司。中阳建设集团连续5年跻身江西民营企业百强前列，公司历年承建的项目获鲁班奖、省市优质工程400多项，70多个项目被授予省、市质量安全标准化示范工程。他积极回报社会，参加“千企帮千村”“百企帮百村”等精准扶贫行动，与黎川县贫困村签订结对帮扶协议，近3年向社会公益事业和慈善基金会累计捐款1200余万元。2009年4月，被授予“江西省五一劳动奖章”；2018年8月，获“新时代江西省杰出企业家”称号；2019年4月，被授予“全国五一劳动奖章”；2020年，获“全国劳动模范”称号。

宗　强　江西省南昌县人，1971年2月生，大学本科学历，中共党员，中国电信股份有限公司抚州分公司VIP保障班班长，通信工程师。从事电信工作29年，他走遍市区几千家客户单位，义务帮助客户整治机房100多家，开通电路3000多条，维修障碍1万多起，收到客户单位表扬信数十次。2015年，以他名字命名的“宗强劳模创新工作室”成立。工作室先后成立10多个创新课题小组，开展30多个课题研究。其中，《灵活使用EasyMacro解决大型小区LTE深度覆盖问题》《接入层空调电源自动控制项目》等3项成果获江西电信员工岗位创新优秀成果奖，《自制天线隔离罩提升无线直放站性能》项目获得国家专利局专利号。2010年，他获“江西省劳动模范”称号；2020年，获“全国劳动模范”称号。

黄国强　江西省南丰县人，1969年1月生，南丰县嘉艺工艺礼品有限公司工艺品设计员，工艺美术师。他创新雕刻了具有沉郁地方特色的工艺傩面具。20多年来，他在校园、社区等地展示傩面具近40场，现场演示传统雕傩技术20场，总参与人数达3000多人次，收徒弟22人，有效地传承傩艺文化。2001年10月，他创作的变型傩面具《傩王》《开山王》参加江西省首届民间工艺美术精品展分别获一等奖和优秀奖;2002 年 10 月,作品《迎澳龙》获江西省第二届民间工艺美术精品展二等奖;2013 年 7 月,作品《乐在其中》参加江西省工艺美术“杜鹃奖”评比获铜奖;2019 年,作品《钟馗》在庆祝中华人民共和国成立 70 周年作品展中获江西省工艺美术学会铜奖。2018 年 6 月,他获“第五届江西省优秀高技能人才(能工巧匠)”称号;2019 年,被授予“江西省五一劳动奖章”;2020 年,获“全国劳动模范”称号。

朱耀庭 浙江省龙游县人,1982 年 11 月生,博士研究生学历,中共党员,江西赣江新区鸿发城市建设有限责任公司总工程师,正高级工程师。他创造性地提出将生物沥青作为结合料,寻求生物沥青和沥青混合料的改良替代方法,成功合成路用生物沥青结合料,拓宽了路用结合料生产思路。作为赣江新区一号工程——赣新大道的项目总工程师,他带领项目组人员完成技术攻坚任务和技术管理工作,为项目节约近 2 亿元的建设成本,降低了项目施工过程中的难度和风险。他主持 20 余项科技攻关项目,发表论文 30 余篇,授权国家专利 10 余项,科研成果获江西省科技进步奖和中国公路学会科学技术奖各 2 项,多项成果填补国内外技术空白,取得直接经济效益 2300 余万元。2015 年,他获江西省“优秀公路工程师”称号;2017 年,被授予“江西省五一劳动奖章”;2018 年,获江西省政府特殊津贴;2020 年,获“全国劳动模范”称号。

黄发明 江西省万年县人,1972 年 8 月生,大专学历,中共党员,江西铜业股份有限公司德兴铜矿采矿场铲装工段电焊组组长。他焊接技术精湛,是江铜公司大型设备的“疗伤专家”。2010 年 4 月,德铜大山选矿厂运行近 20 年的 7 号球磨机突发筒体裂纹故障,他采用二氧化碳气体保护焊接及坡口背面加紫铜垫板补焊的方法修复故障,减少停产损失 4000 多万元。2015 年 10 月,12 号电铲大绳突然断股,提升卷筒左绳槽端处整圈断裂,他采取三方位对称同时焊接、焊缝采用退焊法等多个工艺措施实施现场焊接,仅用 5 天时间就修复。2006 年至 2018 年,他先后完成 2300XP 电铲 A 型架修复、2100BL 型电铲中心轴座疲劳开裂,以及 8 号电铲立轴基座底板断裂、6 号铲行走系统故障等 10 多项特大复杂焊接项目。2013 年 2 月,他获“江西省首席技师”称号;2014 年 2 月,获“全国有色金属行业劳动模范”称号;2015 年 1 月,享受国务院政府特殊津贴;2020 年,获“全国劳动模范”称号。

周海萍 女,江西省抚州市人,1976 年 8 月生,本科学历,中共党员,国网南昌供电公司职员,电力工程技术工程师。她负责东湖城区供电中心营销工作期间,率先开展营配合一试运行,全面融合配网运维、计量、业扩、专变客户管理等业务,实现“一张工单、一支队伍、一次办结”,工单一次办结率达 100%,服务事件处理时长同比缩短 30%;统筹营配项目协同管理,通过配网改造项目,攻克东检高损台区历史顽疾,每年挽回电量损失约 60 万千瓦时。她发起成立首家“国家电网江西电力海萍希望书屋”,2 年时间内,111 家希望书屋相继在江西省各县区落成。2009 年,她被评为“全国三八红旗手”;2010 年,获“全国五一巾帼标兵”称号;2010 年,被授予“江西省青年五四奖章”;2011 年,被授予“江西省五一劳动奖章”;2013 年,获国家电网公司“特等劳动模范”称号;2015 年,获“江西省劳动模范”称号;2020 年,获“全国劳动模范”称号。

张　弘 江西省南昌市人,1962 年 9 月生,大学本科学历,中共党员,江西洪都航空工业集团有限责任公司党委副书记、总经理,研究员级高级工程师。他率领团队主攻教练机各大核心专业发展方向,率先在中国航空工业界全面推进新机全机电子样机设计,首次实现设计、工艺到生产制造全面数字化。由他担任总设计师的 L15 战斗教练机拥有完全的自主知识产权,多项研究成果填补国内空白。他先后主持编写航空工业教练机产业中长期发展规划、中国教练机基地建设方案等,发表和出版多部(篇)航空装备体系发展相关学术专著和论文。他注重人才培养,其核心团队成员中有 7 人获国家科技进步一等奖,数十人成长为重要型号总师、副总师。2005 年,他获“江西省劳动模范”称号;2006 年起,获国务院政府特殊津贴;2013 年 12 月,获中航工业“航空报国金奖”一等奖;2014 年 4 月,被授予“全国五一劳动奖章”;2020 年,获“国家科学技术进步奖”一等奖和“全国劳动模范”称号。

(省总工会)

全国先进工作者

刘伟平 江西省南昌县人,1974 年 12 月生,大学本科学历,中共党员,南昌县向塘镇党群工作部部长,南昌县向塘镇剑霞村第一书记,江西省总工会兼职副主席。他发起成立启航助学基金,募集公益助学金 200 余万元,助力家乡教育事业发展。2017 年,发起成立“江西引路人志愿者服务社”,募集爱心资金 300 余万元,开展爱心公益活动 100 余次,受益群众 2000 余人。他带领全村开展新农村建设,打造以“相国故里”为主题的旅游乡村;注册“向塘”瓜果蔬菜商标,成立专业合作社,为村民人均增收 1.5 万余元。剑霞村先后获“全国文明村镇”“全国民主法治示范村”“全国乡村治理示范村”等称号。2015 年,他获“江西省劳动模范”称号;2017 年 4 月,被授予“全国五一劳动奖章”;2020 年,获“全国先进工作者”称号。

王锋海 江西省南昌市人,1975 年 8 月生,本科学历,中共党员,南昌市公安局青山湖分局副局长,京东派出所所长。从警 25 年,面对各种复杂局面,甚至是生与死的考验,他都以共产党员和人民警察的标准要求自己。2011 年 8 月 4 日 15 时许,犯罪嫌疑人梁某在自家二楼露台手持自制炸药威胁实施爆炸。他在生死刹那间将梁某扑倒在地,成功化解重大公共安全事件。刚到京东派出所时,他争取镇、村支持,在全镇布建 1500 个监控探头,24 小时全天候监控,提高治安掌控能力。他带领民警和技术人员研发"海警务"APP,破解出租屋管理和重点场所管理耗时费力、效率低下的难题。京东派出所先后获公安部一级派出所、全省公安机关爱民模范先进集体、全省十佳派出所、全国首批"枫桥式公安派出所"等荣誉。2014年,他获"江西省五一劳动奖章"、立个人二等功一次;2015年,获"全省先进工作者"称号;2020年,获"全国先进工作者"称号。

谭翊泉 江西省庐山市人,1985年2月生,九江学院团委办公室主任、武宁县官莲乡东山村党支部书记,讲师。2016年10月,他担任东山村第一书记。5年间,他充分发挥帮扶单位的智力资源和优势,在贫困户中每年投入3万元开展贫困户"微产业"帮扶;通过工会、支部开展消费扶贫,仅2018年消费扶贫40万元;争取扶贫移民资金项目44个共1500余万元,每年发放移民直补65.68万元。东山村开工建设旅游项目2个,投资总额达1.3亿元,"旅游+生态+扶贫"成为全村新的着力点。东山村先后获"全省文明村镇""全市乡村振兴示范村"称号,列为九江市直机关工委驻村第一书记"抓党建、促脱贫"示范点。2018年,他被授予"江西省脱贫攻坚贡献奖";2019年,被共青团中央评为"全国向上向善好青年";2020年,被评为"全国先进工作者"。

张明霞 女,江西省九江市人,1969年4月生,大学专科学历,九江市双峰小学校长,中小学高级教师。她在教育工作岗位上工作30余年,先后担任过九江市2所名校4个校区的校长。执掌九江小学的2年中,学校获"全国首届文明校园"和"全省首届文明校园"称号;任双峰小学校长,获2项基础教育省级教学成果奖,德育工作入选教育部中小学德育工作典型经验。2016年3月到2018年3月,她用2年时间理清九江小学办学思路,改善办学条件,使学校办学特色更加鲜明。她注重教师资源管理,尊重和信任教师,让每一位教师都有充分的发展空间。她将"理论+实践+反思"作为教师的成长公式,在她辅导下,周志贤、黄丽娜、江海花、谭文武等一批青年教师获得全国及省级教学竞赛特等奖、一等奖的成绩。2014年,她被教育部授予"全国优秀教育工作者"称号;2020年,被评为"全国先进工作者"。

黄 莺 女,江西省都昌县人,1976年9月生,本科学历,中共党员,景德镇市公安局昌江分局户政科科长,昌江区妇联常委。她心系社区,常年走区入户,被孩子们称为"警妈妈",被群众誉为"阳光警察"。她工作的"黄莺户政室"成为全省首家以个人姓名命名的户政室。从2007年8月开始,她在工作中发现并抓获3名网上逃犯,其中一名为命案逃犯。2017年3月,她任分局户政科科长,多次组织各派出所所长和户籍内勤召开会议,加强新增人口数据采集、16岁以上无照片人员的人像采集工作,使全分局18岁以上人员人像采集率100%,16岁以上人员人像采集率99.96%。2010年12月,她获"江西省先进工作者"称号;2013年2月,被评为江西省首届"十大爱民警察";2017年9月,被评为"江西公安楷模";2020年,被评为"全国先进工作者"。

贾君婷仙 女,江西省萍乡市人,1986年8月生,大学学历,中共党员,江西省萍乡市特殊教育学校教师,萍乡市盲协主席,萍乡市残联副理事长(兼职)。2003年入选国家队后,她克服视力障碍和伤病等困难,在国际国内体育赛事中获得金银奖牌43枚。其中,2005年8月代表中国参加在美国旧金山举办的IBSA世界盲人青少年运动会,夺得T11级100米短跑冠军;2011年1月代表中国参加在新西兰举行的世界田径锦标赛上获跳远金牌和4×100米银牌,其中跳远打破亚洲纪录;2015年4月在北京举行的世界IPC大奖赛上获得4×100米冠军,并打破尘封19年的世界纪录;2016年3月代表中国参加在阿联酋、迪拜举行的亚洲残疾人田径锦标赛上获得女子T11级、100米、200米和跳远3块金牌,其中跳远打破亚洲纪录。2012年12月,她被授予"江西省五一劳动奖章";2016年,获"江西省先进工作者"称号;2017年8月,获全国"群众体育先进个人"称号;2019年5月,获全国"自强模范"称号;2020年,被评为"全国先进工作者"。

宋志锋 江西省新余市人,1969年12月生,大学本科学历,新余市传染病专科医院院长,副主任医师。2020年,新型冠状病毒感染的肺炎疫情发生后,他连续几天奋战在抗击疫情第一线,每天平均睡眠时间只有三、四个小时。他加强医院与市卫健委、市疾控中心等部门联系,协调抓好全市医院会诊工作;组织医务人员规范诊疗流程,以保障医务人员安全;合理安排病人分层分级管理,以利更好地服务病人。他舍小家顾大家,把人民群众的身体健康和生命安全放在第一位,全院治愈新型冠状病毒感染的肺炎100例,无一名医务人员感染,无一名患者死亡,治愈率排全省前列。2020年,他获"全国先进工作者"称号。

余进开 江西省余江县人,1971年11月生,大学本科学历,中共党员,鹰潭市广播电视台总编室主任,外宣采访及台属新媒体主编,主任记者。1998年6月,鹰潭市发生有记载历史以来最大的洪涝灾害,他战斗在余江抗洪一线半个月,完成抗洪抢险的报道任务。2003年,"非典"肆虐时期,他深入全市抗"非典"一线,采写一批众志成城抗"非典"的新闻报道。2002年以来,他围绕鹰潭各个时期的中心工作上稿。18年来,鹰潭市电视台每年在上级新闻媒体播出反映鹰潭市各项建设取得成绩的稿件上百篇。他个人先后有60多件新闻作品在全国"五四"新闻奖、江西新闻奖、江西报刊新闻奖、江西广播电视新闻奖等各类评比中获一、二、三等奖。2003年1月,他获"第八届全国五四新闻奖"三等奖;2008年4月,获"江西新闻奖"一等奖;2015年9月,被评为"江西省先进工作者";2020年,被评为"全国先进工作者"。

钟八莲 女,江西省信丰县人,1963年3月生,大学本科学历,中共党员,赣南师范大学国家脐橙工程技术研究中心主任,教授。为加速科技成果转化利用,她组织脐橙产业科技人员创新技术推广服务,把果业新技术推广到千家万户。2001—2019年,由她主持的各项技术在江西赣南累计推广应用80万公顷，节本增效158.66亿元；赣南脐橙种植面积从2.53万公顷增加至11.6万公顷。她主持国家科技支撑计划、农业部农业科技跨越计划、江西省攻关计划等20余项；选育脐橙新品种2个，获得实用新型专利6项，发明专利3项，外观设计专利1个，出版专业论著2部，《赣南脐橙产业年度报告》2部，发表省级以上专业刊物论文60多篇。1998年，她被评为全国“三八”红旗手；2006年，获国家科技进步二等奖；2010年，被评为“江西省先进工作者”；2014年，被评为第六届“全国优秀科技工作者”；2016年，获国务院特殊津贴专家；2020年，被评为“全国先进工作者”。

赖晓辉　女，江西省兴国县人，1975年9月生，大学本科学历，兴国县教师进修学校校长，中小学正高级教师。她在全县率先实行“高效课堂”全面课改，开展“高效课堂”同课异构活动，承担“兴国山歌与小学语文实践活动课的整合”“信息技术在数学广角教学中的应用研究”等课题的研究与实践。撰写的20余篇论文在国家、省、市级刊物发表，自制课件获全国一等奖，指导学生13人次获省级以上奖励，被评为省、市学科带头人。所任校长的学校累计获“全国县级示范性活动中心”“全国教育系统先进集体”“全国红旗大队”等50余项称号。2015年8月，她被评为“江西省先进工作者”；2019年9月，被授予“全国优秀教育工作者”称号；2020年，被评为“全国先进工作者”。

刘得青　福建省长汀县人，1965年1月生，大专学历，会昌县人民医院大内科主任，主治医师。他注重医德修养，悉心照顾病人，在经济上处处为病人着想，在充分了解、分析病情后再选择合理检查，不乱开大处方。他时常参加对病人的抢救，对患者直接口对口人工呼吸。他的行动影响并带动整个科室，几年来，内科门诊病人满意率达96%，住院病人满意率98%。他医技精湛，主持开展的科研课题“微创颅内血肿清除术”“心肌梗死、脑梗死的溶栓治疗”“高血压病人治疗过程中如何保护心脏、肾脏功能”等应用于临床，填补县医疗技术空白，取得良好的临床效果。2010年，获“江西省先进工作者”称号；2020年，被评为“全国先进工作者”。

汤　辉　女，江西省樟树市人，1961年11月生，本科学历，中共党员，宜春市妇幼保健院院长，主任医师。她积极谋划新院建设和整体搬迁，争取到2.67公顷医疗用地。为解决资金困难，她带领全院干部职工想方设法自筹资金1亿元，争取项目资金4350万元，将宜春市妇幼保健院建成一所集医疗、保健、教学、科研、社区卫生服务为一体的现代化医院。医院科室由8个增加到24个，病床由30张增加到350张，年住院病人由300人次增加到1.4万多人次，年分娩数由260人增加到6000余人，年业务量由100万元增加到1.6亿元，固定资产从220万元增加到2.2亿元，跨入全省妇幼保健系统的先进行列。2010年，她获“江西省先进工作者”称号；2012年，被评为“江西省三八红旗手”，获“全国妇女创先争优先进个人”称号；2020年，被评为“全国先进工作者”。

付秀秀　女，江西省高安市人，1973年11月生，本科学历，中共党员，高安市筠阳街道筠泉社区党委书记兼居民委员会主任。她探索推行“五心”社区工作模式，为社区居民提供精准化、精细化服务。她争取上级支持，投入300多万元，将社区硬件设施进行装修改造，打造居民“一站式”服务平台。为了激发社区社会组织的活力，她将社区办公大楼的二楼，无偿提供给志愿服务联合会、巾帼志愿服务队、人防志愿服务队、筠泉社区志愿服务中心等13个社区社会组织，并成立“筠泉志愿者之家”，增强服务社区、服务居民的工作力量。社区先后获“全国社区侨务工作示范站点”“全国民主法治示范社区”等荣誉。2008年3月，她被评为“全国三八红旗手”；2010年，获“江西省劳动模范”称号；2017年，当选为中共的十九大代表；2020年，被评为“全国先进工作者”。

吴建平　江西省玉山县人，1964年11月生，专科学历，中共党员，国家税务总局上饶市广丰区税务局局长。他以身作则，带领全局干部职工推进国税地税征管体制改革，先后打赢新机构挂牌、落实“三定”暂行规定、非税社保职能划转三大攻坚战；推动减税降费政策，做到内外培训覆盖率百分百、政策落实到位率百分百、统计数据准确率百分百。他围绕持续优化营商环境目标，优化升级办税服务，提高纳税人满意度和改革获得感；优化行政审批，扩大简易注销范围，推行无纸化退税试点，推进外贸出口企业出口退税申报受理和审核审批权限下放；推行“一网、一次、一门、一窗”办税，落实延时服务、错时服务等便民措施。2010年，他被评为“江西省先进工作者”；2020年，被评为“全国先进工作者”。

王德进　江西省德兴市人，1965年12月生，大学本科学历，中共党员，德兴市人民医院院长，主任医师。他从事临床外科一线工作近30年，是德兴市胸外科创建者和普外科、泌外科学科带头人，推动了医院整体医疗、科研水平的提升。作为擅长业务的院长，他在不断探索现代医院管理的同时，坚持钻研医疗业务，与其他医务人员一道坚持在临床一线。他在中华医学会学术会议上宣读论文近20篇，在省级及国家级刊物上发表专业论文30余篇；先后完成8项省、市厅级科研课题，其中获江西省科技进步三等奖1项。2015年，他被评为“江西省先进工作者”；2020年，被评为“全国先进工作者”。

欧阳群昌　江西省吉安县人，1965年10月生，本科学历，吉安县第二中学副校长，中小学正高级教师。他创立“课堂三步教学法”模式和“6+1”教学模式，其中“课堂三步教学法”成果刊登在人民教育出版社《试教通讯》上。他带了12届高三毕业班，为高等学校输送6000多名本科学生，指导学生参加全国高中化学奥林匹克竞赛获国家级奖7人次，省级奖13人次，市级奖20多人次。他总结教学经验，出版教学专著9部，发表论文24篇（其中全国中文核心期刊4篇）；开展课题研究，有5个省级课题立项和结题,其中1项获吉安县科技二等奖。2004年,他获"江西省模范教师";2007年,获"全国模范教师";2020年,被评为"全国先进工作者"。

陈玉珍 女,江西省崇仁县人,1976年1月生,大学本科学历,中共党员,国家税务总局抚州市税务局第一税务分局局长。她带领全体干部职工聚焦"机构改革、非税改革、个税改革、减税降费"等重点难点工作,打造"党建领税、征管强税、改革兴税、依法治税、便民办税、廉洁从税、素质保税"七大工程,保证各项改革平稳推进。近年来,她所在单位先后获国家级"青年文明号"、国家级"巾帼文明岗""全国三八红旗集体""全国五一巾帼标兵岗""全国工人先锋号"等荣誉,连续7年被税务系统评为"绩效管理先进单位"。她热心公益事业,在原抚州市国税局第一直属税务分局组建学雷锋志愿者服务队,个人累计捐助财物1.6万元。2016年,她被评为"江西省三八红旗手";2018年,被评为"全国三八红旗手";2020年,被评为"全国先进工作者"。

余　超 江西省抚州市人,1971年9月生,本科学历,中共党员,抚州市公安局经济犯罪侦查支队政委。他建立全国公安系统第一个数字影像实验室,多年来,应用模拟画像、模糊图像处理、影像检验等技术手段,为540余起案、事件提供重要证据。他先后参与各类现场勘查4000余起,完成视听证据材料1500余份、尸检证据材料750余份、细目照相证据材料3300余份,通过刑事技术破获各类大要案件600余起。他独立完成刑事案件现场勘查车(移动实验室)、现场处置运兵车、现场通信指挥车和警犬行动运输车的设计,其中刑事案件现场勘查车(移动实验室)在全省推广。1997年,他获江西省科学技术进步三等奖;2005年,被评为"江西省公安机关刑侦系统先进个人";2015年,被评为"江西省特级优秀人民警察";2017年,被评为"全国优秀人民警察";2020年,被评为"全国先进工作者"。

黄路生 江西省上犹县人,1964年12月生,博士研究生学历,动物遗传育种学家,中国科学院院士及发展中国家科学院院士,中共党员,江西农业大学党委书记。他长期从事家猪遗传育种研究,创建了中国家猪遗传育种研究领域唯一的国家级重点实验室和多个具有国际领先水平的全国共享材料平台,在国际上率先创建多肋、体长、肉色、系水力、优质猪肉及抗仔猪腹泻等多项专利,创制达到国际领先水平的基因芯片"中芯1号",解析了家猪遗传的"中国基因",在全国24个生猪主产省份推广应用,推动中国种猪业的科技进步和转型发展。他在国际SCI源刊物发表论文200余篇;作为第一主持人获得国家技术发明二等奖和国家科技进步二等奖等省部级以上奖励8项。1995年,他获国务院政府特殊津贴;1997年,获"江西省科技进步奖"一等奖;1998年5月,被授予"全国五一劳动奖章";2004年,获"江西省科技进步奖"一等奖;2005年,获"国家科技进步奖"二等奖;2010年,获"全国优秀科技工作者"称号;2012年获"国家技术发明奖"二等奖;2020年,被评为"全国先进工作者"。

张彦敏 女,四川省绵竹市人,1986年8月生,大学本科,中共党员,中华人民共和国赣江新区海关一级主办。针对辖区内大型高新技术企业进口设备归类错误、少征漏征税款风险较高情况,她通过风险信息、互联网、企业信息等多途径搜集商品资料,纠正49票报关单归类错误,为国家挽回税款损失2277.8万元。赣江新区海关成立"张彦敏工作室志愿服务队",她带领志愿服务队开展扶贫助学活动,给100余名孩子送去书包文具等学习生活物资;参加关区"2019大手拉小手1+1精准扶贫助学行动",为28名贫困家庭孩子提供1年的学习费用,认领10个小学生的微心愿。她撰写进出口监测预警分析文章,有3篇被国家海关总署《海关要情》采用,2篇获省领导批示。2017年,她获"江西省巾帼建功标兵"称号;2018年,被授予"全国五一劳动奖章";2020年,被评为"全国先进工作者"。

余腊梅 女,江西省上饶市人,1979年1月生,大学本科学历,中共党员,江西省妇幼保健院主任医师。2018年11月,她到非洲突尼斯梅德宁大区执行援外医疗任务,每周工作87个小时。援外期间,余腊梅接诊妇产科病人3000余人,完成手术近800台,抢救病人100余人,无一例孕产妇及新生儿死亡病例,无医疗纠纷、差错及医疗事故。2020年新冠疫情暴发,她主动请战,成为江西省援随医疗队医疗专家小组成员。在支援湖北随州市中心医院的6周里,她和医疗队帮助300余名新生儿平安降临,无一感染新冠肺炎。她业务精湛,是"国家卫健委联合国基金会危重孕产妇、新生儿救治网络建设项目"江西地区的主要联络人,是江西省首个"胎儿医学门诊""双胎门诊""胎儿医学多学科会诊组"的发起者与参与成员之一,填补了省内"胎儿医学"等空白。2019年,被评为江西省"新时代赣鄱先锋";2020年,被评为"全国先进工作者"。

程　坚 江西省南昌市人,1964年5月生,本科学历,中共党员,江西省公安厅刑事警察总队刑事技术处副处长,警务技术三级主任,高级工程师。他从事痕迹检验技术工作30多年,参与指挥全省重、特大案件现场勘查1000余次,在很多社会影响较大的重、特大疑难案件的勘查和检验中起了关键作用。受理全省疑难案件痕迹物证检验2000余起,出具有关手、足、工、枪等痕检鉴定书800余份。创新建立全省联勘联检工作机制,组织全省枪弹痕迹专家开展枪支检验鉴定联勘联检100余次。他运用"大数据"思维,先后完成现勘、指纹、DNA、足迹四大系统建设及升级扩容改造,为刑事技术信息研判和数据资源共享奠定坚实基础。他主持完成省、部级课题10余项,其中发明专利1项,在省部级刊物中发表论文10余篇。他曾获个人一等功一次、二等功一次;1987年,获省科技进步二等奖;2003年,获公安部科学技术二等奖;2006年,被评为全国刑事技术先进个人;2007年,被评为全省公安科技英才;2020年,被评为"全国先进工作者"。

(省总工会)

全国三八红旗手标兵

支月英 1961年5月生，中共党员，大专学历，江西省宜春市奉新县澡下镇白洋教学点负责人。1980年，她只身到地处偏远山区的泥洋小学任教，后来又到更偏远的白洋教学点任教。很长时间里，她是一人一校的全科教师。40年间，她的交通工具从20世纪80年代的两条腿到20世纪90年代的摩托车，先后骑坏6辆大功率的男式摩托车。她吃了很多苦，但给孩子们的都是甜；从"支姐姐"到"支妈妈"，再到"支奶奶"，她照亮了两代人的童年。2018年1月，当选为第十三届全国人大代表。2019年，以她为原型的电影《一生只为一事来》在全国上映，由中共中央宣传部、教育部推荐作为庆祝"教师节"的献礼影片。她先后获"全国三八红旗手""全国模范教师""全国教书育人楷模""全国师德楷模""全国岗位学雷锋标兵""全国优秀共产党员""感动中国2016年度人物"等称号，并入选"中国好人榜"。2020年，获"全国三八红旗手标兵"称号。

全国三八红旗手

邓希平 1942年11月生，中共党员，大学学历，景德镇颜色釉陶瓷艺术研究院院长。她从事颜色釉陶瓷传承创新工作50余年，创新颜色釉40余种。"无铅钧红釉"获江西省重大科技成果奖。"大件郎红釉新配方"获国家科技进步奖，代表作品"300件郎红釉美人肩瓶"，多次被选为国家领导人出访国礼。"陶瓷彩虹釉"获国家发明奖、第39届尤里卡国际发明博览会金奖。"秘釉流霞盏"获第二届中国高岭国际陶瓷艺术大赛银奖。创作的《窑变三色瓷瓶》和《窑变花釉陶艺碗》被选为第二届进博会元首礼赠送法国总统和希腊总理。2010年，景德镇市政府授牌成立邓希平陶瓷艺术馆。她先后获比利时王国骑士勋章、国务院特殊津贴、人事部杰出专业技术人才一等功、中国陶瓷艺术设计教育终生成就奖、中华非物质文化遗产传承人薪传奖、中华人民共和国成立七十周年纪念章及国家有突出贡献中青年专家、国家级非物质文化遗产项目景德镇传统颜色釉烧制技艺代表性传承人、"中国好人""江西省道德模范""江西省三八红旗手"等称号。2020年，获"全国三八红旗手"称号。

彭夏英 1967年6月生，小学学历，江西省吉安市井冈山市茅坪乡神山村村民。她心地善良，勤劳肯干。因神山村原是贫困村，产业发展落后，加上丈夫早年外出务工受伤，无法承担重体力劳动，全家主要依靠她务农创造收入，长期处于贫困状态。2016年春节前夕，中共中央总书记习近平到神山村，在她家与群众座谈，鼓励大家在党和政府帮助下脱贫致富。受到习近平鼓励，在扶贫干部动员下，她带头开办起村里第一家"农家乐"，通过辛勤劳动当年实现脱贫，从年收入不足万元的贫困家庭，转变成年收入10余万元的小康之家。在她带动下，村民们纷纷开办"农家乐"，卖竹制品、土特产，合作种植黄桃、茶叶。神山村发展乡村旅游、特色农业的路子越走越宽。2018年，她获"全国脱贫攻坚奖奋进奖"；2020年，获"全国三八红旗手"称号。

程　风 1989年8月生，预备党员，大学学历，江西省上饶市鄱阳县莲湖乡四望湖小学校长。2015年8月，她主动投身到游城乡教学点，把一个濒临无生入学的教学点，办出了希望。2018年秋季调至莲湖乡四望湖小学，她多方筹集资金，改善学校条件，稳定教师队伍，让一所湖区薄弱学校再次成为当地百姓称赞的好学校。受她影响，鄱阳县一批"90后"青年教师主动投身偏远乡村教育。她的事迹引起教育部部长陈宝生、江西省委书记刘奇等领导关注批示。她先后获"全国模范教师""全国十大最美教师"等称号。2020年，获"全国三八红旗手"称号。

罗文俊 1979年6月生，中共党员，博士研究生，华东交通大学土木建筑学院院长。她担任理学院、土木学院教学副院长期间，学院教学业绩、专业综合评价居全校首位，学院考核和个人考核均位列全校第一。担任理学院院长后，将公共课、专业教师分类管理，打造金牌教学团队、科研团队，教学、学科建设等取得一系列成果。曾获省自然科学二等奖、教育部科技进步奖、江西省科技进步奖、中国交通运输协会科技进步奖、中国铁道学会科技进步奖，"教育部青年长江学者""江西省青年井冈学者""江西省三八红旗手"称号和"江西省五四青年奖章"。2020年，获"全国三八红旗手"称号。

管　理 1979年2月生，中共党员，博士研究生，江西省博物馆副馆长。她先后参与江西省多个重大考古遗址的调查发掘及文物保护工作。2015年，担任南昌西汉海昏侯墓文物保护组组长，组建江西省第一支可移动文物保护团队，带领组员全程参与海昏侯墓主墓万余件出土文物现场提取工作，主持海昏侯墓出土文物室内保护修复工作，成功剥离5200余枚竹简并完成千余件金器、玉器、青铜器的保护修复工作，获业内好评。在她带领下，海昏侯墓文物保护团队获2016年首届中国文化遗产保护"金尊奖"。2019年，她任江西省博物馆副馆长，参与江西省博物馆新馆建设，推出"红色文化进校园""传统文化进校园"一系列宣教活动，主持馆校合作博物馆系列课程编写工作，启动馆藏文物保护修复工作。先后获"中国田野考古"二等奖、"江西省社科优秀成果"三等奖、"江西省社科艺术基金优秀成果"三等奖及"江西省三八红旗手"称号。2020年，获"全国三八红旗手"称号。

胡恩雪 1965年11月生，民建会员，研究生学历，江西恒大高新技术股份有限公司总经理。她带领恒大高新发展为国家火炬计划重点高新技术企业，2011年企业在深交所中小板上市，被业界称为"中国防磨抗蚀第一股"。担任江西省女企业家商会会长，商会被评为2019年全国"四好商会"。担任江西省妇女儿童发展基金会副理事长，2019年设立"恒大星河”爱心基金，主导发起江西省民建同心扶贫基金会和江西省女企业商会同心圆爱心基金。在“千企帮千村”“百社解千难”等活动中，为宁都县高排村修路、销售产品，组织捐款帮扶修水县雅洋村。2019年，“恒大星河”爱心基金对修水县石坳乡徐塅村小学、永修县梅棠镇中心小学、永修县白槎镇中心小学、武宁县儿童快乐家园、江西启明学校等单位实施帮扶、捐赠。2020年，获“全国三八红旗手”称号。

肖 丽 1972年12月生，大专学历，国家能源集团九江发电有限公司检修部技术组热控专业工程师。她立足平凡岗位，从班组技术员成长为专家型人才。在公司350兆瓦机组高压调门改造项目中，创新设计控制逻辑，提高机组热效率，创造经济效益336万元；在火电烟气超低排放改造中，主持脱硝系统自动控制优化项目，解决系统迟缓技术难点，保证环保参数达标，节省喷氨成本约30万元/年；在1.5亿元通流改造项目中，研究出新的控制方案，为国产化解决重大技术难点。在智慧运营系统的项目开发中，改变通讯方式，完成信息化和管理流程深度融合，使发电数据成为智慧运营系统的重要支撑，提升管理效益。2020年，获“全国三八红旗手”称号。

王腊梅 1964年1月生，中共党员，大学学历，江西省寄生虫病防治研究所麻防科科长。她从一名普通的疾病控制工作人员成长为全省麻风病防治队伍的领头人。她在全省、全国麻风病疫情监测、管理信息系统的开发和管理过程中，填补了省里麻风病疫情监测资料计算机管理的空白，撰写国家网络版《“全国麻风病防治管理信息系统”软件需求报告》，为软件的开发提供前期技术报告，并承担全国50万条患者记录的数据转换任务。她谋划全省麻风病防治事业，推动全省麻风防治机构发展，提高全省防治机构服务能力、防治质量。作为学科带头人，她注重培养人才，申报、开展各种课题、项目，为基层麻防人员提供科研平台。2020年，获“全国三八红旗手”称号。

（省妇联）

·资料·

江西历代进士名录（十）

姓名	籍贯	朝代	上榜时间	姓名	籍贯	朝代	上榜时间
饶 琦	临川	宋	皇祐五年（1053）	吴山甫	崇仁	宋	皇祐五年（1053）
江 注	庐陵	宋	皇祐五年（1053）	曾公范	庐陵	宋	皇祐五年（1053）
胡叔源	泰和	宋	皇祐五年（1053）	严 颢	吉水	宋	皇祐五年（1053）
刘言武	吉水	宋	皇祐五年（1053）	吴 瓘	永新	宋	皇祐五年（1053）
刘 瑾	永新	宋	皇祐五年（1053）	曾 矩	永丰	宋	皇祐五年（1053）
李 方	清江	宋	皇祐五年（1053）	吴 颖	清江	宋	皇祐五年（1053）
萧澄卿	清江	宋	皇祐五年（1053）	邓舜咨	新淦	宋	皇祐五年（1053）
刘 孜	新喻	宋	皇祐五年（1053）	张拱之	袁州	宋	皇祐五年（1053）
桂 珣	赣县	宋	皇祐五年（1053）	孙立节	宁都	宋	皇祐五年（1053）
黄克荷	信丰	宋	皇祐五年（1053）	叶 材	信丰	宋	皇祐五年（1053）
王汝舟	婺源	宋	皇祐五年（1053）	汪师熊	婺源	宋	皇祐五年（1053）
汪以慎	婺源	宋	皇祐五年（1053）	江 庆	婺源	宋	皇祐五年（1053）
莫 磐	洪州	宋	皇祐五年（1053）	汪 谷	婺源	宋	皇祐五年（1053）

本栏编辑 邓诚君

附　录

江西省人民政府
关于有效应对疫情稳定经济增长
20 条政策措施的通知

2020 年 2 月 4 日

各市、县(区)人民政府,省政府各部门:

现将《关于有效应对疫情稳定经济增长 20 条政策措施》印发给你们,请认真贯彻执行。

关于有效应对疫情稳定经济增长 20 条政策措施

为深入贯彻习近平总书记关于坚决打赢疫情防控阻击战的重要指示精神,全面落实党中央、国务院有关决策部署,在全力做好疫情防控工作的同时,着力促进全省经济平稳增长,现提出以下政策措施。

一、加强对疫情防控物资和生活必需品生产企业的扶持

1. 支持全国性商业银行、国家开发银行、农业发展银行、进出口银行等在赣分支机构加大服务对接力度,全力满足疫情防控融资需求。实行疫情防控重点企业融资白名单制,支持江西银行、九江银行和进贤农商行利用专项再贷款为企业提供优惠利率信贷支持,最高不得超过最近公布的一年期贷款基础利率(LPR)减 100 个基点。(省金融监管局、人行南昌中心支行牵头,江西银保监局、省工业和信息化厅、省发展改革委等配合)

2. 对 2020 年新增的全省疫情防控重点保障企业专项再贷款,在人民银行专项再贷款支持金融机构提供优惠利率信贷、中央财政按人民银行再贷款利率的 50% 给予贴息的基础上,省财政统筹资金再给予 25% 的贴息支持,贴息期限不超过 1 年。对疫情防控重点保障企业给予稳岗补贴和创业担保贷款支持。对在疫情防控、生活必需品保供稳价工作中主动让利的重点企业和商户,各地可从价格调节基金或其他可用财力中给予一定补助,在项目安排等扶持政策上给予倾斜。〔省财政厅、省人力资源社会保障厅、省发展改革委牵头,省工业和信息化厅、人行南昌中心支行,各市、县(区)人民政府、赣江新区管委会配合〕

3. 积极帮助疫情防控重点物资和生活必需品生产企业复工复产,安排专人进行“一对一”蹲点帮扶,协调解决设备、原辅料、人工、资金、运输及用能等实际困难。对扩大疫情防控重点物资产能的企业,经主管部门同意后,可先扩产再补办相关审批手续。疫情防控重点物资生产企业扩大产能、改造生产线发生的实际投入,纳入省级企业技术改造项目支持。(省工业和信息化厅、省发展改革委牵头,省人力资源社会保障厅、省卫生健康委、省财政厅等配合)

4. 全省药品补充申请、再注册收费标准和二类医疗器械首次注册、变更注册、延续注册收费标准降低 30%。(省发展改革委牵头,省财政厅、省市场监管局等配合)

5. 严格落实“一断三不断”要求,稳妥处置未经批准擅自设卡拦截、断路阻碍交通等行为,确保疫情防控物资和必要的生产生活物资运输通畅。简化绿色通道查验手续和程序。对于疫情防控应急物资、由省新型冠状病毒感染的肺炎疫情防控应急指挥部或有关成员单位统一调拨转运的重要生活物资等保障车辆,疫情期间免除高速公路通行费用。〔省交通运输厅、省公安厅牵头,各市、县(区)人民政府、赣江新区管委会配合〕

二、扶持实体企业渡难关

6. 对承租国有资产类生产经营用房的企业,1 个月房租免收、2 个月租金减半。对租用其他经营用房的,鼓励业主为租户减免租金,具体由双方协商解决。对在疫情期间为承租的中小企业减免租金的创业园、科技企业孵化器、创业孵化基地等各类载体,优先予以政策扶持。〔省财政厅、省国资委牵头,省工业和信息化厅、省科技厅、省人力资源社会保障厅,各市、县(区)人民政府、赣江新区管委会配合〕

7. 对受疫情影响较大的批发零售、住宿餐饮、物流运输、文化旅游等行业企业和未能及时充分复工的工业企业,及时辅导落实好小微企业普惠性减税等政策。对因疫情原因导致企业发生重大损失,正常生产经营活动受到重大影响，纳税确有困难的，依法予以减免房产税、城镇土地使用税。〔省税务局牵头，各市、县（区）人民政府、赣江新区管委会配合〕

8. 对按月申报的纳税人、扣缴义务人，将2020年2月份的法定申报纳税期限延长至2月24日；在申报纳税期限延长后，办理仍有困难的，可依法申请进一步延期，延期期间不征收滞纳金。纳税人受疫情影响确有特殊困难不能按期缴纳税款的，还可依法申请办理延期缴纳税款，最长不超过3个月。（省税务局牵头）

9. 加大对企业的金融支持，确保2020年企业信贷余额不低于2019年同期余额。鼓励金融机构适当下调贷款利率，增加信用贷款和中长期贷款额度。引导中小微企业通过江西省小微客户融资服务平台、一站式金融综合服务平台申请贷款。对受疫情影响较大的批发零售、住宿餐饮、物流运输、文化旅游、"三农"领域等行业，以及有发展前景但受疫情影响暂时受困的企业，金融机构不得盲目抽贷、断贷、压贷；对到期还款困难的企业，应予以展期或续贷。（省金融监管局牵头，人行南昌中心支行、江西银保监局等配合）

10. 各级政府性融资担保再担保机构要加强与银行机构合作，针对受疫情影响严重行业和疫情防控行业定制担保产品，对因疫情暂遇困难企业特别是小微企业，取消反担保抵质押要求，降低担保费。对受疫情影响严重地区的融资担保机构，省融资担保股份有限公司及各设区市再担保机构减半收取再担保费。〔省金融监管局牵头，人行南昌中心支行、江西银保监局，各市、县（区）人民政府、赣江新区管委会配合〕

11. 充分发挥国有大中型企业的中坚作用，依法依规在货款回收、原材料供应、项目发包等方面，加大对产业链上中小企业的支持，确保产业链运行平稳。〔省国资委牵头，省工业和信息化厅，各市、县（区）人民政府、赣江新区管委会配合〕

三、以扩投资为重点稳需求

12. 积极推广不见面招商，充分利用赣服通、政务网、公众号等平台，高频次、高精度、大范围进行招商引资项目推介。对成熟且有签约意向的项目，要加强网上对接、洽谈力度，确保尽快签约。对已签约项目，要全力做好项目的立项、开工、投产全过程服务，确保项目尽快落地。〔省商务厅牵头，各市、县（区）人民政府、赣江新区管委会配合〕

13. 充分发挥全省投资项目在线审批监管平台作用，全面推广网上收件、网上审批和网上出件。对按规定确需提交纸质材料原件的，除特殊情况外，由项目单位通过在线平台或电子邮件提供电子材料后先行办理；项目单位应对提供的电子材料真实性负责，待疫情结束后补交纸质材料原件。〔省发展改革委牵头，省住房城乡建设厅、省自然资源厅、省生态环境厅、省水利厅，各市、县（区）人民政府、赣江新区管委会配合〕。

14. 将省重点工程建设单位人员疫情防控、生活物资保障、施工物资供应等工作纳入地方保供范围，切实协调解决项目建设涉及的市政配套、水电接入、资金落实等问题。对项目建设中确因受疫情影响或疫情防控工作需要不能按时履行合同的，允许合理延后合同执行期限，不作违约处理。〔省发展改革委牵头，省直有关部门，各市、县（区）人民政府、赣江新区管委会配合〕

15. 对确因受疫情影响不能及时复产履约的外贸企业，指导企业向国家有关部门申请"新型冠状病毒感染的肺炎疫情不可抗力事实证明"，及时帮助企业最大限度减小损失。设立进出口商品绿色通道，确保进出口商品快速通关。鼓励中国信保江西分公司为因疫情遇到困难的出口企业提供风险保障、保单融资等服务。（省商务厅、南昌海关牵头）

16. 支持传统商贸主体电商化、数字化改造升级，积极培育网络诊疗、在线办公、在线教育、线上文化娱乐、影视及智能家居等新兴消费业态和消费热点，繁荣"宅经济"。大力实施"互联网+"农产品出村进城工程，加快城乡商品要素流动。（省商务厅牵头，省发展改革委、省工业和信息化厅、省卫生健康委、省文化和旅游厅、省教育厅、省农业农村厅等配合）

四、加大企业稳岗和就业促进力度

17. 鼓励受疫情影响企业与职工协商采取调整薪酬（生活费）、轮岗轮休、缩短工时、待岗等方式稳定工作岗位。对不裁员或少裁员的参保企业，可返还其上年度实际缴纳失业保险费的50%。2020年1月1日至2020年12月31日，对面临暂时性生产经营困难、坚持不裁员或少裁员的参保企业，返还标准按上年度6个月的统筹地月人均失业保险金和企业上年度月均参保职工人数确定。所需资金从失业保险基金列支。（省人力资源社会保障厅、省财政厅牵头）

18. 对受疫情影响的企业、灵活就业人员和城乡居民，未能按时办理社会保险缴费业务的，可延长至疫情解除后补办。逾期缴纳社会保险费期间，免收滞纳金，不影响个人权益。相关补办手续在疫情解除后三个月内完成。（省人力资源社会保障厅牵头，省医保局、省财政厅等配合）

19. 对已发放的个人创业担保贷款，受疫情影响还款出现困难的，可向贷款银行申请展期还款，展期期限原则上不超过1年，省财政继续给予贴息支持；对受疫情影响未能按时完成展期手续的，免于信用惩戒。对受疫情影响暂时失去收入来源的个人和小微企业，各有关部门要在其申请创业担保贷款时优先给予支持。（省人力资源社会保障厅牵头，省财政厅、省金融监管局、人行南昌中心支行、省发展改革委等配合）

20. 密切关注全省农民工、应届毕业生等重点群体就业状况和省内外用工需求，充分发挥人力资源市场网络平台作用，及时发布就业信息、企业开复工信息，开展网上招聘。建立返乡务工人员滞留省内就业应对机制，促进与用工企业精准对接。〔省人力资源社会保障厅牵头，省发展改革委、省商务厅、省工业和信息化厅，各市、县（区）人民政府、赣江新区管委会配合〕

江西省人民政府
关于做好"六稳"工作落实"六保"任务的实施意见

2020年5月22日

各市、县(区)人民政府,省政府各部门:

为做好"六稳"工作,落实"六保"任务,奋力实现全年目标任务,现提出以下实施意见。

一、总体要求

深入贯彻落实习近平总书记系列重要讲话精神和党中央、国务院关于做好当前工作的重要部署,在疫情防控常态化前提下,坚持稳中求进工作总基调,坚持新发展理念,坚持以供给侧结构性改革为主线,坚持以改革开放为动力推动高质量发展,坚决打好三大攻坚战,加大稳就业、稳金融、稳外贸、稳外资、稳投资、稳预期工作力度,着力保居民就业、保基本民生、保市场主体、保粮食能源安全、保产业链供应链稳定、保基层运转,坚定实施扩大内需战略,培育壮大新的增长点,促进经济平稳健康发展,确保完成决战决胜脱贫攻坚目标任务,与全国同步全面建成小康社会。

二、保居民就业

(一)稳定就业岗位。落实阶段性减免企业社保费政策,职工基本养老保险单位按16%的比例缴纳,阶段性降低失业保险、工伤保险费率政策实施期限延长至2021年4月30日。按规定放宽失业保险稳岗返还政策裁员率标准,对符合条件的不裁员或少裁员的企业,返还其上年度实际缴纳失业保险费的50%,其中中小微企业可返还其上年度实际缴纳失业保险费的100%。统筹使用工业企业结构调整专项奖补资金,用于支持受疫情影响企业稳定岗位、保障基本生活等支出。对疫情防控期间为承租的中小企业减免租金的创业孵化示范基地、示范园区,各地可给予一定运营补贴。支持企业与职工集体协商,采取协商薪酬、调整工时、轮岗轮休、在岗培训等措施保留劳动关系。推进实施职业技能提升行动,加大农村电商和职业农民技能培训力度。(责任单位:省人力资源社会保障厅、省工业和信息化厅、省财政厅、省商务厅、省农业农村厅)

(二)抓好重点行业重点群体就业。积极挖掘省内国有企业、中央在赣企业和我省特色优势产业企业的用人潜力,大力开展"百千万线上线下招聘"专项行动,着力保障重点企业、重点行业用工。落实促进我省2020届高校毕业生就业创业若干政策措施,鼓励引导高校毕业生面向基层一线就业,扩大"特岗教师"计划、"三支一扶"计划、中小学教师招聘等规模,鼓励高校毕业生应征入伍或继续升学深造。鼓励农民工通过回归农业、农村电商、自主创业等方式就地就近就业,采取以工代赈方式,优先安排返乡农民工、建档立卡贫困劳动力参与政府投资基础设施工程、农村危房改造等项目建设。鼓励部分退役军人特别是退役大学生士兵"先入校回炉、再就业创业",抓好退役军人免费职业教育和技能培训,推动各项招生优待政策落地。扩大创业担保贷款覆盖范围,增加支持群体,进一步降低小微企业、个体工商户创业担保贷款申请门槛,在有条件的地方建立创业孵化示范基地、示范园区推荐免反担保机制。出台推动返乡入乡创业高质量发展的实施意见,对符合条件的有创业意愿的农民工按规定纳入一次性创业补贴政策范围。(责任单位:省人力资源社会保障厅、省教育厅、省发展改革委、省扶贫办、省退役军人厅、省工业和信息化厅)

三、保基本民生

(三)坚决打赢脱贫攻坚战。深入实施脱贫攻坚全面排查整改专项行动,聚焦"两不愁三保障",持续关注低保户、特困供养户、残疾贫困户等特殊群体,对因疫返贫致贫人群实施政策兜底。大力实施扶贫农产品"六进"活动,加快政府采购贫困地区产品进度,优先采购贫困地区农副产品。统筹推进脱贫攻坚与乡村振兴有效衔接,加强产业基地、扶贫车间、以工代赈项目建设,积极帮助受疫情影响较大的龙头企业、农民合作社、致富带头人等扶贫经营主体渡过难关。统筹推进城镇贫困群众脱贫解困,着力解决就业创业、医疗、教育、住房保障等方面的实际困难。全面抓好中央脱贫攻坚专项巡视"回头看"和绩效考核反馈问题整改,确保如期全面完成脱贫攻坚任务。(责任单位:省扶贫办、省财政厅、省民政厅、省商务厅、省农业农村厅、省人力资源社会保障厅、省卫生健康委、省教育厅、省住房城乡建设厅)

(四)完善社会保障。指导确需较多裁员的困难企业制定裁员安置方案,依法依规妥善处理劳动关系和社会保险转移接续等工作。建立失业人员实名制台账和定期联系制度,推进失业保险基金省级统筹,对符合条件的失业人员及时发放失业保险金。深入实施全民参保计划,完善参保扩面长效机制,加快实现社会保险法定人员全覆盖。提高社保基金统筹级次,落实企业职工基本养老保险基金省级统收统支,稳妥推进医疗保险基金市级统收统支,加快划转部分国有资本充实社保基金,缓解因阶段性降费对基金造成的收支压力,推动特定重大疾病免费救治、专项救治"应治尽治",确保新冠肺炎患者救治费用顺利结算,确保各项社会保险待遇按时足额支付。全面落实临时救助等社会救助政策,建立健全残疾人两项补贴标准动态调整机制,对受疫情影响和因突发性、紧迫性问题导致基本生活陷入困境的困难群众,直接给予临时救助。适当提高城乡低保、抚恤补助标准。加快推进区域性儿童福利机构服务功能提升改造。加大社会救助和保障标准与物价上涨挂钩联动机制的价格临时补贴力度,2020 年 6 月底前在原有补助基础上提高 1 倍发放。压实地方政府稳定居民消费价格总水平和市场供应保障主体责任,确保完成价格总水平调控目标。〔责任单位:省人力资源社会保障厅、省财政厅、省医保局、省民政厅、省退役军人厅、省发展改革委,各市、县(区)政府〕

(五)提升公共服务水平。积极谋划建设一批教育、医疗、健康养老等民生项目。推进 3 岁以下婴幼儿照护服务设施建设,增加托育服务供给。合理扩大义务教育阶段学位供给,有序推动优质教育资源均衡配置。加快公办养老机构建设,提升养老服务兜底保障能力,实施城企联动普惠养老专项行动,鼓励社会资本参与普惠养老和医养康养结合项目建设。加强各级疾控中心能力建设,完善疾病预防控制体系。推动省属 5 所医院新院全面接诊开业。依托现有综合性医院、专科医院、基层医疗机构,做好平战结合建设,提高公共卫生整体水平。(责任单位:省发展改革委、省教育厅、省卫生健康委、省民政厅)

(六)坚决打好污染防治攻坚战。纵深推进国家生态文明试验区建设,确保实施方案明确的各项重点制度、重点任务、重点工程全面完成,努力形成一批可复制可推广的制度成果。加强"五河两岸一湖一江"全流域生态保护和治理,深入实施长江经济带生态环境治理"4 + 1"工程,进一步巩固提升生态环境质量。(责任单位:省发展改革委、省生态环境厅、省自然资源厅等相关单位)

四、保市场主体

(七)进一步减轻企业负担。全力推动国家和我省一系列减税降费政策措施落地见效,坚决不收"过头税费",统筹使用好各领域财政性帮扶资金,多渠道筹措社会资金,进一步挖掘租金优惠、降低融资费用和要素成本等空间,推动优惠政策向中小企业倾斜。鼓励国有骨干企业、行业龙头企业、重点平台公司加大对产业链上小微企业支持力度,深入推进应收账款质押融资业务发展,强化对交通运输、餐饮、住宿等行业的个体工商户和个人独资企业的帮扶。(责任单位:省发展改革委、省财政厅、省税务局、省金融监管局、省国资委、省商务厅)

(八)强化融资支持。用足用好国家再贷款、再贴现政策,鼓励与"财园信贷通""财政惠农信贷通""银税互动"对接,切实降低企业和经营主体融资成本。落实普惠金融定向降准政策,提高小微企业不良贷款容忍度,增加小微企业中长期贷款和信用贷款。鼓励银行开发针对个体工商户的贷款产品,继续推广"诚商信贷通"。对受疫情影响暂遇困难企业不得盲目抽贷、断贷、压贷,对受疫情影响严重的企业到期还款困难的,可予以展期或续贷。鼓励银行业金融机构适当下调贷款利率、完善续贷政策安排。有效发挥政府性融资担保、再担保机构作用,疫情期间,对疫情防控重点保障企业及受疫情影响较大企业,取消反担保要求,新发生融资担保业务收取的担保费不超过 1%,所有再担保业务减半收取或视情免收再担保费。深入实施"映山红"行动,建立企业债务融资协调机制,拓宽融资渠道。(责任单位:省金融监管局、人行南昌中心支行、江西银保监局、省财政厅、省税务局、省发展改革委、省工业和信息化厅、省市场监管局)

(九)实施精准帮扶。深入开展各级领导干部挂点帮扶、企业派驻联络员等活动,确保实现省级以上开发区、规上工业企业两个全覆盖。拓展银企对接、专家问诊、产业联盟等特色帮扶活动范围和内容,切实帮助企业解决实际困难。打造重点行业、重点产品产销对接平台,建立重点工程与省产钢材、水泥生产企业对接机制,依法依规支持省市勘察设计、建筑骨干企业参加省市重点项目建设。加强对企业的法律服务和帮助,指导企业妥善应对由于疫情导致合约无法正常履行的情况。(责任单位:省发展改革委、省工业和信息化厅、省住房城乡建设厅、省司法厅、省财政厅)

(十)优化营商环境。深入实施优化提升营商环境十大行动,及时做好设区市营商环境评价并予以公布。加快建成"赣服通"升级版,扩大掌上办理覆盖面。完善延时错时预约服务机制,深化"一次不跑""只跑一次""一链办理"等改革,深入推进全省第三批相对集中行政许可权改革试点,全面推行"互联网 + 监管"。推动实现省市政务服务"好差评"系统全面对接,建成全省统一的网上中介服务超市。加大行政审批事项下放力度,推行"一照含证"改革。实行建设项目联合验收。切实落实我省优化营商环境支持民营经济改革发展的实施意见,研究制定我省深化要素市场化配置改革实施意见。抓好已出台政策落地见效,在各级政务服务大厅推广设立企业政策兑现代办服务窗口,依托一体化政务平台、网上办事大厅、"赣服通""赣商动力"等渠道完善线上服务,拓展政策知晓度和申办便利度。(责任单位:省发展改革委、省市场监管局、省政务服务办、省工商联)

五、保粮食能源安全

(十一)提升粮食安全保障能力。认真抓好粮食安全省长责任制落实,将粮食"两稳"纳入乡村振兴考核范畴。坚持藏粮于技、藏粮于地,扎实推进高标准农田建设,强化落实高标准农田建后管护。抓好农田水利基本建设。深入实施"优质粮食工程",充分发挥专业化服务组织、种粮大户、农民合作社、家庭农场等新型主体的主导作用,全面落实"双季稻"种植面积,推动不适合发展口粮生产的耕地发展饲料用粮和工业用粮。推广一批绿色高效、农艺农机结合、全程机械化生产等水稻、旱杂粮新技术新模式,切实抓好水稻田间管理,强化自然灾害预测、预警和应对。积极发展稻鱼、稻虾等综合种养模式。保障粮食供应,认真落实国家粮食收储政策,支持粮油加工企业稳定运行,加快实施一批粮食仓储物流项目建设,加大市场监测调配力度。强化舆论引导,稳定市场预期。(责任单位:省发展改革委、省农业农村厅)

(十二)加快发展现代农业。扎实推进农业结构调整"九大工程"、农产品加工"七大行动",建设一批现代农业产业园区,吸引龙头企业和科研机构建设运营,支持一批农业产业化龙头企业做大做强。落实"菜篮子"市长负责制,抓好绿色有机农产品示范基地试点省建设,建设一批"菜篮子"基地,加强主要农产品从田间到餐桌全程可追溯管理,进一步打响"生态鄱阳湖 · 绿色农产品"品牌。加强休闲农业与全域旅游对接,大力发展建设特色旅游村镇,抓好一批休闲农庄提质改造。加快推进生猪复产增养行动,切实加强非洲猪瘟等重大动物疫病防控工作,引导进口或商业储备猪肉转化为政府储备。加强产销衔接,加快推进一批农产品精深加工、仓储集配和冷链物流设施等项目建设,完善三级农村物流服务体系。(责任单位:省农业农村厅、省发展改革委、省市场监管局、省商务厅)

(十三)加强能源运行保障。强化能源运行监测调度,统筹做好油电煤气等供需平衡。精准对接重点区域、重点企业、重大工程项目用能需求。加强高峰时段综合调度和需求侧管理,确保电力迎峰度夏度冬。优化能源设施布局,坚持电网建设与电源建设并重、特高压与输配网并举,推动分宜电厂扩建项目首台机组尽早建成投产,加快推进新余电厂二期前期工作,推进瑞金电厂二期、丰城电厂三期、信丰电厂建设,加快雅中—江西特高压工程建设,开工建设鄱余等500千伏输变电和一批农村电网改造工程,推进一批风电、垃圾焚烧发电、生物质发电等新能源项目,加快省级天然气管网建设,推进煤炭储备项目建设。加强能源安全生产工作,确保全省能源行业安全、高效、稳定运行。〔责任单位:省发展改革委、省国资委、省自然资源厅、省住房城乡建设厅、省生态环境厅、省水利厅、省财政厅、省应急厅、省市场监管局,各市、县(区)政府〕

六、保产业链供应链稳定

(十四)推动产业链协同复产达产。落实好产业链"链长制",完善省市县三级协同机制,分行业、分领域开展产业链供应链对接帮扶活动,"一链一策"打通产业链供应链堵点、断点,促进上下游、产供销、大中小企业整体配套、协同复工,推动基础原材料、核心技术、关键设备零部件的本地化配套,抓紧谋划实施重点产业链供应链区域化本地化布局。〔责任单位:产业链链长制各责任部门,各市、县(区)政府〕

(十五)畅通产业链供应链国内市场循环。着力挖掘内需潜力,深入开展"项目建设提速年"活动,抢抓国家发行特别国债、加大专项债发行规模机遇,发挥好补短板促升级稳投资专项贷款的作用,抓紧谋划实施一批交通、电力、水利、5G、数据中心、公共卫生体系、应急物资储备、老旧小区改造等领域重大项目,拉动工业品销售;加快建立公路铁路互跨协调机制、生态保护红线优化协调机制,尽快出台有关办法。提高市场活跃度,切实落实国家和省系列促消费政策,着力提升省产汽车、省产油品、现代家居等大宗消费,采取发放旅游消费卡(券)等方式组织开展促进文化和旅游消费活动,大力发展"夜间经济",培育壮大线上消费,通过举办"中国品牌日"系列活动,大力宣传推介江西自主品牌,加快促进生产、流通、消费循环。引导优质外贸产品开拓国内市场,支持出口企业参加国内重点展会,搭建外贸企业与国内大型平台商、线上营销大V的合作平台,鼓励出口企业在知名电商平台打造江西出口产品内销专区,加大对外贸企业出口转内销投保的支持力度。(责任单位:产业链链长制各责任部门,省交通运输厅、省水利厅、省通信管理局、省卫生健康委、省应急厅、江西银保监局)

(十六)进一步融入全球产业链供应链价值链。以建设内陆开放型经济试验区为龙头提升开放能级。以制度型开放建设为重点,加快推进南昌、赣州、九江、上饶四大开放门户建设,对外商投资企业全面实施准入前国民待遇加负面清单管理制度,积极复制推广自贸区改革试点经验,按照国家部署大幅放宽产业准入,加快推进贸易和投资自由化便利化、降低进出口物流成本等领域先行先试,采取简化程序、"非接触式"退税等方式进一步将出口退(免)税时间压缩至不超过7个工作日。强化与日韩、东盟、"一带一路"沿线国家(地区)相关企业的贸易联系,加强与国际组织、外国商会、友好城市等的沟通对接,支持江铜等大型企业以及电子信息等制造业企业积极稳妥开展海外投资并购,构建多元化采购和销售渠道。以深度对接融入国家战略为契机,加强与周边省份、沿海地区产能共享对接,开展协作生产、订单替代、共建工业园、"飞地经济"等形式的紧密合作。(责任单位:产业链链长制各责任部门,南昌海关、省税务局)

(十七)实施铸链强链补链扩链工程。持续巩固和壮大特色优势产业链。深入实施"2+6+N"产业高质量跨越式发展行动、重点产业集群提能升级计划,着力提升南昌航空城、京九(江西)电子信息产业带、中国(南昌)中医药科创城、VR科创城、"中国稀金谷"、国家稀土钢制造基地等重大平台能级,深入推进江铜集团"三年创新倍增"行动、新钢集团"转型升级冲千亿"攻坚行动,积极推进"定制药园""热敏灸小镇"等产业示范项目,加快打造一批先进制造业集聚区、集聚带。加大产业链招商力度,全面推进"云招商""云签约"。积极引进国内外500强企业、行业龙头企业及关键零部件企业,加强对"专精特新"中小企业的培育,鼓励和支持产业集群与高校、科研机构建立产学研用协同创新网络,建设企业研发中心、设计中心和工程技术中心等,加强产业链的上下游拓展和应用。推动产业链融合发展。强化数字经济与产业链深度融合,深入实施我省数字经济发展三年行动计划,实施智能制造升级、"万企上云"、服务型制造等行动,加快推进5G规模商用、"03专项"试点,建设"物联江西"、VR产业"江西高地"。力争2020年建成2万个5G基站,加快推进5G网络、数据中心、工业互联网等新型基础设施建设。加快制定出台我省首台(套)政策,支持鼓励我省数字化新产品的应用和推广。深化制造业与服务业融合,创建一批国家级、省级工业设计中心和示范基地,加快南昌、赣州、九江等国家物流枢纽建设,着力引进各类金融机构来赣设立分支机构,支持县(市、区)、园区、企业争创国家先进制造业和现代服务业深度融合试点。深入实施促进开发区改革和创新发展三年攻坚行动计划,推动赋予国家级开发区更大改革自主权,研究制定赋权清单。(责任单位:产业链链长制各责任部门,省通信管理局)

七、保基层运转

(十八)强化开源节流。加大政府性基金预算、国有资本经营预算与一般公共预算的统筹力度,盘活财政存量资金。强化政府过"紧日子"的思想,进一步优化财政支出结构,压减一般性支出,降低行政运行成本。合理确定基本民生支出标准,加大对医疗、教育、养老、住房等重点领域保障力度。加快建立全方位、全过程、全覆盖的预算绩效管理体系,鼓励市县开展零基预算编制试点,提高财政资

金使用效益。杜绝报刊杂志订阅乱摊派行为，进一步减轻基层负担。（责任单位：省财政厅、省直有关部门）

（十九）财力向基层倾斜。省财政统筹安排公共卫生、就业补助、工业发展等专项资金，加快转移支付下达用于补助市县开展疫情防控、诊断和治疗专用设备等采购所需经费，以及企业稳岗达产、创业就业等方面支出，对财政困难市县加大补助力度。坚持县级为主原则，压实县级"保基本民生、保工资、保运转"主体责任，加大经费保障力度，兜牢支出底线。做好教师工资保障工作。保障基层村（居）委会运转经费。各级财政部门加强库款情况动态监测，加大资金调度力度和频次。〔责任单位：省财政厅、省税务局，各市、县（区）政府〕

（二十）切实防范债务风险。加强政府债务管理。开好"前门"，加大对重大项目、重点工程支持力度。严堵"后门"，健全隐性债务常态化监测机制，严禁违规举债，严格执行化债方案，积极推进政府投融资平台整合转型。严格实行地方政府债务风险预警提示和隐性债务风险等级通报制度，确保按期偿还到期债券本金和利息。同时，聚焦互联网金融、非法集资、国企债务、房地产市场等重点领域，坚决打好防范化解重大风险攻坚战，确保不发生区域性系统性风险。〔责任单位：省财政厅、省金融监管局、省国资委、省住房城乡建设厅，各市、县（区）政府〕

八、强化推进落实

省发展改革委要切实发挥牵头作用，加强统筹督促和协调指导，建立定期调度机制，每季汇总梳理各地、各部门贯彻落实情况，并及时报告省政府。同时，采取"四不两直"方式，适时对本意见贯彻落实情况进行实地暗访和随机抽查，确保各项重点工作措施落实到位。省直有关部门要密切协作配合，主动认领任务，结合自身职能，细化实化相关举措，全面落实本意见提出的各项任务。对工作落实有力、成效显著的单位和个人，通过及时奖励等方式予以激励，同时推荐给相关新闻媒体进行宣传推介；对因作风不实、工作不力，搞形式主义官僚主义，导致落实缓慢、效果不好的，依法依规进行严肃问责。

各地、各部门要坚定信心、保持定力，抢抓机遇、迎难而上，变压力为动力，善于化危为机，多施精准之策，多下服务之功，紧盯重点、聚焦难点、疏通堵点，激发广大干部奋发有为、担当实干的精气神，加快推进经济发展全面复苏，确保与全国同步全面建成小康社会和"十三五"规划圆满收官。

江西省人民政府
关于促进乡村产业振兴的实施意见

2020年5月26日

各市、县（区）人民政府，省政府各部门：

为认真贯彻落实《国务院关于促进乡村产业振兴的指导意见》（国发〔2019〕12号）和2020年中央、省委一号文件精神，积极应对新冠肺炎疫情后经济社会发展新形势、新变化，推进我省乡村振兴战略实施，促进乡村富民产业发展，现提出如下实施意见。

一、总体要求

以习近平新时代中国特色社会主义思想为指导，坚决贯彻落实习近平总书记"产业兴旺是解决农村一切问题的前提"重要指示精神，按照生态优先、绿色发展，主体参与、政府支持，聚焦特色、突出优势，联农带农、融合发展的原则，以实施乡村振兴战略为总抓手，以农业供给侧结构性改革为主线，通过做大优势主导产业、做精乡村特色产业、做强农产品加工业、做实乡村新型服务业，促进一二三产业融合发展，推动我省乡村产业振兴。力争到2025年，粮食、生猪、蔬菜、水产等关系国计民生的战略性产业稳步增长；茶叶、果业、中药材、草地畜牧业、油茶、休闲农业和乡村旅游等提升人民生活质量的竞争性产业跨越式发展；赣南脐橙、鄱阳湖小龙虾等一批具有区域优势的特色产业进一步壮大。乡村产业体系不断健全完备，农业供给侧结构性改革成效明显，绿色发展模式更加成熟，乡村就业结构更加优化，农民增收渠道持续拓宽，产业扶贫作用进一步凸显，助推全省农业综合总产值达到万亿元。

二、发展壮大富民乡村产业

（一）坚决抓好现代种养业。严格落实粮食安全省长责任制和"菜篮子"市长负责制，压实粮食、生猪、蔬菜、水产等重要农产品属地生产保供责任。深入推进藏粮于地、藏粮于技战略，持续推进高标准农田建设，实施优质粮食工程，推进稻米区域公用品牌建设，加快粮食结构调整，稳定粮食种植面积和粮食产量，不断做优做强粮食产业。实施生猪复产增养行动计划，加快恢复生猪产能，推动生猪标准化规模养殖。加快标准化温室大棚建设，大力推进蔬菜产业规模化发展。深入推进草地畜牧业，支持家禽、牛羊等生产。大力发展特种水产业，推进水产绿色健康养殖。加强商业化育种体系建设，加大地方品种种质资源收集、保护和开发，大力实施现代种业企业培育工程，推动现代种业提质。〔责任单位：省农业农村厅、省发展改革委、省商务厅、省粮食和储备局，各市、县（区）人民政府、赣江新区管委会（以下责任单位各级人民政府、赣江新区管委会均涉及，不再单独列出）〕

（二）打造乡村特色产业。持续推进农业产业结构调整，重点扶持中国特色农产品优势区建设。倡导"一村一品”“一乡一特”“一县一业”，因地制宜发展特色产业，打造特色产业集群。加快富硒农业发展，培育赣西富硒区、赣南富硒区、环鄱阳湖富硒区三大产业板块。推进林下经济发展行动计划，培育油茶、毛竹、雷竹、森林药材、香精香料、苗木花卉等产业集群。挖掘农村独有的历史文化、民俗风情等，保护传统工艺，促进乡村特色文化产业发展。发展特色食品、制造、手工业和绿色建筑建材等乡土产业。（责任单位：省农业农村厅、省林业局、省文化和旅游厅、省工业和信息化厅）

（三）加快发展农业生产性服务业。支持供销、邮政、农业服务公司、农民合作社、农村集体经济组织等发展农资供应、土地托管、代耕代种、统防统治、烘干收储等农业生产性服务业。大力培育服务组织，不断创新服务形式，引导各类服务主体围绕同一产业或同一产品的生产，以资金、技术、服务等要素为纽带，加强联合合作，促进功能互补、利益分享、融合发展，基本形成服务结构合理、专业水平较高、服务能力较强、服务行为规范、覆盖全产业链的农业生产性服务业。（责任单位：省农业农村厅、省发展改革委、省财政厅、省供销社、省邮政管理局）

三、促进农村三产融合发展

（四）积极发展融合主体。实施农业产业强镇项目，建设一批高水平的国家级、省级现代农业产业园（示范园）和新型农业综合体，创建一批农村产业融合发展示范园，支持有条件的省级农业科技园区创建国家农业科技园区。实施家庭农场培育计划，创建一批省市县三级示范家庭农场。开展农民专业合作社规范提升，清理“空壳社”，全面加强各级示范社评选、认定和监测。（责任单位：省农业农村厅、省科技厅）

（五）创新推进产业融合。鼓励农业与加工流通、文化旅游、科普教育、健康养生、信息技术、商贸服务等产业深度融合，发展创意农业、功能农业等。加大农业与加工流通融合，推广中央厨房、直供直销等模式。提倡农业与信息产业融合，加快智慧农业推广运用，实施“互联网+”农产品出村进城工程和信息进村入户工程。推进规模种植与林牧渔融合，大力发展稻渔综合种养和林下种植等。大力推广生物床发酵、水肥一体化、膜下滴灌、绿色防控等节能减排技术，因地制宜发展光伏大棚蔬菜、猪沼果、林下经济等生态循环模式。加快推进畜禽养殖废弃物处理和资源化利用，以及农作物秸秆综合利用。（责任单位：省农业农村厅、省工业和信息化厅、省文化和旅游厅、省商务厅、省卫生健康委、省教育厅、省科技厅、省生态环境厅、省林业局）

（六）着力构建融合机制。鼓励发展小农户参与的“龙头企业+农民专业合作社+家庭农场”农业产业化联合体和农民专业合作社联合社，建立完善利益联结机制，带动小农户共同发展。组织引导农户以土地经营权、林权、资金、设施设备等入股农民专业合作社、农业企业，探索“保底收入+股份分红”等农民负盈不负亏的利益分配机制。（责任单位：省农业农村厅、省林业局）

四、实现农产品加工提质增效

（七）培育壮大龙头企业。坚持分级培育，鼓励支持各地加强农业产业化龙头企业梯队建设，着力构建国家、省、市、县四级龙头企业发展格局，形成乡村产业发展“新雁阵”。实施分类指导、精准施策，聚焦农产品精深加工短板，做强一批“领军”龙头企业，壮大一批“成长”龙头企业，发展一批“雏鹰”龙头企业，着力推动加工企业由小变大、加工程度由初变深、加工产品由粗变精，实现龙头企业大起来、强起来。加强对农业产业化龙头企业动态监测，淘汰一批不符合认定标准的省级龙头企业，递补、扩增一批规模较大、发展前景较好、带农增收较强的国家级和省级龙头企业。支持农业产业化龙头企业上市，对在境内资本市场新增首发上市的农业产业化龙头企业，给予一次性500万元奖励；境外资本市场新增首发上市的，按其实际融资金额的2%给予一次性奖励，最高不超过500万元。（责任单位：省农业农村厅、省财政厅、省国资委）

（八）推进农产品加工冷链物流体系建设。支持开展农产品加工提升行动，加快发展生猪屠宰加工，引导粮食主产区和特色农产品优势区大力发展农产品加工业，建设一批农产品精深加工基地和加工强县。加强重点农产品产地预冷基础设施建设，支持企业新建产后预冷、贮藏保鲜、分级包装等冷链物流基础设施。推进冷链物流体系建设，建设一批具有集中采购和跨区域配送的农产品冷链物流集散中心、加工配送中心、产地集配中心和交易中心等项目。支持农产品加工流通企业向有条件的乡镇开展产后加工和合理设置物流节点。（责任单位：省农业农村厅、省商务厅、省供销社）

（九）唱响江西农产品品牌。深入实施“生态鄱阳湖·绿色农产品”品牌战略，挖掘“老字号”“贡字号”品牌、做强产业优势品牌、培育企业自主品牌，重点打造江西大米、鄱阳湖水产、“四绿一红”茶叶、江西地方鸡、江西茶油、赣南脐橙等品牌。深入推进全省信息进村入户工程建设，提升“赣农宝”等农产品电商平台运营能力，加强与阿里巴巴、京东等电商平台合作，开展形式多样的农产品网络促销活动，推动我省农产品网络销售。强化全过程农产品质量安全和食品安全监管，建立健全第三方检测和追溯体系，试行食用农产品合格证制度，引导各类农业生产经营主体建设标准化生产基地，加强农产品质量安全追溯管理与农业农村重大创建认定、农业品牌推选、农产品认证、农业展会等工作挂钩。（责任单位：省农业农村厅、省商务厅、省粮食和储备局、省国资委）

五、推动乡村休闲旅游高质量发展

（十）实现休闲农业升级。结合地域特色、农业资源禀赋，重点发展休闲农业和乡村旅游，创建一批一二三产融合发展的省级田园综合体，建设一批设施完备、功能完善的休闲农业精品园区、乡村民宿、研学康养基地等，培育一批影响力大、特色鲜明的休闲农业品牌；推介一批特色突出、主题鲜明的休闲农业和乡村旅游精品线路，打造一批有知名度、有影响力的休闲农业“打卡地”，认定一批美丽休闲乡村、乡村旅游重点村，开展一系列有江西特色的乡土美食推介活动。（责任单位：省农业农村厅、省文化和旅游厅）

（十一）改善农村生活服务条件。依托新农村建设，统筹开展村庄整治建设，完善村庄“七改三网”基础设施和“8+4”公共服务配套，加强村级邮政快递服务站等邮政基础设施建设，改善村庄人居环境，支持有条件的发展特色产业。改造农村传统小商业、小门店、小集市等,发展批发零售、养老托幼等农村生活性服务业。培育一批美丽宜居示范县、建设一批示范村庄和农户庭院。(责任单位:省农业农村厅、省发展改革委、省自然资源厅、省教育厅、省民政厅、省文化和旅游厅、省住房城乡建设厅、省交通运输厅、省水利厅、省商务厅、省工业和信息化厅、省卫生健康委、省生态环境厅、省人力资源社会保障厅、省广电局、省通信管理局、省邮政管理局、国家电网江西省电力公司)

六、激发农村创新创业活力

(十二)壮大创新创业主体。有序引导工商资本下乡,鼓励和支持各类人才返乡下乡入乡兴办实业、发展产业、带动就业。加强农村专业人才队伍建设,实施农民教育培训提质三年行动和"一村一名大学生"工程,挖掘培养一批"田教授""土专家"。鼓励符合条件的农民参加农业系列职称评审,畅通其职称申报渠道。(责任单位:省农业农村厅、省人力资源社会保障厅、省科技厅、省教育厅)

(十三)拓宽创新创业领域。支持各地依托现有开发区、现代农业示范园区以及专业市场、农民专业合作社、农业规模种养基地等各类平台,整合、创建一批具有区域特色的农村创新创业园区、返乡入乡创业园和孵化实训基地。深入推进农业科技创新,完善 22 个现代农业产业技术体系,推进农业科技成果转化应用。(责任单位:省农业农村厅、省发展改革委、省教育厅)

(十四)推进产业扶贫提质。支持贫困地区发展特色产业,推行"五个一"产业扶贫模式,推广"一领办三参与"产业扶贫合作形式,强化创业致富带头人培育,发展壮大带贫益贫产业经营主体,建立紧密的产业扶贫利益联结,探索建立解决相对贫困的有效机制。激发社会力量积极参与消费扶贫,拓宽扶贫产品销售渠道,深化与电商平台对接合作,开展进机关、学校、医院、企业、社区等单位食堂和交易市场"六进"活动,建立农产品定向直销模式。重点利用社会上成熟的电商平台参与扶贫。鼓励农业企业与贫困地区合作建设原料基地、加工基地,带动贫困户进入大市场。(责任单位:省扶贫办、省发展改革委、省农业农村厅、省人力资源社会保障厅、省商务厅、省科技厅、省教育厅、省卫生健康委)

七、完善乡村产业发展政策措施

(十五)加强组织领导。将乡村产业发展纳入我省现代农业发展领导小组统一领导、统一组织、统一调度,定期研究督导,统筹推进乡村产业发展各项政策措施落实。持续推进"放管服"改革,发挥各类服务机构作用,为从事乡村产业的各类经营主体提供高效便捷服务。加强宣传推介,充分发挥典型示范作用,营造推进乡村产业振兴的良好氛围。(责任单位:省农业农村厅、省发展改革委、省人力资源社会保障厅、省广电局)

(十六)加大财政金融支持。加大财政支农投入,省财政统筹整合涉农资金支持乡村产业发展。鼓励各地围绕主导产业、明确目标任务,利用农担公司、财政惠农信贷通等为企业解决融资难、融资贵问题。采取市场化运作方式,支持建设现代农业产业化基金和投融资平台,对接省发展升级引导基金,助力企业上市"映山红行动"。在乡村产业振兴领域,谋划一批重大项目,补齐一批乡村产业发展短板。支持小农户和新型经营主体融合发展,建立分层分类的农业经营主体金融支持体系。积极稳妥推广农村承包土地的经营权抵押贷款业务,结合宅基地"三权分置"工作,稳慎开展农民住房财产权抵押业务,推进农垦国有农用地使用权抵押贷款试点工作。加大农业保险保障力度,逐步加大种植业、养殖业保险覆盖面。(责任单位:省财政厅、省金融监管局、人行南昌中心支行、江西银保监局、省自然资源厅、省农业农村厅)

(十七)大力保障用地政策。完善土地出让收入使用范围,市、县两级财政每年新增土地出让收入、高标准农田建设等新增耕地和城乡建设用地增减挂钩所得收益要优先用于支持乡村产业振兴。在符合国土空间规划前提下,通过村庄整治、土地整理等方式节余的农村集体建设用地,优先用于发展乡村产业项目、壮大村级集体经济。新编县乡级国土空间规划应安排不少于 10% 的建设用地指标,重点保障乡村产业发展用地。省级制定土地利用年度计划时,应安排至少 5% 新增建设用地指标保障乡村重点产业和项目用地。农村集体建设用地可以通过入股、租用等方式直接用于发展乡村产业。(责任单位:省财政厅、省自然资源厅)

(十八)抓好农业招商引资。以绿色生态为主线,围绕九大产业发展工程和农产品加工业,大力开展招商引资。支持和鼓励客商投资一批农产品精深加工项目及配套设施,培育一批粮油、果蔬、特色经济作物、畜牧业、水产品等加工类产业集群。支持和鼓励客商投资建设设施农业、智慧农业、精准农业和农业机械装备制造,以及农产品冷链物流体系等方面,全面助力乡村富民产业振兴。(责任单位:省农业农村厅、省商务厅、省工业和信息化厅)

本栏编辑　詹跃华

统 计 资 料

国民经济和社会发展主要指标

指　标	2019 年	2020 年
人口(万人)		
年末总人口	4666.13	4518.86
男性人口	2392.41	2331.85
女性人口	2273.72	2187.01
城镇人口	2679.29	2731.06
乡村人口	1986.84	1787.80
就业(万人)		
年末社会就业人数	2632.00	2264.00
职工人数	407.10	
年末城镇登记失业人数	27.49	3.15
地区生产总值(亿元)	24667.29	25691.50
第一产业	2057.70	2241.59
第二产业	10820.30	11084.83
第三产业	11789.29	12365.08
人均生产总值(元)	54640.00	56871.00
固定资产投资(亿元)		
全社会固定资产投资总额		
固定资产投资		
房地产开发投资		
财政(亿元)		
财政总收入	4001.56	4048.36
一般公共预算收入	2487.39	2507.54
一般公共预算支出	6386.80	6674.08
能源生产与消费(万吨标准煤)		
能源生产总量	1320.31	1255.41

续表 1

指　标	2019 年	2020 年
能源消费总量	9665.15	9808.58
价格指数(上年=100)		
居民消费价格指数	102.90	102.60
商品零售价格指数	101.90	101.60
工业生产者出厂价格指数	98.90	98.30
工业生产者购进价格指数	98.20	97.00
人民生活		
城镇非私营单位职工平均工资(元)	76131.00	80503.00
城镇住户人均年可支配收入(元)	36546.00	38556.00
农村住户人均年可支配收入(元)	15796.00	16981.00
人民币住户存款年末余额(亿元)	19665.87	22741.11
城镇住户人均住宅建筑面积(平方米)	50.00	50.47
农村居民人均住房面积(平方米)	62.91	64.64
城市建设、环境保护		
天然气供气量(万立方米)	169840.00	194417.00
液化石油气供气量(吨)	208151.00	212089.00
道路长度(千米)	11909.00	12656.00
排水管道长度(千米)	17590.00	20023.00
公共车辆(汽、电车)运营数(辆)	13963.00	15401.00
绿化覆盖面积(公顷)	77590.00	84260.00
一般工业固体废物综合利用量(万吨)		
一般工业固体废物综合利用率(%)		
农业		
农业总产值(亿元)	3481.29	3820.74
主要农产品产量		
粮食(万吨)	2157.50	2163.90
棉花(万吨)	6.57	5.29
油料折油(万吨)	46.33	48.32
油料(万吨)	120.78	122.70
黄红麻(吨)	68.00	38.00

注:1.地区生产总值、农业总产值、工业增加值的发展速度均按可比价格计算。
2.职工人数为在岗职工人数,含劳务派遣人员。
3.固定资产投资项目统计起点为计划投资 500 万元及以上。
4.城乡居民调查指标统一为可支配收入指标。

续表 2

指　标	2019 年	2020 年
烟叶(万吨)	2.26	2.68
茶叶(吨)	66778.00	71603.00
蚕茧(吨)	6340.00	6511.00
甘蔗(万吨)	62.44	61.18
水果(万吨)	474.26	493.21
肉类总产量(万吨)	299.79	285.17
水产品(万吨)	258.81	262.69
生猪年末存栏(万头)	1006.32	1569.85
生猪当年出栏(万头)	2546.82	2218.28
工业		
主要工业产品产量		
化学纤维(万吨)	62.92	86.9
布(混合数)(万米)	103052.00	77103.00
机制纸及纸板(万吨)	276.24	291.06
卷烟(万箱)	127.60	630.71
原煤产量(万吨)	503.61	281.23
原油加工量(万吨)	786.60	701.88
发电量(亿千瓦时)	1375.90	1320.58
粗钢(万吨)	2524.48	2682.07
钢材(万吨)	2795.71	3093.92
水泥(万吨)	9625.05	9769.74
汽车(万辆)	49.11	45.13
照相机(万架)	74.38	30.66
化学肥料(折合 100%)(万吨)	29.18	19.63
化学农药(原药)(吨)	36829.00	13553.00
规模以上工业企业主要指标(亿元)		
工业增加值		
资产总计	26200.80	28392.14
营业收入	34590.65	37909.17
建筑业(资级企业)		
建筑业企业人数(万人)	165.88	164.97

注:1.工业产品产量为规模以上产量。

2.公路通车里程包括村道。

续表 3

指　标	2019 年	2020 年
建筑业总产值(亿元)	7944.78	8649.16
施工房屋面积(万平方米)	33897.51	34235.47
竣工房屋面积(万平方米)	14869.30	13911.91
交通运输业		
铁路营业里程(千米)	4535.00	4941.00
公路通车里程(千米)	209131.00	210642.00
货物周转量(亿吨千米)	3858.78	4010.79
铁路(亿吨千米)	563.08	497.30
公路(亿吨千米)	3040.32	3247.09
水运(亿吨千米)	255.38	266.40
旅客周转量(亿人千米)	984.24	631.35
铁路(亿人千米)	739.72	450.29
公路(亿人千米)	244.25	180.89
水运(亿人千米)	0.28	0.18
邮电通信业		
邮电业务总量(亿元)	3065.78	3851.14
函件(万件)	1684.00	1184.00
移动电话用户(万户)	4157.10	4249.40
固定电话用户(万户)	457.50	482.40
计算机互联网用户(万户)	1448.80	1510.50
内外贸易和旅游		
社会消费品零售总额(亿元)	10068.05	10371.77
海关进出口总额(万美元)	5088978.00	
出口额	3619295.00	
进口额	1469683.00	
外商直接投资合同金额(万美元)	1083541.00	1232489.00
外商直接投资实际使用金额(万美元)	1357905.00	1460221.00
旅游总收入(亿元)	9656.38	5422.70
入境旅游人数(人次)	1971659.00	129700.00
旅游收汇收入(万美元)	86538.00	3739.00
金融业(亿元)		
金融机构人民币存款余额	38952.53	43608.17
金融机构人民币贷款余额	35493.75	41409.15

续表 4

指　标	2019 年	2020 年
教育、文化、卫生		
高等学校在校学生数(人)	1179550.00	1293235.00
中等专业学校在校学生数(人)	241879.00	292767.00
普通中学在校学生数(万人)	325.60	330.87
小学在校学生数(万人)	411.44	406.31
报纸出版数量(万份)	79462.00	75566.00
期刊出版数量(万册)	7589.00	7959.00
图书出版数量(万册)	24955.00	27050.00
卫生机构数(个)	8941.00	9276.00
卫生技术人员(人)	267917.00	286089.00
医生	96437.00	104897.00
病床数(张)	267187.00	285797.00

注:1.邮电业务总量按 2010 年不变价格计算。
2.卫生机构数包括个体机构。
3.互联网用户口径为宽带用户数。

国民经济主要比例关系

单位:%

指　标	2019 年	2020 年
地区生产总值		
第一产业	8.3	8.7
第二产业	43.9	43.2
工业	35.6	34.8
建筑业	8.3	8.3
第三产业	47.8	48.1
交通运输邮电业	4.5	4.3
批零贸易和住宿餐饮业	10.4	10.1
金融业	6.4	7.0
全省总人口		
城镇人口	57.4	60.4
乡村人口	42.6	39.6
社会就业人员		
第一产业	21.5	20.1

续表

指　标	2019 年	2020 年
第二产业	33.6	33.9
第三产业	44.9	46.0
农业总产值		
农业	46.7	44.2
林业	9.8	9.6
牧业	25.5	29.5
渔业	13.7	12.4
服务业	4.3	4.3
全社会固定资产投资		
第一产业	2.3	2.4
第二产业	48.6	48.6
第三产业	49.1	49.0
财政支出		
一般公共服务	9.3	8.4
教育	18.0	18.3
科学技术	2.9	2.9
社会保障和就业	12.8	13.0
卫生健康	9.9	9.6

主要指标每人年平均水平

指　标	2019 年	2020 年
地区生产总值(元)	54640.00	56871.00
第一产业	4558.00	4962.00
第二产业	23967.00	24536.00
第三产业	26113.00	27370.00
财政总收入(元)	8863.00	8961.00
年末居民储蓄存款余额(元)	43548.00	50318.00
主要农产品产量(千克)		
粮食	477.87	478.98
棉花	1.46	1.17
油料折油	10.26	10.69
甘蔗	13.83	13.54
水果	105.05	109.17

续表

指　标	2019年	2020年
肉类总产量	66.40	63.12
水产品	57.33	58.15
主要工业产品产量		
化学纤维(千克)	139.37	24.66
布(混合数)(米)	22.83	17.07
机制纸及纸板(千克)	61.19	64.43
原煤(千克)	111.55	62.25
原油加工量(千克)	174.23	155.36
发电量(千瓦时)	3047.58	2923.13
粗钢(千克)	559.17	593.68
钢材(千克)	619.24	684.85
水泥(千克)	2131.93	2162.55
化学肥料(千克)	6.46	4.34
化学农药(千克)	8.16	3.00
主要消费品消费量		
农村居民食品消费量(千克)		
粮食	148.45	178.21
植物油	11.95	15.15
猪牛羊肉	23.09	24.04
蛋类	7.11	9.29
水产品	12.80	13.33
城镇居民消费量(千克)		
粮食	119.74	130.85
油脂类	13.36	15.60
肉类	31.85	33.85
禽类	11.76	13.27
蛋类及蛋制品	8.32	9.71
水产品	18.07	17.90

地区生产总值

(按当年价格计算)

单位:亿元

年 份	地区生产总值	第一产业	第二产业	第三产业
2019	24667.29	2057.70	10820.30	11789.29
2020	25691.50	2241.59	11084.83	12365.08

地区生产总值指数

(按可比价格计算)

(上年=100)

年 份	地区生产总值	第一产业	第二产业	第三产业
2019	107.9	103.0	107.9	108.9
2020	103.8	102.2	104.0	104.0

按城乡分的人口数(年末数)

年 份	总人口(人)	按城乡分		以年末总人口为100	
		城镇人口	乡村人口	城镇人口	乡村人口
2019	46661318	26792929	19868389	57.42	42.58
2020	45188635	27310611	17878024	60.44	39.56

注:2020年数据为第七次全国人口普查普查时点数。

劳动力资源

单位:万人

年 份	劳动力资源总数	社会就业人数	职工人数	国有经济单位	城镇集体经济单位	其他各种经济单位	劳动力资源总数占人口数的比重(%)	劳动力资源利用率(%)
2019	3454.1	2278.0	407.1	152.3	7.4	247.3	76.5	66.0
2020	3457.5	2264.0	412.3	159.4	7.1	245.8	76.5	65.5

注:职工人数为在岗职工人数,含劳务派遣人员。

全社会固定资产投资发展速度

年 份	发展速度(上年=100)			
	合 计(%)	固定资产投资	房地产开发投资	农村农户投资
2019	109.3	109.2	103.0	112.1
2020	108.0	108.2	106.2	99.0

注:1.不含跨省中央项目投资。

2.全社会固定资产投资=固定资产投资+农村农户投资。

3.固定资产投资=计划投资500万元及以上项目固定资产投资+房地产开发投资。

外商直接投资情况

年　份	新设立外商投资企业(家)	合同外资金额(万美元)	实际使用外资(万美元)
2019	544	1083541	1357905
2020	565	1232489	1460221

财政收支总额及增长速度

年　份	财政总收入(万元)	一般公共预算支出(万元)	收支差额(万元)	比上年增长(%)	
				财政总收入	一般公共预算支出
2019	40015608	63868022	-23852414	5.4	12.7
2020	40483623	66740791	-26257168	1.2	4.5

各种价格指数

(上年=100)

年　份	商品零售价格指数			居民消费价格指数		
		城　市	农　村		城　市	农　村
2019	101.9	102.0	101.4	102.9	102.9	102.8
2020	101.6	101.5	101.9	102.6	102.4	103.0

农、林、牧、渔业总产值和商品产值

(按当年价格计算)

单位:万元

年　份	农林牧渔业总产值					农林牧渔业商品产值	农林牧渔业商品率(%)
		农业产值	林业产值	牧业产值	渔业产值	服务业产值		
2019	34812926	16242516	3428054	8889402	4765249	1487705	25300905	72.7
2020	38207354	16898824	3678079	11254054	4734952	1641445	27712371	72.5

农作物播种面积和产量(2020 年)

类　别	播种面积(千公顷)	单产(千克/公顷)	总产量(粮食:万吨;其他:吨)	总产量比上年增长(%)
总计	5644.37			
粮食作物	3772.38	5736.1	2163.88	0.3
谷物	3510.03	5915.2	2076.26	0.2
稻谷	3441.83	5959.6	2051.20	0.1
早稻	1217.53	5311.6	646.70	3.3
中稻及一季晚稻	945.80	6663.1	630.20	-8.3
二季晚稻	1278.50	6056.3	774.30	5.3

续表

类　别	播种面积(千公顷)	单产(千克/公顷)	总产量 (粮食:万吨;其他:吨)	总产量比上年增长(%)
小麦	14.40	2291.7	3.30	8.6
玉米	47.60	4340.3	20.66	4.3
大(米)麦	0.20	1500.0	0.03	
豆类合计	142.65	2243.3	32.00	9.1
大豆	113.50	2444.9	27.75	5.0
杂豆	29.15	1458.0	4.25	46.0
薯类(按折粮计算)	119.70	4646.3	55.62	-0.6
油料合计	678.43	1809.0	1227023.00	1.6
花生	171.45	2969.0	508995.00	5.6
油菜籽	475.43	1426.0	678085.00	-1.5
芝麻	31.29	1244.0	38929.00	7.9
棉花	35.00	1511.0	52885.00	-19.5
麻类合计	3.43	1633.0	5607.00	2.7
黄红麻	0.01	3654.0	38.00	-44.1
苎麻	3.42	1628.0	5567.00	3.3
甘蔗	13.57	45077.0	611768.00	-2.0
烟叶合计	13.23	2023.0	26768.00	18.6
烤烟	12.81	2041.0	26143.00	19.1
晒烟	0.42	1476.0	625.00	-0.6
中药材	103.54			
蔬菜类及食用菌	661.04	24850.0	16426549.00	3.8
瓜果类	86.75	25316.0	2196133.00	0.3
其他作物	276.99			
莲子	30.70			
青饲料	69.61			

注:该表粮食作物均为农产量抽样调查数。

主要工业产品产量

品　名	2020 年	2020 年比 2019 年增长 (%)
硫铁矿生产量(折含硫 35%)(万吨)	277.71	-3.7
钨精矿折含量(万吨)	5.26	-13.5
原盐(万吨)	212.30	5.7

续表 1

品　名	2020 年	2020 年比 2019 年增长 (%)
配混合饲料(万吨)	44.33	55.5
乳制品(万吨)	17.39	-3.4
罐头(万吨)	12.63	-51.5
饮料(万吨)	432.23	-3.2
白酒(万千升)	8.34	-37.4
啤酒(万千升)	69.97	-1.8
精制茶(吨)	64574.90	-9.4
卷烟(亿支)	630.71	-1.1
纱(万吨)	143.47	-9.3
布(万米)	77102.80	-20.1
纯棉布	48585.90	-24.5
棉混纺交织布	12775.90	-33.8
印染布(万米)	13412.00	8.1
服装(万件)	90379.70	-24.6
皮鞋(万双)	3523.90	-7.5
人造板(万立方米)	600.44	5.2
机制纸及纸板(万吨)	291.06	1.6
家具(万件)	4427.49	1.6
硫酸(万吨)	287.52	-0.8
烧碱(万吨)	179.99	164.1
电石(折 300 升/千克)(万吨)	0.75	36.7
化学肥料(折有效成份 100%)(万吨)	19.63	-4.1
氮肥	7.47	57.4
磷肥	7.57	-38.0
化学农药(吨)	13552.60	-63.0
纯苯(吨)	40780.00	-22.3
涂料(吨)	133103.8	2.7
合成洗涤剂(吨)	352571.00	42.1
化学药品原药(吨)	72207.50	-11.0
中成药(吨)	116586.90	-18.2
化学纤维(万吨)	86.90	38.1
合成纤维	6.39	33.8
轮胎外胎(万条)		
塑料制品(吨)	1154732.60	-15.7
水泥(万吨)	9769.74	1.3
日用玻璃制品(万吨)	12.99	-12.5
玻璃保温容品(万个)	133.00	-7.6

续表 2

品 名	2020 年	2020 年比 2019 年增长 (%)
耐火材料制品(万吨)	36.51	-3.6
生铁(万吨)	2332.07	5.1
粗钢(万吨)	2682.07	6.2
钢材(万吨)	3093.92	10.5
中小型型材		
棒材	76.37	20.9
钢筋	1338.66	10.7
线材	495.48	5.2
厚钢板	182.20	16.5
中板	188.20	-1.1
冷轧窄钢带	27.90	16.7
电工钢板	80.19	33.3
无缝钢管	2.05	-33.5
十种有色金属(万吨)	202.50	6.5
精炼铜	150.74	3.7
铁合金(万吨)	0.07	-1.6
工业锅炉(蒸发量吨)	1894.00	-28.8
金属切削机床(台)	3509.00	21.4
数控机床	77.00	-71.4
泵(万台)	27.51	5.1
风机(万台)	41.53	33.9
气体压缩机(台)	74909326.00	9.1
轴承(万套)	1.57	-8.3
小型拖拉机(万台)	0.78	-0.4
汽车(万辆)	45.13	1.4
载货汽车	25.23	22.9
民用钢质船舶(万载重吨)	4.52	-33.1
发电设备(万千瓦)	313.71	48.0
交流电动机(万千瓦)	622.21	15.3
变压器(万千伏安)	2435.89	11.6
家用电冰箱(万台)	78.14	-16.2
房间空气调节调器(万台)	486.56	-23.0
电风扇(万台)	170.55	-14.2
电光源(万只)	22.47	23.0
电话单机(万部)	110.35	5.5
彩色电视机(万台)	84.24	20.3
照相机(万台)	30.66	-58.8

规模以上工业企业经济指标

指　标	2019年	2020年
企业单位数(个)	12727.00	13710.00
亏损企业(个)	1151.00	1223.00
资产总计(万元)	262008008.00	283921393.00
流动资产合计(万元)	130289033.00	142666763.00
负债总计(万元)	137718963.00	152415402.00
所有者权益(万元)	124289045.00	131505991.00
营业收入(万元)	345906480.00	379091711.00
销售费用(万元)	7097696.00	7334101.00
利润总额(万元)	21588255.00	24381473.00
全部从业人员年平均人数(人)	2337990.00	2301362.00
总资产贡献率(%)	14.27	14.17
资本保值增值率(%)	107.45	105.79
资产负债率(%)	52.56	53.68
流动资产周转率(次)	2.65	2.85
成本费用利润率(%)	6.70	6.93
全员劳动生产率(元/人)	330552.00	349036.00
产品销售率(%)	99.40	98.96

建筑业主要经济指标

指　标	2019年	2020年
企业个数(个)	3094	3751
建筑业合同情况(万元)		
签订的合同额	132983772	140369104
上年结转合同额	56379195	52677802
本年新签合同额	76604577	87691302
承包工程完成情况(万元)		
直接从建设单位承揽工程完成的产值	76951915	84026525
自行完成施工产值	75956194	82701215
分包出去工程的产值	995721	1325310
从建设单位以外承揽工程完成的产值	3491560	3790377
建筑业总产值(万元)	79447755	86491592
装饰装修产值	3298409	2848624
在外省完成的产值	26530413	26849300
建筑工程产值	68809261	74366252
安装工程产值	5588211	6521943
其他产值	5050283	5603397

续表

指　标	2019 年	2020 年
竣工产值(万元)	43166452.00	38827999.00
房屋建筑施工及竣工面积(万平方米)		
房屋建筑施工面积	33897.51	34235.47
本年新开工面积	16291.31	16582.77
房屋建筑竣工面积	14869.30	13911.91
住宅房屋	9467.73	8422.84
商业及服务用房屋	1232.75	1192.35
商厦房屋(批发和零售用房)	421.40	393.07
宾馆用房屋(住宿用房)	94.16	68.19
餐饮用房屋(餐饮用房)	21.80	17.77
商务会展用房屋	65.23	13.32
其他商业及服务用房屋(居民服务业用房)	630.16	700.01
办公用房屋	887.78	827.87
科研、教育、医疗用房屋	695.88	733.93
科学研究用房屋	44.31	47.82
教育用房屋	541.17	480.78
医疗用房屋(卫生医疗用房)	110.40	205.33
文化、体育、娱乐用房屋	235.38	177.62
厂房及建筑物	1877.82	2082.45
厂房	1167.58	1268.45
仓库	118.33	106.01
其他未列明的房屋建筑物	353.64	368.85

注:建筑业统计范围为具有建筑业资质等级的独立核算建筑业企业。

运输线路长度

单位:千米

指　标	2019 年	2020 年
铁路营业里程	4535	4941
公路通车里程	209131	210642
等级公路	195458	205122
高速公路	6144	6234
一级公路	2765	3070
二级公路	11862	12320
三级公路	15764	17638
等外公路	13673	5520
内河通航里程	5716	5716
等级航道	2427	2427
等外航道	3289	3289

全社会运输周转量

指　标	2019 年	2020 年
货物周转量(万吨千米)	38587772	40107905
铁路	5630825	4973003
公路	30403181	32470914
水运	2553766	2663988
内河	2078738	2113641
沿海	475028	550347
旅客周转量(万人千米)	9842391	6313543
铁路	7397188	4502923
公路	2442452	1808853
水运	2751	1767
内河	2751	1767

社会消费品零售总额

单位:万元

年　份	社会消费品零售总额	按所在地分		
		城镇	城区	乡村
2019	100680523	86420874	45874082	14259649
2020	103717748	87465516	51560569	16252232

旅游业发展情况

年　份	旅游总收入(亿元)	为全省地区生产总值(%)	为全省地区生产总值中第三产业 (%)
2019	9656.38	39.00	82.11
2020	5422.70	21.10	43.85

金融机构本外币信贷资金平衡表年末余额(2020 年)

单位:万元

指　标	年末余额	比年初增减	比年初增长(%)
各项存款	439129463	47375843	12.1
境内存款	438720982	47175253	12.0
住户存款	228119111	30753772	15.6
活期存款	86300757	9462220	12.3
定期及其他存款	141818354	21291552	17.7
非金融企业存款	131517435	15378490	13.2

续表

指　标	年末余额	比年初增减	比年初增长(%)
活期存款	69313820	5395780	8.4
定期及其他存款	62203615	9982710	19.1
广义政府存款	71727740	4174118	6.2
财政性存款	15593160	2886336	22.7
机关团体存款	56134580	1287782	2.3
非银行业金融机构存款	7356695	-3131126	-29.9
境外存款	408481	200590	96.5
各项贷款	416676792	59708296	16.7
境内贷款	416102675	59836201	16.8
住户贷款	163017817	19293422	13.4
短期贷款	42792229	4881465	6.5
中长期贷款	120225588	14411957	16.1
企(事)业单位贷款	252374476	40532779	19.1
短期贷款	67026065	11155083	20.0
中长期贷款	158334911	24170644	18.0
票据融资	25438155	5776965	29.4
融资租赁	1355391	-514709	-27.5
各项垫款	219954	-55204	-20.1
非银行业金融机构贷款	710383	10000	1.4
境外贷款	574117	-127905	-18.2

注：该表统计口径包括中国人民银行、政策性银行、国有独资商业银行、邮政信汇局、其他商业银行、农村合作银行、城市信用社、农村信用社、信托投资公司、财务公司等金融机构。

房地产开发与经营主要指标

指　标	2019 年	2020 年
房地产开发投资增速(%)	3.0	6.2
按登记注册类型分		
内资	3.6	4.1
国有	57.2	-25.5
集体		
股份合作		
联营		
有限责任公司	23.3	0.2
股份有限公司	-14.7	-53.8

续表

指　标	2019 年	2020 年
私营	-12.0	15.4
其他		23846.7
港澳台商投资	22.9	81.2
外商投资	-84.7	329.5
按构成分		
建筑工程	-1.6	14.0
安装工程	-21.7	-4.2
设备工器具购置	28.2	15.4
其他费用	24.4	-7.4
土地购置费	24.4	-1.2
按工程用途分		
住宅	6.1	7.2
办公楼	-10.2	43.7
商业营业用房	-5.9	-2.0
其他	-2.5	-3.8

各类全日制学校基本情况(2020 年)

单位:人

类　别	学校数（所）	在校学生数	招生数	毕业生数	教职工数	专任教师
研究生		51251	20093	13261		6613
普通高等学校	105	1241984	421926	309211	90593	65300
普通中专学校	98	292767	116020	58972	10859	8369
普通中学	2715	3308657	1070835	1019753	255777	210673
高中	519	1104548	385087	332836	102573	65211
初中	2196	2204109	685748	686917	153204	145462
职业高中	137	148691	60247	46933	8392	5672
技工学校	93	175313	73299	44477	14088	12052
小学	7199	4063050	617763	682445	212596	242233
幼儿园	16330	1700285	685861	601883	181262	111150
特殊教育学校	95	40167	6743	7825	2136	1922
工读学校	1	280	177	199	45	42

卫生机构、床位及人员数

年　份	机构数（个）	医院卫生院	床位数（张）	医院卫生院	人员数（人）	卫生技术人员	医　生
2019	37029	2403	267187	246733	348413	267917	96437
2020	36716	2452	285797	265356	367527	286089	104897

注:1.机构数中包括个体机构。2.卫生技术人员数据不包括乡村医生和卫生员。3.机构合计中包括村卫生室。

索　引

说明：本索引依照国家标准《索引编制规则（总则）》GB/T22466－2008的相关规则进行编制。本索引为主题索引，按主题词首字汉语拼音字母（同音字按声调）顺序排列。主题词后的阿拉伯数字表示该词所在页码，数字后的英文字母a、b、c分别表示该页文字的左、中、右栏。同一主题的内容在文中多处出现的，在其主题词后用不同的页码标明。对特载、专记、大事记、人物、附录、统计资料等类目不作主题索引。

数字和字母

A

E

F

G

H

J

K

L

M

N

P

Q

R

S

T

Y

Z